2025

法律法规全书系列

中华人民共和国

招标投标

法律法规全书

（含规章及相关政策）

中国法治出版社
CH NA LEGAL PUBLISHING HOUSE

出版说明

随着中国特色社会主义法律体系的建成，中国的立法进入了“修法时代”。在这一时期，为了使法律体系进一步保持内部的科学、和谐、统一，会频繁出现对法律各层级文件的适时清理。目前，清理工作已经全面展开且取得了阶段性的成果，但这一清理过程在未来几年仍将持续。这对于读者如何了解最新法律修改信息、如何准确适用法律带来了使用上的不便。基于这一考虑，我们精心编辑出版了本书，一方面重在向读者展示我国立法的成果与现状，另一方面旨在帮助读者在法律文件修改频率较高的时代准确适用法律。

本书独具以下四重价值：

1. **文本权威，内容全面。**本书涵盖招标投标领域相关的常用法律、行政法规、国务院文件、部门规章、规范性文件、司法解释等；书中收录文件均为经过清理修改的现行有效文本，方便读者及时掌握最新法律文件。

2. **查找方便，附录实用。**全书法律文件按照紧密程度排列，方便读者对某一类问题的集中查找；重点法律附加条旨，指引读者快速找到目标条文；附录相关文书范本。同时，本书采用可平摊使用的独特开本，避免因书籍太厚难以摊开使用的弊端。

3. **免费增补，动态更新。**为保持本书与新法的同步更新，避免读者因部分法律的修改而反复购买同类图书，我们为读者专门设置了以下服务：(1) 扫码添加书后“法规编辑部”公众号→点击菜单栏→进入资料下载栏→选择法律法规全书资料项→点击网址或扫码下载，即可获取本书下次改版修订内容的电子版文件；(2) 通过“法规编辑部”公众号，及时了解最新立法信息，并可线上留言，编辑团队会就图书相关疑问动态解答。

4. **目录赠送，配套使用。**赠送本书目录的电子版，与纸书配套，立体化、电子化使用，便于检索、快速定位；同时实现将本书装进电脑，随时随地查。

修订说明

本书自出版以来，深受广大读者喜爱。本书在上一版本的基础之上，根据国家法律、行政法规、部门规章、司法解释等相关文件的制定和修改情况，进行了相应的增删和修订。修订情况如下：

一、增加的文件：

《公平竞争审查条例》《招标投标领域公平竞争审查规则》《政府采购合作创新采购方式管理暂行办法》《关于规范中央企业采购管理工作的指导意见》《国有企业管理人员处分条例》《评标专家和评标专家库管理办法》等。

二、删除的文件：

《国土资源部关于坚持和完善土地招标拍卖挂牌出让制度的意见》等。

总目录

一、招标投标 …… (1)
(一) 综合 …… (1)
(二) 适用范围 …… (82)
(三) 公告与评标制度 …… (84)
(四) 投资项目管理和招标内容核准 …… (101)
(五) 领域招标 …… (123)
1. 建筑工程和市政工程 …… (123)
2. 铁路工程 …… (167)
3. 公路工程 …… (186)
4. 民航工程 …… (221)
5. 水运工程 …… (233)
6. 通信工程 …… (243)
7. 水利工程 …… (251)
8. 机电产品国际招标 …… (266)
9. 医疗采购 …… (288)
10. 其他项目招标 …… (300)
11. 电子招标 …… (337)
(六) 公共资源交易 …… (345)
(七) 招标监督管理 …… (356)
二、政府采购 …… (394)
(一) 综合 …… (394)
(二) 单位采购政策 …… (443)
1. 办公用品采购 …… (443)
2. 节能绿色产品采购 …… (445)
3. 支持乡村振兴采购 …… (453)
4. 进口产品采购 …… (455)
(三) 采购目录管理 …… (459)
(四) 采购信息发布与公开 …… (463)
(五) 采购方式管理 …… (471)
(六) 政府购买服务 …… (497)
(七) 采购机构 …… (501)
(八) 评审专家和采购评审 …… (504)
(九) 中央单位政府采购 …… (509)
(十) 批量集中采购 …… (517)
(十一) 监督检查与信用管理 …… (523)
(十二) 公共资源 …… (530)

目 录*

一、招标投标

（一）综合

中华人民共和国招标投标法 …………………………（1）
（2017年12月27日）
中华人民共和国招标投标法实施条例 ……………（6）
（2019年3月2日）
中华人民共和国民法典（节录） …………………（13）
（2020年5月28日）
中华人民共和国价格法 ……………………………（38）
（1997年12月29日）
中华人民共和国审计法 ……………………………（41）
（2021年10月23日）
中华人民共和国审计法实施条例 …………………（45）
（2010年2月11日）
公平竞争审查条例 …………………………………（50）
（2024年6月6日）
国有企业管理人员处分条例 ………………………（51）
（2024年5月21日）
中华人民共和国建筑法 ……………………………（57）
（2019年4月23日）
最高人民法院关于适用《中华人民共和国民法典》合同编通则若干问题的解释 ……………（63）
（2023年12月4日）
国务院办公厅关于创新完善体制机制推动招标投标市场规范健康发展的意见 …………（72）
（2024年5月2日）
关于建立健全招标投标领域优化营商环境长效机制的通知 ……………………………………（74）
（2021年2月20日）
国家发展改革委等部门关于完善招标投标交易担保制度进一步降低招标投标交易成本的通知 ……………………………………（76）
（2023年1月6日）
国家发展改革委办公厅、市场监管总局办公厅关于进一步规范招标投标过程中企业经营资质资格审查工作的通知 ……………………（77）
（2020年9月22日）
国家发展改革委等部门关于严格执行招标投标法规制度进一步规范招标投标主体行为的若干意见 ……………………………………（78）
（2022年7月18日）

（二）适用范围

必须招标的工程项目规定 …………………………（82）
（2018年3月27日）
必须招标的基础设施和公用事业项目范围规定 …（82）
（2018年6月6日）
工程建设项目自行招标试行办法 …………………（82）
（2013年3月11日）
国家发展改革委办公厅关于进一步做好《必须招标的工程项目规定》和《必须招标的基础设施和公用事业项目范围规定》实施工作的通知 ……………………………………（83）
（2020年10月19日）

（三）公告与评标制度

招标公告和公示信息发布管理办法 ………………（84）
（2017年11月23日）
评标专家和评标专家库管理办法 …………………（86）
（2024年9月27日）

* 编者按：本目录中的时间为法律文件的公布时间或最后一次修正、修订公布时间。

评标委员会和评标方法暂行规定 …………………… (89)
（2013年3月11日）
公平竞争审查制度实施细则 ……………………… (93)
（2021年6月29日）
关于进一步推进招标投标信息公开的通知 …… (101)
（2012年9月18日）

（四）投资项目管理和招标内容核准

政府投资条例 ………………………………… (101)
（2019年4月14日）
企业投资项目核准和备案管理条例 …………… (104)
（2016年11月30日）
国务院关于发布政府核准的投资项目目录（2016年本）的通知…………………………… (106)
（2016年12月12日）
中央预算内直接投资项目管理办法 …………… (109)
（2023年3月23日）
企业投资项目核准和备案管理办法 …………… (112)
（2023年3月23日）
外商投资项目核准和备案管理办法 …………… (117)
（2014年12月27日）
国家发展改革委关于改进和完善报请国务院审批或核准投资项目的管理办法 ………… (119)
（2005年7月14日）
工程建设项目申报材料增加招标内容和核准招标事项暂行规定 …………………………… (120)
（2013年3月11日）
国家发展和改革委员会办公厅关于我委办理工程建设项目审批（核准）时核准招标内容的意见 ………………………………………… (121)
（2022年7月26日）
国家发展改革委关于审批地方政府投资项目的有关规定（暂行） ……………………… (123)
（2005年7月27日）

（五）领域招标

1. 建筑工程和市政工程

工程建设项目勘察设计招标投标办法 ………… (123)
（2013年3月11日）
工程建设项目施工招标投标办法 …………… (128)
（2013年3月11日）
工程建设项目货物招标投标办法 …………… (136)
（2013年3月11日）
《标准施工招标资格预审文件》和《标准施工招标文件》暂行规定 ……………………… (141)
（2013年3月11日）
关于印发简明标准施工招标文件和标准设计施工总承包招标文件的通知 ……………… (142)
（2011年12月20日）
住房城乡建设部关于进一步推进工程总承包发展的若干意见 ………………………………… (143)
（2016年5月20日）
国家发展改革委关于进一步放开建设项目专业服务价格的通知 ……………………………… (145)
（2015年2月11日）
建筑工程设计招标投标管理办法 …………… (146)
（2017年1月24日）
建筑工程方案设计招标投标管理办法 ………… (148)
（2019年3月18日）
房屋建筑和市政基础设施工程施工招标投标管理办法 ……………………………………… (153)
（2019年3月13日）
房屋建筑和市政基础设施项目工程总承包管理办法 ……………………………………… (158)
（2019年12月23日）
房屋建筑和市政基础设施工程施工分包管理办法 ……………………………………… (160)
（2019年3月13日）
建筑工程施工发包与承包违法行为认定查处管理办法 ……………………………………… (162)
（2019年1月3日）
关于印发《标准设备采购招标文件》等五个标准招标文件的通知 ………………………… (164)
（2017年9月4日）
住房城乡建设部办公厅关于取消工程建设项目招标代理机构资格认定加强事中事后监管的通知 ……………………………………… (165)
（2017年12月28日）
住房和城乡建设部关于进一步加强房屋建筑和市政基础设施工程招标投标监管的指导意见 … (166)
（2019年12月19日）

2. 铁路工程

铁路建设工程招标投标实施办法 …………… (167)
（2002年8月24日）
铁路工程建设项目招标投标管理办法 ………… (176)
（2018年8月31日）

铁路建设工程评标专家库及评标专家管理办法 …（181）
（2017年4月20日）
铁路建设工程招标投标监管暂行办法 …………（184）
（2016年2月25日）
3. 公路工程
公路工程建设项目招标投标管理办法 …………（186）
（2015年12月8日）
公路工程建设项目评标工作细则 ……………（193）
（2022年9月30日）
公路养护工程市场准入暂行规定 ……………（198）
（2003年3月21日）
公路建设项目评标专家库管理办法 …………（201）
（2011年12月29日）
公路建设市场管理办法 …………………………（203）
（2015年6月26日）
公路工程设计施工总承包管理办法 …………（207）
（2015年6月26日）
公路工程施工分包管理办法 …………………（210）
（2024年2月18日）
经营性公路建设项目投资人招标投标管理规定……（212）
（2015年6月24日）
道路旅客运输班线经营权招标投标办法 ………（215）
（2008年7月22日）
交通运输部关于做好公路养护工程招标投标工作进一步推动优化营商环境政策落实的通知 ……………………………………………（220）
（2020年4月29日）
4. 民航工程
民航专业工程建设项目招标投标管理办法 ……（221）
（2024年2月26日）
运输机场专业工程总承包管理办法（试行） …（230）
（2021年1月8日）
5. 水运工程
水运工程建设项目招标投标管理办法 …………（233）
（2021年8月11日）
交通运输部关于进一步规范水运工程招标投标活动的若干意见 …………………………（240）
（2012年2月7日）
交通运输部办公厅关于开展新一轮水运工程和交通支持系统工程评标专家以及水运建设市场抽查检查专家申报工作的通知 …………（242）
（2023年1月20日）
6. 通信工程
通信工程建设项目招标投标管理办法 …………（243）
（2014年5月4日）
通信工程建设项目评标专家及评标专家库管理办法 ……………………………………………（248）
（2014年7月14日）
国家发展和改革委员会办公厅、工业和信息化部办公厅关于工业和通信业领域政府核准企业投资项目有关事项的通知 ………………（250）
（2014年2月11日）
7. 水利工程
水利工程建设项目招标投标管理规定 …………（251）
（2001年10月29日）
水利工程建设项目监理招标投标管理办法 ……（256）
（2002年12月25日）
水利工程建设项目招标投标审计办法 …………（261）
（2007年12月29日）
水利部关于在营商环境创新试点城市暂时调整实施《水利工程建设项目招标投标管理规定》有关条款的通知 …………………………（262）
（2022年1月13日）
关于推进水利工程建设项目招标投标进入公共资源交易市场的指导意见 ………………（263）
（2012年5月2日）
水利部关于加强中小型水利工程建设管理防范廉政风险的指导意见 …………………………（264）
（2015年2月16日）
8. 机电产品国际招标
机电产品国际招标投标实施办法（试行） ……（266）
（2014年2月21日）
机电产品国际招标代理机构监督管理办法（试行） ……………………………………………（279）
（2016年11月16日）
机电产品国际招标投标“双随机一公开”监管工作细则 ………………………………（282）
（2017年8月17日）
进一步规范机电产品国际招标投标活动有关规定 ……………………………………………（283）
（2007年10月10日）
机电产品国际招标综合评价法实施规范（试行） ……………………………………………（286）
（2008年8月15日）

9. 医疗采购
医疗机构药品集中采购工作规范 …………………（288）
（2010 年 7 月 7 日）
药品集中采购监督管理办法 ……………………（295）
（2010 年 6 月 2 日）
国家食品药品监督管理总局采购与招标管理办法 …（297）
（2014 年 6 月 23 日）
国务院办公厅关于完善公立医院药品集中采购工作的指导意见 ……………………………（298）
（2015 年 2 月 9 日）
10. 其他项目招标
前期物业管理招标投标管理暂行办法 …………（300）
（2003 年 6 月 26 日）
委托会计师事务所审计招标规范 ………………（303）
（2006 年 1 月 26 日）
国有金融企业集中采购管理暂行规定 …………（305）
（2018 年 2 月 5 日）
农业基本建设项目招标投标管理规定 …………（307）
（2004 年 7 月 14 日）
农村中小学现代远程教育工程设备及教学资源招标采购管理办法 ……………………………（312）
（2005 年 5 月 17 日）
免费教科书政府采购工作暂行办法 ……………（314）
（2005 年 1 月 28 日）
企业债券招标发行业务指引 ……………………（316）
（2019 年 9 月 24 日）
招标拍卖挂牌出让国有建设用地使用权规定 …（318）
（2007 年 9 月 28 日）
出口商品配额管理办法 …………………………（320）
（2001 年 12 月 20 日）
出口商品配额招标办法 …………………………（322）
（2018 年 10 月 10 日）
国家技术创新项目招标投标管理办法 …………（325）
（2002 年 10 月 29 日）
探矿权采矿权招标拍卖挂牌管理办法（试行） …（326）
（2003 年 6 月 11 日）
重大装备自主化依托工程设备招标采购活动的有关规定 ……………………………………（330）
（2007 年 8 月 14 日）
交通运输部科技项目招标投标管理（暂行）办法 …（331）
（2013 年 8 月 5 日）
记账式国债招标发行规则 ………………………（333）
（2022 年 1 月 6 日）
地方政府债券弹性招标发行业务规程 …………（336）
（2018 年 8 月 14 日）
11. 电子招标
电子招标投标办法 ………………………………（337）
（2013 年 2 月 4 日）
关于做好《电子招标投标办法》贯彻实施工作的指导意见 ……………………………（341）
（2013 年 7 月 3 日）
关于进一步规范电子招标投标系统建设运营的通知 ………………………………………（343）
（2014 年 8 月 25 日）

（六）公共资源交易
公共资源交易平台管理暂行办法 ………………（345）
（2016 年 6 月 24 日）
公共资源交易平台服务标准（试行） …………（347）
（2019 年 4 月 25 日）
国务院办公厅转发国家发展改革委关于深化公共资源交易平台整合共享指导意见的通知 …（351）
（2019 年 5 月 19 日）
国务院办公厅关于印发整合建立统一的公共资源交易平台工作方案的通知 ………………（354）
（2015 年 8 月 10 日）

（七）招标监督管理
中华人民共和国行政处罚法 ……………………（356）
（2021 年 1 月 22 日）
中华人民共和国公证法 …………………………（363）
（2017 年 9 月 1 日）
国务院办公厅印发国务院有关部门实施招标投标活动行政监督的职责分工意见的通知 ……（366）
（2000 年 5 月 3 日）
招标投标领域公平竞争审查规则 ………………（367）
（2024 年 3 月 25 日）
工程建设项目招标投标活动投诉处理办法 ……（369）
（2013 年 3 月 11 日）
招标投标违法行为记录公告暂行办法 …………（371）
（2008 年 6 月 18 日）
关于进一步贯彻落实招标投标违法行为记录公告制度的通知 ……………………………（372）
（2010 年 3 月 29 日）

关于对公共资源交易领域严重失信主体开展联合惩戒的备忘录 …………（373）
（2018年3月21日）
关于在招标投标活动中对失信被执行人实施联合惩戒的通知 …………（392）
（2016年8月30日）

二、政府采购

（一）综合

中华人民共和国政府采购法 …………（394）
（2014年8月31日）
中华人民共和国政府采购法实施条例 …………（399）
（2015年1月30日）
财政部关于《中华人民共和国政府采购法实施条例》第十九条第一款“较大数额罚款”具体适用问题的意见 …………（406）
（2022年1月5日）
国务院办公厅关于进一步加强政府采购管理工作的意见 …………（406）
（2009年4月10日）
中华人民共和国预算法 …………（408）
（2018年12月29日）
中华人民共和国预算法实施条例 …………（417）
（2020年8月3日）
财政部关于进一步加强政府采购需求和履约验收管理的指导意见 …………（424）
（2016年11月25日）
财政部关于加强政府采购活动内部控制管理的指导意见 …………（425）
（2016年6月29日）
财政部关于推进和完善服务项目政府采购有关问题的通知 …………（428）
（2014年4月14日）
财政部关于进一步规范政府采购评审工作有关问题的通知 …………（429）
（2012年6月11日）
政府采购需求管理办法 …………（430）
（2021年4月30日）
财政部关于促进政府采购公平竞争优化营商环境的通知 …………（434）
（2019年7月26日）
政府采购合作创新采购方式管理暂行办法 …………（436）
（2024年4月24日）
关于规范中央企业采购管理工作的指导意见 …………（441）
（2024年7月18日）

（二）单位采购政策

1. 办公用品采购

政府机关使用正版软件管理办法 …………（443）
（2013年8月15日）
政务信息系统政府采购管理暂行办法 …………（444）
（2017年12月26日）

2. 节能绿色产品采购

国务院办公厅关于建立政府强制采购节能产品制度的通知 …………（445）
（2007年7月30日）
财政部、发展改革委关于印发节能产品政府采购品目清单的通知 …………（447）
（2019年4月2日）
关于扩大政府采购支持绿色建材促进建筑品质提升政策实施范围的通知 …………（450）
（2022年10月12日）
财政部、住房和城乡建设部关于政府采购支持绿色建材促进建筑品质提升试点工作的通知 …………（451）
（2020年10月13日）

3. 支持乡村振兴采购

关于深入开展政府采购脱贫地区农副产品工作推进乡村产业振兴的实施意见 …………（453）
（2021年4月24日）
财政部、农业农村部、国家乡村振兴局关于运用政府采购政策支持乡村产业振兴的通知 …………（454）
（2021年4月24日）

4. 进口产品采购

政府采购进口产品管理办法 …………（455）
（2007年12月27日）
财政部关于在政府采购活动中落实平等对待内外资企业有关政策的通知 …………（459）
（2021年10月13日）

(三) 采购目录管理
国务院办公厅关于印发中央预算单位政府集中采购目录及标准（2020年版）的通知 ……… (459)
（2019年12月26日）
财政部关于印发《地方预算单位政府集中采购目录及标准指引（2020年版）》的通知 …… (461)
（2019年12月31日）
(四) 采购信息发布与公开
政府采购信息发布管理办法 …………………… (463)
（2019年11月27日）
财政部关于开展政府采购意向公开工作的通知…… (464)
（2020年3月2日）
关于进一步提高政府采购透明度和采购效率相关事项的通知 ………………………………… (466)
（2023年12月8日）
财政部关于做好政府采购信息公开工作的通知…… (467)
（2015年7月17日）
财政部关于进一步做好政府采购信息公开工作有关事项的通知 ………………………………… (469)
（2017年4月25日）
(五) 采购方式管理
政府采购框架协议采购方式管理暂行办法 …… (471)
（2022年1月14日）
财政部关于做好政府采购框架协议采购工作有关问题的通知 ………………………………… (476)
（2022年5月16日）
政府采购货物和服务招标投标管理办法 ……… (477)
（2017年7月11日）
政府采购非招标采购方式管理办法 …………… (486)
（2013年12月19日）
政府采购竞争性磋商采购方式管理暂行办法 … (492)
（2014年12月31日）
中央预算单位变更政府采购方式审批管理办法…… (496)
（2015年1月15日）
(六) 政府购买服务
政府购买服务管理办法 ………………………… (497)
（2020年1月3日）
财政部关于政府购买服务有关预算管理问题的通知 ………………………………………… (499)
（2014年1月24日）
财政部关于做好政府购买服务工作有关问题的通知 ………………………………………… (500)
（2013年12月4日）
(七) 采购机构
政府采购代理机构管理暂行办法 ……………… (501)
（2018年1月4日）
财政部办公厅关于做好政府采购代理机构名录登记有关工作的通知 ……………………… (503)
（2018年2月13日）
(八) 评审专家和采购评审
政府采购评审专家管理办法 …………………… (504)
（2016年11月18日）
财政部办公厅关于使用政府采购评审专家监管系统有关事宜的通知 ……………………… (506)
（2013年11月25日）
财政部关于进一步规范政府采购评审工作有关问题的通知 ………………………………… (507)
（2012年6月11日）
(九) 中央单位政府采购
中央国家机关政府采购中心专家劳务费管理办法 … (509)
（2021年3月5日）
中央国家机关政府采购中心电子竞价采购管理办法 ………………………………………… (509)
（2021年8月18日）
中央国家机关政府采购电子卖场管理办法 …… (512)
（2023年12月27日）
中央国家机关政府采购电子卖场运行规则（第1期） ………………………………………… (514)
（2021年8月16日）
中央国家机关政府采购电子卖场运行规则（第2期） ………………………………………… (514)
（2021年9月22日）
中央国家机关政府采购电子卖场运行规则（第3期） ………………………………………… (514)
（2021年10月13日）
中央国家机关政府采购电子卖场运行规则（第4期） ………………………………………… (515)
（2021年12月2日）
中央国家机关政府采购电子卖场运行规则（第5期） ………………………………………… (515)
（2022年8月5日）

中央国家机关政府采购中心批量集中采购履约管理办法（试行） …………………………… （515）
（2016 年 6 月 12 日）

（十）批量集中采购

中央单位政府集中采购管理实施办法 ………… （517）
（2007 年 1 月 10 日）

中央预算单位批量集中采购管理暂行办法 …… （520）
（2013 年 8 月 21 日）

财政部关于加强中央预算单位批量集中采购管理有关事项的通知 ……………………………… （521）
（2014 年 9 月 19 日）

财政部办公厅关于中央预算单位实施批量集中采购工作的通知 ………………………………… （522）
（2013 年 9 月 4 日）

中央国家机关政府采购中心关于在网上竞价活动中进一步贯彻落实批量集中采购和进口产品管理等有关问题的通知 …………………… （523）
（2015 年 7 月 27 日）

（十一）监督检查与信用管理

政府采购质疑和投诉办法 ……………………… （523）
（2017 年 12 月 26 日）

财政部关于加强政府采购供应商投诉受理审查工作的通知 …………………………………… （527）
（2007 年 1 月 10 日）

财政部关于政府采购监督检查实施“双随机一公开”工作细则的公告 ………………………… （528）
（2016 年 10 月 10 日）

财政部关于规范政府采购行政处罚有关问题的通知 ………………………………………… （528）
（2015 年 8 月 20 日）

财政部办公厅关于报送政府采购严重违法失信行为信息记录的通知 ………………………… （529）
（2014 年 12 月 19 日）

财政部关于明确政府采购保证金和行政处罚罚款上缴事项的通知 …………………………… （529）
（2011 年 1 月 20 日）

（十二）公共资源

公共资源交易平台管理暂行办法 ……………… （530）
（2016 年 6 月 24 日）

国务院办公厅关于印发整合建立统一的公共资源交易平台工作方案的通知 ……………… （532）
（2015 年 8 月 10 日）

财政部关于贯彻落实整合建立统一的公共资源交易平台工作方案有关问题的通知 ………… （535）
（2015 年 9 月 15 日）

财政部关于公共资源交易中心开展政府采购活动有关问题的通知 …………………………… （537）
（2014 年 10 月 11 日）

一、招标投标

(一)综合

中华人民共和国招标投标法

·1999年8月30日第九届全国人民代表大会常务委员会第十一次会议通过

·根据2017年12月27日第十二届全国人民代表大会常务委员会第三十一次会议《关于修改〈中华人民共和国招标投标法〉、〈中华人民共和国计量法〉的决定》修正

第一章　总　则

第一条　【立法目的】[*]为了规范招标投标活动,保护国家利益、社会公共利益和招标投标活动当事人的合法权益,提高经济效益,保证项目质量,制定本法。

第二条　【适用范围】在中华人民共和国境内进行招标投标活动,适用本法。

第三条　【必须进行招标的工程建设项目】在中华人民共和国境内进行下列工程建设项目包括项目的勘察、设计、施工、监理以及与工程建设有关的重要设备、材料等的采购,必须进行招标:

(一)大型基础设施、公用事业等关系社会公共利益、公众安全的项目;

(二)全部或者部分使用国有资金投资或者国家融资的项目;

(三)使用国际组织或者外国政府贷款、援助资金的项目。

前款所列项目的具体范围和规模标准,由国务院发展计划部门会同国务院有关部门制订,报国务院批准。

法律或者国务院对必须进行招标的其他项目的范围有规定的,依照其规定。

第四条　【禁止规避招标】任何单位和个人不得将依法必须进行招标的项目化整为零或者以其他任何方式规避招标。

第五条　【招投标活动的原则】招标投标活动应当遵循公开、公平、公正和诚实信用的原则。

第六条　【招投标活动不受地区或部门的限制】依法必须进行招标的项目,其招标投标活动不受地区或者部门的限制。任何单位和个人不得违法限制或者排斥本地区、本系统以外的法人或者其他组织参加投标,不得以任何方式非法干涉招标投标活动。

第七条　【对招投标活动的监督】招标投标活动及其当事人应当接受依法实施的监督。

有关行政监督部门依法对招标投标活动实施监督,依法查处招标投标活动中的违法行为。

对招标投标活动的行政监督及有关部门的具体职权划分,由国务院规定。

第二章　招　标

第八条　【招标人】招标人是依照本法规定提出招标项目、进行招标的法人或者其他组织。

第九条　【招标项目应具备的主要条件】招标项目按照国家有关规定需要履行项目审批手续的,应当先履行审批手续,取得批准。

招标人应当有进行招标项目的相应资金或者资金来源已经落实,并应当在招标文件中如实载明。

第十条　【公开招标和邀请招标】招标分为公开招标和邀请招标。

公开招标,是指招标人以招标公告的方式邀请不特定的法人或者其他组织投标。

邀请招标,是指招标人以投标邀请书的方式邀请特定的法人或者其他组织投标。

第十一条　【适用邀请招标的情形】国务院发展计划部门确定的国家重点项目和省、自治区、直辖市人民政府确定的地方重点项目不适宜公开招标的,经国务院发展计划部门或者省、自治区、直辖市人民政府批准,可以进行邀请招标。

第十二条　【代理招标和自行招标】招标人有权自行选择招标代理机构,委托其办理招标事宜。任何单位和个人不得以任何方式为招标人指定招标代理机构。

招标人具有编制招标文件和组织评标能力的,可以

[*] 条文主旨为编者所加,下同。

自行办理招标事宜。任何单位和个人不得强制其委托招标代理机构办理招标事宜。

依法必须进行招标的项目，招标人自行办理招标事宜的，应当向有关行政监督部门备案。

第十三条 【招标代理机构及条件】招标代理机构是依法设立、从事招标代理业务并提供相关服务的社会中介组织。

招标代理机构应当具备下列条件：

（一）有从事招标代理业务的营业场所和相应资金；

（二）有能够编制招标文件和组织评标的相应专业力量。

第十四条 【招标代理机构不得与国家机关存在利益关系】招标代理机构与行政机关和其他国家机关不得存在隶属关系或者其他利益关系。

第十五条 【招标代理机构的代理范围】招标代理机构应当在招标人委托的范围内办理招标事宜，并遵守本法关于招标人的规定。

第十六条 【招标公告】招标人采用公开招标方式的，应当发布招标公告。依法必须进行招标的项目的招标公告，应当通过国家指定的报刊、信息网络或者其他媒介发布。

招标公告应当载明招标人的名称和地址、招标项目的性质、数量、实施地点和时间以及获取招标文件的办法等事项。

第十七条 【投标邀请书】招标人采用邀请招标方式的，应当向三个以上具备承担招标项目的能力、资信良好的特定的法人或者其他组织发出投标邀请书。

投标邀请书应当载明本法第十六条第二款规定的事项。

第十八条 【对潜在投标人的资格审查】招标人可以根据招标项目本身的要求，在招标公告或者投标邀请书中，要求潜在投标人提供有关资质证明文件和业绩情况，并对潜在投标人进行资格审查；国家对投标人的资格条件有规定的，依照其规定。

招标人不得以不合理的条件限制或者排斥潜在投标人，不得对潜在投标人实行歧视待遇。

第十九条 【招标文件】招标人应当根据招标项目的特点和需要编制招标文件。招标文件应当包括招标项目的技术要求、对投标人资格审查的标准、投标报价要求和评标标准等所有实质性要求和条件以及拟签订合同的主要条款。

国家对招标项目的技术、标准有规定的，招标人应当按照其规定在招标文件中提出相应要求。

招标项目需要划分标段、确定工期的，招标人应当合理划分标段、确定工期，并在招标文件中载明。

第二十条 【招标文件的限制】招标文件不得要求或者标明特定的生产供应者以及含有倾向或者排斥潜在投标人的其他内容。

第二十一条 【潜在投标人对项目现场的踏勘】招标人根据招标项目的具体情况，可以组织潜在投标人踏勘项目现场。

第二十二条 【招标人的保密义务】招标人不得向他人透露已获取招标文件的潜在投标人的名称、数量以及可能影响公平竞争的有关招标投标的其他情况。

招标人设有标底的，标底必须保密。

第二十三条 【招标文件的澄清或修改】招标人对已发出的招标文件进行必要的澄清或者修改的，应当在招标文件要求提交投标文件截止时间至少十五日前，以书面形式通知所有招标文件收受人。该澄清或者修改的内容为招标文件的组成部分。

第二十四条 【编制投标文件的时间】招标人应当确定投标人编制投标文件所需要的合理时间；但是，依法必须进行招标的项目，自招标文件开始发出之日起至投标人提交投标文件截止之日止，最短不得少于二十日。

第三章 投 标

第二十五条 【投标人】投标人是响应招标、参加投标竞争的法人或者其他组织。

依法招标的科研项目允许个人参加投标的，投标的个人适用本法有关投标人的规定。

第二十六条 【投标人的资格条件】投标人应当具备承担招标项目的能力；国家有关规定对投标人资格条件或者招标文件对投标人资格条件有规定的，投标人应当具备规定的资格条件。

第二十七条 【投标文件的编制】投标人应当按照招标文件的要求编制投标文件。投标文件应当对招标文件提出的实质性要求和条件作出响应。

招标项目属于建设施工的，投标文件的内容应当包括拟派出的项目负责人与主要技术人员的简历、业绩和拟用于完成招标项目的机械设备等。

第二十八条 【投标文件的送达】投标人应当在招标文件要求提交投标文件的截止时间前，将投标文件送达投标地点。招标人收到投标文件后，应当签收保存，不得开启。投标人少于三个的，招标人应当依照本法重新招标。

在招标文件要求提交投标文件的截止时间后送达的投标文件,招标人应当拒收。

第二十九条 【投标文件的补充、修改、撤回】投标人在招标文件要求提交投标文件的截止时间前,可以补充、修改或者撤回已提交的投标文件,并书面通知招标人。补充、修改的内容为投标文件的组成部分。

第三十条 【投标文件对拟分包情况的说明】投标人根据招标文件载明的项目实际情况,拟在中标后将中标项目的部分非主体、非关键性工作进行分包的,应当在投标文件中载明。

第三十一条 【联合体投标】两个以上法人或者其他组织可以组成一个联合体,以一个投标人的身份共同投标。

联合体各方均应当具备承担招标项目的相应能力;国家有关规定或者招标文件对投标人资格条件有规定的,联合体各方均应当具备规定的相应资格条件。由同一专业的单位组成的联合体,按照资质等级较低的单位确定资质等级。

联合体各方应当签订共同投标协议,明确约定各方拟承担的工作和责任,并将共同投标协议连同投标文件一并提交招标人。联合体中标的,联合体各方应当共同与招标人签订合同,就中标项目向招标人承担连带责任。

招标人不得强制投标人组成联合体共同投标,不得限制投标人之间的竞争。

第三十二条 【串通投标的禁止】投标人不得相互串通投标报价,不得排挤其他投标人的公平竞争,损害招标人或者其他投标人的合法权益。

投标人不得与招标人串通投标,损害国家利益、社会公共利益或者他人的合法权益。

禁止投标人以向招标人或者评标委员会成员行贿的手段谋取中标。

第三十三条 【低于成本的报价竞标与骗取中标的禁止】投标人不得以低于成本的报价竞标,也不得以他人名义投标或者以其他方式弄虚作假,骗取中标。

第四章 开标、评标和中标

第三十四条 【开标的时间与地点】开标应当在招标文件确定的提交投标文件截止时间的同一时间公开进行;开标地点应当为招标文件中预先确定的地点。

第三十五条 【开标参加人】开标由招标人主持,邀请所有投标人参加。

第三十六条 【开标方式】开标时,由投标人或者其推选的代表检查投标文件的密封情况,也可以由招标人委托的公证机构检查并公证;经确认无误后,由工作人员当众拆封,宣读投标人名称、投标价格和投标文件的其他主要内容。

招标人在招标文件要求提交投标文件的截止时间前收到的所有投标文件,开标时都应当当众予以拆封、宣读。

开标过程应当记录,并存档备查。

第三十七条 【评标委员会】评标由招标人依法组建的评标委员会负责。

依法必须进行招标的项目,其评标委员会由招标人的代表和有关技术、经济等方面的专家组成,成员人数为五人以上单数,其中技术、经济等方面的专家不得少于成员总数的三分之二。

前款专家应当从事相关领域工作满八年并具有高级职称或者具有同等专业水平,由招标人从国务院有关部门或者省、自治区、直辖市人民政府有关部门提供的专家名册或者招标代理机构的专家库内的相关专业的专家名单中确定;一般招标项目可以采取随机抽取方式,特殊招标项目可以由招标人直接确定。

与投标人有利害关系的人不得进入相关项目的评标委员会;已经进入的应当更换。

评标委员会成员的名单在中标结果确定前应当保密。

第三十八条 【评标的保密】招标人应当采取必要的措施,保证评标在严格保密的情况下进行。

任何单位和个人不得非法干预、影响评标的过程和结果。

第三十九条 【投标人对投标文件的澄清或说明】评标委员会可以要求投标人对投标文件中含义不明确的内容作必要的澄清或者说明,但是澄清或者说明不得超出投标文件的范围或者改变投标文件的实质性内容。

第四十条 【评标】评标委员会应当按照招标文件确定的评标标准和方法,对投标文件进行评审和比较;设有标底的,应当参考标底。评标委员会完成评标后,应当向招标人提出书面评标报告,并推荐合格的中标候选人。

招标人根据评标委员会提出的书面评标报告和推荐的中标候选人确定中标人。招标人也可以授权评标委员会直接确定中标人。

国务院对特定招标项目的评标有特别规定的,从其规定。

第四十一条 【中标条件】中标人的投标应当符合下列条件之一:

（一）能够最大限度地满足招标文件中规定的各项综合评价标准；

（二）能够满足招标文件的实质性要求，并且经评审的投标价格最低；但是投标价格低于成本的除外。

第四十二条 【否决所有投标和重新招标】评标委员会经评审，认为所有投标都不符合招标文件要求的，可以否决所有投标。

依法必须进行招标的项目的所有投标被否决的，招标人应当依照本法重新招标。

第四十三条 【禁止与投标人进行实质性谈判】在确定中标人前，招标人不得与投标人就投标价格、投标方案等实质性内容进行谈判。

第四十四条 【评标委员会成员的义务】评标委员会成员应当客观、公正地履行职务，遵守职业道德，对所提出的评审意见承担个人责任。

评标委员会成员不得私下接触投标人，不得收受投标人的财物或者其他好处。

评标委员会成员和参与评标的有关工作人员不得透露对投标文件的评审和比较、中标候选人的推荐情况以及与评标有关的其他情况。

第四十五条 【中标通知书的发出】中标人确定后，招标人应当向中标人发出中标通知书，并同时将中标结果通知所有未中标的投标人。

中标通知书对招标人和中标人具有法律效力。中标通知书发出后，招标人改变中标结果的，或者中标人放弃中标项目的，应当依法承担法律责任。

第四十六条 【订立书面合同和提交履约保证金】招标人和中标人应当自中标通知书发出之日起三十日内，按照招标文件和中标人的投标文件订立书面合同。招标人和中标人不得再行订立背离合同实质性内容的其他协议。

招标文件要求中标人提交履约保证金的，中标人应当提交。

第四十七条 【招投标情况的报告】依法必须进行招标的项目，招标人应当自确定中标人之日起十五日内，向有关行政监督部门提交招标投标情况的书面报告。

第四十八条 【禁止转包和有条件分包】中标人应当按照合同约定履行义务，完成中标项目。中标人不得向他人转让中标项目，也不得将中标项目肢解后分别向他人转让。

中标人按照合同约定或者经招标人同意，可以将中标项目的部分非主体、非关键性工作分包给他人完成。接受分包的人应当具备相应的资格条件，并不得再次分包。

中标人应当就分包项目向招标人负责，接受分包的人就分包项目承担连带责任。

第五章 法律责任

第四十九条 【必须进行招标的项目不招标的责任】违反本法规定，必须进行招标的项目而不招标的，将必须进行招标的项目化整为零或者以其他任何方式规避招标的，责令限期改正，可以处项目合同金额千分之五以上千分之十以下的罚款；对全部或者部分使用国有资金的项目，可以暂停项目执行或者暂停资金拨付；对单位直接负责的主管人员和其他直接责任人员依法给予处分。

第五十条 【招标代理机构的责任】招标代理机构违反本法规定，泄露应当保密的与招标投标活动有关的情况和资料的，或者与招标人、投标人串通损害国家利益、社会公共利益或者他人合法权益的，处五万元以上二十五万元以下的罚款；对单位直接负责的主管人员和其他直接责任人员处单位罚款数额百分之五以上百分之十以下的罚款；有违法所得的，并处没收违法所得；情节严重的，禁止其一年至二年内代理依法必须进行招标的项目并予以公告，直至由工商行政管理机关吊销营业执照；构成犯罪的，依法追究刑事责任。给他人造成损失的，依法承担赔偿责任。

前款所列行为影响中标结果的，中标无效。

第五十一条 【限制或排斥潜在投标人的责任】招标人以不合理的条件限制或者排斥潜在投标人的，对潜在投标人实行歧视待遇的，强制要求投标人组成联合体共同投标的，或者限制投标人之间竞争的，责令改正，可以处一万元以上五万元以下的罚款。

第五十二条 【泄露招投标活动有关秘密的责任】依法必须进行招标的项目的招标人向他人透露已获取招标文件的潜在投标人的名称、数量或者可能影响公平竞争的有关招标投标的其他情况的，或者泄露标底的，给予警告，可以并处一万元以上十万元以下的罚款；对单位直接负责的主管人员和其他直接责任人员依法给予处分；构成犯罪的，依法追究刑事责任。

前款所列行为影响中标结果的，中标无效。

第五十三条 【串通投标的责任】投标人相互串通投标或者与招标人串通投标的，投标人以向招标人或者评标委员会成员行贿的手段谋取中标的，中标无效，处中标项目金额千分之五以上千分之十以下的罚款，对单位直接负责的主管人员和其他直接责任人员处单位罚款数额百分之五以上百分之十以下的罚款；有违法所得的，并处没收违法所得；情节严重的，取消其一年至二年内参加依法必须进行招标的项目的投标资格并予以公告，直至由工商行政管理机关吊销营业执照；构成犯罪的，依法追究刑事责任。给他人造成损失的，依法承担赔偿责任。

第五十四条 【骗取中标的责任】投标人以他人名义投标或者以其他方式弄虚作假，骗取中标的，中标无效，给招标人造成损失的，依法承担赔偿责任；构成犯罪的，依法追究刑事责任。

依法必须进行招标的项目的投标人有前款所列行为尚未构成犯罪的，处中标项目金额千分之五以上千分之十以下的罚款，对单位直接负责的主管人员和其他直接责任人员处单位罚款数额百分之五以上百分之十以下的罚款；有违法所得的，并处没收违法所得；情节严重的，取消其一年至三年内参加依法必须进行招标的项目的投标资格并予以公告，直至由工商行政管理机关吊销营业执照。

第五十五条 【招标人违规谈判的责任】依法必须进行招标的项目，招标人违反本法规定，与投标人就投标价格、投标方案等实质性内容进行谈判的，给予警告，对单位直接负责的主管人员和其他直接责任人员依法给予处分。

前款所列行为影响中标结果的，中标无效。

第五十六条 【评标委员会成员违法行为的责任】评标委员会成员收受投标人的财物或者其他好处的，评标委员会成员或者参加评标的有关工作人员向他人透露对投标文件的评审和比较、中标候选人的推荐以及与评标有关的其他情况的，给予警告，没收收受的财物，可以并处三千元以上五万元以下的罚款，对有所列违法行为的评标委员会成员取消担任评标委员会成员的资格，不得再参加任何依法必须进行招标的项目的评标；构成犯罪的，依法追究刑事责任。

第五十七条 【招标人在中标候选人之外确定中标人的责任】招标人在评标委员会依法推荐的中标候选人以外确定中标人的，依法必须进行招标的项目在所有投标被评标委员会否决后自行确定中标人的，中标无效，责令改正，可以处中标项目金额千分之五以上千分之十以下的罚款；对单位直接负责的主管人员和其他直接责任人员依法给予处分。

第五十八条 【中标人违法转包、分包的责任】中标人将中标项目转让给他人的，将中标项目肢解后分别转让给他人的，违反本法规定将中标项目的部分主体、关键性工作分包给他人的，或者分包人再次分包的，转让、分包无效，处转让、分包项目金额千分之五以上千分之十以下的罚款；有违法所得的，并处没收违法所得；可以责令停业整顿；情节严重的，由工商行政管理机关吊销营业执照。

第五十九条 【不按招投标文件订立合同的责任】招标人与中标人不按照招标文件和中标人的投标文件订立合同的，或者招标人、中标人订立背离合同实质性内容的协议的，责令改正；可以处中标项目金额千分之五以上千分之十以下的罚款。

第六十条 【中标人不履行合同或不按合同履行义务的责任】中标人不履行与招标人订立的合同的，履约保证金不予退还，给招标人造成的损失超过履约保证金数额的，还应当对超过部分予以赔偿；没有提交履约保证金的，应当对招标人的损失承担赔偿责任。

中标人不按照与招标人订立的合同履行义务，情节严重的，取消其二年至五年内参加依法必须进行招标的项目的投标资格并予以公告，直至由工商行政管理机关吊销营业执照。

因不可抗力不能履行合同的，不适用前两款规定。

第六十一条 【行政处罚的决定】本章规定的行政处罚，由国务院规定的有关行政监督部门决定。本法已对实施行政处罚的机关作出规定的除外。

第六十二条 【干涉招投标活动的责任】任何单位违反本法规定，限制或者排斥本地区、本系统以外的法人或者其他组织参加投标的，为招标人指定招标代理机构的，强制招标人委托招标代理机构办理招标事宜的，或者以其他方式干涉招标投标活动的，责令改正；对单位直接负责的主管人员和其他直接责任人员依法给予警告、记过、记大过的处分，情节较重的，依法给予降级、撤职、开除的处分。

个人利用职权进行前款违法行为的，依照前款规定追究责任。

第六十三条 【行政监督机关工作人员的责任】对招标投标活动依法负有行政监督职责的国家机关工作人员徇私舞弊、滥用职权或者玩忽职守，构成犯罪的，依法追究刑事责任；不构成犯罪的，依法给予行政处分。

第六十四条 【中标无效的处理】依法必须进行招标的项目违反本法规定，中标无效的，应当依照本法规定的中标条件从其余投标人中重新确定中标人或者依照本法重新进行招标。

第六章 附 则

第六十五条 【异议或投诉】投标人和其他利害关系人认为招标投标活动不符合本法有关规定的，有权向招标人提出异议或者依法向有关行政监督部门投诉。

第六十六条 【不进行招标的项目】涉及国家安全、国家秘密、抢险救灾或者属于利用扶贫资金实行以工代赈、需要使用农民工等特殊情况，不适宜进行招标的项目，按照国家有关规定可以不进行招标。

第六十七条 【适用除外】使用国际组织或者外国政府贷款、援助资金的项目进行招标，贷款方、资金提供方对招标投标的具体条件和程序有不同规定的，可以适用其规定，但违背中华人民共和国的社会公共利益的除外。

第六十八条 【施行日期】本法自 2000 年 1 月 1 日起施行。

中华人民共和国招标投标法实施条例

· 2011 年 12 月 20 日中华人民共和国国务院令第 613 号公布
· 根据 2017 年 3 月 1 日《国务院关于修改和废止部分行政法规的决定》第一次修订
· 根据 2018 年 3 月 19 日《国务院关于修改和废止部分行政法规的决定》第二次修订
· 根据 2019 年 3 月 2 日《国务院关于修改部分行政法规的决定》第三次修订

第一章 总 则

第一条 为了规范招标投标活动，根据《中华人民共和国招标投标法》（以下简称招标投标法），制定本条例。

第二条 招标投标法第三条所称工程建设项目，是指工程以及与工程建设有关的货物、服务。

前款所称工程，是指建设工程，包括建筑物和构筑物的新建、改建、扩建及其相关的装修、拆除、修缮等；所称与工程建设有关的货物，是指构成工程不可分割的组成部分，且为实现工程基本功能所必需的设备、材料等；所称与工程建设有关的服务，是指为完成工程所需的勘察、设计、监理等服务。

第三条 依法必须进行招标的工程建设项目的具体范围和规模标准，由国务院发展改革部门会同国务院有关部门制订，报国务院批准后公布施行。

第四条 国务院发展改革部门指导和协调全国招标投标工作，对国家重大建设项目的工程招标投标活动实施监督检查。国务院工业和信息化、住房城乡建设、交通运输、铁道、水利、商务等部门，按照规定的职责分工对有关招标投标活动实施监督。

县级以上地方人民政府发展改革部门指导和协调本行政区域的招标投标工作。县级以上地方人民政府有关部门按照规定的职责分工，对招标投标活动实施监督，依法查处招标投标活动中的违法行为。县级以上地方人民政府对其所属部门有关招标投标活动的监督职责分工另有规定的，从其规定。

财政部门依法对实行招标投标的政府采购工程建设项目的政府采购政策执行情况实施监督。

监察机关依法对与招标投标活动有关的监察对象实施监察。

第五条 设区的市级以上地方人民政府可以根据实际需要，建立统一规范的招标投标交易场所，为招标投标活动提供服务。招标投标交易场所不得与行政监督部门存在隶属关系，不得以营利为目的。

国家鼓励利用信息网络进行电子招标投标。

第六条 禁止国家工作人员以任何方式非法干涉招标投标活动。

第二章 招 标

第七条 按照国家有关规定需要履行项目审批、核准手续的依法必须进行招标的项目，其招标范围、招标方式、招标组织形式应当报项目审批、核准部门审批、核准。项目审批、核准部门应当及时将审批、核准确定的招标范围、招标方式、招标组织形式通报有关行政监督部门。

第八条 国有资金占控股或者主导地位的依法必须进行招标的项目，应当公开招标；但有下列情形之一的，可以邀请招标：

（一）技术复杂、有特殊要求或者受自然环境限制，只有少量潜在投标人可供选择；

（二）采用公开招标方式的费用占项目合同金额的比例过大。

有前款第二项所列情形，属于本条例第七条规定的项目，由项目审批、核准部门在审批、核准项目时作出认定；其他项目由招标人申请有关行政监督部门作出认定。

第九条 除招标投标法第六十六条规定的可以不进行招标的特殊情况外，有下列情形之一的，可以不进行招标：

（一）需要采用不可替代的专利或者专有技术；

（二）采购人依法能够自行建设、生产或者提供；

（三）已通过招标方式选定的特许经营项目投资人依法能够自行建设、生产或者提供；

（四）需要向原中标人采购工程、货物或者服务，否则将影响施工或者功能配套要求；

（五）国家规定的其他特殊情形。

招标人为适用前款规定弄虚作假的，属于招标投标法第四条规定的规避招标。

第十条 招标投标法第十二条第二款规定的招标人具有编制招标文件和组织评标能力，是指招标人具有与招标项目规模和复杂程度相适应的技术、经济等方面的专业人员。

第十一条 国务院住房城乡建设、商务、发展改革、工业和信息化等部门，按照规定的职责分工对招标代理机构依法实施监督管理。

第十二条 招标代理机构应当拥有一定数量的具备编制招标文件、组织评标等相应能力的专业人员。

第十三条 招标代理机构在招标人委托的范围内开展招标代理业务，任何单位和个人不得非法干涉。

招标代理机构代理招标业务，应当遵守招标投标法和本条例关于招标人的规定。招标代理机构不得在所代理的招标项目中投标或者代理投标，也不得为所代理的招标项目的投标人提供咨询。

第十四条 招标人应当与被委托的招标代理机构签订书面委托合同，合同约定的收费标准应当符合国家有关规定。

第十五条 公开招标的项目，应当依照招标投标法和本条例的规定发布招标公告、编制招标文件。

招标人采用资格预审办法对潜在投标人进行资格审查的，应当发布资格预审公告、编制资格预审文件。

依法必须进行招标的项目的资格预审公告和招标公告，应当在国务院发展改革部门依法指定的媒介发布。在不同媒介发布的同一招标项目的资格预审公告或者招标公告的内容应当一致。指定媒介发布依法必须进行招标的项目的境内资格预审公告、招标公告，不得收取费用。

编制依法必须进行招标的项目的资格预审文件和招标文件，应当使用国务院发展改革部门会同有关行政监督部门制定的标准文本。

第十六条 招标人应当按照资格预审公告、招标公告或者投标邀请书规定的时间、地点发售资格预审文件或者招标文件。资格预审文件或者招标文件的发售期不得少于5日。

招标人发售资格预审文件、招标文件收取的费用应当限于补偿印刷、邮寄的成本支出，不得以营利为目的。

第十七条 招标人应当合理确定提交资格预审申请文件的时间。依法必须进行招标的项目提交资格预审申请文件的时间，自资格预审文件停止发售之日起不得少于5日。

第十八条 资格预审应当按照资格预审文件载明的标准和方法进行。

国有资金占控股或者主导地位的依法必须进行招标的项目，招标人应当组建资格审查委员会审查资格预审申请文件。资格审查委员会及其成员应当遵守招标投标法和本条例有关评标委员会及其成员的规定。

第十九条 资格预审结束后，招标人应当及时向资格预审申请人发出资格预审结果通知书。未通过资格预审的申请人不具有投标资格。

通过资格预审的申请人少于3个的，应当重新招标。

第二十条 招标人采用资格后审办法对投标人进行资格审查的，应当在开标后由评标委员会按照招标文件规定的标准和方法对投标人的资格进行审查。

第二十一条 招标人可以对已发出的资格预审文件或者招标文件进行必要的澄清或者修改。澄清或者修改的内容可能影响资格预审申请文件或者投标文件编制的，招标人应当在提交资格预审申请文件截止时间至少3日前，或者投标截止时间至少15日前，以书面形式通知所有获取资格预审文件或者招标文件的潜在投标人；不足3日或者15日的，招标人应当顺延提交资格预审申请文件或者投标文件的截止时间。

第二十二条 潜在投标人或者其他利害关系人对资格预审文件有异议的，应当在提交资格预审申请文件截止时间2日前提出；对招标文件有异议的，应当在投标截止时间10日前提出。招标人应当自收到异议之日起3日内作出答复；作出答复前，应当暂停招标投标活动。

第二十三条 招标人编制的资格预审文件、招标文件的内容违反法律、行政法规的强制性规定，违反公开、公平、公正和诚实信用原则，影响资格预审结果或者潜在投标人投标的，依法必须进行招标的项目的招标人应当在修改资格预审文件或者招标文件后重新招标。

第二十四条 招标人对招标项目划分标段的，应当遵守招标投标法的有关规定，不得利用划分标段限制或者排斥潜在投标人。依法必须进行招标的项目的招标人不得利用划分标段规避招标。

第二十五条 招标人应当在招标文件中载明投标有效期。投标有效期从提交投标文件的截止之日起算。

第二十六条 招标人在招标文件中要求投标人提交

投标保证金的，投标保证金不得超过招标项目估算价的2%。投标保证金有效期应当与投标有效期一致。

依法必须进行招标的项目的境内投标单位，以现金或者支票形式提交的投标保证金应当从其基本账户转出。

招标人不得挪用投标保证金。

第二十七条 招标人可以自行决定是否编制标底。一个招标项目只能有一个标底。标底必须保密。

接受委托编制标底的中介机构不得参加受托编制标底项目的投标，也不得为该项目的投标人编制投标文件或者提供咨询。

招标人设有最高投标限价的，应当在招标文件中明确最高投标限价或者最高投标限价的计算方法。招标人不得规定最低投标限价。

第二十八条 招标人不得组织单个或者部分潜在投标人踏勘项目现场。

第二十九条 招标人可以依法对工程以及与工程建设有关的货物、服务全部或者部分实行总承包招标。以暂估价形式包括在总承包范围内的工程、货物、服务属于依法必须进行招标的项目范围且达到国家规定规模标准的，应当依法进行招标。

前款所称暂估价，是指总承包招标时不能确定价格而由招标人在招标文件中暂时估定的工程、货物、服务的金额。

第三十条 对技术复杂或者无法精确拟定技术规格的项目，招标人可以分两阶段进行招标。

第一阶段，投标人按照招标公告或者投标邀请书的要求提交不带报价的技术建议，招标人根据投标人提交的技术建议确定技术标准和要求，编制招标文件。

第二阶段，招标人向在第一阶段提交技术建议的投标人提供招标文件，投标人按照招标文件的要求提交包括最终技术方案和投标报价的投标文件。

招标人要求投标人提交投标保证金的，应当在第二阶段提出。

第三十一条 招标人终止招标的，应当及时发布公告，或者以书面形式通知被邀请的或者已经获取资格预审文件、招标文件的潜在投标人。已经发售资格预审文件、招标文件或者已经收取投标保证金的，招标人应当及时退还所收取的资格预审文件、招标文件的费用，以及所收取的投标保证金及银行同期存款利息。

第三十二条 招标人不得以不合理的条件限制、排斥潜在投标人或者投标人。

招标人有下列行为之一的，属于以不合理条件限制、排斥潜在投标人或者投标人：

（一）就同一招标项目向潜在投标人或者投标人提供有差别的项目信息；

（二）设定的资格、技术、商务条件与招标项目的具体特点和实际需要不相适应或者与合同履行无关；

（三）依法必须进行招标的项目以特定行政区域或者特定行业的业绩、奖项作为加分条件或者中标条件；

（四）对潜在投标人或者投标人采取不同的资格审查或者评标标准；

（五）限定或者指定特定的专利、商标、品牌、原产地或者供应商；

（六）依法必须进行招标的项目非法限定潜在投标人或者投标人的所有制形式或者组织形式；

（七）以其他不合理条件限制、排斥潜在投标人或者投标人。

第三章 投 标

第三十三条 投标人参加依法必须进行招标的项目的投标，不受地区或者部门的限制，任何单位和个人不得非法干涉。

第三十四条 与招标人存在利害关系可能影响招标公正性的法人、其他组织或者个人，不得参加投标。

单位负责人为同一人或者存在控股、管理关系的不同单位，不得参加同一标段投标或者未划分标段的同一招标项目投标。

违反前两款规定的，相关投标均无效。

第三十五条 投标人撤回已提交的投标文件，应当在投标截止时间前书面通知招标人。招标人已收取投标保证金的，应当自收到投标人书面撤回通知之日起5日内退还。

投标截止后投标人撤销投标文件的，招标人可以不退还投标保证金。

第三十六条 未通过资格预审的申请人提交的投标文件，以及逾期送达或者不按照招标文件要求密封的投标文件，招标人应当拒收。

招标人应当如实记载投标文件的送达时间和密封情况，并存档备查。

第三十七条 招标人应当在资格预审公告、招标公告或者投标邀请书中载明是否接受联合体投标。

招标人接受联合体投标并进行资格预审的，联合体应当在提交资格预审申请文件前组成。资格预审后联合体增减、更换成员的，其投标无效。

联合体各方在同一招标项目中以自己名义单独投标或者参加其他联合体投标的，相关投标均无效。

第三十八条 投标人发生合并、分立、破产等重大变化的，应当及时书面告知招标人。投标人不再具备资格预审文件、招标文件规定的资格条件或者其投标影响招标公正性的，其投标无效。

第三十九条 禁止投标人相互串通投标。

有下列情形之一的，属于投标人相互串通投标：

（一）投标人之间协商投标报价等投标文件的实质性内容；

（二）投标人之间约定中标人；

（三）投标人之间约定部分投标人放弃投标或者中标；

（四）属于同一集团、协会、商会等组织成员的投标人按照该组织要求协同投标；

（五）投标人之间为谋取中标或者排斥特定投标人而采取的其他联合行动。

第四十条 有下列情形之一的，视为投标人相互串通投标：

（一）不同投标人的投标文件由同一单位或者个人编制；

（二）不同投标人委托同一单位或者个人办理投标事宜；

（三）不同投标人的投标文件载明的项目管理成员为同一人；

（四）不同投标人的投标文件异常一致或者投标报价呈规律性差异；

（五）不同投标人的投标文件相互混装；

（六）不同投标人的投标保证金从同一单位或者个人的账户转出。

第四十一条 禁止招标人与投标人串通投标。

有下列情形之一的，属于招标人与投标人串通投标：

（一）招标人在开标前开启投标文件并将有关信息泄露给其他投标人；

（二）招标人直接或者间接向投标人泄露标底、评标委员会成员等信息；

（三）招标人明示或者暗示投标人压低或者抬高投标报价；

（四）招标人授意投标人撤换、修改投标文件；

（五）招标人明示或者暗示投标人为特定投标人中标提供方便；

（六）招标人与投标人为谋求特定投标人中标而采取的其他串通行为。

第四十二条 使用通过受让或者租借等方式获取的资格、资质证书投标的，属于招标投标法第三十三条规定的以他人名义投标。

投标人有下列情形之一的，属于招标投标法第三十三条规定的以其他方式弄虚作假的行为：

（一）使用伪造、变造的许可证件；

（二）提供虚假的财务状况或者业绩；

（三）提供虚假的项目负责人或者主要技术人员简历、劳动关系证明；

（四）提供虚假的信用状况；

（五）其他弄虚作假的行为。

第四十三条 提交资格预审申请文件的申请人应当遵守招标投标法和本条例有关投标人的规定。

第四章 开标、评标和中标

第四十四条 招标人应当按照招标文件规定的时间、地点开标。

投标人少于 3 个的，不得开标；招标人应当重新招标。

投标人对开标有异议的，应当在开标现场提出，招标人应当当场作出答复，并制作记录。

第四十五条 国家实行统一的评标专家专业分类标准和管理办法。具体标准和办法由国务院发展改革部门会同国务院有关部门制定。

省级人民政府和国务院有关部门应当组建综合评标专家库。

第四十六条 除招标投标法第三十七条第三款规定的特殊招标项目外，依法必须进行招标的项目，其评标委员会的专家成员应当从评标专家库内相关专业的专家名单中以随机抽取方式确定。任何单位和个人不得以明示、暗示等任何方式指定或者变相指定参加评标委员会的专家成员。

依法必须进行招标的项目的招标人非因招标投标法和本条例规定的事由，不得更换依法确定的评标委员会成员。更换评标委员会的专家成员应当依照前款规定进行。

评标委员会成员与投标人有利害关系的，应当主动回避。

有关行政监督部门应当按照规定的职责分工，对评标委员会成员的确定方式、评标专家的抽取和评标活动进行监督。行政监督部门的工作人员不得担任本部门负责监督项目的评标委员会成员。

第四十七条 招标投标法第三十七条第三款所称特殊招标项目，是指技术复杂、专业性强或者国家有特殊要求，采取随机抽取方式确定的专家难以保证胜任评标工作的项目。

第四十八条 招标人应当向评标委员会提供评标所必需的信息，但不得明示或者暗示其倾向或者排斥特定投标人。

招标人应当根据项目规模和技术复杂程度等因素合理确定评标时间。超过三分之一的评标委员会成员认为评标时间不够的，招标人应当适当延长。

评标过程中，评标委员会成员有回避事由、擅离职守或者因健康等原因不能继续评标的，应当及时更换。被更换的评标委员会成员作出的评审结论无效，由更换后的评标委员会成员重新进行评审。

第四十九条 评标委员会成员应当依照招标投标法和本条例的规定，按照招标文件规定的评标标准和方法，客观、公正地对投标文件提出评审意见。招标文件没有规定的评标标准和方法不得作为评标的依据。

评标委员会成员不得私下接触投标人，不得收受投标人给予的财物或者其他好处，不得向招标人征询确定中标人的意向，不得接受任何单位或者个人明示或者暗示提出的倾向或者排斥特定投标人的要求，不得有其他不客观、不公正履行职务的行为。

第五十条 招标项目设有标底的，招标人应当在开标时公布。标底只能作为评标的参考，不得以投标报价是否接近标底作为中标条件，也不得以投标报价超过标底上下浮动范围作为否决投标的条件。

第五十一条 有下列情形之一的，评标委员会应当否决其投标：

（一）投标文件未经投标单位盖章和单位负责人签字；

（二）投标联合体没有提交共同投标协议；

（三）投标人不符合国家或者招标文件规定的资格条件；

（四）同一投标人提交两个以上不同的投标文件或者投标报价，但招标文件要求提交备选投标的除外；

（五）投标报价低于成本或者高于招标文件设定的最高投标限价；

（六）投标文件没有对招标文件的实质性要求和条件作出响应；

（七）投标人有串通投标、弄虚作假、行贿等违法行为。

第五十二条 投标文件中有含义不明确的内容、明显文字或者计算错误，评标委员会认为需要投标人作出必要澄清、说明的，应当书面通知该投标人。投标人的澄清、说明应当采用书面形式，并不得超出投标文件的范围或者改变投标文件的实质性内容。

评标委员会不得暗示或者诱导投标人作出澄清、说明，不得接受投标人主动提出的澄清、说明。

第五十三条 评标完成后，评标委员会应当向招标人提交书面评标报告和中标候选人名单。中标候选人应当不超过3个，并标明排序。

评标报告应当由评标委员会全体成员签字。对评标结果有不同意见的评标委员会成员应当以书面形式说明其不同意见和理由，评标报告应当注明该不同意见。评标委员会成员拒绝在评标报告上签字又不书面说明其不同意见和理由的，视为同意评标结果。

第五十四条 依法必须进行招标的项目，招标人应当自收到评标报告之日起3日内公示中标候选人，公示期不得少于3日。

投标人或者其他利害关系人对依法必须进行招标的项目的评标结果有异议的，应当在中标候选人公示期间提出。招标人应当自收到异议之日起3日内作出答复；作出答复前，应当暂停招标投标活动。

第五十五条 国有资金占控股或者主导地位的依法必须进行招标的项目，招标人应当确定排名第一的中标候选人为中标人。排名第一的中标候选人放弃中标、因不可抗力不能履行合同、不按照招标文件要求提交履约保证金，或者被查实存在影响中标结果的违法行为等情形，不符合中标条件的，招标人可以按照评标委员会提出的中标候选人名单排序依次确定其他中标候选人为中标人，也可以重新招标。

第五十六条 中标候选人的经营、财务状况发生较大变化或者存在违法行为，招标人认为可能影响其履约能力的，应当在发出中标通知书前由原评标委员会按照招标文件规定的标准和方法审查确认。

第五十七条 招标人和中标人应当依照招标投标法和本条例的规定签订书面合同，合同的标的、价款、质量、履行期限等主要条款应当与招标文件和中标人的投标文件的内容一致。招标人和中标人不得再行订立背离合同实质性内容的其他协议。

招标人最迟应当在书面合同签订后5日内向中标人和未中标的投标人退还投标保证金及银行同期存款利息。

第五十八条 招标文件要求中标人提交履约保证金的，中标人应当按照招标文件的要求提交。履约保证金不得超过中标合同金额的10%。

第五十九条 中标人应当按照合同约定履行义务，完成中标项目。中标人不得向他人转让中标项目，也不得将中标项目肢解后分别向他人转让。

中标人按照合同约定或者经招标人同意，可以将中标项目的部分非主体、非关键性工作分包给他人完成。接受分包的人应当具备相应的资格条件，并不得再次分包。

中标人应当就分包项目向招标人负责，接受分包的人就分包项目承担连带责任。

第五章 投诉与处理

第六十条 投标人或者其他利害关系人认为招标投标活动不符合法律、行政法规规定的，可以自知道或者应当知道之日起10日内向有关行政监督部门投诉。投诉应当有明确的请求和必要的证明材料。

就本条例第二十二条、第四十四条、第五十四条规定事项投诉的，应当先向招标人提出异议，异议答复期间不计算在前款规定的期限内。

第六十一条 投诉人就同一事项向两个以上有权受理的行政监督部门投诉的，由最先收到投诉的行政监督部门负责处理。

行政监督部门应当自收到投诉之日起3个工作日内决定是否受理投诉，并自受理投诉之日起30个工作日内作出书面处理决定；需要检验、检测、鉴定、专家评审的，所需时间不计算在内。

投诉人捏造事实、伪造材料或者以非法手段取得证明材料进行投诉的，行政监督部门应当予以驳回。

第六十二条 行政监督部门处理投诉，有权查阅、复制有关文件、资料，调查有关情况，相关单位和人员应当予以配合。必要时，行政监督部门可以责令暂停招标投标活动。

行政监督部门的工作人员对监督检查过程中知悉的国家秘密、商业秘密，应当依法予以保密。

第六章 法律责任

第六十三条 招标人有下列限制或者排斥潜在投标人行为之一的，由有关行政监督部门依照招标投标法第五十一条的规定处罚：

（一）依法应当公开招标的项目不按照规定在指定媒介发布资格预审公告或者招标公告；

（二）在不同媒介发布的同一招标项目的资格预审公告或者招标公告的内容不一致，影响潜在投标人申请资格预审或者投标。

依法必须进行招标的项目的招标人不按照规定发布资格预审公告或者招标公告，构成规避招标的，依照招标投标法第四十九条的规定处罚。

第六十四条 招标人有下列情形之一的，由有关行政监督部门责令改正，可以处10万元以下的罚款：

（一）依法应当公开招标而采用邀请招标；

（二）招标文件、资格预审文件的发售、澄清、修改的时限，或者确定的提交资格预审申请文件、投标文件的时限不符合招标投标法和本条例规定；

（三）接受未通过资格预审的单位或者个人参加投标；

（四）接受应当拒收的投标文件。

招标人有前款第一项、第三项、第四项所列行为之一的，对单位直接负责的主管人员和其他直接责任人员依法给予处分。

第六十五条 招标代理机构在所代理的招标项目中投标、代理投标或者向该项目投标人提供咨询的，接受委托编制标底的中介机构参加受托编制标底项目的投标或者为该项目的投标人编制投标文件、提供咨询的，依照招标投标法第五十条的规定追究法律责任。

第六十六条 招标人超过本条例规定的比例收取投标保证金、履约保证金或者不按照规定退还投标保证金及银行同期存款利息的，由有关行政监督部门责令改正，可以处5万元以下的罚款；给他人造成损失的，依法承担赔偿责任。

第六十七条 投标人相互串通投标或者与招标人串通投标的，投标人向招标人或者评标委员会成员行贿谋取中标的，中标无效；构成犯罪的，依法追究刑事责任；尚不构成犯罪的，依照招标投标法第五十三条的规定处罚。投标人未中标的，对单位的罚款金额按照招标项目合同金额依照招标投标法规定的比例计算。

投标人有下列行为之一的，属于招标投标法第五十三条规定的情节严重行为，由有关行政监督部门取消其1年至2年内参加依法必须进行招标的项目的投标资格：

（一）以行贿谋取中标；

（二）3年内2次以上串通投标；

（三）串通投标行为损害招标人、其他投标人或者国家、集体、公民的合法利益，造成直接经济损失30万元以上；

（四）其他串通投标情节严重的行为。

投标人自本条第二款规定的处罚执行期限届满之日起3年内又有该款所列违法行为之一的，或者串通投标、以行贿谋取中标情节特别严重的，由工商行政管理机关吊销营业执照。

法律、行政法规对串通投标报价行为的处罚另有规定的，从其规定。

第六十八条 投标人以他人名义投标或者以其他方式弄虚作假骗取中标的，中标无效；构成犯罪的，依法追究刑事责任；尚不构成犯罪的，依照招标投标法第五十四条的规定处罚。依法必须进行招标的项目的投标人未中标的，对单位的罚款金额按照招标项目合同金额依照招标投标法规定的比例计算。

投标人有下列行为之一的，属于招标投标法第五十四条规定的情节严重行为，由有关行政监督部门取消其1年至3年内参加依法必须进行招标的项目的投标资格：

（一）伪造、变造资格、资质证书或者其他许可证件骗取中标；

（二）3年内2次以上使用他人名义投标；

（三）弄虚作假骗取中标给招标人造成直接经济损失30万元以上；

（四）其他弄虚作假骗取中标情节严重的行为。

投标人自本条第二款规定的处罚执行期限届满之日起3年内又有该款所列违法行为之一的，或者弄虚作假骗取中标情节特别严重的，由工商行政管理机关吊销营业执照。

第六十九条 出让或者出租资格、资质证书供他人投标的，依照法律、行政法规的规定给予行政处罚；构成犯罪的，依法追究刑事责任。

第七十条 依法必须进行招标的项目的招标人不按照规定组建评标委员会，或者确定、更换评标委员会成员违反招标投标法和本条例规定的，由有关行政监督部门责令改正，可以处10万元以下的罚款，对单位直接负责的主管人员和其他直接责任人员依法给予处分；违法确定或者更换的评标委员会成员作出的评审结论无效，依法重新进行评审。

国家工作人员以任何方式非法干涉选取评标委员会成员的，依照本条例第八十条的规定追究法律责任。

第七十一条 评标委员会成员有下列行为之一的，由有关行政监督部门责令改正；情节严重的，禁止其在一定期限内参加依法必须进行招标的项目的评标；情节特别严重的，取消其担任评标委员会成员的资格：

（一）应当回避而不回避；

（二）擅离职守；

（三）不按照招标文件规定的评标标准和方法评标；

（四）私下接触投标人；

（五）向招标人征询确定中标人的意向或者接受任何单位或者个人明示或者暗示提出的倾向或者排斥特定投标人的要求；

（六）对依法应当否决的投标不提出否决意见；

（七）暗示或者诱导投标人作出澄清、说明或者接受投标人主动提出的澄清、说明；

（八）其他不客观、不公正履行职务的行为。

第七十二条 评标委员会成员收受投标人的财物或者其他好处的，没收收受的财物，处3000元以上5万元以下的罚款，取消担任评标委员会成员的资格，不得再参加依法必须进行招标的项目的评标；构成犯罪的，依法追究刑事责任。

第七十三条 依法必须进行招标的项目的招标人有下列情形之一的，由有关行政监督部门责令改正，可以处中标项目金额10‰以下的罚款；给他人造成损失的，依法承担赔偿责任；对单位直接负责的主管人员和其他直接责任人员依法给予处分：

（一）无正当理由不发出中标通知书；

（二）不按照规定确定中标人；

（三）中标通知书发出后无正当理由改变中标结果；

（四）无正当理由不与中标人订立合同；

（五）在订立合同时向中标人提出附加条件。

第七十四条 中标人无正当理由不与招标人订立合同，在签订合同时向招标人提出附加条件，或者不按照招标文件要求提交履约保证金的，取消其中标资格，投标保证金不予退还。对依法必须进行招标的项目的中标人，由有关行政监督部门责令改正，可以处中标项目金额10‰以下的罚款。

第七十五条 招标人和中标人不按照招标文件和中标人的投标文件订立合同，合同的主要条款与招标文件、中标人的投标文件的内容不一致，或者招标人、中标人订立背离合同实质性内容的协议的，由有关行政监督部门责令改正，可以处中标项目金额5‰以上10‰以下的罚款。

第七十六条 中标人将中标项目转让给他人的，将中标项目肢解后分别转让给他人的，违反招标投标法和本条例规定将中标项目的部分主体、关键性工作分包给他人的，或者分包人再次分包的，转让、分包无效，处转让、分包项目金额5‰以上10‰以下的罚款;有违法所得的,并处没收违法所得;可以责令停业整顿;情节严重的,由工商行政管理机关吊销营业执照。

第七十七条 投标人或者其他利害关系人捏造事实、伪造材料或者以非法手段取得证明材料进行投诉,给他人造成损失的,依法承担赔偿责任。

招标人不按照规定对异议作出答复,继续进行招标投标活动的,由有关行政监督部门责令改正,拒不改正或者不能改正并影响中标结果的,依照本条例第八十一条的规定处理。

第七十八条 国家建立招标投标信用制度。有关行政监督部门应当依法公告对招标人、招标代理机构、投标人、评标委员会成员等当事人违法行为的行政处理决定。

第七十九条 项目审批、核准部门不依法审批、核准项目招标范围、招标方式、招标组织形式的,对单位直接负责的主管人员和其他直接责任人员依法给予处分。

有关行政监督部门不依法履行职责,对违反招标投标法和本条例规定的行为不依法查处,或者不按照规定处理投诉、不依法公告对招标投标当事人违法行为的行政处理决定的,对直接负责的主管人员和其他直接责任人员依法给予处分。

项目审批、核准部门和有关行政监督部门的工作人员徇私舞弊、滥用职权、玩忽职守,构成犯罪的,依法追究刑事责任。

第八十条 国家工作人员利用职务便利,以直接或者间接、明示或者暗示等任何方式非法干涉招标投标活动,有下列情形之一的,依法给予记过或者记大过处分;情节严重的,依法给予降级或者撤职处分;情节特别严重的,依法给予开除处分;构成犯罪的,依法追究刑事责任:

(一)要求对依法必须进行招标的项目不招标,或者要求对依法应当公开招标的项目不公开招标;

(二)要求评标委员会成员或者招标人以其指定的投标人作为中标候选人或者中标人,或者以其他方式非法干涉评标活动,影响中标结果;

(三)以其他方式非法干涉招标投标活动。

第八十一条 依法必须进行招标的项目的招标投标活动违反招标投标法和本条例的规定,对中标结果造成实质性影响,且不能采取补救措施予以纠正的,招标、投标、中标无效,应当依法重新招标或者评标。

第七章 附 则

第八十二条 招标投标协会按照依法制定的章程开展活动,加强行业自律和服务。

第八十三条 政府采购的法律、行政法规对政府采购货物、服务的招标投标另有规定的,从其规定。

第八十四条 本条例自2012年2月1日起施行。

中华人民共和国民法典(节录)

·2020年5月28日第十三届全国人民代表大会第三次会议通过

·2020年5月28日中华人民共和国主席令第45号公布

·自2021年1月1日起施行

第一编 总 则

第一章 基本规定

第一条 【立法目的和依据】为了保护民事主体的合法权益,调整民事关系,维护社会和经济秩序,适应中国特色社会主义发展要求,弘扬社会主义核心价值观,根据宪法,制定本法。

第二条 【调整范围】民法调整平等主体的自然人、法人和非法人组织之间的人身关系和财产关系。

第三条 【民事权利及其他合法权益受法律保护】民事主体的人身权利、财产权利以及其他合法权益受法律保护,任何组织或者个人不得侵犯。

第四条 【平等原则】民事主体在民事活动中的法律地位一律平等。

第五条 【自愿原则】民事主体从事民事活动,应当遵循自愿原则,按照自己的意思设立、变更、终止民事法律关系。

第六条 【公平原则】民事主体从事民事活动,应当遵循公平原则,合理确定各方的权利和义务。

第七条 【诚信原则】民事主体从事民事活动,应当遵循诚信原则,秉持诚实,恪守承诺。

第八条 【守法与公序良俗原则】民事主体从事民事活动,不得违反法律,不得违背公序良俗。

第九条 【绿色原则】民事主体从事民事活动,应当有利于节约资源、保护生态环境。

第十条 【处理民事纠纷的依据】处理民事纠纷,应当依照法律;法律没有规定的,可以适用习惯,但是不得违背公序良俗。

第十一条 【特别法优先】其他法律对民事关系有特别规定的,依照其规定。

第十二条 【民法的效力范围】中华人民共和国领域内的民事活动,适用中华人民共和国法律。法律另有规定的,依照其规定。

第二章　自然人

第一节　民事权利能力和民事行为能力

第十三条　【自然人民事权利能力的起止时间】自然人从出生时起到死亡时止，具有民事权利能力，依法享有民事权利，承担民事义务。

第十四条　【民事权利能力平等】自然人的民事权利能力一律平等。

第十五条　【出生和死亡时间的认定】自然人的出生时间和死亡时间，以出生证明、死亡证明记载的时间为准；没有出生证明、死亡证明的，以户籍登记或者其他有效身份登记记载的时间为准。有其他证据足以推翻以上记载时间的，以该证据证明的时间为准。

第十六条　【胎儿利益保护】涉及遗产继承、接受赠与等胎儿利益保护的，胎儿视为具有民事权利能力。但是，胎儿娩出时为死体的，其民事权利能力自始不存在。

第十七条　【成年时间】十八周岁以上的自然人为成年人。不满十八周岁的自然人为未成年人。

第十八条　【完全民事行为能力人】成年人为完全民事行为能力人，可以独立实施民事法律行为。

十六周岁以上的未成年人，以自己的劳动收入为主要生活来源的，视为完全民事行为能力人。

第十九条　【限制民事行为能力的未成年人】八周岁以上的未成年人为限制民事行为能力人，实施民事法律行为由其法定代理人代理或者经其法定代理人同意、追认；但是，可以独立实施纯获利益的民事法律行为或者与其年龄、智力相适应的民事法律行为。

第二十条　【无民事行为能力的未成年人】不满八周岁的未成年人为无民事行为能力人，由其法定代理人代理实施民事法律行为。

第二十一条　【无民事行为能力的成年人】不能辨认自己行为的成年人为无民事行为能力人，由其法定代理人代理实施民事法律行为。

八周岁以上的未成年人不能辨认自己行为的，适用前款规定。

第二十二条　【限制民事行为能力的成年人】不能完全辨认自己行为的成年人为限制民事行为能力人，实施民事法律行为由其法定代理人代理或者经其法定代理人同意、追认；但是，可以独立实施纯获利益的民事法律行为或者与其智力、精神健康状况相适应的民事法律行为。

第二十三条　【非完全民事行为能力人的法定代理人】无民事行为能力人、限制民事行为能力人的监护人是其法定代理人。

第二十四条　【民事行为能力的认定及恢复】不能辨认或者不能完全辨认自己行为的成年人，其利害关系人或者有关组织，可以向人民法院申请认定该成年人为无民事行为能力人或者限制民事行为能力人。

被人民法院认定为无民事行为能力人或者限制民事行为能力人的，经本人、利害关系人或者有关组织申请，人民法院可以根据其智力、精神健康恢复的状况，认定该成年人恢复为限制民事行为能力人或者完全民事行为能力人。

本条规定的有关组织包括：居民委员会、村民委员会、学校、医疗机构、妇女联合会、残疾人联合会、依法设立的老年人组织、民政部门等。

第二十五条　【自然人的住所】自然人以户籍登记或者其他有效身份登记记载的居所为住所；经常居所与住所不一致的，经常居所视为住所。

第二节　监　护

第二十六条　【父母子女之间的法律义务】父母对未成年子女负有抚养、教育和保护的义务。

成年子女对父母负有赡养、扶助和保护的义务。

第二十七条　【未成年人的监护人】父母是未成年子女的监护人。

未成年人的父母已经死亡或者没有监护能力的，由下列有监护能力的人按顺序担任监护人：

（一）祖父母、外祖父母；

（二）兄、姐；

（三）其他愿意担任监护人的个人或者组织，但是须经未成年人住所地的居民委员会、村民委员会或者民政部门同意。

第二十八条　【非完全民事行为能力成年人的监护人】无民事行为能力或者限制民事行为能力的成年人，由下列有监护能力的人按顺序担任监护人：

（一）配偶；

（二）父母、子女；

（三）其他近亲属；

（四）其他愿意担任监护人的个人或者组织，但是须经被监护人住所地的居民委员会、村民委员会或者民政部门同意。

第二十九条　【遗嘱指定监护】被监护人的父母担任监护人的，可以通过遗嘱指定监护人。

第三十条　【协议确定监护人】依法具有监护资格的人之间可以协议确定监护人。协议确定监护人应当尊重被监护人的真实意愿。

第三十一条　【监护争议解决程序】对监护人的确定有争议的,由被监护人住所地的居民委员会、村民委员会或者民政部门指定监护人,有关当事人对指定不服的,可以向人民法院申请指定监护人;有关当事人也可以直接向人民法院申请指定监护人。

居民委员会、村民委员会、民政部门或者人民法院应当尊重被监护人的真实意愿,按照最有利于被监护人的原则在依法具有监护资格的人中指定监护人。

依据本条第一款规定指定监护人前,被监护人的人身权利、财产权利以及其他合法权益处于无人保护状态的,由被监护人住所地的居民委员会、村民委员会、法律规定的有关组织或者民政部门担任临时监护人。

监护人被指定后,不得擅自变更;擅自变更的,不免除被指定的监护人的责任。

第三十二条　【公职监护人】没有依法具有监护资格的人的,监护人由民政部门担任,也可以由具备履行监护职责条件的被监护人住所地的居民委员会、村民委员会担任。

第三十三条　【意定监护】具有完全民事行为能力的成年人,可以与其近亲属、其他愿意担任监护人的个人或者组织事先协商,以书面形式确定自己的监护人,在自己丧失或者部分丧失民事行为能力时,由该监护人履行监护职责。

第三十四条　【监护职责及临时生活照料】监护人的职责是代理被监护人实施民事法律行为,保护被监护人的人身权利、财产权利以及其他合法权益等。

监护人依法履行监护职责产生的权利,受法律保护。

监护人不履行监护职责或者侵害被监护人合法权益的,应当承担法律责任。

因发生突发事件等紧急情况,监护人暂时无法履行监护职责,被监护人的生活处于无人照料状态的,被监护人住所地的居民委员会、村民委员会或者民政部门应当为被监护人安排必要的临时生活照料措施。

第三十五条　【履行监护职责应遵循的原则】监护人应当按照最有利于被监护人的原则履行监护职责。监护人除为维护被监护人利益外,不得处分被监护人的财产。

未成年人的监护人履行监护职责,在作出与被监护人利益有关的决定时,应当根据被监护人的年龄和智力状况,尊重被监护人的真实意愿。

成年人的监护人履行监护职责,应当最大程度地尊重被监护人的真实意愿,保障并协助被监护人实施与其智力、精神健康状况相适应的民事法律行为。对被监护人有能力独立处理的事务,监护人不得干涉。

第三十六条　【监护人资格的撤销】监护人有下列情形之一的,人民法院根据有关个人或者组织的申请,撤销其监护人资格,安排必要的临时监护措施,并按照最有利于被监护人的原则依法指定监护人:

(一)实施严重损害被监护人身心健康的行为;

(二)怠于履行监护职责,或者无法履行监护职责且拒绝将监护职责部分或者全部委托给他人,导致被监护人处于危困状态;

(三)实施严重侵害被监护人合法权益的其他行为。

本条规定的有关个人、组织包括:其他依法具有监护资格的人,居民委员会、村民委员会、学校、医疗机构、妇女联合会、残疾人联合会、未成年人保护组织、依法设立的老年人组织、民政部门等。

前款规定的个人和民政部门以外的组织未及时向人民法院申请撤销监护人资格的,民政部门应当向人民法院申请。

第三十七条　【监护人资格撤销后的义务】依法负担被监护人抚养费、赡养费、扶养费的父母、子女、配偶等,被人民法院撤销监护人资格后,应当继续履行负担的义务。

第三十八条　【监护人资格的恢复】被监护人的父母或者子女被人民法院撤销监护人资格后,除对被监护人实施故意犯罪的外,确有悔改表现的,经其申请,人民法院可以在尊重被监护人真实意愿的前提下,视情况恢复其监护人资格,人民法院指定的监护人与被监护人的监护关系同时终止。

第三十九条　【监护关系的终止】有下列情形之一的,监护关系终止:

(一)被监护人取得或者恢复完全民事行为能力;

(二)监护人丧失监护能力;

(三)被监护人或者监护人死亡;

(四)人民法院认定监护关系终止的其他情形。

监护关系终止后,被监护人仍然需要监护的,应当依法另行确定监护人。

第三节　宣告失踪和宣告死亡

第四十条　【宣告失踪】自然人下落不明满二年的,利害关系人可以向人民法院申请宣告该自然人为失踪人。

第四十一条　【下落不明的起算时间】自然人下落

不明的时间自其失去音讯之日起计算。战争期间下落不明的,下落不明的时间自战争结束之日或者有关机关确定的下落不明之日起计算。

第四十二条 【财产代管人】失踪人的财产由其配偶、成年子女、父母或者其他愿意担任财产代管人的人代管。

代管有争议,没有前款规定的人,或者前款规定的人无代管能力的,由人民法院指定的人代管。

第四十三条 【财产代管人的职责】财产代管人应当妥善管理失踪人的财产,维护其财产权益。

失踪人所欠税款、债务和应付的其他费用,由财产代管人从失踪人的财产中支付。

财产代管人因故意或者重大过失造成失踪人财产损失的,应当承担赔偿责任。

第四十四条 【财产代管人的变更】财产代管人不履行代管职责、侵害失踪人财产权益或者丧失代管能力的,失踪人的利害关系人可以向人民法院申请变更财产代管人。

财产代管人有正当理由的,可以向人民法院申请变更财产代管人。

人民法院变更财产代管人的,变更后的财产代管人有权请求原财产代管人及时移交有关财产并报告财产代管情况。

第四十五条 【失踪宣告的撤销】失踪人重新出现,经本人或者利害关系人申请,人民法院应当撤销失踪宣告。

失踪人重新出现,有权请求财产代管人及时移交有关财产并报告财产代管情况。

第四十六条 【宣告死亡】自然人有下列情形之一的,利害关系人可以向人民法院申请宣告该自然人死亡:

(一)下落不明满四年;

(二)因意外事件,下落不明满二年。

因意外事件下落不明,经有关机关证明该自然人不可能生存的,申请宣告死亡不受二年时间的限制。

第四十七条 【宣告失踪与宣告死亡申请的竞合】对同一自然人,有的利害关系人申请宣告死亡,有的利害关系人申请宣告失踪,符合本法规定的宣告死亡条件的,人民法院应当宣告死亡。

第四十八条 【死亡日期的确定】被宣告死亡的人,人民法院宣告死亡的判决作出之日视为其死亡的日期;因意外事件下落不明宣告死亡的,意外事件发生之日视为其死亡的日期。

第四十九条 【被宣告死亡人实际生存时的行为效力】自然人被宣告死亡但是并未死亡的,不影响该自然人在被宣告死亡期间实施的民事法律行为的效力。

第五十条 【死亡宣告的撤销】被宣告死亡的人重新出现,经本人或者利害关系人申请,人民法院应当撤销死亡宣告。

第五十一条 【宣告死亡及其撤销后婚姻关系的效力】被宣告死亡的人的婚姻关系,自死亡宣告之日起消除。死亡宣告被撤销的,婚姻关系自撤销死亡宣告之日起自行恢复。但是,其配偶再婚或者向婚姻登记机关书面声明不愿意恢复的除外。

第五十二条 【死亡宣告撤销后子女被收养的效力】被宣告死亡的人在被宣告死亡期间,其子女被他人依法收养的,在死亡宣告被撤销后,不得以未经本人同意为由主张收养行为无效。

第五十三条 【死亡宣告撤销后的财产返还与赔偿责任】被撤销死亡宣告的人有权请求依照本法第六编取得其财产的民事主体返还财产;无法返还的,应当给予适当补偿。

利害关系人隐瞒真实情况,致使他人被宣告死亡而取得其财产的,除应当返还财产外,还应当对由此造成的损失承担赔偿责任。

第四节 个体工商户和农村承包经营户

第五十四条 【个体工商户】自然人从事工商业经营,经依法登记,为个体工商户。个体工商户可以起字号。

第五十五条 【农村承包经营户】农村集体经济组织的成员,依法取得农村土地承包经营权,从事家庭承包经营的,为农村承包经营户。

第五十六条 【"两户"的债务承担】个体工商户的债务,个人经营的,以个人财产承担;家庭经营的,以家庭财产承担;无法区分的,以家庭财产承担。

农村承包经营户的债务,以从事农村土地承包经营的农户财产承担;事实上由农户部分成员经营的,以该部分成员的财产承担。

第三章 法 人

第一节 一般规定

第五十七条 【法人的定义】法人是具有民事权利能力和民事行为能力,依法独立享有民事权利和承担民事义务的组织。

第五十八条 【法人的成立】法人应当依法成立。

法人应当有自己的名称、组织机构、住所、财产或者经费。法人成立的具体条件和程序,依照法律、行政法规的规定。

设立法人,法律、行政法规规定须经有关机关批准的,依照其规定。

第五十九条 【法人的民事权利能力和民事行为能力】法人的民事权利能力和民事行为能力,从法人成立时产生,到法人终止时消灭。

第六十条 【法人的民事责任承担】法人以其全部财产独立承担民事责任。

第六十一条 【法定代表人】依照法律或者法人章程的规定,代表法人从事民事活动的负责人,为法人的法定代表人。

法定代表人以法人名义从事的民事活动,其法律后果由法人承受。

法人章程或者法人权力机构对法定代表人代表权的限制,不得对抗善意相对人。

第六十二条 【法定代表人职务行为的法律责任】法定代表人因执行职务造成他人损害的,由法人承担民事责任。

法人承担民事责任后,依照法律或者法人章程的规定,可以向有过错的法定代表人追偿。

第六十三条 【法人的住所】法人以其主要办事机构所在地为住所。依法需要办理法人登记的,应当将主要办事机构所在地登记为住所。

第六十四条 【法人的变更登记】法人存续期间登记事项发生变化的,应当依法向登记机关申请变更登记。

第六十五条 【法人登记的对抗效力】法人的实际情况与登记的事项不一致的,不得对抗善意相对人。

第六十六条 【法人登记公示制度】登记机关应当依法及时公示法人登记的有关信息。

第六十七条 【法人合并、分立后的权利义务承担】法人合并的,其权利和义务由合并后的法人享有和承担。

法人分立的,其权利和义务由分立后的法人享有连带债权,承担连带债务,但是债权人和债务人另有约定的除外。

第六十八条 【法人的终止】有下列原因之一并依法完成清算、注销登记的,法人终止:

(一)法人解散;

(二)法人被宣告破产;

(三)法律规定的其他原因。

法人终止,法律、行政法规规定须经有关机关批准的,依照其规定。

第六十九条 【法人的解散】有下列情形之一的,法人解散:

(一)法人章程规定的存续期间届满或者法人章程规定的其他解散事由出现;

(二)法人的权力机构决议解散;

(三)因法人合并或者分立需要解散;

(四)法人依法被吊销营业执照、登记证书,被责令关闭或者被撤销;

(五)法律规定的其他情形。

第七十条 【法人解散后的清算】法人解散的,除合并或者分立的情形外,清算义务人应当及时组成清算组进行清算。

法人的董事、理事等执行机构或者决策机构的成员为清算义务人。法律、行政法规另有规定的,依照其规定。

清算义务人未及时履行清算义务,造成损害的,应当承担民事责任;主管机关或者利害关系人可以申请人民法院指定有关人员组成清算组进行清算。

第七十一条 【法人清算的法律适用】法人的清算程序和清算组职权,依照有关法律的规定;没有规定的,参照适用公司法律的有关规定。

第七十二条 【清算的法律效果】清算期间法人存续,但是不得从事与清算无关的活动。

法人清算后的剩余财产,按照法人章程的规定或者法人权力机构的决议处理。法律另有规定的,依照其规定。

清算结束并完成法人注销登记时,法人终止;依法不需要办理法人登记的,清算结束时,法人终止。

第七十三条 【法人因破产而终止】法人被宣告破产的,依法进行破产清算并完成法人注销登记时,法人终止。

第七十四条 【法人的分支机构】法人可以依法设立分支机构。法律、行政法规规定分支机构应当登记的,依照其规定。

分支机构以自己的名义从事民事活动,产生的民事责任由法人承担;也可以先以该分支机构管理的财产承担,不足以承担的,由法人承担。

第七十五条 【法人设立行为的法律后果】设立人为设立法人从事的民事活动,其法律后果由法人承受;法人未成立的,其法律后果由设立人承受,设立人为二人以上的,享有连带债权,承担连带债务。

设立人为设立法人以自己的名义从事民事活动产生的民事责任，第三人有权选择请求法人或者设立人承担。

第二节 营利法人

第七十六条 【营利法人的定义和类型】以取得利润并分配给股东等出资人为目的成立的法人，为营利法人。

营利法人包括有限责任公司、股份有限公司和其他企业法人等。

第七十七条 【营利法人的成立】营利法人经依法登记成立。

第七十八条 【营利法人的营业执照】依法设立的营利法人，由登记机关发给营利法人营业执照。营业执照签发日期为营利法人的成立日期。

第七十九条 【营利法人的章程】设立营利法人应当依法制定法人章程。

第八十条 【营利法人的权力机构】营利法人应当设权力机构。

权力机构行使修改法人章程，选举或者更换执行机构、监督机构成员，以及法人章程规定的其他职权。

第八十一条 【营利法人的执行机构】营利法人应当设执行机构。

执行机构行使召集权力机构会议，决定法人的经营计划和投资方案，决定法人内部管理机构的设置，以及法人章程规定的其他职权。

执行机构为董事会或者执行董事的，董事长、执行董事或者经理按照法人章程的规定担任法定代表人；未设董事会或者执行董事的，法人章程规定的主要负责人为其执行机构和法定代表人。

第八十二条 【营利法人的监督机构】营利法人设监事会或者监事等监督机构的，监督机构依法行使检查法人财务，监督执行机构成员、高级管理人员执行法人职务的行为，以及法人章程规定的其他职权。

第八十三条 【出资人滥用权利的责任承担】营利法人的出资人不得滥用出资人权利损害法人或者其他出资人的利益；滥用出资人权利造成法人或者其他出资人损失的，应当依法承担民事责任。

营利法人的出资人不得滥用法人独立地位和出资人有限责任损害法人债权人的利益；滥用法人独立地位和出资人有限责任，逃避债务，严重损害法人债权人的利益的，应当对法人债务承担连带责任。

第八十四条 【利用关联关系造成损失的赔偿责任】营利法人的控股出资人、实际控制人、董事、监事、高级管理人员不得利用其关联关系损害法人的利益；利用关联关系造成法人损失的，应当承担赔偿责任。

第八十五条 【营利法人出资人对瑕疵决议的撤销权】营利法人的权力机构、执行机构作出决议的会议召集程序、表决方式违反法律、行政法规、法人章程，或者决议内容违反法人章程的，营利法人的出资人可以请求人民法院撤销该决议。但是，营利法人依据该决议与善意相对人形成的民事法律关系不受影响。

第八十六条 【营利法人的社会责任】营利法人从事经营活动，应当遵守商业道德，维护交易安全，接受政府和社会的监督，承担社会责任。

第三节 非营利法人

第八十七条 【非营利法人的定义和范围】为公益目的或者其他非营利目的成立，不向出资人、设立人或者会员分配所取得利润的法人，为非营利法人。

非营利法人包括事业单位、社会团体、基金会、社会服务机构等。

第八十八条 【事业单位法人资格的取得】具备法人条件，为适应经济社会发展需要，提供公益服务设立的事业单位，经依法登记成立，取得事业单位法人资格；依法不需要办理法人登记的，从成立之日起，具有事业单位法人资格。

第八十九条 【事业单位法人的组织机构】事业单位法人设理事会的，除法律另有规定外，理事会为其决策机构。事业单位法人的法定代表人依照法律、行政法规或者法人章程的规定产生。

第九十条 【社会团体法人资格的取得】具备法人条件，基于会员共同意愿，为公益目的或者会员共同利益等非营利目的设立的社会团体，经依法登记成立，取得社会团体法人资格；依法不需要办理法人登记的，从成立之日起，具有社会团体法人资格。

第九十一条 【社会团体法人章程和组织机构】设立社会团体法人应当依法制定法人章程。

社会团体法人应当设会员大会或者会员代表大会等权力机构。

社会团体法人应当设理事会等执行机构。理事长或者会长等负责人按照法人章程的规定担任法定代表人。

第九十二条 【捐助法人】具备法人条件，为公益目的以捐助财产设立的基金会、社会服务机构等，经依法登记成立，取得捐助法人资格。

依法设立的宗教活动场所，具备法人条件的，可以申请法人登记，取得捐助法人资格。法律、行政法规对宗教活动场所有规定的,依照其规定。

第九十三条 【捐助法人章程和组织机构】设立捐助法人应当依法制定法人章程。

捐助法人应当设理事会、民主管理组织等决策机构,并设执行机构。理事长等负责人按照法人章程的规定担任法定代表人。

捐助法人应当设监事会等监督机构。

第九十四条 【捐助人的权利】捐助人有权向捐助法人查询捐助财产的使用、管理情况,并提出意见和建议,捐助法人应当及时、如实答复。

捐助法人的决策机构、执行机构或者法定代表人作出决定的程序违反法律、行政法规、法人章程,或者决定内容违反法人章程的,捐助人等利害关系人或者主管机关可以请求人民法院撤销该决定。但是,捐助法人依据该决定与善意相对人形成的民事法律关系不受影响。

第九十五条 【公益性非营利法人剩余财产的处理】为公益目的成立的非营利法人终止时,不得向出资人、设立人或者会员分配剩余财产。剩余财产应当按照法人章程的规定或者权力机构的决议用于公益目的;无法按照法人章程的规定或者权力机构的决议处理的,由主管机关主持转给宗旨相同或者相近的法人,并向社会公告。

第四节 特别法人

第九十六条 【特别法人的类型】本节规定的机关法人、农村集体经济组织法人、城镇农村的合作经济组织法人、基层群众性自治组织法人,为特别法人。

第九十七条 【机关法人】有独立经费的机关和承担行政职能的法定机构从成立之日起,具有机关法人资格,可以从事为履行职能所需要的民事活动。

第九十八条 【机关法人的终止】机关法人被撤销的,法人终止,其民事权利和义务由继任的机关法人享有和承担;没有继任的机关法人的,由作出撤销决定的机关法人享有和承担。

第九十九条 【农村集体经济组织法人】农村集体经济组织依法取得法人资格。

法律、行政法规对农村集体经济组织有规定的,依照其规定。

第一百条 【合作经济组织法人】城镇农村的合作经济组织依法取得法人资格。

法律、行政法规对城镇农村的合作经济组织有规定的,依照其规定。

第一百零一条 【基层群众性自治组织法人】居民委员会、村民委员会具有基层群众性自治组织法人资格,可以从事为履行职能所需要的民事活动。

未设立村集体经济组织的,村民委员会可以依法代行村集体经济组织的职能。

第四章 非法人组织

第一百零二条 【非法人组织的定义】非法人组织是不具有法人资格,但是能够依法以自己的名义从事民事活动的组织。

非法人组织包括个人独资企业、合伙企业、不具有法人资格的专业服务机构等。

第一百零三条 【非法人组织的设立程序】非法人组织应当依照法律的规定登记。

设立非法人组织,法律、行政法规规定须经有关机关批准的,依照其规定。

第一百零四条 【非法人组织的债务承担】非法人组织的财产不足以清偿债务的,其出资人或者设立人承担无限责任。法律另有规定的,依照其规定。

第一百零五条 【非法人组织的代表人】非法人组织可以确定一人或者数人代表该组织从事民事活动。

第一百零六条 【非法人组织的解散】有下列情形之一的,非法人组织解散:

(一)章程规定的存续期间届满或者章程规定的其他解散事由出现;

(二)出资人或者设立人决定解散;

(三)法律规定的其他情形。

第一百零七条 【非法人组织的清算】非法人组织解散的,应当依法进行清算。

第一百零八条 【非法人组织的参照适用规定】非法人组织除适用本章规定外,参照适用本编第三章第一节的有关规定。

第五章 民事权利

第一百零九条 【一般人格权】自然人的人身自由、人格尊严受法律保护。

第一百一十条 【民事主体的人格权】自然人享有生命权、身体权、健康权、姓名权、肖像权、名誉权、荣誉权、隐私权、婚姻自主权等权利。

法人、非法人组织享有名称权、名誉权和荣誉权。

第一百一十一条 【个人信息受法律保护】自然人的个人信息受法律保护。任何组织或者个人需要获取他人个人信息的,应当依法取得并确保信息安全,不得非法收集、使用、加工、传输他人个人信息，不得非法买卖、提供或者公开他人个人信息。

第一百一十二条 【婚姻家庭关系等产生的人身权利】自然人因婚姻家庭关系等产生的人身权利受法律保护。

第一百一十三条 【财产权受法律平等保护】民事主体的财产权利受法律平等保护。

第一百一十四条 【物权的定义及类型】民事主体依法享有物权。

物权是权利人依法对特定的物享有直接支配和排他的权利，包括所有权、用益物权和担保物权。

第一百一十五条 【物权的客体】物包括不动产和动产。法律规定权利作为物权客体的，依照其规定。

第一百一十六条 【物权法定原则】物权的种类和内容，由法律规定。

第一百一十七条 【征收与征用】为了公共利益的需要，依照法律规定的权限和程序征收、征用不动产或者动产的，应当给予公平、合理的补偿。

第一百一十八条 【债权的定义】民事主体依法享有债权。

债权是因合同、侵权行为、无因管理、不当得利以及法律的其他规定，权利人请求特定义务人为或者不为一定行为的权利。

第一百一十九条 【合同之债】依法成立的合同，对当事人具有法律约束力。

第一百二十条 【侵权之债】民事权益受到侵害的，被侵权人有权请求侵权人承担侵权责任。

第一百二十一条 【无因管理之债】没有法定的或者约定的义务，为避免他人利益受损失而进行管理的人，有权请求受益人偿还由此支出的必要费用。

第一百二十二条 【不当得利之债】因他人没有法律根据，取得不当利益，受损失的人有权请求其返还不当利益。

第一百二十三条 【知识产权及其客体】民事主体依法享有知识产权。

知识产权是权利人依法就下列客体享有的专有的权利：

（一）作品；

（二）发明、实用新型、外观设计；

（三）商标；

（四）地理标志；

（五）商业秘密；

（六）集成电路布图设计；

（七）植物新品种；

（八）法律规定的其他客体。

第一百二十四条 【继承权及其客体】自然人依法享有继承权。

自然人合法的私有财产，可以依法继承。

第一百二十五条 【投资性权利】民事主体依法享有股权和其他投资性权利。

第一百二十六条 【其他民事权益】民事主体享有法律规定的其他民事权利和利益。

第一百二十七条 【对数据和网络虚拟财产的保护】法律对数据、网络虚拟财产的保护有规定的，依照其规定。

第一百二十八条 【对弱势群体的特别保护】法律对未成年人、老年人、残疾人、妇女、消费者等的民事权利保护有特别规定的，依照其规定。

第一百二十九条 【民事权利的取得方式】民事权利可以依据民事法律行为、事实行为、法律规定的事件或者法律规定的其他方式取得。

第一百三十条 【权利行使的自愿原则】民事主体按照自己的意愿依法行使民事权利，不受干涉。

第一百三十一条 【权利人的义务履行】民事主体行使权利时，应当履行法律规定的和当事人约定的义务。

第一百三十二条 【禁止权利滥用】民事主体不得滥用民事权利损害国家利益、社会公共利益或者他人合法权益。

第六章　民事法律行为

第一节　一般规定

第一百三十三条 【民事法律行为的定义】民事法律行为是民事主体通过意思表示设立、变更、终止民事法律关系的行为。

第一百三十四条 【民事法律行为的成立】民事法律行为可以基于双方或者多方的意思表示一致成立，也可以基于单方的意思表示成立。

法人、非法人组织依照法律或者章程规定的议事方式和表决程序作出决议的，该决议行为成立。

第一百三十五条 【民事法律行为的形式】民事法律行为可以采用书面形式、口头形式或者其他形式；法律、行政法规规定或者当事人约定采用特定形式的，应当采用特定形式。

第一百三十六条 【民事法律行为的生效】民事法

律行为自成立时生效,但是法律另有规定或者当事人另有约定的除外。

行为人非依法律规定或者未经对方同意,不得擅自变更或者解除民事法律行为。

第二节　意思表示

第一百三十七条　【有相对人的意思表示的生效时间】以对话方式作出的意思表示,相对人知道其内容时生效。

以非对话方式作出的意思表示,到达相对人时生效。以非对话方式作出的采用数据电文形式的意思表示,相对人指定特定系统接收数据电文的,该数据电文进入该特定系统时生效;未指定特定系统的,相对人知道或者应当知道该数据电文进入其系统时生效。当事人对采用数据电文形式的意思表示的生效时间另有约定的,按照其约定。

第一百三十八条　【无相对人的意思表示的生效时间】无相对人的意思表示,表示完成时生效。法律另有规定的,依照其规定。

第一百三十九条　【公告的意思表示的生效时间】以公告方式作出的意思表示,公告发布时生效。

第一百四十条　【意思表示的方式】行为人可以明示或者默示作出意思表示。

沉默只有在有法律规定、当事人约定或者符合当事人之间的交易习惯时,才可以视为意思表示。

第一百四十一条　【意思表示的撤回】行为人可以撤回意思表示。撤回意思表示的通知应当在意思表示到达相对人前或者与意思表示同时到达相对人。

第一百四十二条　【意思表示的解释】有相对人的意思表示的解释,应当按照所使用的词句,结合相关条款、行为的性质和目的、习惯以及诚信原则,确定意思表示的含义。

无相对人的意思表示的解释,不能完全拘泥于所使用的词句,而应当结合相关条款、行为的性质和目的、习惯以及诚信原则,确定行为人的真实意思。

第三节　民事法律行为的效力

第一百四十三条　【民事法律行为的有效条件】具备下列条件的民事法律行为有效:

(一)行为人具有相应的民事行为能力;

(二)意思表示真实;

(三)不违反法律、行政法规的强制性规定,不违背公序良俗。

第一百四十四条　【无民事行为能力人实施的民事法律行为】无民事行为能力人实施的民事法律行为无效。

第一百四十五条　【限制民事行为能力人实施的民事法律行为】限制民事行为能力人实施的纯获利益的民事法律行为或者与其年龄、智力、精神健康状况相适应的民事法律行为有效;实施的其他民事法律行为经法定代理人同意或者追认后有效。

相对人可以催告法定代理人自收到通知之日起三十日内予以追认。法定代理人未作表示的,视为拒绝追认。民事法律行为被追认前,善意相对人有撤销的权利。撤销应当以通知的方式作出。

第一百四十六条　【虚假表示与隐藏行为效力】行为人与相对人以虚假的意思表示实施的民事法律行为无效。

以虚假的意思表示隐藏的民事法律行为的效力,依照有关法律规定处理。

第一百四十七条　【重大误解】基于重大误解实施的民事法律行为,行为人有权请求人民法院或者仲裁机构予以撤销。

第一百四十八条　【欺诈】一方以欺诈手段,使对方在违背真实意思的情况下实施的民事法律行为,受欺诈方有权请求人民法院或者仲裁机构予以撤销。

第一百四十九条　【第三人欺诈】第三人实施欺诈行为,使一方在违背真实意思的情况下实施的民事法律行为,对方知道或者应当知道该欺诈行为的,受欺诈方有权请求人民法院或者仲裁机构予以撤销。

第一百五十条　【胁迫】一方或者第三人以胁迫手段,使对方在违背真实意思的情况下实施的民事法律行为,受胁迫方有权请求人民法院或者仲裁机构予以撤销。

第一百五十一条　【乘人之危导致的显失公平】一方利用对方处于危困状态、缺乏判断能力等情形,致使民事法律行为成立时显失公平的,受损害方有权请求人民法院或者仲裁机构予以撤销。

第一百五十二条　【撤销权的消灭期间】有下列情形之一的,撤销权消灭:

(一)当事人自知道或者应当知道撤销事由之日起一年内、重大误解的当事人自知道或者应当知道撤销事由之日起九十日内没有行使撤销权;

(二)当事人受胁迫,自胁迫行为终止之日起一年内没有行使撤销权;

(三)当事人知道撤销事由后明确表示或者以自己的行为表明放弃撤销权。

当事人自民事法律行为发生之日起五年内没有行使撤销权的，撤销权消灭。

第一百五十三条　【违反强制性规定及违背公序良俗的民事法律行为的效力】违反法律、行政法规的强制性规定的民事法律行为无效。但是，该强制性规定不导致该民事法律行为无效的除外。

违背公序良俗的民事法律行为无效。

第一百五十四条　【恶意串通】行为人与相对人恶意串通，损害他人合法权益的民事法律行为无效。

第一百五十五条　【无效或者被撤销民事法律行为自始无效】无效的或者被撤销的民事法律行为自始没有法律约束力。

第一百五十六条　【民事法律行为部分无效】民事法律行为部分无效，不影响其他部分效力的，其他部分仍然有效。

第一百五十七条　【民事法律行为无效、被撤销、不生效力的法律后果】民事法律行为无效、被撤销或者确定不发生效力后，行为人因该行为取得的财产，应当予以返还；不能返还或者没有必要返还的，应当折价补偿。有过错的一方应当赔偿对方由此所受到的损失；各方都有过错的，应当各自承担相应的责任。法律另有规定的，依照其规定。

第四节　民事法律行为的附条件和附期限

第一百五十八条　【附条件的民事法律行为】民事法律行为可以附条件，但是根据其性质不得附条件的除外。附生效条件的民事法律行为，自条件成就时生效。附解除条件的民事法律行为，自条件成就时失效。

第一百五十九条　【条件成就或不成就的拟制】附条件的民事法律行为，当事人为自己的利益不正当地阻止条件成就的，视为条件已经成就；不正当地促成条件成就的，视为条件不成就。

第一百六十条　【附期限的民事法律行为】民事法律行为可以附期限，但是根据其性质不得附期限的除外。附生效期限的民事法律行为，自期限届至时生效。附终止期限的民事法律行为，自期限届满时失效。

第七章　代　理

第一节　一般规定

第一百六十一条　【代理的适用范围】民事主体可以通过代理人实施民事法律行为。

依照法律规定、当事人约定或者民事法律行为的性质，应当由本人亲自实施的民事法律行为，不得代理。

第一百六十二条　【代理的效力】代理人在代理权限内，以被代理人名义实施的民事法律行为，对被代理人发生效力。

第一百六十三条　【代理的类型】代理包括委托代理和法定代理。

委托代理人按照被代理人的委托行使代理权。法定代理人依照法律的规定行使代理权。

第一百六十四条　【不当代理的民事责任】代理人不履行或者不完全履行职责，造成被代理人损害的，应当承担民事责任。

代理人和相对人恶意串通，损害被代理人合法权益的，代理人和相对人应当承担连带责任。

第二节　委托代理

第一百六十五条　【授权委托书】委托代理授权采用书面形式的，授权委托书应当载明代理人的姓名或者名称、代理事项、权限和期限，并由被代理人签名或者盖章。

第一百六十六条　【共同代理】数人为同一代理事项的代理人的，应当共同行使代理权，但是当事人另有约定的除外。

第一百六十七条　【违法代理的责任承担】代理人知道或者应当知道代理事项违法仍然实施代理行为，或者被代理人知道或者应当知道代理人的代理行为违法未作反对表示的，被代理人和代理人应当承担连带责任。

第一百六十八条　【禁止自己代理和双方代理】代理人不得以被代理人的名义与自己实施民事法律行为，但是被代理人同意或者追认的除外。

代理人不得以被代理人的名义与自己同时代理的其他人实施民事法律行为，但是被代理的双方同意或者追认的除外。

第一百六十九条　【复代理】代理人需要转委托第三人代理的，应当取得被代理人的同意或者追认。

转委托代理经被代理人同意或者追认的，被代理人可以就代理事务直接指示转委托的第三人，代理人仅就第三人的选任以及对第三人的指示承担责任。

转委托代理未经被代理人同意或者追认的，代理人应当对转委托的第三人的行为承担责任；但是，在紧急情况下代理人为了维护被代理人的利益需要转委托第三人代理的除外。

第一百七十条　【职务代理】执行法人或者非法人组织工作任务的人员，就其职权范围内的事项，以法人或者非法人组织的名义实施的民事法律行为，对法人或者非法人组织发生效力。

法人或者非法人组织对执行其工作任务的人员职权范围的限制,不得对抗善意相对人。

第一百七十一条 【无权代理】行为人没有代理权、超越代理权或者代理权终止后,仍然实施代理行为,未经被代理人追认的,对被代理人不发生效力。

相对人可以催告被代理人自收到通知之日起三十日内予以追认。被代理人未作表示的,视为拒绝追认。行为人实施的行为被追认前,善意相对人有撤销的权利。撤销应当以通知的方式作出。

行为人实施的行为未被追认的,善意相对人有权请求行为人履行债务或者就其受到的损害请求行为人赔偿。但是,赔偿的范围不得超过被代理人追认时相对人所能获得的利益。

相对人知道或者应当知道行为人无权代理的,相对人和行为人按照各自的过错承担责任。

第一百七十二条 【表见代理】行为人没有代理权、超越代理权或者代理权终止后,仍然实施代理行为,相对人有理由相信行为人有代理权的,代理行为有效。

第三节 代理终止

第一百七十三条 【委托代理的终止】有下列情形之一的,委托代理终止:

(一)代理期限届满或者代理事务完成;

(二)被代理人取消委托或者代理人辞去委托;

(三)代理人丧失民事行为能力;

(四)代理人或者被代理人死亡;

(五)作为代理人或者被代理人的法人、非法人组织终止。

第一百七十四条 【委托代理终止的例外】被代理人死亡后,有下列情形之一的,委托代理人实施的代理行为有效:

(一)代理人不知道且不应当知道被代理人死亡;

(二)被代理人的继承人予以承认;

(三)授权中明确代理权在代理事务完成时终止;

(四)被代理人死亡前已经实施,为了被代理人的继承人的利益继续代理。

作为被代理人的法人、非法人组织终止的,参照适用前款规定。

第一百七十五条 【法定代理的终止】有下列情形之一的,法定代理终止:

(一)被代理人取得或者恢复完全民事行为能力;

(二)代理人丧失民事行为能力;

(三)代理人或者被代理人死亡;

(四)法律规定的其他情形。

第八章 民事责任

第一百七十六条 【民事责任】民事主体依照法律规定或者按照当事人约定,履行民事义务,承担民事责任。

第一百七十七条 【按份责任】二人以上依法承担按份责任,能够确定责任大小的,各自承担相应的责任;难以确定责任大小的,平均承担责任。

第一百七十八条 【连带责任】二人以上依法承担连带责任的,权利人有权请求部分或者全部连带责任人承担责任。

连带责任人的责任份额根据各自责任大小确定;难以确定责任大小的,平均承担责任。实际承担责任超过自己责任份额的连带责任人,有权向其他连带责任人追偿。

连带责任,由法律规定或者当事人约定。

第一百七十九条 【民事责任的承担方式】承担民事责任的方式主要有:

(一)停止侵害;

(二)排除妨碍;

(三)消除危险;

(四)返还财产;

(五)恢复原状;

(六)修理、重作、更换;

(七)继续履行;

(八)赔偿损失;

(九)支付违约金;

(十)消除影响、恢复名誉;

(十一)赔礼道歉。

法律规定惩罚性赔偿的,依照其规定。

本条规定的承担民事责任的方式,可以单独适用,也可以合并适用。

第一百八十条 【不可抗力】因不可抗力不能履行民事义务的,不承担民事责任。法律另有规定的,依照其规定。

不可抗力是不能预见、不能避免且不能克服的客观情况。

第一百八十一条 【正当防卫】因正当防卫造成损害的,不承担民事责任。

正当防卫超过必要的限度,造成不应有的损害的,正当防卫人应当承担适当的民事责任。

第一百八十二条 【紧急避险】因紧急避险造成损害的，由引起险情发生的人承担民事责任。

危险由自然原因引起的，紧急避险人不承担民事责任，可以给予适当补偿。

紧急避险采取措施不当或者超过必要的限度，造成不应有的损害的，紧急避险人应当承担适当的民事责任。

第一百八十三条 【因保护他人民事权益而受损的责任承担】因保护他人民事权益使自己受到损害的，由侵权人承担民事责任，受益人可以给予适当补偿。没有侵权人、侵权人逃逸或者无力承担民事责任，受害人请求补偿的，受益人应当给予适当补偿。

第一百八十四条 【紧急救助的责任豁免】因自愿实施紧急救助行为造成受助人损害的，救助人不承担民事责任。

第一百八十五条 【英雄烈士人格利益的保护】侵害英雄烈士等的姓名、肖像、名誉、荣誉，损害社会公共利益的，应当承担民事责任。

第一百八十六条 【违约责任与侵权责任的竞合】因当事人一方的违约行为，损害对方人身权益、财产权益的，受损害方有权选择请求其承担违约责任或者侵权责任。

第一百八十七条 【民事责任优先】民事主体因同一行为应当承担民事责任、行政责任和刑事责任的，承担行政责任或者刑事责任不影响承担民事责任；民事主体的财产不足以支付的，优先用于承担民事责任。

第九章 诉讼时效

第一百八十八条 【普通诉讼时效】向人民法院请求保护民事权利的诉讼时效期间为三年。法律另有规定的，依照其规定。

诉讼时效期间自权利人知道或者应当知道权利受到损害以及义务人之日起计算。法律另有规定的，依照其规定。但是，自权利受到损害之日起超过二十年的，人民法院不予保护，有特殊情况的，人民法院可以根据权利人的申请决定延长。

第一百八十九条 【分期履行债务诉讼时效的起算】当事人约定同一债务分期履行的，诉讼时效期间自最后一期履行期限届满之日起计算。

第一百九十条 【对法定代理人请求权诉讼时效的起算】无民事行为能力人或者限制民事行为能力人对其法定代理人的请求权的诉讼时效期间，自该法定代理终止之日起计算。

第一百九十一条 【未成年人遭受性侵害的损害赔偿诉讼时效的起算】未成年人遭受性侵害的损害赔偿请求权的诉讼时效期间，自受害人年满十八周岁之日起计算。

第一百九十二条 【诉讼时效届满的法律效果】诉讼时效期间届满的，义务人可以提出不履行义务的抗辩。

诉讼时效期间届满后，义务人同意履行的，不得以诉讼时效期间届满为由抗辩；义务人已经自愿履行的，不得请求返还。

第一百九十三条 【诉讼时效援用】人民法院不得主动适用诉讼时效的规定。

第一百九十四条 【诉讼时效的中止】在诉讼时效期间的最后六个月内，因下列障碍，不能行使请求权的，诉讼时效中止：

（一）不可抗力；

（二）无民事行为能力人或者限制民事行为能力人没有法定代理人，或者法定代理人死亡、丧失民事行为能力、丧失代理权；

（三）继承开始后未确定继承人或者遗产管理人；

（四）权利人被义务人或者其他人控制；

（五）其他导致权利人不能行使请求权的障碍。

自中止时效的原因消除之日起满六个月，诉讼时效期间届满。

第一百九十五条 【诉讼时效的中断】有下列情形之一的，诉讼时效中断，从中断、有关程序终结时起，诉讼时效期间重新计算：

（一）权利人向义务人提出履行请求；

（二）义务人同意履行义务；

（三）权利人提起诉讼或者申请仲裁；

（四）与提起诉讼或者申请仲裁具有同等效力的其他情形。

第一百九十六条 【不适用诉讼时效的情形】下列请求权不适用诉讼时效的规定：

（一）请求停止侵害、排除妨碍、消除危险；

（二）不动产物权和登记的动产物权的权利人请求返还财产；

（三）请求支付抚养费、赡养费或者扶养费；

（四）依法不适用诉讼时效的其他请求权。

第一百九十七条 【诉讼时效法定】诉讼时效的期间、计算方法以及中止、中断的事由由法律规定，当事人约定无效。

当事人对诉讼时效利益的预先放弃无效。

第一百九十八条　【仲裁时效】法律对仲裁时效有规定的,依照其规定;没有规定的,适用诉讼时效的规定。

第一百九十九条　【除斥期间】法律规定或者当事人约定的撤销权、解除权等权利的存续期间,除法律另有规定外,自权利人知道或者应当知道权利产生之日起计算,不适用有关诉讼时效中止、中断和延长的规定。存续期间届满,撤销权、解除权等权利消灭。

第十章　期间计算

第二百条　【期间的计算单位】民法所称的期间按照公历年、月、日、小时计算。

第二百零一条　【期间的起算】按照年、月、日计算期间的,开始的当日不计入,自下一日开始计算。

按照小时计算期间的,自法律规定或者当事人约定的时间开始计算。

第二百零二条　【期间结束】按照年、月计算期间的,到期月的对应日为期间的最后一日;没有对应日的,月末日为期间的最后一日。

第二百零三条　【期间计算的特殊规定】期间的最后一日是法定休假日的,以法定休假日结束的次日为期间的最后一日。

期间的最后一日的截止时间为二十四时;有业务时间的,停止业务活动的时间为截止时间。

第二百零四条　【期间法定或约定】期间的计算方法依照本法的规定,但是法律另有规定或者当事人另有约定的除外。

……

第三编　合　同

第一分编　通　则

第一章　一般规定

第四百六十三条　【合同编的调整范围】本编调整因合同产生的民事关系。

第四百六十四条　【合同的定义及身份关系协议的法律适用】合同是民事主体之间设立、变更、终止民事法律关系的协议。

婚姻、收养、监护等有关身份关系的协议,适用有关该身份关系的法律规定;没有规定的,可以根据其性质参照适用本编规定。

第四百六十五条　【依法成立的合同受法律保护及合同相对性原则】依法成立的合同,受法律保护。

依法成立的合同,仅对当事人具有法律约束力,但是法律另有规定的除外。

第四百六十六条　【合同的解释规则】当事人对合同条款的理解有争议的,应当依据本法第一百四十二条第一款的规定,确定争议条款的含义。

合同文本采用两种以上文字订立并约定具有同等效力的,对各文本使用的词句推定具有相同含义。各文本使用的词句不一致的,应当根据合同的相关条款、性质、目的以及诚信原则等予以解释。

第四百六十七条　【非典型合同及特定涉外合同的法律适用】本法或者其他法律没有明文规定的合同,适用本编通则的规定,并可以参照适用本编或者其他法律最相类似合同的规定。

在中华人民共和国境内履行的中外合资经营企业合同、中外合作经营企业合同、中外合作勘探开发自然资源合同,适用中华人民共和国法律。

第四百六十八条　【非合同之债的法律适用】非因合同产生的债权债务关系,适用有关该债权债务关系的法律规定;没有规定的,适用本编通则的有关规定,但是根据其性质不能适用的除外。

第二章　合同的订立

第四百六十九条　【合同形式】当事人订立合同,可以采用书面形式、口头形式或者其他形式。

书面形式是合同书、信件、电报、电传、传真等可以有形地表现所载内容的形式。

以电子数据交换、电子邮件等方式能够有形地表现所载内容,并可以随时调取查用的数据电文,视为书面形式。

第四百七十条　【合同主要条款及示范文本】合同的内容由当事人约定,一般包括下列条款:

(一)当事人的姓名或者名称和住所;

(二)标的;

(三)数量;

(四)质量;

(五)价款或者报酬;

(六)履行期限、地点和方式;

(七)违约责任;

(八)解决争议的方法。

当事人可以参照各类合同的示范文本订立合同。

第四百七十一条　【订立合同的方式】当事人订立合同,可以采取要约、承诺方式或者其他方式。

第四百七十二条　【要约的定义及其构成】要约是希望与他人订立合同的意思表示,该意思表示应当符合下列条件:

（一）内容具体确定；

（二）表明经受要约人承诺，要约人即受该意思表示约束。

第四百七十三条　【要约邀请】要约邀请是希望他人向自己发出要约的表示。拍卖公告、招标公告、招股说明书、债券募集办法、基金招募说明书、商业广告和宣传、寄送的价目表等为要约邀请。

商业广告和宣传的内容符合要约条件的，构成要约。

第四百七十四条　【要约的生效时间】要约生效的时间适用本法第一百三十七条的规定。

第四百七十五条　【要约的撤回】要约可以撤回。要约的撤回适用本法第一百四十一条的规定。

第四百七十六条　【要约不得撤销情形】要约可以撤销，但是有下列情形之一的除外：

（一）要约人以确定承诺期限或者其他形式明示要约不可撤销；

（二）受要约人有理由认为要约是不可撤销的，并已经为履行合同做了合理准备工作。

第四百七十七条　【要约撤销条件】撤销要约的意思表示以对话方式作出的，该意思表示的内容应当在受要约人作出承诺之前为受要约人所知道；撤销要约的意思表示以非对话方式作出的，应当在受要约人作出承诺之前到达受要约人。

第四百七十八条　【要约失效】有下列情形之一的，要约失效：

（一）要约被拒绝；

（二）要约被依法撤销；

（三）承诺期限届满，受要约人未作出承诺；

（四）受要约人对要约的内容作出实质性变更。

第四百七十九条　【承诺的定义】承诺是受要约人同意要约的意思表示。

第四百八十条　【承诺的方式】承诺应当以通知的方式作出；但是，根据交易习惯或者要约表明可以通过行为作出承诺的除外。

第四百八十一条　【承诺的期限】承诺应当在要约确定的期限内到达要约人。

要约没有确定承诺期限的，承诺应当依照下列规定到达：

（一）要约以对话方式作出的，应当即时作出承诺；

（二）要约以非对话方式作出的，承诺应当在合理期限内到达。

第四百八十二条　【承诺期限的起算】要约以信件或者电报作出的，承诺期限自信件载明的日期或者电报交发之日开始计算。信件未载明日期的，自投寄该信件的邮戳日期开始计算。要约以电话、传真、电子邮件等快速通讯方式作出的，承诺期限自要约到达受要约人时开始计算。

第四百八十三条　【合同成立时间】承诺生效时合同成立，但是法律另有规定或者当事人另有约定的除外。

第四百八十四条　【承诺生效时间】以通知方式作出的承诺，生效的时间适用本法第一百三十七条的规定。

承诺不需要通知的，根据交易习惯或者要约的要求作出承诺的行为时生效。

第四百八十五条　【承诺的撤回】承诺可以撤回。承诺的撤回适用本法第一百四十一条的规定。

第四百八十六条　【逾期承诺及效果】受要约人超过承诺期限发出承诺，或者在承诺期限内发出承诺，按照通常情形不能及时到达要约人的，为新要约；但是，要约人及时通知受要约人该承诺有效的除外。

第四百八十七条　【迟到的承诺】受要约人在承诺期限内发出承诺，按照通常情形能够及时到达要约人，但是因其他原因致使承诺到达要约人时超过承诺期限的，除要约人及时通知受要约人因承诺超过期限不接受该承诺外，该承诺有效。

第四百八十八条　【承诺对要约内容的实质性变更】承诺的内容应当与要约的内容一致。受要约人对要约的内容作出实质性变更的，为新要约。有关合同标的、数量、质量、价款或者报酬、履行期限、履行地点和方式、违约责任和解决争议方法等的变更，是对要约内容的实质性变更。

第四百八十九条　【承诺对要约内容的非实质性变更】承诺对要约的内容作出非实质性变更的，除要约人及时表示反对或者要约表明承诺不得对要约的内容作出任何变更外，该承诺有效，合同的内容以承诺的内容为准。

第四百九十条　【采用书面形式订立合同的成立时间】当事人采用合同书形式订立合同的，自当事人均签名、盖章或者按指印时合同成立。在签名、盖章或者按指印之前，当事人一方已经履行主要义务，对方接受时，该合同成立。

法律、行政法规规定或者当事人约定合同应当采用书面形式订立，当事人未采用书面形式但是一方已经履行主要义务，对方接受时，该合同成立。

第四百九十一条　【签订确认书的合同及电子合同成立时间】当事人采用信件、数据电文等形式订立合同要求签订确认书的,签订确认书时合同成立。

当事人一方通过互联网等信息网络发布的商品或者服务信息符合要约条件的,对方选择该商品或者服务并提交订单成功时合同成立,但是当事人另有约定的除外。

第四百九十二条 【合同成立的地点】承诺生效的地点为合同成立的地点。

采用数据电文形式订立合同的,收件人的主营业地为合同成立的地点;没有主营业地的,其住所地为合同成立的地点。当事人另有约定的,按照其约定。

第四百九十三条 【采用合同书订立合同的成立地点】当事人采用合同书形式订立合同的,最后签名、盖章或者按指印的地点为合同成立的地点,但是当事人另有约定的除外。

第四百九十四条 【强制缔约义务】国家根据抢险救灾、疫情防控或者其他需要下达国家订货任务、指令性任务的,有关民事主体之间应当依照有关法律、行政法规规定的权利和义务订立合同。

依照法律、行政法规的规定负有发出要约义务的当事人,应当及时发出合理的要约。

依照法律、行政法规的规定负有作出承诺义务的当事人,不得拒绝对方合理的订立合同要求。

第四百九十五条 【预约合同】当事人约定在将来一定期限内订立合同的认购书、订购书、预订书等,构成预约合同。

当事人一方不履行预约合同约定的订立合同义务的,对方可以请求其承担预约合同的违约责任。

第四百九十六条 【格式条款】格式条款是当事人为了重复使用而预先拟定,并在订立合同时未与对方协商的条款。

采用格式条款订立合同的,提供格式条款的一方应当遵循公平原则确定当事人之间的权利和义务,并采取合理的方式提示对方注意免除或者减轻其责任等与对方有重大利害关系的条款,按照对方的要求,对该条款予以说明。提供格式条款的一方未履行提示或者说明义务,致使对方没有注意或者理解与其有重大利害关系的条款的,对方可以主张该条款不成为合同的内容。

第四百九十七条 【格式条款无效的情形】有下列情形之一的,该格式条款无效:

(一)具有本法第一编第六章第三节和本法第五百零六条规定的无效情形;

(二)提供格式条款一方不合理地免除或者减轻其责任、加重对方责任、限制对方主要权利;

(三)提供格式条款一方排除对方主要权利。

第四百九十八条 【格式条款的解释方法】对格式条款的理解发生争议的,应当按照通常理解予以解释。对格式条款有两种以上解释的,应当作出不利于提供格式条款一方的解释。格式条款和非格式条款不一致的,应当采用非格式条款。

第四百九十九条 【悬赏广告】悬赏人以公开方式声明对完成特定行为的人支付报酬的,完成该行为的人可以请求其支付。

第五百条 【缔约过失责任】当事人在订立合同过程中有下列情形之一,造成对方损失的,应当承担赔偿责任:

(一)假借订立合同,恶意进行磋商;

(二)故意隐瞒与订立合同有关的重要事实或者提供虚假情况;

(三)有其他违背诚信原则的行为。

第五百零一条 【合同缔结人的保密义务】当事人在订立合同过程中知悉的商业秘密或者其他应当保密的信息,无论合同是否成立,不得泄露或者不正当地使用;泄露、不正当地使用该商业秘密或者信息,造成对方损失的,应当承担赔偿责任。

第三章 合同的效力

第五百零二条 【合同生效时间及未办理批准手续的处理规则】依法成立的合同,自成立时生效,但是法律另有规定或者当事人另有约定的除外。

依照法律、行政法规的规定,合同应当办理批准等手续的,依照其规定。未办理批准等手续影响合同生效的,不影响合同中履行报批等义务条款以及相关条款的效力。应当办理申请批准等手续的当事人未履行义务的,对方可以请求其承担违反该义务的责任。

依照法律、行政法规的规定,合同的变更、转让、解除等情形应当办理批准等手续的,适用前款规定。

第五百零三条 【被代理人以默示方式追认无权代理】无权代理人以被代理人的名义订立合同,被代理人已经开始履行合同义务或者接受相对人履行的,视为对合同的追认。

第五百零四条 【超越权限订立合同的效力】法人的法定代表人或者非法人组织的负责人超越权限订立的合同,除相对人知道或者应当知道其超越权限外,该代表行为有效,订立的合同对法人或者非法人组织发生效力。

第五百零五条 【超越经营范围订立的合同效力】当事人超越经营范围订立的合同的效力,应当依照本法

第一编第六章第三节和本编的有关规定确定，不得仅以超越经营范围确认合同无效。

第五百零六条 【免责条款无效情形】合同中的下列免责条款无效：

（一）造成对方人身损害的；

（二）因故意或者重大过失造成对方财产损失的。

第五百零七条 【争议解决条款的独立性】合同不生效、无效、被撤销或者终止的，不影响合同中有关解决争议方法的条款的效力。

第五百零八条 【合同效力适用指引】本编对合同的效力没有规定的，适用本法第一编第六章的有关规定。

第四章 合同的履行

第五百零九条 【合同履行的原则】当事人应当按照约定全面履行自己的义务。

当事人应当遵循诚信原则，根据合同的性质、目的和交易习惯履行通知、协助、保密等义务。

当事人在履行合同过程中，应当避免浪费资源、污染环境和破坏生态。

第五百一十条 【约定不明时合同内容的确定】合同生效后，当事人就质量、价款或者报酬、履行地点等内容没有约定或者约定不明确的，可以协议补充；不能达成补充协议的，按照合同相关条款或者交易习惯确定。

第五百一十一条 【质量、价款、履行地点等内容的确定】当事人就有关合同内容约定不明确，依据前条规定仍不能确定的，适用下列规定：

（一）质量要求不明确的，按照强制性国家标准履行；没有强制性国家标准的，按照推荐性国家标准履行；没有推荐性国家标准的，按照行业标准履行；没有国家标准、行业标准的，按照通常标准或者符合合同目的的特定标准履行。

（二）价款或者报酬不明确的，按照订立合同时履行地的市场价格履行；依法应当执行政府定价或者政府指导价的，依照规定履行。

（三）履行地点不明确，给付货币的，在接受货币一方所在地履行；交付不动产的，在不动产所在地履行；其他标的，在履行义务一方所在地履行。

（四）履行期限不明确的，债务人可以随时履行，债权人也可以随时请求履行，但是应当给对方必要的准备时间。

（五）履行方式不明确的，按照有利于实现合同目的的方式履行。

（六）履行费用的负担不明确的，由履行义务一方负担；因债权人原因增加的履行费用，由债权人负担。

第五百一十二条 【电子合同交付时间的认定】通过互联网等信息网络订立的电子合同的标的为交付商品并采用快递物流方式交付的，收货人的签收时间为交付时间。电子合同的标的为提供服务的，生成的电子凭证或者实物凭证中载明的时间为提供服务时间；前述凭证没有载明时间或者载明时间与实际提供服务时间不一致的，以实际提供服务的时间为准。

电子合同的标的物为采用在线传输方式交付的，合同标的物进入对方当事人指定的特定系统且能够检索识别的时间为交付时间。

电子合同当事人对交付商品或者提供服务的方式、时间另有约定的，按照其约定。

第五百一十三条 【执行政府定价或指导价的合同价格确定】执行政府定价或者政府指导价的，在合同约定的交付期限内政府价格调整时，按照交付时的价格计价。逾期交付标的物的，遇价格上涨时，按照原价格执行；价格下降时，按照新价格执行。逾期提取标的物或者逾期付款的，遇价格上涨时，按照新价格执行；价格下降时，按照原价格执行。

第五百一十四条 【金钱之债给付货币的确定规则】以支付金钱为内容的债，除法律另有规定或者当事人另有约定外，债权人可以请求债务人以实际履行地的法定货币履行。

第五百一十五条 【选择之债中债务人的选择权】标的有多项而债务人只需履行其中一项的，债务人享有选择权；但是，法律另有规定、当事人另有约定或者另有交易习惯的除外。

享有选择权的当事人在约定期限内或者履行期限届满未作选择，经催告后在合理期限内仍未选择的，选择权转移至对方。

第五百一十六条 【选择权的行使】当事人行使选择权应当及时通知对方，通知到达对方时，标的确定。标的确定后不得变更，但是经对方同意的除外。

可选择的标的发生不能履行情形的，享有选择权的当事人不得选择不能履行的标的，但是该不能履行的情形是由对方造成的除外。

第五百一十七条 【按份债权与按份债务】债权人为二人以上，标的可分，按照份额各自享有债权的，为按份债权；债务人为二人以上，标的可分，按照份额各自负担债务的，为按份债务。

按份债权人或者按份债务人的份额难以确定的，视为份额相同。

第五百一十八条　【连带债权与连带债务】债权人为二人以上,部分或者全部债权人均可以请求债务人履行债务的,为连带债权;债务人为二人以上,债权人可以请求部分或者全部债务人履行全部债务的,为连带债务。

连带债权或者连带债务,由法律规定或者当事人约定。

第五百一十九条　【连带债务份额的确定及追偿】连带债务人之间的份额难以确定的,视为份额相同。

实际承担债务超过自己份额的连带债务人,有权就超出部分在其他连带债务人未履行的份额范围内向其追偿,并相应地享有债权人的权利,但是不得损害债权人的利益。其他连带债务人对债权人的抗辩,可以向该债务人主张。

被追偿的连带债务人不能履行其应分担份额的,其他连带债务人应当在相应范围内按比例分担。

第五百二十条　【连带债务人之一所生事项涉他效力】部分连带债务人履行、抵销债务或者提存标的物的,其他债务人对债权人的债务在相应范围内消灭;该债务人可以依据前条规定向其他债务人追偿。

部分连带债务人的债务被债权人免除的,在该连带债务人应当承担的份额范围内,其他债务人对债权人的债务消灭。

部分连带债务人的债务与债权人的债权同归于一人的,在扣除该债务人应当承担的份额后,债权人对其他债务人的债权继续存在。

债权人对部分连带债务人的给付受领迟延的,对其他连带债务人发生效力。

第五百二十一条　【连带债权内外部关系】连带债权人之间的份额难以确定的,视为份额相同。

实际受领债权的连带债权人,应当按比例向其他连带债权人返还。

连带债权参照适用本章连带债务的有关规定。

第五百二十二条　【向第三人履行】当事人约定由债务人向第三人履行债务,债务人未向第三人履行债务或者履行债务不符合约定的,应当向债权人承担违约责任。

法律规定或者当事人约定第三人可以直接请求债务人向其履行债务,第三人未在合理期限内明确拒绝,债务人未向第三人履行债务或者履行债务不符合约定的,第三人可以请求债务人承担违约责任;债务人对债权人的抗辩,可以向第三人主张。

第五百二十三条　【第三人履行】当事人约定由第三人向债权人履行债务,第三人不履行债务或者履行债务不符合约定的,债务人应当向债权人承担违约责任。

第五百二十四条　【第三人代为履行】债务人不履行债务,第三人对履行该债务具有合法利益的,第三人有权向债权人代为履行;但是,根据债务性质、按照当事人约定或者依照法律规定只能由债务人履行的除外。

债权人接受第三人履行后,其对债务人的债权转让给第三人,但是债务人和第三人另有约定的除外。

第五百二十五条　【同时履行抗辩权】当事人互负债务,没有先后履行顺序的,应当同时履行。一方在对方履行之前有权拒绝其履行请求。一方在对方履行债务不符合约定时,有权拒绝其相应的履行请求。

第五百二十六条　【先履行抗辩权】当事人互负债务,有先后履行顺序,应当先履行债务一方未履行的,后履行一方有权拒绝其履行请求。先履行一方履行债务不符合约定的,后履行一方有权拒绝其相应的履行请求。

第五百二十七条　【不安抗辩权】应当先履行债务的当事人,有确切证据证明对方有下列情形之一的,可以中止履行:

(一)经营状况严重恶化;

(二)转移财产、抽逃资金,以逃避债务;

(三)丧失商业信誉;

(四)有丧失或者可能丧失履行债务能力的其他情形。

当事人没有确切证据中止履行的,应当承担违约责任。

第五百二十八条　【不安抗辩权的行使】当事人依据前条规定中止履行的,应当及时通知对方。对方提供适当担保的,应当恢复履行。中止履行后,对方在合理期限内未恢复履行能力且未提供适当担保的,视为以自己的行为表明不履行主要债务,中止履行的一方可以解除合同并可以请求对方承担违约责任。

第五百二十九条　【因债权人原因致债务履行困难的处理】债权人分立、合并或者变更住所没有通知债务人,致使履行债务发生困难的,债务人可以中止履行或者将标的物提存。

第五百三十条　【债务人提前履行债务】债权人可以拒绝债务人提前履行债务,但是提前履行不损害债权人利益的除外。

债务人提前履行债务给债权人增加的费用,由债务人负担。

第五百三十一条　【债务人部分履行债务】债权人可以拒绝债务人部分履行债务，但是部分履行不损害债权人利益的除外。

债务人部分履行债务给债权人增加的费用，由债务人负担。

第五百三十二条　【当事人变化不影响合同效力】合同生效后，当事人不得因姓名、名称的变更或者法定代表人、负责人、承办人的变动而不履行合同义务。

第五百三十三条　【情势变更】合同成立后，合同的基础条件发生了当事人在订立合同时无法预见的、不属于商业风险的重大变化，继续履行合同对于当事人一方明显不公平的，受不利影响的当事人可以与对方重新协商；在合理期限内协商不成的，当事人可以请求人民法院或者仲裁机构变更或者解除合同。

人民法院或者仲裁机构应当结合案件的实际情况，根据公平原则变更或者解除合同。

第五百三十四条　【合同监督】对当事人利用合同实施危害国家利益、社会公共利益行为的，市场监督管理和其他有关行政主管部门依照法律、行政法规的规定负责监督处理。

第五章　合同的保全

第五百三十五条　【债权人代位权】因债务人怠于行使其债权或者与该债权有关的从权利，影响债权人的到期债权实现的，债权人可以向人民法院请求以自己的名义代位行使债务人对相对人的权利，但是该权利专属于债务人自身的除外。

代位权的行使范围以债权人的到期债权为限。债权人行使代位权的必要费用，由债务人负担。

相对人对债务人的抗辩，可以向债权人主张。

第五百三十六条　【保存行为】债权人的债权到期前，债务人的债权或者与该债权有关的从权利存在诉讼时效期间即将届满或者未及时申报破产债权等情形，影响债权人的债权实现的，债权人可以代位向债务人的相对人请求其向债务人履行、向破产管理人申报或者作出其他必要的行为。

第五百三十七条　【代位权行使后的法律效果】人民法院认定代位权成立的，由债务人的相对人向债权人履行义务，债权人接受履行后，债权人与债务人、债务人与相对人之间相应的权利义务终止。债务人对相对人的债权或者与该债权有关的从权利被采取保全、执行措施，或者债务人破产的，依照相关法律的规定处理。

第五百三十八条　【撤销债务人无偿行为】债务人以放弃其债权、放弃债权担保、无偿转让财产等方式无偿处分财产权益，或者恶意延长其到期债权的履行期限，影响债权人的债权实现的，债权人可以请求人民法院撤销债务人的行为。

第五百三十九条　【撤销债务人有偿行为】债务人以明显不合理的低价转让财产、以明显不合理的高价受让他人财产或者为他人的债务提供担保，影响债权人的债权实现，债务人的相对人知道或者应当知道该情形的，债权人可以请求人民法院撤销债务人的行为。

第五百四十条　【撤销权的行使范围】撤销权的行使范围以债权人的债权为限。债权人行使撤销权的必要费用，由债务人负担。

第五百四十一条　【撤销权的行使期间】撤销权自债权人知道或者应当知道撤销事由之日起一年内行使。自债务人的行为发生之日起五年内没有行使撤销权的，该撤销权消灭。

第五百四十二条　【债务人行为被撤销的法律效果】债务人影响债权人的债权实现的行为被撤销的，自始没有法律约束力。

第六章　合同的变更和转让

第五百四十三条　【协议变更合同】当事人协商一致，可以变更合同。

第五百四十四条　【合同变更不明确推定为未变更】当事人对合同变更的内容约定不明确的，推定为未变更。

第五百四十五条　【债权转让】债权人可以将债权的全部或者部分转让给第三人，但是有下列情形之一的除外：

（一）根据债权性质不得转让；

（二）按照当事人约定不得转让；

（三）依照法律规定不得转让。

当事人约定非金钱债权不得转让的，不得对抗善意第三人。当事人约定金钱债权不得转让的，不得对抗第三人。

第五百四十六条　【债权转让的通知义务】债权人转让债权，未通知债务人的，该转让对债务人不发生效力。

债权转让的通知不得撤销，但是经受让人同意的除外。

第五百四十七条　【债权转让从权利一并转让】债权人转让债权的，受让人取得与债权有关的从权利，但是该从权利专属于债权人自身的除外。

受让人取得从权利不因该从权利未办理转移登记手续或者未转移占有而受到影响。

第五百四十八条 【债权转让中债务人抗辩】债务人接到债权转让通知后，债务人对让与人的抗辩，可以向受让人主张。

第五百四十九条 【债权转让中债务人的抵销权】有下列情形之一的，债务人可以向受让人主张抵销：

（一）债务人接到债权转让通知时，债务人对让与人享有债权，且债务人的债权先于转让的债权到期或者同时到期；

（二）债务人的债权与转让的债权是基于同一合同产生。

第五百五十条 【债权转让费用的承担】因债权转让增加的履行费用，由让与人负担。

第五百五十一条 【债务转移】债务人将债务的全部或者部分转移给第三人的，应当经债权人同意。

债务人或者第三人可以催告债权人在合理期限内予以同意，债权人未作表示的，视为不同意。

第五百五十二条 【债务加入】第三人与债务人约定加入债务并通知债权人，或者第三人向债权人表示愿意加入债务，债权人未在合理期限内明确拒绝的，债权人可以请求第三人在其愿意承担的债务范围内和债务人承担连带债务。

第五百五十三条 【债务转移时新债务人抗辩】债务人转移债务的，新债务人可以主张原债务人对债权人的抗辩；原债务人对债权人享有债权的，新债务人不得向债权人主张抵销。

第五百五十四条 【从债务随主债务转移】债务人转移债务的，新债务人应当承担与主债务有关的从债务，但是该从债务专属于原债务人自身的除外。

第五百五十五条 【合同权利义务的一并转让】当事人一方经对方同意，可以将自己在合同中的权利和义务一并转让给第三人。

第五百五十六条 【一并转让的法律适用】合同的权利和义务一并转让的，适用债权转让、债务转移的有关规定。

第七章 合同的权利义务终止

第五百五十七条 【债权债务终止的法定情形】有下列情形之一的，债权债务终止：

（一）债务已经履行；

（二）债务相互抵销；

（三）债务人依法将标的物提存；

（四）债权人免除债务；

（五）债权债务同归于一人；

（六）法律规定或者当事人约定终止的其他情形。

合同解除的，该合同的权利义务关系终止。

第五百五十八条 【后合同义务】债权债务终止后，当事人应当遵循诚信等原则，根据交易习惯履行通知、协助、保密、旧物回收等义务。

第五百五十九条 【从权利消灭】债权债务终止时，债权的从权利同时消灭，但是法律另有规定或者当事人另有约定的除外。

第五百六十条 【数项债务的清偿抵充顺序】债务人对同一债权人负担的数项债务种类相同，债务人的给付不足以清偿全部债务的，除当事人另有约定外，由债务人在清偿时指定其履行的债务。

债务人未作指定的，应当优先履行已经到期的债务；数项债务均到期的，优先履行对债权人缺乏担保或者担保最少的债务；均无担保或者担保相等的，优先履行债务人负担较重的债务；负担相同的，按照债务到期的先后顺序履行；到期时间相同的，按照债务比例履行。

第五百六十一条 【费用、利息和主债务的清偿抵充顺序】债务人在履行主债务外还应当支付利息和实现债权的有关费用，其给付不足以清偿全部债务的，除当事人另有约定外，应当按照下列顺序履行：

（一）实现债权的有关费用；

（二）利息；

（三）主债务。

第五百六十二条 【合同的约定解除】当事人协商一致，可以解除合同。

当事人可以约定一方解除合同的事由。解除合同的事由发生时，解除权人可以解除合同。

第五百六十三条 【合同的法定解除】有下列情形之一的，当事人可以解除合同：

（一）因不可抗力致使不能实现合同目的；

（二）在履行期限届满前，当事人一方明确表示或者以自己的行为表明不履行主要债务；

（三）当事人一方迟延履行主要债务，经催告后在合理期限内仍未履行；

（四）当事人一方迟延履行债务或者有其他违约行为致使不能实现合同目的；

（五）法律规定的其他情形。

以持续履行的债务为内容的不定期合同，当事人可以随时解除合同，但是应当在合理期限之前通知对方。

第五百六十四条 【解除权行使期限】法律规定或者当事人约定解除权行使期限，期限届满当事人不行使的，该权利消灭。

法律没有规定或者当事人没有约定解除权行使期限，自解除权人知道或者应当知道解除事由之日起一年内不行使，或者经对方催告后在合理期限内不行使的，该权利消灭。

第五百六十五条 【合同解除权的行使规则】当事人一方依法主张解除合同的，应当通知对方。合同自通知到达对方时解除；通知载明债务人在一定期限内不履行债务则合同自动解除，债务人在该期限内未履行债务的，合同自通知载明的期限届满时解除。对方对解除合同有异议的，任何一方当事人均可以请求人民法院或者仲裁机构确认解除行为的效力。

当事人一方未通知对方，直接以提起诉讼或者申请仲裁的方式依法主张解除合同，人民法院或者仲裁机构确认该主张的，合同自起诉状副本或者仲裁申请书副本送达对方时解除。

第五百六十六条 【合同解除的法律后果】合同解除后，尚未履行的，终止履行；已经履行的，根据履行情况和合同性质，当事人可以请求恢复原状或者采取其他补救措施，并有权请求赔偿损失。

合同因违约解除的，解除权人可以请求违约方承担违约责任，但是当事人另有约定的除外。

主合同解除后，担保人对债务人应当承担的民事责任仍应当承担担保责任，但是担保合同另有约定的除外。

第五百六十七条 【结算、清理条款效力的独立性】合同的权利义务关系终止，不影响合同中结算和清理条款的效力。

第五百六十八条 【法定抵销】当事人互负债务，该债务的标的物种类、品质相同的，任何一方可以将自己的债务与对方的到期债务抵销；但是，根据债务性质、按照当事人约定或者依照法律规定不得抵销的除外。

当事人主张抵销的，应当通知对方。通知自到达对方时生效。抵销不得附条件或者附期限。

第五百六十九条 【约定抵销】当事人互负债务，标的物种类、品质不相同的，经协商一致，也可以抵销。

第五百七十条 【提存的条件】有下列情形之一，难以履行债务的，债务人可以将标的物提存：

（一）债权人无正当理由拒绝受领；

（二）债权人下落不明；

（三）债权人死亡未确定继承人、遗产管理人，或者丧失民事行为能力未确定监护人；

（四）法律规定的其他情形。

标的物不适于提存或者提存费用过高的，债务人依法可以拍卖或者变卖标的物，提存所得的价款。

第五百七十一条 【提存的成立】债务人将标的物或者将标的物依法拍卖、变卖所得价款交付提存部门时，提存成立。

提存成立的，视为债务人在其提存范围内已经交付标的物。

第五百七十二条 【提存的通知】标的物提存后，债务人应当及时通知债权人或者债权人的继承人、遗产管理人、监护人、财产代管人。

第五百七十三条 【提存期间风险、孳息和提存费用负担】标的物提存后，毁损、灭失的风险由债权人承担。提存期间，标的物的孳息归债权人所有。提存费用由债权人负担。

第五百七十四条 【提存物的领取与取回】债权人可以随时领取提存物。但是，债权人对债务人负有到期债务的，在债权人未履行债务或者提供担保之前，提存部门根据债务人的要求应当拒绝其领取提存物。

债权人领取提存物的权利，自提存之日起五年内不行使而消灭，提存物扣除提存费用后归国家所有。但是，债权人未履行对债务人的到期债务，或者债权人向提存部门书面表示放弃领取提存物权利的，债务人负担提存费用后有权取回提存物。

第五百七十五条 【债的免除】债权人免除债务人部分或者全部债务的，债权债务部分或者全部终止，但是债务人在合理期限内拒绝的除外。

第五百七十六条 【债权债务混同的处理】债权和债务同归于一人的，债权债务终止，但是损害第三人利益的除外。

第八章 违约责任

第五百七十七条 【违约责任的种类】当事人一方不履行合同义务或者履行合同义务不符合约定的，应当承担继续履行、采取补救措施或者赔偿损失等违约责任。

第五百七十八条 【预期违约责任】当事人一方明确表示或者以自己的行为表明不履行合同义务的，对方可以在履行期限届满前请求其承担违约责任。

第五百七十九条 【金钱债务的继续履行】当事人一方未支付价款、报酬、租金、利息，或者不履行其他金钱债务的，对方可以请求其支付。

第五百八十条 【非金钱债务的继续履行】当事人

一方不履行非金钱债务或者履行非金钱债务不符合约定的,对方可以请求履行,但是有下列情形之一的除外:

(一)法律上或者事实上不能履行;

(二)债务的标的不适于强制履行或者履行费用过高;

(三)债权人在合理期限内未请求履行。

有前款规定的除外情形之一,致使不能实现合同目的的,人民法院或者仲裁机构可以根据当事人的请求终止合同权利义务关系,但是不影响违约责任的承担。

第五百八十一条　【替代履行】当事人一方不履行债务或者履行债务不符合约定,根据债务的性质不得强制履行的,对方可以请求其负担由第三人替代履行的费用。

第五百八十二条　【瑕疵履行违约责任】履行不符合约定的,应当按照当事人的约定承担违约责任。对违约责任没有约定或者约定不明确,依据本法第五百一十条的规定仍不能确定的,受损害方根据标的的性质以及损失的大小,可以合理选择请求对方承担修理、重作、更换、退货、减少价款或者报酬等违约责任。

第五百八十三条　【违约损害赔偿责任】当事人一方不履行合同义务或者履行合同义务不符合约定的,在履行义务或者采取补救措施后,对方还有其他损失的,应当赔偿损失。

第五百八十四条　【法定的违约赔偿损失】当事人一方不履行合同义务或者履行合同义务不符合约定,造成对方损失的,损失赔偿额应当相当于因违约所造成的损失,包括合同履行后可以获得的利益;但是,不得超过违约一方订立合同时预见到或者应当预见到的因违约可能造成的损失。

第五百八十五条　【违约金的约定】当事人可以约定一方违约时应当根据违约情况向对方支付一定数额的违约金,也可以约定因违约产生的损失赔偿额的计算方法。

约定的违约金低于造成的损失的,人民法院或者仲裁机构可以根据当事人的请求予以增加;约定的违约金过分高于造成的损失的,人民法院或者仲裁机构可以根据当事人的请求予以适当减少。

当事人就迟延履行约定违约金的,违约方支付违约金后,还应当履行债务。

第五百八十六条　【定金】当事人可以约定一方向对方给付定金作为债权的担保。定金合同自实际交付定金时成立。

定金的数额由当事人约定;但是,不得超过主合同标的额的百分之二十,超过部分不产生定金的效力。实际交付的定金数额多于或者少于约定数额的,视为变更约定的定金数额。

第五百八十七条　【定金罚则】债务人履行债务的,定金应当抵作价款或者收回。给付定金的一方不履行债务或者履行债务不符合约定,致使不能实现合同目的的,无权请求返还定金;收受定金的一方不履行债务或者履行债务不符合约定,致使不能实现合同目的的,应当双倍返还定金。

第五百八十八条　【违约金与定金竞合选择权】当事人既约定违约金,又约定定金的,一方违约时,对方可以选择适用违约金或者定金条款。

定金不足以弥补一方违约造成的损失的,对方可以请求赔偿超过定金数额的损失。

第五百八十九条　【债权人受领迟延】债务人按照约定履行债务,债权人无正当理由拒绝受领的,债务人可以请求债权人赔偿增加的费用。

在债权人受领迟延期间,债务人无须支付利息。

第五百九十条　【因不可抗力不能履行合同】当事人一方因不可抗力不能履行合同的,根据不可抗力的影响,部分或者全部免除责任,但是法律另有规定的除外。因不可抗力不能履行合同的,应当及时通知对方,以减轻可能给对方造成的损失,并应当在合理期限内提供证明。

当事人迟延履行后发生不可抗力的,不免除其违约责任。

第五百九十一条　【非违约方防止损失扩大义务】当事人一方违约后,对方应当采取适当措施防止损失的扩大;没有采取适当措施致使损失扩大的,不得就扩大的损失请求赔偿。

当事人因防止损失扩大而支出的合理费用,由违约方负担。

第五百九十二条　【双方违约和与有过错规则】当事人都违反合同的,应当各自承担相应的责任。

当事人一方违约造成对方损失,对方对损失的发生有过错的,可以减少相应的损失赔偿额。

第五百九十三条　【因第三人原因造成违约情况下的责任承担】当事人一方因第三人的原因造成违约的,应当依法向对方承担违约责任。当事人一方和第三人之间的纠纷,依照法律规定或者按照约定处理。

第五百九十四条　【国际贸易合同诉讼时效和仲裁时效】因国际货物买卖合同和技术进出口合同争议提起诉讼或者申请仲裁的时效期间为四年。

第二分编　典型合同

第九章　买卖合同

第五百九十五条　【买卖合同的概念】买卖合同是出卖人转移标的物的所有权于买受人,买受人支付价款的合同。

第五百九十六条　【买卖合同条款】买卖合同的内容一般包括标的物的名称、数量、质量、价款、履行期限、履行地点和方式、包装方式、检验标准和方法、结算方式、合同使用的文字及其效力等条款。

第五百九十七条　【无权处分的违约责任】因出卖人未取得处分权致使标的物所有权不能转移的,买受人可以解除合同并请求出卖人承担违约责任。

法律、行政法规禁止或者限制转让的标的物,依照其规定。

第五百九十八条　【出卖人基本义务】出卖人应当履行向买受人交付标的物或者交付提取标的物的单证,并转移标的物所有权的义务。

第五百九十九条　【出卖人义务:交付单证、交付资料】出卖人应当按照约定或者交易习惯向买受人交付提取标的物单证以外的有关单证和资料。

第六百条　【买卖合同知识产权保留条款】出卖具有知识产权的标的物的,除法律另有规定或者当事人另有约定外,该标的物的知识产权不属于买受人。

第六百零一条　【出卖人义务:交付期间】出卖人应当按照约定的时间交付标的物。约定交付期限的,出卖人可以在该交付期限内的任何时间交付。

第六百零二条　【标的物交付期限不明时的处理】当事人没有约定标的物的交付期限或者约定不明确的,适用本法第五百一十条、第五百一十一条第四项的规定。

第六百零三条　【买卖合同标的物的交付地点】出卖人应当按照约定的地点交付标的物。

当事人没有约定交付地点或者约定不明确,依据本法第五百一十条的规定仍不能确定的,适用下列规定:

(一)标的物需要运输的,出卖人应当将标的物交付给第一承运人以运交给买受人;

(二)标的物不需要运输,出卖人和买受人订立合同时知道标的物在某一地点的,出卖人应当在该地点交付标的物;不知道标的物在某一地点的,应当在出卖人订立合同时的营业地交付标的物。

第六百零四条　【标的物的风险承担】标的物毁损、灭失的风险,在标的物交付之前由出卖人承担,交付之后由买受人承担,但是法律另有规定或者当事人另有约定的除外。

第六百零五条　【迟延交付标的物的风险负担】因买受人的原因致使标的物未按照约定的期限交付的,买受人应当自违反约定时起承担标的物毁损、灭失的风险。

第六百零六条　【路货买卖中的标的物风险转移】出卖人出卖交由承运人运输的在途标的物,除当事人另有约定外,毁损、灭失的风险自合同成立时起由买受人承担。

第六百零七条　【需要运输的标的物风险负担】出卖人按照约定将标的物运送至买受人指定地点并交付给承运人后,标的物毁损、灭失的风险由买受人承担。

当事人没有约定交付地点或者约定不明确,依据本法第六百零三条第二款第一项的规定标的物需要运输的,出卖人将标的物交付给第一承运人后,标的物毁损、灭失的风险由买受人承担。

第六百零八条　【买受人不履行接受标的物义务的风险负担】出卖人按照约定或者依据本法第六百零三条第二款第二项的规定将标的物置于交付地点,买受人违反约定没有收取的,标的物毁损、灭失的风险自违反约定时起由买受人承担。

第六百零九条　【未交付单证、资料的风险负担】出卖人按照约定未交付有关标的物的单证和资料的,不影响标的物毁损、灭失风险的转移。

第六百一十条　【根本违约】因标的物不符合质量要求,致使不能实现合同目的的,买受人可以拒绝接受标的物或者解除合同。买受人拒绝接受标的物或者解除合同的,标的物毁损、灭失的风险由出卖人承担。

第六百一十一条　【买受人承担风险与出卖人违约责任关系】标的物毁损、灭失的风险由买受人承担的,不影响因出卖人履行义务不符合约定,买受人请求其承担违约责任的权利。

第六百一十二条　【出卖人的权利瑕疵担保义务】出卖人就交付的标的物,负有保证第三人对该标的物不享有任何权利的义务,但是法律另有规定的除外。

第六百一十三条　【权利瑕疵担保责任之免除】买受人订立合同时知道或者应当知道第三人对买卖的标的物享有权利的,出卖人不承担前条规定的义务。

第六百一十四条　【买受人的中止支付价款权】买受人有确切证据证明第三人对标的物享有权利的,可以中止支付相应的价款,但是出卖人提供适当担保的除外。

第六百一十五条 【买卖标的物的质量瑕疵担保】 出卖人应当按照约定的质量要求交付标的物。出卖人提供有关标的物质量说明的，交付的标的物应当符合该说明的质量要求。

第六百一十六条 【标的物法定质量担保义务】 当事人对标的物的质量要求没有约定或者约定不明确，依据本法第五百一十条的规定仍不能确定的，适用本法第五百一十一条第一项的规定。

第六百一十七条 【质量瑕疵担保责任】 出卖人交付的标的物不符合质量要求的，买受人可以依据本法第五百八十二条至第五百八十四条的规定请求承担违约责任。

第六百一十八条 【标的物瑕疵担保责任减免的特约效力】 当事人约定减轻或者免除出卖人对标的物瑕疵承担的责任，因出卖人故意或者重大过失不告知买受人标的物瑕疵的，出卖人无权主张减轻或者免除责任。

第六百一十九条 【标的物的包装方式】 出卖人应当按照约定的包装方式交付标的物。对包装方式没有约定或者约定不明确，依据本法第五百一十条的规定仍不能确定的，应当按照通用的方式包装；没有通用方式的，应当采取足以保护标的物且有利于节约资源、保护生态环境的包装方式。

第六百二十条 【买受人的检验义务】 买受人收到标的物时应当在约定的检验期限内检验。没有约定检验期限的，应当及时检验。

第六百二十一条 【买受人检验标的物的异议通知】 当事人约定检验期限的，买受人应当在检验期限内将标的物的数量或者质量不符合约定的情形通知出卖人。买受人怠于通知的，视为标的物的数量或者质量符合约定。

当事人没有约定检验期限的，买受人应当在发现或者应当发现标的物的数量或者质量不符合约定的合理期限内通知出卖人。买受人在合理期限内未通知或者自收到标的物之日起二年内未通知出卖人的，视为标的物的数量或者质量符合约定；但是，对标的物有质量保证期的，适用质量保证期，不适用该二年的规定。

出卖人知道或者应当知道提供的标的物不符合约定的，买受人不受前两款规定的通知时间的限制。

第六百二十二条 【检验期限或质量保证期过短的处理】 当事人约定的检验期限过短，根据标的物的性质和交易习惯，买受人在检验期限内难以完成全面检验的，该期限仅视为买受人对标的物的外观瑕疵提出异议的期限。

约定的检验期限或者质量保证期短于法律、行政法规规定期限的，应当以法律、行政法规规定的期限为准。

第六百二十三条 【标的物数量和外观瑕疵检验】 当事人对检验期限未作约定，买受人签收的送货单、确认单等载明标的物数量、型号、规格的，推定买受人已经对数量和外观瑕疵进行检验，但是有相关证据足以推翻的除外。

第六百二十四条 【向第三人履行情形的检验标准】 出卖人依照买受人的指示向第三人交付标的物，出卖人和买受人约定的检验标准与买受人和第三人约定的检验标准不一致的，以出卖人和买受人约定的检验标准为准。

第六百二十五条 【出卖人的回收义务】 依照法律、行政法规的规定或者按照当事人的约定，标的物在有效使用年限届满后应予回收的，出卖人负有自行或者委托第三人对标的物予以回收的义务。

第六百二十六条 【买受人支付价款及方式】 买受人应当按照约定的数额和支付方式支付价款。对价款的数额和支付方式没有约定或者约定不明确的，适用本法第五百一十条、第五百一十一条第二项和第五项的规定。

第六百二十七条 【买受人支付价款地点】 买受人应当按照约定的地点支付价款。对支付地点没有约定或者约定不明确，依据本法第五百一十条的规定仍不能确定的，买受人应当在出卖人的营业地支付；但是，约定支付价款以交付标的物或者交付提取标的物单证为条件的，在交付标的物或者交付提取标的物单证的所在地支付。

第六百二十八条 【买受人支付价款的时间】 买受人应当按照约定的时间支付价款。对支付时间没有约定或者约定不明确，依据本法第五百一十条的规定仍不能确定的，买受人应当在收到标的物或者提取标的物单证的同时支付。

第六百二十九条 【出卖人多交标的物的处理】 出卖人多交标的物的，买受人可以接收或者拒绝接收多交的部分。买受人接收多交部分的，按照约定的价格支付价款；买受人拒绝接收多交部分的，应当及时通知出卖人。

第六百三十条 【买卖合同标的物孳息的归属】 标的物在交付之前产生的孳息，归出卖人所有；交付之后产生的孳息，归买受人所有。但是，当事人另有约定的除外。

第六百三十一条 【主物与从物在解除合同时的效力】因标的物的主物不符合约定而解除合同的,解除合同的效力及于从物。因标的物的从物不符合约定被解除的,解除的效力不及于主物。

第六百三十二条 【数物买卖合同的解除】标的物为数物,其中一物不符合约定的,买受人可以就该物解除。但是,该物与他物分离使标的物的价值显受损害的,买受人可以就数物解除合同。

第六百三十三条 【分批交付标的物的情况下解除合同的情形】出卖人分批交付标的物的,出卖人对其中一批标的物不交付或者交付不符合约定,致使该批标的物不能实现合同目的的,买受人可以就该批标的物解除。

出卖人不交付其中一批标的物或者交付不符合约定,致使之后其他各批标的物的交付不能实现合同目的的,买受人可以就该批以及之后其他各批标的物解除。

买受人如果就其中一批标的物解除,该批标的物与其他各批标的物相互依存的,可以就已经交付和未交付的各批标的物解除。

第六百三十四条 【分期付款买卖】分期付款的买受人未支付到期价款的数额达到全部价款的五分之一,经催告后在合理期限内仍未支付到期价款的,出卖人可以请求买受人支付全部价款或者解除合同。

出卖人解除合同的,可以向买受人请求支付该标的物的使用费。

第六百三十五条 【凭样品买卖合同】凭样品买卖的当事人应当封存样品,并可以对样品质量予以说明。出卖人交付的标的物应当与样品及其说明的质量相同。

第六百三十六条 【凭样品买卖合同样品存在隐蔽瑕疵的处理】凭样品买卖的买受人不知道样品有隐蔽瑕疵的,即使交付的标的物与样品相同,出卖人交付的标的物的质量仍然应当符合同种物的通常标准。

第六百三十七条 【试用买卖的试用期限】试用买卖的当事人可以约定标的物的试用期限。对试用期限没有约定或者约定不明确,依据本法第五百一十条的规定仍不能确定的,由出卖人确定。

第六百三十八条 【试用买卖合同买受人对标的物购买选择权】试用买卖的买受人在试用期内可以购买标的物,也可以拒绝购买。试用期限届满,买受人对是否购买标的物未作表示的,视为购买。

试用买卖的买受人在试用期内已经支付部分价款或者对标的物实施出卖、出租、设立担保物权等行为的,视为同意购买。

第六百三十九条 【试用买卖使用费】试用买卖的当事人对标的物使用费没有约定或者约定不明确的,出卖人无权请求买受人支付。

第六百四十条 【试用买卖中的风险承担】标的物在试用期内毁损、灭失的风险由出卖人承担。

第六百四十一条 【标的物所有权保留条款】当事人可以在买卖合同中约定买受人未履行支付价款或者其他义务的,标的物的所有权属于出卖人。

出卖人对标的物保留的所有权,未经登记,不得对抗善意第三人。

第六百四十二条 【所有权保留中出卖人的取回权】当事人约定出卖人保留合同标的物的所有权,在标的物所有权转移前,买受人有下列情形之一,造成出卖人损害的,除当事人另有约定外,出卖人有权取回标的物:

(一)未按照约定支付价款,经催告后在合理期限内仍未支付;

(二)未按照约定完成特定条件;

(三)将标的物出卖、出质或者作出其他不当处分。

出卖人可以与买受人协商取回标的物;协商不成的,可以参照适用担保物权的实现程序。

第六百四十三条 【买受人回赎权及出卖人再出卖权】出卖人依据前条第一款的规定取回标的物后,买受人在双方约定或者出卖人指定的合理回赎期限内,消除出卖人取回标的物的事由的,可以请求回赎标的物。

买受人在回赎期限内没有回赎标的物,出卖人可以以合理价格将标的物出卖给第三人,出卖所得价款扣除买受人未支付的价款以及必要费用后仍有剩余的,应当返还买受人;不足部分由买受人清偿。

第六百四十四条 【招标投标买卖的法律适用】招标投标买卖的当事人的权利和义务以及招标投标程序等,依照有关法律、行政法规的规定。

第六百四十五条 【拍卖的法律适用】拍卖的当事人的权利和义务以及拍卖程序等,依照有关法律、行政法规的规定。

第六百四十六条 【买卖合同准用于有偿合同】法律对其他有偿合同有规定的,依照其规定;没有规定的,参照适用买卖合同的有关规定。

第六百四十七条 【易货交易的法律适用】当事人约定易货交易,转移标的物的所有权的,参照适用买卖合同的有关规定。

……

第十八章 建设工程合同

第七百八十八条 【建设工程合同的定义】建设工程合同是承包人进行工程建设,发包人支付价款的合同。

建设工程合同包括工程勘察、设计、施工合同。

第七百八十九条 【建设工程合同形式】建设工程合同应当采用书面形式。

第七百九十条 【工程招标投标】建设工程的招标投标活动,应当依照有关法律的规定公开、公平、公正进行。

第七百九十一条 【总包与分包】发包人可以与总承包人订立建设工程合同,也可以分别与勘察人、设计人、施工人订立勘察、设计、施工承包合同。发包人不得将应当由一个承包人完成的建设工程支解成若干部分发包给数个承包人。

总承包人或者勘察、设计、施工承包人经发包人同意,可以将自己承包的部分工作交由第三人完成。第三人就其完成的工作成果与总承包人或者勘察、设计、施工承包人向发包人承担连带责任。承包人不得将其承包的全部建设工程转包给第三人或者将其承包的全部建设工程支解以后以分包的名义分别转包给第三人。

禁止承包人将工程分包给不具备相应资质条件的单位。禁止分包单位将其承包的工程再分包。建设工程主体结构的施工必须由承包人自行完成。

第七百九十二条 【国家重大建设工程合同的订立】国家重大建设工程合同,应当按照国家规定的程序和国家批准的投资计划、可行性研究报告等文件订立。

第七百九十三条 【建设工程施工合同无效的处理】建设工程施工合同无效,但是建设工程经验收合格的,可以参照合同关于工程价款的约定折价补偿承包人。

建设工程施工合同无效,且建设工程经验收不合格的,按照以下情形处理:

(一)修复后的建设工程经验收合格的,发包人可以请求承包人承担修复费用;

(二)修复后的建设工程经验收不合格的,承包人无权请求参照合同关于工程价款的约定折价补偿。

发包人对因建设工程不合格造成的损失有过错的,应当承担相应的责任。

第七百九十四条 【勘察、设计合同主要内容】勘察、设计合同的内容一般包括提交有关基础资料和概预算等文件的期限、质量要求、费用以及其他协作条件等条款。

第七百九十五条 【施工合同主要内容】施工合同的内容一般包括工程范围、建设工期、中间交工工程的开工和竣工时间、工程质量、工程造价、技术资料交付时间、材料和设备供应责任、拨款和结算、竣工验收、质量保修范围和质量保证期、相互协作等条款。

第七百九十六条 【建设工程监理】建设工程实行监理的,发包人应当与监理人采用书面形式订立委托监理合同。发包人与监理人的权利和义务以及法律责任,应当依照本编委托合同以及其他有关法律、行政法规的规定。

第七百九十七条 【发包人检查权】发包人在不妨碍承包人正常作业的情况下,可以随时对作业进度、质量进行检查。

第七百九十八条 【隐蔽工程】隐蔽工程在隐蔽以前,承包人应当通知发包人检查。发包人没有及时检查的,承包人可以顺延工程日期,并有权请求赔偿停工、窝工等损失。

第七百九十九条 【竣工验收】建设工程竣工后,发包人应当根据施工图纸及说明书、国家颁发的施工验收规范和质量检验标准及时进行验收。验收合格的,发包人应当按照约定支付价款,并接收该建设工程。

建设工程竣工经验收合格后,方可交付使用;未经验收或者验收不合格的,不得交付使用。

第八百条 【勘察、设计人质量责任】勘察、设计的质量不符合要求或者未按照期限提交勘察、设计文件拖延工期,造成发包人损失的,勘察人、设计人应当继续完善勘察、设计,减收或者免收勘察、设计费并赔偿损失。

第八百零一条 【施工人的质量责任】因施工人的原因致使建设工程质量不符合约定的,发包人有权请求施工人在合理期限内无偿修理或者返工、改建。经过修理或者返工、改建后,造成逾期交付的,施工人应当承担违约责任。

第八百零二条 【质量保证责任】因承包人的原因致使建设工程在合理使用期限内造成人身损害和财产损失的,承包人应当承担赔偿责任。

第八百零三条 【发包人违约责任】发包人未按照约定的时间和要求提供原材料、设备、场地、资金、技术资料的,承包人可以顺延工程日期,并有权请求赔偿停工、窝工等损失。

第八百零四条 【发包人原因致工程停建、缓建的责任】因发包人的原因致使工程中途停建、缓建的,发包人应当采取措施弥补或者减少损失,赔偿承包人因此造成的停工、窝工、倒运、机械设备调迁、材料和构件积压等损失和实际费用。

第八百零五条　【发包人原因致勘察、设计返工、停工或修改设计的责任】因发包人变更计划，提供的资料不准确，或者未按照期限提供必需的勘察、设计工作条件而造成勘察、设计的返工、停工或者修改设计，发包人应当按照勘察人、设计人实际消耗的工作量增付费用。

第八百零六条　【建设工程合同的法定解除】承包人将建设工程转包、违法分包的，发包人可以解除合同。

发包人提供的主要建筑材料、建筑构配件和设备不符合强制性标准或者不履行协助义务，致使承包人无法施工，经催告后在合理期限内仍未履行相应义务的，承包人可以解除合同。

合同解除后，已经完成的建设工程质量合格的，发包人应当按照约定支付相应的工程价款；已经完成的建设工程质量不合格的，参照本法第七百九十三条的规定处理。

第八百零七条　【工程价款的支付】发包人未按照约定支付价款的，承包人可以催告发包人在合理期限内支付价款。发包人逾期不支付的，除根据建设工程的性质不宜折价、拍卖外，承包人可以与发包人协议将该工程折价，也可以请求人民法院将该工程依法拍卖。建设工程的价款就该工程折价或者拍卖的价款优先受偿。

第八百零八条　【参照适用承揽合同的规定】本章没有规定的，适用承揽合同的有关规定。

……

中华人民共和国价格法

· 1997 年 12 月 29 日第八届全国人民代表大会常务委员会第二十九次会议通过
· 1997 年 12 月 29 日中华人民共和国主席令第 92 号公布
· 自 1998 年 5 月 1 日起施行

第一章　总　则

第一条　为了规范价格行为，发挥价格合理配置资源的作用，稳定市场价格总水平，保护消费者和经营者的合法权益，促进社会主义市场经济健康发展，制定本法。

第二条　在中华人民共和国境内发生的价格行为，适用本法。

本法所称价格包括商品价格和服务价格。

商品价格是指各类有形产品和无形资产的价格。

服务价格是指各类有偿服务的收费。

第三条　国家实行并逐步完善宏观经济调控下主要由市场形成价格的机制。价格的制定应当符合价值规律，大多数商品和服务价格实行市场调节价，极少数商品和服务价格实行政府指导价或者政府定价。

市场调节价，是指由经营者自主制定，通过市场竞争形成的价格。

本法所称经营者是指从事生产、经营商品或者提供有偿服务的法人、其他组织和个人。

政府指导价，是指依照本法规定，由政府价格主管部门或者其他有关部门，按照定价权限和范围规定基准价及其浮动幅度，指导经营者制定的价格。

政府定价，是指依照本法规定，由政府价格主管部门或者其他有关部门，按照定价权限和范围制定的价格。

第四条　国家支持和促进公平、公开、合法的市场竞争，维护正常的价格秩序，对价格活动实行管理、监督和必要的调控。

第五条　国务院价格主管部门统一负责全国的价格工作。国务院其他有关部门在各自的职责范围内，负责有关的价格工作。

县级以上地方各级人民政府价格主管部门负责本行政区域内的价格工作。县级以上地方各级人民政府其他有关部门在各自的职责范围内，负责有关的价格工作。

第二章　经营者的价格行为

第六条　商品价格和服务价格，除依照本法第十八条规定适用政府指导价或者政府定价外，实行市场调节价，由经营者依照本法自主制定。

第七条　经营者定价，应当遵循公平、合法和诚实信用的原则。

第八条　经营者定价的基本依据是生产经营成本和市场供求状况。

第九条　经营者应当努力改进生产经营管理，降低生产经营成本，为消费者提供价格合理的商品和服务，并在市场竞争中获取合法利润。

第十条　经营者应当根据其经营条件建立、健全内部价格管理制度，准确记录与核定商品和服务的生产经营成本，不得弄虚作假。

第十一条　经营者进行价格活动，享有下列权利：

（一）自主制定属于市场调节的价格；

（二）在政府指导价规定的幅度内制定价格；

（三）制定属于政府指导价、政府定价产品范围内的新产品的试销价格，特定产品除外；

（四）检举、控告侵犯其依法自主定价权利的行为。

第十二条　经营者进行价格活动，应当遵守法律、法规，执行依法制定的政府指导价、政府定价和法定的价格干预措施、紧急措施。

第十三条 经营者销售、收购商品和提供服务,应当按照政府价格主管部门的规定明码标价,注明商品的品名、产地、规格、等级、计价单位、价格或者服务的项目、收费标准等有关情况。

经营者不得在标价之外加价出售商品,不得收取任何未予标明的费用。

第十四条 经营者不得有下列不正当价格行为:

(一)相互串通,操纵市场价格,损害其他经营者或者消费者的合法权益;

(二)在依法降价处理鲜活商品、季节性商品、积压商品等商品外,为了排挤竞争对手或者独占市场,以低于成本的价格倾销,扰乱正常的生产经营秩序,损害国家利益或者其他经营者的合法权益;

(三)捏造、散布涨价信息,哄抬价格,推动商品价格过高上涨的;

(四)利用虚假的或者使人误解的价格手段,诱骗消费者或者其他经营者与其进行交易;

(五)提供相同商品或者服务,对具有同等交易条件的其他经营者实行价格歧视;

(六)采取抬高等级或者压低等级等手段收购、销售商品或者提供服务,变相提高或者压低价格;

(七)违反法律、法规的规定牟取暴利;

(八)法律、行政法规禁止的其他不正当价格行为。

第十五条 各类中介机构提供有偿服务收取费用,应当遵守本法的规定。法律另有规定的,按照有关规定执行。

第十六条 经营者销售进口商品、收购出口商品,应当遵守本章的有关规定,维护国内市场秩序。

第十七条 行业组织应当遵守价格法律、法规,加强价格自律,接受政府价格主管部门的工作指导。

第三章 政府的定价行为

第十八条 下列商品和服务价格,政府在必要时可以实行政府指导价或者政府定价:

(一)与国民经济发展和人民生活关系重大的极少数商品价格;

(二)资源稀缺的少数商品价格;

(三)自然垄断经营的商品价格;

(四)重要的公用事业价格;

(五)重要的公益性服务价格。

第十九条 政府指导价、政府定价的定价权限和具体适用范围,以中央的和地方的定价目录为依据。

中央定价目录由国务院价格主管部门制定、修订,报国务院批准后公布。

地方定价目录由省、自治区、直辖市人民政府价格主管部门按照中央定价目录规定的定价权限和具体适用范围制定,经本级人民政府审核同意,报国务院价格主管部门审定后公布。

省、自治区、直辖市人民政府以下各级地方人民政府不得制定定价目录。

第二十条 国务院价格主管部门和其他有关部门,按照中央定价目录规定的定价权限和具体适用范围制定政府指导价、政府定价;其中重要的商品和服务价格的政府指导价、政府定价,应当按照规定经国务院批准。

省、自治区、直辖市人民政府价格主管部门和其他有关部门,应当按照地方定价目录规定的定价权限和具体适用范围制定在本地区执行的政府指导价、政府定价。

市、县人民政府可以根据省、自治区、直辖市人民政府的授权,按照地方定价目录规定的定价权限和具体适用范围制定在本地区执行的政府指导价、政府定价。

第二十一条 制定政府指导价、政府定价,应当依据有关商品或者服务的社会平均成本和市场供求状况、国民经济与社会发展要求以及社会承受能力,实行合理的购销差价、批零差价、地区差价和季节差价。

第二十二条 政府价格主管部门和其他有关部门制定政府指导价、政府定价,应当开展价格、成本调查,听取消费者、经营者和有关方面的意见。

政府价格主管部门开展对政府指导价、政府定价的价格、成本调查时,有关单位应当如实反映情况,提供必需的帐簿、文件以及其他资料。

第二十三条 制定关系群众切身利益的公用事业价格、公益性服务价格、自然垄断经营的商品价格等政府指导价、政府定价,应当建立听证会制度,由政府价格主管部门主持,征求消费者、经营者和有关方面的意见,论证其必要性、可行性。

第二十四条 政府指导价、政府定价制定后,由制定价格的部门向消费者、经营者公布。

第二十五条 政府指导价、政府定价的具体适用范围、价格水平,应当根据经济运行情况,按照规定的定价权限和程序适时调整。

消费者、经营者可以对政府指导价、政府定价提出调整建议。

第四章 价格总水平调控

第二十六条 稳定市场价格总水平是国家重要的宏观经济政策目标。国家根据国民经济发展的需要和社会承受能力，确定市场价格总水平调控目标，列入国民经济和社会发展计划，并综合运用货币、财政、投资、进出口等方面的政策和措施，予以实现。

第二十七条　政府可以建立重要商品储备制度，设立价格调节基金，调控价格，稳定市场。

第二十八条　为适应价格调控和管理的需要，政府价格主管部门应当建立价格监测制度，对重要商品、服务价格的变动进行监测。

第二十九条　政府在粮食等重要农产品的市场购买价格过低时，可以在收购中实行保护价格，并采取相应的经济措施保证其实现。

第三十条　当重要商品和服务价格显著上涨或者有可能显著上涨，国务院和省、自治区、直辖市人民政府可以对部分价格采取限定差价率或者利润率、规定限价、实行提价申报制度和调价备案制度等干预措施。

省、自治区、直辖市人民政府采取前款规定的干预措施，应当报国务院备案。

第三十一条　当市场价格总水平出现剧烈波动等异常状态时，国务院可以在全国范围内或者部分区域内采取临时集中定价权限、部分或者全面冻结价格的紧急措施。

第三十二条　依照本法第三十条、第三十一条的规定实行干预措施、紧急措施的情形消除后，应当及时解除干预措施、紧急措施。

第五章　价格监督检查

第三十三条　县级以上各级人民政府价格主管部门，依法对价格活动进行监督检查，并依照本法的规定对价格违法行为实施行政处罚。

第三十四条　政府价格主管部门进行价格监督检查时，可以行使下列职权：

（一）询问当事人或者有关人员，并要求其提供证明材料和与价格违法行为有关的其他资料；

（二）查询、复制与价格违法行为有关的帐簿、单据、凭证、文件及其他资料，核对与价格违法行为有关的银行资料；

（三）检查与价格违法行为有关的财物，必要时可以责令当事人暂停相关营业；

（四）在证据可能灭失或者以后难以取得的情况下，可以依法先行登记保存，当事人或者有关人员不得转移、隐匿或者销毁。

第三十五条　经营者接受政府价格主管部门的监督检查时，应当如实提供价格监督检查所必需的帐簿、单据、凭证、文件以及其他资料。

第三十六条　政府部门价格工作人员不得将依法取得的资料或者了解的情况用于依法进行价格管理以外的任何其他目的，不得泄露当事人的商业秘密。

第三十七条　消费者组织、职工价格监督组织、居民委员会、村民委员会等组织以及消费者，有权对价格行为进行社会监督。政府价格主管部门应当充分发挥群众的价格监督作用。

新闻单位有权进行价格舆论监督。

第三十八条　政府价格主管部门应当建立对价格违法行为的举报制度。

任何单位和个人均有权对价格违法行为进行举报。政府价格主管部门应当对举报者给予鼓励，并负责为举报者保密。

第六章　法律责任

第三十九条　经营者不执行政府指导价、政府定价以及法定的价格干预措施、紧急措施的，责令改正，没收违法所得，可以并处违法所得五倍以下的罚款；没有违法所得的，可以处以罚款；情节严重的，责令停业整顿。

第四十条　经营者有本法第十四条所列行为之一的，责令改正，没收违法所得，可以并处违法所得五倍以下的罚款；没有违法所得的，予以警告，可以并处罚款；情节严重的，责令停业整顿，或者由工商行政管理机关吊销营业执照。有关法律对本法第十四条所列行为的处罚及处罚机关另有规定的，可以依照有关法律的规定执行。

有本法第十四条第（一）项、第（二）项所列行为，属于是全国性的，由国务院价格主管部门认定；属于是省及省以下区域性的，由省、自治区、直辖市人民政府价格主管部门认定。

第四十一条　经营者因价格违法行为致使消费者或者其他经营者多付价款的，应当退还多付部分；造成损害的，应当依法承担赔偿责任。

第四十二条　经营者违反明码标价规定的，责令改正，没收违法所得，可以并处五千元以下的罚款。

第四十三条　经营者被责令暂停相关营业而不停止的，或者转移、隐匿、销毁依法登记保存的财物的，处相关营业所得或者转移、隐匿、销毁的财物价值一倍以上三倍以下的罚款。

第四十四条　拒绝按照规定提供监督检查所需资料或者提供虚假资料的，责令改正，予以警告；逾期不改正的，可以处以罚款。

第四十五条 地方各级人民政府或者各级人民政府有关部门违反本法规定，超越定价权限和范围擅自制定、调整价格或者不执行法定的价格干预措施、紧急措施的，责令改正，并可以通报批评；对直接负责的主管人员和其他直接责任人员，依法给予行政处分。

第四十六条 价格工作人员泄露国家秘密、商业秘密以及滥用职权、徇私舞弊、玩忽职守、索贿受贿，构成犯罪的，依法追究刑事责任；尚不构成犯罪的，依法给予处分。

第七章 附 则

第四十七条 国家行政机关的收费，应当依法进行，严格控制收费项目，限定收费范围、标准。收费的具体管理办法由国务院另行制定。

利率、汇率、保险费率、证券及期货价格，适用有关法律、行政法规的规定，不适用本法。

第四十八条 本法自1998年5月1日起施行。

中华人民共和国审计法

- 1994年8月31日第八届全国人民代表大会常务委员会第九次会议通过
- 根据2006年2月28日第十届全国人民代表大会常务委员会第二十次会议《关于修改〈中华人民共和国审计法〉的决定》第一次修正
- 根据2021年10月23日第十三届全国人民代表大会常务委员会第三十一次会议《关于修改〈中华人民共和国审计法〉的决定》第二次修正

第一章 总 则

第一条 为了加强国家的审计监督，维护国家财政经济秩序，提高财政资金使用效益，促进廉政建设，保障国民经济和社会健康发展，根据宪法，制定本法。

第二条 国家实行审计监督制度。坚持中国共产党对审计工作的领导，构建集中统一、全面覆盖、权威高效的审计监督体系。

国务院和县级以上地方人民政府设立审计机关。

国务院各部门和地方各级人民政府及其各部门的财政收支，国有的金融机构和企业事业组织的财务收支，以及其他依照本法规定应当接受审计的财政收支、财务收支，依照本法规定接受审计监督。

审计机关对前款所列财政收支或者财务收支的真实、合法和效益，依法进行审计监督。

第三条 审计机关依照法律规定的职权和程序，进行审计监督。

审计机关依据有关财政收支、财务收支的法律、法规和国家其他有关规定进行审计评价，在法定职权范围内作出审计决定。

第四条 国务院和县级以上地方人民政府应当每年向本级人民代表大会常务委员会提出审计工作报告。审计工作报告应当报告审计机关对预算执行、决算草案以及其他财政收支的审计情况，重点报告对预算执行及其绩效的审计情况，按照有关法律、行政法规的规定报告对国有资源、国有资产的审计情况。必要时，人民代表大会常务委员会可以对审计工作报告作出决议。

国务院和县级以上地方人民政府应当将审计工作报告中指出的问题的整改情况和处理结果向本级人民代表大会常务委员会报告。

第五条 审计机关依照法律规定独立行使审计监督权，不受其他行政机关、社会团体和个人的干涉。

第六条 审计机关和审计人员办理审计事项，应当客观公正，实事求是，廉洁奉公，保守秘密。

第二章 审计机关和审计人员

第七条 国务院设立审计署，在国务院总理领导下，主管全国的审计工作。审计长是审计署的行政首长。

第八条 省、自治区、直辖市、设区的市、自治州、县、自治县、不设区的市、市辖区的人民政府的审计机关，分别在省长、自治区主席、市长、州长、县长、区长和上一级审计机关的领导下，负责本行政区域内的审计工作。

第九条 地方各级审计机关对本级人民政府和上一级审计机关负责并报告工作，审计业务以上级审计机关领导为主。

第十条 审计机关根据工作需要，经本级人民政府批准，可以在其审计管辖范围内设立派出机构。

派出机构根据审计机关的授权，依法进行审计工作。

第十一条 审计机关履行职责所必需的经费，应当列入预算予以保证。

第十二条 审计机关应当建设信念坚定、为民服务、业务精通、作风务实、敢于担当、清正廉洁的高素质专业化审计队伍。

审计机关应当加强对审计人员遵守法律和执行职务情况的监督，督促审计人员依法履职尽责。

审计机关和审计人员应当依法接受监督。

第十三条 审计人员应当具备与其从事的审计工作相适应的专业知识和业务能力。

审计机关根据工作需要，可以聘请具有与审计事项相关专业知识的人员参加审计工作。

第十四条　审计机关和审计人员不得参加可能影响其依法独立履行审计监督职责的活动，不得干预、插手被审计单位及其相关单位的正常生产经营和管理活动。

第十五条　审计人员办理审计事项，与被审计单位或者审计事项有利害关系的，应当回避。

第十六条　审计机关和审计人员对在执行职务中知悉的国家秘密、工作秘密、商业秘密、个人隐私和个人信息，应当予以保密，不得泄露或者向他人非法提供。

第十七条　审计人员依法执行职务，受法律保护。

任何组织和个人不得拒绝、阻碍审计人员依法执行职务，不得打击报复审计人员。

审计机关负责人依照法定程序任免。审计机关负责人没有违法失职或者其他不符合任职条件的情况的，不得随意撤换。

地方各级审计机关负责人的任免，应当事先征求上一级审计机关的意见。

第三章　审计机关职责

第十八条　审计机关对本级各部门（含直属单位）和下级政府预算的执行情况和决算以及其他财政收支情况，进行审计监督。

第十九条　审计署在国务院总理领导下，对中央预算执行情况、决算草案以及其他财政收支情况进行审计监督，向国务院总理提出审计结果报告。

地方各级审计机关分别在省长、自治区主席、市长、州长、县长、区长和上一级审计机关的领导下，对本级预算执行情况、决算草案以及其他财政收支情况进行审计监督，向本级人民政府和上一级审计机关提出审计结果报告。

第二十条　审计署对中央银行的财务收支，进行审计监督。

第二十一条　审计机关对国家的事业组织和使用财政资金的其他事业组织的财务收支，进行审计监督。

第二十二条　审计机关对国有企业、国有金融机构和国有资本占控股地位或者主导地位的企业、金融机构的资产、负债、损益以及其他财务收支情况，进行审计监督。

遇有涉及国家财政金融重大利益情形，为维护国家经济安全，经国务院批准，审计署可以对前款规定以外的金融机构进行专项审计调查或者审计。

第二十三条　审计机关对政府投资和以政府投资为主的建设项目的预算执行情况和决算，对其他关系国家利益和公共利益的重大公共工程项目的资金管理使用和建设运营情况，进行审计监督。

第二十四条　审计机关对国有资源、国有资产，进行审计监督。

审计机关对政府部门管理的和其他单位受政府委托管理的社会保险基金、全国社会保障基金、社会捐赠资金以及其他公共资金的财务收支，进行审计监督。

第二十五条　审计机关对国际组织和外国政府援助、贷款项目的财务收支，进行审计监督。

第二十六条　根据经批准的审计项目计划安排，审计机关可以对被审计单位贯彻落实国家重大经济社会政策措施情况进行审计监督。

第二十七条　除本法规定的审计事项外，审计机关对其他法律、行政法规规定应当由审计机关进行审计的事项，依照本法和有关法律、行政法规的规定进行审计监督。

第二十八条　审计机关可以对被审计单位依法应当接受审计的事项进行全面审计，也可以对其中的特定事项进行专项审计。

第二十九条　审计机关有权对与国家财政收支有关的特定事项，向有关地方、部门、单位进行专项审计调查，并向本级人民政府和上一级审计机关报告审计调查结果。

第三十条　审计机关履行审计监督职责，发现经济社会运行中存在风险隐患的，应当及时向本级人民政府报告或者向有关主管机关、单位通报。

第三十一条　审计机关根据被审计单位的财政、财务隶属关系或者国有资源、国有资产监督管理关系，确定审计管辖范围。

审计机关之间对审计管辖范围有争议的，由其共同的上级审计机关确定。

上级审计机关对其审计管辖范围内的审计事项，可以授权下级审计机关进行审计，但本法第十八条至第二十条规定的审计事项不得进行授权；上级审计机关对下级审计机关审计管辖范围内的重大审计事项，可以直接进行审计，但是应当防止不必要的重复审计。

第三十二条　被审计单位应当加强对内部审计工作的领导，按照国家有关规定建立健全内部审计制度。

审计机关应当对被审计单位的内部审计工作进行业务指导和监督。

第三十三条　社会审计机构审计的单位依法属于被审计单位的，审计机关按照国务院的规定，有权对该社会审计机构出具的相关审计报告进行核查。

第四章 审计机关权限

第三十四条 审计机关有权要求被审计单位按照审计机关的规定提供财务、会计资料以及与财政收支、财务收支有关的业务、管理等资料，包括电子数据和有关文档。被审计单位不得拒绝、拖延、谎报。

被审计单位负责人应当对本单位提供资料的及时性、真实性和完整性负责。

审计机关对取得的电子数据等资料进行综合分析，需要向被审计单位核实有关情况的，被审计单位应当予以配合。

第三十五条 国家政务信息系统和数据共享平台应当按照规定向审计机关开放。

审计机关通过政务信息系统和数据共享平台取得的电子数据等资料能够满足需要的，不得要求被审计单位重复提供。

第三十六条 审计机关进行审计时，有权检查被审计单位的财务、会计资料以及与财政收支、财务收支有关的业务、管理等资料和资产，有权检查被审计单位信息系统的安全性、可靠性、经济性，被审计单位不得拒绝。

第三十七条 审计机关进行审计时，有权就审计事项的有关问题向有关单位和个人进行调查，并取得有关证明材料。有关单位和个人应当支持、协助审计机关工作，如实向审计机关反映情况，提供有关证明材料。

审计机关经县级以上人民政府审计机关负责人批准，有权查询被审计单位在金融机构的账户。

审计机关有证据证明被审计单位违反国家规定将公款转入其他单位、个人在金融机构账户的，经县级以上人民政府审计机关主要负责人批准，有权查询有关单位、个人在金融机构与审计事项相关的存款。

第三十八条 审计机关进行审计时，被审计单位不得转移、隐匿、篡改、毁弃财务、会计资料以及与财政收支、财务收支有关的业务、管理等资料，不得转移、隐匿、故意毁损所持有的违反国家规定取得的资产。

审计机关对被审计单位违反前款规定的行为，有权予以制止；必要时，经县级以上人民政府审计机关负责人批准，有权封存有关资料和违反国家规定取得的资产；对其中在金融机构的有关存款需要予以冻结的，应当向人民法院提出申请。

审计机关对被审计单位正在进行的违反国家规定的财政收支、财务收支行为，有权予以制止；制止无效的，经县级以上人民政府审计机关负责人批准，通知财政部门和有关主管机关、单位暂停拨付与违反国家规定的财政收支、财务收支行为直接有关的款项，已经拨付的，暂停使用。

审计机关采取前两款规定的措施不得影响被审计单位合法的业务活动和生产经营活动。

第三十九条 审计机关认为被审计单位所执行的上级主管机关、单位有关财政收支、财务收支的规定与法律、行政法规相抵触的，应当建议有关主管机关、单位纠正；有关主管机关、单位不予纠正的，审计机关应当提请有权处理的机关、单位依法处理。

第四十条 审计机关可以向政府有关部门通报或者向社会公布审计结果。

审计机关通报或者公布审计结果，应当保守国家秘密、工作秘密、商业秘密、个人隐私和个人信息，遵守法律、行政法规和国务院的有关规定。

第四十一条 审计机关履行审计监督职责，可以提请公安、财政、自然资源、生态环境、海关、税务、市场监督管理等机关予以协助。有关机关应当依法予以配合。

第五章 审计程序

第四十二条 审计机关根据经批准的审计项目计划确定的审计事项组成审计组，并应当在实施审计三日前，向被审计单位送达审计通知书；遇有特殊情况，经县级以上人民政府审计机关负责人批准，可以直接持审计通知书实施审计。

被审计单位应当配合审计机关的工作，并提供必要的工作条件。

审计机关应当提高审计工作效率。

第四十三条 审计人员通过审查财务、会计资料，查阅与审计事项有关的文件、资料，检查现金、实物、有价证券和信息系统，向有关单位和个人调查等方式进行审计，并取得证明材料。

向有关单位和个人进行调查时，审计人员应当不少于二人，并出示其工作证件和审计通知书副本。

第四十四条 审计组对审计事项实施审计后，应当向审计机关提出审计组的审计报告。审计组的审计报告报送审计机关前，应当征求被审计单位的意见。被审计单位应当自接到审计组的审计报告之日起十日内，将其书面意见送交审计组。审计组应当将被审计单位的书面意见一并报送审计机关。

第四十五条 审计机关按照审计署规定的程序对审计组的审计报告进行审议，并对被审计单位对审计组的审计报告提出的意见一并研究后，出具审计机关的审计报告。对违反国家规定的财政收支、财务收支行为，依法应当给予处理、处罚的，审计机关在法定职权范围内作出审计决定；需要移送有关主管机关、单位处理、处罚的，审计机关应当依法移送。

审计机关应当将审计机关的审计报告和审计决定送达被审计单位和有关主管机关、单位，并报上一级审计机关。审计决定自送达之日起生效。

第四十六条 上级审计机关认为下级审计机关作出的审计决定违反国家有关规定的，可以责成下级审计机关予以变更或者撤销，必要时也可以直接作出变更或者撤销的决定。

第六章 法律责任

第四十七条 被审计单位违反本法规定，拒绝、拖延提供与审计事项有关的资料的，或者提供的资料不真实、不完整的，或者拒绝、阻碍检查、调查、核实有关情况的，由审计机关责令改正，可以通报批评，给予警告；拒不改正的，依法追究法律责任。

第四十八条 被审计单位违反本法规定，转移、隐匿、篡改、毁弃财务、会计资料以及与财政收支、财务收支有关的业务、管理等资料，或者转移、隐匿、故意毁损所持有的违反国家规定取得的资产，审计机关认为对直接负责的主管人员和其他直接责任人员依法应当给予处分的，应当向被审计单位提出处理建议，或者移送监察机关和有关主管机关、单位处理，有关机关、单位应当将处理结果书面告知审计机关；构成犯罪的，依法追究刑事责任。

第四十九条 对本级各部门（含直属单位）和下级政府违反预算的行为或者其他违反国家规定的财政收支行为，审计机关、人民政府或者有关主管机关、单位在法定职权范围内，依照法律、行政法规的规定，区别情况采取下列处理措施：

（一）责令限期缴纳应当上缴的款项；

（二）责令限期退还被侵占的国有资产；

（三）责令限期退还违法所得；

（四）责令按照国家统一的财务、会计制度的有关规定进行处理；

（五）其他处理措施。

第五十条 对被审计单位违反国家规定的财务收支行为，审计机关、人民政府或者有关主管机关、单位在法定职权范围内，依照法律、行政法规的规定，区别情况采取前条规定的处理措施，并可以依法给予处罚。

第五十一条 审计机关在法定职权范围内作出的审计决定，被审计单位应当执行。

审计机关依法责令被审计单位缴纳应当上缴的款项，被审计单位拒不执行的，审计机关应当通报有关主管机关、单位，有关主管机关、单位应当依照有关法律、行政法规的规定予以扣缴或者采取其他处理措施，并将处理结果书面告知审计机关。

第五十二条 被审计单位应当按照规定时间整改审计查出的问题，将整改情况报告审计机关，同时向本级人民政府或者有关主管机关、单位报告，并按照规定向社会公布。

各级人民政府和有关主管机关、单位应当督促被审计单位整改审计查出的问题。审计机关应当对被审计单位整改情况进行跟踪检查。

审计结果以及整改情况应当作为考核、任免、奖惩领导干部和制定政策、完善制度的重要参考；拒不整改或者整改时弄虚作假的，依法追究法律责任。

第五十三条 被审计单位对审计机关作出的有关财务收支的审计决定不服的，可以依法申请行政复议或者提起行政诉讼。

被审计单位对审计机关作出的有关财政收支的审计决定不服的，可以提请审计机关的本级人民政府裁决，本级人民政府的裁决为最终决定。

第五十四条 被审计单位的财政收支、财务收支违反国家规定，审计机关认为对直接负责的主管人员和其他直接责任人员依法应当给予处分的，应当向被审计单位提出处理建议，或者移送监察机关和有关主管机关、单位处理，有关机关、单位应当将处理结果书面告知审计机关。

第五十五条 被审计单位的财政收支、财务收支违反法律、行政法规的规定，构成犯罪的，依法追究刑事责任。

第五十六条 报复陷害审计人员的，依法给予处分；构成犯罪的，依法追究刑事责任。

第五十七条 审计人员滥用职权、徇私舞弊、玩忽职守或者泄露、向他人非法提供所知悉的国家秘密、工作秘密、商业秘密、个人隐私和个人信息的，依法给予处分；构成犯罪的，依法追究刑事责任。

第七章 附 则

第五十八条 领导干部经济责任审计和自然资源资产离任审计，依照本法和国家有关规定执行。

第五十九条 中国人民解放军和中国人民武装警察部队审计工作的规定，由中央军事委员会根据本法制定。

审计机关和军队审计机构应当建立健全协作配合机

制，按照国家有关规定对涉及军地经济事项实施联合审计。

第六十条 本法自1995年1月1日起施行。1988年11月30日国务院发布的《中华人民共和国审计条例》同时废止。

中华人民共和国审计法实施条例

- 1997年10月21日中华人民共和国国务院令第231号公布
- 2010年2月2日国务院第100次常务会议修订通过
- 2010年2月11日中华人民共和国国务院令第571号公布
- 自2010年5月1日起施行

第一章 总 则

第一条 根据《中华人民共和国审计法》（以下简称审计法）的规定，制定本条例。

第二条 审计法所称审计，是指审计机关依法独立检查被审计单位的会计凭证、会计账簿、财务会计报告以及其他与财政收支、财务收支有关的资料和资产，监督财政收支、财务收支真实、合法和效益的行为。

第三条 审计法所称财政收支，是指依照《中华人民共和国预算法》和国家其他有关规定，纳入预算管理的收入和支出，以及下列财政资金中未纳入预算管理的收入和支出：

（一）行政事业性收费；

（二）国有资源、国有资产收入；

（三）应当上缴的国有资本经营收益；

（四）政府举借债务筹措的资金；

（五）其他未纳入预算管理的财政资金。

第四条 审计法所称财务收支，是指国有的金融机构、企业事业组织以及依法应当接受审计机关审计监督的其他单位，按照国家财务会计制度的规定，实行会计核算的各项收入和支出。

第五条 审计机关依照审计法和本条例以及其他有关法律、法规规定的职责、权限和程序进行审计监督。

审计机关依照有关财政收支、财务收支的法律、法规，以及国家有关政策、标准、项目目标等方面的规定进行审计评价，对被审计单位违反国家规定的财政收支、财务收支行为，在法定职权范围内作出处理、处罚的决定。

第六条 任何单位和个人对依法应当接受审计机关审计监督的单位违反国家规定的财政收支、财务收支行为，有权向审计机关举报。审计机关接到举报，应当依法及时处理。

第二章 审计机关和审计人员

第七条 审计署在国务院总理领导下，主管全国的审计工作，履行审计法和国务院规定的职责。

地方各级审计机关在本级人民政府行政首长和上一级审计机关的领导下，负责本行政区域的审计工作，履行法律、法规和本级人民政府规定的职责。

第八条 省、自治区人民政府设有派出机关的，派出机关的审计机关对派出机关和省、自治区人民政府审计机关负责并报告工作，审计业务以省、自治区人民政府审计机关领导为主。

第九条 审计机关派出机构依照法律、法规和审计机关的规定，在审计机关的授权范围内开展审计工作，不受其他行政机关、社会团体和个人的干涉。

第十条 审计机关编制年度经费预算草案的依据主要包括：

（一）法律、法规；

（二）本级人民政府的决定和要求；

（三）审计机关的年度审计工作计划；

（四）定员定额标准；

（五）上一年度经费预算执行情况和本年度的变化因素。

第十一条 审计人员实行审计专业技术资格制度，具体按照国家有关规定执行。

审计机关根据工作需要，可以聘请具有与审计事项相关专业知识的人员参加审计工作。

第十二条 审计人员办理审计事项，有下列情形之一的，应当申请回避，被审计单位也有权申请审计人员回避：

（一）与被审计单位负责人或者有关主管人员有夫妻关系、直系血亲关系、三代以内旁系血亲或者近姻亲关系的；

（二）与被审计单位或者审计事项有经济利益关系的；

（三）与被审计单位、审计事项、被审计单位负责人或者有关主管人员有其他利害关系，可能影响公正执行公务的。

审计人员的回避，由审计机关负责人决定；审计机关负责人办理审计事项时的回避，由本级人民政府或者上一级审计机关负责人决定。

第十三条 地方各级审计机关正职和副职负责人的任免，应当事先征求上一级审计机关的意见。

第十四条 审计机关负责人在任职期间没有下列情

形之一的，不得随意撤换：

（一）因犯罪被追究刑事责任的；

（二）因严重违法、失职受到处分，不适宜继续担任审计机关负责人的；

（三）因健康原因不能履行职责1年以上的；

（四）不符合国家规定的其他任职条件的。

第三章　审计机关职责

第十五条　审计机关对本级人民政府财政部门具体组织本级预算执行的情况，本级预算收入征收部门征收预算收入的情况，与本级人民政府财政部门直接发生预算缴款、拨款关系的部门、单位的预算执行情况和决算，下级人民政府的预算执行情况和决算，以及其他财政收支情况，依法进行审计监督。经本级人民政府批准，审计机关对其他取得财政资金的单位和项目接受、运用财政资金的真实、合法和效益情况，依法进行审计监督。

第十六条　审计机关对本级预算收入和支出的执行情况进行审计监督的内容包括：

（一）财政部门按照本级人民代表大会批准的本级预算向本级各部门（含直属单位）批复预算的情况、本级预算执行中调整情况和预算收支变化情况；

（二）预算收入征收部门依照法律、行政法规的规定和国家其他有关规定征收预算收入情况；

（三）财政部门按照批准的年度预算、用款计划，以及规定的预算级次和程序，拨付本级预算支出资金情况；

（四）财政部门依照法律、行政法规的规定和财政管理体制，拨付和管理政府间财政转移支付资金情况以及办理结算、结转情况；

（五）国库按照国家有关规定办理预算收入的收纳、划分、留解情况和预算支出资金的拨付情况；

（六）本级各部门（含直属单位）执行年度预算情况；

（七）依照国家有关规定实行专项管理的预算资金收支情况；

（八）法律、法规规定的其他预算执行情况。

第十七条　审计法第十七条所称审计结果报告，应当包括下列内容：

（一）本级预算执行和其他财政收支的基本情况；

（二）审计机关对本级预算执行和其他财政收支情况作出的审计评价；

（三）本级预算执行和其他财政收支中存在的问题以及审计机关依法采取的措施；

（四）审计机关提出的改进本级预算执行和其他财政收支管理工作的建议；

（五）本级人民政府要求报告的其他情况。

第十八条　审计署对中央银行及其分支机构履行职责所发生的各项财务收支，依法进行审计监督。

审计署向国务院总理提出的中央预算执行和其他财政收支情况审计结果报告，应当包括对中央银行的财务收支的审计情况。

第十九条　审计法第二十一条所称国有资本占控股地位或者主导地位的企业、金融机构，包括：

（一）国有资本占企业、金融机构资本（股本）总额的比例超过50%的；

（二）国有资本占企业、金融机构资本（股本）总额的比例在50%以下，但国有资本投资主体拥有实际控制权的。

审计机关对前款规定的企业、金融机构，除国务院另有规定外，比照审计法第十八条第二款、第二十条规定进行审计监督。

第二十条　审计法第二十二条所称政府投资和以政府投资为主的建设项目，包括：

（一）全部使用预算内投资资金、专项建设基金、政府举借债务筹措的资金等财政资金的；

（二）未全部使用财政资金，财政资金占项目总投资的比例超过50%，或者占项目总投资的比例在50%以下，但政府拥有项目建设、运营实际控制权的。

审计机关对前款规定的建设项目的总预算或者概算的执行情况、年度预算的执行情况和年度决算、单项工程结算、项目竣工决算，依法进行审计监督；对前款规定的建设项目进行审计时，可以对直接有关的设计、施工、供货等单位取得建设项目资金的真实性、合法性进行调查。

第二十一条　审计法第二十三条所称社会保障基金，包括社会保险、社会救助、社会福利基金以及发展社会保障事业的其他专项基金；所称社会捐赠资金，包括来源于境内外的货币、有价证券和实物等各种形式的捐赠。

第二十二条　审计法第二十四条所称国际组织和外国政府援助、贷款项目，包括：

（一）国际组织、外国政府及其机构向中国政府及其机构提供的贷款项目；

（二）国际组织、外国政府及其机构向中国企业事业组织以及其他组织提供的由中国政府及其机构担保的贷款项目；

（三）国际组织、外国政府及其机构向中国政府及其机构提供的援助和赠款项目；

（四）国际组织、外国政府及其机构向受中国政府委托管理有关基金、资金的单位提供的援助和赠款项目；

（五）国际组织、外国政府及其机构提供援助、贷款的其他项目。

第二十三条 审计机关可以依照审计法和本条例规定的审计程序、方法以及国家其他有关规定，对预算管理或者国有资产管理使用等与国家财政收支有关的特定事项，向有关地方、部门、单位进行专项审计调查。

第二十四条 审计机关根据被审计单位的财政、财务隶属关系，确定审计管辖范围；不能根据财政、财务隶属关系确定审计管辖范围的，根据国有资产监督管理关系，确定审计管辖范围。

两个以上国有资本投资主体投资的金融机构、企业事业组织和建设项目，由对主要投资主体有审计管辖权的审计机关进行审计监督。

第二十五条 各级审计机关应当按照确定的审计管辖范围进行审计监督。

第二十六条 依法属于审计机关审计监督对象的单位的内部审计工作，应当接受审计机关的业务指导和监督。

依法属于审计机关审计监督对象的单位，可以根据内部审计工作的需要，参加依法成立的内部审计自律组织。审计机关可以通过内部审计自律组织，加强对内部审计工作的业务指导和监督。

第二十七条 审计机关进行审计或者专项审计调查时，有权对社会审计机构出具的相关审计报告进行核查。

审计机关核查社会审计机构出具的相关审计报告时，发现社会审计机构存在违反法律、法规或者执业准则等情况的，应当移送有关主管机关依法追究责任。

第四章 审计机关权限

第二十八条 审计机关依法进行审计监督时，被审计单位应当依照审计法第三十一条规定，向审计机关提供与财政收支、财务收支有关的资料。被审计单位负责人应当对本单位提供资料的真实性和完整性作出书面承诺。

第二十九条 各级人民政府财政、税务以及其他部门（含直属单位）应当向本级审计机关报送下列资料：

（一）本级人民代表大会批准的本级预算和本级人民政府财政部门向本级各部门（含直属单位）批复的预算，预算收入征收部门的年度收入计划，以及本级各部门（含直属单位）向所属各单位批复的预算；

（二）本级预算收支执行和预算收入征收部门的收入计划完成情况月报、年报，以及决算情况；

（三）综合性财政税务工作统计年报、情况简报，财政、预算、税务、财务和会计等规章制度；

（四）本级各部门（含直属单位）汇总编制的本部门决算草案。

第三十条 审计机关依照审计法第三十三条规定查询被审计单位在金融机构的账户的，应当持县级以上人民政府审计机关负责人签发的协助查询单位账户通知书；查询被审计单位以个人名义在金融机构的存款的，应当持县级以上人民政府审计机关主要负责人签发的协助查询个人存款通知书。有关金融机构应当予以协助，并提供证明材料，审计机关和审计人员负有保密义务。

第三十一条 审计法第三十四条所称违反国家规定取得的资产，包括：

（一）弄虚作假骗取的财政拨款、实物以及金融机构贷款；

（二）违反国家规定享受国家补贴、补助、贴息、免息、减税、免税、退税等优惠政策取得的资产；

（三）违反国家规定向他人收取的款项、有价证券、实物；

（四）违反国家规定处分国有资产取得的收益；

（五）违反国家规定取得的其他资产。

第三十二条 审计机关依照审计法第三十四条规定封存被审计单位有关资料和违反国家规定取得的资产的，应当持县级以上人民政府审计机关负责人签发的封存通知书，并在依法收集与审计事项相关的证明材料或者采取其他措施后解除封存。封存的期限为 7 日以内；有特殊情况需要延长的，经县级以上人民政府审计机关负责人批准，可以适当延长，但延长的期限不得超过 7 日。

对封存的资料、资产，审计机关可以指定被审计单位负责保管，被审计单位不得损毁或者擅自转移。

第三十三条 审计机关依照审计法第三十六条规定，可以就有关审计事项向政府有关部门通报或者向社会公布对被审计单位的审计、专项审计调查结果。

审计机关经与有关主管机关协商，可以在向社会公布的审计、专项审计调查结果中，一并公布对社会审计机构相关审计报告核查的结果。

审计机关拟向社会公布对上市公司的审计、专项审计调查结果的，应当在 5 日前将拟公布的内容告知上市公司。

第五章　审计程序

第三十四条　审计机关应当根据法律、法规和国家其他有关规定，按照本级人民政府和上级审计机关的要求，确定年度审计工作重点，编制年度审计项目计划。

审计机关在年度审计项目计划中确定对国有资本占控股地位或者主导地位的企业、金融机构进行审计的，应当自确定之日起7日内告知列入年度审计项目计划的企业、金融机构。

第三十五条　审计机关应当根据年度审计项目计划，组成审计组，调查了解被审计单位的有关情况，编制审计方案，并在实施审计3日前，向被审计单位送达审计通知书。

第三十六条　审计法第三十八条所称特殊情况，包括：

（一）办理紧急事项的；

（二）被审计单位涉嫌严重违法违规的；

（三）其他特殊情况。

第三十七条　审计人员实施审计时，应当按照下列规定办理：

（一）通过检查、查询、监督盘点、发函询证等方法实施审计；

（二）通过收集原件、原物或者复制、拍照等方法取得证明材料；

（三）对与审计事项有关的会议和谈话内容作出记录，或者要求被审计单位提供会议记录材料；

（四）记录审计实施过程和查证结果。

第三十八条　审计人员向有关单位和个人调查取得的证明材料，应当有提供者的签名或者盖章；不能取得提供者签名或者盖章的，审计人员应当注明原因。

第三十九条　审计组向审计机关提出审计报告前，应当书面征求被审计单位意见。被审计单位应当自接到审计组的审计报告之日起10日内，提出书面意见；10日内未提出书面意见的，视同无异议。

审计组应当针对被审计单位提出的书面意见，进一步核实情况，对审计组的审计报告作必要修改，连同被审计单位的书面意见一并报送审计机关。

第四十条　审计机关有关业务机构和专门机构或者人员对审计组的审计报告以及相关审计事项进行复核、审理后，由审计机关按照下列规定办理：

（一）提出审计机关的审计报告，内容包括：对审计事项的审计评价，对违反国家规定的财政收支、财务收支行为提出的处理、处罚意见，移送有关主管机关、单位的意见，改进财政收支、财务收支管理工作的意见；

（二）对违反国家规定的财政收支、财务收支行为，依法应当给予处理、处罚的，在法定职权范围内作出处理、处罚的审计决定；

（三）对依法应当追究有关人员责任的，向有关主管机关、单位提出给予处分的建议；对依法应当由有关主管机关处理、处罚的，移送有关主管机关；涉嫌犯罪的，移送司法机关。

第四十一条　审计机关在审计中发现损害国家利益和社会公共利益的事项，但处理、处罚依据又不明确的，应当向本级人民政府和上一级审计机关报告。

第四十二条　被审计单位应当按照审计机关规定的期限和要求执行审计决定。对应当上缴的款项，被审计单位应当按照财政管理体制和国家有关规定缴入国库或者财政专户。审计决定需要有关主管机关、单位协助执行的，审计机关应当书面提请协助执行。

第四十三条　上级审计机关应当对下级审计机关的审计业务依法进行监督。

下级审计机关作出的审计决定违反国家有关规定的，上级审计机关可以责成下级审计机关予以变更或者撤销，也可以直接作出变更或者撤销的决定；审计决定被撤销后需要重新作出审计决定的，上级审计机关可以责成下级审计机关在规定的期限内重新作出审计决定，也可以直接作出审计决定。

下级审计机关应当作出而没有作出审计决定的，上级审计机关可以责成下级审计机关在规定的期限内作出审计决定，也可以直接作出审计决定。

第四十四条　审计机关进行专项审计调查时，应当向被调查的地方、部门、单位出示专项审计调查的书面通知，并说明有关情况；有关地方、部门、单位应当接受调查，如实反映情况，提供有关资料。

在专项审计调查中，依法属于审计机关审计监督对象的部门、单位有违反国家规定的财政收支、财务收支行为或者其他违法违规行为的，专项审计调查人员和审计机关可以依照审计法和本条例的规定提出审计报告，作出审计决定，或者移送有关主管机关、单位依法追究责任。

第四十五条　审计机关应当按照国家有关规定建立、健全审计档案制度。

第四十六条　审计机关送达审计文书，可以直接送达，也可以邮寄送达或者以其他方式送达。直接送达的，以被审计单位在送达回证上注明的签收日期或者见证人证明的收件日期为送达日期；邮寄送达的，以邮政回执上注明的收件日期为送达日期；以其他方式送达的，以签收或者收件日期为送达日期。

审计机关的审计文书的种类、内容和格式，由审计署规定。

第六章　法律责任

第四十七条　被审计单位违反审计法和本条例的规定，拒绝、拖延提供与审计事项有关的资料，或者提供的资料不真实、不完整，或者拒绝、阻碍检查的，由审计机关责令改正，可以通报批评，给予警告；拒不改正的，对被审计单位可以处5万元以下的罚款，对直接负责的主管人员和其他直接责任人员，可以处2万元以下的罚款，审计机关认为应当给予处分的，向有关主管机关、单位提出给予处分的建议；构成犯罪的，依法追究刑事责任。

第四十八条　对本级各部门（含直属单位）和下级人民政府违反预算的行为或者其他违反国家规定的财政收支行为，审计机关在法定职权范围内，依照法律、行政法规的规定，区别情况采取审计法第四十五条规定的处理措施。

第四十九条　对被审计单位违反国家规定的财务收支行为，审计机关在法定职权范围内，区别情况采取审计法第四十五条规定的处理措施，可以通报批评，给予警告；有违法所得的，没收违法所得，并处违法所得1倍以上5倍以下的罚款；没有违法所得的，可以处5万元以下的罚款；对直接负责的主管人员和其他直接责任人员，可以处2万元以下的罚款，审计机关认为应当给予处分的，向有关主管机关、单位提出给予处分的建议；构成犯罪的，依法追究刑事责任。

法律、行政法规对被审计单位违反国家规定的财务收支行为处理、处罚另有规定的，从其规定。

第五十条　审计机关在作出较大数额罚款的处罚决定前，应当告知被审计单位和有关人员有要求举行听证的权利。较大数额罚款的具体标准由审计署规定。

第五十一条　审计机关提出的对被审计单位给予处理、处罚的建议以及对直接负责的主管人员和其他直接责任人员给予处分的建议，有关主管机关、单位应当依法及时作出决定，并将结果书面通知审计机关。

第五十二条　被审计单位对审计机关依照审计法第十六条、第十七条和本条例第十五条规定进行审计监督作出的审计决定不服的，可以自审计决定送达之日起60日内，提请审计机关的本级人民政府裁决，本级人民政府的裁决为最终决定。

审计机关应当在审计决定中告知被审计单位提请裁决的途径和期限。

裁决期间，审计决定不停止执行。但是，有下列情形之一的，可以停止执行：

（一）审计机关认为需要停止执行的；

（二）受理裁决的人民政府认为需要停止执行的；

（三）被审计单位申请停止执行，受理裁决的人民政府认为其要求合理，决定停止执行的。

裁决由本级人民政府法制机构办理。裁决决定应当自接到提请之日起60日内作出；有特殊情况需要延长的，经法制机构负责人批准，可以适当延长，并告知审计机关和提请裁决的被审计单位，但延长的期限不得超过30日。

第五十三条　除本条例第五十二条规定的可以提请裁决的审计决定外，被审计单位对审计机关作出的其他审计决定不服的，可以依法申请行政复议或者提起行政诉讼。

审计机关应当在审计决定中告知被审计单位申请行政复议或者提起行政诉讼的途径和期限。

第五十四条　被审计单位应当将审计决定执行情况书面报告审计机关。审计机关应当检查审计决定的执行情况。

被审计单位不执行审计决定的，审计机关应当责令限期执行；逾期仍不执行的，审计机关可以申请人民法院强制执行，建议有关主管机关、单位对直接负责的主管人员和其他直接责任人员给予处分。

第五十五条　审计人员滥用职权、徇私舞弊、玩忽职守，或者泄露所知悉的国家秘密、商业秘密的，依法给予处分；构成犯罪的，依法追究刑事责任。

审计人员违法违纪取得的财物，依法予以追缴、没收或者责令退赔。

第七章　附　则

第五十六条　本条例所称以上、以下，包括本数。

本条例第五十二条规定的期间的最后一日是法定节假日的，以节假日后的第一个工作日为期间届满日。审计法和本条例规定的其他期间以工作日计算，不含法定节假日。

第五十七条　实施经济责任审计的规定，另行制定。

第五十八条　本条例自2010年5月1日起施行。

公平竞争审查条例

·2024年6月6日中华人民共和国国务院令第783号公布
·自2024年8月1日起施行

第一章　总　则

第一条　为了规范公平竞争审查工作，促进市场公平竞争，优化营商环境，建设全国统一大市场，根据《中华人民共和国反垄断法》等法律，制定本条例。

第二条　起草涉及经营者经济活动的法律、行政法规、地方性法规、规章、规范性文件以及具体政策措施（以下统称政策措施），行政机关和法律、法规授权的具有管理公共事务职能的组织（以下统称起草单位）应当依照本条例规定开展公平竞争审查。

第三条　公平竞争审查工作坚持中国共产党的领导，贯彻党和国家路线方针政策和决策部署。

国家加强公平竞争审查工作，保障各类经营者依法平等使用生产要素、公平参与市场竞争。

第四条　国务院建立公平竞争审查协调机制，统筹、协调和指导全国公平竞争审查工作，研究解决公平竞争审查工作中的重大问题，评估全国公平竞争审查工作情况。

第五条　县级以上地方人民政府应当建立健全公平竞争审查工作机制，保障公平竞争审查工作力量，并将公平竞争审查工作经费纳入本级政府预算。

第六条　国务院市场监督管理部门负责指导实施公平竞争审查制度，督促有关部门和地方开展公平竞争审查工作。

县级以上地方人民政府市场监督管理部门负责在本行政区域组织实施公平竞争审查制度。

第七条　县级以上人民政府将公平竞争审查工作情况纳入法治政府建设、优化营商环境等考核评价内容。

第二章　审查标准

第八条　起草单位起草的政策措施，不得含有下列限制或者变相限制市场准入和退出的内容：

（一）对市场准入负面清单以外的行业、领域、业务等违法设置审批程序；

（二）违法设置或者授予特许经营权；

（三）限定经营、购买或者使用特定经营者提供的商品或者服务（以下统称商品）；

（四）设置不合理或者歧视性的准入、退出条件；

（五）其他限制或者变相限制市场准入和退出的内容。

第九条　起草单位起草的政策措施，不得含有下列限制商品、要素自由流动的内容：

（一）限制外地或者进口商品、要素进入本地市场，或者阻碍本地经营者迁出，商品、要素输出；

（二）排斥、限制、强制或者变相强制外地经营者在本地投资经营或者设立分支机构；

（三）排斥、限制或者变相限制外地经营者参加本地政府采购、招标投标；

（四）对外地或者进口商品、要素设置歧视性收费项目、收费标准、价格或者补贴；

（五）在资质标准、监管执法等方面对外地经营者在本地投资经营设置歧视性要求；

（六）其他限制商品、要素自由流动的内容。

第十条　起草单位起草的政策措施，没有法律、行政法规依据或者未经国务院批准，不得含有下列影响生产经营成本的内容：

（一）给予特定经营者税收优惠；

（二）给予特定经营者选择性、差异化的财政奖励或者补贴；

（三）给予特定经营者要素获取、行政事业性收费、政府性基金、社会保险费等方面的优惠；

（四）其他影响生产经营成本的内容。

第十一条　起草单位起草的政策措施，不得含有下列影响生产经营行为的内容：

（一）强制或者变相强制经营者实施垄断行为，或者为经营者实施垄断行为提供便利条件；

（二）超越法定权限制定政府指导价、政府定价，为特定经营者提供优惠价格；

（三）违法干预实行市场调节价的商品、要素的价格水平；

（四）其他影响生产经营行为的内容。

第十二条　起草单位起草的政策措施，具有或者可能具有排除、限制竞争效果，但符合下列情形之一，且没有对公平竞争影响更小的替代方案，并能够确定合理的实施期限或者终止条件的，可以出台：

（一）为维护国家安全和发展利益的；

（二）为促进科学技术进步、增强国家自主创新能力的；

（三）为实现节约能源、保护环境、救灾救助等社会公共利益的；

（四）法律、行政法规规定的其他情形。

第三章　审查机制

第十三条　拟由部门出台的政策措施，由起草单位在起草阶段开展公平竞争审查。

拟由多个部门联合出台的政策措施，由牵头起草单位在起草阶段开展公平竞争审查。

第十四条　拟由县级以上人民政府出台或者提请本级人民代表大会及其常务委员会审议的政策措施，由本级人民政府市场监督管理部门会同起草单位在起草阶段开展公平竞争审查。起草单位应当开展初审，并将政策措施草案和初审意见送市场监督管理部门审查。

第十五条　国家鼓励有条件的地区探索建立跨区域、跨部门的公平竞争审查工作机制。

第十六条　开展公平竞争审查，应当听取有关经营者、行业协会商会等利害关系人关于公平竞争影响的意见。涉及社会公众利益的，应当听取社会公众意见。

第十七条　开展公平竞争审查，应当按照本条例规定的审查标准，在评估对公平竞争影响后，作出审查结论。

适用本条例第十二条规定的，应当在审查结论中详细说明。

第十八条　政策措施未经公平竞争审查，或者经公平竞争审查认为违反本条例第八条至第十一条规定且不符合第十二条规定情形的，不得出台。

第十九条　有关部门和单位、个人对在公平竞争审查过程中知悉的国家秘密、商业秘密和个人隐私，应当依法予以保密。

第四章　监督保障

第二十条　国务院市场监督管理部门强化公平竞争审查工作监督保障，建立健全公平竞争审查抽查、举报处理、督查等机制。

第二十一条　市场监督管理部门建立健全公平竞争审查抽查机制，组织对有关政策措施开展抽查，经核查发现违反本条例规定的，应当督促起草单位进行整改。

市场监督管理部门应当向本级人民政府报告抽查情况，抽查结果可以向社会公开。

第二十二条　对违反本条例规定的政策措施，任何单位和个人可以向市场监督管理部门举报。市场监督管理部门接到举报后，应当及时处理或者转送有关部门处理。

市场监督管理部门应当向社会公开受理举报的电话、信箱或者电子邮件地址。

第二十三条　国务院定期对县级以上地方人民政府公平竞争审查工作机制建设情况、公平竞争审查工作开展情况、举报处理情况等开展督查。国务院市场监督管理部门负责具体实施。

第二十四条　起草单位未依照本条例规定开展公平竞争审查，经市场监督管理部门督促，逾期仍未整改的，上一级市场监督管理部门可以对其负责人进行约谈。

第二十五条　未依照本条例规定开展公平竞争审查，造成严重不良影响的，对起草单位直接负责的主管人员和其他直接责任人员依法给予处分。

第五章　附　则

第二十六条　国务院市场监督管理部门根据本条例制定公平竞争审查的具体实施办法。

第二十七条　本条例自2024年8月1日起施行。

国有企业管理人员处分条例

·2024年5月21日中华人民共和国国务院令第781号公布
·自2024年9月1日起施行

第一章　总　则

第一条　为了规范对国有企业管理人员的处分，加强对国有企业管理人员的监督，根据《中华人民共和国公职人员政务处分法》（以下简称公职人员政务处分法）等法律，制定本条例。

第二条　本条例所称国有企业管理人员，是指国家出资企业中的下列公职人员：

（一）在国有独资、全资公司、企业中履行组织、领导、管理、监督等职责的人员；

（二）经党组织或者国家机关，国有独资、全资公司、企业，事业单位提名、推荐、任命、批准等，在国有控股、参股公司及其分支机构中履行组织、领导、管理、监督等职责的人员；

（三）经国家出资企业中负有管理、监督国有资产职责的组织批准或者研究决定，代表其在国有控股、参股公司及其分支机构中从事组织、领导、管理、监督等工作的人员。

国有企业管理人员任免机关、单位（以下简称任免机关、单位）对违法的国有企业管理人员给予处分，适用公职人员政务处分法第二章、第三章和本条例的规定。

第三条　国有企业管理人员处分工作坚持中国共产党的领导，坚持党管干部原则，加强国有企业管理人员队伍建设，推动国有企业高质量发展。

第四条　任免机关、单位加强对国有企业管理人员的教育、管理、监督。给予国有企业管理人员处分，应当坚持公正公平，集体讨论决定；坚持宽严相济，惩戒与教育相结合；坚持法治原则，以事实为根据，以法律为准绳，依法保障国有企业管理人员以及相关人员的合法权益。

第五条 履行出资人职责的机构或者有干部管理权限的部门依照法律、法规和国家有关规定，指导国有企业整合优化监督资源，推动出资人监督与纪检监察监督、巡视监督、审计监督、财会监督、社会监督等相衔接，健全协同高效的监督机制，建立互相配合、互相制约的内部监督管理制度，增强对国有企业及其管理人员监督的系统性、针对性、有效性。

第六条 给予国有企业管理人员处分，应当事实清楚、证据确凿、定性准确、处理恰当、程序合法、手续完备，与其违法行为的性质、情节、危害程度相适应。

第二章 处分的种类和适用

第七条 处分的种类为：

（一）警告；

（二）记过；

（三）记大过；

（四）降级；

（五）撤职；

（六）开除。

第八条 处分的期间为：

（一）警告，6个月；

（二）记过，12个月；

（三）记大过，18个月；

（四）降级、撤职，24个月。

处分决定自作出之日起生效，处分期自处分决定生效之日起计算。

第九条 国有企业管理人员同时有两个以上需要给予处分的违法行为的，应当分别确定其处分。应当给予的处分种类不同的，执行其中最重的处分；应当给予撤职以下多个相同种类处分的，可以在一个处分期以上、多个处分期之和以下确定处分期，但是最长不得超过48个月。

第十条 国有企业实施违法行为或者国有企业管理人员集体作出的决定违法，应当追究法律责任的，对负有责任的领导人员和直接责任人员中的国有企业管理人员给予处分。

国有企业管理人员2人以上共同违法，需要给予处分的，按照各自应当承担的责任，分别给予相应的处分。

第十一条 国有企业管理人员有下列情形之一的，可以从轻或者减轻给予处分：

（一）主动交代本人应当受到处分的违法行为；

（二）配合调查，如实说明本人违法事实；

（三）检举他人违法行为，经查证属实；

（四）主动采取措施，有效避免、挽回损失或者消除不良影响；

（五）在共同违法行为中起次要或者辅助作用；

（六）主动上交或者退赔违法所得；

（七）属于推进国有企业改革中因缺乏经验、先行先试出现的失误错误；

（八）法律、法规规定的其他从轻或者减轻情节。

从轻给予处分，是指在本条例规定的违法行为应当受到的处分幅度以内，给予较轻的处分。

减轻给予处分，是指在本条例规定的违法行为应当受到的处分幅度以外，减轻一档给予处分。

第十二条 国有企业管理人员违法行为情节轻微，且具有本条例第十一条第一款规定情形之一的，可以对其进行谈话提醒、批评教育、责令检查或者予以诫勉，免予或者不予处分。

国有企业管理人员因不明真相被裹挟或者被胁迫参与违法活动，经批评教育后确有悔改表现的，可以减轻、免予或者不予处分。

第十三条 国有企业管理人员有下列情形之一的，应当从重给予处分：

（一）在处分期内再次故意违法，应当受到处分；

（二）阻止他人检举、提供证据；

（三）串供或者伪造、隐匿、毁灭证据；

（四）包庇同案人员；

（五）胁迫、唆使他人实施违法行为；

（六）拒不上交或者退赔违法所得；

（七）法律、法规规定的其他从重情节。

从重给予处分，是指在本条例规定的违法行为应当受到的处分幅度以内，给予较重的处分。

第十四条 国有企业管理人员在处分期内，不得晋升职务、岗位等级和职称；其中，被记过、记大过、降级、撤职的，不得晋升薪酬待遇等级。被撤职的，降低职务或者岗位等级，同时降低薪酬待遇。被开除的，用人单位依法解除劳动合同。

第十五条 国有企业管理人员违法取得的财物和用于违法行为的本人财物，除依法应当由有关机关没收、追缴或者责令退赔的外，应当退还原所有人或者原持有人。

国有企业管理人员因违法行为获得的职务、职级、级别、岗位和职员等级、职称、待遇、资格、学历、学位、荣誉、奖励等其他利益，任免机关、单位应当予以纠正或者建议有关机关、单位、组织按规定予以纠正。

第十六条 已经退休的国有企业管理人员退休前或者退休后有违法行为应当受到处分的，不再作出处分决定，但是可以对其立案调查；依法应当给予降级、撤职、开除处分的，应当按照规定相应调整其享受的待遇，对其违法取得的财物和用于违法行为的本人财物依照本条例第十五条的规定处理。

第三章 违法行为及其适用的处分

第十七条 国有企业管理人员有下列行为之一的，依据公职人员政务处分法第二十八条的规定，予以记过或者记大过；情节较重的，予以降级或者撤职；情节严重的，予以开除：

（一）散布有损坚持和完善社会主义基本经济制度的言论；

（二）拒不执行或者变相不执行国有企业改革发展和党的建设有关决策部署；

（三）在对外经济合作、对外援助、对外交流等工作中损害国家安全和国家利益。

公开发表反对宪法确立的国家指导思想，反对中国共产党领导，反对社会主义制度，反对改革开放的文章、演说、宣言、声明等的，予以开除。

第十八条 国有企业管理人员有下列行为之一的，依据公职人员政务处分法第三十条的规定，予以警告、记过或者记大过；情节严重的，予以降级或者撤职：

（一）违反规定的决策程序、职责权限决定国有企业重大决策事项、重要人事任免事项、重大项目安排事项、大额度资金运作事项；

（二）故意规避、干涉、破坏集体决策，个人或者少数人决定国有企业重大决策事项、重要人事任免事项、重大项目安排事项、大额度资金运作事项；

（三）拒不执行或者擅自改变国有企业党委（组）会、股东（大）会、董事会、职工代表大会等集体依法作出的重大决定；

（四）拒不执行或者变相不执行、拖延执行履行出资人职责的机构、行业管理部门等有关部门依法作出的决定。

第十九条 国有企业管理人员有下列行为之一的，依据公职人员政务处分法第三十三条的规定，予以警告、记过或者记大过；情节较重的，予以降级或者撤职；情节严重的，予以开除：

（一）利用职务上的便利，侵吞、窃取、骗取或者以其他手段非法占有、挪用本企业以及关联企业的财物、客户资产等；

（二）利用职务上的便利，索取他人财物或者非法收受他人财物，为他人谋取利益；

（三）为谋取不正当利益，向国家机关、国家出资企业、事业单位、人民团体，或者向国家工作人员、企业或者其他单位的工作人员，外国公职人员、国际公共组织官员行贿；

（四）利用职权或者职务上的影响，违反规定在企业关系国有资产出资人权益的重大事项以及工程建设、资产处置、出版发行、招标投标等活动中为本人或者他人谋取私利；

（五）纵容、默许特定关系人利用本人职权或者职务上的影响，在企业关系国有资产出资人权益的重大事项以及企业经营管理活动中谋取私利；

（六）违反规定，以单位名义将国有资产集体私分给个人。

拒不纠正特定关系人违反规定任职、兼职或者从事经营活动，且不服从职务调整的，予以撤职。

第二十条 国有企业管理人员有下列行为之一，依据公职人员政务处分法第三十五条的规定，情节较重的，予以警告、记过或者记大过；情节严重的，予以降级或者撤职：

（一）超提工资总额或者超发工资，或者在工资总额之外以津贴、补贴、奖金等其他形式设定和发放工资性收入；

（二）未实行工资总额预算管理，或者未按规定履行工资总额备案或者核准程序；

（三）违反规定，自定薪酬、奖励、津贴、补贴和其他福利性货币收入；

（四）在培训活动、办公用房、公务用车、业务招待、差旅费用等方面超过规定的标准、范围；

（五）公款旅游或者以学习培训、考察调研、职工疗养等名义变相公款旅游。

第二十一条 国有企业管理人员有下列行为之一的，依据公职人员政务处分法第三十六条的规定，予以警告、记过或者记大过；情节较重的，予以降级或者撤职；情节严重的，予以开除：

（一）违反规定，个人经商办企业、拥有非上市公司（企业）股份或者证券、从事有偿中介活动、在国（境）外注册公司或者进行投资入股等营利性活动；

（二）利用职务上的便利，为他人经营与所任职企业同类经营的企业；

（三）违反规定，未经批准在本企业所出资企业或者其他企业、事业单位、社会组织、中介机构、国际组织等兼任职务；

（四）经批准兼职，但是违反规定领取薪酬或者获取其他收入；

（五）利用企业内幕信息或者其他未公开的信息、商业秘密、无形资产等谋取私利。

第二十二条　国有企业管理人员在履行提供社会公共服务职责过程中，侵犯服务对象合法权益或者社会公共利益，被监管机构查实并提出处分建议的，依据公职人员政务处分法第三十八条的规定，情节较重的，予以警告、记过或者记大过；情节严重的，予以降级或者撤职；情节特别严重的，予以开除。

第二十三条　国有企业管理人员有下列行为之一，造成国有资产损失或者其他严重不良后果的，依据公职人员政务处分法第三十九条的规定，予以警告、记过或者记大过；情节较重的，予以降级或者撤职；情节严重的，予以开除：

（一）截留、占用、挪用或者拖欠应当上缴国库的预算收入；

（二）违反规定，不履行或者不正确履行经营投资职责；

（三）违反规定，进行关联交易，开展融资性贸易、虚假交易、虚假合资、挂靠经营等活动；

（四）在国家规定期限内不办理或者不如实办理企业国有资产产权登记，或者伪造、涂改、出租、出借、出售国有资产产权登记证（表）；

（五）拒不提供有关信息资料或者编制虚假数据信息，致使国有企业绩效评价结果失真；

（六）掩饰企业真实状况，不如实向会计师事务所、律师事务所、资产评估机构等中介服务机构提供有关情况和资料，或者与会计师事务所、律师事务所、资产评估机构等中介服务机构串通作假。

第二十四条　国有企业管理人员有下列行为之一的，依据公职人员政务处分法第三十九条的规定，予以警告、记过或者记大过；情节较重的，予以降级或者撤职；情节严重的，予以开除：

（一）洗钱或者参与洗钱；

（二）吸收客户资金不入账，非法吸收公众存款或者变相吸收公众存款，违反规定参与或者变相参与民间借贷；

（三）违反规定发放贷款或者对贷款本金减免、停息、减息、缓息、免息、展期等，进行呆账核销，处置不良资产；

（四）违反规定出具金融票证、提供担保，对违法票据予以承兑、付款或者保证；

（五）违背受托义务，擅自运用客户资金或者其他委托、信托的资产；

（六）伪造、变造货币、贵金属、金融票证或者国家发行的有价证券；

（七）伪造、变造、转让、出租、出借金融机构经营许可证或者批准文件，未经批准擅自设立金融机构、发行股票或者债券；

（八）编造并且传播影响证券、期货交易的虚假信息，操纵证券、期货市场，提供虚假信息或者伪造、变造、销毁交易记录，诱骗投资者买卖证券、期货合约；

（九）进行虚假理赔或者参与保险诈骗活动；

（十）窃取、收买或者非法提供他人信用卡信息及其他公民个人信息资料。

第二十五条　国有企业管理人员有下列行为之一，造成不良后果或者影响的，依据公职人员政务处分法第三十九条的规定，予以警告、记过或者记大过；情节较重的，予以降级或者撤职；情节严重的，予以开除：

（一）泄露企业内幕信息或者商业秘密；

（二）伪造、变造、转让、出租、出借行政许可证件、资质证明文件，或者出租、出借国有企业名称或者企业名称中的字号；

（三）违反规定，举借或者变相举借地方政府债务；

（四）在中华人民共和国境外违反规定造成重大工程质量问题、引起重大劳务纠纷或者其他严重后果；

（五）不履行或者不依法履行安全生产管理职责，导致发生生产安全事故；

（六）在工作中有敷衍应付、推诿扯皮，或者片面理解、机械执行党和国家路线方针政策、重大决策部署等形式主义、官僚主义行为；

（七）拒绝、阻挠、拖延依法开展的出资人监督、审计监督、财会监督工作，或者对出资人监督、审计监督、财会监督发现的问题拒不整改、推诿敷衍、虚假整改；

（八）不依法提供有关信息、报送有关报告或者履行信息披露义务，或者配合其他主体从事违法违规行为；

（九）不履行法定职责或者违法行使职权，侵犯劳动者合法权益；

（十）违反规定，拒绝或者延迟支付中小企业款项、农民工工资等；

（十一）授意、指使、强令、纵容、包庇下属人员违反法律法规规定。

第四章 处分的程序

第二十六条 任免机关、单位按照干部管理权限对有公职人员政务处分法和本条例规定违法行为的国有企业管理人员依法给予处分，保障国有企业管理人员以及相关人员的合法权益。

任免机关、单位应当结合国有企业的组织形式、组织机构等实际情况，明确承担国有企业管理人员处分工作的内设部门或者机构（以下称承办部门）及其职责权限、运行机制等。

第二十七条 对涉嫌违法的国有企业管理人员进行调查、处理，应当由2名以上工作人员进行，按照下列程序办理：

（一）经任免机关、单位负责人同意，由承办部门对需要调查处理的问题线索进行初步核实；

（二）经初步核实，承办部门认为该国有企业管理人员涉嫌违反公职人员政务处分法和本条例规定，需要进一步查证的，经任免机关、单位主要负责人批准同意后立案，书面告知被调查的国有企业管理人员本人（以下称被调查人）及其所在单位，并向有管理权限的监察机关通报；

（三）承办部门负责对被调查人的违法行为作进一步调查，收集、查证有关证据材料，向有关单位和人员了解情况，并形成书面调查报告，向任免机关、单位负责人报告，有关单位和个人应当如实提供情况；

（四）承办部门将调查认定的事实以及拟给予处分的依据告知被调查人，听取其陈述和申辩，并对其提出的事实、理由和证据进行核实，记录在案，被调查人提出的事实、理由和证据成立的，应予采纳；

（五）承办部门经审查提出处理建议，按程序报任免机关、单位领导成员集体讨论，作出对被调查人给予处分、免予处分、不予处分或者撤销案件的决定，并向有管理权限的监察机关通报；

（六）任免机关、单位应当自本条第一款第三项决定作出之日起1个月以内，将处分、免予处分、不予处分或者撤销案件的决定以书面形式通知被调查人及其所在单位，并在一定范围内宣布，涉及国家秘密、商业秘密或者个人隐私的，按照国家有关规定办理；

（七）承办部门应当将处分有关决定及执行材料归入被调查人本人档案，同时汇集有关材料形成该处分案件的工作档案。

严禁以威胁、引诱、欺骗等非法方式收集证据。以非法方式收集的证据不得作为给予处分的依据。不得因被调查人的申辩而加重处分。

第二十八条 重大违法案件调查过程中，确有需要的，可以商请有管理权限的监察机关提供必要支持。

违法情形复杂、涉及面广或者造成重大影响，由任免机关、单位调查核实存在困难的，经任免机关、单位负责人同意，可以商请有管理权限的监察机关处理。

第二十九条 给予国有企业管理人员处分，应当自立案之日起6个月内作出决定；案情复杂或者遇有其他特殊情形的，经任免机关、单位主要负责人批准可以适当延长，但是延长期限不得超过6个月。

第三十条 决定给予处分的，应当制作处分决定书。

处分决定书应当载明下列事项：

（一）受到处分的国有企业管理人员（以下称被处分人）的姓名、工作单位和职务；

（二）违法事实和证据；

（三）处分的种类和依据；

（四）不服处分决定，申请复核、申诉的途径和期限；

（五）作出处分决定的机关、单位名称和日期。

处分决定书应当盖有作出决定的机关、单位印章。

第三十一条 参与国有企业管理人员违法案件调查、处理的人员有下列情形之一的，应当自行回避，被调查人、检举人以及其他有关人员可以要求其回避：

（一）是被调查人或者检举人的近亲属；

（二）担任过本案的证人；

（三）本人或者其近亲属与调查的案件有利害关系；

（四）可能影响案件公正调查、处理的其他情形。

任免机关、单位主要负责人的回避，由上一级机关、单位负责人决定；其他参与违法案件调查、处理人员的回避，由任免机关、单位负责人决定。

任免机关、单位发现参与处分工作的人员有应当回避情形的，可以直接决定该人员回避。

第三十二条 国有企业管理人员被依法追究刑事责任的，任免机关、单位应当根据司法机关的生效判决、裁定、决定及其认定的事实和情节，依法给予处分。

国有企业管理人员依法受到行政处罚，应当给予处分的，任免机关、单位可以根据生效的行政处罚决定认定的事实和情节，经核实后依法给予处分。

任免机关、单位根据本条第一款、第二款规定作出处分决定后，司法机关、行政机关依法改变原生效判决、裁定、决定等，对原处分决定产生影响的，任免机关、单位应当根据改变后的判决、裁定、决定等重新作出相应处理。

第三十三条 任免机关、单位对担任各级人民代表大会代表或者中国人民政治协商会议各级委员会委员的国有企业管理人员给予处分的,应当向有关的人民代表大会常务委员会,乡、民族乡、镇的人民代表大会主席团或者中国人民政治协商会议委员会常务委员会通报。

第三十四条 国有企业管理人员涉嫌违法,已经被立案调查,不宜继续履行职责的,任免机关、单位可以决定暂停其履行职务。国有企业管理人员在被立案调查期间,未经决定立案的任免机关、单位同意,不得出境、辞去公职;其任免机关、单位以及上级机关、单位不得对其交流、晋升、奖励或者办理退休手续。

第三十五条 调查中发现国有企业管理人员因依法履行职责遭受不实举报、诬告陷害、侮辱诽谤,造成不良影响的,任免机关、单位应当按照规定及时澄清事实,恢复名誉,消除不良影响。

第三十六条 国有企业管理人员受到降级、撤职、开除处分的,应当在处分决定作出后1个月内,由相应人事部门等按照管理权限办理岗位、职务、工资和其他有关待遇等变更手续,并依法变更或者解除劳动合同;特殊情况下,经任免机关、单位主要负责人批准可以适当延长办理期限,但是最长不得超过6个月。

第三十七条 国有企业管理人员受到开除以外的处分,在受处分期间有悔改表现,并且没有再出现应当给予处分的违法情形的,处分期满后自动解除处分。

处分解除后,考核以及晋升职务、职级、级别、岗位和职员等级、职称、薪酬待遇等级等不再受原处分影响。但是,受到降级、撤职处分的,不恢复受处分前的职务、职级、级别、岗位和职员等级、职称、薪酬待遇等级等。

任免机关、单位应当按照国家有关规定正确对待、合理使用受处分的国有企业管理人员,坚持尊重激励与监督约束并重,营造干事创业的良好环境。

第五章 复核、申诉

第三十八条 被处分人对处分决定不服的,可以自收到处分决定书之日起1个月内,向作出处分决定的任免机关、单位(以下称原处分决定单位)申请复核。原处分决定单位应当自接到复核申请后1个月以内作出复核决定。

被处分人因不可抗拒的事由或者其他正当理由耽误复核申请期限的,在障碍消除后的10个工作日内,可以申请顺延期限;是否准许,由原处分决定单位决定。

第三十九条 被处分人对复核决定仍不服的,可以自收到复核决定之日起1个月内按照管理权限向上一级机关、单位申诉。受理申诉的机关、单位(以下称申诉机关)应当自受理之日起2个月以内作出处理决定;案情复杂的,可以适当延长,但是延长期限最多不超过1个月。

被处分人因不可抗拒的事由或者其他正当理由耽误申诉申请期限的,在障碍消除后的10个工作日内,可以申请顺延期限;是否准许,由申诉机关决定。

第四十条 原处分决定单位接到复核申请、申诉机关受理申诉后,相关承办部门应当成立工作组,调阅原案材料,必要时可以进行调查,收集、查证有关证据材料,向有关单位和人员了解情况。工作组应当集体研究,提出办理意见,按程序报原处分决定单位、申诉机关领导成员集体讨论作出复核、申诉决定,并向有管理权限的监察机关通报。复核、申诉决定应当自作出之日起1个月以内以书面形式通知被处分人及其所在单位,并在一定范围内宣布;涉及国家秘密、商业秘密或者个人隐私的,按照国家有关规定办理。

复核、申诉期间,不停止原处分决定的执行。

国有企业管理人员不因提出复核、申诉而被加重处分。

坚持复核、申诉与原案调查相分离,原案调查、承办人员不得参与复核、申诉。

第四十一条 任免机关、单位发现本机关、本单位或者下级机关、单位作出的处分决定确有错误的,应当及时予以纠正或者责令下级机关、单位及时予以纠正。

监察机关发现任免机关、单位应当给予处分而未给予,或者给予的处分违法、不当,依法提出监察建议的,任免机关、单位应当采纳并将执行情况函告监察机关,不采纳的应当说明理由。

第四十二条 有下列情形之一的,原处分决定单位、申诉机关应当撤销原处分决定,重新作出决定或者由申诉机关责令原处分决定单位重新作出决定:

(一)处分所依据的违法事实不清或者证据不足;

(二)违反本条例规定的程序,影响案件公正处理;

(三)超越职权或者滥用职权作出处分决定。

第四十三条 有下列情形之一的,原处分决定单位、申诉机关应当变更原处分决定,或者由申诉机关责令原处分决定单位予以变更:

(一)适用法律、法规确有错误;

(二)对违法行为的情节认定确有错误;

(三)处分不当。

第四十四条 原处分决定单位、申诉机关认为处分决定认定事实清楚，适用法律正确的，应当予以维持。

第四十五条 国有企业管理人员的处分决定被变更，需要调整该国有企业管理人员的职务、岗位等级、薪酬待遇等级等的，应当按照规定予以调整。国有企业管理人员的处分决定被撤销，需要恢复该国有企业管理人员的职务、岗位等级、薪酬待遇等级等的，应当按照原职务和岗位等级安排相应的职务和岗位，并在原处分决定公布范围内为其恢复名誉。

国有企业管理人员因有本条例第四十二条、第四十三条规定情形被撤销处分或者减轻处分的，应当结合其实际履职、业绩贡献等情况对其薪酬待遇受到的损失予以适当补偿。

维持、变更、撤销处分的决定应当在作出后1个月内按照本条例第二十七条第一款第六项规定予以送达、宣布，并存入被处分人本人档案。

第六章 法律责任

第四十六条 任免机关、单位及其工作人员在国有企业管理人员处分工作中有公职人员政务处分法第六十一条、第六十三条规定情形的，依据公职人员政务处分法的规定对负有责任的领导人员和直接责任人员给予处理。

第四十七条 有关机关、单位、组织或者人员拒不执行处分决定或者有公职人员政务处分法第六十二条规定情形的，由其上级机关、主管部门、履行出资人职责的机构或者任免机关、单位依据公职人员政务处分法的规定给予处理。

第四十八条 相关单位或者个人利用举报等方式歪曲捏造事实，诬告陷害国有企业管理人员的，应当依法承担法律责任。

第四十九条 违反本条例规定，构成犯罪的，依法追究刑事责任。

第七章 附 则

第五十条 国家对违法的金融、文化国有企业管理人员追究责任另有规定的，同时适用。

第五十一条 本条例施行前，已经结案的案件如果需要复核、申诉，适用当时的规定。尚未结案的案件，如果行为发生时的规定不认为是违法的，适用当时的规定；如果行为发生时的规定认为是违法的，依照当时的规定处理，但是如果本条例不认为是违法或者根据本条例处理较轻的，适用本条例。

第五十二条 本条例自2024年9月1日起施行。

中华人民共和国建筑法

- 1997年11月1日第八届全国人民代表大会常务委员会第二十八次会议通过
- 根据2011年4月22日第十一届全国人民代表大会常务委员会第二十次会议《关于修改〈中华人民共和国建筑法〉的决定》第一次修正
- 根据2019年4月23日第十三届全国人民代表大会常务委员会第十次会议《关于修改〈中华人民共和国建筑法〉等八部法律的决定》第二次修正

第一章 总 则

第一条 【立法目的】为了加强对建筑活动的监督管理，维护建筑市场秩序，保证建筑工程的质量和安全，促进建筑业健康发展，制定本法。

第二条 【适用范围】在中华人民共和国境内从事建筑活动，实施对建筑活动的监督管理，应当遵守本法。

本法所称建筑活动，是指各类房屋建筑及其附属设施的建造和与其配套的线路、管道、设备的安装活动。

第三条 【建设活动要求】建筑活动应当确保建筑工程质量和安全，符合国家的建筑工程安全标准。

第四条 【国家扶持】国家扶持建筑业的发展，支持建筑科学技术研究，提高房屋建筑设计水平，鼓励节约能源和保护环境，提倡采用先进技术、先进设备、先进工艺、新型建筑材料和现代管理方式。

第五条 【从业要求】从事建筑活动应当遵守法律、法规，不得损害社会公共利益和他人的合法权益。

任何单位和个人都不得妨碍和阻挠依法进行的建筑活动。

第六条 【管理部门】国务院建设行政主管部门对全国的建筑活动实施统一监督管理。

第二章 建筑许可

第一节 建筑工程施工许可

第七条 【许可证的领取】建筑工程开工前，建设单位应当按照国家有关规定向工程所在地县级以上人民政府建设行政主管部门申请领取施工许可证；但是，国务院建设行政主管部门确定的限额以下的小型工程除外。

按照国务院规定的权限和程序批准开工报告的建筑工程，不再领取施工许可证。

第八条 【申领条件】申请领取施工许可证，应当具备下列条件：

（一）已经办理该建筑工程用地批准手续；

（二）依法应当办理建设工程规划许可证的，已经取得建设工程规划许可证；

（三）需要拆迁的，其拆迁进度符合施工要求；

（四）已经确定建筑施工企业；

（五）有满足施工需要的资金安排、施工图纸及技术资料；

（六）有保证工程质量和安全的具体措施。

建设行政主管部门应当自收到申请之日起七日内，对符合条件的申请颁发施工许可证。

第九条　【开工期限】建设单位应当自领取施工许可证之日起三个月内开工。因故不能按期开工的，应当向发证机关申请延期；延期以两次为限，每次不超过三个月。既不开工又不申请延期或者超过延期时限的，施工许可证自行废止。

第十条　【施工中止与恢复】在建的建筑工程因故中止施工的，建设单位应当自中止施工之日起一个月内，向发证机关报告，并按照规定做好建筑工程的维护管理工作。

建筑工程恢复施工时，应当向发证机关报告；中止施工满一年的工程恢复施工前，建设单位应当报发证机关核验施工许可证。

第十一条　【不能按期施工处理】按照国务院有关规定批准开工报告的建筑工程，因故不能按期开工或者中止施工的，应当及时向批准机关报告情况。因故不能按期开工超过六个月的，应当重新办理开工报告的批准手续。

第二节　从业资格

第十二条　【从业条件】从事建筑活动的建筑施工企业、勘察单位、设计单位和工程监理单位，应当具备下列条件：

（一）有符合国家规定的注册资本；

（二）有与其从事的建筑活动相适应的具有法定执业资格的专业技术人员；

（三）有从事相关建筑活动所应有的技术装备；

（四）法律、行政法规规定的其他条件。

第十三条　【资质等级】从事建筑活动的建筑施工企业、勘察单位、设计单位和工程监理单位，按照其拥有的注册资本、专业技术人员、技术装备和已完成的建筑工程业绩等资质条件，划分为不同的资质等级，经资质审查合格，取得相应等级的资质证书后，方可在其资质等级许可的范围内从事建筑活动。

第十四条　【执业资格的取得】从事建筑活动的专业技术人员，应当依法取得相应的执业资格证书，并在执业资格证书许可的范围内从事建筑活动。

第三章　建筑工程发包与承包

第一节　一般规定

第十五条　【承包合同】建筑工程的发包单位与承包单位应当依法订立书面合同，明确双方的权利和义务。

发包单位和承包单位应当全面履行合同约定的义务。不按照合同约定履行义务的，依法承担违约责任。

第十六条　【活动原则】建筑工程发包与承包的招标投标活动，应当遵循公开、公正、平等竞争的原则，择优选择承包单位。

建筑工程的招标投标，本法没有规定的，适用有关招标投标法律的规定。

第十七条　【禁止行贿、索贿】发包单位及其工作人员在建筑工程发包中不得收受贿赂、回扣或者索取其他好处。

承包单位及其工作人员不得利用向发包单位及其工作人员行贿、提供回扣或者给予其他好处等不正当手段承揽工程。

第十八条　【造价约定】建筑工程造价应当按照国家有关规定，由发包单位与承包单位在合同中约定。公开招标发包的，其造价的约定，须遵守招标投标法律的规定。

发包单位应当按照合同的约定，及时拨付工程款项。

第二节　发　包

第十九条　【发包方式】建筑工程依法实行招标发包，对不适于招标发包的可以直接发包。

第二十条　【公开招标、开标方式】建筑工程实行公开招标的，发包单位应当依照法定程序和方式，发布招标公告，提供载有招标工程的主要技术要求、主要的合同条款、评标的标准和方法以及开标、评标、定标的程序等内容的招标文件。

开标应当在招标文件规定的时间、地点公开进行。开标后应当按照招标文件规定的评标标准和程序对标书进行评价、比较，在具备相应资质条件的投标者中，择优选定中标者。

第二十一条　【招标组织和监督】建筑工程招标的开标、评标、定标由建设单位依法组织实施，并接受有关行政主管部门的监督。

第二十二条　【发包约束】建筑工程实行招标发包的，发包单位应当将建筑工程发包给依法中标的承包单位。建筑工程实行直接发包的，发包单位应当将建筑工程发包给具有相应资质条件的承包单位。

第二十三条 【禁止限定发包】政府及其所属部门不得滥用行政权力，限定发包单位将招标发包的建筑工程发包给指定的承包单位。

第二十四条 【总承包原则】提倡对建筑工程实行总承包，禁止将建筑工程肢解发包。

建筑工程的发包单位可以将建筑工程的勘察、设计、施工、设备采购一并发包给一个工程总承包单位，也可以将建筑工程勘察、设计、施工、设备采购的一项或者多项发包给一个工程总承包单位；但是，不得将应当由一个承包单位完成的建筑工程肢解成若干部分发包给几个承包单位。

第二十五条 【建筑材料采购】按照合同约定，建筑材料、建筑构配件和设备由工程承包单位采购的，发包单位不得指定承包单位购入用于工程的建筑材料、建筑构配件和设备或者指定生产厂、供应商。

第三节 承 包

第二十六条 【资质等级许可】承包建筑工程的单位应当持有依法取得的资质证书，并在其资质等级许可的业务范围内承揽工程。

禁止建筑施工企业超越本企业资质等级许可的业务范围或者以任何形式用其他建筑施工企业的名义承揽工程。禁止建筑施工企业以任何形式允许其他单位或者个人使用本企业的资质证书、营业执照，以本企业的名义承揽工程。

第二十七条 【共同承包】大型建筑工程或者结构复杂的建筑工程，可以由两个以上的承包单位联合共同承包。共同承包的各方对承包合同的履行承担连带责任。

两个以上不同资质等级的单位实行联合共同承包的，应当按照资质等级低的单位的业务许可范围承揽工程。

第二十八条 【禁止转包、分包】禁止承包单位将其承包的全部建筑工程转包给他人，禁止承包单位将其承包的全部建筑工程肢解以后以分包的名义分别转包给他人。

第二十九条 【分包认可和责任制】建筑工程总承包单位可以将承包工程中的部分工程发包给具有相应资质条件的分包单位；但是，除总承包合同中约定的分包外，必须经建设单位认可。施工总承包的，建筑工程主体结构的施工必须由总承包单位自行完成。

建筑工程总承包单位按照总承包合同的约定对建设单位负责；分包单位按照分包合同的约定对总承包单位负责。总承包单位和分包单位就分包工程对建设单位承担连带责任。

禁止总承包单位将工程分包给不具备相应资质条件的单位。禁止分包单位将其承包的工程再分包。

第四章 建筑工程监理

第三十条 【监理制度推行】国家推行建筑工程监理制度。

国务院可以规定实行强制监理的建筑工程的范围。

第三十一条 【监理委托】实行监理的建筑工程，由建设单位委托具有相应资质条件的工程监理单位监理。建设单位与其委托的工程监理单位应当订立书面委托监理合同。

第三十二条 【监理监督】建筑工程监理应当依照法律、行政法规及有关的技术标准、设计文件和建筑工程承包合同，对承包单位在施工质量、建设工期和建设资金使用等方面，代表建设单位实施监督。

工程监理人员认为工程施工不符合工程设计要求、施工技术标准和合同约定的，有权要求建筑施工企业改正。

工程监理人员发现工程设计不符合建筑工程质量标准或者合同约定的质量要求的，应当报告建设单位要求设计单位改正。

第三十三条 【监理事项通知】实施建筑工程监理前，建设单位应当将委托的工程监理单位、监理的内容及监理权限，书面通知被监理的建筑施工企业。

第三十四条 【监理范围与职责】工程监理单位应当在其资质等级许可的监理范围内，承担工程监理业务。

工程监理单位应当根据建设单位的委托，客观、公正地执行监理任务。

工程监理单位与被监理工程的承包单位以及建筑材料、建筑构配件和设备供应单位不得有隶属关系或者其他利害关系。

工程监理单位不得转让工程监理业务。

第三十五条 【违约责任】工程监理单位不按照委托监理合同的约定履行监理义务，对应当监督检查的项目不检查或者不按照规定检查，给建设单位造成损失的，应当承担相应的赔偿责任。

工程监理单位与承包单位串通，为承包单位谋取非法利益，给建设单位造成损失的，应当与承包单位承担连带赔偿责任。

第五章 建筑安全生产管理

第三十六条 【管理方针、目标】建筑工程安全生产管理必须坚持安全第一、预防为主的方针，建立健全安全生产的责任制度和群防群治制度。

第三十七条　【工程设计要求】建筑工程设计应当符合按照国家规定制定的建筑安全规程和技术规范，保证工程的安全性能。

第三十八条　【安全措施编制】建筑施工企业在编制施工组织设计时，应当根据建筑工程的特点制定相应的安全技术措施；对专业性较强的工程项目，应当编制专项安全施工组织设计，并采取安全技术措施。

第三十九条　【现场安全防范】建筑施工企业应当在施工现场采取维护安全、防范危险、预防火灾等措施；有条件的，应当对施工现场实行封闭管理。

施工现场对毗邻的建筑物、构筑物和特殊作业环境可能造成损害的，建筑施工企业应当采取安全防护措施。

第四十条　【地下管线保护】建设单位应当向建筑施工企业提供与施工现场相关的地下管线资料，建筑施工企业应当采取措施加以保护。

第四十一条　【污染控制】建筑施工企业应当遵守有关环境保护和安全生产的法律、法规的规定，采取控制和处理施工现场的各种粉尘、废气、废水、固体废物以及噪声、振动对环境的污染和危害的措施。

第四十二条　【须审批事项】有下列情形之一的，建设单位应当按照国家有关规定办理申请批准手续：

（一）需要临时占用规划批准范围以外场地的；

（二）可能损坏道路、管线、电力、邮电通讯等公共设施的；

（三）需要临时停水、停电、中断道路交通的；

（四）需要进行爆破作业的；

（五）法律、法规规定需要办理报批手续的其他情形。

第四十三条　【安全生产管理部门】建设行政主管部门负责建筑安全生产的管理，并依法接受劳动行政主管部门对建筑安全生产的指导和监督。

第四十四条　【施工企业安全责任】建筑施工企业必须依法加强对建筑安全生产的管理，执行安全生产责任制度，采取有效措施，防止伤亡和其他安全生产事故的发生。

建筑施工企业的法定代表人对本企业的安全生产负责。

第四十五条　【现场安全责任单位】施工现场安全由建筑施工企业负责。实行施工总承包的，由总承包单位负责。分包单位向总承包单位负责，服从总承包单位对施工现场的安全生产管理。

第四十六条　【安全生产教育培训】建筑施工企业应当建立健全劳动安全生产教育培训制度，加强对职工安全生产的教育培训；未经安全生产教育培训的人员，不得上岗作业。

第四十七条　【施工安全保障】建筑施工企业和作业人员在施工过程中，应当遵守有关安全生产的法律、法规和建筑行业安全规章、规程，不得违章指挥或者违章作业。作业人员有权对影响人身健康的作业程序和作业条件提出改进意见，有权获得安全生产所需的防护用品。作业人员对危及生命安全和人身健康的行为有权提出批评、检举和控告。

第四十八条　【企业承保】建筑施工企业应当依法为职工参加工伤保险缴纳工伤保险费。鼓励企业为从事危险作业的职工办理意外伤害保险，支付保险费。

第四十九条　【变动设计方案】涉及建筑主体和承重结构变动的装修工程，建设单位应当在施工前委托原设计单位或者具有相应资质条件的设计单位提出设计方案；没有设计方案的，不得施工。

第五十条　【房屋拆除安全】房屋拆除应当由具备保证安全条件的建筑施工单位承担，由建筑施工单位负责人对安全负责。

第五十一条　【事故应急处理】施工中发生事故时，建筑施工企业应当采取紧急措施减少人员伤亡和事故损失，并按照国家有关规定及时向有关部门报告。

第六章　建筑工程质量管理

第五十二条　【工程质量管理】建筑工程勘察、设计、施工的质量必须符合国家有关建筑工程安全标准的要求，具体管理办法由国务院规定。

有关建筑工程安全的国家标准不能适应确保建筑安全的要求时，应当及时修订。

第五十三条　【质量体系认证】国家对从事建筑活动的单位推行质量体系认证制度。从事建筑活动的单位根据自愿原则可以向国务院产品质量监督管理部门或者国务院产品质量监督管理部门授权的部门认可的认证机构申请质量体系认证。经认证合格的，由认证机构颁发质量体系认证证书。

第五十四条　【工程质量保证】建设单位不得以任何理由，要求建筑设计单位或者建筑施工企业在工程设计或者施工作业中，违反法律、行政法规和建筑工程质量、安全标准，降低工程质量。

建筑设计单位和建筑施工企业对建设单位违反前款规定提出的降低工程质量的要求，应当予以拒绝。

第五十五条 【工程质量责任制】建筑工程实行总承包的，工程质量由工程总承包单位负责，总承包单位将建筑工程分包给其他单位的，应当对分包工程的质量与分包单位承担连带责任。分包单位应当接受总承包单位的质量管理。

第五十六条 【工程勘察、设计职责】建筑工程的勘察、设计单位必须对其勘察、设计的质量负责。勘察、设计文件应当符合有关法律、行政法规的规定和建筑工程质量、安全标准、建筑工程勘察、设计技术规范以及合同的约定。设计文件选用的建筑材料、建筑构配件和设备，应当注明其规格、型号、性能等技术指标，其质量要求必须符合国家规定的标准。

第五十七条 【建筑材料供给】建筑设计单位对设计文件选用的建筑材料、建筑构配件和设备，不得指定生产厂、供应商。

第五十八条 【施工质量责任制】建筑施工企业对工程的施工质量负责。

建筑施工企业必须按照工程设计图纸和施工技术标准施工，不得偷工减料。工程设计的修改由原设计单位负责，建筑施工企业不得擅自修改工程设计。

第五十九条 【建设材料设备检验】建筑施工企业必须按照工程设计要求、施工技术标准和合同的约定，对建筑材料、建筑构配件和设备进行检验，不合格的不得使用。

第六十条 【地基和主体结构质量保证】建筑物在合理使用寿命内，必须确保地基基础工程和主体结构的质量。

建筑工程竣工时，屋顶、墙面不得留有渗漏、开裂等质量缺陷；对已发现的质量缺陷，建筑施工企业应当修复。

第六十一条 【工程验收】交付竣工验收的建筑工程，必须符合规定的建筑工程质量标准，有完整的工程技术经济资料和经签署的工程保修书，并具备国家规定的其他竣工条件。

建筑工程竣工经验收合格后，方可交付使用；未经验收或者验收不合格的，不得交付使用。

第六十二条 【工程质量保修】建筑工程实行质量保修制度。

建筑工程的保修范围应当包括地基基础工程、主体结构工程、屋面防水工程和其他土建工程，以及电气管线、上下水管线的安装工程，供热、供冷系统工程等项目；保修的期限应当按照保证建筑物合理寿命年限内正常使用，维护使用者合法权益的原则确定。具体的保修范围和最低保修期限由国务院规定。

第六十三条 【质量投诉】任何单位和个人对建筑工程的质量事故、质量缺陷都有权向建设行政主管部门或者其他有关部门进行检举、控告、投诉。

第七章 法律责任

第六十四条 【擅自施工处罚】违反本法规定，未取得施工许可证或者开工报告未经批准擅自施工的，责令改正，对不符合开工条件的责令停止施工，可以处以罚款。

第六十五条 【非法发包、承揽处罚】发包单位将工程发包给不具有相应资质条件的承包单位的，或者违反本法规定将建筑工程肢解发包的，责令改正，处以罚款。

超越本单位资质等级承揽工程的，责令停止违法行为，处以罚款，可以责令停业整顿，降低资质等级；情节严重的，吊销资质证书；有违法所得的，予以没收。

未取得资质证书承揽工程的，予以取缔，并处罚款；有违法所得的，予以没收。

以欺骗手段取得资质证书的，吊销资质证书，处以罚款；构成犯罪的，依法追究刑事责任。

第六十六条 【非法转让承揽工程处罚】建筑施工企业转让、出借资质证书或者以其他方式允许他人以本企业的名义承揽工程的，责令改正，没收违法所得，并处罚款，可以责令停业整顿，降低资质等级；情节严重的，吊销资质证书。对因该项承揽工程不符合规定的质量标准造成的损失，建筑施工企业与使用本企业名义的单位或者个人承担连带赔偿责任。

第六十七条 【转包处罚】承包单位将承包的工程转包的，或者违反本法规定进行分包的，责令改正，没收违法所得，并处罚款，可以责令停业整顿，降低资质等级；情节严重的，吊销资质证书。

承包单位有前款规定的违法行为的，对因转包工程或者违法分包的工程不符合规定的质量标准造成的损失，与接受转包或者分包的单位承担连带赔偿责任。

第六十八条 【行贿、索贿刑事责任】在工程发包与承包中索贿、受贿、行贿，构成犯罪的，依法追究刑事责任；不构成犯罪的，分别处以罚款，没收贿赂的财物，对直接负责的主管人员和其他直接责任人员给予处分。

对在工程承包中行贿的承包单位，除依照前款规定处罚外，可以责令停业整顿，降低资质等级或者吊销资质证书。

第六十九条 【非法监理处罚】工程监理单位与建设单位或者建筑施工企业串通，弄虚作假、降低工程质量的，责令改正，处以罚款，降低资质等级或者吊销资质证书；有违法所得的，予以没收；造成损失的，承担连带赔偿责任；构成犯罪的，依法追究刑事责任。

工程监理单位转让监理业务的，责令改正，没收违法所得，可以责令停业整顿，降低资质等级；情节严重的，吊销资质证书。

第七十条　【擅自变动施工处罚】违反本法规定，涉及建筑主体或者承重结构变动的装修工程擅自施工的，责令改正，处以罚款；造成损失的，承担赔偿责任；构成犯罪的，依法追究刑事责任。

第七十一条　【安全事故处罚】建筑施工企业违反本法规定，对建筑安全事故隐患不采取措施予以消除的，责令改正，可以处以罚款；情节严重的，责令停业整顿，降低资质等级或者吊销资质证书；构成犯罪的，依法追究刑事责任。

建筑施工企业的管理人员违章指挥、强令职工冒险作业，因而发生重大伤亡事故或者造成其他严重后果的，依法追究刑事责任。

第七十二条　【质量降低处罚】建设单位违反本法规定，要求建筑设计单位或者建筑施工企业违反建筑工程质量、安全标准，降低工程质量的，责令改正，可以处以罚款；构成犯罪的，依法追究刑事责任。

第七十三条　【非法设计处罚】建筑设计单位不按照建筑工程质量、安全标准进行设计的，责令改正，处以罚款；造成工程质量事故的，责令停业整顿，降低资质等级或者吊销资质证书，没收违法所得，并处罚款；造成损失的，承担赔偿责任；构成犯罪的，依法追究刑事责任。

第七十四条　【非法施工处罚】建筑施工企业在施工中偷工减料的，使用不合格的建筑材料、建筑构配件和设备的，或者有其他不按照工程设计图纸或者施工技术标准施工的行为的，责令改正，处以罚款；情节严重的，责令停业整顿，降低资质等级或者吊销资质证书；造成建筑工程质量不符合规定的质量标准的，负责返工、修理，并赔偿因此造成的损失；构成犯罪的，依法追究刑事责任。

第七十五条　【不保修处罚及赔偿】建筑施工企业违反本法规定，不履行保修义务或者拖延履行保修义务的，责令改正，可以处以罚款，并对在保修期内因屋顶、墙面渗漏、开裂等质量缺陷造成的损失，承担赔偿责任。

第七十六条　【行政处罚机关】本法规定的责令停业整顿、降低资质等级和吊销资质证书的行政处罚，由颁发资质证书的机关决定；其他行政处罚，由建设行政主管部门或者有关部门依照法律和国务院规定的职权范围决定。

依照本法规定被吊销资质证书的，由工商行政管理部门吊销其营业执照。

第七十七条　【非法颁证处罚】违反本法规定，对不具备相应资质等级条件的单位颁发该等级资质证书的，由其上级机关责令收回所发的资质证书，对直接负责的主管人员和其他直接责任人员给予行政处分；构成犯罪的，依法追究刑事责任。

第七十八条　【限包处罚】政府及其所属部门的工作人员违反本法规定，限定发包单位将招标发包的工程发包给指定的承包单位的，由上级机关责令改正；构成犯罪的，依法追究刑事责任。

第七十九条　【非法颁证、验收处罚】负责颁发建筑工程施工许可证的部门及其工作人员对不符合施工条件的建筑工程颁发施工许可证的，负责工程质量监督检查或者竣工验收的部门及其工作人员对不合格的建筑工程出具质量合格文件或者按合格工程验收的，由上级机关责令改正，对责任人员给予行政处分；构成犯罪的，依法追究刑事责任；造成损失的，由该部门承担相应的赔偿责任。

第八十条　【损害赔偿】在建筑物的合理使用寿命内，因建筑工程质量不合格受到损害的，有权向责任者要求赔偿。

第八章　附　则

第八十一条　【适用范围补充】本法关于施工许可、建筑施工企业资质审查和建筑工程发包、承包、禁止转包，以及建筑工程监理、建筑工程安全和质量管理的规定，适用于其他专业建筑工程的建筑活动，具体办法由国务院规定。

第八十二条　【监管收费】建设行政主管部门和其他有关部门在对建筑活动实施监督管理中，除按照国务院有关规定收取费用外，不得收取其他费用。

第八十三条　【适用范围特别规定】省、自治区、直辖市人民政府确定的小型房屋建筑工程的建筑活动，参照本法执行。

依法核定作为文物保护的纪念建筑物和古建筑等的修缮，依照文物保护的有关法律规定执行。

抢险救灾及其他临时性房屋建筑和农民自建低层住宅的建筑活动，不适用本法。

第八十四条　【军用工程特别规定】军用房屋建筑工程建筑活动的具体管理办法，由国务院、中央军事委员会依据本法制定。

第八十五条　【施行日期】本法自1998年3月1日起施行。

最高人民法院关于适用《中华人民共和国民法典》合同编通则若干问题的解释

- 2023 年 5 月 23 日最高人民法院审判委员会第 1889 次会议通过
- 2023 年 12 月 4 日最高人民法院公告公布
- 自 2023 年 12 月 5 日起施行
- 法释〔2023〕13 号

为正确审理合同纠纷案件以及非因合同产生的债权债务关系纠纷案件，依法保护当事人的合法权益，根据《中华人民共和国民法典》、《中华人民共和国民事诉讼法》等相关法律规定，结合审判实践，制定本解释。

一、一般规定

第一条 人民法院依据民法典第一百四十二条第一款、第四百六十六条第一款的规定解释合同条款时，应当以词句的通常含义为基础，结合相关条款、合同的性质和目的、习惯以及诚信原则，参考缔约背景、磋商过程、履行行为等因素确定争议条款的含义。

有证据证明当事人之间对合同条款有不同于词句的通常含义的其他共同理解，一方主张按照词句的通常含义理解合同条款的，人民法院不予支持。

对合同条款有两种以上解释，可能影响该条款效力的，人民法院应当选择有利于该条款有效的解释；属于无偿合同的，应当选择对债务人负担较轻的解释。

第二条 下列情形，不违反法律、行政法规的强制性规定且不违背公序良俗的，人民法院可以认定为民法典所称的“交易习惯”：

（一）当事人之间在交易活动中的惯常做法；

（二）在交易行为当地或者某一领域、某一行业通常采用并为交易对方订立合同时所知道或者应当知道的做法。

对于交易习惯，由提出主张的当事人一方承担举证责任。

二、合同的订立

第三条 当事人对合同是否成立存在争议，人民法院能够确定当事人姓名或者名称、标的和数量的，一般应当认定合同成立。但是，法律另有规定或者当事人另有约定的除外。

根据前款规定能够认定合同已经成立的，对合同欠缺的内容，人民法院应当依据民法典第五百一十条、第五百一十一条等规定予以确定。

当事人主张合同无效或者请求撤销、解除合同等，人民法院认为合同不成立的，应当依据《最高人民法院关于民事诉讼证据的若干规定》第五十三条的规定将合同是否成立作为焦点问题进行审理，并可以根据案件的具体情况重新指定举证期限。

第四条 采取招标方式订立合同，当事人请求确认合同自中标通知书到达中标人时成立的，人民法院应予支持。合同成立后，当事人拒绝签订书面合同的，人民法院应当依据招标文件、投标文件和中标通知书等确定合同内容。

采取现场拍卖、网络拍卖等公开竞价方式订立合同，当事人请求确认合同自拍卖师落槌、电子交易系统确认成交时成立的，人民法院应予支持。合同成立后，当事人拒绝签订成交确认书的，人民法院应当依据拍卖公告、竞买人的报价等确定合同内容。

产权交易所等机构主持拍卖、挂牌交易，其公布的拍卖公告、交易规则等文件公开确定了合同成立需要具备的条件，当事人请求确认合同自该条件具备时成立的，人民法院应予支持。

第五条 第三人实施欺诈、胁迫行为，使当事人在违背真实意思的情况下订立合同，受到损失的当事人请求第三人承担赔偿责任的，人民法院依法予以支持；当事人亦有违背诚信原则的行为的，人民法院应当根据各自的过错确定相应的责任。但是，法律、司法解释对当事人与第三人的民事责任另有规定的，依照其规定。

第六条 当事人以认购书、订购书、预订书等形式约定在将来一定期限内订立合同，或者为担保在将来一定期限内订立合同交付了定金，能够确定将来所要订立合同的主体、标的等内容的，人民法院应当认定预约合同成立。

当事人通过签订意向书或者备忘录等方式，仅表达交易的意向，未约定在将来一定期限内订立合同，或者虽然有约定但是难以确定将来所要订立合同的主体、标的等内容，一方主张预约合同成立的，人民法院不予支持。

当事人订立的认购书、订购书、预订书等已就合同标的、数量、价款或者报酬等主要内容达成合意，符合本解释第三条第一款规定的合同成立条件，未明确约定在将来一定期限内另行订立合同，或者虽然有约定但是当事人一方已实施履行行为且对方接受的，人民法院应当认定本约合同成立。

第七条 预约合同生效后，当事人一方拒绝订立本约合同或者在磋商订立本约合同时违背诚信原则导致未能订立本约合同的，人民法院应当认定该当事人不履行预约合同约定的义务。

人民法院认定当事人一方在磋商订立本约合同时是否违背诚信原则，应当综合考虑该当事人在磋商时提出的条件是否明显背离预约合同约定的内容以及是否已尽合理努力进行协商等因素。

第八条　预约合同生效后，当事人一方不履行订立本约合同的义务，对方请求其赔偿因此造成的损失的，人民法院依法予以支持。

前款规定的损失赔偿，当事人有约定的，按照约定；没有约定的，人民法院应当综合考虑预约合同在内容上的完备程度以及订立本约合同的条件的成就程度等因素酌定。

第九条　合同条款符合民法典第四百九十六条第一款规定的情形，当事人仅以合同系依据合同示范文本制作或者双方已经明确约定合同条款不属于格式条款为由主张该条款不是格式条款的，人民法院不予支持。

从事经营活动的当事人一方仅以未实际重复使用为由主张其预先拟定且未与对方协商的合同条款不是格式条款的，人民法院不予支持。但是，有证据证明该条款不是为了重复使用而预先拟定的除外。

第十条　提供格式条款的一方在合同订立时采用通常足以引起对方注意的文字、符号、字体等明显标识，提示对方注意免除或者减轻其责任、排除或者限制对方权利等与对方有重大利害关系的异常条款的，人民法院可以认定其已经履行民法典第四百九十六条第二款规定的提示义务。

提供格式条款的一方按照对方的要求，就与对方有重大利害关系的异常条款的概念、内容及其法律后果以书面或者口头形式向对方作出通常能够理解的解释说明的，人民法院可以认定其已经履行民法典第四百九十六条第二款规定的说明义务。

提供格式条款的一方对其已经尽到提示义务或者说明义务承担举证责任。对于通过互联网等信息网络订立的电子合同，提供格式条款的一方仅以采取了设置勾选、弹窗等方式为由主张其已经履行提示义务或者说明义务的，人民法院不予支持，但是其举证符合前两款规定的除外。

三、合同的效力

第十一条　当事人一方是自然人，根据该当事人的年龄、智力、知识、经验并结合交易的复杂程度，能够认定其对合同的性质、合同订立的法律后果或者交易中存在的特定风险缺乏应有的认知能力的，人民法院可以认定该情形构成民法典第一百五十一条规定的“缺乏判断能力”。

第十二条　合同依法成立后，负有报批义务的当事人不履行报批义务或者履行报批义务不符合合同的约定或者法律、行政法规的规定，对方请求其继续履行报批义务的，人民法院应予支持；对方主张解除合同并请求其承担违反报批义务的赔偿责任的，人民法院应予支持。

人民法院判决当事人一方履行报批义务后，其仍不履行，对方主张解除合同并参照违反合同的违约责任请求其承担赔偿责任的，人民法院应予支持。

合同获得批准前，当事人一方起诉请求对方履行合同约定的主要义务，经释明后拒绝变更诉讼请求的，人民法院应当判决驳回其诉讼请求，但是不影响其另行提起诉讼。

负有报批义务的当事人已经办理申请批准等手续或者已经履行生效判决确定的报批义务，批准机关决定不予批准，对方请求其承担赔偿责任的，人民法院不予支持。但是，因迟延履行报批义务等可归责于当事人的原因导致合同未获批准，对方请求赔偿因此受到的损失的，人民法院应当依据民法典第一百五十七条的规定处理。

第十三条　合同存在无效或者可撤销的情形，当事人以该合同已在有关行政管理部门办理备案、已经批准机关批准或者已依据该合同办理财产权利的变更登记、移转登记等为由主张合同有效的，人民法院不予支持。

第十四条　当事人之间就同一交易订立多份合同，人民法院应当认定其中以虚假意思表示订立的合同无效。当事人为规避法律、行政法规的强制性规定，以虚假意思表示隐藏真实意思表示的，人民法院应当依据民法典第一百五十三条第一款的规定认定被隐藏合同的效力；当事人为规避法律、行政法规关于合同应当办理批准等手续的规定，以虚假意思表示隐藏真实意思表示的，人民法院应当依据民法典第五百零二条第二款的规定认定被隐藏合同的效力。

依据前款规定认定被隐藏合同无效或者确定不发生效力的，人民法院应当以被隐藏合同为事实基础，依据民法典第一百五十七条的规定确定当事人的民事责任。但是，法律另有规定的除外。

当事人就同一交易订立的多份合同均系真实意思表示，且不存在其他影响合同效力情形的，人民法院应当在查明各合同成立先后顺序和实际履行情况的基础上，认定合同内容是否发生变更。法律、行政法规禁止变更合同内容的，人民法院应当认定合同的相应变更无效。

第十五条　人民法院认定当事人之间的权利义务关系，不应当拘泥于合同使用的名称，而应当根据合同约定的内容。当事人主张的权利义务关系与根据合同内容认定的权利义务关系不一致的，人民法院应当结合缔约背景、交易目的、交易结构、履行行为以及当事人是否存在虚构交易标的等事实认定当事人之间的实际民事法律关系。

第十六条 合同违反法律、行政法规的强制性规定，有下列情形之一，由行为人承担行政责任或者刑事责任能够实现强制性规定的立法目的的，人民法院可以依据民法典第一百五十三条第一款关于"该强制性规定不导致该民事法律行为无效的除外"的规定认定该合同不因违反强制性规定无效：

（一）强制性规定虽然旨在维护社会公共秩序，但是合同的实际履行对社会公共秩序造成的影响显著轻微，认定合同无效将导致案件处理结果有失公平公正；

（二）强制性规定旨在维护政府的税收、土地出让金等国家利益或者其他民事主体的合法利益而非合同当事人的民事权益，认定合同有效不会影响该规范目的的实现；

（三）强制性规定旨在要求当事人一方加强风险控制、内部管理等，对方无能力或者无义务审查合同是否违反强制性规定，认定合同无效将使其承担不利后果；

（四）当事人一方虽然在订立合同时违反强制性规定，但是在合同订立后其已经具备补正违反强制性规定的条件却违背诚信原则不予补正；

（五）法律、司法解释规定的其他情形。

法律、行政法规的强制性规定旨在规制合同订立后的履行行为，当事人以合同违反强制性规定为由请求认定合同无效的，人民法院不予支持。但是，合同履行必然导致违反强制性规定或者法律、司法解释另有规定的除外。

依据前两款认定合同有效，但是当事人的违法行为未经处理的，人民法院应当向有关行政管理部门提出司法建议。当事人的行为涉嫌犯罪的，应当将案件线索移送刑事侦查机关；属于刑事自诉案件的，应当告知当事人可以向有管辖权的人民法院另行提起诉讼。

第十七条 合同虽然不违反法律、行政法规的强制性规定，但是有下列情形之一，人民法院应当依据民法典第一百五十三条第二款的规定认定合同无效：

（一）合同影响政治安全、经济安全、军事安全等国家安全的；

（二）合同影响社会稳定、公平竞争秩序或者损害社会公共利益等违背社会公共秩序的；

（三）合同背离社会公德、家庭伦理或者有损人格尊严等违背善良风俗的。

人民法院在认定合同是否违背公序良俗时，应当以社会主义核心价值观为导向，综合考虑当事人的主观动机和交易目的、政府部门的监管强度、一定期限内当事人从事类似交易的频次、行为的社会后果等因素，并在裁判文书中充分说理。当事人确因生活需要进行交易，未给社会公共秩序造成重大影响，且不影响国家安全，也不违背善良风俗的，人民法院不应当认定合同无效。

第十八条 法律、行政法规的规定虽然有"应当""必须"或者"不得"等表述，但是该规定旨在限制或者赋予民事权利，行为人违反该规定将构成无权处分、无权代理、越权代表等，或者导致合同相对人、第三人因此获得撤销权、解除权等民事权利的，人民法院应当依据法律、行政法规规定的关于违反该规定的民事法律后果认定合同效力。

第十九条 以转让或者设定财产权利为目的订立的合同，当事人或者真正权利人仅以让与人在订立合同时对标的物没有所有权或者处分权为由主张合同无效的，人民法院不予支持；因未取得真正权利人事后同意或者让与人事后未取得处分权导致合同不能履行，受让人主张解除合同并请求让与人承担违反合同的赔偿责任的，人民法院依法予以支持。

前款规定的合同被认定有效，且让与人已经将财产交付或者移转登记至受让人，真正权利人请求认定财产权利未发生变动或者请求返还财产的，人民法院应予支持。但是，受让人依据民法典第三百一十一条等规定善意取得财产权利的除外。

第二十条 法律、行政法规为限制法人的法定代表人或者非法人组织的负责人的代表权，规定合同所涉事项应当由法人、非法人组织的权力机构或者决策机构决议，或者应当由法人、非法人组织的执行机构决定，法定代表人、负责人未取得授权而以法人、非法人组织的名义订立合同，未尽到合理审查义务的相对人主张该合同对法人、非法人组织发生效力并由其承担违约责任的，人民法院不予支持，但是法人、非法人组织有过错的，可以参照民法典第一百五十七条的规定判决其承担相应的赔偿责任。相对人已尽到合理审查义务，构成表见代表的，人民法院应当依据民法典第五百零四条的规定处理。

合同所涉事项未超越法律、行政法规规定的法定代表人或者负责人的代表权限，但是超越法人、非法人组织的章程或者权力机构等对代表权的限制，相对人主张该合同对法人、非法人组织发生效力并由其承担违约责任的，人民法院依法予以支持。但是，法人、非法人组织举证证明相对人知道或者应当知道该限制的除外。

法人、非法人组织承担民事责任后，向有过错的法定代表人、负责人追偿因越权代表行为造成的损失的，人民法院依法予以支持。法律、司法解释对法定代表人、负责人的民事责任另有规定的，依照其规定。

第二十一条　法人、非法人组织的工作人员就超越其职权范围的事项以法人、非法人组织的名义订立合同，相对人主张该合同对法人、非法人组织发生效力并由其承担违约责任的，人民法院不予支持。但是，法人、非法人组织有过错的，人民法院可以参照民法典第一百五十七条的规定判决其承担相应的赔偿责任。前述情形，构成表见代理的，人民法院应当依据民法典第一百七十二条的规定处理。

合同所涉事项有下列情形之一的，人民法院应当认定法人、非法人组织的工作人员在订立合同时超越其职权范围：

（一）依法应当由法人、非法人组织的权力机构或者决策机构决议的事项；

（二）依法应当由法人、非法人组织的执行机构决定的事项；

（三）依法应当由法定代表人、负责人代表法人、非法人组织实施的事项；

（四）不属于通常情形下依其职权可以处理的事项。

合同所涉事项未超越依据前款确定的职权范围，但是超越法人、非法人组织对工作人员职权范围的限制，相对人主张该合同对法人、非法人组织发生效力并由其承担违约责任的，人民法院应予支持。但是，法人、非法人组织举证证明相对人知道或者应当知道该限制的除外。

法人、非法人组织承担民事责任后，向故意或者有重大过失的工作人员追偿的，人民法院依法予以支持。

第二十二条　法定代表人、负责人或者工作人员以法人、非法人组织的名义订立合同且未超越权限，法人、非法人组织仅以合同加盖的印章不是备案印章或者系伪造的印章为由主张该合同对其不发生效力的，人民法院不予支持。

合同系以法人、非法人组织的名义订立，但是仅有法定代表人、负责人或者工作人员签名或者按指印而未加盖法人、非法人组织的印章，相对人能够证明法定代表人、负责人或者工作人员在订立合同时未超越权限的，人民法院应当认定合同对法人、非法人组织发生效力。但是，当事人约定以加盖印章作为合同成立条件的除外。

合同仅加盖法人、非法人组织的印章而无人员签名或者按指印，相对人能够证明合同系法定代表人、负责人或者工作人员在其权限范围内订立的，人民法院应当认定该合同对法人、非法人组织发生效力。

在前三款规定的情形下，法定代表人、负责人或者工作人员在订立合同时虽然超越代表或者代理权限，但是依据民法典第五百零四条的规定构成表见代表，或者依据民法典第一百七十二条的规定构成表见代理的，人民法院应当认定合同对法人、非法人组织发生效力。

第二十三条　法定代表人、负责人或者代理人与相对人恶意串通，以法人、非法人组织的名义订立合同，损害法人、非法人组织的合法权益，法人、非法人组织主张不承担民事责任的，人民法院应予支持。法人、非法人组织请求法定代表人、负责人或者代理人与相对人对因此受到的损失承担连带赔偿责任的，人民法院应予支持。

根据法人、非法人组织的举证，综合考虑当事人之间的交易习惯、合同在订立时是否显失公平、相关人员是否获取了不正当利益、合同的履行情况等因素，人民法院能够认定法定代表人、负责人或者代理人与相对人存在恶意串通的高度可能性的，可以要求前述人员就合同订立、履行的过程等相关事实作出陈述或者提供相应的证据。其无正当理由拒绝作出陈述，或者所作陈述不具合理性又不能提供相应证据的，人民法院可以认定恶意串通的事实成立。

第二十四条　合同不成立、无效、被撤销或者确定不发生效力，当事人请求返还财产，经审查财产能够返还的，人民法院应当根据案件具体情况，单独或者合并适用返还占有的标的物、更正登记簿册记载等方式；经审查财产不能返还或者没有必要返还的，人民法院应当以认定合同不成立、无效、被撤销或者确定不发生效力之日该财产的市场价值或者以其他合理方式计算的价值为基准判决折价补偿。

除前款规定的情形外，当事人还请求赔偿损失的，人民法院应当结合财产返还或者折价补偿的情况，综合考虑财产增值收益和贬值损失、交易成本的支出等事实，按照双方当事人的过错程度及原因力大小，根据诚信原则和公平原则，合理确定损失赔偿额。

合同不成立、无效、被撤销或者确定不发生效力，当事人的行为涉嫌违法且未经处理，可能导致一方或者双方通过违法行为获得不当利益的，人民法院应当向有关行政管理部门提出司法建议。当事人的行为涉嫌犯罪的，应当将案件线索移送刑事侦查机关；属于刑事自诉案件的，应当告知当事人可以向有管辖权的人民法院另行提起诉讼。

第二十五条 合同不成立、无效、被撤销或者确定不发生效力，有权请求返还价款或者报酬的当事人一方请求对方支付资金占用费的，人民法院应当在当事人请求的范围内按照中国人民银行授权全国银行间同业拆借中心公布的一年期贷款市场报价利率（LPR）计算。但是，占用资金的当事人对于合同不成立、无效、被撤销或者确定不发生效力没有过错的，应当以中国人民银行公布的同期同类存款基准利率计算。

双方互负返还义务，当事人主张同时履行的，人民法院应予支持；占有标的物的一方对标的物存在使用或者依法可以使用的情形，对方请求将其应支付的资金占用费与应收取的标的物使用费相互抵销的，人民法院应予支持，但是法律另有规定的除外。

四、合同的履行

第二十六条 当事人一方未根据法律规定或者合同约定履行开具发票、提供证明文件等非主要债务，对方请求继续履行该债务并赔偿因怠于履行该债务造成的损失的，人民法院依法予以支持；对方请求解除合同的，人民法院不予支持，但是不履行该债务致使不能实现合同目的或者当事人另有约定的除外。

第二十七条 债务人或者第三人与债权人在债务履行期限届满后达成以物抵债协议，不存在影响合同效力情形的，人民法院应当认定该协议自当事人意思表示一致时生效。

债务人或者第三人履行以物抵债协议后，人民法院应当认定相应的原债务同时消灭；债务人或者第三人未按照约定履行以物抵债协议，经催告后在合理期限内仍不履行，债权人选择请求履行原债务或者以物抵债协议的，人民法院应予支持，但是法律另有规定或者当事人另有约定的除外。

前款规定的以物抵债协议经人民法院确认或者人民法院根据当事人达成的以物抵债协议制作成调解书，债权人主张财产权利自确认书、调解书生效时发生变动或者具有对抗善意第三人效力的，人民法院不予支持。

债务人或者第三人以自己不享有所有权或者处分权的财产权利订立以物抵债协议的，依据本解释第十九条的规定处理。

第二十八条 债务人或者第三人与债权人在债务履行期限届满前达成以物抵债协议的，人民法院应当在审理债权债务关系的基础上认定该协议的效力。

当事人约定债务人到期没有清偿债务，债权人可以对抵债财产拍卖、变卖、折价以实现债权的，人民法院应当认定该约定有效。当事人约定债务人到期没有清偿债务，抵债财产归债权人所有的，人民法院应当认定该约定无效，但是不影响其他部分的效力；债权人请求对抵债财产拍卖、变卖、折价以实现债权的，人民法院应予支持。

当事人订立前款规定的以物抵债协议后，债务人或者第三人未将财产权利转移至债权人名下，债权人主张优先受偿的，人民法院不予支持；债务人或者第三人已将财产权利转移至债权人名下的，依据《最高人民法院关于适用〈中华人民共和国民法典〉有关担保制度的解释》第六十八条的规定处理。

第二十九条 民法典第五百二十二条第二款规定的第三人请求债务人向自己履行债务的，人民法院应予支持；请求行使撤销权、解除权等民事权利的，人民法院不予支持，但是法律另有规定的除外。

合同依法被撤销或者被解除，债务人请求债权人返还财产的，人民法院应予支持。

债务人按照约定向第三人履行债务，第三人拒绝受领，债权人请求债务人向自己履行债务的，人民法院应予支持，但是债务人已经采取提存等方式消灭债务的除外。第三人拒绝受领或者受领迟延，债务人请求债权人赔偿因此造成的损失的，人民法院依法予以支持。

第三十条 下列民事主体，人民法院可以认定为民法典第五百二十四条第一款规定的对履行债务具有合法利益的第三人：

（一）保证人或者提供物的担保的第三人；

（二）担保财产的受让人、用益物权人、合法占有人；

（三）担保财产上的后顺位担保权人；

（四）对债务人的财产享有合法权益且该权益将因财产被强制执行而丧失的第三人；

（五）债务人为法人或者非法人组织的，其出资人或者设立人；

（六）债务人为自然人的，其近亲属；

（七）其他对履行债务具有合法利益的第三人。

第三人在其已经代为履行的范围内取得对债务人的债权，但是不得损害债权人的利益。

担保人代为履行债务取得债权后，向其他担保人主张担保权利的，依据《最高人民法院关于适用〈中华人民共和国民法典〉有关担保制度的解释》第十三条、第十四条、第十八条第二款等规定处理。

第三十一条 当事人互负债务，一方以对方没有履行非主要债务为由拒绝履行自己的主要债务的，人民法院不予支持。但是,对方不履行非主要债务致使不能实现合同目的或者当事人另有约定的除外。

当事人一方起诉请求对方履行债务,被告依据民法典第五百二十五条的规定主张双方同时履行的抗辩且抗辩成立,被告未提起反诉的,人民法院应当判决被告在原告履行债务的同时履行自己的债务,并在判项中明确原告申请强制执行的,人民法院应当在原告履行自己的债务后对被告采取执行行为;被告提起反诉的,人民法院应当判决双方同时履行自己的债务,并在判项中明确任何一方申请强制执行的,人民法院应当在该当事人履行自己的债务后对对方采取执行行为。

当事人一方起诉请求对方履行债务,被告依据民法典第五百二十六条的规定主张原告应先履行的抗辩且抗辩成立的,人民法院应当驳回原告的诉讼请求,但是不影响原告履行债务后另行提起诉讼。

第三十二条　合同成立后,因政策调整或者市场供求关系异常变动等原因导致价格发生当事人在订立合同时无法预见的、不属于商业风险的涨跌,继续履行合同对于当事人一方明显不公平的,人民法院应当认定合同的基础条件发生了民法典第五百三十三条第一款规定的“重大变化”。但是,合同涉及市场属性活跃、长期以来价格波动较大的大宗商品以及股票、期货等风险投资型金融产品的除外。

合同的基础条件发生了民法典第五百三十三条第一款规定的重大变化,当事人请求变更合同的,人民法院不得解除合同;当事人一方请求变更合同,对方请求解除合同的,或者当事人一方请求解除合同,对方请求变更合同的,人民法院应当结合案件的实际情况,根据公平原则判决变更或者解除合同。

人民法院依据民法典第五百三十三条的规定判决变更或者解除合同的,应当综合考虑合同基础条件发生重大变化的时间、当事人重新协商的情况以及因合同变更或者解除给当事人造成的损失等因素,在判项中明确合同变更或者解除的时间。

当事人事先约定排除民法典第五百三十三条适用的,人民法院应当认定该约定无效。

五、合同的保全

第三十三条　债务人不履行其对债权人的到期债务,又不以诉讼或者仲裁方式向相对人主张其享有的债权或者与该债权有关的从权利,致使债权人的到期债权未能实现的,人民法院可以认定为民法典第五百三十五条规定的“债务人怠于行使其债权或者与该债权有关的从权利,影响债权人的到期债权实现”。

第三十四条　下列权利,人民法院可以认定为民法典第五百三十五条第一款规定的专属于债务人自身的权利:

(一)抚养费、赡养费或者扶养费请求权;

(二)人身损害赔偿请求权;

(三)劳动报酬请求权,但是超过债务人及其所扶养家属的生活必需费用的部分除外;

(四)请求支付基本养老保险金、失业保险金、最低生活保障金等保障当事人基本生活的权利;

(五)其他专属于债务人自身的权利。

第三十五条　债权人依据民法典第五百三十五条的规定对债务人的相对人提起代位权诉讼的,由被告住所地人民法院管辖,但是依法应当适用专属管辖规定的除外。

债务人或者相对人以双方之间的债权债务关系订有管辖协议为由提出异议的,人民法院不予支持。

第三十六条　债权人提起代位权诉讼后,债务人或者相对人以双方之间的债权债务关系订有仲裁协议为由对法院主管提出异议的,人民法院不予支持。但是,债务人或者相对人在首次开庭前就债务人与相对人之间的债权债务关系申请仲裁的,人民法院可以依法中止代位权诉讼。

第三十七条　债权人以债务人的相对人为被告向人民法院提起代位权诉讼,未将债务人列为第三人的,人民法院应当追加债务人为第三人。

两个以上债权人以债务人的同一相对人为被告提起代位权诉讼的,人民法院可以合并审理。债务人对相对人享有的债权不足以清偿其对两个以上债权人负担的债务的,人民法院应当按照债权人享有的债权比例确定相对人的履行份额,但是法律另有规定的除外。

第三十八条　债权人向人民法院起诉债务人后,又向同一人民法院对债务人的相对人提起代位权诉讼,属于该人民法院管辖的,可以合并审理。不属于该人民法院管辖的,应当告知其向有管辖权的人民法院另行起诉;在起诉债务人的诉讼终结前,代位权诉讼应当中止。

第三十九条　在代位权诉讼中,债务人对超过债权人代位请求数额的债权部分起诉相对人,属于同一人民法院管辖的,可以合并审理。不属于同一人民法院管辖的,应当告知其向有管辖权的人民法院另行起诉;在代位权诉讼终结前,债务人对相对人的诉讼应当中止。

第四十条　代位权诉讼中,人民法院经审理认为债权人的主张不符合代位权行使条件的,应当驳回诉讼请求,但是不影响债权人根据新的事实再次起诉。

债务人的相对人仅以债权人提起代位权诉讼时债权人与债务人之间的债权债务关系未经生效法律文书确认为由，主张债权人提起的诉讼不符合代位权行使条件的，人民法院不予支持。

第四十一条 债权人提起代位权诉讼后，债务人无正当理由减免相对人的债务或者延长相对人的履行期限，相对人以此向债权人抗辩的，人民法院不予支持。

第四十二条 对于民法典第五百三十九条规定的“明显不合理”的低价或者高价，人民法院应当按照交易当地一般经营者的判断，并参考交易时交易地的市场交易价或者物价部门指导价予以认定。

转让价格未达到交易时交易地的市场交易价或者指导价百分之七十的，一般可以认定为“明显不合理的低价”；受让价格高于交易时交易地的市场交易价或者指导价百分之三十的，一般可以认定为“明显不合理的高价”。

债务人与相对人存在亲属关系、关联关系的，不受前款规定的百分之七十、百分之三十的限制。

第四十三条 债务人以明显不合理的价格，实施互易财产、以物抵债、出租或者承租财产、知识产权许可使用等行为，影响债权人的债权实现，债务人的相对人知道或者应当知道该情形，债权人请求撤销债务人的行为的，人民法院应当依据民法典第五百三十九条的规定予以支持。

第四十四条 债权人依据民法典第五百三十八条、第五百三十九条的规定提起撤销权诉讼的，应当以债务人和债务人的相对人为共同被告，由债务人或者相对人的住所地人民法院管辖，但是依法应当适用专属管辖规定的除外。

两个以上债权人就债务人的同一行为提起撤销权诉讼的，人民法院可以合并审理。

第四十五条 在债权人撤销权诉讼中，被撤销行为的标的可分，当事人主张在受影响的债权范围内撤销债务人的行为的，人民法院应予支持；被撤销行为的标的不可分，债权人主张将债务人的行为全部撤销的，人民法院应予支持。

债权人行使撤销权所支付的合理的律师代理费、差旅费等费用，可以认定为民法典第五百四十条规定的“必要费用”。

第四十六条 债权人在撤销权诉讼中同时请求债务人的相对人向债务人承担返还财产、折价补偿、履行到期债务等法律后果的，人民法院依法予以支持。

债权人请求受理撤销权诉讼的人民法院一并审理其与债务人之间的债权债务关系，属于该人民法院管辖的，可以合并审理。不属于该人民法院管辖的，应当告知其向有管辖权的人民法院另行起诉。

债权人依据其与债务人的诉讼、撤销权诉讼产生的生效法律文书申请强制执行的，人民法院可以就债务人对相对人享有的权利采取强制执行措施以实现债权人的债权。债权人在撤销权诉讼中，申请对相对人的财产采取保全措施的，人民法院依法予以准许。

六、合同的变更和转让

第四十七条 债权转让后，债务人向受让人主张其对让与人的抗辩的，人民法院可以追加让与人为第三人。

债务转移后，新债务人主张原债务人对债权人的抗辩的，人民法院可以追加原债务人为第三人。

当事人一方将合同权利义务一并转让后，对方就合同权利义务向受让人主张抗辩或者受让人就合同权利义务向对方主张抗辩的，人民法院可以追加让与人为第三人。

第四十八条 债务人在接到债权转让通知前已经向让与人履行，受让人请求债务人履行的，人民法院不予支持；债务人接到债权转让通知后仍然向让与人履行，受让人请求债务人履行的，人民法院应予支持。

让与人未通知债务人，受让人直接起诉债务人请求履行债务，人民法院经审理确认债权转让事实的，应当认定债权转让自起诉状副本送达时对债务人发生效力。债务人主张因未通知而给其增加的费用或者造成的损失从认定的债权数额中扣除的，人民法院依法予以支持。

第四十九条 债务人接到债权转让通知后，让与人以债权转让合同不成立、无效、被撤销或者确定不发生效力为由请求债务人向其履行的，人民法院不予支持。但是，该债权转让通知被依法撤销的除外。

受让人基于债务人对债权真实存在的确认受让债权后，债务人又以该债权不存在为由拒绝向受让人履行的，人民法院不予支持。但是，受让人知道或者应当知道该债权不存在的除外。

第五十条 让与人将同一债权转让给两个以上受让人，债务人以已经向最先通知的受让人履行为由主张其不再履行债务的，人民法院应予支持。债务人明知接受履行的受让人不是最先通知的受让人，最先通知的受让人请求债务人继续履行债务或者依据债权转让协议请求让与人承担违约责任的，人民法院应予支持；最先通知的受让人请求接受履行的受让人返还其接受的财产的，人民法院不予支持，但是接受履行的受让人明知该债权在其受让前已经转让给其他受让人的除外。

前款所称最先通知的受让人，是指最先到达债务人的转让通知中载明的受让人。当事人之间对通知到达时间有争议的，人民法院应当结合通知的方式等因素综合判断，而不能仅根据债务人认可的通知时间或者通知记载的时间予以认定。当事人采用邮寄、通讯电子系统等方式发出通知的，人民法院应当以邮戳时间或者通讯电子系统记载的时间等作为认定通知到达时间的依据。

第五十一条　第三人加入债务并与债务人约定了追偿权，其履行债务后主张向债务人追偿的，人民法院应予支持；没有约定追偿权，第三人依照民法典关于不当得利等的规定，在其已经向债权人履行债务的范围内请求债务人向其履行的，人民法院应予支持，但是第三人知道或者应当知道加入债务会损害债务人利益的除外。

债务人就其对债权人享有的抗辩向加入债务的第三人主张的，人民法院应予支持。

七、合同的权利义务终止

第五十二条　当事人就解除合同协商一致时未对合同解除后的违约责任、结算和清理等问题作出处理，一方主张合同已经解除的，人民法院应予支持。但是，当事人另有约定的除外。

有下列情形之一的，除当事人一方另有意思表示外，人民法院可以认定合同解除：

（一）当事人一方主张行使法律规定或者合同约定的解除权，经审理认为不符合解除权行使条件但是对方同意解除；

（二）双方当事人均不符合解除权行使的条件但是均主张解除合同。

前两款情形下的违约责任、结算和清理等问题，人民法院应当依据民法典第五百六十六条、第五百六十七条和有关违约责任的规定处理。

第五十三条　当事人一方以通知方式解除合同，并以对方未在约定的异议期限或者其他合理期限内提出异议为由主张合同已经解除的，人民法院应当对其是否享有法律规定或者合同约定的解除权进行审查。经审查，享有解除权的，合同自通知到达对方时解除；不享有解除权的，不发生合同解除的效力。

第五十四条　当事人一方未通知对方，直接以提起诉讼的方式主张解除合同，撤诉后再次起诉主张解除合同，人民法院经审理支持该主张的，合同自再次起诉的起诉状副本送达对方时解除。但是，当事人一方撤诉后又通知对方解除合同且该通知已经到达对方的除外。

第五十五条　当事人一方依据民法典第五百六十八条的规定主张抵销，人民法院经审理认为抵销权成立的，应当认定通知到达对方时双方互负的主债务、利息、违约金或者损害赔偿金等债务在同等数额内消灭。

第五十六条　行使抵销权的一方负担的数项债务种类相同，但是享有的债权不足以抵销全部债务，当事人因抵销的顺序发生争议的，人民法院可以参照民法典第五百六十条的规定处理。

行使抵销权的一方享有的债权不足以抵销其负担的包括主债务、利息、实现债权的有关费用在内的全部债务，当事人因抵销的顺序发生争议的，人民法院可以参照民法典第五百六十一条的规定处理。

第五十七条　因侵害自然人人身权益，或者故意、重大过失侵害他人财产权益产生的损害赔偿债务，侵权人主张抵销的，人民法院不予支持。

第五十八条　当事人互负债务，一方以其诉讼时效期间已经届满的债权通知对方主张抵销，对方提出诉讼时效抗辩的，人民法院对该抗辩应予支持。一方的债权诉讼时效期间已经届满，对方主张抵销的，人民法院应予支持。

八、违约责任

第五十九条　当事人一方依据民法典第五百八十条第二款的规定请求终止合同权利义务关系的，人民法院一般应当以起诉状副本送达对方的时间作为合同权利义务关系终止的时间。根据案件的具体情况，以其他时间作为合同权利义务关系终止的时间更加符合公平原则和诚信原则的，人民法院可以以该时间作为合同权利义务关系终止的时间，但是应当在裁判文书中充分说明理由。

第六十条　人民法院依据民法典第五百八十四条的规定确定合同履行后可以获得的利益时，可以在扣除非违约方为订立、履行合同支出的费用等合理成本后，按照非违约方能够获得的生产利润、经营利润或者转售利润等计算。

非违约方依法行使合同解除权并实施了替代交易，主张按照替代交易价格与合同价格的差额确定合同履行后可以获得的利益的，人民法院依法予以支持；替代交易价格明显偏离替代交易发生时当地的市场价格，违约方主张按照市场价格与合同价格的差额确定合同履行后可以获得的利益的，人民法院应予支持。

非违约方依法行使合同解除权但是未实施替代交易，主张按照违约行为发生后合理期间内合同履行地的市场价格与合同价格的差额确定合同履行后可以获得的利益的，人民法院应予支持。

第六十一条　在以持续履行的债务为内容的定期合

同中，一方不履行支付价款、租金等金钱债务，对方请求解除合同，人民法院经审理认为合同应当依法解除的，可以根据当事人的主张，参考合同主体、交易类型、市场价格变化、剩余履行期限等因素确定非违约方寻找替代交易的合理期限，并按照该期限对应的价款、租金等扣除非违约方应当支付的相应履约成本确定合同履行后可以获得的利益。

非违约方主张按照合同解除后剩余履行期限相应的价款、租金等扣除履约成本确定合同履行后可以获得的利益的，人民法院不予支持。但是，剩余履行期限少于寻找替代交易的合理期限的除外。

第六十二条　非违约方在合同履行后可以获得的利益难以根据本解释第六十条、第六十一条的规定予以确定的，人民法院可以综合考虑违约方因违约获得的利益、违约方的过错程度、其他违约情节等因素，遵循公平原则和诚信原则确定。

第六十三条　在认定民法典第五百八十四条规定的“违约一方订立合同时预见到或者应当预见到的因违约可能造成的损失”时，人民法院应当根据当事人订立合同的目的，综合考虑合同主体、合同内容、交易类型、交易习惯、磋商过程等因素，按照与违约方处于相同或者类似情况的民事主体在订立合同时预见到或者应当预见到的损失予以确定。

除合同履行后可以获得的利益外，非违约方主张还有其向第三人承担违约责任应当支出的额外费用等其他因违约所造成的损失，并请求违约方赔偿，经审理认为该损失系违约一方订立合同时预见到或者应当预见到的，人民法院应予支持。

在确定违约损失赔偿额时，违约方主张扣除非违约方未采取适当措施导致的扩大损失、非违约方也有过错造成的相应损失、非违约方因违约获得的额外利益或者减少的必要支出的，人民法院依法予以支持。

第六十四条　当事人一方通过反诉或者抗辩的方式，请求调整违约金的，人民法院依法予以支持。

违约方主张约定的违约金过分高于违约造成的损失，请求予以适当减少的，应当承担举证责任。非违约方主张约定的违约金合理的，也应当提供相应的证据。

当事人仅以合同约定不得对违约金进行调整为由主张不予调整违约金的，人民法院不予支持。

第六十五条　当事人主张约定的违约金过分高于违约造成的损失，请求予以适当减少的，人民法院应当以民法典第五百八十四条规定的损失为基础，兼顾合同主体、交易类型、合同的履行情况、当事人的过错程度、履约背景等因素，遵循公平原则和诚信原则进行衡量，并作出裁判。

约定的违约金超过造成损失的百分之三十的，人民法院一般可以认定为过分高于造成的损失。

恶意违约的当事人一方请求减少违约金的，人民法院一般不予支持。

第六十六条　当事人一方请求对方支付违约金，对方以合同不成立、无效、被撤销、确定不发生效力、不构成违约或者非违约方不存在损失等为由抗辩，未主张调整过高的违约金的，人民法院应当就若不支持该抗辩，当事人是否请求调整违约金进行释明。第一审人民法院认为抗辩成立且未予释明，第二审人民法院认为应当判决支付违约金的，可以直接释明，并根据当事人的请求，在当事人就是否应当调整违约金充分举证、质证、辩论后，依法判决适当减少违约金。

被告因客观原因在第一审程序中未到庭参加诉讼，但是在第二审程序中到庭参加诉讼并请求减少违约金的，第二审人民法院可以在当事人就是否应当调整违约金充分举证、质证、辩论后，依法判决适当减少违约金。

第六十七条　当事人交付留置金、担保金、保证金、订约金、押金或者订金等，但是没有约定定金性质，一方主张适用民法典第五百八十七条规定的定金罚则的，人民法院不予支持。当事人约定了定金性质，但是未约定定金类型或者约定不明，一方主张为违约定金的，人民法院应予支持。

当事人约定以交付定金作为订立合同的担保，一方拒绝订立合同或者在磋商订立合同时违背诚信原则导致未能订立合同，对方主张适用民法典第五百八十七条规定的定金罚则的，人民法院应予支持。

当事人约定以交付定金作为合同成立或者生效条件，应当交付定金的一方未交付定金，但是合同主要义务已经履行完毕并为对方所接受的，人民法院应当认定合同在对方接受履行时已经成立或者生效。

当事人约定定金性质为解约定金，交付定金的一方主张以丧失定金为代价解除合同的，或者收受定金的一方主张以双倍返还定金为代价解除合同的，人民法院应予支持。

第六十八条　双方当事人均具有致使不能实现合同目的的违约行为，其中一方请求适用定金罚则的，人民法院不予支持。当事人一方仅有轻微违约，对方具有致使不能实现合同目的的违约行为，轻微违约方主张适用定金罚则，对方以轻微违约方也构成违约为由抗辩的，人民法院对该抗辩不予支持。

当事人一方已经部分履行合同，对方接受并主张按照未履行部分所占比例适用定金罚则的，人民法院应予支持。对方主张按照合同整体适用定金罚则的，人民法院不予支持，但是部分未履行致使不能实现合同目的的除外。

因不可抗力致使合同不能履行，非违约方主张适用定金罚则的，人民法院不予支持。

九、附　则

第六十九条　本解释自 2023 年 12 月 5 日起施行。

民法典施行后的法律事实引起的民事案件，本解释施行后尚未终审的，适用本解释；本解释施行前已经终审，当事人申请再审或者按照审判监督程序决定再审的，不适用本解释。

国务院办公厅关于创新完善体制机制推动招标投标市场规范健康发展的意见

· 2024 年 5 月 2 日

· 国办发〔2024〕21 号

各省、自治区、直辖市人民政府，国务院各部委、各直属机构：

招标投标市场是全国统一大市场和高标准市场体系的重要组成部分，对提高资源配置效率效益、持续优化营商环境具有重要作用。为创新完善体制机制，推动招标投标市场规范健康发展，经国务院同意，现提出如下意见。

一、总体要求

创新完善体制机制，推动招标投标市场规范健康发展，要坚持以习近平新时代中国特色社会主义思想为指导，深入贯彻党的二十大精神，完整、准确、全面贯彻新发展理念，加快构建新发展格局，着力推动高质量发展，坚持有效市场和有为政府更好结合，聚焦发挥招标投标竞争择优作用，改革创新招标投标制度设计，纵深推进数字化转型升级，加快实现全流程全链条监管，坚持全国一盘棋，坚决打破条块分割、行业壁垒，推动形成高效规范、公平竞争、充分开放的招标投标市场，促进商品要素资源在更大范围内畅通流动，为建设高标准市场体系、构建高水平社会主义市场经济体制提供坚强支撑。

——坚持问题导向、标本兼治。直面招标投标领域突出矛盾和深层次问题，采取针对性措施纠治制度规则滞后、主体责任不落实、交易壁垒难破除、市场秩序不规范等顽瘴痼疾，逐步形成推动招标投标市场规范健康发展的长效机制。

——坚持系统观念、协同联动。加强前瞻性思考、全局性谋划、战略性布局、整体性推进，深化制度、技术、数据融合，提升跨地区跨行业协作水平，更好调动各方面积极性，推动形成共建共治共享格局，有效凝聚招标投标市场建设合力。

——坚持分类施策、精准发力。按照统分结合、分级分类的思路完善招标投标制度、规则、标准，统筹短期和中长期政策举措，提升招标投标市场治理精准性有效性。

——坚持创新引领、赋能增效。不断强化招标投标制度规则创新、运行模式创新、交易机制创新、监管体制创新，提升交易效率、降低交易成本、规范市场秩序，推动招标投标市场转型升级。

二、完善招标投标制度体系

（一）优化制度规则设计。加快推动招标投标法、政府采购法及相关实施条例修订工作，着力破除制约高标准市场体系建设的制度障碍。加快完善分类统一的招标投标交易基本规则和实施细则，优化招标投标交易程序，促进要素自主有序流动。探索编制招标投标市场公平竞争指数。加快构建科学规范的招标投标交易标准体系，按照不同领域和专业制定数字化招标采购技术标准，满足各类项目专业化交易需求。建立招标投标领域统一分级分类的信用评价指标体系，规范招标投标信用评价应用。

（二）强化法规政策协同衔接。落实招标投标领域公平竞争审查规则，健全招标投标交易壁垒投诉、处理、回应机制，及时清理违反公平竞争的规定和做法。各级政府及其部门制定涉及招标投标的法规政策，要严格落实公开征求意见、合法性审核、公平竞争审查等要求，不得干涉招标人、投标人自主权，禁止在区域、行业、所有制形式等方面违法设置限制条件。

三、落实招标人主体责任

（三）强化招标人主体地位。尊重和保障招标人法定权利，任何单位和个人不得干涉招标人选择招标代理机构、编制招标文件、委派代表参加评标等自主权。分类修订勘察、设计、监理、施工、总承包等招标文件示范文本。加强招标需求管理和招标方案策划，规范招标计划发布，鼓励招标文件提前公示。加大招标公告、中标合同、履约信息公开力度，招标公告应当载明招标投标行政监督部门。落实招标人组织招标、处理异议、督促履约等方面责任。将国有企业组织招标和参与投标纳入经营投资责任追究制度从严管理。

（四）健全招标代理机构服务机制。制定招标代理服务标准和行为规范，加强招标代理行业自律，完善招标人根据委托合同管理约束招标代理活动的机制。加快推进招标采购专业人员能力评价工作，研究完善招标采购相关人才培养机制，提升招标采购专业服务水平。治理招标代理领域乱收费，打击价外加价等价格违法行为。对严重违法的招标代理机构及其直接责任人员依法予以处理并实行行业禁入。

（五）推进招标采购机制创新。全面对接国际高标准经贸规则，优化国内招标采购方式。支持企业集中组织实施招标采购，探索形成符合企业生产经营和供应链管理需要的招标采购管理机制。加强招标采购与非招标采购的衔接，支持科技创新、应急抢险、以工代赈、村庄建设、造林种草等领域项目采用灵活方式发包。

四、完善评标定标机制

（六）改进评标方法和评标机制。规范经评审的最低投标价法适用范围，一般适用于具有通用技术、性能标准或者招标人对技术、性能没有特殊要求的招标项目。在勘察设计项目评标中突出技术因素、相应增加权重。完善评标委员会对异常低价的甄别处理程序，依法否决严重影响履约的低价投标。合理确定评标时间和评标委员会成员人数。全面推广网络远程异地评标。推行隐藏投标人信息的暗标评审。积极试行投标人资格、业绩、信用等客观量化评审，提升评标质量效率。

（七）优化中标人确定程序。厘清专家评标和招标人定标的职责定位，进一步完善定标规则，保障招标人根据招标项目特点和需求依法自主选择定标方式并在招标文件中公布。建立健全招标人对评标报告的审核程序，招标人发现评标报告存在错误的，有权要求评标委员会进行复核纠正。探索招标人从评标委员会推荐的中标候选人范围内自主研究确定中标人。实行定标全过程记录和可追溯管理。

（八）加强评标专家全周期管理。加快实现评标专家资源跨地区跨行业共享。优化评标专家专业分类，强化评标专家入库审查、业务培训、廉洁教育，提升履职能力。依法保障评标专家独立开展评标，不受任何单位或者个人的干预。评标专家库组建单位应当建立健全从专家遴选到考核监督的全过程全链条管理制度体系，完善评标专家公正履职承诺、保密管理等制度规范，建立评标专家日常考核评价、动态调整轮换等机制，实行评标专家对评标结果终身负责。

五、推进数字化智能化转型升级

（九）加快推广数智技术应用。推动招标投标与大数据、云计算、人工智能、区块链等新技术融合发展。制定实施全国统一的电子招标投标技术标准和数据规范，依法必须进行招标的项目推广全流程电子化交易。加快推进全国招标投标交易主体信息互联互通，实现经营主体登记、资格、业绩、信用等信息互认共享。加快实现招标投标领域数字证书全国互认，支持电子营业执照推广应用。推动固定资产投资项目代码与招标投标交易编码关联应用。全面推广以电子保函（保险）等方式缴纳投标保证金、履约保证金、工程质量保证金。

（十）优化电子招标投标平台体系。统筹规划电子招标投标平台建设，提高集约化水平。设区的市级以上人民政府要按照政府主导、互联互通、开放共享原则，优化电子招标投标公共服务平台。支持社会力量按照市场化、专业化、标准化原则建设运营招标投标电子交易系统。电子交易系统应当开放对接各类专业交易工具。任何单位和个人不得为经营主体指定特定的电子交易系统、交易工具。

六、加强协同高效监督管理

（十一）压实行政监督部门责任。进一步理顺招标投标行政监督体制，探索建立综合监管与行业监管相结合的协同机制。理清责任链条，分领域编制行政监督责任清单，明确主管部门和监管范围、程序、方式，消除监管盲区。对监管边界模糊、职责存在争议的事项，由地方人民政府按照领域归口、精简高效原则明确主管部门和监管责任。

（十二）强化多层次立体化监管。加强招标投标与投资决策、质量安全、竣工验收等环节的有机衔接，打通审批和监管业务信息系统，提升工程建设一体化监管能力，强化招标投标交易市场与履约现场联动，完善事前事中事后全链条全领域监管。推行信用分级分类监管。发挥行业组织作用，提升行业自律水平。完善招标投标行政监督部门向纪检监察机关、司法机关等移送线索的标准和程序，推动加大巡视巡察、审计监督力度，将损害国家利益或者社会公共利益行为的线索作为公益诉讼线索向检察机关移送，将串通投标情节严重行为的线索向公安机关移送，将党政机关、国有企事业单位、人民团体等单位公职人员利用职权谋取非法利益和受贿行为的线索向纪检监察机关移送。建立移送线索办理情况反馈机制，形成管理闭环。

（十三）加快推进智慧监管。创新招标投标数字化监管方式，推动现场监管向全流程数字化监管转变，完善招标投标电子监督平台功能，畅通招标投标行政监督部门、纪检监察机关、司法机关、审计机关监督监管通道，建立开放协同的监管网络。招标投标行政监督部门要建立数字化执法规则标准，运用非现场、物联感知、掌上移动、穿透式等新型监管手段，进一步提升监管效能。加大招标文件随机抽查力度，运用数字化手段强化同类项目资格、商务条件分析比对，对异常招标文件进行重点核查。

七、营造规范有序市场环境

（十四）严厉打击招标投标违法活动。建立健全招标投标行政执法标准规范，完善行政处罚裁量权基准。依法加大对排斥限制潜在投标人、规避招标、串通投标、以行贿手段谋取中标等违法犯罪行为的惩处力度，严厉打击转包、违法分包行为。适时组织开展跨部门联合执法，集中整治工程建设领域突出问题。推动修订相关刑事法律，依法严肃惩治招标投标犯罪活动。发挥调解、仲裁、诉讼等争议解决机制作用，支持经营主体依据民事合同维护自身合法权益，推动招标投标纠纷多元化解。完善招标投标投诉处理机制，遏制恶意投诉行为。

（十五）持续清理妨碍全国统一大市场建设和公平竞争的规定、做法。开展招标投标法规政策文件专项清理，对法规、规章、规范性文件及其他政策文件和示范文本进行全面排查，存在所有制歧视、行业壁垒、地方保护等不合理限制的按照规定权限和程序予以修订、废止。清理规范招标投标领域行政审批、许可、备案、注册、登记、报名等事项，不得以公共服务、交易服务等名义变相实施行政审批。

八、提升招标投标政策效能

（十六）健全支持创新的激励机制。完善首台（套）重大技术装备招标投标机制，首台（套）重大技术装备参与招标投标视同满足市场占有率、使用业绩等要求，对已投保的首台（套）重大技术装备一般不再收取质量保证金。鼓励国有企业通过招标投标首购、订购创新产品和服务。

（十七）优化绿色招标采购推广应用机制。编制绿色招标采购示范文本，引导招标人合理设置绿色招标采购标准，对原材料、生产制造工艺等明确环保、节能、低碳要求。鼓励招标人综合考虑生产、包装、物流、销售、服务、回收和再利用等环节确定评标标准，建立绿色供应链管理体系。

（十八）完善支持中小企业参与的政策体系。优化工程建设招标投标领域支持中小企业发展政策举措，通过预留份额、完善评标标准、提高首付款比例等方式，加大对中小企业参与招标投标的支持力度。鼓励大型企业与中小企业组成联合体参与投标，促进企业间优势互补、资源融合。探索将支持中小企业参与招标投标情况列为国有企业履行社会责任考核内容。

九、强化组织实施保障

（十九）加强组织领导。坚持加强党的全面领导和党中央集中统一领导，把党的领导贯彻到推动招标投标市场规范健康发展各领域全过程。国家发展改革委要加强统筹协调，细化实化各项任务，清单化推进落实。工业和信息化部、公安部、住房城乡建设部、交通运输部、水利部、农业农村部、商务部、国务院国资委等要根据职责，健全工作推进机制，扎实推动各项任务落实落细。省级人民政府要明确时间表、路线图，整合力量、扭住关键、狠抓落实，确保各项任务落地见效。健全常态化责任追究机制，对监管不力、执法缺位的，依规依纪依法严肃追责问责。重大事项及时向党中央、国务院请示报告。

（二十）营造良好氛围。尊重人民首创精神，鼓励地方和基层积极探索，在改革招标投标管理体制、完善评标定标机制、推行全流程电子化招标投标、推进数字化智慧监管等方面鼓励大胆创新。国家发展改革委要会同有关部门及时跟进创新完善招标投标体制机制的工作进展，加强动态监测和定期评估，对行之有效的经验做法以适当形式予以固化并在更大范围推广。加强宣传解读和舆论监督，营造有利于招标投标市场规范健康发展的社会环境。

关于建立健全招标投标领域优化营商环境长效机制的通知

· 2021 年 2 月 20 日

· 发改法规〔2021〕240 号

各省、自治区、直辖市、新疆生产建设兵团发展改革委、工业和信息化主管部门、住房城乡建设厅（委、局）、交通运输厅（局、委）、水利厅（局）、农业农村厅（局、委）、商务厅（局）、广播电视局、能源局、招标投标指导协调工作牵头部门、公共资源交易平台整合工作牵头部门，各省、自治区、直辖市通信管理局，国家能源局各派出机构、各地区铁路监管局、民航各地区管理局，全国公共资源交易平台、中国招标投标公共服务平台：

为深入贯彻党的十九届五中全会关于坚持平等准

入、公正监管、开放有序、诚信守法，形成高效规范、公平竞争的国内统一市场的决策部署，落实《优化营商环境条例》精神，进一步深化招标投标领域营商环境专项整治，切实维护公平竞争秩序，根据国务院办公厅政府职能转变办公室深化"放管服"改革优化营商环境工作安排，现就建立健全招标投标领域优化营商环境长效机制有关要求通知如下。

一、充分认识建立健全招标投标领域优化营商环境长效机制的重要性。根据国务院部署要求，2019 年以来，国家发展改革委联合国务院有关部门在全国开展了工程项目招标投标领域营商环境专项整治，组织各地区、各有关部门对招标投标法规政策文件进行全面清理，广泛征集损害营商环境问题线索，大力开展随机抽查和重点核查，严肃查处破坏公平竞争的违法违规行为。通过专项整治，招标投标市场主体反映强烈的一大批突出问题得到有效解决，制度规则更加明晰，市场秩序不断规范，不同所有制企业公平竞争的市场环境进一步形成。但应当看到，与党中央、国务院要求相比，与广大市场主体期盼相比，招标投标领域营商环境仍存在薄弱环节。各地招标投标法规政策文件总量偏多，规则庞杂不一，加重市场主体的合规成本；地方保护、所有制歧视、擅自设立审核备案证明事项和办理环节、违规干预市场主体自主权等问题仍时有发生，在一些市县还比较突出；招标投标行政管理重事前审批核准备案、轻事中事后监管，监管主动性、全面性不足，一些行业领域监管职责不清，对违法违规行为震慑不够。为巩固和深化招标投标领域营商环境专项整治成果，进一步营造公平竞争的市场环境，迫切要求建立健全长效机制，久久为功，持续发力，推动招标投标领域营商环境实现根本性好转。

二、严格规范地方招标投标制度规则制定活动。各地制定有关招标投标制度规则，要严格落实《优化营商环境条例》要求，认真开展公平竞争审查、合法性审核，充分听取市场主体、行业协会商会意见，并向社会公开征求意见一般不少于 30 日。没有法律、法规或者国务院决定和命令依据的，规范性文件不得减损市场主体合法权益或者增加其义务，不得设置市场准入和退出条件，不得设定证明事项，不得干预市场主体正常生产经营活动。新出台制度规则前，要认真评估必要性，现有文件可以解决或者修改后可以解决有关问题的，不再出台新文件；对此前发布的文件要全面梳理，对同一事项有多个规定的，根据情况作出合并、衔接、替代、废止等处理。地方制定招标投标制度规则、公共资源交易管理服务制度规则，要建立征求本级招标投标指导协调工作牵头部门和上一级主管部门意见机制，确保符合上位法规定，维护制度规则统一。

三、加大地方招标投标制度规则清理整合力度。各省级招标投标指导协调工作牵头部门要会同各有关行政监督部门，加强对本行政区域招标投标制度规则体系的统筹规划，并强化对市县招标投标制度环境的监督指导。要从促进全国统一市场建设的高度，以问题最为突出的市县一级为重点，加大招标投标制度规则清理整合力度。除少数调整政府内部行为的文件外，要按照应减尽减、能统则统的原则，对各地市保留的招标投标制度规则类文件实行总量控制和增减挂钩，避免边清边增；各区县一律不再保留或新制定此类文件。各省级招标投标指导协调工作牵头部门和有关行政监督部门要对省、市两级经清理整合后保留的招标投标地方性法规、规章、规范性文件进行汇总，2021 年 11 月底前，在省级公共资源交易平台、招标投标公共服务平台和省级行政监督部门网站专栏公布目录及全文（或网址链接），并动态更新，方便市场主体查阅；未列入目录的，一律不得作为行政监管依据。

四、全面推行"双随机一公开"监管模式。各地招标投标行政监督部门要在依法必须招标项目的事中事后监管方面，全面推行"双随机一公开"模式，紧盯招标公告、招标文件、资格审查、开标评标定标、异议答复、招标投标情况书面报告、招标代理等关键环节、载体，严厉打击违法违规行为。要合理确定抽查对象、比例、频次，向社会公布后执行；对问题易发多发环节以及发生过违法违规行为的主体，可采取增加抽查频次、开展专项检查等方式进行重点监管；确实不具备"双随机"条件的，可按照"双随机"理念，暂采用"单随机"工作方式。抽查检查结果通过有关行政监督部门网站及时向社会公开，接受社会监督，并同步归集至本级公共资源交易平台、招标投标公共服务平台和信用信息共享平台。要充分发挥公共资源交易平台作用，明确交易服务机构需支持配合的事项和履职方式，实现交易服务与行政监督的有效衔接。2021 年 6 月底前各地区、各部门要完成相关制度建设，11 月底前完成首批次随机抽查。

五、畅通招标投标异议、投诉渠道。各地招标投标行政监督部门要指导督促依法必须招标项目招标人在资格预审公告、资格预审文件、招标公告、招标文件中公布接收异议的联系人和联系方式，依法及时答复和处理有关主体依法提出的异议。要结合全面推行电子招标投标，2021 年 11 月底前实现依法必须招标项目均可通过电子招标投标交易系统在线提出异议和作出答复。要进一步健全投诉处理机制，依法及时对投诉进行受理、调查和处理，并网上公开行政处罚决定；积极探索在线受理投诉并作出处理决定。各地要依据有关法律法规和各有关行政监督部门职责，以清单方式列明投诉处理职责分工，避免重复受理或相互推诿；要按照“谁主管谁监管”的原则，加快落实工业、农业农村、广播电视、能源等行业领域招标投标活动的行政监督职责，完善监管措施。鼓励探索通过地方立法建立特定部门兜底受理投诉机制，防止在确实难以协调明确监管职责的领域出现部门相互推诿。

六、建立营商环境问题线索和意见建议常态化征集机制。国家层面将加快开通招标投标领域营商环境问题线索征集平台，围绕市场隐性壁垒等损害营商环境行为进行常态化的线索征集，作为异议、投诉之外的社会监督渠道，为各地区、各部门加强事中事后监管提供指引。建立健全国家、省、市、县四级转办、督办机制，确保有效线索得到及时核查，违规文件得到及时修改废止，违法行为得到及时查处纠正。线索征集平台针对实践中反映突出的问题，不定期发布和更新招标投标领域营商环境“负面行为清单”，明确监管重点，警示违法行为。各地招标投标指导协调工作牵头部门会同各有关行政监督部门要建立市场主体意见建议征集机制，在本级公共资源交易平台、招标投标公共服务平台开通意见建议征集栏目，广泛听取各方面意见建议，不断改进管理、提升服务。

七、落实地方主体责任。各地要充分认识招标投标领域优化营商环境的长期性、艰巨性，进一步加大工作力度，着力健全长效机制，持之以恒、常抓不懈，切实为不同所有制企业营造公平竞争的市场环境。各地招标投标指导协调工作牵头部门要加强统筹协调，各有关行政监督部门要分工负责，形成部门合力。要向下层层传导压力，对存在问题的地方，建立约谈、发函、通报机制，推动思想认识到位、责任落实到位、问题整改到位。国家发展改革委和国务院有关部门发现地方突出违法问题或工作不落实问题，将通报给当地人民政府或当地党委全面依法治省（区、市）委员会办公室，典型问题向社会公开曝光；结合全国营商环境评价，定期对各地招标投标领域营商环境开展评估。

各地区、各部门落实本通知过程中作出的整体部署、各专项部署、阶段性进展和成果，创新性做法和成效、遇到的问题和建议，请及时抄送、报告国家发展改革委和国务院有关部门。国务院各有关部门要加强对本行业、本系统招标投标领域优化营商环境工作的指导督促，及时研究解决地方工作过程中反映的问题。

国家发展改革委等部门关于完善招标投标交易担保制度进一步降低招标投标交易成本的通知

·2023 年 1 月 6 日

·发改法规〔2023〕27 号

各省、自治区、直辖市、新疆生产建设兵团发展改革委、工业和信息化主管部门、住房城乡建设厅（委、局）、交通运输厅（局、委）、水利厅（局）、农业农村厅（局、委）、商务厅（局）、国资委、广播电视局、能源局、招标投标指导协调工作牵头部门、公共资源交易平台整合工作牵头部门，各省、自治区、直辖市通信管理局，国家能源局各派出机构、各地区铁路监管局、民航各地区管理局、各银保监局，全国公共资源交易平台、中国招标投标公共服务平台：

为深入贯彻落实《国务院关于印发扎实稳住经济一揽子政策措施的通知》（国发〔2022〕12 号）要求，加快推动招标投标交易担保制度改革，降低招标投标市场主体特别是中小微企业交易成本，保障各方主体合法权益，优化招标投标领域营商环境，现就完善招标投标交易担保制度、进一步降低招标投标交易成本有关要求通知如下：

一、严格规范招标投标交易担保行为。招标人、招标代理机构以及其他受委托提供保证金代收代管服务的平台和服务机构应当严格遵守招标投标交易担保规定，严禁巧立名目变相收取没有法律法规依据的保证金或其他费用。招标人应当同时接受现金保证金和银行保函等非现金交易担保方式，在招标文件中规范约定招标投标交易担保形式、金额或比例、收退时间等。依法必须招标项目的招标人不得强制要求投标人、中标人缴纳现金保证金。

二、全面推广保函（保险）。鼓励招标人接受担保机构的保函、保险机构的保单等其他非现金交易担保方式缴纳投标保证金、履约保证金、工程质量保证金。投标人、中标人在招标文件约定范围内，可以自行选择交易担保方式，招标人、招标代理机构和其他任何单位不得排斥、限制或拒绝。鼓励使用电子保函，降低电子保函费用。任何单位和个人不得为投标人、中标人指定出具保函、保单的银行、担保机构或保险机构。

三、规范保证金收取和退还。招标人、招标代理机构以及其他受委托提供保证金代收代管服务的平台和服务机构应当严格按照法律规定、招标文件和合同中明确约定的保证金收退的具体方式和期限，及时退还保证金。任何单位不得非法扣押、拖欠、侵占、挪用各类保证金。以现金形式提交保证金的，应当同时退还保证金本金和银行同期存款利息。

四、清理历史沉淀保证金。2023年3月底前，各地方政府有关部门、各有关单位和企业组织开展清理历史沉淀保证金专项行动，按照“谁收取、谁清理、谁退还”的原则，督促招标人、招标代理机构以及其他受委托提供保证金代收代管服务的平台和服务机构全面清理投标保证金、履约保证金、工程质量保证金等各类历史沉淀保证金，做到应退尽退。各地政府有关部门、各有关单位和企业要每年定期开展历史沉淀保证金清理工作，并通过相关公共服务平台网络、窗口或门户网站向社会公开清理结果。

五、鼓励减免政府投资项目投标保证金。2023年3月底前，各省级招标投标指导协调工作牵头部门应当会同各有关行政监督部门，制定出台鼓励本地区政府投资项目招标人全面或阶段性停止收取投标保证金，或者分类减免投标保证金的政策措施，并完善保障招标人合法权益的配套机制。

六、鼓励实行差异化缴纳投标保证金。对于政府投资项目以外的依法必须招标项目和非依法必须招标项目，各地要制定相应政策，鼓励招标人根据项目特点和投标人诚信状况，在招标文件中明确减免投标保证金的措施。鼓励招标人对无失信记录的中小微企业或信用记录良好的投标人，给予减免投标保证金的优惠待遇。鼓励国有企事业单位招标人制定实施分类减免投标保证金的相关措施。企事业单位实行集中招标采购制度的，可以探索试行与集中招标采购范围对应的集中交易担保机制，避免投标人重复提供投标保证金。

七、加快完善招标投标交易担保服务体系。依托公共资源交易平台、招标投标公共服务平台、电子招标投标交易平台、信用信息共享平台等，依法依规公开市场主体资质资格、业绩、行为信用信息和担保信用信息等，为招标人减免投标保证金提供客观信息依据。推动建立银行、担保机构和保险机构间的招标投标市场主体履约信用信息共享机制，鼓励各类银行、担保机构、保险机构和电子招标投标交易平台对符合条件的投标人、中标人简化交易担保办理流程、降低服务手续费用。依法依规对银行、担保机构和保险机构加强信用监管，严格防范并依法惩戒交易担保违法失信行为。

各地要充分认识完善招标投标交易担保制度、降低招标投标交易成本的重要意义，切实提高政治站位，结合实际制定落实本通知的实施方案或具体措施，并于2023年5月底前将落实本通知的有关工作安排、阶段性进展和成效，以及历史沉淀保证金清理情况报送国家发展改革委。国务院各有关部门要加强对本行业、本系统降低招标投标交易成本工作的指导督促，及时研究解决地方工作过程中反映的问题。

国家发展改革委办公厅、市场监管总局办公厅关于进一步规范招标投标过程中企业经营资质资格审查工作的通知

· 2020年9月22日
· 发改办法规〔2020〕727号

各省、自治区、直辖市、新疆生产建设兵团发展改革委、市场监督管理局（厅、委）、招标投标指导协调工作牵头部门：

为贯彻落实《优化营商环境条例》要求，深化招标投标领域“放管服”改革，推进“证照分离”改革，依法保障企业经营自主权，破除招标投标领域各种隐性壁垒和不合理门槛，维护公平竞争的招标投标营商环境，现就进一步规范招标投标过程中企业经营资质资格审查有关要求通知如下：

一、进一步明确招标投标过程中对企业经营资质资格的审查标准

企业依法享有经营自主权，其经营范围由其章程确定，并依法按照相关标准办理经营范围登记，以向社会公示其主要经营活动内容。招标人在招标项目资格预审公告、资格预审文件、招标公告、招标文件中不得以营业执照记载的经营范围作为确定投标人经营资质资格的依据，不得将投标人营业执照记载的经营范围采用某种特定表述或者明确记载某个特定经营范围细项作为投标、加分或者中标条件，不得以招标项目超出投标人营业执照记载的经营范围为由认定其投标无效。招标项目对投标人经营资质资格有明确要求的，应当对其是否被准予行政许可、取得相关资质资格情况进行审查，不应以对营业执照经营范围的审查代替，或以营业执照经营范围明确记载行政许可批准证件上的具体内容作为审查标准。

二、持续深化招标投标领域“放管服”改革

各地发展改革部门、招标投标指导协调工作牵头部门要加强指导协调，会同各有关行政监督部门，持续深化“放管服”改革，维护招标投标市场公平竞争。各有关行政监督部门要落实招标人主体责任，引导和监督招标人根据招标项目实际需要合理设定投标人资格条件，公平对待各类市场主体；按照规定的职责分工，强化事中事后监管，畅通投诉举报渠道，实施常态化的随机抽查，严厉打击各种不合理排斥或限制投标人的行为。加强改革创

新,分领域探索简化淡化对投标人经营资质资格要求,逐步建立以业绩、信用、履约能力为核心的投标人资格审查制度。加快全面推广电子招标投标,推进招标投标信息资源互联共享,为改革提供坚实支撑。

三、落实“证照分离”改革要求做好企业登记工作

各地市场监管部门要认真落实国务院“证照分离”改革要求,稳步推动经营范围登记规范化工作,使用市场监管总局发布的经营范围规范表述目录办理相关业务,提高经营范围登记的规范化、标准化水平,提高政策的透明度和可预期性,做好对企业和社会公众的说明和服务。要积极做好与各相关部门行政许可的信息共享和业务协同,推动各相关部门合理规范使用企业经营范围信息,减少对企业经营范围的行政强制性要求、限制或者变相限制。推动电子营业执照在招标投标领域的应用,降低企业交易成本。

四、形成各部门共同维护招标投标市场公平竞争的工作合力

各地发展改革部门、市场监管部门、招标投标指导协调工作牵头部门要会同各有关行政监督部门,以进一步规范招标投标过程中企业经营资质资格审查工作为契机,加强沟通协作,形成共同维护招标投标市场公平竞争的工作合力。市场监管部门要指导协调各有关部门严格落实公平竞争审查制度,防止起草制定含有不合理排斥或限制投标人内容的政策措施。发展改革部门、招标投标指导协调工作牵头部门以及各有关行政监督部门要将妨害公平竞争行为作为招标投标日常监管重点,加强与市场监管部门的工作衔接,建立投诉举报线索共享和执法协作机制,切实维护企业合法权益,营造良好的招标投标营商环境。

关于个体工商户、农民专业合作社依法参加招标投标的,相关工作要求参照此通知执行。

特此通知。

国家发展改革委等部门关于严格执行招标投标法规制度进一步规范招标投标主体行为的若干意见

· 2022 年 7 月 18 日
· 发改法规规〔2022〕1117 号

各省、自治区、直辖市、新疆生产建设兵团发展改革委、工业和信息化主管部门、公安厅(局)、住房城乡建设厅(委、局)、交通运输厅(局、委)、水利(水务)厅(局)、农业农村厅(局、委)、商务厅(局)、审计厅(局)、广播电视局、能源局、招标投标指导协调工作牵头部门、公共资源交易平台整合工作牵头部门,各省、自治区、直辖市通信管理局,审计署各特派员办事处、国家能源局各派出机构、各地区铁路监管局、民航各地区管理局,全国公共资源交易平台、中国招标投标公共服务平台:

招标投标制度是社会主义市场经济体制的重要组成部分,对于充分发挥市场在资源配置中的决定性作用,更好发挥政府作用,深化投融资体制改革,提高国有资金使用效益,预防惩治腐败具有重要意义。近年来,各地区、各部门认真执行《招标投标法》及配套法规规章,全社会依法招标投标意识不断增强,招标投标活动不断规范,在维护国家利益、社会公共利益和招标投标活动当事人合法权益方面发挥了重要作用。但是当前招标投标市场还存在不少突出问题,招标人主体责任落实不到位,各类不合理限制和隐性壁垒尚未完全消除,规避招标、虚假招标、围标串标、有关部门及领导干部插手干预等违法行为仍然易发高发,招标代理服务水平参差不齐,一些评标专家不公正、不专业,导致部分项目中标结果不符合实际需求或者实施效果不佳,制约了招标投标制度竞争择优功能的发挥。为全面贯彻党的十九大和十九届历次全会精神,按照第十九届中央纪委第六次全会、国务院第五次廉政工作会议部署,现就严格执行招标投标法规制度、进一步规范招标投标各方主体行为提出以下意见。

一、强化招标人主体责任

(一)依法落实招标自主权。切实保障招标人在选择招标代理机构、编制招标文件、在统一的公共资源交易平台体系内选择电子交易系统和交易场所、组建评标委员会、委派代表参加评标、确定中标人、签订合同等方面依法享有的自主权。任何单位和个人不得以任何方式为招标人指定招标代理机构,不得违法限定招标人选择招标代理机构的方式,不得强制具有自行招标能力的招标人委托招标代理机构办理招标事宜。任何单位不得设定没有法律、行政法规依据的招标文件审查等前置审批或审核环节。对实行电子招标投标的项目,取消招标文件备案或者实行网上办理。

(二)严格执行强制招标制度。依法经项目审批、核准部门确定的招标范围、招标方式、招标组织形式,未经批准不得随意变更。依法必须招标项目拟不进行招标的、依法应当公开招标的项目拟邀请招标的,必须符合法律法规规定情形并履行规定程序;除涉及国家秘密或者商业秘密的外,应当在实施采购前公示具体理由和法律法规依据。不得以支解发包、化整为零、招小送大、设定不合理的暂估价或者通过虚构涉密项目、应急项目等形式规避招标；不得以战略合作、招商引资等理由搞“明招暗定”“先建后招”的虚假招标；不得通过集体决策、会议纪要、函复意见、备忘录等方式将依法必须招标项目转为采用谈判、询比、竞价或者直接采购等非招标方式。对于涉及应急抢险救灾、疫情防控等紧急情况，以及重大工程建设项目经批准增加的少量建设内容，可以按照《招标投标法》第六十六条和《招标投标法实施条例》第九条规定不进行招标，同时强化项目单位在资金使用、质量安全等方面责任。不得随意改变法定招标程序；不得采用抽签、摇号、抓阄等违规方式直接选择投标人、中标候选人或中标人。除交易平台暂不具备条件等特殊情形外，依法必须招标项目应当实行全流程电子化交易。

（三）规范招标文件编制和发布。招标人应当高质量编制招标文件，鼓励通过市场调研、专家咨询论证等方式，明确招标需求，优化招标方案；对于委托招标代理机构编制的招标文件，应当认真组织审查，确保合法合规、科学合理、符合需求；对于涉及公共利益、社会关注度较高的项目，以及技术复杂、专业性强的项目，鼓励就招标文件征求社会公众或行业意见。依法必须招标项目的招标文件，应当使用国家规定的标准文本，根据项目的具体特点与实际需要编制。招标文件中资质、业绩等投标人资格条件要求和评标标准应当以符合项目具体特点和满足实际需要为限度审慎设置，不得通过设置不合理条件排斥或者限制潜在投标人。依法必须招标项目不得提出注册地址、所有制性质、市场占有率、特定行政区域或者特定行业业绩、取得非强制资质认证、设立本地分支机构、本地缴纳税收社保等要求，不得套用特定生产供应者的条件设定投标人资格、技术、商务条件。简化投标文件形式要求，一般不得将装订、纸张、明显的文字错误等列为否决投标情形。鼓励参照《公平竞争审查制度实施细则》，建立依法必须招标项目招标文件公平竞争审查机制。鼓励建立依法必须招标项目招标文件公示或公开制度。严禁设置投标报名等没有法律法规依据的前置环节。

（四）规范招标人代表条件和行为。招标人应当选派或者委托责任心强、熟悉业务、公道正派的人员作为招标人代表参加评标，并遵守利益冲突回避原则。严禁招标人代表私下接触投标人、潜在投标人、评标专家或相关利害关系人；严禁在评标过程中发表带有倾向性、误导性的言论或者暗示性的意见建议，干扰或影响其他评标委员会成员公正独立评标。招标人代表发现其他评标委员会成员不按照招标文件规定的评标标准和方法评标的，应当及时提醒、劝阻并向有关招标投标行政监督部门（以下简称行政监督部门）报告。

（五）加强评标报告审查。招标人应当在中标候选人公示前认真审查评标委员会提交的书面评标报告，发现异常情形的，依照法定程序进行复核，确认存在问题的，依照法定程序予以纠正。重点关注评标委员会是否按照招标文件规定的评标标准和方法进行评标；是否存在对客观评审因素评分不一致，或者评分畸高、畸低现象；是否对可能低于成本或者影响履约的异常低价投标和严重不平衡报价进行分析研判；是否依法通知投标人进行澄清、说明；是否存在随意否决投标的情况。加大评标情况公开力度，积极推进评分情况向社会公开、投标文件被否决原因向投标人公开。

（六）畅通异议渠道。招标人是异议处理的责任主体，应当畅通异议渠道，在招标公告和公示信息中公布受理异议的联系人和联系方式，在法定时限内答复和处理异议，积极引导招标投标活动当事人和利害关系人按照法定程序维护自身权益。实行电子招标投标的，应当支持系统在线提出异议、跟踪处理进程、接收异议答复。不得故意拖延、敷衍，无故回避实质性答复，或者在作出答复前继续进行招标投标活动。

（七）落实合同履约管理责任。招标人应当高度重视合同履约管理，健全管理机制，落实管理责任。依法必须招标项目的招标人应当按照《公共资源交易领域基层政务公开标准指引》要求，及时主动公开合同订立信息，并积极推进合同履行及变更信息公开。加强对依法必须招标项目合同订立、履行及变更的行政监督，强化信用管理，防止“阴阳合同”“低中高结”等违法违规行为发生，及时依法查处违法违规行为。

（八）加强招标档案管理。招标人应当按照有关规定加强招标档案管理，及时收集、整理、归档招标投标交易和合同履行过程中产生的各种文件资料和信息数据，并采取有效措施确保档案的完整和安全，不得篡改、损毁、伪造或者擅自销毁招标档案。加快推进招标档案电子化、数字化。招标人未按照规定进行归档，篡改、损毁、伪造、擅自销毁招标档案，或者在依法开展的监督检查中不如实提供招标档案的，由行政监督部门责令改正。

（九）强化内部控制管理。招标人应当建立健全招标投标事项集体研究、合法合规性审查等议事决策机制，积极发挥内部监督作用；对招标投标事项管理集中的部门和岗位实行分事行权、分岗设权、分级授权，强化内部控制。依法必须招标项目应当在组织招标前，按照权责匹配原则落实主要负责人和相关负责人。鼓励招标人建立招标项目绩效评价机制和招标采购专业化队伍，加大对招标项目管理人员的问责问效力度，将招标投标活动合法合规性、交易结果和履约绩效与履职评定、奖励惩处挂钩。

二、坚决打击遏制违法投标和不诚信履约行为

（十）严格规范投标和履约行为。投标人应当严格遵守有关法律法规和行业标准规范，依法诚信参加投标，自觉维护公平竞争秩序。不得通过受让、租借或者挂靠资质投标；不得伪造、变造资质、资格证书或者其他许可证件，提供虚假业绩、奖项、项目负责人等材料，或者以其他方式弄虚作假投标；不得与招标人、招标代理机构或其他投标人串通投标；不得与评标委员会成员私下接触，或向招标人、招标代理机构、交易平台运行服务机构、评标委员会成员、行政监督部门人员等行贿谋取中标；不得恶意提出异议、投诉或者举报，干扰正常招标投标活动。中标人不得无正当理由不与招标人订立合同，在签订合同时向招标人提出附加条件，不按照招标文件要求提交履约保证金或履约保函，或者将中标项目转包、违法分包。

（十一）加大违法投标行为打击力度。密切关注中标率异常低、不以中标为目的投标的"陪标专业户"。重点关注投标人之间存在关联关系、不同投标人高级管理人员之间存在交叉任职、人员混用或者亲属关系、经常性"抱团"投标等围标串标高风险迹象。严厉打击操纵投标或出借资质等行为导致中标率异常高的"标王"及其背后的违法犯罪团伙。经查实存在违法行为的，行政监督部门严格依法实施行政处罚，并按照规定纳入信用记录；对其中负有责任的领导人员和直接责任人员，需要给予党纪、政务处分或组织处理的，移交有关机关、单位依规依纪依法处理；涉嫌犯罪的，及时向有关机关移送。不得以行政约谈、内部处理等代替行政处罚，不得以行政处罚代替刑事处罚。

三、加强评标专家管理

（十二）严肃评标纪律。评标专家应当认真、公正、诚实、廉洁、勤勉地履行专家职责，按时参加评标，严格遵守评标纪律。评标专家与投标人有利害关系的，应当主动提出回避；不得对其他评标委员会成员的独立评审施加不当影响；不得私下接触投标人，不得收受投标人、中介人、其他利害关系人的财物或者其他好处，不得接受任何单位或者个人明示或者暗示提出的倾向或者排斥特定投标人的要求；不得透露评标委员会成员身份和评标项目；不得透露对投标文件的评审和比较、中标候选人的推荐情况、在评标过程中知悉的国家秘密和商业秘密以及与评标有关的其他情况；不得故意拖延评标时间，或者敷衍塞责随意评标；不得在合法的评标劳务费之外额外索取、接受报酬或者其他好处；严禁组建或者加入可能影响公正评标的微信群、QQ 群等网络通讯群组。招标人、招标代理机构、投标人发现评标专家有违法行为的，应当及时向行政监督部门报告。行政监督部门对评标专家违法行为应当依法严肃查处，并通报评标专家库管理单位、评标专家所在单位和入库审查单位，不得简单以暂停或者取消评标专家资格代替行政处罚；暂停或者取消评标专家资格的决定应当公开，强化社会监督；涉嫌犯罪的，及时向有关机关移送。

（十三）提高评标质量。评标委员会成员应当遵循公平、公正、科学、择优的原则，认真研究招标文件，根据招标文件规定的评标标准和方法，对投标文件进行系统地评审和比较。评标过程中发现问题的，应当及时向招标人提出处理建议；发现招标文件内容违反有关强制性规定或者招标文件存在歧义、重大缺陷导致评标无法进行时，应当停止评标并向招标人说明情况；发现投标文件中含义不明确、对同类问题表述不一致、有明显文字和计算错误、投标报价可能低于成本影响履约的，应当先请投标人作必要的澄清、说明，不得直接否决投标；有效投标不足三个的，应当对投标是否明显缺乏竞争和是否需要否决全部投标进行充分论证，并在评标报告中记载论证过程和结果；发现违法行为的，以及评标过程和结果受到非法影响或者干预的，应当及时向行政监督部门报告。招标人既要重视发挥评标专家的专业和经验优势，又要通过科学设置评标标准和方法，引导专家在专业技术范围内规范行使自由裁量权；根据招标项目实际需要，合理设置专家抽取专业，并保证充足的评标时间。积极探索完善智能辅助评标等机制，减轻专家不必要的工作量。鼓励有条件的地方和单位探索招标人按照工作价值灵活确定评标劳务费支付标准的新机制。

（十四）强化评标专家动态管理。充分依托省级人民政府组建的综合评标专家库和国务院有关部门组建的评标专家库，建立健全对评标专家的入库审查、岗前培训、继续教育、考核评价和廉洁教育等管理制度。加强专家库及评标专家信息保密管理，除依法配合有关部门调查外，任何单位和个人不得泄露相关信息。严格规范评标专家抽取工作，做到全程留痕、可追溯。评标专家库管理单位应当建立评标专家动态考核机制，将专家依法客观公正履职情况作为主要考核内容，根据考核情况及时清退不合格专家。

（十五）严格规范和优化评标组织方式。积极推广网络远程异地评标，打破本地评标专家"小圈子"，推动优质专家资源跨省市、跨行业互联共享。评标场所应当封闭运行，配备专门装置设备，严禁评标期间评标委员会成员与外界的一切非正常接触和联系，实现所有人员的语言、行为、活动轨迹全过程可跟踪、可回溯。有关部门应当规范隔夜评标管理，落实行政监督责任；评标场所应当为隔夜评标提供便利条件，做好配套服务保障。

四、规范招标代理服务行为

（十六）切实规范招标代理行为。招标代理机构及其从业人员应当依法依规、诚信自律经营，严禁采取行贿、提供回扣或者输送不正当利益等非法手段承揽业务；对于招标人、投标人、评标专家等提出的违法要求应当坚决抵制、及时劝阻，不得背离职业道德无原则附和；不得泄露应当保密的与招标投标活动有关的情况和资料；不得以营利为目的收取高额的招标文件等资料费用；招标代理活动结束后，及时向招标人提交全套招标档案资料，不得篡改、损毁、伪造或擅自销毁；不得与招标人、投标人、评标专家、交易平台运行服务机构等串通损害国家利益、社会公共利益和招标投标活动当事人合法权益。

（十七）加强招标代理机构及从业人员管理。行政监督部门应当加强对在本地区执业的招标代理机构及从业人员的动态监管，将招标代理行为作为"双随机、一公开"监管的重点内容，纳入跨部门联合抽查范围，对参与围标串标等扰乱市场秩序的行为严格依法实施行政处罚，并按照规定纳入信用记录。加强招标代理行业自律建设，鼓励行业协会完善招标代理服务标准规范，开展招标代理机构信用评价和从业人员专业技术能力评价，为招标人选择招标代理机构提供参考，推动提升招标代理服务能力。

五、进一步落实监督管理职责

（十八）健全监管机制。各地行政监督部门要按照职责分工，畅通投诉渠道，依法处理招标投标违法行为投诉，投诉处理结果反馈当事人的同时按规定向社会公开，接受社会监督；合理利用信访举报及时发现违法问题线索，鼓励建立内部举报人制度，对举报严重违法行为和提供重要线索的有功人员予以奖励和保护；建立投诉举报案件定期统计分析制度，聚焦突出问题，开展专项整治。积极适应招标投标全流程电子化新形势，加快推进"互联网+监管"，充分依托行政监督平台在线获取交易信息、履行监管职责；不断探索完善智慧监管手段，及时预警、发现和查证违法行为；加强电子招标投标信息的防伪溯源监督管理，防止招标投标电子文件伪造、篡改、破坏等风险发生。健全各行政监督部门协同监管和信息共享机制，监管执法过程中涉及其他部门职责的，及时移交有关部门处理或联合处理，着力解决多头处理、职责交叉、不同行业间行政处罚裁量权标准不一致等问题，提高执法水平和效率。指导公共资源交易平台坚持公共服务定位，健全内部控制机制，切实守住廉洁和安全底线，自觉接受行政监督，并积极配合支持行政监督部门履行职责。加强对行政监督部门及其工作人员的监督约束，严禁以规范和监管之名行违规审批、插手干预、地方保护、行业垄断之实。

（十九）加大监管力度。各地行政监督部门要进一步深化"放管服"改革，切实将监管重心从事前审批核准向事中事后全程监管转移。全面推行"双随机一公开"监管，提升监管主动性和覆盖面。坚决克服监管执法中的地方保护、行业保护，以零容忍态度打击招标投标违法行为，对影响恶劣的案件依法从严从重处罚并通报曝光。招标人发生违法行为的，依法严肃追究负有责任的主管人员和直接责任人员的法律责任，不得以他人插手干预招标投标活动为由减轻或免除责任。与公安机关建立有效的协调联动机制，加大对围标串标等违法犯罪行为的打击力度。加强与纪检监察机关、审计机关协作配合，按照规定做好招标投标领域违规违纪违法问题线索移交，对收到的问题线索认真核查处理。加强地方监管执法力量建设，鼓励监管体制改革创新，推动人财物更多投入到监管一线，加强监管的技术保障和资源保障。

（二十）健全信用体系。加快推进招标投标领域信用体系建设，构建以信用为基础、衔接标前标中标后各环节的新型监管机制。严格执行具有一定社会影响的行政处罚决定依法公开的规定，并及时推送至全国信用信息共享平台和公共资源交易平台，同步通过"信用中国"网站依法公示。坚持行政监督、社会监督和行业自律相结合，科学建立招标投标市场主体信用评价指标和标准，推动信用信息在招标投标活动中的合理规范应用。对违法失信主体依法依规实施失信惩戒，情节严重的依法实施市场禁入措施。

各地招标投标指导协调工作牵头部门和行政监督部门要进一步强化政治站位，认真履职尽责，推动招标投标法规制度切实执行，大力营造公开、公平、公正和诚实信用的市场环境。国家发展改革委会同国务院有关部门加强对各地招标投标工作的指导协调和典型经验复制推广，适时开展专项督查检查，对监管职责不履行、责任落实不到位的地方和单位，视情进行督办、通报、向有关方面提出问责建议。

本意见自2022年9月1日起施行，有效期至2027年8月31日。

（二）适用范围

必须招标的工程项目规定

·2018年3月27日国家发展和改革委员会令第16号公布
·自2018年6月1日起施行

第一条 为了确定必须招标的工程项目，规范招标投标活动，提高工作效率、降低企业成本、预防腐败，根据《中华人民共和国招标投标法》第三条的规定，制定本规定。

第二条 全部或者部分使用国有资金投资或者国家融资的项目包括：

（一）使用预算资金200万元人民币以上，并且该资金占投资额10%以上的项目；

（二）使用国有企业事业单位资金，并且该资金占控股或者主导地位的项目。

第三条 使用国际组织或者外国政府贷款、援助资金的项目包括：

（一）使用世界银行、亚洲开发银行等国际组织贷款、援助资金的项目；

（二）使用外国政府及其机构贷款、援助资金的项目。

第四条 不属于本规定第二条、第三条规定情形的大型基础设施、公用事业等关系社会公共利益、公众安全的项目，必须招标的具体范围由国务院发展改革部门会同国务院有关部门按照确有必要、严格限定的原则制订，报国务院批准。

第五条 本规定第二条至第四条规定范围内的项目，其勘察、设计、施工、监理以及与工程建设有关的重要设备、材料等的采购达到下列标准之一的，必须招标：

（一）施工单项合同估算价在400万元人民币以上；

（二）重要设备、材料等货物的采购，单项合同估算价在200万元人民币以上；

（三）勘察、设计、监理等服务的采购，单项合同估算价在100万元人民币以上。

同一项目中可以合并进行的勘察、设计、施工、监理以及与工程建设有关的重要设备、材料等的采购，合同估算价合计达到前款规定标准的，必须招标。

第六条 本规定自2018年6月1日起施行。

必须招标的基础设施和公用事业项目范围规定

·2018年6月6日
·发改法规规〔2018〕843号

第一条 为明确必须招标的大型基础设施和公用事业项目范围，根据《中华人民共和国招标投标法》和《必须招标的工程项目规定》，制定本规定。

第二条 不属于《必须招标的工程项目规定》第二条、第三条规定情形的大型基础设施、公用事业等关系社会公共利益、公众安全的项目，必须招标的具体范围包括：

（一）煤炭、石油、天然气、电力、新能源等能源基础设施项目；

（二）铁路、公路、管道、水运，以及公共航空和A1级通用机场等交通运输基础设施项目；

（三）电信枢纽、通信信息网络等通信基础设施项目；

（四）防洪、灌溉、排涝、引（供）水等水利基础设施项目；

（五）城市轨道交通等城建项目。

第三条 本规定自2018年6月6日起施行。

工程建设项目自行招标试行办法

·2000年7月1日国家发展计划委员会令第5号发布
·根据2013年3月11日国家发展和改革委员会、工业和信息化部、财政部、住房和城乡建设部、交通运输部、铁道部、水利部、国家广播电影电视总局、中国民用航空局《关于废止和修改部分招标投标规章和规范性文件的决定》修订

第一条 为了规范工程建设项目招标人自行招标行为，加强对招标投标活动的监督，根据《中华人民共和国招标投标法》（以下简称招标投标法）、《中华人民共和国招标投标法实施条例》（以下简称招标投标法实施条例）和《国务院办公厅印发国务院有关部门实施招标投标活动行政监督的职责分工意见的通知》（国办发〔2000〕34号），制定本办法。

第二条 本办法适用于经国家发展改革委审批、核准（含经国家发展改革委初审后报国务院审批）依法必须进行招标的工程建设项目的自行招标活动。

前款工程建设项目的招标范围和规模标准，适用《工程建设项目招标范围和规模标准规定》（国家计委第3号令）。

第三条 招标人是指依照法律规定进行工程建设项目的勘察、设计、施工、监理以及与工程建设有关的重要

设备、材料等招标的法人。

第四条 招标人自行办理招标事宜，应当具有编制招标文件和组织评标的能力，具体包括：

（一）具有项目法人资格（或者法人资格）；

（二）具有与招标项目规模和复杂程度相适应的工程技术、概预算、财务和工程管理等方面专业技术力量；

（三）有从事同类工程建设项目招标的经验；

（四）拥有 3 名以上取得招标职业资格的专职招标业务人员；

（五）熟悉和掌握招标投标法及有关法规规章。

第五条 招标人自行招标的，项目法人或者组建中的项目法人应当在向国家发展改革委上报项目可行性研究报告或者资金申请报告、项目申请报告时，一并报送符合本办法第四条规定的书面材料。

书面材料应当至少包括：

（一）项目法人营业执照、法人证书或者项目法人组建文件；

（二）与招标项目相适应的专业技术力量情况；

（三）取得招标职业资格的专职招标业务人员的基本情况；

（四）拟使用的专家库情况；

（五）以往编制的同类工程建设项目招标文件和评标报告，以及招标业绩的证明材料；

（六）其他材料。

在报送可行性研究报告或者资金申请报告、项目申请报告前，招标人确需通过招标方式或者其他方式确定勘察、设计单位开展前期工作的，应当在前款规定的书面材料中说明。

第六条 国家发展改革委审查招标人报送的书面材料，核准招标人符合本办法规定的自行招标条件的，招标人可以自行办理招标事宜。任何单位和个人不得限制其自行办理招标事宜，也不得拒绝办理工程建设有关手续。

第七条 国家发展改革委审查招标人报送的书面材料，认定招标人不符合本办法规定的自行招标条件的，在批复、核准可行性研究报告或者资金申请报告、项目申请报告时，要求招标人委托招标代理机构办理招标事宜。

第八条 一次核准手续仅适用于一个工程建设项目。

第九条 招标人不具备自行招标条件，不影响国家发展改革委对项目的审批或者核准。

第十条 招标人自行招标的，应当自确定中标人之日起 15 日内，向国家发展改革委提交招标投标情况的书面报告。书面报告至少应包括下列内容：

（一）招标方式和发布资格预审公告、招标公告的媒介；

（二）招标文件中投标人须知、技术规格、评标标准和方法、合同主要条款等内容；

（三）评标委员会的组成和评标报告；

（四）中标结果。

第十一条 招标人不按本办法规定要求履行自行招标核准手续的或者报送的书面材料有遗漏的，国家发展改革委要求其补正；不及时补正的，视同不具备自行招标条件。

招标人履行核准手续中有弄虚作假情况的，视同不具自行招标条件。

第十二条 招标人不按本办法提交招标投标情况的书面报告的，国家发展改革委要求补正；拒不补正的，给予警告，并视招标人是否有招标投标法第五章以及招标投标法实施条例第六章规定的违法行为，给予相应的处罚。

第十三条 任何单位和个人非法强制招标人委托招标代理机构或者其他组织办理招标事宜的，非法拒绝办理工程建设有关手续的，或者以其他任何方式非法干预招标人自行招标活动的，由国家发展改革委依据招标投标法以及招标投标法实施条例的有关规定处罚或者向有关行政监督部门提出处理建议。

第十四条 本办法自发布之日起施行。

国家发展改革委办公厅关于进一步做好《必须招标的工程项目规定》和《必须招标的基础设施和公用事业项目范围规定》实施工作的通知

· 2020 年 10 月 19 日

· 发改办法规〔2020〕770 号

各省、自治区、直辖市、新疆生产建设兵团发展改革委、公共资源交易平台整合牵头部门：

为加强政策指导，进一步做好《必须招标的工程项目规定》（国家发展改革委 2018 年第 16 号令，以下简称“16 号令”）和《必须招标的基础设施和公用事业项目范围规定》（发改法规规〔2018〕843 号，以下简称“843 号文”）实施工作，现就有关事项通知如下：

一、准确理解依法必须招标的工程建设项目范围

（一）关于使用国有资金的项目。16 号令第二条第（一）项中“预算资金”，是指《预算法》规定的预算资金，包括一般公共预算资金、政府性基金预算资金、国有资本经营预算资金、社会保险基金预算资金。第（二）项中

"占控股或者主导地位",参照《公司法》第二百一十六条关于控股股东和实际控制人的理解执行,即"其出资额占有限责任公司资本总额百分之五十以上或者其持有的股份占股份有限公司股本总额百分之五十以上的股东;出资额或者持有股份的比例虽然不足百分之五十,但依其出资额或者持有的股份所享有的表决权已足以对股东会、股东大会的决议产生重大影响的股东";国有企业事业单位通过投资关系、协议或者其他安排,能够实际支配项目建设的,也属于占控股或者主导地位。项目中国有资金的比例,应当按照项目资金来源中所有国有资金之和计算。

(二)关于项目与单项采购的关系。16号令第二条至第四条及843号文第二条规定范围的项目,其勘察、设计、施工、监理以及与工程建设有关的重要设备、材料等的单项采购分别达到16号令第五条规定的相应单项合同价估算标准的,该单项采购必须招标;该项目中未达到前述相应标准的单项采购,不属于16号令规定的必须招标范畴。

(三)关于招标范围列举事项。依法必须招标的工程建设项目范围和规模标准,应当严格执行《招标投标法》第三条和16号令、843号文规定;法律、行政法规或者国务院对必须进行招标的其他项目范围有规定的,依照其规定。没有法律、行政法规或者国务院规定依据的,对16号令第五条第一款第(三)项中没有明确列举规定的服务事项、843号文第二条中没有明确列举规定的项目,不得强制要求招标。

(四)关于同一项目中的合并采购。16号令第五条规定的"同一项目中可以合并进行的勘察、设计、施工、监理以及与工程建设有关的重要设备、材料等的采购,合同估算价合计达到前款规定标准的,必须招标",目的是防止发包方通过化整为零方式规避招标。其中"同一项目中可以合并进行",是指根据项目实际,以及行业标准或行业惯例,符合科学性、经济性、可操作性要求,同一项目中适宜放在一起进行采购的同类采购项目。

(五)关于总承包招标的规模标准。对于16号令第二条至第四条规定范围内的项目,发包人依法对工程以及与工程建设有关的货物、服务全部或者部分实行总承包发包的,总承包中施工、货物、服务等各部分的估算价中,只要有一项达到16号令第五条规定相应标准,即施工部分估算价达到400万元以上,或者货物部分达到200万元以上,或者服务部分达到100万元以上,则整个总承包发包应当招标。

二、规范规模标准以下工程建设项目的采购

16号令第二条至第四条及843号文第二条规定范围的项目,其施工、货物、服务采购的单项合同估算价未达到16号令第五条规定规模标准的,该单项采购由采购人依法自主选择采购方式,任何单位和个人不得违法干涉;其中,涉及政府采购的,按照政府采购法律法规规定执行。国有企业可以结合实际,建立健全规模标准以下工程建设项目采购制度,推进采购活动公开透明。

三、严格执行依法必须招标制度

各地方应当严格执行16号令和843号文规定的范围和规模标准,不得另行制定必须进行招标的范围和规模标准,也不得作出与16号令、843号文和本通知相抵触的规定,持续深化招标投标领域"放管服"改革,努力营造良好市场环境。

(三)公告与评标制度

招标公告和公示信息发布管理办法

·2017年11月23日国家发展和改革委员会令第10号公布
·自2018年1月1日起施行

第一条 为规范招标公告和公示信息发布活动,保证各类市场主体和社会公众平等、便捷、准确地获取招标信息,根据《中华人民共和国招标投标法》《中华人民共和国招标投标法实施条例》等有关法律法规规定,制定本办法。

第二条 本办法所称招标公告和公示信息,是指招标项目的资格预审公告、招标公告、中标候选人公示、中标结果公示等信息。

第三条 依法必须招标项目的招标公告和公示信息,除依法需要保密或者涉及商业秘密的内容外,应当按照公益服务、公开透明、高效便捷、集中共享的原则,依法向社会公开。

第四条 国家发展改革委根据招标投标法律法规规定,对依法必须招标项目招标公告和公示信息发布媒介的信息发布活动进行监督管理。

省级发展改革部门对本行政区域内招标公告和公示信息发布活动依法进行监督管理。省级人民政府另有规定的,从其规定。

第五条 依法必须招标项目的资格预审公告和招标公告,应当载明以下内容:

(一)招标项目名称、内容、范围、规模、资金来源;

（二）投标资格能力要求，以及是否接受联合体投标；

（三）获取资格预审文件或招标文件的时间、方式；

（四）递交资格预审文件或投标文件的截止时间、方式；

（五）招标人及其招标代理机构的名称、地址、联系人及联系方式；

（六）采用电子招标投标方式的，潜在投标人访问电子招标投标交易平台的网址和方法；

（七）其他依法应当载明的内容。

第六条 依法必须招标项目的中标候选人公示应当载明以下内容：

（一）中标候选人排序、名称、投标报价、质量、工期（交货期），以及评标情况；

（二）中标候选人按照招标文件要求承诺的项目负责人姓名及其相关证书名称和编号；

（三）中标候选人响应招标文件要求的资格能力条件；

（四）提出异议的渠道和方式；

（五）招标文件规定公示的其他内容。

依法必须招标项目的中标结果公示应当载明中标人名称。

第七条 依法必须招标项目的招标公告和公示信息应当根据招标投标法律法规，以及国家发展改革委会同有关部门制定的标准文件编制，实现标准化、格式化。

第八条 依法必须招标项目的招标公告和公示信息应当在“中国招标投标公共服务平台”或者项目所在地省级电子招标投标公共服务平台（以下统一简称“发布媒介”）发布。

第九条 省级电子招标投标公共服务平台应当与“中国招标投标公共服务平台”对接，按规定同步交互招标公告和公示信息。对依法必须招标项目的招标公告和公示信息，发布媒介应当与相应的公共资源交易平台实现信息共享。

“中国招标投标公共服务平台”应当汇总公开全国招标公告和公示信息，以及本办法第八条规定的发布媒介名称、网址、办公场所、联系方式等基本信息，及时维护更新，与全国公共资源交易平台共享，并归集至全国信用信息共享平台，按规定通过“信用中国”网站向社会公开。

第十条 拟发布的招标公告和公示信息文本应当由招标人或其招标代理机构盖章，并由主要负责人或其授权的项目负责人签名。采用数据电文形式的，应当按规定进行电子签名。

招标人或其招标代理机构发布招标公告和公示信息，应当遵守招标投标法律法规关于时限的规定。

第十一条 依法必须招标项目的招标公告和公示信息鼓励通过电子招标投标交易平台录入后交互至发布媒介核验发布，也可以直接通过发布媒介录入并核验发布。

按照电子招标投标有关数据规范要求交互招标公告和公示信息文本的，发布媒介应当自收到起12小时内发布。采用电子邮件、电子介质、传真、纸质文本等其他形式提交或者直接录入招标公告和公示信息文本的，发布媒介应当自核验确认起1个工作日内发布。核验确认最长不得超过3个工作日。

招标人或其招标代理机构应当对其提供的招标公告和公示信息的真实性、准确性、合法性负责。发布媒介和电子招标投标交易平台应当对所发布的招标公告和公示信息的及时性、完整性负责。

发布媒介应当按照规定采取有效措施，确保发布招标公告和公示信息的数据电文不被篡改、不遗漏和至少10年内可追溯。

第十二条 发布媒介应当免费提供依法必须招标项目的招标公告和公示信息发布服务，并允许社会公众和市场主体免费、及时查阅前述招标公告和公示的完整信息。

第十三条 发布媒介应当通过专门栏目发布招标公告和公示信息，并免费提供信息归类和检索服务，对新发布的招标公告和公示信息作醒目标识，方便市场主体和社会公众查阅。

发布媒介应当设置专门栏目，方便市场主体和社会公众就其招标公告和公示信息发布工作反映情况、提出意见，并及时反馈。

第十四条 发布媒介应当实时统计本媒介招标公告和公示信息发布情况，及时向社会公布，并定期报送相应的省级以上发展改革部门或省级以上人民政府规定的其他部门。

第十五条 依法必须招标项目的招标公告和公示信息除在发布媒介发布外，招标人或其招标代理机构也可以同步在其他媒介公开，并确保内容一致。

其他媒介可以依法全文转载依法必须招标项目的招标公告和公示信息，但不得改变其内容，同时必须注明信息来源。

第十六条 依法必须招标项目的招标公告和公示信息有下列情形之一的，潜在投标人或者投标人可以要求招标人或其招标代理机构予以澄清、改正、补充或调整：

（一）资格预审公告、招标公告载明的事项不符合本办法第五条规定，中标候选人公示载明的事项不符合本办法第六条规定；

（二）在两家以上媒介发布的同一招标项目的招标公告和公示信息内容不一致；

（三）招标公告和公示信息内容不符合法律法规规定。

招标人或其招标代理机构应当认真核查，及时处理，并将处理结果告知提出意见的潜在投标人或者投标人。

第十七条　任何单位和个人认为招标人或其招标代理机构在招标公告和公示信息发布活动中存在违法违规行为的，可以依法向有关行政监督部门投诉、举报；认为发布媒介在招标公告和公示信息发布活动中存在违法违规行为的，根据有关规定可以向相应的省级以上发展改革部门或其他有关部门投诉、举报。

第十八条　招标人或其招标代理机构有下列行为之一的，由有关行政监督部门责令改正，并视情形依照《中华人民共和国招标投标法》第四十九条、第五十一条及有关规定处罚：

（一）依法必须公开招标的项目不按照规定在发布媒介发布招标公告和公示信息；

（二）在不同媒介发布的同一招标项目的资格预审公告或者招标公告的内容不一致，影响潜在投标人申请资格预审或者投标；

（三）资格预审公告或者招标公告中有关获取资格预审文件或者招标文件的时限不符合招标投标法律法规规定；

（四）资格预审公告或者招标公告中以不合理的条件限制或者排斥潜在投标人。

第十九条　发布媒介在发布依法必须招标项目的招标公告和公示信息活动中有下列情形之一的，由相应的省级以上发展改革部门或其他有关部门根据有关法律法规规定，责令改正；情节严重的，可以处 1 万元以下罚款：

（一）违法收取费用；

（二）无正当理由拒绝发布或者拒不按规定交互信息；

（三）无正当理由延误发布时间；

（四）因故意或重大过失导致发布的招标公告和公示信息发生遗漏、错误；

（五）违反本办法的其他行为。

其他媒介违规发布或转载依法必须招标项目的招标公告和公示信息的，由相应的省级以上发展改革部门或其他有关部门根据有关法律法规规定，责令改正；情节严重的，可以处 1 万元以下罚款。

第二十条　对依法必须招标项目的招标公告和公示信息进行澄清、修改，或者暂停、终止招标活动，采取公告形式向社会公布的，参照本办法执行。

第二十一条　使用国际组织或者外国政府贷款、援助资金的招标项目，贷款方、资金提供方对招标公告和公示信息的发布另有规定的，适用其规定。

第二十二条　本办法所称以上、以下包含本级或本数。

第二十三条　本办法由国家发展改革委负责解释。

第二十四条　本办法自 2018 年 1 月 1 日起施行。《招标公告发布暂行办法》（国家发展计划委第 4 号令）和《国家计委关于指定发布依法必须招标项目招标公告的媒介的通知》（计政策〔2000〕868 号）同时废止。

评标专家和评标专家库管理办法

· 2024 年 9 月 27 日国家发展和改革委员会令第 26 号公布

· 自 2025 年 1 月 1 日起施行

第一章　总　则

第一条　为了加强评标专家和评标专家库管理，提高评标专家队伍整体素质，促进评标专家资源共享，保证评标活动的公平、公正，提高评标质量，根据《中华人民共和国招标投标法》、《中华人民共和国招标投标法实施条例》等法律法规规定，制定本办法。

第二条　本办法适用于评标专家的选聘、抽取、管理以及评标专家库的组建、使用、共享、监督等活动。

第三条　本办法所称评标专家，是指符合本办法规定的条件，经评标专家库组建单位聘任，以独立身份为招标人提供评标服务的技术、经济等方面的专业人员。

本办法所称评标专家库，是指存储评标专家信息，并具备抽取专家参加评标、辅助评标专家库组建单位管理、向评标专家提供必要服务等功能的电子信息系统。

第四条　国务院发展改革部门指导和协调全国评标专家和评标专家库管理工作。国务院有关招标投标行政监督部门按照职责分工，对评标专家的评标活动和评标专家库的组建、使用、共享实施行政监督。

地方各级人民政府有关部门在各自职责范围内负责评标专家和评标专家库的监督管理工作。

第五条　国家实行统一的评标专家专业分类标准和评标专家库共享技术标准，推动专家资源跨区域、跨行业、跨评标专家库共享，应用数智技术提高评标专家管理水平，推广远程异地评标等评标组织形式。

第二章 基本要求

第六条 入选评标专家库的专业人员，应当具备下列条件：

（一）具备良好的职业道德；

（二）从事相关专业领域工作满八年并具有高级职称或者同等专业水平；

（三）具备参加评标工作所需要的专业知识和实践经验；

（四）熟悉有关招标投标的法律法规；

（五）熟练掌握电子化评标技能；

（六）具备正常履行职责的身体和年龄条件；

（七）法律、法规、规章规定的其他条件。

评标专家库组建单位应当根据前款所列条件，制定入选评标专家库的具体标准，并向社会公布。

第七条 存在下列情形之一的，不得入选评标专家库：

（一）无民事行为能力或者限制民事行为能力的；

（二）被有关行政监督部门取消担任评标委员会成员资格的；

（三）被开除公职的；

（四）受过刑事处罚的；

（五）被列入严重失信主体名单的；

（六）法律、法规、规章规定的其他情形。

第八条 评标专家享有下列权利：

（一）接受招标人聘请，担任评标委员会成员；

（二）依法对投标文件进行独立评审，提出评审意见，不受任何单位或者个人的干预；

（三）接受参加评标活动的劳务报酬；

（四）法律、法规、规章规定的其他权利。

第九条 评标专家负有下列义务：

（一）如实填报并及时更新个人基本信息，配合评标专家库组建单位的管理工作；

（二）存在法定回避情形的，主动提出回避；

（三）遵守评标工作纪律和评标现场秩序；

（四）按照招标文件确定的评标标准和方法客观公正地进行评标；

（五）协助、配合招标人处理异议，按规定程序复核、纠正评标报告中的错误；

（六）发现违法违规行为主动向招标人、有关行政监督部门反映，协助、配合有关行政监督部门、纪检监察机关、司法机关、审计部门开展监督、检查、调查；

（七）法律、法规、规章规定的其他义务。

第三章 评标专家库组建和评标专家选聘

第十条 评标专家库由法律、行政法规规定的组建单位依法组建。评标专家库的组建活动应当公开，接受公众监督。

第十一条 组建评标专家库，应当具备下列条件：

（一）有符合本办法规定条件的评标专家，且专家总人数不得少于2000人；

（二）有满足评标需要的专业分类；

（三）有满足异地抽取、随机抽取评标专家需要的必要条件；

（四）符合网络安全和数据安全管理有关规定；

（五）有负责系统运行和维护管理的专门机构和人员。

第十二条 专业人员入选评标专家库，实行个人申请和单位推荐相结合的方式。申请入库的专业人员应当提交下列材料：

（一）个人申请书；

（二）所在工作单位或者退休前原单位的推荐书；

（三）符合本办法第六条规定条件的证明材料；

（四）关于入库信息真实性合法性和依法履职的书面承诺；

（五）法律、法规、规章规定的其他材料。

第十三条 评标专家库组建单位应当对申请人或者被推荐人进行审核，决定是否聘任入库。审核过程及结果应当全过程记录并存档备查。

评标专家库组建单位应当组织测试或者评估，确认拟入库专家是否符合本办法第六条第一款第三项至第五项规定的条件。

第十四条 评标专家库组建单位应当根据评标专家的入库申请材料和测试、评估情况，确定评标专家参加评标的专业类别。

第十五条 评标专家实行聘期制，聘期届满自动解除聘任关系。评标专家可以在聘期届满前提出续聘申请，评标专家库组建单位应当按照入库标准进行审核，决定是否继续聘任。

评标专家库组建单位结合实际确定聘期，一般为三年至五年。

第四章 评标专家抽取和评标专家库共享

第十六条 依法必须进行招标项目的评标专家，应当从评标专家库中随机抽取。在一个评标专家库中无法随机抽取到足够数量专家的，应当从其他依法组建的相关评标专家库中随机抽取。

第十七条 技术复杂、专业性强或者国家有特殊要求的依法必须进行招标项目，采取随机抽取方式确定的专家难以胜任评标工作的，招标人可以依法直接确定评标专家，并向有关行政监督部门报告。

第十八条 政府投资项目的评标专家，应当从国务院有关部门组建的评标专家库或者省级综合评标专家库中抽取。

第十九条 评标专家库组建单位、招标投标电子交易系统运行服务机构应当建立健全与远程异地评标相适应的评标专家资源共享和协同管理机制，为评标专家远程异地参加评标提供服务保障，为有关行政监督部门开展监督提供支持。

第五章 履职管理

第二十条 评标专家库组建单位承担评标专家档案记录、教育培训、履职考核、动态调整等日常管理责任，加强评标专家全周期管理。

评标专家库组建单位不得以任何名义非法控制、干预或者影响评标专家的具体评标活动。

第二十一条 评标专家库组建单位应当建立并永久保存评标专家电子档案，详细记录评标专家的基本信息、参加评标的具体情况、参加教育培训和履职考核的情况，并进行动态更新。

第二十二条 评标专家库组建单位应当加强对评标专家的教育培训，每年组织招标投标有关专业知识、法律法规和电子化评标技能等方面培训，并开展廉洁教育。

评标专家库组建单位可以结合教育培训情况开展专项测试。

第二十三条 评标专家库组建单位应当建立评标专家年度履职考核制度，制定考核标准，并向社会公布。考核标准应当包含下列内容：

（一）响应抽取参加评标情况；

（二）遵守评标工作纪律和评标现场秩序情况；

（三）评标客观公正情况；

（四）协助、配合招标人处理异议、复核评标结果情况；

（五）协助、配合有关行政监督部门、纪检监察机关、司法机关、审计部门开展监督、检查、调查情况；

（六）参加教育培训情况；

（七）其他能够反映评标专家履职情况的内容。

评标专家库组建单位应当结合评标专家年度履职考核结论、在库年限、参加评标频次等开展履职风险评估，并根据评估情况调整抽取频次、设置抽取间隔期，防范评标专家履职风险。

第二十四条 年度履职考核结论应当通知评标专家。评标专家对考核结论有异议的，有权向评标专家库组建单位申请复核，评标专家库组建单位应当在收到异议后 30 日内核实有关情况并作出答复。

第二十五条 评标专家年度履职考核不合格的，评标专家库组建单位应当与其解除聘任关系，调整出库，并通报入库推荐单位。

第二十六条 对于入库后不再具备本办法第六条规定的条件，不再符合评标专家库组建单位制定的入库具体标准，或者存在本办法第七条规定情形的评标专家，评标专家库组建单位应当在发现有关情形后 30 日内与其解除聘任关系，调整出库，并通报入库推荐单位。

第二十七条 评标专家自愿退出评标专家库的，应当向评标专家库组建单位提出书面申请。

评标专家库组建单位收到申请后，应当停止抽取该评标专家参加评标，在 10 日内与其解除聘任关系，并调整出库。

第二十八条 评标专家库组建单位应当结合经济社会发展水平和评标专家工作价值，制定评标专家劳务报酬标准和支付机制。

第六章 法律责任

第二十九条 评标专家有下列情形之一的，由有关行政监督部门责令改正，没收收受的财物，并依法处以罚款；情节严重的，禁止其在一定期限内参加依法必须进行招标项目的评标；情节特别严重的，取消其担任评标委员会成员的资格，并向社会公布；涉嫌违纪违法犯罪的，及时移送纪检监察机关、司法机关处理。

（一）提供虚假材料入库的；

（二）应当回避而不回避的；

（三）擅离职守或者扰乱评标现场秩序的；

（四）不按照招标文件确定的评标标准和方法进行评标，或者对依法应当否决的投标不提出否决意见的；

（五）与招标人、招标代理机构、投标人或者其他利害关系人私下接触或者相互串通的；

（六）向招标人征询确定中标人的意向，或者接受任何单位、个人提出的倾向、排斥特定投标人要求的；

（七）暗示或者诱导投标人作出澄清、说明，或者接受投标人主动提出的澄清、说明的；

（八）对其他评标委员会成员的独立评标施加不当影响的；

（九）违法透露对投标文件的评审和比较、中标候选人的推荐以及与评标有关的其他情况的；

（十）索取或者收受评标劳务报酬以外财物的；

（十一）不协助、不配合有关部门的监督、检查、调查工作的；

（十二）其他不客观、不公正履行职责的行为。

有关行政监督部门对评标专家前款所列情形作出处理的，应当将处理结果通报评标专家库组建单位。

第三十条　评标专家对评标行为终身负责，不因退休或者与评标专家库组建单位解除聘任关系等免予追责。

评标专家存在本办法第二十九条第一款所列情形的，除依法给予行政处罚外，评标专家库组建单位应当作进一步核实，依照本办法第二十五条、第二十六条规定调整出库，并将处理结果通报其入库推荐单位；涉嫌违纪违法犯罪的，及时移送纪检监察机关、司法机关处理。

评标专家所在工作单位根据专家职务晋升、职称评审等工作需要，可以查询评标专家参加评标情况并作为参考；涉及国家秘密、商业秘密或者个人隐私的除外。

第三十一条　评标专家不履行本办法第九条规定的义务，给招标人造成损失的，依法承担赔偿责任。

第三十二条　评标专家库组建单位有下列情形之一的，由有关行政监督部门责令改正；情节严重的，对负有责任的领导人员和直接责任人员依法给予处分；涉嫌违纪违法犯罪的，及时移送纪检监察机关、司法机关处理。

（一）组建的评标专家库不符合本办法规定的；

（二）未按本办法规定开展评标专家管理的；

（三）违法泄露评标委员会成员名单的；

（四）以管理为名非法控制、干预或者影响评标专家的评标活动的；

（五）利用评标专家库开展其他业务谋取利益的；

（六）其他滥用职权、玩忽职守、徇私舞弊等违法违规行为。

法律、法规对前款规定行为的处罚另有规定的，从其规定。

第三十三条　招标投标电子交易系统运行服务机构违法泄露评标委员会成员名单的，依法处以罚款；对负有责任的领导人员和直接责任人员依法给予处分；涉嫌违纪违法犯罪的，及时移送纪检监察机关、司法机关处理。

第三十四条　依法必须进行招标项目的招标人违法组建评标委员会，或者违法确定、更换评标委员会成员的，由有关行政监督部门责令改正，可以处十万元以下的罚款；对负有责任的领导人员和直接责任人员依法给予处分；涉嫌违纪违法犯罪的，及时移送纪检监察机关、司法机关处理。

政府投资项目的招标人不按照本办法规定抽取专家的，由有关行政监督部门责令改正；对负有责任的领导人员和直接责任人员依法给予处分；涉嫌违纪违法犯罪的，及时移送纪检监察机关、司法机关处理。

违法确定或者更换的评标委员会成员作出的评标结论无效。

第七章　附　则

第三十五条　本办法由国家发展和改革委员会负责解释。

第三十六条　本办法自 2025 年 1 月 1 日起实施。原《评标专家和评标专家库管理暂行办法》（国家发展计划委员会令 2003 年第 29 号）同时废止。

评标委员会和评标方法暂行规定

· 2001 年 7 月 5 日国家发展计划委员会、国家经济贸易委员会、建设部、铁道部、交通部、信息产业部、水利部令第 12 号发布

· 根据 2013 年 3 月 11 日国家发展和改革委员会、工业和信息化部、财政部、住房和城乡建设部、交通运输部、铁道部、水利部、国家广播电影电视总局、中国民用航空局《关于废止和修改部分招标投标规章和规范性文件的决定》修订

第一章　总　则

第一条　为了规范评标活动，保证评标的公平、公正，维护招标投标活动当事人的合法权益，依照《中华人民共和国招标投标法》、《中华人民共和国招标投标法实施条例》，制定本规定。

第二条　本规定适用于依法必须招标项目的评标活动。

第三条　评标活动遵循公平、公正、科学、择优的原则。

第四条　评标活动依法进行，任何单位和个人不得非法干预或者影响评标过程和结果。

第五条　招标人应当采取必要措施，保证评标活动在严格保密的情况下进行。

第六条　评标活动及其当事人应当接受依法实施的监督。

有关行政监督部门依照国务院或者地方政府的职责分工，对评标活动实施监督，依法查处评标活动中的违法行为。

第二章 评标委员会

第七条 评标委员会依法组建，负责评标活动，向招标人推荐中标候选人或者根据招标人的授权直接确定中标人。

第八条 评标委员会由招标人负责组建。

评标委员会成员名单一般应于开标前确定。评标委员会成员名单在中标结果确定前应当保密。

第九条 评标委员会由招标人或其委托的招标代理机构熟悉相关业务的代表，以及有关技术、经济等方面的专家组成，成员人数为5人以上单数，其中技术、经济等方面的专家不得少于成员总数的2/3。

评标委员会设负责人的，评标委员会负责人由评标委员会成员推举产生或者由招标人确定。评标委员会负责人与评标委员会的其他成员有同等的表决权。

第十条 评标委员会的专家成员应当从依法组建的专家库内的相关专家名单中确定。

按前款规定确定评标专家，可以采取随机抽取或者直接确定的方式。一般项目，可以采取随机抽取的方式；技术复杂、专业性强或者国家有特殊要求的招标项目，采取随机抽取方式确定的专家难以保证胜任的，可以由招标人直接确定。

第十一条 评标专家应符合下列条件：

（一）从事相关专业领域工作满8年并具有高级职称或者同等专业水平；

（二）熟悉有关招标投标的法律法规，并具有与招标项目相关的实践经验；

（三）能够认真、公正、诚实、廉洁地履行职责。

第十二条 有下列情形之一的，不得担任评标委员会成员：

（一）投标人或者投标人主要负责人的近亲属；

（二）项目主管部门或者行政监督部门的人员；

（三）与投标人有经济利益关系，可能影响对投标公正评审的；

（四）曾因在招标、评标以及其他与招标投标有关活动中从事违法行为而受过行政处罚或刑事处罚的。

评标委员会成员有前款规定情形之一的，应当主动提出回避。

第十三条 评标委员会成员应当客观、公正地履行职责，遵守职业道德，对所提出的评审意见承担个人责任。

评标委员会成员不得与任何投标人或者与招标结果有利害关系的人进行私下接触，不得收受投标人、中介人、其他利害关系人的财物或者其他好处，不得向招标人征询其确定中标人的意向，不得接受任何单位或者个人明示或者暗示提出的倾向或者排斥特定投标人的要求，不得有其他不客观、不公正履行职务的行为。

第十四条 评标委员会成员和与评标活动有关的工作人员不得透露对投标文件的评审和比较、中标候选人的推荐情况以及与评标有关的其他情况。

前款所称与评标活动有关的工作人员，是指评标委员会成员以外的因参与评标监督工作或者事务性工作而知悉有关评标情况的所有人员。

第三章 评标的准备与初步评审

第十五条 评标委员会成员应当编制供评标使用的相应表格，认真研究招标文件，至少应了解和熟悉以下内容：

（一）招标的目标；

（二）招标项目的范围和性质；

（三）招标文件中规定的主要技术要求、标准和商务条款；

（四）招标文件规定的评标标准、评标方法和在评标过程中考虑的相关因素。

第十六条 招标人或者其委托的招标代理机构应当向评标委员会提供评标所需的重要信息和数据，但不得带有明示或者暗示倾向或者排斥特定投标人的信息。

招标人设有标底的，标底在开标前应当保密，并在评标时作为参考。

第十七条 评标委员会应当根据招标文件规定的评标标准和方法，对投标文件进行系统地评审和比较。招标文件中没有规定的标准和方法不得作为评标的依据。

招标文件中规定的评标标准和评标方法应当合理，不得含有倾向或者排斥潜在投标人的内容，不得妨碍或者限制投标人之间的竞争。

第十八条 评标委员会应当按照投标报价的高低或者招标文件规定的其他方法对投标文件排序。以多种货币报价的，应当按照中国银行在开标日公布的汇率中间价换算成人民币。

招标文件应当对汇率标准和汇率风险作出规定。未作规定的，汇率风险由投标人承担。

第十九条 评标委员会可以书面方式要求投标人对投标文件中含义不明确、对同类问题表述不一致或者有明显文字和计算错误的内容作必要的澄清、说明或者补正。澄清、说明或者补正应以书面方式进行并不得超出投标文件的范围或者改变投标文件的实质性内容。

投标文件中的大写金额和小写金额不一致的，以大写金额为准；总价金额与单价金额不一致的，以单价金额为准，但单价金额小数点有明显错误的除外；对不同文字文本投标文件的解释发生异议的，以中文文本为准。

第二十条 在评标过程中，评标委员会发现投标人以他人的名义投标、串通投标、以行贿手段谋取中标或者以其他弄虚作假方式投标的，应当否决该投标人的投标。

第二十一条 在评标过程中，评标委员会发现投标人的报价明显低于其他投标报价或者在设有标底时明显低于标底，使得其投标报价可能低于其个别成本的，应当要求该投标人作出书面说明并提供相关证明材料。投标人不能合理说明或者不能提供相关证明材料的，由评标委员会认定该投标人以低于成本报价竞标，应当否决其投标。

第二十二条 投标人资格条件不符合国家有关规定和招标文件要求的，或者拒不按照要求对投标文件进行澄清、说明或者补正的，评标委员会可以否决其投标。

第二十三条 评标委员会应当审查每一投标文件是否对招标文件提出的所有实质性要求和条件作出响应。未能在实质上响应的投标，应当予以否决。

第二十四条 评标委员会应当根据招标文件，审查并逐项列出投标文件的全部投标偏差。

投标偏差分为重大偏差和细微偏差。

第二十五条 下列情况属于重大偏差：

（一）没有按照招标文件要求提供投标担保或者所提供的投标担保有瑕疵；

（二）投标文件没有投标人授权代表签字和加盖公章；

（三）投标文件载明的招标项目完成期限超过招标文件规定的期限；

（四）明显不符合技术规格、技术标准的要求；

（五）投标文件载明的货物包装方式、检验标准和方法等不符合招标文件的要求；

（六）投标文件附有招标人不能接受的条件；

（七）不符合招标文件中规定的其他实质性要求。

投标文件有上述情形之一的，为未能对招标文件作出实质性响应，并按本规定第二十三条规定作否决投标处理。招标文件对重大偏差另有规定的，从其规定。

第二十六条 细微偏差是指投标文件在实质上响应招标文件要求，但在个别地方存在漏项或者提供了不完整的技术信息和数据等情况，并且补正这些遗漏或者不完整不会对其他投标人造成不公平的结果。细微偏差不影响投标文件的有效性。

评标委员会应当书面要求存在细微偏差的投标人在评标结束前予以补正。拒不补正的，在详细评审时可以对细微偏差作不利于该投标人的量化，量化标准应当在招标文件中规定。

第二十七条 评标委员会根据本规定第二十条、第二十一条、第二十二条、第二十三条、第二十五条的规定否决不合格投标后，因有效投标不足 3 个使得投标明显缺乏竞争的，评标委员会可以否决全部投标。

投标人少于 3 个或者所有投标被否决的，招标人在分析招标失败的原因并采取相应措施后，应当依法重新招标。

第四章 详细评审

第二十八条 经初步评审合格的投标文件，评标委员会应当根据招标文件确定的评标标准和方法，对其技术部分和商务部分作进一步评审、比较。

第二十九条 评标方法包括经评审的最低投标价法、综合评估法或者法律、行政法规允许的其他评标方法。

第三十条 经评审的最低投标价法一般适用于具有通用技术、性能标准或者招标人对其技术、性能没有特殊要求的招标项目。

第三十一条 根据经评审的最低投标价法，能够满足招标文件的实质性要求，并且经评审的最低投标价的投标，应当推荐为中标候选人。

第三十二条 采用经评审的最低投标价法的，评标委员会应当根据招标文件中规定的评标价格调整方法，对所有投标人的投标报价以及投标文件的商务部分作必要的价格调整。

采用经评审的最低投标价法的，中标人的投标应当符合招标文件规定的技术要求和标准，但评标委员会无需对投标文件的技术部分进行价格折算。

第三十三条 根据经评审的最低投标价法完成详细评审后，评标委员会应当拟定一份“标价比较表”，连同书面评标报告提交招标人。“标价比较表”应当载明投标人的投标报价、对商务偏差的价格调整和说明以及经评审的最终投标价。

第三十四条 不宜采用经评审的最低投标价法的招标项目，一般应当采取综合评估法进行评审。

第三十五条 根据综合评估法，最大限度地满足招标文件中规定的各项综合评价标准的投标，应当推荐为中标候选人。

衡量投标文件是否最大限度地满足招标文件中规定的各项评价标准，可以采取折算为货币的方法、打分的方法或者其他方法。需量化的因素及其权重应当在招标文件中明确规定。

第三十六条 评标委员会对各个评审因素进行量化时，应当将量化指标建立在同一基础或者同一标准上，使各投标文件具有可比性。

对技术部分和商务部分进行量化后，评标委员会应当对这两部分的量化结果进行加权，计算出每一投标的综合评估价或者综合评估分。

第三十七条 根据综合评估法完成评标后，评标委员会应当拟定一份“综合评估比较表”，连同书面评标报告提交招标人。“综合评估比较表”应当载明投标人的投标报价、所作的任何修正、对商务偏差的调整、对技术偏差的调整、对各评审因素的评估以及对每一投标的最终评审结果。

第三十八条 根据招标文件的规定，允许投标人投备选标的，评标委员会可以对中标人所投的备选标进行评审，以决定是否采纳备选标。不符合中标条件的投标人的备选标不予考虑。

第三十九条 对于划分有多个单项合同的招标项目，招标文件允许投标人为获得整个项目合同而提出优惠的，评标委员会可以对投标人提出的优惠进行审查，以决定是否将招标项目作为一个整体合同授予中标人。将招标项目作为一个整体合同授予的，整体合同中标人的投标应当最有利于招标人。

第四十条 评标和定标应当在投标有效期内完成。不能在投标有效期内完成评标和定标的，招标人应当通知所有投标人延长投标有效期。拒绝延长投标有效期的投标人有权收回投标保证金。同意延长投标有效期的投标人应当相应延长其投标担保的有效期，但不得修改投标文件的实质性内容。因延长投标有效期造成投标人损失的，招标人应当给予补偿，但因不可抗力需延长投标有效期的除外。

招标文件应当载明投标有效期。投标有效期从提交投标文件截止日起计算。

第五章 推荐中标候选人与定标

第四十一条 评标委员会在评标过程中发现的问题，应当及时作出处理或者向招标人提出处理建议，并作书面记录。

第四十二条 评标委员会完成评标后，应当向招标人提出书面评标报告，并抄送有关行政监督部门。评标报告应当如实记载以下内容：

（一）基本情况和数据表；

（二）评标委员会成员名单；

（三）开标记录；

（四）符合要求的投标一览表；

（五）否决投标的情况说明；

（六）评标标准、评标方法或者评标因素一览表；

（七）经评审的价格或者评分比较一览表；

（八）经评审的投标人排序；

（九）推荐的中标候选人名单与签订合同前要处理的事宜；

（十）澄清、说明、补正事项纪要。

第四十三条 评标报告由评标委员会全体成员签字。对评标结论持有异议的评标委员会成员可以书面方式阐述其不同意见和理由。评标委员会成员拒绝在评标报告上签字且不陈述其不同意见和理由的，视为同意评标结论。评标委员会应当对此作出书面说明并记录在案。

第四十四条 向招标人提交书面评标报告后，评标委员会应将评标过程中使用的文件、表格以及其他资料应当即时归还招标人。

第四十五条 评标委员会推荐的中标候选人应当限定在一至三人，并标明排列顺序。

第四十六条 中标人的投标应当符合下列条件之一：

（一）能够最大限度满足招标文件中规定的各项综合评价标准；

（二）能够满足招标文件的实质性要求，并且经评审的投标价格最低；但是投标价格低于成本的除外。

第四十七条 招标人不得与投标人就投标价格、投标方案等实质性内容进行谈判。

第四十八条 国有资金占控股或者主导地位的项目，招标人应当确定排名第一的中标候选人为中标人。排名第一的中标候选人放弃中标、因不可抗力提出不能履行合同，或者招标文件规定应当提交履约保证金而在规定的期限内未能提交，或者被查实存在影响中标结果的违法行为等情形，不符合中标条件的，招标人可以按照评标委员会提出的中标候选人名单排序依次确定其他中标候选人为中标人。依次确定其他中标候选人与招标人预期差距较大，或者对招标人明显不利的，招标人可以重新招标。

招标人可以授权评标委员会直接确定中标人。

国务院对中标人的确定另有规定的，从其规定。

第四十九条 中标人确定后，招标人应当向中标人发出中标通知书，同时通知未中标人，并与中标人在投标有效期内以及中标通知书发出之日起30日之内签订合同。

第五十条 中标通知书对招标人和中标人具有法律约束力。中标通知书发出后，招标人改变中标结果或者中标人放弃中标的，应当承担法律责任。

第五十一条　招标人应当与中标人按照招标文件和中标人的投标文件订立书面合同。招标人与中标人不得再行订立背离合同实质性内容的其他协议。

第五十二条　招标人与中标人签订合同后5日内，应当向中标人和未中标的投标人退还投标保证金。

第六章　罚　则

第五十三条　评标委员会成员有下列行为之一的，由有关行政监督部门责令改正；情节严重的，禁止其在一定期限内参加依法必须进行招标的项目的评标；情节特别严重的，取消其担任评标委员会成员的资格：

（一）应当回避而不回避；

（二）擅离职守；

（三）不按照招标文件规定的评标标准和方法评标；

（四）私下接触投标人；

（五）向招标人征询确定中标人的意向或者接受任何单位或者个人明示或者暗示提出的倾向或者排斥特定投标人的要求；

（六）对依法应当否决的投标不提出否决意见；

（七）暗示或者诱导投标人作出澄清、说明或者接受投标人主动提出的澄清、说明；

（八）其他不客观、不公正履行职务的行为。

第五十四条　评标委员会成员收受投标人的财物或者其他好处的，评标委员会成员或者与评标活动有关的工作人员向他人透露对投标文件的评审和比较、中标候选人的推荐以及与评标有关的其他情况的，给予警告，没收收受的财物，可以并处三千元以上五万元以下的罚款；对有所列违法行为的评标委员会成员取消担任评标委员会成员的资格，不得再参加任何依法必须进行招标项目的评标；构成犯罪的，依法追究刑事责任。

第五十五条　招标人有下列情形之一的，责令改正，可以处中标项目金额千分之十以下的罚款；给他人造成损失的，依法承担赔偿责任；对单位直接负责的主管人员和其他直接责任人员依法给予处分：

（一）无正当理由不发出中标通知书；

（二）不按照规定确定中标人；

（三）中标通知书发出后无正当理由改变中标结果；

（四）无正当理由不与中标人订立合同；

（五）在订立合同时向中标人提出附加条件。

第五十六条　招标人与中标人不按照招标文件和中标人的投标文件订立合同的，合同的主要条款与招标文件、中标人的投标文件的内容不一致，或者招标人、中标人订立背离合同实质性内容的协议的，由有关行政监督部门责令改正，可以处中标项目金额千分之五以上千分之十以下的罚款。

第五十七条　中标人无正当理由不与招标人订立合同，在签订合同时向招标人提出附加条件，或者不按照招标文件要求提交履约保证金的，取消其中标资格，投标保证金不予退还。对依法必须进行招标的项目的中标人，由有关行政监督部门责令改正，可以处中标项目金额10‰以下的罚款。

第七章　附　则

第五十八条　依法必须招标项目以外的评标活动，参照本规定执行。

第五十九条　使用国际组织或者外国政府贷款、援助资金的招标项目的评标活动，贷款方、资金提供方对评标委员会与评标方法另有规定的，适用其规定，但违背中华人民共和国的社会公共利益的除外。

第六十条　本规定颁布前有关评标机构和评标方法的规定与本规定不一致的，以本规定为准。法律或者行政法规另有规定的，从其规定。

第六十一条　本规定由国家发展改革委会同有关部门负责解释。

第六十二条　本规定自发布之日起施行。

公平竞争审查制度实施细则

· 2021年6月29日

· 国市监反垄规〔2021〕2号

第一章　总　则

第一条　为全面落实公平竞争审查制度，健全公平竞争审查机制，规范有效开展审查工作，根据《中华人民共和国反垄断法》、《国务院关于在市场体系建设中建立公平竞争审查制度的意见》（国发〔2016〕34号，以下简称《意见》），制定本细则。

第二条　行政机关以及法律、法规授权的具有管理公共事务职能的组织（以下统称政策制定机关），在制定市场准入和退出、产业发展、招商引资、招标投标、政府采购、经营行为规范、资质标准等涉及市场主体经济活动的规章、规范性文件、其他政策性文件以及“一事一议”形式的具体政策措施（以下统称政策措施）时，应当进行公平竞争审查，评估对市场竞争的影响，防止排除、限制市场竞争。

经公平竞争审查认为不具有排除、限制竞争效果或者符合例外规定的，可以实施；具有排除、限制竞争效果且不符合例外规定的，应当不予出台或者调整至符合相关要求后出台；未经公平竞争审查的，不得出台。

第三条 涉及市场主体经济活动的行政法规、国务院制定的政策措施，以及政府部门负责起草的地方性法规、自治条例和单行条例，由起草部门在起草过程中按照本细则规定进行公平竞争审查。未经公平竞争审查的，不得提交审议。

以县级以上地方各级人民政府名义出台的政策措施，由起草部门或者本级人民政府指定的相关部门进行公平竞争审查。起草部门在审查过程中，可以会同本级市场监管部门进行公平竞争审查。未经审查的，不得提交审议。

以多个部门名义联合制定出台的政策措施，由牵头部门负责公平竞争审查，其他部门在各自职责范围内参与公平竞争审查。政策措施涉及其他部门职权的，政策制定机关在公平竞争审查中应当充分征求其意见。

第四条 市场监管总局、发展改革委、财政部、商务部会同有关部门，建立健全公平竞争审查工作部际联席会议制度，统筹协调和监督指导全国公平竞争审查工作。

县级以上地方各级人民政府负责建立健全本地区公平竞争审查工作联席会议制度（以下简称联席会议），统筹协调和监督指导本地区公平竞争审查工作，原则上由本级人民政府分管负责同志担任联席会议召集人。联席会议办公室设在市场监管部门，承担联席会议日常工作。

地方各级联席会议应当每年向本级人民政府和上一级联席会议报告本地区公平竞争审查制度实施情况，接受其指导和监督。

第二章 审查机制和程序

第五条 政策制定机关应当建立健全公平竞争内部审查机制，明确审查机构和程序，可以由政策制定机关的具体业务机构负责，也可以采取内部特定机构统一审查或者由具体业务机构初审后提交特定机构复核等方式。

第六条 政策制定机关开展公平竞争审查应当遵循审查基本流程（可参考附件1），识别相关政策措施是否属于审查对象、判断是否违反审查标准、分析是否适用例外规定。属于审查对象的，经审查后应当形成明确的书面审查结论。审查结论应当包括政策措施名称、涉及行业领域、性质类别、起草机构、审查机构、征求意见情况、审查结论、适用例外规定情况、审查机构主要负责人意见等内容（可参考附件2）。政策措施出台后，审查结论由政策制定机关存档备查。

未形成书面审查结论出台政策措施的，视为未进行公平竞争审查。

第七条 政策制定机关开展公平竞争审查，应当以适当方式征求利害关系人意见，或者通过政府部门网站、政务新媒体等便于社会公众知晓的方式公开征求意见，并在书面审查结论中说明征求意见情况。

在起草政策措施的其他环节已征求过利害关系人意见或者向社会公开征求意见的，可以不再专门就公平竞争审查问题征求意见。对出台前需要保密或者有正当理由需要限定知悉范围的政策措施，由政策制定机关按照相关法律法规处理。

利害关系人指参与相关市场竞争的经营者、上下游经营者、行业协会商会、消费者以及政策措施可能影响其公平参与市场竞争的其他市场主体。

第八条 政策制定机关进行公平竞争审查，可以咨询专家学者、法律顾问、专业机构的意见。征求上述方面意见的，应当在书面审查结论中说明有关情况。

各级联席会议办公室可以根据实际工作需要，建立公平竞争审查工作专家库，便于政策制定机关进行咨询。

第九条 政策制定机关可以就公平竞争审查中遇到的具体问题，向本级联席会议办公室提出咨询。提出咨询请求的政策制定机关，应当提供书面咨询函、政策措施文稿、起草说明、相关法律法规依据及其他相关材料。联席会议办公室应当在收到书面咨询函后及时研究回复。

对涉及重大公共利益，且在制定过程中被多个单位或者个人反映或者举报涉嫌排除、限制竞争的政策措施，本级联席会议办公室可以主动向政策制定机关提出公平竞争审查意见。

第十条 对多个部门联合制定或者涉及多个部门职责的政策措施，在公平竞争审查中出现较大争议或者部门意见难以协调一致时，政策制定机关可以提请本级联席会议协调。联席会议办公室认为确有必要的，可以根据相关工作规则召开会议进行协调。仍无法协调一致的，由政策制定机关提交上级机关决定。

第十一条 政策制定机关应当对本年度公平竞争审查工作进行总结，于次年1月15日前将书面总结报告报送本级联席会议办公室。

地方各级联席会议办公室汇总形成本级公平竞争审查工作总体情况，于次年1月20日前报送本级人民政府和上一级联席会议办公室，并以适当方式向社会公开。

第十二条 对经公平竞争审查后出台的政策措施，政策制定机关应当对其影响统一市场和公平竞争的情况进行定期评估。评估报告应当向社会公开征求意见，评估结果应当向社会公开。经评估认为妨碍统一市场和公平竞争的，应当及时废止或者修改完善。定期评估可以每三年进行一次，或者在定期清理规章、规范性文件时一并评估。

第三章 审查标准

第十三条 市场准入和退出标准。

（一）不得设置不合理或者歧视性的准入和退出条件，包括但不限于：

1. 设置明显不必要或者超出实际需要的准入和退出条件，排斥或者限制经营者参与市场竞争；

2. 没有法律、行政法规或者国务院规定依据，对不同所有制、地区、组织形式的经营者实施不合理的差别化待遇，设置不平等的市场准入和退出条件；

3. 没有法律、行政法规或者国务院规定依据，以备案、登记、注册、目录、年检、年报、监制、认定、认证、认可、检验、监测、审定、指定、配号、复检、复审、换证、要求设立分支机构以及其他任何形式，设定或者变相设定市场准入障碍；

4. 没有法律、行政法规或者国务院规定依据，对企业注销、破产、挂牌转让、搬迁转移等设定或者变相设定市场退出障碍；

5. 以行政许可、行政检查、行政处罚、行政强制等方式，强制或者变相强制企业转让技术，设定或者变相设定市场准入和退出障碍。

（二）未经公平竞争不得授予经营者特许经营权，包括但不限于：

1. 在一般竞争性领域实施特许经营或者以特许经营为名增设行政许可；

2. 未明确特许经营权期限或者未经法定程序延长特许经营权期限；

3. 未依法采取招标、竞争性谈判等竞争方式，直接将特许经营权授予特定经营者；

4. 设置歧视性条件，使经营者无法公平参与特许经营权竞争。

（三）不得限定经营、购买、使用特定经营者提供的商品和服务，包括但不限于：

1. 以明确要求、暗示、拒绝或者拖延行政审批、重复检查、不予接入平台或者网络、违法违规给予奖励补贴等方式，限定或者变相限定经营、购买、使用特定经营者提供的商品和服务；

2. 在招标投标、政府采购中限定投标人所在地、所有制形式、组织形式，或者设定其他不合理的条件排斥或者限制经营者参与招标投标、政府采购活动；

3. 没有法律、行政法规或者国务院规定依据，通过设置不合理的项目库、名录库、备选库、资格库等条件，排斥或限制潜在经营者提供商品和服务。

（四）不得设置没有法律、行政法规或者国务院规定依据的审批或者具有行政审批性质的事前备案程序，包括但不限于：

1. 没有法律、行政法规或者国务院规定依据，增设行政审批事项，增加行政审批环节、条件和程序；

2. 没有法律、行政法规或者国务院规定依据，设置具有行政审批性质的前置性备案程序。

（五）不得对市场准入负面清单以外的行业、领域、业务等设置审批程序，主要指没有法律、行政法规或者国务院规定依据，采取禁止进入、限制市场主体资质、限制股权比例、限制经营范围和商业模式等方式，限制或者变相限制市场准入。

第十四条 商品和要素自由流动标准。

（一）不得对外地和进口商品、服务实行歧视性价格和歧视性补贴政策，包括但不限于：

1. 制定政府定价或者政府指导价时，对外地和进口同类商品、服务制定歧视性价格；

2. 对相关商品、服务进行补贴时，对外地同类商品、服务，国际经贸协定允许外的进口同类商品以及我国作出国际承诺的进口同类服务不予补贴或者给予较低补贴。

（二）不得限制外地和进口商品、服务进入本地市场或者阻碍本地商品运出、服务输出，包括但不限于：

1. 对外地商品、服务规定与本地同类商品、服务不同的技术要求、检验标准，或者采取重复检验、重复认证等歧视性技术措施；

2. 对进口商品规定与本地同类商品不同的技术要求、检验标准，或者采取重复检验、重复认证等歧视性技术措施；

3. 没有法律、行政法规或者国务院规定依据，对进口服务规定与本地同类服务不同的技术要求、检验标准，或者采取重复检验、重复认证等歧视性技术措施；

4. 设置专门针对外地和进口商品、服务的专营、专卖、审批、许可、备案，或者规定不同的条件、程序和期限等；

5. 在道路、车站、港口、航空港或者本行政区域边界设置关卡，阻碍外地和进口商品、服务进入本地市场或者本地商品运出和服务输出；

6. 通过软件或者互联网设置屏蔽以及采取其他手段，阻碍外地和进口商品、服务进入本地市场或者本地商品运出和服务输出。

（三）不得排斥或者限制外地经营者参加本地招标投标活动，包括但不限于：

1. 不依法及时、有效、完整地发布招标信息；

2. 直接规定外地经营者不能参与本地特定的招标投标活动；

3. 对外地经营者设定歧视性的资质资格要求或者评标评审标准；

4. 将经营者在本地区的业绩、所获得的奖项荣誉作为投标条件、加分条件、中标条件或者用于评价企业信用等级，限制或者变相限制外地经营者参加本地招标投标活动；

5. 没有法律、行政法规或者国务院规定依据，要求经营者在本地注册设立分支机构，在本地拥有一定办公面积，在本地缴纳社会保险等，限制或者变相限制外地经营者参加本地招标投标活动；

6. 通过设定与招标项目的具体特点和实际需要不相适应或者与合同履行无关的资格、技术和商务条件，限制或者变相限制外地经营者参加本地招标投标活动。

（四）不得排斥、限制或者强制外地经营者在本地投资或者设立分支机构，包括但不限于：

1. 直接拒绝外地经营者在本地投资或者设立分支机构；

2. 没有法律、行政法规或者国务院规定依据，对外地经营者在本地投资的规模、方式以及设立分支机构的地址、模式等进行限制；

3. 没有法律、行政法规或者国务院规定依据，直接强制外地经营者在本地投资或者设立分支机构；

4. 没有法律、行政法规或者国务院规定依据，将在本地投资或者设立分支机构作为参与本地招标投标、享受补贴和优惠政策等的必要条件，变相强制外地经营者在本地投资或者设立分支机构。

（五）不得对外地经营者在本地的投资或者设立的分支机构实行歧视性待遇，侵害其合法权益，包括但不限于：

1. 对外地经营者在本地的投资不给予与本地经营者同等的政策待遇；

2. 对外地经营者在本地设立的分支机构在经营规模、经营方式、税费缴纳等方面规定与本地经营者不同的要求；

3. 在节能环保、安全生产、健康卫生、工程质量、市场监管等方面，对外地经营者在本地设立的分支机构规定歧视性监管标准和要求。

第十五条 影响生产经营成本标准。

（一）不得违法给予特定经营者优惠政策，包括但不限于：

1. 没有法律、行政法规或者国务院规定依据，给予特定经营者财政奖励和补贴；

2. 没有专门的税收法律、法规和国务院规定依据，给予特定经营者税收优惠政策；

3. 没有法律、行政法规或者国务院规定依据，在土地、劳动力、资本、技术、数据等要素获取方面，给予特定经营者优惠政策；

4. 没有法律、行政法规或者国务院规定依据，在环保标准、排污权限等方面给予特定经营者特殊待遇；

5. 没有法律、行政法规或者国务院规定依据，对特定经营者减免、缓征或停征行政事业性收费、政府性基金、住房公积金等。

给予特定经营者的优惠政策应当依法公开。

（二）安排财政支出一般不得与特定经营者缴纳的税收或非税收入挂钩，主要指根据特定经营者缴纳的税收或者非税收入情况，采取列收列支或者违法违规采取先征后返、即征即退等形式，对特定经营者进行返还，或者给予特定经营者财政奖励或补贴、减免土地等自然资源有偿使用收入等优惠政策。

（三）不得违法违规减免或者缓征特定经营者应当缴纳的社会保险费用，主要指没有法律、行政法规或者国务院规定依据，根据经营者规模、所有制形式、组织形式、地区等因素，减免或者缓征特定经营者需要缴纳的基本养老保险费、基本医疗保险费、失业保险费、工伤保险费、生育保险费等。

（四）不得在法律规定之外要求经营者提供或扣留经营者各类保证金，包括但不限于：

1. 没有法律、行政法规依据或者经国务院批准，要求经营者交纳各类保证金；

2. 限定只能以现金形式交纳投标保证金或履约保证金；

3. 在经营者履行相关程序或者完成相关事项后，不依法退还经营者交纳的保证金及银行同期存款利息。

第十六条 影响生产经营行为标准。

（一）不得强制经营者从事《中华人民共和国反垄断法》禁止的垄断行为，主要指以行政命令、行政授权、行政指导等方式或者通过行业协会商会，强制、组织或者引导经营者达成垄断协议、滥用市场支配地位，以及实施具有或者可能具有排除、限制竞争效果的经营者集中等行为。

（二）不得违法披露或者违法要求经营者披露生产经营敏感信息，为经营者实施垄断行为提供便利条件。

生产经营敏感信息是指除依据法律、行政法规或者国务院规定需要公开之外，生产经营者未主动公开，通过公开渠道无法采集的生产经营数据。主要包括：拟定价格、成本、营业收入、利润、生产数量、销售数量、生产销售计划、进出口数量、经销商信息、终端客户信息等。

（三）不得超越定价权限进行政府定价，包括但不限于：

1. 对实行政府指导价的商品、服务进行政府定价；

2. 对不属于本级政府定价目录范围内的商品、服务制定政府定价或者政府指导价；

3. 违反《中华人民共和国价格法》等法律法规采取价格干预措施。

（四）不得违法干预实行市场调节价的商品和服务的价格水平，包括但不限于：

1. 制定公布商品和服务的统一执行价、参考价；

2. 规定商品和服务的最高或者最低限价；

3. 干预影响商品和服务价格水平的手续费、折扣或者其他费用。

第四章 例外规定

第十七条 属于下列情形之一的政策措施，虽然在一定程度上具有限制竞争的效果，但在符合规定的情况下可以出台实施：

（一）维护国家经济安全、文化安全、科技安全或者涉及国防建设的；

（二）为实现扶贫开发、救灾救助等社会保障目的；

（三）为实现节约能源资源、保护生态环境、维护公共卫生健康安全等社会公共利益的；

（四）法律、行政法规规定的其他情形。

属于前款第一项至第三项情形的，政策制定机关应当说明相关政策措施对实现政策目的不可或缺，且不会严重限制市场竞争，并明确实施期限。

第十八条 政策制定机关应当在书面审查结论中说明政策措施是否适用例外规定。认为适用例外规定的，应当对符合适用例外规定的情形和条件进行详细说明。

第十九条 政策制定机关应当逐年评估适用例外规定的政策措施的实施效果，形成书面评估报告。实施期限到期或者未达到预期效果的政策措施，应当及时停止执行或者进行调整。

第五章 第三方评估

第二十条 政策制定机关可以根据工作实际，委托具备相应评估能力的高等院校、科研院所、专业咨询公司等第三方机构，对有关政策措施进行公平竞争评估，或者对公平竞争审查有关工作进行评估。

各级联席会议办公室可以委托第三方机构，对本地公平竞争审查制度总体实施情况开展评估。

第二十一条 政策制定机关在开展公平竞争审查工作的以下阶段和环节，均可以采取第三方评估方式进行：

（一）对拟出台的政策措施进行公平竞争审查；

（二）对经公平竞争审查出台的政策措施进行定期评估；

（三）对适用例外规定出台的政策措施进行逐年评估；

（四）对公平竞争审查制度实施情况进行综合评价；

（五）与公平竞争审查工作相关的其他阶段和环节。

第二十二条 对拟出台的政策措施进行公平竞争审查时，存在以下情形之一的，应当引入第三方评估：

（一）政策制定机关拟适用例外规定的；

（二）被多个单位或者个人反映或者举报涉嫌违反公平竞争审查标准的。

第二十三条 第三方评估结果作为政策制定机关开展公平竞争审查、评价制度实施成效、制定工作推进方案的重要参考。对拟出台的政策措施进行第三方评估的，政策制定机关应当在书面审查结论中说明评估情况。最终做出的审查结论与第三方评估结果不一致的，应当在书面审查结论中说明理由。

第二十四条 第三方评估经费纳入预算管理。政策制定机关依法依规做好第三方评估经费保障。

第六章 监督与责任追究

第二十五条 政策制定机关涉嫌未进行公平竞争审查或者违反审查标准出台政策措施的，任何单位和个人可以向政策制定机关反映，也可以向政策制定机关的上级机关或者本级及以上市场监管部门举报。反映或者举报采用书面形式并提供相关事实依据的，有关部门要及时予以处理。涉嫌违反《中华人民共和国反垄断法》的，由反垄断执法机构依法调查。

第二十六条 政策制定机关未进行公平竞争审查出台政策措施的，应当及时补做审查。发现存在违反公平竞争审查标准问题的，应当按照相关程序停止执行或者调整相关政策措施。停止执行或者调整相关政策措施的，应当依照《中华人民共和国政府信息公开条例》要求向社会公开。

第二十七条 政策制定机关的上级机关经核实认定政策制定机关未进行公平竞争审查或者违反审查标准出台政策措施的，应当责令其改正；拒不改正或者不及时改正的，对直接负责的主管人员和其他直接责任人员依据

《中华人民共和国公务员法》、《中华人民共和国公职人员政务处分法》、《行政机关公务员处分条例》等法律法规给予处分。本级及以上市场监管部门可以向政策制定机关或者其上级机关提出整改建议；整改情况要及时向有关方面反馈。违反《中华人民共和国反垄断法》的，反垄断执法机构可以向有关上级机关提出依法处理的建议。相关处理决定和建议依法向社会公开。

第二十八条　市场监管总局负责牵头组织政策措施抽查，检查有关政策措施是否履行审查程序、审查流程是否规范、审查结论是否准确等。对市场主体反映比较强烈、问题比较集中、滥用行政权力排除限制竞争行为多发的行业和地区，进行重点抽查。抽查结果及时反馈被抽查单位，并以适当方式向社会公开。对抽查发现的排除、限制竞争问题，被抽查单位应当及时整改。

各地应当结合实际，建立本地区政策措施抽查机制。

第二十九条　县级以上地方各级人民政府建立健全公平竞争审查考核制度，对落实公平竞争审查制度成效显著的单位予以表扬激励，对工作推进不力的进行督促整改，对工作中出现问题并造成不良后果的依法依规严肃处理。

第七章　附　则

第三十条　各地区、各部门在遵循《意见》和本细则规定的基础上，可以根据本地区、本行业实际情况，制定公平竞争审查工作办法和具体措施。

第三十一条　本细则自公布之日起实施。《公平竞争审查制度实施细则（暂行）》（发改价监〔2017〕1849号）同时废止。

附件：1. 公平竞争审查基本流程

2. 公平竞争审查表

附件1：

公平竞争审查基本流程

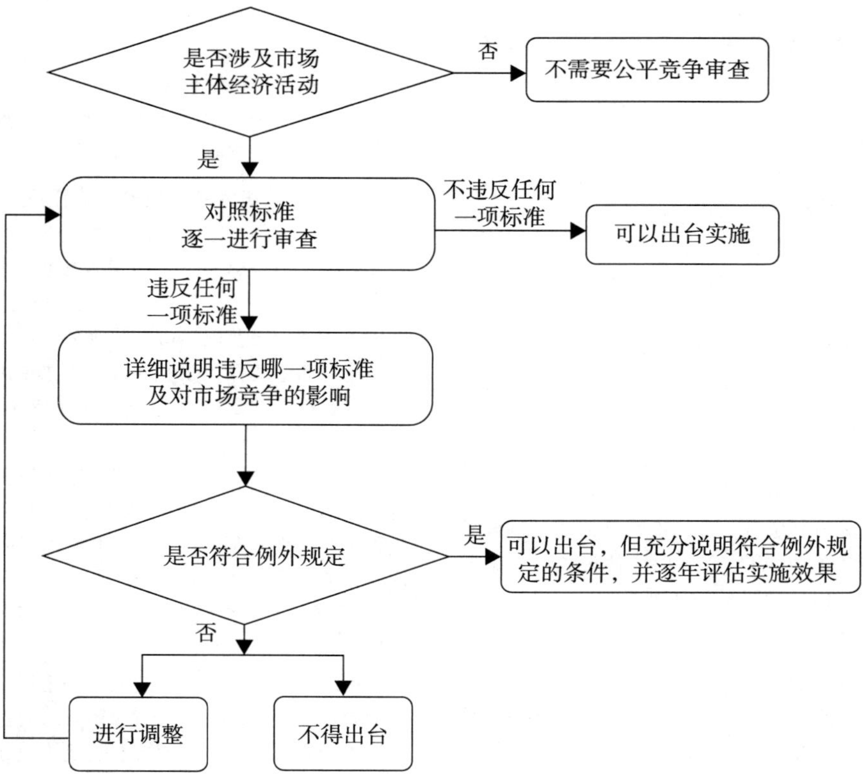

附 2：

公平竞争审查表

年 月 日

<table>
<tr><td>政策措施名称</td><td colspan="3"></td></tr>
<tr><td>涉及行业领域</td><td colspan="3"></td></tr>
<tr><td>性质</td><td colspan="3">行政法规草案□ 地方性法规草案□ 规章□
规范性文件 □ 其他政策措施 □</td></tr>
<tr><td rowspan="2">起草机构</td><td>名 称</td><td colspan="2"></td></tr>
<tr><td>联系人</td><td></td><td>电话</td></tr>
<tr><td rowspan="2">审查机构</td><td>名 称</td><td colspan="2"></td></tr>
<tr><td>联系人</td><td></td><td>电话</td></tr>
<tr><td rowspan="2">征求意见情况</td><td colspan="3">征求利害关系人意见□ 向社会公开征求意见□</td></tr>
<tr><td colspan="3">具体情况（时间、对象、意见反馈和采纳情况）：
（可附相关报告）</td></tr>
<tr><td>咨询及第三方评估情况（可选）</td><td colspan="3">（可附相关报告）</td></tr>
</table>

续表

<table>
<tr><td>审查
结论</td><td colspan="2">

（可附相关报告）</td></tr>
<tr><td rowspan="2">适用例
外规定</td><td colspan="2">是□　　　　否□</td></tr>
<tr><td>选择“是”时详细说明理由</td><td></td></tr>
<tr><td>其他需要
说明的情况</td><td colspan="2"></td></tr>
<tr><td>审查机构
主要负责
人意见</td><td colspan="2">

签字：　　　　盖章：</td></tr>
</table>

关于进一步推进招标投标信息公开的通知

·2012 年 9 月 18 日
·发改法规〔2012〕3081 号

各省、自治区、直辖市及计划单列市、副省级省会城市、新疆生产建设兵团发展改革委、工信厅、通信管理局、监察厅、住房城乡建设厅(建委、建设交通委)、交通厅、水利厅、商务厅、法制办、各铁路局、民航各地区管理局：

为贯彻落实《政府信息公开条例》、《招标投标法实施条例》和《国务院办公厅关于印发 2012 年政府信息公开重点工作安排的通知》(国办发〔2012〕26 号),进一步推进招标投标信息公开,规范招标投标行为,保障人民群众知情权和监督权,现就有关工作通知如下。

一、突出重点领域和环节,大力推进招标投标全过程信息公开

(一)各级招标投标行政监督部门要以国有资金占控股或主导地位的依法必须招标项目为重点,督促有关市场主体严格执行招投标信息公开的相关规定,加大信息公开力度。依法必须招标项目的招标公告、资格预审公告、中标候选人等信息都应依法向社会公布。

(二)各级投资项目审批核准部门要依法公开招标内容审批核准信息,国家发展改革委、工业和信息化部、住房城乡建设部和商务部要及时向社会公开有关招标代理机构资质信息、信用信息以及动态监管信息。

(三)各级招标投标行政监督部门要加强监督执法,对不依法在指定媒介发布招标公告或者资格预审公告,在不同媒介发布的招标信息不一致等违法行为,依法给予处罚。

二、全面落实违法行为记录公告制度,完善招标投标信用机制

(一)各级招标投标行政监督部门要加大不良行为信息的披露力度,依法公告招标人、招标代理机构、投标人、评标委员会成员等违法行为的行政处理决定,确保信息公开的及时性和完整性。

(二)各级行政主管部门及其工作人员在违法行为记录的提供、收集和公告等工作中不正确履行职责的,由其所在单位或者上级主管机关责令改正,并予以通报批评。情节严重的,由监察机关或者任免机关依纪依法追究直接责任人和有关领导的责任。

(三)各部门要按照《国务院办公厅转发发展改革委法制办监察部关于做好招标投标法实施条例贯彻实施工作意见的通知》(国办发〔2012〕21 号)关于清理招投标有关规定的要求,对违法限制信息发布地点、媒介、范围和时限等规定,进行全面清理,进一步完善招投标信息公开的内容和程序,健全信息公开的规则和标准体系。各级发展改革部门要会同同级法制工作机构、监察机关,做好组织协调、督促指导等具体工作。

(四)将招投标信息公开与信用制度建设紧密结合,国家发展改革委会同国务院有关部门在总结招投标违法行为记录公告制度实践的基础上,研究制定统一的招投标信用评价标准和具体办法。并纳入各行业工程建设市场主体诚信体系。招投标违法行为记录应作为项目资金拨付、招标代理机构资格等级评定、评标专家管理等活动的重要依据。

三、加快信息资源整合,推动全国范围内招标投标信息共享

(一)各级招标投标行政监督部门要按照《工程建设领域项目信息公开和诚信体系建设工作实施意见》(中纪发〔2011〕16 号)的要求,依托政府网站"项目信息和信用信息公开共享专栏",公开有关招标投标信息。

(二)各部门和各地区要基于公开的项目信息和信用信息,提供面向社会的检索、查询服务,2012 年底前完成省级检索平台建设,逐步实现全国性的综合检索平台,为公众提供"一站式"综合检索服务。

(三)充分发挥电子招投标在促进信息公开、提高招标投标活动透明度方面的作用,国家发展改革委要会同国务院有关部门抓紧出台电子招标投标办法和技术标准规范。利用信息化手段,推动招投标监管信息和交易信息共享,提高监管效率和公共服务能力。

各部门要按照国务院今年关于政府信息公开工作和招标投标法实施条例贯彻实施工作的部署和要求,进一步落实责任,加强协同配合,切实推进各项任务落实。2012 年底前,国家发展改革委将会同监察部等有关部门对各地贯彻落实情况进行督查。

(四)投资项目管理和招标内容核准

政府投资条例

·2018 年 12 月 5 日国务院第 33 次常务会议通过
·2019 年 4 月 14 日中华人民共和国国务院令第 712 号公布
·自 2019 年 7 月 1 日起施行

第一章　总　则

第一条　为了充分发挥政府投资作用,提高政府投资效益,规范政府投资行为,激发社会投资活力,制定本条例。

第二条　本条例所称政府投资，是指在中国境内使用预算安排的资金进行固定资产投资建设活动，包括新建、扩建、改建、技术改造等。

第三条　政府投资资金应当投向市场不能有效配置资源的社会公益服务、公共基础设施、农业农村、生态环境保护、重大科技进步、社会管理、国家安全等公共领域的项目，以非经营性项目为主。

国家完善有关政策措施，发挥政府投资资金的引导和带动作用，鼓励社会资金投向前款规定的领域。

国家建立政府投资范围定期评估调整机制，不断优化政府投资方向和结构。

第四条　政府投资应当遵循科学决策、规范管理、注重绩效、公开透明的原则。

第五条　政府投资应当与经济社会发展水平和财政收支状况相适应。

国家加强对政府投资资金的预算约束。政府及其有关部门不得违法违规举借债务筹措政府投资资金。

第六条　政府投资资金按项目安排，以直接投资方式为主；对确需支持的经营性项目，主要采取资本金注入方式，也可以适当采取投资补助、贷款贴息等方式。

安排政府投资资金，应当符合推进中央与地方财政事权和支出责任划分改革的有关要求，并平等对待各类投资主体，不得设置歧视性条件。

国家通过建立项目库等方式，加强对使用政府投资资金项目的储备。

第七条　国务院投资主管部门依照本条例和国务院的规定，履行政府投资综合管理职责。国务院其他有关部门依照本条例和国务院规定的职责分工，履行相应的政府投资管理职责。

县级以上地方人民政府投资主管部门和其他有关部门依照本条例和本级人民政府规定的职责分工，履行相应的政府投资管理职责。

第二章　政府投资决策

第八条　县级以上人民政府应当根据国民经济和社会发展规划、中期财政规划和国家宏观调控政策，结合财政收支状况，统筹安排使用政府投资资金的项目，规范使用各类政府投资资金。

第九条　政府采取直接投资方式、资本金注入方式投资的项目（以下统称政府投资项目），项目单位应当编制项目建议书、可行性研究报告、初步设计，按照政府投资管理权限和规定的程序，报投资主管部门或者其他有关部门审批。

项目单位应当加强政府投资项目的前期工作，保证前期工作的深度达到规定的要求，并对项目建议书、可行性研究报告、初步设计以及依法应当附具的其他文件的真实性负责。

第十条　除涉及国家秘密的项目外，投资主管部门和其他有关部门应当通过投资项目在线审批监管平台（以下简称在线平台），使用在线平台生成的项目代码办理政府投资项目审批手续。

投资主管部门和其他有关部门应当通过在线平台列明与政府投资有关的规划、产业政策等，公开政府投资项目审批的办理流程、办理时限等，并为项目单位提供相关咨询服务。

第十一条　投资主管部门或者其他有关部门应当根据国民经济和社会发展规划、相关领域专项规划、产业政策等，从下列方面对政府投资项目进行审查，作出是否批准的决定：

（一）项目建议书提出的项目建设的必要性；

（二）可行性研究报告分析的项目的技术经济可行性、社会效益以及项目资金等主要建设条件的落实情况；

（三）初步设计及其提出的投资概算是否符合可行性研究报告批复以及国家有关标准和规范的要求；

（四）依照法律、行政法规和国家有关规定应当审查的其他事项。

投资主管部门或者其他有关部门对政府投资项目不予批准的，应当书面通知项目单位并说明理由。

对经济社会发展、社会公众利益有重大影响或者投资规模较大的政府投资项目，投资主管部门或者其他有关部门应当在中介服务机构评估、公众参与、专家评议、风险评估的基础上作出是否批准的决定。

第十二条　经投资主管部门或者其他有关部门核定的投资概算是控制政府投资项目总投资的依据。

初步设计提出的投资概算超过经批准的可行性研究报告提出的投资估算10%的，项目单位应当向投资主管部门或者其他有关部门报告，投资主管部门或者其他有关部门可以要求项目单位重新报送可行性研究报告。

第十三条　对下列政府投资项目，可以按照国家有关规定简化需要报批的文件和审批程序：

（一）相关规划中已经明确的项目；

（二）部分扩建、改建项目；

（三）建设内容单一、投资规模较小、技术方案简单的项目；

（四）为应对自然灾害、事故灾难、公共卫生事件、社会安全事件等突发事件需要紧急建设的项目。

前款第三项所列项目的具体范围，由国务院投资主管部门会同国务院其他有关部门规定。

第十四条 采取投资补助、贷款贴息等方式安排政府投资资金的，项目单位应当按照国家有关规定办理手续。

第三章 政府投资年度计划

第十五条 国务院投资主管部门对其负责安排的政府投资编制政府投资年度计划，国务院其他有关部门对其负责安排的本行业、本领域的政府投资编制政府投资年度计划。

县级以上地方人民政府有关部门按照本级人民政府的规定，编制政府投资年度计划。

第十六条 政府投资年度计划应当明确项目名称、建设内容及规模、建设工期、项目总投资、年度投资额及资金来源等事项。

第十七条 列入政府投资年度计划的项目应当符合下列条件：

（一）采取直接投资方式、资本金注入方式的，可行性研究报告已经批准或者投资概算已经核定；

（二）采取投资补助、贷款贴息等方式的，已经按照国家有关规定办理手续；

（三）县级以上人民政府有关部门规定的其他条件。

第十八条 政府投资年度计划应当和本级预算相衔接。

第十九条 财政部门应当根据经批准的预算，按照法律、行政法规和国库管理的有关规定，及时、足额办理政府投资资金拨付。

第四章 政府投资项目实施

第二十条 政府投资项目开工建设，应当符合本条例和有关法律、行政法规规定的建设条件；不符合规定的建设条件的，不得开工建设。

国务院规定应当审批开工报告的重大政府投资项目，按照规定办理开工报告审批手续后方可开工建设。

第二十一条 政府投资项目应当按照投资主管部门或者其他有关部门批准的建设地点、建设规模和建设内容实施；拟变更建设地点或者拟对建设规模、建设内容等作较大变更的，应当按照规定的程序报原审批部门审批。

第二十二条 政府投资项目所需资金应当按照国家有关规定确保落实到位。

政府投资项目不得由施工单位垫资建设。

第二十三条 政府投资项目建设投资原则上不得超过经核定的投资概算。

因国家政策调整、价格上涨、地质条件发生重大变化等原因确需增加投资概算的，项目单位应当提出调整方案及资金来源，按照规定的程序报原初步设计审批部门或者投资概算核定部门核定；涉及预算调整或者调剂的，依照有关预算的法律、行政法规和国家有关规定办理。

第二十四条 政府投资项目应当按照国家有关规定合理确定并严格执行建设工期，任何单位和个人不得非法干预。

第二十五条 政府投资项目建成后，应当按照国家有关规定进行竣工验收，并在竣工验收合格后及时办理竣工财务决算。

政府投资项目结余的财政资金，应当按照国家有关规定缴回国库。

第二十六条 投资主管部门或者其他有关部门应当按照国家有关规定选择有代表性的已建成政府投资项目，委托中介服务机构对所选项目进行后评价。后评价应当根据项目建成后的实际效果，对项目审批和实施进行全面评价并提出明确意见。

第五章 监督管理

第二十七条 投资主管部门和依法对政府投资项目负有监督管理职责的其他部门应当采取在线监测、现场核查等方式，加强对政府投资项目实施情况的监督检查。

项目单位应当通过在线平台如实报送政府投资项目开工建设、建设进度、竣工的基本信息。

第二十八条 投资主管部门和依法对政府投资项目负有监督管理职责的其他部门应当建立政府投资项目信息共享机制，通过在线平台实现信息共享。

第二十九条 项目单位应当按照国家有关规定加强政府投资项目档案管理，将项目审批和实施过程中的有关文件、资料存档备查。

第三十条 政府投资年度计划、政府投资项目审批和实施以及监督检查的信息应当依法公开。

第三十一条 政府投资项目的绩效管理、建设工程质量管理、安全生产管理等事项，依照有关法律、行政法规和国家有关规定执行。

第六章 法律责任

第三十二条 有下列情形之一的，责令改正，对负有责任的领导人员和直接责任人员依法给予处分：

（一）超越审批权限审批政府投资项目；

（二）对不符合规定的政府投资项目予以批准；

（三）未按照规定核定或者调整政府投资项目的投资概算；

（四）为不符合规定的项目安排投资补助、贷款贴息等政府投资资金；

（五）履行政府投资管理职责中其他玩忽职守、滥用职权、徇私舞弊的情形。

第三十三条　有下列情形之一的，依照有关预算的法律、行政法规和国家有关规定追究法律责任：

（一）政府及其有关部门违法违规举借债务筹措政府投资资金；

（二）未按照规定及时、足额办理政府投资资金拨付；

（三）转移、侵占、挪用政府投资资金。

第三十四条　项目单位有下列情形之一的，责令改正，根据具体情况，暂停、停止拨付资金或者收回已拨付的资金，暂停或者停止建设活动，对负有责任的领导人员和直接责任人员依法给予处分：

（一）未经批准或者不符合规定的建设条件开工建设政府投资项目；

（二）弄虚作假骗取政府投资项目审批或者投资补助、贷款贴息等政府投资资金；

（三）未经批准变更政府投资项目的建设地点或者对建设规模、建设内容等作较大变更；

（四）擅自增加投资概算；

（五）要求施工单位对政府投资项目垫资建设；

（六）无正当理由不实施或者不按照建设工期实施已批准的政府投资项目。

第三十五条　项目单位未按照规定将政府投资项目审批和实施过程中的有关文件、资料存档备查，或者转移、隐匿、篡改、毁弃项目有关文件、资料的，责令改正，对负有责任的领导人员和直接责任人员依法给予处分。

第三十六条　违反本条例规定，构成犯罪的，依法追究刑事责任。

第七章　附　则

第三十七条　国防科技工业领域政府投资的管理办法，由国务院国防科技工业管理部门根据本条例规定的原则另行制定。

第三十八条　中国人民解放军和中国人民武装警察部队的固定资产投资管理，按照中央军事委员会的规定执行。

第三十九条　本条例自2019年7月1日起施行。

企业投资项目核准和备案管理条例

· 2016年10月8日国务院第149次常务会议通过
· 2016年11月30日中华人民共和国国务院令第673号公布
· 自2017年2月1日起施行

第一条　为了规范政府对企业投资项目的核准和备案行为，加快转变政府的投资管理职能，落实企业投资自主权，制定本条例。

第二条　本条例所称企业投资项目（以下简称项目），是指企业在中国境内投资建设的固定资产投资项目。

第三条　对关系国家安全、涉及全国重大生产力布局、战略性资源开发和重大公共利益等项目，实行核准管理。具体项目范围以及核准机关、核准权限依照政府核准的投资项目目录执行。政府核准的投资项目目录由国务院投资主管部门会同国务院有关部门提出，报国务院批准后实施，并适时调整。国务院另有规定的，依照其规定。

对前款规定以外的项目，实行备案管理。除国务院另有规定的，实行备案管理的项目按照属地原则备案，备案机关及其权限由省、自治区、直辖市和计划单列市人民政府规定。

第四条　除涉及国家秘密的项目外，项目核准、备案通过国家建立的项目在线监管平台（以下简称在线平台）办理。

核准机关、备案机关以及其他有关部门统一使用在线平台生成的项目代码办理相关手续。

国务院投资主管部门会同有关部门制定在线平台管理办法。

第五条　核准机关、备案机关应当通过在线平台列明与项目有关的产业政策，公开项目核准的办理流程、办理时限等，并为企业提供相关咨询服务。

第六条　企业办理项目核准手续，应当向核准机关提交项目申请书；由国务院核准的项目，向国务院投资主管部门提交项目申请书。项目申请书应当包括下列内容：

（一）企业基本情况；

（二）项目情况，包括项目名称、建设地点、建设规模、建设内容等；

（三）项目利用资源情况分析以及对生态环境的影响分析；

（四）项目对经济和社会的影响分析。

企业应当对项目申请书内容的真实性负责。

法律、行政法规规定办理相关手续作为项目核准前置条件的，企业应当提交已经办理相关手续的证明文件。

第七条 项目申请书由企业自主组织编制，任何单位和个人不得强制企业委托中介服务机构编制项目申请书。

核准机关应当制定并公布项目申请书示范文本，明确项目申请书编制要求。

第八条 由国务院有关部门核准的项目，企业可以通过项目所在地省、自治区、直辖市和计划单列市人民政府有关部门（以下称地方人民政府有关部门）转送项目申请书，地方人民政府有关部门应当自收到项目申请书之日起5个工作日内转送核准机关。

由国务院核准的项目，企业通过地方人民政府有关部门转送项目申请书的，地方人民政府有关部门应当在前款规定的期限内将项目申请书转送国务院投资主管部门，由国务院投资主管部门审核后报国务院核准。

第九条 核准机关应当从下列方面对项目进行审查：

（一）是否危害经济安全、社会安全、生态安全等国家安全；

（二）是否符合相关发展建设规划、技术标准和产业政策；

（三）是否合理开发并有效利用资源；

（四）是否对重大公共利益产生不利影响。

项目涉及有关部门或者项目所在地地方人民政府职责的，核准机关应当书面征求其意见，被征求意见单位应当及时书面回复。

核准机关委托中介服务机构对项目进行评估的，应当明确评估重点；除项目情况复杂的，评估时限不得超过30个工作日。评估费用由核准机关承担。

第十条 核准机关应当自受理申请之日起20个工作日内，作出是否予以核准的决定；项目情况复杂或者需要征求有关单位意见的，经本机关主要负责人批准，可以延长核准期限，但延长的期限不得超过40个工作日。核准机关委托中介服务机构对项目进行评估的，评估时间不计入核准期限。

核准机关对项目予以核准的，应当向企业出具核准文件；不予核准的，应当书面通知企业并说明理由。由国务院核准的项目，由国务院投资主管部门根据国务院的决定向企业出具核准文件或者不予核准的书面通知。

第十一条 企业拟变更已核准项目的建设地点，或者拟对建设规模、建设内容等作较大变更的，应当向核准机关提出变更申请。核准机关应当自受理申请之日起20个工作日内，作出是否同意变更的书面决定。

第十二条 项目自核准机关作出予以核准决定或者同意变更决定之日起2年内未开工建设，需要延期开工建设的，企业应当在2年期限届满的30个工作日前，向核准机关申请延期开工建设。核准机关应当自受理申请之日起20个工作日内，作出是否同意延期开工建设的决定。开工建设只能延期一次，期限最长不得超过1年。国家对项目延期开工建设另有规定的，依照其规定。

第十三条 实行备案管理的项目，企业应当在开工建设前通过在线平台将下列信息告知备案机关：

（一）企业基本情况；

（二）项目名称、建设地点、建设规模、建设内容

（三）项目总投资额；

（四）项目符合产业政策的声明。

企业应当对备案项目信息的真实性负责。

备案机关收到本条第一款规定的全部信息即为备案；企业告知的信息不齐全的，备案机关应当指导企业补正。

企业需要备案证明的，可以要求备案机关出具或者通过在线平台自行打印。

第十四条 已备案项目信息发生较大变更的，企业应当及时告知备案机关。

第十五条 备案机关发现已备案项目属于产业政策禁止投资建设或者实行核准管理的，应当及时告知企业予以纠正或者依法办理核准手续，并通知有关部门。

第十六条 核准机关、备案机关以及依法对项目负有监督管理职责的其他有关部门应当加强事中事后监管，按照谁审批谁监管、谁主管谁监管的原则，落实监管责任，采取在线监测、现场核查等方式，加强对项目实施的监督检查。

企业应当通过在线平台如实报送项目开工建设、建设进度、竣工的基本信息。

第十七条 核准机关、备案机关以及依法对项目负有监督管理职责的其他有关部门应当建立项目信息共享机制，通过在线平台实现信息共享。

企业在项目核准、备案以及项目实施中的违法行为及其处理信息，通过国家社会信用信息平台向社会公示。

第十八条 实行核准管理的项目，企业未依照本条例规定办理核准手续开工建设或者未按照核准的建设地点、建设规模、建设内容等进行建设的，由核准机关责令

停止建设或者责令停产，对企业处项目总投资额1‰以上5‰以下的罚款；对直接负责的主管人员和其他直接责任人员处2万元以上5万元以下的罚款，属于国家工作人员的，依法给予处分。

以欺骗、贿赂等不正当手段取得项目核准文件，尚未开工建设的，由核准机关撤销核准文件，处项目总投资额1‰以上5‰以下的罚款；已经开工建设的，依照前款规定予以处罚；构成犯罪的，依法追究刑事责任。

第十九条　实行备案管理的项目，企业未依照本条例规定将项目信息或者已备案项目的信息变更情况告知备案机关，或者向备案机关提供虚假信息的，由备案机关责令限期改正；逾期不改正的，处2万元以上5万元以下的罚款。

第二十条　企业投资建设产业政策禁止投资建设项目的，由县级以上人民政府投资主管部门责令停止建设或者责令停产并恢复原状，对企业处项目总投资额5‰以上10‰以下的罚款；对直接负责的主管人员和其他直接责任人员处5万元以上10万元以下的罚款，属于国家工作人员的，依法给予处分。法律、行政法规另有规定的，依照其规定。

第二十一条　核准机关、备案机关及其工作人员在项目核准、备案工作中玩忽职守、滥用职权、徇私舞弊的，对负有责任的领导人员和直接责任人员依法给予处分；构成犯罪的，依法追究刑事责任。

第二十二条　事业单位、社会团体等非企业组织在中国境内投资建设的固定资产投资项目适用本条例，但通过预算安排的固定资产投资项目除外。

第二十三条　国防科技工业企业在中国境内投资建设的固定资产投资项目核准和备案管理办法，由国务院国防科技工业管理部门根据本条例的原则另行制定。

第二十四条　本条例自2017年2月1日起施行。

国务院关于发布政府核准的投资项目目录（2016年本）的通知

·2016年12月12日

·国发〔2016〕72号

各省、自治区、直辖市人民政府，国务院各部委、各直属机构：

为贯彻落实《中共中央 国务院关于深化投融资体制改革的意见》，进一步加大简政放权、放管结合、优化服务改革力度，使市场在资源配置中起决定性作用，更好发挥政府作用，切实转变政府投资管理职能，加强和改进宏观调控，确立企业投资主体地位，激发市场主体扩大合理有效投资和创新创业的活力，现发布《政府核准的投资项目目录（2016年本）》，并就有关事项通知如下：

一、企业投资建设本目录内的固定资产投资项目，须按照规定报送有关项目核准机关核准。企业投资建设本目录外的项目，实行备案管理。事业单位、社会团体等投资建设的项目，按照本目录执行。

原油、天然气（含煤层气）开发项目由具有开采权的企业自行决定，并报国务院行业管理部门备案。具有开采权的相关企业应依据相关法律法规，坚持统筹规划，合理开发利用资源，避免资源无序开采。

二、法律、行政法规和国家制定的发展规划、产业政策、总量控制目标、技术政策、准入标准、用地政策、环保政策、用海用岛政策、信贷政策等是企业开展项目前期工作的重要依据，是项目核准机关和国土资源、环境保护、城乡规划、海洋管理、行业管理等部门以及金融机构对项目进行审查的依据。

发展改革部门要会同有关部门抓紧编制完善相关领域专项规划，为各地区做好项目核准工作提供依据。

环境保护部门应根据项目对环境的影响程度实行分级分类管理，对环境影响大、环境风险高的项目严格环评审批，并强化事中事后监管。

三、要充分发挥发展规划、产业政策和准入标准对投资活动的规范引导作用。把发展规划作为引导投资方向，稳定投资运行，规范项目准入，优化项目布局，合理配置资金、土地、能源、人力等资源的重要手段。完善产业结构调整指导目录、外商投资产业指导目录等，为企业投资活动提供依据和指导。构建更加科学、更加完善、更具可操作性的行业准入标准体系，强化节地节能节水、环境、技术、安全等市场准入标准。完善行业宏观调控政策措施和部门间协调机制，形成工作合力，促进相关行业有序发展。

四、对于钢铁、电解铝、水泥、平板玻璃、船舶等产能严重过剩行业的项目，要严格执行《国务院关于化解产能严重过剩矛盾的指导意见》（国发〔2013〕41号），各地方、各部门不得以其他任何名义、任何方式备案新增产能项目，各相关部门和机构不得办理土地（海域、无居民海岛）供应、能评、环评审批和新增授信支持等相关业务，并合力推进化解产能严重过剩矛盾各项工作。

对于煤矿项目，要严格执行《国务院关于煤炭行业化解过剩产能实现脱困发展的意见》（国发〔2016〕7号）要求,从2016年起3年内原则上停止审批新建煤矿项目、新增产能的技术改造项目和产能核增项目;确需新建煤矿的,一律实行减量置换。

严格控制新增传统燃油汽车产能,原则上不再核准新建传统燃油汽车生产企业。积极引导新能源汽车健康有序发展,新建新能源汽车生产企业须具有动力系统等关键技术和整车研发能力,符合《新建纯电动乘用车企业管理规定》等相关要求。

五、项目核准机关要改进完善管理办法,切实提高行政效能,认真履行核准职责,严格按照规定权限、程序和时限等要求进行审查。有关部门要密切配合,按照职责分工,相应改进管理办法,依法加强对投资活动的管理。

六、按照谁审批谁监管、谁主管谁监管的原则,落实监管责任,注重发挥地方政府就近就便监管作用,行业管理部门和环境保护、质量监督、安全监管等部门专业优势,以及投资主管部门综合监管职能,实现协同监管。投资项目核准、备案权限下放后,监管责任要同步下移。地方各级政府及其有关部门要积极探索创新监管方式方法,强化事中事后监管,切实承担起监管职责。

七、按照规定由国务院核准的项目,由国家发展改革委审核后报国务院核准。核报国务院及国务院投资主管部门核准的项目,事前须征求国务院行业管理部门的意见。

八、由地方政府核准的项目,各省级政府可以根据本地实际情况,按照下放层级与承接能力相匹配的原则,具体划分地方各级政府管理权限,制定本行政区域内统一的政府核准投资项目目录。基层政府承接能力要作为政府管理权限划分的重要因素,不宜简单地"一放到底"。对于涉及本地区重大规划布局、重要资源开发配置的项目,应充分发挥省级部门在政策把握、技术力量等方面的优势,由省级政府核准,原则上不下放到地市级政府、一律不得下放到县级及以下政府。

九、对取消核准改为备案管理的项目,项目备案机关要加强发展规划、产业政策和准入标准把关,行业管理部门与城乡规划、土地管理、环境保护、安全监管等部门要按职责分工加强对项目的指导和约束。

十、法律、行政法规和国家有专门规定的,按照有关规定执行。商务主管部门按国家有关规定对外商投资企业的设立和变更、国内企业在境外投资开办企业(金融企业除外)进行审核或备案管理。

十一、本目录自发布之日起执行,《政府核准的投资项目目录(2014年本)》即行废止。

政府核准的投资项目目录(2016年本)

一、农业水利

农业:涉及开荒的项目由省级政府核准。

水利工程:涉及跨界河流、跨省(区、市)水资源配置调整的重大水利项目由国务院投资主管部门核准,其中库容10亿立方米及以上或者涉及移民1万人及以上的水库项目由国务院核准。其余项目由地方政府核准。

二、能源

水电站:在跨界河流、跨省(区、市)河流上建设的单站总装机容量50万千瓦及以上项目由国务院投资主管部门核准,其中单站总装机容量300万千瓦及以上或者涉及移民1万人及以上的项目由国务院核准。其余项目由地方政府核准。

抽水蓄能电站:由省级政府按照国家制定的相关规划核准。

火电站(含自备电站):由省级政府核准,其中燃煤燃气火电项目应在国家依据总量控制制定的建设规划内核准。

热电站(含自备电站):由地方政府核准,其中抽凝式燃煤热电项目由省级政府在国家依据总量控制制定的建设规划内核准。

风电站:由地方政府在国家依据总量控制制定的建设规划及年度开发指导规模内核准。

核电站:由国务院核准。

电网工程:涉及跨境、跨省(区、市)输电的±500千伏及以上直流项目,涉及跨境、跨省(区、市)输电的500千伏、750千伏、1000千伏交流项目,由国务院投资主管部门核准,其中±800千伏及以上直流项目和1000千伏交流项目报国务院备案;不涉及跨境、跨省(区、市)输电的±500千伏及以上直流项目和500千伏、750千伏、1000千伏交流项目由省级政府按照国家制定的相关规划核准,其余项目由地方政府按照国家制定的相关规划核准。

煤矿:国家规划矿区内新增年生产能力120万吨及以上煤炭开发项目由国务院行业管理部门核准,其中新增年生产能力500万吨及以上的项目由国务院投资主管部门核准并报国务院备案;国家规划矿区内的其余煤炭开发项目和一般煤炭开发项目由省级政府核准。国家规定禁止建设或列入淘汰退出范围的项目,不得核准。

煤制燃料:年产超过20亿立方米的煤制天然气项目、年产超过100万吨的煤制油项目,由国务院投资主管部门核准。

液化石油气接收、存储设施(不含油气田、炼油厂的配套项目):由地方政府核准。

进口液化天然气接收、储运设施:新建(含异地扩建)项目由国务院行业管理部门核准,其中新建接收储运能力300万吨及以上的项目由国务院投资主管部门核准并报国务院备案。其余项目由省级政府核准。

输油管网(不含油田集输管网):跨境、跨省(区、市)干线管网项目由国务院投资主管部门核准,其中跨境项目报国务院备案。其余项目由地方政府核准。

输气管网(不含油气田集输管网):跨境、跨省(区、市)干线管网项目由国务院投资主管部门核准,其中跨境项目报国务院备案。其余项目由地方政府核准。

炼油:新建炼油及扩建一次炼油项目由省级政府按照国家批准的相关规划核准。未列入国家批准的相关规划的新建炼油及扩建一次炼油项目,禁止建设。

变性燃料乙醇:由省级政府核准。

三、交通运输

新建(含增建)铁路:列入国家批准的相关规划中的项目,中国铁路总公司为主出资的由其自行决定并报国务院投资主管部门备案,其他企业投资的由省级政府核准;地方城际铁路项目由省级政府按照国家批准的相关规划核准,并报国务院投资主管部门备案;其余项目由省级政府核准。

公路:国家高速公路网和普通国道网项目由省级政府按照国家批准的相关规划核准,地方高速公路项目由省级政府核准,其余项目由地方政府核准。

独立公(铁)路桥梁、隧道:跨境项目由国务院投资主管部门核准并报国务院备案。国家批准的相关规划中的项目,中国铁路总公司为主出资的由其自行决定并报国务院投资主管部门备案,其他企业投资的由省级政府核准;其余独立铁路桥梁、隧道及跨10万吨级及以上航道海域、跨大江大河(现状或规划为一级及以上通航段)的独立公路桥梁、隧道项目,由省级政府核准,其中跨长江干线航道的项目应符合国家批准的相关规划。其余项目由地方政府核准。

煤炭、矿石、油气专用泊位:由省级政府按国家批准的相关规划核准。

集装箱专用码头:由省级政府按国家批准的相关规划核准。

内河航运:跨省(区、市)高等级航道的千吨级及以上航电枢纽项目由省级政府按国家批准的相关规划核准,其余项目由地方政府核准。

民航:新建运输机场项目由国务院、中央军委核准,新建通用机场项目、扩建军民合用机场(增建跑道除外)项目由省级政府核准。

四、信息产业

电信:国际通信基础设施项目由国务院投资主管部门核准;国内干线传输网(含广播电视网)以及其他涉及信息安全的电信基础设施项目,由国务院行业管理部门核准。

五、原材料

稀土、铁矿、有色矿山开发:由省级政府核准。

石化:新建乙烯、对二甲苯(PX)、二苯基甲烷二异氰酸酯(MDI)项目由省级政府按照国家批准的石化产业规划布局方案核准。未列入国家批准的相关规划的新建乙烯、对二甲苯(PX)、二苯基甲烷二异氰酸酯(MDI)项目,禁止建设。

煤化工:新建煤制烯烃、新建煤制对二甲苯(PX)项目,由省级政府按照国家批准的相关规划核准。新建年产超过100万吨的煤制甲醇项目,由省级政府核准。其余项目禁止建设。

稀土:稀土冶炼分离项目、稀土深加工项目由省级政府核准。

黄金:采选矿项目由省级政府核准。

六、机械制造

汽车:按照国务院批准的《汽车产业发展政策》执行。其中,新建中外合资轿车生产企业项目,由国务院核准;新建纯电动乘用车生产企业(含现有汽车企业跨类生产纯电动乘用车)项目,由国务院投资主管部门核准;其余项目由省级政府核准。

七、轻工

烟草:卷烟、烟用二醋酸纤维素及丝束项目由国务院行业管理部门核准。

八、高新技术

民用航空航天:干线支线飞机、6吨/9座及以上通用飞机和3吨及以上直升机制造、民用卫星制造、民用遥感卫星地面站建设项目,由国务院投资主管部门核准;6吨/9座以下通用飞机和3吨以下直升机制造项目由省级政府核准。

九、城建

城市快速轨道交通项目:由省级政府按照国家批准的相关规划核准。

城市道路桥梁、隧道:跨10万吨级及以上航道海域、跨大江大河(现状或规划为一级及以上通航段)的项目由省级政府核准。

其他城建项目：由地方政府自行确定实行核准或者备案。

十、社会事业

主题公园：特大型项目由国务院核准，其余项目由省级政府核准。

旅游：国家级风景名胜区、国家自然保护区、全国重点文物保护单位区域内总投资5000万元及以上旅游开发和资源保护项目，世界自然和文化遗产保护区内总投资3000万元及以上项目，由省级政府核准。

其他社会事业项目：按照隶属关系由国务院行业管理部门、地方政府自行确定实行核准或者备案。

十一、外商投资

《外商投资产业指导目录》中总投资（含增资）3亿美元及以上限制类项目，由国务院投资主管部门核准，其中总投资（含增资）20亿美元及以上项目报国务院备案。《外商投资产业指导目录》中总投资（含增资）3亿美元以下限制类项目，由省级政府核准。

前款规定之外的属于本目录第一至十条所列项目，按照本目录第一至十条的规定执行。

十二、境外投资

涉及敏感国家和地区、敏感行业的项目，由国务院投资主管部门核准。

前款规定之外的中央管理企业投资项目和地方企业投资3亿美元及以上项目报国务院投资主管部门备案。

中央预算内直接投资项目管理办法

·2014年1月29日国家发展改革委令第7号公布

·根据2023年3月23日国家发展改革委令第1号修订

第一章　总　则

第一条　为切实加强和进一步规范中央预算内直接投资项目管理，健全科学、民主的投资决策机制，提高投资效益，着力推动投资高质量发展，依据《中共中央、国务院关于深化投融资体制改革的意见》《国务院关于投资体制改革的决定》《政府投资条例》等，制定本办法。

第二条　本办法所称中央预算内直接投资项目（以下简称直接投资项目或者项目），是指国家发展改革委安排中央预算内投资建设的中央本级（包括中央部门及其派出机构、垂直管理单位、所属事业单位）非经营性固定资产投资项目。

党政机关办公楼建设项目按照党中央、国务院规定严格管理。

第三条　中央预算内直接投资应当遵循科学决策、规范管理、注重绩效、公开透明的原则，统筹兼顾国民经济社会发展各相关政策目标，争取获得经济和社会发展综合效益。

中央预算内直接投资应贯彻落实国家重大战略、重大规划和重大方针政策，并与经济社会发展水平和财政收支状况相适应。

第四条　直接投资项目实行审批制，包括审批项目建议书、可行性研究报告、初步设计。情况特殊、影响重大的项目，需要审批开工报告。

国务院、国家发展改革委批准的专项规划中已经明确、前期工作深度达到项目建议书要求、建设内容简单、投资规模较小的项目，可以直接编报可行性研究报告，或者合并编报项目建议书。

第五条　申请安排中央预算内投资3000万元及以上的项目，以及需要跨地区、跨部门、跨领域统筹的项目，由国家发展改革委审批或者由国家发展改革委委托中央有关部门审批，其中特别重大项目由国家发展改革委核报国务院批准；其余项目按照隶属关系，由中央有关部门审批后抄送国家发展改革委。

按照规定权限和程序批准的项目，国家发展改革委在编制年度计划时统筹安排中央预算内投资。

第六条　审批直接投资项目时，一般应当委托具备相应能力的工程咨询机构对项目建议书、可行性研究报告进行评估。特别重大的项目实行专家评议制度。

第七条　直接投资项目在可行性研究报告、初步设计及投资概算的编制、审批以及建设过程中，应当符合国家有关建设标准和规范。

第八条　发展改革委与财政、自然资源、生态环境、金融监管、行业管理等部门建立联动机制，实现信息共享。

凡不涉及国家安全和国家秘密、法律法规未禁止公开的直接投资项目，审批部门应当按照政府信息公开的有关规定，将项目审批情况向社会公开。

第二章　项目决策

第九条　适宜编制规划的领域，国家发展改革委和中央有关部门应当编制专项规划。按照规定权限和程序批准的专项规划，是项目决策的重要依据。

第十条　国家发展改革委会同有关部门建立项目储备库，作为项目决策和年度计划安排的重要依据。

第十一条　项目建议书要对项目建设的必要性、主要建设内容、拟建地点、拟建规模、投资匡算、资金筹措以及社会效益和经济效益等进行初步分析，并附相关文件资料。项目建议书的编制格式、内容和深度应当达到规定要求。

由国家发展改革委负责审批的项目，其项目建议书应当由具备相应资信的甲级工程咨询机构编制。

第十二条　项目建议书编制完成后，由项目单位按照规定程序报送项目审批部门审批。项目审批部门对符合有关规定、确有必要建设的项目，批准项目建议书，并将批复文件抄送自然资源、生态环境等部门。

项目审批部门可以在项目建议书批复文件中规定批复文件的有效期。

第十三条　项目单位依据项目建议书批复文件，组织开展可行性研究，并按照规定向自然资源、生态环境等部门申请办理用地（用海）预审与选址意见书、环境影响评价等审批手续。

第十四条　项目审批部门在批准项目建议书之后，应当按照有关规定进行公示。公示期间征集到的主要意见和建议，作为编制和审批项目可行性研究报告的重要参考。

第十五条　项目建议书批准后，项目单位应当委托工程咨询机构编制可行性研究报告，对项目在技术和经济上的可行性以及社会效益、节能、资源综合利用、生态环境影响、社会稳定风险等进行全面分析论证，落实各项建设和运行保障条件，并按照有关规定取得相关许可、审查意见。可行性研究报告的编制格式、内容和深度应当达到规定要求。

由国家发展改革委负责审批的项目，其可行性研究报告应当由具备相应资信的甲级工程咨询机构编制。

第十六条　项目可行性研究报告应当包含以下招标内容：

（一）项目的勘察、设计、施工、监理以及重要设备、材料等采购活动的具体招标范围（全部或者部分招标）；

（二）项目的勘察、设计、施工、监理以及重要设备、材料等采购活动拟采用的招标组织形式（委托招标或者自行招标）。按照有关规定拟自行招标的，应当按照国家有关规定提交书面材料；

（三）项目的勘察、设计、施工、监理以及重要设备、材料等采购活动拟采用的招标方式（公开招标或者邀请招标）。按照有关规定拟邀请招标的，应当按照国家有关规定提交书面材料。

第十七条　可行性研究报告编制完成后，由项目单位按照规定程序报送项目审批部门审批，并应当按规定附送用地（用海）预审与选址意见书、节能审查意见以及其它应当提交的文件。

第十八条　项目审批部门对符合有关规定、具备建设条件的项目，批准可行性研究报告，并将批复文件抄送自然资源、生态环境等部门。

项目审批部门可以在可行性研究报告批复文件中规定批复文件的有效期。

对于情况特殊、影响重大的项目，需要审批开工报告的，应当在可行性研究报告批复文件中予以明确。

第十九条　经批准的可行性研究报告是确定建设项目的依据。项目单位可以依据可行性研究报告批复文件，按照规定向自然资源等部门申请办理规划许可、正式用地等手续，并委托具有相应资质的设计单位进行初步设计。

第二十条　初步设计应当符合国家有关规定和可行性研究报告批复文件的有关要求，明确各单项工程或者单位工程的建设内容、建设规模、建设标准、用地规模、主要材料、设备规格和技术参数等设计方案，并据此编制投资概算。投资概算应当包括国家规定的项目建设所需的全部费用。

由国家发展改革委负责审批的项目，其初步设计应当由具备相应资质的甲级设计单位编制。

第二十一条　投资概算超过可行性研究报告批准的投资估算百分之十的，或者项目单位、建设性质、建设地点、建设规模、技术方案等发生重大变更的，项目单位应当报告项目审批部门。项目审批部门可以要求项目单位重新组织编制和报批可行性研究报告。

第二十二条　初步设计编制完成后，由项目单位按照规定程序报送项目审批部门审批。法律法规对直接投资项目的初步设计审批权限另有规定的，从其规定。

对于由国家发展改革委审批项目建议书、可行性研究报告的项目，其初步设计经中央有关部门审核后，由国家发展改革委审批或者经国家发展改革委核定投资概算后由中央有关部门审批。

经批准的初步设计及投资概算应当作为项目建设实施和控制投资的依据。

第二十三条　直接投资项目应当符合规划、产业政策、环境保护、土地使用、节约能源、资源利用等方面的有关规定。

第三章　建设管理

第二十四条　对于项目单位缺乏相关专业技术人员和建设管理经验的直接投资项目，项目审批部门应当在批复可行性研究报告时要求实行代理建设制度(“代建制”),通过招标等方式选择具备工程项目管理资质的工程咨询机构,作为项目管理单位负责组织项目的建设实施。项目管理单位按照与项目单位签订的合同,承担项目建设实施的相关权利义务,严格执行项目的投资概算、质量标准和建设工期等要求,在项目竣工验收后将项目交付项目单位。

第二十五条 直接投资项目应当依法办理相关手续,在具备国家规定的各项开工条件后,方可开工建设。

对于按照可行性研究报告批复文件的规定需要审批开工报告的项目,应当在开工报告批准后方可开工建设。

第二十六条 直接投资项目的招标采购,按照《招标投标法》等有关法律法规规定办理。从事直接投资项目招标代理业务的招标代理机构,应当具备中央投资项目招标代理资格。

第二十七条 建立项目建设情况报告制度。项目单位应当按照规定向项目审批部门定期报告项目建设进展情况。

第二十八条 项目由于政策调整、价格上涨、地质条件发生重大变化等原因确需调整投资概算的,由项目单位提出调整方案,按照规定程序报原概算核定部门核定。概算调增幅度超过原批复概算百分之十的,概算核定部门应按照规定委托评审机构进行专业评审,并依据结论进行概算调整。

第二十九条 建立健全直接投资项目的工程保险和工程担保制度,加强直接投资项目的风险管理。

第三十条 直接投资项目应当遵守国家档案管理的有关规定,做好项目档案管理工作。项目档案验收不合格的,应当限期整改,经复查合格后,方可进行竣工验收。

第三十一条 直接投资项目竣工后,应当按照规定编制竣工决算。项目竣工决算具体审查和审批办法,按照国家有关规定执行。

第三十二条 直接投资项目建成后,项目单位应当按照国家有关规定报请项目可行性研究报告审批部门组织竣工验收。对于委托中央有关部门或者项目单位进行竣工验收的,中央有关部门或者项目单位应当在竣工验收完成后,将项目竣工验收报告报项目可行性研究报告审批部门。

第三十三条 直接投资项目建成运行后,项目审批部门可以依据有关规定,组织具备相应资质的工程咨询机构,对照项目可行性研究报告批复文件及批准的可行性研究报告的主要内容开展项目后评价,必要时应当参照初步设计文件的相关内容进行对比分析,进一步加强和改进项目管理,不断提高决策水平和投资效益。

第四章 监督检查和法律责任

第三十四条 发展改革、财政、审计、监察和其它有关部门,依据职能分工,对直接投资项目进行监督检查。

发展改革部门要严格落实属地监管责任,采取抽查等方式开展项目监管,并依托投资项目在线审批监管平台(国家重大项目库)加强对中央预算内直接投资项目的在线动态监管。

对未履行、不当履行或违法履行监管职责的,要依法依规严肃处理;涉嫌犯罪的,要移送有关机关依法处理。对严格依据抽查事项清单和相关工作要求开展监管,项目出现问题的,应结合执法检查人员工作态度、工作程序方法、客观条件等进行综合分析,该免责的依法依规免予追究相关责任。

第三十五条 国家发展改革委和有关部门应当依法接受单位、个人对直接投资项目在审批、建设过程中违法违规行为的投诉和举报,并按照有关规定进行查处。

第三十六条 项目审批部门和其它有关部门有下列行为之一的,责令限期改正,并对直接负责的主管人员和其它直接责任人员依法给予处分。

(一)违反本办法规定批准项目建议书、可行性研究报告、初步设计及核定投资概算的;

(二)强令或者授意项目单位违反本办法规定的;

(三)因故意或者重大过失造成重大损失或者严重损害公民、法人和其它组织合法权益的;

(四)其它违反本办法规定的行为。

第三十七条 国家机关及有关单位的工作人员在项目建设过程中滥用职权、玩忽职守、徇私舞弊、索贿受贿的,依法追究行政或者法律责任。

第三十八条 项目单位和项目管理单位有下列行为之一的,国家发展改革委和有关部门将其纳入不良信用记录,责令其限期整改、暂停项目建设或者暂停投资安排;对直接负责的主管人员和其它直接责任人员,依法追究行政或者法律责任。

(一)提供虚假情况骗取项目审批和中央预算内投资的;

(二)违反国家有关规定擅自开工建设的;

(三)未经批准擅自调整建设标准或者投资规模、改变建设地点或者建设内容的;

(四)转移、侵占或者挪用建设资金的;

(五)未及时办理竣工验收手续、未经竣工验收或者验收不合格即交付使用的；

（六）已经批准的项目，无正当理由未及时实施或者完成的；

（七）不按国家规定履行招标程序的；

（八）其它违反本办法规定的行为。

第三十九条　有关工程咨询机构或者设计单位在编制项目建议书、可行性研究报告、初步设计及投资概算以及开展咨询评估或者项目后评价时，弄虚作假或者咨询评估意见严重失实的，国家发展改革委和有关部门将其纳入不良信用记录，根据其情节轻重，依法给予警告、停业整顿、降低资质等级或者撤销资质等处罚；造成损失的，依法承担赔偿责任。相关责任人员涉嫌犯罪的，依法移送司法机关处理。

第四十条　直接投资项目发生重大质量安全事故的，按照国家有关规定，由有关部门依法追究项目单位、项目管理单位和勘察设计、施工、监理、招标代理等单位以及相关人员的法律责任。

第五章　附　则

第四十一条　中央有关部门可以根据本办法的规定及职能分工，制订本部门的具体管理办法。省级发展改革部门可以参照本办法制订本地区的管理办法。

第四十二条　本办法由国家发展改革委负责解释。

第四十三条　本办法自 2014 年 3 月 1 日起施行。

企业投资项目核准和备案管理办法

· 2017 年 3 月 8 日国家发展改革委令第 2 号公布

· 根据 2023 年 3 月 23 日国家发展改革委令第 1 号修订

第一章　总　则

第一条　为落实企业投资自主权，规范政府对企业投资项目的核准和备案行为，实现便利、高效服务和有效管理，依法保护企业合法权益，依据《行政许可法》、《企业投资项目核准和备案管理条例》等有关法律法规，制定本办法。

第二条　本办法所称企业投资项目（以下简称项目），是指企业在中国境内投资建设的固定资产投资项目，包括企业使用自己筹措资金的项目，以及使用自己筹措的资金并申请使用政府投资补助或贷款贴息等的项目。

项目申请使用政府投资补助、贷款贴息的，应在履行核准或备案手续后，提出资金申请报告。

第三条　县级以上人民政府投资主管部门对投资项目履行综合管理职责。

县级以上人民政府其他部门依照法律、法规规定，按照本级政府规定职责分工，对投资项目履行相应管理职责。

第四条　根据项目不同情况，分别实行核准管理或备案管理。

对关系国家安全、涉及全国重大生产力布局、战略性资源开发和重大公共利益等项目，实行核准管理。其他项目实行备案管理。

第五条　实行核准管理的具体项目范围以及核准机关、核准权限，由国务院颁布的《政府核准的投资项目目录》（以下简称《核准目录》）确定。法律、行政法规和国务院对项目核准的范围、权限有专门规定的，从其规定。

《核准目录》由国务院投资主管部门会同有关部门研究提出，报国务院批准后实施，并根据情况适时调整。

未经国务院批准，各部门、各地区不得擅自调整《核准目录》确定的核准范围和权限。

第六条　除国务院另有规定外，实行备案管理的项目按照属地原则备案。

各省级政府负责制定本行政区域内的项目备案管理办法，明确备案机关及其权限。

第七条　依据本办法第五条第一款规定具有项目核准权限的行政机关统称项目核准机关。《核准目录》所称国务院投资主管部门是指国家发展和改革委员会；《核准目录》规定由省级政府、地方政府核准的项目，其具体项目核准机关由省级政府确定。

项目核准机关对项目进行的核准是行政许可事项，实施行政许可所需经费应当由本级财政予以保障。

依据国务院专门规定和省级政府规定具有项目备案权限的行政机关统称项目备案机关。

第八条　项目的市场前景、经济效益、资金来源和产品技术方案等，应当依法由企业自主决策、自担风险，项目核准、备案机关及其他行政机关不得非法干预企业的投资自主权。

第九条　项目核准、备案机关及其工作人员应当依法对项目进行核准或者备案，不得擅自增减审查条件，不得超出办理时限。

第十条　项目核准、备案机关应当遵循便民、高效原则，提高办事效率，提供优质服务。

项目核准、备案机关应当制定并公开服务指南，列明项目核准的申报材料及所需附件、受理方式、审查条件、办理流程、办理时限等；列明项目备案所需信息内容、办理流程等，提高工作透明度，为企业提供指导和服务。

第十一条　县级以上地方人民政府有关部门应当依

照相关法律法规和本级政府有关规定，建立健全对项目核准、备案机关的监督制度，加强对项目核准、备案行为的监督检查。

各级政府及其有关部门应当依照相关法律法规及规定对企业从事固定资产投资活动实施监督管理。

任何单位和个人都有权对项目核准、备案、建设实施过程中的违法违规行为向有关部门检举。有关部门应当及时核实、处理。

第十二条 除涉及国家秘密的项目外，项目核准、备案通过全国投资项目在线审批监管平台（以下简称在线平台）实行网上受理、办理、监管和服务，实现核准、备案过程和结果的可查询、可监督。

第十三条 项目核准、备案机关以及其他有关部门统一使用在线平台生成的项目代码办理相关手续。

项目通过在线平台申报时，生成作为该项目整个建设周期身份标识的唯一项目代码。项目的审批信息、监管（处罚）信息，以及工程实施过程中的重要信息，统一汇集至项目代码，并与社会信用体系对接，作为后续监管的基础条件。

第十四条 项目核准、备案机关及有关部门应当通过在线平台公开与项目有关的发展规划、产业政策和准入标准，公开项目核准、备案等事项的办理条件、办理流程、办理时限等。

项目核准、备案机关应根据《政府信息公开条例》有关规定将核准、备案结果予以公开，不得违法违规公开重大工程的关键信息。

第十五条 企业投资建设固定资产投资项目，应当遵守国家法律法规，符合国民经济和社会发展总体规划、专项规划、区域规划、产业政策、市场准入标准、资源开发、能耗与环境管理等要求，依法履行项目核准或者备案及其他相关手续，并依法办理城乡规划、土地（海域）使用、环境保护、能源资源利用、安全生产等相关手续，如实提供相关材料，报告相关信息。

第十六条 对项目核准、备案机关实施的项目核准、备案行为，相关利害关系人有权依法申请行政复议或者提起行政诉讼。

第二章 项目核准的申请文件

第十七条 企业办理项目核准手续，应当按照国家有关要求编制项目申请报告，取得第二十二条规定依法应当附具的有关文件后，按照本办法第二十三条规定报送。

第十八条 组织编制和报送项目申请报告的项目单位，应当对项目申请报告以及依法应当附具文件的真实性、合法性和完整性负责。

第十九条 项目申请报告应当主要包括以下内容：

（一）项目单位情况；

（二）拟建项目情况，包括项目名称、建设地点、建设规模、建设内容等；

（三）项目资源利用情况分析以及对生态环境的影响分析；

（四）项目对经济和社会的影响分析。

第二十条 项目申请报告通用文本由国务院投资主管部门会同有关部门制定，主要行业的项目申请报告示范文本由相应的项目核准机关参照项目申请报告通用文本制定，明确编制内容、深度要求等。

第二十一条 项目申请报告可以由项目单位自行编写，也可以由项目单位自主委托具有相关经验和能力的工程咨询单位编写。任何单位和个人不得强制项目单位委托中介服务机构编制项目申请报告。

项目单位或者其委托的工程咨询单位应当按照项目申请报告通用文本和行业示范文本的要求编写项目申请报告。

工程咨询单位接受委托编制有关文件，应当做到依法、独立、客观、公正，对其编制的文件负责。

第二十二条 项目单位在报送项目申请报告时，应当根据国家法律法规的规定附具以下文件：

（一）自然资源主管部门出具的用地（用海）预审与选址意见书；

（二）法律、行政法规规定需要办理的其他相关手续。

第三章 项目核准的基本程序

第二十三条 地方企业投资建设应当分别由国务院投资主管部门、国务院行业管理部门核准的项目，可以分别通过项目所在地省级政府投资主管部门、行业管理部门向国务院投资主管部门、国务院行业管理部门转送项目申请报告。属于国务院投资主管部门核准权限的项目，项目所在地省级政府规定由省级政府行业管理部门转送的，可以由省级政府投资主管部门与其联合报送。

国务院有关部门所属单位、计划单列企业集团、中央管理企业投资建设应当由国务院有关部门核准的项目，直接向相应的项目核准机关报送项目申请报告，并附行业管理部门的意见。

企业投资建设应当由国务院核准的项目，按照本条第一、二款规定向国务院投资主管部门报送项目申请报告，由国务院投资主管部门审核后报国务院核准。新建运输机场项目由相关省级政府直接向国务院、中央军委报送项目申请报告。

第二十四条　企业投资建设应当由地方政府核准的项目，应当按照地方政府的有关规定，向相应的项目核准机关报送项目申请报告。

第二十五条　项目申报材料齐全、符合法定形式的，项目核准机关应当予以受理。

申报材料不齐全或者不符合法定形式的，项目核准机关应当在收到项目申报材料之日起5个工作日内一次告知项目单位补充相关文件，或对相关内容进行调整。逾期不告知的，自收到项目申报材料之日起即为受理。

项目核准机关受理或者不予受理申报材料，都应当出具加盖本机关专用印章并注明日期的书面凭证。对于受理的申报材料，书面凭证应注明项目代码，项目单位可以根据项目代码在线查询、监督核准过程和结果。

第二十六条　项目核准机关在正式受理项目申请报告后，需要评估的，应在4个工作日内按照有关规定委托具有相应资质的工程咨询机构进行评估。项目核准机关在委托评估时，应当根据项目具体情况，提出评估重点，明确评估时限。

工程咨询机构与编制项目申请报告的工程咨询机构为同一单位、存在控股、管理关系或者负责人为同一人的，该工程咨询机构不得承担该项目的评估工作。工程咨询机构与项目单位存在控股、管理关系或者负责人为同一人的，该工程咨询机构不得承担该项目单位的项目评估工作。

除项目情况复杂的，评估时限不得超过30个工作日。接受委托的工程咨询机构应当在项目核准机关规定的时间内提出评估报告，并对评估结论承担责任。项目情况复杂的，履行批准程序后，可以延长评估时限，但延长的期限不得超过60个工作日。

项目核准机关应当将项目评估报告与核准文件一并存档备查。

评估费用由委托评估的项目核准机关承担，评估机构及其工作人员不得收取项目单位的任何费用。

第二十七条　项目涉及有关行业管理部门或者项目所在地地方政府职责的，项目核准机关应当商请有关行业管理部门或地方人民政府在7个工作日内出具书面审查意见。有关行业管理部门或地方人民政府逾期没有反馈书面审查意见的，视为同意。

第二十八条　项目建设可能对公众利益构成重大影响的，项目核准机关在作出核准决定前，应当采取适当方式征求公众意见。

相关部门对直接涉及群众切身利益的用地（用海）、环境影响、移民安置、社会稳定风险等事项已经进行实质性审查并出具了相关审批文件的，项目核准机关可不再就相关内容重复征求公众意见。

对于特别重大的项目，可以实行专家评议制度。除项目情况特别复杂外，专家评议时限原则上不得超过30个工作日。

第二十九条　项目核准机关可以根据评估意见、部门意见和公众意见等，要求项目单位对相关内容进行调整，或者对有关情况和文件做进一步澄清、补充。

第三十条　项目违反相关法律法规，或者不符合发展规划、产业政策和市场准入标准要求的，项目核准机关可以不经过委托评估、征求意见等程序，直接作出不予核准的决定。

第三十一条　项目核准机关应当在正式受理申报材料后20个工作日内作出是否予以核准的决定，或向上级项目核准机关提出审核意见。项目情况复杂或者需要征求有关单位意见的，经本行政机关主要负责人批准，可以延长核准时限，但延长的时限不得超过40个工作日，并应当将延长期限的理由告知项目单位。

项目核准机关需要委托评估或进行专家评议的，所需时间不计算在前款规定的期限内。项目核准机关应当将咨询评估或专家评议所需时间书面告知项目单位。

第三十二条　项目符合核准条件的，项目核准机关应当对项目予以核准并向项目单位出具项目核准文件。项目不符合核准条件的，项目核准机关应当出具不予核准的书面通知，并说明不予核准的理由。

属于国务院核准权限的项目，由国务院投资主管部门根据国务院的决定向项目单位出具项目核准文件或者不予核准的书面通知。

项目核准机关出具项目核准文件或者不予核准的书面通知应当抄送同级行业管理、城乡规划、国土资源、水行政管理、环境保护、节能审查等相关部门和下级机关。

第三十三条　项目核准文件和不予核准书面通知的格式文本，由国务院投资主管部门制定。

第三十四条　项目核准机关应制定内部工作规则，不断优化工作流程，提高核准工作效率。

第四章　项目核准的审查及效力

第三十五条　项目核准机关应当从以下方面对项目进行审查：

（一）是否危害经济安全、社会安全、生态安全等国家安全；

（二）是否符合相关发展建设规划、产业政策和技术标准；

（三）是否合理开发并有效利用资源；

（四）是否对重大公共利益产生不利影响。

项目核准机关应当制定审查工作细则，明确审查具体内容、审查标准、审查要点、注意事项及不当行为需要承担的后果等。

第三十六条 除本办法第二十二条要求提供的项目申请报告附送文件之外，项目单位还应在开工前依法办理其他相关手续。

第三十七条 取得项目核准文件的项目，有下列情形之一的，项目单位应当及时以书面形式向原项目核准机关提出变更申请。原项目核准机关应当自受理申请之日起20个工作日内作出是否同意变更的书面决定：

（一）建设地点发生变更的；

（二）投资规模、建设规模、建设内容发生较大变化的；

（三）项目变更可能对经济、社会、环境等产生重大不利影响的；

（四）需要对项目核准文件所规定的内容进行调整的其他重大情形。

第三十八条 项目自核准机关出具项目核准文件或同意项目变更决定2年内未开工建设，需要延期开工建设的，项目单位应当在2年期限届满的30个工作日前，向项目核准机关申请延期开工建设。项目核准机关应当自受理申请之日起20个工作日内，作出是否同意延期开工建设的决定，并出具相应文件。开工建设只能延期一次，期限最长不得超过1年。国家对项目延期开工建设另有规定的，依照其规定。

在2年期限内未开工建设也未按照规定向项目核准机关申请延期的，项目核准文件或同意项目变更决定自动失效。

第五章 项目备案

第三十九条 实行备案管理的项目，项目单位应当在开工建设前通过在线平台将相关信息告知项目备案机关，依法履行投资项目信息告知义务，并遵循诚信和规范原则。

第四十条 项目备案机关应当制定项目备案基本信息格式文本，具体包括以下内容：

（一）项目单位基本情况；

（二）项目名称、建设地点、建设规模、建设内容；

（三）项目总投资额；

（四）项目符合产业政策声明。

项目单位应当对备案项目信息的真实性、合法性和完整性负责。

第四十一条 项目备案机关收到本办法第四十条规定的全部信息即为备案。项目备案信息不完整的，备案机关应当及时以适当方式提醒和指导项目单位补正。

项目备案机关发现项目属产业政策禁止投资建设或者依法应实行核准管理，以及不属于固定资产投资项目、依法应实施审批管理、不属于本备案机关权限等情形的，应当通过在线平台及时告知企业予以纠正或者依法申请办理相关手续。

第四十二条 项目备案相关信息通过在线平台在相关部门之间实现互通共享。

项目单位需要备案证明的，可以通过在线平台自行打印或者要求备案机关出具。

第四十三条 项目备案后，项目法人发生变化，项目建设地点、规模、内容发生重大变更，或者放弃项目建设的，项目单位应当通过在线平台及时告知项目备案机关，并修改相关信息。

第四十四条 实行备案管理的项目，项目单位在开工建设前还应当根据相关法律法规规定办理其他相关手续。

第六章 监督管理

第四十五条 上级项目核准、备案机关应当加强对下级项目核准、备案机关的指导和监督，及时纠正项目管理中存在的违法违规行为。

第四十六条 项目核准和备案机关、行业管理、城乡规划（建设）、国家安全、国土（海洋）资源、环境保护、节能审查、金融监管、安全生产监管、审计等部门，应当按照谁审批谁监管、谁主管谁监管的原则，采取在线监测、现场核查等方式，依法加强对项目的事中事后监管。

项目核准、备案机关应当根据法律法规和发展规划、产业政策、总量控制目标、技术政策、准入标准及相关环保要求等，对项目进行监管。

城乡规划、国土（海洋）资源、环境保护、节能审查、安全监管、建设、行业管理等部门，应当履行法律法规赋予的监管职责，在各自职责范围内对项目进行监管。

金融监管部门应当加强指导和监督，引导金融机构按照商业原则，依法独立审贷。

审计部门应当依法加强对国有企业投资项目、申请使用政府投资资金的项目以及其他公共工程项目的审计监督。

第四十七条 各级地方政府有关部门应按照相关法律法规及职责分工,加强对本行政区域内项目的监督检查,发现违法违规行为的,应当依法予以处理,并通过在线平台登记相关违法违规信息。

第四十八条 对不符合法定条件的项目予以核准,或者超越法定职权予以核准的,应依法予以撤销。

第四十九条 各级项目核准、备案机关的项目核准或备案信息,以及国土(海洋)资源、城乡规划、水行政管理、环境保护、节能审查、安全监管、建设、工商等部门的相关手续办理信息、审批结果信息、监管(处罚)信息,应当通过在线平台实现互通共享。

第五十条 项目单位应当通过在线平台如实报送项目开工建设、建设进度、竣工的基本信息。

项目开工前,项目单位应当登录在线平台报备项目开工基本信息。项目开工后,项目单位应当按年度在线报备项目建设动态进度基本信息。项目竣工验收后,项目单位应当在线报备项目竣工基本信息。

第五十一条 项目单位有下列行为之一的,相关信息列入项目异常信用记录,并纳入全国信用信息共享平台:

(一)应申请办理项目核准但未依法取得核准文件的;

(二)提供虚假项目核准或备案信息,或者未依法将项目信息告知备案机关,或者已备案项目信息变更未告知备案机关的;

(三)违反法律法规擅自开工建设的;

(四)不按照批准内容组织实施的;

(五)项目单位未按本办法第五十条规定报送项目开工建设、建设进度、竣工等基本信息,或者报送虚假信息的;

(六)其他违法违规行为。

第七章 法律责任

第五十二条 项目核准、备案机关有下列情形之一的,由其上级行政机关责令改正,对负有责任的领导人员和直接责任人员由有关单位和部门依纪依法给予处分:

(一)超越法定职权予以核准或备案的;

(二)对不符合法定条件的项目予以核准的;

(三)对符合法定条件的项目不予核准的;

(四)擅自增减核准审查条件的,或者以备案名义变相审批、核准的;

(五)不在法定期限内作出核准决定的;

(六)不依法履行监管职责或者监督不力,造成严重后果的。

第五十三条 项目核准、备案机关及其工作人员,以及其他相关部门及其工作人员,在项目核准、备案以及相关审批手续办理过程中玩忽职守、滥用职权、徇私舞弊、索贿受贿的,对负有责任的领导人员和直接责任人员依法给予处分;构成犯罪的,依法追究刑事责任。

第五十四条 项目核准、备案机关,以及国土(海洋)资源、城乡规划、水行政管理、环境保护、节能审查、安全监管、建设等部门违反相关法律法规规定,未依法履行监管职责的,对直接负责的主管人员和其他直接责任人员,依法给予处分;构成犯罪的,依法追究刑事责任。

项目所在地的地方政府有关部门不履行企业投资监管职责的,对直接负责的主管人员和其他直接责任人员,依法给予处分。

第五十五条 企业以分拆项目、隐瞒有关情况或者提供虚假申报材料等不正当手段申请核准、备案的,项目核准机关不予受理或者不予核准、备案,并给予警告。

第五十六条 实行核准管理的项目,企业未依法办理核准手续开工建设或者未按照核准的建设地点、建设规模、建设内容等进行建设的,由核准机关责令停止建设或者责令停产,对企业处项目总投资额1‰以上5‰以下的罚款;对直接负责的主管人员和其他直接责任人员处2万元以上5万元以下的罚款,属于国家工作人员的,依法给予处分。项目应视情况予以拆除或者补办相关手续。

以欺骗、贿赂等不正当手段取得项目核准文件,尚未开工建设的,由核准机关撤销核准文件,处项目总投资额1‰以上5‰以下的罚款;已经开工建设的,依照前款规定予以处罚;构成犯罪的,依法追究刑事责任。

第五十七条 实行备案管理的项目,企业未依法将项目信息或者已备案项目信息变更情况告知备案机关,或者向备案机关提供虚假信息的,由备案机关责令限期改正;逾期不改正的,处2万元以上5万元以下的罚款。

第五十八条 企业投资建设产业政策禁止投资建设项目的,由县级以上人民政府投资主管部门责令停止建设或者责令停产并恢复原状,对企业处项目总投资额5‰以上10‰以下的罚款;对直接负责的主管人员和其他直接责任人员处5万元以上10万元以下的罚款,属于国家工作人员的,依法给予处分。法律、行政法规另有规定的，依照其规定。

第五十九条 项目单位在项目建设过程中不遵守国土(海洋)资源、城乡规划、环境保护、节能、安全监管、建设等方面法律法规和有关审批文件要求的，相关部门应依法予以处理。

第六十条 承担项目申请报告编写、评估任务的工程咨询评估机构及其人员、参与专家评议的专家，在编制项目申请报告、受项目核准机关委托开展评估或者参与专家评议过程中，违反从业规定，造成重大损失和恶劣影响的，依法降低或撤销工程咨询单位资格，取消主要责任人员的相关职业资格。

第八章 附 则

第六十一条 本办法所称省级政府包括各省、自治区、直辖市及计划单列市人民政府和新疆生产建设兵团。

第六十二条 外商投资项目和境外投资项目的核准和备案管理办法另行制定。

第六十三条 省级政府和国务院行业管理部门，可以按照《企业投资项目核准和备案管理条例》和本办法的规定，制订具体实施办法。

第六十四条 事业单位、社会团体等非企业组织在中国境内利用自有资金、不申请政府投资建设的固定资产投资项目，按照企业投资项目进行管理。

个人投资建设项目参照本办法的相关规定执行。

第六十五条 本办法由国家发展和改革委员会负责解释。

第六十六条 本办法自2017年4月8日起施行。《政府核准投资项目管理办法》(国家发展改革委令第11号)同时废止。

外商投资项目核准和备案管理办法

· 2014年5月17日国家发展改革委令第12号公布

· 根据2014年12月27日《国家发展改革委关于修改〈境外投资项目核准和备案管理办法〉和〈外商投资项目核准和备案管理办法〉有关条款的决定》修正

第一章 总 则

第一条 为进一步深化外商投资管理体制改革，根据《中华人民共和国行政许可法》、《指导外商投资方向规定》、《国务院关于投资体制改革的决定》及《政府核准的投资项目目录(2013年本)》(以下简称《核准目录》)，特制定本办法。

第二条 本办法适用于中外合资、中外合作、外商独资、外商投资合伙、外商并购境内企业、外商投资企业增资及再投资项目等各类外商投资项目。

第二章 项目管理方式

第三条 外商投资项目管理分为核准和备案两种方式。

第四条 外商投资项目核准权限、范围按照国务院发布的《核准目录》执行。

本办法所称项目核准机关，是指《核准目录》中规定的具有项目核准权限的行政机关。

第五条 本办法第四条范围以外的外商投资项目由地方政府投资主管部门备案。

第六条 外商投资企业增资项目总投资以新增投资额计算，并购项目总投资以交易额计算。

第七条 外商投资涉及国家安全的，应当按照国家有关规定进行安全审查。

第三章 项目核准

第八条 拟申请核准的外商投资项目应按国家有关要求编制项目申请报告。项目申请报告应包括以下内容：

(一)项目及投资方情况；

(二)资源利用和生态环境影响分析；

(三)经济和社会影响分析。

外国投资者并购境内企业项目申请报告应包括并购方情况、并购安排、融资方案和被并购方情况、被并购后经营方式、范围和股权结构、所得收入的使用安排等。

第九条 国家发展和改革委员会根据实际需要，编制并颁布项目申请报告通用文本、主要行业的项目申请报告示范文本、项目核准文件格式文本。

对于应当由国家发展和改革委员会核准或者审核后报国务院核准的项目，国家发展和改革委员会制定并颁布《服务指南》，列明项目核准的申报材料和所需附件、受理方式、办理流程、办理时限等内容，为项目申报单位提供指导和服务。

第十条 项目申请报告应附以下文件：

(一)中外投资各方的企业注册证明材料及经审计的最新企业财务报表(包括资产负债表、利润表和现金流量表)、开户银行出具的资金信用证明；

(二)投资意向书，增资、并购项目的公司董事会决议；

(三)城乡规划行政主管部门出具的选址意见书(仅指以划拨方式提供国有土地使用权的项目)；

(四)国土资源行政主管部门出具的用地预审意见

（不涉及新增用地，在已批准的建设用地范围内进行改扩建的项目，可以不进行用地预审）；

（五）环境保护行政主管部门出具的环境影响评价审批文件；

（六）节能审查机关出具的节能审查意见；

（七）以国有资产出资的，需由有关主管部门出具的确认文件；

（八）根据有关法律法规的规定应当提交的其他文件。

第十一条 按核准权限属于国家发展和改革委员会核准的项目，由项目所在地省级发展改革部门提出初审意见后，向国家发展和改革委员会报送项目申请报告；计划单列企业集团和中央管理企业可直接向国家发展和改革委员会报送项目申请报告，并附项目所在地省级发展改革部门的意见。

第十二条 项目申报材料不齐全或者不符合有关要求的，项目核准机关应当在收到申报材料后 5 个工作日内一次告知项目申报单位补正。

第十三条 对于涉及有关行业主管部门职能的项目，项目核准机关应当商请有关行业主管部门在 7 个工作日内出具书面审查意见。有关行业主管部门逾期没有反馈书面审查意见的，视为同意。

第十四条 项目核准机关在受理项目申请报告之日起 4 个工作日内，对需要进行评估论证的重点问题委托有资质的咨询机构进行评估论证，接受委托的咨询机构应在规定的时间内提出评估报告。

对于可能会对公共利益造成重大影响的项目，项目核准机关在进行核准时应采取适当方式征求公众意见。对于特别重大的项目，可以实行专家评议制度。

第十五条 项目核准机关自受理项目核准申请之日起 20 个工作日内，完成对项目申请报告的核准。如 20 个工作日内不能做出核准决定的，由本部门负责人批准延长 10 个工作日，并将延长期限的理由告知项目申报单位。

前款规定的核准期限，委托咨询评估和进行专家评议所需的时间不计算在内。

第十六条 对外商投资项目的核准条件是：

（一）符合国家有关法律法规和《外商投资产业指导目录》、《中西部地区外商投资优势产业目录》的规定；

（二）符合发展规划、产业政策及准入标准；

（三）合理开发并有效利用了资源；

（四）不影响国家安全和生态安全；

（五）对公众利益不产生重大不利影响；

（六）符合国家资本项目管理、外债管理的有关规定。

第十七条 对予以核准的项目，项目核准机关出具书面核准文件，并抄送同级行业管理、城乡规划、国土资源、环境保护、节能审查等相关部门；对不予核准的项目，应以书面说明理由，并告知项目申报单位享有依法申请行政复议或者提起行政诉讼的权利。

第四章 项目备案

第十八条 拟申请备案的外商投资项目需由项目申报单位提交项目和投资方基本情况等信息，并附中外投资各方的企业注册证明材料、投资意向书及增资、并购项目的公司董事会决议等其他相关材料；

第十九条 外商投资项目备案需符合国家有关法律法规、发展规划、产业政策及准入标准，符合《外商投资产业指导目录》、《中西部地区外商投资优势产业目录》。

第二十条 对不予备案的外商投资项目，地方投资主管部门应在 7 个工作日内出具书面意见并说明理由。

第五章 项目变更

第二十一条 经核准或备案的项目如出现下列情形之一的，需向原批准机关申请变更：

（一）项目地点发生变化；

（二）投资方或股权发生变化；

（三）项目主要建设内容发生变化；

（四）有关法律法规和产业政策规定需要变更的其他情况。

第二十二条 变更核准和备案的程序比照本办法前述有关规定执行。

第二十三条 经核准的项目若变更后属于备案管理范围的，应按备案程序办理；予以备案的项目若变更后属于核准管理范围的，应按核准程序办理。

第六章 监督管理

第二十四条 核准或备案文件应规定文件的有效期。在有效期内未开工建设的，项目申报单位应当在有效期届满前 30 个工作日向原核准和备案机关提出延期申请。在有效期内未开工建设且未提出延期申请的，原核准文件期满后自动失效。

第二十五条 对于未按规定权限和程序核准或者备案的项目，有关部门不得办理相关手续，金融机构不得提供信贷支持。

第二十六条 各级项目核准和备案机关要切实履行核准和备案职责，改进监督、管理和服务，提高行政效率，并按照相关规定做好项目核准及备案的信息公开工作。

第二十七条 各级发展改革部门应当会同同级行业管理、城乡规划、国土资源、环境保护、金融监管、安全生产监管等部门,对项目申报单位执行项目情况和外商投资项目核准或备案情况进行稽察和监督检查,加快完善信息系统,建立发展规划、产业政策、准入标准、诚信记录等信息的横向互通制度,及时通报违法违规行为的查处情况,实现行政审批和市场监管的信息共享。

第二十八条 国家发展和改革委员会要联合地方发展改革部门建立完善外商投资项目管理电子信息系统,实现外商投资项目可查询、可监督,提升事中事后监管水平。

第二十九条 省级发展改革部门每月 10 日前汇总整理上月本省项目核准及备案相关情况,包括项目名称、核准及备案文号、项目所在地、中外投资方、建设内容、资金来源(包括总投资、资本金等)等,报送国家发展和改革委员会。

第七章 法律责任

第三十条 项目核准和备案机关及其工作人员违反本办法有关规定的,由其上级行政机关或者监察机关责令改正;情节严重的,对直接负责的主管人员和其他直接责任人员依法给予行政处分。

第三十一条 项目核准和备案机关工作人员,在项目核准和备案过程中滥用职权谋取私利,构成犯罪的,依法追究刑事责任;尚不构成犯罪的,依法给予行政处分。

第三十二条 咨询评估机构及其人员、参与专家评议的专家,在编制项目申请报告、受项目核准机关委托开展评估或者参与专家评议过程中,不遵守国家法律法规和本办法规定的,依法追究相应责任。

第三十三条 项目申报单位以拆分项目或提供虚假材料等不正当手段申请核准或备案的,项目核准和备案机关不予受理或者不予核准及备案。已经取得项目核准或备案文件的,项目核准和备案机关应依法撤销该项目的核准或备案文件。已经开工建设的,依法责令其停止建设。相应的项目核准和备案机关及有关部门应当将其纳入不良信用记录,并依法追究有关责任人的法律责任。

第八章 附 则

第三十四条 具有项目核准职能的国务院行业管理部门和省级政府有关部门可以按照国家有关法律法规和本办法的规定,制定外商投资项目核准具体实施办法和相应的《服务指南》。

第三十五条 香港特别行政区、澳门特别行政区和台湾地区的投资者在祖国大陆举办的投资项目,参照本办法执行。

外国投资者以人民币在境内投资的项目,按照本办法执行。

第三十六条 法律、行政法规和国家对外商投资项目管理有专门规定的,按照有关规定执行。

第三十七条 本办法由国家发展和改革委员会负责解释。

第三十八条 本办法自 2014 年 6 月 17 日起施行。国家发展和改革委员会 2004 年 10 月 9 日发布的《外商投资项目核准暂行管理办法》(国家发展和改革委员会令第 22 号)同时废止。

国家发展改革委关于改进和完善报请国务院审批或核准投资项目的管理办法

· 2005 年 7 月 14 日
· 发改投资〔2005〕76 号

一、对于《国家发展改革委核报国务院核准或审批的固定资产投资项目目录(试行)》(发改投资[2004]1927 号文附件,以下简称《目录》)内符合按照国家有关规定批准的行业和专项发展建设规划以及产业政策要求,有关方面意见一致的项目,由国家发展改革委会同有关部门审批或核准,报国务院备案。报国务院备案时应附上国土资源部、环保总局、行业主管部门、其他有关部门、省级人民政府或其投资主管部门、银行等相关单位的意见和咨询机构的评估论证意见,以及国家发展改革委关于该项目符合发展建设规划和产业政策等情况的说明。

二、对于《目录》内属于下列情况之一的项目,由国家发展改革委会同有关部门提出审批或核准的初步意见,报请国务院审批或核准:

(一)发展建设规划以外的项目;

(二)产业政策限制发展的项目;

(三)符合第一条规定的条件,但性质特殊、影响重大的项目;

(四)有关方面意见不尽一致,但从经济和社会发展全局考虑仍有必要建设的项目;

(五)国务院明确要求报送国务院审批或核准的项目。

三、关于城市快速轨道交通规划及项目的审批或核准,分两类情况进行处理:一是对北京、上海、广州、深圳等财力较强、有城市快速轨道交通项目建设和运营管理经验的城市，其城市快速轨道交通规划及项目由国家发展改革委审批或核准，报国务院备案；二是对其他城市，其城市快速轨道交通规划由国家发展改革委核报国务院审批，具体项目由国家发展改革委审批或核准，报国务院备案。

四、对于《国务院关于投资体制改革的决定》发布之前已经国务院常务会议审议通过项目建议书的项目，原则上按上述规定办理，即对于《目录》内可行性研究报告或项目申请报告符合发展建设规划和产业政策的要求、有关方面意见一致的项目，以及《目录》外的项目，由国家发展改革委审批或核准后报国务院备案；对于《目录》内不符合上述条件或在可行性研究阶段对原方案的投资规模、土地使用、环境影响、资金来源等有较大调整的项目，由国家发展改革委核报国务院审批或核准。

五、要逐步建立和完善政府投资责任追究制度，建立健全协同配合的企业投资监管体系。与项目审批、核准、实施有关的单位要各司其职、各负其责：

（一）发展改革部门：对项目的审批（核准）以及向国务院提出审批（核准）的审查意见承担责任，着重对项目是否符合国家宏观调控政策、发展建设规划和产业政策，是否维护了经济安全和公众利益，资源开发利用和重大布局是否合理，是否有效防止出现垄断等负责。

（二）环境保护主管部门：对项目是否符合环境影响评价的法律法规要求，是否符合环境功能区划，拟采取的环保措施能否有效治理环境污染和防止生态破坏等负责。

（三）国土资源主管部门：对项目是否符合土地利用总体规划和国家供地政策，项目拟用地规模是否符合有关规定和控制要求，补充耕地方案是否可行等负责，对土地、矿产资源开发利用是否合理负责。

（四）城市规划主管部门：对项目是否符合城市规划要求、选址是否合理等负责。

（五）有关行业主管部门：对项目是否符合国家法律法规、行业发展建设规划以及行业管理的有关规定负责。

（六）其他有关主管部门：对项目是否符合国家法律法规和国务院的有关规定负责。

（七）金融机构：按照国家有关规定对申请贷款的项目独立审贷，对贷款风险负责。

（八）咨询机构：对咨询评估结论负责。

（九）项目（法人）单位：对项目的申报程序是否符合有关规定、申报材料是否真实、是否按照经审批或核准的建设内容进行建设负责，并承担投资项目的资金来源、技术方案、市场前景、经济效益等方面的风险。

工程建设项目申报材料增加招标内容和核准招标事项暂行规定

· 2001 年 6 月 18 日国家发展计划委员会令第 9 号公布
· 根据 2013 年 3 月 11 日国家发展和改革委员会、工业和信息化部、财政部、住房和城乡建设部、交通运输部、铁道部、水利部、国家广播电影电视总局、中国民用航空局《关于废止和修改部分招标投标规章和规范性文件的决定》修订

第一条 为了规范工程建设项目的招标活动，依据《中华人民共和国招标投标法》、《中华人民共和国招标投标法实施条例》，制定本规定。

第二条 本规定适用于《工程建设项目招标范围和规模标准规定》（国家发展计划委员会令第 3 号）中规定的依法必须进行招标且按照国家有关规定需要履行项目审批、核准手续的各类工程建设项目。

第三条 本规定第二条包括的工程建设项目，必须在报送的项目可行性研究报告或者资金申请报告、项目申请报告中增加有关招标的内容。

第四条 增加的招标内容包括：

（一）建设项目的勘察、设计、施工、监理以及重要设备、材料等采购活动的具体招标范围（全部或者部分招标）；

（二）建设项目的勘察、设计、施工、监理以及重要设备、材料等采购活动拟采用的招标组织形式（委托招标或者自行招标）；拟自行招标的，还应按照《工程建设项目自行招标试行办法》（国家发展计划委员会令第 5 号）规定报送书面材料；

（三）建设项目的勘察、设计、施工、监理以及重要设备、材料等采购活动拟采用的招标方式（公开招标或者邀请招标）；国家发展改革委确定的国家重点项目和省、自治区、直辖市人民政府确定的地方重点项目，拟采用邀请招标的，应对采用邀请招标的理由作出说明；

（四）其他有关内容。

报送招标内容时应附招标基本情况表（表式见附表一）。

第五条 属于下列情况之一的，建设项目可以不进行招标。但在报送可行性研究报告或者资金申请报告、项目申请报告中须提出不招标申请，并说明不招标原因：

（一）涉及国家安全、国家秘密、抢险救灾或者属于

利用扶贫资金实行以工代赈、需要使用农民工等特殊情况,不适宜进行招标;

(二)建设项目的勘察、设计,采用不可替代的专利或者专有技术,或者其建筑艺术造型有特殊要求;

(三)承包商、供应商或者服务提供者少于三家,不能形成有效竞争;

(四)采购人依法能够自行建设、生产或者提供;

(五)已通过招标方式选定的特许经营项目投资人依法能够自行建设、生产或者提供;

(六)需要向原中标人采购工程、货物或者服务,否则将影响施工或者配套要求;

(七)国家规定的其他特殊情形。

第六条 经项目审批、核准部门审批、核准,工程建设项目因特殊情况可以在报送可行性研究报告或者资金申请报告、项目申请报告前先行开展招标活动,但应在报送的可行性研究报告或者资金申请报告、项目申请报告中予以说明。项目审批、核准部门认定先行开展的招标活动中有违背法律、法规的情形的,应要求其纠正。

第七条 在项目可行性研究报告或者资金申请报告、项目申请报告中增加的招标内容,作为附件与可行性研究报告或者资金申请报告、项目申请报告一同报送。

第八条 项目审批、核准部门应依据法律、法规规定的权限,对项目建设单位拟定的招标范围、招标组织形式、招标方式等内容提出是否予以审批、核准的意见。项目审批、核准部门对招标事项审批、核准意见格式见附表二。

第九条 审批、核准招标事项,按以下分工办理:

(一)应报送国家发展改革委审批和国家发展改革委核报国务院审批的建设项目,由国家发展改革委审批;

(二)应报送国务院行业主管部门审批的建设项目,由国务院行业主管部门审批;

(三)应报送地方人民政府发展改革部门审批和地方人民政府发展改革部门核报地方人民政府审批的建设项目,由地方人民政府发展改革部门审批;

(四)按照规定应报送国家发展改革委核准的建设项目,由国家发展改革委核准;

(五)按照规定应报送地方人民政府发展改革部门核准的建设项目,由地方人民政府发展改革部门核准。

第十条 使用国际金融组织或者外国政府资金的建设项目,资金提供方对建设项目报送招标内容有规定的,从其规定。

第十一条 项目建设单位在招标活动中对审批、核准的招标范围、招标组织形式、招标方式等作出改变的,应向原审批、核准部门重新办理有关审批、核准手续。

第十二条 项目审批、核准部门应将审批、核准建设项目招标内容的意见抄送有关行政监督部门。

第十三条 项目建设单位在报送招标内容中弄虚作假,或者在招标活动中违背项目审批、核准部门审批、核准事项,由项目审批、核准部门和有关行政监督部门依法处罚。

第十四条 本规定由国家发展改革委解释。

第十五条 本规定自发布之日起施行。

附表:(略)

国家发展和改革委员会办公厅关于我委办理工程建设项目审批(核准)时核准招标内容的意见

·2022 年 7 月 26 日

·发改办法规〔2005〕824 号

《招标投标法》颁布实施后,国务院办公厅于 2000 年 5 月 3 日印发了《关于国务院有关部门实施招标投标活动行政监督的职责分工的意见》(国办发[2000]34 号),规定项目审批部门在审批依法必须进行招标的项目可行性研究报告时,核准项目的招标方式以及国家出资项目的招标范围。根据这一总体要求,我委于 2001 年 6 月 18 日发布了《工程建设项目可行性研究报告增加招标内容和核准招标事项暂行规定》(以下简称原国家计委 9 号令),进一步明确了招标内容核准的范围、程序以及部门职能分工。几年来,各司局对此比较重视,执行的效果总体是好的。

随着《行政许可法》和《国务院关于投资体制改革的决定》的颁布实施,招标内容的核准需要作相应的调整。主要体现在:一是原国家计委 9 号令中只原则性地规定依法必须进行招标的项目属于需要核准招标内容的范围,目前需要进一步区分为政府投资项目和企业投资项目,对政府投资项目继续实行审批制,对企业投资项目改为核准制或备案制,这样,对招标内容的核准就需要根据管理方式的改变相应调整;二是需要根据《招标投标法》和《行政许可法》的规定,进一步明确需要核准招标内容的企业投资项目范围;三是原国家计委 9 号令中没有对我委内部司局核准招标内容时的职责分工、方式和程序等问题作出具体规定,目前很有必要予以细化。为了适应新形势的要求,提高投资监管和调控水平,现就加强和改进我委审批(核准)工程建设项目的招标内容核准工作,提出如下意见。

一、职责分工原则

按照职责分工,谁审批(核准)建设项目可行性研究报告、项目申请报告或资金申请报告,谁负责对项目招标内容进行核准。

(一)投资司负责全委招标内容核准工作的组织协调,以及投资司审批、核准项目招标内容的核准。

(二)其他有关司局负责本司局审批、核准项目招标内容的核准及督促落实。

(三)法规司负责有关招标内容核准政策、规章的制定。

(四)有关司局在办理国家鼓励项目进口设备免税和技改项目采购国产设备抵扣税确认书时,应对已核准的项目招标内容的执行情况进行认真审核。

二、核准招标内容的项目范围

(一)我委审批或者我委初审后报国务院审批的中央政府投资项目。

(二)向我委申请500万元人民币以上(含本数,下同)中央政府投资补助、转贷或者贷款贴息的地方政府投资项目或者企业投资项目。

(三)我委核准或者我委初核后报国务院核准的国家重点项目,具体包括:

1. 能源项目:(1)在主要河流上建设的水电项目和总装机容量25万千瓦以上水电项目;(2)抽水蓄能电站;(3)火电站;(4)核电站;(5)330千伏以上电压等级的电网项目;(6)国家规划矿区内的煤炭开发项目;(7)年产100万吨以上的新油田开发项目;(8)年产20亿立方米以上的新气田项目;(9)进口液化天然气接收、储运设施;(10)跨省(区、市)干线输油管网项目;(11)跨省(区、市)或年输气能力5亿立方米以上的输气管网项目。

2. 交通运输项目:(1)跨省(区、市)或100公里以上铁路项目;(2)国道主干线、西部开发公路干线、国家高速公路网、跨省(区、市)的公路项目;(3)跨境、跨海湾、跨大江大河(通航段)的桥梁、隧道项目;(4)煤炭、矿石和油气专用泊位的新建港区及年吞吐能力200万吨以上港口项目;(5)集装箱专用码头项目;(6)新建机场项目;(7)总投资10亿元以上的扩建机场项目;(8)扩建军民合用机场项目;(9)内河航运千吨级以上通航建筑物项目。

3. 邮电通信项目:(1)国内干线传输网、国际电信传输电路、国际关口站、专用电信网的国际通信设施及其他涉及信息安全的电信基础设施项目;(2)国际关口站及其他涉及信息安全的邮政基础设施项目。

4. 水利项目:(1)大中型水库及国际河流和跨省(区、市)河流上的水库项目;(2)需要中央政府协调的国际河流、涉及跨省(区、市)水资源配置调整的项目。

5. 城市设施项目:(1)城市快速轨道交通;(2)跨省(区、市)日调水50万吨以上城市供水项目;(3)跨越大江大河、重要海湾的城市桥梁、隧道项目。

6. 公用事业项目:(1)大学城、医学城及其他园区性建设项目;(2)国家重点风景名胜区、国家自然保护区、国家重点文物保护单位区域内总投资5000万元以上旅游开发和资源保护设施,世界自然、文化遗产保护区内总投资3000万元以上项目;(3)F1赛车场;(4)大型主题公园。

7. 经国家批准的重大技术装备自主化依托工程项目。

三、核准招标内容的方式

(一)本意见第二条第(一)项所列项目,应当在可行性研究报告中包含招标内容,我委在审批可行性研究报告时核准相关招标内容。

(二)本意见第二条第(二)项所列项目中地方政府投资项目,地方政府审批部门在审批项目时核准相关招标内容;向我委提交资金申请报告时,应附核准的招标内容,我委在审批资金申请报告时复核招标内容。

(三)本意见第二条第(二)项所列项目中企业投资项目,向我委提交资金申请报告时,应附招标内容,我委在审批资金申请报告时核准招标内容。

(四)本意见第二条第(三)项所列项目,向我委提交项目申请报告时,应附招标内容,我委在核准或者初核项目申请报告时核准招标内容。

(五)向我委申请中央政府投资补助、转贷或者贷款贴息的地方政府投资项目或者企业投资项目,资金申请额不足500万人民币的,在资金申请报告中不须附招标内容,我委也不核准招标内容;但项目符合《工程建设项目招标范围和规模标准》(原国家计委令第3号)规定范围和标准的,应当依法进行招标。

(六)使用国际金融组织或者外国政府贷款、援助资金的建设项目,贷款方、资金提供方对建设项目报送招标内容另有规定的,从其规定,但违背中华人民共和国的社会公共利益的除外。

四、招标内容应包括的事项

招标内容应包括:

(一)建设项目的勘察、设计、施工、监理以及重要设备、材料等采购活动的具体招标范围（全部或者部分招标）。

（二）建设项目的勘察、设计、施工、监理以及重要设备、材料等采购活动拟采用的招标组织形式（委托招标或者自行招标）；拟自行招标的，还应按照《工程建设项目自行招标试行办法》（原国家计委令第5号）规定报告书面材料。

（三）建设项目的勘察、设计、施工、监理以及重要设备、材料等采购活动拟采用的招标方式（公开招标或者邀请招标）；国家重点项目拟采用邀请招标的，应对采用邀请招标的理由作出说明。

五、核准招标内容的程序

（一）各有关司局审批、核准项目可行性研究报告、项目申请报告或资金申请报告时，按规定会签其他有关司局的，有关司局会签时应一并对相关招标内容提出会签意见。

（二）招标内容核准后，对招标内容的核准意见应包含在对可行性研究报告、项目申请报告或资金申请报告的批复中，具体内容按照本意见第四条的规定确定。

（三）"有关司局核准招标内容后，应将包括招标内容核准意见的可行性研究报告、项目申请报告或者资金申请报告批复文件抄送投资司（一式五份）。

（四）项目建设单位在招标活动中对招标内容提出变更的，应向原核准招标内容的司局重新办理有关招标内容核准手续。

六、本意见自2005年7月1日起施行。

国家发展改革委关于审批地方政府投资项目的有关规定（暂行）

· 2005年7月27日
· 发改投资〔2005〕1392号

根据《国务院关于投资体制改革的决定》（以下简称《决定》）精神，现对国家发展改革委审批地方政府投资项目的有关要求作出如下规定：

一、各级地方政府采用直接投资（含通过各类投资机构）或以资本金注入方式安排地方各类财政性资金，建设《政府核准的投资项目目录》（《决定》附件）范围内应由国务院或国务院投资主管部门管理的固定资产投资项目，需由省级投资主管部门报国家发展改革委会同有关部门审批或核报国务院审批。

省级投资主管部门，是指省级发展改革委和具有投资管理职能的经委（经贸委）。具有投资管理职能的省级经委（经贸委）应与发展改革委联合报送有关文件。

二、需上报审批的地方政府投资项目，只需报批项目建议书。国家发展改革委主要从发展建设规划、产业政策以及经济安全等方面进行审查。

项目建议书经国家发展改革委批准后，项目单位应当按照国家法律法规和地方政府的有关规定履行其他报批程序。

三、地方政府投资项目申请中央政府投资补助、贴息和转贷的，按照国家发展改革委发布的有关规定报批资金申请报告，也可在向国家发展改革委报批项目建议书时，一并提出申请。

四、本规定范围以外的地方政府投资项目，按照地方政府的有关规定审批。

（五）领域招标

1. 建筑工程和市政工程

工程建设项目勘察设计招标投标办法

· 2003年6月12日国家发改委、建设部、铁道部、交通部、信息产业部、水利部、中国民航总局、国家广电总局令第2号发布
· 根据2013年3月11日国家发展和改革委员会、工业和信息化部、财政部、住房和城乡建设部、交通运输部、铁道部、水利部、国家广播电影电视总局、中国民用航空局《关于废止和修改部分招标投标规章和规范性文件的决定》修订

第一章　总　则

第一条　为规范工程建设项目勘察设计招标投标活动，提高投资效益，保证工程质量，根据《中华人民共和国招标投标法》、《中华人民共和国招标投标法实施条例》制定本办法。

第二条　在中华人民共和国境内进行工程建设项目勘察设计招标投标活动，适用本办法。

第三条　工程建设项目符合《工程建设项目招标范围和规模标准规定》（国家计委令第3号）规定的范围和标准的，必须依据本办法进行招标。

任何单位和个人不得将依法必须进行招标的项目化整为零或者以其他任何方式规避招标。

第四条　按照国家规定需要履行项目审批、核准手续的依法必须进行招标的项目，有下列情形之一的，经项目审批、核准部门审批、核准，项目的勘察设计可以不进行招标：

（一）涉及国家安全、国家秘密、抢险救灾或者属于

利用扶贫资金实行以工代赈、需要使用农民工等特殊情况，不适宜进行招标；

（二）主要工艺、技术采用不可替代的专利或者专有技术，或者其建筑艺术造型有特殊要求；

（三）采购人依法能够自行勘察、设计；

（四）已通过招标方式选定的特许经营项目投资人依法能够自行勘察、设计；

（五）技术复杂或专业性强，能够满足条件的勘察设计单位少于三家，不能形成有效竞争；

（六）已建成项目需要改、扩建或者技术改造，由其他单位进行设计影响项目功能配套性；

（七）国家规定其他特殊情形。

第五条 勘察设计招标工作由招标人负责。任何单位和个人不得以任何方式非法干涉招标投标活动。

第六条 各级发展改革、工业和信息化、住房城乡建设、交通运输、铁道、水利、商务、广电、民航等部门依照《国务院办公厅印发国务院有关部门实施招标投标活动行政监督的职责分工意见的通知》（国办发〔2000〕34 号）和各地规定的职责分工，对工程建设项目勘察设计招标投标活动实施监督，依法查处招标投标活动中的违法行为。

第二章 招 标

第七条 招标人可以依据工程建设项目的不同特点，实行勘察设计一次性总体招标；也可以在保证项目完整性、连续性的前提下，按照技术要求实行分段或分项招标。

招标人不得利用前款规定限制或者排斥潜在投标人或者投标。依法必须进行招标的项目的招标人不得利用前款规定规避招标。

第八条 依法必须招标的工程建设项目，招标人可以对项目的勘察、设计、施工以及与工程建设有关的重要设备、材料的采购，实行总承包招标。

第九条 依法必须进行勘察设计招标的工程建设项目，在招标时应当具备下列条件：

（一）招标人已经依法成立；

（二）按照国家有关规定需要履行项目审批、核准或者备案手续的，已经审批、核准或者备案；

（三）勘察设计有相应资金或者资金来源已经落实；

（四）所必需的勘察设计基础资料已经收集完成；

（五）法律法规规定的其他条件。

第十条 工程建设项目勘察设计招标分为公开招标和邀请招标。

国有资金投资占控股或者主导地位的工程建设项目，以及国务院发展和改革部门确定的国家重点项目和省、自治区、直辖市人民政府确定的地方重点项目，除符合本办法第十一条规定条件并依法获得批准外，应当公开招标。

第十一条 依法必须进行公开招标的项目，在下列情况下可以进行邀请招标：

（一）技术复杂、有特殊要求或者受自然环境限制，只有少量潜在投标人可供选择；

（二）采用公开招标方式的费用占项目合同金额的比例过大。

有前款第二项所列情形，属于按照国家有关规定需要履行项目审批、核准手续的项目，由项目审批、核准部门在审批、核准项目时作出认定；其他项目由招标人申请有关行政监督部门作出认定。

招标人采用邀请招标方式的，应保证有三个以上具备承担招标项目勘察设计的能力，并具有相应资质的特定法人或者其他组织参加投标。

第十二条 招标人应当按照资格预审公告、招标公告或者投标邀请书规定的时间、地点出售招标文件或者资格预审文件。自招标文件或者资格预审文件出售之日起至停止出售之日止，最短不得少于五日。

第十三条 进行资格预审的，招标人只向资格预审合格的潜在投标人发售招标文件，并同时向资格预审不合格的潜在投标人告知资格预审结果。

第十四条 凡是资格预审合格的潜在投标人都应被允许参加投标。

招标人不得以抽签、摇号等不合理条件限制或者排斥资格预审合格的潜在投标人参加投标。

第十五条 招标人应当根据招标项目的特点和需要编制招标文件。

勘察设计招标文件应当包括下列内容：

（一）投标须知；

（二）投标文件格式及主要合同条款；

（三）项目说明书，包括资金来源情况；

（四）勘察设计范围，对勘察设计进度、阶段和深度要求；

（五）勘察设计基础资料；

（六）勘察设计费用支付方式，对未中标人是否给予补偿及补偿标准；

（七）投标报价要求；

（八）对投标人资格审查的标准；

（九）评标标准和方法；

（十）投标有效期。

投标有效期，从提交投标文件截止日起计算。

对招标文件的收费应仅限于补偿印刷、邮寄的成本支出，招标人不得通过出售招标文件谋取利益。

第十六条 招标人负责提供与招标项目有关的基础资料，并保证所提供资料的真实性、完整性。涉及国家秘密的除外。

第十七条 对于潜在投标人在阅读招标文件和现场踏勘中提出的疑问，招标人可以书面形式或召开投标预备会的方式解答，但需同时将解答以书面方式通知所有招标文件收受人。该解答的内容为招标文件的组成部分。

第十八条 招标人可以要求投标人在提交符合招标文件规定要求的投标文件外，提交备选投标文件，但应当在招标文件中做出说明，并提出相应的评审和比较办法。

第十九条 招标人应当确定潜在投标人编制投标文件所需要的合理时间。

依法必须进行勘察设计招标的项目，自招标文件开始发出之日起至投标人提交投标文件截止之日止，最短不得少于20日。

第二十条 除不可抗力原因外，招标人在发布招标公告或者发出投标邀请书后不得终止招标，也不得在出售招标文件后终止招标。

第三章 投 标

第二十一条 投标人是响应招标、参加投标竞争的法人或者其他组织。

在其本国注册登记，从事建筑、工程服务的国外设计企业参加投标的，必须符合中华人民共和国缔结或者参加的国际条约、协定中所作的市场准入承诺以及有关勘察设计市场准入的管理规定。

投标人应当符合国家规定的资质条件。

第二十二条 投标人应当按照招标文件或者投标邀请书的要求编制投标文件。投标文件中的勘察设计收费报价，应当符合国务院价格主管部门制定的工程勘察设计收费标准。

第二十三条 投标人在投标文件有关技术方案和要求中不得指定与工程建设项目有关的重要设备、材料的生产供应者，或者含有倾向或者排斥特定生产供应者的内容。

第二十四条 招标文件要求投标人提交投标保证金的，保证金数额不得超过勘察设计估算费用的百分之二，最多不超过十万元人民币。

依法必须进行招标的项目的境内投标单位，以现金或者支票形式提交的投标保证金应当从其基本账户转出。

第二十五条 在提交投标文件截止时间后到招标文件规定的投标有效期终止之前，投标人不得撤销其投标文件，否则招标人可以不退还投标保证金。

第二十六条 投标人在投标截止时间前提交的投标文件，补充、修改或撤回投标文件的通知，备选投标文件等，都必须加盖所在单位公章，并且由其法定代表人或授权代表签字，但招标文件另有规定的除外。

招标人在接收上述材料时，应检查其密封或签章是否完好，并向投标人出具标明签收人和签收时间的回执。

第二十七条 以联合体形式投标的，联合体各方应签订共同投标协议，连同投标文件一并提交招标人。

联合体各方不得再单独以自己名义，或者参加另外的联合体投同一个标。

招标人接受联合体投标并进行资格预审的，联合体应当在提交资格预审申请文件前组成。资格预审后联合体增减、更换成员的，其投标无效。

第二十八条 联合体中标的，应指定牵头人或代表，授权其代表所有联合体成员与招标人签订合同，负责整个合同实施阶段的协调工作。但是，需要向招标人提交由所有联合体成员法定代表人签署的授权委托书。

第二十九条 投标人不得以他人名义投标，也不得利用伪造、转让、无效或者租借的资质证书参加投标，或者以任何方式请其他单位在自己编制的投标文件代为签字盖章，损害国家利益、社会公共利益和招标人的合法权益。

第三十条 投标人不得通过故意压低投资额、降低施工技术要求、减少占地面积，或者缩短工期等手段弄虚作假，骗取中标。

第四章 开标、评标和中标

第三十一条 开标应当在招标文件确定的提交投标文件截止时间的同一时间公开进行；除不可抗力原因外招标人不得以任何理由拖延开标，或者拒绝开标。

投标人对开标有异议的，应当在开标现场提出，招标人应当当场作出答复，并制作记录。

第三十二条 评标工作由评标委员会负责。评标委员会的组成方式及要求，按《中华人民共和国招标投标法》、《中华人民共和国招标投标法实施条例》及《评标委员会和评标方法暂行规定》（国家计委等七部委联合令第12号)的有关规定执行。

第三十三条　勘察设计评标一般采取综合评估法进行。评标委员会应当按照招标文件确定的评标标准和方法,结合经批准的项目建议书、可行性研究报告或者上阶段设计批复文件,对投标人的业绩、信誉和勘察设计人员的能力以及勘察设计方案的优劣进行综合评定。

招标文件中没有规定的标准和方法,不得作为评标的依据。

第三十四条　评标委员会可以要求投标人对其技术文件进行必要的说明或介绍,但不得提出带有暗示性或诱导性的问题,也不得明确指出其投标文件中的遗漏和错误。

第三十五条　根据招标文件的规定,允许投标人投备选标的,评标委员会可以对中标人所提交的备选标进行评审,以决定是否采纳备选标。不符合中标条件的投标人的备选标不予考虑。

第三十六条　投标文件有下列情况之一的,评标委员会应当否决其投标:

(一)未经投标单位盖章和单位负责人签字;

(二)投标报价不符合国家颁布的勘察设计取费标准,或者低于成本,或者高于招标文件设定的最高投标限价;

(三)未响应招标文件的实质性要求和条件。

第三十七条　投标人有下列情况之一的,评标委员会应当否决其投标:

(一)不符合国家或者招标文件规定的资格条件;

(二)与其他投标人或者与招标人串通投标;

(三)以他人名义投标,或者以其他方式弄虚作假;

(四)以向招标人或者评标委员会成员行贿的手段谋取中标;

(五)以联合体形式投标,未提交共同投标协议;

(六)提交两个以上不同的投标文件或者投标报价,但招标文件要求提交备选投标的除外。

第三十八条　评标委员会完成评标后,应当向招标人提出书面评标报告,推荐合格的中标候选人。

评标报告的内容应当符合《评标委员会和评标方法暂行规定》第四十二条的规定。但是,评标委员会决定否决所有投标的,应在评标报告中详细说明理由。

第三十九条　评标委员会推荐的中标候选人应当限定在一至三人,并标明排列顺序。

能够最大限度地满足招标文件中规定的各项综合评价标准的投标人,应当推荐为中标候选人。

第四十条　国有资金占控股或者主导地位的依法必须招标的项目,招标人应当确定排名第一的中标候选人为中标人。

排名第一的中标候选人放弃中标、因不可抗力提出不能履行合同,不按照招标文件要求提交履约保证金,或者被查实存在影响中标结果的违法行为等情形,不符合中标条件的,招标人可以按照评标委员会提出的中标候选人名单排序依次确定其他中标候选人为中标人。依次确定其他中标候选人与招标人预期差距较大,或者对招标人明显不利的,招标人可以重新招标。

招标人可以授权评标委员会直接确定中标人。

国务院对中标人的确定另有规定的,从其规定。

第四十一条　招标人应在接到评标委员会的书面评标报告之日起三日内公示中标候选人,公示期不少于三日。

第四十二条　招标人和中标人应当在投标有效期内并在自中标通知书发出之日起三十日内,按照招标文件和中标人的投标文件订立书面合同。

中标人履行合同应当遵守《合同法》以及《建设工程勘察设计管理条例》中勘察设计文件编制实施的有关规定。

第四十三条　招标人不得以压低勘察设计费、增加工作量、缩短勘察设计周期等作为发出中标通知书的条件,也不得与中标人再行订立背离合同实质性内容的其他协议。

第四十四条　招标人与中标人签订合同后五日内,应当向中标人和未中标人一次性退还投标保证金及银行同期存款利息。招标文件中规定给予未中标人经济补偿的,也应在此期限内一并给付。

招标文件要求中标人提交履约保证金的,中标人应当提交;经中标人同意,可将其投标保证金抵作履约保证金。

第四十五条　招标人或者中标人采用其他未中标人投标文件中技术方案的,应当征得未中标人的书面同意,并支付合理的使用费。

第四十六条　评标定标工作应当在投标有效期内完成,不能如期完成的,招标人应当通知所有投标人延长投标有效期。

同意延长投标有效期的投标人应当相应延长其投标担保的有效期,但不得修改投标文件的实质性内容。

拒绝延长投标有效期的投标人有权收回投标保证金。招标文件中规定给予未中标人补偿的,拒绝延长的投标人有权获得补偿。

第四十七条 依法必须进行勘察设计招标的项目，招标人应当在确定中标人之日起15日内，向有关行政监督部门提交招标投标情况的书面报告。

书面报告一般应包括以下内容：

（一）招标项目基本情况；

（二）投标人情况；

（三）评标委员会成员名单；

（四）开标情况；

（五）评标标准和方法；

（六）否决投标情况；

（七）评标委员会推荐的经排序的中标候选人名单；

（八）中标结果；

（九）未确定排名第一的中标候选人为中标人的原因；

（十）其他需说明的问题。

第四十八条 在下列情况下，依法必须招标项目的招标人在分析招标失败的原因并采取相应措施后，应当依照本办法重新招标：

（一）资格预审合格的潜在投标人不足3个的；

（二）在投标截止时间前提交投标文件的投标人少于3个的；

（三）所有投标均被否决的；

（四）评标委员会否决不合格投标后，因有效投标不足3个使得投标明显缺乏竞争，评标委员会决定否决全部投标的；

（五）根据第四十六条规定，同意延长投标有效期的投标人少于3个的。

第四十九条 招标人重新招标后，发生本办法第四十八条情形之一的，属于按照国家规定需要政府审批、核准的项目，报经原项目审批、核准部门审批、核准后可以不再进行招标；其他工程建设项目，招标人可自行决定不再进行招标。

第五章　罚　则

第五十条 招标人有下列限制或者排斥潜在投标人行为之一的，由有关行政监督部门依照招标投标法第五十一条的规定处罚；其中，构成依法必须进行勘察设计招标的项目的招标人规避招标的，依照招标投标法第四十九条的规定处罚：

（一）依法必须公开招标的项目不按照规定在指定媒介发布资格预审公告或者招标公告；

（二）在不同媒介发布的同一招标项目的资格预审公告或者招标公告的内容不一致，影响潜在投标人申请资格预审或者投标。

第五十一条 招标人有下列情形之一的，由有关行政监督部门责令改正，可以处10万元以下的罚款：

（一）依法应当公开招标而采用邀请招标；

（二）招标文件、资格预审文件的发售、澄清、修改的时限，或者确定的提交资格预审申请文件、投标文件的时限不符合招标投标法和招标投标法实施条例规定；

（三）接受未通过资格预审的单位或者个人参加投标；

（四）接受应当拒收的投标文件。

招标人有前款第一项、第三项、第四项所列行为之一的，对单位直接负责的主管人员和其他直接责任人员依法给予处分。

第五十二条 依法必须进行招标的项目的投标人以他人名义投标，利用伪造、转让、租借、无效的资质证书参加投标，或者请其他单位在自己编制的投标文件上代为签字盖章，弄虚作假，骗取中标的，中标无效。尚未构成犯罪的，处中标项目金额5‰以上10‰以下的罚款，对单位直接负责的主管人员和其他直接责任人员处单位罚款数额5%以上10%以下的罚款；有违法所得的，并处没收违法所得；情节严重的，取消其1年至3年内参加依法必须进行招标的项目的投标资格并予以公告，直至由工商行政管理机关吊销营业执照。

第五十三条 招标人以抽签、摇号等不合理的条件限制或者排斥资格预审合格的潜在投标人参加投标，对潜在投标人实行歧视待遇的，强制要求投标人组成联合体共同投标的，或者限制投标人之间竞争的，责令改正，可以处1万元以上5万元以下的罚款。

依法必须进行招标的项目的招标人不按照规定组建评标委员会，或者确定、更换评标委员会成员违反招标投标法和招标投标法实施条例规定的，由有关行政监督部门责令改正，可以处10万元以下的罚款，对单位直接负责的主管人员和其他直接责任人员依法给予处分；违法确定或者更换的评标委员会成员作出的评审结论无效，依法重新进行评审。

第五十四条 评标委员会成员有下列行为之一的，由有关行政监督部门责令改正；情节严重的，禁止其在一定期限内参加依法必须进行招标的项目的评标；情节特别严重的，取消其担任评标委员会成员的资格：

（一）不按照招标文件规定的评标标准和方法评标；

（二）应当回避而不回避；

（三）擅离职守；

（四）私下接触投标人；

（五）向招标人征询确定中标人的意向或者接受任何单位或者个人明示或者暗示提出的倾向或者排斥特定投标人的要求；

（六）对依法应当否决的投标不提出否决意见；

（七）暗示或者诱导投标人作出澄清、说明或者接受投标人主动提出的澄清、说明；

（八）其他不客观、不公正履行职务的行为。

第五十五条 招标人与中标人不按照招标文件和中标人的投标文件订立合同，责令改正，可以处中标项目金额千分之五以上千分之十以下的罚款。

第五十六条 本办法对违法行为及其处罚措施未做规定的，依据《中华人民共和国招标投标法》、《中华人民共和国招标投标法实施条例》和有关法律、行政法规的规定执行。

第六章 附 则

第五十七条 使用国际组织或者外国政府贷款、援助资金的项目进行招标，贷款方、资金提供方对工程勘察设计招标投标活动的条件和程序另有规定的，可以适用其规定，但违背中华人民共和国社会公共利益的除外。

第五十八条 本办法发布之前有关勘察设计招标投标的规定与本办法不一致的，以本办法为准。法律或者行政法规另有规定的，从其规定。

第五十九条 本办法由国家发展和改革委员会会同有关部门负责解释。

第六十条 本办法自2003年8月1日起施行。

工程建设项目施工招标投标办法

· 2003年3月8日国家发展计划委员会、建设部、铁道部、交通部、信息产业部、水利部、中国民用航空总局第30号令发布

· 根据2013年3月11日国家发展和改革委员会、工业和信息化部、财政部、住房和城乡建设部、交通运输部、铁道部、水利部、国家广播电影电视总局、中国民用航空局《关于废止和修改部分招标投标规章和规范性文件的决定》修订

第一章 总 则

第一条 为规范工程建设项目施工（以下简称工程施工）招标投标活动，根据《中华人民共和国招标投标法》、《中华人民共和国招标投标法实施条例》和国务院有关部门的职责分工，制定本办法。

第二条 在中华人民共和国境内进行工程施工招标投标活动，适用本办法。

第三条 工程建设项目符合《工程建设项目招标范围和规模标准规定》（国家计委令第3号）规定的范围和标准的，必须通过招标选择施工单位。

任何单位和个人不得将依法必须进行招标的项目化整为零或者以其他任何方式规避招标。

第四条 工程施工招标投标活动应当遵循公开、公平、公正和诚实信用的原则。

第五条 工程施工招标投标活动，依法由招标人负责。任何单位和个人不得以任何方式非法干涉工程施工招标投标活动。

施工招标投标活动不受地区或者部门的限制。

第六条 各级发展改革、工业和信息化、住房城乡建设、交通运输、铁道、水利、商务、民航等部门依照《国务院办公厅印发国务院有关部门实施招标投标活动行政监督的职责分工意见的通知》（国办发〔2000〕34号）和各地规定的职责分工，对工程施工招标投标活动实施监督，依法查处工程施工招标投标活动中的违法行为。

第二章 招 标

第七条 工程施工招标人是依法提出施工招标项目、进行招标的法人或者其他组织。

第八条 依法必须招标的工程建设项目，应当具备下列条件才能进行施工招标：

（一）招标人已经依法成立；

（二）初步设计及概算应当履行审批手续的，已经批准；

（三）有相应资金或资金来源已经落实；

（四）有招标所需的设计图纸及技术资料。

第九条 工程施工招标分为公开招标和邀请招标。

第十条 按照国家有关规定需要履行项目审批、核准手续的依法必须进行施工招标的工程建设项目，其招标范围、招标方式、招标组织形式应当报项目审批部门审批、核准。项目审批、核准部门应当及时将审批、核准确定的招标内容通报有关行政监督部门。

第十一条 依法必须进行公开招标的项目，有下列情形之一的，可以邀请招标：

（一）项目技术复杂或有特殊要求，或者受自然地域环境限制，只有少量潜在投标人可供选择；

（二）涉及国家安全、国家秘密或者抢险救灾，适宜招标但不宜公开招标；

（三）采用公开招标方式的费用占项目合同金额的比例过大。

有前款第二项所列情形，属于本办法第十条规定的项目，由项目审批、核准部门在审批、核准项目时作出认定；其他项目由招标人申请有关行政监督部门作出认定。

全部使用国有资金投资或者国有资金投资占控股或者主导地位的并需要审批的工程建设项目的邀请招标，应当经项目审批部门批准，但项目审批部门只审批立项的，由有关行政监督部门审批。

第十二条 依法必须进行施工招标的工程建设项目有下列情形之一的，可以不进行施工招标：

（一）涉及国家安全、国家秘密、抢险救灾或者属于利用扶贫资金实行以工代赈需要使用农民工等特殊情况，不适宜进行招标；

（二）施工主要技术采用不可替代的专利或者专有技术；

（三）已通过招标方式选定的特许经营项目投资人依法能够自行建设；

（四）采购人依法能够自行建设；

（五）在建工程追加的附属小型工程或者主体加层工程，原中标人仍具备承包能力，并且其他人承担将影响施工或者功能配套要求；

（六）国家规定的其他情形。

第十三条 采用公开招标方式的，招标人应当发布招标公告，邀请不特定的法人或者其他组织投标。依法必须进行施工招标项目的招标公告，应当在国家指定的报刊和信息网络上发布。

采用邀请招标方式的，招标人应当向三家以上具备承担施工招标项目的能力、资信良好的特定的法人或者其他组织发出投标邀请书。

第十四条 招标公告或者投标邀请书应当至少载明下列内容：

（一）招标人的名称和地址；

（二）招标项目的内容、规模、资金来源；

（三）招标项目的实施地点和工期；

（四）获取招标文件或者资格预审文件的地点和时间；

（五）对招标文件或者资格预审文件收取的费用；

（六）对投标人的资质等级的要求。

第十五条 招标人应当按招标公告或者投标邀请书规定的时间、地点出售招标文件或资格预审文件。自招标文件或者资格预审文件出售之日起至停止出售之日止，最短不得少于五日。

招标人可以通过信息网络或者其他媒介发布招标文件，通过信息网络或者其他媒介发布的招标文件与书面招标文件具有同等法律效力，出现不一致时以书面招标文件为准，国家另有规定的除外。

对招标文件或者资格预审文件的收费应当限于补偿印刷、邮寄的成本支出，不得以营利为目的。对于所附的设计文件，招标人可以向投标人酌收押金；对于开标后投标人退还设计文件的，招标人应当向投标人退还押金。

招标文件或者资格预审文件售出后，不予退还。除不可抗力原因外，招标人在发布招标公告、发出投标邀请书后或者售出招标文件或资格预审文件后不得终止招标。

第十六条 招标人可以根据招标项目本身的特点和需要，要求潜在投标人或者投标人提供满足其资格要求的文件，对潜在投标人或者投标人进行资格审查；国家对潜在投标人或者投标人的资格条件有规定的，依照其规定。

第十七条 资格审查分为资格预审和资格后审。

资格预审，是指在投标前对潜在投标人进行的资格审查。

资格后审，是指在开标后对投标人进行的资格审查。

进行资格预审的，一般不再进行资格后审，但招标文件另有规定的除外。

第十八条 采取资格预审的，招标人应当发布资格预审公告。资格预审公告适用本办法第十三条、第十四条有关招标公告的规定。

采取资格预审的，招标人应当在资格预审文件中载明资格预审的条件、标准和方法；采取资格后审的，招标人应当在招标文件中载明对投标人资格要求的条件、标准和方法。

招标人不得改变载明的资格条件或者以没有载明的资格条件对潜在投标人或者投标人进行资格审查。

第十九条 经资格预审后，招标人应当向资格预审合格的潜在投标人发出资格预审合格通知书，告知获取招标文件的时间、地点和方法，并同时向资格预审不合格的潜在投标人告知资格预审结果。资格预审不合格的潜在投标人不得参加投标。

经资格后审不合格的投标人的投标应予否决。

第二十条 资格审查应主要审查潜在投标人或者投标人是否符合下列条件：

（一）具有独立订立合同的权利；

（二）具有履行合同的能力，包括专业、技术资格和能力，资金、设备和其他物质设施状况，管理能力，经验、信誉和相应的从业人员；

（三）没有处于被责令停业，投标资格被取消，财产被接管、冻结，破产状态；

（四）在最近三年内没有骗取中标和严重违约及重大工程质量问题；

（五）国家规定的其他资格条件。

资格审查时，招标人不得以不合理的条件限制、排斥潜在投标人或者投标人，不得对潜在投标人或者投标人实行歧视待遇。任何单位和个人不得以行政手段或者其他不合理方式限制投标人的数量。

第二十一条 招标人符合法律规定的自行招标条件的，可以自行办理招标事宜。任何单位和个人不得强制其委托招标代理机构办理招标事宜。

第二十二条 招标代理机构应当在招标人委托的范围内承担招标事宜。招标代理机构可以在其资格等级范围内承担下列招标事宜：

（一）拟订招标方案，编制和出售招标文件、资格预审文件；

（二）审查投标人资格；

（三）编制标底；

（四）组织投标人踏勘现场；

（五）组织开标、评标，协助招标人定标；

（六）草拟合同；

（七）招标人委托的其他事项。

招标代理机构不得无权代理、越权代理，不得明知委托事项违法而进行代理。

招标代理机构不得在所代理的招标项目中投标或者代理投标，也不得为所代理的招标项目的投标人提供咨询；未经招标人同意，不得转让招标代理业务。

第二十三条 工程招标代理机构与招标人应当签订书面委托合同，并按双方约定的标准收取代理费；国家对收费标准有规定的，依照其规定。

第二十四条 招标人根据施工招标项目的特点和需要编制招标文件。招标文件一般包括下列内容：

（一）招标公告或投标邀请书；

（二）投标人须知；

（三）合同主要条款；

（四）投标文件格式；

（五）采用工程量清单招标的，应当提供工程量清单；

（六）技术条款；

（七）设计图纸；

（八）评标标准和方法；

（九）投标辅助材料。

招标人应当在招标文件中规定实质性要求和条件，并用醒目的方式标明。

第二十五条 招标人可以要求投标人在提交符合招标文件规定要求的投标文件外，提交备选投标方案，但应当在招标文件中作出说明，并提出相应的评审和比较办法。

第二十六条 招标文件规定的各项技术标准应符合国家强制性标准。

招标文件中规定的各项技术标准均不得要求或标明某一特定的专利、商标、名称、设计、原产地或生产供应者，不得含有倾向或者排斥潜在投标人的其他内容。如果必须引用某一生产供应者的技术标准才能准确或清楚地说明拟招标项目的技术标准时，则应当在参照后面加上“或相当于”的字样。

第二十七条 施工招标项目需要划分标段、确定工期的，招标人应当合理划分标段、确定工期，并在招标文件中载明。对工程技术上紧密相联、不可分割的单位工程不得分割标段。

招标人不得以不合理的标段或工期限制或者排斥潜在投标人或者投标人。依法必须进行施工招标的项目的招标人不得利用划分标段规避招标。

第二十八条 招标文件应当明确规定所有评标因素，以及如何将这些因素量化或者据以进行评估。

在评标过程中，不得改变招标文件中规定的评标标准、方法和中标条件。

第二十九条 招标文件应当规定一个适当的投标有效期，以保证招标人有足够的时间完成评标和与中标人签订合同。投标有效期从投标人提交投标文件截止之日起计算。

在原投标有效期结束前，出现特殊情况的，招标人可以书面形式要求所有投标人延长投标有效期。投标人同意延长的，不得要求或被允许修改其投标文件的实质性内容，但应当相应延长其投标保证金的有效期；投标人拒绝延长的，其投标失效，但投标人有权收回其投标保证金。因延长投标有效期造成投标人损失的，招标人应当给予补偿，但因不可抗力需要延长投标有效期的除外。

第三十条 施工招标项目工期较长的，招标文件中可以规定工程造价指数体系、价格调整因素和调整方法。

第三十一条 招标人应当确定投标人编制投标文件所需要的合理时间；但是，依法必须进行招标的项目，自招标文件开始发出之日起至投标人提交投标文件截止之日止，最短不得少于20日。

第三十二条 招标人根据招标项目的具体情况，可以组织潜在投标人踏勘项目现场，向其介绍工程场地和相关环境的有关情况。潜在投标人依据招标人介绍情况作出的判断和决策，由投标人自行负责。

招标人不得单独或者分别组织任何一个投标人进行现场踏勘。

第三十三条 对于潜在投标人在阅读招标文件和现场踏勘中提出的疑问，招标人可以书面形式或召开投标预备会的方式解答，但需同时将解答以书面方式通知所有购买招标文件的潜在投标人。该解答的内容为招标文件的组成部分。

第三十四条 招标人可根据项目特点决定是否编制标底。编制标底的，标底编制过程和标底在开标前必须保密。

招标项目编制标底的，应根据批准的初步设计、投资概算，依据有关计价办法，参照有关工程定额，结合市场供求状况，综合考虑投资、工期和质量等方面的因素合理确定。

标底由招标人自行编制或委托中介机构编制。一个工程只能编制一个标底。

任何单位和个人不得强制招标人编制或报审标底，或干预其确定标底。

招标项目可以不设标底，进行无标底招标。

招标人设有最高投标限价的，应当在招标文件中明确最高投标限价或者最高投标限价的计算方法。招标人不得规定最低投标限价。

第三章 投 标

第三十五条 投标人是响应招标、参加投标竞争的法人或者其他组织。招标人的任何不具独立法人资格的附属机构（单位），或者为招标项目的前期准备或者监理工作提供设计、咨询服务的任何法人及其任何附属机构（单位），都无资格参加该招标项目的投标。

第三十六条 投标人应当按照招标文件的要求编制投标文件。投标文件应当对招标文件提出的实质性要求和条件作出响应。

投标文件一般包括下列内容：

（一）投标函；

（二）投标报价；

（三）施工组织设计；

（四）商务和技术偏差表。

投标人根据招标文件载明的项目实际情况，拟在中标后将中标项目的部分非主体、非关键性工作进行分包的，应当在投标文件中载明。

第三十七条 招标人可以在招标文件中要求投标人提交投标保证金。投标保证金除现金外，可以是银行出具的银行保函、保兑支票、银行汇票或现金支票。

投标保证金不得超过项目估算价的百分之二，但最高不得超过八十万元人民币。投标保证金有效期应当与投标有效期一致。

投标人应当按照招标文件要求的方式和金额，将投标保证金随投标文件提交给招标人或其委托的招标代理机构。

依法必须进行施工招标的项目的境内投标单位，以现金或者支票形式提交的投标保证金应当从其基本账户转出。

第三十八条 投标人应当在招标文件要求提交投标文件的截止时间前，将投标文件密封送达投标地点。招标人收到投标文件后，应当向投标人出具标明签收人和签收时间的凭证，在开标前任何单位和个人不得开启投标文件。

在招标文件要求提交投标文件的截止时间后送达的投标文件，招标人应当拒收。

依法必须进行施工招标的项目提交投标文件的投标人少于三个的，招标人在分析招标失败的原因并采取相应措施后，应当依法重新招标。重新招标后投标人仍少于三个的，属于必须审批、核准的工程建设项目，报经原审批、核准部门审批、核准后可以不再进行招标；其他工程建设项目，招标人可自行决定不再进行招标。

第三十九条 投标人在招标文件要求提交投标文件的截止时间前，可以补充、修改、替代或者撤回已提交的投标文件，并书面通知招标人。补充、修改的内容为投标文件的组成部分。

第四十条 在提交投标文件截止时间后到招标文件规定的投标有效期终止之前，投标人不得撤销其投标文件，否则招标人可以不退还其投标保证金。

第四十一条 在开标前，招标人应妥善保管好已接收的投标文件、修改或撤回通知、备选投标方案等投标资料。

第四十二条 两个以上法人或者其他组织可以组成一个联合体，以一个投标人的身份共同投标。

联合体各方签订共同投标协议后，不得再以自己名义单独投标，也不得组成新的联合体或参加其他联合体在同一项目中投标。

第四十三条 招标人接受联合体投标并进行资格预审的，联合体应当在提交资格预审申请文件前组成。资格预审后联合体增减、更换成员的,其投标无效。

第四十四条　联合体各方应当指定牵头人,授权其代表所有联合体成员负责投标和合同实施阶段的主办、协调工作,并应当向招标人提交由所有联合体成员法定代表人签署的授权书。

第四十五条　联合体投标的,应当以联合体各方或者联合体中牵头人的名义提交投标保证金。以联合体中牵头人名义提交的投标保证金,对联合体各成员具有约束力。

第四十六条　下列行为均属投标人串通投标报价:

(一) 投标人之间相互约定抬高或压低投标报价;

(二) 投标人之间相互约定,在招标项目中分别以高、中、低价位报价;

(三) 投标人之间先进行内部竞价,内定中标人,然后再参加投标;

(四) 投标人之间其他串通投标报价的行为。

第四十七条　下列行为均属招标人与投标人串通投标:

(一)招标人在开标前开启投标文件并将有关信息泄露给其他投标人,或者授意投标人撤换、修改投标文件;

(二)招标人向投标人泄露标底、评标委员会成员等信息;

(三)招标人明示或者暗示投标人压低或抬高投标报价;

(四)招标人明示或者暗示投标人为特定投标人中标提供方便;

(五)招标人与投标人为谋求特定中标人中标而采取的其他串通行为。

第四十八条　投标人不得以他人名义投标。

前款所称以他人名义投标,指投标人挂靠其他施工单位,或从其他单位通过受让或租借的方式获取资格或资质证书,或者由其他单位及其法定代表人在自己编制的投标文件上加盖印章和签字等行为。

第四章　开标、评标和定标

第四十九条　开标应当在招标文件确定的提交投标文件截止时间的同一时间公开进行;开标地点应当为招标文件中确定的地点。

投标人对开标有异议的,应当在开标现场提出,招标人应当当场作出答复,并制作记录。

第五十条　投标文件有下列情形之一的,招标人应当拒收:

(一)逾期送达;

(二)未按招标文件要求密封。

有下列情形之一的,评标委员会应当否决其投标:

(一)投标文件未经投标单位盖章和单位负责人签字;

(二)投标联合体没有提交共同投标协议;

(三)投标人不符合国家或者招标文件规定的资格条件;

(四)同一投标人提交两个以上不同的投标文件或者投标报价,但招标文件要求提交备选投标的除外;

(五)投标报价低于成本或者高于招标文件设定的最高投标限价;

(六)投标文件没有对招标文件的实质性要求和条件作出响应;

(七)投标人有串通投标、弄虚作假、行贿等违法行为。

第五十一条　评标委员会可以书面方式要求投标人对投标文件中含义不明确、对同类问题表述不一致或者有明显文字和计算错误的内容作必要的澄清、说明或补正。评标委员会不得向投标人提出带有暗示性或诱导性的问题,或向其明确投标文件中的遗漏和错误。

第五十二条　投标文件不响应招标文件的实质性要求和条件的,评标委员会不得允许投标人通过修正或撤销其不符合要求的差异或保留,使之成为具有响应性的投标。

第五十三条　评标委员会在对实质上响应招标文件要求的投标进行报价评估时,除招标文件另有约定外,应当按下述原则进行修正:

(一) 用数字表示的数额与用文字表示的数额不一致时,以文字数额为准;

(二) 单价与工程量的乘积与总价之间不一致时,以单价为准。若单价有明显的小数点错位,应以总价为准,并修改单价。

按前款规定调整后的报价经投标人确认后产生约束力。

投标文件中没有列入的价格和优惠条件在评标时不予考虑。

第五十四条　对于投标人提交的优越于招标文件中技术标准的备选投标方案所产生的附加收益,不得考虑进评标价中。符合招标文件的基本技术要求且评标价最低或综合评分最高的投标人,其所提交的备选方案方可予以考虑。

第五十五条　招标人设有标底的,标底在评标中应当作为参考,但不得作为评标的唯一依据。

第五十六条 评标委员会完成评标后，应向招标人提出书面评标报告。评标报告由评标委员会全体成员签字。

依法必须进行招标的项目，招标人应当自收到评标报告之日起三日内公示中标候选人，公示期不得少于三日。

中标通知书由招标人发出。

第五十七条 评标委员会推荐的中标候选人应当限定在一至三人，并标明排列顺序。招标人应当接受评标委员会推荐的中标候选人，不得在评标委员会推荐的中标候选人之外确定中标人。

第五十八条 国有资金占控股或者主导地位的依法必须进行招标的项目，招标人应当确定排名第一的中标候选人为中标人。排名第一的中标候选人放弃中标、因不可抗力提出不能履行合同、不按照招标文件的要求提交履约保证金，或者被查实存在影响中标结果的违法行为等情形，不符合中标条件的，招标人可以按照评标委员会提出的中标候选人名单排序依次确定其他中标候选人为中标人。依次确定其他中标候选人与招标人预期差距较大，或者对招标人明显不利的，招标人可以重新招标。

招标人可以授权评标委员会直接确定中标人。

国务院对中标人的确定另有规定的，从其规定。

第五十九条 招标人不得向中标人提出压低报价、增加工作量、缩短工期或其他违背中标人意愿的要求，以此作为发出中标通知书和签订合同的条件。

第六十条 中标通知书对招标人和中标人具有法律效力。中标通知书发出后，招标人改变中标结果的，或者中标人放弃中标项目的，应当依法承担法律责任。

第六十一条 招标人全部或者部分使用非中标单位投标文件中的技术成果或技术方案时，需征得其书面同意，并给予一定的经济补偿。

第六十二条 招标人和中标人应当在投标有效期内并在自中标通知书发出之日起 30 日内，按照招标文件和中标人的投标文件订立书面合同。招标人和中标人不得再行订立背离合同实质性内容的其他协议。

招标人要求中标人提供履约保证金或其他形式履约担保的，招标人应当同时向中标人提供工程款支付担保。

招标人不得擅自提高履约保证金，不得强制要求中标人垫付中标项目建设资金。

第六十三条 招标人最迟应当在与中标人签订合同后五日内，向中标人和未中标的投标人退还投标保证金及银行同期存款利息。

第六十四条 合同中确定的建设规模、建设标准、建设内容、合同价格应当控制在批准的初步设计及概算文件范围内；确需超出规定范围的，应当在中标合同签订前，报原项目审批部门审查同意。凡应报经审查而未报的，在初步设计及概算调整时，原项目审批部门一律不予承认。

第六十五条 依法必须进行施工招标的项目，招标人应当自发出中标通知书之日起 15 日内，向有关行政监督部门提交招标投标情况的书面报告。

前款所称书面报告至少应包括下列内容：

（一）招标范围；

（二）招标方式和发布招标公告的媒介；

（三）招标文件中投标人须知、技术条款、评标标准和方法、合同主要条款等内容；

（四）评标委员会的组成和评标报告；

（五）中标结果。

第六十六条 招标人不得直接指定分包人。

第六十七条 对于不具备分包条件或者不符合分包规定的，招标人有权在签订合同或者中标人提出分包要求时予以拒绝。发现中标人转包或违法分包时，可要求其改正；拒不改正的，可终止合同，并报请有关行政监督部门查处。

监理人员和有关行政部门发现中标人违反合同约定进行转包或违法分包的，应当要求中标人改正，或者告知招标人要求其改正；对于拒不改正的，应当报请有关行政监督部门查处。

第五章 法律责任

第六十八条 依法必须进行招标的项目而不招标的，将必须进行招标的项目化整为零或者以其他任何方式规避招标的，有关行政监督部门责令限期改正，可以处项目合同金额 5‰以上 10‰以下的罚款；对全部或者部分使用国有资金的项目，项目审批部门可以暂停项目执行或者暂停资金拨付；对单位直接负责的主管人员和其他直接责任人员依法给予处分。

第六十九条 招标代理机构违法泄露应当保密的与招标投标活动有关的情况和资料的，或者与招标人、投标人串通损害国家利益、社会公共利益或者他人合法权益的，由有关行政监督部门处 5 万元以上 25 万元以下罚款，对单位直接负责的主管人员和其他直接责任人员处单位罚款数额 5%以上 10%以下罚款；有违法所得的，并处没收违法所得；情节严重的，有关行政监督部门可停止其一定时期内参与相关领域的招标代理业务，资格认定部门可暂停直至取消招标代理资格；构成犯罪的，由司法部门依法追究刑事责任。给他人造成损失的，依法承担赔偿责任。

前款所列行为影响中标结果，并且中标人为前款所列行为的受益人的，中标无效。

第七十条　招标人以不合理的条件限制或者排斥潜在投标人的，对潜在投标人实行歧视待遇的，强制要求投标人组成联合体共同投标的，或者限制投标人之间竞争的，有关行政监督部门责令改正，可处1万元以上5万元以下罚款。

第七十一条　依法必须进行招标项目的招标人向他人透露已获取招标文件的潜在投标人的名称、数量或者可能影响公平竞争的有关招标投标的其他情况的，或者泄露标底的，有关行政监督部门给予警告，可以并处1万元以上10万元以下的罚款；对单位直接负责的主管人员和其他直接责任人员依法给予处分；构成犯罪的，依法追究刑事责任。

前款所列行为影响中标结果的，中标无效。

第七十二条　招标人在发布招标公告、发出投标邀请书或者售出招标文件或资格预审文件后终止招标的，应当及时退还所收取的资格预审文件、招标文件的费用，以及所收取的投标保证金及银行同期存款利息。给潜在投标人或者投标人造成损失的，应当赔偿损失。

第七十三条　招标人有下列限制或者排斥潜在投标人行为之一的，由有关行政监督部门依照招标投标法第五十一条的规定处罚；其中，构成依法必须进行施工招标的项目的招标人规避招标的，依照招标投标法第四十九条的规定处罚：

（一）依法应当公开招标的项目不按照规定在指定媒介发布资格预审公告或者招标公告；

（二）在不同媒介发布的同一招标项目的资格预审公告或者招标公告的内容不一致，影响潜在投标人申请资格预审或者投标。

招标人有下列情形之一的，由有关行政监督部门责令改正，可以处10万元以下的罚款：

（一）依法应当公开招标而采用邀请招标；

（二）招标文件、资格预审文件的发售、澄清、修改的时限，或者确定的提交资格预审申请文件、投标文件的时限不符合招标投标法和招标投标法实施条例规定；

（三）接受未通过资格预审的单位或者个人参加投标；

（四）接受应当拒收的投标文件。

招标人有前款第一项、第三项、第四项所列行为之一的，对单位直接负责的主管人员和其他直接责任人员依法给予处分。

第七十四条　投标人相互串通投标或者与招标人串通投标的，投标人以向招标人或者评标委员会成员行贿的手段谋取中标的，中标无效，由有关行政监督部门处中标项目金额5‰以上10‰以下的罚款，对单位直接负责的主管人员和其他直接责任人员处单位罚款数额5%以上10%以下的罚款；有违法所得的，并处没收违法所得；情节严重的，取消其一至二年的投标资格，并予以公告，直至由工商行政管理机关吊销营业执照；构成犯罪的，依法追究刑事责任。给他人造成损失的，依法承担赔偿责任。投标人未中标的，对单位的罚款金额按照招标项目合同金额依照招标投标法规定的比例计算。

第七十五条　投标人以他人名义投标或者以其他方式弄虚作假，骗取中标的，中标无效，给招标人造成损失的，依法承担赔偿责任；构成犯罪的，依法追究刑事责任。

依法必须进行招标项目的投标人有前款所列行为尚未构成犯罪的，有关行政监督部门处中标项目金额5‰以上10‰以下的罚款，对单位直接负责的主管人员和其他直接责任人员处单位罚款数额5%以上10%以下的罚款；有违法所得的，并处没收违法所得；情节严重的，取消其一至三年投标资格，并予以公告，直至由工商行政管理机关吊销营业执照。投标人未中标的，对单位的罚款金额按照招标项目合同金额依照招标投标法规定的比例计算。

第七十六条　依法必须进行招标的项目，招标人违法与投标人就投标价格、投标方案等实质性内容进行谈判的，有关行政监督部门给予警告，对单位直接负责的主管人员和其他直接责任人员依法给予处分。

前款所列行为影响中标结果的，中标无效。

第七十七条　评标委员会成员收受投标人的财物或者其他好处的，没收收受的财物，可以并处3000元以上5万元以下的罚款，取消担任评标委员会成员的资格并予以公告，不得再参加依法必须进行招标的项目的评标；构成犯罪的，依法追究刑事责任。

第七十八条　评标委员会成员应当回避而不回避，擅离职守，不按照招标文件规定的评标标准和方法评标，私下接触投标人，向招标人征询确定中标人的意向或者接受任何单位或者个人明示或者暗示提出的倾向或者排斥特定投标人的要求，对依法应当否决的投标不提出否决意见，暗示或者诱导投标人作出澄清、说明或者接受投标人主动提出的澄清、说明,或者有其他不能客观公正地履行职责行为的,有关行政监督部门责令改正;情节严重的,禁止其在一定期限内参加依法必须进行招标的项目的评标;情节特别严重的,取消其担任评标委员会成员的资格。

第七十九条 依法必须进行招标的项目的招标人不按照规定组建评标委员会,或者确定、更换评标委员会成员违反招标投标法和招标投标法实施条例规定的,由有关行政监督部门责令改正,可以处10万元以下的罚款,对单位直接负责的主管人员和其他直接责任人员依法给予处分;违法确定或者更换的评标委员会成员作出的评审决定无效,依法重新进行评审。

第八十条 依法必须进行招标的项目的招标人有下列情形之一的,由有关行政监督部门责令改正,可以处中标项目金额千分之十以下的罚款;给他人造成损失的,依法承担赔偿责任;对单位直接负责的主管人员和其他直接责任人员依法给予处分:

(一)无正当理由不发出中标通知书;

(二)不按照规定确定中标人;

(三)中标通知书发出后无正当理由改变中标结果;

(四)无正当理由不与中标人订立合同;

(五)在订立合同时向中标人提出附加条件。

第八十一条 中标通知书发出后,中标人放弃中标项目的,无正当理由不与招标人签订合同的,在签订合同时向招标人提出附加条件或者更改合同实质性内容的,或者拒不提交所要求的履约保证金的,取消其中标资格,投标保证金不予退还;给招标人的损失超过投标保证金数额的,中标人应当对超过部分予以赔偿;没有提交投标保证金的,应当对招标人的损失承担赔偿责任。对依法必须进行施工招标的项目的中标人,由有关行政监督部门责令改正,可以处中标金额千分之十以下罚款。

第八十二条 中标人将中标项目转让给他人的,将中标项目肢解后分别转让给他人的,违法将中标项目的部分主体、关键性工作分包给他人的,或者分包人再次分包的,转让、分包无效,有关行政监督部门处转让、分包项目金额5‰以上10‰以下的罚款;有违法所得的,并处没收违法所得;可以责令停业整顿;情节严重的,由工商行政管理机关吊销营业执照。

第八十三条 招标人与中标人不按照招标文件和中标人的投标文件订立合同的,合同的主要条款与招标文件、中标人的投标文件的内容不一致,或者招标人、中标人订立背离合同实质性内容的协议的,有关行政监督部门责令改正;可以处中标项目金额5‰以上10‰以下的罚款。

第八十四条 中标人不履行与招标人订立的合同的,履约保证金不予退还,给招标人造成的损失超过履约保证金数额的,还应当对超过部分予以赔偿;没有提交履约保证金的,应当对招标人的损失承担赔偿责任。

中标人不按照与招标人订立的合同履行义务,情节严重的,有关行政监督部门取消其2至5年参加招标项目的投标资格并予以公告,直至由工商行政管理机关吊销营业执照。

因不可抗力不能履行合同的,不适用前两款规定。

第八十五条 招标人不履行与中标人订立的合同的,应当返还中标人的履约保证金,并承担相应的赔偿责任;没有提交履约保证金的,应当对中标人的损失承担赔偿责任。

因不可抗力不能履行合同的,不适用前款规定。

第八十六条 依法必须进行施工招标的项目违反法律规定,中标无效的,应当依照法律规定的中标条件从其余投标人中重新确定中标人或者依法重新进行招标。

中标无效的,发出的中标通知书和签订的合同自始没有法律约束力,但不影响合同中独立存在的有关解决争议方法的条款的效力。

第八十七条 任何单位违法限制或者排斥本地区、本系统以外的法人或者其他组织参加投标的,为招标人指定招标代理机构的,强制招标人委托招标代理机构办理招标事宜的,或者以其他方式干涉招标投标活动的,有关行政监督部门责令改正;对单位直接负责的主管人员和其他直接责任人员依法给予警告、记过、记大过的处分,情节较重的,依法给予降级、撤职、开除的处分。

个人利用职权进行前款违法行为的,依照前款规定追究责任。

第八十八条 对招标投标活动依法负有行政监督职责的国家机关工作人员徇私舞弊、滥用职权或者玩忽职守,构成犯罪的,依法追究刑事责任;不构成犯罪的,依法给予行政处分。

第八十九条 投标人或者其他利害关系人认为工程建设项目施工招标投标活动不符合国家规定的,可以自知道或者应当知道之日起10日内向有关行政监督部门投诉。投诉应当有明确的请求和必要的证明材料。

第六章 附 则

第九十条 使用国际组织或者外国政府贷款、援助资金的项目进行招标,贷款方、资金提供方对工程施工招标投标活动的条件和程序有不同规定的，可以适用其规定，但违背中华人民共和国社会公共利益的除外。

第九十一条 本办法由国家发展改革委会同有关部门负责解释。

第九十二条 本办法自 2003 年 5 月 1 日起施行。

工程建设项目货物招标投标办法

· 2005 年 1 月 18 日国家发展和改革委员会、建设部、铁道部、交通部、信息产业部、水利部、中国民用航空总局令第 27 号发布

· 根据 2013 年 3 月 11 日国家发展和改革委员会、工业和信息化部、财政部、住房和城乡建设部、交通运输部、铁道部、水利部、国家广播电影电视总局、中国民用航空局《关于废止和修改部分招标投标规章和规范性文件的决定》修订

第一章 总 则

第一条 为规范工程建设项目的货物招标投标活动，保护国家利益、社会公共利益和招标投标活动当事人的合法权益，保证工程质量，提高投资效益，根据《中华人民共和国招标投标法》、《中华人民共和国招标投标法实施条例》和国务院有关部门的职责分工，制定本办法。

第二条 本办法适用于在中华人民共和国境内工程建设项目货物招标投标活动。

第三条 工程建设项目符合《工程建设项目招标范围和规模标准规定》（原国家计委令第 3 号）规定的范围和标准的，必须通过招标选择货物供应单位。

任何单位和个人不得将依法必须进行招标的项目化整为零或者以其他任何方式规避招标。

第四条 工程建设项目货物招标投标活动应当遵循公开、公平、公正和诚实信用的原则。货物招标投标活动不受地区或者部门的限制。

第五条 工程建设项目货物招标投标活动，依法由招标人负责。

工程建设项目招标人对项目实行总承包招标时，未包括在总承包范围内的货物属于依法必须进行招标的项目范围且达到国家规定规模标准的，应当由工程建设项目招标人依法组织招标。

工程建设项目实行总承包招标时，以暂估价形式包括在总承包范围内的货物属于依法必须进行招标的项目范围且达到国家规定规模标准的，应当依法组织招标。

第六条 各级发展改革、工业和信息化、住房城乡建设、交通运输、铁道、水利、民航等部门依照国务院和地方各级人民政府关于工程建设项目行政监督的职责分工，对工程建设项目中所包括的货物招标投标活动实施监督，依法查处货物招标投标活动中的违法行为。

第二章 招 标

第七条 工程建设项目招标人是依法提出招标项目、进行招标的法人或者其他组织。本办法第五条总承包中标人单独或者共同招标时，也为招标人。

第八条 依法必须招标的工程建设项目，应当具备下列条件才能进行货物招标：

（一）招标人已经依法成立；

（二）按照国家有关规定应当履行项目审批、核准或者备案手续的，已经审批、核准或者备案；

（三）有相应资金或者资金来源已经落实；

（四）能够提出货物的使用与技术要求。

第九条 依法必须进行招标的工程建设项目，按国家有关规定需要履行审批、核准手续的，招标人应当在报送的可行性研究报告、资金申请报告或者项目申请报告中将货物招标范围、招标方式（公开招标或邀请招标）、招标组织形式（自行招标或委托招标）等有关招标内容报项目审批、核准部门审批、核准。项目审批、核准部门应当将审批、核准的招标内容通报有关行政监督部门。

第十条 货物招标分为公开招标和邀请招标。

第十一条 依法应当公开招标的项目，有下列情形之一的，可以邀请招标：

（一）技术复杂、有特殊要求或者受自然环境限制，只有少量潜在投标人可供选择；

（二）采用公开招标方式的费用占项目合同金额的比例过大；

（三）涉及国家安全、国家秘密或者抢险救灾，适宜招标但不宜公开招标。

有前款第二项所列情形，属于按照国家有关规定需要履行项目审批、核准手续的依法必须进行招标的项目，由项目审批、核准部门认定；其他项目由招标人申请有关行政监督部门作出认定。

第十二条 采用公开招标方式的，招标人应当发布资格预审公告或者招标公告。依法必须进行货物招标的资格预审公告或者招标公告，应当在国家指定的报刊或者信息网络上发布。

采用邀请招标方式的，招标人应当向三家以上具备货物供应的能力、资信良好的特定的法人或者其他组织发出投标邀请书。

第十三条 招标公告或者投标邀请书应当载明下列内容：

（一）招标人的名称和地址；

（二）招标货物的名称、数量、技术规格、资金来源；

（三）交货的地点和时间；

（四）获取招标文件或者资格预审文件的地点和时间；

（五）对招标文件或者资格预审文件收取的费用；

（六）提交资格预审申请书或者投标文件的地点和截止日期；

（七）对投标人的资格要求。

第十四条 招标人应当按照资格预审公告、招标公告或者投标邀请书规定的时间、地点发售招标文件或者资格预审文件。自招标文件或者资格预审文件发售之日起至停止发售之日止，最短不得少于五日。

招标人可以通过信息网络或者其他媒介发布招标文件，通过信息网络或者其他媒介发布的招标文件与书面招标文件具有同等法律效力，出现不一致时以书面招标文件为准，但国家另有规定的除外。

对招标文件或者资格预审文件的收费应当限于补偿印刷、邮寄的成本支出，不得以营利为目的。

除不可抗力原因外，招标文件或者资格预审文件发出后，不予退还；招标人在发布招标公告、发出投标邀请书后或者发出招标文件或资格预审文件后不得终止招标。招标人终止招标的，应当及时发布公告，或者以书面形式通知被邀请的或者已经获取资格预审文件、招标文件的潜在投标人。已经发售资格预审文件、招标文件或者已经收取投标保证金的，招标人应当及时退还所收取的资格预审文件、招标文件的费用，以及所收取的投标保证金及银行同期存款利息。

第十五条 招标人可以根据招标货物的特点和需要，对潜在投标人或者投标人进行资格审查；国家对潜在投标人或者投标人的资格条件有规定的，依照其规定。

第十六条 资格审查分为资格预审和资格后审。

资格预审，是指招标人出售招标文件或者发出投标邀请书前对潜在投标人进行的资格审查。资格预审一般适用于潜在投标人较多或者大型、技术复杂货物的招标。

资格后审，是指在开标后对投标人进行的资格审查。资格后审一般在评标过程中的初步评审开始时进行。

第十七条 采取资格预审的，招标人应当发布资格预审公告。资格预审公告适用本办法第十二条、第十三条有关招标公告的规定。

第十八条 资格预审文件一般包括下列内容：

（一）资格预审公告；

（二）申请人须知；

（三）资格要求；

（四）其他业绩要求；

（五）资格审查标准和方法；

（六）资格预审结果的通知方式。

第十九条 采取资格预审的，招标人应当在资格预审文件中详细规定资格审查的标准和方法；采取资格后审的，招标人应当在招标文件中详细规定资格审查的标准和方法。

招标人在进行资格审查时，不得改变或补充载明的资格审查标准和方法或者以没有载明的资格审查标准和方法对潜在投标人或者投标人进行资格审查。

第二十条 经资格预审后，招标人应当向资格预审合格的潜在投标人发出资格预审合格通知书，告知获取招标文件的时间、地点和方法，并同时向资格预审不合格的潜在投标人告知资格预审结果。依法必须招标的项目通过资格预审的申请人不足三个的，招标人在分析招标失败的原因并采取相应措施后，应当重新招标。

对资格后审不合格的投标人，评标委员会应当否决其投标。

第二十一条 招标文件一般包括下列内容：

（一）招标公告或者投标邀请书；

（二）投标人须知；

（三）投标文件格式；

（四）技术规格、参数及其他要求；

（五）评标标准和方法；

（六）合同主要条款。

招标人应当在招标文件中规定实质性要求和条件，说明不满足其中任何一项实质性要求和条件的投标将被拒绝，并用醒目的方式标明；没有标明的要求和条件在评标时不得作为实质性要求和条件。对于非实质性要求和条件，应规定允许偏差的最大范围、最高项数，以及对这些偏差进行调整的方法。

国家对招标货物的技术、标准、质量等有规定的，招标人应当按照其规定在招标文件中提出相应要求。

第二十二条 招标货物需要划分标包的，招标人应合理划分标包，确定各标包的交货期，并在招标文件中如实载明。

招标人不得以不合理的标包限制或者排斥潜在投标人或者投标人。依法必须进行招标的项目的招标人不得利用标包划分规避招标。

第二十三条 招标人允许中标人对非主体货物进行

分包的,应当在招标文件中载明。主要设备、材料或者供货合同的主要部分不得要求或者允许分包。

除招标文件要求不得改变标准货物的供应商外,中标人经招标人同意改变标准货物的供应商的,不应视为转包和违法分包。

第二十四条 招标人可以要求投标人在提交符合招标文件规定要求的投标文件外,提交备选投标方案,但应当在招标文件中作出说明。不符合中标条件的投标人的备选投标方案不予考虑。

第二十五条 招标文件规定的各项技术规格应当符合国家技术法规的规定。

招标文件中规定的各项技术规格均不得要求或标明某一特定的专利技术、商标、名称、设计、原产地或供应者等,不得含有倾向或者排斥潜在投标人的其他内容。如果必须引用某一供应者的技术规格才能准确或清楚地说明拟招标货物的技术规格时,则应当在参照后面加上"或相当于"的字样。

第二十六条 招标文件应当明确规定评标时包含价格在内的所有评标因素,以及据此进行评估的方法。

在评标过程中,不得改变招标文件中规定的评标标准、方法和中标条件。

第二十七条 招标人可以在招标文件中要求投标人以自己的名义提交投标保证金。投标保证金除现金外,可以是银行出具的银行保函、保兑支票、银行汇票或现金支票,也可以是招标人认可的其他合法担保形式。依法必须进行招标的项目的境内投标单位,以现金或者支票形式提交的投标保证金应当从其基本账户转出。

投标保证金不得超过项目估算价的百分之二,但最高不得超过八十万元人民币。投标保证金有效期应当与投标有效期一致。

投标人应当按照招标文件要求的方式和金额,在提交投标文件截止时间前将投标保证金提交给招标人或其委托的招标代理机构。

第二十八条 招标文件应当规定一个适当的投标有效期,以保证招标人有足够的时间完成评标和与中标人签订合同。投标有效期从招标文件规定的提交投标文件截止之日起计算。

在原投标有效期结束前,出现特殊情况的,招标人可以书面形式要求所有投标人延长投标有效期。投标人同意延长的,不得要求或被允许修改其投标文件的实质性内容,但应当相应延长其投标保证金的有效期;投标人拒绝延长的,其投标失效,但投标人有权收回其投标保证金及银行同期存款利息。

依法必须进行招标的项目同意延长投标有效期的投标人少于三个的,招标人在分析招标失败的原因并采取相应措施后,应当重新招标。

第二十九条 对于潜在投标人在阅读招标文件中提出的疑问,招标人应当以书面形式、投标预备会方式或者通过电子网络解答,但需同时将解答以书面方式通知所有购买招标文件的潜在投标人。该解答的内容为招标文件的组成部分。

除招标文件明确要求外,出席投标预备会不是强制性的,由潜在投标人自行决定,并自行承担由此可能产生的风险。

第三十条 招标人应当确定投标人编制投标文件所需的合理时间。依法必须进行招标的货物,自招标文件开始发出之日起至投标人提交投标文件截止之日止,最短不得少于二十日。

第三十一条 对无法精确拟定其技术规格的货物,招标人可以采用两阶段招标程序。

在第一阶段,招标人可以首先要求潜在投标人提交技术建议,详细阐明货物的技术规格、质量和其他特性。招标人可以与投标人就其建议的内容进行协商和讨论,达成一个统一的技术规格后编制招标文件。

在第二阶段,招标人应当向第一阶段提交了技术建议的投标人提供包含统一技术规格的正式招标文件,投标人根据正式招标文件的要求提交包括价格在内的最后投标文件。

招标人要求投标人提交投标保证金的,应当在第二阶段提出。

第三章 投 标

第三十二条 投标人是响应招标、参加投标竞争的法人或者其他组织。

法定代表人为同一个人的两个及两个以上法人,母公司、全资子公司及其控股公司,都不得在同一货物招标中同时投标。

违反前两款规定的,相关投标均无效。

一个制造商对同一品牌同一型号的货物,仅能委托一个代理商参加投标。

第三十三条 投标人应当按照招标文件的要求编制投标文件。投标文件应当对招标文件提出的实质性要求和条件作出响应。

投标文件一般包括下列内容:

(一)投标函;

（二）投标一览表；

（三）技术性能参数的详细描述；

（四）商务和技术偏差表；

（五）投标保证金；

（六）有关资格证明文件；

（七）招标文件要求的其他内容。

投标人根据招标文件载明的货物实际情况，拟在中标后将供货合同中的非主要部分进行分包的，应当在投标文件中载明。

第三十四条 投标人应当在招标文件要求提交投标文件的截止时间前，将投标文件密封送达招标文件中规定的地点。招标人收到投标文件后，应当向投标人出具标明签收人和签收时间的凭证，在开标前任何单位和个人不得开启投标文件。

在招标文件要求提交投标文件的截止时间后送达的投标文件，为无效的投标文件，招标人应当拒收，并将其原封不动地退回投标人。

在招标文件要求提交投标文件的截止时间后送达的投标文件，招标人应当拒收。

依法必须进行招标的项目，提交投标文件的投标人少于三个的，招标人在分析招标失败的原因并采取相应措施后，应当重新招标。重新招标后投标人仍少于三个，按国家有关规定需要履行审批、核准手续的依法必须进行招标的项目，报项目审批、核准部门审批、核准后可以不再进行招标。

第三十五条 投标人在招标文件要求提交投标文件的截止时间前，可以补充、修改、替代或者撤回已提交的投标文件，并书面通知招标人。补充、修改的内容为投标文件的组成部分。

第三十六条 在提交投标文件截止时间后，投标人不得撤销其投标文件，否则招标人可以不退还其投标保证金。

第三十七条 招标人应妥善保管好已接收的投标文件、修改或撤回通知、备选投标方案等投标资料，并严格保密。

第三十八条 两个以上法人或者其他组织可以组成一个联合体，以一个投标人的身份共同投标。

联合体各方签订共同投标协议后，不得再以自己名义单独投标，也不得组成或参加其他联合体在同一项目中投标；否则相关投标均无效。

联合体中标的，应当指定牵头人或代表，授权其代表所有联合体成员与招标人签订合同，负责整个合同实施阶段的协调工作。但是，需要向招标人提交由所有联合体成员法定代表人签署的授权委托书。

第三十九条 招标人接受联合体投标并进行资格预审的，联合体应当在提交资格预审申请文件前组成。资格预审后联合体增减、更换成员的，其投标无效。

招标人不得强制资格预审合格的投标人组成联合体。

第四章 开标、评标和定标

第四十条 开标应当在招标文件确定的提交投标文件截止时间的同一时间公开进行；开标地点应当为招标文件中确定的地点。

投标人或其授权代表有权出席开标会，也可以自主决定不参加开标会。

投标人对开标有异议的，应当在开标现场提出，招标人应当当场作出答复，并制作记录。

第四十一条 投标文件有下列情形之一的，招标人应当拒收：

（一）逾期送达；

（二）未按招标文件要求密封。

有下列情形之一的，评标委员会应当否决其投标：

（一）投标文件未经投标单位盖章和单位负责人签字；

（二）投标联合体没有提交共同投标协议；

（三）投标人不符合国家或者招标文件规定的资格条件；

（四）同一投标人提交两个以上不同的投标文件或者投标报价，但招标文件要求提交备选投标的除外；

（五）投标标价低于成本或者高于招标文件设定的最高投标限价；

（六）投标文件没有对招标文件的实质性要求和条件作出响应；

（七）投标人有串通投标、弄虚作假、行贿等违法行为。

依法必须招标的项目评标委员会否决所有投标的，或者评标委员会否决一部分投标后其他有效投标不足三个使得投标明显缺乏竞争，决定否决全部投标的，招标人在分析招标失败的原因并采取相应措施后，应当重新招标。

第四十二条 评标委员会可以书面方式要求投标人对投标文件中含义不明确、对同类问题表述不一致或者有明显文字和计算错误的内容作必要的澄清、说明或补正。评标委员会不得向投标人提出带有暗示性或诱导性的问题，或向其明确投标文件中的遗漏和错误。

第四十三条　投标文件不响应招标文件的实质性要求和条件的，评标委员会不得允许投标人通过修正或撤销其不符合要求的差异或保留，使之成为具有响应性的投标。

第四十四条　技术简单或技术规格、性能、制作工艺要求统一的货物，一般采用经评审的最低投标价法进行评标。技术复杂或技术规格、性能、制作工艺要求难以统一的货物，一般采用综合评估法进行评标。

第四十五条　符合招标文件要求且评标价最低或综合评分最高而被推荐为中标候选人的投标人，其所提交的备选投标方案方可予以考虑。

第四十六条　评标委员会完成评标后，应向招标人提出书面评标报告。评标报告由评标委员会全体成员签字。

第四十七条　评标委员会在书面评标报告中推荐的中标候选人应当限定在一至三人，并标明排列顺序。招标人应当接受评标委员会推荐的中标候选人，不得在评标委员会推荐的中标候选人之外确定中标人。

依法必须进行招标的项目，招标人应当自收到评标报告之日起三日内公示中标候选人，公示期不得少于三日。

第四十八条　国有资金占控股或者主导地位的依法必须进行招标的项目，招标人应当确定排名第一的中标候选人为中标人。排名第一的中标候选人放弃中标、因不可抗力提出不能履行合同、不按照招标文件要求提交履约保证金，或者被查实存在影响中标结果的违法行为等情形，不符合中标条件的，招标人可以按照评标委员会提出的中标候选人名单排序依次确定其他中标候选人为中标人。依次确定其他中标候选人与招标人预期差距较大，或者对招标人明显不利的，招标人可以重新招标。

招标人可以授权评标委员会直接确定中标人。

国务院对中标人的确定另有规定的，从其规定。

第四十九条　招标人不得向中标人提出压低报价、增加配件或者售后服务量以及其他超出招标文件规定的违背中标人意愿的要求，以此作为发出中标通知书和签订合同的条件。

第五十条　中标通知书对招标人和中标人具有法律效力。中标通知书发出后，招标人改变中标结果的，或者中标人放弃中标项目的，应当依法承担法律责任。

中标通知书由招标人发出，也可以委托其招标代理机构发出。

第五十一条　招标人和中标人应当在投标有效期内并在自中标通知书发出之日起三十日内，按照招标文件和中标人的投标文件订立书面合同。招标人和中标人不得再行订立背离合同实质性内容的其他协议。

招标文件要求中标人提交履约保证金或者其他形式履约担保的，中标人应当提交；拒绝提交的，视为放弃中标项目。招标人要求中标人提供履约保证金或其他形式履约担保的，招标人应当同时向中标人提供货物款支付担保。

履约保证金不得超过中标合同金额的10%。

第五十二条　招标人最迟应当在书面合同签订后五日内，向中标人和未中标的投标人一次性退还投标保证金及银行同期存款利息。

第五十三条　必须审批的工程建设项目，货物合同价格应当控制在批准的概算投资范围内；确需超出范围的，应当在中标合同签订前，报原项目审批部门审查同意。项目审批部门应当根据招标的实际情况，及时作出批准或者不予批准的决定；项目审批部门不予批准的，招标人应当自行平衡超出的概算。

第五十四条　依法必须进行货物招标的项目，招标人应当自确定中标人之日起十五日内，向有关行政监督部门提交招标投标情况的书面报告。

前款所称书面报告至少应包括下列内容：

（一）招标货物基本情况；

（二）招标方式和发布招标公告或者资格预审公告的媒介；

（三）招标文件中投标人须知、技术条款、评标标准和方法、合同主要条款等内容；

（四）评标委员会的组成和评标报告；

（五）中标结果。

第五章　罚　则

第五十五条　招标人有下列限制或者排斥潜在投标行为之一的，由有关行政监督部门依照招标投标法第五十一条的规定处罚；其中，构成依法必须进行招标的项目的招标人规避招标的，依照招标投标法第四十九条的规定处罚：

（一）依法应当公开招标的项目不按照规定在指定媒介发布资格预审公告或者招标公告；

（二）在不同媒介发布的同一招标项目的资格预审公告或者招标公告内容不一致，影响潜在投标人申请资格预审或者投标。

第五十六条 招标人有下列情形之一的，由有关行政监督部门责令改正，可以处10万元以下的罚款：

（一）依法应当公开招标而采用邀请招标；

（二）招标文件、资格预审文件的发售、澄清、修改的时限，或者确定的提交资格预审申请文件、投标文件的时限不符合招标投标法和招标投标法实施条例规定；

（三）接受未通过资格预审的单位或者个人参加投标；

（四）接受应当拒收的投标文件。招标人有前款第一项、第三项、第四项所列行为之一的，对单位直接负责的主管人员和其他直接责任人员依法给予处分。

第五十七条 评标委员会成员有下列行为之一的，由有关行政监督部门责令改正；情节严重的，禁止其在一定期限内参加依法必须进行招标的项目的评标；情节特别严重的，取消其担任评标委员会成员的资格：

（一）应当回避而不回避；

（二）擅离职守；

（三）不按照招标文件规定的评标标准和方法评标；

（四）私下接触投标人；

（五）向招标人征询确定中标人的意向或者接受任何单位或者个人明示或者暗示提出的倾向或者排斥特定投标人的要求；

（六）对依法应当否决的投标不提出否决意见；

（七）暗示或者诱导投标人作出澄清、说明或者接受投标人主动提出的澄清、说明；

（八）其他不客观、不公正履行职务的行为。

第五十八条 依法必须进行招标的项目的招标人有下列情形之一的，由有关行政监督部门责令改正，可以处中标项目金额千分之十以下的罚款；给他人造成损失的，依法承担赔偿责任；对单位直接负责的主管人员和其他直接责任人员依法给予处分：

（一）无正当理由不发出中标通知书；

（二）不按照规定确定中标人；

（三）中标通知书发出后无正当理由改变中标结果；

（四）无正当理由不与中标人订立合同；

（五）在订立合同时向中标人提出附加条件。

中标通知书发出后，中标人放弃中标项目的，无正当理由不与招标人签订合同的，在签订合同时向招标人提出附加条件或者更改合同实质性内容的，或者拒不提交所要求的履约保证金的，取消其中标资格，投标保证金不予退还；给招标人的损失超过投标保证金数额的，中标人应当对超过部分予以赔偿；没有提交投标保证金的，应当对招标人的损失承担赔偿责任。对依法必须进行招标的项目的中标人，由有关行政监督部门责令改正，可以处中标金额千分之十以下罚款。

第五十九条 招标人不履行与中标人订立的合同的，应当返还中标人的履约保证金，并承担相应的赔偿责任；没有提交履约保证金的，应当对中标人的损失承担赔偿责任。

因不可抗力不能履行合同的，不适用前款规定。

第六十条 中标无效的，发出的中标通知书和签订的合同自始没有法律约束力，但不影响合同中独立存在的有关解决争议方法的条款的效力。

第六章 附 则

第六十一条 不属于工程建设项目，但属于固定资产投资的货物招标投标活动，参照本办法执行。

第六十二条 使用国际组织或者外国政府贷款、援助资金的项目进行招标，贷款方、资金提供方对货物招标投标活动的条件和程序有不同规定的，可以适用其规定，但违背中华人民共和国社会公共利益的除外。

第六十三条 本办法由国家发展和改革委员会会同有关部门负责解释。

第六十四条 本办法自2005年3月1日起施行。

《标准施工招标资格预审文件》和《标准施工招标文件》暂行规定

· 2007年11月1日国家发展改革委、财政部、建设部、铁道部、交通部、信息产业部、水利部、民航总局、广电总局令第56号公布

· 根据2013年3月11日国家发展和改革委员会、工业和信息化部、财政部、住房和城乡建设部、交通运输部、铁道部、水利部、国家广播电影电视总局、中国民用航空局《关于废止和修改部分招标投标规章和规范性文件的决定》修订

第一条 为了规范施工招标资格预审文件、招标文件编制活动，提高资格预审文件、招标文件编制质量，促进招标投标活动的公开、公平和公正，国家发展和改革委员会、财政部、建设部、铁道部、交通部、信息产业部、水利部、民用航空总局、广播电影电视总局联合编制了《标准施工招标资格预审文件》和《标准施工招标文件》（以下如无特别说明，统一简称为《标准文件》）。

第二条 本《标准文件》适用于依法必须招标的工程建设项目。

第三条 国务院有关行业主管部门可根据《标准施

工招标文件》并结合本行业施工招标特点和管理需要，编制行业标准施工招标文件。行业标准施工招标文件重点对"专用合同条款"、"工程量清单"、"图纸"、"技术标准和要求"作出具体规定。

第四条 招标人应根据《标准文件》和行业标准施工招标文件（如有），结合招标项目具体特点和实际需要，按照公开、公平、公正和诚实信用原则编写施工招标资格预审文件或施工招标文件，并按规定执行政府采购政策。

第五条 行业标准施工招标文件和招标人编制的施工招标资格预审文件、施工招标文件，应不加修改地引用《标准施工招标资格预审文件》中的"申请人须知"（申请人须知前附表除外）、"资格审查办法"（资格审查办法前附表除外），以及《标准施工招标文件》中的"投标人须知"（投标人须知前附表和其他附表除外）、"评标办法"（评标办法前附表除外）、"通用合同条款"。

《标准文件》中的其他内容，供招标人参考。

第六条 行业标准施工招标文件中的"专用合同条款"可对《标准施工招标文件》中的"通用合同条款"进行补充、细化，除"通用合同条款"明确"专用合同条款"可作出不同约定外，补充和细化的内容不得与"通用合同条款"强制性规定相抵触，否则抵触内容无效。

第七条 "申请人须知前附表"和"投标人须知前附表"用于进一步明确"申请人须知"和"投标人须知"正文中的未尽事宜，招标人应结合招标项目具体特点和实际需要编制和填写，但不得与"申请人须知"和"投标人须知"正文内容相抵触，否则抵触内容无效。

第八条 "资格审查办法前附表"和"评标办法前附表"用于明确资格审查和评标的方法、因素、标准和程序。招标人应根据招标项目具体特点和实际需要，详细列明全部审查或评审因素、标准，没有列明的因素和标准不得作为资格审查或评标的依据。

第九条 招标人编制招标文件中的"专用合同条款"可根据招标项目的具体特点和实际需要，对《标准施工招标文件》中的"通用合同条款"进行补充、细化和修改，但不得违反法律、行政法规的强制性规定和平等、自愿、公平和诚实信用原则。

第十条 招标人编制的资格预审文件和招标文件不得违反公开、公平、公正、平等、自愿和诚实信用原则。

第十一条 国务院有关部门和地方人民政府有关部门应加强对招标人使用《标准文件》的指导和监督检查，及时总结经验和发现问题。

第十二条 需要就如何适用《标准文件》中不加修改地引用的内容作出解释的，按照国务院和地方人民政府部门职责分工，分别由有关部门负责。

第十三条 因出现新情况，需要对《标准文件》中不加修改地引用的内容作出解释或调整的，由国家发展和改革委员会会同国务院有关部门作出解释或调整。该解释和调整与《标准文件》具有同等效力。

第十四条 《标准文件》作为本规定的附件，与本规定同时发布施行。

附件：一、《中华人民共和国标准施工招标资格预审文件》（2007 年版）（略）

二、《中华人民共和国标准施工招标文件》（2007 年版）（略）

关于印发简明标准施工招标文件和标准设计施工总承包招标文件的通知

· 2011 年 12 月 20 日

· 发改法规〔2011〕3018 号

国务院各部门、各直属机构，各省、自治区、直辖市及计划单列市、副省级省会城市、新疆生产建设兵团发展改革委、工业和信息化主管部门、通信管理局、财政厅（局）、住房城乡建设厅（建委、局）、交通厅（局）、水利厅（局）、广播影视局，各铁路局、各铁路公司（筹备组），民航各地区管理局：

为落实中央关于建立工程建设领域突出问题专项治理长效机制的要求，进一步完善招标文件编制规则，提高招标文件编制质量，促进招标投标活动的公开、公平和公正，国家发展改革委会同工业和信息化部、财政部、住房和城乡建设部、交通运输部、铁道部、水利部、广电总局、中国民用航空局，编制了《简明标准施工招标文件》和《标准设计施工总承包招标文件》（以下如无特别说明，统一简称为《标准文件》）。现将《标准文件》印发你们，并就有关事项通知如下：

一、适用范围

依法必须进行招标的工程建设项目，工期不超过 12 个月、技术相对简单、且设计和施工不是由同一承包人承担的小型项目，其施工招标文件应当根据《简明标准施工招标文件》编制；设计施工一体化的总承包项目，其招标文件应当根据《标准设计施工总承包招标文件》编制。

工程建设项目，是指工程以及与工程建设有关的货物和服务。工程，是指建设工程，包括建筑物和构筑物的新建、改建、扩建及其相关的装修、拆除、修缮等。与工程建设有关的货物，是指构成工程不可分割的组成部分，且为实现工程基本功能所必需的设备、材料等。与工程建设有关的服务，是指为完成工程所需的勘察、设计、监理等。

二、应当不加修改地引用《标准文件》的内容

《标准文件》中的“投标人须知”（投标人须知前附表和其他附表除外）、“评标办法”（评标办法前附表除外）、“通用合同条款”，应当不加修改地引用。

三、行业主管部门可以作出的补充规定

国务院有关行业主管部门可根据本行业招标特点和管理需要，对《简明标准施工招标文件》中的“专用合同条款”、“工程量清单”、“图纸”、“技术标准和要求”，《标准设计施工总承包招标文件》中的“专用合同条款”、“发包人要求”、“发包人提供的资料和条件”作出具体规定。其中，“专用合同条款”可对“通用合同条款”进行补充、细化，但除“通用合同条款”明确规定可以作出不同约定外，“专用合同条款”补充和细化的内容不得与“通用合同条款”相抵触，否则抵触内容无效。

四、招标人可以补充、细化和修改的内容

“投标人须知前附表”用于进一步明确“投标人须知”正文中的未尽事宜，招标人或者招标代理机构应结合招标项目具体特点和实际需要编制和填写，但不得与“投标人须知”正文内容相抵触，否则抵触内容无效。

“评标办法前附表”用于明确评标的方法、因素、标准和程序。招标人应根据招标项目具体特点和实际需要，详细列明全部审查或评审因素、标准，没有列明的因素和标准不得作为资格审查或者评标的依据。

招标人或者招标代理机构可根据招标项目的具体特点和实际需要，在“专用合同条款”中对《标准文件》中的“通用合同条款”进行补充、细化和修改，但不得违反法律、行政法规的强制性规定，以及平等、自愿、公平和诚实信用原则，否则相关内容无效。

五、实施时间、解释及修改

《标准文件》自2012年5月1日起实施。因出现新情况，需要对《标准文件》不加修改地引用的内容作出解释或修改的，由国家发展改革委会同国务院有关部门作出解释或修改。该解释和修改与《标准文件》具有同等效力。

请各级人民政府有关部门认真组织好《标准文件》的贯彻落实，及时总结经验和发现问题。各地在实施《标准文件》中的经验和问题，向上级主管部门报告；国务院各部门汇总本部门的经验和问题，报国家发展改革委。

特此通知。

附件：一：《中华人民共和国简明标准施工招标文件》（2012年版）（略）

二：《中华人民共和国标准设计施工总承包招标文件》（2012年版）（略）

住房城乡建设部关于进一步推进工程总承包发展的若干意见

· 2016年5月20日
· 建市〔2016〕93号

各省、自治区住房城乡建设厅，直辖市建委，北京市规委，新疆生产建设兵团建设局，国务院有关部门建设司（局）：

为落实《中共中央 国务院关于进一步加强城市规划建设管理工作的若干意见》，深化建设项目组织实施方式改革，推广工程总承包制，提升工程建设质量和效益，现提出以下意见。

一、大力推进工程总承包

（一）充分认识推进工程总承包的意义。工程总承包是国际通行的建设项目组织实施方式。大力推进工程总承包，有利于提升项目可行性研究和初步设计深度，实现设计、采购、施工等各阶段工作的深度融合，提高工程建设水平；有利于发挥工程总承包企业的技术和管理优势，促进企业做优做强，推动产业转型升级，服务于“一带一路”战略实施。

（二）工程总承包的主要模式。工程总承包是指从事工程总承包的企业按照与建设单位签订的合同，对工程项目的设计、采购、施工等实行全过程的承包，并对工程的质量、安全、工期和造价等全面负责的承包方式。工程总承包一般采用设计-采购-施工总承包或者设计-施工总承包模式。建设单位也可以根据项目特点和实际需要，按照风险合理分担原则和承包工作内容采用其他工程总承包模式。

（三）优先采用工程总承包模式。建设单位在选择建设项目组织实施方式时，应当本着质量可靠、效率优先的原则，优先采用工程总承包模式。政府投资项目和装配式建筑应当积极采用工程总承包模式。

二、完善工程总承包管理制度

（四）工程总承包项目的发包阶段。建设单位可以根据项目特点，在可行性研究、方案设计或者初步设计完成后，按照确定的建设规模、建设标准、投资限额、工程质量和进度要求等进行工程总承包项目发包。

（五）建设单位的项目管理。建设单位应当加强工程总承包项目全过程管理，督促工程总承包企业履行合同义务。建设单位根据自身资源和能力，可以自行对工程总承包项目进行管理，也可以委托项目管理单位，依照合同对工程总承包项目进行管理。项目管理单位可以是本项目的可行性研究、方案设计或者初步设计单位，也可以是其他工程设计、施工或者监理等单位，但项目管理单位不得与工程总承包企业具有利害关系。

（六）工程总承包企业的选择。建设单位可以依法采用招标或者直接发包的方式选择工程总承包企业。工程总承包评标可以采用综合评估法，评审的主要因素包括工程总承包报价、项目管理组织方案、设计方案、设备采购方案、施工计划、工程业绩等。工程总承包项目可以采用总价合同或者成本加酬金合同，合同价格应当在充分竞争的基础上合理确定，合同的制订可以参照住房城乡建设部、工商总局联合印发的建设项目工程总承包合同示范文本。

（七）工程总承包企业的基本条件。工程总承包企业应当具有与工程规模相适应的工程设计资质或者施工资质，相应的财务、风险承担能力，同时具有相应的组织机构、项目管理体系、项目管理专业人员和工程业绩。

（八）工程总承包项目经理的基本要求。工程总承包项目经理应当取得工程建设类注册执业资格或者高级专业技术职称，担任过工程总承包项目经理、设计项目负责人或者施工项目经理，熟悉工程建设相关法律法规和标准，同时具有相应工程业绩。

（九）工程总承包项目的分包。工程总承包企业可以在其资质证书许可的工程项目范围内自行实施设计和施工，也可以根据合同约定或者经建设单位同意，直接将工程项目的设计或者施工业务择优分包给具有相应资质的企业。仅具有设计资质的企业承接工程总承包项目时，应当将工程总承包项目中的施工业务依法分包给具有相应施工资质的企业。仅具有施工资质的企业承接工程总承包项目时，应当将工程总承包项目中的设计业务依法分包给具有相应设计资质的企业。

（十）工程总承包项目严禁转包和违法分包。工程总承包企业应当加强对分包的管理，不得将工程总承包项目转包，也不得将工程总承包项目中设计和施工业务一并或者分别分包给其他单位。工程总承包企业自行实施设计的，不得将工程总承包项目工程主体部分的设计业务分包给其他单位。工程总承包企业自行实施施工的，不得将工程总承包项目工程主体结构的施工业务分包给其他单位。

（十一）工程总承包企业的义务和责任。工程总承包企业应当加强对工程总承包项目的管理，根据合同约定和项目特点，制定项目管理计划和项目实施计划，建立工程管理与协调制度，加强设计、采购与施工的协调，完善和优化设计，改进施工方案，合理调配设计、采购和施工力量，实现对工程总承包项目的有效控制。工程总承包企业对工程总承包项目的质量和安全全面负责。工程总承包企业按照合同约定对建设单位负责，分包企业按照分包合同的约定对工程总承包企业负责。工程分包不能免除工程总承包企业的合同义务和法律责任，工程总承包企业和分包企业就分包工程对建设单位承担连带责任。

（十二）工程总承包项目的风险管理。工程总承包企业和建设单位应当加强风险管理，公平合理分担风险。工程总承包企业按照合同约定向建设单位出具履约担保，建设单位向工程总承包企业出具支付担保。

（十三）工程总承包项目的监管手续。按照法规规定进行施工图设计文件审查的工程总承包项目，可以根据实际情况按照单体工程进行施工图设计文件审查。住房城乡建设主管部门可以根据工程总承包合同及分包合同确定的设计、施工企业，依法办理建设工程质量、安全监督和施工许可等相关手续。相关许可和备案表格，以及需要工程总承包企业签署意见的相关工程管理技术文件，应当增加工程总承包企业、工程总承包项目经理等栏目。

（十四）安全生产许可证和质量保修。工程总承包企业自行实施工程总承包项目施工的，应当依法取得安全生产许可证；将工程总承包项目中的施工业务依法分包给具有相应资质的施工企业完成的，施工企业应当依法取得安全生产许可证。工程总承包企业应当组织分包企业配合建设单位完成工程竣工验收，签署工程质量保修书。

三、提升企业工程总承包能力和水平

（十五）完善工程总承包企业组织机构。工程总承包企业要根据开展工程总承包业务的实际需要，及时调整和完善企业组织机构、专业设置和人员结构，形成集设计、采购和施工各阶段项目管理于一体，技术与管理密切结合，具有工程总承包能力的组织体系。

（十六）加强工程总承包人才队伍建设。工程总承包企业要高度重视工程总承包的项目经理及从事项目控制、设计管理、采购管理、施工管理、合同管理、质量安全管理和风险管理等方面的人才培养。加强项目管理业务培训，并在工程总承包项目实践中锻炼人才、培育人才，培养一批符合工程总承包业务需求的专业人才，为开展工程总承包业务提供人才支撑。

（十七）加强工程总承包项目管理体系建设。工程总承包企业要不断建立完善包括技术标准、管理标准、质量管理体系、职业健康安全和环境管理体系在内的工程总承包项目管理标准体系。加强对分包企业的跟踪、评估和管理，充分利用市场优质资源，保证项目的有效实施。积极推广应用先进实用的项目管理软件，建立与工程总承包管理相适应的信息网络平台，完善相关数据库，提高数据统计、分析和管控水平。

四、加强推进工程总承包发展的组织和实施

（十八）加强组织领导。各级住房城乡建设主管部门要高度重视推进工程总承包发展工作，创新建设工程管理机制，完善相关配套政策；加强领导，推进各项制度措施落实，明确管理部门，依据职责加强对房屋建筑和市政工程的工程总承包活动的监督管理；加强与发展改革、财政、税务、审计等有关部门的沟通协调，积极解决制约工程总承包项目实施的有关问题。

（十九）加强示范引导。各级住房城乡建设主管部门要引导工程建设项目采用工程总承包模式进行建设，从重点企业入手，培育一批工程总承包骨干企业，发挥示范引领带动作用，提高工程总承包的供给质量和能力。加大宣传力度，加强人员培训，及时总结和推广经验，扩大工程总承包的影响力。

（二十）发挥行业组织作用。充分发挥行业组织桥梁和纽带作用，在推进工程总承包发展过程中，行业组织要积极反映企业诉求，协助政府开展相关政策研究，组织开展工程总承包项目管理人才培训，开展工程总承包企业经验交流，促进工程总承包发展。

国家发展改革委关于进一步放开建设项目专业服务价格的通知

·2015年2月11日
·发改价格〔2015〕299号

国务院有关部门、直属机构，各省、自治区、直辖市发展改革委、物价局：

为贯彻落实党的十八届三中全会精神，按照国务院部署，充分发挥市场在资源配置中的决定性作用，决定进一步放开建设项目专业服务价格。现将有关事项通知如下：

一、在已放开非政府投资及非政府委托的建设项目专业服务价格的基础上，全面放开以下实行政府指导价管理的建设项目专业服务价格，实行市场调节价。

（一）建设项目前期工作咨询费，指工程咨询机构接受委托，提供建设项目专题研究、编制和评估项目建议书或者可行性研究报告，以及其它与建设项目前期工作有关的咨询等服务收取的费用。

（二）工程勘察设计费，包括工程勘察收费和工程设计收费。工程勘察收费，指工程勘察机构接受委托，提供收集已有资料、现场踏勘、制定勘察纲要，进行测绘、勘探、取样、试验、测试、检测、监测等勘察作业，以及编制工程勘察文件和岩土工程设计文件等服务收取的费用；工程设计收费，指工程设计机构接受委托，提供编制建设项目初步设计文件、施工图设计文件、非标准设备设计文件、施工图预算文件、竣工图文件等服务收取的费用。

（三）招标代理费，指招标代理机构接受委托，提供代理工程、货物、服务招标，编制招标文件、审查投标人资格，组织投标人踏勘现场并答疑，组织开标、评标、定标，以及提供招标前期咨询、协调合同的签订等服务收取的费用。

（四）工程监理费，指工程监理机构接受委托，提供建设工程施工阶段的质量、进度、费用控制管理和安全生产监督管理、合同、信息等方面协调管理等服务收取的费用。

（五）环境影响咨询费，指环境影响咨询机构接受委托，提供编制环境影响报告书、环境影响报告表和对环境影响报告书、环境影响报告表进行技术评估等服务收取的费用。

二、上述5项服务价格实行市场调节价后，经营者应严格遵守《价格法》、《关于商品和服务实行明码标价的规定》等法律法规规定，告知委托人有关服务项目、服务内容、服务质量，以及服务价格等，并在相关服务合同中约定。经营者提供的服务，应当符合国家和行业有关标准规范，满足合同约定的服务内容和质量等要求。不得违反标准规范规定或合同约定，通过降低服务质量、减少服务内容等手段进行恶性竞争，扰乱正常市场秩序。

三、各有关行业主管部门要加强对本行业相关经营主体服务行为监管。要建立健全服务标准规范，进一步完善行业准入和退出机制，为市场主体创造公开、公平的市场竞争环境,引导行业健康发展;要制定市场主体和从业人员信用评价标准,推进工程建设服务市场信用体系建设,加大对有重大失信行为的企业及负有责任的从业人员的惩戒力度。充分发挥行业协会服务企业和行业自律作用,加强对本行业经营者的培训和指导。

四、政府有关部门对建设项目实施审批、核准或备案管理,需委托专业服务机构等中介提供评估评审等服务的,有关评估评审费用等由委托评估评审的项目审批、核准或备案机关承担,评估评审机构不得向项目单位收取费用。

五、各级价格主管部门要加强对建设项目服务市场价格行为监管,依法查处各种截留定价权,利用行政权力指定服务、转嫁成本,以及串通涨价、价格欺诈等行为,维护正常的市场秩序,保障市场主体合法权益。

六、本通知自 2015 年 3 月 1 日起执行。此前与本通知不符的有关规定,同时废止。

建筑工程设计招标投标管理办法

· 2017 年 1 月 24 日住房和城乡建设部令第 33 号发布
· 自 2017 年 5 月 1 日起施行

第一条 为规范建筑工程设计市场,提高建筑工程设计水平,促进公平竞争,繁荣建筑创作,根据《中华人民共和国建筑法》、《中华人民共和国招标投标法》、《建设工程勘察设计管理条例》和《中华人民共和国招标投标法实施条例》等法律法规,制定本办法。

第二条 依法必须进行招标的各类房屋建筑工程,其设计招标投标活动,适用本办法。

第三条 国务院住房城乡建设主管部门依法对全国建筑工程设计招标投标活动实施监督。

县级以上地方人民政府住房城乡建设主管部门依法对本行政区域内建筑工程设计招标投标活动实施监督,依法查处招标投标活动中的违法违规行为。

第四条 建筑工程设计招标范围和规模标准按照国家有关规定执行,有下列情形之一的,可以不进行招标:

(一)采用不可替代的专利或者专有技术的;

(二)对建筑艺术造型有特殊要求,并经有关主管部门批准的;

(三)建设单位依法能够自行设计的;

(四)建筑工程项目的改建、扩建或者技术改造,需要由原设计单位设计,否则将影响功能配套要求的;

(五)国家规定的其他特殊情形。

第五条 建筑工程设计招标应当依法进行公开招标或者邀请招标。

第六条 建筑工程设计招标可以采用设计方案招标或者设计团队招标,招标人可以根据项目特点和实际需要选择。

设计方案招标,是指主要通过对投标人提交的设计方案进行评审确定中标人。

设计团队招标,是指主要通过对投标人拟派设计团队的综合能力进行评审确定中标人。

第七条 公开招标的,招标人应当发布招标公告。邀请招标的,招标人应当向 3 个以上潜在投标人发出投标邀请书。

招标公告或者投标邀请书应当载明招标人名称和地址、招标项目的基本要求、投标人的资质要求以及获取招标文件的办法等事项。

第八条 招标人一般应当将建筑工程的方案设计、初步设计和施工图设计一并招标。确需另行选择设计单位承担初步设计、施工图设计的,应当在招标公告或者投标邀请书中明确。

第九条 鼓励建筑工程实行设计总包。实行设计总包的,按照合同约定或者经招标人同意,设计单位可以不通过招标方式将建筑工程非主体部分的设计进行分包。

第十条 招标文件应当满足设计方案招标或者设计团队招标的不同需求,主要包括以下内容:

(一)项目基本情况;

(二)城乡规划和城市设计对项目的基本要求;

(三)项目工程经济技术要求;

(四)项目有关基础资料;

(五)招标内容;

(六)招标文件答疑、现场踏勘安排;

(七)投标文件编制要求;

(八)评标标准和方法;

(九)投标文件送达地点和截止时间;

(十)开标时间和地点;

(十一)拟签订合同的主要条款;

(十二)设计费或者计费方法;

(十三)未中标方案补偿办法。

第十一条 招标人应当在资格预审公告、招标公告或者投标邀请书中载明是否接受联合体投标。采用联合体形式投标的,联合体各方应当签订共同投标协议,明确约定各方承担的工作和责任,就中标项目向招标人承担连带责任。

第十二条 招标人可以对已发出的招标文件进行必要的澄清或者修改。澄清或者修改的内容可能影响投标文件编制的，招标人应当在投标截止时间至少15日前，以书面形式通知所有获取招标文件的潜在投标人，不足15日的，招标人应当顺延提交投标文件的截止时间。

潜在投标人或者其他利害关系人对招标文件有异议的，应当在投标截止时间10日前提出。招标人应当自收到异议之日起3日内作出答复；作出答复前，应当暂停招标投标活动。

第十三条 招标人应当确定投标人编制投标文件所需要的合理时间，自招标文件开始发出之日起至投标人提交投标文件截止之日止，时限最短不少于20日。

第十四条 投标人应当具有与招标项目相适应的工程设计资质。境外设计单位参加国内建筑工程设计投标的，按照国家有关规定执行。

第十五条 投标人应当按照招标文件的要求编制投标文件。投标文件应当对招标文件提出的实质性要求和条件作出响应。

第十六条 评标由评标委员会负责。

评标委员会由招标人代表和有关专家组成。评标委员会人数为5人以上单数，其中技术和经济方面的专家不得少于成员总数的2/3。建筑工程设计方案评标时，建筑专业专家不得少于技术和经济方面专家总数的2/3。

评标专家一般从专家库随机抽取，对于技术复杂、专业性强或者国家有特殊要求的项目，招标人也可以直接邀请相应专业的中国科学院院士、中国工程院院士、全国工程勘察设计大师以及境外具有相应资历的专家参加评标。

投标人或者与投标人有利害关系的人员不得参加评标委员会。

第十七条 有下列情形之一的，评标委员会应当否决其投标：

（一）投标文件未按招标文件要求经投标人盖章和单位负责人签字；

（二）投标联合体没有提交共同投标协议；

（三）投标人不符合国家或者招标文件规定的资格条件；

（四）同一投标人提交两个以上不同的投标文件或者投标报价，但招标文件要求提交备选投标的除外；

（五）投标文件没有对招标文件的实质性要求和条件作出响应；

（六）投标人有串通投标、弄虚作假、行贿等违法行为；

（七）法律法规规定的其他应当否决投标的情形。

第十八条 评标委员会应当按照招标文件确定的评标标准和方法，对投标文件进行评审。

采用设计方案招标的，评标委员会应当在符合城乡规划、城市设计以及安全、绿色、节能、环保要求的前提下，重点对功能、技术、经济和美观等进行评审。

采用设计团队招标的，评标委员会应当对投标人拟从事项目设计的人员构成、人员业绩、人员从业经历、项目解读、设计构思、投标人信用情况和业绩等进行评审。

第十九条 评标委员会应当在评标完成后，向招标人提出书面评标报告，推荐不超过3个中标候选人，并标明顺序。

第二十条 招标人应当公示中标候选人。采用设计团队招标的，招标人应当公示中标候选人投标文件中所列主要人员、业绩等内容。

第二十一条 招标人根据评标委员会的书面评标报告和推荐的中标候选人确定中标人。招标人也可以授权评标委员会直接确定中标人。

采用设计方案招标的，招标人认为评标委员会推荐的候选方案不能最大限度满足招标文件规定的要求的，应当依法重新招标。

第二十二条 招标人应当在确定中标人后及时向中标人发出中标通知书，并同时将中标结果通知所有未中标人。

第二十三条 招标人应当自确定中标人之日起15日内，向县级以上地方人民政府住房城乡建设主管部门提交招标投标情况的书面报告。

第二十四条 县级以上地方人民政府住房城乡建设主管部门应当自收到招标投标情况的书面报告之日起5个工作日内，公开专家评审意见等信息，涉及国家秘密、商业秘密的除外。

第二十五条 招标人和中标人应当自中标通知书发出之日起30日内，按照招标文件和中标人的投标文件订立书面合同。

第二十六条 招标人、中标人使用未中标方案的，应当征得提交方案的投标人同意并付给使用费。

第二十七条 国务院住房城乡建设主管部门，省、自治区、直辖市人民政府住房城乡建设主管部门应当加强建筑工程设计评标专家和专家库的管理。

建筑专业专家库应当按建筑工程类别细化分类。

第二十八条 住房城乡建设主管部门应当加快推进

电子招标投标，完善招标投标信息平台建设，促进建筑工程设计招标投标信息化监管。

第二十九条　招标人以不合理的条件限制或者排斥潜在投标人的，对潜在投标人实行歧视待遇的，强制要求投标人组成联合体共同投标的，或者限制投标人之间竞争的，由县级以上地方人民政府住房城乡建设主管部门责令改正，可以处1万元以上5万元以下的罚款。

第三十条　招标人澄清、修改招标文件的时限，或者确定的提交投标文件的时限不符合本办法规定的，由县级以上地方人民政府住房城乡建设主管部门责令改正，可以处10万元以下的罚款。

第三十一条　招标人不按照规定组建评标委员会，或者评标委员会成员的确定违反本办法规定的，由县级以上地方人民政府住房城乡建设主管部门责令改正，可以处10万元以下的罚款，相应评审结论无效，依法重新进行评审。

第三十二条　招标人有下列情形之一的，由县级以上地方人民政府住房城乡建设主管部门责令改正，可以处中标项目金额10‰以下的罚款；给他人造成损失的，依法承担赔偿责任；对单位直接负责的主管人员和其他直接责任人员依法给予处分：

（一）无正当理由未按本办法规定发出中标通知书；

（二）不按照规定确定中标人；

（三）中标通知书发出后无正当理由改变中标结果；

（四）无正当理由未按本办法规定与中标人订立合同；

（五）在订立合同时向中标人提出附加条件。

第三十三条　投标人以他人名义投标或者以其他方式弄虚作假，骗取中标的，中标无效，给招标人造成损失的，依法承担赔偿责任；构成犯罪的，依法追究刑事责任。

投标人有前款所列行为尚未构成犯罪的，由县级以上地方人民政府住房城乡建设主管部门处中标项目金额5‰以上10‰以下的罚款，对单位直接负责的主管人员和其他直接责任人员处单位罚款数额5%以上10%以下的罚款；有违法所得的，并处没收违法所得；情节严重的，取消其1年至3年内参加依法必须进行招标的建筑工程设计招标的投标资格，并予以公告，直至由工商行政管理机关吊销营业执照。

第三十四条　评标委员会成员收受投标人的财物或者其他好处的，评标委员会成员或者参加评标的有关工作人员向他人透露对投标文件的评审和比较、中标候选人的推荐以及与评标有关的其他情况的，由县级以上地方人民政府住房城乡建设主管部门给予警告，没收收受的财物，可以并处3000元以上5万元以下的罚款。

评标委员会成员有前款所列行为的，由有关主管部门通报批评并取消担任评标委员会成员的资格，不得再参加任何依法必须进行招标的建筑工程设计招标投标的评标；构成犯罪的，依法追究刑事责任。

第三十五条　评标委员会成员违反本办法规定，对应当否决的投标不提出否决意见的，由县级以上地方人民政府住房城乡建设主管部门责令改正；情节严重的，禁止其在一定期限内参加依法必须进行招标的建筑工程设计招标投标的评标；情节特别严重的，由有关主管部门取消其担任评标委员会成员的资格。

第三十六条　住房城乡建设主管部门或者有关职能部门的工作人员徇私舞弊、滥用职权或者玩忽职守，构成犯罪的，依法追究刑事责任；不构成犯罪的，依法给予行政处分。

第三十七条　市政公用工程及园林工程设计招标投标参照本办法执行。

第三十八条　本办法自2017年5月1日起施行。2000年10月18日建设部颁布的《建筑工程设计招标投标管理办法》（建设部令第82号）同时废止。

建筑工程方案设计招标投标管理办法

- 2008年3月21日建市〔2008〕63号公布
- 根据2019年3月18日《住房和城乡建设部关于修改有关文件的通知》修正

第一章　总　则

第一条　为规范建筑工程方案设计招标投标活动，提高建筑工程方案设计质量，体现公平有序竞争，根据《中华人民共和国建筑法》、《中华人民共和国招标投标法》及相关法律、法规和规章，制定本办法。

第二条　在中华人民共和国境内从事建筑工程方案设计招标投标及其管理活动的，适用本办法。

学术性的项目方案设计竞赛或不对某工程项目下一步设计工作的承接具有直接因果关系的“创意征集”等活动，不适用本办法。

第三条　本办法所称建筑工程方案设计招标投标，是指在建筑工程方案设计阶段，按照有关招标投标法律、法规和规章等规定进行的方案设计招标投标活动。

第四条　按照国家规定需要政府审批的建筑工程项目，有下列情形之一的，经有关部门批准，可以不进行招标：

（一）涉及国家安全、国家秘密的；

（二）涉及抢险救灾的；

（三）主要工艺、技术采用特定专利、专有技术，或者建筑艺术造型有特殊要求的；

（四）技术复杂或专业性强，能够满足条件的设计机构少于三家，不能形成有效竞争的；

（五）项目的改、扩建或者技术改造，由其他设计机构设计影响项目功能配套性的；

（六）法律、法规规定可以不进行设计招标的其他情形。

第五条 国务院建设主管部门负责全国建筑工程方案设计招标投标活动统一监督管理。县级以上人民政府建设主管部门依法对本行政区域内建筑工程方案设计招标投标活动实施监督管理。

建筑工程方案设计招标投标管理流程图详见附件一。

第六条 建筑工程方案设计应按照科学发展观，全面贯彻适用、经济，在可能条件下注意美观的原则。建筑工程设计方案要与当地经济发展水平相适应，积极鼓励采用节能、节地、节水、节材、环保技术的建筑工程设计方案。

第七条 建筑工程方案设计招标投标活动应遵循公开、公平、公正、择优和诚实信用的原则。

第八条 建筑工程方案设计应严格执行《建设工程质量管理条例》、《建设工程勘察设计管理条例》和国家强制性标准条文；满足现行的建筑工程建设标准、设计规范（规程）和本办法规定的相应设计文件编制深度要求。

第二章 招 标

第九条 建筑工程方案设计招标方式分为公开招标和邀请招标。

全部使用国有资金投资或者国有资金投资占控股或者主导地位的建筑工程项目，以及国务院发展和改革部门确定的国家重点项目和省、自治区、直辖市人民政府确定的地方重点项目，除符合本办法第四条及第十条规定条件并依法获得批准外，应当公开招标。

第十条 依法必须进行公开招标的建筑工程项目，在下列情形下可以进行邀请招标：

（一）项目的技术性、专业性强，或者环境资源条件特殊，符合条件的潜在投标人数量有限的；

（二）如采用公开招标，所需费用占建筑工程项目总投资额比例过大的；

（三）受自然因素限制，如采用公开招标，影响建筑工程项目实施时机的；

（四）法律、法规规定不宜公开招标的。

招标人采用邀请招标的方式，应保证有三个以上具备承担招标项目设计能力，并具有相应资质的机构参加投标。

第十一条 根据设计条件及设计深度，建筑工程方案设计招标类型分为建筑工程概念性方案设计招标和建筑工程实施性方案设计招标两种类型。

招标人应在招标公告或者投标邀请函中明示采用何种招标类型。

第十二条 建筑工程方案设计招标时应当具备下列条件：

（一）按照国家有关规定需要履行项目审批手续的，已履行审批手续，取得批准；

（二）设计所需要资金已经落实；

（三）设计基础资料已经收集完成；

（四）符合相关法律、法规规定的其他条件。

建筑工程概念性方案设计招标和建筑工程实施性方案设计招标的招标条件详见本办法附件二。

第十三条 公开招标的项目，招标人应当在指定的媒介发布招标公告。大型公共建筑工程的招标公告应当按照有关规定在指定的全国性媒介发布。

第十四条 招标人填写的招标公告或投标邀请函应当内容真实、准确和完整。

招标公告或投标邀请函的主要内容应当包括：工程概况、招标方式、招标类型、招标内容及范围、投标人承担设计任务范围、对投标人资质、经验及业绩的要求、投标人报名要求、招标文件工本费收费标准、投标报名时间、提交资格预审申请文件的截止时间、投标截止时间等。

建筑工程方案设计招标公告和投标邀请函样本详见本办法附件三。

第十五条 招标人应当按招标公告或者投标邀请函规定的时间、地点发出招标文件或者资格预审文件。自招标文件或者资格预审文件发出之日起至停止发出之日止，不得少于5个工作日。

第十六条 大型公共建筑工程项目或投标人报名数量较多的建筑工程项目招标可以实行资格预审。采用资格预审的，招标人应在招标公告中明示，并发出资格预审文件。招标人不得通过资格预审排斥潜在投标人。

对于投标人数量过多，招标人实行资格预审的情形，招标人应在招标公告中明确进行资格预审所需达到的投标人报名数量。招标人未在招标公告中明确或实际投标人报名数量未达到招标公告中规定的数量时，招标人不得进行资格预审。

资格预审必须由专业人员评审。资格预审不采用打分的方式评审，只有“通过”和“未通过”之分。如果通过资格预审投标人的数量不足三家，招标人应修订并公布新的资格预审条件，重新进行资格预审，直至三家或三家以上投标人通过资格预审为止。特殊情况下，招标人不能重新制定新的资格预审条件的，必须依据国家相关法律、法规规定执行。

建筑工程方案设计招标资格预审文件样本详见本办法附件四。

第十七条　招标人应当根据建筑工程特点和需要编制招标文件。招标文件包括以下方面内容：

（一）投标须知

（二）投标技术文件要求

（三）投标商务文件要求

（四）评标、定标标准及方法说明

（五）设计合同授予及投标补偿费用说明

招标人应在招标文件中明确执行国家规定的设计收费标准或提供投标人设计收费的统一计算基价。

对政府或国有资金投资的大型公共建筑工程项目，招标人应当在招标文件中明确参与投标的设计方案必须包括有关使用功能、建筑节能、工程造价、运营成本等方面的专题报告。

设计招标文件中的投标须知样本、招标技术文件编写内容及深度要求、投标商务文件内容等分别详见本办法附件五、附件六和附件七。

第十八条　各级建设主管部门对招标投标活动实施监督。

第十九条　概念性方案设计招标或者实施性方案设计招标的中标人应按招标文件要求承担方案及后续阶段的设计和服务工作。但中标人为中华人民共和国境外企业的，若承担后续阶段的设计和服务工作应按照《关于外国企业在中华人民共和国境内从事建设工程设计活动的管理暂行规定》（建市［2004］78号）执行。

如果招标人只要求中标人承担方案阶段设计，而不再委托中标人承接或参加后续阶段工程设计业务的，应在招标公告或投标邀请函中明示，并说明支付中标人的设计费用。采用建筑工程实施性方案设计招标的，招标人应按照国家规定方案阶段设计付费标准支付中标人。采用建筑工程概念性方案设计招标的，招标人应按照国家规定方案阶段设计付费标准的80%支付中标人。

第三章　投　标

第二十条　参加建筑工程项目方案设计的投标人应具备下列主体资格：

（一）在中华人民共和国境内注册的企业，应当具有建设主管部门颁发的建筑工程设计资质证书或建筑专业事务所资质证书，并按规定的等级和范围参加建筑工程项目方案设计投标活动。

（二）注册在中华人民共和国境外的企业，应当是其所在国或者所在地区的建筑设计行业协会或组织推荐的会员。其行业协会或组织的推荐名单应由建设单位确认。

（三）各种形式的投标联合体各方应符合上述要求。招标人不得强制投标人组成联合体共同投标，不得限制投标人组成联合体参与投标。

招标人可以根据工程项目实际情况，在招标公告或投标邀请函中明确投标人其他资格条件。

第二十一条　采用国际招标的，不应人为设置条件排斥境内投标人。

第二十二条　投标人应按照招标文件确定的内容和深度提交投标文件。

第二十三条　招标人要求投标人提交备选方案的，应当在招标文件中明确相应的评审和比选办法。

凡招标文件中未明确规定允许提交备选方案的，投标人不得提交备选方案。如投标人擅自提交备选方案的，招标人应当拒绝该投标人提交的所有方案。

第二十四条　建筑工程概念性方案设计投标文件编制一般不少于二十日，其中大型公共建筑工程概念性方案设计投标文件编制一般不少于四十日；建筑工程实施性方案设计投标文件编制一般不少于四十五日。招标文件中规定的编制时间不符合上述要求的，建设主管部门对招标文件不予备案。

第四章　开标、评标、定标

第二十五条　开标应在招标文件规定提交投标文件截止时间的同一时间公开进行；除不可抗力外，招标人不得以任何理由拖延开标，或者拒绝开标。

建筑工程方案设计招标开标程序详见本办法附件八。

第二十六条　投标文件出现下列情形之一的，其投标文件作为无效标处理，招标人不予受理：

（一）逾期送达的或者未送达指定地点的；

（二）投标文件未按招标文件要求予以密封的；

（三）违反有关规定的其他情形。

第二十七条 招标人或招标代理机构根据招标建筑工程项目特点和需要组建评标委员会，其组成应当符合有关法律、法规和本办法的规定：

（一）评标委员会的组成应包括招标人以及与建筑工程项目方案设计有关的建筑、规划、结构、经济、设备等专业专家。大型公共建筑工程项目应增加环境保护、节能、消防专家。评委应以建筑专业专家为主，其中技术、经济专家人数应占评委总数的三分之二以上；

（二）评标委员会人数为5人以上单数组成，其中大型公共建筑工程项目评标委员会人数不应少于9人；

（三）大型公共建筑工程或具有一定社会影响的建筑工程，以及技术特别复杂、专业性要求特别高的建筑工程，采取随机抽取确定的专家难以胜任的，经主管部门批准，招标人可以从设计类资深专家库中直接确定，必要时可以邀请外地或境外资深专家参加评标。

第二十八条 评标委员会必须严格按照招标文件确定的评标标准和评标办法进行评审。评委应遵循公平、公正、客观、科学、独立、实事求是的评标原则。

评审标准主要包括以下方面：

（一）对方案设计符合有关技术规范及标准规定的要求进行分析、评价；

（二）对方案设计水平、设计质量高低、对招标目标的响应度进行综合评审；

（三）对方案社会效益、经济效益及环境效益的高低进行分析、评价；

（四）对方案结构设计的安全性、合理性进行分析、评价；

（五）对方案投资估算的合理性进行分析、评价；

（六）对方案规划及经济技术指标的准确度进行比较、分析；

（七）对保证设计质量、配合工程实施，提供优质服务的措施进行分析、评价；

（八）对招标文件规定废标或被否决的投标文件进行评判。

评标方法主要包括记名投票法、排序法和百分制综合评估法等，招标人可根据项目实际情况确定评标方法。评标方法及实施步骤详见本办法附件九。

第二十九条 设计招标投标评审活动应当符合以下规定：

（一）招标人应确保评标专家有足够时间审阅投标文件，评审时间安排应与工程的复杂程度、设计深度、提交有效标的投标人数量和投标人提交设计方案的数量相适应。

（二）评审应由评标委员会负责人主持，负责人应从评标委员会中确定一名资深技术专家担任，并从技术评委中推荐一名评标会议纪要人。

（三）评标应严格按照招标文件中规定的评标标准和办法进行，除了有关法律、法规以及国家标准中规定的强制性条文外，不得引用招标文件规定以外的标准和办法进行评审。

（四）在评标过程中，当评标委员会对投标文件有疑问，需要向投标人质疑时，投标人可以到场解释或澄清投标文件有关内容。

（五）在评标过程中，一旦发现投标人有对招标人、评标委员会成员或其他有关人员施加不正当影响的行为，评标委员会有权拒绝该投标人的投标。

（六）投标人不得以任何形式干扰评标活动，否则评标委员会有权拒绝该投标人的投标。

（七）对于国有资金投资或国家融资的有重大社会影响的标志性建筑，招标人可以邀请人大代表、政协委员和社会公众代表列席，接受社会监督。但列席人员不发表评审意见，也不得以任何方式干涉评标委员会独立开展评标工作。

第三十条 大型公共建筑工程项目如有下列情况之一的，招标人可以在评标过程中对其中有关规划、安全、技术、经济、结构、环保、节能等方面进行专项技术论证：

（一）对于重要地区主要景观道路沿线，设计方案是否适合周边地区环境条件兴建的；

（二）设计方案中出现的安全、技术、经济、结构、材料、环保、节能等有重大不确定因素的；

（三）有特殊要求，需要进行设计方案技术论证的。

一般建筑工程项目，必要时，招标人也可进行涉及安全、技术、经济、结构、材料、环保、节能中的一个或多个方面的专项技术论证，以确保建筑方案的安全性和合理性。

第三十一条 投标文件有下列情形之一的，经评标委员会评审后按废标处理或被否决：

（一）投标文件中的投标函无投标人公章（有效签署）、投标人的法定代表人有效签章及未有相应资格的注册建筑师有效签章的；或者投标人的法定代表人授权委托人没有经有效签章的合法、有效授权委托书原件的；

（二）以联合体形式投标，未向招标人提交共同签署的联合体协议书的；

（三）投标联合体通过资格预审后在组成上发生变化的；

(四)投标文件中标明的投标人与资格预审的申请人在名称和组织结构上存在实质性差别的;

(五)未按招标文件规定的格式填写,内容不全,未响应招标文件的实质性要求和条件的,经评标委员会评审未通过的;

(六)违反编制投标文件的相关规定,可能对评标工作产生实质性影响的;

(七)与其他投标人串通投标,或者与招标人串通投标的;

(八)以他人名义投标,或者以其他方式弄虚作假的;

(九)未按招标文件的要求提交投标保证金的;

(十)投标文件中承诺的投标有效期短于招标文件规定的;

(十一)在投标过程中有商业贿赂行为的;

(十二)其他违反招标文件规定实质性条款要求的。

评标委员会对投标文件确认为废标的,应当由三分之二以上评委签字确认。

第三十二条　有下列情形之一的,招标人应当依法重新招标:

(一)所有投标均做废标处理或被否决的;

(二)评标委员会界定为不合格标或废标后,因有效投标人不足3个使得投标明显缺乏竞争,评标委员会决定否决全部投标的;

(三)同意延长投标有效期的投标人少于3个的。

符合前款第一种情形的,评标委员会应在评标纪要上详细说明所有投标均做废标处理或被否决的理由。

招标人依法重新招标的,应对有串标、欺诈、行贿、压价或弄虚作假等违法或严重违规行为的投标人取消其重新投标的资格。

第三十三条　评标委员会按如下规定向招标人推荐合格的中标候选人:

(一)采取公开和邀请招标方式的,推荐1至3名;

(二)招标人也可以委托评标委员会直接确定中标人。

(三)经评标委员会评审,认为各投标文件未最大程度响应招标文件要求,重新招标时间又不允许的,经评标委员会同意,评委可以以记名投票方式,按自然多数票产生3名或3名以上投标人进行方案优化设计。评标委员会重新对优化设计方案评审后,推荐合格的中标候选人。

第三十四条　各级建设主管部门应在评标结束后15天内在指定媒介上公开排名顺序,并对推荐中标方案、评标专家名单及各位专家评审意见进行公示,公示期为5个工作日。

第三十五条　推荐中标方案在公示期间没有异议、异议不成立、没有投诉或投诉处理后没有发现问题的,招标人应当根据招标文件中规定的定标方法从评标委员会推荐的中标候选方案中确定中标人。定标方法主要包括:

(一)招标人委托评标委员会直接确定中标人;

(二)招标人确定评标委员会推荐的排名第一的中标候选人为中标人。排名第一的中标候选人放弃中标、因不可抗力提出不能履行合同、招标文件规定应当提交履约保证金而在规定的期限内未提交的,或者存在违法行为被有关部门依法查处,且其违法行为影响中标结果的,招标人可以确定排名第二的中标候选人为中标人。如排名第二的中标候选人也发生上述问题,依次可确定排名第三的中标候选人为中标人。

(三)招标人根据评标委员会的书面评标报告,组织审查评标委员会推荐的中标候选方案后,确定中标人。

第三十六条　依法必须进行设计招标的项目,招标人应当在确定中标人之日起15日内,向有关建设主管部门提交招标投标情况的书面报告。

建筑工程方案设计招标投标情况书面报告的主要内容详见本办法附件十。

第五章　其　他

第三十七条　招标人和中标人应当自中标通知书发出之日起30日内,依据《中华人民共和国合同法》及有关工程设计合同管理规定的要求,按照不违背招标文件和中标人的投标文件内容签订设计委托合同,并履行合同约定的各项内容。合同中确定的建设标准、建设内容应当控制在经审批的可行性报告规定范围内。

国家制定的设计收费标准上下浮动20%是签订建筑工程设计合同的依据。招标人不得以压低设计费、增加工作量、缩短设计周期等作为发出中标通知书的条件,也不得与中标人再订立背离合同实质性内容的其他协议。如招标人违反上述规定,其签订的合同效力按《中华人民共和国合同法》有关规定执行,同时建设主管部门对设计合同不予备案,并依法予以处理。

招标人应在签订设计合同起7个工作日内,将设计合同报项目所在地建设或规划主管部门备案。

第三十八条　对于达到设计招标文件要求但未中标的设计方案,招标人应给予不同程度的补偿。

(一)采用公开招标,招标人应在招标文件中明确其补偿标准。若投标人数量过多,招标人可在招标文件中明确对一定数量的投标人进行补偿。

(二)采用邀请招标,招标人应给予每个未中标的投标人经济补偿，并在投标邀请函中明确补偿标准。

招标人可根据情况设置不同档次的补偿标准，以便对评标委员会评选出的优秀设计方案给予适当鼓励。

第三十九条 境内外设计企业在中华人民共和国境内参加建筑工程设计招标的设计收费，应按照同等国民待遇原则，严格执行中华人民共和国的设计收费标准。

工程设计中采用投标人自有专利或者专有技术的，其专利和专有技术收费由招标人和投标人协商确定。

第四十条 招标人应保护投标人的知识产权。投标人拥有设计方案的著作权（版权）。未经投标人书面同意，招标人不得将交付的设计方案向第三方转让或用于本招标范围以外的其他建设项目。

招标人与中标人签署设计合同后，招标人在该建设项目中拥有中标方案的使用权。中标人应保护招标人一旦使用其设计方案不能受到来自第三方的侵权诉讼或索赔，否则中标人应承担由此而产生的一切责任。

招标人或者中标人使用其他未中标人投标文件中的技术成果或技术方案的，应当事先征得该投标人的书面同意，并按规定支付使用费。未经相关投标人书面许可，招标人或者中标人不得擅自使用其他投标人投标文件中的技术成果或技术方案。

联合体投标人合作完成的设计方案，其知识产权由联合体成员共同所有。

第四十一条 设计单位应对其提供的方案设计的安全性、可行性、经济性、合理性、真实性及合同履行承担相应的法律责任。

由于设计原因造成工程项目总投资超出预算的，建设单位有权依法对设计单位追究责任。但设计单位根据建设单位要求，仅承担方案设计，不承担后续阶段工程设计业务的情形除外。

第四十二条 各级建设主管部门应加强对建设单位、招标代理机构、设计单位及取得执业资格注册人员的诚信管理。在设计招标投标活动中对招标代理机构、设计单位及取得执业资格注册人员的各种失信行为和违法违规行为记录在案，并建立招标代理机构、设计单位及取得执业资格注册人员的诚信档案。

第四十三条 各级政府部门不得干预正常的招标投标活动和无故否决依法按规定程序评出的中标方案。

各级政府相关部门应加强监督国家和地方建设方针、政策、标准、规范的落实情况，查处不正当竞争行为。

在建筑工程方案设计招标投标活动中，对违反《中华人民共和国招标投标法》、《工程建设项目勘察设计招标投标办法》和本办法规定的，建设主管部门应当依法予以处理。

第六章 附 则

第四十四条 本办法所称大型公共建筑工程一般指建筑面积2万平方米以上的办公建筑、商业建筑、旅游建筑、科教文卫建筑、通信建筑以及交通运输用房等。

第四十五条 使用国际组织或者外国政府贷款、援助资金的建筑工程进行设计招标时，贷款方、资金提供方对招标投标的条件和程序另有规定的，可以适用其规定，但违背中华人民共和国社会公共利益的除外。

第四十六条 各省、自治区、直辖市建设主管部门可依据本办法制定实施细则。

第四十七条 本办法自2008年5月1日起施行。

附件一：建筑工程方案设计招标管理流程图（略）

附件二：建筑工程方案设计招标条件（略）

附件三：建筑工程方案设计公开招标公告样本和建筑工程方案设计投标邀请函样本（略）

附件四：建筑工程方案设计招标资格预审文件样本（略）

附件五：建筑工程方案设计投标须知内容（略）

附件六：建筑工程方案设计招标技术文件编制内容及深度要求（略）

附件七：建筑工程方案设计投标商务示范文件（略）

附件八：建筑工程方案设计招标开标程序（略）

附件九：建筑工程方案设计招标评标方法（略）

附件十：建筑工程方案设计投标评审结果公示样本（略）

附件十一：建筑工程方案设计招标投标情况书面报告（略）

房屋建筑和市政基础设施工程施工招标投标管理办法

- 2001年6月1日建设部令第89号发布
- 根据2018年9月28日《住房城乡建设部关于修改〈房屋建筑和市政基础设施工程施工招标投标管理办法〉的决定》第一次修正
- 根据2019年3月13日《住房和城乡建设部关于修改部分部门规章的决定》第二次修正

第一章 总 则

第一条 为了规范房屋建筑和市政基础设施工程施工招标投标活动，维护招标投标当事人的合法权益，依据《中华人民共和国建筑法》、《中华人民共和国招标投标法》等法律、行政法规，制定本办法。

第二条　依法必须进行招标的房屋建筑和市政基础设施工程（以下简称工程），其施工招标投标活动，适用本办法。

本办法所称房屋建筑工程，是指各类房屋建筑及其附属设施和与其配套的线路、管道、设备安装工程及室内外装修工程。

本办法所称市政基础设施工程，是指城市道路、公共交通、供水、排水、燃气、热力、园林、环卫、污水处理、垃圾处理、防洪、地下公共设施及附属设施的土建、管道、设备安装工程。

第三条　国务院建设行政主管部门负责全国工程施工招标投标活动的监督管理。

县级以上地方人民政府建设行政主管部门负责本行政区域内工程施工招标投标活动的监督管理。具体的监督管理工作，可以委托工程招标投标监督管理机构负责实施。

第四条　任何单位和个人不得违反法律、行政法规规定，限制或者排斥本地区、本系统以外的法人或者其他组织参加投标，不得以任何方式非法干涉施工招标投标活动。

第五条　施工招标投标活动及其当事人应当依法接受监督。

建设行政主管部门依法对施工招标投标活动实施监督，查处施工招标投标活动中的违法行为。

第二章　招　标

第六条　工程施工招标由招标人依法组织实施。招标人不得以不合理条件限制或者排斥潜在投标人，不得对潜在投标人实行歧视待遇，不得对潜在投标人提出与招标工程实际要求不符的过高的资质等级要求和其他要求。

第七条　工程施工招标应当具备下列条件：

（一）按照国家有关规定需要履行项目审批手续的，已经履行审批手续；

（二）工程资金或者资金来源已经落实；

（三）有满足施工招标需要的设计文件及其他技术资料；

（四）法律、法规、规章规定的其他条件。

第八条　工程施工招标分为公开招标和邀请招标。

依法必须进行施工招标的工程，全部使用国有资金投资或者国有资金投资占控股或者主导地位的，应当公开招标，但经国家计委或者省、自治区、直辖市人民政府依法批准可以进行邀请招标的重点建设项目除外；其他工程可以实行邀请招标。

第九条　工程有下列情形之一的，经县级以上地方人民政府建设行政主管部门批准，可以不进行施工招标：

（一）停建或者缓建后恢复建设的单位工程，且承包人未发生变更的；

（二）施工企业自建自用的工程，且该施工企业资质等级符合工程要求的；

（三）在建工程追加的附属小型工程或者主体加层工程，且承包人未发生变更的；

（四）法律、法规、规章规定的其他情形。

第十条　依法必须进行施工招标的工程，招标人自行办理施工招标事宜的，应当具有编制招标文件和组织评标的能力：

（一）有专门的施工招标组织机构；

（二）有与工程规模、复杂程度相适应并具有同类工程施工招标经验、熟悉有关工程施工招标法律法规的工程技术、概预算及工程管理的专业人员。

不具备上述条件的，招标人应当委托工程招标代理机构代理施工招标。

第十一条　招标人自行办理施工招标事宜的，应当在发布招标公告或者发出投标邀请书的 5 日前，向工程所在地县级以上地方人民政府建设行政主管部门备案，并报送下列材料：

（一）按照国家有关规定办理审批手续的各项批准文件；

（二）本办法第十条所列条件的证明材料，包括专业技术人员的名单、职称证书或者执业资格证书及其工作经历的证明材料；

（三）法律、法规、规章规定的其他材料。

招标人不具备自行办理施工招标事宜条件的，建设行政主管部门应当自收到备案材料之日起 5 日内责令招标人停止自行办理施工招标事宜。

第十二条　全部使用国有资金投资或者国有资金投资占控股或者主导地位，依法必须进行施工招标的工程项目，应当进入有形建筑市场进行招标投标活动。

政府有关管理机关可以在有形建筑市场集中办理有关手续，并依法实施监督。

第十三条　依法必须进行施工公开招标的工程项目，应当在国家或者地方指定的报刊、信息网络或者其他媒介上发布招标公告，并同时在中国工程建设和建筑业信息网上发布招标公告。

招标公告应当载明招标人的名称和地址，招标工程的性质、规模、地点以及获取招标文件的办法等事项。

第十四条 招标人采用邀请招标方式的，应当向3个以上符合资质条件的施工企业发出投标邀请书。

投标邀请书应当载明本办法第十三条第二款规定的事项。

第十五条 招标人可以根据招标工程的需要，对投标申请人进行资格预审，也可以委托工程招标代理机构对投标申请人进行资格预审。实行资格预审的招标工程，招标人应当在招标公告或者投标邀请书中载明资格预审的条件和获取资格预审文件的办法。

资格预审文件一般应当包括资格预审申请书格式、申请人须知，以及需要投标申请人提供的企业资质、业绩、技术装备、财务状况和拟派出的项目经理与主要技术人员的简历、业绩等证明材料。

第十六条 经资格预审后，招标人应当向资格预审合格的投标申请人发出资格预审合格通知书，告知获取招标文件的时间、地点和方法，并同时向资格预审不合格的投标申请人告知资格预审结果。

在资格预审合格的投标申请人过多时，可以由招标人从中选择不少于7家资格预审合格的投标申请人。

第十七条 招标人应当根据招标工程的特点和需要，自行或者委托工程招标代理机构编制招标文件。招标文件应当包括下列内容：

（一）投标须知，包括工程概况，招标范围，资格审查条件，工程资金来源或者落实情况，标段划分，工期要求，质量标准，现场踏勘和答疑安排，投标文件编制、提交、修改、撤回的要求，投标报价要求，投标有效期，开标的时间和地点，评标的方法和标准等；

（二）招标工程的技术要求和设计文件；

（三）采用工程量清单招标的，应当提供工程量清单；

（四）投标函的格式及附录；

（五）拟签订合同的主要条款；

（六）要求投标人提交的其他材料。

第十八条 依法必须进行施工招标的工程，招标人应当在招标文件发出的同时，将招标文件报工程所在地的县级以上地方人民政府建设行政主管部门备案，但实施电子招标投标的项目除外。建设行政主管部门发现招标文件有违反法律、法规内容的，应当责令招标人改正。

第十九条 招标人对已发出的招标文件进行必要的澄清或者修改的，应当在招标文件要求提交投标文件截止时间至少15日前，以书面形式通知所有招标文件收受人，并同时报工程所在地的县级以上地方人民政府建设行政主管部门备案，但实施电子招标投标的项目除外。该澄清或者修改的内容为招标文件的组成部分。

第二十条 招标人设有标底的，应当依据国家规定的工程量计算规则及招标文件规定的计价方法和要求编制标底，并在开标前保密。一个招标工程只能编制一个标底。

第二十一条 招标人对于发出的招标文件可以酌收工本费。其中的设计文件，招标人可以酌收押金。对于开标后将设计文件退还的，招标人应当退还押金。

第三章 投 标

第二十二条 施工招标的投标人是响应施工招标、参与投标竞争的施工企业。

投标人应当具备相应的施工企业资质，并在工程业绩、技术能力、项目经理资格条件、财务状况等方面满足招标文件提出的要求。

第二十三条 投标人对招标文件有疑问需要澄清的，应当以书面形式向招标人提出。

第二十四条 投标人应当按照招标文件的要求编制投标文件，对招标文件提出的实质性要求和条件作出响应。

招标文件允许投标人提供备选标的，投标人可以按照招标文件的要求提交替代方案，并作出相应报价作备选标。

第二十五条 投标文件应当包括下列内容：

（一）投标函；

（二）施工组织设计或者施工方案；

（三）投标报价；

（四）招标文件要求提供的其他材料。

第二十六条 招标人可以在招标文件中要求投标人提交投标担保。投标担保可以采用投标保函或者投标保证金的方式。投标保证金可以使用支票、银行汇票等，一般不得超过投标总价的2%，最高不得超过50万元。

投标人应当按照招标文件要求的方式和金额，将投标保函或者投标保证金随投标文件提交招标人。

第二十七条 投标人应当在招标文件要求提交投标文件的截止时间前，将投标文件密封送达投标地点。招标人收到投标文件后，应当向投标人出具标明签收人和签收时间的凭证，并妥善保存投标文件。在开标前，任何单位和个人均不得开启投标文件。在招标文件要求提交投标文件的截止时间后送达的投标文件，为无效的投标文件，招标人应当拒收。

提交投标文件的投标人少于3个的，招标人应当依法重新招标。

第二十八条 投标人在招标文件要求提交投标文件的截止时间前，可以补充、修改或者撤回已提交的投标文件。补充、修改的内容为投标文件的组成部分，并应当按照本办法第二十七条第一款的规定送达、签收和保管。在招标文件要求提交投标文件的截止时间后送达的补充或者修改的内容无效。

第二十九条 两个以上施工企业可以组成一个联合体，签订共同投标协议，以一个投标人的身份共同投标。联合体各方均应当具备承担招标工程的相应资质条件。相同专业的施工企业组成的联合体，按照资质等级低的施工企业的业务许可范围承揽工程。

招标人不得强制投标人组成联合体共同投标，不得限制投标人之间的竞争。

第三十条 投标人不得相互串通投标，不得排挤其他投标人的公平竞争，损害招标人或者其他投标人的合法权益。

投标人不得与招标人串通投标，损害国家利益、社会公共利益或者他人的合法权益。

禁止投标人以向招标人或者评标委员会成员行贿的手段谋取中标。

第三十一条 投标人不得以低于其企业成本的报价竞标，不得以他人名义投标或者以其他方式弄虚作假，骗取中标。

第四章 开标、评标和中标

第三十二条 开标应当在招标文件确定的提交投标文件截止时间的同一时间公开进行；开标地点应当为招标文件中预先确定的地点。

第三十三条 开标由招标人主持，邀请所有投标人参加。开标应当按照下列规定进行：

由投标人或者其推选的代表检查投标文件的密封情况，也可以由招标人委托的公证机构进行检查并公证。经确认无误后，由有关工作人员当众拆封，宣读投标人名称、投标价格和投标文件的其他主要内容。

招标人在招标文件要求提交投标文件的截止时间前收到的所有投标文件，开标时都应当当众予以拆封、宣读。

开标过程应当记录，并存档备查。

第三十四条 在开标时，投标文件出现下列情形之一的，应当作为无效投标文件，不得进入评标：

（一）投标文件未按照招标文件的要求予以密封的；

（二）投标文件中的投标函未加盖投标人的企业及企业法定代表人印章的，或者企业法定代表人委托代理人没有合法、有效的委托书（原件）及委托代理人印章的；

（三）投标文件的关键内容字迹模糊、无法辨认的；

（四）投标人未按照招标文件的要求提供投标保函或者投标保证金的；

（五）组成联合体投标的，投标文件未附联合体各方共同投标协议的。

第三十五条 评标由招标人依法组建的评标委员会负责。

依法必须进行施工招标的工程，其评标委员会由招标人的代表和有关技术、经济等方面的专家组成，成员人数为5人以上单数，其中招标人、招标代理机构以外的技术、经济等方面专家不得少于成员总数的2/3。评标委员会的专家成员，应当由招标人从建设行政主管部门及其他有关政府部门确定的专家名册或者工程招标代理机构的专家库内相关专业的专家名单中确定。确定专家成员一般应当采取随机抽取的方式。

与投标人有利害关系的人不得进入相关工程的评标委员会。评标委员会成员的名单在中标结果确定前应当保密。

第三十六条 建设行政主管部门的专家名册应当拥有一定数量规模并符合法定资格条件的专家。省、自治区、直辖市人民政府建设行政主管部门可以将专家数量少的地区的专家名册予以合并或者实行专家名册计算机联网。

建设行政主管部门应当对进入专家名册的专家组织有关法律和业务培训，对其评标能力、廉洁公正等进行综合评估，及时取消不称职或者违法违规人员的评标专家资格。被取消评标专家资格的人员，不得再参加任何评标活动。

第三十七条 评标委员会应当按照招标文件确定的评标标准和方法，对投标文件进行评审和比较，并对评标结果签字确认；设有标底的，应当参考标底。

第三十八条 评标委员会可以用书面形式要求投标人对投标文件中含义不明确的内容作必要的澄清或者说明。投标人应当采用书面形式进行澄清或者说明，其澄清或者说明不得超出投标文件的范围或者改变投标文件的实质性内容。

第三十九条 评标委员会经评审，认为所有投标文件都不符合招标文件要求的，可以否决所有投标。

依法必须进行施工招标工程的所有投标被否决的，招标人应当依法重新招标。

第四十条 评标可以采用综合评估法、经评审的最低投标价法或者法律法规允许的其他评标方法。

采用综合评估法的，应当对投标文件提出的工程质量、施工工期、投标价格、施工组织设计或者施工方案、投标人及项目经理业绩等，能否最大限度地满足招标文件中规定的各项要求和评价标准进行评审和比较。以评分方式进行评估的，对于各种评比奖项不得额外计分。

采用经评审的最低投标价法的，应当在投标文件能够满足招标文件实质性要求的投标人中，评审出投标价格最低的投标人，但投标价格低于其企业成本的除外。

第四十一条 评标委员会完成评标后，应当向招标人提出书面评标报告，阐明评标委员会对各投标文件的评审和比较意见，并按照招标文件中规定的评标方法，推荐不超过3名有排序的合格的中标候选人。招标人根据评标委员会提出的书面评标报告和推荐的中标候选人确定中标人。

使用国有资金投资或者国家融资的工程项目，招标人应当按照中标候选人的排序确定中标人。当确定中标的中标候选人放弃中标或者因不可抗力提出不能履行合同的，招标人可以依序确定其他中标候选人为中标人。

招标人也可以授权评标委员会直接确定中标人。

第四十二条 有下列情形之一的，评标委员会可以要求投标人作出书面说明并提供相关材料：

（一）设有标底的，投标报价低于标底合理幅度的；

（二）不设标底的，投标报价明显低于其他投标报价，有可能低于其企业成本的。

经评标委员会论证，认定该投标人的报价低于其企业成本的，不能推荐为中标候选人或者中标人。

第四十三条 招标人应当在投标有效期截止时限30日前确定中标人。投标有效期应当在招标文件中载明。

第四十四条 依法必须进行施工招标的工程，招标人应当自确定中标人之日起15日内，向工程所在地的县级以上地方人民政府建设行政主管部门提交施工招标投标情况的书面报告。书面报告应当包括下列内容：

（一）施工招标投标的基本情况，包括施工招标范围、施工招标方式、资格审查、开评标过程和确定中标人的方式及理由等。

（二）相关的文件资料，包括招标公告或者投标邀请书、投标报名表、资格预审文件、招标文件、评标委员会的评标报告（设有标底的，应当附标底）、中标人的投标文件。委托工程招标代理的，还应当附工程施工招标代理委托合同。

前款第二项中已按照本办法的规定办理了备案的文件资料，不再重复提交。

第四十五条 建设行政主管部门自收到书面报告之日起5日内未通知招标人在招标投标活动中有违法行为的，招标人可以向中标人发出中标通知书，并将中标结果通知所有未中标的投标人。

第四十六条 招标人和中标人应当自中标通知书发出之日起30日内，按照招标文件和中标人的投标文件订立书面合同；招标人和中标人不得再行订立背离合同实质性内容的其他协议。

中标人不与招标人订立合同的，投标保证金不予退还并取消其中标资格，给招标人造成的损失超过投标保证金数额的，应当对超过部分予以赔偿；没有提交投标保证金的，应当对招标人的损失承担赔偿责任。

招标人无正当理由不与中标人签订合同，给中标人造成损失的，招标人应当给予赔偿。

第四十七条 招标文件要求中标人提交履约担保的，中标人应当提交。招标人应当同时向中标人提供工程款支付担保。

第五章 罚 则

第四十八条 有违反《招标投标法》行为的，县级以上地方人民政府建设行政主管部门应当按照《招标投标法》的规定予以处罚。

第四十九条 招标投标活动中有《招标投标法》规定中标无效情形的，由县级以上地方人民政府建设行政主管部门宣布中标无效，责令重新组织招标，并依法追究有关责任人责任。

第五十条 应当招标未招标的，应当公开招标未公开招标的，县级以上地方人民政府建设行政主管部门应当责令改正，拒不改正的，不得颁发施工许可证。

第五十一条 招标人不具备自行办理施工招标事宜条件而自行招标的，县级以上地方人民政府建设行政主管部门应当责令改正，处1万元以下的罚款。

第五十二条 评标委员会的组成不符合法律、法规规定的，县级以上地方人民政府建设行政主管部门应当责令招标人重新组织评标委员会。

第五十三条 招标人未向建设行政主管部门提交施工招标投标情况书面报告的，县级以上地方人民政府建设行政主管部门应当责令改正。

第六章 附 则

第五十四条 工程施工专业分包、劳务分包采用招标方式的,参照本办法执行。

第五十五条 招标文件或者投标文件使用两种以上语言文字的,必须有一种是中文;如对不同文本的解释发生异议的,以中文文本为准。用文字表示的金额与数字表示的金额不一致的,以文字表示的金额为准。

第五十六条 涉及国家安全、国家秘密、抢险救灾或者属于利用扶贫资金实行以工代赈、需要使用农民工等特殊情况,不适宜进行施工招标的工程,按照国家有关规定可以不进行施工招标。

第五十七条 使用国际组织或者外国政府贷款、援助资金的工程进行施工招标,贷款方、资金提供方对招标投标的具体条件和程序有不同规定的,可以适用其规定,但违背中华人民共和国的社会公共利益的除外。

第五十八条 本办法由国务院建设行政主管部门负责解释。

第五十九条 本办法自发布之日起施行。1992 年 12 月 30 日建设部颁布的《工程建设施工招标投标管理办法》(建设部令第 23 号)同时废止。

房屋建筑和市政基础设施项目工程总承包管理办法

· 2019 年 12 月 23 日
· 建市规〔2019〕12 号

第一章 总 则

第一条 为规范房屋建筑和市政基础设施项目工程总承包活动,提升工程建设质量和效益,根据相关法律法规,制定本办法。

第二条 从事房屋建筑和市政基础设施项目工程总承包活动,实施对房屋建筑和市政基础设施项目工程总承包活动的监督管理,适用本办法。

第三条 本办法所称工程总承包,是指承包单位按照与建设单位签订的合同,对工程设计、采购、施工或者设计、施工等阶段实行总承包,并对工程的质量、安全、工期和造价等全面负责的工程建设组织实施方式。

第四条 工程总承包活动应当遵循合法、公平、诚实守信的原则,合理分担风险,保证工程质量和安全,节约能源,保护生态环境,不得损害社会公共利益和他人的合法权益。

第五条 国务院住房和城乡建设主管部门对全国房屋建筑和市政基础设施项目工程总承包活动实施监督管理。国务院发展改革部门依据固定资产投资建设管理的相关法律法规履行相应的管理职责。

县级以上地方人民政府住房和城乡建设主管部门负责本行政区域内房屋建筑和市政基础设施项目工程总承包(以下简称工程总承包)活动的监督管理。县级以上地方人民政府发展改革部门依据固定资产投资建设管理的相关法律法规在本行政区域内履行相应的管理职责。

第二章 工程总承包项目的发包和承包

第六条 建设单位应当根据项目情况和自身管理能力等,合理选择工程建设组织实施方式。

建设内容明确、技术方案成熟的项目,适宜采用工程总承包方式。

第七条 建设单位应当在发包前完成项目审批、核准或者备案程序。采用工程总承包方式的企业投资项目,应当在核准或者备案后进行工程总承包项目发包。采用工程总承包方式的政府投资项目,原则上应当在初步设计审批完成后进行工程总承包项目发包;其中,按照国家有关规定简化报批文件和审批程序的政府投资项目,应当在完成相应的投资决策审批后进行工程总承包项目发包。

第八条 建设单位依法采用招标或者直接发包等方式选择工程总承包单位。

工程总承包项目范围内的设计、采购或者施工中,有任一项属于依法必须进行招标的项目范围且达到国家规定规模标准的,应当采用招标的方式选择工程总承包单位。

第九条 建设单位应当根据招标项目的特点和需要编制工程总承包项目招标文件,主要包括以下内容:

(一)投标人须知;

(二)评标办法和标准;

(三)拟签订合同的主要条款;

(四)发包人要求,列明项目的目标、范围、设计和其他技术标准,包括对项目的内容、范围、规模、标准、功能、质量、安全、节约能源、生态环境保护、工期、验收等的明确要求;

(五)建设单位提供的资料和条件,包括发包前完成的水文地质、工程地质、地形等勘察资料,以及可行性研究报告、方案设计文件或者初步设计文件等;

(六)投标文件格式;

(七)要求投标人提交的其他材料。

建设单位可以在招标文件中提出对履约担保的要

求,依法要求投标文件载明拟分包的内容;对于设有最高投标限价的,应当明确最高投标限价或者最高投标限价的计算方法。

推荐使用由住房和城乡建设部会同有关部门制定的工程总承包合同示范文本。

第十条 工程总承包单位应当同时具有与工程规模相适应的工程设计资质和施工资质,或者由具有相应资质的设计单位和施工单位组成联合体。工程总承包单位应当具有相应的项目管理体系和项目管理能力、财务和风险承担能力,以及与发包工程相类似的设计、施工或者工程总承包业绩。

设计单位和施工单位组成联合体的,应当根据项目的特点和复杂程度,合理确定牵头单位,并在联合体协议中明确联合体成员单位的责任和权利。联合体各方应当共同与建设单位签订工程总承包合同,就工程总承包项目承担连带责任。

第十一条 工程总承包单位不得是工程总承包项目的代建单位、项目管理单位、监理单位、造价咨询单位、招标代理单位。

政府投资项目的项目建议书、可行性研究报告、初步设计文件编制单位及其评估单位,一般不得成为该项目的工程总承包单位。政府投资项目招标人公开已经完成的项目建议书、可行性研究报告、初步设计文件的,上述单位可以参与该工程总承包项目的投标,经依法评标、定标,成为工程总承包单位。

第十二条 鼓励设计单位申请取得施工资质,已取得工程设计综合资质、行业甲级资质、建筑工程专业甲级资质的单位,可以直接申请相应类别施工总承包一级资质。鼓励施工单位申请取得工程设计资质,具有一级及以上施工总承包资质的单位可以直接申请相应类别的工程设计甲级资质。完成的相应规模工程总承包业绩可以作为设计、施工业绩申报。

第十三条 建设单位应当依法确定投标人编制工程总承包项目投标文件所需要的合理时间。

第十四条 评标委员会应当依照法律规定和项目特点,由建设单位代表、具有工程总承包项目管理经验的专家,以及从事设计、施工、造价等方面的专家组成。

第十五条 建设单位和工程总承包单位应当加强风险管理,合理分担风险。

建设单位承担的风险主要包括:

(一)主要工程材料、设备、人工价格与招标时基期价相比,波动幅度超过合同约定幅度的部分;

(二)因国家法律法规政策变化引起的合同价格的变化;

(三)不可预见的地质条件造成的工程费用和工期的变化;

(四)因建设单位原因产生的工程费用和工期的变化;

(五)不可抗力造成的工程费用和工期的变化。

具体风险分担内容由双方在合同中约定。

鼓励建设单位和工程总承包单位运用保险手段增强防范风险能力。

第十六条 企业投资项目的工程总承包宜采用总价合同,政府投资项目的工程总承包应当合理确定合同价格形式。采用总价合同的,除合同约定可以调整的情形外,合同总价一般不予调整。

建设单位和工程总承包单位可以在合同中约定工程总承包计量规则和计价方法。

依法必须进行招标的项目,合同价格应当在充分竞争的基础上合理确定。

第三章 工程总承包项目实施

第十七条 建设单位根据自身资源和能力,可以自行对工程总承包项目进行管理,也可以委托勘察设计单位、代建单位等项目管理单位,赋予相应权利,依照合同对工程总承包项目进行管理。

第十八条 工程总承包单位应当建立与工程总承包相适应的组织机构和管理制度,形成项目设计、采购、施工、试运行管理以及质量、安全、工期、造价、节约能源和生态环境保护管理等工程总承包综合管理能力。

第十九条 工程总承包单位应当设立项目管理机构,设置项目经理,配备相应管理人员,加强设计、采购与施工的协调,完善和优化设计,改进施工方案,实现对工程总承包项目的有效管理控制。

第二十条 工程总承包项目经理应当具备下列条件:

(一)取得相应工程建设类注册执业资格,包括注册建筑师、勘察设计注册工程师、注册建造师或者注册监理工程师等;未实施注册执业资格的,取得高级专业技术职称;

(二)担任过与拟建项目相类似的工程总承包项目经理、设计项目负责人、施工项目负责人或者项目总监理工程师;

(三)熟悉工程技术和工程总承包项目管理知识以及相关法律法规、标准规范;

（四）具有较强的组织协调能力和良好的职业道德。

工程总承包项目经理不得同时在两个或者两个以上工程项目担任工程总承包项目经理、施工项目负责人。

第二十一条 工程总承包单位可以采用直接发包的方式进行分包。但以暂估价形式包括在总承包范围内的工程、货物、服务分包时，属于依法必须进行招标的项目范围且达到国家规定规模标准的，应当依法招标。

第二十二条 建设单位不得迫使工程总承包单位以低于成本的价格竞标，不得明示或者暗示工程总承包单位违反工程建设强制性标准、降低建设工程质量，不得明示或者暗示工程总承包单位使用不合格的建筑材料、建筑构配件和设备。

工程总承包单位应当对其承包的全部建设工程质量负责，分包单位对其分包工程的质量负责，分包不免除工程总承包单位对其承包的全部建设工程所负的质量责任。

工程总承包单位、工程总承包项目经理依法承担质量终身责任。

第二十三条 建设单位不得对工程总承包单位提出不符合建设工程安全生产法律、法规和强制性标准规定的要求，不得明示或者暗示工程总承包单位购买、租赁、使用不符合安全施工要求的安全防护用具、机械设备、施工机具及配件、消防设施和器材。

工程总承包单位对承包范围内工程的安全生产负总责。分包单位应当服从工程总承包单位的安全生产管理，分包单位不服从管理导致生产安全事故的，由分包单位承担主要责任，分包不免除工程总承包单位的安全责任。

第二十四条 建设单位不得设置不合理工期，不得任意压缩合理工期。

工程总承包单位应当依据合同对工期全面负责，对项目总进度和各阶段的进度进行控制管理，确保工程按期竣工。

第二十五条 工程保修书由建设单位与工程总承包单位签署，保修期内工程总承包单位应当根据法律法规规定以及合同约定承担保修责任，工程总承包单位不得以其与分包单位之间保修责任划分而拒绝履行保修责任。

第二十六条 建设单位和工程总承包单位应当加强设计、施工等环节管理，确保建设地点、建设规模、建设内容等符合项目审批、核准、备案要求。

政府投资项目所需资金应当按照国家有关规定确保落实到位，不得由工程总承包单位或者分包单位垫资建设。政府投资项目建设投资原则上不得超过经核定的投资概算。

第二十七条 工程总承包单位和工程总承包项目经理在设计、施工活动中有转包违法分包等违法违规行为或者造成工程质量安全事故的，按照法律法规对设计、施工单位及其项目负责人相同违法违规行为的规定追究责任。

第四章 附 则

第二十八条 本办法自2020年3月1日起施行。

房屋建筑和市政基础设施工程施工分包管理办法

· 2004年2月3日建设部令第124号公布
· 根据2014年8月27日《住房和城乡建设部关于修改〈房屋建筑和市政基础设施工程施工分包管理办法〉的决定》第一次修正
· 根据2019年3月13日《住房和城乡建设部关于修改部分部门规章的决定》第二次修正

第一条 为了规范房屋建筑和市政基础设施工程施工分包活动，维护建筑市场秩序，保证工程质量和施工安全，根据《中华人民共和国建筑法》、《中华人民共和国招标投标法》、《建设工程质量管理条例》等有关法律、法规，制定本办法。

第二条 在中华人民共和国境内从事房屋建筑和市政基础设施工程施工分包活动，实施对房屋建筑和市政基础设施工程施工分包活动的监督管理，适用本办法。

第三条 国务院住房城乡建设主管部门负责全国房屋建筑和市政基础设施工程施工分包的监督管理工作。

县级以上地方人民政府住房城乡建设主管部门负责本行政区域内房屋建筑和市政基础设施工程施工分包的监督管理工作。

第四条 本办法所称施工分包，是指建筑业企业将其所承包的房屋建筑和市政基础设施工程中的专业工程或者劳务作业发包给其他建筑业企业完成的活动。

第五条 房屋建筑和市政基础设施工程施工分包分为专业工程分包和劳务作业分包。

本办法所称专业工程分包，是指施工总承包企业（以下简称专业分包工程发包人）将其所承包工程中的专业工程发包给具有相应资质的其他建筑业企业（以下简称专业分包工程承包人）完成的活动。

本办法所称劳务作业分包，是指施工总承包企业或者专业承包企业（以下简称劳务作业发包人）将其承包工程中的劳务作业发包给劳务分包企业（以下简称劳务作业承包人）完成的活动。

本办法所称分包工程发包人包括本条第二款、第三款中的专业分包工程发包人和劳务作业发包人；分包工程承包人包括本条第二款、第三款中的专业分包工程承包人和劳务作业承包人。

第六条 房屋建筑和市政基础设施工程施工分包活动必须依法进行。

鼓励发展专业承包企业和劳务分包企业，提倡分包活动进入有形建筑市场公开交易，完善有形建筑市场的分包工程交易功能。

第七条 建设单位不得直接指定分包工程承包人。任何单位和个人不得对依法实施的分包活动进行干预。

第八条 分包工程承包人必须具有相应的资质，并在其资质等级许可的范围内承揽业务。

严禁个人承揽分包工程业务。

第九条 专业工程分包除在施工总承包合同中有约定外，必须经建设单位认可。专业分包工程承包人必须自行完成所承包的工程。

劳务作业分包由劳务作业发包人与劳务作业承包人通过劳务合同约定。劳务作业承包人必须自行完成所承包的任务。

第十条 分包工程发包人和分包工程承包人应当依法签订分包合同，并按照合同履行约定的义务。分包合同必须明确约定支付工程款和劳务工资的时间、结算方式以及保证按期支付的相应措施，确保工程款和劳务工资的支付。

第十一条 分包工程发包人应当设立项目管理机构，组织管理所承包工程的施工活动。

项目管理机构应当具有与承包工程的规模、技术复杂程度相适应的技术、经济管理人员。其中，项目负责人、技术负责人、项目核算负责人、质量管理人员、安全管理人员必须是本单位的人员。具体要求由省、自治区、直辖市人民政府住房城乡建设主管部门规定。

前款所指本单位人员，是指与本单位有合法的人事或者劳动合同、工资以及社会保险关系的人员。

第十二条 分包工程发包人可以就分包合同的履行，要求分包工程承包人提供分包工程履约担保；分包工程承包人在提供担保后，要求分包工程发包人同时提供分包工程付款担保的，分包工程发包人应当提供。

第十三条 禁止将承包的工程进行转包。不履行合同约定，将其承包的全部工程发包给他人，或者将其承包的全部工程肢解后以分包的名义分别发包给他人的，属于转包行为。

违反本办法第十二条规定，分包工程发包人将工程分包后，未在施工现场设立项目管理机构和派驻相应人员，并未对该工程的施工活动进行组织管理的，视同转包行为。

第十四条 禁止将承包的工程进行违法分包。下列行为，属于违法分包：

（一）分包工程发包人将专业工程或者劳务作业分包给不具备相应资质条件的分包工程承包人的；

（二）施工总承包合同中未有约定，又未经建设单位认可，分包工程发包人将承包工程中的部分专业工程分包给他人的。

第十五条 禁止转让、出借企业资质证书或者以其他方式允许他人以本企业名义承揽工程。

分包工程发包人没有将其承包的工程进行分包，在施工现场所设项目管理机构的项目负责人、技术负责人、项目核算负责人、质量管理人员、安全管理人员不是工程承包人本单位人员的，视同允许他人以本企业名义承揽工程。

第十六条 分包工程承包人应当按照分包合同的约定对其承包的工程向分包工程发包人负责。分包工程发包人和分包工程承包人就分包工程对建设单位承担连带责任。

第十七条 分包工程发包人对施工现场安全负责，并对分包工程承包人的安全生产进行管理。专业分包工程承包人应当将其分包工程的施工组织设计和施工安全方案报分包工程发包人备案，专业分包工程发包人发现事故隐患，应当及时作出处理。

分包工程承包人就施工现场安全向分包工程发包人负责，并应当服从分包工程发包人对施工现场的安全生产管理。

第十八条 违反本办法规定，转包、违法分包或者允许他人以本企业名义承揽工程的，以及接受转包和用他人名义承揽工程的，按《中华人民共和国建筑法》、《中华人民共和国招标投标法》和《建设工程质量管理条例》的规定予以处罚。具体办法由国务院住房城乡建设主管部门依据有关法律法规另行制定。

第十九条 未取得建筑业企业资质承接分包工程的，按照《中华人民共和国建筑法》第六十五条第三款和

《建设工程质量管理条例》第六十条第一款、第二款的规定处罚。

第二十条　本办法自2004年4月1日起施行。原城乡建设环境保护部1986年4月30日发布的《建筑安装工程总分包实施办法》同时废止。

建筑工程施工发包与承包违法行为认定查处管理办法

·2019年1月3日
·建市规〔2019〕1号

第一条　为规范建筑工程施工发包与承包活动中违法行为的认定、查处和管理，保证工程质量和施工安全，有效遏制发包与承包活动中的违法行为，维护建筑市场秩序和建筑工程主要参与方的合法权益，根据《中华人民共和国建筑法》《中华人民共和国招标投标法》《中华人民共和国合同法》《建设工程质量管理条例》《建设工程安全生产管理条例》《中华人民共和国招标投标法实施条例》等法律法规，以及《全国人大法工委关于对建筑施工企业母公司承接工程后交由子公司实施是否属于转包以及行政处罚两年追溯期认定法律适用问题的意见》（法工办发〔2017〕223号），结合建筑活动实践，制定本办法。

第二条　本办法所称建筑工程，是指房屋建筑和市政基础设施工程及其附属设施和与其配套的线路、管道、设备安装工程。

第三条　住房和城乡建设部对全国建筑工程施工发包与承包违法行为的认定查处工作实施统一监督管理。

县级以上地方人民政府住房和城乡建设主管部门在其职责范围内具体负责本行政区域内建筑工程施工发包与承包违法行为的认定查处工作。

本办法所称的发包与承包违法行为具体是指违法发包、转包、违法分包及挂靠等违法行为。

第四条　建设单位与承包单位应严格依法签订合同，明确双方权利、义务、责任，严禁违法发包、转包、违法分包和挂靠，确保工程质量和施工安全。

第五条　本办法所称违法发包，是指建设单位将工程发包给个人或不具有相应资质的单位、肢解发包、违反法定程序发包及其他违反法律法规规定发包的行为。

第六条　存在下列情形之一的，属于违法发包：

（一）建设单位将工程发包给个人的；

（二）建设单位将工程发包给不具有相应资质的单位的；

（三）依法应当招标未招标或未按照法定招标程序发包的；

（四）建设单位设置不合理的招标投标条件，限制、排斥潜在投标人或者投标人的；

（五）建设单位将一个单位工程的施工分解成若干部分发包给不同的施工总承包或专业承包单位的。

第七条　本办法所称转包，是指承包单位承包工程后，不履行合同约定的责任和义务，将其承包的全部工程或者将其承包的全部工程肢解后以分包的名义分别转给其他单位或个人施工的行为。

第八条　存在下列情形之一的，应当认定为转包，但有证据证明属于挂靠或者其他违法行为的除外：

（一）承包单位将其承包的全部工程转给其他单位（包括母公司承接建筑工程后将所承接工程交由具有独立法人资格的子公司施工的情形）或个人施工的；

（二）承包单位将其承包的全部工程肢解以后，以分包的名义分别转给其他单位或个人施工的；

（三）施工总承包单位或专业承包单位未派驻项目负责人、技术负责人、质量管理负责人、安全管理负责人等主要管理人员，或派驻的项目负责人、技术负责人、质量管理负责人、安全管理负责人中一人及以上与施工单位没有订立劳动合同且没有建立劳动工资和社会养老保险关系，或派驻的项目负责人未对该工程的施工活动进行组织管理，又不能进行合理解释并提供相应证明的；

（四）合同约定由承包单位负责采购的主要建筑材料、构配件及工程设备或租赁的施工机械设备，由其他单位或个人采购、租赁，或施工单位不能提供有关采购、租赁合同及发票等证明，又不能进行合理解释并提供相应证明的；

（五）专业作业承包人承包的范围是承包单位承包的全部工程，专业作业承包人计取的是除上缴给承包单位"管理费"之外的全部工程价款的；

（六）承包单位通过采取合作、联营、个人承包等形式或名义，直接或变相将其承包的全部工程转给其他单位或个人施工的；

（七）专业工程的发包单位不是该工程的施工总承包或专业承包单位的，但建设单位依约作为发包单位的除外；

（八）专业作业的发包单位不是该工程承包单位的；

（九）施工合同主体之间没有工程款收付关系，或者承包单位收到款项后又将款项转拨给其他单位和个人，又不能进行合理解释并提供材料证明的。

两个以上的单位组成联合体承包工程，在联合体分工协议中约定或者在项目实际实施过程中，联合体一方不进行施工也未对施工活动进行组织管理的，并且向联合体其他方收取管理费或者其他类似费用的，视为联合体一方将承包的工程转包给联合体其他方。

第九条 本办法所称挂靠，是指单位或个人以其他有资质的施工单位的名义承揽工程的行为。

前款所称承揽工程，包括参与投标、订立合同、办理有关施工手续、从事施工等活动。

第十条 存在下列情形之一的，属于挂靠：

（一）没有资质的单位或个人借用其他施工单位的资质承揽工程的；

（二）有资质的施工单位相互借用资质承揽工程的，包括资质等级低的借用资质等级高的，资质等级高的借用资质等级低的，相同资质等级相互借用的；

（三）本办法第八条第一款第（三）至（九）项规定的情形，有证据证明属于挂靠的。

第十一条 本办法所称违法分包，是指承包单位承包工程后违反法律法规规定，把单位工程或分部分项工程分包给其他单位或个人施工的行为。

第十二条 存在下列情形之一的，属于违法分包：

（一）承包单位将其承包的工程分包给个人的；

（二）施工总承包单位或专业承包单位将工程分包给不具备相应资质单位的；

（三）施工总承包单位将施工总承包合同范围内工程主体结构的施工分包给其他单位的，钢结构工程除外；

（四）专业分包单位将其承包的专业工程中非劳务作业部分再分包的；

（五）专业作业承包人将其承包的劳务再分包的；

（六）专业作业承包人除计取劳务作业费用外，还计取主要建筑材料款和大中型施工机械设备、主要周转材料费用的。

第十三条 任何单位和个人发现违法发包、转包、违法分包及挂靠等违法行为的，均可向工程所在地县级以上人民政府住房和城乡建设主管部门进行举报。

接到举报的住房和城乡建设主管部门应当依法受理、调查、认定和处理，除无法告知举报人的情况外，应当及时将查处结果告知举报人。

第十四条 县级以上地方人民政府住房和城乡建设主管部门如接到人民法院、检察机关、仲裁机构、审计机关、纪检监察等部门转交或移送的涉及本行政区域内建筑工程发包与承包违法行为的建议或相关案件的线索或证据，应当依法受理、调查、认定和处理，并把处理结果及时反馈给转交或移送机构。

第十五条 县级以上人民政府住房和城乡建设主管部门对本行政区域内发现的违法发包、转包、违法分包及挂靠等违法行为，应当依法进行调查，按照本办法进行认定，并依法予以行政处罚。

（一）对建设单位存在本办法第五条规定的违法发包情形的处罚：

1. 依据本办法第六条（一）、（二）项规定认定的，依据《中华人民共和国建筑法》第六十五条、《建设工程质量管理条例》第五十四条规定进行处罚；

2. 依据本办法第六条（三）项规定认定的，依据《中华人民共和国招标投标法》第四十九条、《中华人民共和国招标投标法实施条例》第六十四条规定进行处罚；

3. 依据本办法第六条（四）项规定认定的，依据《中华人民共和国招标投标法》第五十一条、《中华人民共和国招标投标法实施条例》第六十三条规定进行处罚。

4. 依据本办法第六条（五）项规定认定的，依据《中华人民共和国建筑法》第六十五条、《建设工程质量管理条例》第五十五条规定进行处罚。

5. 建设单位违法发包，拒不整改或者整改后仍达不到要求的，视为没有依法确定施工企业，将其违法行为记入诚信档案，实行联合惩戒。对全部或部分使用国有资金的项目，同时将建设单位违法发包的行为告知其上级主管部门及纪检监察部门，并建议对建设单位直接负责的主管人员和其他直接责任人员给予相应的行政处分。

（二）对认定有转包、违法分包违法行为的施工单位，依据《中华人民共和国建筑法》第六十七条、《建设工程质量管理条例》第六十二条规定进行处罚。

（三）对认定有挂靠行为的施工单位或个人，依据《中华人民共和国招标投标法》第五十四条、《中华人民共和国建筑法》第六十五条和《建设工程质量管理条例》第六十条规定进行处罚。

（四）对认定有转让、出借资质证书或者以其他方式允许他人以本单位的名义承揽工程的施工单位，依据《中华人民共和国建筑法》第六十六条、《建设工程质量管理条例》第六十一条规定进行处罚。

（五）对建设单位、施工单位给予单位罚款处罚的，依据《建设工程质量管理条例》第七十三条、《中华人民共和国招标投标法》第四十九条、《中华人民共和国招标投标法实施条例》第六十四条规定，对单位直接负责的主管人员和其他直接责任人员进行处罚。

（六）对认定有转包、违法分包、挂靠、转让出借资质证书或者以其他方式允许他人以本单位的名义承揽工程等违法行为的施工单位，可依法限制其参加工程投标活动、承揽新的工程项目，并对其企业资质是否满足资质标准条件进行核查，对达不到资质标准要求的限期整改，整改后仍达不到要求的，资质审批机关撤回其资质证书。

对2年内发生2次及以上转包、违法分包、挂靠、转让出借资质证书或者以其他方式允许他人以本单位的名义承揽工程的施工单位，应当依法按照情节严重情形给予处罚。

（七）因违法发包、转包、违法分包、挂靠等违法行为导致发生质量安全事故的，应当依法按照情节严重情形给予处罚。

第十六条　对于违法发包、转包、违法分包、挂靠等违法行为的行政处罚追溯期限，应当按照法工办发〔2017〕223号文件的规定，从存在违法发包、转包、违法分包、挂靠的建筑工程竣工验收之日起计算；合同工程量未全部完成而解除或终止履行合同的，自合同解除或终止之日起计算。

第十七条　县级以上人民政府住房和城乡建设主管部门应将查处的违法发包、转包、违法分包、挂靠等违法行为和处罚结果记入相关单位或个人信用档案，同时向社会公示，并逐级上报至住房和城乡建设部，在全国建筑市场监管公共服务平台公示。

第十八条　房屋建筑和市政基础设施工程以外的专业工程可参照本办法执行。省级人民政府住房和城乡建设主管部门可结合本地实际，依据本办法制定相应实施细则。

第十九条　本办法中施工总承包单位、专业承包单位均指直接承接建设单位发包的工程的单位；专业分包单位是指承接施工总承包或专业承包企业分包专业工程的单位；承包单位包括施工总承包单位、专业承包单位和专业分包单位。

第二十条　本办法由住房和城乡建设部负责解释。

第二十一条　本办法自2019年1月1日起施行。2014年10月1日起施行的《建筑工程施工转包违法分包等违法行为认定查处管理办法（试行）》（建市〔2014〕118号）同时废止。

关于印发《标准设备采购招标文件》等五个标准招标文件的通知

·2017年9月4日

·发改法规〔2017〕1606号

国务院各部门、各直属机构，各省、自治区、直辖市、新疆生产建设兵团发展改革委、工信委（经委）、通信管理局、住房城乡建设厅（建委、局）、交通运输厅（局、委）、水利（务）厅（局）、商务厅（局）、新闻出版广电局，各地区铁路监管局、民航各地区管理局：

为进一步完善标准文件编制规则，构建覆盖主要采购对象、多种合同类型、不同项目规模的标准文件体系，提高招标文件编制质量，促进招标投标活动的公开、公平和公正，营造良好市场竞争环境，国家发展改革委会同工业和信息化部、住房城乡建设部、交通运输部、水利部、商务部、国家新闻出版广电总局、国家铁路局、中国民用航空局，编制了《标准设备采购招标文件》《标准材料采购招标文件》《标准勘察招标文件》《标准设计招标文件》《标准监理招标文件》（以下如无特别说明，统一简称为《标准文件》）。现将《标准文件》印发你们，并就有关事项通知如下。

一、适用范围

本《标准文件》适用于依法必须招标的与工程建设有关的设备、材料等货物项目和勘察、设计、监理等服务项目。机电产品国际招标项目，应当使用商务部编制的机电产品国际招标标准文本（中英文）。

工程建设项目，是指工程以及与工程建设有关的货物和服务。工程，是指建设工程，包括建筑物和构筑物的新建、改建、扩建及其相关的装修、拆除、修缮等。与工程建设有关的货物，是指构成工程不可分割的组成部分，且为实现工程基本功能所必需的设备、材料等。与工程建设有关的服务，是指为完成工程所需的勘察、设计、监理等。

二、应当不加修改地引用《标准文件》的内容

《标准文件》中的"投标人须知"（投标人须知前附表和其他附表除外）"评标办法"（评标办法前附表除外）"通用合同条款"，应当不加修改地引用。

三、行业主管部门可以作出的补充规定

国务院有关行业主管部门可根据本行业招标特点和管理需要，对《标准设备采购招标文件》《标准材料采购招标文件》中的"专用合同条款""供货要求"，对《标准勘察招标文件》《标准设计招标文件》中的"专用合同条款""发包人要求"，对《标准监理招标文件》中的"专用合同条款”“委托人要求”作出具体规定。其中,“专用合同条款”可对“通用合同条款”进行补充、细化,但除“通用合同条款”明确规定可以作出不同约定外,“专用合同条款”补充和细化的内容不得与“通用合同条款”相抵触,否则抵触内容无效。

四、招标人可以补充、细化和修改的内容

“投标人须知前附表”用于进一步明确“投标人须知”正文中的未尽事宜,招标人应结合招标项目具体特点和实际需要编制和填写,但不得与“投标人须知”正文内容相抵触,否则抵触内容无效。

“评标办法前附表”用于明确评标的方法、因素、标准和程序。招标人应根据招标项目具体特点和实际需要,详细列明全部审查或评审因素、标准,没有列明的因素和标准不得作为评标的依据。

招标人可根据招标项目的具体特点和实际需要,在“专用合同条款”中对《标准文件》中的“通用合同条款”进行补充、细化和修改,但不得违反法律、行政法规的强制性规定,以及平等、自愿、公平和诚实信用原则,否则相关内容无效。

五、实施时间、解释及修改

《标准文件》自 2018 年 1 月 1 日起实施。因出现新情况,需要对《标准文件》不加修改地引用的内容作出解释或修改的,由国家发展改革委会同国务院有关部门作出解释或修改。该解释和修改与《标准文件》具有同等效力。

请各级人民政府有关部门认真组织好《标准文件》的贯彻落实,及时总结经验和发现问题。各地在实施《标准文件》中的经验和问题,向上级主管部门报告;国务院各部门汇总本部门的经验和问题,报国家发展改革委。

特此通知。

附件:1. 中华人民共和国标准设备采购招标文件(2017 年版)(略)

2. 中华人民共和国标准材料采购招标文件(2017 年版)(略)

3. 中华人民共和国标准勘察招标文件(2017 年版)(略)

4. 中华人民共和国标准设计招标文件(2017 年版)(略)

5. 中华人民共和国标准监理招标文件(2017 年版)(略)

住房城乡建设部办公厅关于取消工程建设项目招标代理机构资格认定加强事中事后监管的通知

·2017 年 12 月 28 日
·建办市〔2017〕77 号

各省、自治区住房城乡建设厅,直辖市建委,新疆生产建设兵团建设局:

为贯彻落实《全国人民代表大会常务委员会关于修改〈中华人民共和国招标投标法〉、〈中华人民共和国计量法〉的决定》,深入推进工程建设领域“放管服”改革,加强工程建设项目招标代理机构(以下简称招标代理机构)事中事后监管,规范工程招标代理行为,维护建筑市场秩序,现将有关事项通知如下:

一、停止招标代理机构资格申请受理和审批。自 2017 年 12 月 28 日起,各级住房城乡建设部门不再受理招标代理机构资格认定申请,停止招标代理机构资格审批。

二、建立信息报送和公开制度。招标代理机构可按照自愿原则向工商注册所在地省级建筑市场监管一体化工作平台报送基本信息。信息内容包括:营业执照相关信息、注册执业人员、具有工程建设类职称的专职人员、近 3 年代表性业绩、联系方式。上述信息统一在我部全国建筑市场监管公共服务平台(以下简称公共服务平台)对外公开,供招标人根据工程项目实际情况选择参考。

招标代理机构对报送信息的真实性和准确性负责,并及时核实其在公共服务平台的信息内容。信息内容发生变化的,应当及时更新。任何单位和个人如发现招标代理机构报送虚假信息,可向招标代理机构工商注册所在地省级住房城乡建设主管部门举报。工商注册所在地省级住房城乡建设主管部门应当及时组织核实,对涉及非本省市工程业绩的,可商请工程所在地省级住房城乡建设主管部门协助核查,工程所在地省级住房城乡建设主管部门应当给予配合。对存在报送虚假信息行为的招标代理机构,工商注册所在地省级住房城乡建设主管部门应当将其弄虚作假行为信息推送至公共服务平台对外公布。

三、规范工程招标代理行为。招标代理机构应当与招标人签订工程招标代理书面委托合同,并在合同约定的范围内依法开展工程招标代理活动。招标代理机构及其从业人员应当严格按照招标投标法、招标投标法实施条例等相关法律法规开展工程招标代理活动,并对工程招标代理业务承担相应责任。

四、强化工程招投标活动监管。各级住房城乡建设主管部门要加大房屋建筑和市政基础设施招标投标活动监管力度，推进电子招投标，加强招标代理机构行为监管，严格依法查处招标代理机构违法违规行为，及时归集相关处罚信息并向社会公开，切实维护建筑市场秩序。

五、加强信用体系建设。加快推进省级建筑市场监管一体化工作平台建设，规范招标代理机构信用信息采集、报送机制，加大信息公开力度，强化信用信息应用，推进部门之间信用信息共享共用。加快建立失信联合惩戒机制，强化信用对招标代理机构的约束作用，构建“一处失信、处处受制”的市场环境。

六、加大投诉举报查处力度。各级住房城乡建设主管部门要建立健全公平、高效的投诉举报处理机制，严格按照《工程建设项目招标投标活动投诉处理办法》，及时受理并依法处理房屋建筑和市政基础设施领域的招投标投诉举报，保护招标投标活动当事人的合法权益，维护招标投标活动的正常市场秩序。

七、推进行业自律。充分发挥行业协会对促进工程建设项目招标代理行业规范发展的重要作用。支持行业协会研究制定从业机构和从业人员行为规范，发布行业自律公约，加强对招标代理机构和从业人员行为的约束和管理。鼓励行业协会开展招标代理机构资信评价和从业人员培训工作，提升招标代理服务能力。

各级住房城乡建设主管部门要高度重视招标代理机构资格认定取消后的事中事后监管工作，完善工作机制，创新监管手段，加强工程建设项目招标投标活动监管，依法严肃查处违法违规行为，促进招投标活动有序开展。

住房和城乡建设部关于进一步加强房屋建筑和市政基础设施工程招标投标监管的指导意见

· 2019 年 12 月 19 日
· 建市规〔2019〕11 号

各省、自治区住房和城乡建设厅，直辖市住房和城乡建设（管）委，新疆生产建设兵团住房和城乡建设局：

工程招标投标制度在维护国家利益和社会公共利益、规范建筑市场行为、提高投资效益、促进廉政建设等方面发挥了重要作用。但是，当前工程招标投标活动中招标人主体责任缺失，串通投标、弄虚作假违法违规问题依然突出。为深入贯彻落实《国务院办公厅关于促进建筑业持续健康发展的意见》（国办发〔2017〕19 号）、《国务院办公厅转发住房城乡建设部关于完善质量保障体系提升建筑工程品质指导意见的通知》（国办函〔2019〕92 号），积极推进房屋建筑和市政基础设施工程招标投标制度改革，加强相关工程招标投标活动监管，严厉打击招标投标环节违法违规问题，维护建筑市场秩序，现提出如下意见。

一、夯实招标人的权责

（一）落实招标人首要责任。工程招标投标活动依法应由招标人负责，招标人自主决定发起招标，自主选择工程建设项目招标代理机构、资格审查方式、招标人代表和评标方法。夯实招标投标活动中各方主体责任，党员干部严禁利用职权或者职务上的影响干预招标投标活动。

（二）政府投资工程鼓励集中建设管理方式。实施相对集中专业化管理，采用组建集中建设机构或竞争选择企业实行代建的模式，严格控制工程项目投资，科学确定并严格执行合理的工程建设周期，保障工程质量安全，竣工验收后移交使用单位，提高政府投资工程的专业化管理水平。

二、优化招标投标方法

（三）缩小招标范围。社会投资的房屋建筑工程，建设单位自主决定发包方式，社会投资的市政基础设施工程依法决定发包方式。政府投资工程鼓励采用全过程工程咨询、工程总承包方式，减少招标投标层级，依据合同约定或经招标人同意，由总承包单位自主决定专业分包，招标人不得指定分包或肢解工程。

（四）探索推进评定分离方法。招标人应科学制定评标定标方法，组建评标委员会，通过资格审查强化对投标人的信用状况和履约能力审查，围绕高质量发展要求优先考虑创新、绿色等评审因素。评标委员会对投标文件的技术、质量、安全、工期的控制能力等因素提供技术咨询建议，向招标人推荐合格的中标候选人。由招标人按照科学、民主决策原则，建立健全内部控制程序和决策约束机制，根据报价情况和技术咨询建议，择优确定中标人，实现招标投标过程的规范透明，结果的合法公正，依法依规接受监督。

（五）全面推行电子招标投标。全面推行招标投标交易全过程电子化和异地远程评标，实现招标投标活动信息公开。积极创新电子化行政监督，招标投标交易平台应当与本地建筑市场监管平台实现数据对接，加快推动交易、监管数据互联共享，加大全国建筑市场监管公共服务平台工程项目数据信息的归集和共享力度。

(六)推动市场形成价格机制。实施工程造价供给侧结构性改革,鼓励地方建立工程造价数据库和发布市场化的造价指标指数,促进通过市场竞争形成合同价。对标国际,建立工程计量计价体系,完善工程材料、机械、人工等各类价格市场化信息发布机制。改进最高投标限价编制方式,强化招标人工程造价管控责任,推行全过程工程造价咨询。严格合同履约管理和工程变更,强化工程进度款支付和工程结算管理,招标人不得将未完成审计作为延期工程结算、拖欠工程款的理由。

三、加强招标投标过程监管

(七)加强招标投标活动监管。各级住房和城乡建设主管部门应按照"双随机、一公开"的要求,加大招标投标事中事后查处力度,严厉打击串通投标、弄虚作假等违法违规行为,维护建筑市场秩序。对围标串标等情节严重的,应纳入失信联合惩戒范围,直至清出市场。

(八)加强评标专家监管。各级住房和城乡建设主管部门要结合实际健全完善评标专家动态监管和抽取监督的管理制度,严格履行对评标专家的监管职责。建立评标专家考核和退出机制,对存在违法违规行为的评标专家,应取消其评标专家资格,依法依规严肃查处。

(九)强化招标代理机构市场行为监管。实行招标代理机构信息自愿报送和年度业绩公示制度,完善全过程工程咨询机构从事招标投标活动的监管。加强招标代理机构从业人员考核、评价,严格依法查处从业人员违法违规行为,信用评价信息向社会公开,实行招标代理机构"黑名单"制度,构建守信激励、失信惩戒机制。

(十)强化合同履约监管。加强建筑市场和施工现场"两场"联动,将履约行为纳入信用评价,中标人应严格按照投标承诺的技术力量和技术方案履约,对中标人拒不履行合同约定义务的,作为不良行为记入信用记录。

四、优化招标投标市场环境

(十一)加快推行工程担保制度。推行银行保函制度,在有条件的地区推行工程担保公司保函和工程保证保险。招标人要求中标人提供履约担保的,招标人应当同时向中标人提供工程款支付担保。对采用最低价中标的探索实行高保额履约担保。

(十二)加大信息公开力度。公开招标的项目信息,包括资格预审公告、招标公告、评审委员会评审信息、资格审查不合格名单、评标结果、中标候选人、定标方法、受理投诉的联系方式等内容,应在招标公告发布的公共服务平台、交易平台向社会公开,接受社会公众的监督。

(十三)完善建筑市场信用评价机制。积极开展建筑市场信用评价,健全招标人、投标人、招标代理机构及从业人员等市场主体信用档案,完善信用信息的分级管理制度,对存在严重失信行为的市场主体予以惩戒,推动建筑市场信用评价结果在招标投标活动中规范应用,严禁假借信用评价实行地方保护。

(十四)畅通投诉渠道,规范投诉行为。招标投标监管部门要建立健全公平、高效的投诉处理机制,及时受理并依法处理招标投标投诉,加大查处力度。要规范投诉行为,投诉书应包括投诉人和被投诉人的名称地址及有效联系方式、投诉的基本事实、相关请求及主张、有效线索和相关证明材料、已提出异议的证明文件。属于恶意投诉的,应追究其相应责任。

五、强化保障措施

(十五)强化组织领导。各地住房和城乡建设主管部门要高度重视建筑市场交易活动,创新工程招标投标监管机制,完善相关配套政策,加强对建筑市场交易活动的引导和支持,加强与发展改革、财政、审计等有关部门的沟通协调,切实解决招标投标活动中的实际问题。

(十六)推动示范引领。各地住房和城乡建设主管部门要积极推动工程建设项目招标投标改革,选择部分地区开展试点,及时总结试点做法,形成可复制、可推广的经验。试点中的问题和建议及时告住房和城乡建设部。

(十七)做好宣传引导。各地住房和城乡建设主管部门要通过多种形式及时宣传报道招标投标改革工作措施和取得的成效,加强舆论引导,争取社会公众和市场主体的支持,及时回应舆论关切,为顺利推进招标投标改革工作营造良好的舆论环境。

2. 铁路工程

铁路建设工程招标投标实施办法

· 2002年8月24日铁道部令第8号公布
· 自2002年10月1日起施行

第一章 总 则

第一条 铁路建设工程是关系社会公共利益、公众安全的基础设施建设,必须依法进行招标投标。为规范铁路建设工程招标投标活动,保护国家利益、社会公共利益和招标投标当事人的合法权益,保证项目质量和公众安全,提高投资效益,依据《中华人民共和国招标投标法》和国家有关法律、法规,制定本实施办法。

第二条 本办法适用于新建、改建国家铁路、国家与地方或企业合资铁路、地方铁路的固定资产投资项目的施工、监理及与建设工程有关的重要设备和主要材料采购等的招标投标活动。

专用铁路和铁路专用线的建设项目可参照执行。

第三条　铁路建设项目达到以下规模和标准之一的必须进行招标：

（一）工程总投资200万元（含）以上或施工单项合同估算价在100万元人民币以上的；

（二）监理单项合同估算价在10万元人民币以上的；

（三）重要设备、主要材料采购单项合同估算价在50万元人民币以上的。

不足以上规模和标准的铁路建设项目参照本办法进行招标。

第四条　铁路建设工程招标投标活动应遵循公开、公平、公正、诚实信用的原则。

第五条　任何单位和个人不得将必须招标的铁路建设项目化整为零或者以其他任何方式规避招标。

第六条　必须招标的铁路建设项目，其招标投标活动不受地区或部门的限制。任何单位和个人不得违法限制或排斥本地区、本系统以外的具备相应资质的法人或其他组织参加投标，不得以任何方式非法干涉招标投标活动。

第七条　铁路建设工程招标投标活动受国家法律保护，招标投标活动及其当事人应当接受依法实施的监督。

第八条　国务院铁路主管部门及受其委托的部门归口管理全国铁路建设工程招标投标工作，主要职责是：

（一）贯彻国家有关招标投标的法律、法规，制定铁路建设工程招标投标管理的规章制度并监督实施；

（二）对铁路建设项目工程招标投标活动实施监督；

（三）审查招标人资质。

第九条　受国务院铁路主管部门委托的铁道部工程招标投标管理办公室和铁路局工程招标投标管理办公室（以下统称工程招投标管理办公室）按委托规定权限负责监督、检查铁路建设项目招标投标活动。

工程招投标管理办公室的主要职责是：

（一）宣传、贯彻有关建设工程招标投标法律、法规和规章制度；

（二）审查招标人、招标代理机构和标底编制单位资格；

（三）监督、检查招标投标当事人的招标投标行为是否符合法律、法规规定的权限和程序；

（四）对新建、改建国家铁路、国家与地方或企业合资铁路的招标计划、标底、评标办法、招标结果进行审查、核准；

（五）协调与省、市地方招标投标管理部门的工作关系；

（六）组建并管理招标评标委员会评委专家库。

第十条　铁路建设工程施工、监理及与建设工程有关的重要设备和主要材料采购等招标投标活动，除特殊情况经工程招投标管理办公室批准外，一律在铁路有形建设市场的交易中心进行。

第二章　招　标

第十一条　铁路建设项目招标应具备下列条件：

（一）大中型建设项目可行性研究报告经国家批准，其他建设项目按规定已履行相应审批手续；

（二）有批准的设计文件（两阶段设计有初步设计文件，一阶段设计有施工图）；

（三）建设资金已落实；

（四）建设项目管理机构已建立。

第十二条　铁路建设工程的招标人是依照本办法规定提出招标项目、负责组织招标活动的法人或其他组织。

第十三条　招标人的责任与权利

（一）责任：

1. 发布招标公告及编制招标文件，负责组织招标；

2. 审查投标人资格；

3. 组织现场踏勘，解答和澄清招标文件中的问题；

4. 编制标底，组建评标委员会，编写评标报告；

5. 按招标文件和中标人的投标文件与中标人签订合同；

6. 对招标文件、合同条款与建设项目目标实现的差异承担责任；

7. 接受依法实施的监督，遵守招标投标有关法规，按规定保守秘密；

8. 负责招标档案的建立和保存。

（二）权利：

1. 参加设计文件鉴定；

2. 按招标投标法律、法规，根据招标项目特点，经过资格审查选定投标人；

3. 具备自行招标条件的招标人有权自行办理招标，有权拒绝任何单位和个人强制其委托招标代理机构办理招标事宜。不具备自行招标条件的招标人，有权自行选择招标代理机构，委托办理招标事宜，拒绝任何单位和个人指定的招标代理机构；

4. 有权拒绝不符合招标文件要求的投标；

5. 按评标委员会的书面评标报告和推荐的中标候选人确定中标人。

第十四条 招标人可自行招标或委托招标。经项目审批部门核准招标人符合自行招标条件的，可以自行组织招标。不符合自行招标条件的，由招标人委托具有相应资质的招标代理机构办理招标事宜。

第十五条 招标人自行组织招标时必须具备下列条件：

（一）具有项目法人资格（或法人资格）；

（二）有与建设项目规模相适应的，熟悉和掌握招标投标法律、法规、规章的专业齐全的技术、经济管理人员；

（三）具有编制招标文件、审查投标人资格和组织开标、评标、定标的能力；

（四）设有财务机构和具有会计从业资格的人员，能按有关法规进行财务管理和独立的会计核算；

（五）资质等级与建设项目的投资规模相适应，有从事同类铁路建设项目招标的经验。

第十六条 招标人自行招标应在上报可行性研究报告时向项目审批部门报送下列书面材料，经核准后方能自行招标：

（一）项目法人营业执照、法人证书或项目法人组建的文件；

（二）与招标项目相适应的专业技术力量情况，包括工程技术、概（预）算、财务和工程管理人员的高、中、初级职称的人数；

（三）内设的招标机构或专职招标人员的基本情况；

（四）拟使用的评委专家库；

（五）以往编制的同类建设项目招标文件和评标报告，以及招标业绩的证明材料；

（六）其他材料。

在报送可行性研究报告前，需通过招标方式或其他方式确定勘察、设计单位开展前期工作的，应在上述书面材料中说明。

第十七条 任何单位和个人不得限制招标人自行办理招标事宜，不得强制其委托招标代理机构办理招标事宜。不得为招标人指定招标代理机构。也不得拒绝办理工程建设的有关手续。

第十八条 委托招标应遵守下列规定：

（一）招标人与招标代理机构应签订委托代理合同，招标代理机构在招标人委托的范围内办理招标事宜，并遵守本办法关于招标人的规定；

（二）招标代理机构应维护招标人的合法权益，对招标文件、评标办法、评标报告等的科学性、准确性负责，不得向外泄漏有关情况，影响公正、公平竞争；

（三）招标代理机构不得接受已代理的同一招标项目的投标咨询业务，不得转让招标代理；

（四）招标代理机构与行政机关和其他国家机关及投标人不得有隶属关系或其他利益关系。

第十九条 招标分为公开招标和邀请招标。必须招标的铁路建设工程项目均应公开招标。公开招标项目的招标人必须以招标公告的方式邀请不特定的法人或其他组织投标。

不适宜公开招标的项目，经项目审批部门批准，可以采用邀请招标。招标人以投标邀请书的形式邀请三个以上具备承担招标项目的能力、资信良好的特定投标人投标。投标邀请书的内容可比照招标公告。

第二十条 招标公告应在《中国日报》、《中国经济导报》、《中国建设报》、《中国采购与招标网》等至少一家媒介上发布，其中，必须招标的国际招标项目的招标公告应在《中国日报》发布。同时应将招标公告抄送指定网络。公告发布手续由铁路有形建设市场的交易中心归口对指定媒介办理，同时在交易中心网站发布。

招标公告的内容包括：

（一）招标人的名称和地址；

（二）招标项目的名称、资金来源、内容、规模、实施的地点和工期；

（三）获取资格审查文件和招标文件的办法、地点和时间；

（四）对投标人资质条件的要求；

（五）招标的日程安排；

（六）对资格预审文件和招标文件收取的费用。

第二十一条 铁路建设工程招标程序如下：

（一）编制、报批招标计划；

（二）发布招标公告；

（三）申请投标；

（四）审查投标资格；

（五）发售招标文件；

（六）召开标前会；

（七）递送投标文件；

（八）确定评标方案、标底；

（九）开标、评标、定标；

（十）核准招标结果，发中标通知书；

（十一）上报招标投标情况的书面报告；

（十二）承发包合同签订与登记。

第二十二条　招标人应提出招标计划报工程招投标管理办公室审批，招标计划应包括以下内容：

（一）工程项目概况，招标依据，招标方式、范围和内容；

（二）标段划分依据及数量，每个标段的主要工程量及估价；

（三）投标人选择标段的方式；

（四）招标时间安排和地点；

（五）评委会组成方案，从专家库中选择专家的专业分类、人数；

（六）建议定标方式。

第二十三条　招标文件的编制应符合下列要求：

（一）招标文件包括以下主要内容：

1. 投标邀请书；

2. 投标人须知；

3. 合同条件；

4. 技术规范；

5. 图纸；

6. 工程量清单；

7. 投标书格式及投标保证；

8. 辅助资料表及各类文件格式；

9. 履约保证金；

10. 合同协议书；

11. 评标的标准和方法；

12. 国家对招标项目的技术、标准有规定的，应按照其规定在招标文件中提出相应要求；

13. 招标文件应对技术标和商务标的划分、内容要求、密封、标志、递交投标文件和开标等作出具体规定。

（二）招标文件应载明：严禁中标人转包工程，中标人不得将招标项目的主体、关键工程进行分包；重要的设备和主要材料的招标范围，其他设备和材料的采购供应方式；开标时的唱标内容。

（三）招标文件不得规定任何不合理的标准、要求和程序，不得要求或者标明特定的生产供应者，不得含有倾向或排斥潜在投标人的内容，不得强制投标人组成联合体或限制投标人之间的竞争。

第二十四条　招标文件发出后，招标人不得擅自变更和增加附加条件，确需进行必要的澄清或修改，应在招标文件要求提交投标文件截止时间至少15日前，以书面形式通知所有招标文件的收受人。澄清或修改内容以及对投标人所提问题的书面答复均为招标文件的组成部分。

第二十五条　标段划分应符合下列要求：

（一）标段不宜过小；

（二）根据工程项目的特点，考虑工程的整体性、专业性；

（三）有利于组织工程建设和管理，工程衔接和相关工程的配合，场地平面布置，大型临时设施、过渡工程和辅助工程的合理配置，分段施工、分期投产、分期受益。

第二十六条　招标人应按招标公告和招标文件载明的条件对潜在投标人进行资格审查。资格审查分为资格预审和资格后审。资格预审是指在投标前对潜在投标人进行的资格审查，资格后审是指在开标后对投标人的资格审查。采取资格预审的，招标人应当在资格预审文件中载明资格预审的条件；采取资格后审的，招标人应当在招标文件中载明对投标人的资格要求。

第二十七条　资格审查一般应审查潜在投标人是否符合下列条件：

（一）具有独立签订合同的资格；

（二）具有与招标项目相适应的资质证书、生产许可证或特许证等；

（三）具有有效履行合同的能力；

（四）以往承担类似项目的业绩情况；

（五）没有处于被责令停业，暂停投标期限，财产被接管、冻结，破产状态等；

（六）近两年内没有与骗取合同有关的犯罪或严重违法行为；

（七）近一年无重大质量、安全事故及既有线施工造成的铁路行车重大、大事故；

（八）投标联合体还应符合本办法第三十五条规定的资格条件。

国家对投标人资格条件有规定的，依照其规定。

第二十八条　招标人应将资格审查结果通知潜在投标人，并在铁路有形建设市场的交易中心公布资格审查合格的潜在投标人。只有资格审查合格的潜在投标人才能购买招标文件。

第二十九条　招标人可按下列原则和方式确定潜在投标人投标标段：

（一）若潜在投标人自报投标标段，资格审查通过后即为潜在投标人投标标段；

（二）考虑资格审查通过的潜在投标人的专业特长确定投标标段；

（三）结合资格审查通过的潜在投标人的企业规模，做到投标机会基本公平。

第三十条 招标人应组织召开有购买招标文件的潜在投标人参加的标前会。标前会的内容包括：

（一）招标人介绍招标文件和工程概况，设计单位介绍设计情况。

（二）现场踏勘。可根据项目的具体情况，由招标人统一组织或明确由潜在投标人自行进行。

（三）潜在投标人提出问题，招标人答疑。

提出问题应以书面方式，答复问题以书面形式通知所有招标文件收受人。

第三十一条 招标人不得与投标人串通，不得向他人透露已获取招标文件的潜在投标人的名称、数量以及可能影响公平竞争的有关招标投标的其他情况。

第三十二条 招标中各项工作的期限应满足下列要求：

（一）向交易中心报送招标公告资料至发售招标资格审查文件一般不少于12日。

（二）招标人发售资格审查文件至潜在投标人报送资格审查申请文件一般不少于7日。

（三）潜在投标人向招标人提出的问题一般应在提交投标文件截止时间16日前，过时不予受理。

（四）自招标文件开始发售之时起至提交投标文件截止之时止不得少于20日。

（五）评委专家的产生时间：开标前1-3日。

（六）评标时间：从开标至推荐中标候选人一般在15日之内完成。

（七）招标人应于确定中标人后5日内，向工程招投标管理办公室上报招标结果，工程招投标管理办公室核准时间不超过5个工作日。

（八）中标通知书发出时间应不超过招标文件载明的投标文件的有效期。

（九）自中标通知书发出之日起，30日内签订书面合同。

第三十三条 出现下列情况，招标人必须按本办法的规定重新招标：

（一）一个招标标段递交投标文件的投标人少于三个；

（二）一个招标标段所有投标人递交的投标文件，符合本办法第三十七条的有效投标文件少于三个；

（三）所有投标被评标委员会否决；

（四）投标人放弃中标，其余又无有效的中标候选人；

（五）由于行为人的违法行为中标无效，其余又无有效的中标候选人；

（六）经主管部门批准，其他原因需要重新招标的。

第三章 投 标

第三十四条 必须招标的铁路建设工程项目的投标人应具备下列条件：

（一）经工商行政管理部门注册登记核准的营业执照；

（二）与招标工程相应的铁路行业资质条件，承担招标项目的相应能力；

（三）重要设备、主要材料的产品生产许可证或特许证；

（四）开户银行的资信证明；

（五）社会中介机构对年度财务报表出具的年审报告。

第三十五条 由两个以上的法人或者其他组织组成联合体共同投标的应符合下列要求：

（一）联合体投标人的资格条件：

1. 联合体各方均应符合本办法第三十四条的条件；

2. 国家有关规定或者招标文件对投标人资格条件有规定的，联合体各方均应具备规定的相应条件；

3. 由同一专业的各方组成的联合体，按照资质等级较低的一方考核。

（二）联合体各方应当签订共同投标协议，约定各方拟承担的工作和责任，明确联合体代表及授权。联合体代表在协议授权的范围内代表联合体各方处理有关问题。

（三）联合体中标的，联合体各方应当共同与招标人签订合同，就中标项目向招标人承担连带责任。

第三十六条 投标人的权利与义务：

（一）权利：

1. 有权决定参加或不参加投标；

2. 在提交投标文件截止时间前有权补充、修改以至撤回投标文件；

3. 有权要求招标人书面澄清招标文件中词义表达不清、遗漏的内容或对比较复杂的事项进行说明；

4. 当自己的权益受到损害或认为招投标活动不符合有关法律、法规规定时，有权向招标人提出异议或依法向有关行政部门投诉。

（二）义务：

1. 接受依法实施的监督，遵守招标投标法律、法规和招标文件的规定，遵循诚实信用原则，公平竞争；对投标文件的真实性负责；

2. 按评标委员会的要求对投标文件中含义不明确的内容作必要的澄清或者说明，但不得超出投标文件范围或者改变投标文件实质内容；

3. 按规定提供投标保证金、履约保证金或其他经济担保；

4. 中标通知书发出后在规定期限内，按招标文件和中标的投标文件与招标人签订合同。

第三十七条　投标文件的编制应符合下列要求：

（一）投标人应当严格按招标文件的要求编制投标文件，投标文件应对招标文件提出的实质性要求作出响应，即对招标项目的价格和其他商务条件、项目的计划和组织实施安排、技术规范、合同主要条款等作出响应。

投标人拟投标项目的预定项目经理（总监理工程师）必须参与投标文件的编制。

（二）投标文件一般应包括以下内容：

1. 投标书；

2. 法定代表人证书或授权书；

3. 各种投标保证；

4. 投标价格及有关分析资料；

5. 投标项目的实施或重要设备和主要材料供应方案及说明；

6. 投标项目达到的目标及措施；

7. 投标保证金和其他担保；

8. 项目管理或监理机构主要负责人和专业人员资格的简历、业绩；

9. 完成项目的主要设备和检测仪器；

10. 招标文件要求的其他内容。

（三）技术标文件和商务标文件应分别编写。

（四）投标人拟在中标后将中标项目的部分非主体、非关键工程进行分包的，应在投标文件中说明，并将分包人的资质证明文件载入投标文件。

（五）投标人组成联合体投标的，应在投标文件中说明，并将各方联合投标的协议载入投标文件。

（六）除有变化和招标文件规定外，投标文件中不再重复资格审查申请文件已报送的资料。

（七）投标人在规定提交投标文件的截止时间前，以书面方式对已提交投标文件的补充、修改内容，为投标文件的组成内容。

第三十八条　投标人应当在招标文件要求提交投标文件的截止时间前，将投标文件密封送达招标地点。招标人在收到投标文件后，应当向投标人出具标明签收人和签收时间的凭证，对投标文件要妥善保存并不得开启。

第四章　评标委员会和评标办法

第三十九条　评标委员会由招标人依法组建，负责人由招标人确定。

评标委员会成员人数，铁路大中型建设项目为 7 人以上、其他建设项目为 5 人以上，均应为单数。其中招标人代表不得多于总人数的三分之一，技术、经济方面的专家名额不得少于总人数的三分之二。技术、经济专家于开标前 1—3 天在工程招投标管理办公室的监督下，由招标人从评委专家库相应专业中随机抽取。每次可抽取与评委专家名额相同的备选评委专家。

技术特别复杂、专业性要求特别高或者国家有特殊要求的招标项目，采取随机抽取方式确定的专家难以胜任的，可以由招标人直接确定。

评标委员会可根据需要安排工作人员负责评标的具体事务性工作。

第四十条　抽取的评委专家与招标人、投标人有利害关系或因故不能出席的，应从备选评委专家中依次递补。

评委专家确定后由招标人通知评委专家本人，其名单在中标结果确定前应严格保密。

第四十一条　评标委员会职责：

（一）按评标办法评审投标文件；

（二）编写评标报告，向招标人推荐中标候选人（按顺序列出第 1、2、3 名），或根据招标人的授权直接确定中标人；

（三）负责评标工作，接受依法实施的监督。

第四十二条　评标办法应遵循下列原则：

（一）评标办法应根据选定的评标方法（即最低评标价法、综合评分法、合理最低投标价法三种之一）制定。

（二）评标办法应详细、具体，便于操作，避免随意性。内容、标准应与招标文件一致，条件尽可能量化。技术标文件和商务标文件应分开评审，技术标文件作为暗标先评审，技术标文件未通过的，商务标文件不再参加评审。

（三）评标方法若采用综合评分法，报价评分比例不宜超过百分之四十，报价较标底的增减幅度应拉开分差。

（四）国家对特定的招标项目的评标有特别规定的，从其规定。

（五）评标办法经工程招投标管理办公室审核确定后应即时密封，待开标会上当场启封公布。评标办法公布后，其内容不得作任何修改。

第四十三条　招标项目需要编制标底的，由招标人自行编制或委托经主管部门批准具有编制标底能力的中介机构代理编制。

第四十四条 编制标底应遵循以下依据和原则：

（一）依据：

1. 招标文件的商务条款及其他规定；

2. 批复的设计文件及概算；

3. 工程施工组织设计，重要设备和主要材料供应计划；

4. 国务院铁路及建设主管部门颁发的概算定额、费用标准和有关规定。

（二）原则：

1. 标底价格应根据市场情况，力求科学、合理，有利于竞争和保证项目质量；

2. 标底的计价内容、依据应与批准的设计文件和招标文件一致；

3. 按招标文件工程量清单的工程项目划分、统一计量单位和工程量计算规则确定工程数量和编制标底；

4. 不由投标人承包的项目及费用不计入标底；

5. 标底价格由成本、利润、税金等组成。按概算章、节编制，应低于招标概算，即批准的设计概算中招标项目的概算金额。

6. 一个标段只能编制一个标底。

第四十五条 标底经工程招投标管理办公室审核确定后应即时密封，待开标会上当场启封公布。

第五章 开 标

第四十六条 开标应按招标文件规定的时间，在交易中心举行。

第四十七条 开标由招标人主持。邀请所有投标人、监督部门代表等参加。必要时招标人可委托公证部门的公证人员对整个开标过程依法进行公证。

第四十八条 开标会按以下程序进行：

（一）宣布参加开标会的投标人及法定代表人或委托代理人名单。

（二）介绍招标项目的有关情况。

（三）公布评标、定标办法。宣布开标顺序和唱标主要内容。

（四）请投标人代表确认投标文件的密封完整性。当众检验、启封投标文件和补充、修改函件。

（五）宣读投标文件的主要内容：

1. 必须按当场启封的投标文件正本宣读；

2. 在提交投标文件截止时间前收到的所有投标文件和对投标文件的补充、修改函件都应当当众予以宣读。

（六）当众启封、公布标底。

（七）当场作出开标记录，并由招标人、投标人法定代表人或委托代理人在记录上签字，确认开标结果。

第六章 评 标

第四十九条 招标人应根据评标工作量和难易程度安排足够的评标时间，并采取必要的措施，保证评标在严格保密的情况下进行。避免任何单位和个人非法干预、影响评标过程和结果。

评标委员会应组织全体评标委员学习有关规定和保密要求，宣布评标纪律，熟悉招标文件和评标办法。

第五十条 评标只对有效投标文件进行评审，有下列情形之一的属于无效投标文件：

（一）逾期送达；

（二）未按规定密封；

（三）投标人的法定代表人或委托代理人未参加开标会；

（四）未按招标文件规定提交投标保证金；

（五）未同时加盖投标人和法定代表人或委托代理人的印鉴或签字（含投标联合体各方）；

（六）实质性内容不全或数据模糊、辨认不清或者拒不按照要求对投标文件进行澄清、说明或补正的；

（七）投标人未对招标文件作出实质性的响应或与招标文件有重大的偏离；

（八）投标人有《中华人民共和国反不正当竞争法》所列的不正当竞争行为；

（九）投标人在同一个投标段，提交一个以上的标价或自行投标又参加联合体投标或同时参加一个以上联合体投标；

（十）在技术标文件中显示或暗示投标人的。

第五十一条 评标应按照招标文件和评标办法规定的标准和方法进行。不得采用招标文件和评标办法未列明的标准和方法；不得改变招标文件和评标办法规定的标准和方法；也不得在招标文件和评标办法规定的评审内容之外增加和延伸评审内容。

第五十二条 评标过程中评标委员会可以要求投标人对投标文件中含义不明确的内容以书面方式作必要的澄清或说明，但澄清或者说明不得超出投标文件的范围，不得改变投标文件的实质内容。评标委员会不得向投标人提出超出招标文件范围的问题，不得与投标人就投标价格和投标方案进行实质性谈判。

第五十三条 评标委员应在阅读投标文件的基础上，对同一标段各投标文件同一评审分项进行横向比较，客观、公正、独立的提出评审意见。不得采取事先议论某标段可能中标的总体意向后再评审，不得有迎合任何人评标意图的倾向，不得以分项评审人的评审意见代替其余评标委员的意见。

经评标委员会评审，认为所有的投标都不符合招标文件的要求，可以否决所有投标，对低于成本价格的投标应予否决。

第五十四条　经评审具备下列条件之一，应推荐为第一中标候选人：

（一）若采用最低评标价法，评标价最低的投标人；

（二）若采用综合评分法，平均分最高的投标人；

（三）若采用合理最低投标价法，能够满足招标文件各项要求，投标价格最低（但低于成本的除外）的投标人。

若有不同意见，以多数评标委员的意见为准。

第五十五条　评标委员会全体委员应对评标结果经签字确认，并向招标人提出书面评标报告和推荐中标候选人。评标委员对中标候选人有不同意见在评标报告中说明。

第七章　中　标

第五十六条　中标人的投标应当符合下列条件之一：

（一）能最大限度地满足招标文件中规定的各项综合评标标准；综合评分最高；

（二）能够满足招标文件的实质性要求，并且经评审的投标价格最低；但是投标价格低于成本的除外。

第五十七条　招标人应根据评标委员会的书面评标报告和推荐的中标候选人确定排名第一的中标候选人为中标人。排名领先的中标候选人放弃中标、因不可抗力提出不能履行合同，或者招标文件规定应当提交履约保证金而在规定的期限内未能提交的，可以确定顺延排名的中标候选人为中标人。

招标人可以授权评标委员会直接确定中标人。

第五十八条　招标人在确定中标人 5 日内，将招标结果书面报工程招投标管理办公室。书面报告的内容包括：中标人，中标标段的招标概算、标底、中标价、降造幅度、评分，评标报告等。

招标人的书面评标报告经工程招投标管理办公室核准后，招标人应向中标人发出中标通知书，并同时将中标结果通知所有未中标的投标人。

第五十九条　经国家计委核准自行招标的铁路建设项目，招标人在最终确定中标人之日起 15 日内向国家计委提交招标投标情况的书面报告，同时抄送国务院铁路主管部门。书面报告至少应包括下列内容：

（一）招标方式和发布招标公告的媒介；

（二）招标文件中投标人须知、技术标准、评标标准和方法、合同主要条款等内容；

（三）评标委员会的组成和评标报告；

（四）中标结果。

第六十条　招标文件规定提交履约保证金的，中标人应在收到中标通知书后、签订合同前按规定提交履约保证金。若中标人未按期或拒绝提交履约保证金，可视为放弃中标项目，中标人依法承担法律责任。招标人可以从其余仍然有效的中标候选排序最前的投标人选取中标人，签订合同。

第六十一条　中标人在提交履约保证金的同时，应按中标的承诺，将中标项目的项目经理的资质证书原件交由招标人保存。该项目经理在合同履行期间不得在其他建设工程项目任职。

第六十二条　招标人与中标人应当自中标通知书发出之日起 30 日内，按照招标文件和中标人的投标文件订立书面合同，并在签订合同后 5 个工作日内向中标人和未中标的投标人退还投标保证金。

招标人和中标人不得再订立背离合同实质性内容的其他协议。招标人不得对中标人的中标工程指定分包或将任务切割。

双方当事人应按招、投标文件的承诺和合同约定履行义务。中标人在投标文件中承诺的人员、装备，一般不允许更换；因特殊原因需要更换时，必须经招标人同意，且技术能力不得低于资格审查和投标时的水平。

第八章　罚　则

第六十三条　招标投标有关当事人在招标投标活动中，发生违法行为的，依据《中华人民共和国招标投标法》规定承担相应法律责任。

国务院铁路主管部门依据《中华人民共和国招标投标法》和本办法对违法行为进行行政处罚。受国务院铁路主管部门委托的部门，认为需要进行行政处罚时，报国务院铁路主管部门批准后实施。

第六十四条　必须进行招标的项目而不招标的，将必须进行招标的项目化整为零或者以其他任何方式规避招标的，限期改正，可以处项目合同金额千分之五以上千分之十以下的罚款；对全部或者部分使用国有资金的项目，可以暂停项目执行或者暂停资金拨付；对单位直接负责的主管人员和其他直接责任人依法给予处分。

第六十五条　招标代理机构泄露应当保密的与招标

投标活动有关的情况和资料的，或者与招标人、投标人串通损害国家利益、社会公共利益或者他人合法权益的，处五万元以上二十五万元以下的罚款，对单位直接负责的主管人员和其他直接责任人员处单位罚款数额百分之五以上百分之十以下的罚款；有违法所得的，并处没收违法所得；情节严重的，暂停直至取消招标代理机构资格；构成犯罪的，依法追究刑事责任。给他人造成损失的，依法承担赔偿责任。

前款所列行为影响中标结果的，中标无效。

第六十六条 招标人以不合理的条件限制或者排斥潜在投标人的，对潜在投标人实行歧视待遇的，强制要求投标人组织联合体共同投标的，或者限制投标人之间竞争的，责令改正，可以处一万元以上五万元以下的罚款。

第六十七条 招标人向他人透露已获取招标文件的潜在投标人的名称、数量或者可能影响公平竞争的有关招标投标的其他情况的，或者泄露标底的，给予警告，可以并处一万元以上十万元以下的罚款；对单位直接负责的主管人员和其他直接责任人依法给予处分；构成犯罪的，依法追究刑事责任。

前款所列行为影响中标结果的，中标无效。

第六十八条 投标人相互串通投标或者与招标人串通投标的，投标人以向招标人或者评标委员会成员行贿的手段谋取中标的，中标无效，处中标项目金额千分之五以上千分之十以下的罚款，对单位直接负责的主管人员和其他直接责任人员处单位罚款数额百分之五以上百分之十以下的罚款；有违法所得的并处没收违法所得；情节严重的，取消其一年至二年参加招标项目的投标资格并予以公告，直至由主管部门建议工商行政管理机关吊销营业执照；构成犯罪的，依法追究刑事责任。给他人造成损失的，依法承担赔偿责任。

第六十九条 投标人以他人名义投标或者以其他方式弄虚作假、骗取中标的，中标无效；处中标项目金额千分之五以上千分之十以下的罚款，对单位直接负责的主管人员和其他直接责任人员处单位罚款数额百分之五以上百分之十以下的罚款；有违法所得的，并处没收违法所得；情节严重的，取消其一年至三年内参加招标项目的投标资格并予以公告，直至由主管部门建议工商行政管理机关吊销营业执照；给招标人造成损失的，依法承担赔偿责任；构成犯罪的，依法追究刑事责任。

第七十条 招标人与投标人就投标价格、投标方案等实质性内容进行谈判的，给予警告，对单位直接负责的主管人员和其他直接责任人员依法给予处分。影响中标结果的，中标无效。

第七十一条 评标委员会成员收受投标人的财物或者其他好处的，评标委员会成员或者参加评标的有关工作人员向他人透露对投标文件的评审和比较、中标候选人的推荐以及与评标有关的其他情况的，给予警告，没收收受的财物，可以并处三千元以上五万元以下的罚款，对有所列违法行为的评标委员会成员，取消担任评标委员会成员的资格，不得参加任何招标项目的评标；构成犯罪的，依法追究刑事责任。

第七十二条 招标人在评标委员会依法推荐的中标候选人以外确定中标人的，在所有投标被评标委员会否决后自行确定中标人的，中标无效，责令改正。可以处中标项目金额千分之五以上千分之十以下的罚款；对单位直接负责的主管人员和其他直接责任人员依法给予处分。

第七十三条 中标人将中标项目转让给他人的，将中标项目肢解后分别转让给他人的，将中标项目的部分主体、关键性工程分包给他人的，或者分包人再次分包的，转让、分包无效，处转让、分包项目金额千分之五以上千分之十以下的罚款；有违法所得的，并处没收违法所得；可以责令停业整顿；情况严重的，由主管部门建议工商行政管理机关吊销营业执照。

第七十四条 招标人与中标人不按照招标文件和中标人的投标文件订立合同，或者招标人、中标人订立背离合同实质性内容的协议的，责令改正；可以处中标项目金额千分之五以上千分之十以下的罚款。

第七十五条 中标人不履行与招标人订立的合同的，履约保证金不予退还，给招标人造成的损失超过履约保证金数额的，应当对超过部分予以赔偿；没有提交履约保证金的，应当对招标人的损失承担赔偿责任。

中标人不按照与招标人订立的合同履行义务，情节严重的，取消其二年至五年内参加招标项目的投标资格并予以公告，直至由工商行政管理机关吊销营业执照。

前两项规定不包括因不可抗力不能履行合同的。

第七十六条 由于招标人自身原因违约，使得中标人无法签订合同的，招标人应对中标人的损失承担赔偿责任。

第七十七条 限制或者排斥本地区、本系统以外的法人或者其他组织参加投标的，为招标人指定招标代理机构的，强制招标人委托招标代理机构办理招标事宜的，或者以其他方式干涉招标投标活动的，责令改正；对单位直接负责的主管人员和其他直接责任人员依法给予警告、记过、记大过的处分，情节较重的，依法给予降级、撤职、开除的处分。

第七十八条　对招标投标活动依法负有行政监督职责的国家机关工作人员徇私舞弊、滥用职权或者玩忽职守，构成犯罪的，依法追究刑事责任；不构成犯罪的，依法给予行政处分。

第九章　附　则

第七十九条　必须招标的铁路建设项目使用国际组织或者外国政府贷款、援助资金进行招标，贷款方、资金提供方对招标投标的具体条件和程序有不同规定的，可以适用其规定，但违背中华人民共和国的社会公共利益的除外。

第八十条　本实施办法中所涉及的资格预审文件、资格预审办法、招标文件（含工程量清单）、评标办法的示范文本和招标档案的目录，应按照各类招标实施细则的规定编制。

第八十一条　本实施办法生效后，必须招标的铁路建设项目招标投标活动一律以本办法为准。

第八十二条　铁路建设工程勘察、设计招标投标实施办法另行制定。

第八十三条　本办法自2002年10月1日起施行。

第八十四条　本办法由国务院铁路主管部门负责解释。

铁路工程建设项目招标投标管理办法

· 2018年8月31日交通运输部令2018年第13号公布
· 自2019年1月1日起施行

第一章　总　则

第一条　为了规范铁路工程建设项目招标投标活动，保护国家利益、社会公共利益和招标投标活动当事人的合法权益，根据《中华人民共和国招标投标法》《中华人民共和国招标投标法实施条例》等法律、行政法规，制定本办法。

第二条　在中华人民共和国境内从事铁路工程建设项目的招标投标活动适用本办法。

前款所称铁路工程建设项目是指铁路工程以及与铁路工程建设有关的货物、服务。

第三条　依法必须进行招标的铁路工程建设项目的招标投标，应当依照《公共资源交易平台管理暂行办法》等国家规定纳入公共资源交易平台。

依法必须进行招标的铁路工程建设项目的具体范围和规模标准，依照《中华人民共和国招标投标法》《中华人民共和国招标投标法实施条例》《必须招标的工程项目规定》等确定。

第四条　国家铁路局负责全国铁路工程建设项目招标投标活动的监督管理工作。

地区铁路监督管理局负责辖区内铁路工程建设项目招标投标活动的监督管理工作。

国家铁路局、地区铁路监督管理局以下统称铁路工程建设项目招标投标行政监管部门。

第五条　铁路工程建设项目的招标人和交易场所应当按照国家有关规定推行电子招标投标。

国家铁路局建立铁路工程建设行政监督平台，对铁路工程建设项目招标投标活动实行信息化监督管理。

第二章　招　标

第六条　铁路工程建设项目的招标人是指提出招标项目、进行招标的法人或者其他组织。

招标人组织开展的铁路工程建设项目招标活动，应当具备《中华人民共和国招标投标法》《中华人民共和国招标投标法实施条例》《工程建设项目勘察设计招标投标办法》《工程建设项目施工招标投标办法》《工程建设项目货物招标投标办法》等规定的有关条件。

第七条　招标人委托招标代理机构进行招标的，应当与被委托的招标代理机构签订书面委托合同。招标人授权项目管理机构进行招标或者由项目代建人承担招标工作的，招标人或者代建项目的委托人应当出具包括委托授权招标范围、招标工作权限等内容的委托授权书。多个招标人就相同或者类似的招标项目进行联合招标的，可以委托招标代理机构或者其中一个招标人牵头组织招标工作。

第八条　依法必须进行招标的铁路工程建设项目，招标人应当根据国务院发展改革部门会同有关行政监督部门制定的《标准施工招标资格预审文件》《标准施工招标文件》《标准设备采购招标文件》《标准材料采购招标文件》《标准勘察招标文件》《标准设计招标文件》《标准监理招标文件》等标准文本以及铁路行业补充文本，结合招标项目具体特点和实际需要，编制资格预审文件和招标文件。

第九条　采用公开招标方式的铁路工程建设项目，招标人应当依法发布资格预审公告或者招标公告。

依法必须进行招标的铁路工程建设项目的资格预审公告或者招标公告应当至少载明下列内容：

（一）招标项目名称、内容、范围、规模、资金来源；

（二）投标资格能力要求，以及是否接受联合体投标；

（三）获取资格预审文件或者招标文件的时间、方式；

（四）递交资格预审文件或者投标文件的截止时间、方式；

（五）招标人及其招标代理机构的名称、地址、联系人及联系方式；

（六）采用电子招标投标方式的，潜在投标人访问电子招标投标交易平台的网址和方法；

（七）对具有行贿犯罪记录、失信被执行人等失信情形潜在投标人的依法限制要求；

（八）其他依法应当载明的内容。

第十条 采用邀请招标方式的铁路工程建设项目，招标人应当向3家以上具备相应资质能力、资信良好的特定的法人或者其他组织发出投标邀请书。

第十一条 依法必须进行招标的铁路工程建设项目，招标人应当在发布资格预审公告或者招标公告前7个工作日内向铁路工程建设项目招标投标行政监管部门备案。鼓励采用电子方式进行备案。

第十二条 资格预审应当按照资格预审文件载明的标准和方法进行。

第十三条 国有资金占控股或者主导地位的依法必须进行招标的铁路工程建设项目资格预审结束后，资格审查委员会应当编制资格审查报告。资格审查报告应当载明下列内容，如果有评分情况，在资格审查报告中一并列明：

（一）招标项目基本情况；

（二）资格审查委员会成员名单；

（三）资格预审申请文件递交情况；

（四）通过资格审查的申请人名单；

（五）未通过资格审查的申请人名单，以及未通过审查的具体理由、依据（应当指明不符合资格预审文件的具体条款序号）；

（六）澄清、说明事项；

（七）需要说明的其他事项。

资格审查委员会所有成员应当在资格审查报告上签字。对审查结果有不同意见的资格审查委员会成员应当以书面形式说明其不同意见和理由，资格审查报告应当注明该不同意见。资格审查委员会成员拒绝在资格审查报告上签字又不书面说明其不同意见和理由的，视为同意资格审查结果。

第十四条 招标人应当及时向资格预审合格的潜在投标人发出资格预审合格通知书或者投标邀请书，告知获取招标文件的时间、地点和方法；同时向资格预审不合格的潜在投标人发出资格预审结果通知书，注明未通过资格预审的具体理由。

通过资格预审的申请人少于3个的，应当重新招标。

第十五条 资格预审申请人对资格预审结果有异议的，可以自收到或者应当收到资格预审结果通知书后3日内提出。招标人应当自收到异议之日起3日内作出答复，异议答复应当列明事实和依据；作出答复前，应当暂停招标投标活动。

第十六条 招标人应当依照国家有关法律法规规定，在招标文件中载明招标项目是否允许分包，以及允许分包或者不得分包的范围。

第十七条 招标人应当在招标文件或者资格预审文件中集中载明评标办法、评审标准和否决情形。否决情形应当以醒目方式标注。资格审查委员会或者评标委员会不得以未集中载明的评审标准和否决情形限制、排斥潜在投标人或者否决投标。

第十八条 招标人不得以不合理的条件限制或者排斥潜在投标人，不得对潜在投标人实行歧视待遇。

除《中华人民共和国招标投标法实施条例》第三十二条规定的情形外，招标人有下列行为之一的，视为以不合理的条件限制或者排斥潜在投标人：

（一）对符合国家关于铁路建设市场开放规定的设计、施工、监理企业，不接受其参加有关招标项目的投标；

（二）设定的企业资质、个人执业资格条件违反国家有关规定，或者与招标项目实际内容无关；

（三）招标文件或者资格预审文件中设定的投标人资格要求高于招标公告载明的投标人资格要求；

（四）对企业或者项目负责人的业绩指标要求，超出招标项目对应的工程实际需要。

第十九条 招标人以暂估价形式包括在总承包范围内的工程、货物、服务属于依法必须进行招标的项目范围且达到国家规定规模标准的，应当依法进行招标。暂估价部分招标的实施主体应当在总承包项目的合同条款中约定。

第二十条 招标人在发布招标公告、发出投标邀请书、售出招标文件或者资格预审文件后，除不可抗力、国家政策变化等原因外，不得擅自终止招标。

招标人终止招标的，应当及时发布公告，或者以书面形式通知被邀请的或者已经获取资格预审文件、招标文件的潜在投标人。已经发售资格预审文件、招标文件或者已经收取投标保证金的，招标人应当及时退还所收取的资格预审文件、招标文件的费用，以及所收取的投标保证金及银行同期存款利息。

第三章　投　标

第二十一条　铁路工程建设项目的投标人是指响应招标、参加投标竞争的法人或者其他组织。

投标人应当具备承担招标项目的能力，并具备招标文件规定和国家规定的资格条件。

第二十二条　投标人应当按照招标文件的要求编制投标文件。投标文件应当对招标文件提出的实质性要求和条件予以响应。

第二十三条　投标人可以银行保函方式提交投标保证金。招标人不得拒绝投标人以银行保函形式提交的投标保证金，评标委员会也不得以此理由否决其投标。

第二十四条　根据招标文件载明的项目实际情况和工程分包的有关规定，投标人应当在投标文件中载明中标后拟分包的工程内容等事项。

第二十五条　投标人在投标文件中填报的资质、业绩、主要人员资历和目前在岗情况、信用等信息，应当与其在铁路工程建设行政监督平台上填报、发布的一致。

第二十六条　投标人不得有下列行为：

（一）串通投标；

（二）向招标人、招标代理机构或者评标委员会成员行贿；

（三）采取挂靠、转让、租借等方式从其他法人、组织获取资格或者资质证书进行投标，或者以其他方式弄虚作假进行投标；

（四）排挤其他投标人公平竞争的行为。

第四章　开标、评标和中标

第二十七条　招标人应当按照招标文件规定的时间、地点开标，并邀请所有投标人参加。

递交投标文件的投标人少于3个的标段或者包件，招标人不得开标，应当将相应标段或者包件的投标文件当场退还给投标人，并依法重新组织招标。

重新招标后投标人仍少于3个，属于按照国家规定需要政府审批、核准的铁路工程建设项目的，报经原审批、核准部门审批、核准后可以不再进行招标；其他铁路工程建设项目，招标人可以自行决定不再进行招标。

依照本条规定不再进行招标的，招标人可以邀请已提交资格预审申请文件的申请人或者已提交投标文件的投标人进行谈判，确定项目承担单位，并将谈判报告报对该项目具有招标监督职责的铁路工程建设项目招标投标行政监管部门备案。

第二十八条　招标人应当记录关于开标过程的下列内容并存档备查：

（一）开标时间和地点；

（二）投标文件密封检查情况；

（三）投标人名称、投标价格和招标文件规定的其他主要内容；

（四）投标人提出的异议及当场答复情况。

第二十九条　评标由招标人依法组建的评标委员会负责。评标委员会成员的确定和更换应当遵守《中华人民共和国招标投标法》《中华人民共和国招标投标法实施条例》《评标委员会和评标方法暂行规定》等规定。

依法必须进行招标的铁路工程建设项目的评标委员会中，除招标人代表外，招标人及与该工程建设项目有监督管理关系的人员不得以技术、经济专家身份等名义参加评审。

第三十条　招标人应当向评标委员会提供评标所必需的信息和材料，但不得明示或者暗示其倾向或者排斥特定投标人。提供评标所必需的信息和材料主要包括招标文件、招标文件的澄清或者修改、开标记录、投标文件、资格预审相关文件、投标人信用信息等。

第三十一条　评标委员会设负责人的，评标委员会负责人应当由评标委员会成员推举产生或者由招标人确定。评标委员会负责人负责组织并与评标委员会成员一起开展评标工作，其与评标委员会的其他成员享有同等权利与义务。

第三十二条　评标委员会认为投标人的报价明显低于其他投标报价，有可能影响工程质量或者不能诚信履约的，可以要求其澄清、说明是否低于成本价投标，必要时应当要求其一并提交相关证明材料。投标人不能证明其报价合理性的，评标委员会应当认定其以低于成本价竞标，并否决其投标。

第三十三条　评标委员会经评审，否决投标的，应当在评标报告中列明否决投标人的原因及依据；认为所有投标都不符合招标文件要求，或者符合招标文件要求的投标人不足3家使得投标明显缺乏竞争性的，可以否决所有投标。评标委员会作出否决投标或者否决所有投标意见的，应当有三分之二及以上评标委员会成员同意。

第三十四条 评标委员会成员应当客观、公正地履行职务，恪守职业道德，对所提出的评审意见承担个人责任。

评标委员会成员不得私下接触投标人，不得收受投标人的财物或者其他好处，不得向招标人征询确定中标人的意向，不得接受任何单位或者个人明示或者暗示提出的倾向或者排斥特定投标人的要求。

评标委员会成员和参与评标的有关工作人员不得透露对投标文件的评审和比较、中标候选人的推荐情况以及与评标有关的其他情况。

第三十五条 评标完成后，评标委员会应当向招标人提交书面评标报告和中标候选人名单。中标候选人应当不超过3个，并标明排序。

评标报告应当如实记载下列内容：

（一）基本情况和数据表；

（二）评标委员会成员名单，评标委员会设有负责人的一并注明；

（三）开标记录；

（四）符合要求的投标人名单；

（五）否决投标的情况说明，包括具体理由及招标文件中的相应否决条款；

（六）评标标准、评标方法或者评标因素一览表；

（七）经评审的价格或者评分比较一览表；

（八）经评审的投标人排序；

（九）推荐的中标候选人名单与签订合同前要处理的事宜；

（十）澄清、说明、补正事项纪要。

评标报告应当由评标委员会全体成员签字；设立评标委员会负责人的，评标委员会负责人应当在评标报告上逐页签字。对评标结果有不同意见的评标委员会成员应当以书面形式说明其不同意见和理由，评标报告应当注明该不同意见。评标委员会成员拒绝在评标报告上签字又不书面说明其不同意见和理由的，视为同意评标结果。评标委员会提交的评标报告内容不符合前款要求的，应当补充完善。

第三十六条 依法必须进行招标的铁路工程建设项目的招标人，应当对评标委员会成员履职情况如实记录并按规定对铁路建设工程评标专家予以评价。

第三十七条 招标人根据评标委员会提出的书面评标报告和推荐的中标候选人确定中标人。招标人也可以授权评标委员会直接确定中标人。依法必须进行招标的铁路工程建设项目，招标人应当自收到评标报告之日起3日内在规定的媒介上公示中标候选人，公示期不得少于3日。

对中标候选人的公示信息应当包括：招标项目名称，标段或者包件编号，中标候选人排序、名称、投标报价、工期或者交货期承诺，评分或者经评审的投标报价情况，项目负责人姓名及其相关证书名称和编号，中标候选人在投标文件中填报的企业和项目负责人的工程业绩，异议受理部门及联系方式等。

第三十八条 依法必须进行招标的铁路工程建设项目的投标人或者其他利害关系人对评标结果有异议的，应当在中标候选人公示期间提出。招标人应当自收到异议之日起3日内作出答复，异议答复应当列明事实、依据；作出答复前，应当暂停招标投标活动。

招标人经核查发现异议成立并对中标结果产生实质性影响的，应当组织原评标委员会按照招标文件规定的标准和方法审查确认。若异议事项涉嫌弄虚作假等违法行为或者原评标委员会无法根据招标文件和投标文件审查确认的，以及招标人发现评标结果有明显错误的，招标人应当向铁路工程建设项目招标投标行政监管部门反映或者投诉。

第三十九条 中标候选人的经营、财务状况发生较大变化或者存在违法行为，招标人认为可能影响其履约能力的，应当在发出中标通知书前由原评标委员会按照招标文件规定的标准和方法审查确认。

非因本办法第三十八条第二款及本条第一款规定的事由，招标人不得擅自组织原评标委员会或者另行组建评标委员会审查确认。

第四十条 中标人确定后，招标人应当向中标人发出中标通知书，并同时将中标结果通知所有未中标的投标人。依法必须进行招标项目的中标结果还应当按规定在有关媒介公示中标人名称。

所有投标均被否决的，招标人应当书面通知所有投标人，并说明具体原因。

第四十一条 依法必须进行招标的铁路工程建设项目，招标人应当自确定中标人之日起15日内，向铁路工程建设项目招标投标行政监管部门提交招标投标情况书面报告。鼓励采用电子方式报告。

招标投标情况书面报告应当包括下列主要内容：

（一）招标范围；

（二）招标方式和发布招标公告的媒介；

（三）招标文件中投标人须知、技术条款、评标标准和方法、合同主要条款等内容；

（四）评标委员会的组成、成员遵守评标纪律和履职情况，对评标专家的评价意见；

（五）评标报告；

（六）中标结果；

（七）其他需提交的问题说明和资料。

第四十二条　招标人和中标人应当在投标有效期内并自中标通知书发出之日起30日内，按照招标文件和中标人的投标文件订立书面合同。招标人和中标人不得再行订立背离合同实质性内容的其他协议。

第四十三条　招标文件要求中标人提交履约保证金的，中标人应当提交。履约保证金可以银行保函、支票、现金等方式提交。

中标人提交履约保证金的，在工程项目竣工前，招标人不得再同时预留工程质量保证金。

第四十四条　中标人应当按照合同约定履行义务，完成中标项目。

招标人应当加强对合同履行的管理，建立对中标人合同履约的考核制度。依法必须进行招标的铁路工程建设项目，招标人、中标人应当按规定向铁路工程建设项目招标投标行政监管部门提交合同履约信息。

第四十五条　铁路工程建设项目的施工中标人对已包含在中标工程内的货物再次通过招标方式采购的，招标人应当依据承包合同约定对再次招标活动进行监督，对施工中标人再次招标选定的货物进场质量验收情况进行检查。

第五章　监督管理

第四十六条　铁路工程建设项目招标投标行政监管部门应当依法加强对铁路工程建设项目招标投标活动的监督管理。

国家铁路局组建、管理铁路建设工程评标专家库，指导、协调地区铁路监督管理局开展铁路工程建设项目招标投标监督管理工作。

地区铁路监督管理局应当按规定通报或者报告辖区内的铁路工程建设项目招标投标违法违规行为和相关监督管理信息，分析铁路工程建设项目招标投标相关情况。

第四十七条　铁路工程建设项目招标投标监督管理方式主要包括监督抽查、投诉处理、办理备案、接收书面报告、行政处罚、记录公告等方式。

第四十八条　投标人或者其他利害关系人（以下简称投诉人）认为铁路工程建设项目招标投标活动不符合法律、行政法规规定的，可以自知道或者应当知道之日起10日内向铁路工程建设项目招标投标行政监管部门投诉。

第四十九条　投诉人投诉时，应当提交投诉书。投诉书应当包括下列内容：

（一）投诉人的名称、地址及有效联系方式；

（二）被投诉人的名称、地址及有效联系方式；

（三）投诉事项的基本事实；

（四）相关请求及主张；

（五）有效线索和相关证明材料。

对按规定应当先向招标人提出异议的事项进行投诉的，还应当提交已提出异议的证明文件。如果已向有关行政监督部门投诉的，应当一并说明。

投诉人是法人的，投诉书必须由其法定代表人或者授权代表签字并盖章；其他组织或者自然人投诉的，投诉书必须由其主要负责人或者投诉人本人签字，并附有效身份证明复印件。

投诉书有关材料是外文的，投诉人应当同时提供其中文译本。

第五十条　有下列情形之一的投诉，铁路工程建设项目招标投标行政监管部门不予受理：

（一）投诉人不是所投诉招标投标活动的参与者，或者与投诉项目无任何利害关系；

（二）投诉事项不具体，且未提供有效线索，难以查证的；

（三）投诉书未署具投诉人真实姓名、签字和有效联系方式的；以法人名义投诉的，投诉书未经法定代表人或者授权代表签字并加盖公章的；

（四）超过投诉时效的；

（五）已经作出处理决定，并且投诉人没有提出新的证据的；

（六）投诉事项应当先提出异议没有提出异议的，或者已进入行政复议或者行政诉讼程序的。

第五十一条　铁路工程建设项目招标投标行政监管部门受理投诉后，应当调取、查阅有关文件，调查、核实有关情况，根据调查和取证情况，对投诉事项进行审查，按照下列规定做出处理决定：

（一）投诉缺乏事实根据或者法律依据的，驳回投诉；

（二）投诉情况属实，招标投标活动确实存在违法行为的，依照《中华人民共和国招标投标法》及其他有关法规、规章进行处理。

第五十二条　铁路工程建设项目招标投标行政监管

部门积极推进铁路建设工程招标投标信用体系建设，建立健全守信激励和失信惩戒机制，维护公平公正的市场竞争秩序。

鼓励和支持招标人优先选择信用良好的从业企业。招标人可以对信用良好的投标人或者中标人，减免投标保证金，减少履约保证金或者质量保证金。招标人采用相关信用优惠措施的，应当在招标文件中载明。

第五十三条 铁路工程建设项目招标投标行政监管部门对招标人、招标代理机构、投标人以及评标委员会成员等的违法违规行为依法作出行政处理决定的，应当按规定予以公告，并记入相应当事人的不良行为记录。

对于列入不良行为记录、行贿犯罪档案、失信被执行人名录的市场主体，依法按规定在招标投标活动中对其予以限制。

第五十四条 铁路工程建设项目招标投标行政监管部门履行监督管理职责过程中，有权查阅、复制招标投标活动的有关文件、资料和数据；在投诉调查处理中，发现有违反法律、法规、规章规定的，应当要求相关当事人整改，必要时可以责令暂停招标投标活动。招标投标活动交易服务机构及市场主体应当如实提供相关情况和材料。

第五十五条 铁路工程建设项目招标投标行政监管部门的工作人员对监督过程中知悉的国家秘密、商业秘密，应当依法予以保密。

第六章 法律责任

第五十六条 招标人有下列情形之一的，由铁路工程建设项目招标投标行政监管部门责令改正，给予警告；情节严重的，可以并处3万元以下的罚款：

（一）不按本办法规定编制资格预审文件或者招标文件的；

（二）拒绝以银行保函方式提交的投标保证金或者履约保证金的，或者违规在招标文件中增设保证金的；

（三）向评标委员会提供的评标所需信息不符合本办法规定的；

（四）不按本办法规定公示中标候选人的；

（五）不按本办法规定进行招标备案或者提交招标投标情况书面报告的；

（六）否决所有投标未按本办法规定告知的；

（七）擅自终止招标活动的，或者终止招标未按规定告知有关潜在投标人的；

（八）非因本办法第三十八条第二款和第三十九条第一款规定的事由，擅自组织原评标委员会或者另行组建评标委员会审查确认的。

第五十七条 投标人或者其他利害关系人捏造事实、伪造材料或者以非法手段取得证明材料进行投诉，尚未构成犯罪的，由铁路工程建设项目招标投标行政监管部门责令改正，给予警告；情节严重的，可以并处3万元以下的罚款。

第五十八条 评标委员会成员、资格审查委员会成员有下列情形之一的，由铁路工程建设项目招标投标行政监管部门责令改正，给予警告；情节严重的，禁止其在6个月至1年内参加依法必须进行招标的铁路工程建设项目的评审；情节特别严重的，取消担任评标委员会、资格审查委员会成员资格，并从专家库中除名，不再接受其评标专家入库申请：

（一）应当回避而不回避；

（二）擅离职守；

（三）不按照招标文件规定的评标标准和方法评标；

（四）私下接触投标人；

（五）向招标人征询确定中标人的意向，或者接受任何单位或者个人明示或者暗示提出的倾向或者排斥特定投标人的要求；

（六）对依法应当否决的投标不提出否决意见；

（七）暗示或者诱导投标人作出澄清、说明或者接受投标人主动提出的澄清、说明；

（八）评审活动中其他不客观、不公正的行为。

第七章 附 则

第五十九条 采用电子方式进行招标投标的，应当符合本办法和国家有关电子招标投标的规定。

第六十条 本办法自2019年1月1日起施行。

铁路建设工程评标专家库及评标专家管理办法

· 2017年4月20日

· 国铁工程监〔2017〕27号

第一章 总 则

第一条 为规范铁路建设工程评标专家库管理，加强对评标专家的监督管理，保证评标活动公平公正，根据《中华人民共和国招标投标法》《中华人民共和国招标投标法实施条例》《评标专家和评标专家库管理暂行办法》《评标专家专业分类标准》等，制定本办法。

第二条 本办法适用于铁路建设工程评标专家库的组建、使用、管理，以及对评标专家参与铁路工程建设项目评标活动的监督管理。

第三条 国家铁路局负责组建、管理铁路建设工程评标专家库。国家铁路局工程质量监督中心受国家铁路局委托具体负责铁路建设工程评标专家库日常管理工作。

地区铁路监督管理局(含北京铁路督察室,下同)负责监督铁路建设工程评标专家参与辖区内铁路工程建设项目评标的活动,与地方政府有关部门协调涉及评标专家管理和使用的有关事项。

第四条 铁路建设工程评标专家库按招标项目类别,分为施工监理货物服务评标专家库和勘察设计评标专家库两个子库。铁路建设工程评标专家的专业分类执行国家统一的分类标准。

第二章 专家入库

第五条 评标专家应具备以下基本条件:

1. 拥护中国共产党的路线、方针、政策,遵纪守法,具有良好的职业道德,能够依法、认真、公正、诚实、廉洁履行职责,维护招标投标双方的合法权益;

2. 熟悉有关招标投标的法律、法规、规章和铁路建设工程招标投标规定;

3. 从事铁路建设工程专业领域工作满 8 年并具有高级职称或同等专业水平;

4. 熟悉主评专业的专业技术要求和发展状况,了解兼评专业的专业技术要求和发展状况;

5. 在国家联合惩戒机制范围内没有失信记录;

6. 新入库专家年龄不超过 65 周岁,在库专家年龄不超过 68 周岁,身体健康,能够承担异地评标工作;

7. 能熟练使用计算机常用办公软件,适应电子评标需要;

8. 法律法规规定的其他条件。

前款第 3 项中“同等专业水平”是指本科毕业满 12 年、硕士毕业满 6 年、博士毕业满 3 年。

第六条 铁路建设工程评标专家采用单位推荐和个人申请方式,按下列程序进行:

1. 国家铁路局根据评标专家库中专业人员数量及实际需求,发布更新、增补评标专家通知。

2. 参与铁路工程建设活动的建设、勘察、设计、施工、监理、咨询、科研、院校等单位均可向国家铁路局推荐本单位符合评标专家条件的人选,推荐时应事先征得本人同意。符合评标专家条件的个人可以自行申请,但应经所在单位人事部门审核同意。

3. 所在单位人事部门对评标专家人选的有关证明材料进行初审并出具初审意见。单位推荐书或个人申请书应附本办法第五条规定条件的证明材料及本人签字的评标承诺书(见附件 1)。

4. 国家铁路局组织对申报材料进行审核,并组织对审核合格专家人选进行业务培训。

5. 经培训考核合格的专家人选,纳入国家铁路局铁路建设工程评标专家库进行统一管理。

第七条 评标专家人选应根据所学专业和从业经历申报评标专业。每位评标专家人选只能申报施工监理货物服务评标专家子库或勘察设计评标专家子库中的一个专业作为主评专业,同时可以选择另一个熟悉的专业作为兼评专业。

施工监理货物服务评标专家子库和勘察设计评标专家子库中专业名称相同的专家,必要时可以互为备选专业专家。

第八条 根据招标项目评标需要,施工监理货物服务评标专家子库和勘察设计评标专家子库各设全国库、区域库、应急库三个级别。

按照地区铁路监督管理局的监管辖区,设沈阳、北京、上海、广州、成都、武汉、西安、兰州八个区域库;根据交易中心(或交易平台,以下简称交易中心)和铁路建设工程实际,可设立应急库。所有入库专家均为全国库的评标专家(年龄 65 周岁以上的专家原则上不再入全国库),并同时纳入工作单位所在地(或常驻地)相对应的区域库。能在 3 小时内自工作单位所在地或常驻地抵达交易中心评标场所的评标专家,可自主申请加入与该交易中心相对应的应急库。

评标专家工作单位所在地或常驻地发生较大变动的,应主动申请退出原地点对应的区域库或应急库,并重新申请加入新地点对应的区域库或应急库。

第三章 专家使用

第九条 依法必须进行招标的铁路工程建设项目,除招标投标法第三十七条第三款规定的特殊招标项目外,其评标委员会中的铁路工程专业评标专家(含资格预审委员会中的铁路工程专业评审专家,下同)应当从铁路建设工程评标专家库及其他依法组建的评标专家库中以随机抽取方式确定。

政府投资的铁路工程建设项目评标专家,必须从铁路建设工程评标专家库和其他政府有关部门组建的评标专家库中抽取。

除招标人代表外,招标人的其他人员不得另以评标专家身份参加资格审查或评标。

第十条 铁路工程建设项目施工、监理、勘察设计招标项目的评标专家一般应从全国库中抽取，物资（货物）、其他服务类招标项目的评标专家可从交易中心对应的区域库或全国库中抽取。因故需要临时补抽且从全国库或区域库中抽取专家难以满足评标时间要求的，可从应急库中抽取评标专家。

第十一条 招标人（或招标代理机构，下同）通过交易中心抽取铁路工程某一具体专业的评标专家时，应依次从主评专业、兼评专业、备选专业为该专业的评标专家中抽取。

第十二条 专家抽取完成后，一般不得更换。确需更换的，应依法补抽，并将有关情况纳入招标投标情况书面报告。

评标专家信息在中标结果确定前应当保密。

第十三条 招标人使用全国库抽取铁路建设工程评标专家的，应在开标前的48小时内抽取；使用区域库抽取的，应在开标前24小时内抽取；开标前4小时内或开标后需要临时补抽评标专家的，方可使用应急库。

第四章 专家权利和义务

第十四条 评标专家享有下列权利：

1. 接受聘请担任评标委员会成员；
2. 依法对投标文件进行独立评审，提出公正评审意见，不受任何单位或者个人的干预；
3. 接受参加评标活动的劳务报酬；
4. 对本人违规行为的处理有权提出异议；
5. 法律法规规定的其他权利。

第十五条 评标专家负有下列义务：

1. 具有法定回避情形的，应主动提出回避；
2. 遵守有关法律、法规和规章规定，遵守评标工作纪律，客观公正进行评审；
3. 及时更新个人信息、参加业务培训，接受评价和考核；
4. 协助、配合有关行政监督部门的监督、检查及投诉调查；
5. 法律法规规章规定的其他义务。

第十六条 有下列情形之一的，不得担任招标项目的评标专家：

1. 投标人或投标人主要负责人的近亲属；
2. 项目主管部门或者行政监督部门的人员；
3. 与投标人有经济利益关系，可能影响对投标公正评审的；
4. 曾因在招标、评标以及其他与招标投标有关活动中从事违法行为而受过行政处罚或刑事处罚的；
5. 法律法规规定的其他应当回避的情形。

评标专家有前款规定情形之一的，应当主动提出回避；未提出回避的，招标人或行政监督部门发现后，应立即停止其参加评审；已完成评审的，该专家的评审结论无效。

第十七条 评标专家应当遵守下列评标工作纪律：

1. 按时参加评标，不迟到、不早退，不无故缺席；
2. 评标时应携带有效身份证明，接受核验和监督；
3. 不委托他人代替评标；
4. 遵守交易中心评标区相关规定。

第十八条 评标专家的评审费，以及因参加评标所发生的交通、食宿等费用由招标人承担，相关费用标准可参考国家和省级人民政府财政部门有关规定。

第五章 专家考评

第十九条 国家铁路局对评标专家实行动态管理，通过“铁路建设工程评标专家库管理系统”建立包括记录评标专家基本信息、教育培训、评标记录、年度考核等内容的专家个人档案。

评标专家的单位、住址、联系电话等个人基本信息发生变更，或因故无法参加某一时段内评标的，应当及时登录“铁路建设工程评标专家库管理系统”进行信息申报。

第二十条 招标人在招标活动结束后应对评标专家进行评价（评价内容见附件2），有关评价意见纳入招标投标情况书面报告。

第二十一条 国家铁路局建立铁路建设工程评标专家年度考核制度，对评标专家实施记分管理，考核内容和记分分值详见《铁路建设工程评标专家动态考核分值表》（附件3）。

记分周期为12个月，对在记分周期内记分累计满6分的，暂停6个月参与依法必须进行招标的铁路工程建设项目的评标资格；记分满10分的，暂停12个月参与依法必须进行招标的铁路工程建设项目的评标资格。一个记分周期期满后，记分清零，不计入下一周期。

相关各方反映评标专家履职情况的信息经地区铁路监督管理局核实后予以记录，并纳入“铁路建设工程评标专家库管理系统”。

第二十二条 评标专家有下列违法违规行为之一的责令改正，记3分；情节严重的，记6分；情节特别严重的，取消担任评标委员会成员资格，从专家库中除名，不再接受其评标专家入库申请：

1. 应当回避而不回避；
2. 擅离职守；

3. 不按照招标文件规定的评标标准和方法评标；

4. 私下接触投标人；

5. 向招标人征询确定中标人的意向或者接受任何单位或者个人明示或者暗示提出的倾向或者排斥特定投标人的要求；

6. 对依法应当否决的投标不提出否决意见；

7. 暗示或者诱导投标人作出澄清、说明或者接受投标人主动提出的澄清、说明；

8. 其他不客观、不公正履行职责的行为。

对收受投标人财物或者其他好处的，向他人透露对投标文件的评审和比较意见、中标候选人的推荐情况以及与评标有关的其他情况的评标专家，直接从评标专家库中除名，不再接受其评标专家入库申请，并按《评标专家和评标专家库管理暂行办法》第十五条处理。

第二十三条 评标专家有下列情形之一的，停止担任评标委员会成员资格，并从铁路建设工程评标专家库中除名：

1. 以虚假材料骗取入库的；

2. 连续两个记分周期内考核满 10 分的；

3. “信用中国”网站公布的失信被执行人；

4. 其他违反法律、法规规定不再适宜担任评标专家的。

第二十四条 评标专家有下列情形之一的，停止担任评标委员会成员资格，并从铁路建设工程评标专家库中移出：

1. 年龄满 68 周岁；

2. 健康状况等原因不能胜任评标工作的；

3. 因工作调动等原因不适宜继续参加评标的；

4. 经本人申请不再担任评标专家的；

5. 连续 5 年未从事铁路工程建设或管理工作的。

第二十五条 招标人、交易中心以及相关当事人发现在专家抽取、专家评标等活动中存在违法违规和违反评标工作纪律行为的，应当及时向地区铁路监督管理局书面反映。地区铁路监督管理局收到相关反映的，应按规定依法处理。

第二十六条 评标专家对因自身违法违规受到处理持有异议的，可向作出处理的部门提出书面申诉。确属处理不当的，应当及时更正。

第二十七条 地区铁路监督管理局应及时协调交易中心使用的综合评标专家库同“铁路建设工程评标专家库管理系统”进行数据交换，动态更新铁路工程专业评标专家基本信息、抽取及参评记录、违法行为记录、惩戒等信息。

第六章 附 则

第二十八条 评标专家所在单位对评标专家参加铁路工程建设项目评标及相关教育培训活动应给予支持。

第二十九条 省级人民政府组织实施的地方政府审批（核准）铁路工程建设项目的评标专家监督工作，可参照本办法执行。

第三十条 本办法由国家铁路局工程监督管理司负责解释。

第三十一条 本办法自 2017 年 6 月 1 日起实施，《铁道部关于印发〈铁路建设工程评标专家库及评标专家管理办法〉的通知》（铁建设〔2012〕152 号）同时废止。

附件：1. 评标承诺书；（略）

2. 评标专家评价意见；（略）

3. 铁路建设工程评标专家动态考核分值表。（略）

铁路建设工程招标投标监管暂行办法

· 2016 年 2 月 25 日

· 国铁工程监〔2016〕8 号

第一章 总 则

第一条 为加强和规范铁路建设工程招标投标监督管理工作，依据《中华人民共和国招标投标法》、《中华人民共和国招标投标法实施条例》、《铁路安全管理条例》等有关法律法规和规章，制定本办法。

第二条 本办法适用于国家铁路局、地区铁路监督管理局（含北京铁路督察室，下同）依法实施的铁路建设工程招标投标监督管理工作。

第三条 铁路建设工程招标投标监督管理应依法、公平、公正进行，并接受社会监督。

第二章 监督管理

第四条 国家铁路局负责铁路建设工程招标投标行业监督管理，指导、协调地区铁路监督管理局铁路建设工程招标投标监督管理工作，管理铁路建设工程评标专家库，对地方政府有关部门铁路建设工程招标投标监管工作予以行业指导。

第五条 地区铁路监督管理局负责辖区内铁路建设工程招标投标行业监督管理工作，监督国务院投资主管部门审批（核准、备案）的铁路建设项目招标投标，通报或报告辖区内铁路建设工程招标投标违法违规行为和相关监管信息，分析铁路建设工程招标投标相关情况；联系地方政府有关部门并提供行业指导。

第六条 涉及跨越地区铁路监督管理局监管辖区的铁路建设项目的招标投标监督，原则上由项目法人注册地所在的地区铁路监督管理局承担；情况特殊的，由国家铁路局指定。

第三章 监管方式

第七条 铁路建设工程招标投标监管方式主要包括监督检查、投诉处理、办理备案、行政处罚、记录公告等方式。

第八条 监督检查包括专项检查、抽查，并以抽查方式为主。地区铁路监督管理局应制定监督检查计划，合理确定抽查比例和频次，随机确定检查人员和检查对象，依法开展监督检查工作。

第九条 地区铁路监督管理局开展监督检查可以联合有关行政监管部门共同进行，必要时可聘请有关专家、邀请建设项目上级管理部门参加。

第十条 地区铁路监督管理局应为依法必须进行招标的铁路建设项目招标人办理自行招标备案手续、提交招标投标情况书面报告提供便利条件，并告知所需提交的有关材料清单及相关事项。

第十一条 铁路建设工程招标投标投诉受理及调查，执行《工程建设项目招标投标活动投诉处理办法》（发改委等七部委令第 11 号）和国家铁路局有关规定。地区铁路监督管理局应当向社会公布受理铁路建设工程招标投标投诉的联系方式，并按规定受理、调查、处理投诉。

第十二条 地区铁路监督管理局依法开展监督检查及调查，监督人员应主动出示证件，并有权要求招标人、投标人、投诉人、被投诉人和评标委员会成员等有关当事人予以配合，如实提供相关资料及情况。

第十三条 地区铁路监督管理局应按规定对招标投标违法行为予以处罚，并按《招标投标违法行为记录公告暂行办法》（发改法规〔2008〕1531 号）及国家铁路局有关规定进行记录公告。

第十四条 监督人员应严格履行监管职责，不得非法干涉招标投标活动，对监督工作中知悉的招标投标信息和投诉信息等应依法予以保密。

第四章 监管内容

第十五条 重点监督以下内容是否符合相关法律法规规章的规定：

1. 招标范围、招标方式、招标组织形式。

2. 资格预审文件、招标文件及公告。

3. 资格预审文件和招标文件发售。

4. 评标委员会（资格预审委员会）组成、专家抽取过程。

5. 开标时间、开标地点、开标程序、异议处理等。

6. 中标候选人公示、中标人确定及发放中标通知书、签订合同。

第十六条 首次办理自行招标备案接收的材料主要如下：

1. 项目法人营业执照、法人证书或者项目法人组建文件；设立项目管理机构具体负责建设管理的，还应一并报送项目管理机构组建文件及其职责权限的证明文件。

2. 具有与招标项目规模和复杂程度相适应的工程技术、概预算、财务和工程管理等方面专业技术人员的证明材料（职称证书、执业证书复印件和个人履历等）。

3. 取得招标职业资格的专职招标业务人员的证明材料（3 名以上招标师职业资格证件和个人招投标工作业绩）。

4. 项目可研批复文件。

5. 初步设计及概算批复文件。

6. 各招标批次初步安排（时间、地点）。

后续备案只需接受前述所涉事项变化的有关材料。

第十七条 招标投标情况书面报告应包括以下主要内容：

1. 招标范围。

2. 招标方式和发布招标公告的媒介。

3. 招标文件中投标人须知、技术条款、评标标准和方法、合同主要条款等内容。

4. 评标委员会的组成和评标报告。

5. 中标结果。

第五章 附 则

第十八条 省级地方人民政府按《国务院办公厅关于创新投资管理方式建立协同监管机制的若干意见》（国办发〔2015〕12 号）组织实施的地方政府审批（核准）铁路建设项目招标投标监管工作，可参照本办法执行。

第十九条 本办法由国家铁路局工程监督管理司负责解释。

第二十条 本办法自 2016 年 3 月 15 日起施行，《铁路建设工程招标投标监管暂行办法》（国铁工程监〔2014〕6 号）同时废止。

3. 公路工程

公路工程建设项目招标投标管理办法

·2015年12月8日交通运输部令2015年第24号公布
·自2016年2月1日起施行

第一章　总　则

第一条　为规范公路工程建设项目招标投标活动，完善公路工程建设市场管理体系，根据《中华人民共和国公路法》《中华人民共和国招标投标法》《中华人民共和国招标投标法实施条例》等法律、行政法规，制定本办法。

第二条　在中华人民共和国境内从事公路工程建设项目勘察设计、施工、施工监理等的招标投标活动，适用本办法。

第三条　交通运输部负责全国公路工程建设项目招标投标活动的监督管理工作。

省级人民政府交通运输主管部门负责本行政区域内公路工程建设项目招标投标活动的监督管理工作。

第四条　各级交通运输主管部门应当按照国家有关规定，推进公路工程建设项目招标投标活动进入统一的公共资源交易平台进行。

第五条　各级交通运输主管部门应当按照国家有关规定，推进公路工程建设项目电子招标投标工作。招标投标活动信息应当公开，接受社会公众监督。

第六条　公路工程建设项目的招标人或者其指定机构应当对资格审查、开标、评标等过程录音录像并存档备查。

第二章　招　标

第七条　公路工程建设项目招标人是提出招标项目、进行招标的项目法人或者其他组织。

第八条　对于按照国家有关规定需要履行项目审批、核准手续的依法必须进行招标的公路工程建设项目，招标人应当按照项目审批、核准部门确定的招标范围、招标方式、招标组织形式开展招标。

公路工程建设项目履行项目审批或者核准手续后，方可开展勘察设计招标；初步设计文件批准后，方可开展施工监理、设计施工总承包招标；施工图设计文件批准后，方可开展施工招标。

施工招标采用资格预审方式的，在初步设计文件批准后，可以进行资格预审。

第九条　有下列情形之一的公路工程建设项目，可以不进行招标：

（一）涉及国家安全、国家秘密、抢险救灾或者属于利用扶贫资金实行以工代赈、需要使用农民工等特殊情况；

（二）需要采用不可替代的专利或者专有技术；

（三）采购人自身具有工程施工或者提供服务的资格和能力，且符合法定要求；

（四）已通过招标方式选定的特许经营项目投资人依法能够自行施工或者提供服务；

（五）需要向原中标人采购工程或者服务，否则将影响施工或者功能配套要求；

（六）国家规定的其他特殊情形。

招标人不得为适用前款规定弄虚作假，规避招标。

第十条　公路工程建设项目采用公开招标方式的，原则上采用资格后审办法对投标人进行资格审查。

第十一条　公路工程建设项目采用资格预审方式公开招标的，应当按照下列程序进行：

（一）编制资格预审文件；

（二）发布资格预审公告，发售资格预审文件，公开资格预审文件关键内容；

（三）接收资格预审申请文件；

（四）组建资格审查委员会对资格预审申请人进行资格审查，资格审查委员会编写资格审查报告；

（五）根据资格审查结果，向通过资格预审的申请人发出投标邀请书；向未通过资格预审的申请人发出资格预审结果通知书，告知未通过的依据和原因；

（六）编制招标文件；

（七）发售招标文件，公开招标文件的关键内容；

（八）需要时，组织潜在投标人踏勘项目现场，召开投标预备会；

（九）接收投标文件，公开开标；

（十）组建评标委员会评标，评标委员会编写评标报告、推荐中标候选人；

（十一）公示中标候选人相关信息；

（十二）确定中标人；

（十三）编制招标投标情况的书面报告；

（十四）向中标人发出中标通知书，同时将中标结果通知所有未中标的投标人；

（十五）与中标人订立合同。

采用资格后审方式公开招标的，在完成招标文件编制并发布招标公告后，按照前款程序第（七）项至第（十五）项进行。

采用邀请招标的，在完成招标文件编制并发出投标邀请书后，按照前款程序第（七）项至第（十五）项进行。

第十二条 国有资金占控股或者主导地位的依法必须进行招标的公路工程建设项目，采用资格预审的，招标人应当按照有关规定组建资格审查委员会审查资格预审申请文件。资格审查委员会的专家抽取以及资格审查工作要求，应当适用本办法关于评标委员会的规定。

第十三条 资格预审审查办法原则上采用合格制。

资格预审审查办法采用合格制的，符合资格预审文件规定审查标准的申请人均应当通过资格预审。

第十四条 资格预审审查工作结束后，资格审查委员会应当编制资格审查报告。资格审查报告应当载明下列内容：

（一）招标项目基本情况；

（二）资格审查委员会成员名单；

（三）监督人员名单；

（四）资格预审申请文件递交情况；

（五）通过资格审查的申请人名单；

（六）未通过资格审查的申请人名单以及未通过审查的理由；

（七）评分情况；

（八）澄清、说明事项纪要；

（九）需要说明的其他事项；

（十）资格审查附表。

除前款规定的第（一）、（三）、（四）项内容外，资格审查委员会所有成员应当在资格审查报告上逐页签字。

第十五条 资格预审申请人对资格预审审查结果有异议的，应当自收到资格预审结果通知书后3日内提出。招标人应当自收到异议之日起3日内作出答复；作出答复前，应当暂停招标投标活动。

招标人未收到异议或者收到异议并已作出答复的，应当及时向通过资格预审的申请人发出投标邀请书。未通过资格预审的申请人不具有投标资格。

第十六条 对依法必须进行招标的公路工程建设项目，招标人应当根据交通运输部制定的标准文本，结合招标项目具体特点和实际需要，编制资格预审文件和招标文件。

资格预审文件和招标文件应当载明详细的评审程序、标准和方法，招标人不得另行制定评审细则。

第十七条 招标人应当按照省级人民政府交通运输主管部门的规定，将资格预审文件及其澄清、修改，招标文件及其澄清、修改报相应的交通运输主管部门备案。

第十八条 招标人应当自资格预审文件或者招标文件开始发售之日起，将其关键内容上传至具有招标监督职责的交通运输主管部门政府网站或者其指定的其他网站上进行公开，公开内容包括项目概况、对申请人或者投标人的资格条件要求、资格审查办法、评标办法、招标人联系方式等，公开时间至提交资格预审申请文件截止时间2日前或者投标截止时间10日前结束。

招标人发出的资格预审文件或者招标文件的澄清或者修改涉及到前款规定的公开内容的，招标人应当在向交通运输主管部门备案的同时，将澄清或者修改的内容上传至前款规定的网站。

第十九条 潜在投标人或者其他利害关系人可以按照国家有关规定对资格预审文件或者招标文件提出异议。招标人应当对异议作出书面答复。未在规定时间内作出书面答复的，应当顺延提交资格预审申请文件截止时间或者投标截止时间。

招标人书面答复内容涉及影响资格预审申请文件或者投标文件编制的，应当按照有关澄清或者修改的规定，调整提交资格预审申请文件截止时间或者投标截止时间，并以书面形式通知所有获取资格预审文件或者招标文件的潜在投标人。

第二十条 招标人应当合理划分标段、确定工期，提出质量、安全目标要求，并在招标文件中载明。标段的划分应当有利于项目组织和施工管理、各专业的衔接与配合，不得利用划分标段规避招标、限制或者排斥潜在投标人。

招标人可以实行设计施工总承包招标、施工总承包招标或者分专业招标。

第二十一条 招标人结合招标项目的具体特点和实际需要，设定潜在投标人或者投标人的资质、业绩、主要人员、财务能力、履约信誉等资格条件，不得以不合理的条件限制、排斥潜在投标人或者投标人。

除《中华人民共和国招标投标法实施条例》第三十二条规定的情形外，招标人有下列行为之一的，属于以不合理的条件限制、排斥潜在投标人或者投标人：

（一）设定的资质、业绩、主要人员、财务能力、履约信誉等资格、技术、商务条件与招标项目的具体特点和实际需要不相适应或者与合同履行无关；

（二）强制要求潜在投标人或者投标人的法定代表人、企业负责人、技术负责人等特定人员亲自购买资格预审文件、招标文件或者参与开标活动；

（三）通过设置备案、登记、注册、设立分支机构等无法律、行政法规依据的不合理条件，限制潜在投标人或者投标人进入项目所在地进行投标。

第二十二条 招标人应当根据国家有关规定，结合招标项目的具体特点和实际需要，合理确定对投标人主要人员以及其他管理和技术人员的数量和资格要求。投标人拟投入的主要人员应当在投标文件中进行填报，其他管理和技术人员的具体人选由招标人和中标人在合同谈判阶段确定。对于特别复杂的特大桥梁和特长隧道项目主体工程和其他有特殊要求的工程，招标人可以要求投标人在投标文件中填报其他管理和技术人员。

本办法所称主要人员是指设计负责人、总监理工程师、项目经理和项目总工程师等项目管理和技术负责人。

第二十三条 招标人可以自行决定是否编制标底或者设置最高投标限价。招标人不得规定最低投标限价。

接受委托编制标底或者最高投标限价的中介机构不得参加该项目的投标，也不得为该项目的投标人编制投标文件或者提供咨询。

第二十四条 招标人应当严格遵守有关法律、行政法规关于各类保证金收取的规定，在招标文件中载明保证金收取的形式、金额以及返还时间。

招标人不得以任何名义增设或者变相增设保证金或者随意更改招标文件载明的保证金收取形式、金额以及返还时间。招标人不得在资格预审期间收取任何形式的保证金。

第二十五条 招标人在招标文件中要求投标人提交投标保证金的，投标保证金不得超过招标标段估算价的2%。投标保证金有效期应当与投标有效期一致。

依法必须进行招标的公路工程建设项目的投标人，以现金或者支票形式提交投标保证金的，应当从其基本账户转出。投标人提交的投标保证金不符合招标文件要求的，应当否决其投标。

招标人不得挪用投标保证金。

第二十六条 招标人应当按照国家有关法律法规规定，在招标文件中明确允许分包的或者不得分包的工程和服务，分包人应当满足的资格条件以及对分包实施的管理要求。

招标人不得在招标文件中设置对分包的歧视性条款。

招标人有下列行为之一的，属于前款所称的歧视性条款：

（一）以分包的工作量规模作为否决投标的条件；

（二）对投标人符合法律法规以及招标文件规定的分包计划设定扣分条款；

（三）按照分包的工作量规模对投标人进行区别评分；

（四）以其他不合理条件限制投标人进行分包的行为。

第二十七条 招标人应当在招标文件中合理划分双方风险，不得设置将应由招标人承担的风险转嫁给勘察设计、施工、监理等投标人的不合理条款。招标文件应当设置合理的价格调整条款，明确约定合同价款支付期限、利息计付标准和日期，确保双方主体地位平等。

第二十八条 招标人应当根据招标项目的具体特点以及本办法的相关规定，在招标文件中合理设定评标标准和方法。评标标准和方法中不得含有倾向或者排斥潜在投标人的内容，不得妨碍或者限制投标人之间的竞争。禁止采用抽签、摇号等博彩性方式直接确定中标候选人。

第二十九条 以暂估价形式包括在招标项目范围内的工程、货物、服务，属于依法必须进行招标的项目范围且达到国家规定规模标准的，应当依法进行招标。招标项目的合同条款中应当约定负责实施暂估价项目招标的主体以及相应的招标程序。

第三章 投 标

第三十条 投标人是响应招标、参加投标竞争的法人或者其他组织。

投标人应当具备招标文件规定的资格条件，具有承担所投标项目的相应能力。

第三十一条 投标人在投标文件中填报的资质、业绩、主要人员资历和目前在岗情况、信用等级等信息，应当与其在交通运输主管部门公路建设市场信用信息管理系统上填报并发布的相关信息一致。

第三十二条 投标人应当按照招标文件要求装订、密封投标文件，并按照招标文件规定的时间、地点和方式将投标文件送达招标人。

公路工程勘察设计和施工监理招标的投标文件应当以双信封形式密封，第一信封内为商务文件和技术文件，第二信封内为报价文件。

对公路工程施工招标，招标人采用资格预审方式进行招标且评标方法为技术评分最低标价法的，或者采用资格后审方式进行招标的，投标文件应当以双信封形式密封，第一信封内为商务文件和技术文件，第二信封内为报价文件。

第三十三条 投标文件按照要求送达后，在招标文件规定的投标截止时间前，投标人修改或者撤回投标文件的，应当以书面函件形式通知招标人。

修改投标文件的函件是投标文件的组成部分，其编制形式、密封方式、送达时间等，适用对投标文件的规定。

投标人在投标截止时间前撤回投标文件且招标人已收取投标保证金的，招标人应当自收到投标人书面撤回通知之日起5日内退还其投标保证金。

投标截止后投标人撤销投标文件的，招标人可以不退还投标保证金。

第三十四条 投标人根据招标文件有关分包的规定，拟在中标后将中标项目的部分工作进行分包的，应当在投标文件中载明。

投标人在投标文件中未列入分包计划的工程或者服务，中标后不得分包，法律法规或者招标文件另有规定的除外。

第四章 开标、评标和中标

第三十五条 开标应当在招标文件确定的提交投标文件截止时间的同一时间公开进行；开标地点应当为招标文件中预先确定的地点。

投标人少于3个的，不得开标，投标文件应当当场退还给投标人；招标人应当重新招标。

第三十六条 开标由招标人主持，邀请所有投标人参加。开标过程应当记录，并存档备查。投标人对开标有异议的，应当在开标现场提出，招标人应当当场作出答复，并制作记录。未参加开标的投标人，视为对开标过程无异议。

第三十七条 投标文件按照招标文件规定采用双信封形式密封的，开标分两个步骤公开进行：

第一步骤对第一信封内的商务文件和技术文件进行开标，对第二信封不予拆封并由招标人予以封存；

第二步骤宣布通过商务文件和技术文件评审的投标人名单，对其第二信封内的报价文件进行开标，宣读投标报价。未通过商务文件和技术文件评审的，对其第二信封不予拆封，并当场退还给投标人；投标人未参加第二信封开标的，招标人应当在评标结束后及时将第二信封原封退还投标人。

第三十八条 招标人应当按照国家有关规定组建评标委员会负责评标工作。

国家审批或者核准的高速公路、一级公路、独立桥梁和独立隧道项目，评标委员会专家应当由招标人从国家重点公路工程建设项目评标专家库相关专业中随机抽取；其他公路工程建设项目的评标委员会专家可以从省级公路工程建设项目评标专家库相关专业中随机抽取，也可以从国家重点公路工程建设项目评标专家库相关专业中随机抽取。

对于技术复杂、专业性强或者国家有特殊要求，采取随机抽取方式确定的评标专家难以保证胜任评标工作的特殊招标项目，可以由招标人直接确定。

第三十九条 交通运输部负责国家重点公路工程建设项目评标专家库的管理工作。

省级人民政府交通运输主管部门负责本行政区域公路工程建设项目评标专家库的管理工作。

第四十条 评标委员会应当民主推荐一名主任委员，负责组织评标委员会成员开展评标工作。评标委员会主任委员与评标委员会的其他成员享有同等权利与义务。

第四十一条 招标人应当向评标委员会提供评标所必需的信息，但不得明示或者暗示其倾向或者排斥特定投标人。

评标所必需的信息主要包括招标文件、招标文件的澄清或者修改、开标记录、投标文件、资格预审文件。招标人可以协助评标委员会开展下列工作并提供相关信息：

（一）根据招标文件，编制评标使用的相应表格；

（二）对投标报价进行算术性校核；

（三）以评标标准和方法为依据，列出投标文件相对于招标文件的所有偏差，并进行归类汇总；

（四）查询公路建设市场信用信息管理系统，对投标人的资质、业绩、主要人员资历和目前在岗情况、信用等级进行核实。

招标人不得对投标文件作出任何评价，不得故意遗漏或者片面摘录，不得在评标委员会对所有偏差定性之前透露存有偏差的投标人名称。

评标委员会应当根据招标文件规定，全面、独立评审所有投标文件，并对招标人提供的上述相关信息进行核查，发现错误或者遗漏的，应当进行修正。

第四十二条 评标委员会应当按照招标文件确定的评标标准和方法进行评标。招标文件没有规定的评标标准和方法不得作为评标的依据。

第四十三条 公路工程勘察设计和施工监理招标，应当采用综合评估法进行评标，对投标人的商务文件、技术文件和报价文件进行评分，按照综合得分由高到低排序，推荐中标候选人。评标价的评分权重不宜超过10%，评标价得分应当根据评标价与评标基准价的偏离程度进行计算。

第四十四条 公路工程施工招标，评标采用综合评估法或者经评审的最低投标价法。综合评估法包括合理低价法、技术评分最低标价法和综合评分法。

合理低价法，是指对通过初步评审的投标人，不再对其施工组织设计、项目管理机构、技术能力等因素进行评分，仅依据评标基准价对评标价进行评分，按照得分由高到低排序，推荐中标候选人的评标方法。

技术评分最低标价法，是指对通过初步评审的投标人的施工组织设计、项目管理机构、技术能力等因素进行评分，按照得分由高到低排序，对排名在招标文件规定数量以内的投标人的报价文件进行评审，按照评标价由低到高的顺序推荐中标候选人的评标方法。招标人在招标文件中规定的参与报价文件评审的投标人数量不得少于3个。

综合评分法，是指对通过初步评审的投标人的评标价、施工组织设计、项目管理机构、技术能力等因素进行评分，按照综合得分由高到低排序，推荐中标候选人的评标方法。其中评标价的评分权重不得低于50%。

经评审的最低投标价法，是指对通过初步评审的投标人，按照评标价由低到高排序，推荐中标候选人的评标方法。

公路工程施工招标评标，一般采用合理低价法或者技术评分最低标价法。技术特别复杂的特大桥梁和特长隧道项目主体工程，可以采用综合评分法。工程规模较小、技术含量较低的工程，可以采用经评审的最低投标价法。

第四十五条 实行设计施工总承包招标的，招标人应当根据工程地质条件、技术特点和施工难度确定评标办法。

设计施工总承包招标的评标采用综合评分法的，评分因素包括评标价、项目管理机构、技术能力、设计文件的优化建议、设计施工总承包管理方案、施工组织设计等因素，评标价的评分权重不得低于50%。

第四十六条 评标委员会成员应当客观、公正、审慎地履行职责，遵守职业道德。评标委员会成员应当依据评标办法规定的评审顺序和内容逐项完成评标工作，对本人提出的评审意见以及评分的公正性、客观性、准确性负责。

除评标价和履约信誉评分项外，评标委员会成员对投标人商务和技术各项因素的评分一般不得低于招标文件规定该因素满分值的60%；评分低于满分值60%的，评标委员会成员应当在评标报告中作出说明。

招标人应当对评标委员会成员在评标活动中的职责履行情况予以记录，并在招标投标情况的书面报告中载明。

第四十七条 招标人应当根据项目规模、技术复杂程度、投标文件数量和评标方法等因素合理确定评标时间。超过三分之一的评标委员会成员认为评标时间不够的，招标人应当适当延长。

评标过程中，评标委员会成员有回避事由、擅离职守或者因健康等原因不能继续评标的，应当及时更换。被更换的评标委员会成员作出的评审结论无效，由更换后的评标委员会成员重新进行评审。

根据前款规定被更换的评标委员会成员如为评标专家库专家，招标人应当从原评标专家库中按照原方式抽取更换后的评标委员会成员，或者在符合法律规定的前提下相应减少评标委员会中招标人代表数量。

第四十八条 评标委员会应当查询交通运输主管部门的公路建设市场信用信息管理系统，对投标人的资质、业绩、主要人员资历和目前在岗情况、信用等级等信息进行核实。若投标文件载明的信息与公路建设市场信用信息管理系统发布的信息不符，使得投标人的资格条件不符合招标文件规定的，评标委员会应当否决其投标。

第四十九条 评标委员会发现投标人的投标报价明显低于其他投标人报价或者在设有标底时明显低于标底的，应当要求该投标人对相应投标报价作出书面说明，并提供相关证明材料。

投标人不能证明可以按照其报价以及招标文件规定的质量标准和履行期限完成招标项目的，评标委员会应当认定该投标人以低于成本价竞标，并否决其投标。

第五十条 评标委员会应当根据《中华人民共和国招标投标法实施条例》第三十九条、第四十条、第四十一条的有关规定，对在评标过程中发现的投标人与投标人之间、投标人与招标人之间存在的串通投标的情形进行评审和认定。

第五十一条 评标委员会对投标文件进行评审后，因有效投标不足3个使得投标明显缺乏竞争的，可以否决全部投标。未否决全部投标的，评标委员会应当在评标报告中阐明理由并推荐中标候选人。

投标文件按照招标文件规定采用双信封形式密封的，通过第一信封商务文件和技术文件评审的投标人在3个以上的，招标人应当按照本办法第三十七条规定的程序进行第二信封报价文件开标；在对报价文件进行评审后，有效投标不足3个的，评标委员会应当按照本条第一款规定执行。

通过第一信封商务文件和技术文件评审的投标人少于3个的，评标委员会可以否决全部投标；未否决全部投标的,评标委员会应当在评标报告中阐明理由,招标人应当按照本办法第三十七条规定的程序进行第二信封报价文件开标,但评标委员会在进行报价文件评审时仍有权否决全部投标;评标委员会未在报价文件评审时否决全部投标的,应当在评标报告中阐明理由并推荐中标候选人。

第五十二条 评标完成后,评标委员会应当向招标人提交书面评标报告。评标报告中推荐的中标候选人应当不超过3个,并标明排序。

评标报告应当载明下列内容:

(一)招标项目基本情况;

(二)评标委员会成员名单;

(三)监督人员名单;

(四)开标记录;

(五)符合要求的投标人名单;

(六)否决的投标人名单以及否决理由;

(七)串通投标情形的评审情况说明;

(八)评分情况;

(九)经评审的投标人排序;

(十)中标候选人名单;

(十一)澄清、说明事项纪要;

(十二)需要说明的其他事项;

(十三)评标附表。

对评标监督人员或者招标人代表干预正常评标活动,以及对招标投标活动的其他不正当言行,评标委员会应当在评标报告第(十二)项内容中如实记录。

除第二款规定的第(一)、(三)、(四)项内容外,评标委员会所有成员应当在评标报告上逐页签字。对评标结果有不同意见的评标委员会成员应当以书面形式说明其不同意见和理由,评标报告应当注明该不同意见。评标委员会成员拒绝在评标报告上签字又不书面说明其不同意见和理由的,视为同意评标结果。

第五十三条 依法必须进行招标的公路工程建设项目,招标人应当自收到评标报告之日起3日内,在对该项目具有招标监督职责的交通运输主管部门政府网站或者其指定的其他网站上公示中标候选人,公示期不得少于3日,公示内容包括:

(一)中标候选人排序、名称、投标报价;

(二)中标候选人在投标文件中承诺的主要人员姓名、个人业绩、相关证书编号;

(三)中标候选人在投标文件中填报的项目业绩;

(四)被否决投标的投标人名称、否决依据和原因;

(五)招标文件规定公示的其他内容。

投标人或者其他利害关系人对依法必须进行招标的公路工程建设项目的评标结果有异议的,应当在中标候选人公示期间提出。招标人应当自收到异议之日起3日内作出答复;作出答复前,应当暂停招标投标活动。

第五十四条 除招标人授权评标委员会直接确定中标人外,招标人应当根据评标委员会提出的书面评标报告和推荐的中标候选人确定中标人。国有资金占控股或者主导地位的依法必须进行招标的公路工程建设项目,招标人应当确定排名第一的中标候选人为中标人。排名第一的中标候选人放弃中标、因不可抗力不能履行合同、不按照招标文件要求提交履约保证金,或者被查实存在影响中标结果的违法行为等情形,不符合中标条件的,招标人可以按照评标委员会提出的中标候选人名单排序依次确定其他中标候选人为中标人,也可以重新招标。

第五十五条 依法必须进行招标的公路工程建设项目,招标人应当自确定中标人之日起15日内,将招标投标情况的书面报告报对该项目具有招标监督职责的交通运输主管部门备案。

前款所称书面报告至少应当包括下列内容:

(一)招标项目基本情况;

(二)招标过程简述;

(三)评标情况说明;

(四)中标候选人公示情况;

(五)中标结果;

(六)附件,包括评标报告、评标委员会成员履职情况说明等。

有资格预审情况说明、异议及投诉处理情况和资格审查报告的,也应当包括在书面报告中。

第五十六条 招标人应当及时向中标人发出中标通知书,同时将中标结果通知所有未中标的投标人。

第五十七条 招标人和中标人应当自中标通知书发出之日起30日内,按照招标文件和中标人的投标文件订立书面合同,合同的标的、价格、质量、安全、履行期限、主要人员等主要条款应当与上述文件的内容一致。招标人和中标人不得再行订立背离合同实质性内容的其他协议。

招标人最迟应当在中标通知书发出后5日内向中标候选人以外的其他投标人退还投标保证金,与中标人签订书面合同后5日内向中标人和其他中标候选人退还投标保证金。以现金或者支票形式提交的投标保证金,招标人应当同时退还投标保证金的银行同期活期存款利息，且退还至投标人的基本账户。

第五十八条 招标文件要求中标人提交履约保证金的，中标人应当按照招标文件的要求提交。履约保证金不得超过中标合同金额的10%。招标人不得指定或者变相指定履约保证金的支付形式，由中标人自主选择银行保函或者现金、支票等支付形式。

第五十九条 招标人应当加强对合同履行的管理，建立对中标人主要人员的到位率考核制度。

省级人民政府交通运输主管部门应当定期组织开展合同履约评价工作的监督检查，将检查情况向社会公示，同时将检查结果记入中标人单位以及主要人员个人的信用档案。

第六十条 依法必须进行招标的公路工程建设项目，有下列情形之一的，招标人在分析招标失败的原因并采取相应措施后，应当依照本办法重新招标：

（一）通过资格预审的申请人少于3个的；

（二）投标人少于3个的；

（三）所有投标均被否决的；

（四）中标候选人均未与招标人订立书面合同的。

重新招标的，资格预审文件、招标文件和招标投标情况的书面报告应当按照本办法的规定重新报交通运输主管部门备案。

重新招标后投标人仍少于3个的，属于按照国家有关规定需要履行项目审批、核准手续的依法必须进行招标的公路工程建设项目，报经项目审批、核准部门批准后可以不再进行招标；其他项目可由招标人自行决定不再进行招标。

依照本条规定不再进行招标的，招标人可以邀请已提交资格预审申请文件的申请人或者已提交投标文件的投标人进行谈判，确定项目承担单位，并将谈判报告报对该项目具有招标监督职责的交通运输主管部门备案。

第五章 监督管理

第六十一条 各级交通运输主管部门应当按照《中华人民共和国招标投标法》《中华人民共和国招标投标法实施条例》等法律法规、规章以及招标投标活动行政监督职责分工，加强对公路工程建设项目招标投标活动的监督管理。

第六十二条 各级交通运输主管部门应当建立健全公路工程建设项目招标投标信用体系，加强信用评价工作的监督管理，维护公平公正的市场竞争秩序。

招标人应当将交通运输主管部门的信用评价结果应用于公路工程建设项目招标。鼓励和支持招标人优先选择信用等级高的从业企业。

招标人对信用等级高的资格预审申请人、投标人或者中标人，可以给予增加参与投标的标段数量，减免投标保证金，减少履约保证金、质量保证金等优惠措施。优惠措施以及信用评价结果的认定条件应当在资格预审文件和招标文件中载明。

资格预审申请人或者投标人的信用评价结果可以作为资格审查或者评标中履约信誉项的评分因素，各信用评价等级的对应得分应当符合省级人民政府交通运输主管部门有关规定，并在资格预审文件或者招标文件中载明。

第六十三条 投标人或者其他利害关系人认为招标投标活动不符合法律、行政法规规定的，可以自知道或者应当知道之日起10日内向交通运输主管部门投诉。

就本办法第十五条、第十九条、第三十六条、第五十三条规定事项投诉的，应当先向招标人提出异议，异议答复期间不计算在前款规定的期限内。

第六十四条 投诉人投诉时，应当提交投诉书。投诉书应当包括下列内容：

（一）投诉人的名称、地址及有效联系方式；

（二）被投诉人的名称、地址及有效联系方式；

（三）投诉事项的基本事实；

（四）异议的提出及招标人答复情况；

（五）相关请求及主张；

（六）有效线索和相关证明材料。

对本办法规定应先提出异议的事项进行投诉的，应当提交已提出异议的证明文件。未按规定提出异议或者未提交已提出异议的证明文件的投诉，交通运输主管部门可以不予受理。

第六十五条 投诉人就同一事项向两个以上交通运输主管部门投诉的，由具体承担该项目招标投标活动监督管理职责的交通运输主管部门负责处理。

交通运输主管部门应当自收到投诉之日起3个工作日内决定是否受理投诉，并自受理投诉之日起30个工作日内作出书面处理决定；需要检验、检测、鉴定、专家评审的，所需时间不计算在内。

投诉人缺乏事实根据或者法律依据进行投诉的，或者有证据表明投诉人捏造事实、伪造材料的，或者投诉人以非法手段取得证明材料进行投诉的，交通运输主管部门应当予以驳回，并对恶意投诉按照有关规定追究投诉人责任。

第六十六条 交通运输主管部门处理投诉，有权查阅、复制有关文件、资料，调查有关情况，相关单位和人员应当予以配合。必要时，交通运输主管部门可以责令暂停招标投标活动。

交通运输主管部门的工作人员对监督检查过程中知悉的国家秘密、商业秘密，应当依法予以保密。

第六十七条　交通运输主管部门对投诉事项作出的处理决定，应当在对该项目具有招标监督职责的交通运输主管部门政府网站上进行公告，包括投诉的事由、调查结果、处理决定、处罚依据以及处罚意见等内容。

第六章　法律责任

第六十八条　招标人有下列情形之一的，由交通运输主管部门责令改正，可以处三万元以下的罚款：

（一）不满足本办法第八条规定的条件而进行招标的；

（二）不按照本办法规定将资格预审文件、招标文件和招标投标情况的书面报告备案的；

（三）邀请招标不依法发出投标邀请书的；

（四）不按照项目审批、核准部门确定的招标范围、招标方式、招标组织形式进行招标的；

（五）不按照本办法规定编制资格预审文件或者招标文件的；

（六）由于招标人原因导致资格审查报告存在重大偏差且影响资格预审结果的；

（七）挪用投标保证金，增设或者变相增设保证金的；

（八）投标人数量不符合法定要求不重新招标的；

（九）向评标委员会提供的评标信息不符合本办法规定的；

（十）不按照本办法规定公示中标候选人的；

（十一）招标文件中规定的履约保证金的金额、支付形式不符合本办法规定的。

第六十九条　投标人在投标过程中存在弄虚作假、与招标人或者其他投标人串通投标、以行贿谋取中标、无正当理由放弃中标以及进行恶意投诉等投标不良行为的，除依照有关法律、法规进行处罚外，省级交通运输主管部门还可以扣减其年度信用评价分数或者降低年度信用评价等级。

第七十条　评标委员会成员未对招标人根据本办法第四十一条第二款（一）至（四）项规定提供的相关信息进行认真核查，导致评标出现疏漏或者错误的，由交通运输主管部门责令改正。

第七十一条　交通运输主管部门应当依法公告对公路工程建设项目招标投标活动中招标人、招标代理机构、投标人以及评标委员会成员等的违法违规或者恶意投诉等行为的行政处理决定，并将其作为招标投标不良行为信息记入相应当事人的信用档案。

第七章　附　则

第七十二条　使用国际组织或者外国政府贷款、援助资金的项目进行招标，贷款方、资金提供方对招标投标的具体条件和程序有不同规定的，可以适用其规定，但违背中华人民共和国的社会公共利益的除外。

第七十三条　采用电子招标投标的，应当按照本办法和国家有关电子招标投标的规定执行。

第七十四条　本办法自2016年2月1日起施行。《公路工程施工招标投标管理办法》（交通部令2006年第7号）、《公路工程施工监理招标投标管理办法》（交通部令2006年第5号）、《公路工程勘察设计招标投标管理办法》（交通部令2001年第6号）和《关于修改〈公路工程勘察设计招标投标管理办法〉的决定》（交通运输部令2013年第3号）、《关于贯彻国务院办公厅关于进一步规范招投标活动的若干意见的通知》（交公路发〔2004〕688号）、《关于公路建设项目货物招标严禁指定材料产地的通知》（厅公路字〔2007〕224号）、《公路工程施工招标资格预审办法》（交公路发〔2006〕57号）、《关于加强公路工程评标专家管理工作的通知》（交公路发〔2003〕464号）、《关于进一步加强公路工程施工招标评标管理工作的通知》（交公路发〔2008〕261号）、《关于进一步加强公路工程施工招标资格审查工作的通知》（交公路发〔2009〕123号）、《关于改革使用国际金融组织或者外国政府贷款公路建设项目施工招标管理制度的通知》（厅公路字〔2008〕40号）、《公路工程勘察设计招标评标办法》（交公路发〔2001〕582号）、《关于认真贯彻执行公路工程勘察设计招标投标管理办法的通知》（交公路发〔2002〕303号）同时废止。

公路工程建设项目评标工作细则

· 2022年9月30日
· 交公路规〔2022〕8号

第一章　总　则

第一条　为规范公路工程建设项目评标工作，维护招标投标活动当事人的合法权益，依据《中华人民共和国招标投标法》《中华人民共和国招标投标法实施条例》、交通运输部《公路工程建设项目招标投标管理办法》及国家有关法律法规，制定本细则。

第二条 依法必须进行招标的公路工程建设项目，其评标活动适用本细则；国有资金占控股或者主导地位的依法必须进行招标的公路工程建设项目，采用资格预审的，其资格审查活动适用本细则；其他项目的评标及资格审查活动可参照本细则执行。

第三条 公路工程建设项目评标工作是指招标人依法组建的评标委员会根据国家有关法律、法规和招标文件，对投标文件进行评审，推荐中标候选人或者由招标人授权直接确定中标人的工作过程。

采用资格预审的公路工程建设项目，招标人应当按照有关规定组建资格审查委员会审查资格预审申请文件。资格审查委员会的专家抽取以及资格审查工作要求，应当适用本细则关于评标委员会以及评标工作的规定。

第四条 评标工作应当遵循公平、公正、科学、择优的原则。任何单位和个人不得非法干预或者影响评标过程和结果。

第五条 招标人应当采取必要措施，保证评标工作在严格保密的情况下进行，所有参与评标活动的人员均不得泄露评标的有关信息。

第六条 公路工程建设项目的招标人或者其指定机构应当对评标过程录音录像并存档备查。

第二章 职责分工

第七条 招标人负责组织评标工作并履行下列职责：

（一）按照国家有关规定组建评标委员会；办理评标专家的抽取、通知等事宜；为参与评标工作的招标人代表提供授权函；

（二）向评标委员会提供评标所必需的工作环境、资料和信息以及必要的服务；

（三）向评标委员会成员发放合理的评标劳务报酬；

（四）在招标投标情况书面报告中载明评标委员会成员在评标活动中的履职情况；

（五）保障评标工作的安全性和保密性。

公路工程建设项目实行委托招标的，招标代理机构应当在招标人委托的范围内组织评标工作，且遵守本细则关于招标人的规定。

第八条 评标委员会负责评标工作并履行下列职责：

（一）审查、评价投标文件是否符合招标文件的实质性要求；

（二）要求投标人对投标文件有关事项作出澄清或者说明（如需要）；

（三）对投标文件进行比较和评价；

（四）撰写评标报告，推荐中标候选人，或者根据招标人授权直接确定中标人；

（五）在评标报告中记录评标监督人员、招标人代表或者其他工作人员有无干预正常评标活动或者其他不正当言行；

（六）向交通运输主管部门报告评标过程中发现的其他违法违规行为。

第九条 交通运输主管部门负责监督评标工作并履行下列职责：

（一）按照规定的招标监督职责分工，对评标委员会成员的确定方式、评标专家的抽取和评标活动进行监督；

（二）对评标程序、评标委员会使用的评标标准和方法进行监督；

（三）对招标人代表、评标专家和其他参加评标活动工作人员的不当言论或者违法违规行为及时制止和纠正；

（四）对招标人、招标代理机构、投标人以及评标委员会成员等当事人在评标活动中的违法违规行为进行行政处理并依法公告，同时将上述违法违规行为记入相应当事人的信用档案。

第三章 评标工作的组织与准备

第十条 评标由招标人依法组建的评标委员会负责。

评标委员会由评标专家和招标人代表共同组成，人数为五人以上单数。其中，评标专家人数不得少于成员总数的三分之二。评标专家由招标人按照交通运输部有关规定从评标专家库相关专业中随机抽取。

对于技术复杂、专业性强或者国家有特殊要求，采取随机抽取方式确定的评标专家难以保证胜任评标工作的特殊招标项目，招标人可以直接确定相应专业领域的评标专家。

投标文件采用双信封形式密封的，招标人不得组建两个评标委员会分别负责第一信封（商务文件和技术文件）和第二信封（报价文件）的评标工作。

第十一条 在评标委员会开始评标工作之前，招标人应当准备评标所必需的信息，主要包括招标文件、招标文件的澄清或者修改、开标记录、投标文件、资格预审文件。

第十二条 招标人协助评标委员会评标的，应当选派熟悉招标工作、政治素质高的人员，具体数量由招标人视工作量确定。评标委员会成员和招标人选派的协助评标人员应当实行回避制度。

属于下列情况之一的人员，不得进入评标委员会或者协助评标：

（一）负责招标项目监督管理的交通运输主管部门的工作人员；

（二）与投标人法定代表人或者授权参与投标的代理人有近亲属关系的人员；

（三）投标人的工作人员或者退休人员；

（四）与投标人有其他利害关系，可能影响评标活动公正性的人员；

（五）在与招标投标有关的活动中有过违法违规行为、曾受过行政处罚或者刑事处罚的人员。

招标人及其子公司、招标人下属单位、招标人的上级主管部门或者控股公司、招标代理机构的工作人员或者退休人员不得以专家身份参与本单位招标或者招标代理项目的评标。

第十三条 招标人协助评标的，应当在评标委员会开始评标工作的同时或者之前进行评标的协助工作。协助评标工作应当以招标文件规定的评标标准和方法为依据，主要内容包括：

（一）编制评标使用的相应表格；

（二）对投标报价进行算术性校核；

（三）列出投标文件相对于招标文件的所有偏差，并进行归类汇总；

（四）查询公路建设市场信用信息管理系统，对投标人的资质、业绩、主要人员资历和目前在岗情况、信用等级进行核实；

（五）通过相关网站对各类注册资格证书、安全生产考核合格证等证件进行查询核实；

（六）在评标过程中，对评标委员会各成员的评分表进行复核，统计汇总；对评标过程资料进行整理。

第十四条 招标人协助评标工作应当客观、准确，如实反映投标文件对招标文件规定的响应情况；不得故意遗漏或者片面摘录，不得对投标文件作出任何评价，不得在评标委员会对所有偏差定性之前透露存有偏差的投标人名称；不得明示或者暗示其倾向或者排斥特定投标人。

第四章 评标工作的实施

第十五条 评标工作现场应当处于通讯屏蔽状态，或者将评标委员会成员及现场工作人员的手机、电脑、录音录像等电子设备统一集中保管。

第十六条 评标工作应当按照以下程序进行：

（一）招标人代表出示加盖招标人单位公章的授权函及身份证，向评标委员会其他成员表明身份；

（二）招标人代表核对评标委员会其他成员的身份证；

（三）招标人代表宣布评标纪律；

（四）招标人代表公布已开标的投标人名单，并询问评标委员会成员有否回避的情形；评标委员会成员存在应当回避情形的，应当主动提出回避；

（五）招标人代表与评标委员会其他成员共同推选主任委员；

（六）评标委员会主任委员主持会议，要求招标人介绍项目概况、招标文件中与评标相关的关键内容及协助评标工作（如有）相关情况；

（七）评标委员会评标，完成并签署评标报告，将评标报告提交给招标人代表；

（八）招标人代表对评标报告进行形式检查，有本细则第三十三条规定情形的，提请评标委员会进行修改完善；

（九）评标报告经形式检查无误后，评标委员会主任委员宣布评标工作结束。

第十七条 投标文件采用双信封形式密封的，招标人应当合理安排第二信封（报价文件）公开开标的时间和地点，保证与第一信封（商务文件和技术文件）的评审工作有序衔接，避免泄露评标工作信息。

第十八条 评标过程中，评标委员会成员有回避事由、擅离职守或者因健康等原因不能继续评标的，应当及时更换。被更换的评标委员会成员作出的评审结论无效，由更换后的评标委员会成员重新进行评审。更换评标委员会成员的情况应当在评标报告中予以记录。

被更换的评标委员会成员如为评标专家库专家，招标人应当从原评标专家库中按照原方式抽取更换后的评标委员会成员，或者在符合法律规定的前提下相应减少评标委员会中招标人代表数量。

无法及时更换评标委员会成员导致评标委员会构成不满足法定要求的，评标委员会应当停止评标活动，已作出的评审结论无效。招标人封存所有投标文件和开标、评标资料，依法重新组建评标委员会进行评标。招标人应当将重新组建评标委员会的情况在招标投标情况书面报告中予以说明。

第十九条 评标委员会应当民主推荐一名主任委员，负责组织评标委员会成员开展评标工作。评标委员会主任委员与评标委员会的其他成员享有同等权利与义务。评标委员会应当保证各成员对所有投标文件的全面、客观、独立评审，确保评标工作质量。

第二十条 评标委员会应当首先听取招标人关于招标项目概况的介绍和协助评标工作内容（如有）的说明，并认真阅读招标文件，获取评标所需的重要信息和数据，主要包括以下内容：

（一）招标项目建设规模、技术标准和工程特点；

（二）招标文件规定的评标标准和方法；

（三）其它与评标有关的内容。

第二十一条 招标人协助评标的，评标委员会应当根据招标文件规定，对投标文件相对于招标文件的所有偏差依法逐类进行定性，对招标人提供的评标工作用表和评标内容进行认真核对，对与招标文件不一致、存在错误或者遗漏的内容要进行修正。

评标委员会应当对全部投标文件进行认真审查，招标人提供的协助评标工作内容及信息仅作为评标的参考。评标委员会不得以招标人在协助评标过程中未发现投标文件存有偏差或者招标人协助评标工作存在疏忽为由规避评标责任。

第二十二条 评标委员会应当按照招标文件规定的评标标准和方法，对投标文件进行评审和比较。招标文件没有规定的评标标准和方法不得作为评标的依据。

对于招标文件规定的评标标准和方法，评标委员会认为其违反法律、行政法规的强制性规定，违反公开、公平、公正和诚实信用原则，影响潜在投标人投标的，评标委员会应当停止评标工作并向招标人书面说明情况，招标人应当修改招标文件后重新招标。

评标委员会发现招标文件规定的评标标准和方法存在明显文字错误，且修改后不会影响评标结果的，评标委员会可以对其进行修改，并在评标报告说明修改的内容和修改原因。除此之外，评标委员会不得以任何理由修改评标标准和方法。

第二十三条 对于投标文件存在的偏差，评标委员会应当根据招标文件规定的评标标准和方法进行评审，依法判定其属于重大偏差还是细微偏差。凡属于招标文件评标标准和方法中规定的重大偏差，或者招标文件评标标准和方法中未做强制性规定，但出现了法律、行政法规规定的否决投标情形的，评标委员会应当否决投标人的投标文件。

由于评标标准和方法前后内容不一致或者部分条款存在易引起歧义、模糊的文字，导致难以界定投标文件偏差的性质，评标委员会应当按照有利于投标人的原则进行处理。

第二十四条 评标委员会应当根据《中华人民共和国招标投标法实施条例》第三十九条、第四十条、第四十一条的有关规定，对在评标过程中发现的投标人与投标人之间、投标人与招标人之间存在的串通投标的情形进行评审和认定；存在串通投标情形的，评标委员会应当否决其投标。

投标人以他人名义投标、以行贿手段谋取中标，或者投标弄虚作假的，评标委员会应当否决其投标。

第二十五条 评标过程中，投标文件中存在下列情形之一且评标委员会认为需要投标人作出必要澄清、说明的，应当书面通知该投标人进行澄清或者说明：

（一）投标文件中有含义不明确的内容或者明显文字错误；

（二）投标报价有算术性错误；

（三）投标报价可能低于成本价；

（四）招标文件规定的细微偏差。

评标委员会应当给予投标人合理的澄清、说明时间。

投标人的澄清、说明应当采用书面形式，按照招标文件规定的格式签署盖章，且不得超出投标文件的范围或者改变投标文件的实质性内容。投标人的澄清或者说明内容将视为投标文件的组成部分。投标标的、投标函文字报价、质量标准、履行期限均视为投标文件的实质性内容，评标委员会不得要求投标人进行澄清。

评标委员会不得暗示或者诱导投标人作出澄清、说明，不得接受投标人主动提出的澄清、说明。

第二十六条 投标报价有算术性错误的，评标委员会应当按照招标文件规定的原则对投标报价进行修正。对算术性修正结果，评标委员会应当按照本细则第二十五条规定的程序要求投标人进行书面澄清。投标人对修正结果进行书面确认的，修正结果对投标人具有约束力，其投标文件可继续参加评审。

投标人对算术性修正结果存有不同意见或者未做书面确认的，评标委员会应当重新复核修正结果。如果确认修正结果无误且投标人拒不按照要求对修正结果进行确认的，应当否决该投标人的投标；如果发现修正结果存在差错，应当及时作出调整并重新进行书面澄清。

第二十七条 评标委员会发现投标人的投标报价明显低于其他投标人报价或者在设有标底时明显低于标底的，应当按照本细则第二十五条规定的程序要求该投标人对相应投标报价作出书面说明，并提供相关证明材料。

如果投标人不能提供相关证明材料，或者提交的相关材料无法证明投标人可以按照其报价以及招标文件规定的质量标准和履行期限完成招标项目的，评标委员会应当认定该投标人以低于成本价竞标,并否决其投标。

第二十八条 除评标价和履约信誉评分项外,评标委员会成员对投标人商务和技术各项因素的评分一般不得低于招标文件规定该因素满分值的60%;评分低于满分值60%的,评标委员会成员应当在评标报告中作出说明。投标文件各项评分因素得分应以评标委员会各成员的打分平均值确定,评标委员会成员总数为七人以上时,该平均值以去掉一个最高分和一个最低分后计算。

第二十九条 在评标过程中,如有效投标不足3个,评标委员会应当对有效投标是否仍具有竞争性进行评审。评标委员会一致认为有效投标仍具有竞争性的,应当继续推荐中标候选人,并在评标报告中予以说明。评标委员会对有效投标是否仍具有竞争性无法达成一致意见的,应当否决全部投标。

第三十条 评标委员会成员对需要共同认定的事项存在争议的,应当按照少数服从多数的原则作出结论。持不同意见的评标委员会成员应当在评标报告上以书面形式说明其不同意见和理由并签字确认。评标委员会成员拒绝在评标报告上签字又不书面说明其不同意见和理由的,视为同意评标结果。

第三十一条 评审完成后,评标委员会主任委员应当组织编写书面评标报告。评标报告中推荐的中标候选人应当不超过3个,并标明排序。

第三十二条 评标报告应当载明下列内容:

(一)招标项目基本情况;

(二)评标委员会成员名单;

(三)监督人员名单;

(四)开标记录;

(五)符合要求的投标人名单;

(六)否决的投标人名单以及否决理由;

(七)串通投标情形的评审情况说明;

(八)评分情况;

(九)经评审的投标人排序;

(十)中标候选人名单;

(十一)澄清、说明事项纪要;

(十二)需要说明的其他事项;

(十三)评标附表。

对评标监督人员、招标人代表或者其他工作人员干预正常评标活动,以及对招标投标活动的其他不正当言行,评标委员会应当在评标报告第(十二)项内容中如实记录。

除第一款规定的第(一)、(三)、(四)项内容外,评标委员会所有成员应当在评标报告上逐页签字。

第三十三条 招标人代表收到评标委员会完成的评标报告后,应当对评标报告内容进行形式检查,发现问题应当及时告知评标委员会进行必要的修改完善。形式检查仅限于以下内容:

(一)评标报告正文以及所附文件、表格是否完整、清晰;

(二)报告正文和附表等内容是否有涂改,涂改处是否有做出涂改的评标委员会成员签名;

(三)投标报价修正和评分计算是否有算术性错误;

(四)评标委员会成员对客观评审因素评分是否一致;

(五)投标文件各项评分因素得分是否符合本细则第二十八条相关要求;

(六)评标委员会成员签字是否齐全。

形式检查并不免除评标委员会对评标工作应负的责任。

第三十四条 评标报告经形式检查无误后,评标委员会主任委员宣布评标工作结束。

第三十五条 评标结束后,如招标人发现提供给评标委员会的信息、数据有误或者不完整,或者由于评标委员会的原因导致评标结果出现重大偏差,招标人应当及时邀请原评标委员会成员按照招标文件规定的评标标准和方法对评标报告内容进行审查确认,并形成书面审查确认报告。

投标人或者其他利害关系人对招标项目的评标结果提出异议或者投诉的,评标委员会成员有义务针对异议或者投诉的事项进行审查确认,并形成书面审查确认报告。

审查确认过程应当接受交通运输主管部门的监督。审查确认改变评标结果的,招标人应当公示评标委员会重新推荐的中标候选人,并将审查确认报告作为招标投标情况书面报告的组成部分,报具有招标监督职责的交通运输主管部门备案。

第五章 纪 律

第三十六条 评标委员会成员应当客观、公正、审慎地履行职责,遵守职业道德;应当依据评标办法规定的评审顺序和内容逐项完成评标工作,对本人提出的评审意见以及评分的公正性、客观性、准确性负责。

评标委员会成员不得对主观评审因素协商评分。

招标人不得向评标委员会作倾向性、误导性的解释或者说明。

第三十七条 评标委员会成员有依法获取劳务报酬的权利,但不得向招标人索取或者报销与评标工作无关的其他费用。

第三十八条 评标委员会向招标人提交书面评标报

告后自动解散。评标工作中使用的文件、表格以及其他资料应当同时归还招标人。评标委员会成员不得记录、复制或者从评标现场带离任何评标资料。

第三十九条　评标委员会成员和其他参加评标活动的工作人员不得与任何投标人或者与投标人有利害关系的人进行私下接触,不得收受投标人和其他与投标有利害关系的人的财物或者其它好处。

在评标期间,评标委员会成员和其他参加评标活动的工作人员不得发表有倾向性或者诱导、影响其他评审成员的言论,不得对不同投标人采取不同的审查标准。

第四十条　评标委员会成员和其他参加评标活动的工作人员,不得向他人透露对投标文件的评审、中标候选人的推荐情况以及与评标有关的其它情况,且对在评标过程中获悉的国家秘密、商业秘密负有保密责任。

第四十一条　省级以上人民政府交通运输主管部门应当对评标专家实行动态监管,建立评标专家准入、诫勉、清退制度,健全对评标专家的评价机制,对评标专家的工作态度、业务水平、职业道德等进行全面考核。

第六章　附　则

第四十二条　本细则由交通运输部负责解释。

第四十三条　使用国际组织或者外国政府贷款、援助资金的项目,贷款方、资金提供方对评标工作和程序有不同规定的,可以适用其规定,但违背中华人民共和国的社会公共利益的除外。

第四十四条　在公共资源交易平台开展评标工作的,评标职责分工、评标工作的准备与实施等均应当遵守本细则规定。

采用电子评标的,应当按照本细则和国家有关电子评标的规定执行。

第四十五条　本细则自 2022 年 10 月 1 日起施行,有效期 5 年。《交通运输部关于发布〈公路工程建设项目评标工作细则〉的通知》(交公路发〔2017〕142 号)同时废止。

公路养护工程市场准入暂行规定

· 2003 年 3 月 21 日

· 交公路发〔2003〕89 号

第一章　总　则

第一条　为培育和规范公路养护工程市场,提高公路养护工程投资效益,根据《中华人民共和国公路法》及有关法律、法规的规定,制定本规定。

第二条　本规定适用于中华人民共和国境内国道、省道和县道的养护工程,其他公路的养护工程可参照执行。

改建工程从业单位的管理参照交通部《公路建设市场管理办法》的规定执行。监控、通讯、收费设施维修的从业资质另行制定。

第三条　公路养护工程市场管理应当遵循公开、公平、公正、有序竞争的原则。

第四条　凡进入公路养护工程市场的公路养护从业单位应当取得本规定所确定的公路养护工程从业资质,并应遵守本规定。

第二章　职责与权限

第五条　公路养护工程市场实行统一领导、分级负责。

交通部主管全国公路养护工程市场准入的监督管理工作。

省级交通主管部门负责本行行政区域内公路养护工程市场准入的管理工作。

省级公路管理机构负责本行政区域内公路养护工程市场准入的具体管理工作。

第六条　交通部的主要职责

(一)监督执行国家有关公路养护的政策和法规。

(二)制定公路养护工程市场准入管理的有关规章。

(三)监督行业规章和技术规范的执行。

(四)培育和规范全国公路养护工程市场。

(五)依法查处违反本规定的行为。

第七条　省级交通主管部门的主要职责

(一)监督执行国家有关公路养护政策、法规、规章和技术规范。

(二)制定本行政区域内公路养护工程市场准入管理的有关规定。

(三)负责本行政区域内公路养护工程从业单位资质审定和资质证书的颁发。

(四)维护本行政区域内公路养护工程市场秩序。

(五)依法查处本行政区域内违反本规定的行为。

第八条　省级公路管理机构的主要职责

(一)监督执行公路养护工程市场准入管理的有关规定。

(二)负责组织本行政区域内公路养护工程从业单位从业资质的评定和复审等具体管理工作。

(三)负责对进入本行政区域内从事公路养护工程作业的外埠从业单位资质的确认。

（四）发布本行政区域内公路养护工程市场信息。

（五）承办省级交通主管部门委托的其他事情。

第三章 资质条件

第九条 公路养护工程市场准入实行资质评定、复审和确认制度。

资质评定是对公路养护工程从业单位的资历、能力和信誉的认定；复审是对已具备资质且已进入公路养护工程市场的从业单位的能力、业绩和信誉进行认定；确认是对外省、自治区、直辖市已具备资质的养护从业单位进入本省、自治区、直辖市承揽公路养护工程时对其能力、业绩和信誉进行认定。

第十条 申报公路养护工程资质的从业单位必须提出书面申请，按要求填写申报表，并提供下列资料：

（一）从业单位企业法人营业执照或者事业单位法人证书。

（二）主要负责人身份确认文件。

（三）所有工程技术、经济管理人员的职称（资格）证书复印件和养护技术工人上岗等级证书复印件。

（四）从事公路养护工程的资历、能力的评价和证明。

（五）从业单位连续三年财务状况的有效证明。

（六）拥有公路养护工程设备的有关证明。

第十一条 公路养护工程从业单位的资质分为三个类别，共五个级别。

一类：可以承担大型、特大型桥梁和长、特长隧道以及特殊复杂结构的桥隧构造物的中修和大修工程。

二类公路养护工程资质分为甲级、乙级。

甲级：可以承担一级公路和高速公路的路基、路面、中小桥、涵洞、中短隧道、绿化及沿线设施（不含监控、通讯、收费管理系统）等的中修、大修养护工程。

乙级：可以承担二级及其以下等级公路的路基、路面、中小桥、涵洞、中短隧道、绿化及洞线设施（不含监控、通讯、收费管理系统）等的中修、大修养护工程。

三类公路养护工程资质分为甲级、乙级。

甲级：可以承担高速公路和一级或者二级公路的小修保养。

乙级：可以承担二级及其以下等级公路的小修保养作业。

第十二条 各个类、级别的公路养护工程从业单位只允许进行本类、级别规定范围内的公路养护工程，不能跨级别从事其它级别的公路养护工程作业。公路养护工程从业单位可申请一个或一个以上类、级别的从业资质。

第十三条 申请一类公路养护工程从业资质的从业单位应同时具备下列条件：

（一）具有从事大、特大型桥梁、特殊复杂结构桥梁或长、特长隧道中修或者大修养护工程5年以上作业经历；

（二）近五年独立承担过10座以上的大、特大型桥梁和2座长、特长隧道的中修和大修工程，工程质量合格。没有长、特长隧道的省份，可取消隧道养护从业资质相关条件；

（三）工程技术、经济管理专业技术职称的人员不少于15人，其中公路、桥梁专业中级职称以上的人员不少于10人；

（四）从事公路桥梁或隧道大中修养护工程施工的工人必须具有相应养护维修操作等级证书，其中高级工不少于10人，中级工不少于20人；

（五）注册资本金或者固定资产200万元以上；

（六）具有与公路大、特大型桥梁、特殊复杂结构桥梁或者长、特长隧道中修以上养护工程施工相适应的专业机具设备。

第十四条 申请二类养护工程从业资质的从业单位应同时具备下列条件：

（一）甲级

1. 具有一定和高速公路的路基、路面、中小桥、中短隧道、涵洞、绿化、渡口及沿线设施（不含监控、通讯、收费系统）等的中修、大修养护工程5年以上作业经历。

2. 近五年独立承担过以下工程项目，且工程质量合格：

不少于30公里的一级公路和高速公路的路基、路面大中修工程；

不少于5座桥梁的大中修工程；

不少于20公里的一级公路和高速公路绿化工程。

3. 工程技术、经济管理人员不少于15人，其中公路、桥梁专业中级以上职称的人员不少于10人。

4. 从事一级和高速公路大中修工程施工的工人必须具有相应工种的养护维修操作等级证书，其中高级工不少于15人，中级工不少于30人。

5. 注册资本金或者固定资产200万元以上。

6. 具有与一级和高速公路中修、大修工程施工相适应的专业机具设备。

（二）乙级

1. 具有二级及其以下等级公路的路基、路面、中小桥、中短隧道、涵洞、绿化、渡口及沿线设施（不含监控、通讯、收费系统)等的中修、大修养护工程5年以上作业经历。

2. 近五年独立承担过以下工程项目,且工程质量合格:

不少于50公里的二级及以下公路的路基、路面大中修工程;

不少于5座桥梁的大中修工程;

不少于20公里的二级公路绿化工程。

3. 工程技术、经济管理人员不少于12人,其中具有公路、桥梁专业技术职称的人员不少于8人。

4. 从事二级及以下等级公路大中修工程施工的工人必须具有相应工种的养护维修操作等级证书,其中高级工不少于10人,中级工不少于20人。

5. 注册资本金或者固定资产100万元以上。

6. 具有与二级及其以下等级公路中修、大修工程施工相适应的专业机具设备。

第十五条 申请三类养护工程从业资质的从业单位应同时具备下列条件:

(一)甲级

1. 从事高速公路或一级公路小修保养作业5年以上,或者二级公路小修保养作业8年以上。

2. 工程技术、经济管理人员不少于10人,其中具有公路、桥梁专业技术职称的人员不少于3人。

3. 从事小修保养作业的工人必须具有相应工种的养护维修操作等级证书,其中中、高级工不少于20人。

4. 注册资本金或者固定资产100万元以上。

5. 具有与高速公路及一级公路小修保养工程作业相适应的清扫、绿化及其它专业机具设备。

(二)乙级

1. 从事二级及其以下等级公路小修保养作业5年以上。

2. 工程技术、经济管理人员不少于6人。

3. 从事小修保养作业的工人必须具有相应工种的养护维修操作等级证书,其中中、高级工人不少于10人。

4. 注册资本金或者固定资产50万元以上。

5. 具有与从事二级及其以下等级公路小修保养作业相适应的机具设备。

第四章 资质评定与管理

第十六条 公路养护工程从业资质应由申报单位向省级公路管理机构提出申请,经省级公路管理机构根据本行政区域公路养护工程施工单位资质管理规定初审后,报省级交通主管部门审定并颁发《公路养护工程从业资质证书》。

第十七条 跨省、自治区、直辖市进行公路养护工程施工的公路养护工程从业单位应向养护工程所在地的省级公路管理机构出示从业资质证书,省级公路管理机构予以确认后备案。

第十八条 省级公路管理机构对公路养护工程从业资质实行三年复审制,复审结果报省级交通主管部门核准。

第十九条 取得从业资质的公路养护工程从业单位,发生下列行为之一的,省级交通主管部门可暂停或者取消其从业资质。

(一)发生质量责任事故的;

(二)隐瞒真实情况、弄虚作假取得从业资质的;

(三)发生安全责任事故的;

(四)无故拖延工期的;

(五)其它违规、违纪行为。

暂停从业资质的整改期一般为六个月。

暂停从业资质的从业单位在整改期内不得承揽相应类别的公路养护工程项目。

被取消从业资质的养护工程从业单位,一年内不得重新申报相应从业资质。

第二十条 公路养护工程从业单位应严格遵守国家有关公路养护的法规和规章,自觉接受县级以上人民政府交通主管部门和县级以上公路管理机构的行业管理。

第二十一条 县级以上人民政府交通主管部门和县级以上公路管理机构的工作人员应当遵守本规定,维护公路养护工程市场的正常秩序,对出现失职、渎职、索贿、受贿行为,损害有关单位合法权益和国家利益的,视其情节由上级交通主管部门会同有关部门依法给予行政处分,构成犯罪的依法追究刑事责任。

第五章 附 则

第二十二条 各省、自治区、直辖市交通主管部门可根据本规定,结合本地区的具体情况,制定实施细则,并报交通部备案。

第二十三条 公路养护工程从业资质证书式样由交通部统一制发。

第二十四条 本规定由交通部负责解释。

第二十五条 本规定自2003年6月1日起施行。

公路建设项目评标专家库管理办法

· 2011年12月29日
· 交公路发〔2011〕797号

第一条　为加强对公路建设项目评标专家和评标专家库的管理,保证评标活动的公平、公正,根据《中华人民共和国招标投标法》、《评标委员会和评标方法暂行规定》以及《公路建设市场管理办法》等规定,制定本办法。

第二条　本办法适用于公路建设项目评标专家库的更新、维护、使用、管理等活动。

第三条　公路建设项目评标专家库管理实行统一管理、分级负责。

第四条　国务院交通运输主管部门负责全国公路建设项目评标专家库的监督管理工作,主要职责是:

(一)贯彻执行国家有关法律、法规,制定全国公路建设项目评标专家库管理的规章制度;

(二)更新、维护并管理国家公路建设项目评标专家库及专家库管理系统;

(三)指导和监督省级公路建设项目评标专家库管理工作;

(四)依法受理投诉,查处相关违法行为;

(五)法律、法规、规章规定的其他职责。

第五条　省级交通运输主管部门负责本行政区域内公路建设项目评标专家库的监督管理工作,主要职责是:

(一)贯彻执行国家有关法律、法规、规章,结合实际情况,制定本行政区域内公路建设项目评标专家库管理制度,并报国务院交通运输主管部门备案;

(二)更新、维护并管理省级公路建设项目评标专家库及专家库管理系统;

(三)监督管理国家公路建设项目评标专家库的专家抽取活动;

(四)依法受理投诉,查处本行政区域内相关违法行为;

(五)法律、法规、规章规定的其他职责。

第六条　国家公路建设项目评标专家库专业分类标准如下:

类别	设计类(A04)	监理类(A05)	施工类(A08)	货物类(B)
专业	路线(A040301)	路基路面(A050301)	路基路面(A080301)	机械设备(B01)
	路基路面(A040302)	桥梁(A050302)	桥梁(A080302)	建筑材料(B07)
	桥梁(A040303)	隧道(A050303)	隧道(A080303)	商务合同(B10)
	隧道(A040304)	公路机电工程(A050304)	公路机电工程(A080304)	
	交通工程(A040305)	公路安全设施(A050305)	公路安全设施(A080305)	
	概预算(A040306)	商务合同(A050306)	商务合同(A080306)	
	勘察(A040307)		房建(A080307)	
	商务合同(A040308)		环保(含绿化等)(A080308)	

省级交通运输主管部门可根据实际需要,对省级公路建设项目评标专家库的专业分类进行补充和细化。

第七条　国家公路建设项目评标专家采用个人申请、单位推荐、国务院交通运输主管部门审查的方式确定,其程序为:

(一)申请人填写"公路建设项目评标专家库评标专家申报表"(见附件),报申请人所在工作单位;

(二)申请人所在工作单位同意推荐后报有关单位初审;

(三)推荐单位所在地省级交通运输主管部门对申报材料进行初审;推荐单位为部属事业单位或中央管理企业及其所属单位的,由部属事业单位或中央管理企业负责初审;

(四)省级交通运输主管部门和部属事业单位或中央管理企业通过"全国公路建设市场信用信息管理系统"将初审合格的人员报国务院交通运输主管部门;

(五)国务院交通运输主管部门组织对申报材料进行审查,符合条件的,经培训考核合格后,纳入国家公路建设项目评标专家库。

省级公路建设项目评标专家库申报程序由省级交通运输主管部门确定。

第八条　推荐的公路建设项目评标专家应具备下列

基本条件：

（一）具有良好的政治素质和职业道德，能够依法履行职责，维护招投标双方的合法权益；

（二）熟悉有关公路建设招标投标的法律、法规和规章；

（三）从事公路行业相关专业领域工作且满 8 年，具有高级职称或同等专业水平；

（四）年龄不超过 65 周岁，身体健康状况能够胜任评标工作；

（五）未曾受到刑事处罚或行政处罚；

（六）省级交通运输主管部门报送的申报国家公路建设项目评标专家库人员一般应为省级公路建设项目评标专家库专家。

第九条　评标专家的主要权利：

（一）接受招标人聘请，担任招标项目评标委员会成员；

（二）依法独立评标，不受任何单位和个人的非法干预和影响；

（三）向交通运输主管部门举报评标活动存在的违法、违规或不公正行为；

（四）依法获取劳动报酬；

（五）法律、法规、规章规定的其他权利。

第十条　评标专家的主要义务：

（一）准时参加评标活动；

（二）遵守职业道德，依法履行职责；

（三）接受交通运输主管部门的监督管理，协助配合有关投诉处理；

（四）国家公路建设项目评标专家库评标专家，及时登录"全国公路建设市场信用信息管理系统"维护个人信息；

（五）法律、法规、规章规定的其他义务。

第十一条　评标专家所在单位应当对评标专家参加评标活动和继续教育的培训给予支持。

第十二条　国家公路建设项目评标专家库评标专家，因故无法参加某一时段评标时，可事先登录"全国公路建设市场信用信息管理系统"进行自主屏蔽，一年之内自主屏蔽次数不得超过 5 次，总时间不得超过 30 天。

第十三条　国家审批（核准）公路建设项目的勘察、设计、施工、监理以及与工程建设有关的重要设备、材料采购等依法必须招标的，应当从国家公路建设项目评标专家库中确定资格审查委员会和评标委员会专家；其他公路招标项目，从省级公路建设项目评标专家库或国家公路建设项目评标专家库中确定资格审查委员会和评标委员会专家。

第十四条　评标专家的确定，应当采取随机抽取方式。对于技术复杂、专业性强，采取随机抽取方式确定的评标专家难以胜任评标工作的特殊招标项目，可以由招标人采取人工选择方式直接确定，并按照项目管理权限报交通运输主管部门备案。

第十五条　招标人应按照资格审查或评标项目招标类型和所含专业确定评标专家类别和专业，商务合同专业和招标所含主要专业均需抽取至少一名专家，不得抽取项目招标类型和所含专业以外的专家。施工招标可根据工程特点和评标需要，从设计类概预算专业抽取一名专家，房建或环保（含绿化等）工程单独开展设计或监理招标的，所含专业专家从施工类相应专业中抽取。

第十六条　有下列情形之一的，不得担任资格审查委员会和评标委员会成员：

（一）投标人的工作人员或退休人员；

（二）投标人主要负责人和具体负责人的近亲属；

（三）负责招标项目监督管理的交通运输主管部门的工作人员；

（四）其他与投标人有利害关系、可能影响评标活动公正性的人员。

招标人应按前款规定设定回避条件，禁止以其他各种理由排斥或限制评标专家参加评标。评标专家有前款规定情形之一的，应当主动提出回避；未提出回避的，招标人或者有关交通运输主管部门发现后，应当立即停止其参加评标。

第十七条　国家公路建设项目评标专家库抽取使用程序如下：

（一）招标人向省级交通运输主管部门提出书面申请，明确抽取方式、类别、专业、数量和回避条件；

（二）在省级交通运输主管部门监督下，招标人通过"全国公路建设市场信用信息管理系统"抽取评标专家；

（三）省级交通运输主管部门登录"全国公路建设市场信用信息管理系统"确认评标结束。

（四）招标人和评标专家登录"全国公路建设市场信用信息管理系统"进行相互评价。

省级公路建设项目评标专家库抽取使用程序由省级交通运输主管部门确定。

第十八条　评标专家确定后，发生不能到场或需要回避等特殊情况的，应当从原评标专家库中按原抽取方式补选确定，也可在符合规定的前提下相应减少招标人代表数量。

第十九条 评标专家有下列情形之一的，注销其评标专家资格：

（一）本人申请不再担任；

（二）健康等原因不能胜任；

（三）工作调动不再适宜继续担任；

（四）年龄超过70周岁（不含院士、勘察设计大师）。

第二十条 评标专家有下列情形之一的，暂停其评标专家资格半年：

（一）连续五次被抽中均未参加；

（二）一年之内被抽中三次以上，参加次数少于被抽中次数三分之二；

（三）承诺参加但没有参加；

（四）有关行政监督部门依法对投诉进行调查时，不予配合；

（五）国家公路建设项目评标专家库专家，在评标结束一周内未对招标人进行评价，或未及时维护个人信息。

第二十一条 评标专家有下列情形之一的，取消其评标专家资格：

（一）以虚假材料骗取评标专家资格；

（二）未按要求参加培训或考核不合格；

（三）评标出现重大疏漏或错误；

（四）被暂停评标专家资格的处罚期满后，再次出现本办法第二十条规定情形之一；

（五）受到刑事处罚或行政处罚；

（六）违反招标投标法律、法规和规章。

被取消评标专家资格的，五年内不得再次申请入选公路建设项目评标专家库，有违法违规行为的，终身不得入选公路建设项目评标专家库。

第二十二条 公路建设项目评标专家库实行动态管理。评标专家有违反招标投标法律、法规、规章和本办法规定行为，以及存在其他不适宜继续担任专家情形的，交通运输主管部门应当及时作出处理，暂停、取消或注销其评标专家资格。根据需要，可适时补充评标专家。

第二十三条 本办法由交通运输部负责解释。

第二十四条 本办法自发布之日起施行，2001年6月11日实施的《公路建设项目评标专家库管理办法》（交公路发〔2001〕300号）同时废止。

附件：公路建设项目评标专家库评标专家申报表（略）

公路建设市场管理办法

· 2004年12月21日交通部令2004年第14号公布

· 根据2011年11月30日交通运输部《关于修改〈公路建设市场管理办法〉的决定》第一次修订

· 根据2015年6月26日交通运输部《关于修改〈公路建设市场管理办法〉的决定》第二次修订

第一章 总 则

第一条 为加强公路建设市场管理，规范公路建设市场秩序，保证公路工程质量，促进公路建设市场健康发展，根据《中华人民共和国公路法》、《中华人民共和国招标投标法》、《建设工程质量管理条例》，制定本办法。

第二条 本办法适用于各级交通运输主管部门对公路建设市场的监督管理活动。

第三条 公路建设市场遵循公平、公正、公开、诚信的原则。

第四条 国家建立和完善统一、开放、竞争、有序的公路建设市场，禁止任何形式的地区封锁。

第五条 本办法中下列用语的含义是指：

公路建设市场主体是指公路建设的从业单位和从业人员。

从业单位是指从事公路建设的项目法人，项目建设管理单位，咨询、勘察、设计、施工、监理、试验检测单位，提供相关服务的社会中介机构以及设备和材料的供应单位。

从业人员是指从事公路建设活动的人员。

第二章 管理职责

第六条 公路建设市场管理实行统一管理、分级负责。

第七条 国务院交通运输主管部门负责全国公路建设市场的监督管理工作，主要职责是：

（一）贯彻执行国家有关法律、法规，制定全国公路建设市场管理的规章制度；

（二）组织制定和监督执行公路建设的技术标准、规范和规程；

（三）依法实施公路建设市场准入管理、市场动态管理，并依法对全国公路建设市场进行监督检查；

（四）建立公路建设行业评标专家库，加强评标专家管理；

（五）发布全国公路建设市场信息；

（六）指导和监督省级地方人民政府交通运输主管部门的公路建设市场管理工作；

（七）依法受理举报和投诉，依法查处公路建设市场违法行为；

（八）法律、行政法规规定的其他职责。

第八条　省级人民政府交通运输主管部门负责本行政区域内公路建设市场的监督管理工作，主要职责是：

（一）贯彻执行国家有关法律、法规、规章和公路建设技术标准、规范和规程，结合本行政区域内的实际情况，制定具体的管理制度；

（二）依法实施公路建设市场准入管理，对本行政区域内公路建设市场实施动态管理和监督检查；

（三）建立本地区公路建设招标评标专家库，加强评标专家管理；

（四）发布本行政区域公路建设市场信息，并按规定向国务院交通运输主管部门报送本行政区域公路建设市场的信息；

（五）指导和监督下级交通运输主管部门的公路建设市场管理工作；

（六）依法受理举报和投诉，依法查处本行政区域内公路建设市场违法行为；

（七）法律、法规、规章规定的其他职责。

第九条　省级以下地方人民政府交通运输主管部门负责本行政区域内公路建设市场的监督管理工作，主要职责是：

（一）贯彻执行国家有关法律、法规、规章和公路建设技术标准、规范和规程；

（二）配合省级地方人民政府交通运输主管部门进行公路建设市场准入管理和动态管理；

（三）对本行政区域内公路建设市场进行监督检查；

（四）依法受理举报和投诉，依法查处本行政区域内公路建设市场违法行为；

（五）法律、法规、规章规定的其他职责。

第三章　市场准入管理

第十条　凡符合法律、法规规定的市场准入条件的从业单位和从业人员均可进入公路建设市场，任何单位和个人不得对公路建设市场实行地方保护，不得对符合市场准入条件的从业单位和从业人员实行歧视待遇。

第十一条　公路建设项目依法实行项目法人负责制。项目法人可自行管理公路建设项目，也可委托具备法人资格的项目建设管理单位进行项目管理。

项目法人或者其委托的项目建设管理单位的组织机构、主要负责人的技术和管理能力应当满足拟建项目的管理需要，符合国务院交通运输主管部门有关规定的要求。

第十二条　收费公路建设项目法人和项目建设管理单位进入公路建设市场实行备案制度。

收费公路建设项目可行性研究报告批准或依法核准后，项目投资主体应当成立或者明确项目法人。项目法人应当按照项目管理的隶属关系将其或者其委托的项目建设管理单位的有关情况报交通运输主管部门备案。

对不符合规定要求的项目法人或者项目建设管理单位，交通运输主管部门应当提出整改要求。

第十三条　公路工程勘察、设计、施工、监理、试验检测等从业单位应当按照法律、法规的规定，取得有关管理部门颁发的相应资质后，方可进入公路建设市场。

第十四条　法律、法规对公路建设从业人员的执业资格作出规定的，从业人员应当依法取得相应的执业资格后，方可进入公路建设市场。

第四章　市场主体行为管理

第十五条　公路建设从业单位和从业人员在公路建设市场中必须严格遵守国家有关法律、法规和规章，严格执行公路建设行业的强制性标准、各类技术规范及规程的要求。

第十六条　公路建设项目法人必须严格执行国家规定的基本建设程序，不得违反或者擅自简化基本建设程序。

第十七条　公路建设项目法人负责组织有关专家或者委托有相应工程咨询或者设计资质的单位，对施工图设计文件进行审查。施工图设计文件审查的主要内容包括：

（一）是否采纳工程可行性研究报告、初步设计批复意见；

（二）是否符合公路工程强制性标准、有关技术规范和规程要求；

（三）施工图设计文件是否齐全，是否达到规定的技术深度要求；

（四）工程结构设计是否符合安全和稳定性要求。

第十八条　公路建设项目法人应当按照项目管理隶属关系将施工图设计文件报交通运输主管部门审批。施工图设计文件未经审批的，不得使用。

第十九条　申请施工图设计文件审批应当向相关的交通运输主管部门提交以下材料：

（一）施工图设计的全套文件；

（二）专家或者委托的审查单位对施工图设计文件的审查意见；

（三）项目法人认为需要提交的其他说明材料。

第二十条　交通运输主管部门应当自收到完整齐备的申请材料之日起20日内审查完毕。经审查合格的，批准使用，并将许可决定及时通知申请人。审查不合格的，不予批准使用，应当书面通知申请人并说明理由。

第二十一条 公路建设项目法人应当按照公开、公平、公正的原则，依法组织公路建设项目的招标投标工作。不得规避招标，不得对潜在投标人和投标人实行歧视政策，不得实行地方保护和暗箱操作。

第二十二条 公路工程的勘察、设计、施工、监理单位和设备、材料供应单位应当依法投标，不得弄虚作假，不得串通投标，不得以行贿等不合法手段谋取中标。

第二十三条 公路建设项目法人与中标人应当根据招标文件和投标文件签订合同，不得附加不合理、不公正条款，不得签订虚假合同。

国家投资的公路建设项目，项目法人与施工、监理单位应当按照国务院交通运输主管部门的规定，签订廉政合同。

第二十四条 公路建设项目依法实行施工许可制度。国家和国务院交通运输主管部门确定的重点公路建设项目的施工许可由省级人民政府交通运输主管部门实施，其他公路建设项目的施工许可按照项目管理权限由县级以上地方人民政府交通运输主管部门实施。

第二十五条 项目施工应当具备以下条件：

（一）项目已列入公路建设年度计划；

（二）施工图设计文件已经完成并经审批同意；

（三）建设资金已经落实，并经交通运输主管部门审计；

（四）征地手续已办理，拆迁基本完成；

（五）施工、监理单位已依法确定；

（六）已办理质量监督手续，已落实保证质量和安全的措施。

第二十六条 项目法人在申请施工许可时应当向相关的交通运输主管部门提交以下材料：

（一）施工图设计文件批复；

（二）交通运输主管部门对建设资金落实情况的审计意见；

（三）国土资源部门关于征地的批复或者控制性用地的批复；

（四）建设项目各合同段的施工单位和监理单位名单、合同价情况；

（五）应当报备的资格预审报告、招标文件和评标报告；

（六）已办理的质量监督手续材料；

（七）保证工程质量和安全措施的材料。

第二十七条 交通运输主管部门应当自收到完整齐备的申请材料之日起20日内作出行政许可决定。予以许可的，应当将许可决定及时通知申请人；不予许可的，应当书面通知申请人并说明理由。

第二十八条 公路建设从业单位应当按照合同约定全面履行义务：

（一）项目法人应当按照合同约定履行相应的职责，为项目实施创造良好的条件；

（二）勘察、设计单位应当按照合同约定，按期提供勘察设计资料和设计文件。工程实施过程中，应当按照合同约定派驻设计代表，提供设计后续服务；

（三）施工单位应当按照合同约定组织施工，管理和技术人员及施工设备应当及时到位，以满足工程需要。要均衡组织生产，加强现场管理，确保工程质量和进度，做到文明施工和安全生产；

（四）监理单位应当按照合同约定配备人员和设备，建立相应的现场监理机构，健全监理管理制度，保持监理人员稳定，确保对工程的有效监理；

（五）设备和材料供应单位应当按照合同约定，确保供货质量和时间，做好售后服务工作；

（六）试验检测单位应当按照试验规程和合同约定进行取样、试验和检测，提供真实、完整的试验检测资料。

第二十九条 公路工程实行政府监督、法人管理、社会监理、企业自检的质量保证体系。交通运输主管部门及其所属的质量监督机构对工程质量负监督责任，项目法人对工程质量负管理责任，勘察设计单位对勘察设计质量负责，施工单位对施工质量负责，监理单位对工程质量负现场管理责任，试验检测单位对试验检测结果负责，其他从业单位和从业人员按照有关规定对其产品或者服务质量负相应责任。

第三十条 各级交通运输主管部门及其所属的质量监督机构对工程建设项目进行监督检查时，公路建设从业单位和从业人员应当积极配合，不得拒绝和阻挠。

第三十一条 公路建设从业单位和从业人员应当严格执行国家有关安全生产的法律、法规、国家标准及行业标准，建立健全安全生产的各项规章制度，明确安全责任，落实安全措施，履行安全管理的职责。

第三十二条 发生工程质量、安全事故后，从业单位应当按照有关规定及时报有关主管部门，不得拖延和隐瞒。

第三十三条 公路建设项目法人应当合理确定建设工期，严格按照合同工期组织项目建设。项目法人不得随意要求更改合同工期。如遇特殊情况，确需缩短合同工期的，经合同双方协商一致，可以缩短合同工期，但应当采取措施，确保工程质量，并按照合同规定给予经济补偿。

第三十四条 公路建设项目法人应当按照国家有关规定管理和使用公路建设资金，做到专款专用，专户储存；按照工程进度，及时支付工程款；按照规定的期限及时退还保证金、办理工程结算。不得拖欠工程款和征地拆迁款，不得挤占挪用建设资金。

施工单位应当加强工程款管理，做到专款专用，不得拖欠分包人的工程款和农民工工资；项目法人对工程款使用情况进行监督检查时，施工单位应当积极配合，不得阻挠和拒绝。

第三十五条 公路建设从业单位和从业人员应当严格执行国家和地方有关环境保护和土地管理的规定，采取有效措施保护环境和节约用地。

第三十六条 公路建设项目法人、监理单位和施工单位对勘察设计中存在的问题应当及时提出设计变更的意见，并依法履行审批手续。设计变更应当符合国家制定的技术标准和设计规范要求。

任何单位和个人不得借设计变更虚报工程量或者提高单价。

重大工程变更设计应当按有关规定报原初步设计审批部门批准。

第三十七条 勘察、设计单位经项目法人批准，可以将工程设计中跨专业或者有特殊要求的勘察、设计工作委托给有相应资质条件的单位，但不得转包或者二次分包。

监理工作不得分包或者转包。

第三十八条 施工单位可以将非关键性工程或者适合专业化队伍施工的工程分包给具有相应资格条件的单位，并对分包工程负连带责任。允许分包的工程范围应当在招标文件中规定。分包工程不得再次分包，严禁转包。

任何单位和个人不得违反规定指定分包、指定采购或者分割工程。

项目法人应当加强对施工单位工程分包的管理，所有分包合同须经监理审查，并报项目法人备案。

第三十九条 施工单位可以直接招用农民工或者将劳务作业发包给具有劳务分包资质的劳务分包人。施工单位招用农民工的，应当依法签订劳动合同，并将劳动合同报项目监理工程师和项目法人备案。

施工单位和劳务分包人应当按照合同按时支付劳务工资，落实各项劳动保护措施，确保农民工安全。

劳务分包人应当接受施工单位的管理，按照技术规范要求进行劳务作业。劳务分包人不得将其分包的劳务作业再次分包。

第四十条 项目法人和监理单位应当加强对施工单位使用农民工的管理，对不签订劳动合同、非法使用农民工的，或者拖延和克扣农民工工资的，要予以纠正。拒不纠正的，项目法人要及时将有关情况报交通运输主管部门调查处理。

第四十一条 项目法人应当按照交通部《公路工程竣(交)工验收办法》的规定及时组织项目的交工验收，并报请交通运输主管部门进行竣工验收。

第五章 动态管理

第四十二条 各级交通运输主管部门应当加强对公路建设从业单位和从业人员的市场行为的动态管理。应当建立举报投诉制度，查处违法行为，对有关责任单位和责任人依法进行处理。

第四十三条 国务院交通运输主管部门和省级地方人民政府交通运输主管部门应当建立公路建设市场的信用管理体系，对进入公路建设市场的从业单位和主要从业人员在招投标活动、签订合同和履行合同中的信用情况进行记录并向社会公布。

第四十四条 公路工程勘察、设计、施工、监理等从业单位应当按照项目管理的隶属关系，向交通运输主管部门提供本单位的基本情况、承接任务情况和其他动态信息，并对所提供信息的真实性、准确性和完整性负责。项目法人应当将其他从业单位在建设项目中的履约情况，按照项目管理的隶属关系报交通运输主管部门，由交通运输主管部门核实后记入从业单位信用记录中。

第四十五条 从业单位和主要从业人员的信用记录应当作为公路建设项目招标资格审查和评标工作的重要依据。

第六章 法律责任

第四十六条 对公路建设从业单位和从业人员违反本办法规定进行的处罚，国家有关法律、法规和交通运输部规章已有规定的，适用其规定；没有规定的，由交通运输主管部门根据各自的职责按照本办法规定进行处罚。

第四十七条 项目法人违反本办法规定，实行地方保护的或者对公路建设从业单位和从业人员实行歧视待遇的，由交通运输主管部门责令改正。

第四十八条 从业单位违反本办法规定，在申请公路建设从业许可时，隐瞒有关情况或者提供虚假材料的，行政机关不予受理或者不予行政许可，并给予警告；行政许可申请人在1年内不得再次申请该行政许可。

被许可人以欺骗、贿赂等不正当手段取得从业许可的,行政机关应当依照法律、法规给予行政处罚;申请人在3年内不得再次申请该行政许可;构成犯罪的,依法追究刑事责任。

第四十九条 投标人相互串通投标或者与招标人串通投标的,投标人以向招标人或者评标委员会成员行贿的手段谋取中标的,中标无效,处中标项目金额5‰以上10‰以下的罚款,对单位直接负责的主管人员和其他直接责任人员处单位罚款数额5%以上10%以下的罚款;有违法所得的,并处没收违法所得;情节严重的,取消其1年至2年内参加依法必须进行招标的项目的投标资格并予以公告;构成犯罪的,依法追究刑事责任。给他人造成损失的,依法承担赔偿责任。

第五十条 投标人以他人名义投标或者以其他方式弄虚作假,骗取中标的,中标无效,给招标人造成损失的,依法承担赔偿责任;构成犯罪的,依法追究刑事责任。

依法必须进行招标的项目的投标人有前款所列行为尚未构成犯罪的,处中标项目金额5‰以上10‰以下的罚款,对单位直接负责的主管人员和其他直接责任人员处单位罚款数额5%以上10%以下的罚款;有违法所得的,并处没收违法所得;情节严重的,取消其1年至3年内参加依法必须进行招标的项目的投标资格并予以公告。

第五十一条 项目法人违反本办法规定,拖欠工程款和征地拆迁款的,由交通运输主管部门责令改正,并由有关部门依法对有关责任人员给予行政处分。

第五十二条 除因不可抗力不能履行合同的,中标人不按照与招标人订立的合同履行施工质量、施工工期等义务,造成重大或者特大质量和安全事故,或者造成工期延误的,取消其2年至5年内参加依法必须进行招标的项目的投标资格并予以公告。

第五十三条 施工单位有以下违法违规行为的,由交通运输主管部门责令改正,并由有关部门依法对有关责任人员给予行政处分。

(一)违反本办法规定,拖欠分包人工程款和农民工工资的;

(二)违反本办法规定,造成生态环境破坏和乱占土地的;

(三)违反本办法规定,在变更设计中弄虚作假的;

(四)违反本办法规定,不按规定签订劳动合同的。

第五十四条 违反本办法规定,承包单位将承包的工程转包或者违法分包的,责令改正,没收违法所得,对勘察、设计单位处合同约定的勘察费、设计费25%以上50%以下的罚款;对施工单位处工程合同价款5‰以上10‰以下的罚款;可以责令停业整顿,降低资质等级;情节严重的,吊销资质证书。

工程监理单位转让工程监理业务的,责令改正,没收违法所得,处合同约定的监理酬金25%以上50%以下的罚款;可以责令停业整顿,降低资质等级;情节严重的,吊销资质证书。

第五十五条 公路建设从业单位违反本办法规定,在向交通运输主管部门填报有关市场信息时弄虚作假的,由交通运输主管部门责令改正。

第五十六条 各级交通运输主管部门和其所属的质量监督机构的工作人员违反本办法规定,在建设市场管理中徇私舞弊、滥用职权或者玩忽职守的,按照国家有关规定处理。构成犯罪的,由司法部门依法追究刑事责任。

第七章 附 则

第五十七条 本办法由交通运输部负责解释。

第五十八条 本办法自2005年3月1日起施行。交通部1996年7月11日公布的《公路建设市场管理办法》同时废止。

公路工程设计施工总承包管理办法

·2015年6月26日交通运输部令2015年第10号公布

·自2015年8月1日起施行

第一章 总 则

第一条 为促进公路工程设计与施工相融合,提高公路工程设计施工质量,推进现代工程管理,依据有关法律、行政法规,制定本办法。

第二条 公路新建、改建、扩建工程和独立桥梁、隧道(以下简称公路工程)的设计施工总承包,适用本办法。

本办法所称设计施工总承包(以下简称总承包),是指将公路工程的施工图勘察设计、工程施工等工程内容由总承包单位统一实施的承发包方式。

第三条 国家鼓励具备条件的公路工程实行总承包。

总承包可以实行项目整体总承包,也可以分路段实行总承包,或者对交通机电、房建及绿化工程等实行专业总承包。

项目法人可以根据项目实际情况,确定采用总承包的范围。

第四条 各级交通运输主管部门依据职责负责对公

路工程总承包的监督管理。

交通运输主管部门应当对总承包合同相关当事方执行法律、法规、规章和强制性标准等情况进行督查，对初步设计、施工图设计、设计变更等进行管理。按照有关规定对总承包单位进行信用评价。

第二章 总承包单位选择及合同要求

第五条 总承包单位由项目法人依法通过招标方式确定。

项目法人负责组织公路工程总承包招标。

公路工程总承包招标应当在初步设计文件获得批准并落实建设资金后进行。

第六条 总承包单位应当具备以下要求：

（一）同时具备与招标工程相适应的勘察设计和施工资质，或者由具备相应资质的勘察设计和施工单位组成联合体；

（二）具有与招标工程相适应的财务能力，满足招标文件中提出的关于勘察设计、施工能力、业绩等方面的条件要求；

（三）以联合体投标的，应当根据项目的特点和复杂程度，合理确定牵头单位，并在联合体协议中明确联合体成员单位的责任和权利；

（四）总承包单位（包括总承包联合体成员单位，下同）不得是总承包项目的初步设计单位、代建单位、监理单位或以上单位的附属单位。

第七条 总承包招标文件的编制应当使用交通运输部统一制定的标准招标文件。

在总承包招标文件中，应当对招标内容、投标人的资格条件、报价组成、合同工期、分包的相关要求、勘察设计与施工技术要求、质量等级、缺陷责任期工程修复要求、保险要求、费用支付办法等作出明确规定。

第八条 总承包招标应当向投标人提供初步设计文件和相应的勘察资料，以及项目有关批复文件和前期咨询意见。

第九条 总承包投标文件应当结合工程地质条件和技术特点，按照招标文件要求编制。投标文件应当包括以下内容：

（一）初步设计的优化建议；

（二）项目实施与设计施工进度计划；

（三）拟分包专项工程；

（四）报价清单及说明；

（五）按招标人要求提供的施工图设计技术方案；

（六）以联合体投标的，还应当提交联合体协议；

（七）以项目法人和总承包单位的联合名义依法投保相关的工程保险的承诺。

第十条 招标人应当合理确定投标文件的编制时间，自招标文件开始发售之日起至投标人提交投标文件截止时间止，不得少于60天。

招标人应当根据项目实际情况，提出投标人在投标文件中提供施工图设计技术方案的具体要求。招标人在招标文件中明确中标人有权使用未中标人的技术方案的，一般应当同时明确给予相应的费用补偿。

第十一条 招标人应当根据工程地质条件、技术特点和施工难度确定评标方法。

评标专家抽取应当符合有关法律法规的规定。评标委员会应当包含勘察设计、施工等专家，总人数应当不少于9人。

第十二条 项目法人应当与中标单位签订总承包合同。

第十三条 项目法人和总承包单位应当在招标文件或者合同中约定总承包风险的合理分担。风险分担可以参照以下因素约定：

项目法人承担的风险一般包括：

（一）项目法人提出的工期调整、重大或者较大设计变更、建设标准或者工程规模的调整；

（二）因国家税收等政策调整引起的税费变化；

（三）钢材、水泥、沥青、燃油等主要工程材料价格与招标时基价相比，波动幅度超过合同约定幅度的部分；

（四）施工图勘察设计时发现的在初步设计阶段难以预见的滑坡、泥石流、突泥、涌水、溶洞、采空区、有毒气体等重大地质变化，其损失与处治费用可以约定由项目法人承担，或者约定项目法人和总承包单位的分担比例。工程实施中出现重大地质变化的，其损失与处治费用除保险公司赔付外，可以约定由总承包单位承担，或者约定项目法人与总承包单位的分担比例。因总承包单位施工组织、措施不当造成的上述问题，其损失与处治费用由总承包单位承担；

（五）其他不可抗力所造成的工程费用的增加。

除项目法人承担的风险外，其他风险可以约定由总承包单位承担。

第十四条 总承包费用或者投标报价应当包括相应工程的施工图勘察设计费、建筑安装工程费、设备购置费、缺陷责任期维修费、保险费等。总承包采用总价合同，除应当由项目法人承担的风险费用外，总承包合同总价一般不予调整。

项目法人应当在初步设计批准概算范围内确定最高投标限价。

第三章 总承包管理

第十五条 项目法人应当依据合同加强总承包管理，督促总承包单位履行合同义务，加强工程勘察设计管理和地质勘察验收，严格对工程质量、安全、进度、投资和环保等环节进行把关。

项目法人对总承包单位在合同履行中存在过失或偏差行为，可能造成重大损失或者严重影响合同目标实现的，应当对总承包单位法人代表进行约谈，必要时可以依据合同约定，终止总承包合同。

第十六条 采用总承包的项目，初步设计应当加大设计深度，加强地质勘察，明确重大技术方案，严格核定工程量和概算。

初步设计单位负责总承包项目初步设计阶段的勘察设计，按照项目法人要求对施工图设计或者设计变更进行咨询核查。

第十七条 总承包单位应当按照合同规定和工程施工需要，分阶段提交详勘资料和施工图设计文件，并按照审查意见进行修改完善。施工图设计应当符合经审批的初步设计文件要求，满足工程质量、耐久和安全的强制性标准和相关规定，经项目法人同意后，按照相关规定报交通运输主管部门审批。施工图设计经批准后方可组织实施。

第十八条 总承包单位依据总承包合同，对施工图设计及工程质量、安全、进度负总责。负责施工图勘察设计、工程施工和缺陷责任期工程修复工作，配合项目法人完成征地拆迁、地方协调、项目审计及交竣工验收等工作。

第十九条 项目法人根据建设项目的规模、技术复杂程度等要素，依据有关规定程序选择社会化的监理开展工程监理工作。监理单位应当依据有关规定和合同，对总承包施工图勘察设计、工程质量、施工安全、进度、环保、计量支付和缺陷责任期工程修复等进行监理，对总承包单位编制的勘察设计计划、采购与施工的组织实施计划、施工图设计文件、专项技术方案、项目实施进度计划、质量安全保障措施、计量支付、工程变更等进行审核。

第二十条 总承包工程应当按照批准的施工图设计组织施工。总承包单位应当根据工程特点和合同约定，细化设计施工组织计划，拟定设计施工进度安排、工程质量和施工安全目标、环境保护措施、投资完成计划。

第二十一条 总承包单位应当加强设计与施工的协调，建立工程管理与协调制度，根据工程实际及时完善、优化设计，改进施工方案，合理调配设计和施工力量，完善质量保证体系。

第二十二条 工程永久使用的大宗材料、关键设备和主要构件可由项目法人依法招标采购，也可由总承包单位按规定采购。招标人在招标文件中应当明确采购责任。由总承包单位采购的，应当采取集中采购的方式，采购方案应当经项目法人同意，并接受项目法人的监督。

第二十三条 总承包单位应当加强对分包工程的管理。选择的分包单位应当具备相应资格条件，并经项目法人同意，分包合同应当送项目法人。

第二十四条 总承包工程应当按照招标文件明确的计量支付办法与程序进行计量支付。

当采用工程量清单方式进行管理时，总承包单位应当依据交通运输主管部门批准的施工图设计文件，按照各分项工程合计总价与合同总价一致的原则，调整工程量清单，经项目法人审定后作为支付依据；工程实施中，按照清单及合同条款约定进行计量支付；项目完成后，总承包单位应当根据调整后最终的工程量清单编制竣工文件和工程决算。

第二十五条 总承包工程实施过程中需要设计变更的，较大变更或者重大变更应当依据有关规定报交通运输主管部门审批。一般变更应当在实施前告知监理单位和项目法人，项目法人认为变更不合理的有权予以否定。任何设计变更不得降低初步设计批复的质量安全标准，不得降低工程质量、耐久性和安全度。

设计变更引起的工程费用变化，按照风险划分原则处理。其中，属于总承包单位风险范围的设计变更（含完善设计），超出原报价部分由总承包单位自付，低于原报价部分，按第二十四条规定支付。属于项目法人风险范围的设计变更，工程量清单与合同总价均调整，按规定报批后执行。

项目法人应当根据设计变更管理规定，制定鼓励总承包单位优化设计、节省造价的管理制度。

第二十六条 总承包单位应当按照有关规定和合同要求，负责缺陷责任期的工程修复等工作，确保公路技术状况符合规定要求。

第二十七条 总承包单位完成合同约定的全部工程，符合质量安全标准，在缺陷责任期内履行规定义务后，项目法人应当按照合同完成全部支付。

第二十八条　总承包单位应当按照交、竣工验收的有关规定，编制和提交竣工图纸和相关文件资料。

第四章　附　则

第二十九条　本办法自 2015 年 8 月 1 日起施行。

公路工程施工分包管理办法

· 2024 年 2 月 18 日
· 交公路规〔2024〕2 号

第一章　总　则

第一条　为规范公路工程施工分包活动，加强公路建设市场管理，保证工程质量，保障施工安全，根据《中华人民共和国公路法》《中华人民共和国招标投标法》《建设工程质量管理条例》《建设工程安全生产管理条例》等法律、法规，结合公路工程建设实际情况，制定本办法。

第二条　在中华人民共和国境内从事新建、改（扩）建的公路工程施工分包活动，适用本办法。公路工程养护项目施工分包管理规定另行制定。

第三条　鼓励公路工程进行专业化施工分包，但必须依法进行。承包人可依法进行劳务合作，但禁止以劳务合作的名义进行施工分包。

第二章　管理职责

第四条　国务院交通运输主管部门负责制定全国公路工程施工分包管理的制度规定，对省级人民政府交通运输主管部门的公路工程施工分包管理行为进行指导和监督检查。

第五条　省级人民政府交通运输主管部门负责本行政区域内公路工程施工分包活动的监督与管理工作；制定本行政区域公路工程施工分包管理的实施细则、分包合同和劳务合作合同的示范格式文本等。

第六条　发包人应当按照本办法规定和合同约定加强对施工分包活动的管理，建立健全本项目分包管理制度，负责对分包的合同签订与履行、质量与安全管理、计量支付等活动监督检查，并建立台账，及时制止承包人的转包或违法分包行为。

第七条　除承包人设定的现场管理机构外，分包人也应当分别设立现场管理机构，对所承包或者分包工程的施工活动实施管理。

现场管理机构应当具有与承包或者分包工程的规模、技术复杂程度相适应的技术、经济管理人员，其中项目负责人和技术、财务、计量、质量、安全等主要管理人员必须是本单位人员。

第三章　分包条件

第八条　承包人按照合同约定或者经发包人书面同意，可以将中标项目中负面清单以外的部分单位工程、分部工程或者分项工程分包给满足相应条件的其他专业施工单位完成。其中，单位工程设有资质要求的，单位工程及所含分部工程、分项工程的分包人应当具备国家规定的相应专业承包资质条件；其他单位工程及所含分部工程、分项工程的分包人应当具备的条件由发包人根据工程实际情况确定，但不得违反法律法规等相关规定。

发包人不得在招标文件中设置对分包的歧视性条款。

第九条　公路工程施工分包负面清单所列主体和关键性工作不得进行施工分包，负面清单由国务院交通运输主管部门另行制定发布并动态更新。省级人民政府交通运输主管部门可根据本行政区域内公路工程建设实际情况对负面清单内容进行增补，增补后的负面清单应及时报国务院交通运输主管部门。

分包人不得将承接的分包工程再进行分包和转包，但可将劳务作业分包给具有施工劳务资质的劳务合作企业。

第十条　分包人应当具备如下条件：

（一）具有经依法登记的法人资格；

（二）具有从事类似工程经验的管理与技术人员；

（三）具有（自有或租赁）分包工程所需的施工设备和辅助设施；

（四）单位工程设有资质要求的，单位工程及所含分部工程、分项工程的分包人应当具备国家规定的相应专业承包资质条件。

第四章　合同管理

第十一条　承包人有权依据承包合同自主选择符合条件的分包人。任何单位和个人不得违规指定分包。

第十二条　承包人和分包人可参照交通运输主管部门制定的示范格式文本依法签订分包合同，并履行合同约定的义务。分包合同必须遵循承包合同的各项原则，满足承包合同中的质量、安全、进度、环保、农民工工资管理以及其他技术、经济等要求。承包人应在分包工程实施前，将经监理人审查同意后的分包合同内容报发包人书面同意，监理人、发包人应及时认真审查分包合同内容。

第十三条　承包人应当建立健全相关分包管理制度和台账，对分包工程的质量、安全、进度、资金使用和分包人的行为等实施全过程管理，按照本办法规定和合同约定对分包工程的实施向发包人负责，并承担赔偿责任。分包合同不免除承包合同中规定的承包人的责任或者义务。

第十四条 分包人应当自行编制分包工程的施工方案，经承包人审查同意后报监理人书面同意。分包人应当依据分包合同的约定，自行组织分包工程的施工，并对分包工程的质量、安全和进度等实施有效控制。分包人对其分包的工程向承包人负责，并就所分包的工程向发包人承担连带责任。

第五章 行为管理

第十五条 禁止将承包的公路工程进行转包。

有下列情形之一的，属于转包：

（一）承包人将承包的全部工程发包给他人的（包括母公司承接公路工程后将所承接全部工程交由具有独立法人资格的子公司施工的情形）；

（二）承包人将承包的全部工程肢解后以分包的名义分别发包给他人的；

（三）合同明确约定由承包人负责采购的主要建筑材料、构配件及工程设备或租赁的施工机械设备，全部由其他单位或个人采购、租赁，或承包人不能提供有关采购、租赁合同及发票等证明，又不能进行合理解释并提供相应证明的；

（四）承包人未在施工现场设立现场管理机构和派驻相应人员对全部工程的施工活动实施有效管理，或者派驻的项目负责人和其他主要管理人员中一人及以上与承包人没有订立劳动合同且没有建立劳动工资和社会养老保险关系，或者派驻的项目负责人未对全部工程的施工活动进行组织管理，又不能进行合理解释并提供相应证明的；

（五）劳务合作企业承包的范围是承包人承包的全部工程，劳务合作企业计取的是除上缴给承包人“管理费”之外的全部工程价款的；

（六）承包人通过采取合作、联营、个人承包等形式或名义，直接或变相将其承包的全部工程转给他人的；

（七）施工分包发包单位不是承包人且不属于违法分包的；

（八）发包人与承包人之间没有工程款收付关系，或者承包人收到款项扣除“管理费”后将剩余全部款项转拨给其他单位或个人的；

（九）两个以上的单位组成联合体承包人，在联合体分工协议中约定或者在项目实际实施过程中，联合体一方不进行施工也未对施工活动进行组织管理的，并且向联合体其他方收取“管理费”或者其他类似费用的，视为联合体一方将承包的工程转包给联合体其他方；

（十）法律、法规规定的其他转包行为。

第十六条 禁止下列公路工程违法分包行为：

（一）承包人将工程分包给个人或者不具备相应条件企业的；

（二）承包人将公路工程施工分包负面清单所列主体和关键性工作分包的；

（三）承包人将合同文件中明确不得分包的工程（后期报经发包人书面同意的除外）进行分包的；

（四）分包人以他人名义承揽分包工程的；

（五）以劳务合作名义进行施工分包的；

（六）分包人将分包工程再进行分包的；

（七）法律、法规规定的其他违法分包行为。

有下列情形之一的，视为施工分包违法：

（一）分包合同内容未经监理人审查或者未报发包人书面同意的；

（二）承包人未与分包人依法签订分包合同或者分包合同未遵循承包合同的各项原则，不满足承包合同中相应要求的；

（三）承包人（分包人）未在施工现场设立现场管理机构和派驻相应人员对分包工程的施工活动实施有效管理的；

（四）法律、法规规定的其他情形。

第十七条 有下列行为之一的，属第十六条规定的以劳务合作名义进行施工分包：

（一）劳务合作企业除计取劳务作业费用外，还计取主要建筑材料款；

（二）承包人（分包人）未对其发包的劳务作业进行技术、质量、安全等指导培训和有效管理，由劳务合作企业自行负责施工方案编制以及相关试验检测、工程控制测量、工程档案资料编制、质量安全管理等组织实施工作；

（三）法律、法规规定的其他以劳务合作名义进行施工分包的行为。

第十八条 交通运输主管部门、发包人应当建立承包人和分包人信用管理台账，及时、客观、公正地对承包人和分包人进行信用评价。

第十九条 发包人应当在招标文件中明确统一采购的主要材料及构、配件等的采购方式。

第二十条 承包人与分包人应当依法纳税。承包人因为税收抵扣向发包人申请出具相关手续的，发包人应当予以办理。

第二十一条 分包人有权与承包人共同享有分包工

程业绩。分包人业绩证明由承包人与发包人共同出具。

分包人以分包业绩证明承接工程的，发包人应当予以认可。分包人以分包业绩证明申报资质的，相关交通运输主管部门应当予以认可。

劳务合作不属于施工分包。劳务合作企业以分包人名义申请施工分包业绩证明的，承包人与发包人不得出具。

第六章 附 则

第二十二条 发包人、承包人或者分包人违反本办法有关条款规定的，依照有关法律、行政法规、部门规章的规定执行。

第二十三条 本办法所称施工分包，是指承包人将其所承包工程中的部分单位工程、分部工程或者分项工程发包给其他专业施工企业，整体结算，由分包人自行编制施工方案和组织完成全部施工作业并能独立控制分包工程质量、施工进度、生产安全等的施工活动。

本办法所称发包人，是指公路工程建设的项目法人或者受其委托的建设管理单位。

本办法所称监理人，是指受发包人委托对发包工程实施监理的法人或者其他组织。

本办法所称承包人，是指由发包人通过招标等形式确定，并与发包人签署正式合同的施工总承包企业。

本办法所称分包人，是指从承包人处分包部分单位工程、分部工程或者分项工程的专业施工企业。

本办法所称本单位人员，是指本单位与其签订了合法的劳动合同，并为其办理了人事、工资及社会保险关系的人员。

本办法所称单位工程、分部工程、分项工程的划分依据公路工程质量检验评定标准确定。

第二十四条 除施工分包以外，承包人（分包人）与他人合作完成的其他以劳务活动为主，由劳务企业提供劳务作业人员及所需机具（不限制规模），由承包人（分包人）负责施工方案编制和组织实施并统一控制工程质量、施工进度、主要材料采购、生产安全等的施工活动统称为劳务合作。

第二十五条 承包人（分包人）应当按照合同约定对劳务合作企业的劳务作业人员进行管理。劳务作业人员应当经培训后上岗，特殊工种人员应持证上岗。

第二十六条 本办法由交通运输部负责解释。

第二十七条 本办法自发布之日起施行。《交通运输部关于修订〈公路工程施工分包管理办法〉的通知》（交公路规〔2021〕5号）同时废止。

经营性公路建设项目投资人招标投标管理规定

· 2007年10月16日交通部令2007年第8号公布

· 根据2015年6月24日交通运输部《关于修改〈经营性公路建设项目投资人招标投标管理规定〉的决定》修订

第一章 总 则

第一条 为规范经营性公路建设项目投资人招标投标活动，根据《中华人民共和国公路法》、《中华人民共和国招标投标法》和《收费公路管理条例》，制定本规定。

第二条 在中华人民共和国境内的经营性公路建设项目投资人招标投标活动，适用本规定。

本规定所称经营性公路是指符合《收费公路管理条例》的规定，由国内外经济组织投资建设，经批准依法收取车辆通行费的公路（含桥梁和隧道）。

第三条 经营性公路建设项目投资人招标投标活动应当遵循公开、公平、公正、诚信、择优的原则。

任何单位和个人不得非法干涉招标投标活动。

第四条 国务院交通主管部门负责全国经营性公路建设项目投资人招标投标活动的监督管理工作。主要职责是：

（一）根据有关法律、行政法规，制定相关规章和制度，规范和指导全国经营性公路建设项目投资人招标投标活动；

（二）监督全国经营性公路建设项目投资人招标投标活动，依法受理举报和投诉，查处招标投标活动中的违法行为；

（三）对全国经营性公路建设项目投资人进行动态管理，定期公布投资人信用情况。

第五条 省级人民政府交通主管部门负责本行政区域内经营性公路建设项目投资人招标投标活动的监督管理工作。主要职责是：

（一）贯彻执行有关法律、行政法规、规章，结合本行政区域内的实际情况，制定具体管理制度；

（二）确定下级人民政府交通主管部门对经营性公路建设项目投资人招标投标活动的监督管理职责；

（三）发布本行政区域内经营性公路建设项目投资人招标信息；

（四）负责组织对列入国家高速公路网规划和省级人民政府确定的重点经营性公路建设项目的投资人招标工作；

（五）指导和监督本行政区域内的经营性公路建设项目投资人招标投标活动，依法受理举报和投诉，查处招标投标活动中的违法行为。

第六条 省级以下人民政府交通主管部门的主要职责是：

（一）贯彻执行有关法律、行政法规、规章和相关制度；

（二）负责组织本行政区域内除第三条第（四）项规定以外的经营性公路建设项目投资人招标工作；

（三）按照省级人民政府交通主管部门的规定，对本行政区域内的经营性公路建设项目投资人招标投标活动进行监督管理。

第二章 招 标

第七条 需要进行投资人招标的经营性公路建设项目应当符合下列条件：

（一）符合国家和省、自治区、直辖市公路发展规划；

（二）符合《收费公路管理条例》第十八条规定的技术等级和规模；

（三）已经编制项目可行性研究报告。

第八条 招标人是依照本规定提出经营性公路建设项目、组织投资人招标工作的交通主管部门。

招标人可以自行组织招标或委托具有相应资格的招标代理机构代理有关招标事宜。

第九条 经营性公路建设项目投资人招标应当采用公开招标方式。

第十条 经营性公路建设项目投资人招标实行资格审查制度。资格审查方式采取资格预审或资格后审。

资格预审，是指招标人在投标前对潜在投标人进行资格审查。

资格后审，是指招标人在开标后对投标人进行资格审查。

实行资格预审的，一般不再进行资格后审，但招标文件另有规定的除外。

第十一条 资格审查的基本内容应当包括投标人的财务状况、注册资本、净资产、投融资能力、初步融资方案、从业经验和商业信誉等情况。

第十二条 经营性公路建设项目招标工作应当按照以下程序进行：

（一）发布招标公告；

（二）潜在投标人提出投资意向；

（三）招标人向提出投资意向的潜在投标人推介投资项目；

（四）潜在投标人提出投资申请；

（五）招标人向提出投资申请的潜在投标人详细介绍项目情况，可以组织潜在投标人踏勘项目现场并解答有关问题；

（六）实行资格预审的，由招标人向提出投资申请的潜在投标人发售资格预审文件；实行资格后审的，由招标人向提出投资申请的投标人发售招标文件；

（七）实行资格预审的，潜在投标人编制资格预审申请文件，并递交招标人；招标人应当对递交资格预审申请文件的潜在投标人进行资格审查，并向资格预审合格的潜在投标人发售招标文件；

（八）投标人编制投标文件，并提交招标人；

（九）招标人组织开标，组建评标委员会；

（十）实行资格后审的，评标委员会应当在开标后首先对投标人进行资格审查；

（十一）评标委员会进行评标，推荐中标候选人；

（十二）招标人确定中标人，并发出中标通知书；

（十三）招标人与中标人签订投资协议。

第十三条 招标人应通过国家指定的全国性报刊、信息网络等媒介发布招标公告。

采用国际招标的，应通过相关国际媒介发布招标公告。

第十四条 招标人应当参照国务院交通主管部门制定的经营性公路建设项目投资人招标资格预审文件范本编制资格预审文件，并结合项目特点和需要确定资格审查标准。

招标人应当组建资格预审委员会对递交资格预审申请文件的潜在投标人进行资格审查。资格预审委员会由招标人代表和公路、财务、金融等方面的专家组成，成员人数为七人以上单数。

第十五条 招标人应当参照国务院交通主管部门制定的经营性公路建设项目投资人招标文件范本，并结合项目特点和需要编制招标文件。

招标人编制招标文件时，应当充分考虑项目投资回收能力和预期收益的不确定性，合理分配项目的各类风险，并对特许权内容、最长收费期限、相关政策等予以说明。招标人编制的可行性研究报告应当作为招标文件的组成部分。

第十六条 招标人应当合理确定资格预审申请文件和投标文件的编制时间。

编制资格预审申请文件时间，自资格预审文件开始发售之日起至潜在投标人提交资格预审申请文件截止之日止，不得少于三十个工作日。

编制投标文件的时间，自招标文件开始发售之日起至投标人提交投标文件截止之日止，不得少于四十五个工作日。

第十七条　列入国家高速公路网规划和需经国务院投资主管部门核准的经营性公路建设项目投资人招标投标活动，应当按照招标工作程序，及时将招标文件、资格预审结果、评标报告报国务院交通主管部门备案。国务院交通主管部门应当在收到备案文件七个工作日内，对不符合法律、法规规定的内容提出处理意见，及时行使监督职责。

其他经营性公路建设项目投资人招标投标活动的备案工作按照省级人民政府交通主管部门的有关规定执行。

第三章　投　标

第十八条　投标人是响应招标、参加投标竞争的国内外经济组织。

采用资格预审方式招标的，潜在投标人通过资格预审后，方可参加投标。

第十九条　投标人应当具备以下基本条件：

（一）总资产六亿元人民币以上，净资产二亿五千万元人民币以上；

（二）最近连续三年每年均为盈利，且年度财务报告应当经具有法定资格的中介机构审计；

（三）具有不低于项目估算的投融资能力，其中净资产不低于项目估算投资的百分之三十五；

（四）商业信誉良好，无重大违法行为。

招标人可以根据招标项目的实际情况，提高对投标人的条件要求。

第二十条　两个以上的国内外经济组织可以组成一个联合体，以一个投标人的身份共同投标。联合体各方均应符合招标人对投标人的资格审查标准。

以联合体形式参加投标的，应提交联合体各方签订的共同投标协议。共同投标协议应当明确约定联合体各方的出资比例、相互关系、拟承担的工作和责任。联合体中标的，联合体各方应当共同与招标人签订项目投资协议，并向招标人承担连带责任。

联合体的控股方为联合体主办人。

第二十一条　投标人应当按照招标文件的要求编制投标文件，投标文件应当对招标文件提出的实质性要求和条件作出响应。

第二十二条　招标文件明确要求提交投标担保的，投标人应按照招标文件要求的额度、期限和形式提交投标担保。投标人未按照招标文件的要求提交投标担保的，其提交的投标文件为废标。

投标担保的额度一般为项目投资的千分之三，但最高不得超过五百万元人民币。

第二十三条　投标人参加投标，不得弄虚作假，不得与其他投标人串通投标，不得采取商业贿赂以及其他不正当手段谋取中标，不得妨碍其他投标人投标。

第四章　开标与评标

第二十四条　开标应当在招标文件确定的提交投标文件截止时间的同一时间公开进行。

开标由招标人主持，邀请所有投标人代表参加。招标人对开标过程应当记录，并存档备查。

第二十五条　评标由招标人依法组建的评标委员会负责。评标委员会由招标人代表和公路、财务、金融等方面的专家组成，成员人数为七人以上单数。招标人代表的人数不得超过评标委员会总人数的三分之一。

与投标人有利害关系以及其他可能影响公正评标的人员不得进入相关项目的评标委员会，已经进入的应当更换。

评标委员会成员的名单在中标结果确定前应当保密。

第二十六条　评标委员会可以直接或者通过招标人以书面方式要求投标人对投标文件中含义不明确、对同类问题表述不一致或者有明显文字错误的内容作出必要的澄清或者说明，但是澄清或者说明不得超出或者改变投标文件的范围或者改变投标文件的实质性内容。

第二十七条　经营性公路建设项目投资人招标的评标办法应当采用综合评估法或者最短收费期限法。

采用综合评估法的，应当在招标文件中载明对收费期限、融资能力、资金筹措方案、融资经验、项目建设方案、项目运营、移交方案等评价内容的评分权重，根据综合得分由高到低推荐中标候选人。

采用最短收费期限法的，应当在投标人实质性响应招标文件的前提下，推荐经评审的收费期限最短的投标人为中标候选人，但收费期限不得违反国家有关法规的规定。

第二十八条　评标委员会完成评标后，应当向招标人提出书面评标报告，推荐一至三名中标候选人，并标明排名顺序。

评标报告需要由评标委员会全体成员签字。

第五章　中标与协议的签订

第二十九条　招标人应当确定排名第一的中标候选人为中标人。招标人也可以授权评标委员会直接确定中标人。

排名第一的中标候选人有下列情形之一的，招标人可以确定排名第二的中标候选人为中标人：

（一）自动放弃中标；

（二）因不可抗力提出不能履行合同；

（三）不能按照招标文件要求提交履约保证金；

（四）存在违法行为被有关部门依法查处，且其违法行为影响中标结果的。

如果排名第二的中标候选人存在上述情形之一，招标人可以确定排名第三的中标候选人为中标人。

三个中标候选人都存在本条第二款所列情形的，招标人应当依法重新招标。

招标人不得在评标委员会推荐的中标候选人之外确定中标人。

第三十条 提交投标文件的投标人少于三个或者因其他原因导致招标失败的，招标人应当依法重新招标。重新招标前，应当根据前次的招标情况，对招标文件进行适当调整。

第三十一条 招标人确定中标人后，应当在十五个工作日内向中标人发出中标通知书，同时通知所有未中标的投标人。

第三十二条 招标文件要求中标人提供履约担保的，中标人应当提供。担保的金额一般为项目资本金出资额的百分之十。

履约保证金应当在中标人履行项目投资协议后三十日内予以退还。其他形式的履约担保，应当在中标人履行项目投资协议后三十日内予以撤销。

第三十三条 招标人和中标人应当自中标通知书发出之日起三十个工作日内按照招标文件和中标人的投标文件订立书面投资协议。投资协议应包括以下内容：

（一）招标人与中标人的权利义务；

（二）履约担保的有关要求；

（三）违约责任；

（四）免责事由；

（五）争议的解决方式；

（六）双方认为应当规定的其他事项。

招标人应当在与中标人签订投资协议后五个工作日内向所有投标人退回投标担保。

第三十四条 中标人应在签订项目投资协议后九十日内到工商行政管理部门办理项目法人的工商登记手续，完成项目法人组建。

第三十五条 招标人与项目法人应当在完成项目核准手续后签订项目特许权协议。特许权协议应当参照国务院交通主管部门制定的特许权协议示范文本并结合项目的特点和需要制定。特许权协议应当包括以下内容：

（一）特许权的内容及期限；

（二）双方的权利及义务；

（三）项目建设要求；

（四）项目运营管理要求；

（五）有关担保要求；

（六）特许权益转让要求；

（七）违约责任；

（八）协议的终止；

（九）争议的解决；

（十）双方认为应规定的其他事项。

第六章 附 则

第三十六条 对招投标活动中的违法行为，应当按照国家有关法律、法规的规定予以处罚。

第三十七条 招标人违反本办法规定，以不合理的条件限制或者排斥潜在投标人，对潜在投标人实行歧视待遇的，由上级交通主管部门责令改正。

第三十八条 本规定自2008年1月1日起施行。

道路旅客运输班线经营权招标投标办法

·2008年7月22日交通运输部令第8号公布

·自2009年1月1日起施行

第一章 总 则

第一条 为规范道路旅客运输班线经营权招标投标活动，公平配置道路旅客运输班线资源，引导道路旅客运输经营者提高运输安全水平和服务质量，保护社会公共利益和招标投标当事人的合法权益，依据《中华人民共和国招标投标法》、《中华人民共和国道路运输条例》及相关规定，制定本办法。

第二条 本办法适用于以招标投标的方式进行道路旅客运输班线（含定线旅游客运班线）经营权许可的活动。

本办法所称道路旅客运输班线经营权招标投标（以下简称客运班线招标投标），是指道路运输管理机构在不实行班线经营权有偿使用或者竞价的前提下，通过公开招标，对参加投标的道路旅客运输经营者（以下简称客运经营者）的质量信誉情况、企业规模、运力结构和经营该客运班线的安全保障措施、服务质量承诺、运营方案等因素进行综合评价，择优确定客运班线经营者的许可方式。

第三条 客运班线招标投标应当遵循公开、公平、公正和诚信的原则。

第四条　国家鼓励通过招标投标的方式配置客运班线经营权。

第五条　交通运输部主管全国客运班线招标投标工作。

县级以上人民政府交通运输主管部门负责组织领导本行政区域的客运班线招标投标工作。

县级以上道路运输管理机构负责具体实施客运班线招标投标工作。

第二章　招　标

第六条　县级以上道路运输管理机构根据《中华人民共和国道路运输条例》规定的许可权限，对下列客运班线经营权可以采取招标投标的方式进行许可，并作为招标人组织开展招标工作：

（一）在确定被许可人之前，同一条客运班线有3个以上申请人申请的；

（二）根据道路运输发展规划和市场需求，道路运输管理机构决定开通的干线公路客运班线，或者在原干线公路客运线路上投放新的运力；

（三）根据双边或者多边政府协定开通的国际道路客运班线；

（四）已有的客运班线经营期限到期，原经营者不具备延续经营资格条件，需要重新许可的。

第七条　招标人可以将两条以上客运班线经营权作为一个招标项目进行招标投标。

第八条　客运班线招标投标应当采用公开招标方式，招标公告和招标结果应当向社会公布。

第九条　相关省级道路运输管理机构协商确定实施省际客运班线招标投标的，可以采取联合招标、各自分别招标等方式进行。一省不实行招标投标的，不影响另外一省实行招标投标。按照本办法的规定进行招标投标确定的经营者，相关道路运输管理机构应当予以认可，并按规定办理相关手续。

采取联合招标的，班线起讫地省级道路运输管理机构为共同招标人，由双方协商办理招标事宜。

第十条　通过招标投标方式许可的客运班线经营权的经营期限为4年到8年，新开发的客运班线经营权的经营期限为6年到8年，具体期限由招标人确定。

第十一条　对确定以招标投标方式进行行政许可的客运班线，在招标投标工作没有开始之前，申请人提出申请的，许可机关应当告知申请人该客运班线将以招标投标方式进行许可，并在6个月内完成招标投标工作。

第十二条　招标人可以自行选择具备法定条件的招标代理机构，委托其办理招标事宜。各地道路运输行业协会组织可以接受招标人的委托，具体承担与招标投标有关的事务性工作。

招标人具备相应能力的，可以自行办理招标事宜。任何单位和个人不得强制其委托招标代理机构办理招标事宜。

第十三条　对确定以招标投标方式实行行政许可的客运班线，招标人应当在其指定的报纸、网络等媒介上发布招标公告。招标公告应当包括以下内容：

（一）招标人名称、地址和联系方式；

（二）招标项目内容、要求和经营期限；

（三）中标人数量；

（四）投标人的资格条件；

（五）报名的方式、地点和截止时间等要求；

（六）报名时所需提交的材料和要求；

（七）其他需要公告的事项。

招标公告要求报名时所需提交的材料应当包括本办法第二十四条规定的内容。

第十四条　招标人应当根据有关规定和招标项目的特点、需要编制招标文件，招标文件应当包括下列内容：

（一）投标人须知；

（二）招标项目内容、要求和经营期限；

（三）中标人数量；

（四）投标文件的内容和编制要求；

（五）投标人参加投标所需提交的材料及要求。所需提交材料应当包括《道路旅客运输及客运站管理规定》要求的可行性报告、进站方案、运输服务质量承诺书；

（六）需提交投标文件的正副本数量以及提交要求、方式、地点和截止时间；

（七）缴纳履约保证金的要求及处置方法；

（八）开标的时间、地点；

（九）评分标准；

（十）中标合同文本；

（十一）其他应当说明的事项。

第十五条　招标人不得违背《道路旅客运输及客运站管理规定》的规定，提高、增设或者降低、减少条件限制投标人，也不得对投标人实行地域限制。

招标人不得限制投标人之间的竞争，不得强制投标人组成联合体共同投标。

第十六条　客运班线招标投标评分标准总分为200分，包括标前分80分和评标分120分。标前分的评分标准见附件。评标分中应当包括安全保障措施、车辆站场设施、运营方案、经营方式、服务承诺、服务质量保障措施等内容,具体评分项目和分值设置由省级道路运输管理机构根据下列要求设定:

(一)有利于引导客运经营者加强管理、规范经营;

(二)有利于引导客运经营者提高运输安全水平、服务水平和承担社会责任;

(三)有利于引导客运经营者节能减排;

(四)有利于引导客运经营者提高车辆技术装备水平;

(五)有利于促进规模化、集约化、公司化经营。

第十七条 招标人应当确定不少于10日的时间作为投标人的报名时间,该期间自招标公告发布之日起至报名截止日止。

第十八条 招标人应当根据投标人报名时提交的材料对投标人的资格条件进行审查。对其中已具备招标项目所要求的许可条件的,发售招标文件。

第十九条 招标人应当确定不少于30日的时间作为投标人编制投标文件所需要的时间,该期间自招标文件发售截止之日起至投标人提交投标文件截止之日止。

第二十条 在招标文件要求的提交投标文件截止时间后送达的投标文件,招标人应当拒收。

第二十一条 客运班线招标投标所发生的费用,应纳入各级运管机构正常的工作经费计划。

第三章 投 标

第二十二条 投标人是响应招标、参加投标竞争的已具备或者拟申请招标项目所要求的道路客运经营范围的公民、法人或者其他组织。

第二十三条 两个以上法人或者其他组织可以组成一个联合体,以一个投标人的身份投标。联合体各方均应当符合第二十二条规定的条件,并不得再独立或者以筹建其他联合体的形式参加同一招标项目的投标。

联合体各方应当签订共同投标协议,约定各方拟承担的工作和责任,明确在中标后是否联合成立新的经营实体,并将共同投标协议连同投标文件一并提交招标人。

第二十四条 投标人应当在招标公告规定的期限内向招标人报名,并按照招标公告的要求提交以下材料:

(一)资格预审材料:包括《道路旅客运输及客运站管理规定》要求的除可行性报告、进站方案、运输服务质量承诺书之外的其他申请客运班线许可的材料。不具备招标项目所要求的道路客运经营范围的,应当同时提出申请,相关申请材料一并提交。

(二)标前分评定材料:包括最近两年企业客运质量信誉考核情况、自有营运客车数量、高级客车数量以及相关证明材料。

招标人已经准确掌握投标人上述有关情况的,可以不再要求投标人报送相应材料。

第二十五条 通过资格预审的投标人购买招标文件后,应当按照招标文件的要求编制投标文件。投标文件及相关材料由投标人的法定代表人签字并加盖单位印章,进行密封,并在招标文件要求提交投标文件的截止时间前,将投标文件送达指定地点。招标人收到投标文件后,应当签收保存。任何人和单位不得在开标之前开启。

投标文件正本、副本的内容应当保持一致。

联合体参加投标的投标文件及相关材料由各方法定代表人共同签字并加盖各方印章。

正在筹建成立经营实体的申请人的投标文件及相关材料由筹建负责人签字,不需加盖单位印章。

第二十六条 投标人在编制投标文件过程中,如果对招标文件的内容存有疑问,可以在领取投标文件之日起10日内以书面形式要求招标人进行解释。招标人在研究所有投标人提出的问题后,在提交投标文件截止时间至少15日前,以书面形式进行必要澄清或者修改,并发至所有投标人。澄清或者修改的内容作为招标文件的补充部分,与招标文件具有同等效力。

第二十七条 在提交投标文件截止时间前,投标人可以对已提交的投标文件进行修改、补充,也可以撤回投标文件,并书面通知招标人。

修改、补充的内容为投标文件的组成部分。修改、补充的内容应当在提交投标文件截止时间前按照第二十五条的规定提交给招标人。

第二十八条 投标人不得相互串通或者与招标人串通投标,不得排挤其他投标人的公平竞争。不得以他人名义投标或者以其他方式弄虚作假,骗取中标。

第二十九条 到提交投标文件截止时间止,投标人为3个以上的,按本办法规定进行开标和评标;投标人不足3个的,招标人可以重新组织招标或者按照有关规定进行许可。

第四章 开标、评标和中标

第三十条 省级道路运输管理机构应当建立客运班线招标投标评审专家库,公布并定期调整评审专家。评审专家应当具备下列条件之一:

(一)各级交通运输主管部门、道路运输管理机构从事客货运输、财务、安全、技术管理工作5年以上并具备大专以上学历的工作人员;

(二)道路运输企业、高等院校、科研机构和道路运输中介组织中从事道路运输领域的管理、财务、安全、技术或者研究工作8年以上,并具有相应专业高级职称或者具有同等专业水平的人员。

第三十一条　招标人应当在开标前委派1名招标人代表并从评审专家库中随机抽取一定数量的评审专家组成评标委员会进行评标,评标委员会的成员人数应当为5人以上单数。评委名单在中标结果确定前应当保密。评委与投标人有利害关系的,不得进入本次评标委员会,已经进入的应当更换。

第三十二条　两个以上省级道路运输管理机构联合招标的,评标委员会由相关省级道路运输管理机构分别从各自的评审专家库中抽取的评审专家组成,每省的评审专家数量由相关方共同商定,每省应当各派1名招标人代表,但招标人代表总数不得超过评委总数的三分之一。

第三十三条　招标人应当在开标前对已取得招标文件的投标人提供的标前分评定材料进行核实,并完成标前分的评定工作。

第三十四条　开标应当在招标文件确定的提交投标文件截止时间的同一时间公开进行。开标地点应当为招标文件中预先确定的地点。

第三十五条　开标由招标人主持,邀请所有投标人的法定代表人(筹建负责人)或者其委托代理人参加。

第三十六条　开标时,由投标人或者其推选的代表检查所有投标文件的密封情况,也可以由招标人委托的公证机构检查并公证;经确认无误后,由工作人员当场拆封全部投标文件,并宣读投标人名称和投标文件的主要内容。

招标投标开标过程应当记录,并存档备查。

第三十七条　开标后,招标人应当组织评标委员会进行评标。评标必须在严格保密的条件下进行,禁止任何单位和个人非法干预、影响评标的过程和结果。评标过程应当遵守下列要求:

(一)评标场所必须具有保密条件;

(二)只允许评委、招标人指定的工作人员参加;

(三)所有参加评标的人员不得携带通讯工具;

(四)评标场所内不设电话机和上网的计算机。

第三十八条　在开标和评标过程中,有下列情况之一的,应当认定为废标:

(一)投标文件不符合招标文件规定的实质性要求,或者因缺乏相关内容而无法进行评标的;

(二)投标文件未按招标文件规定的要求正确署名与盖章的;

(三)投标文件附有招标人无法接受的条件的;

(四)投标文件的内容及有关材料不是真实有效的;

(五)投标文件正、副本的内容不符,影响评标的。

在排除废标后,投标人为3个以上的,继续进行招标投标工作;投标人不足3个的,招标人可以重新组织招标投标或者按有关规定进行许可。

第三十九条　评标委员会应当按以下程序进行评标:

(一)审查投标文件及相关材料,并对不明确的内容进行质询;

(二)招标人或者招标代理机构根据评委质询意见,要求投标人对投标文件中不明确的内容进行必要澄清和说明,但澄清和说明不得超出投标文件的范围或者改变投标文件的实质性内容;

(三)认定是否存在废标;

(四)评委按照招标文件确定的评分标准和方法,客观公正的评定投标人的评标分,并对所提出的评审意见承担个人责任。如果招标项目由两条以上客运班线组成,则分别确定每条客运班线的评标分后,取所有客运班线评标分的算术平均值为投标人在该招标项目的评标分;

(五)评委对招标人评定的标前分进行复核确认;

(六)在评委评定的评标分中,去掉一个最高分和一个最低分后,取算术平均值作为投标人在该招标项目的最终评标分。最终评标分加上标前分,作为投标人的评标总分;

(七)按照评标总分由高到低的原则推荐中标候选人和替补中标候选人。替补中标候选人为多个的,应当明确替补顺序。评标总分分数相同且影响评标结果的确定时,由评委现场投票表决确定中标候选人、替补中标候选人;

(八)出具书面评标报告,并经全体评委签字后,提交招标人。

第四十条　招标人、招标代理机构的工作人员和评委不得私下接触投标人,不得收受投标人的财物或者其他好处,在开标前不得向他人透露投标人提交的资格预审材料的有关内容,在任何时候不得透露对投标文件的评审和比较意见、中标候选人的推荐情况以及评标的其他情况,严禁发生任何可能影响公正评标的行为。

招标人或者监察部门发现评标委员会在评标过程中有不公正的行为时,可以向评标委员会提出质疑,评标委员会应当进行解释。经调查确有不公正行为的,由招标人另行组织评标委员会重新评标和确定中标人。

第四十一条 招标人应当根据评标委员会提交的书面评标报告和推荐意见确定中标人和替补中标人。

确定中标人后，招标人应当在7日内向中标人发出中标通知书，并将中标结果书面通知替补中标人和其他投标人。

第四十二条 招标人和中标人应当在中标通知书发出之日起30日内，签订中标合同并按照有关规定办理许可手续。

第四十三条 中标合同不得对招标文件及中标人的承诺进行实质性改变，并应当作为中标人取得的道路客运班线经营行政许可决定书的附件。

中标合同的违约责任条款内容不得与《中华人民共和国道路运输条例》中已明确的相应处罚规定相违背。

第四十四条 招标文件要求中标人缴纳履约保证金或者提交其开户银行出具的履约保函的，中标人应当于签订中标合同的同时予以缴纳或者提交。由于中标人原因逾期不签订中标合同或者不按要求缴纳履约保证金、提交履约保函的，视为自动放弃中标资格，其中标资格由替补中标人取得（替补中标人为多个的，按替补顺序依次替补，后同），并按上述规定办理有关手续。

招标人向中标人收取的履约保证金不得超过中标人所投入车辆购置价格的3%，且中标人交纳履约保证金（不含履约保函）达到30万元之后，如果再次中标取得其他客运班线经营权，不再向该招标人交纳履约保证金。

第四十五条 两个以上法人或者其他组织组成的联合体中标但不成立新的经营实体的，联合体各方应当共同与招标人签订中标合同，就中标项目向招标人承担连带责任。招标人应当根据中标合同分别为联合体各方办理道路客运班线经营行政许可手续，并分别颁发相关许可证件。

第四十六条 中标人在投标时申请招标项目所要求的道路客运经营范围的，道路运输管理机构应当按照有关规定予以办理客运经营许可的有关手续。

第四十七条 中标人不得转让中标的客运班线经营权，可以将中标客运班线经营权授予其分公司经营，但不得委托其子公司经营。

第四十八条 中标人注册地不在中标客运班线起点或者终点的，应当在起点县级以上城市注册分公司进行经营，注册地运管机构应当按照有关规定予以办理有关注册手续。

第四十九条 中标人应当在中标合同约定的时限内按中标方案投入运营。

第五章 监督和考核

第五十条 招标投标活动全过程应当自觉接受投标人、监察部门、交通运输主管部门、上级道路运输管理机构和社会的监督。交通运输主管部门和上级道路运输管理机构发现正在进行的招标投标活动严重违反相关法律、行政法规和本办法规定的，应当责令招标人中止招标活动。

第五十一条 招标人、评标委员会评委、招标工作人员、招标代理机构、投标人有违法违纪行为的，应当按《中华人民共和国招标投标法》的规定进行处理。

第五十二条 投标人有下列行为之一，投标无效；已经中标的，中标无效，中标资格由替补中标人取得。给招标人或者其他投标人造成损失的，依法承担赔偿责任。

（一）在投标过程中弄虚作假的；

（二）与投标人或者评标委员会评委相互串通，事先商定投标方案或者合谋使特定人中标的；

（三）向招标人或者评标委员会成员行贿或者提供其他不正当利益的。

第五十三条 已经提交投标文件的投标人在提交投标文件截止时间后无正当理由放弃投标的，在评定当年客运质量信誉等级时，每发生一次从总分中扣除30分。如果投标人在异地投标的，招标人应当将此情况通报投标人所在地道路运输管理机构。

第五十四条 招标人和中标人应当根据双方签订的中标合同履行各自的权利和义务。

招标人应当对中标人履行承诺情况进行定期或者不定期的检查，发现中标人不遵守服务质量承诺、不规范经营或者存在重大安全隐患的，应当要求中标人进行整改。整改不合格的，招标人依据中标合同的约定可以从履约保证金中扣除相应数额的违约金，直至收回该客运班线或者该客运车辆的经营权。

第五十五条 道路运输管理机构对中标人缴纳的履约保证金应当专户存放，不得挪用。

道路运输管理机构依据中标合同从履约保证金中扣除的相应数额的违约金，应当按照财务管理的相关规定进行管理。

道路运输管理机构按照合同约定从中标人履约保证金中扣除违约金后，中标人应当在招标人规定的时间内补交。逾期不交的，道路运输管理机构可以依据中标合同进行处理。

合同履行完毕后，道路运输管理机构应当及时将剩余的履约保证金本息归还中标人。

第五十六条 道路运输管理机构应当按照国家有关法律、行政法规和规章对中标人在经营期内的违法行为处以相应行政处罚。

第六章 附 则

第五十七条 本办法自2009年1月1日起施行。

附件：道路旅客运输班线经营权招标投标标前分评分标准(略)

交通运输部关于做好公路养护工程招标投标工作进一步推动优化营商环境政策落实的通知

· 2020年4月29日
· 交公路规〔2020〕4号

各省、自治区、直辖市、新疆生产建设兵团交通运输厅(局、委)：

为全面贯彻落实党中央、国务院关于优化营商环境的决策部署，推动各项政策措施在公路养护工程招投标活动中落地，营造公平竞争公路养护市场环境，现就有关事项通知如下：

一、高度重视优化营商环境

优化营商环境是当前我国全面深化改革、建设开放型经济新体制、促进经济高质量发展的重要举措。公路行业是我国最早全面开放市场、最先实行招标投标制度的行业之一，2003年，原交通部颁布实施《公路养护工程施工招标投标管理暂行规定》，对加强公路养护工程施工招标投标管理，规范公路养护工程施工招投标活动发挥了积极作用。但随着我国经济社会发展，公路养护工程招标投标活动的外部环境和内在要素发生重大变化，市场竞争不充分不平衡的矛盾日益凸显，与市场化、法治化、国际化的营商环境要求存在一定差距。各级交通运输主管部门要高度重视优化营商环境工作，查找公路养护工程招标投标活动中存在的各类不合理限制和市场壁垒，深入分析原因，通过健全制度、完善机制、强化监督等措施，扎实推进公路养护市场化水平，规范公路养护工程招标投标行为，优化养护工程项目管理，推动公路养护高质量发展。

二、进一步规范公路养护工程招标投标活动

(一)促进公路养护市场公平竞争。地方各级交通运输主管部门要督促招标人严格按照《中华人民共和国招标投标法》《中华人民共和国政府采购法》等相关法律法规的要求，有序开展公路养护工程招标投标活动，严禁尚不具备法定招标条件的项目开展招标投标。各级交通运输主管部门要按照《优化营商环境条例》、《工程项目招投标领域营商环境专项整治工作方案》(发改办法规〔2019〕862号)和《财政部关于促进政府采购公平竞争优化营商环境的通知》(财库〔2019〕38号)要求，依法纠正非法限制、排斥潜在投标人等现象，确保各类市场主体平等参与招标投标活动。

(二)简化招标投标流程和证明材料。公路养护工程招标原则上不在招标前对投标人进行资格审查，可以采用资格后审。要合理缩短招标投标周期，便利投标人投标，对于施工技术方案简单、工期较短且季节性较强的公路养护工程项目，可进一步缩短投标截止期限。要进一步简化投标文件的格式和形式要求，不得因装订、纸张、非关键内容的文字错误等否决投标人投标。对营业执照、资质证书等可通过国家企业信用信息公示系统等政府网站进行查询的事项，不得另行要求投标人提供相关证明材料。

(三)全面实施招标投标信息公开。地方各级交通运输主管部门要督促招标人根据公路养护工程项目的具体性质和预算安排，通过发布招标公告的法定媒介和招标监督管理机构网站，按照年度或分阶段或逐个项目提前公布招标计划，并根据项目进展情况进行动态更新，供潜在投标人知悉和进行投标准备。逐个项目发布的招标计划，要包括拟招标项目概况、标段划分、预计招标时间、项目预计投资等内容，并于招标公告发布至少10日前公布。要增加招投标活动透明度，全面公开招标文件的关键内容(投标人资格条件全文和评标办法全文)、中标候选人关键信息、否决投标信息、投诉处理决定、招投标当事人不良行为等信息。对于投标符合招标文件要求但未中标的投标人，要书面告知未中标原因。

(四)合理划分标段。根据公路养护工程项目特点，可采取按整条路线或片、区域捆绑的方式划分标段，也可按年度周期、路段里程和工程类别划分标段。养护工程项目可以实行设计施工总承包招标。鼓励开展公路技术状况评定、设计咨询、养护施工及质量控制一体化招标，增强市场竞争力度，提高养护资金使用效率。

(五)合理分担合同风险。地方各级交通运输主管部门要督促招标人在招标文件中合理划分合同双方风险，不得设置将应由招标人承担的风险转嫁给投标人的不合理条款。要明确约定合同双方的违约责任，对于因招标人原因导致变更、中止或者终止合同的,招标人应当依照合同约定对投标人受到的损失予以赔偿或补偿。

(六)规范保证金收取和退还。地方各级交通运输主管部门要督促招标人严格依法规范各类保证金的收取,对需要收取的保证金,要在招标文件中严格载明收取的形式和金额、返还时间、不予退还的情形以及逾期退还的违约责任;允许投标人自主选择以支票、银行汇票、银行本票、银行保函等非现金形式交纳或提交保证金。

(七)畅通异议和投诉处理渠道。地方各级交通运输主管部门要督促招标人在招标公告、招标文件中公布受理异议的联系人和联系方式,及时答复和处理潜在投标人或者其他利害关系人提出的异议。各级交通运输主管部门要依法及时对投标人提出的投诉进行处理,并公告投诉处理结果。

(八)加速推进电子招标投标。地方各级交通运输主管部门要积极会同发展改革等有关部门,加快建设并运行包括交易平台、公共服务平台和行政监督平台在内的电子招投标系统,积极推行全过程电子招标投标,逐步实现在线发布招标公告、提供招标文件、提供招标答疑、提交投标保证金、提交投标文件、抽取评标专家、电子开标、电子评标、网上异议投诉、公示中标候选人、公告中标结果、发出中标通知书、提交履约保证金、签订合同等全部功能。要加强电子招标投标网络安全保障,注意防控相关风险。

三、进一步加强公路养护工程履约管理

(一)全面披露合同履约信息。地方各级交通运输主管部门要督促招标人在合同签订后10日内,在发布招标公告的法定媒介或招标监督管理机构的网站,公开合同的关键性内容(包括项目名称、合同双方名称、合同价款、签约时间、合同期限),并定期通过招标监督管理机构网站,及时公开包括项目重大变动、合同重大变更、主要人员变更、合同中止和解除、重大违约行为处理结果、交竣工验收、价款结算等在内的履约信息。涉及国家秘密、商业秘密的内容除外。

(二)提高项目开工效率。地方各级交通运输主管部门要根据实际情况,商公安交管等部门简化开工前置条件,对于关系安全确需保留的工作手续,要合理压缩时限,确保合同签订后项目能够及时开工。

(三)加强工程款支付监管。公路养护工程项目合同应当约定合同款(包括月进度款、交工结算款、合同最终结清款等)支付的方式、时间和条件,明确逾期支付合同款的违约责任。地方各级交通运输主管部门要加强对工程款支付的履约监管,督促招标人按照合同约定及时支付合同款。对使用财政性资金的公路养护工程项目,满足合同约定的工程质量、档案管理等支付条件的,招标人必须在收到发票后30日内(其他资金来源的项目参照执行)将资金支付到投标人账户,不得以机构变动、人员更替、政策调整等为由延迟付款,不得将合同中未规定的义务作为向投标人付款的条件。

四、进一步加强招标投标活动监管

(一)加强事中事后监管。各级交通运输主管部门要切实转变监管方式,强化建设单位主体责任,简化或取消事前审核或审批环节,加强事中事后监管。

(二)建立健全信用管理体系。各级交通运输主管部门要积极推进公路养护从业单位及从业人员履约信用评价体系建设,逐步完善信用评价标准,严格信用评价机制,建立电子化信用档案。强化失信联合惩戒,对信用等级高的企业给予减免保证金等优惠措施。

五、工作要求

(一)各省级交通运输主管部门要高度重视公路养护工程招标投标营商环境优化工作,加强组织领导,落实责任机构和人员,明确工作措施和工作时限,周密安排部署,强化监督检查,确保各项要求落实到位。

(二)各省级交通运输主管部门要根据本《通知》要求,结合实际,研究具体落实措施,及时跟进解读,准确传递政策导向,合理引导预期。

(三)各省级交通运输主管部门要在2020年7月底前,向社会公布落实具体措施,完善公路养护工程招标投标营商环境投诉举报和回应制度,接受社会监督,及时纠正发现的问题。各地公路养护工程招标投标营商环境评价情况将纳入“十三五”全国公路养护管理评价工作。

4. 民航工程

民航专业工程建设项目招标投标管理办法

· 2024年2月26日

· 民航规〔2024〕22号

第一章 总 则

第一条 为规范民航专业工程建设项目招标投标活动,加强监督管理,根据《中华人民共和国招标投标法》《中华人民共和国招标投标法实施条例》等法律、法规以及有关规章和规范性文件,制定本办法。

第二条 本办法适用于依法必须招标民航专业工程

建设项目（以下简称"必须招标项目"）的招标投标管理，机电产品的国际招标投标除外。

本办法所称工程建设项目，是指工程以及与工程建设有关的货物、服务。工程是指建设工程，建设工程是指土木工程、建筑工程、线路管道和设备安装工程及装修工程，包括建筑物和构筑物的新建、改建、扩建及其相关的装修、拆除、修缮等；与工程建设有关的货物，是指构成工程不可分割的组成部分，且为实现工程基本功能所必需的设备、材料等；与工程建设有关的服务，是指为完成工程所需的勘察、设计、监理等服务。

民航专业工程按照民航局会同住房城乡建设部制定并公布的内容执行。

飞行区内与民航专业工程功能上难以拆分，或属于民航专业工程辅助设施的小型房屋建筑划分为民航专业工程，如围界工程通道口、灯光变电站、消防泵房等；功能相对独立和主要为办公服务的房屋建筑划分为非民航专业工程，如特种车库、消防执勤点等。

第三条　必须招标项目的范围和规模标准，按照国家发展改革委有关规定执行。

任何单位和个人不得将必须招标项目化整为零或者以其他任何方式规避招标。

第四条　民航局机场司负责：

（一）贯彻执行国家有关招标投标管理的法律、法规、规章和规范性文件，制定民航专业工程建设项目招标投标管理的有关规定；

（二）全国必须招标项目招标投标活动的监督管理；

（三）对委托民航专业工程质量监督总站（以下简称"质监总站"）的承办事项进行指导，并监督办理情况；

（四）其他与招标投标活动管理有关的事宜。

第五条　民航地区管理局负责：

（一）贯彻执行国家及民航有关招标投标管理的法律、法规、规章和规范性文件；

（二）辖区必须招标项目招标投标活动的监督管理；

（三）与辖区内具备交易条件的省级或者市级地方公共资源交易中心（以下简称"交易中心"）签订全国必须招标项目的入场交易服务协议；

（四）受理辖区内有关招标投标活动的投诉，依法查处招标投标活动中的违法违规行为。

第六条　质监总站负责：

（一）贯彻执行国家有关招标投标管理的法律、法规、规章和规范性文件；

（二）承担民航专业工程评标专家及专家库的管理和评标专家的抽取管理工作；

（三）配合民航管理部门开展对招标投标活动各当事人的信用体系建设；

（四）受委托的其它招标投标管理的有关工作。

第七条　必须招标项目的招标投标活动应当遵循公平、公正、公开、诚实信用原则，项目当事人及相关工作人员应当严格遵守保密原则，禁止以任何方式非法干涉民航专业工程建设项目招标投标活动。

第八条　必须招标项目的招标投标活动，应当通过"民航专业工程建设项目招标投标管理系统"（以下简称"民航监督平台"）和交易中心实施。

具备电子化交易条件的，可通过民航专业工程建设项目招投标电子交易平台（以下简称"电子交易平台"）在线上开展资格审查、开标、评标等交易活动，并接受监管部门的在线监管。

数据电文形式与纸质形式的招标投标活动具有同等法律效力。

第二章　招　标

第九条　招标人是提出招标项目、进行招标的项目法人（或者受项目法人委托的法人）或者其他组织。

第十条　按照国家有关规定需要履行项目审批、核准手续的必须招标项目，其招标范围、招标方式、招标组织形式应当报送项目审批、核准部门审批、核准。

招标人应当按照项目审批、核准部门确定的招标范围、招标方式、招标组织形式开展招标。

第十一条　必须招标项目应当具备下列条件才能进行招标：

（一）招标人已经依法成立；

（二）取得项目审批、核准部门审批、核准的文件；

（三）工程建设项目初步设计按照有关规定要求已获批准（勘察、设计招标除外）；

（四）有相应资金或者资金来源已经落实；

（五）能够提出招标技术要求，施工项目有招标所需的设计图纸及技术资料。

依法必须招标的专业工程总承包项目，应当符合《运输机场专业工程总承包管理办法（试行）》中关于招标条件的有关规定。

第十二条　招标人可以自行招标或委托招标。招标人自行办理招标事宜的，应当符合国家发展改革委《工程建设项目自行招标试行办法》要求，按程序办理。

招标人不具备自行办理招标条件的，应当委托符合要求的招标代理机构办理招标事宜。确定委托前，应当查询相关招标代理机构失信被执行人信息，鼓励优先选择无失信记录的招标代理机构。招标代理机构应当遵守本办法关于招标人的规定。

第十三条 必须招标的施工项目，招标人应当在项目招标公告首次发布（或投标邀请书首次发出）至少30日前，将招标计划在民航监督平台公布，内容主要包括招标人、项目名称、招标内容、投资估算、招标公告预计发布时间等，以鼓励更多潜在投标人参与投标，提高招标项目的参与度与竞争度。

第十四条 招标人自行组织招标的必须招标项目，在发布资格预审公告、招标公告或发出投标邀请书前5个工作日，招标人应当通过民航监督平台将招标方案报民航地区管理局备案。

招标方案备案材料应当包括：

（一）项目批准（或核准）文件；

（二）按规定获得的初步设计批准文件，初步设计批准文件由民航管理部门以外的部门或单位批准的，需附民航行业审查意见（勘察、设计招标除外）；

（三）招标人具有自行编制招标文件和组织评标能力的说明；

（四）其他有必要说明的事项。

第十五条 公开招标的项目，应当依法发布招标公告、编制招标文件。

招标人采用资格预审办法对潜在投标人进行资格审查的，应当发布资格预审公告、编制资格预审文件。

招标公告、投标邀请书、招标文件及资格预审文件的编写应当符合相关规定，其中招标文件中的评标委员会组成方案、评标办法、否决投标条件应当予以明确。

必须招标项目的资格预审公告和招标公告，应当在民航监督平台及国务院发展改革部门依法指定的媒介发布。在不同媒介发布的同一招标项目的资格预审公告或者招标公告的内容应当一致。指定媒介发布依法必须进行招标的项目的境内资格预审公告、招标公告，不得收取费用。

资格预审文件或者招标文件的发售期不得少于5日，发售期最后一天应当回避节假日。

第十六条 招标人应当强化主体责任，对必须招标范围负责。招标人通过民航监督平台招标的范围应当严格限定为必须招标项目，不得随意扩大或者更改。

民航地区管理局应当在招标计划、招标公告等环节加强事中监管，一经发现非民航专业工程建设项目或者非必须招标项目通过民航监督平台发布招标公告，可以要求招标人变更或撤销。民航专业工程质量监督机构在招标计划、招标公告等环节发现存在此类问题的，应当及时向民航地区管理局报告。

第十七条 必须招标项目的施工招标资格预审文件和施工招标文件应当按照《民航专业工程标准施工招标资格预审文件》和《民航专业工程标准施工招标文件》的要求编制。设备、材料、勘察、设计、监理招标文件应当按照《标准设备采购招标文件》《标准材料采购招标文件》《标准勘察招标文件》《标准设计招标文件》《标准监理招标文件》的要求编制。必须招标项目的专业工程总承包招标文件应当按照《运输机场专业工程总承包管理办法（试行）》的要求编制。

第十八条 必须招标项目的招标人或者其委托的招标代理机构应当通过民航监督平台上传并同时发布资格预审文件、招标文件。

实施全流程电子交易的必须招标项目，招标人或者其委托的招标代理机构应当将数据电文形式的资格预审文件、招标文件加载至民航监督平台，供潜在投标人下载或者查阅。

所有必须招标项目的资格预审文件、招标文件，将在民航监督平台留存。

第十九条 必须招标项目应当在满足交易条件的交易中心进行资格审查、开标、评标。

前款所述交易条件是指，交易中心应当管理制度健全、管理规范、收费合理，具备电子交易平台使用条件及资格审查、开标、评标过程现场监视、录音录像并存档备查等条件，能够保证资格审查、开标、评标过程保密、封闭、有序地进行，并同意接受民航管理部门的监督管理。

招标人可以根据项目实际，从满足交易条件的交易中心中自主选定一家入场交易。

第二十条 招标人应当在资格预审公告、招标公告或者投标邀请书中载明是否接受联合体投标。

第二十一条 招标人应当在资格预审公告、招标公告、投标邀请书及资格预审文件、招标文件中明确规定对失信被执行人的处理方法和评标标准，对其投标活动依法予以限制。

招标人接受联合体投标的，联合体中有一个或一个以上成员属于失信被执行人的，联合体视为失信被执行人。

第二十二条 招标人应当在招标文件中载明投标有效期。投标有效期从提交投标文件的截止之日起算。

第二十三条 招标人在招标文件中要求投标人提交

投标保证金的，投标保证金不得超过招标项目估算价的2%，最高不得超过80万元（勘察、设计最高不得超过10万元）。投标保证金有效期应当与投标有效期一致。

境内投标单位以现金或者支票形式提交的投标保证金应当从其基本账户转出。

招标人或者招标代理机构不得挪用投标保证金。

投标保证金鼓励采用电子保函形式收取。

第二十四条　招标人设有最高投标限价的，应当在招标文件中明确最高投标限价或者最高投标限价的计算方法。招标人不得规定最低投标限价。

第二十五条　招标人可以对已发出的资格预审文件或者招标文件进行必要的澄清或者修改。澄清或者修改的内容可能影响资格预审申请文件或者投标文件编制的，招标人应当在提交资格预审申请文件截止时间至少3日前，或者投标截止时间至少15日前，通过民航监督平台通知所有获取资格预审文件或者招标文件的潜在投标人；不足3日或者15日的，招标人应当顺延提交资格预审申请文件或者投标文件的截止时间。

实施全流程电子交易的民航专业工程建设项目，招标人或者其委托的招标代理机构应当以数据电文形式将必要的澄清或修改加载至民航监督平台，供所有已下载资格预审文件或者招标文件的潜在投标人下载或者查阅。

发布或加载的澄清或修改为招标文件的组成部分，并将在民航监督平台留存。

第二十六条　招标失败的，招标人应当在分析原因并采取相应措施后，依法重新招标。

重新招标后投标人仍少于3个的，属于必须审批、核准的工程建设项目，报经原审批、核准部门审批、核准后可以不再进行招标。

第二十七条　招标人终止招标的，应当及时发布公告，或者以书面形式通知被邀请的或者已经获取资格预审文件、招标文件的潜在投标人。已经发售资格预审文件、招标文件或者已经收取投标保证金的，招标人应当及时退还所收取的资格预审文件、招标文件的费用，以及所收取的投标保证金及银行同期存款利息。

第二十八条　招标人应当在资格预审公告中载明资格预审后投标人的数量，一般不得少于7个投标人，且应当采用专家评审的办法，由专家综合评分排序，按得分高低顺序确定投标人。

资格预审合格的潜在投标人不足3个的，招标人应当重新进行招标。

第三章　投　标

第二十九条　投标人是响应招标、参加投标竞争的法人或者其他组织。

与招标人存在利害关系且可能影响招标公正性的法人、其他组织或者个人，不得参加投标。

单位负责人为同一人或者存在控股、管理关系的不同单位，不得参加同一标段投标或者未划分标段的同一招标项目投标。

违反前两款规定的，相关投标均无效。

工程建设项目货物招标投标活动中，一个制造商对同一品牌同一型号的货物，仅能委托一个代理商参加投标。

第三十条　投标人应当具备承担招标项目的相应能力；国家有关规定对投标人资格条件或者招标文件对投标人资格条件有规定的，投标人应当具备规定的资格条件。其中，勘察设计企业、建筑业企业、工程监理企业应当按照住房城乡建设部有关规定取得相应资质证书。

具备相应资格条件的投标人承担招标项目的范围，应当按照住房城乡建设部有关规定执行。

第三十一条　招标人接受联合体投标并进行资格预审的，联合体应当在提交资格预审申请文件前组成。资格预审后联合体增减、更换成员的，其投标无效。

联合体各方在同一招标项目中以自己名义单独投标或者参加其他联合体投标的，相关投标均无效。

投标人组织投标联合体的，应当签订共同投标协议，并划分联合体各成员的专业职责，联合体各成员应当具备相应的专业工程资质。联合体中同一专业分工由两个及以上单位共同承担的，按照就低不就高的原则确定联合体的该专业资质；不同专业分工由不同单位分别承担的，按照各自的专业资质确定联合体的该专业资质。

第三十二条　必须招标项目的投标人应当通过民航监督平台上传资格预审申请文件、投标文件。

实施全流程电子交易的必须招标项目，投标人应当在投标截止时间前通过民航监督平台递交数据电文形式的资格预审申请文件、投标文件。在投标截止时间前，除投标人补充、修改或者撤回投标文件外，任何单位和个人不得解密、提取投标文件。民航监督平台收到投标人送达的投标文件，应当即时向投标人发出确认回执通知。

所有必须招标项目的资格预审申请文件、投标文件，将在民航监督平台留存。

必须招标项目，自招标文件开始发出之日起至投标人提交投标文件截止之日止,最短不得少于20日。

第三十三条　投标人撤回已提交的投标文件,应当在投标截止时间前通过民航监督平台在线通知招标人。

招标人已收取投标保证金的,应当自收到投标人撤回通知之日起5日内退还。投标截止后投标人撤销投标文件的,招标人可以不退还投标保证金。

第四章　开标、评标和定标

第三十四条　开标应当程序规范,符合相关规定要求。

第三十五条　民航地区管理局可以委托招标投标活动主体以外的单位(以下简称驻场服务单位)提供驻场服务,负责有关进入交易中心开标评标活动的协调、对接、日常管理和其他服务保障,或者直接由交易中心提供服务保障。

第三十六条　招标人应当按照招标文件规定的时间、地点开标。

投标人少于3个的,不得开标,招标人应当重新招标。

投标人对开标有异议的,应当在开标现场提出,招标人应当当场做出答复,并制作记录。

电子开标应当按照招标文件确定的时间,在电子交易平台上公开进行,所有投标人均应当准时在线参加开标。电子交易平台应当生成开标记录并向社会公众公布,但依法应当保密的除外。

第三十七条　评标应当由招标人依法组建的评标委员会负责。评标委员会人数应当为5人及以上单数,其中从专家库中抽取的专家人数不得少于评标委员会人员总数的三分之二。

评标委员会的专家成员应当从专家库内相关专业的专家名单中以随机抽取的方式确定。任何单位和个人不得以明示、暗示等任何方式指定或者变相指定参加评标委员会的专家成员。

当招标项目需要民航以外专业的专家参与评标时,经民航地区管理局批准,可采取在其他专业省部级或国家级评标专家库抽取的方式选择部分专家共同组成评标委员会。

第三十八条　对于技术复杂、专业性强或者国家有特殊要求的招标项目,采取随机抽取方式确定的专家难以保证胜任时,可以经民航地区管理局特别批准后由招标人直接选择确定。

第三十九条　评标委员会成员与投标人有利害关系的,应当主动回避。

有下列情形之一者,不得担任评标委员会成员:

(一)投标人或者投标人主要负责人的近亲属;

(二)项目主管部门(即项目的批复部门)或者行政监督部门的人员;

(三)与投标人有经济利益关系,可能影响公正评审的;

(四)曾因在招标、评标以及其他与招标投标有关活动中从事违法行为而受过行政处罚或刑事处罚的;

(五)退休或者离职前为投标人职工,并且退休或者离职不满三年的;

(六)属于失信被执行人的。

除招标人代表外,招标人的其他人员不得另以评标专家身份参加资格审查或评标。

第四十条　招标人应当依据相关规定,合理确定评标专家组成及抽取方案,通过民航监督平台的评标专家抽取模块抽取专家。

第四十一条　专家抽取模块随机自动盲抽评标专家后,自动通知专家报到时间、地点和请假方式等信息。交易中心所在省(市)的评标专家不得早于评标开始时间前22小时通知,外地专家通知时间原则上不得早于评标开始时间前44小时。

抽取过程中如果出现部分专业抽空、专家回避等特殊情形,由招标人或者招标代理向质监总站提出申请,再次补充抽取评标专家。

质监总站在专家抽取和通知过程中应当操作规范,所有评标项目及专家信息均须保密。

第四十二条　在评标开始前10分钟,民航监督平台将评标专家信息发送至对应的交易中心。有关服务单位或者工作人员应当对评标专家信息严格保密。

第四十三条　评标委员会成员报到后,评标专家凭身份证、招标人代表凭介绍信(或授权委托书)和身份证进入封闭评标区域,评标活动结束前不得与评标无关的人员进行接触。

第四十四条　评标委员会成员应当遵守交易中心的有关规定。

第四十五条　评标委员会成员应当按照招标文件规定的评标标准和方法,客观、公正地对投标文件提出评审意见。招标文件没有规定的评标标准和方法不得作为评标的依据。

实施电子评标的民航专业工程建设项目,评标委员会成员应当在其入场的交易中心登录电子交易平台进行评标。

第四十六条 评标委员会成员应当客观、公正地履行职责，遵守职业道德，对所提出的评审意见承担个人责任，并接受监督。

评标委员会成员不得私下接触投标人，不得收受投标人给予的财物或者其他好处，不得向招标人征询确定中标人的意向，不得接受任何单位或者个人明示或者暗示提出的倾向或者排斥特定投标人的要求。

第四十七条 任何单位和个人不得非法干预、影响评标的过程和结果。

评标委员会成员和与评标有关的工作人员不得透露对投标文件的评审和比较、中标候选人的推荐情况以及与评标有关的其他情况。

第四十八条 资格预审应当采取专家评审的方式，其专家抽取过程及评审要求按本办法评标规定执行。

第四十九条 招标人采用资格后审办法对投标人进行资格审查的，应当在开标后由评标委员会按照招标文件规定的标准和方法对投标人的资格进行审查。

第五十条 投标人的投标报价超出最高投标限价，或者由评标委员会认定该投标人以明显低于成本报价竞标的，其投标文件按否决投标处理。

有效投标不足三个的，应当对投标是否明显缺乏竞争和是否需要否决全部投标进行充分论证，如满足《评标委员会和评标方法暂行规定》相关要求，可以否决全部投标，并在评标报告中记载论证过程和结果。

第五十一条 评标委员会成员评审计分工作实行实名制。每位评委的评分应当予以记录。

采用综合评估法时，应当将所有评委评分在去掉一个最高分和一个最低分之后的算术平均值作为评委算术平均分。对于评委的打分超出评委算术平均分±30%时（技术部分总评分和商务部分评分应当分别计算），该评委应当就打分情况向评标委员会提供书面说明，并将该书面说明附在评标报告中。

第五十二条 投标文件中有含义不明确的内容、明显文字或者计算错误，评标委员会认为需要投标人作出必要澄清、说明的，应当书面通知该投标人。投标人的澄清、说明应当采用书面形式，并不得超出投标文件的范围或者改变投标文件的实质性内容。

实施电子评标的必须招标项目，评标委员会的通知和投标人的澄清、说明均应当以数据电文形式通过电子交易平台在线交换。

评标委员会不得暗示或者诱导投标人作出澄清、说明，不得接受投标人主动提出的澄清、说明。

第五十三条 评标委员会完成评标后，应当向招标人提交书面评标报告。评标报告应当如实记载以下内容：

（一）基本情况和数据表；

（二）评标委员会成员名单；

（三）开标记录；

（四）符合要求的投标一览表；

（五）否决投标情况说明（如有）；

（六）评标标准、评标方法或者评标因素一览表；

（七）经评审的价格或者评分比较一览表；

（八）经评审的投标人排序；

（九）推荐的中标候选人名单与签订合同前要处理的事宜；

（十）澄清、说明、补正事项纪要（如有）；

（十一）打分超出评委算术平均分±30%的评委就打分情况提供的书面说明（如有）。

实施电子评标的必须招标项目，评标委员会完成评标后，应当通过电子交易平台向招标人提交数据电文形式的评标报告。

第五十四条 评标报告由评标委员会全体成员签字。对评标结论持有异议的评标委员会成员可以书面方式或通过电子交易平台在线提交其不同意见和理由。评标委员会成员拒绝在评标报告上签字且不陈述其不同意见和理由的，视为同意评标结论。评标委员会应当对此做出说明并记录在案。

评标结论以评标委员会全体成员三分之二以上人数签署同意意见，方为有效。

评标结果汇总完成后，除下列情形外，任何人不得修改评标结果：

（一）分值汇总计算错误的；

（二）分项评分超出评分标准范围的；

（三）评标委员会成员对客观评审因素评分不一致的。

评标报告签署前，经复核发现存在以上情形之一的，评标委员会应当当场修改评标结果，并在评标报告中记载。

评标委员会对资格预审评审结果的复核适用前款之规定。

第五十五条 招标人应当在中标候选人公示前认真审查评标委员会提交的评标报告，确认存在问题的，依照法定程序予以纠正；无法纠正的，向民航地区管理局报告。

招标人对资格预审评审报告的复核适用前款之规定。

第五十六条 必须招标项目的招标人应当自收到评标报告之日起3日内在民航监督平台上对中标候选人进行公示。公示期不得少于3日，公示期最后一天应当回避节假日。

中标候选人公示应当载明以下内容：

(一)中标候选人排序、名称、投标报价、质量、工期(交货期)，以及评标情况；

(二)中标候选人按照招标文件要求承诺的项目负责人姓名及其相关证书名称和编号；

(三)中标候选人响应招标文件要求的资格能力条件；

(四)提出异议的渠道和方式；

(五)招标文件规定公示的其他内容。

投标人或者其他利害关系人对依法必须进行招标民航专业工程建设项目的评标结果有异议的，应当在中标候选人公示期间提出。招标人应当自收到异议之日起3日内作出答复；作出答复前，应当暂停招标投标活动。

第五十七条 招标人根据评标委员会提出的评标报告和推荐的中标候选人确定中标人。招标人也可以授权评标委员会直接确定中标人。

中标候选人公示结束，中标人确定后，必须招标项目的招标人应当向中标人发出中标通知书，并将中标结果通知所有未中标的投标人。同时，在民航监督平台上公告中标结果，载明中标人名称。

所有投标均被否决的，招标人应当通过民航监督平台在线通知所有投标人，并说明具体原因。

第五十八条 依法必须招标项目的招标人应当自确定中标人之日起15个工作日内，通过民航监督平台向民航地区管理局提交招标工作报告，至少应当包括下列内容：

(一)招标项目基本情况；

(二)招标过程简述；

(三)评标情况说明；

(四)中标候选人公示情况；

(五)中标结果；

(六)相关附件。

有资格预审情况说明、异议及投诉处理情况、资格审查报告和评标专家评价意见的，也应当包括在工作报告中。

第五十九条 招标人和中标人应当自中标通知书发出之日起30日内依法签订书面合同，合同的标的、价款、质量、履行期限等主要条款应当与招标文件和中标人的投标文件的内容一致。招标人和中标人不得再行订立背离合同实质性内容的其他协议。

实施全流程电子交易的民航专业工程建设项目，应当通过民航监督平台，以数据电文形式与中标人签订合同。

招标人或招标代理机构最迟应当在书面合同签订后5日内向中标人和未中标的投标人退还投标保证金及银行同期存款利息。

第六十条 必须招标项目(实施全流程电子交易的项目除外)的招标人应当自订立书面合同之日起20日内，通过民航监督平台进行合同登记。

所有必须招标项目的合同，将在民航监督平台留存。

第五章 监督管理

第六十一条 民航地区管理局应当依据有关法律、法规、规章和规范性文件，加强对必须招标项目招标投标活动的监督管理，并对违法违规行为做出处理。

项目法人或其授权的项目建设实施单位应当加强招标投标活动的管理，可以对评标过程进行现场监督。

非民航专业工程建设项目或者非必须招标项目通过民航监督平台进行招标的，民航地区管理局可以将与之相关的投诉转由具有对应法定职责的管理部门进行处理。

第六十二条 民航专业工程建设项目招标投标活动的投诉处理按照《工程建设项目招标投标活动投诉处理办法》相关规定执行。

投标人或者其他利害关系人认为民航专业工程建设项目招标投标活动不符合法律、行政法规规定的，可以自知道或者应当知道之日起10日内向项目所在地民航地区管理局投诉。对招标投标法实施条例规定应先提出异议的事项进行投诉的，应当附提出异议的证明文件。

民航地区管理局应当自收到投诉之日起5个工作日内决定是否受理投诉，并自受理投诉之日起30个工作日内作出书面处理决定，需要检验、检测、鉴定、专家评审的，所需时间不计算在内。

民航地区管理局处理投诉，有权查阅、复制有关文件、资料，调查有关情况，相关单位和人员应当予以配合。必要时，民航地区管理局可以责令暂停招标投标活动。

投诉人捏造事实、伪造材料或者以非法手段取得证明材料进行投诉的，民航地区管理局应当予以驳回。

第六十三条 投诉处理决定做出前，投诉人要求撤回投诉的，应当以书面形式提出并说明理由，由民航地区管理局视以下情况，决定是否准予撤回：

（一）已经查实有明显违法行为的，应当不准撤回，并继续调查直至做出处理决定；

（二）撤回投诉不损害国家利益、社会公共利益或者其他当事人合法权益的，应当准予撤回，投诉处理过程终止。投诉人不得以同一事实和理由再提出投诉。

第六十四条　当事人对民航地区管理局的投诉处理决定不服或者民航地区管理局逾期未做处理的，可以依法向民航局申请行政复议或者向人民法院提起行政诉讼。

第六十五条　民航地区管理局、质监总站应当按照《中华人民共和国行政处罚法》《民用航空行政处罚实施办法》等法律、法规、规章要求，将招标投标违法行为行政处罚决定的相关信息，通过民航监督平台依法进行公告。

第六十六条　质监总站应当依据《民航专业工程建设项目评标专家和专家库管理办法》，对民航专业工程建设项目评标专家和专家库进行管理。

第六十七条　招标代理机构及其从业人员应当依法依规、诚信自律经营。

严禁采取行贿、提供回扣或者输送不正当利益等非法手段承揽业务；对于招标人、投标人、评标专家等提出的违法要求应当坚决抵制、及时劝阻，不得背离职业道德无原则附和；不得泄露应当保密的与招标投标活动有关的情况和资料；不得以营利为目的收取高额的招标文件等资料费用；招标代理活动结束后，及时向招标人提交全套招标档案资料，不得篡改、损毁、伪造或擅自销毁；不得与招标人、投标人、评标专家、交易平台运行服务机构等串通损害国家利益、社会公共利益和招标投标活动当事人合法权益。

第六十八条　必须招标项目的招标公告、资格预审文件、资格预审评审报告、招标文件、评标报告、中标通知书、合同等文件，招标人应当按照国家有关要求妥善保存，以备核查。

第六十九条　招标人、招标代理机构、投标人、有关单位应当通过“信用中国”网站（www. creditchina. gov. cn）或各级信用信息共享平台查询相关主体是否为失信被执行人，并采取必要措施做好失信被执行人信息查询记录和证据留存。

第七十条　中标通知书发出后、工程竣工验收完成前，民航监督平台将对施工现场关键人员进行锁定。

项目通过竣工验收，中标人在民航监督平台上传竣工验收报告（附竣工验收表），民航地区管理局或者其委托的民航质监机构5个工作日内在民航监督平台予以确认，方可解除对关键人员的锁定。

关键人员原则上不得更换。确需变更的，由中标人通过民航监督平台提出变更申请，附证明材料，经招标人同意后，由管理局或者其委托的质量监督机构在5个工作日内予以变更。变更后的人员执业资格和技术职称等条件不得降低，且其个人业绩条件应当符合招标文件有关要求。

关键人员的范围及变更申请证明材料、被更换人员再次投标的证明材料均应符合《关于加强民航专业工程建设质量管理工作的二十条措施》（民航规〔2023〕33号）相关规定。

关键人员发生变更的工程项目，自中标之日起至竣工验收完成之日止，仅履职时间占总时间比例不低于60%的关键人员拥有相应的个人业绩。

第七十一条　满足下列条件之一的，同一注册建造师或者总监理工程师可以分别担任两个及以上建设工程施工项目负责人：

（一）同一工程相邻分段发包或分期施工；

（二）同一地点、同一类型的工程；

同一地点指同一场区，而非同一城市或者地区。工程类型是指机场场道工程、民航空管工程、航站楼货运站的工艺流程及民航专业弱电系统工程、机场目视助航工程、航空供油工程。

（三）工程整体未竣工，但中标单位合同约定的工程已完工且竣工验收合格；

（四）因非承包方原因致使工程项目停工超过120天（含）。

中标人通过民航监督平台提出兼任申请，经招标人同意后，由管理局或者其委托的质量监督机构在5个工作日内审核同意。

投标人使用同一注册建造师担任施工项目负责人，或者使用同一总监理工程师担任监理项目负责人，参加两个及以上工程项目投标时，若先期已中标一个工程项目，投标人应当及时更换符合招标要求的关键人员继续投标，没有及时更换的，或者更换人员不符合招标要求的，可以视为投标人放弃投标，符合本条（一）、（二）款情形的除外。

第七十二条　必须招标项目，投标人2018年之后的民航专业工程企业业绩和个人业绩的认定，以民航监督平台业绩库中该投标人已完成项目为准。

实施全流程电子交易的项目，评标、评审委员会在评标、评审时，应当根据投标人、资格预审申请人在民航监督平台"企业业绩信息库"中的业绩信息对其申报的业绩进行核实。如发现存在业绩少报、漏报、错报、信息不清等问题，可以要求投标人、资格预审申请人进行澄清说明，并在评标、评审报告中做出相应说明。

第六章 附 则

第七十三条 民航监督平台、电子交易平台与公共服务平台应当按照《电子招标投标办法》有关规定，实现互联互通、信息交换和数据共享。

必须招标项目招标投标活动中依法公开发布的相关信息，可以在民航监督平台、电子交易平台或公共服务平台同时发布，也可以仅在民航监督平台或者电子交易平台发布。

第七十四条 必须招标项目招标投标活动除应当符合本办法外，还应当符合工程建设项目招标投标相关法律、法规、规章和其他规范性文件的要求。

第七十五条 政府采购法律、行政法规对民航专业工程建设项目及与其有关的货物和服务采购另有规定的，从其规定。

第七十六条 使用国际组织或者外国政府贷款、援助资金的项目进行招标，贷款方、资金提供方对招标投标的具体条件和程序有不同规定的，可以适用其规定，但违背中华人民共和国的社会公共利益的除外。

第七十七条 本办法由民航局负责解释。

第七十八条 2019年9月23日发布的《民航专业工程建设项目招标投标管理办法》（AP-158-CA-2018-01-R3）自本办法施行之日起废止。

附录

招标投标法规制度体系

一、法律

1.《中华人民共和国招标投标法》（国家主席令第21号，2017年）

二、法规

1.《中华人民共和国招标投标法实施条例》（国务院令第613号）

2.《招标投标法实施条例》3处修订（国务院令第698号）

三、规章

1.《必须招标的工程项目规定》（国家发展改革委第16号令，2018年）

《国家发展改革委关于印发〈必须招标的基础设施和公用事业项目范围规定〉的通知》（发改法规规〔2018〕843号）

《国家发展改革委办公厅关于进一步做好〈必须招标的工程项目规定〉和〈必须招标的基础设施和公用事业项目范围规定〉实施工作的通知》（发改办法规〔2020〕770号）

2.《工程建设项目自行招标试行办法》（国家发展改革委令等九部委第23号令，2013年修订）

3.《工程建设项目申报材料增加招标内容和核准招标事项暂行规定》（国家发展改革委等九部委第23号令，2013年修订）

4.《评标委员会和评标方法暂行规定》（国家发展改革委等九部委第23号令，2013年修订）

5.《国家重大建设项目招标投标监督暂行办法》（国家发展改革委等九部委第23号令，2013年修订）

6.《评标专家和评标专家库管理暂行办法》（国家发展改革委等九部委第23号令，2013年修订）

7.《工程建设项目施工招标投标办法》（国家发展改革委等九部委第23号令，2013年修订）

8.《工程建设项目勘察设计招标投标办法》（国家发展改革委等九部委第23号令，2013年修订）

9.《工程建设项目招标投标活动投诉处理办法》（国家发展改革委等九部委第23号令，2013年修订）

10.《工程建设项目货物招标投标办法》（国家发展改革委等九部委第23号令，2013年修订）

11.《电子招标投标办法》（国家发展改革委等八部委第20号令，2013年）

12.《招标公告和公示信息发布管理办法》（国家发展改革委第10号令，2017年）

四、规范性文件及其他

1.《国务院办公厅印发国务院有关部门实施招标投标活动行政监督的职责分工意见的通知》（国办发〔2000〕34号）

2.《国务院办公厅关于进一步规范招投标活动的若干意见》（国办发〔2004〕56号）

3.《国务院办公厅关于印发整合建立统一的公共资源交易平台工作方案的通知》（国办发〔2015〕63号）

4.《民航局住房城乡建设部关于进一步明确民航建设工程招投标管理和质量监督工作职责分工的通知》（民航发〔2011〕34号）

5.《民航专业工程建设项目招标投标管理办法》(民航规〔2024〕22号)

6.《民航专业工程建设项目评标专家和专家库管理办法》(MD-CA-2013-2-R5,2020年)

7.《民航专业工程建设项目招标后评价工作规则(试行)》(AP-158-CA-2018-01-R1,2020年)

8.《民航专业工程标准施工招标资格预审文件》(2010年版)

9.《民航专业工程标准施工招标文件》(2010年版)

《民航专业工程标准施工招标文件(2010年版)》第一修订案(2016年)

《民航专业工程标准施工招标文件(2010年版)》第二修订案(2020年)

10.《最高院等九部门关于在招标投标活动中对失信被执行人实施联合惩戒的通知》(法〔2016〕285号)

11.《国家发展改革委关于印发〈标准设备采购招标文件〉等五个标准招标文件的通知》(发改法规〔2017〕1606号)

(1)中华人民共和国标准材料采购招标文件(2017年版)

(2)中华人民共和国标准监理招标文件(2017年版)

(3)中华人民共和国标准勘察招标文件(2017年版)

(4)中华人民共和国标准设备采购招标文件(2017年版)

(5)中华人民共和国标准设计招标文件(2017年版)

12.《住房城乡建设部市场监管总局关于印发建设项目工程总承包合同(示范文本)的通知》(建市〔2020〕96号)

13.《住房城乡建设部关于印发建筑工程施工发包与承包违法行为认定查处管理办法的通知》(建市规〔2019〕1号)

14.《最高法关于审理建设工程施工合同纠纷案件适用法律问题的解释(二)》(法释〔2018〕20号)

15.《民航局机场司关于民航监督平台正式上线运行的通知》(2018.6.6)

16. 国家发展改革委等八部门《关于印发〈工程项目招投标领域营商环境专项整治工作方案〉的通知》(发改办法规〔2019〕862号)

17.《发改委办公厅、市场监管总局办公厅关于进一步规范招标投标过程中企业经营资质资格审查工作的通知》(发改办法规〔2020〕727号)

18.《运输机场专业工程总承包管理办法(试行)》(民航规〔2021〕2号)

19. 国务院《关于开展营商环境创新试点工作的意见》(国发〔2021〕24号)

20. 国家发展改革委等十一部门《关于建立健全招标投标领域优化营商环境长效机制的通知》(发改法规〔2021〕240号)

21. 国家发展改革委等部门《关于严格执行招标投标法规制度进一步规范招标投标主体行为的若干意见》(发改法规〔2022〕1117号)

22. 关于完善招标投标交易担保制度进一步降低招标投标交易成本的通知(发改法规〔2023〕27号)

23. 关于加强民航专业工程建设质量管理工作的二十条措施(民航规〔2023〕33号)

注:国家及民航有关招标投标管理的法律、法规、规章、规范性文件等包括但不限于上述文件。

运输机场专业工程总承包管理办法(试行)

·2021年1月8日

·民航规〔2021〕2号

第一章　总　则

第一条　为规范运输机场专业工程(以下简称"专业工程")的工程总承包活动,促进设计、采购、施工等阶段的深度融合,提升工程建设质量和效益,根据相关法律法规,制定本办法。

第二条　从事新建、迁建、改扩建专业工程的工程总承包活动,实施对其的监督管理,适用本办法。

第三条　本办法所称工程总承包,是指承包单位按照与建设单位签订的合同,对工程设计、采购、施工或者设计、施工等阶段实行总承包,并对工程的质量、安全、工期和造价等全面负责的工程建设组织实施方式。

第四条　工程总承包活动应当遵循合法、公平、诚实守信的原则,合理分担风险,保证工程质量和安全,节约能源,保护生态环境,不得损害社会公共利益和他人的合法权益。

第二章　工程总承包项目的发包和承包

第五条　建设单位应当根据项目情况和自身管理能力等,合理选择工程建设组织实施方式。

建设内容明确、技术方案成熟的项目,适宜采用工程总承包方式。

第六条　工程总承包项目原则上应当在初步设计审批完成后进行工程总承包项目发包;其中,按照国家有关规定简化报批文件和审批程序的政府投资项目,应当在完成相应的投资决策审批后进行工程总承包项目发包。

第七条 建设单位依法采用招标或者直接发包等方式选择工程总承包单位。

工程总承包项目范围内的设计、采购或者施工中,有任一项属于依法必须进行招标的项目范围且达到国家规定规模标准的,应当采用招标的方式选择工程总承包单位。

第八条 建设单位应当根据招标项目的特点和需要编制工程总承包项目招标文件,主要包括以下内容:

(一)投标人须知;

(二)评标办法和标准;

(三)拟签订合同的主要条款;

(四)发包人要求,列明项目的目标、范围、设计和其他技术标准,包括对项目的内容、范围、规模、标准、功能、质量、安全、节约能源、生态环境保护、工期、验收等的明确要求,涉及不停航施工、机场新技术应用的工程,应当明确相关要求;

(五)建设单位提供的资料和条件,包括发包前完成的水文地质、工程地质、地形等勘察资料,以及可行性研究报告、方案设计文件或者初步设计文件等;

(六)投标文件格式;

(七)要求投标人提交的其他材料。

建设单位可以在招标文件中提出对履约担保的要求,依法要求投标文件载明拟分包的内容;对于设有最高投标限价的,应当明确最高投标限价或者最高投标限价的计算方法。

第九条 工程总承包单位应当同时具有与工程规模相适应的工程设计资质和施工资质,或者由具有相应资质的设计单位和施工单位组成联合体。工程总承包单位应当具有相应的项目管理体系和项目管理能力、财务和风险承担能力,以及与发包工程相类似的设计、施工或者工程总承包业绩。

设计单位和施工单位组成联合体的,应当根据项目的特点和复杂程度,合理确定牵头单位,并在联合体协议中明确联合体成员单位的责任和权利。联合体各方应当共同与建设单位签订工程总承包合同,就工程总承包项目承担连带责任。

第十条 工程总承包单位不得是工程总承包项目的代建单位、项目管理单位、监理单位、造价咨询单位、招标代理单位。

政府投资项目的项目建议书、可行性研究报告、初步设计文件编制单位及其评估单位,一般不得成为该项目的工程总承包单位。政府投资项目招标人公开已经完成的项目建议书、可行性研究报告、初步设计文件的,上述单位可以参与该工程总承包项目的投标,经依法评标、定标,成为工程总承包单位。

第十一条 建设单位应当依法确定投标人编制工程总承包项目投标文件所需要的合理时间。

第十二条 工程总承包招标投标和评标委员会的组成应当遵守国家招标投标法律法规和民航招标投标相关规定,并通过“民航专业工程建设项目招标投标管理系统”实施。

第十三条 工程总承包项目应当采用综合评估法评标,建设单位应当根据工程特点和要求合理设置评分因素和权重。

第十四条 建设单位和工程总承包单位应当加强风险管理,合理分担风险。

建设单位承担的风险主要包括:

(一)主要工程材料、设备、人工价格与招标时基期价相比,波动幅度超过合同约定幅度的部分;

(二)因国家法律法规政策变化引起的合同价格的变化;

(三)不可预见的地质条件造成的工程费用和工期的变化;

(四)因建设单位原因产生的工程费用和工期的变化;

(五)不可抗力造成的工程费用和工期的变化。

具体风险分担内容由双方在合同中约定。

鼓励建设单位和工程总承包单位运用保险手段增强防范风险能力。

第十五条 企业投资项目的工程总承包宜采用总价合同,政府投资项目的工程总承包应当合理确定合同价格形式。采用总价合同的,除合同约定可以调整的情形外,合同总价一般不予调整。

建设单位和工程总承包单位可以在合同中约定工程总承包计量规则和计价方法。

依法必须进行招标的项目,合同价格应当在充分竞争的基础上合理确定。

第三章 工程总承包项目实施

第十六条 建设单位根据自身资源和能力,可以自行对工程总承包项目进行管理,也可以委托勘察设计单位、代建单位等项目管理单位,赋予相应权利,依照合同对工程总承包项目进行管理。

第十七条　工程总承包单位应当建立与工程总承包相适应的组织机构和管理制度，形成项目设计、采购、施工以及质量、安全、工期、造价、节约能源和生态环境保护管理等工程总承包综合管理能力。

第十八条　工程总承包单位应当设立项目管理机构，设置项目经理，配备相应管理人员，加强设计、采购与施工的协调，完善和优化设计，改进施工方案，实现对工程总承包项目的有效管理控制。

第十九条　工程总承包项目经理应当具备下列条件：

（一）取得相应工程建设类注册执业资格，包括注册建筑师、勘察设计注册工程师、注册建造师或者注册监理工程师等；未实施注册执业资格的，取得机场工程或者相关专业高级专业技术职称；

（二）担任过与拟建项目相类似工程的设计项目负责人、施工项目负责人、总监理工程师或者工程总承包项目经理；

（三）熟悉工程技术和工程总承包项目管理知识以及相关法律法规、标准规范；

（四）具有较强的组织协调能力和良好的职业道德。

工程总承包单位应当保证项目经理在岗履职，工程总承包项目经理、施工项目负责人和技术负责人在工程竣工验收通过前不得同时在两个或者两个以上工程项目担任工程总承包项目经理、施工项目负责人和技术负责人。工程总承包项目经理、施工项目负责人和技术负责人原则上不得更换。确需更换调整的，不得低于合同约定的资格和条件并且及时向质量监督机构重新备案。

第二十条　工程总承包单位可以依法采用直接发包的方式进行分包。但以暂估价形式包括在总承包范围内的工程、货物、服务分包时，属于依法必须进行招标的项目范围且达到国家规定规模标准的，应当依法招标。

第二十一条　工程总承包项目应当依规进行施工图审查，并办理民航质量监督备案手续。

第二十二条　项目实施过程需要设计变更的，应当依据民航有关规定履行项目设计变更手续。

设计变更引起的工程费用变化，按照合同约定的风险划分原则处理。

第二十三条　建设单位不得迫使工程总承包单位以低于成本的价格竞标，不得明示或者暗示工程总承包单位违反工程建设强制性标准、降低建设工程质量，不得明示或者暗示工程总承包单位使用不合格的建筑材料、建筑构配件和设备。

工程总承包单位应当对其承包的全部建设工程质量负责，分包单位对其分包工程的质量负责，分包不免除工程总承包单位对其承包的全部建设工程所负的质量责任。

工程总承包单位、工程总承包项目经理依法承担质量终身责任。

第二十四条　建设单位不得对工程总承包单位提出不符合建设工程安全生产法律、法规和强制性标准规定的要求，不得明示或者暗示工程总承包单位购买、租赁、使用不符合安全施工要求的安全防护用具、机械设备、施工机具及配件、消防设施和器材。

工程总承包单位对承包范围内工程的安全生产负总责。分包单位应当服从工程总承包单位的安全生产管理，分包单位不服从管理导致生产安全事故的，由分包单位承担主要责任，分包不免除工程总承包单位的安全责任。

第二十五条　建设单位不得设置不合理工期，不得任意压缩合理工期。

工程总承包单位应当依据合同对工期全面负责，对项目总进度和各阶段的进度进行控制管理，确保工程按期竣工。

第二十六条　工程保修书由建设单位与工程总承包单位签署，保修期内工程总承包单位应当根据法律法规规定以及合同约定承担保修责任，工程总承包单位不得以其与分包单位之间保修责任划分而拒绝履行保修责任。

第二十七条　建设单位和工程总承包单位应当加强设计、施工等环节管理，确保建设地点、建设规模、建设内容等符合项目审批、核准、备案要求。

政府投资项目所需资金应当按照国家有关规定确保落实到位，不得由工程总承包单位或者分包单位垫资建设。政府投资项目建设投资原则上不得超过经核定的投资概算。

第二十八条　工程总承包单位和工程总承包项目经理在设计、施工活动中有转包违法分包等违法违规行为或者造成工程质量安全事故的，按照法律法规对设计、施工单位及其项目负责人相同违法违规行为的规定追究责任。

第四章　附　则

第二十九条　本办法由民航局负责解释。

第三十条　本办法自2021年2月8日起施行。

5. 水运工程

水运工程建设项目招标投标管理办法

- 2012年12月20日交通运输部令2012年第11号发布
- 根据2021年8月11日《交通运输部关于修改〈水运工程建设项目招标投标管理办法〉的决定》修正

第一章　总　则

第一条　为了规范水运工程建设项目招标投标活动，保护招标投标活动当事人的合法权益，保证水运工程建设项目的质量，根据《中华人民共和国招标投标法》《中华人民共和国招标投标法实施条例》等法律法规，制定本办法。

第二条　在中华人民共和国境内依法必须进行的水运工程建设项目招标投标活动适用本办法。

水运工程建设项目是指水运工程以及与水运工程建设有关的货物、服务。

前款所称水运工程包括港口工程、航道整治、航道疏浚、航运枢纽、过船建筑物、修造船水工建筑物等及其附属建筑物和设施的新建、改建、扩建及其相关的装修、拆除、修缮等工程；货物是指构成水运工程不可分割的组成部分，且为实现工程基本功能所必需的设备、材料等；服务是指为完成水运工程所需的勘察、设计、监理等服务。

第三条　水运工程建设项目招标投标活动，应遵循公开、公平、公正和诚实信用的原则。

第四条　水运工程建设项目招标投标活动不受地区或者部门的限制。

任何单位和个人不得以任何方式非法干涉招标投标活动，不得将依法必须进行招标的项目化整为零或者以其他任何方式规避招标。

第五条　水运工程建设项目招标投标工作实行统一领导、分级管理。

交通运输部主管全国水运工程建设项目招标投标活动，并具体负责经国家发展和改革委员会等部门审批、核准和经交通运输部审批的水运工程建设项目招标投标活动的监督管理工作。

省级交通运输主管部门主管本行政区域内的水运工程建设项目招标投标活动，并具体负责省级人民政府有关部门审批、核准的水运工程建设项目招标投标活动的监督管理工作。

省级以下交通运输主管部门按照各自职责对水运工程建设项目招标投标活动实施监督管理。

第六条　水运工程建设项目应当按照国家有关规定，进入项目所在地设区的市级以上人民政府设立的公共资源交易场所或者授权的其他招标投标交易场所开展招标投标活动。

鼓励利用依法建立的招标投标网络服务平台及现代信息技术进行水运工程建设项目电子招标投标。

第二章　招　标

第七条　水运工程建设项目招标的具体范围及规模标准执行国务院的有关规定。

鼓励水运工程建设项目的招标代理机构、专项科学试验研究项目、监测等承担单位的选取采用招标或者竞争性谈判等其他竞争性方式确定。

第八条　水运工程建设项目招标人是指提出招标项目并进行招标的水运工程建设项目法人。

第九条　按照国家有关规定需要履行项目立项审批、核准手续的水运工程建设项目，在取得批准后方可开展勘察、设计招标。

水运工程建设项目通过初步设计审批后，方可开展监理、施工、设备、材料等招标。

第十条　水运工程建设项目招标分为公开招标和邀请招标。

按照国家有关规定需要履行项目立项审批、核准手续的水运工程建设项目，招标人应当按照项目审批、核准时确定的招标范围、招标方式、招标组织形式开展招标；没有确定招标范围、招标方式、招标组织形式的，依据国家有关规定确定。

不需要履行项目立项审批、核准手续的水运工程建设项目，其招标范围、招标方式、招标组织形式，依据国家有关规定确定。

第十一条　招标人应当合理划分标段、确定工期，并在招标文件中载明。不得利用划分标段规避招标、虚假招标、限制或者排斥潜在投标人。

第十二条　国有资金占控股或者主导地位的水运工程建设项目，应当公开招标。但有下列情形之一的，可以进行邀请招标：

（一）技术复杂、有特殊要求或者受自然环境限制，只有少量潜在投标人可供选择；

（二）采用公开招标方式的费用占项目合同金额的比例过大。

本条所规定的水运工程建设项目，需要按照国家有关规定履行项目审批、核准手续的，由项目审批、核准部门对该项目是否具有前款第（二）项所列情形予以认定；其他项目由招标人向对项目负有监管职责的交通运输主管部门申请作出认定。

第十三条 有下列情形之一的水运工程建设项目，可以不进行招标：

（一）涉及国家安全、国家秘密、抢险救灾或者属于利用扶贫资金实行以工代赈、需要使用农民工等特殊情况，不适宜进行招标的；

（二）需要采用不可替代的专利或者专有技术的；

（三）采购人自身具有工程建设、货物生产或者服务提供的资格和能力，且符合法定要求的；

（四）已通过招标方式选定的特许经营项目投资人依法能够自行建设、生产或者提供的；

（五）需要向原中标人采购工程、货物或者服务，否则将影响施工或者功能配套要求的；

（六）国家规定的其他特殊情形。

招标人为适用前款规定弄虚作假的，属于招标投标法第四条规定的规避招标。

第十四条 水运工程建设项目设计招标可采用设计方案招标或设计组织招标。

第十五条 招标人可以依法对工程以及与工程建设有关的货物、服务全部或者部分实行总承包招标。

以暂估价形式包括在总承包范围内的工程、货物、服务，属于依法必须进行招标的项目范围且达到国家规定规模标准的，应当依法进行招标，其招标实施主体应当在总承包合同中约定，并统一由总承包发包的招标人按照第十八条的规定履行招标及备案手续。

前款所称暂估价，是指总承包招标时不能确定价格而由招标人在招标文件中暂时估定的工程、货物、服务的金额。

第十六条 招标人自行办理招标事宜的，应当具备下列条件：

（一）招标人应当是该水运工程建设项目的项目法人；

（二）具有与招标项目规模和复杂程度相适应的水运工程建设项目技术、经济等方面的专业人员；

（三）具有能够承担编制招标文件和组织评标的组织机构或者专职业务人员；

（四）熟悉和掌握招标投标的程序及相关法规。

招标人自行办理招标事宜的，应当向具有监督管理职责的交通运输主管部门备案。

招标人不具备本条前款规定条件的，应当委托招标代理机构办理水运工程建设项目招标事宜。任何单位和个人不得为招标人指定招标代理机构。

第十七条 招标人采用招标或其他竞争性方式选择招标代理机构的，应当从业绩、信誉、从业人员素质、服务方案等方面进行考查。招标人与招标代理机构应当签订书面委托合同。合同约定的收费标准应当符合国家有关规定。

招标代理机构在其资格许可和招标人委托的范围内开展招标代理业务，不受任何单位、个人的非法干预或者限制。

第十八条 水运工程建设项目采用资格预审方式公开招标的，招标人应当按下列程序开展招标投标活动：

（一）编制资格预审文件和招标文件，报交通运输主管部门备案；

（二）发布资格预审公告并发售资格预审文件；

（三）对提出投标申请的潜在投标人进行资格预审，资格审查结果报交通运输主管部门备案；

国有资金占控股或者主导地位的依法必须进行招标的水运工程建设项目，招标人应当组建资格审查委员会审查资格预审申请文件；

（四）向通过资格预审的潜在投标人发出投标邀请书；向未通过资格预审的潜在投标人发出资格预审结果通知书；

（五）发售招标文件；

（六）需要时组织潜在投标人踏勘现场，并进行答疑；

（七）接收投标人的投标文件，公开开标；

（八）组建评标委员会评标，推荐中标候选人；

（九）公示中标候选人，确定中标人；

（十）编制招标投标情况书面报告报交通运输主管部门备案；

（十一）发出中标通知书；

（十二）与中标人签订合同。

第十九条 水运工程建设项目采用资格后审方式公开招标的，应当参照第十八条规定的程序进行，并应当在开标后由评标委员会按照招标文件规定的标准和方法对投标人的资格进行审查。

第二十条 水运工程建设项目实行邀请招标的，招标文件应当报有监督管理权限的交通运输主管部门备案。

第二十一条 招标人编制的资格预审文件、招标文件的内容违反法律、行政法规的强制性规定，违反公开、公平、公正和诚实信用原则，影响资格预审结果或者潜在投标人投标的，依法必须进行招标的项目的招标人应当在修改资格预审文件或者招标文件后重新招标。

依法必须进行招标的水运工程建设项目的资格预审文件和招标文件的编制，应当使用国务院发展改革部门会同有关行政监督部门制定的标准文本以及交通运输部发布的行业标准文本。

招标人在制定资格审查条件、评标标准和方法时，应利用水运工程建设市场信用信息成果以及招标投标违法行为记录公告平台发布的信息，对潜在投标人或投标人进行综合评价。

第二十二条　资格预审公告和招标公告除按照规定在指定的媒体发布外，招标人可以同时在交通运输行业主流媒体或者建设等相关单位的门户网站发布。

资格预审公告和招标公告的发布应当充分公开，任何单位和个人不得非法干涉、限制发布地点、发布范围或发布方式。

在网络上发布的资格预审公告和招标公告，至少应当持续到资格预审文件和招标文件发售截止时间为止。

第二十三条　招标人应当按资格预审公告、招标公告或者投标邀请书规定的时间、地点发售资格预审文件或者招标文件。资格预审文件或者招标文件的发售期不得少于5日。资格预审文件或者招标文件售出后，不予退还。

第二十四条　自资格预审文件停止发售之日起至提交资格预审申请文件截止之日止，不得少于5日。

对资格预审文件的澄清或修改可能影响资格预审申请文件编制的，应当在提交资格预审申请文件截止时间至少3日前以书面形式通知所有获取资格预审文件的潜在投标人。不足3日的，招标人应当顺延提交资格预审申请文件的截止时间。

依法必须招标的项目在资格预审文件停止发售之日止，获取资格预审文件的潜在投标人少于3个的，应当重新招标。

第二十五条　潜在投标人或者其他利害关系人对资格预审文件有异议的，应当在提交资格预审申请文件截止时间2日前提出。招标人应当自收到异议之日起3日内作出答复；作出答复前，应当暂停招标投标活动。对异议作出的答复如果实质性影响资格预审申请文件的编制，则相应顺延提交资格预审申请文件的截止时间。

第二十六条　资格预审审查方法分为合格制和有限数量制。一般情况下应当采用合格制，凡符合资格预审文件规定资格条件的资格预审申请人，均通过资格预审。潜在投标人过多的，可采用有限数量制，但该数额不得少于7个；符合资格条件的申请人不足该数额的，均视为通过资格预审。

通过资格预审的申请人少于3个的，应当重新招标。

资格预审应当按照资格预审文件载明的标准和方法进行。资格预审文件未载明的标准和方法，不得作为资格审查的依据。

第二十七条　自招标文件开始发售之日起至潜在投标人提交投标文件截止之日止，最短不得少于20日。

对招标文件的澄清或修改可能影响投标文件编制的，应当在提交投标文件截止时间至少15日前，以书面形式通知所有获取招标文件的潜在投标人；不足15日的，招标人应当顺延提交投标文件的截止时间。

获取招标文件的潜在投标人少于3个的，应当重新招标。

第二十八条　潜在投标人或者其他利害关系人对招标文件有异议的，应当在提交投标文件截止时间10日前提出；招标人应当自收到异议之日起3日内作出答复；作出答复前，应当暂停招标投标活动。对异议作出的答复如果实质性影响投标文件的编制，则相应顺延提交投标文件截止时间。

第二十九条　招标人应当在招标文件中载明投标有效期。投标有效期从提交投标文件的截止之日起算。

第三十条　招标人在招标文件中要求投标人提交投标保证金的，投标保证金不得超过招标项目估算价的2%，投标保证金有效期应当与投标有效期一致。

投标保证金的额度和支付形式应当在招标文件中确定。境内投标单位如果采用现金或者支票形式提交投标保证金的，应当从投标人的基本账户转出。

投标保证金不得挪用。

第三十一条　招标人可以自行决定是否编制标底。一个招标项目只能有一个标底。开标前标底必须保密。

接受委托编制标底的中介机构不得参加受托编制标底项目的投标，也不得为该项目的投标人编制投标文件或者提供咨询等相关的服务。

招标人设有最高投标限价的，应当在招标文件中明确最高投标限价或者最高投标限价的计算方法。招标人不得规定最低投标限价。

第三十二条　招标人组织踏勘项目现场的，应通知所有潜在投标人参与，不得组织单个或者部分潜在投标人踏勘项目现场。潜在投标人因自身原因不参与踏勘现场的，不得提出异议。

第三十三条　招标人在发布资格预审公告、招标公告、发出投标邀请书或者售出资格预审文件、招标文件后，无正当理由不得随意终止招标。招标人因特殊原因需要终止招标的，应当及时发布公告，或者以书面形式通知被邀请的或者已经获取资格预审文件、招标文件的潜在投标人。已经发售资格预审文件、招标文件或者已经收取投标保证金的，招标人应当及时退还所收取的购买资格预审文件、招标文件的费用，以及所收取的投标保证金及银行同期存款利息。利息的计算方法应当在招标文件中载明。

第三十四条　招标人不得以不合理的条件限制、排斥潜在投标人或者投标人。招标人有下列行为之一的，属于以不合理条件限制、排斥潜在投标人或者投标人：

（一）就同一招标项目向潜在投标人或者投标人提供有差别的项目信息；

（二）设定的资格、技术、商务条件与招标项目的具体特点和实际需要不相适应或者与合同履行无关；

（三）依法必须进行招标的项目以特定行政区域或者特定行业的业绩、奖项作为加分条件或者中标条件；

（四）对潜在投标人或者投标人采取不同的资格审查或者评标标准；

（五）限定或者指定特定的专利、商标、品牌、原产地或者供应商；

（六）依法必须进行招标的项目非法限定潜在投标人或者投标人的所有制形式或者组织形式；

（七）以其他不合理条件限制、排斥潜在投标人或者投标人。

第三章　投　标

第三十五条　与招标人存在利害关系可能影响招标公正性的法人、其他组织或者个人，不得参加投标。

单位负责人为同一人或者存在控股、管理关系的不同单位，不得参加同一标段投标或者未划分标段的同一招标项目投标。

施工投标人与本标段的设计人、监理人、代建人或招标代理机构不得为同一个法定代表人、存在相互控股或参股或法定代表人相互任职、工作。

违反上述规定的，相关投标均无效。

第三十六条　投标人可以按照招标文件的要求由两个以上法人或者其他组织组成一个联合体，以一个投标人的身份共同投标。国家有关规定或者招标文件对投标人资格条件有规定的，联合体各方均应当具备规定的相应资格条件，资格条件考核以联合体协议书中约定的分工为依据。由同一专业的单位组成的联合体，按照资质等级较低的单位确定资质等级。

联合体成员间应签订共同投标协议，明确牵头人以及各方的责任、权利和义务，并将协议连同资格预审申请文件、投标文件一并提交招标人。联合体各方签署联合体协议后，不得再以自己名义单独或者参加其他联合体在同一招标项目中投标。联合体中标的，联合体各方应当共同与招标人签订合同，就中标项目向招标人承担连带责任。

招标人不得强制投标人组成联合体共同投标。

第三十七条　投标人发生合并、分立、破产等重大变化的，应当及时书面告知招标人。投标人不再具备资格预审文件、招标文件规定的资格条件或者投标影响公正性的，其投标无效。

招标人接受联合体投标并进行资格预审的，联合体应当在提交资格预审申请文件前组成。资格预审后联合体增减、更换成员的，其投标无效。

第三十八条　资格预审申请文件或投标文件按要求送达后，在资格预审文件、招标文件规定的截止时间前，招标人应允许潜在投标人或投标人对已提交的资格预审申请文件、投标文件进行撤回或补充、修改。潜在投标人或投标人如需撤回或者补充、修改资格预审申请文件、投标文件，应当以正式函件向招标人提出并做出说明。

修改资格预审申请文件、投标文件的函件是资格预审申请文件、投标文件的组成部分，其形式要求、密封方式、送达时间，适用本办法有关投标文件的规定。

第三十九条　招标人接收资格预审申请文件和投标文件，应当如实记载送达时间和密封情况，签收保存，不得开启。

资格预审申请文件、投标文件有下列情形之一的，招标人应当拒收：

（一）逾期送达的；

（二）未送达指定地点的；

（三）未按资格预审文件、招标文件要求密封的。

招标人拒收资格预审申请文件、投标文件的，应当如实记载送达时间和拒收情况，并将该记录签字存档。

第四十条　投标人在投标截止时间之前撤回已提交投标文件的，招标人应当自收到投标人书面撤回通知之日起5日内退还已收取的投标保证金。

投标截止后投标人撤销投标文件的，招标人可以不退还投标保证金。

出现特殊情况需要延长投标有效期的，招标人以书面形式通知所有投标人延长投标有效期。投标人同意延长的，应当延长其投标保证金的有效期，但不得要求或被允许修改其投标文件；投标人拒绝延长的，其投标失效，投标人有权撤销其投标文件，并收回投标保证金。

第四十一条　禁止投标人相互串通投标、招标人与投标人串通投标、以他人名义投标以及以其他方式弄虚作假的行为，认定标准执行《中华人民共和国招标投标法实施条例》有关规定。

第四章　开标、评标和定标

第四十二条　招标人应当按照招标文件中规定的时间、地点开标。

投标人少于 3 个的，不得开标，招标人应当重新招标。

第四十三条　开标由招标人或招标代理组织并主持。

开标应按照招标文件确定的程序进行，开标过程应当场记录，招标人、招标代理机构、投标人、参加开标的公证和监督机构等单位的代表应签字，并存档备查。开标记录应包括投标人名称、投标保证金、投标报价、工期、密封情况以及招标文件确定的其他内容。

投标人对开标有异议的，应当在开标现场提出，招标人或招标代理应当场作出答复，并制作记录。

第四十四条　招标人开标时，邀请所有投标人的法定代表人或其委托代理人准时参加。投标人未参加开标的，视为承认开标记录，事后对开标结果提出的任何异议无效。

第四十五条　评标由招标人依法组建的评标委员会负责。

依法必须进行招标的水运工程建设项目，其评标委员会成员由招标人的代表及有关技术、经济等方面的专家组成，人数为五人以上单数，其中技术、经济等方面的专家不得少于成员总数的三分之二。招标人的代表应具有相关专业知识和工程管理经验。

与投标人有利害关系的人员不得进入评标委员会。任何单位和个人不得以明示、暗示等任何方式指定或者变相指定参加评标委员会的专家成员。行政监督部门的工作人员不得担任本部门负责监督项目的评标委员会成员。

交通运输部具体负责监督管理的水运工程建设项目，其评标专家从交通运输部水运工程和交通支持系统综合评标专家库中随机抽取确定，其他水运工程建设项目的评标专家从省级交通运输主管部门建立的评标专家库或其他依法组建的综合评标专家库中随机抽取确定。

评标委员会成员名单在中标结果确定前应当保密。评标结束后，招标人应当按照交通运输主管部门的要求及时对评标专家的能力、履行职责等进行评价。

第四十六条　招标人设有标底的，应在开标时公布。标底只能作为评标的参考，不得以投标报价是否接近标底作为中标条件，也不得以投标报价超过标底上下浮动范围作为否决投标的条件。

第四十七条　招标人应当向评标委员会提供评标所必需的信息和数据，并根据项目规模和技术复杂程度等确定合理的评标时间；必要时可向评标委员会说明招标文件有关内容，但不得明示或者暗示其倾向或者排斥特定投标人。

在评标过程中，评标委员会成员因存在回避事由、健康等原因不能继续评标，或者擅离职守的，应当及时更换。被更换的评标委员会成员已作出的评审结论无效，由更换后的评标专家重新进行评审。已形成评标报告的，应当作相应修改。

第四十八条　有下列情形之一的，评标委员会应当否决其投标：

（一）投标文件未按招标文件要求盖章并由法定代表人或其书面授权的代理人签字的；

（二）投标联合体没有提交共同投标协议的；

（三）未按照招标文件要求提交投标保证金的；

（四）投标函未按照招标文件规定的格式填写，内容不全或者关键字迹模糊无法辨认的；

（五）投标人不符合国家或者招标文件规定的资格条件的；

（六）投标人名称或者组织结构与资格预审时不一致且未提供有效证明的；

（七）投标人提交两份或者多份内容不同的投标文件，或者在同一份投标文件中对同一招标项目有两个或者多个报价，且未声明哪一个为最终报价的，但按招标文件要求提交备选投标的除外；

（八）串通投标、以行贿手段谋取中标、以他人名义或者其他弄虚作假方式投标的；

（九）报价明显低于成本或者高于招标文件中设定的最高限价的；

（十）无正当理由不按照评标委员会的要求对投标文件进行澄清或说明的；

（十一）没有对招标文件提出的实质性要求和条件做出响应的；

（十二）招标文件明确规定废标的其他情形。

第四十九条　投标文件在实质上响应招标文件要求，但存在含义不明确的内容、明显文字或者计算错误，评标委员会不得随意否决投标，评标委员会认为需要投标人做出必要澄清、说明的，应当书面通知该投标人。投标人的澄清、说明应当采用书面形式，并不得超出投标文件的范围或者改变投标文件的实质性内容。

评标委员会不得暗示或者诱导投标人做出澄清、说明，不得接受投标人主动提出的澄清、说明。

第五十条　评标委员会经评审，认为所有投标都不符合招标文件要求的，或者否决不合格投标后，因有效投标不足3个使得投标明显缺乏竞争的，可以否决全部投标。

所有投标被否决的，招标人应当依法重新招标。

第五十一条　评标委员会应当遵循公平、公正、科学、择优的原则，按照招标文件规定的标准和方法，对投标文件进行评审和比较。

招标文件没有规定的评标标准和方法，不得作为评标的依据。

第五十二条　根据本办法第二十四条、第二十六条、第二十七条、第四十二条、第五十条规定重新进行了资格预审或招标，再次出现了需要重新资格预审或者重新招标的情形之一的，经书面报告交通运输主管部门后，招标人可不再招标，并可通过与已提交资格预审申请文件或投标文件的潜在投标人进行谈判确定中标人，将谈判情况书面报告交通运输主管部门备案。

第五十三条　中标人的投标应当符合下列条件之一：

（一）能够最大限度地满足招标文件规定的各项综合评价标准；

（二）能够满足招标文件的实质性要求，并且经评审的投标价格最低，但是投标价格低于成本的除外。

第五十四条　评标委员会完成评标后，应当向招标人提交书面评标报告并推荐中标候选人。中标候选人应当不超过三个，并标明排序。

评标报告由评标委员会全体成员签字。对评标结论持有异议的评标委员会成员可以书面方式阐述其不同意见和理由，评标报告应当注明该不同意见。评标委员会成员拒绝在评标报告上签字又不书面说明其不同意见和理由的，视为同意评标结论，评标委员会应当对此做出书面说明并记录。

第五十五条　评标报告应包括以下内容：

（一）评标委员会成员名单；

（二）对投标文件的符合性评审情况；

（三）否决投标情况；

（四）评标标准、评标方法或者评标因素一览表；

（五）经评审的投标价格或者评分比较一览表；

（六）经评审的投标人排序；

（七）推荐的中标候选人名单与签订合同前需要处理的事宜；

（八）澄清、说明、补正事项纪要。

第五十六条　依法必须进行招标的项目，招标人应当自收到书面评标报告之日起3日内按照国家有关规定公示中标候选人，公示期不得少于3日。

投标人或者其他利害关系人对评标结果有异议的，应当在中标候选人公示期间提出。招标人应当自收到异议之日起3日内作出答复；作出答复前，应当暂停招标投标活动。

第五十七条　公示期间没有异议、异议不成立、没有投诉或者投诉处理后没有发现问题的，招标人应当从评标委员会推荐的中标候选人中确定中标人。异议成立或者投诉发现问题的，应当及时更正。

国有资金占控股或者主导地位的水运工程建设项目，招标人应当确定排名第一的中标候选人为中标人。排名第一的中标候选人放弃中标、因不可抗力不能履行合同、不按照招标文件要求提交履约保证金，或者被查实存在影响中标结果的违法行为等情形，不符合中标条件的，招标人可以按照评标委员会提出的中标候选人名单排序依次确定其他中标候选人为中标人，也可以重新招标。

第五十八条　中标人确定后，招标人应当及时向中标人发出中标通知书，并同时将中标结果通知所有未中标的投标人。

第五十九条　招标人和中标人应当自中标通知书发出之日起30日内，按照招标文件和中标人的投标文件订立书面合同，合同的标的、价款、质量、履行期限等主要条款应当与招标文件和中标人的投标文件的内容一致。招标人和中标人不得再行订立背离合同实质性内容的其他协议。

招标文件要求中标人提交履约保证金的，中标人应当按照招标文件的要求提交。履约保证金不得超过中标金额的10%。

招标人最迟应当在书面合同签订后5日内向中标人和未中标的投标人退还投标保证金及银行同期存款利息。

第六十条 中标候选人的经营、财务状况发生较大变化或者存在违法行为,招标人认为可能影响其履约能力的,应当在发出中标通知书前由原评标委员会按照招标文件规定的标准和方法审查确认。

第六十一条 招标人应当自确定中标人之日起15日内,向具体负责本项目招标活动监督管理的交通运输主管部门提交招标投标情况的书面报告。

招标投标情况书面报告主要内容包括:招标项目基本情况、投标人开标签到表、开标记录、监督人员名单、评标标准和方法、评标委员会评分表和汇总表、评标委员会推荐的中标候选人名单、中标人、经评标委员会签字的评标报告、评标结果公示、投诉处理情况等。

第六十二条 中标人应当按照合同约定履行义务,完成中标项目。中标人不得向他人转让中标项目,也不得将中标项目肢解后分别向他人转让。

中标人按照合同约定或者经招标人同意,可以将中标项目的部分非主体、非关键性工作分包给他人完成。接受分包的人应当具备相应的资格条件,并不得再次分包。

中标人应当就分包项目向招标人负责,接受分包的人就分包项目承担连带责任。

第五章 投诉与处理

第六十三条 投标人或者其他利害关系人认为招标投标活动不符合法律、行政法规规定的,可以自知道或者应当知道之日起10日内向交通运输主管部门投诉。投诉应当有明确的请求和必要的证明材料。

就本办法第二十五条、第二十八条、第四十三条、第五十六条规定事项投诉的,应当先向招标人提出异议,异议答复期间不计算在前款规定的期限内。

第六十四条 投诉人就同一招标事项向两个以上交通运输主管部门投诉的,由具体承担该项目招标活动监督管理职责的交通运输主管部门负责处理。

交通运输主管部门应当自收到投诉之日起3个工作日内决定是否受理投诉,并自受理投诉之日起30个工作日内作出书面处理决定;需要检验、检测、鉴定、专家评审的,所需时间不计算在内。

投诉人捏造事实、伪造材料或者以非法手段取得证明材料进行投诉的,交通运输主管部门应当予以驳回。

第六十五条 交通运输主管部门处理投诉,有权查阅、复制有关文件、资料,调查有关情况,相关单位和人员应当予以配合。必要时,交通运输主管部门责令暂停该项目的招标投标活动。

交通运输主管部门的工作人员对监督检查过程中知悉的国家秘密、商业秘密,应当依法予以保密。

第六章 法律责任

第六十六条 违反本办法第九条规定,水运工程建设项目未履行相关审批、核准手续开展招标活动的,由交通运输主管部门责令改正,可处三万元以下罚款。

第六十七条 违反本办法第十六条规定,招标人不具备自行招标条件而自行招标的,由交通运输主管部门责令改正。

第六十八条 违反本办法第二十一条规定,资格预审文件和招标文件的编制,未使用国务院发展改革部门会同有关行政监督部门制定的标准文本或者交通运输部发布的行业标准文本的,由交通运输主管部门责令改正。

第六十九条 交通运输主管部门应当按照《中华人民共和国招标投标法》、《中华人民共和国招标投标法实施条例》等规定,对水运工程建设项目招标投标活动中的违法行为进行处理。

第七十条 交通运输主管部门应当建立健全水运工程建设项目招标投标信用制度,并应当对招标人、招标代理机构、投标人、评标委员会成员等当事人的违法行为及处理情况予以公告。

第七章 附 则

第七十一条 使用国际金融组织或者外国政府贷款、援助资金的项目进行招标,贷款方、资金提供方对招标投标的具体条件和程序有特殊要求的,可以适用其要求,但有损我国社会公共利益的除外。

第七十二条 水运工程建设项目机电产品国际招标投标活动,依照国家相关规定办理。

第七十三条 交通支持系统建设项目招标投标活动参照本办法执行。

第七十四条 本办法自2013年2月1日起施行,《水运工程施工招标投标管理办法》(交通部令2000年第4号)、《水运工程施工监理招标投标管理办法》(交通部令2002年第3号)、《水运工程勘察设计招标投标管理办法》(交通部令2003年第4号)、《水运工程机电设备招标投标管理办法》(交通部令2004年第9号)同时废止。

交通运输部关于进一步规范水运工程招标投标活动的若干意见

·2012年2月7日
·交水发〔2012〕48号

各省(区、市)交通运输厅(委),天津市、上海市交通运输和港口管理局:

为全面落实《中华人民共和国招标投标法实施条例》(国务院令第613号,以下简称《实施条例》),深入贯彻中央工程建设领域突出问题专项治理工作有关要求,进一步加强水运工程建设项目招标投标管理,规范招标投标活动,现提出如下意见:

一、充分认识规范水运工程招标投标活动的重要意义

水运建设行业是最早全面开放、最先实行招标投标制度的行业之一。随着水运工程招标投标实践活动的全面推行和招标投标制度的不断完善,招标投标已经成为水运工程建设活动的重要内容,对保证工程质量和控制工程投资发挥了重要作用,水运工程招标投标活动总体情况良好。但是,由于社会主义市场经济体制还处于不断完善的过程中,水运基本建设投资规模大、建设任务重,水运建设市场信用体系还不健全等原因,水运工程招标投标活动仍然存在一些不容忽视的问题,如未批先招、规避招标、虚假招标、围标串标、不合理低价中标等违法违规现象依然没有得到有效遏制。整顿和规范水运建设市场秩序,创造公开、公平、公正的市场环境,进一步规范招标投标活动,促进水运建设事业健康发展是非常必要的。

二、认真清理招标投标规章和规范性文件,确保招标投标制度协调统一

各级交通运输主管部门要加快清理有关水运工程招标投标管理的各类规范性文件,推动修订与《实施条例》等法律法规相抵触的地方性法规和规章,并及时向社会公布。

三、严格执行招标投标制度

建设单位必须按照国家有关法律法规规定,开展水运工程建设项目勘察、设计、施工、监理以及与工程建设有关的设备、材料等的招标活动,除有关法律法规规定不进行招标和经主管部门批准同意采用邀请招标方式外,一律采用公开招标方式。在招标过程中,要切实贯彻有关规定,坚持"合理标段、合理标价、合理周期"的原则,依照规定程序科学有效地进行,必须按照交通运输部关于水运工程招标备案管理的要求,严格履行招标备案手续。对不履行备案手续的,交通运输主管部门应责令限期改正,拒不改正的,可依据国家有关规定作出相应的行政处罚决定。

四、严格落实招标公告公示制度

为保证潜在投标人及时、便捷地获取水运工程招标信息,依法必须招标的水运工程建设项目资格预审公告和招标公告,应当在依法指定的报刊、信息网络或者其他媒介发布。在招标人自愿的前提下,为扩大招标公告影响力,创造公开、公平、公正的市场环境,可以同时在交通运输行业主流媒体或交通运输主管部门、建设单位等门户网站发布。建设单位不得通过违规发布招标信息等方式搞虚假招标。评标结果应在依法发布招标公告的报刊、信息网络或其他媒体上及时公示,公示期不少于三日,主要内容包括招标项目名称、评标结果、举报受 理方式等。

五、严格规范招标文件编制

建设单位应当认真落实国家和行业有关招标文件的编写要求,按照公平、公正、科学、合理的原则,认真组织编写水运工程勘察、设计、施工、监理以及与工程建设有关的设备、材料等标段的资格预审文件和招标文件,切实提高文件的编制质量。其中,水运工程施工招标资格预审文件和招标文件的编制应当符合《标准施工招标资格预审文件》、《标准施工招标文件》和《水运工程标准施工招标文件》的有关规定和要求。

严禁在资格预审文件和招标文件中以不合理条件或歧视性条款排斥潜在投标人,或设置特别条款倾向潜在投标人。资格预审文件或者招标文件经备案后如需对关键条款或重要内容进行变更,应重新办理备案手续;招标人可以对出售之后的资格预审文件或者招标文件进行必要的澄清或者修改,澄清或者修改的内容可能影响资格预审申请文件或者投标文件编制的,应当在提交资格预审申请文件截止时间至少3日前或者提交投标文件截止时间至少15日前,以书面形式通知所有获取资格预审文件或者招标文件的潜在投标人,并经所有潜在投标人签字确认,潜在投标人不以书面签字确认的,招标人有权拒绝该潜在投标人的资格预审申请文件或者投标文件。不足3日或者15日的,招标人应当顺延提交资格预审申请文件或者投标文件的截止时间。该澄清或者修改的内容为资格预审文件或者招标文件的组成部分,需在评标报告中作出说明。招标文件中设定的废标条款要依法、严谨,没有列明的因素和标准不得作为资格审查或评标的依据。

六、完善资格审查制度

资格审查分为资格预审和资格后审。建设单位应坚持公平、公正、公开的原则，按照预先设置的资格审查条件认真做好资格审查工作，禁止通过资格审查排斥潜在投标人。采用资格预审的，资格审查方法可采用合格制和有限数量制。一般情况下应当采用合格制，凡符合资格预审文件规定的资格条件的资格预审申请人，都可通过资格预审。潜在投标人过多的，可采用有限数量制，招标人应当在资格预审文件中载明允许通过资格预审的申请人数额，但该数额不得少于7个，符合资格条件的申请人不足该数额的，不再进行量化，所有符合资格条件的申请人均视为通过资格预审。

七、进一步完善评标办法

建设单位应根据相关规定科学、合理设定评标办法。评标办法可采用综合评估法和经评审的最低评标价法，一般采用综合评估法。在采用综合评估法作为评标办法时，应在充分考虑工程建设技术和质量需要的基础上，合理设定标价所占评分比例，水运工程施工招标标价所占比例一般不高于50~60%（其中政府投资项目一般不高于50%），水运工程勘察设计的标价所占评分比例一般不高于25%、水运工程监理招标的标价所占评分比例一般不高于15%。对技术含量低、规模较小的工程可采用经评审的最低评标价法，但要适当通过提高履约保证金的形式，防止恶性竞争、以低于成本的报价竞标等。

八、严格监管招标代理行为

招标代理机构应按照资质允许的范围从事水运工程招标代理活动，禁止无资质或者超越资质范围承担招标代理业务。鼓励建设单位通过适当的竞争方式择优选择招标代理机构。招标代理机构应当依法经营，平等竞争，对严重违法违规的招标代理机构，要严格限制其进入水运建设市场。

九、严格规范投标行为

投标人要严格遵守国家有关规定，依法合规地进行投标活动，严禁围标串标、恶意低价中标、挂靠借用资质等违法违规行为。各级交通运输主管部门应采取切实可行的办法加大查处和打击力度，对围标串标、弄虚作假骗取中标、向招标人或者评标委员会成员行贿等手段谋取中标以及随意放弃中标的投标人，要按照有关信用信息管理办法的规定对其不良行为进行认定。对无正当理由放弃中标的投标人，招标人不予退还投标保证金。

十、加强评标专家管理

建设单位应从依法设立的水运工程评标专家库中抽取专家，在交通运输部进行备案的招标项目应当在交通运输部水运工程评标专家库中抽取；在省级交通运输主管部门备案的招标项目应当在省级水运工程评标专家库中抽取，也可在交通运输部水运工程评标专家库中抽取。使用交通运输部水运工程评标专家库时，应提前4天提出书面申请，明确抽取专家的人数、专业及投标人等，提前2天在纪检监察部门的监督下随机抽取专家，禁止建设单位违规挑选评标专家，不得利用各种借口拒绝评标专家参加评标，在评标结束后应及时对评标专家进行网上评价。

各级交通运输主管部门应强化对评标专家的动态监管，建立评标专家准入、诫勉、清退制度，健全对评标专家的评价机制，对评标专家的工作态度、业务水平、职业道德等方面进行考核。加大对评标专家的培训力度，加强对评标专家违法、违规行为的惩罚力度。

十一、加强招标投标监管

各级交通运输主管部门要高度重视，加强对招标投标活动的监督管理。监督建设单位严格按照有关部门批复或核准的招标方式、招标组织形式、招标范围开展招标活动，禁止建设单位将公开招标擅自改为邀请招标；对不按相关规定招标和应招而不招的项目要严格查处；加大对各级招标投标监管人员的业务培训力度，提高其思想政治素质和依法行政意识。

十二、大力推进信用体系建设

各级交通运输主管部门要重视水运建设市场信用体系建设，把信用体系建设作为规范招标投标行为、规范市场秩序的重要抓手和关键突破口，切实按照我部水运工程建设市场信用信息管理的有关规定，坚持“激励诚信、惩戒失信”的原则，不断加快水运建设市场信用体系建设步伐，积极研究探索水运工程建设信用评价的方式方法，充分发挥各级水运建设市场信用信息管理系统的功能，及时公布不良信用信息，加大对市场违法违规行为的处罚力度。水运工程招标投标活动的市场责任主体，应当按规定及时完成信用信息的录入及更新等工作。

十三、应用现代信息技术，提高招标投标工作效率

各级交通运输主管部门要重视现代电子信息技术在招标投标工作中的应用，要与建设水运工程建设市场信用信息系统相结合，不断提高招标投标工作效率，节约招标投标工作成本。有条件的地区，应积极探索推进电子招标投标和网络远程评标。

各级交通运输主管部门要认真执行《实施条例》等

法律法规和本意见，不断完善招标投标规章制度，狠抓制度落实，切实加强对水运工程招标投标活动的监管，不断规范招标投标行为，促进水运建设事业科学发展。

交通运输部办公厅关于开展新一轮水运工程和交通支持系统工程评标专家以及水运建设市场抽查检查专家申报工作的通知

· 2023 年 1 月 20 日
· 交办水函〔2023〕88 号

各省、自治区、直辖市交通运输厅（局、委），部海事局、部救助打捞局、部长江航务管理局、中国船级社：

根据《中华人民共和国招标投标法》及其实施条例、《交通运输部水运工程和交通支持系统工程综合评标专家库管理办法》（交水发〔2012〕554 号）等有关规定，以及国家关于"双随机"抽查的工作要求，为适应当前水运工程建设和市场监管工作需要，进一步更新、完善、优化专家库人员和专业结构，经研究，交通运输部决定开展新一轮水运工程和交通支持系统工程评标专家以及水运建设市场抽查检查专家资格评审和入库工作。现将有关事项通知如下：

一、资格条件

年龄在 65 周岁以下，身体健康，能够承担相应工作。两院院士、勘察设计大师（含水运行业）、交通运输部专家委员会委员可不受年龄限制。

（一）水运工程和交通支持系统工程综合评标入库专家。

根据《交通运输部水运工程和交通支持系统工程综合评标专家库管理办法》，入选综合评标专家库的专家必须具备以下基本条件：

1. 熟悉国家有关工程招标投标方面的法律法规，工作业绩突出，工程实践经验丰富，具有独立判断和分析问题的能力；

2. 具有良好的职业道德和保密意识，能够认真、公正、诚实、廉洁地履行职责，自觉接受监督管理，无不良信用记录等；

3. 从事水运工程或交通支持系统工程建设、勘察设计、施工、监理、质量监督、科研等领域工作满 15 年，并具有高级技术职称；

4. 每申报一个专业（《水运工程和交通支持系统工程综合评标专家库专业分类表》见附件 1）应承担过 3 个以上（含 3 个）大中型水运工程或交通支持系统工程建设项目相应的业务工作（《水运工程和交通支持系统工程大中型业绩认定标准表》见附件 2），且应担任以下职务之一：

（1）设计专业负责人以上；

（2）施工项目经理部总工、副经理以上；

（3）监理项目总监代表、副总监以上；

（4）建设管理项目部门负责人以上；

（5）质量监督项目负责人以上；

（6）前期工作、科研等项目负责人以上。

（二）水运建设市场抽查检查入库专家。

1. 满足水运工程和交通支持系统工程综合评标专家库人员资格条件；

2. 各省、自治区、直辖市交通运输主管部门负责水运项目管理的相关处室负责人（不受资格条件中的技术职称、专业和工作业绩限制）；

3. 水运工程建设单位、咨询（造价、招标代理等）单位相关人员等。

二、申报程序

（一）两院院士、勘察设计大师（含水运行业）、交通运输部专家委员会委员填写《入库申请表》（见附件 3，以下简称《申请表》）通过邮箱直接报部，即可获得专家资格。

（二）原入库专家填写《申请表》并附相关证明材料后，报中国水运建设行业协会邮箱。

（三）其他新申报人员。

1. 填写《申请表》并附相关证明材料后报所在单位。

2. 所在单位与上级单位同意后，填写《入库申请汇总表》（见附件 4），连同申报材料一起，按以下渠道上报：

（1）海事、救捞、长航、船级社系统所属单位，分别报部海事局、部救助打捞局、部长江航务管理局、中国船级社；

（2）中央企业所属单位，分别报主管集团公司；

（3）其他单位按属地管理原则，报当地省级交通运输主管部门。

3. 省级交通运输主管部门、部海事局、部救助打捞局、部长江航务管理局、中国船级社及中央企业主管集团公司审核同意后，填写《入库审核汇总表》（见附件 5），连同申报材料一并报部。

4. 海事、救捞、长航、船级社系统外的其他部属单位直接报部。

三、申报材料

（一）所有申请人员均需认真填报《申请表》（可从交

通运输部政府网站下载)。

(二)相关证明材料要求如下:

1. 两院院士、国家级勘察或设计大师、交通运输部专家委员会委员不需附证明材料;

2. 原入库专家只需提供原培训证书复印件或其他证明材料;专家所在单位、职务、联系方式等个人信息如有变动,或入库专业增加,需要提供相应纸质证明材料;

3. 具有甲级以上设计资质、一级以上施工资质及甲级监理资质企业的总工程师、副总工程师、总经济师、副总经济师、安全总监、市场总监只需提供任职文件;

4. 获得国家执业资格证书(指咨询工程师、勘察设计工程师、建造师、监理工程师、造价工程师等)与正高级工程师职称人员只需提供身份证、执业资格证书(或职称证书)和毕业证书复印件;

5. 其他人员应提供身份证、毕业证书、职称证书复印件,并提供所承担项目的规模证明(如设计批复文件、合同文件、交(竣)工验收证书等复印件)和在项目中的任职证明(如设计文件扉页、图签、聘任文件等复印件)。

(三)其他新申报人员应将申请表和证明材料装订成一册(格式统一为A4纸简装,一式两份),附件4、附件5需提供电子版,并请按水运工程和交通支持系统工程评标专家库及水运建设市场抽查检查专家库分别汇总。

四、不接受的情形

不接受以下人员申报:

(一)曾因在招标、评标以及其他与招标投标有关活动,或水运建设市场监管、经营活动中,从事违法违规行为而受过行政处罚的。

(二)曾受过刑事处罚的。

(三)水运工程招标投标行政监督部门的工作人员,不得申请水运工程和交通支持系统工程综合评标专家库资格。

(四)按照《中华人民共和国招标投标法》及其实施条例、《中华人民共和国公务员法》等法律法规规定不得作为评标专家或抽查检查专家的情形。

五、工作安排

(一)我部委托中国水运建设行业协会协助受理申请材料。受理截止日期为2023年3月31日(逾期不予受理)。

(二)我部将在交通运输部政府网站公示初审结果。入库专家的培训、发证工作具体安排另行通知。

六、联系方式

(一)中国水运建设行业协会联系人:徐伟、于涵,电话:010-64401795、64253663,地址:北京市东城区安定门外大街甲88号中联大厦611,邮政编码:100011,电子邮箱:sygcpbzjk@163.com。

(二)交通运输部水运局联系人:闫军、方佳敏,电话:010-65292654。

附件1:水运工程和交通支持系统工程评标专家库专业分类表(略)

附件2:水运工程和交通支持系统工程大中型业绩认定标准(略)

附件3:入库申请表(略)

附件4:入库申请汇总表(略)

附件5:入库审核汇总表(略)

6. 通信工程

通信工程建设项目招标投标管理办法

·2014年5月4日工业和信息化部令第27号公布

·自2014年7月1日起施行

第一章 总 则

第一条 为了规范通信工程建设项目招标投标活动,根据《中华人民共和国招标投标法》(以下简称《招标投标法》)和《中华人民共和国招标投标法实施条例》(以下简称《实施条例》),制定本办法。

第二条 在中华人民共和国境内进行通信工程建设项目招标投标活动,适用本办法。

前款所称通信工程建设项目,是指通信工程以及与通信工程建设有关的货物、服务。其中,通信工程包括通信设施或者通信网络的新建、改建、扩建、拆除等施工;与通信工程建设有关的货物,是指构成通信工程不可分割的组成部分,且为实现通信工程基本功能所必需的设备、材料等;与通信工程建设有关的服务,是指为完成通信工程所需的勘察、设计、监理等服务。

依法必须进行招标的通信工程建设项目的具体范围和规模标准,依据国家有关规定确定。

第三条 工业和信息化部和各省、自治区、直辖市通信管理局(以下统称为"通信行政监督部门")依法对通信工程建设项目招标投标活动实施监督。

第四条 工业和信息化部鼓励按照《电子招标投标办法》进行通信工程建设项目电子招标投标。

第五条 工业和信息化部建立"通信工程建设项目招标投标管理信息平台"(以下简称"管理平台"),实行通信工程建设项目招标投标活动信息化管理。

第二章 招标和投标

第六条 国有资金占控股或者主导地位的依法必须进行招标的通信工程建设项目，应当公开招标；但有下列情形之一的，可以邀请招标：

（一）技术复杂、有特殊要求或者受自然环境限制，只有少量潜在投标人可供选择；

（二）采用公开招标方式的费用占项目合同金额的比例过大。

有前款第一项所列情形，招标人邀请招标的，应当向其知道或者应当知道的全部潜在投标人发出投标邀请书。

采用公开招标方式的费用占项目合同金额的比例超过1.5%，且采用邀请招标方式的费用明显低于公开招标方式的费用的，方可被认定为有本条第一款第二项所列情形。

第七条 除《招标投标法》第六十六条和《实施条例》第九条规定的可以不进行招标的情形外，潜在投标人少于3个的，可以不进行招标。

招标人为适用前款规定弄虚作假的，属于《招标投标法》第四条规定的规避招标。

第八条 依法必须进行招标的通信工程建设项目的招标人自行办理招标事宜的，应当自发布招标公告或者发出投标邀请书之日起2日内通过“管理平台”向通信行政监督部门提交《通信工程建设项目自行招标备案表》（见附录一）。

第九条 招标代理机构代理招标业务，适用《招标投标法》、《实施条例》和本办法关于招标人的规定。

第十条 公开招标的项目，招标人采用资格预审办法对潜在投标人进行资格审查的，应当发布资格预审公告、编制资格预审文件。招标人发布资格预审公告后，可不再发布招标公告。

依法必须进行招标的通信工程建设项目的资格预审公告和招标公告，除在国家发展和改革委员会依法指定的媒介发布外，还应当在“管理平台”发布。在不同媒介发布的同一招标项目的资格预审公告或者招标公告的内容应当一致。

第十一条 资格预审公告、招标公告或者投标邀请书应当载明下列内容：

（一）招标人的名称和地址；

（二）招标项目的性质、内容、规模、技术要求和资金来源；

（三）招标项目的实施或者交货时间和地点要求；

（四）获取招标文件或者资格预审文件的时间、地点和方法；

（五）对招标文件或者资格预审文件收取的费用；

（六）提交资格预审申请文件或者投标文件的地点和截止时间。

招标人对投标人的资格要求，应当在资格预审公告、招标公告或者投标邀请书中载明。

第十二条 资格预审文件一般包括下列内容：

（一）资格预审公告；

（二）申请人须知；

（三）资格要求；

（四）业绩要求；

（五）资格审查标准和方法；

（六）资格预审结果的通知方式；

（七）资格预审申请文件格式。

资格预审应当按照资格预审文件载明的标准和方法进行，资格预审文件没有规定的标准和方法不得作为资格预审的依据。

第十三条 招标人应当根据招标项目的特点和需要编制招标文件。招标文件一般包括下列内容：

（一）招标公告或者投标邀请书；

（二）投标人须知；

（三）投标文件格式；

（四）项目的技术要求；

（五）投标报价要求；

（六）评标标准、方法和条件；

（七）网络与信息安全有关要求；

（八）合同主要条款。

招标文件应当载明所有评标标准、方法和条件，并能够指导评标工作，在评标过程中不得作任何改变。

第十四条 招标人应当在招标文件中以显著的方式标明实质性要求、条件以及不满足实质性要求和条件的投标将被否决的提示；对于非实质性要求和条件，应当规定允许偏差的最大范围、最高项数和调整偏差的方法。

第十五条 编制依法必须进行招标的通信工程建设项目资格预审文件和招标文件，应当使用国家发展和改革委员会会同有关行政监督部门制定的标准文本及工业和信息化部制定的范本。

第十六条 勘察设计招标项目的评标标准一般包括下列内容：

（一）投标人的资质、业绩、财务状况和履约表现；

（二）项目负责人的资格和业绩；

（三）勘察设计团队人员；

（四）技术方案和技术创新；

（五）质量标准及质量管理措施；

（六）技术支持与保障；

（七）投标价格；

（八）组织实施方案及进度安排。

第十七条 监理招标项目的评标标准一般包括下列内容：

（一）投标人的资质、业绩、财务状况和履约表现；

（二）项目总监理工程师的资格和业绩；

（三）主要监理人员及安全监理人员；

（四）监理大纲；

（五）质量和安全管理措施；

（六）投标价格。

第十八条 施工招标项目的评标标准一般包括下列内容：

（一）投标人的资质、业绩、财务状况和履约表现；

（二）项目负责人的资格和业绩；

（三）专职安全生产管理人员；

（四）主要施工设备及施工安全防护设施；

（五）质量和安全管理措施；

（六）投标价格；

（七）施工组织设计及安全生产应急预案。

第十九条 与通信工程建设有关的货物招标项目的评标标准一般包括下列内容：

（一）投标人的资质、业绩、财务状况和履约表现；

（二）投标价格；

（三）技术标准及质量标准；

（四）组织供货计划；

（五）售后服务。

第二十条 评标方法包括综合评估法、经评审的最低投标价法或者法律、行政法规允许的其他评标方法。

鼓励通信工程建设项目使用综合评估法进行评标。

第二十一条 通信工程建设项目需要划分标段的，招标人应当在招标文件中载明允许投标人中标的最多标段数。

第二十二条 通信工程建设项目已确定投资计划并落实资金来源的，招标人可以将多个同类通信工程建设项目集中进行招标。

招标人进行集中招标的，应当遵守《招标投标法》、《实施条例》和本办法有关依法必须进行招标的项目的规定。

第二十三条 招标人进行集中招标的，应当在招标文件中载明工程或者有关货物、服务的类型、预估招标规模、中标人数量及每个中标人对应的中标份额等；对与工程或者有关服务进行集中招标的，还应当载明每个中标人对应的实施地域。

第二十四条 招标人可以对多个同类通信工程建设项目的潜在投标人进行集中资格预审。招标人进行集中资格预审的，应当发布资格预审公告，明确集中资格预审的适用范围和有效期限，并且应当预估项目规模，合理设定资格、技术和商务条件，不得限制、排斥潜在投标人。

招标人进行集中资格预审，应当遵守国家有关勘察、设计、施工、监理等资质管理的规定。

集中资格预审后，通信工程建设项目的招标人应当继续完成招标程序，不得直接发包工程；直接发包工程的，属于《招标投标法》第四条规定的规避招标。

第二十五条 招标人根据招标项目的具体情况，可以在发售招标文件截止之日后，组织潜在投标人踏勘项目现场和召开投标预备会。

招标人组织潜在投标人踏勘项目现场或者召开投标预备会的，应当向全部潜在投标人发出邀请。

第二十六条 投标人应当在招标文件要求提交投标文件的截止时间前，将投标文件送达投标地点。通信工程建设项目划分标段的，投标人应当在投标文件上标明相应的标段。

未通过资格预审的申请人提交的投标文件，以及逾期送达或者不按照招标文件要求密封的投标文件，招标人应当拒收。

招标人收到投标文件后，不得开启，并应当如实记载投标文件的送达时间和密封情况，存档备查。

第三章 开标、评标和中标

第二十七条 通信工程建设项目投标人少于3个的，不得开标，招标人在分析招标失败的原因并采取相应措施后，应当依法重新招标。划分标段的通信工程建设项目某一标段的投标人少于3个的，该标段不得开标，招标人在分析招标失败的原因并采取相应措施后，应当依法对该标段重新招标。

投标人认为存在低于成本价投标情形的，可以在开标现场提出异议，并在评标完成前向招标人提交书面材料。招标人应当及时将书面材料转交评标委员会。

第二十八条 招标人应当根据《招标投标法》和《实施条例》的规定开标，记录开标过程并存档备查。招标人应当记录下列内容：

（一）开标时间和地点；

（二）投标人名称、投标价格等唱标内容；

（三）开标过程是否经过公证；

（四）投标人提出的异议。

开标记录应当由投标人代表、唱标人、记录人和监督人签字。

因不可抗力或者其他特殊原因需要变更开标地点的，招标人应提前通知所有潜在投标人，确保其有足够的时间能够到达开标地点。

第二十九条　评标由招标人依法组建的评标委员会负责。

通信工程建设项目评标委员会的专家成员应当具备下列条件：

（一）从事通信相关领域工作满 8 年并具有高级职称或者同等专业水平。掌握通信新技术的特殊人才经工作单位推荐，可以视为具备本项规定的条件；

（二）熟悉国家和通信行业有关招标投标以及通信建设管理的法律、行政法规和规章，并具有与招标项目有关的实践经验；

（三）能够认真、公正、诚实、廉洁地履行职责；

（四）未因违法、违纪被取消评标资格或者未因在招标、评标以及其他与招标投标有关活动中从事违法行为而受过行政处罚或者刑事处罚；

（五）身体健康，能够承担评标工作。

工业和信息化部统一组建和管理通信工程建设项目评标专家库，各省、自治区、直辖市通信管理局负责本行政区域内评标专家的监督管理工作。

第三十条　依法必须进行招标的通信工程建设项目，评标委员会的专家应当从通信工程建设项目评标专家库内相关专业的专家名单中采取随机抽取方式确定；个别技术复杂、专业性强或者国家有特殊要求，采取随机抽取方式确定的专家难以保证胜任评标工作的招标项目，可以由招标人从通信工程建设项目评标专家库内相关专业的专家名单中直接确定。

依法必须进行招标的通信工程建设项目的招标人应当通过“管理平台”抽取评标委员会的专家成员，通信行政监督部门可以对抽取过程进行远程监督或者现场监督。

第三十一条　依法必须进行招标的通信工程建设项目技术复杂、评审工作量大，其评标委员会需要分组评审的，每组成员人数应为 5 人以上，且每组每个成员应对所有投标文件进行评审。评标委员会的分组方案应当经全体成员同意。

评标委员会设负责人的，其负责人由评标委员会成员推举产生或者由招标人确定。评标委员会其他成员与负责人享有同等的表决权。

第三十二条　评标委员会成员应当客观、公正地对投标文件提出评审意见，并对所提出的评审意见负责。

招标文件没有规定的评标标准和方法不得作为评标依据。

第三十三条　评标过程中，评标委员会收到低于成本价投标的书面质疑材料、发现投标人的综合报价明显低于其他投标报价或者设有标底时明显低于标底，认为投标报价可能低于成本的，应当书面要求该投标人作出书面说明并提供相关证明材料。招标人要求以某一单项报价核定是否低于成本的，应当在招标文件中载明。

投标人不能合理说明或者不能提供相关证明材料的，评标委员会应当否决其投标。

第三十四条　投标人以他人名义投标或者投标人经资格审查不合格的，评标委员会应当否决其投标。

部分投标人在开标后撤销投标文件或者部分投标人被否决投标后，有效投标不足 3 个且明显缺乏竞争的，评标委员会应当否决全部投标。有效投标不足 3 个，评标委员会未否决全部投标的，应当在评标报告中说明理由。

依法必须进行招标的通信工程建设项目，评标委员会否决全部投标的，招标人应当重新招标。

第三十五条　评标完成后，评标委员会应当根据《招标投标法》和《实施条例》的有关规定向招标人提交评标报告和中标候选人名单。

招标人进行集中招标的，评标委员会应当推荐不少于招标文件载明的中标人数量的中标候选人，并标明排序。

评标委员会分组的，应当形成统一、完整的评标报告。

第三十六条　评标报告应当包括下列内容：

（一）基本情况；

（二）开标记录和投标一览表；

（三）评标方法、评标标准或者评标因素一览表；

（四）评标专家评分原始记录表和否决投标的情况说明；

（五）经评审的价格或者评分比较一览表和投标人排序；

（六）推荐的中标候选人名单及其排序；

（七）签订合同前要处理的事宜；

（八）澄清、说明、补正事项纪要；

（九）评标委员会成员名单及本人签字、拒绝在评标报告上签字的评标委员会成员名单及其陈述的不同意见和理由。

第三十七条 依法必须进行招标的通信工程建设项目的招标人应当自收到评标报告之日起3日内通过“管理平台”公示中标候选人，公示期不得少于3日。

第三十八条 招标人应当根据《招标投标法》和《实施条例》的有关规定确定中标人。

招标人进行集中招标的，应当依次确定排名靠前的中标候选人为中标人，且中标人数量及每个中标人对应的中标份额等应当与招标文件载明的内容一致。招标人与中标人订立的合同中应当明确中标价格、预估合同份额等主要条款。

中标人不能履行合同的，招标人可以按照评标委员会提出的中标候选人名单排序依次确定其他中标候选人为中标人，也可以对中标人的中标份额进行调整，但应当在招标文件中载明调整规则。

第三十九条 在确定中标人之前，招标人不得与投标人就投标价格、投标方案等实质性内容进行谈判。

招标人不得向中标人提出压低报价、增加工作量、增加配件、增加售后服务量、缩短工期或其他违背中标人的投标文件实质性内容的要求。

第四十条 依法必须进行招标的通信工程建设项目的招标人应当自确定中标人之日起15日内，通过“管理平台”向通信行政监督部门提交《通信工程建设项目招标投标情况报告表》（见附录二）。

第四十一条 招标人应建立完整的招标档案，并按国家有关规定保存。招标档案应当包括下列内容：

（一）招标文件；

（二）中标人的投标文件；

（三）评标报告；

（四）中标通知书；

（五）招标人与中标人签订的书面合同；

（六）向通信行政监督部门提交的《通信工程建设项目自行招标备案表》、《通信工程建设项目招标投标情况报告表》；

（七）其他需要存档的内容。

第四十二条 招标人进行集中招标的，应当在所有项目实施完成之日起30日内通过“管理平台”向通信行政监督部门报告项目实施情况。

第四十三条 通信行政监督部门对通信工程建设项目招标投标活动实施监督检查，可以查阅、复制招标投标活动中有关文件、资料，调查有关情况，相关单位和人员应当配合。必要时，通信行政监督部门可以责令暂停招标投标活动。

通信行政监督部门的工作人员对监督检查过程中知悉的国家秘密、商业秘密，应当依法予以保密。

第四章 法律责任

第四十四条 招标人在发布招标公告、发出投标邀请书或者售出招标文件或资格预审文件后无正当理由终止招标的，由通信行政监督部门处以警告，可以并处1万元以上3万元以下的罚款。

第四十五条 依法必须进行招标的通信工程建设项目的招标人或者招标代理机构有下列情形之一的，由通信行政监督部门责令改正，可以处3万元以下的罚款：

（一）招标人自行招标，未按规定向通信行政监督部门备案；

（二）未通过“管理平台”确定评标委员会的专家；

（三）招标人未通过“管理平台”公示中标候选人；

（四）确定中标人后，未按规定向通信行政监督部门提交招标投标情况报告。

第四十六条 招标人有下列情形之一的，由通信行政监督部门责令改正，可以处3万元以下的罚款，对单位直接负责的主管人员和其他直接责任人员依法给予处分；对中标结果造成实质性影响，且不能采取补救措施予以纠正的，招标人应当重新招标或者评标：

（一）编制的资格预审文件、招标文件中未载明所有资格审查或者评标的标准和方法；

（二）招标文件中含有要求投标人多轮次报价、投标人保证报价不高于历史价格等违法条款；

（三）不按规定组建资格审查委员会；

（四）投标人数量不符合法定要求时未重新招标而直接发包；

（五）开标过程、开标记录不符合《招标投标法》、《实施条例》和本办法的规定；

（六）违反《实施条例》第三十二条的规定限制、排斥投标人；

（七）以任何方式要求评标委员会成员以其指定的投标人作为中标候选人、以招标文件未规定的评标标准和方法作为评标依据，或者以其他方式非法干涉评标活动，影响评标结果。

第四十七条 招标人进行集中招标或者集中资格预

审,违反本办法第二十三条、第二十四条、第三十五条或者第三十八条规定的,由通信行政监督部门责令改正,可以处3万元以下的罚款。

第五章　附　则

第四十八条　通信行政监督部门建立通信工程建设项目招标投标情况通报制度,定期通报通信工程建设项目招标投标总体情况、公开招标及招标备案情况、重大违法违约事件等信息。

第四十九条　本办法自2014年7月1日起施行。原中华人民共和国信息产业部2000年9月22日公布的《通信建设项目招标投标管理暂行规定》(中华人民共和国信息产业部令第2号)同时废止。

附录一:通信工程建设项目自行招标备案表(略)

附录二:通信工程建设项目招标投标情况报告表(适用于按项目招标)(略)

通信工程建设项目招标投标情况报告表(适用于集中招标)(略)

通信工程建设项目评标专家及评标专家库管理办法

· 2014年7月14日

· 工信部通〔2014〕302号

第一条　为了加强对通信工程建设项目评标专家及评标专家库的管理,提高评标质量,保证评标活动的公平、公正,根据《通信工程建设项目招标投标管理办法》(工业和信息化部令第27号),制定本办法。

第二条　本办法适用于通信工程建设项目评标专家(以下简称"评标专家")的管理及通信工程建设项目评标专家库(以下简称"评标专家库")的组建、使用、管理活动。

第三条　工业和信息化部负责评标专家及评标专家库的监督管理,其主要职责是:

(一)贯彻执行国家有关法律、法规,制定评标专家及评标专家库管理的规章制度;

(二)统一组建、维护、管理评标专家库;

(三)审核评标专家的入库申请;

(四)建立评标专家的个人档案,维护、管理评标专家信息;

(五)监督依法必须进行招标的通信工程建设项目的评标专家抽取过程,依法受理投诉,查处相关违法行为。

(六)法律、法规、规章规定的其他职责。

第四条　各省、自治区、直辖市通信管理局负责本行政区域内评标专家的监督管理,其主要职责是:

(一)贯彻执行国家有关法律、法规、规章;

(二)初审本行政区域内评标专家的入库申请;

(三)维护、管理本行政区域内的评标专家信息;

(四)监督本行政区域内依法必须进行招标的通信工程建设项目的评标专家抽取过程,依法受理投诉,查处本行政区域内相关违法行为。

(五)法律、法规、规章规定的其他职责。

第五条　工业和信息化部和各省、自治区、直辖市通信管理局统称为通信行政监督部门。

第六条　评标专家专业包括一级专业和二级专业(具体专业分类标准见附件1)。

第七条　评标专家应当具备下列条件:

(一)从事通信相关领域工作满8年并具有高级职称或者同等专业水平,掌握通信新技术的特殊人才经工作单位推荐,可以视为具备本项规定的条件;

(二)熟悉国家和通信行业有关招标投标以及通信建设管理的法律、法规和规章,并具有与招标项目有关的实践经验;

(三)能够认真、公正、诚实、廉洁地履行职责;

(四)未曾因违法、违纪被取消评标资格,未曾在招标、评标以及其他与招投标有关活动中从事违法、违纪行为而受到行政处罚或者刑事处罚;

(五)身体健康,能够承担评标工作。

前款第一项中"同等专业水平"是指本科毕业满12年、硕士毕业满6年、博士毕业满3年、副教授(副研究员)及以上职称;"掌握通信新技术的特殊人才经工作单位推荐"是指从事通信新技术相关工作满3年、具有硕士及以上学历、工作单位认可并推荐。

第八条　评标专家申请进入评标专家库的程序为:

(一)申请人通过"通信工程建设项目招标投标管理信息平台"(网址为 http://txzb.miit.gov.cn ,以下简称"管理平台")填写《通信工程建设项目评标专家库入库申请表》(见附件2)、选择申请专业(每个申请人最多可申请两个一级专业),并提供身份证原件扫描件、职称证书或学历证书原件扫描件、通信工程建设项目评标专家培训合格证书原件扫描件等材料,掌握通信新技术的特殊人才还需提供工作单位人事部门出具的证明文件扫描件。

(二)申请人工作单位或招标代理机构审核同意后,

通过“管理平台”报通信行政监督部门初审或审核。

（三）申请人工作单位所在地通信管理局对申报材料进行初审，申请人工作单位为部直属事业单位或中央管理企业集团公司的，直接由工业和信息化部审核。

（四）工业和信息化部组织对申报材料进行审核，符合条件的申请人进入评标专家库。

（五）工业和信息化部定期向社会公布评标专家的名单及其专家编号。

第九条 从事通信工程建设项目招标代理业务的机构应当通过“管理平台”在评标专家库中选择并聘用足够数量的评标专家，组成本机构的评标专家子库。

招标代理机构选聘评标专家应当征得评标专家同意。

第十条 依法必须进行招标的通信工程建设项目，招标人或招标代理机构应当依据《通信工程建设项目招标投标管理办法》第三十条的规定随机抽取或直接确定评标专家。

招标人或招标代理机构随机抽取评标专家的，其具体程序为：

（一）招标人自行招标的，应当从评标专家库中抽取评标专家；招标人委托招标代理机构招标的，可以选择从招标代理机构的评标专家子库中抽取评标专家。

（二）招标人或招标代理机构设置专家地域、专业、数量等抽取条件。设置抽取条件后，可供抽取的专家总数不得少于拟抽取专家数量的5倍。

（三）“管理平台”随机抽取专家，招标人或招标代理机构逐一联系、确认评标专家是否出席，系统存档备查。

（四）评标专家需要回避或因其他原因不能出席的，招标人或招标代理机构应当继续随机抽取评标专家，直至确认出席的专家人数达到要求。

招标人或招标代理机构直接确定评标专家的，应当从评标专家库相关专业的专家名单中直接确定。

第十一条 有下列情形之一的，不得担任资格审查委员会和评标委员会成员：

（一）投标人主要负责人的近亲属；

（二）项目主管部门或通信行政监督部门的人员；

（三）与投标人有经济利益关系，可能影响公正评审。

评标专家有前款规定情形之一的，应当主动提出回避；未提出回避的，招标人和通信行政监督部门发现后，应当立即停止其参加资格审查或评标。

第十二条 招标人或招标代理机构确认评标专家出席资格审查或评标活动后，发生评标专家临时不能到场或需要回避等特殊情形的，应当按照原抽取方式补抽确定。

第十三条 评标专家享有下列权利：

（一）接受招标人或其委托的招标代理机构聘请，担任资格审查委员会或评标委员会的成员，参加资格审查或评标活动；

（二）依法对资格申请文件或投标文件进行独立评审，提出评审意见，不受任何单位或个人的干预和影响；

（三）向通信行政监督部门举报资格审查或评标活动存在的违法、违规或不公正行为；

（四）依法获取劳动报酬；

（五）对招标人或招标代理机构作出的履职评议进行申辩；

（六）法律、法规、规章规定的其他权利。

第十四条 评标专家承担下列义务：

（一）严格遵守国家和通信行业有关招标投标的法律、法规和规章，接受通信行政监督部门的监督管理，协助配合有关检查及投诉处理；

（二）准时参加资格审查或评标活动，并客观、公正地进行评审，遵守职业道德，不徇私舞弊，对所提出的评审意见承担责任；

（三）遵守评标工作纪律和保密规定，不得泄露与资格审查或评标有关信息，不得私下接触投标人及其利害关系人，不得收受他人的财物或其他好处；

（四）具有法定回避情形的，应主动提出回避；

（五）参加评标专家培训和继续教育；

（六）及时登录“管理平台”维护个人信息；

（七）法律、行政法规规定的其他义务。

第十五条 招标人或招标代理机构应当负担评标专家在资格审查或评标工作期间的食宿、交通等费用，并按有关规定支付评标专家报酬。

第十六条 评标专家工作单位应当对评标专家参加资格审查或评标活动、培训和继续教育给予支持。

第十七条 招标人或招标代理机构在抽取评标专家时，不得利用各种借口拒绝评标专家参加资格审查或评标，禁止违规挑选评标专家。评标专家抽取过程及专家名单应当保密。

第十八条 招标人或招标代理机构应当在资格审查或评标工作结束后，重新登陆“管理平台”对评标专家的综合表现进行履职评议。

履职评议是指招标人或招标代理机构对评标专家的能力、态度、成效等进行评分，并填写相关评语。评标专家对履职评议无申辩的，该履职评议记入评标专家档案；

评标专家对履职评议有申辩的，由通信行政监督部门作出判定。

第十九条　工业和信息化部委托有关机构对进入评标专家库的评标专家进行继续教育培训。

第二十条　评标专家的联系电话、职称等个人信息变更的，由评标专家自行登录"管理平台"进行信息更新。

评标专家的工作单位、专业等变更的，由评标专家工作单位或招标代理机构通过"管理平台"提交申请，评标专家工作单位所在地通信管理局审核通过后，对专家信息进行更新。

第二十一条　评标专家有下列情形之一的，通信行政监督部门核实后将暂停其参加资格审查和评标活动的资格6个月：

（一）连续三次被抽取但拒绝参加评标活动；

（二）无正当理由，承诺参加但未参加评标活动；

（三）评标出现重大疏漏或者错误；

（四）通信行政监督部门依法对投诉进行调查时，不予配合。

第二十二条　评标专家有下列情形之一的，工业和信息化部核实后将取消其参加资格审查或评标活动的资格：

（一）以虚假材料骗取进入评标专家库；

（二）无正当理由，中途退出评标活动；

（三）评标期间私下接触投标人；

（四）收受投标人的财物或其他好处；

（五）违反保密规定，泄露资格审查或评标情况；

（六）接受任何单位或者个人明示或暗示提出的倾向或排斥特定资格审查申请人或投标人要求；

（七）暗示或者诱导投标人对投标文件作出澄清、说明，影响评审公正性；

（八）自进入评标专家库之日起3年内未参加评标专家继续教育；

（九）被暂停资格审查和评标资格期满后，再次出现本办法第二十一条规定情形之一；

（十）曾因在招标、评标以及其他与招标有关活动中从事违法行为而受到行政处罚或刑事处罚。

第二十三条　评标专家有下列情形，本人申请不再担任评标专家的，注销其相关信息：

（一）因身体健康原因不能胜任评标工作的；

（二）工作调动不再适宜继续参与评标活动的；

（三）其他原因。

第二十四条　评标专家档案包括下列内容：

（一）评标专家个人情况，包括个人申请或推荐登记表以及有关证明材料，入选专家库的审查确认过程以及结果；

（二）评标专家评标情况及其履职评议；

（三）评标专家奖惩信息；

（四）参加继续教育情况。

第二十五条　通信行政监督部门可依据《招标投标违法行为记录公告暂行办法》，对评标专家的违法违纪行为予以公示。

第二十六条　通信行政监督部门及相关工作人员应当遵守有关信息保密的规定，并加强"管理平台"的安全防护，防止相关信息泄露。

第二十七条　本办法由工业和信息化部负责解释。

第二十八条　本办法自发布之日起施行，原信息产业部《通信建设项目招标投标管理实施细则》（信部规〔2001〕632号）同时废止。

国家发展和改革委员会办公厅、工业和信息化部办公厅关于工业和通信业领域政府核准企业投资项目有关事项的通知

·2014年2月11日

·发改办产业〔2014〕322号

各省、自治区、直辖市及计划单列市、新疆生产建设兵团发展改革委、工业和信息化主管部门，有关中央企业：

为进一步转变职能，改进规范企业投资项目的核准行为，优化流程、提高效率，根据《国务院关于发布政府核准的投资项目目录（2013年本）的通知》（国发〔2013〕47号，以下简称《目录》）和《企业投资项目核准暂行办法》（修订中）的精神，现就《目录》中涉及国务院和国家发展改革委核准的信息产业、原材料、机械制造类及高新技术中的民用飞机（含直升机）制造等工业、通信业类项目管理有关事项通知如下：

由国家发展改革委核准的工业、通信业项目，核准前须征求工业和信息化部意见，工业和信息化部就项目是否符合行业规划及准入等方面提出书面意见。由国务院核准的项目，由国家发展改革委征求工业和信息化部意见后报国务院核准。

地方企业投资建设上述范围内的项目，省级发展改革委向国家发展改革委报送项目核准申请报告时，抄送工业和信息化部。计划单列企业集团和中央管理企业投资建设上述范围内的项目时，直接上报国家发展改革委，

同时抄送工业和信息化部。国务院有关部门所属单位投资建设上述范围的项目,所属部门向国家发展改革委报送项目申请报告时,同时抄送工业和信息化部。

项目申请报告送国家发展改革委1式5份,送工业和信息化部1式3份。

国家发展改革委正式受理项目申请报告后,在启动咨询评估的同时征求工业和信息化部意见,工业和信息化部在收到征求意见函后7个工作日内,向国家发展改革委提出书面意见。

国家发展改革委对上述范围的项目核准文件,同时抄送工业和信息化部。

其他内容按照《企业投资项目核准暂行办法》执行。

7. 水利工程

水利工程建设项目招标投标管理规定

· 2001年10月29日水利部令第14号公布
· 自2002年1月1日起施行

第一章 总 则

第一条 为加强水利工程建设项目招标投标工作的管理,规范招标投标活动,根据《中华人民共和国招标投标法》和国家有关规定,结合水利工程建设的特点,制定本规定。

第二条 本规定适用于水利工程建设项目的勘察设计、施工、监理以及与水利工程建设有关的重要设备、材料采购等的招标投标活动。

第三条 符合下列具体范围并达到规模标准之一的水利工程建设项目必须进行招标。

(一)具体范围

1. 关系社会公共利益、公共安全的防洪、排涝、灌溉、水力发电、引(供)水、滩涂治理、水土保持、水资源保护等水利工程建设项目;

2. 使用国有资金投资或者国家融资的水利工程建设项目;

3. 使用国际组织或者外国政府贷款、援助资金的水利工程建设项目。

(二)规模标准

1. 施工单项合同估算价在200万元人民币以上的;

2. 重要设备、材料等货物的采购,单项合同估算价在100万元人民币以上的;

3. 勘察设计、监理等服务的采购,单项合同估算价在50万元人民币以上的;

4. 项目总投资额在3000万元人民币以上,但分标单项合同估算价低于本项第1、2、3目规定的标准的项目原则上都必须招标。

第四条 招标投标活动应当遵循公开、公平、公正和诚实信用的原则。建设项目的招标工作由招标人负责,任何单位和个人不得以任何方式非法干涉招标投标活动。

第二章 行政监督与管理

第五条 水利部是全国水利工程建设项目招标投标活动的行政监督与管理部门,其主要职责是:

(一)负责组织、指导、监督全国水利行业贯彻执行国家有关招标投标的法律、法规、规章和政策;

(二)依据国家有关招标投标法律、法规和政策,制定水利工程建设项目招标投标的管理规定和办法;

(三)受理有关水利工程建设项目招标投标活动的投诉,依法查处招标投标活动中的违法违规行为;

(四)对水利工程建设项目招标代理活动进行监督;

(五)对水利工程建设项目评标专家资格进行监督与管理;

(六)负责国家重点水利项目和水利部所属流域管理机构(以下简称流域管理机构)主要负责人兼任项目法人代表的中央项目的招标投标活动的行政监督。

第六条 流域管理机构受水利部委托,对除第五条第六项规定以外的中央项目的招标投标活动进行行政监督。

第七条 省、自治区、直辖市人民政府水行政主管部门是本行政区域内地方水利工程建设项目招标投标活动的行政监督与管理部门,其主要职责是:

(一)贯彻执行有关招标投标的法律、法规、规章和政策;

(二)依照有关法律、法规和规章,制定地方水利工程建设项目招标投标的管理办法;

(三)受理管理权限范围内的水利工程建设项目招标投标活动的投诉,依法查处招标投标活动中的违法违规行为;

(四)对本行政区域内地方水利工程建设项目招标代理活动进行监督;

(五)组建并管理省级水利工程建设项目评标专家库;

(六)负责本行政区域内除第五条第六项规定以外的地方项目的招标投标活动的行政监督。

第八条 水行政主管部门依法对水利工程建设项目的招标投标活动进行行政监督,内容包括:

（一）接受招标人招标前提交备案的招标报告；

（二）可派员监督开标、评标、定标等活动。对发现的招标投标活动的违法违规行为，应当立即责令改正，必要时可做出包括暂停开标或评标以及宣布开标、评标结果无效的决定，对违法的中标结果予以否决；

（三）接受招标人提交备案的招标投标情况书面总结报告。

第三章 招 标

第九条 招标分为公开招标和邀请招标。

第十条 依法必须招标的项目中，国家重点水利项目、地方重点水利项目及全部使用国有资金投资或者国有资金投资占控股或者主导地位的项目应当公开招标，但有下列情况之一的，按第十一条的规定经批准后可采用邀请招标：

（一）属于第三条第二项第4目规定的项目；

（二）项目技术复杂，有特殊要求或涉及专利权保护，受自然资源或环境限制，新技术或技术规格事先难以确定的项目；

（三）应急度汛项目；

（四）其他特殊项目。

第十一条 符合第十条规定，采用邀请招标的，招标前招标人必须履行下列批准手续：

（一）国家重点水利项目经水利部初审后，报国家发展计划委员会批准；其他中央项目报水利部或其委托的流域管理机构批准；

（二）地方重点水利项目经省、自治区、直辖市人民政府水行政主管部门会同同级发展计划行政主管部门审核后，报本级人民政府批准；其他地方项目报省、自治区、直辖市人民政府水行政主管部门批准。

第十二条 下列项目可不进行招标，但须经项目主管部门批准：

（一）涉及国家安全、国家秘密的项目；

（二）应急防汛、抗旱、抢险、救灾等项目；

（三）项目中经批准使用农民投工、投劳施工的部分（不包括该部分中勘察设计、监理和重要设备、材料采购）；

（四）不具备招标条件的公益性水利工程建设项目的项目建议书和可行性研究报告；

（五）采用特定专利技术或特有技术的；

（六）其他特殊项目。

第十三条 当招标人具备以下条件时，按有关规定和管理权限经核准可自行办理招标事宜：

（一）具有项目法人资格（或法人资格）；

（二）具有与招标项目规模和复杂程度相适应的工程技术、概预算、财务和工程管理等方面专业技术力量；

（三）具有编制招标文件和组织评标的能力；

（四）具有从事同类工程建设项目招标的经验；

（五）设有专门的招标机构或者拥有3名以上专职招标业务人员；

（六）熟悉和掌握招标投标法律、法规、规章。

第十四条 当招标人不具备第十三条的条件时，应当委托符合相应条件的招标代理机构办理招标事宜。

第十五条 招标人申请自行办理招标事宜时，应当报送以下书面材料：

（一）项目法人营业执照、法人证书或者项目法人组建文件；

（二）与招标项目相适应的专业技术力量情况；

（三）内设的招标机构或者专职招标业务人员的基本情况；

（四）拟使用的评标专家库情况；

（五）以往编制的同类工程建设项目招标文件和评标报告，以及招标业绩的证明材料；

（六）其他材料。

第十六条 水利工程建设项目招标应当具备以下条件：

（一）勘察设计招标应当具备的条件

1. 勘察设计项目已经确定；

2. 勘察设计所需资金已落实；

3. 必需的勘察设计基础资料已收集完成。

（二）监理招标应当具备的条件

1. 初步设计已经批准；

2. 监理所需资金已落实；

3. 项目已列入年度计划。

（三）施工招标应当具备的条件

1. 初步设计已经批准；

2. 建设资金来源已落实，年度投资计划已经安排；

3. 监理单位已确定；

4. 具有能满足招标要求的设计文件，已与设计单位签订适应施工进度要求的图纸交付合同或协议；

5. 有关建设项目永久征地、临时征地和移民搬迁的实施、安置工作已经落实或已有明确安排。

（四）重要设备、材料招标应当具备的条件

1. 初步设计已经批准；

2. 重要设备、材料技术经济指标已基本确定；

3. 设备、材料所需资金已落实。

第十七条　招标工作一般按下列程序进行：

（一）招标前，按项目管理权限向水行政主管部门提交招标报告备案。报告具体内容应当包括：招标已具备的条件、招标方式、分标方案、招标计划安排、投标人资质（资格）条件、评标方法、评标委员会组建方案以及开标、评标的工作具体安排等；

（二）编制招标文件；

（三）发布招标信息（招标公告或投标邀请书）；

（四）发售资格预审文件；

（五）按规定日期接受潜在投标人编制的资格预审文件；

（六）组织对潜在投标人资格预审文件进行审核；

（七）向资格预审合格的潜在投标人发售招标文件；

（八）组织购买招标文件的潜在投标人现场踏勘；

（九）接受投标人对招标文件有关问题要求澄清的函件，对问题进行澄清，并书面通知所有潜在投标人；

（十）组织成立评标委员会，并在中标结果确定前保密；

（十一）在规定时间和地点，接受符合招标文件要求的投标文件；

（十二）组织开标评标会；

（十三）在评标委员会推荐的中标候选人中，确定中标人；

（十四）向水行政主管部门提交招标投标情况的书面总结报告；

（十五）发中标通知书，并将中标结果通知所有投标人；

（十六）进行合同谈判，并与中标人订立书面合同。

第十八条　采用公开招标方式的项目，招标人应当在国家发展计划委员会指定的媒介发布招标公告，其中大型水利工程建设项目以及国家重点项目、中央项目、地方重点项目同时还应当在《中国水利报》发布招标公告，公告正式媒介发布至发售资格预审文件（或招标文件）的时间间隔一般不少于10日。招标人应当对招标公告的真实性负责。招标公告不得限制潜在投标人的数量。

采用邀请招标方式的，招标人应当向3个以上有投标资格的法人或其他组织发出投标邀请书。

投标人少于3个的，招标人应当依照本规定重新招标。

第十九条　招标人应当根据国家有关规定，结合项目特点和需要编制招标文件。

第二十条　招标人应当对投标人进行资格审查，并提出资格审查报告，经参审人员签字后存档备查。

第二十一条　在一个项目中，招标人应当以相同条件对所有潜在投标人的资格进行审查，不得以任何理由限制或者排斥部分潜在投标人。

第二十二条　招标人对已发出的招标文件进行必要澄清或者修改的，应当在招标文件要求提交投标文件截止日期至少15日前，以书面形式通知所有投标人。该澄清或者修改的内容为招标文件的组成部分。

第二十三条　依法必须进行招标的项目，自招标文件开始发出之日起至投标人提交投标文件截止之日止，最短不应当少于20日。

第二十四条　招标文件应当按其制作成本确定售价，一般可按1000元至3000元人民币标准控制。

第二十五条　招标文件中应当明确投标保证金金额，一般可按以下标准控制：

（一）合同估算价1亿元人民币以上，投标保证金金额不超过合同估算价的千分之五；

（二）合同估算价3000万元至1亿元人民币之间，投标保证金金额不超过合同估算价的千分之六；

（三）合同估算价3000万元人民币以下，投标保证金金额不超过合同估算价的千分之七，但最低不得少于1万元人民币。

第四章　投　标

第二十六条　投标人必须具备水利工程建设项目所需的资质（资格）。

第二十七条　投标人应当按照招标文件的要求编写投标文件，并在招标文件规定的投标截止时间之前密封送达招标人。在投标截止时间之前，投标人可以撤回已递交的投标文件或进行更正和补充，但应当符合招标文件的要求。

第二十八条　投标人必须按招标文件规定投标，也可附加提出“替代方案”，且应当在其封面上注明“替代方案”字样，供招标人选用，但不作为评标的主要依据。

第二十九条　两个或两个以上单位联合投标的，应当按资质等级较低的单位确定联合体资质（资格）等级。招标人不得强制投标人组成联合体共同投标。

第三十条　投标人在递交投标文件的同时，应当递交投标保证金。

招标人与中标人签订合同后5个工作日内，应当退还投标保证金。

第三十一条　投标人应当对递交的资质（资格）预审文件及投标文件中有关资料的真实性负责。

第五章 评标标准与方法

第三十二条 评标标准和方法应当在招标文件中载明，在评标时不得另行制定或修改、补充任何评标标准和方法。

第三十三条 招标人在一个项目中，对所有投标人评标标准和方法必须相同。

第三十四条 评标标准分为技术标准和商务标准，一般包含以下内容：

（一）勘察设计评标标准

1. 投标人的业绩和资信；
2. 勘察总工程师、设计总工程师的经历；
3. 人力资源配备；
4. 技术方案和技术创新；
5. 质量标准及质量管理措施；
6. 技术支持与保障；
7. 投标价格和评标价格；
8. 财务状况；
9. 组织实施方案及进度安排。

（二）监理评标标准

1. 投标人的业绩和资信；
2. 项目总监理工程师经历及主要监理人员情况；
3. 监理规划（大纲）；
4. 投标价格和评标价格；
5. 财务状况。

（三）施工评标标准

1. 施工方案（或施工组织设计）与工期；
2. 投标价格和评标价格；
3. 施工项目经理及技术负责人的经历；
4. 组织机构及主要管理人员；
5. 主要施工设备；
6. 质量标准、质量和安全管理措施；
7. 投标人的业绩、类似工程经历和资信；
8. 财务状况。

（四）设备、材料评标标准

1. 投标价格和评标价格；
2. 质量标准及质量管理措施；
3. 组织供应计划；
4. 售后服务；
5. 投标人的业绩和资信；
6. 财务状况。

第三十五条 评标方法可采用综合评分法、综合最低评标价法、合理最低投标价法、综合评议法及两阶段评标法。

第三十六条 施工招标设有标底的，评标标底可采用：

（一）招标人组织编制的标底 A；

（二）以全部或部分投标人报价的平均值作为标底 B；

（三）以标底 A 和标底 B 的加权平均值作为标底；

（四）以标底 A 值作为确定有效标的标准，以进入有效标内投标人的报价平均值作为标底。

施工招标未设标底的，按不低于成本价的有效标进行评审。

第六章 开标、评标和中标

第三十七条 开标由招标人主持，邀请所有投标人参加。

第三十八条 开标应当按招标文件中确定的时间和地点进行。开标人员至少由主持人、监标人、开标人、唱标人、记录人组成，上述人员对开标负责。

第三十九条 开标一般按以下程序进行：

（一）主持人在招标文件确定的时间停止接收投标文件，开始开标；

（二）宣布开标人员名单；

（三）确认投标人法定代表人或授权代表人是否在场；

（四）宣布投标文件开启顺序；

（五）依开标顺序，先检查投标文件密封是否完好，再启封投标文件；

（六）宣布投标要素，并作记录，同时由投标人代表签字确认；

（七）对上述工作进行纪录，存档备查。

第四十条 评标工作由评标委员会负责。评标委员会由招标人的代表和有关技术、经济、合同管理等方面的专家组成，成员人数为七人以上单数，其中专家（不含招标人代表人数）不得少于成员总数的三分之二。

第四十一条 公益性水利工程建设项目中，中央项目的评标专家应当从水利部或流域管理机构组建的评标专家库中抽取；地方项目的评标专家应当从省、自治区、直辖市人民政府水行政主管部门组建的评标专家库中抽取，也可从水利部或流域管理机构组建的评标专家库中抽取。

第四十二条 评标专家的选择应当采取随机的方式抽取。根据工程特殊专业技术需要，经水行政主管部门批准，招标人可以指定部分评标专家，但不得超过专家人数的三分之一。

第四十三条 评标委员会成员不得与投标人有利害关系。所指利害关系包括：是投标人或其代理人的近亲属；在 5 年内与投标人曾有工作关系；或有其他社会关系或经济利益关系。

评标委员会成员名单在招标结果确定前应当保密。

第四十四条 评标工作一般按以下程序进行：

（一）招标人宣布评标委员会成员名单并确定主任委员；

（二）招标人宣布有关评标纪律；

（三）在主任委员主持下，根据需要，讨论通过成立有关专业组和工作组；

（四）听取招标人介绍招标文件；

（五）组织评标人员学习评标标准和方法；

（六）经评标委员会讨论，并经二分之一以上委员同意，提出需投标人澄清的问题，以书面形式送达投标人；

（七）对需要文字澄清的问题，投标人应当以书面形式送达评标委员会；

（八）评标委员会按招标文件确定的评标标准和方法，对投标文件进行评审，确定中标候选人推荐顺序；

（九）在评标委员会三分之二以上委员同意并签字的情况下，通过评标委员会工作报告，并报招标人。评标委员会工作报告附件包括有关评标的往来澄清函、有关评标资料及推荐意见等。

第四十五条 招标人对有下列情况之一的投标文件，可以拒绝或按无效标处理：

（一）投标文件密封不符合招标文件要求的；

（二）逾期送达的；

（三）投标人法定代表人或授权代表人未参加开标会议的；

（四）未按招标文件规定加盖单位公章和法定代表人（或其授权人）的签字（或印鉴）的；

（五）招标文件规定不得标明投标人名称，但投标文件上标明投标人名称或有任何可能透露投标人名称的标记的；

（六）未按招标文件要求编写或字迹模糊导致无法确认关键技术方案、关键工期、关键工程质量保证措施、投标价格的；

（七）未按规定交纳投标保证金的；

（八）超出招标文件规定，违反国家有关规定的；

（九）投标人提供虚假资料的。

第四十六条 评标委员会经过评审，认为所有投标文件都不符合招标文件要求时，可以否决所有投标，招标人应当重新组织招标。对已参加本次投标的单位，重新参加投标不应当再收取招标文件费。

第四十七条 评标委员会应当进行秘密评审，不得泄露评审过程、中标候选人的推荐情况以及与评标有关的其他情况。

第四十八条 在评标过程中，评标委员会可以要求投标人对投标文件中含义不明确的内容采取书面方式作出必要的澄清或说明，但不得超出投标文件的范围或改变投标文件的实质性内容。

第四十九条 评标委员会经过评审，从合格的投标人中排序推荐中标候选人。

第五十条 中标人的投标应当符合下列条件之一：

（一）能够最大限度地满足招标文件中规定的各项综合评价标准；

（二）能够满足招标文件的实质性要求，并且经评审的投标价格合理最低；但投标价格低于成本的除外。

第五十一条 招标人可授权评标委员会直接确定中标人，也可根据评标委员会提出的书面评标报告和推荐的中标候选人顺序确定中标人。当招标人确定的中标人与评标委员会推荐的中标候选人顺序不一致时，应当有充足的理由，并按项目管理权限报水行政主管部门备案。

第五十二条 自中标通知书发出之日起30日内，招标人和中标人应当按照招标文件和中标人的投标文件订立书面合同，中标人提交履约保函。招标人和中标人不得另行订立背离招标文件实质性内容的其他协议。

第五十三条 招标人在确定中标人后，应当在15日之内按项目管理权限向水行政主管部门提交招标投标情况的书面报告。

第五十四条 当确定的中标人拒绝签订合同时，招标人可与确定的候补中标人签订合同，并按项目管理权限向水行政主管部门备案。

第五十五条 由于招标人自身原因致使招标工作失败（包括未能如期签订合同），招标人应当按投标保证金双倍的金额赔偿投标人，同时退还投标保证金。

第七章 附 则

第五十六条 在招标投标活动中出现的违法违规行为，按照《中华人民共和国招标投标法》和国务院的有关规定进行处罚。

第五十七条 各省、自治区、直辖市可以根据本规定，结合本地区实际制订相应的实施办法。

第五十八条 本规定由水利部负责解释。

第五十九条 本规定自2002年1月1日起施行，《水利工程建设项目施工招标投标管理规定》（水建〔1994〕130号1995年4月21日颁发，水政资〔1998〕51号1998年2月9日修正）同时废止。

水利工程建设项目监理招标投标管理办法

·2002年12月25日

·水建管〔2002〕587号

第一章　总　则

第一条　为了规范水利工程建设项目监理招标投标活动，根据《水利工程建设项目招标投标管理规定》（水利部第14号令，以下简称《规定》）和国家有关规定，结合水利工程建设监理的特点，制定本办法。

第二条　本办法适用于水利工程建设项目（以下简称"项目"）监理的招标投标活动。

第三条　项目符合《规定》第三条规定的范围与标准必须进行监理招标。

国家和水利部对项目技术复杂或者有特殊要求的水利工程建设项目监理另有规定的，从其规定。

第四条　项目监理招标一般不宜分标。如若分标，各监理标的监理合同估算价应当在50万元人民币以上。

项目监理分标的，应当利于管理和竞争，利于保证监理工作的连续性和相对独立性，避免相互交叉和干扰，造成监理责任不清。

第五条　水行政主管部门依法对项目监理招标投标活动进行行政监督。内容包括：

（一）监督检查招标人是否按照招标前提交备案的项目招标报告进行监理招标；

（二）可派员监督项目开标、评标、定标等活动，查处监理招标投标活动中违法违规行为；

（三）接受招标人依法备案的项目监理招标投标情况报告。

第六条　项目监理招标投标活动应当遵循公开、公平、公正和诚实信用的原则。项目监理招标工作由招标人负责，任何单位和个人不得以任何方式非法干涉项目监理招标投标活动。

第二章　招　标

第七条　项目监理招标分为公开招标和邀请招标。

第八条　项目监理招标的招标人是该项目的项目法人。

第九条　招标人自行办理项目监理招标事宜时，应当按有关规定履行核准手续。

第十条　招标人委托招标代理机构办理招标事宜时，受委托的招标代理机构应符合水利工程建设项目招标代理有关规定的要求。

第十一条　项目监理招标应当具备下列条件：

（一）项目可行性研究报告或者初步设计已经批复；

（二）监理所需资金已经落实；

（三）项目已列入年度计划。

第十二条　项目监理招标宜在相应的工程勘察、设计、施工、设备和材料招标活动开始前完成。

第十三条　项目监理招标一般按照《规定》第十七条规定的程序进行。

第十四条　招标公告或者投标邀请书应当至少载明下列内容：

（一）招标人的名称和地址；

（二）监理项目的内容、规模、资金来源；

（三）监理项目的实施地点和服务期；

（四）获取招标文件或者资格预审文件的地点和时间；

（五）对招标文件或者资格预审文件收取的费用；

（六）对投标人的资质等级的要求。

第十五条　招标人应当对投标人进行资格审查。资格审查分为资格预审和资格后审。进行资格预审的，一般不再进行资格后审，但招标文件另有规定的除外。

第十六条　资格预审，是指在投标前对潜在投标人进行的资格审查。资格预审一般按照下列原则进行：

（一）招标人组建的资格预审工作组负责资格预审。

（二）资格预审工作组按照资格预审文件中规定的资格评审条件，对所有潜在投标人提交的资格预审文件进行评审。

（三）资格预审完成后，资格预审工作组应提交由资格预审工作组成员签字的资格预审报告，并由招标人存档备查。

（四）经资格预审后，招标人应当向资格预审合格的潜在投标人发出资格预审合格通知书，告知获取招标文件的时间、地点和方法，并同时向资格预审不合格的潜在投标人告知资格预审结果。

第十七条　资格后审，是指在开标后，招标人对投标人进行资格审查，提出资格审查报告，经参审人员签字由招标人存档备查，同时交评标委员会参考。

第十八条　资格审查应主要审查潜在投标人或者投标人是否符合下列条件：

（一）具有独立合同签署及履行的权利；

（二）具有履行合同的能力，包括专业、技术资格和能力，资金、设备和其他物质设施能力，管理能力，类似工程经验、信誉状况等；

（三）没有处于被责令停业，投标资格被取消，财产被接管、冻结等；

(四)在最近三年内没有骗取中标和严重违约及重大质量问题。

资格审查时，招标人不得以不合理的条件限制、排斥潜在投标人或者投标人，不得对潜在投标人或者投标人实行歧视待遇。任何单位和个人不得以行政手段或者其他不合理方式限制投标人的数量。

第十九条 招标文件应当包括下列内容：

(一)投标邀请书；

(二)投标人须知。投标人须知应当包括：招标项目概况，监理范围、内容和监理服务期，招标人提供的现场工作及生活条件(包括交通、通讯、住宿等)和试验检测条件，对投标人和现场监理人员的要求，投标人应当提供的有关资格和资信证明文件，投标文件的编制要求，提交投标文件的方式、地点和截止时间，开标日程安排，投标有效期等；

(三)书面合同书格式。大、中型项目的监理合同书、应当使用《水利工程建设监理合同示范文本》(GF—2000—0211)，小型项目可参照使用；

(四)投标报价书、投标保证金和授权委托书、协议书和履约保函的格式；

(五)必要的设计文件、图纸和有关资料；

(六)投标报价要求及其计算方式；

(七)评标标准与方法；

(八)投标文件格式；

(九)其它辅助资料。

第二十条 依法必须进行招标的项目，自招标文件开始发出之日起至投标人提交投标文件截止之日止，最短不得少于20日。

第二十一条 招标文件一经发出，招标内容一般不得修改。招标文件的修改和澄清，应当于提交投标文件截止日期15日前书面通知所有潜在投标人。该修改和澄清的内容为招标文件的组成部分。

第二十二条 投标人少于3个的，招标人应当依法重新招标。

第二十三条 资格预审文件售价最高不得超过500元人民币。

第二十四条 招标文件售价应当按照《规定》第二十四条规定的标准控制。

第二十五条 投标保证金的金额一般按照招标文件售价的10倍控制。履约保证金的金额按照监理合同价的2%~5%控制，但最低不少于1万元人民币。

第三章 投 标

第二十六条 投标人必须具有水利部颁发的水利工程建设监理资质证书，并具备下列条件：

(一)具有招标文件要求的资质等级和类似项目的监理经验与业绩；

(二)与招标项目要求相适应的人力、物力和财力；

(三)其他条件。

第二十七条 招标代理机构代理项目监理招标时，该代理机构不得参加或代理该项目监理的投标。

第二十八条 投标人应当按照招标文件的要求编制投标文件。投标文件一般包括下列内容：

(一)投标报价书；

(二)投标保证金；

(三)委托投标时，法定代表人签署的授权委托书；

(四)投标人营业执照、资质证书以及其它有效证明文件的复印件；

(五)监理大纲；

(六)项目总监理工程师及主要监理人员简历、业绩、学历证书、职称证书以及监理工程师资格证书和岗位证书等证明文件；

(七)拟用于本工程的设施设备、仪器；

(八)近3~5年完成的类似工程、有关方面对投标人的评价意见、以及获奖证明；

(九)投标人近3年财务状况；

(十)投标报价的计算和说明；

(十一)招标文件要求的其他内容。

第二十九条 监理大纲的主要内容应当包括：工程概况、监理范围、监理目标、监理措施、对工程的理解、项目监理机构组织机构、监理人员等。

第三十条 投标人应当在招标文件要求提交投标文件的截止时间前，将投标文件密封送达招标人。投标人的投标文件正本和副本应当分别包装，包装封套上加贴封条，加盖"正本"或"副本"标记。

第三十一条 投标人在招标文件要求提交投标文件截止时间之前，可以书面方式对投标文件进行修改、补充或者撤回，但应当符合招标文件的要求。

第三十二条 两个以上监理单位可以组成一个联合体，以一个投标人的身份投标。

联合体各方签订共同投标协议后，不得再以自己名义单独投标，也不得组成新的联合体或参加其他联合体在同一项目中投标。

招标人不得强制投标人组成联合体共同投标。

第三十三条　联合体参加资格预审并获通过的，其组成的任何变化都必须在提交投标文件截止之日前征得招标人的同意。如果变化后的联合体削弱了竞争，含有事先未经过资格预审或者资格预审不合格的法人，或者使联合体的资质降到资格预审文件中规定的最低标准下，招标人有权拒绝。

第三十四条　联合体各方必须指定牵头人，授权其代表所有联合体成员负责投标和合同实施阶段的主办、协调工作，并应当向招标人提交由所有联合体成员法定代表人签署的授权书。

第三十五条　联合体投标的，应当以联合体各方或者联合体中牵头人的名义提交投标保证金。

第三十六条　投标人应当对递交的资格预审文件、投标文件中有关资料的真实性负责。

第四章　评标标准与方法

第三十七条　项目监理评标标准和方法应当体现根据监理服务质量选择中标人的原则。评标标准和方法应当在招标文件中载明，在评标时不得另行制定或者修改、补充任何评标标准和方法。

项目监理招标不宜设置标底。

第三十八条　评标标准包括投标人的业绩和资信、项目总监理工程师的素质和能力、资源配置、监理大纲以及投标报价等五个方面。其重要程度宜分别赋予20%、25%、25%、20%、10%的权重，也可根据项目具体情况确定。

第三十九条　业绩和资信可以从以下几个方面设置评价指标：

（一）有关资质证书、营业执照等情况；

（二）人力、物力与财力资源；

（三）近3~5年完成或者正在实施的项目情况及监理效果；

（四）投标人以往的履约情况；

（五）近5年受到的表彰或者不良业绩记录情况；

（六）有关方面对投标人的评价意见等。

第四十条　项目总监理工程师的素质和能力可以从以下几个方面设置评价指标：

（一）项目总监理工程师的简历、监理资格；

（二）项目总监理工程师主持或者参与监理的类似工程项目及监理业绩；

（三）有关方面对项目总监理工程师的评价意见；

（四）项目总监理工程师月驻现场工作时间；

（五）项目总监理工程师的陈述情况等。

第四十一条　资源配置可以从以下几个方面设置评价指标：

（一）项目副总监理工程师、部门负责人的简历及监理资格；

（二）项目相关专业人员和管理人员的数量、来源、职称、监理资格、年龄结构、人员进场计划；

（三）主要监理人员的月驻现场工作时间；

（四）主要监理人员从事类似工程的相关经验；

（五）拟为工程项目配置的检测及办公设备；

（六）随时可调用的后备资源等。

第四十二条　监理大纲可以从以下几个方面设置评价指标：

（一）监理范围与目标；

（二）对影响项目工期、质量和投资的关键问题的理解程度；

（三）项目监理组织机构与管理的实效性；

（四）质量、进度、投资控制和合同、信息管理的方法与措施的针对性；

（五）拟定的监理质量体系文件等；

（六）工程安全监督措施的有效性。

第四十三条　投标报价可以从以下几个方面设置评价指标：

（一）监理服务范围、时限；

（二）监理费用结构、总价及所包含的项目；

（三）人员进场计划；

（四）监理费用报价取费原则是否合理。

第四十四条　评标方法主要为综合评分法、两阶段评标法和综合评议法，可根据工程规模和技术难易程度选择采用。大、中型项目或者技术复杂的项目宜采用综合评分法或者两阶段评标法，项目规模小或者技术简单的项目可采用综合评议法。

（一）综合评分法。根据评标标准设置详细的评价指标和评分标准，经评标委员会集体评审后，评标委员会分别对所有投标文件的各项评价指标进行评分，去掉最高分和最低分后，其余评委评分的算术和即为投标人的总得分。评标委员会根据投标人总得分的高低排序选择中标候选人1~3名。若候选人出现分值相同情况，则对分值相同的投标人改为投票法，以少数服从多数的方式，也可根据总监理工程师、监理大纲的得分高低决定次序选择中标候选人。

（二）两阶段评标法。对投标文件的评审分为两阶段进行。首先进行技术评审，然后进行商务评审。有关评审方法可采用综合评分法或综合评议法。评标委员会在技术评审结束之前,不得接触投标文件中商务部分的内容。

评标委员会根据确定的评审标准选出技术评审排序的前几名投标人,而后对其进行商务评审。根据规定的技术和商务权重,对这些投标人进行综合评价和比较,确定中标候选人1~3名。

(三)综合评议法。根据评标标准设置详细的评价指标,评标委员会成员对各个投标人进行定性比较分析,综合评议,采用投票表决的形式,以少数服从多数的方式,排序推荐中标候选人1~3名。

第五章 开标、评标和中标

第四十五条 开标时间、地点应当为招标文件中确定的时间、地点。开标工作人员至少有主持人、监标人、开标人、唱标人、记录人组成。招标人收到投标文件时,应当检查其密封性,进行登记并提供回执。已收投标文件应妥善保管,开标前不得开启。在招标文件要求提交投标文件的截止时间后送达的投标文件,应当拒收。

第四十六条 开标由招标人主持,邀请所有投标人参加。

投标人的法定代表人或者授权代表人应当出席开标会议。评标委员会成员不得出席开标会议。

第四十七条 开标人员应当在开标前检查出席开标会议的投标人法定代表人的证明文件或者授权代表人有关身份证明。法定代表人或者授权代表人应当在指定的登记表上签名报到。

第四十八条 开标一般按照《规定》第三十九条规定的程序进行。

第四十九条 属于下列情况之一的投标文件,招标人可以拒绝或者按无效标处理:

(一)投标人的法定代表人或者授权代表人未参加开标会议;

(二)投标文件未按照要求密封或者逾期送达;

(三)投标文件未加盖投标人公章或者未经法定代表人(或者授权代表人)签字(或者印鉴);

(四)投标人未按照招标文件要求提交投标保证金;

(五)投标文件字迹模糊导致无法确认涉及关键技术方案、关键工期、关键工程质量保证措施、投标价格;

(六)投标文件未按照规定的格式、内容和要求编制;

(七)投标人在一份投标文件中,对同一招标项目报有两个或者多个报价且没有确定的报价说明;

(八)投标人对同一招标项目递交两份或者多份内容不同的投标文件,未书面声明哪一个有效;

(九)投标文件中含有虚假资料;

(十)投标人名称与组织机构与资格预审文件不一致;

(十一)不符合招标文件中规定的其他实质性要求。

第五十条 评标由评标委员会负责。评标委员会的组成按照《规定》第四十条的规定进行。

第五十一条 评标专家的选择按照《规定》第四十一条、第四十二条的规定进行。

第五十二条 评标委员会成员实行回避制度,有下列情形之一的,应当主动提出回避并不得担任评标委员会成员:

(一)投标人或者投标人、代理人主要负责人的近亲属;

(二)项目主管部门或者行政监督部门的人员;

(三)在5年内与投标人或其代理人曾有工作关系;

(四)5年内与投标人或其代理人有经济利益关系,可能影响对投标的公正评审的人员;

(五)曾因在招标、评标以及其他与招标投标有关活动中从事违法行为而受到行政处罚或者刑事处罚的人员。

第五十三条 招标人应当采取必要的措施,保证评标过程在严格保密的情况下进行。

第五十四条 评标工作一般按照以下程序进行:

(一)招标人宣布评标委员会成员名单并确定主任委员;

(二)招标人宣布有关评标纪律;

(三)在主任委员的主持下,根据需要,讨论通过成立有关专业组和工作组;

(四)听取招标人介绍招标文件;

(五)组织评标人员学习评标标准与方法;

(六)评标委员会对投标文件进行符合性和响应性评定;

(七)评标委员会对投标文件中的算术错误进行更正;

(八)评标委员会根据招标文件规定的评标标准与方法对有效投标文件进行评审;

(九)评标委员会听取项目总监理工程师陈述;

(十)经评标委员会讨论,并经二分之一以上成员同意,提出需投标人澄清的问题,并以书面形式送达投标人;

(十一)投标人对需书面澄清的问题,经法定代表人或者授权代表人签字后，作为投标文件的组成部分，在规定的时间内送达评标委员会；

（十二）评标委员会依据招标文件确定的评标标准与方法，对投标文件进行横向比较，确定中标候选人推荐顺序；

（十三）在评标委员会三分之二以上成员同意并在全体成员签字的情况下，通过评标报告。评标委员会成员必须在评标报告上签字。若有不同意见，应明确记载并由其本人签字，方可作为评标报告附件。

第五十五条 评标报告应当包括以下内容：

（一）招标项目基本情况；

（二）对投标人的业绩和资信的评价；

（三）对项目总监理工程师的素质和能力的评价；

（四）对资源配置的评价；

（五）对监理大纲的评价；

（六）对投标报价的评价；

（七）评标标准和方法；

（八）评审结果及推荐顺序；

（九）废标情况说明；

（十）问题澄清、说明、补正事项纪要；

（十一）其它说明；

（十二）附件。

第五十六条 评标委员会要求投标人对投标文件中含义不明确的内容作出必要的澄清或者说明，但澄清或说明不得改变投标文件提出的主要监理人员、监理大纲和投标报价等实质性内容。

第五十七条 评标委员会经评审，认为所有投标文件都不符合招标文件要求，可以否决所有投标，招标人应当重新招标，并报水行政主管部门备案。

第五十八条 评标委员会成员应当客观、公正地履行职责，遵守职业道德，对所提出的评审意见承担个人责任。

第五十九条 遵循根据监理服务质量选择中标人的原则，中标人应当是能够最大限度地满足招标文件中规定的各项综合评价标准的投标人。

第六十条 招标人可授权评标委员会直接确定中标人，也可根据评标委员会提出的书面评标报告和推荐的中标候选人顺序确定中标人。当招标人确定的中标人与评标委员会推荐的中标候选人顺序不一致时，应当有充足的理由，并按项目管理权限报水行政主管部门备案。

第六十一条 在确定中标人前，招标人不得与投标人就投标方案、投标价格等实质性内容进行谈判。自评标委员会提出书面评标报告之日起，招标人一般应在15日内确定中标人，最迟应在投标有效期结束日30个工作日前确定。

第六十二条 中标人确定后，招标人应当在招标文件规定的有效期内以书面形式向中标人发出中标通知书，并将中标结果通知所有未中标的投标人。招标人不得向中标人提出压低报价、增加工作量、延长服务期或其他违背中标人意愿的要求，以此作为发出中标通知书和签订合同的条件。

第六十三条 中标通知书对招标人和中标人具有法律效力。中标通知书发出后，招标人改变中标结果的，或者中标人放弃中标项目的，应当依法承担法律责任。

第六十四条 中标人收到中标通知书后，应当在签订合同前向招标人提交履约保证金。

第六十五条 招标人和中标人应当自中标通知书发出之日起在30日内，按照招标文件和中标人的投标文件订立书面合同。招标人和中标人不得再行订立背离合同实质性内容的其他协议。

第六十六条 当确定的中标人拒绝签订合同时，招标人可与确定的候补中标人签订合同。

第六十七条 中标人不得向他人转让中标项目，也不得将中标项目肢解后向他人转让。

第六十八条 招标人与中标人签订合同后5个工作日内，应当向中标人和未中标的投标人退还投标保证金。

第六十九条 在确定中标人后15日之内，招标人应当按项目管理权限向水行政主管部门提交招标投标情况的书面总结报告。书面总结报告至少应包括下列内容：

（一）开标前招标准备情况；

（二）开标记录；

（三）评标委员会的组成和评标报告；

（四）中标结果确定；

（五）附件：招标文件。

第七十条 由于招标人自身原因致使招标失败（包括未能如期签订合同），招标人应当按照投标保证金双倍的金额赔偿投标人，同时退还投标保证金。

第六章 附 则

第七十一条 在招标投标活动中出现的违法违规行为，按照《中华人民共和国招标投标法》和国务院的有关规定进行处罚。

第七十二条 使用国际组织或者外国政府贷款、援助资金的项目监理招标，贷款方、资金提供方对招标投标的具体条件和程序有不同规定的，可以从其规定，但违背中华人民共和国的社会公众利益的除外。

第七十三条 本办法由水利部负责解释。

第七十四条 本办法自发布之日起施行。

水利工程建设项目招标投标审计办法

· 2007年12月29日
· 水审计〔2007〕560号

第一章 总 则

第一条 为了加强对水利工程建设项目招标投标的审计监督，规范水利招标投标行为，提高投资效益，根据《中华人民共和国审计法》、《中华人民共和国招标投标法》、《中华人民共和国政府采购法》等法律、法规，结合水利工作实际，制定本办法。

第二条 各级水利审计部门（以下简称"审计部门）在本单位负责人领导下，依法对本单位及其所属单位水利工程建设项目的招标投标进行审计监督。

上级水利审计部门对下级单位的招标投标审计工作进行指导和监督。

第三条 本办法适用于《水利工程建设项目招标投标管理规定》所规定的水利工程建设项目的勘察设计、施工、监理以及与水利工程建设项目有关的重要设备、材料采购等的招标投标的审计监督。

第四条 审计部门根据工作需要，对水利工程建设项目的招标投标进行事前、事中、事后的审计监督，对重点水利建设项目的招标投标进行全过程跟踪审计，对有关招标投标的重要事项进行专项审计或审计调查。

第二章 审计职责

第五条 在招标投标审计中，审计部门具有以下职责：

（一）对招标人、招标代理机构及有关人员执行招标投标有关法律、法规和行业制度的情况进行审计监督；

（二）对招标项目评标委员会成员执行招标投标有关法律、法规和行业制度的情况进行审计监督；

（三）对属于审计监督对象的投标人及有关人员遵守招标投标有关法律、法规和行业制度的情况进行审计监督；

（四）对与招标投标项目有关的投资管理和资金运行情况进行审计监督；

（五）协同行政监督部门、行政监察部门查处招标投标中的违法违纪行为。

第三章 审计权限

第六条 在招标投标审计中，审计部门具有以下权限：

（一）有权参加招标人或其代理机构组织的开标、评标、定标等活动，招标人或其代理机构应当通知同级审计部门参加。

（二）有权要求招标人或其代理机构提供与招标投标活动有关的文件、资料，招标人或其代理机构应当按照审计部门的要求提供相关文件、资料；

（三）对招标人或其代理机构正在进行的违反国家法律、法规规定的招标投标行为，有权予以纠正或制止；

（四）有权向招标人、投标人、招标代理机构等调查了解与招标投标有关的情况；

（五）监督检查招标投标结果执行情况。

第四章 审计内容

第七条 审计部门对水利工程建设项目招标投标中的下列事项进行审计监督：

（一）招标项目前期工作是否符合水利工程建设项目管理规定，是否履行规定的审批程序；

（二）招标项目资金计划是否落实，资金来源是否符合规定；

（三）招标文件确定的水利工程建设项目的标准、建设内容和投资是否符合批准的设计文件；

（四）与招标投标有关的取费是否符合规定；

（五）招标人与中标人是否签订书面合同，所签合同是否真实、合法；

（六）与水利工程建设项目招标投标有关的其他经济事项。

第八条 审计部门会同行政监督部门、行政监察部门对招标投标中的下列事项进行审计监督：

（一）招标项目的招标方式、招标范围是否符合规定；

（二）招标人是否符合规定的招标条件，招标代理机构是否具有相应资质，招标代理合同是否真实、合法；

（三）招标项目的招标、投标、开标、评标和中标程序是否合法；

（四）招标项目评标委员会、评标专家的产生及人员组成、评标标准和评标方法是否符合规定；

（五）对招投标过程中泄露保密资料、泄露标底、串通招标、串通投标、规避招标、歧视排斥投标等违法行为进行审计监督；

（六）对勘察、设计、施工单位转包、违法分包和监理单位违法转让监理业务，以及无证或借用资质承接工程业务等违法违规行为进行审计监督。

第九条　审计部门和审计人员对招标投标工作中涉及保密的事项负有保密责任。

第五章　审计程序

第十条　招标人编制的年度招标工作计划，以及重大水利工程建设项目的招投标文件，应当报送同级审计部门备案。

第十一条　审计部门根据年度审计工作计划、招标人年度招标计划和招标项目具体情况，确定招标投标项目审计计划，经单位主管审计工作负责人批准后实施审计。

第十二条　审计部门根据审计项目计划确定的审计事项组成审计组，并应在实施审计三日前，向被审计单位送达审计通知书。

被审计单位以及与招标投标活动有关的单位、部门，应当配合审计部门的工作，并提供必要的工作条件。

第十三条　审计人员通过审查招标投标文件、合同、会计资料，以及向有关单位和个人进行调查等方式实施审计，并取得证明材料。

第十四条　审计组对招标投标事项实施审计后，应当向派出的审计部门提出审计报告。审计报告应当征求被审计单位的意见。被审计单位应当自接到审计报告之日起十日内，将其书面意见送交审计组或者审计部门。

第十五条　审计部门审定审计报告，对审计事项作出评价，出具审计意见书；对违反国家规定的招标投标行为，需要依法给予处理、处罚的，在职权范围内作出审计决定或者向有关主管部门提出处理、处罚意见。

被审计单位应当执行审计决定并将结果反馈审计部门；有关主管部门对审计部门提出的处理、处罚意见应及时进行研究，并将结果反馈审计部门。

第六章　罚　则

第十六条　被审计单位违反本办法，拒绝或者拖延提供与审计事项有关的资料，或者拒绝、阻碍审计的，审计部门责令改正；拒不改正的，可以通报批评，对负有直接责任的主管人员和其他直接责任人员提出给予行政处分的建议，被审计单位或者其主管单位、监察部门应当及时作出处理，并将结果抄送审计部门。

第十七条　被审计单位拒不执行审计决定的，对负有直接责任的主管人员和其他直接责任人员提出给予行政处分的建议，被审计单位或者其主管单位、监察部门应当及时作出处理，并将结果抄送审计部门。

第十八条　招标人、招标代理机构及其有关人员违反国家招标投标的法律、法规的，依照《中华人民共和国招标投标法》予以处理。

第十九条　审计人员滥用职权、徇私舞弊、玩忽职守，涉嫌犯罪的，依法移送司法机关处理；不构成犯罪的，给予行政处分。

第七章　附　则

第二十条　各省、自治区、直辖市水行政主管部门、流域机构、新疆生产建设兵团，可以根据本办法制定实施细则并报部备案。

第二十一条　本办法由水利部负责解释。

第二十二条　本办法自 2008 年 4 月 1 日起执行。

水利部关于在营商环境创新试点城市暂时调整实施《水利工程建设项目招标投标管理规定》有关条款的通知

·2022 年 1 月 13 日

·水建设〔2022〕15 号

部机关各司局，部直属各单位，各省、自治区、直辖市水利（水务）厅（局），各计划单列市水利（水务）局，新疆生产建设兵团水利局，各有关单位：

根据《国务院关于开展营商环境创新试点工作的意见》（国发〔2021〕24 号），水利部决定，自即日起在营商环境创新试点城市暂时调整实施《水利工程建设项目招标投标管理规定》（水利部令第 14 号）有关规定。现就有关事项通知如下：

一、暂时调整实施《水利工程建设项目招标投标管理规定》（水利部令第 14 号）第十六条第（三）项关于水利工程施工招标条件中“监理单位已确定”的规定，取消水利工程施工招标条件中“监理单位已确定”的条件。

二、暂时调整实施《水利工程建设项目招标投标管理规定》（水利部令第 14 号）第十八条第一款关于在正式媒介发布招标公告至发售资格预审文件（或招标文件）的时间间隔一般不少于 10 日的规定，在发布水利工程招标信息（招标公告或投标邀请书）时可同步发售资格预审文件（或招标文件）。

三、首批营商环境创新试点城市为北京、上海、重庆、杭州、广州、深圳 6 个城市，试点城市范围扩大事宜执行国务院有关工作安排。

四、有关地方人民政府水行政主管部门要根据上述调整,及时对本部门制定的规范性文件作相应调整,建立与试点要求相适应的管理制度。

五、试点中的重要情况,有关地方人民政府水行政主管部门要及时向水利部报告。水利部将按照国务院统一部署,结合试点情况,对具备条件的创新试点举措在全国范围推开。

关于推进水利工程建设项目招标投标进入公共资源交易市场的指导意见

·2012年5月2日

·水建管〔2012〕182号

为深入贯彻落实《中共中央 国务院关于加快水利改革发展的决定》精神,根据《中华人民共和国招标投标法》、《中华人民共和国招标投标法实施条例》等法律法规和有关规定,按照中央工程建设领域突出问题专项治理工作部署,结合水利实际,现就推进水利工程建设项目招标投标活动进入统一规范的公共资源交易市场(以下简称公共交易市场)提出如下意见。

一、充分认识水利工程建设项目招标投标进入公共交易市场的重要意义

水利工程建设项目招标投标进入公共交易市场,是贯彻落实《中华人民共和国招标投标法》、《中华人民共和国招标投标法实施条例》,深入推进工程建设领域突出问题专项治理、建立健全水利建设市场、保障大规模水利建设顺利实施的重要举措,有利于发挥市场配置公共资源的基础性作用,有利于规范水利工程建设项目招标投标活动,有利于从源头上预防腐败。各级水行政主管部门要增强政治意识、大局意识和责任意识,充分认识水利工程建设项目招标投标进入公共交易市场的重要意义,认真贯彻落实中央决策部署,切实抓好水利工程建设项目招标投标进入公共交易市场的各项工作。

二、总体要求和进场原则

(一)总体要求。深入贯彻落实《中华人民共和国招标投标法实施条例》,按照中央关于治理工程建设领域突出问题工作的统一部署,积极、稳妥、有序地推进水利工程建设项目招标投标进入公共交易市场,进一步加强组织领导和行业监管,切实保障水利建设市场交易更加公开透明、规范有序。

(二)进场原则。水利工程建设项目招标投标按照属地管理和权限管理原则进入公共交易市场进行交易。中央水利工程建设项目招标投标应进入工程所在地设区的市级以上地方人民政府组建的公共交易市场。地方水利工程建设项目招标投标由省级水行政主管部门根据当地实际情况确定进场要求。

三、工作目标

政府投资和使用国有资金、依法必须招标的水利工程建设项目招标投标,自2012年7月1日起逐步进入公共交易市场,其中大中型或总投资3000万元以上的水利工程建设项目招标投标应于2013年1月1日起全部进入公共交易市场,其他水利工程建设项目招标投标应于2013年7月1日起全部进入公共交易市场。具备条件的地方,鼓励水利工程建设项目招标投标及早进入公共交易市场。水利工程建设项目招标投标已经进入公共交易市场的地方,当地水行政主管部门应继续规范和完善交易活动。尚未建立公共交易市场的地方,水行政主管部门应积极做好水利工程建设项目招标投标进入公共交易市场的各项前期准备工作,待公共交易市场建立后,立即按照上述要求进场交易。

四、加强对招标投标活动的监督管理

(一)认真履行行政监督职责。各级水行政主管部门要按照《中华人民共和国招标投标法实施条例》等有关规定,加强水利工程建设项目招标投标进入公共交易市场的监管工作,切实履行好对水利工程建设项目招标投标的行政监督职能,按照职责分工对水利工程建设项目招标投标的审批核准备案情况、评标委员会成员确定方式、交易过程、履约实施等环节进行行业监管,依法查处违法违规行为,形成行业监督管理与市场综合管理分工明确、密切协作、运行有序的工作机制。

(二)落实项目法人的招标人主体责任。根据《中华人民共和国招标投标法》的要求,在水利工程建设项目招标投标进入公共交易市场后,项目法人作为招标人,应当依法履行招标人主体责任,自主选择代理机构、发布招标公告、组建评标委员会、定标等。各级水行政主管部门要在水利工程建设项目招标投标进入公共交易市场时,依法保障招标人主体责任的落实到位。任何单位不得指定招标代理机构或违法指定招标公告发布媒介;不得直接参与或非法干涉专家评标;不得违反规定乱收费;不得以任何形式或技术手段干涉招标投标活动。

(三)强化评标专家管理。省级以上水行政主管部门应按照《评标专家分类标准(试行)》(发改法规〔2010〕1538号)的要求,建立健全水利行业评标专家库,进行专业分类，实现资源共享。依法必须进行招标的水利工程建设项目，其评标委员会的专家成员应当从水利行业评标专家库内相关专业的专家名单中以随机抽取方式确定。省级以上水行政主管部门负责水利行业评标专家库的资格审查、日常动态管理和维护；加强对水利工程评标专家的管理和监督，严格评标专家资格认定，建立健全对评标专家的培训、考核、评价和档案管理制度，根据实际需要和考核情况及时对评标专家进行补充和调整，实行动态管理。

（四）深入推进诚信体系建设。设区的市级以上人民政府水行政主管部门负责对进入公共交易市场进行水利工程建设项目招标投标活动的各方主体诚信行为进行检查，记录并公开信用信息，健全奖惩机制。

五、切实加强组织领导

各级水行政主管部门要加强组织领导，主动与公共交易市场管理机构沟通协调，建立健全工作机制，积极推进水利工程建设项目招标投标进入公共交易市场，确保招标投标活动规范有序。要定期对水利工程建设项目招标投标进入交易市场的交易情况进行检查评估，分析研究存在的问题，提出解决的意见和建议。

各地进入公共交易市场的情况、有关问题和建议，请及时报送水利部。

水利部关于加强中小型水利工程建设管理防范廉政风险的指导意见

· 2015年2月16日
· 水建管〔2015〕92号

为进一步加强中小型水利工程（总投资3000万元以下的水利工程建设项目）建设管理，有效防范廉政风险，保障水利建设工程安全、资金安全、干部安全和生产安全，按照水利部《关于加强水利基层单位党风廉政建设的指导意见》要求，结合水利建设实际，提出如下意见。

一、深刻认识加强中小型水利工程建设管理、防范廉政风险的重要意义

近年来，随着大规模水利建设全面推进，中小型水利工程投资强度大幅度增加，已占全部水利投资70%以上，工程项目多、建设任务重、实施基层化、监管难度大，廉政风险不断加大。尤其与大型水利工程的建设管理相比，中小型水利工程建设监管力量不足，围标串标、转包和违法分包现象时有发生，少数地方甚至发生腐败窝案，严重扰乱了水利建设市场秩序，破坏了水利行业形象，影响到广大人民群众的切身利益。因此，加强中小型水利工程建设管理、防范廉政风险是保障大规模水利建设顺利实施的迫切要求，是保障工程建设“四个安全”的基本前提，是推进惩治和预防腐败体系建设的重要举措。必将有利于规范水利建设市场监管各项工作，加快构建统一开放、竞争有序的水利建设市场体系；有利于保障水利工程建设的质量和安全，充分发挥投资效益；有利于进一步深化水利工程建设领域突出问题专项治理工作，从源头上遏制中小型水利工程建设中各种违法违规和腐败行为。各级水行政主管部门要充分认识加强中小型水利工程建设管理、防范廉政风险工作的重要意义，切实增强使命感、责任感和紧迫感，采取有力措施，把中小型水利工程建成优质工程、廉洁工程。

二、采取有力措施加强中小型水利工程建设管理、防范廉政风险

各级水行政主管部门要以防范风险为重点、加强制度建设为基础、深化改革为动力、规范管理为手段、强化监督制约为保证，把加强中小型水利工程建设管理、防范廉政风险的各项措施落到实处。

（一）加强制度建设。注重从制度建设的源头上防范廉政风险，省级水行政主管部门对于国家投资计划由地方实行规模管理的水利建设项目，必须针对工程项目审批、投资计划管理、招标投标、建设实施、资金监管、工程验收等制定健全的规章制度，完善监督制约机制，堵塞制度漏洞，真正把权力关进制度的笼子，构建不敢腐、不能腐、不想腐的廉政风险防范长效机制。

（二）加大执行力度。坚持依法依规，提高各项规章制度执行力。水利部有关司局和省级水行政主管部门要切实加强对制度执行情况的监督指导，及时纠正有法不依、有令不行、有禁不止的行为，任何单位、任何个人不得搞特殊、搞变通、搞例外。省级水行政主管部门对本行政区域内水利工程建设管理贯彻执行法律法规、规章制度情况负总责，并督促市、县水行政主管部门贯彻落实。

（三）实行政企分开。水行政主管部门作为水利工程建设监管主体，不得直接履行项目法人职责；水行政主管部门工作人员在项目法人单位任职期间不得同时履行水行政管理职责，一律不得在施工、监理等企业兼职。与地方水行政主管部门有直接隶属关系的施工、监理等企业应尽快改制脱钩，未改制脱钩的原则上不得参与由该水行政主管部门直接管理水利工程的投标。

（四）落实建设资金。对于由地方实行投资规模管理的水利建设项目，项目批准立项时必须明确建设资金来源和具体数额，凡是建设资金来源不确定、配套资金筹措方案不落实的，不得批准立项、不得开工建设，严防形成"半拉子"工程，严防因资金缺口造成工程质量安全隐患。地方配套资金必须与中央补助投资同步安排并足额到位。对违规审批、未批先建、报大建小等行为，必须严肃查处。

（五）规范招标投标。凡是已建立公共资源交易市场的地方，依法招标的中小型水利工程建设项目必须全部进场交易，大力推行电子招标投标。加强标后动态监管，保证招标投标阳光透明、公平公正。严禁对外地、外行业市场主体设置歧视性条款，严禁以各种形式排斥或限制潜在投标人投标。对出借借用资质投标、围标串标、转包和违法分包行为，必须严肃查处。

（六）完善建管模式。对建设管理能力薄弱、工程技术人员不足的地方，要推行水利工程项目法人招标、代建制、设计施工总承包等模式，充分发挥市场机制作用，积极引入社会力量参与本地的中小型水利工程建设。招标限额以下的小型水利工程，在统一规划和建设标准、强化行业指导和监管、实行群众监督的前提下，推行项目申报、竞争立项、以奖代补、先建后补、村民自建等模式，由具备条件的乡镇、受益村组集体、农民用水合作组织、新型农业经营主体等组织实施。

（七）加强资金管理。项目法人必须把财经法规作为防范廉政风险的"高压线"，确保各项支出有制度、有标准、有程序，确保水利建设资金实行专项管理、专账核算、专款专用。严禁大额现金支付工程款、白条抵库、虚假票据凭证入账，严禁以虚增工程量和申报虚假项目等方式套取资金，严禁以私设"账外账"、"小金库"、隐瞒收入等方式截留、挤占、挪用水利资金。各级水行政主管部门要主动与同级审计部门沟通协调，采取全面跟踪、联网审计等方式，共同建立水利资金动态监控和审计免疫机制，实现对资金资产全过程、全覆盖、全方位的监管。

（八）严格失信惩戒。各级水行政主管部门对市场主体的不良行为必须依法严肃查处，行政处罚决定必须在水利建设市场信用信息平台公布，在招标投标、行政审批等工作中必须查询和应用行贿犯罪档案等信用信息，对出借借用资质投标、围标串标、转包或违法分包、行贿受贿以及对重特大质量安全事故负有直接责任等严重失信的市场主体必须列入黑名单，采取市场禁入或限制等惩戒措施，使失信者在水利建设市场"一处失信、处处受制"。

（九）加强群众监督。小型农田水利、水土保持等小型水利工程建设，全面推行公示制，严格实行开工、完工、违规违纪"三公示"制度，及时公开工程进展情况。引导受益群众全过程参与和监督工程方案制定、建设实施和运行管理。

（十）强化监督检查。水利部有关司局和省级水行政主管部门必须强化水利建设项目监督检查、水利工程建设领域突出问题专项治理和水利建设管理稽察工作。对检查、稽察中发现的问题，地方水行政主管部门对落实整改负主要责任，必须限期整改到位；对问题严重的，要严肃追究责任，加大惩戒力度；对涉嫌违纪的问题线索，要及时移送纪检监察部门严肃查处。纪检监察机关也要注意从检查、稽察中发现违纪违法问题并及时予以查处，涉嫌犯罪的要移送司法机关处理。

三、加强组织实施

（一）落实工作责任。地方各级水行政主管部门要把加强中小型水利工程建设管理、防范廉政风险作为当前亟待加强的一项重要工作，建立主要领导负总责、分管领导具体抓、相关部门协同推进的工作机制，加强组织领导，建立问责机制，明确责任分工，层层抓好落实。

（二）制定实施意见。地方各级水行政主管部门要按照当地党委政府关于党风廉政建设和反腐败工作的统一部署，结合水利建设实际，提出贯彻本指导意见的实施意见，推进加强中小型水利工程建设管理、防范廉政风险工作制度化、规范化。实施意见要以问题为导向，具有针对性和可操作性。各省级水行政主管部门的实施意见，于 2015 年 5 月底前印发并抄送水利部。

（三）突出工作重点。各级水行政主管部门要重点从深化改革、健全制度、完善机制、规范流程和强化监管等方面加强中小型水利工程建设管理、防范廉政风险。要做好水利建设领域惩防体系建设，注重源头治理，努力做到关口前移、防范在先。针对当地中小型水利工程建设的自身特点，对问题多发、易发的项目类别和实施环节加大廉政风险防范力度。

（四）注重查办案件。要以"零容忍"态度严肃查处中小型水利工程建设管理中发生的违纪违法案件，严肃惩治腐败行为，注重从建设项目监督检查中发现案件线索，从工程质量和安全事故背后挖掘和查处违纪违法问题。大力开展警示教育，充分发挥查办案件的震慑作用。

8. 机电产品国际招标

机电产品国际招标投标实施办法(试行)

·2014年2月21日商务部令2014年第1号公布
·自2014年4月1日起施行

第一章　总　则

第一条　为了规范机电产品国际招标投标活动,保护国家利益、社会公共利益和招标投标活动当事人的合法权益,提高经济效益,保证项目质量,根据《中华人民共和国招标投标法》(以下简称招标投标法)、《中华人民共和国招标投标法实施条例》(以下简称招标投标法实施条例)等法律、行政法规以及国务院对有关部门实施招标投标活动行政监督的职责分工,制定本办法。

第二条　在中华人民共和国境内进行机电产品国际招标投标活动,适用本办法。

本办法所称机电产品国际招标投标活动,是指中华人民共和国境内的招标人根据采购机电产品的条件和要求,在全球范围内以招标方式邀请潜在投标人参加投标,并按照规定程序从投标人中确定中标人的一种采购行为。

本办法所称机电产品,是指机械设备、电气设备、交通运输工具、电子产品、电器产品、仪器仪表、金属制品等及其零部件、元器件。机电产品的具体范围见附件1。

第三条　机电产品国际招标投标活动应当遵循公开、公平、公正、诚实信用和择优原则。机电产品国际招标投标活动不受地区或者部门的限制。

第四条　商务部负责管理和协调全国机电产品的国际招标投标工作,制定相关规定;根据国家有关规定,负责调整、公布机电产品国际招标范围;负责监督管理全国机电产品国际招标代理机构(以下简称招标机构);负责利用国际组织和外国政府贷款、援助资金(以下简称国外贷款、援助资金)项目机电产品国际招标投标活动的行政监督;负责组建和管理机电产品国际招标评标专家库;负责建设和管理机电产品国际招标投标电子公共服务和行政监督平台。

各省、自治区、直辖市、计划单列市、新疆生产建设兵团、沿海开放城市及经济特区商务主管部门、国务院有关部门机电产品进出口管理机构负责本地区、本部门的机电产品国际招标投标活动的行政监督和协调;负责本地区、本部门所属招标机构的监督和管理;负责本地区、本部门机电产品国际招标评标专家的日常管理。

各级机电产品进出口管理机构(以下简称主管部门)及其工作人员应当依法履行职责,不得以任何方式非法干涉招标投标活动。主管部门的工作人员对监督检查过程中知悉的国家秘密、商业秘密,应当依法予以保密。

第五条　商务部委托专门网站为机电产品国际招标投标活动提供公共服务和行政监督的平台(以下简称招标网)。机电产品国际招标投标应当在招标网上完成招标项目建档、招标过程文件存档和备案、资格预审公告发布、招标公告发布、评审专家抽取、评标结果公示、异议投诉、中标结果公告等招标投标活动的相关程序,但涉及国家秘密的招标项目除外。

招标网承办单位应当在商务部委托的范围内提供网络服务,应当遵守法律、行政法规以及本办法的规定,不得损害国家利益、社会公共利益和招投标活动当事人的合法权益,不得泄露应当保密的信息,不得拒绝或者拖延办理委托范围内事项,不得利用委托范围内事项向有关当事人收取费用。

第二章　招标范围

第六条　通过招标方式采购原产地为中国关境外的机电产品,属于下列情形的必须进行国际招标:

(一)关系社会公共利益、公众安全的基础设施、公用事业等项目中进行国际采购的机电产品;

(二)全部或者部分使用国有资金投资项目中进行国际采购的机电产品;

(三)全部或者部分使用国家融资项目中进行国际采购的机电产品;

(四)使用国外贷款、援助资金项目中进行国际采购的机电产品;

(五)政府采购项目中进行国际采购的机电产品;

(六)其他依照法律、行政法规的规定需要国际招标采购的机电产品。

已经明确采购产品的原产地在中国关境内的,可以不进行国际招标。必须通过国际招标方式采购的,任何单位和个人不得将前款项目化整为零或者以国内招标等其他任何方式规避国际招标。

商务部制定、调整并公布本条第一项所列项目包含主要产品的国际招标范围。

第七条　有下列情形之一的,可以不进行国际招标:

(一)国(境)外赠送或无偿援助的机电产品;

(二)采购供生产企业及科研机构研究开发用的样品样机;

(三)单项合同估算价在国务院规定的必须进行招标的标准以下的;

(四)采购旧机电产品;

(五)采购供生产配套、维修用零件、部件;

(六)采购供生产企业生产需要的专用模具;

(七)根据法律、行政法规的规定,其他不适宜进行国际招标采购的机电产品。

招标人不得为适用前款规定弄虚作假规避招标。

第八条　鼓励采购人采用国际招标方式采购不属于依法必须进行国际招标项目范围内的机电产品。

第三章　招　标

第九条　招标人应当在所招标项目确立、资金到位或资金来源落实并具备招标所需的技术资料和其他条件后开展国际招标活动。

按照国家有关规定需要履行项目审批、核准手续的依法必须进行招标的项目,其招标范围、招标方式、招标组织形式应当先获得项目审批、核准部门的审批、核准。

第十条　国有资金占控股或者主导地位的依法必须进行机电产品国际招标的项目,应当公开招标;但有下列情形之一的,可以邀请招标:

(一)技术复杂、有特殊要求或者受自然环境限制,只有少量潜在投标人可供选择;

(二)采用公开招标方式的费用占项目合同金额的比例过大。

有前款第二项所列情形,属于本办法第九条第二款规定的项目,招标人应当在招标前向相应的主管部门提交项目审批、核准部门审批、核准邀请招标方式的文件;其他项目采用邀请招标方式应当由招标人申请相应的主管部门作出认定。

第十一条　招标人采用委托招标的,有权自行选择招标机构为其办理招标事宜。任何单位和个人不得以任何方式为招标人指定招标机构。

招标人自行办理招标事宜的,应当具有与招标项目规模和复杂程度相适应的技术、经济等方面专业人员,具备编制国际招标文件(中、英文)和组织评标的能力。依法必须进行招标的项目,招标人自行办理招标事宜的,应当向相应主管部门备案。

第十二条　招标机构应当具备从事招标代理业务的营业场所和相应资金;具备能够编制招标文件(中、英文)和组织评标的相应专业力量;拥有一定数量的取得招标职业资格的专业人员。

招标机构从事机电产品国际招标代理业务,应当在招标网免费注册,注册时应当在招标网在线填写机电产品国际招标机构登记表。

招标机构应当在招标人委托的范围内开展招标代理业务,任何单位和个人不得非法干涉。招标机构从事机电产品国际招标业务的人员应当为与本机构依法存在劳动合同关系的员工。招标机构可以依法跨区域开展业务,任何地区和部门不得以登记备案等方式加以限制。

招标机构代理招标业务,应当遵守招标投标法、招标投标法实施条例和本办法关于招标人的规定;在招标活动中,不得弄虚作假,损害国家利益、社会公共利益和招标人、投标人的合法权益。

招标人应当与被委托的招标机构签订书面委托合同,载明委托事项和代理权限,合同约定的收费标准应当符合国家有关规定。

招标机构不得接受招标人违法的委托内容和要求;不得在所代理的招标项目中投标或者代理投标,也不得为所代理的招标项目的投标人提供咨询。

招标机构管理办法由商务部另行制定。

第十三条　发布资格预审公告、招标公告或发出投标邀请书前,招标人或招标机构应当在招标网上进行项目建档,建档内容包括项目名称、招标人名称及性质、招标方式、招标组织形式、招标机构名称、资金来源及性质、委托招标金额、项目审批或核准部门、主管部门等。

第十四条　招标人采用公开招标方式的,应当发布招标公告。

招标人采用邀请招标方式的,应当向3个以上具备承担招标项目能力、资信良好的特定法人或者其他组织发出投标邀请书。

第十五条　资格预审公告、招标公告或者投标邀请书应当载明下列内容:

(一)招标项目名称、资金到位或资金来源落实情况;

(二)招标人或招标机构名称、地址和联系方式;

(三)招标产品名称、数量、简要技术规格;

(四)获取资格预审文件或者招标文件的地点、时间、方式和费用;

(五)提交资格预审申请文件或者投标文件的地点和截止时间;

(六)开标地点和时间;

(七)对资格预审申请人或者投标人的资格要求。

第十六条　招标人不得以招标投标法实施条例第三十二条规定的情形限制、排斥潜在投标人或者投标人。

第十七条　公开招标的项目,招标人可以对潜在投标人进行资格预审。资格预审按照招标投标法实施条例的有关规定执行。国有资金占控股或者主导地位的依法必须进行招标的项目,资格审查委员会及其成员应当遵守本办法有关评标委员会及其成员的规定。

第十八条　编制依法必须进行机电产品国际招标的项目的资格预审文件和招标文件,应当使用机电产品国际招标标准文本。

第十九条　招标人根据所采购机电产品的特点和需要编制招标文件。招标文件主要包括下列内容:

(一)招标公告或投标邀请书;

(二)投标人须知及投标资料表;

(三)招标产品的名称、数量、技术要求及其他要求;

(四)评标方法和标准;

(五)合同条款;

(六)合同格式;

(七)投标文件格式及其他材料要求:

1. 投标书;

2. 开标一览表;

3. 投标分项报价表;

4. 产品说明一览表;

5. 技术规格响应/偏离表;

6. 商务条款响应/偏离表;

7. 投标保证金银行保函;

8. 单位负责人授权书;

9. 资格证明文件;

10. 履约保证金银行保函;

11. 预付款银行保函;

12. 信用证样本;

13. 要求投标人提供的其他材料。

第二十条　招标文件中应当明确评标方法和标准。机电产品国际招标的评标一般采用最低评标价法。技术含量高、工艺或技术方案复杂的大型或成套设备招标项目可采用综合评价法进行评标。所有评标方法和标准应当作为招标文件不可分割的一部分并对潜在投标人公开。招标文件中没有规定的评标方法和标准不得作为评标依据。

最低评标价法,是指在投标满足招标文件商务、技术等实质性要求的前提下,按照招标文件中规定的价格评价因素和方法进行评价,确定各投标人的评标价格,并按投标人评标价格由低到高的顺序确定中标候选人的评标方法。

综合评价法,是指在投标满足招标文件实质性要求的前提下,按照招标文件中规定的各项评价因素和方法对投标进行综合评价后,按投标人综合评价的结果由优到劣的顺序确定中标候选人的评标方法。

综合评价法应当由评价内容、评价标准、评价程序及推荐中标候选人原则等组成。综合评价法应当根据招标项目的具体需求,设定商务、技术、价格、服务及其他评价内容的标准,并对每一项评价内容赋予相应的权重。

机电产品国际招标投标综合评价法实施规范由商务部另行制定。

第二十一条　招标文件的技术、商务等条款应当清晰、明确、无歧义,不得设立歧视性条款或不合理的要求排斥潜在投标人。招标文件编制内容原则上应当满足3个以上潜在投标人能够参与竞争。招标文件的编制应当符合下列规定:

(一)对招标文件中的重要条款(参数)应当加注星号("*"),并注明如不满足任一带星号("*")的条款(参数)将被视为不满足招标文件实质性要求,并导致投标被否决。

构成投标被否决的评标依据除重要条款(参数)不满足外,还可以包括超过一般条款(参数)中允许偏离的最大范围、最多项数。

采用最低评标价法评标的,评标依据中应当包括:一般商务和技术条款(参数)在允许偏离范围和条款数内进行评标价格调整的计算方法,每个一般技术条款(参数)的偏离加价一般为该设备投标价格的0.5%,最高不得超过该设备投标价格的1%,投标文件中没有单独列出该设备分项报价的,评标价格调整时按投标总价计算;交货期、付款条件等商务条款的偏离加价计算方法在招标文件中可以另行规定。

采用综合评价法的,应当集中列明招标文件中所有加注星号("*")的重要条款(参数)。

(二)招标文件应当明确规定在实质性响应招标文件要求的前提下投标文件分项报价允许缺漏项的最大范围或比重,并注明如缺漏项超过允许的最大范围或比重,该投标将被视为实质性不满足招标文件要求,并将导致投标被否决。

(三)招标文件应当明确规定投标文件中投标人应当小签的相应内容,其中投标文件的报价部分、重要商务和技术条款(参数)响应等相应内容应当逐页小签。

(四)招标文件应当明确规定允许的投标货币和报价方式,并注明该条款是否为重要商务条款。招标文件应当明确规定不接受选择性报价或者附加条件的报价。

(五)招标人设有最高投标限价的,应当在招标文件中明确最高投标限价或者最高投标限价的计算方法。招标人不得规定最低投标限价。

（六）招标文件应当明确规定评标依据以及对投标人的业绩、财务、资信等商务条款和技术参数要求，不得使用模糊的、无明确界定的术语或指标作为重要商务或技术条款（参数）或以此作为价格调整的依据。招标文件对投标人资质提出要求的，应当列明所要求资质的名称及其认定机构和提交证明文件的形式，并要求相应资质在规定的期限内真实有效。

（七）招标人可以在招标文件中将有关行政监督部门公布的信用信息作为对投标人的资格要求的依据。

（八）招标文件内容应当符合国家有关安全、卫生、环保、质量、能耗、标准、社会责任等法律法规的规定。

（九）招标文件允许联合体投标的，应当明确规定对联合体牵头人和联合体各成员的资格条件及其他相应要求。

（十）招标文件允许投标人提供备选方案的，应当明确规定投标人在投标文件中只能提供一个备选方案并注明主选方案，且备选方案的投标价格不得高于主选方案。

（十一）招标文件应当明确计算评标总价时关境内、外产品的计算方法，并应当明确指定到货地点。除国外贷款、援助资金项目外，评标总价应当包含货物到达招标人指定到货地点之前的所有成本及费用。其中：

关境外产品为：CIF 价+进口环节税+国内运输、保险费等（采用 CIP、DDP 等其他报价方式的，参照此方法计算评标总价）；其中投标截止时间前已经进口的产品为：销售价（含进口环节税、销售环节增值税）+国内运输、保险费等。关境内制造的产品为：出厂价（含增值税）+消费税（如适用）+国内运输、保险费等。有价格调整的，计算评标总价时，应当包含偏离加价。

（十二）招标文件应当明确投标文件的大写金额和小写金额不一致的，以大写金额为准；投标总价金额与按分项报价汇总金额不一致的，以分项报价金额计算结果为准；分项报价金额小数点有明显错位的，应以投标总价为准，并修改分项报价；应当明确招标文件、投标文件和评标报告使用语言的种类；使用两种以上语言的，应当明确当出现表述内容不一致时以何种语言文本为准。

第二十二条 招标文件应当载明投标有效期，以保证招标人有足够的时间完成组织评标、定标以及签订合同。投标有效期从招标文件规定的提交投标文件的截止之日起算。

第二十三条 招标人在招标文件中要求投标人提交投标保证金的，投标保证金不得超过招标项目估算价的 2%。投标保证金有效期应当与投标有效期一致。

依法必须进行招标的项目的境内投标单位，以现金或者支票形式提交的投标保证金应当从其基本账户转出。

投标保证金可以是银行出具的银行保函或不可撤销信用证、转账支票、银行即期汇票，也可以是招标文件要求的其他合法担保形式。

联合体投标的，应当以联合体共同投标协议中约定的投标保证金缴纳方式予以提交，可以是联合体中的一方或者共同提交投标保证金，以一方名义提交投标保证金的，对联合体各方均具有约束力。

招标人不得挪用投标保证金。

第二十四条 招标人或招标机构应当在资格预审文件或招标文件开始发售之日前将资格预审文件或招标文件发售稿上传招标网存档。

第二十五条 依法必须进行招标的项目的资格预审公告和招标公告应当在符合法律规定的媒体和招标网上发布。

第二十六条 招标人应当确定投标人编制投标文件所需的合理时间。依法必须进行招标的项目，自招标文件开始发售之日起至投标截止之日止，不得少于 20 日。

招标文件的发售期不得少于 5 个工作日。

招标人发售的纸质招标文件和电子介质的招标文件具有同等法律效力，除另有约定的，出现不一致时以纸质招标文件为准。

第二十七条 招标公告规定未领购招标文件不得参加投标的，招标文件发售期截止后，购买招标文件的潜在投标人少于 3 个的，招标人可以依照本办法重新招标。重新招标后潜在投标人或投标人仍少于 3 个的，可以依照本办法第四十六条第二款有关规定执行。

第二十八条 开标前，招标人、招标机构和有关工作人员不得向他人透露已获取招标文件的潜在投标人的名称、数量以及可能影响公平竞争的有关招标投标的其他信息。

第二十九条 招标人可以对已发出的资格预审文件或者招标文件进行必要的澄清或者修改。澄清或者修改的内容可能影响资格预审申请文件或者投标文件编制的，招标人或招标机构应当在提交资格预审文件截止时间至少 3 日前，或者投标截止时间至少 15 日前，以书面形式通知所有获取资格预审文件或者招标文件的潜在投标人，并上传招标网存档；不足 3 日或者 15 日的，招标人或招标机构应当顺延提交资格预审申请文件或者投标文件的截止时间。该澄清或者修改内容为资格预审文件或者招标文件的组成部分。澄清或者修改的内容涉及到与资格预审公告或者招标公告内容不一致的，应当在原资格预审公告或者招标公告发布的媒体和招标网上发布变更公告。

因异议或投诉处理而导致对资格预审文件或者招标文件澄清或者修改的，应当按照前款规定执行。

第三十条 招标人顺延投标截止时间的，至少应当在招标文件要求提交投标文件的截止时间3日前，将变更时间书面通知所有获取招标文件的潜在投标人，并在招标网上发布变更公告。

第三十一条 除不可抗力原因外，招标文件或者资格预审文件发出后，不予退还；招标人在发布招标公告、发出投标邀请书后或者发出招标文件或资格预审文件后不得终止招标。

招标人终止招标的，应当及时发布公告，或者以书面形式通知被邀请的或者已经获取资格预审文件、招标文件的潜在投标人。已经发售资格预审文件、招标文件或者已经收取投标保证金的，招标人应当及时退还所收取的资格预审文件、招标文件的费用，以及所收取的投标保证金及银行同期存款利息。

第四章　投　标

第三十二条 投标人是响应招标、参加投标竞争的法人或其他组织。

与招标人存在利害关系可能影响招标公正性的法人或其他组织不得参加投标；接受委托参与项目前期咨询和招标文件编制的法人或其他组织不得参加受托项目的投标，也不得为该项目的投标人编制投标文件或者提供咨询。

单位负责人为同一人或者存在控股、管理关系的不同单位，不得参加同一招标项目包投标，共同组成联合体投标的除外。

违反前三款规定的，相关投标均无效。

第三十三条 投标人应当根据招标文件要求编制投标文件，并根据自己的商务能力、技术水平对招标文件提出的要求和条件在投标文件中作出真实的响应。投标文件的所有内容在投标有效期内应当有效。

第三十四条 投标人对加注星号（“*”）的重要技术条款（参数）应当在投标文件中提供技术支持资料。

技术支持资料以制造商公开发布的印刷资料、检测机构出具的检测报告或招标文件中允许的其他形式为准，凡不符合上述要求的，应当视为无效技术支持资料。

第三十五条 投标人应当提供在开标日前3个月内由其开立基本账户的银行开具的银行资信证明的原件或复印件。

第三十六条 潜在投标人或者其他利害关系人对资格预审文件有异议的，应当在提交资格预审申请文件截止时间2日前向招标人或招标机构提出，并将异议内容上传招标网；对招标文件有异议的，应当在投标截止时间10日前向招标人或招标机构提出，并将异议内容上传招标网。招标人或招标机构应当自收到异议之日起3日内作出答复，并将答复内容上传招标网；作出答复前，应当暂停招标投标活动。

第三十七条 招标人编制的资格预审文件、招标文件的内容违反法律、行政法规的强制性规定，违反公开、公平、公正和诚实信用原则，影响资格预审结果或者潜在投标人投标的，依法必须进行招标的项目的招标人应当在修改资格预审文件或者招标文件后重新招标。

第三十八条 投标人在招标文件要求的投标截止时间前，应当在招标网免费注册，注册时应当在招标网在线填写招投标注册登记表，并将由投标人加盖公章的招投标注册登记表及工商营业执照（复印件）提交至招标网；境外投标人提交所在地登记证明材料（复印件），投标人无印章的，提交由单位负责人签字的招投标注册登记表。投标截止时间前，投标人未在招标网完成注册的不得参加投标，有特殊原因的除外。

第三十九条 投标人在招标文件要求的投标截止时间前，应当将投标文件送达招标文件规定的投标地点。投标人可以在规定的投标截止时间前书面通知招标人，对已提交的投标文件进行补充、修改或撤回。补充、修改的内容应当作为投标文件的组成部分。投标人不得在投标截止时间后对投标文件进行补充、修改。

第四十条 投标人应当按照招标文件要求对投标文件进行包装和密封。投标人在投标截止时间前提交价格变更等相关内容的投标声明的，应与开标一览表一并或者单独密封，并加施明显标记，以便在开标时一并唱出。

第四十一条 未通过资格预审的申请人提交的投标文件，以及逾期送达或者不按照招标文件要求密封的投标文件，招标人应当拒收。

招标人或招标机构应当如实记载投标文件的送达时间和密封情况，并存档备查。

第四十二条 招标文件允许联合体投标的，两个以上法人或者其他组织可以组成一个联合体，以一个投标人的身份共同投标。

联合体各方均应当具备承担招标项目的相应能力;国家有关规定或者招标文件对投标人资格条件有规定的,联合体各方均应当具备规定的相应资格条件。由同一专业的单位组成的联合体,按照资质等级较低的单位确定资质等级。

联合体各方应当签订共同投标协议,明确约定各方拟承担的工作和责任,并将共同投标协议连同投标文件一并提交招标人。联合体中标的,联合体各方应当共同与招标人签订合同,就中标项目向招标人承担连带责任。

联合体各方在同一招标项目包中以自己名义单独投标或者参加其他联合体投标的,相关投标均无效。

第四十三条　投标人应当按照招标文件的要求,在提交投标文件截止时间前将投标保证金提交给招标人或招标机构。

投标人在投标截止时间前撤回已提交的投标文件,招标人或招标机构已收取投标保证金的,应当自收到投标人书面撤回通知之日起5日内退还。

投标截止后投标人撤销投标文件的,招标人可以不退还投标保证金。招标人主动要求延长投标有效期但投标人拒绝的,招标人应当退还投标保证金。

第四十四条　投标人发生合并、分立、破产等重大变化的,应当及时书面告知招标人。投标人不再具备资格预审文件、招标文件规定的资格条件或者其投标影响招标公正性的,其投标无效。

第四十五条　禁止招标投标法实施条例第三十九条、第四十条、第四十一条、第四十二条所规定的投标人相互串通投标、招标人与投标人串通投标、投标人以他人名义投标或者以其他方式弄虚作假的行为。

第五章　开标和评标

第四十六条　开标应当在招标文件确定的提交投标文件截止时间的同一时间公开进行;开标地点应当为招标文件中预先确定的地点。开标由招标人或招标机构主持,邀请所有投标人参加。

投标人少于3个的,不得开标,招标人应当依照本办法重新招标;开标后认定投标人少于3个的应当停止评标,招标人应当依照本办法重新招标。重新招标后投标人仍少于3个的,可以进入两家或一家开标评标;按国家有关规定需要履行审批、核准手续的依法必须进行招标的项目,报项目审批、核准部门审批、核准后可以不再进行招标。

认定投标人数量时,两家以上投标人的投标产品为同一家制造商或集成商生产的,按一家投标人认定。对两家以上集成商或代理商使用相同制造商产品作为其项目包的一部分,且相同产品的价格总和均超过该项目包各自投标总价60%的,按一家投标人认定。

对于国外贷款、援助资金项目,资金提供方规定当投标截止时间到达时,投标人少于3个可直接进入开标程序的,可以适用其规定。

第四十七条　开标时,由投标人或者其推选的代表检查投标文件的密封情况,也可以由招标人委托的公证机构检查并公证;经确认无误后,由工作人员当众拆封,宣读投标人名称、投标价格和投标文件的其他主要内容。

招标人在招标文件要求提交投标文件的截止时间前收到的所有投标文件,开标时都应当当众予以拆封、宣读。

投标人的开标一览表、投标声明(价格变更或其他声明)都应当在开标时一并唱出,否则在评标时不予认可。投标总价中不应当包含招标文件要求以外的产品或服务的价格。

第四十八条　投标人对开标有异议的,应当在开标现场提出,招标人或招标机构应当当场作出答复,并制作记录。

第四十九条　招标人或招标机构应当在开标时制作开标记录,并在开标后3个工作日内上传招标网存档。

第五十条　评标由招标人依照本办法组建的评标委员会负责。依法必须进行招标的项目,其评标委员会由招标人的代表和从事相关领域工作满8年并具有高级职称或者具有同等专业水平的技术、经济等相关领域专家组成,成员人数为5人以上单数,其中技术、经济等方面专家人数不得少于成员总数的2/3。

第五十一条　依法必须进行招标的项目,机电产品国际招标评标所需专家原则上由招标人或招标机构在招标网上从国家、地方两级专家库内相关专业类别中采用随机抽取的方式产生。任何单位和个人不得以明示、暗示等任何方式指定或者变相指定参加评标委员会的专家成员。但技术复杂、专业性强或者国家有特殊要求,采取随机抽取方式确定的专家难以保证其胜任评标工作的特殊招标项目,报相应主管部门后,可以由招标人直接确定评标专家。

抽取评标所需的评标专家的时间不得早于开标时间3个工作日;同一项目包评标中,来自同一法人单位的评标专家不得超过评标委员会总人数的1/3。

随机抽取专家人数为实际所需专家人数。一次招标金额在1000万美元以上的国际招标项目包，所需专家的1/2以上应当从国家级专家库中抽取。

抽取工作应当使用招标网评标专家随机抽取自动通知系统。除专家不能参加和应当回避的情形外，不得废弃随机抽取的专家。

机电产品国际招标评标专家及专家库管理办法由商务部另行制定。

第五十二条 与投标人或其制造商有利害关系的人不得进入相关项目的评标委员会，评标专家不得参加与自己有利害关系的项目评标，且应当主动回避；已经进入的应当更换。主管部门的工作人员不得担任本机构负责监督项目的评标委员会成员。

依法必须进行招标的项目的招标人非因招标投标法、招标投标法实施条例和本办法规定的事由，不得更换依法确定的评标委员会成员。更换评标委员会的专家成员应当依照本办法第五十一条规定进行。

第五十三条 评标委员会成员名单在中标结果确定前应当保密，如有泄密，除追究当事人责任外，还应当报相应主管部门后及时更换。

评标前，任何人不得向评标专家透露其即将参与的评标项目招标人、投标人的有关情况及其他应当保密的信息。

招标人和招标机构应当采取必要的措施保证评标在严格保密的情况下进行。任何单位和个人不得非法干预、影响评标的过程和结果。

泄密影响中标结果的，中标无效。

第五十四条 招标人应当向评标委员会提供评标所必需的信息，但不得向评标委员会成员明示或者暗示其倾向或者排斥特定投标人。

招标人应当根据项目规模和技术复杂程度等因素合理确定评标时间。超过1/3的评标委员会成员认为评标时间不够的，招标人应当适当延长。

评标过程中，评标委员会成员有回避事由、擅离职守或者因健康等原因不能继续评标的，应当于评标当日报相应主管部门后按照所缺专家的人数重新随机抽取，及时更换。被更换的评标委员会成员作出的评审结论无效，由更换后的评标委员会成员重新进行评审。

第五十五条 评标委员会应当在开标当日开始进行评标。有特殊原因当天不能评标的，应当将投标文件封存，并在开标后48小时内开始进行评标。评标委员会成员应当依照招标投标法、招标投标法实施条例和本办法的规定，按照招标文件规定的评标方法和标准，独立、客观、公正地对投标文件提出评审意见。招标文件没有规定的评标方法和标准不得作为评标的依据。

评标委员会成员不得私下接触投标人，不得收受投标人给予的财物或者其他好处，不得向招标人征询确定中标人的意向，不得接受任何单位或者个人明示或者暗示提出的倾向或者排斥特定投标人的要求，不得有其他不客观、不公正履行职务的行为。

第五十六条 采用最低评标价法评标的，在商务、技术条款均实质性满足招标文件要求时，评标价格最低者为排名第一的中标候选人；采用综合评价法评标的，在商务、技术条款均实质性满足招标文件要求时，综合评价最优者为排名第一的中标候选人。

第五十七条 在商务评议过程中，有下列情形之一者，应予否决投标：

（一）投标人或其制造商与招标人有利害关系可能影响招标公正性的；

（二）投标人参与项目前期咨询或招标文件编制的；

（三）不同投标人单位负责人为同一人或者存在控股、管理关系的；

（四）投标文件未按招标文件的要求签署的；

（五）投标联合体没有提交共同投标协议的；

（六）投标人的投标书、资格证明材料未提供，或不符合国家规定或者招标文件要求的；

（七）同一投标人提交两个以上不同的投标方案或者投标报价的，但招标文件要求提交备选方案的除外；

（八）投标人未按招标文件要求提交投标保证金或保证金金额不足、保函有效期不足、投标保证金形式或出具投标保函的银行不符合招标文件要求的；

（九）投标文件不满足招标文件加注星号（“＊”）的重要商务条款要求的；

（十）投标报价高于招标文件设定的最高投标限价的；

（十一）投标有效期不足的；

（十二）投标人有串通投标、弄虚作假、行贿等违法行为的；

（十三）存在招标文件中规定的否决投标的其他商务条款的。

前款所列材料在开标后不得澄清、后补；招标文件要求提供原件的，应当提供原件，否则将否决其投标。

第五十八条 对经资格预审合格、且商务评议合格的投标人不能再因其资格不合格否决其投标，但在招标周期内该投标人的资格发生了实质性变化不再满足原有资格要求的除外。

第五十九条 技术评议过程中,有下列情形之一者,应予否决投标:

(一)投标文件不满足招标文件技术规格中加注星号("*")的重要条款(参数)要求,或加注星号("*")的重要条款(参数)无符合招标文件要求的技术资料支持的;

(二)投标文件技术规格中一般参数超出允许偏离的最大范围或最多项数的;

(三)投标文件技术规格中的响应与事实不符或虚假投标的;

(四)投标人复制招标文件的技术规格相关部分内容作为其投标文件中一部分的;

(五)存在招标文件中规定的否决投标的其他技术条款的。

第六十条 采用最低评标价法评标的,价格评议按下列原则进行:

(一)按招标文件中的评标依据进行评标。计算评标价格时,对需要进行价格调整的部分,要依据招标文件和投标文件的内容加以调整并说明。投标总价中包含的招标文件要求以外的产品或服务,在评标时不予核减;

(二)除国外贷款、援助资金项目外,计算评标总价时,以货物到达招标人指定到货地点为依据;

(三)招标文件允许以多种货币投标的,在进行价格评标时,应当以开标当日中国银行总行首次发布的外币对人民币的现汇卖出价进行投标货币对评标货币的转换以计算评标价格。

第六十一条 采用综合评价法评标时,按下列原则进行:

(一)评标办法应当充分考虑每个评价指标所有可能的投标响应,且每一种可能的投标响应应当对应一个明确的评价值,不得对应多个评价值或评价值区间,采用两步评价方法的除外。

对于总体设计、总体方案等难以量化比较的评价内容,可以采取两步评价方法:第一步,评标委员会成员独立确定投标人该项评价内容的优劣等级,根据优劣等级对应的评价值算术平均后确定该投标人该项评价内容的平均等级;第二步,评标委员会成员根据投标人的平均等级,在对应的分值区间内给出评价值。

(二)价格评价应当符合低价优先、经济节约的原则,并明确规定评议价格最低的有效投标人将获得价格评价的最高评价值,价格评价的最大可能评价值和最小可能评价值应当分别为价格最高评价值和零评价值。

(三)评标委员会应当根据综合评价值对各投标人进行排名。综合评价值相同的,依照价格、技术、商务、服务及其他评价内容的优先次序,根据分项评价值进行排名。

第六十二条 招标文件允许备选方案的,评标委员会对有备选方案的投标人进行评审时,应当以主选方案为准进行评标。备选方案应当实质性响应招标文件要求。凡提供两个以上备选方案或者未按要求注明主选方案的,该投标应当被否决。凡备选方案的投标价格高于主选方案的,该备选方案将不予采纳。

第六十三条 投标人应当根据招标文件要求和产品技术要求列出供货产品清单和分项报价。投标人投标报价缺漏项超出招标文件允许的范围或比重的,为实质性偏离招标文件要求,评标委员会应当否决其投标。缺漏项在招标文件允许的范围或比重内的,评标时应当要求投标人确认缺漏项是否包含在投标价中,确认包含的,将其他有效投标中该项的最高价计入其评标总价,并依据此评标总价对其一般商务和技术条款(参数)偏离进行价格调整;确认不包含的,评标委员会应当否决其投标;签订合同时以投标价为准。

第六十四条 投标文件中有含义不明确的内容、明显文字或者计算错误,评标委员会认为需要投标人作出必要澄清、说明的,应当书面通知该投标人。投标人的澄清、说明应当采用书面形式在评标委员会规定的时间内提交,并不得超出投标文件的范围或者改变投标文件的实质性内容。

投标人的投标文件不响应招标文件加注星号("*")的重要商务和技术条款(参数),或加注星号("*")的重要技术条款(参数)未提供符合招标文件要求的技术支持资料的,评标委员会不得要求其进行澄清或后补。

评标委员会不得暗示或者诱导投标人作出澄清、说明,不得接受投标人主动提出的澄清、说明。

第六十五条 评标委员会经评审,认为所有投标都不符合招标文件要求的,可以否决所有投标。

依法必须进行招标的项目的所有投标被否决的,招标人应当依照本办法重新招标。

第六十六条 评标完成后,评标委员会应当向招标人提交书面评标报告和中标候选人名单。中标候选人应当不超过3个,并标明排序。

评标委员会的每位成员应当分别填写评标委员会成

员评标意见表(见附件2),评标意见表是评标报告必不可少的一部分。评标报告应当由评标委员会全体成员签字。对评标结果有不同意见的评标委员会成员应当以书面形式说明其不同意见和理由,评标报告应当注明该不同意见。评标委员会成员拒绝在评标报告上签字又不说明其不同意见和理由的,视为同意评标结果。

专家受聘承担的具体项目评审工作结束后,招标人或者招标机构应当在招标网对专家的能力、水平、履行职责等方面进行评价,评价结果分为优秀、称职和不称职。

第六章 评标结果公示和中标

第六十七条 依法必须进行招标的项目,招标人或招标机构应当依据评标报告填写《评标结果公示表》,并自收到评标委员会提交的书面评标报告之日起3日内在招标网上进行评标结果公示。评标结果应当一次性公示,公示期不得少于3日。

采用最低评标价法评标的,《评标结果公示表》中的内容包括"中标候选人排名"、"投标人及制造商名称"、"评标价格"和"评议情况"等。每个投标人的评议情况应当按商务、技术和价格评议三个方面在《评标结果公示表》中分别填写,填写的内容应当明确说明招标文件的要求和投标人的响应内容。对一般商务和技术条款(参数)偏离进行价格调整的,在评标结果公示时,招标人或招标机构应当明确公示价格调整的依据、计算方法、投标文件偏离内容及相应的调整金额。

采用综合评价法评标的,《评标结果公示表》中的内容包括"中标候选人排名"、"投标人及制造商名称"、"综合评价值"、"商务、技术、价格、服务及其他等大类评价项目的评价值"和"评议情况"等。每个投标人的评议情况应当明确说明招标文件的要求和投标人的响应内容。

使用国外贷款、援助资金的项目,招标人或招标机构应当自收到评标委员会提交的书面评标报告之日起3日内向资金提供方报送评标报告,并自获其出具不反对意见之日起3日内在招标网上进行评标结果公示。资金提供方对评标报告有反对意见的,招标人或招标机构应当及时将资金提供方的意见报相应的主管部门,并依照本办法重新招标或者重新评标。

第六十八条 评标结果进行公示后,各方当事人可以通过招标网查看评标结果公示的内容。招标人或招标机构应当应投标人的要求解释公示内容。

第六十九条 投标人或者其他利害关系人对依法必须进行招标的项目的评标结果有异议的,应当于公示期内向招标人或招标机构提出,并将异议内容上传招标网。招标人或招标机构应当在收到异议之日起3日内作出答复,并将答复内容上传招标网;作出答复前,应当暂停招标投标活动。

异议答复应当对异议问题逐项说明,但不得涉及其他投标人的投标秘密。未在评标报告中体现的不满足招标文件要求的其他方面的偏离不能作为答复异议的依据。

经原评标委员会按照招标文件规定的方法和标准审查确认,变更原评标结果的,变更后的评标结果应当依照本办法进行公示。

第七十条 招标人根据评标委员会提出的书面评标报告和推荐的中标候选人确定中标人。招标人也可以授权评标委员会直接确定中标人。国有资金占控股或者主导地位的依法必须进行招标的项目,以及使用国外贷款、援助资金的项目,招标人应当确定排名第一的中标候选人为中标人。排名第一的中标候选人放弃中标、因不可抗力不能履行合同、不按招标文件要求提交履约保证金,或者被查实存在影响中标结果的违法行为等情形,不符合中标条件的,招标人可以按照评标委员会提出的中标候选人名单排序依次确定其他中标候选人为中标人,也可以重新招标。

第七十一条 评标结果公示无异议的,公示期结束后该评标结果自动生效并进行中标结果公告;评标结果公示有异议,但是异议答复后10日内无投诉的,异议答复10日后按照异议处理结果进行公告;评标结果公示有投诉的,相应主管部门做出投诉处理决定后,按照投诉处理决定进行公告。

第七十二条 依法必须进行招标的项目,中标人确定后,招标人应当在中标结果公告后20日内向中标人发出中标通知书,并在中标结果公告后15日内将评标情况的报告(见附件3)提交至相应的主管部门。中标通知书也可以由招标人委托其招标机构发出。

使用国外贷款、援助资金的项目,异议或投诉的结果与报送资金提供方的评标报告不一致的,招标人或招标机构应当按照异议或投诉的结果修改评标报告,并将修改后的评标报告报送资金提供方,获其不反对意见后向中标人发出中标通知书。

第七十三条 中标结果公告后15日内,招标人或招标机构应当在招标网完成该项目包招标投标情况及其相关数据的存档。存档的内容应当与招标投标实际情况一致。

第七十四条 中标候选人的经营、财务状况发生较大变化或者存在违法行为,招标人认为可能影响其履约能力的,应当在发出中标通知书前由原评标委员会按照招标文件规定的方法和标准审查确认。

第七十五条 中标通知书对招标人和中标人具有法律效力。中标通知书发出后,招标人改变中标结果的,或者中标人放弃中标项目的,应当依法承担法律责任。

第七十六条 招标人和中标人应当自中标通知书发出之日起30日内,依照招标投标法、招标投标法实施条例和本办法的规定签订书面合同,合同的标的、价款、质量、履行期限等主要条款应当与招标文件和中标人的投标文件的内容一致。招标人或中标人不得拒绝或拖延与另一方签订合同。招标人和中标人不得再行订立背离合同实质性内容的其他协议。

招标人最迟应当在书面合同签订后5日内向中标人和未中标的投标人退还投标保证金及银行同期存款利息。

第七十七条 招标文件要求中标人提交履约保证金的,中标人应当按照招标文件的要求提交。履约保证金不得超过中标合同金额的10%。

第七十八条 中标产品来自关境外的,由招标人按照国家有关规定办理进口手续。

第七十九条 中标人应当按照合同约定履行义务,完成中标项目。中标人不得向他人转让中标项目,也不得将中标项目肢解后分别向他人转让。

第八十条 依法必须进行招标的项目,在国际招标过程中,因招标人的采购计划发生重大变更等原因,经项目主管部门批准,报相应的主管部门后,招标人可以重新组织招标。

第八十一条 招标人或招标机构应当按照有关规定妥善保存招标委托协议、资格预审公告、招标公告、资格预审文件、招标文件、资格预审申请文件、投标文件、异议及答复等相关资料,以及与评标相关的评标报告、专家评标意见、综合评价法评价原始记录表等资料,并对评标情况和资料严格保密。

第七章 投诉与处理

第八十二条 投标人或者其他利害关系人认为招标投标活动不符合法律、行政法规及本办法规定的,可以自知道或者应当知道之日起10日内向相应主管部门投诉。就本办法第三十六条规定事项进行投诉的,潜在投标人或者其他利害关系人应当在自领购资格预审文件或招标文件10日内向相应的主管部门提出;就本办法第四十八条规定事项进行投诉的,投标人或者其他利害关系人应当在自开标10日内向相应的主管部门提出;就本办法第六十九条规定事项进行投诉的,投标人或者其他利害关系人应当在自评标结果公示结束10日内向相应的主管部门提出。

就本办法第三十六条、第四十八条、第六十九条规定事项投诉的,应当先向招标人提出异议,异议答复期间不计算在前款规定的期限内。就异议事项投诉的,招标人或招标机构应当在该项目被网上投诉后3日内,将异议相关材料提交相应的主管部门。

第八十三条 投诉人应当于投诉期内在招标网上填写《投诉书》(见附件4)(就异议事项进行投诉的,应当提供异议和异议答复情况及相关证明材料),并将由投诉人单位负责人或单位负责人授权的人签字并盖章的《投诉书》、单位负责人证明文件及相关材料在投诉期内送达相应的主管部门。境外投诉人所在企业无印章的,以单位负责人或单位负责人授权的人签字为准。

投诉应当有明确的请求和必要的证明材料。投诉有关材料是外文的,投诉人应当同时提供其中文译本,并以中文译本为准。

投诉人应保证其提出投诉内容及相应证明材料的真实性及来源的合法性,并承担相应的法律责任。

第八十四条 主管部门应当自收到书面投诉书之日起3个工作日内决定是否受理投诉,并将是否受理的决定在招标网上告知投诉人。主管部门应当自受理投诉之日起30个工作日内作出书面处理决定(见附件5),并将书面处理决定在招标网上告知投诉人;需要检验、检测、鉴定、专家评审的,以及监察机关依法对与招标投标活动有关的监察对象实施调查并可能影响投诉处理决定的,所需时间不计算在内。使用国外贷款、援助资金的项目,需征求资金提供方意见的,所需时间不计算在内。

主管部门在处理投诉时,有权查阅、复制有关文件、资料,调查有关情况,相关单位和人员应当予以配合。必要时,主管部门可以责令暂停招标投标活动。

主管部门在处理投诉期间,招标人或招标机构应当就投诉的事项协助调查。

第八十五条 有下列情形之一的投诉,不予受理:

(一)就本办法第三十六条、第四十八条、第六十九条规定事项投诉,其投诉内容在提起投诉前未按照本办法的规定提出异议的;

(二)投诉人不是投标人或者其他利害关系人的;

(三)《投诉书》未按本办法有关规定签字或盖章,或者未提供单位负责人证明文件的；

（四）没有明确请求的，或者未按本办法提供相应证明材料的；

（五）涉及招标评标过程具体细节、其他投标人的商业秘密或其他投标人的投标文件具体内容但未能说明内容真实性和来源合法性的；

（六）未在规定期限内在招标网上提出的；

（七）未在规定期限内将投诉书及相关证明材料送达相应主管部门的。

第八十六条 在评标结果投诉处理过程中，发现招标文件重要商务或技术条款（参数）出现内容错误、前后矛盾或与国家相关法律法规不一致的情形，影响评标结果公正性的，当次招标无效，主管部门将在招标网上予以公布。

第八十七条 招标人对投诉的内容无法提供充分解释和说明的，主管部门可以自行组织或者责成招标人、招标机构组织专家就投诉的内容进行评审。

就本办法第三十六条规定事项投诉的，招标人或招标机构应当从专家库中随机抽取3人以上单数评审专家。评审专家不得作为同一项目包的评标专家。

就本办法第六十九条规定事项投诉的，招标人或招标机构应当从国家级专家库中随机抽取评审专家，国家级专家不足时，可由地方级专家库中补充，但国家级专家不得少于2/3。评审专家不得包含参与该项目包评标的专家，并且专家人数不得少于评标专家人数。

第八十八条 投诉人拒绝配合主管部门依法进行调查的，被投诉人不提交相关证据、依据和其他有关材料的，主管部门按照现有可获得的材料对相关投诉依法作出处理。

第八十九条 投诉处理决定作出前，经主管部门同意，投诉人可以撤回投诉。投诉人申请撤回投诉的，应当以书面形式提交给主管部门，并同时在网上提出撤回投诉申请。已经查实投诉内容成立的，投诉人撤回投诉的行为不影响投诉处理决定。投诉人撤回投诉的，不得以同一的事实和理由再次进行投诉。

第九十条 主管部门经审查，对投诉事项可作出下列处理决定：

（一）投诉内容未经查实前，投诉人撤回投诉的，终止投诉处理；

（二）投诉缺乏事实根据或者法律依据的，以及投诉人捏造事实、伪造材料或者以非法手段取得证明材料进行投诉的，驳回投诉；

（三）投诉情况属实，招标投标活动确实存在不符合法律、行政法规和本办法规定的，依法作出招标无效、投标无效、中标无效、修改资格预审文件或者招标文件等决定。

第九十一条 商务部在招标网设立信息发布栏，包括下列内容：

（一）投诉汇总统计，包括年度内受到投诉的项目、招标人、招标机构名称和投诉处理结果等；

（二）招标机构代理项目投诉情况统计，包括年度内项目投诉数量、投诉率及投诉处理结果等；

（三）投标人及其他利害关系人投诉情况统计，包括年度内项目投诉数量、投诉率及不予受理投诉、驳回投诉、不良投诉（本办法第九十六条第四项的投诉行为）等；

（四）违法统计，包括年度内在招标投标活动过程中违反相关法律、行政法规和本办法的当事人、项目名称、违法情况和处罚结果。

第九十二条 主管部门应当建立投诉处理档案，并妥善保存。

第八章 法律责任

第九十三条 招标人对依法必须进行招标的项目不招标或化整为零以及以其他任何方式规避国际招标的，由相应主管部门责令限期改正，可以处项目合同金额0.5%以上1%以下的罚款；对全部或者部分使用国有资金的项目，可以通告项目主管机构暂停项目执行或者暂停资金拨付；对单位直接负责的主管人员和其他直接责任人员依法给予处分。

第九十四条 招标人有下列行为之一的，依照招标投标法、招标投标法实施条例的有关规定处罚：

（一）依法应当公开招标而采用邀请招标的；

（二）以不合理的条件限制、排斥潜在投标人的，对潜在投标人实行歧视待遇的，强制要求投标人组成联合体共同投标的，或者限制投标人之间竞争的；

（三）招标文件、资格预审文件的发售、澄清、修改的时限，或者确定的提交资格预审申请文件、投标文件的时限不符合规定的；

（四）不按照规定组建评标委员会，或者确定、更换评标委员会成员违反规定的；

（五）接受未通过资格预审的单位或者个人参加投标，或者接受应当拒收的投标文件的；

（六）违反规定，在确定中标人前与投标人就投标价格、投标方案等实质性内容进行谈判的；

(七)不按照规定确定中标人的；

(八)不按照规定对异议作出答复,继续进行招标投标活动的；

(九)无正当理由不发出中标通知书,或者中标通知书发出后无正当理由改变中标结果的；

(十)无正当理由不与中标人订立合同,或者在订立合同时向中标人提出附加条件的；

(十一)不按照招标文件和中标人的投标文件与中标人订立合同,或者与中标人订立背离合同实质性内容的协议的；

(十二)向他人透露已获取招标文件的潜在投标人的名称、数量或者可能影响公平竞争的有关招标投标的其他情况的,或者泄露标底的。

第九十五条 招标人有下列行为之一的,给予警告,并处3万元以下罚款;该行为影响到评标结果的公正性的,当次招标无效:

(一)与投标人相互串通、虚假招标投标的；

(二)以不正当手段干扰招标投标活动的；

(三)不履行与中标人订立的合同的；

(四)除本办法第九十四条第十二项所列行为外,其他泄漏应当保密的与招标投标活动有关的情况、材料或信息的；

(五)对主管部门的投诉处理决定拒不执行的；

(六)其他违反招标投标法、招标投标法实施条例和本办法的行为。

第九十六条 投标人有下列行为之一的,依照招标投标法、招标投标法实施条例的有关规定处罚:

(一)与其他投标人或者与招标人相互串通投标的；

(二)以向招标人或者评标委员会成员行贿的手段谋取中标的；

(三)以他人名义投标或者以其他方式弄虚作假,骗取中标的；

(四)捏造事实、伪造材料或者以非法手段取得证明材料进行投诉的。

有前款所列行为的投标人不得参与该项目的重新招标。

第九十七条 投标人有下列行为之一的,当次投标无效,并给予警告,并处3万元以下罚款:

(一)虚假招标投标的；

(二)以不正当手段干扰招标、评标工作的；

(三)投标文件及澄清资料与事实不符,弄虚作假的；

(四)在投诉处理过程中,提供虚假证明材料的；

(五)中标通知书发出之前与招标人签订合同的；

(六)中标的投标人不按照其投标文件和招标文件与招标人签订合同的或提供的产品不符合投标文件的；

(七)其他违反招标投标法、招标投标法实施条例和本办法的行为。

有前款所列行为的投标人不得参与该项目的重新招标。

第九十八条 中标人有下列行为之一的,依照招标投标法、招标投标法实施条例的有关规定处罚:

(一)无正当理由不与招标人订立合同的,或者在签订合同时向招标人提出附加条件的；

(二)不按照招标文件要求提交履约保证金的；

(三)不履行与招标人订立的合同的。

有前款所列行为的投标人不得参与该项目的重新招标。

第九十九条 招标机构有下列行为之一的,依照招标投标法、招标投标法实施条例的有关规定处罚:

(一)与招标人、投标人串通损害国家利益、社会公共利益或者他人合法权益的；

(二)在所代理的招标项目中投标、代理投标或者向该项目投标人提供咨询的；

(三)参加受托编制标底项目的投标或者为该项目的投标人编制投标文件、提供咨询的；

(四)泄漏应当保密的与招标投标活动有关的情况和资料的。

第一百条 招标机构有下列行为之一的,给予警告,并处3万元以下罚款;该行为影响到整个招标公正性的,当次招标无效:

(一)与招标人、投标人相互串通、搞虚假招标投标的；

(二)在进行机电产品国际招标机构登记时填写虚假信息或提供虚假证明材料的；

(三)无故废弃随机抽取的评审专家的；

(四)不按照规定及时向主管部门报送材料或者向主管部门提供虚假材料的；

(五)未在规定的时间内将招标投标情况及其相关数据上传招标网,或者在招标网上发布、公示或存档的内容与招标公告、招标文件、投标文件、评标报告等相应书面内容存在实质性不符的；

(六)不按照本办法规定对异议作出答复的,或者在投诉处理的过程中未按照主管部门要求予以配合的；

（七）因招标机构的过失，投诉处理结果为招标无效或中标无效，6个月内累计2次，或一年内累计3次的；

（八）不按照本办法规定发出中标通知书或者擅自变更中标结果的；

（九）其他违反招标投标法、招标投标法实施条例和本办法的行为。

第一百零一条 评标委员会成员有下列行为之一的，依照招标投标法、招标投标法实施条例的有关规定处罚：

（一）应当回避而不回避的；

（二）擅离职守的；

（三）不按照招标文件规定的评标方法和标准评标的；

（四）私下接触投标人的；

（五）向招标人征询确定中标人的意向或者接受任何单位或者个人明示或者暗示提出的倾向或者排斥特定投标人的要求的；

（六）暗示或者诱导投标人作出澄清、说明或者接受投标人主动提出的澄清、说明的；

（七）对依法应当否决的投标不提出否决意见的；

（八）向他人透露对投标文件的评审和比较、中标候选人的推荐以及与评标有关的其他情况的。

第一百零二条 评标委员会成员有下列行为之一的，将被从专家库名单中除名，同时在招标网上予以公告：

（一）弄虚作假，谋取私利的；

（二）在评标时拒绝出具明确书面意见的；

（三）除本办法第一百零一条第八项所列行为外，其他泄漏应当保密的与招标投标活动有关的情况和资料的；

（四）与投标人、招标人、招标机构串通的；

（五）专家1年内2次被评价为不称职的；

（六）专家无正当理由拒绝参加评标的；

（七）其他不客观公正地履行职责的行为，或违反招标投标法、招标投标法实施条例和本办法的行为。

前款所列行为影响中标结果的，中标无效。

第一百零三条 除评标委员会成员之外的其他评审专家有本办法第一百零一条和第一百零二条所列行为之一的，将被从专家库名单中除名，同时在招标网上予以公告。

第一百零四条 招标网承办单位有下列行为之一的，商务部予以警告并责令改正；情节严重的或拒不改正的，商务部可以中止或终止其委托服务协议；给招标投标活动当事人造成损失的，应当承担赔偿责任；构成犯罪的，依法追究刑事责任：

（一）超出商务部委托范围从事与委托事项相关活动的；

（二）利用承办商务部委托范围内事项向有关当事人收取费用的；

（三）无正当理由拒绝或者延误潜在投标人于投标截止时间前在招标网免费注册的；

（四）泄露应当保密的与招标投标活动有关情况和资料的；

（五）在委托范围内，利用有关当事人的信息非法获取利益的；

（六）擅自修改招标人、投标人或招标机构上传资料的；

（七）与招标人、投标人、招标机构相互串通、搞虚假招标投标的；

（八）其他违反招标投标法、招标投标法实施条例及本办法的。

第一百零五条 主管部门在处理投诉过程中，发现被投诉人单位直接负责的主管人员和其他直接责任人员有违法、违规或者违纪行为的，应当建议其行政主管机关、纪检监察部门给予处分；情节严重构成犯罪的，移送司法机关处理。

第一百零六条 主管部门不依法履行职责，对违反招标投标法、招标投标法实施条例和本办法规定的行为不依法查处，或者不按照规定处理投诉、不依法公告对招标投标当事人违法行为的行政处理决定的，对直接负责的主管人员和其他直接责任人员依法给予处分。

主管部门工作人员在招标投标活动监督过程中徇私舞弊、滥用职权、玩忽职守，构成犯罪的，依法追究刑事责任。

第一百零七条 出让或者出租资格、资质证书供他人投标的，依照法律、行政法规的规定给予行政处罚；构成犯罪的，依法追究刑事责任。

第一百零八条 依法必须进行招标的项目的招标投标活动违反招标投标法、招标投标法实施条例和本办法的规定，对中标结果造成实质性影响，且不能采取补救措施予以纠正的，招标、投标、中标无效，应当依照本办法重新招标或者重新评标。

重新评标应当由招标人依照本办法组建新的评标委员会负责。前一次参与评标的专家不得参与重新招标或者重新评标。依法必须进行招标的项目，重新评标的结果应当依照本办法进行公示。

除法律、行政法规和本办法规定外,招标人不得擅自决定重新招标或重新评标。

第一百零九条 本章规定的行政处罚,由相应的主管部门决定。招标投标法、招标投标法实施条例已对实施行政处罚的机关作出规定的除外。

第九章 附 则

第一百一十条 不属于工程建设项目,但属于固定资产投资项目的机电产品国际招标投标活动,按照本办法执行。

第一百一十一条 与机电产品有关的设计、方案、技术等国际招标投标,可参照本办法执行。

第一百一十二条 使用国外贷款、援助资金进行机电产品国际招标的,应当按照本办法的有关规定执行。贷款方、资金提供方对招标投标的具体条件和程序有不同规定的,可以适用其规定,但违背中华人民共和国的国家安全或社会公共利益的除外。

第一百一十三条 机电产品国际招标投标活动采用电子招标投标方式的,应当按照本办法和国家有关电子招标投标的规定执行。

第一百一十四条 本办法所称"单位负责人",是指单位法定代表人或者法律、行政法规规定代表单位行使职权的主要负责人。

第一百一十五条 本办法所称"日"为日历日,期限的最后一日是国家法定节假日的,顺延到节假日后的次日为期限的最后一日。

第一百一十六条 本办法中 CIF、CIP、DDP 等贸易术语,应当根据国际商会(ICC)现行最新版本的《国际贸易术语解释通则》的规定解释。

第一百一十七条 本办法由商务部负责解释。

第一百一十八条 本办法自 2014 年 4 月 1 日起施行。《机电产品国际招标投标实施办法》(商务部 2004 年第 13 号令)同时废止。

附件:

1. 机电产品范围(略)
2. 评标委员会成员评标意见表(略)
3. 评标情况的报告(略)
4. 投诉书(略)
5. 投诉处理决定书(略)

机电产品国际招标代理机构监督管理办法(试行)

·2016 年 11 月 16 日商务部令 2016 年第 5 号公布

·自 2017 年 1 月 1 日起施行

第一章 总 则

第一条 为加强机电产品国际招标代理机构(以下简称招标机构)监督管理,依据《中华人民共和国招标投标法》(以下简称招标投标法)、《中华人民共和国招标投标法实施条例》(以下简称招标投标法实施条例)等法律、行政法规以及国务院对有关部门实施招标投标活动行政监督的职责分工,制定本办法。

第二条 本办法适用于对在中华人民共和国境内从事机电产品国际招标代理业务的招标机构的监督管理。

第三条 招标机构是依法设立、从事机电产品国际招标代理业务并提供相关服务的社会中介组织。

招标机构应当具备从事招标代理业务的营业场所和相应资金;具备能够编制招标文件(中、英文)和组织评标的相应专业力量;拥有一定数量的招标专业人员。

第四条 商务部负责全国招标机构的监督管理工作;负责组织和指导对全国招标机构的监督检查工作;负责建立全国招标机构信用档案,发布招标机构信用信息;负责指导机电产品国际招标投标有关行业协会开展工作。

各省、自治区、直辖市、计划单列市、新疆生产建设兵团、沿海开放城市及经济特区商务主管部门、国务院有关部门机电产品进出口管理机构负责本地区、本部门所属招标机构的监督管理工作;负责在本地区、本行业从事机电产品国际招标代理行为的监督检查工作。

各级机电产品进出口管理机构(以下简称主管部门)及其工作人员应当依法履行职责。

第二章 招标机构注册办法

第五条 招标机构从事机电产品国际招标代理业务,应当在中国国际招标网(网址:www.chinabidding.com,以下简称招标网)免费注册,注册前应当在招标网作出诚信承诺;注册时应当在招标网如实填写《机电产品国际招标代理机构注册登记表》(以下简称《注册登记表》,附件 1)和《机电产品国际招标专职从业人员名单》(以下简称《人员名单》,附件 2)。

第六条 招标机构对《注册登记表》所填写的登记信息的真实性、合法性负责。因招标机构填写信息错误、遗漏、虚假,以及提供虚假证明材料引起的法律责任由其自行承担。

第七条 注册信息发生变更的，招标机构应当在相关信息变更后30日内在招标网修改相关信息。

因合并、分立而续存的招标机构，其注册信息发生变化的，应当依照前款规定办理注册信息变更；因合并、分立而解散的招标机构，应当及时在招标网办理注销；因合并、分立而新设立的招标机构，应当依照本办法在招标网重新注册。

第八条 不再从事机电产品国际招标代理业务的招标机构，应当及时在招标网注销。

招标机构已在工商部门办理注销手续或被吊销营业执照的，自营业执照注销或被吊销之日起，其招标网注册自动失效。

第三章 招标机构代理行为规范

第九条 招标机构应当遵守招标投标法、招标投标法实施条例、机电产品国际招标投标实施办法和本办法的规定；在招标代理活动中，应当依法经营、公平竞争、诚实守信，不得弄虚作假，不得损害国家利益、社会公共利益或者他人合法权益。

第十条 招标机构应当与招标人签订书面委托合同，载明委托事项和代理权限。招标机构应当在招标人委托的范围内开展招标代理业务，不得接受招标人违法的委托内容和要求；不得在所代理的招标项目中投标或者代理投标，也不得为所代理的招标项目的投标人提供咨询。

第十一条 招标机构从事机电产品国际招标代理业务的人员应当为与本机构依法存在劳动合同关系的员工，应当熟练掌握机电产品国际招标相关法律规定和政策。招标机构代理机电产品国际招标项目的负责人应当由招标专业人员担任。

第十二条 招标机构应当受招标人委托依法组织招标投标活动，协助招标人及时对异议作出答复。在招标项目所属主管部门处理投诉期间，招标机构应当按照招标项目所属主管部门要求积极予以配合。

招标机构应当按照规定及时向招标项目所属主管部门报送招标投标相关材料，并在规定的时间内将招标投标情况及其相关数据上传招标网，在招标网上发布、公示或存档的内容应当与相应书面材料一致。

招标机构应当按照有关规定妥善保存招标投标相关资料，并对评标情况和资料严格保密。

第十三条 招标机构应当积极开展招标投标相关法律规定、政策和业务培训，加强行业自律和内部管理。

第四章 信用监督管理

第十四条 商务部在招标网设立招标机构信息发布栏，公布以下信息：

（一）机构信息：招标机构名称、注册地址、企业性质、联系方式、法定代表人姓名、从事机电产品国际招标代理业务时间、人员、场所等；

（二）人员信息：机电产品国际招标专职从业人员姓名、学历、专业、职称、英语水平、劳动合同关系、从事机电产品国际招标代理业务时间、学术成果、机电产品国际招标代理主要业绩等；

（三）其他信息：招标机构职业教育培训、学术交流成果、参加社会公益活动、纳税额等；

（四）业绩记录：招标机构代理项目当年机电产品国际招标中标金额、历史年度机电产品国际招标中标金额、特定行业机电产品国际招标中标金额等；

（五）异议和投诉记录：招标机构当年及历史年度代理项目异议数量、异议率、异议结果，以及投诉数量、投诉率和投诉处理结果等；

（六）检查结果记录：本办法第十九条规定的监督检查记录；

（七）错误操作记录：招标机构在机电产品国际招标代理过程中的错误操作行为，及直接责任人员和项目名称等（招标机构主动纠正，并且未对招标项目产生实质性影响的错误操作不记录在内）；

（八）违法记录：当年及历史年度在从事机电产品国际招标代理业务过程中违法的招标机构名称、法定代表人姓名、直接责任人员姓名、项目名称、违法情况和行政处理决定等。

前款第一项至第三项由招标机构填报，由招标机构所属主管部门核实；第四项、第五项由商务部公布；第六项、第七项由招标机构或招标项目所属主管部门填写；第八项由作出行政处理决定的主管部门填写。

商务部建立全国招标机构信用档案，纳入第一款所列信息。

第十五条 任何单位和个人发现招标机构信息存在不实的，可以在招标网或通过其他书面形式向该招标机构所属主管部门提出，并提供相关证明材料。经核实，招标机构信息确实存在不实的，由招标机构所属主管部门责令限期改正。

第十六条 推动建立机电产品国际招标代理行业诚信自律体系，倡导招标机构签署行业诚信自律公约，承诺依法经营、诚实守信，共同维护公平竞争的招投标市场秩序。

第五章 行政监督管理

第十七条 招标机构在招标网完成注册登记后,应当向招标机构所属主管部门提交下列材料存档:

(一)由招标机构法定代表人签字并加盖单位公章的《注册登记表》原件;

(二)企业法人营业执照(复印件)、公司章程(复印件)并加盖单位公章;

(三)《人员名单》及相关证明材料(复印件)并加盖单位公章:身份证、劳动合同、学历(或学位)证书、职称证书、英语水平证明、注册前三个月的社会保险缴费凭证等;

(四)营业场所和资金证明材料(复印件)并加盖单位公章:房产证明(自有产权的提供房屋产权证书,非自有产权的提供房屋租赁合同和出租方房屋产权证书)、上一年度由会计师事务所出具的审计报告等(设立不满一年的企业可在下一年度补充提交)。

招标机构名称、法定代表人、营业场所发生变更的,应当在相关信息变更后30日内将变更后的由法定代表人签字并加盖单位公章的《注册登记表》及相关证明材料报送招标机构所属主管部门。机电产品国际招标专职从业人员发生变更的,应当在每年1月份将变更后的由法定代表人签字并加盖单位公章的《人员名单》及相关补充证明材料报送招标机构所属主管部门。

招标机构所属主管部门应当妥善保存招标机构的相关注册材料。

第十八条 主管部门应当加强招标机构在本地区、本行业从事机电产品国际招标代理行为的事中事后监督检查。主管部门开展监督检查工作,可以采取书面抽查、网络监测、实地检查等方式。各主管部门上年度监督检查情况,应当通过招标网于次年1月15日前报商务部。

第十九条 商务部建立随机抽取检查对象、随机选派检查人员的"双随机"抽查机制,在招标网建立招标机构名录库、招标项目库和招标检查人员名录库,根据法律法规规章修订情况和工作实际动态调整随机抽查事项清单,并及时在招标网向社会公布。

实地检查应当采用"双随机"抽查方式。实施实地检查的主管部门从招标机构名录库中随机抽取检查机构,从招标项目库中随机抽取检查项目,从招标检查人员名录库中随机选派检查人员,按照随机抽查事项清单依法实施检查。

主管部门可根据本地区、本行业招标机构和招标项目实际情况,合理确定随机抽查的比例和频次。对所属招标机构的实地检查,年度检查率应当不低于所属招标机构数量的10%。每年实地检查的所属招标项目数量应当不少于5个或者上一年度所属招标项目数量的1%(两者以高者为准);上一年度所属招标项目数量低于5个的,应当至少实地检查1个项目。对投诉举报多、错误操作记录多或有严重违法记录等情况的招标机构,可增加抽查频次。

主管部门开展实地检查工作,检查人员不得少于二人。检查时,主管部门可以依法查阅、复制有关文件、资料,调查有关情况,被检查机构应当予以配合。检查人员应当填写实地检查记录表,如实记录检查情况。主管部门根据检查情况形成检查结果记录,由检查人员签字后存档并在招标网公布。

商务部可以组织对全国范围内招标机构及项目进行"双随机"抽查。

第二十条 主管部门应当对招标机构是否存在下列行为依法进行监督:

(一)与招标人、投标人串通损害国家利益、社会公共利益或者他人合法权益的;

(二)在所代理的招标项目中投标、代理投标或者向该项目投标人提供咨询的;

(三)参加受托编制标底项目的投标或者为该项目的投标人编制投标文件、提供咨询的;

(四)泄露应当保密的与招标投标活动有关的情况和资料的;

(五)与招标人、投标人相互串通、搞虚假招标投标的;

(六)在进行招标机构注册登记时填写虚假信息或提供虚假证明材料的;

(七)无故废弃随机抽取的评审专家的;

(八)不按照规定及时向主管部门报送材料或者向主管部门提供虚假材料的;

(九)未在规定的时间内将招标投标情况及其相关数据上传招标网,或者在招标网上发布、公示或存档的内容与招标公告、招标文件、投标文件、评标报告等相应书面内容存在实质性不符的;

(十)不按照规定对异议作出答复,或者在投诉处理的过程中未按照主管部门要求予以配合的;

(十一)因招标机构的过失,投诉处理结果为招标无效或中标无效的;

(十二)不按照规定发出中标通知书或者擅自变更中标结果的;

（十三）未按照本办法规定及时主动办理注册信息变更的；

（十四）招标网注册失效的招标机构，或者被暂停机电产品国际招标代理业务的招标机构，继续开展新的机电产品国际招标代理业务的；

（十五）从事机电产品国际招标代理业务未在招标网注册的；

（十六）其他违反招标投标法、招标投标法实施条例、机电产品国际招标投标实施办法和本办法的行为。

第二十一条 主管部门可以责成招标机构自查，可以依法利用其他政府部门作出的检查、核查结果或者专业机构作出的专业结论。

第二十二条 主管部门应当依法履行监管职责，对检查发现的违法行为，要依法处理。

主管部门实施检查不得妨碍被检查机构正常的经营活动，不得收受被检查机构给予的财物或者其他好处。

第二十三条 主管部门应当对本地区、本部门所属招标机构进行培训和指导，组织开展机电产品国际招标法律规定、政策和业务的交流和培训。

第六章 法律责任

第二十四条 招标机构有本办法第二十条第一项至第十二项所列的行为或者其他违反招标投标法、招标投标法实施条例、机电产品国际招标投标实施办法的行为的，依照招标投标法、招标投标法实施条例、机电产品国际招标投标实施办法的有关规定处罚。

第二十五条 招标机构有本办法第二十条第十三项至第十五项所列的行为或者其他违反本办法的行为的，责令改正，可以给予警告，并处3万元以下罚款。

第二十六条 招标机构有本办法第二十条第一项至第四项行为之一，情节严重的，商务部或招标机构所属主管部门可暂停其机电产品国际招标代理业务，并在招标网上公布。

在暂停机电产品国际招标代理业务期间，招标机构不得开展新的机电产品国际招标代理业务；同一单位法定代表人和直接责任人员不得作为法定代表人在招标网另行注册招标机构。

第二十七条 本章规定的行政处罚，由相应的招标机构所属主管部门或招标项目所属主管部门决定。招标投标法、招标投标法实施条例已对实施行政处罚的机关作出规定的除外。

第二十八条 主管部门应当依法履行职责，依法查处违反招标投标法、招标投标法实施条例、机电产品国际招标投标实施办法和本办法规定的行为，依法公告对招标机构当事人违法行为的行政处理决定。

第七章 附 则

第二十九条 机电产品国际招标投标有关行业协会按照依法制定的章程开展活动，加强行业自律和服务。

第三十条 本办法所称"日"为日历日，期限的最后一日是国家法定节假日的，顺延到节假日后的次日为期限的最后一日。

第三十一条 本办法由商务部负责解释。

第三十二条 本办法自2017年1月1日起施行。《机电产品国际招标机构资格管理办法》（商务部令2012年第3号）同时废止。

附件：1. 机电产品国际招标代理机构注册登记表（略）

2. 机电产品国际招标专职从业人员名单（略）

机电产品国际招标投标"双随机一公开"监管工作细则

·2017年8月17日

·商办贸函〔2017〕345号

第一条 为进一步规范机电产品国际招标投标监督检查行为，全面推行"双随机、一公开"，根据《中华人民共和国招标投标法》《中华人民共和国招标投标法实施条例》，以及《机电产品国际招标投标实施办法（试行）》（商务部令2014年第1号）、《机电产品国际招标代理机构监督管理办法（试行）》（商务部令2016年第5号）等有关规定，制定本细则。

第二条 商务部负责组织和指导对全国机电产品国际招标投标活动和全国机电产品国际招标代理机构（以下简称招标机构）的监督检查工作。各省、自治区、直辖市、计划单列市、新疆生产建设兵团、沿海开放城市及经济特区商务主管部门、国务院有关部门机电产品进出口管理机构负责本地区、本部门所属机电产品国际招标投标活动和招标机构的监督检查工作。各级机电产品进出口管理机构（以下简称主管部门）对机电产品国际招标投标活动和招标机构实施监督检查时，适用本细则。

第三条 本细则所称"双随机、一公开"工作，是指主管部门依法实施机电产品国际招标投标监督检查时，采取随机抽取检查对象、随机选派执法检查人员，及时公开抽查情况和查处结果的活动。

第四条 机电产品国际招标投标监督检查按照本细

则开展,坚持监管规范高效、公平公正、公开透明的原则。

第五条 商务部在中国国际招标网(以下简称招标网,网址:www.chinabidding.com)建立执法检查人员名录库和检查对象名录库。执法检查人员应为主管部门正式在编的工作人员,以机电产品国际招标投标业务主管工作人员为主。执法检查人员名录库由各主管部门负责各自执法检查人员信息录入和维护。检查对象为机电产品国际招标项目和招标机构,招标项目名录库、招标机构名录库由商务部负责信息录入和维护。招标项目名录库、招标机构名录库和执法检查人员名录库根据变动情况动态调整。

第六条 商务部根据法律法规规章修订情况和工作实际,制定并动态调整机电产品国际招标投标随机抽查事项清单(见附件),及时在招标网向社会公布。主管部门按照随机抽查事项清单,对机电产品国际招标投标活动和招标机构合法合规情况依法实施检查。

第七条 主管部门实施检查前,从招标网上的招标机构名录库中随机抽取被检查机构,从招标项目名录库中随机抽取被检查项目,从执法检查人员名录库中随机选派执法检查人员,抽取过程在招标网全程记录。主管部门可以设定招标时间、招标环节、招标行业、被投诉数量、错误操作数量等类别条件定向抽取被检查项目或被检查机构。

第八条 主管部门可以根据本地区、本行业招标机构和招标项目实际情况,合理确定随机抽查的比例和频次。对所属招标机构的随机抽查,年度检查率应当不低于所属招标机构数量的10%。每年随机抽查的所属招标项目数量,应当不少于5个或者上一年度所属招标项目数量的1%(两者以高者为准);上一年度所属招标项目数量低于5个的,应当至少随机抽查1个项目。近三年内检查过的招标项目,在抽取时可以排除。对投诉举报多、错误操作记录多或有严重违法记录等情况的招标机构,可增加抽查频次。商务部可以组织实施对全国范围内招标机构及项目进行"双随机"抽查。

第九条 主管部门开展"双随机"抽查工作,执法检查人员的抽取数量根据检查工作需要确定,同一检查组执法检查人员不得少于二人。出现随机抽取的执法检查人员因实际困难不能参加检查工作或需要回避等情形,应从执法检查人员名录库中及时随机抽取,补齐执法检查人员。

第十条 主管部门实施检查时,可以依法查阅、复制有关文件、资料,调查有关情况,被检查机构应当予以配合。

第十一条 执法检查人员应当填写检查记录表,如实记录检查情况,根据检查情况形成检查结果记录。随机抽取的检查对象名单和检查结果记录,由执法检查人员签字后存档并在招标网公布。任何单位和个人对公布的检查对象名单和检查结果记录信息有异议的,可以在招标网或通过其他书面形式向实施检查的主管部门或商务部提出,并提供相关证明材料。经核实,异议情况属实的,由主管部门更正相关信息后重新公布。

第十二条 主管部门应当依法履行监管职责,对检查发现的违法行为,要依法处理,依法公告处罚结果。对不属于主管部门职权范围的事项,依法依纪移送其他部门处理。

第十三条 主管部门实施检查不得妨碍被检查机构正常的经营活动,不得收受被检查机构给予的财物或者其他好处。

第十四条 各主管部门应当及时就当年开展"双随机、一公开"监管工作情况进行总结,并于当年12月5日前将总结报告通过招标网报商务部,同时于次年1月15日前将加盖单位公章的书面材料报商务部。

第十五条 商务部建立全国机电产品国际招标投标信用档案,"双随机"抽查结果纳入信用档案。

第十六条本细则自发布之日起施行。

附件:机电产品国际招标投标随机抽查事项清单(略)

进一步规范机电产品国际招标投标活动有关规定

·2007年10月10日

·商务发〔2007〕395号

第一章 招标文件

第一条 招标文件应当明确规定投标人必须进行小签的相应内容,其中投标文件的报价部分、重要商务和技术条款(参数)(加注"*"的条款或参数,下同)响应等相应内容必须逐页小签。

第二条 招标文件应当明确规定允许的投标货币和报价方式,并注明该条款是否为重要商务条款。招标文件应当明确规定不接受选择性报价或者具有附加条件的报价。

第三条 招标文件应当明确规定对投标人的业绩、财务、资信和技术参数等要求,不得使用模糊的、无明确界定的术语或指标作为重要商务或技术条款(参数)或以此作为价格调整的依据。

招标文件内容应当符合国家有关法律法规、强制性认证标准、国家关于安全、卫生、环保、质量、能耗、社会责任等有关规定以及公认的科学理论。违反上述规定的，招标文件相应部分无效。

第四条　招标文件如允许联合体投标，应当明确规定对联合体牵头方和组成方的资格条件及其他相应要求。

招标文件如允许投标人提供备选方案，应当明确规定投标人在投标文件中只能提供一个备选方案并注明主选方案，且备选方案的投标价格不得高于主选方案。凡提供两个以上备选方案或未注明主选方案的，该投标将被视为实质性偏离而被拒绝。

第五条　《机电产品国际招标投标实施办法》（商务部令〔2004〕第13号，以下简称13号令）第二十一条规定的一般参数偏离加价最高不得超过1%，是指每个一般参数的累计偏离加价最高不得超过该设备投标价格的1%。交货期、付款条件的偏离加价原则招标文件可以另行规定。

第六条　招标文件不得设立歧视性条款或不合理的要求排斥潜在的投标人，其中重要商务和技术条款（参数）原则上应当同时满足三个以上潜在投标人能够参与竞争的条件。

第七条　对于利用国际金融组织和外国政府贷款项目（以下称国外贷款项目），招标人、招标机构和招标文件审核专家就招标文件全部内容达成一致意见后，招标机构应当按照13号令第二十五条规定将招标文件通过招标网报送商务部备案，招标网将生成“招标文件备案复函”。

第八条　投标人认为招标文件存在歧视性条款或不合理要求的，应当在规定时间内一次性全部提出，并将书面质疑及有关证明材料一并递交主管部门。

第九条　国外贷款项目的招标文件如需要修改的，包括条款或指标要求放宽、文字或单位错误纠正、设备数量变更、采购范围缩小等，招标机构可在网上提交“招标文件修改备案申请”，招标网将生成“招标文件修改备案复函”；除上述情况外，其他对招标文件内容的修改应当在得到招标文件审核专家的复审意见或贷款机构的书面意见后，招标机构方可在网上提交“招标文件修改备案申请”，并详细注明专家复审意见或贷款机构的意见，招标网将生成“招标文件修改备案复函”。

第二章　招标投标程序

第十条　对于国外贷款项目，当投标截止时间到达时，投标人少于三个的可直接进入两家开标或直接采购程序；招标机构应当于开标当日在招标网上递交“两家开标备案申请”（投标人为两个）或“直接采购备案申请”（投标人为一个），招标网将生成备案复函。

第十一条　对于利用国内资金机电产品国际招标项目，当投标截止时间到达时，投标人少于三个的应当立即停止开标或评标。招标机构应当发布开标时间变更公告，第一次投标截止日与变更公告注明的第二次投标截止日间隔不得少于七日。如需对招标文件进行修改，应按照13号令第二十六条执行。第二次投标截止时间到达时，投标人仍少于三个的，报经主管部门审核同意后，参照本规定第十条执行。

第三章　评标程序

第十二条　评标委员会评标前，招标人和招标机构等任何人不得进行查询投标文件、整理投标信息等活动，不得要求或组织投标人介绍投标方案。

第十三条　如招标文件允许以多种货币投标，评标委员会应当以开标当日中国人民银行公布的投标货币对评标货币的卖出价的中间价进行转换以计算评标价格。

第十四条　投标人的投标文件不响应招标文件规定的重要商务和技术条款（参数），或重要技术条款（参数）未提供技术支持资料的，评标委员会不得要求其进行澄清或后补。

技术支持资料以制造商公开发布的印刷资料或检测机构出具的检测报告为准，凡不符合上述要求的，应当视为无效技术支持资料。属于国家首台（套）采购或国内首次建设项目所需的特殊机电产品，招标文件可以对技术支持资料作另行规定。

第十五条　评标委员会对有备选方案的投标人进行评审时，应当以主选方案为准进行评标。凡未按要求注明主选方案的，应予以废标。如考虑备选方案的，备选方案必须实质性响应招标文件要求且评标价格不高于主选方案的评标价格。

第十六条　评标委员会在评标过程中有下列行为之一，影响评标结果公正性的，当次评标结果无效：

（一）擅自增加、放宽或取消重要商务和技术条款（参数）的；

（二）要求并接受投标人对投标文件实质性内容进行补充、更改、替换或其他形式的改变的；

（三）对采用综合评价法评标的项目，在综合分数计算汇总后重新打分的；

（四）故意隐瞒或擅自修改可能影响评标结果公正

性的信息的。

第十七条 招标人和招标机构应当妥善保管投标文件、评标意见表、综合打分原始记录表等所有与评标相关的资料，并对评标情况和资料严格保密。

第四章 评审专家管理

第十八条 招标机构应当按照13号令有关规定推荐评审专家入库，被推荐的专家原则上年龄不宜超过七十岁，专业领域不得超过三个二级分类。推荐表应当经过专家本人签字确认。对确有特殊专长、年龄超过七十岁且身体健康的专家，应报主管部门备案后入库。

凡参加重大装备自主化依托工程等国家重大项目评审工作的专家，需经国务院有关主管部门审核后入库。

第十九条 专家信息发生变更的（包括联系方式、专业领域、工作单位等），推荐单位或专家本人应当及时更新招标网上的相应信息。招标机构在专家抽取过程中发现专家信息错误或变更的，应当及时通知主管部门和招标网。

第二十条 招标文件审核专家应当严格按照13号令第二十四条规定开展工作。对于未能如实填写专家审核招标文件意见表的，主管部门将在招标网上予以公布；上述行为超过两次的，主管部门将依法取消其评审专家资格。

第二十一条 抽取评标所需的评审专家的时间不得早于开标时间48小时，如抽取外省专家的，不得早于开标时间72小时，遇节假日向前顺延；同一项目评标中，来自同一法人单位的评审专家不得超过评标委员会总数的1/3。

招标机构和招标人在专家抽取工作中如出现违规操作或对外泄露被抽取的评审专家相关信息的，主管部门将在招标网上予以公布；招标机构出现上述行为超过两次的，将依法暂停或取消其国际招标代理资格。

第二十二条 随机抽取的评审专家不得参加与自己有利害关系的项目评标。如与招标人、投标人、制造商或评审项目有利害关系的，专家应当主动申请回避。本款所称的利害关系包括但不限于以下情况：

（一）评审专家在某投标人单位或制造商单位任职、兼职或者持有股份的；

（二）评审专家任职单位与招标人单位为同一法人代表的；

（三）评审专家的近亲属在某投标人单位或制造商单位担任领导职务的；

（四）有其他经济利害关系的。

评审专家理应知晓本人与招标人、投标人、制造商或评审项目存在利害关系但不主动回避的，主管部门将依法取消其评审专家资格，且当次评标结果无效。

评审专家曾因在招标、评标以及其他与招标投标有关活动中从事违法违规行为而受过行政处罚或刑事处罚且在处罚有效期内的。应主动申请回避。对于不主动回避的，主管部门将依法取消其评审专家资格，且当次评标结果无效。

第二十三条 评审专家未按规定时间到场参与评标，或不能保证合理评标时间，或在评标过程中不认真负责的，将在招标网上予以公布；上述行为超过两次的，主管部门将依法取消其评审专家资格。

第二十四条 评审专家未按照13号令及招标文件有关要求进行评标、泄露评标秘密、违反公平公正原则的，主管部门将在招标网上进行公布，取消其评审专家资格，并向国家其他招投标行政监督主管部门和政府采购主管部门进行通报。

第五章 评标结果公示

第二十五条 评标结果公示应当一次性公示各投标人在商务、技术方面存在的实质性偏离内容，并与评标报告相关内容一致。如有质疑，未在评标报告中体现的不满足招标文件要求的其它方面的偏离不能作为答复质疑的依据。

第二十六条 对一般商务和技术条款（参数）偏离进行价格调整的，在评标结果公示时，招标人和招标机构应当明确公示价格调整的依据、计算方法、投标文件偏离内容及相应的调整金额。

第二十七条 采用综合评价法评标的，评标结果公示应包含各投标人的废标理由或在商务、技术、价格、服务及其他等大类评价项目的得分。

第二十八条 评标结果公示开始日不得选择在国家法定长假的前二日。

第六章 评标结果质疑处理

第二十九条 自评标结果公示结束后第四日起，招标人和招标机构应当在七日内组织评标委员会或受评标委员会的委托，向质疑人提供质疑答复意见，该意见应当包括对投标人质疑问题的逐项说明及相关证明文件，但不得涉及其他投标人的投标秘密。如有特殊理由，经主管部门同意后可以延期答复，但延期时间不得超过七日。

第三十条 除13号令第四十七条所列各款外，有下列情况之一的质疑，视为无效质疑，主管部门将不予受理：

（一）涉及招标评标过程具体细节、其他投标人的商业秘密或其他投标人的投标文件具体内容但未能说明内容真实性和来源合法性的质疑；

（二）未能按照主管部门要求在规定期限内补充质疑问题说明材料的质疑；

（三）针对招标文件内容提出的质疑。

第三十一条　质疑人的质疑内容和相应证明材料与事实不符的，将被视为不良质疑行为，主管部门将在招标网上予以公布。

第三十二条　在主管部门作出质疑处理决定之前，投标人申请撤回质疑的，应当以书面形式提交给主管部门。已经查实质疑内容成立的，质疑人撤回质疑的行为不影响质疑处理结果。

第三十三条　在质疑处理过程中，如发现招标文件重要商务或技术条款（参数）出现内容错误、前后矛盾或与国家相关法律法规不一致的情况，影响评标结果公正性的，当次招标视为无效，主管部门将在招标网上予以公布。

第三十四条　经主管部门审核，要求重新评标的招标项目，重新评标专家不得包含前一次参与评标和审核招标文件的专家。

第三十五条　招标网设立信息发布栏，包括下列内容：

（一）受到质疑的项目、招标人和招标机构名称；

（二）招标机构质疑情况统计，包括本年度内项目质疑数量、质疑率及质疑处理结果等；

（三）投标人质疑情况统计，包括本年度内项目质疑数量、质疑率及有效质疑、无效质疑、不良质疑等；

（四）招标文件重要商务或技术条款（参数）出现内容错误、前后矛盾或与国家相关法律法规不一致的情况；

（五）质疑处理结果。如该结果为招标无效或变更中标人，则公布评标委员会成员名单；

（六）经核实，投标文件有关材料与事实不符的投标人或制造商名称。

第三十六条　投标人无效质疑六个月内累计超过两次、一年内累计超过三次的。主管部门将在招标网上予以公布。

招标人和招标机构可以在招标文件中将主管部门公布的质疑信息作为对投标人的资格要求。

第三十七条　因招标机构的过失。质疑项目的处理结果为招标无效或变更中标人，六个月累计两次或一年内累计三次的，主管部门将依法对该招标机构进行通报批评，并暂停其六个月到一年的招标资格；情节严重的，将取消其招标资格。

第七章　招标机构管理

第三十八条　招标机构不得以串通其他招标机构投标等不正当方式承接招标代理业务。违反规定的，主管部门将依法暂停其招标资格六个月以上；情节严重的，将取消其招标资格。

第三十九条　招标机构从事国际招标项目的人员必须为与本公司签订劳动合同的正式员工。违反规定的，主管部门将依法暂停其招标资格六个月以上；情节严重的，将取消其招标资格。

第八章　附　则

第四十条　本规定由商务部负责解释。

第四十一条　本规定自发布之日起30日后施行。

机电产品国际招标综合评价法实施规范（试行）

·2008年8月15日

·商产发〔2008〕311号

第一章　总　则

第一条　为进一步规范机电产品国际招标投标活动，提高评标工作的科学性，鼓励采购先进技术和设备，根据《中华人民共和国招标投标法》和《机电产品国际招标投标实施办法》（商务部令〔2004〕第13号，以下称“13号令”），制定本规范。

第二条　本规范所称综合评价法，是指根据机电产品国际招标项目（以下称“招标项目”）的具体需求，设定商务、技术、价格、服务及其他评价内容的标准和权重，并由评标委员会对投标人的投标文件进行综合评价以确定中标人的一种评标方法。

第三条　使用国际组织或者外国政府贷款、援助资金的招标项目采用综合评价法的，应当将综合评价法相关材料报商务部备案；使用国内资金及其他资金的招标项目采用综合评价法的，应当将综合评价法相关材料经相应的主管部门转报商务部备案。

第二章　适用范围及原则

第四条　综合评价法适用于技术含量高、工艺或技术方案复杂的大型或成套设备招标项目。

第五条　采用综合评价法应当遵循公开公平、科学合理、量化择优的原则。

第三章　内容与要求

第六条　综合评价法方案应当由评价内容、评价标准、评价程序及定标原则等组成,并作为招标文件不可分割的一部分对所有投标人公开。

第七条　综合评价法的评价内容应当包括投标文件的商务、技术、价格、服务及其他方面。

商务、技术、服务及其他评价内容可以包括但不限于以下方面:

(一)商务评价内容可以包括:资质、业绩、财务、交货期、付款条件及方式、质保期、其他商务合同条款等。

(二)技术评价内容可以包括:方案设计、工艺配置、功能要求、性能指标、项目管理、专业能力、项目实施计划、质量保证体系及交货、安装、调试和验收方案等。

(三)服务及其他评价内容可以包括:服务流程、故障维修、零配件供应、技术支持、培训方案等。

第八条　综合评价法应当对每一项评价内容赋予相应的权重,其中价格权重不得低于30%,技术权重不得高于60%。

第九条　综合评价法应当集中列明招标文件中所有的重要条款(参数)(加注星号"*"的条款或参数,下同),并明确规定投标人对招标文件中的重要条款(参数)的任何一条偏离将被视为实质性偏离,并导致废标。

第十条　对于已进行资格预审的招标项目,综合评价法不得再将资格预审的相关标准和要求作为评价内容;对于未进行资格预审的招标项目,综合评价法应当明确规定资质、业绩和财务的相关指标获得最高评价分值的具体标准。

第十一条　综合评价法对投标文件的商务和技术内容的评价可以采用以下方法:

(一)对只需要判定是否符合招标文件要求或是否具有某项功能的指标,可以规定符合要求或具有功能即获得相应分值,反之则不得分。

(二)对可以明确量化的指标,可以规定各区间的对应分值,并根据投标人的投标响应情况进行对照打分。

(三)对可以在投标人之间具体比较的指标,可以规定不同名次的对应分值,并根据投标人的投标响应情况进行优劣排序后依次打分。

(四)对需要根据投标人的投标响应情况进行计算打分的指标,应当规定相应的计算公式和方法。

(五)对总体设计、总体方案等无法量化比较的评价内容,可以采取两步评价方法:第一步,评标委员会成员独立确定投标人该项评价内容的优劣等级,根据优劣等级对应的分值算术平均后确定该投标人该项评价内容的平均等级;第二步,评标委员会成员根据投标人的平均等级,在对应的分值区间内打分。

评价方法应充分考虑每个评价指标所有可能的投标响应,且每一种可能的投标响应应当对应一个明确的分值,不得对应多个分值或分值区间,采用本条第(五)项所列方法的除外。

第十二条　综合评价法的价格评价应当符合低价优先、经济节约的原则,并明确规定评标价格最低的有效投标人将获得价格评价的最高分值,价格评分的最大可能分值和最小可能分值应当分别为价格满分和0分。

第十三条　综合评价法应当明确规定评标委员会成员对评价过程及结果产生较大分歧时的处理原则与方法,包括:

(一)评标委员会成员对同一投标人的商务、技术、服务及其他评价内容的分项评分结果出现差距时,应遵循以下调整原则:

评标委员会成员的分项评分偏离超过评标委员会全体成员的评分均值±20%,该成员的该项分值将被剔除,以其他未超出偏离范围的评标委员会成员的评分均值(称为"评分修正值")替代;评标委员会成员的分项评分偏离均超过评标委员会全体成员的评分均值±20%,则以评标委员会全体成员的评分均值作为该投标人的分项得分。

(二)评标委员会成员对综合排名及推荐中标结果存在分歧时的处理原则与方法。

第十四条　综合评价法应当明确规定投标人出现下列情形之一的,将不得被确定为推荐中标人:

(一)该投标人的评标价格超过全体有效投标人的评标价格平均值一定比例以上的;

(二)该投标人的技术得分低于全体有效投标人的技术得分平均值一定比例以上的。

本条第(一)、(二)项中所列的比例由招标文件具体规定,且第(一)项中所列的比例不得高于40%,第(二)项中所列的比例不得高于30%。

第四章　评价程序与规则

第十五条　评标委员会应当首先对投标文件进行初步评审(见附表1),判定并拒绝无效标和存在实质性偏离的投标文件。通过初步评审的投标文件进入综合评价阶段。

第十六条　评标委员会成员应当根据综合评价法的规定对投标人的投标文件独立打分，并分别计算各投标人的商务、技术、服务及其他评价内容的分项得分，凡招标文件未规定的标准不得作为加分或者减分的依据。

第十七条　价格评价应当遵循以下步骤依次进行：(1)算术修正；(2)计算投标声明(折扣/升降价)后的价格；(3)价格调整；(4)价格评分。

第十八条　评标委员会应当对每位成员的评分进行汇总；每位成员在提交其独立出具的评价记录表(见附表2-1,2-2,2-3)后不得重新打分。

第十九条　评标委员会应当按照本规范第十三条第(一)项的规定，对每位成员的评分结果进行调整和修正。

第二十条　投标人的综合得分等于其商务、技术、价格、服务及其它评价内容的分项得分之和。

第二十一条　评标委员会应当根据综合得分对各投标人进行排名。综合得分相同的，价格得分高者排名优先；价格得分相同的，技术得分高者排名优先，并依照商务、服务及其他评价内容的分项得分优先次序类推。

第二十二条　评标委员会应当推荐综合排名第一的投标人为推荐中标人。如综合排名第一的投标人出现本规范第十四条列明情形之一的，评标委员会应推荐综合排名第二的投标人为推荐中标人。如所有投标人均不符合推荐条件的，则当次招标无效。

第二十三条　评标报告应当按照13号令等有关规定制定，并详细载明综合评价得分的计算过程，包括但不限于以下表格：评标委员会成员评价记录表、商务最终评分汇总表(见附表3-1)、技术最终评分汇总表(见附表3-2)、服务及其他评价内容最终评分汇总表(见附表3-3)、价格最终评分记录表(见附表4)、投标人最终评分汇总及排名表(见附表5)和评审意见表(见附表6)。

第二十四条　投标文件、评标委员会评分记录表、汇总表等所有与评标相关的资料应当严格保密，并由招标人和招标机构及时存档。

第五章　附　则

第二十五条　本规范所称相应的主管部门，是指各省、自治区、直辖市、计划单列市、经济特区、新疆建设兵团、各部门机电产品进出口管理机构；所称有效投标人，是指通过初步评审，且商务和技术均实质性满足招标文件要求的投标人；所称均值，是指算术平均值。

第二十六条　重大装备自主化依托工程设备招标项目采用综合评价法的，参照本规范执行。

第二十七条　本规范由商务部负责解释。

第二十八条　本规范自发布之日起30日后施行。

9. 医疗采购

医疗机构药品集中采购工作规范

·2010年7月7日

·卫规财发〔2010〕64号

第一章　总　则

第一条　为进一步规范药品集中采购工作，明确药品集中采购当事人的行为规范，依据有关法律法规，制定本规范。

第二条　本规范适用于参加医疗机构药品集中采购活动的药品集中采购机构、医疗机构和药品生产经营企业。

第三条　县级及县级以上人民政府、国有企业(含国有控股企业)等举办的非营利性医疗机构必须参加医疗机构药品集中采购工作。鼓励其他医疗机构参加药品集中采购活动。

第四条　实行以政府主导、以省(区、市)为单位的医疗机构网上药品集中采购工作。医疗机构和药品生产经营企业购销药品必须通过各省(区、市)政府建立的非营利性药品集中采购平台开展采购，实行统一组织、统一平台和统一监管。执行国家基本药物政策药品的采购规范性文件另行制定。

第五条　医疗机构药品集中采购必须坚持质量优先、价格合理的原则，做好药品的评价工作。

第六条　坚持公开、公平、公正的原则，确保不同地区、不同所有制的药品生产经营企业平等参与，公平竞争，禁止任何形式的地方保护。

第七条　药品集中采购机构、医疗机构和药品生产经营企业等各方当事人，在医疗机构药品集中采购活动中享有平等权利并承担相应义务。

第八条　依照本规范必须进行集中采购的药品，有下列情形之一的，不实行集中采购：

(一)因战争、自然灾害等，需进行紧急采购的；

(二)发生重大疫情、重大事故等，需进行紧急采购的；

(三)卫生部和省级人民政府认定的其他情形。

第二章　药品集中采购机构

第九条　各省(区、市)人民政府负责成立由相关部门组成的药品集中采购工作领导机构、管理机构和工作机构,建立非营利性药品集中采购平台。

第十条 药品集中采购工作领导机构由省(区、市)人民政府分管领导牵头,卫生、纠风、发展改革(物价)、财政、监察、工商行政管理、食品药品监督管理等部门组成。药品集中采购工作领导机构负责制定本省(区、市)医疗机构药品集中采购工作的实施意见和监督管理办法,并监督执行,研究药品集中采购工作的重大问题,协调并督促各部门按照各自职责做好集中采购相关工作。

第十一条 卫生行政部门牵头组织药品集中采购工作,汇总并提出本地区有关医疗机构集中采购药品的品种、规格和数量,负责对医疗机构执行集中采购结果和履行采购合同情况进行监督检查。

第十二条 纠风、监察部门负责对药品集中采购工作的监督,受理有关药品集中采购的检举和投诉,对违纪违规行为及时进行调查处理。具体办法另行制定。

第十三条 价格管理部门负责对企业递交的价格文件、按集中采购价格和规定加价政策确定的集中采购药品零售价格进行审核,并对价格执行情况进行监督检查。

第十四条 工商行政管理部门负责对参加药品集中采购的药品生产经营企业提供的营业执照信息进行核对,对药品集中采购过程中的不正当竞争行为进行调查处理。

第十五条 食品药品监督管理部门负责对参加药品集中采购的药品生产经营企业及其申报药品的资质及有关证明文件进行审核,对入围药品的质量进行监督检查,提供药品质量和药品生产经营企业不良记录等信息,加大对明显低于成本投标药品质量的监督检查力度。

第十六条 财政部门负责安排药品集中采购工作所需必要的工作经费。

第十七条 药品集中采购工作管理机构设在卫生行政部门,要明确承办日常事务的处室。纠风、物价、药监等相关部门可确定专人参加管理机构工作,具体组成由各省(区、市)确定。其主要职责是制定规则、组织管理、监督检查。

(一)按照药品集中采购工作领导机构的要求,编制采购目录,确定采购方式;

(二)组织、协调、推动全省(区、市)的药品集中采购工作;

(三)依据实施意见制定实施细则、工作制度、工作程序和工作纪律等,并组织实施;

(四)组建并管理全省(区、市)药品集中采购专家库;

(五)指导、管理并监督集中采购工作机构按照规定程序,公开、公平、公正地开展药品集中采购工作;

(六)指导并监督各市(地)集中采购管理部门开展集中采购相关工作,加强对各市(地)执行情况的督促检查,将各项指标完成情况作为对市(地)目标考核的重要内容;

(七)审核药品集中采购工作机构报送的采购文件及集中采购结果等;

(八)组织对医疗机构和药品生产经营企业的履约情况进行监督检查;

(九)负责调查、处理相关投诉和举报;

(十)在集中采购工作结束后15个工作日内,将集中采购结果上传至卫生部全国药品集中采购信息交流平台;

(十一)向药品集中采购工作领导机构负责并报告工作;

(十二)承办药品集中采购工作领导机构交办的其他事项。

第十八条 药品集中采购工作机构原则上设在卫生行政部门,也可根据本地实际依托政府采购工作机构,接受药品集中采购工作管理机构的领导,负责全省(区、市)药品集中采购工作的具体实施。其主要职责是具体操作、提供服务、维护平台。

(一)依据实施细则,编制药品集中采购工作文件(须使用国家药品编码),报药品集中采购工作管理机构审核并公布;

(二)受理企业及药品相关资质证明文件、工商资质证明材料和价格文件等,并提请有关部门进行审核;

(三)具体协助组织实施药品评价、品种遴选等工作;

(四)提请药品集中采购工作管理机构审定并公告集中采购结果;

(五)组织医疗机构与药品生产经营企业按集中采购结果签订药品购销合同,并协助药品集中采购工作管理机构监督合同的执行;

(六)负责本省(区、市)医疗机构药品集中采购平台的技术管理、网络安全、数据和设备的维护,提供相关的服务和技术支持;

(七)为医疗机构和药品生产经营企业提供咨询服务;

(八)定期统计分析本省(区、市)医疗机构和药品生产经营企业网上药品采购、配送、回款情况,做好网上监控;

（九）及时维护和管理药品生产经营企业及集中采购药品的基础信息；

（十）根据食品药品监督管理部门提供的药品质量、药品不良反应、企业不良记录等信息，按规定及时作出相应处理；

（十一）及时报送药品集中采购工作管理机构要求的信息和统计资料，组织相关的业务技术培训；

（十二）协助调查和处理相关申投诉和举报；

（十三）向本省（区、市）药品集中采购工作管理机构负责并报告工作；

（十四）承办药品集中采购工作管理机构交办的其他事项。

第十九条　药品集中采购平台是政府建立的非营利性药品集中采购、监督管理平台。政府拥有平台的所有权和使用权。采购平台要做到安全可靠、功能完善、数据齐全、监管严密。采购平台设置在药品集中采购工作机构内，不得单独设置。

第二十条　药品集中采购平台应当具备以下功能：

（一）进行药品集中采购各个环节、各类信息的公示；

（二）开展网上药品评价；

（三）提供药品采购载体和网络技术支持；

（四）向采购双方提供与集中采购相关的信息查询和服务；

（五）准确汇总动态采购数据和统计分析数据；

（六）实现网上采购动态监管；

（七）药品集中采购工作管理机构的其他要求。

第二十一条　市（地）、县级人民政府负责本级药品集中采购的监督管理工作。

（一）建立健全药品集中采购工作的管理体制，确定专门人员、落实工作经费；

（二）负责组织本辖区内医疗机构与药品生产经营企业按照互惠互利的原则签订购销合同；

（三）加强对本辖区内医疗机构药品集中采购的指导、督促、现场检查和处理；

（四）负责收集上报本地区医疗机构集中采购药品的相关信息；

（五）承办上级药品集中采购工作领导机构和管理机构交办的其他事项。

第三章　制度建设

第二十二条　药品集中采购工作领导机构组成部门要按照职责分工，认真履行职能，及时沟通联系，主动协调配合，不得相互推诿，共同推动药品集中采购工作。

第二十三条　药品集中采购工作管理机构和工作机构要加强自身建设，为医疗机构和药品生产经营企业提供服务。

第二十四条　健全和完善各项规章制度。建立健全药品集中采购工作领导机构工作制度、联席会议制度和药品集中采购工作管理机构、工作机构的监督管理制度和关键岗位定期轮换制度。

第二十五条　建立药品集中采购各环节特别是关键环节的工作流程、监督制度和多重复核制度，使每个环节和程序都处于监督之下。

第二十六条　加强药品集中采购网络管理，建立药品集中采购平台监督管理的各项规章制度，落实责任制，确保网络数据的安全。

第二十七条　加强对药品集中采购工作人员的廉洁自律教育和日常管理。严肃工作纪律，严禁以权谋私。参加药品集中采购工作的所有工作人员，不得以任何理由和方式收取生产经营企业的财物或牟取其他不正当利益；不得进行任何形式的违规操作；不得参加任何医药企业、社会团体以任何名义组织的有关药品采购管理的活动和成立的相关组织；不得从事代理药品销售。

第二十八条　药品集中采购工作管理机构要设立举报电话、开通电子邮箱等并向社会公布，保证医疗机构、药品生产经营企业以及社会公众对工作人员履行职责的情况进行监督。

第四章　医疗机构

第二十九条　医疗机构应当按照卫生行政部门规定建立药物与治疗学委员会（组）。医院药物与治疗学委员会（组）要根据有关规定，在省级集中采购入围药品目录范围内组织遴选本院使用的药品目录。

第三十条　医疗机构必须通过政府建立的非营利性药品集中采购平台采购药品。

第三十一条　医疗机构应当在规定时间内，根据本单位的药品使用目录，编制采购计划，签订采购合同，明确采购品种和数量。

第三十二条　医疗机构原则上不得购买药品集中采购入围药品目录外的药品。有特殊需要的，须经省级药品集中采购工作管理机构审批同意。

第三十三条　医疗机构应当执行价格主管部门公布的集中采购药品零售价格。

第三十四条　医疗机构应当按照不低于上年度药品实际使用量的80%，向省级药品集中采购工作管理部门申报当年采购数量。

第三十五条 医疗机构应当严格按照《合同法》的规定签订药品购销合同，明确品种、规格、数量、价格、回款时间、履约方式、违约责任等内容，合同周期一般至少一年。合同采购数量应当与医疗机构上报的计划采购数量相符。如合同采购数量不能满足临床用药需要，可以签订追加合同。有条件的省（区、市）可同时签订电子合同备查，接受社会和有关部门监督。

第三十六条 医疗机构按照合同购销药品，不得进行“二次议价”。严格对药品采购发票进行审核，防止标外采购、违价采购或从非规定渠道采购药品。

第三十七条 医疗机构应当严格按照合同约定的时间回款，回款时间从货到之日起最长不超过60天。无正当理由未按合同规定时间回款的，应当支付一定比例的违约金，具体由省级药品集中采购工作管理机构确定。

第三十八条 医疗机构在药品集中采购活动中，不得有下列行为：

（一）不参加药品集中采购活动，或以其他任何方式规避集中采购活动；

（二）提供虚假的药品采购历史资料；

（三）不按照规定要求同药品生产经营企业签订药品购销合同；

（四）不按购销合同采购药品，擅自采购非入围药品替代入围药品，不按时结算货款或者其他不履行合同义务的行为；

（五）药品购销合同签订后，再同企业订立背离合同实质性内容的其他协议，牟取其他不正当利益；

（六）不执行价格主管部门制定的集中采购药品零售价格；

（七）不按照规定向卫生行政部门报送集中采购履约情况报表；

（八）其他违反法律法规的行为。

第五章 药品生产经营企业

第三十九条 药品集中采购实行药品生产企业直接投标。药品生产企业设立的仅销售本公司产品的商业公司、境外产品国内总代理可视同生产企业。集团公司所属全资及控股子公司的产品参加投标的，应当允许以集团公司名义进行，并提供相应证明材料。

药品生产企业必须委托本企业的工作人员，持法人委托书在内的生产企业证明文件等材料办理相关集中采购手续。对委托其他企业人员（或个人）办理集中采购相关手续的，由此而产生的一切法律责任由生产企业承担。

第四十条 参加药品集中采购活动的药品生产经营企业应当具备以下基本条件：

（一）药品生产经营企业必须依法取得相应的资质证书，参加集中采购的产品必须具备相应的资质证书；

（二）信誉良好；

（三）具有履行合同必须具备的药品供应保障能力；

（四）参加集中采购活动近两年内，在生产或经营活动中无严重违法违规记录；

（五）法律法规规定的其他条件。

各省（区、市）不得以不合理的条件加大企业负担对生产经营企业实行差别待遇或者歧视。

第四十一条 参加药品集中采购活动的生产企业应当按照集中采购文件的要求，按时提供真实、有效、合法的委托书、药品和企业资质证明文件及保证供应承诺函在药品集中采购平台上如实申报相关信息。

第四十二条 负责配送的药品生产经营企业应当具备在药品集中采购平台上进行销售的条件，按规定和要求进行订单确认、备货、配送，保证上网医疗机构的用药需要。

第四十三条 药品生产经营企业必须提供合法生产的药品，并按照药品购销合同规定的通用名、剂型、规格、包装、品牌、价格和效期等及时供货，不得提供集中采购入围药品目录外的药品。药品生产经营企业未按合同生产、供应药品的，应当支付一定比例的违约金，具体由省级药品集中采购工作管理机构确定。

第四十四条 集中采购药品的配送费用包含在集中采购价格之内。

第四十五条 入围药品可以由生产企业直接配送，也可以委托药品经营企业配送。生产企业委托配送的，应当充分考虑配送企业的实际配送能力和配送业绩以及医疗机构对其服务质量、服务信誉的认同程度等。

第四十六条 原则上每种药品只允许委托配送一次，但在一个地区可以委托多家进行配送。如果被委托企业不能直接完成配送任务，可再委托另一家药品经营企业配送，并报省级药品集中采购工作管理机构备案，但不得提高药品的采购价格。

第四十七条 药品生产经营企业在药品集中采购活动中，不得有下列行为：

（一）进行虚假宣传、商业贿赂等不正当竞争行为；

（二）以低于成本的价格恶意投标，扰乱市场秩序；

（三）相互串通报价，妨碍公平竞争；

（四）向集中采购机构、医疗机构或者个人行贿，牟取不正当利益；

（五）提供虚假证明文件，或者以其他方式弄虚作假；

（六）在规定期限内不签订药品购销合同或者不履行合同义务；

（七）其他违反法律法规及有关规定的行为。

第六章 药品集中采购目录和采购方式

第四十八条 各省（区、市）集中采购管理机构负责编制本行政区域内医疗机构药品集中采购目录。

纳入目录的药品均使用通用名，并应当包括该通用名下的相关剂型、规格。

第四十九条 国家实行特殊管理的麻醉药品和第一类精神药品不纳入药品集中采购目录。第二类精神药品、医疗放射药品、医疗毒性药品、原料药、中药材和中药饮片等药品可不纳入药品集中采购目录。

医疗机构使用上述药品以外的其他药品必须全部纳入集中采购目录。

第五十条 对纳入集中采购目录的药品，实行公开招标、邀请招标和直接采购等方式进行采购。各省（区、市）可结合实际情况，确定药品集中采购方式。

公开招标，是指以招标公告的方式，邀请不特定的药品生产企业投标的采购方式。

邀请招标，是指以投标邀请书的方式，邀请特定的药品生产企业投标的采购方式。

直接采购，是指医疗机构按照价格部门规定的价格或历史成交价格直接向符合资质的药品生产企业购买药品的采购方式。

第五十一条 对通过公开招标采购能够成交的药品，原则上不得进行邀请招标采购。对采购量较小、潜在投标人较少或者无投标的，可以进行邀请招标采购。部分廉价常用药，经多次集中采购价格已基本稳定，可以进行直接采购。直接采购具体品种和办法由省级药品集中采购工作管理机构确定。

第七章 药品集中采购程序

第五十二条 药品集中采购主要按以下程序实施：

（一）制定药品集中采购实施细则和集中采购文件等，并公开征求意见；

（二）发布药品集中采购公告和集中采购文件；

（三）接受企业咨询，企业准备并提交相关资质证明文件，企业同时提供国家食品药品监督管理局为所申报药品赋予的编码；

（四）相关部门对企业递交的材料进行审核；

（五）公示审核结果，接受企业咨询和申诉，并及时回复；

（六）组织药品评价和遴选，确定入围企业及其产品；

（七）将集中采购结果报药品集中采购工作管理机构审核；

（八）对药品集中采购结果进行公示；

（九）受理企业申诉并及时处理；

（十）价格主管部门按照集中采购价格审核入围药品零售价格；

（十一）公布入围品种、药品采购价格及零售价格；

（十二）医疗机构确认纳入本单位药品购销合同的品种及采购数量；

（十三）医疗机构与药品生产企业或受委托的药品经营企业签订药品购销合同并开展采购活动。

第五十三条 药品集中采购文件主要包括集中采购药品目录（范围）、药品评价办法、企业应当提交的资质证明文件、药品配送方法、网上药品采购与使用原则、药品质量要求、采购工作监督等内容。

第五十四条 药品集中采购公告应当通过网络或报刊等媒介发布。公告应当载明药品集中采购工作机构、地址、采购范围以及获取集中采购文件的办法等。

第五十五条 省级药品集中采购工作机构应当合理确定药品生产企业准备资质证明文件和网上申报所需要的时间。自公告发布之日起至提交资质证明文件的截止之日止，原则上不得少于15个工作日。

第五十六条 药品生产企业应当按照公告要求，在截止时间前将申报文件送达指定地点。在截止时间前，可以补充、修改或者撤回已提交的申报文件。补充修改的内容为申报文件的组成部分。

第五十七条 药品生产企业必须如实在药品集中采购平台上申报企业和药品的资质证明材料，并提交纸质资质证明材料。网上申报信息与递交的纸质资质证明材料必须一致，不一致的以递交的纸质材料为准。相关部门审核通过的材料，提交药品集中采购工作机构，作为实施集中采购的依据。

第五十八条 资质审核完成后，在药品集中采购平台上公示，并接受企业咨询和书面申诉，公示期一般不少于3个工作日。

第五十九条 对企业的书面申诉，药品集中采购工作机构应当做好登记、回执、分类汇总，提请相关部门按照有关规定处理，并将有关情况报送管理机构。对合理的申诉要及时予以采信。对于实施细则中不能解决的问题，应当提交药品集中采购工作管理机构或组织专家进行研究，处理及研究结果应当及时回复。

第六十条 药品集中采购的周期原则上不少于一年。对在采购期内新上市的产品，可建立增补或备案采购流程，具体由各省（区、市）药品集中采购管理部门确定。

第六十一条 价格主管部门应当在药品集中采购价格上报后的20个工作日内，审核集中采购品种的零售价格并向社会公布。

医疗机构自价格主管部门公布药品零售价格之日起，30个工作日内执行新的采购价格和零售价格。

第八章 药品集中采购评价方法

第六十二条 药品评价可参考价格主管部门按质论价的原则进行。按照上述原则评价药品时，不同类别药品之间价格可有合理的差别。

第六十三条 建立科学的药品集中采购评价方法。

（一）坚持“质量优先、价格合理”的原则，科学开展药品评价；

（二）加大质量分权重，并考虑临床疗效、质量和科技水平等因素；

（三）鼓励药品研发创新，药品价格要有利于促进企业提高创新力，研究开发新产品和新技术；

（四）以循证原则综合评价药品的质量、价格、服务和信誉等，择优选择入围药品；

（五）坚持为满足各级各类医疗机构临床用药需要服务，充分考虑各级各类医疗机构的用药差异，满足人民群众多样化的用药需求。

第六十四条 在确定入围率时，应当全面分析投标品种数量，并考虑本地社会经济发展差异，以及本省（区、市）地域范围等因素。评审时，应当充分考虑临床常用剂型规格和合理用药的需要。

第六十五条 集中采购时应当充分考虑药品的临床疗效、药品的质量和科技水平，对申报药品实行综合评价。

（一）综合评价要素应当包括药品质量、药品价格、服务和信誉等。将每个评价要素量化为若干个评价指标并形成指标体系，根据各项指标的重要程度进行百分制定量加权。

（二）评价要素量化后形成的指标体系，应当全面反映医疗机构对药品集中采购的要求，对社会和企业公开。

综合评价的指标体系按照以上要求由各省（区、市）药品集中采购工作管理机构确定。

第六十六条 综合评价时，确定评分权重应当遵循以下原则：

（一）质量要素实际权重一般不应当低于总分的50%；

（二）价格要素实际权重不应当低于总分的30%；

（三）服务和信誉要素实际权重应当不超过总分权重的20%。

在以上评价中，主观分权重不超过总分的25%。

第六十七条 根据药品集中采购的方式，按照国家差比价规则确定药品集中采购价格。各省（区、市）要制定并公布确定药品集中采购价格的标准、方法和程序，整个过程应当公开、透明，接受各方监督。

第九章 专家库建设和管理

第六十八条 建立药品集中采购专家库，并按照专业实行分类管理。

专家库应当包括药学和不同级别医疗机构的医学专家等。医学专家包括临床医学各学科及亚专业的专家，药学专家包括西药学、中药学和药品管理专家。

进入专家库的专家应当具备以下基本条件：

（一）熟悉国家有关法律、法规、政策；

（二）有良好的政治素质和职业道德，遵纪守法；

（三）具有大学本科或同等以上学历；

（四）具有副高级专业技术职称或同等专业水平，并从事相关领域工作三年以上；

（五）熟悉本专业领域国内外技术水平和发展动向。

第六十九条 专家库专家承担药品集中采购评标、议价和对企业申诉的讨论等工作。专家应当客观公正地履行职责，遵守职业道德，对所提出的评审意见负责，并承担相应的责任。

评审意见应当以药品疗效和安全性为依据，并记录在案，严禁以专家个人意愿确定入围品种。专家不得私下接触企业，不得收受企业的财物或者其他好处。

第七十条 根据药品的类别，由药品集中采购工作管理机构从专家库中按照专家类别随机抽取产生，并组成专家委员会。药学和医学专家原则上按照3∶2的比例确定，同时考虑不同级别医疗机构的专家参与。

从抽取专家到开始工作的时间一般不得超过24小时。在抽取专家的同时，应当抽取足够数量的备选专家，在专家因故缺席时及时予以替补。

专家名单一经抽取确定，必须严格保密。如有泄密，除追究当事人责任外，应当报告监督机构并重新在专家库中抽取专家。

第七十一条 实行公开招标采购的专家委员会人数应当为 13 人以上单数，实行邀请招标和直接采购的专家委员会人数应当为 7 人以上单数。

第七十二条 专家委员会的专家不得参加与本人有利害关系的项目评标。如与药品生产经营企业有利害关系的专家应当主动申请回避。有下列情形之一的应当回避：

（一）专家在药品生产经营企业任职、兼职或者持有股份的；

（二）专家任职单位与药品生产经营企业为同一法人代表的；

（三）专家近亲属在药品生产经营企业担任领导职务的；

（四）有其他利害关系，可能影响公正参与药品集中采购工作的。

专家知晓本人与药品生产经营企业存在利害关系但不主动回避的，药品集中采购工作管理机构应当取消其专家资格，通报专家所在单位，且当次评审结果无效。

第七十三条 药品集中采购监督部门应当采取必要措施，保证评标过程在严格保密的情况下进行。任何单位和个人不得非法干预、影响评标的过程和结果。

第十章 监督管理与申诉

第七十四条 药品集中采购工作管理机构要通过药品集中采购平台提供的网上监管系统，对采购双方的购销行为实行实时监控，对医疗机构采购药品的品种、数量、价格、加价率、回款、使用和药品生产经营企业参与投标、配送等情况进行动态监管。定期或不定期现场检查分析医疗机构实际药品采购、使用和回款情况，并与网上采购情况进行对比分析，使药品采购全过程公开透明、真实有效。

第七十五条 各级卫生行政部门对医疗机构药品集中采购的执行情况实行定期考核，纳入目标管理及医疗机构等级评审和复查工作中，并向社会公布，接受社会监督。

第七十六条 建立药品生产经营企业不良记录公示制度。对在药品购销活动中存在的不正当竞争、商业贿赂行为，以及提供虚假、过期资质证明材料、不按合同提供药品的行为进行不良记录公示，规范企业行为。

第七十七条 建立健全信息安全保障措施、管理制度和突发事件应急预案，确保网上药品集中采购数据安全和完整。严格遵守保密制度，杜绝涉密文件、资料、数据在平台上运行。设定专人负责，严格权限管理。严格密码、口令管理。建立严格的数据备份制度，数据保存期限不得少于 3 年。

第七十八条 建立健全企业申诉机制，通过多种渠道听取企业意见，及时解决企业合理诉求，不断改进和完善药品集中采购办法。制定企业申诉、受理管理办法和程序。

建立专人接待和接受企业书面申诉、多部门专人定期负责处理企业申诉机制。按照申诉内容，如有必要的，由药品集中采购管理机构分层分类随机抽取专家进行讨论。企业当面陈述理由，专家现场讨论投票，可邀请人大代表、政协委员和消费者代表全程参与和监督。

第十一章 不良记录管理

第七十九条 实行药品生产经营企业不良记录动态管理制度。药品生产经营企业有下列行为之一的，列入不良记录并网上公示，取消该企业所有产品的入围资格，药品集中采购管理机构自取消之日起两年内不得接受其任何产品集中采购申请，全省（区、市）医疗机构两年内不得以任何形式采购其产品，原签订的购销合同终止。

（一）经执法执纪机关认定，在药品购销活动中存在商业贿赂行为的；

（二）提供虚假、无效文件的；

（三）以其他方式弄虚作假，骗取入围的。

第八十条 药品生产经营企业有下列行为之一的，列入不良记录并网上公示，取消该企业所有产品的入围资格，药品集中采购管理机构自取消之日起两年内不得接受其任何产品集中采购申请，全省（区、市）医疗机构两年内不得以任何形式采购其产品，原签订的购销合同终止。

（一）以低于成本的价格恶意投标，扰乱市场秩序的；

（二）对入围产品擅自涨价或变相涨价约；

（三）不配送或不按时配送入围药品，造成医疗机构临床用药短缺的；

（四）经医疗机构验收确认，配送的药品规格、包装与入围规格、包装不一致并不同意更换的；

（五）以其他非入围药品取代入围药品进行配送的；

（六）药品集中采购工作管理机构规定的其他情形。

第八十一条 医疗机构有下列行为之一的，除追究当事人的责任外，视其情节追究主管领导的责任。涉嫌犯罪的，移交司法机关依法处理。

（一）不参加药品集中采购活动，以其他任何方式规避集中采购活动的；

（二）提供虚假的药品采购历史资料的；

（三）不按照规定同药品企业签订药品购销合同的；

（四）不按购销合同采购药品，擅自采购非入围药品替代入围药品，不按时结算货款或者其他不履行合同义务的行为的；

（五）药品购销合同签订后，再同企业订立背离合同实质性内容的其他协议，牟取其他不正当利益的；

（六）不执行价格主管部门审核的集中采购药品临时零售价的；

（七）收受药品生产经营企业钱物或其他利益的；

（八）其他违反法律法规的行为。

第十二章　附　则

第八十二条　军队、武警部队医疗机构药品集中采购办法，由中国人民解放军卫生主管部门制定。

第八十三条　本规范由卫生部会同相关部门负责解释。

第八十四条　本规范自发布之日起施行。《医疗机构药品集中招标采购工作规范（试行）》（卫规财发〔2001〕308 号）同时废止。以前所发药品集中采购文件与本规范不一致的，按照本规范规定执行。

药品集中采购监督管理办法

· 2010 年 6 月 2 日

· 国纠办发〔2010〕6 号

第一章　总　则

第一条　为加强对以政府为主导，以省、自治区、直辖市为单位的网上药品集中采购工作的监督管理，规范药品集中采购行为，依据有关法律法规，制定本办法。

第二条　药品集中采购监督管理工作遵循实事求是、依法办事、惩防结合、预防为主的原则，坚持加强监督与规范管理相结合。

第三条　药品集中采购监督管理工作实行分级负责、以省级为主，相关职能部门按照法定权限各负其责、密切配合的领导体制和工作机制。

第四条　药品集中采购监督管理机构应当公开监督管理制度，明确办事程序，自觉接受社会监督。

第二章　监督管理机构及职责

第五条　纠正医药购销和医疗服务中不正之风部际联席会议负责全国药品集中采购监督管理的组织协调，依法监督药品集中采购工作联席会议成员单位正确履行职责，督促下级人民政府及相关部门认真落实上级关于药品集中采购的决策部署，检查药品集中采购政策和规章制度的贯彻落实情况，调查处理药品集中采购中的违法违规问题。各省、自治区、直辖市可根据本地区实际，确定药品集中采购监督管理机构的组织形式和基本职责。

第六条　监察机关和纠风办负责对药品集中采购工作参与部门履行职责的情况进行监察，对药品集中采购工作中的行政机关公务员以及由国家行政机关任命或选聘的其他人员的行为进行监督，对违反行政纪律的行为进行查处。

第七条　卫生行政部门负责监督管理医疗机构执行入围结果、采购用药及履行合同等行为。

第八条　价格管理部门负责监督管理药品集中采购过程中的价格、收费行为。

第九条　财政部门负责组织实施相应的财政监督。

第十条　工商行政管理部门负责查处药品集中采购中的商业贿赂、非法促销、虚假宣传等不正当竞争行为。

第十一条　食品药品监督管理部门负责审查参与药品集中采购的药品生产经营企业资质，依法对集中采购的药品质量进行监督管理。

第三章　监督管理的对象、内容和方式

第十二条　药品集中采购监督管理的对象是：

（一）组织药品集中采购的政府部门和公务员；

（二）实施药品集中采购的单位及其工作人员和选聘人员；

（三）参与药品集中采购的医疗机构、药品生产经营企业及其工作人员。

第十三条　药品集中采购监督管理的主要内容是：

（一）相关部门依法履行职责、执行上级部署、相互协作配合的情况；

（二）执行医疗机构药品集中采购有关规定的情况；

（三）坚持公开、公平、公正和“质量优先、价格合理”原则的情况；

（四）相关单位和个人遵纪守法和廉洁从政从业的情况；

（五）医疗机构参与药品集中采购并按照合同约定使用入围药品的情况；

（六）药品生产经营企业依法参与竞标和履行采购配送合同的情况。

第十四条　药品集中采购监督管理的主要方式是：

（一）组织网上监管、专项检查和重点督查；

（二）受理投诉、申诉和举报；

（三）纠正、查处违法违规行为和问题，通报典型案件；

（四）推动有关部门建立健全监督管理有关规章制度；

药品集中采购监督管理机构在履行监督管理职责时，可以依法查阅、复制相关文件、资料、账目、电子信息数据等，要求有关单位或人员就相关问题作出解释说明，商请有关职能部门或者专业机构给予协助。

第四章 违法违规问题的处理

第十五条 负责组织药品集中采购的政府部门、公务员及工作人员，有下列行为之一的，由监察机关和纠风办会同有关部门依法给予处理：

（一）拒不执行上级机关依法作出的决策部署的；

（二）违反以政府为主导，以省、自治区、直辖市为单位规定组织开展药品集中采购的；

（三）违反决策程序和规定，决定药品集中采购重大事项的；

（四）违法违规进行行政委托，或者设置歧视性规定、条款的；

（五）违反回避规定，或者操纵、干预药品集中采购的；

（六）泄露药品集中采购工作秘密，或者误导、欺骗领导和公众的；

（七）违规设定收费项目、收费标准或者摊派的；

（八）索取或收受钱物，谋取单位或个人不正当利益的；

（九）其他违法违规行为。

第十六条 负责实施药品集中采购的政府部门、单位及其工作人员和选聘人员，有下列行为之一的，由监察机关和纠风办督促有关部门依法给予处理：

（一）违反药品集中采购方式、程序、时限要求和信息发布等有关规定实施药品集中采购的；

（二）在文件材料审核、药品评审遴选等方面疏于监管或设置歧视性条件的；

（三）违反规定建设、管理和使用专家库的；

（四）违反有关信息维护和安全保障规定，或者谎报、瞒报、擅自更改药品采购数据信息的；

（五）对医疗机构和药品生产经营企业的违约情况调查处理不及时的；

（六）接受可能有碍公正的参观、考察、学术研讨交流等，索取或收受钱物，谋取单位或个人不正当利益的；

（七）其他违法违规行为。

第十七条 参与药品集中采购的医疗机构及其工作人员有下列行为之一的，由卫生行政、工商行政管理等部门依法给予处理：

（一）规避药品集中采购，擅自采购非入围药品，或者不按规定程序组织选购药品的；

（二）提供虚假药品采购信息的；

（三）不按规定签订采购合同，或者不按时回款的；

（四）不执行集中采购药品价格，二次议价、变相压价，或者与企业再签订背离合同实质性内容的补充性条款和协议的；

（五）在药品采购、销售、使用和回款等过程中收受回扣或者谋取不正当利益的；

（六）其他违法违规行为。

第十八条 参与药品集中采购的药品生产经营企业及其工作人员有下列行为之一的，由价格管理、工商行政管理、食品药品监督管理等部门依法给予处理：

（一）提供虚假证明文件或者以其他方式弄虚作假的；

（二）采取串通报价、操纵价格等手段妨碍公平竞争，或者以非法促销、商业贿赂、虚假宣传等手段进行不正当竞争的；

（三）公布药品采购品种后，非因不可抗力撤标或拒绝与医疗机构签订采购合同的；

（四）不通过药品集中采购平台交易的；

（五）在采购周期内，擅自涨价或者变相涨价的；

（六）擅自配送非入围药品，不按合同约定配送药品，或者违反有关规定配送的；

（七）其他违法违规行为。

第十九条 政府部门、单位和医疗机构违反本办法的，应当责令其纠正错误并通报批评，情节严重的依纪依法对有关领导和责任人进行责任追究。

行政机关公务员、由国家行政机关任命或选聘的相关人员、医务人员违反本办法的，依照有关规定给予批评教育、组织处理、党纪政纪处分，涉嫌犯罪的，移送司法机关处理。

药品生产经营企业及其工作人员违反本办法的，依照有关规定给予行政处罚，涉嫌犯罪的，移送司法机关处理。

第五章 附 则

第二十条 各省、自治区、直辖市药品集中采购监督管理机构可以依据本办法，结合本地区实际，制定实施细则。

第二十一条　本办法由国务院纠正行业不正之风办公室会同有关部门负责解释。

第二十二条　本办法自发布之日起施行。《医疗机构药品集中招标采购监督管理暂行办法》（国纠办发〔2001〕17号）同时废止。

国家食品药品监督管理总局采购与招标管理办法

· 2014年6月23日

· 食药监办财〔2014〕120号

第一章　总　则

第一条　为规范总局采购与招标行为，加强监督管理，提高资金使用效益，促进廉政建设，依据《中华人民共和国政府采购法》和《中华人民共和国招标投标法》等法律法规，制定本办法。

第二条　本办法适用于总局机关及直属单位使用财政性资金从事包括信息化建设项目在内的各类工程、货物和服务的采购与招标活动。

第三条　采购与招标活动遵循公开、公平、公正和诚实、守信、高效的原则。

第二章　职责分工

第四条　采购与招标具体工作由提出建设和采购任务的项目司局或直属单位（下称项目单位）负责。项目单位可根据项目内容、项目特点等实际情况，组成采购或招标工作小组。项目单位根据实际工作需要，可委托总局信息中心组织信息化建设项目采购和招标工作。规划财务司按照政府采购有关要求，承担总局机关固定资产及办公用品的采购工作。项目单位纪检监察部门对采购与招标活动实施全程监督。

第五条　采购与招标一般应当委托采购或招标代理机构进行。代理机构由项目单位根据实际情况采用直接委托、比较选择等方式确定，并签订委托代理协议。任何单位和个人不得为项目指定采购或招标代理机构。

纳入国家集中采购目录的采购项目，应当按规定委托集中采购机构代理采购。采取网上询价、协议供货以及定点采购等方式的，按有关规定办理。

第六条　代理机构需具备以下条件：

（一）具有与采购或招标项目相应的代理资质和相关业绩；

（二）具有一定数量的专业技术人员；

（三）在过去3年内，没有因违法行为而受过行政处罚的不良记录；

（四）具备采购或招标项目所需要的其他条件。

第七条　项目单位主要职责：研究确定代理机构，组织相关司局（直属单位）提出采购需求或编制招标文件技术部分，审核确认招标文件，通知代理机构发布采购或招标公告，参加采购评审或开标、评标工作，审核确认评审结果（评标报告），通知代理机构公告（公示）评审结果，向有关行政监督部门提交招标投标情况的书面报告，审定采购合同并组织签订，协调解决合同执行中的有关问题等。

第八条　代理机构主要职责：协助项目单位制定招标方案、分包建议和实施进度，编制招标文件商务部分，整合招标文件技术部分和商务部分并组织专家进行论证，将招标文件报项目单位审核，发布采购或招标公告，印制和发售招标文件，组织开标、评标、编制评标报告并将评标报告送项目单位审核，公告（公示）评审结果，发出中标通知，协助合同签订和执行等。

第九条　纪检监察部门主要职责：监督代理机构选择，监督审查招标文件，监督评标委员会组成，监督开标、评标全过程，监督合同签订等程序的合法合规。

第三章　采购与招标管理

第十条　采购与招标方式分为公开招标、邀请招标、竞争性谈判、单一来源采购、询价或国家采购监督管理部门认定的其他采购方式，以公开招标为主。

达到有关法律法规规定的限额以上的各类工程建设项目、货物和服务的采购，必须按照法律法规进行招标。

项目单位不得将应当公开招标的项目化整为零或者以其他任何方式规避公开招标。

第十一条　采购与招标活动应当严格按照相关法律法规及有关规定明确的程序进行。工程建设项目的采购与招标适用《中华人民共和国招标投标法》，其他项目的采购与招标适用《中华人民共和国政府采购法》。

第十二条　因特殊情况需采用公开招标以外的方式，适用于《中华人民共和国招标投标法》的，其招标范围、招标方式、招标组织形式应当报项目审批部门审批或在项目批复中明确；适用于《中华人民共和国政府采购法》的，经总局规划财务司报财政部批准后实施。

第十三条　依照《中华人民共和国政府采购法》有关规定采购进口产品的，项目单位应当按有关规定组织专家论证，经总局规划财务司报财政部批准后实施。

第十四条　采购与招标工作完成后，项目单位应当将有关文件、材料等存档备案。

第四章　附　则

第十五条　采购与招标过程中，有关单位和个人应当严格遵守《中华人民共和国政府采购法》和《中华人民共和国招标投标法》有关规定，存在违法违纪行为的，根据有关法律条款予以追究。

第十六条　项目单位可以依据本办法，结合采购和招标项目实际制定实施细则。

第十七条　本办法由国家食品药品监督管理总局规划财务司负责解释。

第十八条　本办法自发布之日起执行。《国家食品药品监督管理局招标采购项目管理办法（试行）》（国食药监办〔2006〕547号）同时废止。

国务院办公厅关于完善公立医院药品集中采购工作的指导意见

· 2015年2月9日
· 国办发〔2015〕7号

完善公立医院药品集中采购工作是深化医药卫生体制改革的重要内容和关键环节，对于加快公立医院改革，规范药品流通秩序，建立健全以基本药物制度为基础的药品供应保障体系具有重要意义。经国务院同意，现就完善公立医院药品集中采购工作提出以下指导意见。

一、总体思路

全面贯彻落实党的十八大和十八届二中、三中、四中全会精神，按照市场在资源配置中起决定性作用和更好发挥政府作用的总要求，借鉴国际药品采购通行做法，充分吸收基本药物采购经验，坚持以省（区、市）为单位的网上药品集中采购方向，实行一个平台、上下联动、公开透明、分类采购，采取招生产企业、招采合一、量价挂钩、双信封制、全程监控等措施，加强药品采购全过程综合监管，切实保障药品质量和供应。鼓励地方结合实际探索创新，进一步提高医院在药品采购中的参与度。

药品集中采购要有利于破除以药补医机制，加快公立医院特别是县级公立医院改革；有利于降低药品虚高价格，减轻人民群众用药负担；有利于预防和遏制药品购销领域腐败行为，抵制商业贿赂；有利于推动药品生产流通企业整合重组、公平竞争，促进医药产业健康发展。

二、实行药品分类采购

（一）对临床用量大、采购金额高、多家企业生产的基本药物和非专利药品，发挥省级集中批量采购优势，由省级药品采购机构采取双信封制公开招标采购，医院作为采购主体，按中标价格采购药品。

落实带量采购。医院按照不低于上年度药品实际使用量的80%制定采购计划和预算，并具体到品种、剂型和规格，每种药品采购的剂型原则上不超过3种，每种剂型对应的规格原则上不超过2种，兼顾成人和儿童用药需要。省级药品采购机构应根据医院用药需求汇总情况，编制公开招标采购的药品清单，合理确定每个竞价分组的药品采购数量，并向社会公布。

进一步完善双信封评价办法。投标的药品生产企业须同时编制经济技术标书和商务标书。经济技术标书主要对企业的药品生产质量管理规范（GMP）资质认证、药品质量抽验抽查情况、生产规模、配送能力、销售额、市场信誉、电子监管能力等指标进行评审，并将通过《药品生产质量管理规范（2010年修订）》认证情况，在欧盟、美国、日本等发达国家（地区）上市销售情况，标准化的剂型、规格、包装等作为重要指标。通过经济技术标书评审的企业方可进入商务标书评审。在商务标书评审中，同一个竞价分组按报价由低到高选择中标企业和候选中标企业。对竞标价格明显偏低、可能存在质量和供应风险的药品，必须进行综合评估，避免恶性竞争。优先采购达到国际水平的仿制药。

在公立医院改革试点城市，允许以市为单位在省级药品集中采购平台上自行采购。试点城市成交价格不得高于省级中标价格。试点城市成交价格明显低于省级中标价格的，省级中标价格应按试点城市成交价格进行调整，具体办法由各省（区、市）制定。

（二）对部分专利药品、独家生产药品，建立公开透明、多方参与的价格谈判机制。谈判结果在国家药品供应保障综合管理信息平台上公布，医院按谈判结果采购药品。

（三）对妇儿专科非专利药品、急（抢）救药品、基础输液、临床用量小的药品（上述药品的具体范围由各省区市确定）和常用低价药品，实行集中挂网，由医院直接采购。

（四）对临床必需、用量小、市场供应短缺的药品，由国家招标定点生产、议价采购。

（五）对麻醉药品、精神药品、防治传染病和寄生虫病的免费用药、国家免疫规划疫苗、计划生育药品及中药饮片，按国家现行规定采购，确保公开透明。

医院使用的所有药品（不含中药饮片）均应通过省

级药品集中采购平台采购。省级药品采购机构应汇总医院上报的采购计划和预算，依据国家基本药物目录、医疗保险药品报销目录、基本药物临床应用指南和处方集等，按照上述原则合理编制本行政区域医院药品采购目录，分类列明招标采购药品、谈判采购药品、医院直接采购药品、定点生产药品等。鼓励省际跨区域、专科医院等联合采购。采购周期原则上一年一次。对采购周期内新批准上市的药品，各地可根据疾病防治需要，经过药物经济学和循证医学评价，另行组织以省（区、市）为单位的集中采购。

三、改进药款结算方式

（一）加强药品购销合同管理。医院签订药品采购合同时应当明确采购品种、剂型、规格、价格、数量、配送批量和时限、结算方式和结算时间等内容。合同约定的采购数量应是采购计划申报的一个采购周期的全部采购量。

（二）规范药品货款支付。医院应将药品收支纳入预算管理，严格按照合同约定的时间支付货款，从交货验收合格到付款不得超过 30 天。依托和发挥省级药品集中采购平台集中支付结算的优势，鼓励医院与药品生产企业直接结算药品货款、药品生产企业与配送企业结算配送费用。

四、加强药品配送管理

（一）药品生产企业是保障药品质量和供应的第一责任人。药品可由中标生产企业直接配送或委托有配送能力的药品经营企业配送到指定医院。药品生产企业委托的药品经营企业应在省级药品集中采购平台上备案，备案情况向社会公开。省级药品采购机构应及时公布每家医院的配送企业名单，接受社会监督。

（二）对偏远、交通不便地区的药品配送，各级卫生计生部门要加强组织协调，按照远近结合、城乡联动的原则，提高采购、配送集中度，统筹做好医院与基层医疗卫生机构的药品供应配送管理工作。鼓励各地结合实际探索县乡村一体化配送。发挥邮政等物流行业服务网络优势，支持其在符合规定的条件下参与药品配送。

（三）对因配送不及时影响临床用药或拒绝提供偏远地区配送服务的企业，省级药品采购机构应及时纠正，并督促其限期整改。对逾期不改的企业取消其中标资格，医院因此被迫使用其他企业药品替代的，超支费用由原中标企业承担，具体办法由各省（区、市）制定。

五、规范采购平台建设

（一）省级药品采购机构负责省级药品集中采购平台的使用、管理和维护，省（区、市）人民政府要给予必要的人力、财力、物力支持，保证其工作正常运行。

（二）建立药品采购数据共享机制，统一省级药品集中采购平台规范化建设标准，推动药品采购编码标准化，实现国家药品供应保障综合管理信息平台、省级药品集中采购平台、医院、医保经办机构、价格主管部门等信息数据互联互通、资源共享。

（三）省级药品集中采购平台要面向各级医院和药品生产经营企业提供服务，提高药品招标采购、配送管理、评价、统计分析、动态监管等能力，及时收集分析医院药品采购价格、数量、回款时间及药品生产经营企业配送到位率、不良记录等情况，定期向社会公布。鼓励有条件的地方开展电子交易，采取通过药品集中采购平台签订电子合同、在线支付等多种方式，节约交易成本，提高交易透明度。

六、强化综合监督管理

（一）加强医务人员合理用药培训和考核，发挥药师的用药指导作用，规范医生处方行为，切实减少不合理用药。建立处方点评和医师约谈制度，重点跟踪监控辅助用药、医院超常使用的药品。建立健全以基本药物为重点的临床用药综合评价体系，推进药品剂型、规格、包装标准化。

（二）以省（区、市）为单位，选择若干医院和基层医疗卫生机构作为短缺药品监测点，及时收集分析药品供求信息，强化短缺药品监测和预警。

（三）将药品集中采购情况作为医院及其负责人的重要考核内容，纳入目标管理及医院评审评价工作。对违规网下采购、拖延货款的医院，视情节轻重给予通报批评、限期整改、责令支付违约金、降低等级等处理。涉及商业贿赂等腐败行为的，依法严肃查处。

（四）加强对药品价格执行情况的监督检查，强化药品成本调查和市场购销价格监测，规范价格行为，保护患者合法权益。依法严肃查处价格违法和垄断行为，以及伪造或虚开发票、挂靠经营、“走票”等违法行为。强化重点药品质量追踪和全程质量监管，严厉打击制售假冒伪劣药品行为。

（五）严格执行诚信记录和市场清退制度。各省（区、市）要建立健全检查督导制度，建立药品生产经营企业诚信记录并及时向社会公布。对列入不良记录名单的企业，医院两年内不得购入其药品。加强对医院、药品生产经营企业履行《医疗卫生机构医药产品廉洁购销合同》情况的监督。

（六）全面推进信息公开，确保药品采购各环节在阳光下运行。建立有奖举报制度，自觉接受人大、政协和社会各界监督。坚持全国统一市场，维护公平竞争环境，反对各种形式的地方保护。

七、切实加强组织领导

（一）落实各方责任。各省（区、市）人民政府要加强组织领导和督导评估，及时研究解决药品集中采购工作中的重大问题。卫生计生、发展改革、人力资源社会保障、财政、商务、工业和信息化、工商、食品药品监管、保险监管等有关部门要各司其职，密切配合，形成工作合力。医保经办机构、商业保险机构要按规定与医疗机构及时、足额结算医疗费用。

（二）精心组织实施。各省（区、市）要按照本意见精神，抓紧研究制定本地公立医院药品集中采购实施方案，2015 年全面启动新一轮药品采购。省级药品采购机构要切实做好本地药品集中采购的组织管理和具体实施。地方可结合实际，按照本意见总体思路中明确的"四个有利于"原则，探索跨区域联合采购的多种形式。军队医院药品集中采购办法由军队卫生主管部门研究制定。

（三）加强廉政风险防范。加强对省级药品采购机构的监管，健全省级药品采购机构内部制约和外部监督机制，坚持用制度管权管事管人，加强廉洁从业教育，不断提高业务能力和廉洁意识。建立权力运行监控机制，实现权力的相互制约与协调，实行重要岗位人员定期轮岗制度。

（四）做好舆论宣传引导。药品集中采购工作涉及多方利益调整，各地区、各有关部门要坚持正确导向，加强政策解读和舆论引导，充分宣传药品集中采购工作的政策方向、意义、措施和成效，妥善回应社会关切，营造良好社会氛围。

10. 其他项目招标

前期物业管理招标投标管理暂行办法

· 2003 年 6 月 26 日
· 建住房〔2003〕130 号

第一章　总　则

第一条　为了规范前期物业管理招标投标活动，保护招标投标当事人的合法权益，促进物业管理市场的公平竞争，制定本办法。

第二条　前期物业管理，是指在业主、业主大会选聘物业管理企业之前，由建设单位选聘物业管理企业实施的物业管理。

建设单位通过招投标的方式选聘具有相应资质的物业管理企业和行政主管部门对物业管理招投标活动实施监督管理，适用本办法。

第三条　住宅及同一物业管理区域内非住宅的建设单位，应当通过招投标的方式选聘具有相应资质的物业管理企业；投标人少于 3 个或者住宅规模较小的，经物业所在地的区、县人民政府房地产行政主管部门批准，可以采用协议方式选聘具有相应资质的物业管理企业。

国家提倡其他物业的建设单位通过招投标的方式，选聘具有相应资质的物业管理企业。

第四条　前期物业管理招标投标应当遵循公开、公平、公正和诚实信用的原则。

第五条　国务院建设行政主管部门负责全国物业管理招标投标活动的监督管理。

省、自治区人民政府建设行政主管部门负责本行政区域内物业管理招标投标活动的监督管理。

直辖市、市、县人民政府房地产行政主管部门负责本行政区域内物业管理招标投标活动的监督管理。

第六条　任何单位和个人不得违反法律、行政法规规定，限制或者排斥具备投标资格的物业管理企业参加投标，不得以任何方式非法干涉物业管理招标投标活动。

第二章　招　标

第七条　本办法所称招标人是指依法进行前期物业管理招标的物业建设单位。

前期物业管理招标由招标人依法组织实施。招标人不得以不合理条件限制或者排斥潜在投标人，不得对潜在投标人实行歧视待遇，不得对潜在投标人提出与招标物业管理项目实际要求不符的过高的资格等要求。

第八条　前期物业管理招标分为公开招标和邀请招标。

招标人采取公开招标方式的，应当在公共媒介上发布招标公告，并同时在中国住宅与房地产信息网和中国物业管理协会网上发布免费招标公告。

招标公告应当载明招标人的名称和地址，招标项目的基本情况以及获取招标文件的办法等事项。

招标人采取邀请招标方式的，应当向 3 个以上物业管理企业发出投标邀请书，投标邀请书应当包含前款规定的事项。

第九条　招标人可以委托招标代理机构办理招标事宜；有能力组织和实施招标活动的，也可以自行组织实施招标活动。

物业管理招标代理机构应当在招标人委托的范围内办理招标事宜，并遵守本办法对招标人的有关规定。

第十条 招标人应当根据物业管理项目的特点和需要，在招标前完成招标文件的编制。

招标文件应包括以下内容：

（一）招标人及招标项目简介，包括招标人名称、地址、联系方式、项目基本情况、物业管理用房的配备情况等；

（二）物业管理服务内容及要求，包括服务内容、服务标准等；

（三）对投标人及投标书的要求，包括投标人的资格、投标书的格式、主要内容等；

（四）评标标准和评标方法；

（五）招标活动方案，包括招标组织机构、开标时间及地点等；

（六）物业服务合同的签订说明；

（七）其他事项的说明及法律法规规定的其他内容。

第十一条 招标人应当在发布招标公告或者发出投标邀请书的10日前，提交以下材料报物业项目所在地的县级以上地方人民政府房地产行政主管部门备案：

（一）与物业管理有关的物业项目开发建设的政府批件；

（二）招标公告或者招标邀请书；

（三）招标文件；

（四）法律、法规规定的其他材料。

房地产行政主管部门发现招标有违反法律、法规规定的，应当及时责令招标人改正。

第十二条 公开招标的招标人可以根据招标文件的规定，对投标申请人进行资格预审。

实行投标资格预审的物业管理项目，招标人应当在招标公告或者投标邀请书中载明资格预审的条件和获取资格预审文件的办法。

资格预审文件一般应当包括资格预审申请书格式、申请人须知，以及需要投标申请人提供的企业资格文件、业绩、技术装备、财务状况和拟派出的项目负责人与主要管理人员的简历、业绩等证明材料。

第十三条 经资格预审后，公开招标的招标人应当向资格预审合格的投标申请人发出资格预审合格通知书，告知获取招标文件的时间、地点和方法，并同时向资格不合格的投标申请人告知资格预审结果。

在资格预审合格的投标申请人过多时，可以由招标人从中选择不少于5家资格预审合格的投标申请人。

第十四条 招标人应当确定投标人编制投标文件所需要的合理时间。公开招标的物业管理项目，自招标文件发出之日起至投标人提交投标文件截止之日止，最短不得少于20日。

第十五条 招标人对已发出的招标文件进行必要的澄清或者修改的，应当在招标文件要求提交投标文件截止时间至少15日前，以书面形式通知所有的招标文件收受人。该澄清或者修改的内容为招标文件的组成部分。

第十六条 招标人根据物业管理项目的具体情况，可以组织潜在的投标申请人踏勘物业项目现场，并提供隐蔽工程图纸等详细资料。对投标申请人提出的疑问应当予以澄清并以书面形式发送给所有的招标文件收受人。

第十七条 招标人不得向他人透露已获取招标文件的潜在投标人的名称、数量以及可能影响公平竞争的有关招标投标的其他情况。

招标人设有标底的，标底必须保密。

第十八条 在确定中标人前，招标人不得与投标人就投标价格、投标方案等实质内容进行谈判。

第十九条 通过招标投标方式选择物业管理企业的，招标人应当按照以下规定时限完成物业管理招标投标工作：

（一）新建现售商品房项目应当在现售前30日完成；

（二）预售商品房项目应当在取得《商品房预售许可证》之前完成；

（三）非出售的新建物业项目应当在交付使用前90日完成。

第三章 投 标

第二十条 本办法所称投标人是指响应前期物业管理招标、参与投标竞争的物业管理企业。

投标人应当具有相应的物业管理企业资质和招标文件要求的其他条件。

第二十一条 投标人对招标文件有疑问需要澄清的，应当以书面形式向招标人提出。

第二十二条 投标人应当按照招标文件的内容和要求编制投标文件，投标文件应当对招标文件提出的实质性要求和条件作出响应。

投标文件应当包括以下内容：

（一）投标函；

（二）投标报价；

（三）物业管理方案；

（四）招标文件要求提供的其他材料。

第二十三条　投标人应当在招标文件要求提交投标文件的截止时间前，将投标文件密封送达投标地点。招标人收到投标文件后，应当向投标人出具标明签收人和签收时间的凭证，并妥善保存投标文件。在开标前，任何单位和个人均不得开启投标文件。在招标文件要求提交投标文件的截止时间后送达的投标文件，为无效的投标文件，招标人应当拒收。

第二十四条　投标人在招标文件要求提交投标文件的截止时间前，可以补充、修改或者撤回已提交的投标文件，并书面通知招标人。补充、修改的内容为投标文件的组成部分，并应当按照本办法第二十三条的规定送达、签收和保管。在招标文件要求提交投标文件的截止时间后送达的补充或者修改的内容无效。

第二十五条　投标人不得以他人名义投标或者以其他方式弄虚作假，骗取中标。

投标人不得相互串通投标，不得排挤其他投标人的公平竞争，不得损害招标人或者其他投标人的合法权益。

投标人不得与招标人串通投标，损害国家利益、社会公共利益或者他人的合法权益。

禁止投标人以向招标人或者评标委员会成员行贿等不正当手段谋取中标。

第四章　开标、评标和中标

第二十六条　开标应当在招标文件确定的提交投标文件截止时间的同一时间公开进行；开标地点应当为招标文件中预先确定的地点。

第二十七条　开标由招标人主持，邀请所有投标人参加。开标应当按照下列规定进行：

由投标人或者其推选的代表检查投标文件的密封情况，也可以由招标人委托的公证机构进行检查并公证。经确认无误后，由工作人员当众拆封，宣读投标人名称、投标价格和投标文件的其他主要内容。

招标人在招标文件要求提交投标文件的截止时间前收到的所有投标文件，开标时都应当当众予以拆封。

开标过程应当记录，并由招标人存档备查。

第二十八条　评标由招标人依法组建的评标委员会负责。

评标委员会由招标人代表和物业管理方面的专家组成，成员为5人以上单数，其中招标人代表以外的物业管理方面的专家不得少于成员总数的三分之二。

评标委员会的专家成员，应当由招标人从房地产行政主管部门建立的专家名册中采取随机抽取的方式确定。

与投标人有利害关系的人不得进入相关项目的评标委员会。

第二十九条　房地产行政主管部门应当建立评标的专家名册。省、自治区、直辖市人民政府房地产行政主管部门可以将专家数量少的城市的专家名册予以合并或者实行专家名册计算机联网。

房地产行政主管部门应当对进入专家名册的专家进行有关法律和业务培训，对其评标能力、廉洁公正等进行综合考评，及时取消不称职或者违法违规人员的评标专家资格。被取消评标专家资格的人员，不得再参加任何评标活动。

第三十条　评标委员会成员应当认真、公正、诚实、廉洁地履行职责。

评标委员会成员不得与任何投标人或者与招标结果有利害关系的人进行私下接触，不得收受投标人、中介人、其他利害关系人的财物或者其他好处。

评标委员会成员和与评标活动有关的工作人员不得透露对投标文件的评审和比较、中标候选人的推荐情况以及与评标有关的其他情况。

前款所称与评标活动有关的工作人员，是指评标委员会成员以外的因参与评标监督工作或者事务性工作而知悉有关评标情况的所有人员。

第三十一条　评标委员会可以用书面形式要求投标人对投标文件中含义不明确的内容作必要的澄清或者说明。投标人应当采用书面形式进行澄清或者说明，其澄清或者说明不得超出投标文件的范围或者改变投标文件的实质性内容。

第三十二条　在评标过程中召开现场答辩会的，应当事先在招标文件中说明，并注明所占的评分比重。

评标委员会应当按照招标文件的评标要求，根据标书评分、现场答辩等情况进行综合评标。

除了现场答辩部分外，评标应当在保密的情况下进行。

第三十三条　评标委员会应当按照招标文件确定的评标标准和方法，对投标文件进行评审和比较，并对评标结果签字确认。

第三十四条　评标委员会经评审，认为所有投标文件都不符合招标文件要求的，可以否决所有投标。

依法必须进行招标的物业管理项目的所有投标被否决的，招标人应当重新招标。

第三十五条　评标委员会完成评标后，应当向招标人提出书面评标报告，阐明评标委员会对各投标文件的评审和比较意见，并按照招标文件规定的评标标准和评标方法，推荐不超过3名有排序的合格的中标候选人。

招标人应当按照中标候选人的排序确定中标人。当确定中标的中标候选人放弃中标或者因不可抗力提出不能履行合同的，招标人可以依序确定其他中标候选人为中标人。

第三十六条 招标人应当在投标有效期截止时限30日前确定中标人。投标有效期应当在招标文件中载明。

第三十七条 招标人应当向中标人发出中标通知书，同时将中标结果通知所有未中标的投标人，并应当返还其投标书。

招标人应当自确定中标人之日起15日内，向物业项目所在地的县级以上地方人民政府房地产行政主管部门备案。备案资料应当包括开标评标过程、确定中标人的方式及理由、评标委员会的评标报告、中标人的投标文件等资料。委托代理招标的，还应当附招标代理委托合同。

第三十八条 招标人和中标人应当自中标通知书发出之日起30日内，按照招标文件和中标人的投标文件订立书面合同；招标人和中标人不得再行订立背离合同实质性内容的其他协议。

第三十九条 招标人无正当理由不与中标人签订合同，给中标人造成损失的，招标人应当给予赔偿。

第五章 附 则

第四十条 投标人和其他利害关系人认为招标投标活动不符合本办法有关规定的，有权向招标人提出异议，或者依法向有关部门投诉。

第四十一条 招标文件或者投标文件使用两种以上语言文字的，必须有一种是中文；如对不同文本的解释发生异议的，以中文文本为准。用文字表示的数额与数字表示的金额不一致的，以文字表示的金额为准。

第四十二条 本办法第三条规定住宅规模较小的，经物业所在地的区、县人民政府房地产行政主管部门批准，可以采用协议方式选聘物业管理企业的，其规模标准由省、自治区、直辖市人民政府房地产行政主管部门确定。

第四十三条 业主和业主大会通过招投标的方式选聘具有相应资质的物业管理企业的，参照本办法执行。

第四十四条 本办法自2003年9月1日起施行。

委托会计师事务所审计招标规范

·2006年1月26日
·财会〔2006〕2号

第一条 为了规范招标委托会计师事务所（以下简称事务所）从事审计业务的活动，促进注册会计师行业的公平竞争，保护招标单位和投标事务所的合法权益，根据《中华人民共和国招标投标法》、《中华人民共和国注册会计师法》及相关法律，制定本规范。

第二条 招标单位采用招标方式委托事务所从事审计业务的，应当遵守《中华人民共和国招标投标法》，并符合本规范的规定。

第三条 招标投标活动应当遵循公开、公平、公正和诚实信用的原则。

任何单位和个人不得违反法律、行政法规规定，限制或者排斥事务所参加投标，不得以任何方式非法干涉招标投标活动。

事务所通过投标承接和执行审计业务的，应当遵守审计准则和职业道德规范，严格按照业务约定书履行义务、完成中标项目。

第四条 招标委托事务所从事审计业务，按照下列程序进行：

（一）招标，包括确定招标方式、发布招标公告（公开招标方式下）或发出投标邀请书（邀请招标方式下）、编制招标文件、向潜在投标事务所发出招标文件；

（二）开标；

（三）评标；

（四）确定中标事务所，发出中标通知书，与中标事务所签订业务约定书。

第五条 招标单位一般应当采用公开招标方式委托事务所。

对于符合下列情形之一的招标项目，可以采用邀请招标方式：

（一）具有特殊性，只能从有限范围的事务所中选择的；

（二）具有突发性，按公开招标程序无法在规定时间内完成委托事宜的。

第六条 采用公开招标方式的，应当发布招标公告。采用邀请招标方式的，应当向3家以上事务所发出投标邀请书。

招标公告和投标邀请书应当载明招标单位的名称和地址、招标项目的性质、数量、实施地点和时间以及获取招标文件的办法等事项。

第七条 招标单位可以根据招标项目本身的要求，在招标公告或者投标邀请书中，要求潜在投标事务所提供有关资质证明文件和业绩情况，并对潜在投标事务所进行资格审查。

在资格审查过程中，招标单位应当充分利用财政部门和注册会计师协会公开的行业信息，并执行财政部有关审计的管理规定。

第八条 招标单位应当根据招标项目的特点和需要编制招标文件。招标文件应当包括下列内容：

（一）招标项目介绍；

（二）对投标事务所资格审查的标准；

（三）投标报价要求；

（四）评标标准；

（五）拟签订业务约定书的主要条款。

第九条 招标单位应当在招标文件中详细披露便于投标事务所确定工作量、制定工作方案、提出合理报价、编制投标文件的招标项目信息，包括被审计单位的组织架构、所处行业、业务类型、地域分布、财务信息（如资产规模及结构、负债水平、年业务收入水平、其他相关财务指标）等。

第十条 招标单位应当根据招标项目要求，综合考虑投标事务所的工作方案、人员配备、相关工作经验、职业道德记录和质量控制水平、商务响应程度、报价等方面，合理确定评审内容、设定评审标准、设计各项评审内容分值占总分值的权重。投标事务所报价分值的权重不应高于20%。

评标标准的具体设计可以参考所附《评审内容及其权重设计参考表》。

第十一条 招标项目需要确定工期的，招标单位应当考虑注册会计师行业服务的特殊性，合理确定事务所完成相应工作的工期，并在招标文件中载明。

第十二条 招标单位可以根据招标项目的具体情况，组织潜在投标事务所座谈、答疑。潜在投标事务所需要查询招标项目详细资料的，招标单位应当在可能的情况下提供便利。

第十三条 招标单位在做出投标事务所编制投标文件的时限要求时，应当考虑注册会计师行业服务的特殊性，自招标文件开始发出之日起至投标事务所提交投标文件截止之日止，一般不得少于20日。

第十四条 招标单位应当公开进行开标，并邀请所有投标事务所参加。

第十五条 招标单位应当组建评标委员会，由评标委员会负责评标。

评标委员会由招标单位的代表和熟悉注册会计师行业的专家组成，与投标单位有利害关系的人不得进入相关项目的评标委员会。

评标委员会成员（以下简称评委）人数应当为5人以上单数，其中熟悉注册会计师行业的专家一般不应少于成员总数的2/3。

评委名单在中标结果确定前应当保密。

第十六条 招标单位应当采取必要的措施，保证评标在严格保密的情况下进行。任何单位和个人不得非法干预、影响评标的过程和结果。

第十七条 评委应当依据评标标准对投标事务所进行评分。

评标委员会应当按照各投标事务所得分高低次序排出名次，并根据名次推荐中标候选事务所。

第十八条 评标委员会完成评标后，应当向招标单位提出书面评标报告。

招标单位应当根据评标委员会提出的书面评标报告和推荐的中标候选事务所确定中标事务所。招标单位也可以授权评标委员会直接确定中标事务所。

第十九条 中标事务所确定后，招标单位应当向中标事务所发出中标通知书，同时将中标结果通知所有未中标的投标事务所。

第二十条 招标单位应当自中标通知书发出之日起30日内，以招标文件和中标事务所投标文件的内容为依据，与中标事务所签订业务约定书。

招标单位不得向中标事务所提出改变招标项目实质性内容、提高招标项目的技术要求、降低支付委托费用等要求，不得以各种名目向中标事务所索要回扣。

招标单位不得与中标事务所再行订立背离业务约定书实质性内容的其他协议。

第二十一条 财政部和各省、自治区、直辖市财政部门应当对审计招标投标活动进行监督，对审计招标投标活动中的违法违规行为予以制止并依法进行处理。

第二十二条 招标单位招标委托事务所从事其他鉴证业务和相关服务业务的，参照执行本规范。

第二十三条 本规范由财政部负责解释。

第二十四条 本规范自2006年3月1日起施行。

附表：评审内容及其权重设计参考表（略）

国有金融企业集中采购管理暂行规定

· 2018 年 2 月 5 日
· 财金〔2018〕9 号

第一章 总 则

第一条 为规范国有金融企业集中采购行为,加强对采购支出的管理,提高采购资金的使用效益,根据国家有关法律、行政法规和部门规章,制定本规定。

第二条 国有金融企业实施集中采购适用本规定。

本规定所称国有金融企业,包括所有获得金融业务许可证的国有企业,以及国有金融控股公司、国有担保公司和其他金融类国有企业。按现行法律法规实行会员制的金融交易场所参照本规定执行。

本规定所称集中采购,是指国有金融企业以合同方式有偿取得纳入集中采购范围的货物、工程和服务的行为。

第三条 国有金融企业集中采购应当遵循公开、公平、公正、诚实信用和效益原则。

第四条 国有金融企业开展集中采购活动应符合国家有关规定,建立统一管理、分级授权、相互制约的内部管理体制,切实维护企业和国家整体利益。

第五条 国有金融企业集中采购应优先采购节能环保产品。

第二章 组织管理

第六条 国有金融企业应建立健全集中采购决策管理职能与操作执行职能相分离的管理体制。

第七条 国有金融企业应成立集中采购管理委员会,成员由企业相关负责人以及财务、法律等相关业务部门负责人组成,负责对公司集中采购活动进行决策管理。国有金融企业纪检、监察、审计等部门人员可列席集中采购管理委员会会议。

国有金融企业集中采购管理委员会的主要职责包括:

(一)审定企业内部集中采购管理办法等制度规定;

(二)确定企业集中采购目录及限额标准;

(三)审定采购计划并审查采购计划的执行情况;

(四)审议对业务活动和发展有较大影响的采购事项;

(五)采购活动中涉及的其他重要管理和监督事宜。

第八条 国有金融企业可指定具体业务部门或根据实际设立集中采购日常管理机构,具体实施集中采购活动。根据集中采购项目具体情况,国有金融企业可自行采购或委托外部代理机构办理采购事宜。

第九条 国有金融企业采用公开招标、邀请招标方式采购的,应依法组建评标委员会负责采购项目评审。采用竞争性谈判、竞争性磋商、询价等非招标方式采购的,应参照政府采购的相关要求并结合本单位实际,成立谈判、磋商或询价小组。

第十条 国有金融企业总部可建立或联合建立集中采购项目评审专家库。评审专家成员由国有金融企业财务、技术等内部专业人员,以及相关技术、经济等方面的外部专家组成。如不具备上述建库条件的企业,应合理使用招标代理机构等外部的评审专家库。

第十一条 一般采购项目从评审专家库中随机抽取选定评审专家,对技术复杂、专业性强或者有特殊要求的采购项目,通过随机抽取方式难以确定合适评审专家的,可由国有金融企业按程序自行选定。

第三章 制度建设

第十二条 国有金融企业可参考省级以上人民政府定期发布的集中采购目录及标准,结合企业实际情况,制定本企业的集中采购目录及限额标准。

第十三条 国有金融企业应依据国家有关法律法规和本规定,制定企业内部集中采购管理办法。

第十四条 国有金融企业内部集中采购管理办法,应至少包括以下内容:

(一)明确公司集中采购范围,以及不同采购方式的具体适用情形;

(二)实施集中采购的具体程序,包括编制采购计划、采购项目立项、编制采购需求、实施采购、签订合同、采购验收、资金结算、档案管理等;

(三)明确集中采购活动的内部监督检查主体及职责;

(四)对违法违规和违反职业道德等人员和单位的处理处罚措施等。

第十五条 国有金融企业应当建立健全内部监督管理制度,加强对集中采购的内部控制和监督检查,切实防范采购过程中的差错和舞弊行为。

第十六条 国有金融企业应建立相互监督、相互制约的采购活动决策和执行程序,并明确具体采购项目经办人员与负责采购合同审核、验收人员的职责权限,做到相互分离。

第十七条 国有金融企业应对分支机构的集中采购行为做好业务指导和管理。

第四章 采购方式

第十八条 国有金融企业集中采购可以采用公开招标、邀请招标、竞争性谈判、竞争性磋商、单一来源采购、询价，以及有关管理部门认定的其他采购方式。

第十九条 对纳入集中采购范围的采购项目，国有金融企业原则上应优先采用公开招标或邀请招标的方式。需要采用非招标采购方式的，应符合本规定要求，并在采购活动开始前，按企业内部集中采购管理规定报批。

第二十条 符合下列情形之一的集中采购项目，可以采用邀请招标方式采购：

（一）具有特殊性，只能从有限范围的供应商处采购的；

（二）采用公开招标方式的费用占该采购项目总价值的比例过大的；

（三）企业内部集中采购管理办法列明的其他适用情形。

第二十一条 符合下列情形之一的集中采购项目，可以采用竞争性谈判方式采购：

（一）招标后没有供应商投标或者没有合格标的或者重新招标未能成立的；

（二）技术复杂或者性质特殊，不能确定详细规格或者具体要求的；

（三）采用招标所需时间不能满足用户紧急需要的；

（四）不能事先计算出价格总额的；

（五）企业内部集中采购管理办法列明的其他适用情形。

第二十二条 符合下列情形之一的集中采购项目，可以采用竞争性磋商方式采购：

（一）购买服务项目；

（二）技术复杂或者性质特殊，不能确定详细规格或者具体要求的；

（三）因专利、专有技术或者服务的时间、数量事先不能确定等原因不能事先计算出价格总额的；

（四）市场竞争不充分的科研项目；

（五）按照招标投标法及其实施条例必须进行招标的工程建设项目以外的工程建设项目；

（六）企业内部集中采购管理办法列明的其他适用情形。

第二十三条 符合下列情形之一的集中采购项目，可以采用单一来源方式采购：

（一）只能从唯一供应商处采购的；

（二）发生了不可预见的紧急情况不能从其他供应商处采购的；

（三）必须保证原有采购项目一致性或者服务配套的要求，需要再次向原供应商采购的；

（四）企业内部集中采购管理办法列明的其他适用情形。

第二十四条 集中采购项目符合货物规格、标准统一，现货货源充足且价格变化幅度小等条件的，经企业内部集中采购管理办法列明，可以采用询价方式采购。

第五章 采购管理

第二十五条 国有金融企业应按采购计划实施集中采购，并纳入年度预算管理。计划外的集中采购事项，应按企业内部相关规定报批。采购计划的重大调整，应按程序报集中采购管理委员会审议。

第二十六条 国有金融企业不得将应当以公开招标方式采购的项目化整为零或者以其他任何方式规避公开招标采购。

第二十七条 国有金融企业根据中标或成交结果签订采购合同，采购合同应经内部法律部门或法律中介机构审核。

第二十八条 国有金融企业要做好集中采购信息公开工作，通过企业网站、招标代理机构网站或省级以上人民政府财政部门指定的政府采购信息公开媒体等公开渠道，向社会披露公开招标和非公开招标的采购项目信息，涉及国家秘密、商业秘密的内容除外。

采用公开招标方式的，应当按规定发布招标公告、资格预审公告，公示中标候选人、中标结果等全流程信息。中标结果公示内容包括但不限于招标项目名称、招标人、招标代理机构、招标公告日期、中标人、中标内容及价格等基本要素。招标公告及中标结果应在同一渠道公开。

采用非公开招标方式的，应在采购合同签订之日起3个工作日内，公告成交结果，包括但不限于采购内容、采购方式、候选供应商、中选供应商、合同确定的采购数量、采购价格等基本要素。

第六章 监督检查

第二十九条 国有金融企业应认真执行本规定，在年度财务报告中披露对企业成本、费用影响重大的集中采购事项，自觉接受财政、审计等相关部门的监督检查。

第三十条 对国有金融企业实施的招标等集中采购活动，投标商及相关方认为有任何违法违规问题的，可按规定向国有金融企业的主管财政机关以及国家有关部门投诉。

第三十一条　企业采购当事人不得互相串通损害企业利益、国家利益、社会公共利益和其他当事人的合法权益。

第三十二条　对采购当事人泄露标底等应当保密的与采购活动有关的情况和资料以及其他违反有关法律、行政法规和本规定的行为，依法追究责任。

第七章　附　则

第三十三条　国有金融企业使用国际组织、外国政府、外国法人、以及其他组织和个人的贷款或者赠款进行采购，贷款或赠款人对采购方式有约定的，可从其约定，但不得损害国家利益和社会公共利益。

第三十四条　本规定自 2018 年 3 月 1 日起施行。《关于加强国有金融企业集中采购管理的若干规定》（财金〔2001〕209 号）同时废止。

农业基本建设项目招标投标管理规定

· 2004 年 7 月 14 日

· 农计发〔2004〕10 号

第一章　总　则

第一条　为加强农业基本建设项目招标投标管理，确保工程质量，提高投资效益，保护当事人的合法权益，根据《中华人民共和国招标投标法》等规定，制定本规定。

第二条　本规定适用于农业部管理的基本建设项目的勘察、设计、施工、监理招标，仪器、设备、材料招标以及与工程建设相关的其他招标活动。

第三条　招标投标活动必须遵循公开、公平、公正和诚实信用的原则。

第四条　招标投标活动一般应按照以下程序进行：

（一）有明确的招标范围、招标组织形式和招标方式，并在项目立项审批时经农业部批准。

（二）自行招标的应组建招标办事机构，委托招标的应选择由代理资质的招标代理机构。

（三）编写招标文件。

（四）发布招标公告或招标邀请书，进行资格审查，发放或出售招标文件，组织投标人现场踏勘。

（五）接受投标文件。

（六）制订具体评标方法或细则。

（七）成立评标委员会。

（八）组织开标、评标。

（九）确定中标人。

（十）向项目审批部门提交招标投标的书面总结报告。

（十一）发中标通知书，并将中标结果通知所有投标人。

（十二）签订合同。

第二章　行政管理

第五条　农业部发展计划司归口管理农业基本建设项目的招标投标工作，主要职责是：

（一）依据国家有关招标投标法律、法规和政策，研究制定农业基本建设项目招标投标管理规定；

（二）审核、报批项目招标方案；

（三）指导、监督、检查农业基本建设项目招标投标活动的实施；

（四）受理对农业建设项目招标投标活动的投诉并依法做出处理决定；督办农业基本建设项目招标投标活动中的违法违规行为的查处工作；

（五）组建和管理农业基本建设项目评标专家库；

（六）组织重大农业基本建设项目招标活动。

第六条　农业部行业司局负责本行业农业基本建设项目招标投标管理工作，主要职责是：

（一）贯彻执行有关招标投标的法律、法规、规章和政策；

（二）指导、监督、检查本行业基本建设项目招标投标活动的实施；

（三）推荐农业基本建设项目评标专家库专家人选。

第七条　省级人民政府农业行政主管部门管理本辖区内农业基本建设项目招标投标工作，主要职责是：

（一）贯彻执行有关招标投标的法律、法规、规章和政策；

（二）受理本行政区域内对农业基本建设项目招标投标活动的投诉，依法查处违法违规行为；

（三）组建和管理本辖区内农业基本建设项目评标专家库；

（四）指导、监督、检查本辖区内农业基本建设项目招标投标活动的实施，并向农业部发展计划司和行业司局报送农业基本建设项目招标投标情况书面报告；

（五）组织本辖区内重大农业工程建设项目招标活动。

第三章　招　标

第八条　符合下列条件之一的农业基本建设项目必须进行公开招标：

（一）施工单项合同估算价在200万元人民币以上的；

（二）仪器、设备、材料采购单项合同估算价在100万元人民币以上的；

（三）勘察、设计、监理等服务的采购，单项合同估算价在50万元人民币以上的；

（四）单项合同估算低于第（一）、（二）、（三）项规定的标准，但项目总投资额在3000万元人民币以上的。

第九条　第八条规定必须公开招标的项目，有下列情形之一的，经批准可以采用邀请招标：

（一）项目技术性、专业性较强，环境资源条件特殊，符合条件的潜在投标人有限的；

（二）受自然、地域等因素限制，实行公开招标影响项目实施时机的；

（三）公开招标所需费用占项目总投资比例过大的；

（四）法律法规规定的其他特殊项目。

第十条　符合第八条规定必须公开招标的项目，有下列情况之一的，经批准可以不进行招标：

（一）涉及国家安全或者国家秘密不适宜招标的；

（二）勘察、设计采用特定专利或者专有技术的，或者其建筑艺术造型有特殊要求不宜进行招标的；

（三）潜在投标人为三家以下，无法进行招标的；

（四）抢险救灾及法律法规规定的其他特殊项目。

第十一条　任何单位和个人不得将依法必须招标的项目化整为零或者以其他任何方式规避招标。

第十二条　必须进行招标的农业基本建设项目应在报批的可行性研究报告（项目建议书）中提出招标方案。符合第十条规定不进行招标的项目应在报批可行性研究报告时提出申请并说明理由。

招标方案包括以下主要内容：

（一）招标范围。说明拟招标的内容及估算金额。

（二）招标组织形式。说明拟采用自行招标或委托招标形式，自行招标的应说明理由。

（三）招标方式。说明拟采用公开招标或邀请招标方式，邀请招标的应说明理由。

第十三条　农业基本建设项目的招标人是提出招标项目、进行招标的农业系统法人或其他组织。

招标人应按审批部门批准的招标方案组织招标工作。确需变更的，应报原审批部门批准。

第十四条　农业基本建设项目招标应当具备以下条件：

（一）勘察、设计招标条件

1. 可行性研究报告（项目建议书）已批准；

2. 具备必要的勘察设计基础资料。

（二）监理招标条件

初步设计已经批准。

（三）施工招标条件

1. 初步设计已经批准；

2. 施工图设计已经完成；

3. 建设资金已落实；

4. 建设用地已落实，拆迁等工作已有明确安排。

（四）仪器、设备、材料招标条件

1. 初步设计已经批准；

2. 施工图设计已经完成；

3. 技术经济指标已基本确定；

4. 所需资金已经落实。

第十五条　自行招标的招标人应具备编制招标文件和组织评标的能力。招标人自行招标应具备的条件：

（一）具有与招标项目规模和复杂程度相应的工程技术、概预算、财务和工程管理等方面专业技术力量；

（二）有从事同类工程建设项目招标的经验；

（三）设有专门的招标机构或者拥有三名以上专职招标业务人员；

（四）熟悉和掌握招标投标法及有关法规规章。

第十六条　委托招标是指委托有资质的招标代理机构办理招标事宜。招标人不具备第十五条规定条件的，应当委托招标。

承担农业基本建设项目招标的代理机构必须是国务院建设行政主管部门认定的招标代理机构，其资质等级应与所承担招标项目相适应。

招标代理机构收费标准按国家规定执行。

第十七条　采用公开招标的项目，招标人应当在国家发展和改革委员会指定的媒介或建设行政主管部门认定的有形建筑市场发布招标公告。招标公告不得限制潜在投标人的数量。

采用邀请招标的项目，招标人应当向三个以上单位发出投标邀请书。

第十八条　招标公告或投标邀请书应当载明招标人名称和地址、招标项目的基本要求、投标人的资格要求以及获取招标文件的方法等事项。招标人应当对招标公告或投标邀请书的真实性负责。

第十九条　招标人可以对潜在投标人进行资格审查，并提出资格审查报告，经参审人员签字后存档备查，并将审查结果告知潜在投标人。

在一个项目中,招标人应当以相同条件对所有潜在投标人的资格进行审查,不得以任何理由限制或者排斥部分潜在投标人。

第二十条 招标人或招标代理机构应当按照国家有关规定和项目的批复编制招标文件。

(一)勘察、设计招标文件主要内容包括:

1. 工程基本情况。包括工程名称、性质、地址、占地面积、建筑面积等;

2. 投标人须知。主要应包括接受投标报名、投标人资格审查、发售招标文件、组织招标答疑、踏勘工程现场、接受投标、开标等招标程序的规定和日程安排,投标人资格的要求,投标文件的签署和密封要求,投标保证金(保函)、履约保证金(保函)等方面的规定;

3. 已获批准的可行性研究报告(项目建议书);

4. 工程经济技术要求;

5. 有关部门确定的规划控制条件和用地红线图;

6. 可供参考的工程地质、水文地质、工程测量等建设场地勘察成果报告;

7. 供水、供电、供气、供热、环保、市政道路等方面的基础资料;

8. 招标答疑、踏勘现场的时间和地点;

9. 投标文件内容和编制要求;

10. 评标标准和方法;

11. 投标文件送达的截止时间;

12. 拟签订合同的主要条款;

13. 未中标方案的补偿办法。

(二)监理招标文件主要内容包括:

1. 工程基本情况。包括工程建设项目名称、性质、地点、规模、用地、资金等;

2. 投标人须知。主要包括接受投标报名、投标人资格审查、发售招标文件、组织招标答疑、踏勘工程现场、接受投标、开标等招标程序的规定和日程安排,投标人资格的要求,投标文件的签署和密封要求、投标保证金(保函)、履约保证金(保函)等;

3. 施工图纸;

4. 投标文件内容和编制要求;

5. 评标标准和方法;

6. 拟签订合同的主要条款及合同格式。

7. 工程监理技术规范或技术要求。

(三)施工招标文件主要内容包括:

1. 工程基本情况。包括工程建设项目名称、性质、地点、规模、用地、资金等方面的情况;

2. 投标人须知。主要包括接受投标报名、投标人资格审查、发售招标文件、组织招标答疑、踏勘工程现场、接受投标、开标等招标程序的规定和日程安排,投标人资格的要求,投标文件的签署和密封要求、投标保证金(保函)、履约保证金(保函)等方面的规定;

3. 招标内容和施工图纸;

4. 投标文件内容和编制要求;

5. 工程造价计算方法和工程结算办法;

6. 评标标准和方法;

7. 拟签订合同的主要条款及合同格式。

(四)仪器、设备、材料招标文件应与主管部门批复的设备清单和概算一致,包括的主要内容有:

1. 项目基本情况。包括工程建设项目名称、性质、资金来源等方面的情况;

2. 投标人须知。主要包括接受投标报名、投标人资格审查、发售招标文件、组织招标答疑、澄清或修改招标文件、接受投标、开标等招标程序的规定和日程安排,投标人资格、投标文件的签署和密封、投标有效期,投标保证金(保函)、履约保证金(保函)等方面的规定;

3. 招标内容及货物需求表;

4. 投标文件内容和编制要求。应包括投标文件组成和格式、投标报价及使用货币,投标使用语言及计量单位、投标人资格证明文件、商务或技术响应性文件等方面内容和规定;

5. 拟签署合同的主要条款和合同格式;

6. 投标文件格式,包括投标书、开标报价表、投标货物说明表、技术响应表、投标人资格证明、授权书、履约保函等投标文件的格式;

7. 评标标准和方法;

8. 招标人对拟采购仪器(设备、材料)的技术要求;

9. 仪器(设备、材料)招标文件一般应按照商务部分、技术部分分别编制。

第二十一条 农业部直属单位重点项目的招标文件,须经农业部发展计划司委托有关工程咨询单位进行技术审核后方可发出。

第二十二条 招标人对已发出的招标文件进行必要澄清或者修改的,应当在招标文件要求提交投标文件截止时间至少15日前,以书面形式通知所有招标文件收受人。该澄清或者修改的内容为招标文件的组成部分。

第二十三条 依法必须进行招标的项目,自招标文件发售之日至停止发售之日,最短不得少于5个工作日。自招标文件停止发出之日至投标人提交投标文件截止日，最短不应少于 20 个工作日。

第二十四条 招标文件应按其制作成本确定售价，一般应控制在 2000 元以内。

第二十五条 招标文件应当明确投标保证金金额，一般不超过合同估算价的千分之五，但最低不得少于 1 万元人民币。

第四章 投标和开标

第二十六条 投标人是响应招标、参加投标竞争的法人或者其他组织。农业基本建设项目的投标人应当具备相应资质或能力。

第二十七条 投标人应当按照招标文件的要求编制投标文件，并在招标文件规定的投标截止时间之前密封送达招标人。在投标截止时间之前，投标人可以撤回已递交的投标文件或进行修改和补充，但应当符合招标文件的要求。

第二十八条 两个或两个以上单位联合投标的，应当按资质等级较低的单位确定联合体资质（资格）等级。招标人不得强制投标人组成联合体共同投标。

第二十九条 投标人应当对递交的投标文件中资料的真实性负责。投标人在递交投标文件的同时，应当缴纳投标保证金。招标人收到投标文件后，应当签收保存，不得开启。

第三十条 开标应当在招标文件确定的提交投标文件截止时间的同一时间公开进行；开标地点应当为招标文件中预先确定的地点。

在投标截止时间前提交投标文件的投标人少于三个的，不予开标。

第三十一条 开标由招标人主持，邀请所有投标人参加。开标人员至少由主持人、监标人、开标人、唱标人、记录人组成，上述人员对开标负责。

第三十二条 开标一般按以下程序进行：

（一）主持人在招标文件确定的时间停止接收投标文件，开始开标；

（二）宣布开标人员名单；

（三）确认投标人法定代表人或授权代表人是否在场；

（四）宣布投标文件开启顺序；

（五）依开标顺序，先检查投标文件密封是否完好，再启封投标文件；

（六）宣布投标要素，并作记录，同时由投标人代表签字确认；

（七）对上述工作进行记录，存档备查。

第五章 评标和中标

第三十三条 评标由招标人依法组建的评标委员会负责。

评标委员会应由招标人代表和有关技术、经济方面的专家组成；成员人数为五人以上单数，其中技术、经济等方面的专家不得少于成员总数的三分之二。

第三十四条 评标委员会专家应从评标专家库中随机抽取。技术特别复杂、专业性要求特别高或者国家有特殊要求的招标项目，采取随机抽取方式确定的专家难以胜任的，经农业部发展计划司同意可以直接确定。

评标委员会成员名单在中标结果确定前应当保密。

第三十五条 仪器、设备、材料招标中，参与制定招标文件的专家一般不再推选为同一项目的评标委员会成员。

第三十六条 评标委员会设主任委员 1 名，副主任委员 1-2 名。主任委员应由具有丰富评标经验的经济或技术专家担任，副主任委员可由专家或招标人代表担任。评标委员会在主任委员领导下开展评标工作。

第三十七条 评标工作按以下程序进行：

（一）招标人宣布评标委员会成员名单并确定主任委员；

（二）招标人宣布评标纪律；

（三）在主任委员主持下，根据需要成立有关专业组和工作组；

（四）招标人介绍招标文件；

（五）评标人员熟悉评标标准和方法；

（六）评标委员会对投标文件进行形式审查；

（七）经评标委员会初步评审，提出需投标人澄清的问题，经二分之一以上委员同意后，通知投标人；

（八）需要书面澄清的问题，投标人应当在规定的时间内，以书面形式送达评标委员会；

（九）评标委员会按招标文件确定的评标标准和方法，对投标文件进行详细评审，确定中标候选人推荐顺序；

（十）经评标委员会三分之二以上委员同意并签字，通过评标委员会工作报告，并附往来澄清函、评标资料及推荐意见等，报招标人。

第三十八条 设计、施工、监理评标之前应由评标委员会以外的工作人员将投标文件中的投标人名称、标识等进行隐蔽。

第三十九条 评标委员会对各投标文件进行形式审查，确认投标文件是否有效。对有下列情况之一的投标文件，可以拒绝或按无效标处理：

（一）投标文件密封不符合招标文件要求；

（二）逾期送达；

（三）未按招标文件要求加盖单位公章和法定代表人（或其授权人）的签字（或印鉴）；

（四）招标文件要求不得标明投标人名称，但投标文件上标明投标人名称或有任何可能透露投标人名称信息的；

（五）未按招标文件要求编写或字迹模糊导致无法确认关键技术方案、关键工期、关键工程质量保证措施、投标价格；

（六）未按规定交纳投标保证金；

（七）招标文件载明的招标项目完成期限超过招标文件规定的期限；

（八）明显不符合技术规格、技术标准要求；

（九）投标文件载明的货物包装方式、检验标准和方法不符合招标文件要求；

（十）不符合招标文件规定的其他实质性要求或违反国家有关规定；

（十一）投标人提供虚假资料。

第四十条 评标委员会应按照招标文件中载明的评标标准和方法进行评标。在同一个项目中，对所有投标人采用的评标标准和方法必须相同。

第四十一条 评标委员会应从技术、商务方面对投标文件进行评审，包括以下主要内容：

（一）勘察、设计评标

1. 投标人的业绩和资信；
2. 人力资源配备；
3. 项目主要承担人员的经历；
4. 技术方案和技术创新；
5. 质量标准及质量管理措施；
6. 技术支持与保障；
7. 投标价格；
8. 财务状况；
9. 组织实施方案及进度安排。

（二）监理评标

1. 投标人的业绩和资信；
2. 项目总监理工程师及主要监理人员经历；
3. 监理规划（大纲）；
4. 投标价格；
5. 财务状况。

（三）施工评标

1. 施工方案（或施工组织设计）与工期；
2. 投标价格；
3. 施工项目经理及技术负责人的经历；
4. 组织机构及主要管理人员；
5. 主要施工设备；
6. 质量标准、质量和安全管理措施；
7. 投标人的业绩和资信；
8. 财务状况。

（四）仪器、设备、材料评标

1. 投标价格；
2. 质量标准及质量管理措施；
3. 组织供应计划；
4. 售后服务；
5. 投标人的业绩和资信；
6. 财务状况。

第四十二条 评标方法可采用综合评估法或经评审的最低投标价法。

第四十三条 中标人的投标应当符合下列条件之一：

（一）能够最大限度地满足招标文件中规定的各项综合评价标准；

（二）能够满足招标文件的实质性要求，并且经评审的投标价格最低；但是投标价格低于成本的除外。

第四十四条 评标委员会经评审，认为所有投标都不符合招标文件要求的，可以否决所有投标。

所有投标被否决的，招标人应当重新组织招标。

第四十五条 评标委员会应向招标人推荐中标候选人，并明确排序。招标人也可以授权评标委员会直接确定中标人。

第四十六条 招标人在确定中标人时，必须选择评标委员会排名第一的中标候选人作为中标人。排名第一的中标候选人放弃中标，因不可抗力提出不能履行合同，或者未在招标文件规定期限内提交履约保证金的，招标人可以按次序选择后续中标候选人作为中标人。

第四十七条 依法必须进行招标的项目，招标人应当自确定中标人之日起7个工作日内向省级农业行政主管部门（地方和直属直供垦区承担的项目）、农业部有关行业司局（农业部直属单位承担的行业项目）或农业部发展计划司（农业部直属单位承担的基础设施建设项目）提交招标投标情况的书面报告。书面报告一般应包括以下内容：

（一）招标项目基本情况；

（二）投标人情况；

(三)评标委员会成员名单；

(四)开标情况；

(五)评标标准和方法；

(六)废标情况；

(七)评标委员会推荐的经排序的中标候选人名单；

(八)中标结果；

(九)未确定排名第一的中标候选人为中标人的原因；

(十)其他需说明的问题。

第四十八条 农业行政主管部门接到报告7个工作日无不同意见，招标人应向中标人发出中标通知书，并同时将中标结果通知所有未中标的投标人。

中标通知书发出后，招标人改变中标结果的，或者中标人放弃中标项目的，应当依法承担法律责任。

第四十九条 招标文件要求中标人提交履约保证金或其他形式履约担保的，中标人应当按规定提交；拒绝提交的，视为放弃中标项目。

第五十条 招标人和中标人应当自中标通知书发出之日起三十日内，按照招标文件和中标人的投标文件订立书面合同。招标人和中标人不得再行订立背离合同实质性内容的其他协议。

第五十一条 招标人与中标人签订合同后五个工作日内，应当向中标人和未中标人一次性退还投标保证金。勘察设计招标文件中规定给予未中标人经济补偿的，也应在此期限内一并给付。

第五十二条 定标工作应当在投标有效期结束日三十个工作日前完成。不能如期完成的，招标人应当通知所有投标人延长投标有效期。同意延长投标有效期的投标人应当相应延长其投标担保的有效期，但不得修改投标文件的实质性内容。拒绝延长投标有效期的投标人有权收回投标保证金。招标文件中规定给予未中标人补偿的，拒绝延长的投标人有权获得补偿。

第五十三条 有下列情形之一的，招标人应当依照本办法重新招标：

(一)在投标截止时间前提交投标文件的投标人少于三个的；

(二)资格审查合格的投标人不足三个的；

(三)所有投标均被作废标处理或被否决的；

(四)评标委员会否决不合格投标或者界定为废标后，有效投标不足三个的；

(五)根据第五十二条规定，同意延长投标有效期的投标人少于三个的；

(六)评标委员会推荐的所有中标候选人均放弃中标的。

第五十四条 因发生本规定第五十三条第(一)、(二)项情形之一重新招标后，仍出现同样情形，经审批同意，可以不再进行招标。

第六章 附 则

第五十五条 各级农业行政主管部门按照规定的权限受理对农业基本建设项目招标投标活动的投诉，并按照国家发展和改革委员会等部门发布的《工程建设项目招标投标活动投诉处理办法》，处理或会同有关部门处理农业建设项目招投标过程中的违法活动。

对于农业基本建设项目招标投标活动中出现的违法违规行为，依照《中华人民共和国招标投标法》和国务院的有关规定进行处罚。

第五十六条 本规定所称勘察、设计招标，是指招标人通过招标方式选择承担该建设工程的勘察任务或工程设计任务的勘察、设计单位的行为。

本规定所称监理招标，是指招标人通过招标方式选择承担建设工程施工监理任务的建设监理单位的行为。

本规定所称施工招标，是指招标人通过招标方式选择承担建设工程的土建、田间设施、设备安装、管线敷设等施工任务的施工单位的行为。

本规定所称仪器、设备、材料招标，是指招标人通过招标方式选择承担建设工程所需的仪器、设备、建筑材料等的供应单位的行为。

第五十七条 农业部直属单位自筹资金建设项目参照本规定执行。

第五十八条 本规定自2004年9月1日起施行。

农村中小学现代远程教育工程设备及教学资源招标采购管理办法

·2005年5月17日

·教基厅〔2005〕9号

根据国务院批准的《农村中小学现代远程教育工程总体实施方案》精神，结合农村中小学现代远程教育工程建设要求，特制定农村中小学现代远程教育工程设备及教学资源(以下简称设备及资源)招标采购管理办法。

一、总 则

第一条 农村中小学现代远程教育工程设备及资源采购依照《中华人民共和国政府采购法》、《中华人民共和国招标投标法》及有关规定执行，主要采用招投标方式。

第二条　教育部、国家发展改革委、财政部负责组织设备及资源供应商的资格预审。各项目省（自治区、直辖市）负责设备及资源的采购执行。

第三条　教育部、国家发展改革委、财政部负责对各项目省（自治区、直辖市）的招标工作进行指导、检查和监督。

二、管理与职责

第四条　各项目省（自治区、直辖市）成立设备及资源采购工作领导小组。领导小组职责：

1. 审批采购计划（包括邀请招标和竞争性谈判）及实施方案，包括采购内容、分配方案、经费预算等；
2. 确定招标代理机构；
3. 审批设备及资源邀请招标采购招标文件或竞争性谈判方案；
4. 审批设备及资源邀请招标采购评标结果或谈判结果；
5. 讨论重大事项并做出决定。

第五条　设备及资源采购的招标人为省（自治区、直辖市）教育厅（教委）。招标人应委托合格的招标代理机构具体实施设备采购。

第六条　招标人在设备及资源采购工作领导小组领导下，负责本省（自治区、直辖市）设备及资源采购的组织与实施工作。招标人具体职责：

1. 在“中国政府采购网”（WWW. CCGP. GOV. CN）公布的获准登记备案的政府采购业务代理机构名单中选取设备及资源招标采购代理机构，并报设备及资源采购工作领导小组批准；
2. 作为招标人与所确定的招标代理机构签订委托招标代理协议；
3. 对招标代理机构下达采购任务，并提出相关要求；
4. 协助招标代理机构组织有关技术专家编制采购品目，编写邀请招标文件（包括技术和商务两部分）；
5. 审核邀请招标文件或竞争性谈判方案并报送设备及资源采购工作领导小组审批；
6. 通过随机抽取的方式，选取评审专家，并组建评标委员会；
7. 协助招标代理机构开展评标工作，监督评标活动按有关规定及招标文件执行；
8. 审核招标代理机构提交的评标报告或竞争性谈判结果并报送设备及资源采购工作领导小组审批；
9. 协助招标代理机构授标，签订合同。

第七条　招标代理机构职责：

1. 根据招标人要求及工程所需设备及资源的类型、用途及项目目标等，组织有关技术专家编制采购品目，编写邀请招标文件（包括技术和商务两部分），或竞争性谈判方案；
2. 向招标人报送招标文件或竞争性谈判方案；
3. 向被确定邀请的供应商发售邀请招标文件或竞争性谈判邀请；
4. 组织开标；
5. 组织评标；
6. 向招标人报送评标报告；
7. 公告招标结果；
8. 授标；
9. 按规定向政府采购主管部门报审（备案）有关采购文件等。

三、招标与投标

第八条　为保证工程实施的统一性和设备及资源的稳定可靠性，设备及资源采购采用招投标方式。教育部、国家发展改革委、财政部负责组织对各投标产品供应商的资格（包括具体产品的规格性能指标等）通过公开招标进行资格预审，并公布各产品供应商资格预审合格名单。各项目省（自治区、直辖市）集中组织设备及资源采购，采购主要采用邀请招标方式进行。

第九条　各项目省（自治区、直辖市）进行邀请招标时，获得邀请的供应商只能是资格预审合格者及其通过预审合格的产品。

1. 设备：邀请的合格供应商的数量不得少于六家。在公布的合格供应商名单中，凡少于（等于）六家供应商的，各项目省（自治区、直辖市）必须全部邀请；对名单中大于六家的，可随机邀请六家以上供应商。
2. 教学资源：采购相同或类似内容教学资源的，应至少邀请三家供应商参加。

资格预审合格供应商名单之外的厂家及其产品一律无资格参

加各项目省（自治区、直辖市）的邀请招标（或竞争性谈判）采购。

第十条　各项目省（自治区、直辖市）如有捆包采购，各资格预审合格供应商可以联合体投标方式（投标时须出示联合体声明）参加，或委托其中一家供应商参加。如与计算机教室（NC、无盘站和 PC 计算机教室）捆包，必须以计算机教室合格供应商为投标人参加投标。

第十一条　一次性采购40万元以上的设备或服务，必须采用邀请招标的方式进行；40万元以下设备或服务可采用竞争性谈判方式采购。

四、评　标

第十二条　组建评标委员会，招标评标委员会由招标人代表和有关技术、经济等方面的专家组成，成员数为7人以上单数，其中技术、经济等方面的专家不少于三分之二。评标专家应符合下列条件：

1. 从事相关专业领域工作满8年并具有高级职称或者同等专业水平；
2. 熟悉有关招标投标的法律法规，并具有与招标项目相关的实践经验；
3. 能够认真、公正、诚实、廉洁地履行职责；
4. 与投标人无利害关系。

第十三条　评标专家的选取。评标专家由招标人和招标代理机构在有关部门的监督下从专家库中随机抽取。抽取结果应当场记录备案，以备后审。评标专家的抽取时间应在开标前一天进行，参加抽取的人员应对抽取的所有内容负有保密责任，在中标结果公布前不得对外透露参加评标人员。抽取专家人选时，应依次多抽取两名以上的替补评标专家。

第十四条　评标过程应在保密的情况下进行，参与评标人员不得对外透露评标情况，在公布评标结果之前不得透露推荐的中标人。

第十五条　评标委员会完成评标后，向招标人提出书面评标报告和推荐中标候选人。评标报告包括以下内容：

1. 基本情况和数据表；
2. 评标委员会成员名单；
3. 开标记录；
4. 符合要求的开标一览表；
5. 评标标准、评标方法和评标因素一览表；
6. 评估价一览表或综合评分一览表；
7. 合格的投标人排序表；
8. 推荐的中标候选人名单及有关技术谈判事宜；
9. 澄清、说明等事项。

第十六条　评标结果在有关媒体上公告。

第十七条　中标人一旦确定，由招标代理机构向中标人发出中标通知书，同时将中标结果通知所有未中标的投标人。中标通知书对招标人（或招标代理机构）和中标人具有同等法律效力。招标人（或招标代理机构）与中标人在中标通知书发出30日内，按照招标文件和中标人的投标文件签订书面合同。

五、其　它

第十八条　纪检监察部门对招标采购全过程实施监督检查。试点工作专项资金的使用，接受审计部门的审计。

第十九条　在邀请招标投标或竞争性谈判过程中，如发现有泄露保密信息、不按规定邀请资格预审合格供应商、不合理排斥投标人、投标人串标和评标委员会成员收受投标人好处等违法违规行为的，依照有关法规条款予以追究。

免费教科书政府采购工作暂行办法

· 2005年1月28日
· 教财〔2005〕6号

中央对中西部农村义务教育阶段贫困家庭学生实行免费提供教科书的制度，是切实减轻农民经济负担，保证农村贫困学生接受义务教育，保障农村义务教育持续健康发展的重大战略举措。对免费教科书实行政府采购，是确保免费提供教科书工作顺利进行的重要措施。为加强免费教科书采购工作的管理，根据《国务院办公厅转发体改办等部门关于降低中小学教材价格深化教材管理体制改革意见的通知》精神和《中华人民共和国政府采购法》，特制定本办法。

一、中央财政免费提供的教科书实行政府采购。这项规定在2004年秋季学期试行，从2005年开始正式实施。

二、各地教育、财政部门要在当地党委、政府的领导下，从实践“三个代表”重要思想，以人为本、执政为民的高度，统一思想，高度重视，通力合作，周密组织，作为一项政治任务来完成好免费教科书的采购工作。

地方县级以上教育、财政等部门应成立由分管领导参加的免费提供教科书工作领导小组。省级教育、财政部门联合成立免费教科书采购办公室（设在省级教育部门），要抽调精干人员办理免费教科书的采购工作，按时完成采购任务，确保“课前到书，免费用书”。

三、免费教科书由省（自治区、直辖市）教育、财政部门按照本地政府采购管理办法规定的程序、方法统一进行采购，其具体采购事宜应当委托经省级以上财政部门登记备案的政府采购业务代理机构办理。

各地市、县级教育、财政部门必须按要求配合上级部门做好免费教科书采购的有关工作,包括确定、统计上报享受免费教科书资助的学生数,汇总上报教材选用的情况。县级教育、财政部门负责组织验收、发放免费教科书。

四、免费教科书政府采购的对象(印供应商)是符合教材出版发行资质的出版发行机构和出版发行联营机构或若干出版发行单位组成的联合体。教科书是特殊商品,为保证教材使用的连续性,确定的免费教科书供应商有效期应在1年以上。免费教科书政府采购最终确定的供应商必须通过适当途径和方法,按照合同约定将教科书运送到有关学校。

教育部、财政部组织省级教育、财政部门每年对免费教科书供应商提供的图书质量、销售价格、服务水平进行综合评比,公布获得优秀等次的供应商名单。

五、免费教科书政府采购应充分引入和培育竞争机制,严格遵循公开、公平、公正的原则,实行公开招标;对暂不具备公开招标条件的省份,可采用邀请招标、竞争性谈判、单一来源采购、询价的方式。免费教科书政府采购打破省界区域限制,面向全国进行。

六、为保证免费教科书采购工作的顺利实施,对中西部农村地区,省级教育行政部门要加大对教科书选用工作的指导,选用的教科书尽量集中,避免因选用教科书过于分散,影响到省级教育、财政部门统一组织的政府采购。免费教科书政府采购既要适应中小学教材多样化的要求,又要在本省份范围内相对统一农村中小学教学用书,优先选用质量好、价格低的教科书。省级教育、财政部门可通过公开招标的方式对免费教科书的供应商进行资格预审,对评审合格的供应商通过竞争性谈判的方式确定几家信誉好、实力强、价格低的供应商,然后再要求各学校从中选用教科书。

七、中央财政对农村义务教育阶段贫困家庭学生免费提供国家课程必修科目的教科书。对小学生免费提供品德与生活(品德与社会)、语文、数学、外语、科学、艺术(或选择音乐、美术)、综合实践活动(信息技术等)科目的教科书;对初中生免费提供思想品德、语文、数学、外语、科学(或选择生物、物理、化学)、历史与社会(或选择历史、地理)、艺术(或选择音乐、美术)、体育与健康、综合实践活动(信息技术等)科目的教科书。

免费提供的教科书均应从教育部和省级教育行政部门颁布的《中小学教学用书目录》中选用。免费教科书的扉页上须以适当方式标明"本书由国家免费提供"字样。

地方如要编写地方课程的教材,应限页数,限价格,同时地方财政也必须对这些学生免费提供。学校不得再以其他名目向受资助的贫困学生收取涉及教科书的任何费用。

八、免费教科书政府采购的指导标准是,每生每学期小学生35元、初中生70元、特教学生35元。各地应制订分年级分学科的采购价指导标准。免费教科书政府采购价原则上不得突破指导价标准,超出指导价标准的经费必须由省级财政承担。

对经论证无法按指导价标准采购的省份,可由省级教育、财政部门提出书面申请,由教育部、财政部委托教育部教育政府采购中心代为采购,并由教育部指导该省份选用教科书。

九、政府采购的免费教科书印刷质量必须符合《中华人民共和国质量法》和《图书质量管理规定》的有关规定,必须具有出版单位的质量保证书。

十、财政部、教育部将提前向有关省份下达下一个学期免费教科书中央专项资金预算控制数。中央财政下达的免费教科书专项资金要统一纳入省级财政国库管理,实行分账核算集中支付,确保专款专用,不得下拨到下级财政。省级财政部门要根据省级教育行政部门逐级汇总上报的免费教科书验收等情况,审核无误后,根据合同约定,将免费教科书经费直接支付给供应商。免费教科书政府采购节约下来的资金仍用于资助农村义务教育阶段贫困家庭学生。

十一、免费教科书政府采购价包括出版、发行、包装、保险、运输等费用,严禁向学生收取与免费教科书有关的任何费用。禁止任何部门和单位在采购免费教科书时搭售教辅用书及其他资料。

十二、各地应加强对免费教科书政府采购工作的管理,建立有效的监督检查工作机制,坚决防止发生腐败等违法违纪问题。省级教育、财政纪检监察部门负责对免费教科书采购活动进行监督。教材选用结果、政府采购和免费教科书供应商的服务等情况必须以有效的方式向社会公告。教育部、财政部将对各地免费教科书政府采购工作的实施情况进行严格检查,对玩忽职守,违反采购程序,徇私舞弊的,依法依纪严肃处理。对工作不力、出现严重问题的省份,中央将取消其免费教科书政府采购的资格,并予以通报批评。

每年年底,省级教育、财政部门应将当年免费教科书政府采购情况联合上报教育部、财政部。

十三、本办法由教育部、财政部负责解释。以往有关规定与本办法不一致的，以本办法为准。各地应根据本办法，制定本地区免费教科书政府采购工作的具体实施办法。

企业债券招标发行业务指引

·2019年9月24日
·发改财金规〔2019〕1547号

第一章　总　则

第一条　为规范企业债券招标发行行为，保护参与各方的合法权益，依据《公司法》《证券法》《企业债券管理条例》（国务院第121号令）和有关规范性文件，制定本指引。

第二条　获得国家发展和改革委员会（以下简称“国家发展改革委”）核准，在中华人民共和国境内以招标方式发行的企业债券，适用本指引。

本指引所称招标发行，是指企业债券发行人（以下简称“发行人”）根据市场情况，经与主承销商协商确定招标方式、中标方式等发行规则，按照参与各方签订的相关协议规定，通过企业债券招标发行系统（以下简称“招标系统”）向投标人公开发行债券，投标人按照各自中标额度承购债券的方式。

第三条　企业债券招标发行参与人包括发行人、承销团成员、直接投资人及其他投资人。投标人包括承销团成员及直接投资人。承销团成员包括主承销商和承销团其他成员。

第四条　企业债券招标发行过程中，参与人应遵循“公开、公平、公正”原则，遵守相关管理规定，接受国家发展改革委的监督管理。不得有不正当利益输送、破坏市场秩序等行为。

第五条　招标发行应使用中央国债登记结算有限责任公司（以下简称“中央结算公司”）的专用场所。

第六条　企业债券招标发行应使用由中央结算公司提供的招标系统进行，投标人应办理系统联网和开通投标相关权限。

第七条　中央结算公司应做好企业债券发行支持、总登记托管、结算、代理本息兑付及信息披露等相关服务工作。

第二章　承销团成员有关要求

第八条　承销团成员应按照其他投资人委托进行投标，并做好分销及缴款工作。

第九条　承销团其他成员应尽职配合主承销商的询价工作，及时将其他投资人的需求真实、准确地反馈给主承销商。

第三章　直接投资人有关要求

第十条　直接投资人是指承销团成员以外，须具备一定资格，可直接通过招标系统参与企业债券投标的投资人。直接投资人可根据自身投资需求，参与所有企业债券的招标发行。

第十一条　直接投资人应积极配合主承销商的询价工作，及时、准确地反馈投资需求。

第十二条　上年度综合表现良好，且上一年度末AA+级（含）以上的企业债券持有量排名前30名的投资人和全部企业债券持有量排名前50名的投资人，可自愿申请成为直接投资人。

第四章　其他投资人有关要求

第十三条　其他投资人应积极配合企业债券发行的询价工作，及时、准确地将自身的投资需求反馈给承销团成员。

第十四条　其他投资人如对当期企业债券有投资意愿，应与承销团成员签订代理投标协议并委托其代理投标。

第十五条　其他投资人通过代理投标方式获得债券后，应签订分销协议，完成分销过户，并履行缴款义务。

第五章　内控制度有关要求

第十六条　企业债券招标发行参与人应建立健全完善的内控制度，制定并完善相关业务操作规程，防控企业债券发行过程中的潜在风险。其中，承销团成员及直接投资人的内控部门应每六个月向其机构法人代表提交招标发行工作的合规性报告。

第十七条　承销团成员及直接投资人应将企业债券发行业务与投资交易业务、资产管理业务等进行分离，在业务流程和人员设置两个方面实现有效隔离，并符合有关法律、法规的要求。

第六章　招标现场管理

第十八条　招标现场应符合安全、保密要求。招标现场应提供招标发行专用设备，包括但不限于录音电话、电脑、传真机、打印机、发行系统终端等。

第十九条　国家发展改革委或委托机构派出观察员，对招标发行进行现场监督。观察员应切实履行招标现场监督职责，督导招标现场人员依照相关规定开展招标发行工作，保障招标发行有序进行。

第二十条 在招标发行前，发行人应提交企业债券招标现场工作人员名单，名单中的相关工作人员和观察员应于招标发行开始前，在专门区域统一存放所有具有通讯功能的电子设备，并登记进入招标现场。

第二十一条 在招标发行期间，现场参与人员与外界沟通应全部使用招标现场内所提供的专用通讯设备。

第二十二条 在招标发行期间，现场参与人员不得离开招标现场，任何人不得以任何方式向外界泄露或暗示与招标发行有关的信息。

第二十三条 在招标发行期间，中央结算公司相关工作人员原则上不得进入招标现场，如确需进入现场提供技术支持的，应征得观察员同意并履行登记手续，直至招标结束后方可离开招标现场。

第七章 招标规则

第二十四条 发行人应根据发行文件和相关协议要求，通过招标系统发送招标书。投标人应在规定的招标时间内通过招标系统投标。

第二十五条 发行人原则上应于招标发行日前3-5个工作日（优质企业债券发行人应于招标发行日前1-5个工作日）在中国债券信息网披露发行时间和募集说明书等发行材料。合格的发行材料应于信息披露日的11:00之前提交，晚于11:00提交的发行日期相应顺延。

发行人应于招标发行日前1个工作日在中国债券信息网披露债券招标书等招投标文件。

第二十六条 招标发行方式包括定价招标和数量招标。定价招标标的包括利率、利差和价格。数量招标标的为投标人的承销量。

第二十七条 定价招标的中标方式包括统一价位中标、多重价位中标。招标标的为利差时，中标方式只能采用统一价位中标。

第二十八条 中标分配原则。定价招标时，招标系统按照利率（利差）由低至高或价格由高至低原则，对有效投标逐笔累计，直到募满计划招标额为止。如果没有募满，剩余发行量按照事先签订的相关协议处理。

第二十九条 中标方式为统一价位时，所有中标机构统一按照最高中标利率（利差）或最低中标价格进行认购，最高中标利率（利差）或最低中标价格为票面利率（利差）或票面价格。

中标方式为多重价位时，若标的为利率，则全场加权平均中标利率为票面利率，中标机构按照各自实际中标利率与票面利率折算的价格认购；若标的为价格，则全场加权平均中标价格为票面价格，中标机构按照各自中标价格认购并计算相应的缴款金额。

第三十条 在发行条款充分披露、招标各参与方充分识别相关风险的前提下，发行人可在招标发行中使用弹性配售选择权、当期追加发行选择权等定价方式。相关规则由国家发展改革委指导中央结算公司制定。

第三十一条 如投标总量未达到计划发行额且当期债券有余额包销的约定，则负有包销义务的承销机构，应按照协议约定的价格，将剩余的本期债券全部自行购入。

第三十二条 发行人应不迟于招标结束后1个工作日在中国债券信息网公告发行结果，并在发行结束后20个工作日内向国家发展改革委报告发行情况。

第八章 异常情况和应急处理

第三十三条 招标发行前，如出现政策调整或市场大幅波动等异常情况，发行人经与主承销商协商决定取消、推迟发行或调整招标发行利率（价格）区间的，应及时通过中国债券信息网向市场公告。

第三十四条 中央结算公司应密切监控招标系统与通讯线路等各方面的运行情况。

第三十五条 投标人应熟练掌握招标系统投标、应急投标等相关业务操作，加强投标客户端的日常维护，保证网络连接通畅和设备正常。在以下两种情况下，投标人可通过应急方式进行投标：

（一）尚未与招标系统联网；

（二）已与招标系统联网，但出现系统通讯中断或设备故障。

第三十六条 采用应急方式投标的投标人应在发行人公告的投标截止时间前将带有密押的应急投标书传至招标现场。招标系统或通讯线路等出现故障时，发行人经商观察员同意后，可根据具体情况适当延长应急投标时间。

第三十七条 投标人一旦采用应急方式投标，在该场次企业债券投标中即不能再通过招标系统客户端修改或撤销投标书。如确有必要修改或撤销的，仍应通过应急方式进行。

第三十八条 发行人应审核确认应急投标书中各要素准确、有效、完整，中央结算公司工作人员应核对密押无误。应急投标书经发行人和观察员签字确认后，发行人可输入应急投标数据。

第三十九条 通过应急方式投标的投标人，须在招标结束后个工作日内向中央结算公司提供加盖单位法人公章的应急投标原因说明书。原因说明书应具体列明尚未联网、系统通讯中断或设备故障等情况。

第九章 企业债券分销和缴款

第四十条 企业债券分销必须签订书面分销协议。

企业债券通过证券交易所网上销售，应按照证券交易所有关规定办理。

第四十一条 招标发行确定结果后，承销团成员在分销期内开展分销工作。承销团成员应确保企业债券的分销对象符合法律法规、部门规章及其他有关规定。承销团成员应对与其签订代理投标协议的其他投资人办理分销、缴款工作，分销期结束后如未完成分销的，应对上述投资人的中标额度负有包销义务。相关协议对包销义务另有约定的除外。

第四十二条 中标人应按照有关协议约定在缴款日按时向发行人缴款。若出现未能及时缴款的情况，按有关规定处理。

第十章 附 则

第四十三条 发行人应妥善保存招标发行各个环节的相关文件和资料。中央结算公司应保存电话录音、出入登记等招标现场相关文件，保存期至当期企业债券付息兑付结束后的五年止。

第四十四条 对直接投资人比照承销团成员管理。在企业债券招标发行过程中，发行人、承销团成员发现异常情况应及时向国家发展改革委报告。

第四十五条 国家发展改革委对企业债券招标发行业务实施监督管理，接受招标发行参与人的举报，国家发展改革委视情节轻重予以诫勉谈话、通报批评、警告处分并责令改正。

第四十六条 企业债券招标发行参与人应依据有关规定或协议履行相关义务。如未履行的，相关行为记入信用记录，并按照国家有关规定纳入信用信息系统，实施失信联合惩戒。

第四十七条 本指引未尽事宜应按照国家发展改革委的相关规定处理。

第四十八条 本指引由国家发展改革委负责解释。

第四十九条 本指引自 2019 年 11 月 1 日起执行，有效期 5 年。《企业债券招标发行业务指引（暂行）》同时废止。

招标拍卖挂牌出让国有建设用地使用权规定

·2007 年 9 月 28 日国土资源部令第 39 号公布

·自 2007 年 11 月 1 日起施行

第一条 为规范国有建设用地使用权出让行为，优化土地资源配置，建立公开、公平、公正的土地使用制度，根据《中华人民共和国物权法》、《中华人民共和国土地管理法》、《中华人民共和国城市房地产管理法》和《中华人民共和国土地管理法实施条例》，制定本规定。

第二条 在中华人民共和国境内以招标、拍卖或者挂牌出让方式在土地的地表、地上或者地下设立国有建设用地使用权的，适用本规定。

本规定所称招标出让国有建设用地使用权，是指市、县人民政府国土资源行政主管部门（以下简称出让人）发布招标公告，邀请特定或者不特定的自然人、法人和其他组织参加国有建设用地使用权投标，根据投标结果确定国有建设用地使用权人的行为。

本规定所称拍卖出让国有建设用地使用权，是指出让人发布拍卖公告，由竞买人在指定时间、地点进行公开竞价，根据出价结果确定国有建设用地使用权人的行为。

本规定所称挂牌出让国有建设用地使用权，是指出让人发布挂牌公告，按公告规定的期限将拟出让宗地的交易条件在指定的土地交易场所挂牌公布，接受竞买人的报价申请并更新挂牌价格，根据挂牌期限截止时的出价结果或者现场竞价结果确定国有建设用地使用权人的行为。

第三条 招标、拍卖或者挂牌出让国有建设用地使用权，应当遵循公开、公平、公正和诚信的原则。

第四条 工业、商业、旅游、娱乐和商品住宅等经营性用地以及同一宗地有两个以上意向用地者的，应当以招标、拍卖或者挂牌方式出让。

前款规定的工业用地包括仓储用地，但不包括采矿用地。

第五条 国有建设用地使用权招标、拍卖或者挂牌出让活动，应当有计划地进行。

市、县人民政府国土资源行政主管部门根据经济社会发展计划、产业政策、土地利用总体规划、土地利用年度计划、城市规划和土地市场状况，编制国有建设用地使用权出让年度计划，报经同级人民政府批准后，及时向社会公开发布。

第六条 市、县人民政府国土资源行政主管部门应当按照出让年度计划，会同城市规划等有关部门共同拟订拟招标拍卖挂牌出让地块的出让方案，报经市、县人民政府批准后，由市、县人民政府国土资源行政主管部门组织实施。

前款规定的出让方案应当包括出让地块的空间范围、用途、年限、出让方式、时间和其他条件等。

第七条　出让人应当根据招标拍卖挂牌出让地块的情况，编制招标拍卖挂牌出让文件。

招标拍卖挂牌出让文件应当包括出让公告、投标或者竞买须知、土地使用条件、标书或者竞买申请书、报价单、中标通知书或者成交确认书、国有建设用地使用权出让合同文本。

第八条　出让人应当至少在投标、拍卖或者挂牌开始日前20日，在土地有形市场或者指定的场所、媒介发布招标、拍卖或者挂牌公告，公布招标拍卖挂牌出让宗地的基本情况和招标拍卖挂牌的时间、地点。

第九条　招标拍卖挂牌公告应当包括下列内容：

（一）出让人的名称和地址；

（二）出让宗地的面积、界址、空间范围、现状、使用年期、用途、规划指标要求；

（三）投标人、竞买人的资格要求以及申请取得投标、竞买资格的办法；

（四）索取招标拍卖挂牌出让文件的时间、地点和方式；

（五）招标拍卖挂牌时间、地点、投标挂牌期限、投标和竞价方式等；

（六）确定中标人、竞得人的标准和方法；

（七）投标、竞买保证金；

（八）其他需要公告的事项。

第十条　市、县人民政府国土资源行政主管部门应当根据土地估价结果和政府产业政策综合确定标底或者底价。

标底或者底价不得低于国家规定的最低价标准。

确定招标标底，拍卖和挂牌的起叫价、起始价、底价，投标、竞买保证金，应当实行集体决策。

招标标底和拍卖挂牌的底价，在招标开标前和拍卖挂牌出让活动结束之前应当保密。

第十一条　中华人民共和国境内外的自然人、法人和其他组织，除法律、法规另有规定外，均可申请参加国有建设用地使用权招标拍卖挂牌出让活动。

出让人在招标拍卖挂牌出让公告中不得设定影响公平、公正竞争的限制条件。挂牌出让的，出让公告中规定的申请截止时间，应当为挂牌出让结束日前2天。对符合招标拍卖挂牌公告规定条件的申请人，出让人应当通知其参加招标拍卖挂牌活动。

第十二条　市、县人民政府国土资源行政主管部门应当为投标人、竞买人查询拟出让土地的有关情况提供便利。

第十三条　投标、开标依照下列程序进行：

（一）投标人在投标截止时间前将标书投入标箱。招标公告允许邮寄标书的，投标人可以邮寄，但出让人在投标截止时间前收到的方为有效。

标书投入标箱后，不可撤回。投标人应当对标书和有关书面承诺承担责任。

（二）出让人按照招标公告规定的时间、地点开标，邀请所有投标人参加。由投标人或者其推选的代表检查标箱的密封情况，当众开启标箱，点算标书。投标人少于三人的，出让人应当终止招标活动。投标人不少于三人的，应当逐一宣布投标人名称、投标价格和投标文件的主要内容。

（三）评标小组进行评标。评标小组由出让人代表、有关专家组成，成员人数为五人以上的单数。

评标小组可以要求投标人对投标文件作出必要的澄清或者说明，但是澄清或者说明不得超出投标文件的范围或者改变投标文件的实质性内容。

评标小组应当按照招标文件确定的评标标准和方法，对投标文件进行评审。

（四）招标人根据评标结果，确定中标人。

按照价高者得的原则确定中标人的，可以不成立评标小组，由招标主持人根据开标结果，确定中标人。

第十四条　对能够最大限度地满足招标文件中规定的各项综合评价标准，或者能够满足招标文件的实质性要求且价格最高的投标人，应当确定为中标人。

第十五条　拍卖会依照下列程序进行：

（一）主持人点算竞买人；

（二）主持人介绍拍卖宗地的面积、界址、空间范围、现状、用途、使用年期、规划指标要求、开工和竣工时间以及其他有关事项；

（三）主持人宣布起叫价和增价规则及增价幅度。没有底价的，应当明确提示；

（四）主持人报出起叫价；

（五）竞买人举牌应价或者报价；

（六）主持人确认该应价或者报价后继续竞价；

（七）主持人连续三次宣布同一应价或者报价而没有再应价或者报价的，主持人落槌表示拍卖成交；

（八）主持人宣布最高应价或者报价者为竞得人。

第十六条　竞买人的最高应价或者报价未达到底价时，主持人应当终止拍卖。

拍卖主持人在拍卖中可以根据竞买人竞价情况调整拍卖增价幅度。

第十七条　挂牌依照以下程序进行：

（一）在挂牌公告规定的挂牌起始日，出让人将挂牌宗地的面积、界址、空间范围、现状、用途、使用年期、规划指标要求、开工时间和竣工时间、起始价、增价规则及增价幅度等，在挂牌公告规定的土地交易场所挂牌公布；

（二）符合条件的竞买人填写报价单报价；

（三）挂牌主持人确认该报价后，更新显示挂牌价格；

（四）挂牌主持人在挂牌公告规定的挂牌截止时间确定竞得人。

第十八条　挂牌时间不得少于10日。挂牌期间可根据竞买人竞价情况调整增价幅度。

第十九条　挂牌截止应当由挂牌主持人主持确定。挂牌期限届满，挂牌主持人现场宣布最高报价及其报价者，并询问竞买人是否愿意继续竞价。有竞买人表示愿意继续竞价的，挂牌出让转入现场竞价，通过现场竞价确定竞得人。挂牌主持人连续三次报出最高挂牌价格，没有竞买人表示愿意继续竞价的，按照下列规定确定是否成交：

（一）在挂牌期限内只有一个竞买人报价，且报价不低于底价，并符合其他条件的，挂牌成交；

（二）在挂牌期限内有两个或者两个以上的竞买人报价的，出价最高者为竞得人；报价相同的，先提交报价单者为竞得人，但报价低于底价者除外；

（三）在挂牌期限内无应价者或者竞买人的报价均低于底价或者均不符合其他条件的，挂牌不成交。

第二十条　以招标、拍卖或者挂牌方式确定中标人、竞得人后，中标人、竞得人支付的投标、竞买保证金，转作受让地块的定金。出让人应当向中标人发出中标通知书或者与竞得人签订成交确认书。

中标通知书或者成交确认书应当包括出让人和中标人或者竞得人的名称，出让标的，成交时间、地点、价款以及签订国有建设用地使用权出让合同的时间、地点等内容。

中标通知书或者成交确认书对出让人和中标人或者竞得人具有法律效力。出让人改变竞得结果，或者中标人、竞得人放弃中标宗地、竞得宗地的，应当依法承担责任。

第二十一条　中标人、竞得人应当按照中标通知书或者成交确认书约定的时间，与出让人签订国有建设用地使用权出让合同。中标人、竞得人支付的投标、竞买保证金抵作土地出让价款；其他投标人、竞买人支付的投标、竞买保证金，出让人必须在招标拍卖挂牌活动结束后5个工作日内予以退还，不计利息。

第二十二条　招标拍卖挂牌活动结束后，出让人应在10个工作日内将招标拍卖挂牌出让结果在土地有形市场或者指定的场所、媒介公布。

出让人公布出让结果，不得向受让人收取费用。

第二十三条　受让人依照国有建设用地使用权出让合同的约定付清全部土地出让价款后，方可申请办理土地登记，领取国有建设用地使用权证书。

未按出让合同约定缴清全部土地出让价款的，不得发放国有建设用地使用权证书，也不得按出让价款缴纳比例分割发放国有建设用地使用权证书。

第二十四条　应当以招标拍卖挂牌方式出让国有建设用地使用权而擅自采用协议方式出让的，对直接负责的主管人员和其他直接责任人员依法给予处分；构成犯罪的，依法追究刑事责任。

第二十五条　中标人、竞得人有下列行为之一的，中标、竞得结果无效；造成损失的，应当依法承担赔偿责任：

（一）提供虚假文件隐瞒事实的；

（二）采取行贿、恶意串通等非法手段中标或者竞得的。

第二十六条　国土资源行政主管部门的工作人员在招标拍卖挂牌出让活动中玩忽职守、滥用职权、徇私舞弊的，依法给予处分；构成犯罪的，依法追究刑事责任。

第二十七条　以招标拍卖挂牌方式租赁国有建设用地使用权的，参照本规定执行。

第二十八条　本规定自2007年11月1日起施行。

出口商品配额管理办法

·2001年12月20日对外贸易经济合作部令第12号公布

·自2002年1月1日起施行

第一章　总　则

第一条　为规范出口商品配额管理，保证出口商品配额管理工作符合效益、公正、公开和透明的原则，维护配额管理商品的正常出口，根据《中华人民共和国对外贸易法》（以下简称《对外贸易法》）和《中华人民共和国货物进出口管理条例》（以下简称《货物进出口条例》）的有关规定，制定本办法。

第二条 对外贸易经济合作部(以下简称外经贸部)负责全国出口商品配额管理工作。各省、自治区、直辖市及计划单列市外经贸委(厅、局)(以下简称地方外经贸主管部门)根据外经贸部的授权,负责本地区出口商品配额管理工作。

第三条 根据《货物进出口条例》第三十五条、第三十六条的规定,外经贸部对部分国家限制出口的商品实行出口配额管理。

第四条 下列出口配额管理商品不适用本办法:

(一)实行配额招标或有偿使用管理的出口商品;

(二)根据多、双边协议的规定,实行被动配额管理的出口商品;

(三)本办法附件中所列商品。

第五条 本办法适用于各种贸易方式下配额管理商品的出口。

第六条 出口商品配额有效期截止到当年12月31日。

第二章 出口配额商品目录

第七条 实行配额管理的出口商品目录,由外经贸部制定、调整并公布。

第八条 实行配额管理的出口商品目录,应当至少在实施前21天公布;在紧急情况下,应当不迟于实施之日公布。

第三章 出口配额总量

第九条 出口商品配额总量,由外经贸部确定并公布。

第十条 外经贸部确定出口商品配额总量时,应当考虑以下因素:

(一)保障国家经济安全的需要;

(二)保护国内有限资源的需要;

(三)国家对有关产业的发展规划、目标和政策;

(四)国际、国内市场的需求及产销状况。

第十一条 外经贸部应当于每年10月31日前公布下一年度出口配额总量。

第十二条 外经贸部可以根据实际需要对本年度出口商品配额总量作出调整,但有关调整应当不晚于当年9月30日完成并公布。

第四章 出口配额的申请

第十三条 依法享有进出口经营许可或资格,并且近3年内在经济活动中无违法、违规行为的出口企业可以申请出口商品配额。

第十四条 地方管理企业向地方外经贸主管部门提出配额申请;地方外经贸主管部门对本地区企业的申请审核、汇总后,按外经贸部的要求,上报外经贸部。中央管理企业直接向外经贸部申请出口商品配额。

第十五条 出口企业应当以正式书面方式提出配额申请,并按要求提交相关文件和资料。

第十六条 外经贸部于每年11月1日至11月15日受理各地方外经贸主管部门和中央管理企业提出的下一年度出口商品配额的申请;其他时间申请的,不予受理。

第五章 出口配额的分配、调整和管理

第十七条 外经贸部将出口商品配额分配给各地方外经贸主管部门和中央管理企业;各地方外经贸主管部门在外经贸部分配给本地区的配额数量内,按本办法及国家关于货物出口经营管理的有关规定,及时将配额分配给本地区提出申请的出口企业。

第十八条 外经贸部应当于每年12月15日前将下一年度的出口配额分配给各地方外经贸主管部门和中央管理企业;各地方外经贸主管部门应当及时将外经贸部下达的配额分配给本地区的申请企业。

当国际市场存在不稳定因素时,外经贸部可将下一年度出口配额分两次分配。第一次分配应当于每年12月15日前将下一年度不少于总量70%的配额下达分配,剩余部分将不晚于当年6月30日下达。

第十九条 外经贸部和各地方外经贸主管部门进行配额分配时,应当充分考虑申请企业或地区最近三年内该项商品的出口业绩、配额使用率、经营能力、生产规模、资源状况等。

第二十条 如发生下列情况时,外经贸部可以对已分配给各地方外经贸主管部门或中央管理企业的配额进行增加或减少的调整:

(一)国际市场发生重大变化;

(二)国内资源状况发生重大变化;

(三)各地区或中央管理企业配额使用进度明显不均衡。

第二十一条 各地方外经贸主管部门应当本着提高配额使用率的原则,定期对本地区出口商品配额执行情况进行核查,对配额使用率达不到规定要求的,应当及时收回已分配的配额并重新分配。

第二十二条 地方企业应当及时将其无法使用的年度配额交还地方外经贸主管部门,地方外经贸主管部门可将其在本地区内重新分配或于当年10月31日前上交外经贸部。

中央管理企业应当于当年10月31日前将无法使用

的年度配额直接交还外经贸部。

第二十三条　地方外经贸主管部门或中央管理企业未按本办法第二十二条规定交还配额，并且未能在当年年底前将本企业或本地区配额全部执行完的，外经贸部可以在下一年度扣减其相应的配额。

第二十四条　外经贸部和各地方外经贸主管部门应当将配额分配及调整结果同时通知有关出口许可证发证机构；各地方外经贸主管部门的分配结果及调整方案应当于该决定公布之日起30天内上报外经贸部备案。

第二十五条　出口企业凭外经贸部或地方外经贸主管部门发放的配额证明文件，按照有关出口许可证管理规定，向外经贸部授权的许可证发证机构申领出口配额许可证，凭出口配额许可证向海关办理报关验放手续。

第六章　法律责任

第二十六条　出口经营者以伪报商品名称、少报出口数量等方式超出批准、许可的范围或未经批准出口实行配额管理的出口商品的，依照《货物进出口条例》第六十五条规定处罚，外经贸部并可以取消其已获得的出口商品配额。

第二十七条　伪造、变造或者买卖出口商品配额证明、批准文件或出口配额许可证的，依照《货物进出口条例》第六十六条规定处罚，外经贸部并可以取消其已获得的出口商品配额。

第二十八条　出口经营者以欺骗或者其他不正当手段获取出口商品配额、批准文件或者出口配额许可证的，依照《货物进出口条例》第六十七条规定处罚，外经贸部并可以取消其已获得的出口商品配额。

第二十九条　各地方外经贸主管部门的配额分配违反本办法规定或国家关于实行国营贸易管理或指定经营管理规定的，依照《行政处罚法》的有关规定处罚，外经贸部可以通知其纠正并给予警告。

第三十条　对外经贸部作出的配额分配决定或处罚决定有异议的，可以依照《行政复议法》提起行政复议，也可以依法向人民法院提起诉讼。

第七章　附　则

第三十一条　外商投资企业的出口商品配额按有关规定办理。

第三十二条　本办法由外经贸部负责解释。

第三十三条　本办法自2002年1月1日起施行。1998年10月6日外经贸部发布的《对外贸易经济合作部关于出口商品配额编报下达和组织实施的暂行办法》、1999年1月2日外经贸部发布的《关于出口商品配额编报、下达和组织实施暂行办法的实施细则》同时废止。

附件：

不适用本办法的出口配额管理商品

一、农产品

大米、玉米、小麦、棉花、食糖

二、工业品

原油、成品油、煤炭、焦炭、稀土

出口商品配额招标办法

· 2001年12月20日对外贸易经济合作部令第11号公布

· 根据2018年10月10日《商务部关于修改部分规章的决定》修订

第一章　总　则

第一条　为了完善出口商品配额管理制度，建立公平竞争机制，保障国家的整体利益和出口企业的合法权益，维护对外贸易的正常秩序，根据《中华人民共和国对外贸易法》和《中华人民共和国货物进出口管理条例》，制定本办法。

第二条　对于实行配额管理的出口商品，可以实行招标。出口企业通过自主投标竞价，有偿取得和使用国家确定的出口商品配额。

第三条　商务部统一管理出口商品配额招标工作，负责确定并公布招标商品种类及招标商品的配额总量。

商务部对申请、使用出口招标配额的活动进行监督检查。

第四条　出口商品配额招标遵循“效益、公正、公开、公平竞争”的原则。

第五条　本办法适用于对全球市场以各种贸易方式出口的招标商品，包括通过一般贸易、进料加工、来料加工、易货贸易、边境贸易、补偿贸易等贸易方式出口以及通过承包工程和劳务输出带出的招标商品。但国务院另有规定者除外。

第六条　确定招标商品的原则是：

（一）属不可再生的大宗资源性商品；

（二）属在国际市场上占主导地位且价格变化对出口量影响较小的商品；

（三）属供大于求，经营相对分散，易于发生低价竞销，招致国外反倾销诉讼的商品；

（四）属我国与设限国家签订的多、双边协议中规定需要实行出口配额管理的商品。

第二章　招标管理机构

第七条　商务部通过出口商品配额招标委员会（以下简称招标委员会）负责对招标工作的领导和监督，招标委员会对商务部负责。招标委员会由商务部有关司局组成。

第八条　招标委员会履行下列职责：

（一）根据不同商品的情况确定具体商品招标次数、每次招标的配额数量、招标方式以及各招标方式占招标总量的比例；

（二）审定具体出口商品配额招标方案，主持开标及评标工作，并审定配额招标的中标结果；

（三）发布配额招标的各类通知、公告、决定等；

（四）受理企业上交配额以及配额转受让备案；

（五）审查中标保证金和中标金的收取及配额使用情况；

（六）根据投标资格标准核定投标企业名单；

（七）有关出口配额招标投标的其他事务。

招标委员会根据工作需要，可以委托进出口商会或相关行业组织等有关单位（以下简称委托服务单位）承担出口配额招标投标服务相关事务。

商务部主管业务司负责招标委员会的日常工作。

第三章　投标资格

第九条　投标资格

出口商品配额招标采取公开招标、协议招标等方式。对于不同的商品可采取不同的招标方式。

凡具有进出口经营资格、在工商行政管理部门登记注册、办理对外贸易经营者备案登记、相关商品的出口额或出口供货额达到一定规模的各类出口企业（含外商投资企业），符合招标条件，可参加投标。具体办法由商务部另行规定。

第十条　各省、自治区、直辖市、计划单列市及新疆生产建设兵团商务主管部门（以下简称地方商务主管部门）负责对本地区投标企业资格进行核查并向商务部报送有关材料。

第十一条　投标企业的出口实绩以海关统计数为基准。

第四章　评标规则及程序

第十二条　出口商品配额招标工作由招标委员会主持。

第十三条　电子标书出现下列情况之一者即作为废标处理：

（一）在开标前企业自动向招标委员会申请废标的标书；

（二）超过规定的截标时间送达的标书；

（三）同一企业在规定的时点前成功送达两份（含两份）以上的标书，不论内容相同与否；

（四）其他根据本办法应被确认为废标的情况。

第十四条　公开招标时，投标企业自主决定投标价格。招标委员会可视具体情况事先确定并公布最低投标价格。

企业投标价格过高，明显背离价格规律的，标书作为废标处理。

对于协议招标的最低投标价格，招标委员会可参考具体商品出口的平均利润、出口商品市场情况、往年配额中标价格及其它因素来确定。

第十五条　为了防止中标配额过分集中或分散，招标委员会根据具体商品情况设定最高投标数量和最低投标数量。高于最高投标量或低于最低投标量的标书视为废标。

第十六条　企业须在规定的时点前以电子标书的方式投标，投标时以电子数据为准。对于同一商品的同一种招标方式只能投标一次。企业无法在规定的时点前发出电子标书，视为自动放弃投标资格。

第十七条　中标企业的确定

公开招标：将所有合格投标企业的投标价格由高到低进行排列，按照排序先后累计投标企业的投标数量，当累计投标数量与招标总量相等时，计入累计投标总量（即招标总量）的企业，即为中标企业。

如果在最低中标价位的企业投标数量之和超过剩余配额数量时，此价位的企业全部中标。

协议招标：投标价格不低于招标委员会规定的最低投标价格水平的企业均为中标企业。

第十八条　中标价格和中标数量的确定

（一）公开招标企业的中标价格为其投标价格。协议招标的中标价格由招标委员会根据不同商品的具体情况另行确定。

（二）中标数量的确定

1. 在公开招标中，中标企业的中标数量为其投标数量。如果在最低中标价位的企业投标数量之和超过剩余配额数量时，在此价位上的企业按其投标数量比例分配剩余配额。企业中标数量低于最低投标数量的，按未中标处理；

2. 协议招标中标数量：

（1）企业中标数量按照下列公式计算：

企业中标数量＝招标总量×［该企业投标金额（投标配额价格×投标数量）/各中标企业投标金额（投标配额价格×投标数量）总和］

或（2）企业的最高中标数量为其投标数量。

第十九条　商务部按照规定发布招标公告。

第二十条　招标委员会应在评标结束后规定的时间内公布初步中标结果。投标企业如有疑问，可于公布初步中标结果日起2个工作日内向招标委员会提出。

第二十一条　招标委员会审定中标结果后，公布中标企业名单。

第五章　中标金

第二十二条　中标金的交纳

根据评标规则确定的中标企业须按照规定交纳中标保证金和中标金。招标收入纳入一般公共预算管理并上缴中央国库。

收取中标保证金和中标金的有关事务可委托委托服务单位办理，按规定上缴中央国库。

委托服务单位须在中标保证金收取截止日后五个工作日内向招标委员会报告收取情况。

第二十三条　中标企业须按下列规定交纳中标保证金和中标金，且不得由其他企业代交：

（一）中标企业须在规定时间内以支票、汇票、汇款等形式将中标保证金汇到指定银行帐户。中标保证金的具体比例由招标委员会根据具体商品的情况另行确定。无论中标配额使用情况如何，中标保证金不予退还。

（二）在每次申领出口许可证前，中标企业应按领证配额数量到指定银行帐户交纳相应配额的中标金余额。

第二十四条　在收到企业交纳的中标金后，招标委员会向企业发放用于申领《中华人民共和国出口许可证》（简称为出口许可证）的出口商品配额招标中标证明文件（以下简称中标证明文件）。

第六章　配额上交、转让、受让及收回

第二十五条　中标企业无法使用中标配额或配额使用不完时，应按规定程序将其上交或转让。

第二十六条　出口商品招标配额上交的时间由招标委员会根据不同的商品具体确定。

第二十七条　中标企业对于出口商品招标配额的转让，须按招标委员会规定的比例向指定银行帐户交纳中标金后方可提出申请。转受让企业必须将双方同意进行配额转受让的申请报招标委员会审批。受让企业必须具有投标资格。对不同商品的中标配额转受让的鼓励或限制办法，由招标委员会另行确定。

第二十八条　对于逾期未交纳全部中标金的中标配额，招标委员会可视为无法使用予以收回，且不退还已缴纳的中标保证金。收回配额的具体日期由招标委员会另行规定，收回配额的一定比例作为浪费配额计入浪费率。

第二十九条　对于收回的、上交的配额以及其他剩余配额，招标委员会可以根据其数量大小决定实行再次招标，或采取经商务部批准的其他方式进行处置。

第七章　出口许可证

第三十条　中标配额当年有效。企业获得配额后应在配额有效期内到指定的发证机构申领出口许可证。

配额招标的中标企业名单及其中标数量，由商务部核准并转发各有关许可证发证机构及各地方外经贸主管部门。

第三十一条　各有关许可证发证机构按照有关规定和中标证明文件核发出口许可证。

第八章　罚　则

第三十二条　对违反本办法扰乱招标工作的个人、团体或企业，商务部视情节轻重予以行政处罚；对触犯刑律的，移交司法部门追究其刑事责任。

第三十三条　任何企业或个人都有权利检举、投诉配额招标过程中发生的违反本办法的作弊行为。对于上述行为，一经查实，商务部有权否决该次招标结果。

第三十四条　对于违反本办法的招标委员会和招标办公室的成员，商务部视情节轻重予以处分，直至移交司法部门追究其刑事责任。

第三十五条　对串标、虚报投标资格条件及以其它手段扰乱配额招标工作的企业，招标委员会将收回其中标配额，并取消其一至三年的该商品配额投标资格。

第三十六条　对已中标而不按规定交纳中标保证金的企业，招标委员会将收回其中标配额，并取消其一至两年有关商品的投标资格。

第三十七条　对于企业未按规定上交、转让，又未在配额有效期截止日前领取的配额，以及虽领取但实际未使用的配额，视为被浪费的配额。对浪费中标配额超过一定比例的企业，按浪费情节的轻重予以取消其一至三年该项出口商品配额投标资格的处罚。具体由招标委员会视不同商品的具体情况确定。

第三十八条　对于有本章以上各条所列情形的违规

企业,如果其行为构成故意破坏招标工作且情节严重,招标委员会可取消其单项直至所有招标商品的永久投标资格,并移交司法部门处理。

第三十九条 如因不可抗力事件而未能按规定交纳中标金(包括中标保证金)的,中标企业应在合理的时间内及时提供有关机构出具的证明,经招标委员会核准,可免除其部分或者全部责任。

第四十条 如因国际市场等原因出现某商品中标配额领证率普遍较低的情况,经招标委员会核准,可免除相关中标企业的部分乃至全部责任。

第九章 附 则

第四十一条 商务部、招标委员会、招标办公室及各地方外经贸主管部门因出口配额招标工作本身而发生的开支,按收支两条线的管理原则,每年由商务部审核汇总编报预算,由财政部从外经贸发展专项资金中核拨,年终清算。

第四十二条 未经商务部或招标委员会批准,任何单位、组织或个人均不得发布与出口商品配额招标有关的规定、公告或通知等。

第四十三条 本办法由商务部负责解释。

第四十四条 本办法自2002年1月1日起实施。原《出口商品配额招标办法》及《出口商品配额招标办法实施细则》([1998]外经贸管发第974号)同时废止。

国家技术创新项目招标投标管理办法

· 2002年10月29日国家经济贸易委员会令第40号公布
· 自2002年12月1日起施行

第一条 为规范国家技术创新项目招标投标工作,保证项目实施质量,提高投资效益,依据《中华人民共和国招标投标法》等有关法律法规,制定本办法。

第二条 本办法所称国家技术创新项目招标投标,是指运用招标投标方式为重大国家技术创新项目选择、确定项目承担单位的活动。

第三条 国家技术创新项目招标投标工作应当遵循公开、公平、公正的原则。任何单位和个人不得以任何方式非法干预国家技术创新项目的招标投标工作。

第四条 国家经济贸易委员会(以下简称国家经贸委)负责国家技术创新项目招标投标管理工作,各省、自治区、直辖市、计划单列市及新疆生产建设兵团经贸委(经委)负责本地区的技术创新项目招标投标管理工作。

第五条 国家经贸委根据国家产业技术政策,围绕国民经济发展急需解决的产业共性、关键性和前瞻性的重大技术问题在国家技术创新项目和装备研制项目选项范围内确定招标项目。

第六条 国家技术创新项目的招标工作应当委托国家有关部门认可资格的招标机构进行。

第七条 招标分为公开招标和邀请招标。公开招标,是指以招标公告方式邀请不特定的法人或其他组织投标。邀请招标,是指以投标邀请书的方式邀请特定的法人或其他组织投标。

有下列情形之一的,可以进行邀请招标:

(一)项目内容涉及项目单位知识产权和商业秘密的;

(二)涉及国家安全、秘密,不宜公开招标的;

(三)投标人数有限,不宜公开招标的;

(四)国家规定其他可以进行邀请招标的。

第八条 采取公开招标方式的,招标机构应当根据国家经贸委出具的《招标委托书》,在《中国招标》周刊、中国技术创新信息网等媒体上发布招标公告。

招标公告应当载明下列事项:

(一)招标项目名称;

(二)招标项目的性质和主要实施目标;

(三)对拟投标企业资格要求;

(四)招标机构的名称、地址及联系方式;

(五)获取招标文件的办法;

(六)投标及开标的时间和地点。

从招标公告发出之日起到开标之日止,一般为45个工作日。

第九条 采取邀请招标形式的,应当向3个以上具备承担招标项目能力、资信良好的企业发出投标邀请书。邀请书应载明第八条第二款规定的事项。

第十条 招标机构应当参照《国家技术创新计划项目立项建议书》编制招标文件,并组织有关专家或机构进行审查,招标文件经国家经贸委审定后发出。对专业性强的国家技术创新项目,招标机构应当对有投标意向的企业进行资格预审后发出招标文件。

招标文件应当载明下列事项:

(一)投标邀请;

(二)投标人所应具备的技术条件、资格和业绩;

(三)项目名称;

(四)项目实施的内容和目标;

(五)国家经贸委对项目实施提供的政策支持和资金;

（六）中标方对项目应当承担的义务和责任；

（七）项目进度、时间要求；

（八）投标文件的格式、内容要求；

（九）提交投标文件的方式、地点和截止日期。

第十一条　根据招标项目的实际需要，招标可以分两个阶段进行：第一阶段招标主要是取得投标者对招标项目的技术经济指标、技术方案和标底的建议；第二阶段招标按本办法第二十、第二十一、第二十二条规定确定中标人。

第十二条　国家经贸委与招标机构综合考虑有关因素，共同商定标底。

第十三条　招标机构对招标文件所作的澄清或修改应当在投标截止日期15日以前，以书面形式通知所有招标文件收受人。该澄清或修改的内容为招标文件的组成部分。

第十四条　国家经贸委决定撤销招标委托，终止招标活动的，应当以书面形式向社会公开说明；因招标机构的原因取消招标，导致招标终止的，招标机构应当以书面形式报国家经贸委批准，并向社会公开说明。

第十五条　投标人应当是具有法人资格、在国内注册的企业或其他组织。投标人参加投标应当具备下列条件：

（一）与招标文件要求相适应的技术条件；

（二）招标文件要求的资格和相应业绩；

（三）良好的资信情况；

（四）法律法规规定的其他条件。

第十六条　符合招标公告要求的投标人，均可参加投标。鼓励企业或高等院校、科研院所联合投标。

第十七条　投标人应履行招标文件的各项规定，严格按照招标文件编写投标文件，并在规定期限内向招标机构提交投标文件。

投标人在招标文件要求提交投标文件的截止时间前，可以补充、修改或者撤回已提交的投标文件，并书面通知招标机构。补充、修改的内容为招标文件的组成部分。

第十八条　开标由招标机构主持，邀请所有投标人参加，并公开进行。

第十九条　评标委员会应当由国家经贸委和招标机构的代表及技术、经济、法律等方面的专家组成，人数不少于9人，人选须经国家经贸委审定。技术、经济、法律等方面的外聘专家人数不得少于评标委员会成员总数的三分之一。

与投标人有利害关系的人不得进入相关项目的评标委员会；已经进入的应当更换。

评标委员会成员不得泄露与评标有关的情况，不得与投标人串通，损害国家利益或他人的合法权益。

第二十条　评标委员会应当按照招标文件确定的评标标准和办法确定2至3个拟中标方，形成评标报告提交国家经贸委。

第二十一条　国家经贸委接到评标报告后7个工作日内，审查评标报告和定标结论，确定中标方，并通知招标机构。

第二十二条　招标机构接到国家经贸委确定中标方的通知后3个工作日内，向中标人发出《中标通知书》，同时向落标的投标方发出《落标通知书》。

第二十三条　经招标投标确定的国家技术创新项目承担单位，应当以招标文件和评标报告为依据，由国家经贸委委托项目主持单位与承担单位签订项目目标责任书。经招标确定的国家技术创新项目纳入国家技术创新计划管理，享受相关政策。未按招标文件和评标报告签订项目目标责任书的，国家经贸委依照国家有关法律法规进行处理。

第二十四条　招标项目的实施管理、资金使用、鉴定验收、项目调整等按《国家技术创新计划管理办法》和《新产品新技术鉴定验收管理办法》的有关规定执行。

第二十五条　各省、自治区、直辖市、计划单列市及新疆生产建设兵团经贸委（经委）可依据本办法制定本地区的技术创新项目招标投标管理办法。

第二十六条　本办法由国家经贸委负责解释。

第二十七条　本办法自2002年12月1日起施行。

探矿权采矿权招标拍卖挂牌管理办法（试行）

·2003年6月11日

·国土资发〔2003〕197号

第一章　总　则

第一条　为完善探矿权采矿权有偿取得制度，规范探矿权采矿权招标拍卖挂牌活动，维护国家对矿产资源的所有权，保护探矿权人、采矿权人合法权益，根据《中华人民共和国矿产资源法》、《矿产资源勘查区块登记管理办法》和《矿产资源开采登记管理办法》，制定本办法。

第二条　探矿权采矿权招标拍卖挂牌活动，按照颁发勘查许可证、采矿许可证的法定权限，由县级以上人民政府国土资源行政主管部门(以下简称主管部门)负责组织实施。

第三条 本办法所称探矿权采矿权招标,是指主管部门发布招标公告,邀请特定或者不特定的投标人参加投标,根据投标结果确定探矿权采矿权中标人的活动。

本办法所称探矿权采矿权拍卖,是指主管部门发布拍卖公告,由竞买人在指定的时间、地点进行公开竞价,根据出价结果确定探矿权采矿权竞得人的活动。

本办法所称探矿权采矿权挂牌,是指主管部门发布挂牌公告,在挂牌公告规定的期限和场所接受竞买人的报价申请并更新挂牌价格,根据挂牌期限截止时的出价结果确定探矿权采矿权竞得人的活动。

第四条 探矿权采矿权招标拍卖挂牌活动,应当遵循公开、公平、公正和诚实信用的原则。

第五条 国土资源部负责全国探矿权采矿权招标拍卖挂牌活动的监督管理。

上级主管部门负责监督下级主管部门的探矿权采矿权招标拍卖挂牌活动。

第六条 主管部门工作人员在探矿权采矿权招标拍卖挂牌活动中玩忽职守、滥用职权、徇私舞弊的,依法给予行政处分。

第二章 范 围

第七条 新设探矿权有下列情形之一的,主管部门应当以招标拍卖挂牌的方式授予:

(一)国家出资勘查并已探明可供进一步勘查的矿产地;

(二)探矿权灭失的矿产地;

(三)国家和省两级矿产资源勘查专项规划划定的勘查区块;

(四)主管部门规定的其他情形。

第八条 新设采矿权有下列情形之一的,主管部门应当以招标拍卖挂牌的方式授予:

(一)国家出资勘查并已探明可供开采的矿产地;

(二)采矿权灭失的矿产地;

(三)探矿权灭失的可供开采的矿产地;

(四)主管部门规定无需勘查即可直接开采的矿产;

(五)国土资源部、省级主管部门规定的其他情形。

第九条 符合本办法第七条、第八条规定的范围,有下列情形之一的,主管部门应当以招标的方式授予探矿权采矿权:

(一)国家出资的勘查项目;

(二)矿产资源储量规模为大型的能源、金属矿产地;

(三)共伴生组分多、综合利用技术水平要求高的矿产地;

(四)对国民经济具有重要价值的矿区;

(五)根据法律法规、国家政策规定可以新设探矿权采矿权的环境敏感地区和未达到国家规定的环境质量标准的地区。

第十条 有下列情形之一的,主管部门不得以招标拍卖挂牌的方式授予:

(一)探矿权人依法申请其勘查区块范围内的采矿权;

(二)符合矿产资源规划或者矿区总体规划的矿山企业的接续矿区、已设采矿权的矿区范围上下部需要统一开采的区域;

(三)为国家重点基础设施建设项目提供建筑用矿产;

(四)探矿权采矿权权属有争议;

(五)法律法规另有规定以及主管部门规定因特殊情形不适于以招标拍卖挂牌方式授予的。

第十一条 违反本办法第七条、第八条、第九条和第十条的规定授予探矿权采矿权的,由上级主管部门责令限期改正;逾期不改正的,对直接负责的主管人员和其他直接责任人员依法给予行政处分。

第三章 实 施

第一节 一般规定

第十二条 探矿权采矿权招标拍卖挂牌活动,应当有计划地进行。

主管部门应当根据矿产资源规划、矿产资源勘查专项规划、矿区总体规划、国家产业政策以及市场供需情况,按照颁发勘查许可证、采矿许可证的法定权限,编制探矿权采矿权招标拍卖挂牌年度计划,报上级主管部门备案。

第十三条 上级主管部门可以委托下级主管部门组织探矿权采矿权招标拍卖挂牌的具体工作,勘查许可证、采矿许可证由委托机关审核颁发。

受委托的主管部门不得再委托下级主管部门组织探矿权采矿权招标拍卖挂牌的具体工作。

第十四条 主管部门应当根据探矿权采矿权招标拍卖挂牌年度计划和《外商投资产业指导目录》,编制招标拍卖挂牌方案;招标拍卖挂牌方案,县级以上地方主管部门可以根据实际情况报同级人民政府组织审定。

第十五条 主管部门应当根据招标拍卖挂牌方案,

编制招标拍卖挂牌文件。

招标拍卖挂牌文件，应当包括招标拍卖挂牌公告、标书、竞买申请书、报价单、矿产地的地质报告、矿产资源开发利用和矿山环境保护要求、成交确认书等。

第十六条　招标标底、拍卖挂牌底价，由主管部门依规定委托有探矿权采矿权评估资质的评估机构或者采取询价、类比等方式进行评估，并根据评估结果和国家产业政策等综合因素集体决定。

在招标拍卖挂牌活动结束之前，招标标底、拍卖挂牌底价须保密，且不得变更。

第十七条　招标拍卖挂牌公告应当包括下列内容：

（一）主管部门的名称和地址；

（二）拟招标拍卖挂牌的勘查区块、开采矿区的简要情况；

（三）申请探矿权采矿权的资质条件以及取得投标人、竞买人资格的要求；

（四）获取招标拍卖挂牌文件的办法；

（五）招标拍卖挂牌的时间、地点；

（六）投标或者竞价方式；

（七）确定中标人或者竞得人的标准和方法；

（八）投标、竞买保证金及其缴纳方式和处置方式；

（九）其他需要公告的事项。

第十八条　主管部门应当依规定对投标人、竞买人进行资格审查。对符合资质条件和资格要求的，应当通知投标人、竞买人参加招标拍卖挂牌活动以及缴纳投标、竞买保证金的时间和地点。

第十九条　投标人、竞买人按照通知要求的时间和地点缴纳投标、竞买保证金后，方可参加探矿权采矿权招标拍卖挂牌活动；逾期未缴纳的，视为放弃。

第二十条　以招标拍卖挂牌方式确定中标人、竞得人后，主管部门应当与中标人、竞得人签订成交确认书。中标人、竞得人逾期不签订的，中标、竞得结果无效，所缴纳的投标、竞买保证金不予退还。

成交确认书应当包括下列内容：

（一）主管部门和中标人、竞得人的名称、地址；

（二）成交时间、地点；

（三）中标、竞得的勘查区块、开采矿区的简要情况；

（四）探矿权采矿权价款；

（五）探矿权采矿权价款的缴纳时间、方式；

（六）矿产资源开发利用和矿山环境保护要求；

（七）办理登记时间；

（八）主管部门和中标人、竞得人约定的其他事项。

成交确认书具有合同效力。

第二十一条　主管部门应当在颁发勘查许可证、采矿许可证前一次性收取探矿权采矿权价款。探矿权采矿权价款数额较大的，经上级主管部门同意可以分期收取。

探矿权采矿权价款的使用和管理按照有关规定执行。

第二十二条　中标人、竞得人缴纳的投标、竞买保证金，可以抵作价款。其他投标人、竞买人缴纳的投标、竞买保证金，主管部门须在招标拍卖挂牌活动结束后5个工作日内予以退还，不计利息。

第二十三条　招标拍卖挂牌活动结束后，主管部门应当在10个工作日内将中标、竞得结果在指定的场所、媒介公布。

第二十四条　中标人、竞得人提供虚假文件隐瞒事实、恶意串通、向主管部门或者评标委员会及其成员行贿或者采取其他非法手段中标或者竞得的，中标、竞得结果无效，所缴纳的投标、竞买保证金不予退还。

第二十五条　主管部门应当按照成交确认书所约定的时间为中标人、竞得人办理登记，颁发勘查许可证、采矿许可证，并依法保护中标人、竞得人的合法权益。

第二十六条　主管部门在签订成交确认书后，改变中标、竞得结果或者未依法办理勘查许可证、采矿许可证的，由上级主管部门责令限期改正，对直接负责的主管人员和其他直接责任人员依法给予行政处分；给中标人、竞得人造成损失的，中标人、竞得人可以依法申请行政赔偿。

第二十七条　主管部门负责建立招标拍卖挂牌的档案，档案包括投标人、评标委员会、中标人、竞买人和竞得人的基本情况、招标拍卖挂牌过程、中标、竞得结果等。

第二节　招　标

第二十八条　探矿权采矿权招标的，投标人不得少于三人。投标人少于三人，属采矿权招标的，主管部门应当依照本办法重新组织招标；属探矿权招标的，主管部门可以以挂牌方式授予探矿权。

第二十九条　主管部门应当确定投标人编制投标文件所需的合理时间；但是自招标文件发出之日起至投标人提交投标文件截止之日，最短不得少于30日。

第三十条　投标、开标依照下列程序进行：

（一）投标人按照招标文件的要求编制投标文件，在提交投标文件截止之日前，将投标文件密封后送达指定地点，并附具对投标文件承担责任的书面承诺。

在提交投标文件截止之日前，投标人可以补充、修改但不得撤回投标文件。补充、修改的内容作为投标文件的组成部分。

(二)主管部门签收投标文件后,在开标之前不得开启;对在提交投标文件的截止之日后送达的,不予受理。

(三)开标应当在招标文件确定的时间、地点公开进行。开标由主管部门主持,邀请全部投标人参加。

开标时,由投标人或者其推选的代表检查投标文件的密封情况,当众拆封,宣读投标人名称、投标价格和投标文件的主要内容。

(四)评标由主管部门组建的评标委员会负责。评标委员会应当按照招标文件确定的评标标准和方法,对投标文件进行评审。评审时,可以要求投标人对投标文件作出必要的澄清或者说明,但该澄清或者说明不得超出投标文件的范围或者改变投标文件的实质内容。评标委员会完成评标后,应当提出书面评标报告和中标候选人,报主管部门确定中标人;主管部门也可委托评标委员会直接确定中标人。

评标委员会经评审,认为所有的投标文件都不符合招标文件要求的,可以否决所有的投标。

第三十一条　评标委员会成员人数为五人以上单数,由主管部门根据拟招标的探矿权采矿权确定,有关技术、经济方面的专家不得少于成员总数的三分之二。

在中标结果公布前,评标委员会成员名单须保密。

第三十二条　评标委员会成员收受投标人的财物或其他好处的,或者向他人透露标底或有关其他情况的,主管部门应当取消其担任评标委员会成员的资格。

第三十三条　确定的中标人应当符合下列条件之一:

(一)能够最大限度地满足招标文件中规定的各项综合评价标准;

(二)能够满足招标文件的实质性要求,并且经评审的投标价格最高,但投标价格低于标底的除外。

第三十四条　中标人确定后,主管部门应当通知中标人在接到通知之日起5日内签订成交确认书,并同时将中标结果通知所有投标人。

第三节　拍　卖

第三十五条　探矿权采矿权拍卖的,竞买人不得少于三人。少于三人的,主管部门应当停止拍卖。

第三十六条　探矿权采矿权拍卖的,主管部门应当于拍卖日20日前发布拍卖公告。

第三十七条　拍卖会依照下列程序进行:

(一)拍卖主持人点算竞买人;

(二)拍卖主持人介绍探矿权采矿权的简要情况;

(三)宣布拍卖规则和注意事项;

(四)主持人报出起叫价;

(五)竞买人应价。

第三十八条　无底价的,拍卖主持人应当在拍卖前予以说明;有底价的,竞买人的最高应价未达到底价的,该应价不发生效力,拍卖主持人应当停止拍卖。

第三十九条　竞买人的最高应价经拍卖主持人落槌表示拍卖成交,拍卖主持人宣布该最高应价的竞买人为竞得人。

主管部门和竞得人应当当场签订成交确认书。

第四节　挂　牌

第四十条　探矿权采矿权挂牌的,主管部门应当于挂牌起始日20日前发布挂牌公告。

第四十一条　探矿权采矿权挂牌的,主管部门应当在挂牌起始日,将起始价、增价规则、增价幅度、挂牌时间等,在挂牌公告指定的场所挂牌公布。

挂牌时间不得少于10个工作日。

第四十二条　竞买人的竞买保证金在挂牌期限截止前缴纳的,方可填写报价单报价。主管部门受理其报价并确认后,更新挂牌价格。

第四十三条　挂牌期间,主管部门可以根据竞买人的竞价情况调整增价幅度。

第四十四条　挂牌期限届满,主管部门按照下列规定确定是否成交:

(一)在挂牌期限内只有一个竞买人报价,且报价高于底价的,挂牌成交;

(二)在挂牌期限内有两个或者两个以上的竞买人报价的,出价最高者为竞得人;报价相同的,先提交报价单者为竞得人,但报价低于底价者除外;

(三)在挂牌期限内无人竞买或者竞买人的报价低于底价的,挂牌不成交。

在挂牌期限截止前30分钟仍有竞买人要求报价的,主管部门应当以当时挂牌价为起始价进行现场竞价,出价最高且高于底价的竞买人为竞得人。

第四十五条　挂牌成交的,主管部门和竞得人应当当场签订成交确认书。

第四章　附　则

第四十六条　本办法自2003年8月1日施行。

本办法发布前制定的有关文件的内容与本办法的规定不一致的,按照本办法规定执行。

重大装备自主化依托工程设备招标采购活动的有关规定

·2007年8月14日
·商产发〔2007〕331号

第一条 为进一步规范重大装备自主化依托工程设备招标采购活动。建立公开、公平、公正和诚信择优的招标采购竞争机制和评审原则,保护国家利益、社会公共利益和有关当事人的合法权益,加快推进重大装备自主化,促进产业结构调整和优化升级,根据《招标投标法》和《国务院关于加快振兴装备制造业的若干意见》(国发〔2006〕8号)等有关规定,特制定本规定。

第二条 凡在中华人民共和国境内从事本规定第三条所规定的设备招标采购活动,适用本规定。

第三条 重大装备自主化依托工程设备招标采购范围

一、大型清洁高效发电装备(包括百万千瓦级核电机组、超超临界火电机组、燃气-蒸气联合循环机组、整体煤气化燃气-蒸气联合循环机组、大型循环流化床锅炉、大型水电机组及抽水蓄能水电站机组、大型空冷电站机组及大功率风力发电机等新型能源装备);

二、750千伏、1000千伏特高压交流和±500千伏及以上直流输变电成套设备。

三、百万吨级大型乙烯成套设备和对二甲苯(PX)、对苯二甲酸(PTA)、聚脂成套设备;

四、大型煤化工成套设备;

五、大型薄板冷热连轧成套设备及涂镀层加工成套设备;

六、大型煤炭井下综合采掘、提升和洗选设备以及大型露天矿设备;

七、大型海洋石油工程装备、30万吨矿石和原油运输船、海上浮动生产储油轮(FPSO)、8000-10000箱以上集装箱船、液化天然气(LNG)运输船等大型高技术、高附加值船舶及大功率柴油机等配套装备;

八、时速200公里及以上高速铁路列车、新型地铁车辆、磁悬浮列车等装备;

九、大气治理、城市及工业污水处理、固体废弃物处理等大型环保装备,以及海水淡化、报废汽车处理等资源综合利用设备;

十、大断面岩石掘进机等大型施工机械;

十一、重大工程自动化控制系统和关键精密测试仪器,

十二、大型、精密、高速数控装备和数控系统及功能部件;

十三、日产200吨以上涤纶短纤维成套设备、高速粘胶长丝连续纺丝机、高效现代化成套棉纺设备、机电一体化剑杆织机和喷气织机等新型纺织机械成套设备;

十四、新型、大马力农业装备;

十五、集成电路关键设备、新型平板显示器件生产设备、电子元器件生产设备、无铅工艺的整机装联设备、数字化医疗影像设备、生物工程和医药生产专用设备。

第四条 重大装备自主化依托工程设备招标采购活动一般应采用招标(包括公开招标、邀请招标)或竞争性谈判等方式进行,招标采购方式的选择应按程序向国家发展改革委申请批准,并向商务部备案;如因特殊情况需采用其他采购方式的,由国家发展改革委商有关部门批准决定。

第五条 凡采用招标方式进行的设备招标投标活动,应按照《机电产品国际招标投标实施办法》(商务部令〔2004〕第13号)规定的程序和重大装备自主化依托工程要求进行,商务部和国家发展改革委负责指导、协调和监督有关招标投标活动。

第六条 凡采用邀请招标的,投标邀请对象应为具有消化吸收能力、研发创新能力和实施产业化等基本条件的装备制造企业。

第七条 凡采用竞争性谈判方式进行的设备采购活动,应按照国家发展改革委批复的程序方案进行,同时将竞争性谈判公告、竞争性谈判文件、竞争性谈判结果、涉及的进口设备清单等有关材料通过"中国国际招标网"报送商务部备案。

竞争性谈判结果经有关主管部门批准后应在"中国国际招标网"上公布。

第八条 招标采购文件主要内容的编制应按照《机电产品国际招标投标实施办法》和重大装备自主化依托工程要求进行;招标采购文件还应从节约资源能源和保护环境等基本国策出发,明确规定关于质量、安全、耗能、环保等方面的标准和要求,上述标准和要求应达到国内领先或国际先进水平。

第九条 招标采购活动中所需要的有关评审专家原则上应由招标机构和业主单位从"中国国际招标网"的国家级专家库中随机抽取产生;考虑到重大装备自主化依托工程需要,必要时可由有关主管部门推荐。

商务部、国家发展改革委负责维护和管理相关领域的国家级专家库。

第十条 招标活动一般采用综合评价法进行评标。综合评价法应包括技术、商务、售后服务和价格等方面的评价标准和方法,并作为招标文件的组成部分。

为顺利推进重大装备自主化进程,涉及重大装备自主化要求的部分具体评价标准和方法可以不作为招标文件的组成部分,但应在开标前予以公布。

第十一条 本规定未明确的内容应按照《机电产品国际招标投标实施办法》有关规定执行。

第十二条 本规定自发布之日起30日后实施。

交通运输部科技项目招标投标管理(暂行)办法

· 2013年8月5日

· 交科技发〔2013〕463号

第一章 总 则

第一条 为优化科技资源配置,提高科研经费的使用效率,促进公平竞争,保障科技项目招标投标活动当事人的合法权益,加强对交通运输部科技项目招标投标活动的监督和管理,依据《中华人民共和国政府采购法》、《政府采购货物和服务招标投标管理办法》和《科技项目招标投标管理暂行办法》,制订本办法。

第二条 对列入交通运输部科技计划,获得部经费支持,以科学技术研究开发活动为主要内容的科技项目,应按本办法招标确定承担单位。

第三条 具备下列条件之一的科技项目,可以不实行招标投标:

(一)涉及国家安全和国家秘密的;

(二)法律法规规定的其他情况。

第四条 招标投标工作应严格遵循公开、公正、公平、择优和信用的原则。

第二章 招 标

第五条 交通运输部是依照本办法提出招标需求的科技项目招标人(以下简称"招标人"),具体招标工作授权部科技主管部门负责。

第六条 科技项目的招标分为公开招标和邀请招标。

达到公开招标限额标准的科技项目一般应采取公开招标。采用公开招标方式的,须在财政部门制定的政府采购信息媒体上发布招标公告。

对满足下列情形之一的科技项目,可邀请招标:

(一)专业性强、有特殊要求或者受自然条件限制,只有少量潜在投标人可供选择的;

(二)采用公开招标方式的费用与项目合同金额比例过大的。

第七条 科技项目招标具体事宜可由招标人自行组织或委托招标代理机构负责。

第八条 委托招标代理机构招标的,招标人应当与招标代理机构签订委托协议,确定委托代理的事项,约定双方的权利和义务。

第九条 招标公告或投标邀请书至少包括下列内容:

(一)招标人的名称和地址;

(二)招标项目的类别和名称;

(三)招标项目的主要目标;

(四)获取招标文件的办法、地点和时间;

(五)对招标文件收取的费用。

第十条 招标人可以根据招标项目本身的特点,在招标公告和投标邀请书中要求潜在投标人填报投标报名单(附件1),提供有关证明文件和业绩情况,并对潜在投标人进行资格审查,公布符合资格的投标人名单。符合资格的投标人向招标人或招标代理机构购买招标文件。

证明文件包括:

(一)既往业绩;

(二)研究人员素质和技术能力;

(三)研究所需的技术设施和设备条件;

(四)如有匹配资金,提供匹配资金的筹措情况及证明;

(五)相关的资质证明。

第十一条 在招标中,投标人不足3家的应予废标。废标后,招标人应当将废标理由通知所有投标人。

第十二条 废标后,招标人应当重新组织招标,直至投标人达到3家及以上;需采取其他方式确定承担单位的,应获得财政部批准。

第十三条 招标人根据招标项目的要求组织编制招标文件(附件2)。除国家有关法律法规规定以外,招标文件不得有针对或排斥某一潜在投标人的内容。

第十四条 招标人制定综合评标标准时,应考虑技术路线的可行性、先进性和承担单位的研究开发条件、人员素质、资信等级、管理能力等因素,并考虑经费使用的合理性。

第十五条 招标人按招标公告或招标邀请书规定的时间、地点发售招标文件。招标文件发售后不予退还。在招标文件售出后,招标人如对招标文件进行修改、补充或澄清,应在招标文件要求提交投标文件截止时间至少15日前再次发布公告或以书面形式告之投标人,并作为招标文件的组成部分;不足15日的,招标人应当顺延提交投标文件的截止时间。对招标文件有重大修改的,应当适当延长投标文件截止日期。

第十六条 潜在投标人对招标文件有疑义的,应当在投标截止时间10日前以书面形式提出。招标人自收到疑义之日起3日内作出答复。

第十七条 招标人必须对获取招标文件的潜在投标人的名称、数量以及可能影响公平竞争的其他情况进行保密。

第十八条 从招标公告发布或招标邀请书发出之日到提交投标文件截止之日,不得少于30日。

第三章 投 标

第十九条 投标人是指按照招标文件的要求参加投标竞争的法人和其它社会组织。投标人参加投标必须按照招标公告要求填报投标报名单(附件1),并具备下列条件:

(一)与招标文件要求相适应的研究人员、设备和经费;

(二)招标文件要求的资格和相应的科研经验与业绩;

(三)资信情况良好;

(四)法律法规规定的其他条件。

第二十条 投标人应向招标人提供投标文件(见附件3)一式2份,投标文件必须加盖依托单位公章及其法定代表人的签字或印章,并对招标文件提出的实质性要求和条件作出响应。

第二十一条 对于有依托工程要求的科技项目,应由研究单位与建设方或施工单位联合投标,联合投标时应明确第一承担单位。联合体投标的应向招标人提交联合协议,载明联合体各方承担的工作和义务。联合体各方应当共同与招标人签订合同,并就合同约定的事项对招标人承担连带责任。

第二十二条 投标人应在招标文件要求提交投标文件的截止时间前将投标文件密封送达指定地点。招标人或招标代理机构应对收到的投标文件签收备案。投标人有权要求招标人或招标代理机构提供签收证明。对在规定提交投标文件截止时间后收到的投标文件,招标人或招标代理机构应不予开启并退还。

第二十三条 投标人可以对已提交的投标文件进行补充和修改,必须在招标文件要求提交投标文件截止时间前以书面形式送达招标人或招标代理机构,作为投标文件的组成部分,否则不予受理。

第二十四条 招标人或招标代理机构必须对投标人的投标文件内容保密,不得泄露给其他投标人。

第四章 开 标

第二十五条 开标由招标人主持,按招标文件规定的时间、地点和方式公开进行,并邀请有关单位代表和投标人参加。

第二十六条 开标时,投标人或其代表检查投标文件的密封情况,确认无误后,由工作人员当众启封并宣读投标人名称、技术方案及其他主要内容。开标过程应记录在案,招标人和投标人代表在开标记录上签字或盖章。

第二十七条 投标文件出现下列情况之一者视为无效:

(一)投标文件未加盖投标人公章或法定代表人未签字或盖章;

(二)投标文件未按规定格式填写,字迹模糊,辨认不清或者内容不全的;

(三)投标文件与招标文件规定的实质性要求不符;

(四)投标人未在规定时间内参加开标会议的。

第二十八条 无效投标文件应当在开标会当场确认并公布。

第五章 评 标

第二十九条 招标人负责组建评标委员会。评标委员会由招标人和邀请的技术、经济等方面具有高级技术职称的专家组成,总人数为7人以上的单数,专家不得少于成员总人数的三分之二,其中经济专家占专家人数的比例不少于三分之一。投标人或与投标人有利益关系的人员不得进入评标委员会,评标委员会成员名单在中标结果确定前必须保密。

第三十条 评标专家应当熟悉政府采购、招标投标的相关政策法规,有良好的职业道德,遵守招标纪律,从事相关领域工作满8年并具有高级职称或者具有同等专业水平。

第三十一条 招标人应当采取必要的措施,保证评标工作在严格保密的情况下进行,任何单位和个人不得非法干预、影响评标过程和结果。

第三十二条 评标委员会可以要求投标人对投标文件中不明确的地方进行必要的澄清、说明或答辩,但不得超过投标文件的范围,不得改变投标文件的实质性内容,不得阐述与问题无关的内容,未经允许投标人不得向评标委员会提供新的材料。

第三十三条 评标委员会按照招标文件中规定的综合评标标准和方法,采用综合评分法开展评标工作。

第三十四条 评标委员会依据评标结果,提出书面评标报告,向招标人推荐中标候选人名单并注明排序。中标候选人应不超过3个。评标报告包括以下主要内容：

（一）对投标人的技术方案评价，技术、经济风险进行分析；

（二）对投标人承担能力与工作基础评价；

（三）推荐满足综合评标标准的中标候选人；

（四）需进一步协商的问题和其他要求；

（五）对投标人进行综合排名。

第三十五条 招标人应当自收到评标报告之日起3日内公示中标候选人，公示期不得少于3日。

投标人或者其他利害关系人对招标项目的评标结果有异议的，应当在中标候选人公示期间提出。招标人应当自收到异议之日起3日内作出答复；作出答复前，应当暂停招标投标活动。

第六章 定 标

第三十六条 招标人根据评标委员会的书面评标报告和经公示无问题的中标候选人，进行综合评定后，确定中标人。招标人也可授权评标委员会直接确定中标人。

第三十七条 招标人应在开标之日后10日内完成定标工作，特殊情况可延长至15日。

第三十八条 定标后，招标人应发布中标公告。中标公告至少包含下列内容：

（一）招标人、招标人代理机构的名称、地址和联系方式；

（二）招标项目的类别及名称；

（三）中标人名称。

第三十九条 招标人向中标人发出中标通知书，并据此与中标人签订科技项目合同，同时将中标结果通知所有未中标的投标人。中标通知书（附件4）对招标人和中标人具有同等法律效力。

第四十条 招标人和评标委员会成员应当遵守招标纪律，不得扩散审查、澄清、答辩、评价比较投标人的有关情节、资料等情况，不得泄露投标人的技术秘密。

第七章 附 则

第四十一条 对于违反本办法的行为，可向有关行政监督部门投诉，一经查实，将根据有关规定进行处理。情节严重并构成犯罪的，将依法追究刑事责任。

第四十二条 地方各类交通运输科技项目的招标投标工作可参照本办法管理。

第四十三条 本办法由部科技主管部门负责解释。

第四十四条 本办法自颁布之日起施行。

附件：（略）

记账式国债招标发行规则

·2022年1月6日

·财库〔2022〕004号

第一条 为规范记账式国债招标发行管理，促进国债市场健康发展，根据《中华人民共和国预算法》、《中华人民共和国预算法实施条例》等法律法规，制定本规则。

第二条 本规则所称记账式国债，是指财政部通过记账式国债承销团向社会各类投资者发行的以电子方式记录债权的可流通国债。本规则所称关键期限国债由财政部在向社会公布的发行计划中确定。

第三条 记账式国债发行招标通过财政部政府债券发行系统（以下称发行系统）进行。发行系统包括中心端和客户端。记账式国债承销团成员（以下称国债承销团成员）通过客户端远程投标。

第四条 记账式国债通过竞争性招标确定票面利率或发行价格。

（一）国债承销团成员应当按照发行系统客户端提示按时报送国债投标需求。

（二）如无特殊规定，竞争性招标时间为招标日上午10:35至11:35。

（三）竞争性招标标的为利率或价格，国债承销团成员在每个利率或价格上的投标为一个标位，除另有规定外，利率招标时，标位变动幅度为0.01%；价格招标时，标位变动幅度在国债发行通知中规定。财政部按照低利率或高价格优先的原则对有效投标逐笔募入，直到募满招标额或将全部有效投标募完为止，募入即为中标。

最高中标利率或最低中标价格上的投标额大于剩余招标额，以国债承销团成员在该利率或价格上的投标额为权重平均分配，取整至0.1亿元，尾数按投标时间优先原则分配。

（四）竞争性招标方式包括单一价格招标、修正的多重价格招标等。

单一价格招标方式下，标的为利率时，全场最高中标利率为当期（次）国债票面利率，各中标国债承销团成员（以下称中标机构）均按面值承销；标的为价格时，全场最低中标价格为当期（次）国债发行价格，各中标机构均按发行价格承销。

修正的多重价格招标方式下，标的为利率时，全场加权平均中标利率四舍五入后为当期（次）国债票面利率，低于或等于票面利率的中标标位，按面值承销；高于票面利率的中标标位，按各中标标位的利率与票面利率折算的价格承销。标的为价格时，全场加权平均中标价格四舍五入后为当期（次）国债发行价格，高于或等于发行价格的中标标位，按发行价格承销；低于发行价格的中标标位，按各中标标位的价格承销。

竞争性招标确定的票面利率（百分数）保留2位小数，一年以下（含一年）期限国债发行价格（以元为单位）保留3位小数，一年以上（不含一年）期限国债发行价格保留2位小数。

（五）投标限定。

投标标位差。每一国债承销团成员最高、最低投标标位差不得大于当期（次）国债发行通知规定的投标标位差。

投标剔除。背离全场加权平均投标利率或价格一定数量以上（不含本数）的标位为无效投标，全部落标，不参与全场加权平均中标利率或价格的计算。

中标剔除。标的为利率时，高于全场加权平均中标利率一定数量以上（不含本数）的标位，全部落标；标的为价格时，低于全场加权平均中标价格一定数量以上（不含本数）的标位，全部落标。

单一标位限制。单一标位最低投标限额为0.1亿元。当期（次）国债竞争性招标额在500亿元以上（不含本数）时，单一标位最高投标限额为当期（次）国债竞争性招标额的10%；当期（次）国债竞争性招标额在500亿元以下（含本数）时，单一标位最高投标限额为50亿元。

投标量变动幅度为0.1亿元的整数倍。

最高投标限额。国债承销团甲类成员最高投标限额为当期（次）国债竞争性招标额的35%。国债承销团乙类成员最高投标限额为当期（次）国债竞争性招标额的25%。上述比例均计算至0.1亿元，0.1亿元以下四舍五入。

第五条　如无特殊规定，10年期以下期限（含）记账式国债可以进行追加发行。竞争性招标结束后20分钟内，国债承销团甲类成员有权通过投标追加承销当期（次）国债。

（一）追加投标为数量投标，国债承销团甲类成员按照竞争性招标确定的票面利率或发行价格承销。

（二）国债承销团甲类成员追加承销额上限为该成员当期（次）国债竞争性中标额的50%，且不能超出该成员当期（次）国债最低承销额，计算至0.1亿元，0.1亿元以下四舍五入。追加承销额应为0.1亿元的整数倍。

第六条　国债承销团成员应当承担最低投标、承销责任。

（一）国债承销团甲类成员最低投标额为当期（次）国债竞争性招标额的4%；乙类为1.5%。

（二）国债承销团甲类成员最低承销额（含追加承销部分）为当期（次）国债竞争性招标额的1%；乙类为0.2%。

上述比例均计算至0.01亿元，0.01亿元以下四舍五入。

第七条　中央国债登记结算有限责任公司（以下称国债公司）为记账式国债债权总托管机构，同时为银行间债券市场（含商业银行柜台）的记账式国债债权分托管机构，中国证券登记结算有限责任公司（以下简称证券登记公司）为交易所债券市场的记账式国债债权分托管机构。债权托管机构在财政部收到发行款后，为认购人办理债权登记和托管。

（一）债权托管机构选择。不可追加投标的国债在竞争性招标结束后20分钟内、可以追加投标的国债在追加投标结束后20分钟内，各中标机构应通过发行系统填制“债权托管申请书”，在国债公司，证券登记公司上海、深圳分公司选择托管。逾时未填制的，系统默认全部在国债公司托管。

（二）券种注册和承销额度注册。国债公司，证券登记公司上海、深圳分公司根据招标结果办理券种注册，根据各中标机构选择的债券托管数据为各中标机构办理承销额度注册。

（三）债权确立。国债承销团成员应当按照国债发行通知规定缴纳发行款。财政部收到发行款后，托管机构为认购人办理债权登记、托管手续。具体按以下方式处理：

债权登记日，国债公司办理总债权登记、为认购人办理债权托管，证券登记公司上海、深圳分公司为认购人办理分托管部分的债权登记和托管。债权登记日为发行款缴款截止日下一个工作日。

财政部如未足额收到中标机构应缴发行款，将不迟于债权登记日下午3点通知国债公司。国债公司办理债权登记和托管时对财政部未收到发行款的相应债权暂不办理债权登记和托管；对涉及证券登记公司上海、深圳分公司分托管的部分，国债公司应不迟于当日下午4点书面通知证券登记公司上海、深圳分公司，后者对财政部未收到发行款的相应债权暂不办理债权登记和托管。对于未办理债权确认的部分，财政部根据发行款收到情况另行通知国债公司处理。国债公司如在债权登记日下午3点前未收到财政部关于不办理全部或部分债权登记的通知，证券登记公司上海、深圳分公司未在债权登记日下午4点前收到国债公司关于不办理全部或部分分托管债权的通知，应办理全部债权登记和托管手续。

第八条 如果发行系统客户端出现技术问题，国债承销团成员可以将内容齐全的“记账式国债发行应急投标书”（以下称应急投标书）或“记账式国债债权托管应急申请书”（以下称应急债权托管书）（格式见附1、2）传真至国债公司，委托国债公司代为投标或债权托管。

（一）国债承销团成员应当在投标前事先做好应急投标各项准备。

（二）国债承销团成员如需进行应急投标或应急债权托管，应及时通过招标室电话向财政部国债招标人员报告。

（三）竞争性应急投标、追加应急投标、债权托管应急申请的截止时间分别为当期（次）国债竞争性投标、追加投标和债权托管截止时间。应急投标、应急债权托管时间分别以招标室收到应急投标书、应急债权托管书的时间为准。

（四）应急投标书或应急债权托管书录入发行系统后，申请应急的国债承销团成员将无法通过发行系统投标或债权托管。应急投标书或应急债权托管书录入发行系统前，该国债承销团成员仍可通过发行系统投标或债权托管。

（五）如国债承销团成员既通过发行系统投标（债权托管），又进行应急投标（应急债权托管），或进行多次应急投标（应急债权托管），以最后一次有效投标（债权托管申请）为准；如国债承销团成员应急投标（应急债权托管）内容与通过发行系统投标（债权托管）的内容一致，不作应急处理。

（六）国债公司确认竞争性招标时间内其负责维护的发行系统或通讯主干线运行出现问题时，财政部将通过中债发行业务短信平台（010-88170678），通知经报备的国债承销团成员常规联系人、投标操作人，延长竞争性招标应急投标时间至投标截止时间后半小时。通知内容为“[国债招标室通知]XXXX年X月X日记账式国债竞争性招标应急投标时间延长半小时”。

第九条 国债公司或财政部授权的其他单位作为发行系统技术支持机构，应当为记账式国债招标发行提供相关支持服务。

（一）做好发行系统日常维护，确保发行系统中心端、客户端能够实现记账式国债发行招标、投标所需各项功能。

（二）定期向财政部报告发行系统运行情况，在财政部指导下进行发行系统升级完善。

（三）做好记账式国债发行招标现场及发行招标备用场所的发行系统测试、准备工作，确保发行招标现场及发行招标备用场所招标室专用电话、应急投标传真机等设备运行正常、通讯线路畅通，并在财政部指导下启用发行招标备用场所。

（四）如发行招标备用场所招标室专用电话、应急投标传真机等相关信息发生变更，应当及时向财政部报告，并在财政部指导下及时通知国债承销团成员。

第十条 招标结束后至缴款日（含缴款当日），中标机构可以通过分销转让中标的全部或部分国债债权额度。

（一）关键期限国债分销方式为场内挂牌、场外签订分销合同、商业银行柜台销售。非关键期限国债分销方式为场内挂牌、场外签订分销合同。

（二）分销对象为在证券登记公司开立股票和基金账户，在国债公司、商业银行开立债券账户的各类投资者。

（三）国债承销团成员间不得分销。

（四）非国债承销团成员通过分销获得的国债债权额度，在分销期内不得转让。

（五）国债承销团成员根据市场情况自定分销价格。

第十一条 发行手续费在每季度发行结束后及时拨付。1年期至3年期（含）记账式国债发行手续费为发行额的0.04%；5年期（含）至50年期记账式国债发行手续费为发行额的0.08%；1年期以下（包括1年期续发）记账式国债无发行手续费。

第十二条 记账式国债可以上市交易。

（一）上市日为债权登记日下一个工作日。关键期限国债在全国银行间债券市场（含商业银行柜台）、证券交易所债券市场上市交易。非关键期限国债在全国银行间债券市场（不含商业银行柜台）、证券交易所债券市场上市交易。

（二）上市后，各期国债可按规定在各交易场所间相互转托管。

（三）通过商业银行柜台购买的国债，可以在债权托管银行质押贷款，具体办法由各商业银行制定。债权托管银行应当及时向国债公司报送债权质押信息。

第十三条　财政部委托国债公司，证券登记公司上海、深圳分公司以及商业银行办理利息支付及到期偿还本金等事宜。

第十四条　本规则自印发之日起施行。

附：1. 记账式国债发行应急投标书（略）

2. 记账式国债债权托管应急申请书（略）

地方政府债券弹性招标发行业务规程

· 2018 年 8 月 14 日

· 财库〔2018〕74 号

第一条　为进一步完善地方政府债券发行机制，保障地方政府债券发行工作顺利开展，防范地方政府债券发行风险，根据地方政府债券发行管理有关规定，制定本规程。

第二条　地方政府债券弹性招标，是指各省（自治区、直辖市、计划单列市）财政部门（以下简称地方财政部门）预先设定计划发行额区间，依据投标倍数等因素确定最终实际发行量的招标发行方式。

第三条　采用弹性招标方式发行地方政府债券，适用本规程。地方政府一般债券、专项债券（含项目收益与融资自求平衡的专项债券），可采用弹性招标方式发行。

第四条　弹性招标，由地方财政部门通过财政部政府债券发行系统、财政部上海证券交易所政府债券发行系统、财政部深圳证券交易所政府债券发行系统面向地方政府债券承销团（以下简称承销团）成员开展，原则上采用单一价格招标方式，招标标的为利率或价格。

第五条　地方政府债券采用弹性招标方式发行，应当遵循“公开、公平、公正”原则，根据地方政府债券发行管理规定及本规程要求，通过市场化方式开展。

第六条　地方财政部门应当按照地方政府债券发行管理有关规定，在与承销团成员充分沟通的基础上，科学制定地方政府债券弹性招标发行规则等制度办法，合理设定投标比例、承销比例等技术参数，其中，最低投标、承销比例等应当基于计划发行额区间上限进行设定。

第七条　计划发行额区间下限不得低于上限的 80%。地方财政部门应当根据地方政府债券发行计划，合理设置单期债券计划发行额区间，并在当期债券发行文件中予以披露。

第八条　弹性招标发行时，实际发行量应当为计划发行额区间上限、下限或有效投标量，以计划发行额区间上限计算投标倍数（以下简称投标倍数）。投标倍数超过 1.1 倍时，当期债券实际发行量为计划发行额区间上限；投标倍数不足 1 倍时，当期债券实际发行量按照有效投标量和计划发行额区间下限孰低原则确定；投标倍数在 1 至 1.1 倍（含 1 和 1.1 倍）之间的，实际发行量确定规则由各地方财政部门自行选择计划发行额区间上限或者下限进行确定，并在招标规则中事先明确。

第九条　确定实际发行量后，按照低利率或高价格优先的原则对有效投标逐笔募入，募满计划发行额区间上限（或下限），或将全部有效标位募完为止。招标标的为利率时，全场最高中标利率为当期债券票面利率，各中标承销团成员按面值承销；标的为价格时，全场最低中标价格为当期债券发行价格，各中标承销团成员按发行价格承销。

第十条　最高中标利率（最低中标价格）标位中标数量以各承销团成员在此标位投标量为权重进行分配，最小中标单位为最小投标量变动幅度，分配后仍有尾数时，按投标时间优先原则分配。

第十一条　地方财政部门应当不迟于招标发行前 5 个工作日披露当期政府债券是否采用弹性招标方式，招标发行当日及时披露当期政府债券的实际发行量和发行利率等相关信息。

第十二条　对于采用弹性招标发行的地方政府债券，各地方财政部门应当做好债券资金对应项目的信息披露工作。招标发行前，地方财政部门应分别按照计划发行额区间上下限披露项目信息，明确项目使用资金的顺序，或按照计划发行额区间上限披露项目信息，但实际发行量不是计划发行额区间上限时，各地方财政部门应当在招标发行后及时补充披露计划使用资金的项目信息。对于项目收益与融资自求平衡的专项债券，按计划发行额区间上下限披露的项目信息，都应当符合项目收益和融资自求平衡的要求。

第十三条　招标发行现场管理及应急投标、缴款、债权登记、托管、债券分销、上市等其他相关事宜，按照财政部地方政府债券发行管理有关规定执行。

第十四条　中央国债登记结算有限责任公司、上海证券交易所、深圳证券交易所应当按照本规程在地方政府债券发行系统中增加弹性招标功能，向财政部报备后开展采用弹性招标方式发行地方政府债券相关服务工作。

第十五条　本规程由财政部负责解释。

第十六条　本规程自发布之日起施行。

11. 电子招标

电子招标投标办法

· 2013 年 2 月 4 日国家发展和改革委员会、工业和信息化部、监察部、住房和城乡建设部、交通运输部、铁道部、水利部、商务部令第 20 号公布

· 自 2013 年 5 月 1 日起施行

第一章 总 则

第一条 为了规范电子招标投标活动,促进电子招标投标健康发展,根据《中华人民共和国招标投标法》、《中华人民共和国招标投标法实施条例》(以下分别简称招标投标法、招标投标法实施条例),制定本办法。

第二条 在中华人民共和国境内进行电子招标投标活动,适用本办法。

本办法所称电子招标投标活动是指以数据电文形式,依托电子招标投标系统完成的全部或者部分招标投标交易、公共服务和行政监督活动。

数据电文形式与纸质形式的招标投标活动具有同等法律效力。

第三条 电子招标投标系统根据功能的不同,分为交易平台、公共服务平台和行政监督平台。

交易平台是以数据电文形式完成招标投标交易活动的信息平台。公共服务平台是满足交易平台之间信息交换、资源共享需要,并为市场主体、行政监督部门和社会公众提供信息服务的信息平台。行政监督平台是行政监督部门和监察机关在线监督电子招标投标活动的信息平台。

电子招标投标系统的开发、检测、认证、运营应当遵守本办法及所附《电子招标投标系统技术规范》(以下简称技术规范)。

第四条 国务院发展改革部门负责指导协调全国电子招标投标活动,各级地方人民政府发展改革部门负责指导协调本行政区域内电子招标投标活动。各级人民政府发展改革、工业和信息化、住房城乡建设、交通运输、铁道、水利、商务等部门,按照规定的职责分工,对电子招标投标活动实施监督,依法查处电子招标投标活动中的违法行为。

依法设立的招标投标交易场所的监管机构负责督促、指导招标投标交易场所推进电子招标投标工作,配合有关部门对电子招标投标活动实施监督。

省级以上人民政府有关部门对本行政区域内电子招标投标系统的建设、运营,以及相关检测、认证活动实施监督。

监察机关依法对与电子招标投标活动有关的监察对象实施监察。

第二章 电子招标投标交易平台

第五条 电子招标投标交易平台按照标准统一、互联互通、公开透明、安全高效的原则以及市场化、专业化、集约化方向建设和运营。

第六条 依法设立的招标投标交易场所、招标人、招标代理机构以及其他依法设立的法人组织可以按行业、专业类别,建设和运营电子招标投标交易平台。国家鼓励电子招标投标交易平台平等竞争。

第七条 电子招标投标交易平台应当按照本办法和技术规范规定,具备下列主要功能:

(一)在线完成招标投标全部交易过程;

(二)编辑、生成、对接、交换和发布有关招标投标数据信息;

(三)提供行政监督部门和监察机关依法实施监督和受理投诉所需的监督通道;

(四)本办法和技术规范规定的其他功能。

第八条 电子招标投标交易平台应当按照技术规范规定,执行统一的信息分类和编码标准,为各类电子招标投标信息的互联互通和交换共享开放数据接口、公布接口要求。

电子招标投标交易平台接口应当保持技术中立,与各类需要分离开发的工具软件相兼容对接,不得限制或者排斥符合技术规范规定的工具软件与其对接。

第九条 电子招标投标交易平台应当允许社会公众、市场主体免费注册登录和获取依法公开的招标投标信息,为招标投标活动当事人、行政监督部门和监察机关按各自职责和注册权限登录使用交易平台提供必要条件。

第十条 电子招标投标交易平台应当依照《中华人民共和国认证认可条例》等有关规定进行检测、认证,通过检测、认证的电子招标投标交易平台应当在省级以上电子招标投标公共服务平台上公布。

电子招标投标交易平台服务器应当设在中华人民共和国境内。

第十一条 电子招标投标交易平台运营机构应当是依法成立的法人,拥有一定数量的专职信息技术、招标专业人员。

第十二条 电子招标投标交易平台运营机构应当根据国家有关法律法规及技术规范,建立健全电子招标投标交易平台规范运行和安全管理制度,加强监控、检测,

及时发现和排除隐患。

第十三条　电子招标投标交易平台运营机构应当采用可靠的身份识别、权限控制、加密、病毒防范等技术，防范非授权操作，保证交易平台的安全、稳定、可靠。

第十四条　电子招标投标交易平台运营机构应当采取有效措施，验证初始录入信息的真实性，并确保数据电文不被篡改、不遗漏和可追溯。

第十五条　电子招标投标交易平台运营机构不得以任何手段限制或者排斥潜在投标人，不得泄露依法应当保密的信息，不得弄虚作假、串通投标或者为弄虚作假、串通投标提供便利。

第三章　电子招标

第十六条　招标人或者其委托的招标代理机构应当在其使用的电子招标投标交易平台注册登记，选择使用除招标人或招标代理机构之外第三方运营的电子招标投标交易平台的，还应当与电子招标投标交易平台运营机构签订使用合同，明确服务内容、服务质量、服务费用等权利和义务，并对服务过程中相关信息的产权归属、保密责任、存档等依法作出约定。

电子招标投标交易平台运营机构不得以技术和数据接口配套为由，要求潜在投标人购买指定的工具软件。

第十七条　招标人或者其委托的招标代理机构应当在资格预审公告、招标公告或者投标邀请书中载明潜在投标人访问电子招标投标交易平台的网络地址和方法。依法必须进行公开招标项目的上述相关公告应当在电子招标投标交易平台和国家指定的招标公告媒介同步发布。

第十八条　招标人或者其委托的招标代理机构应当及时将数据电文形式的资格预审文件、招标文件加载至电子招标投标交易平台，供潜在投标人下载或者查阅。

第十九条　数据电文形式的资格预审公告、招标公告、资格预审文件、招标文件等应当标准化、格式化，并符合有关法律法规以及国家有关部门颁发的标准文本的要求。

第二十条　除本办法和技术规范规定的注册登记外，任何单位和个人不得在招标投标活动中设置注册登记、投标报名等前置条件限制潜在投标人下载资格预审文件或者招标文件。

第二十一条　在投标截止时间前，电子招标投标交易平台运营机构不得向招标人或者其委托的招标代理机构以外的任何单位和个人泄露下载资格预审文件、招标文件的潜在投标人名称、数量以及可能影响公平竞争的其他信息。

第二十二条　招标人对资格预审文件、招标文件进行澄清或者修改的，应当通过电子招标投标交易平台以醒目的方式公告澄清或者修改的内容，并以有效方式通知所有已下载资格预审文件或者招标文件的潜在投标人。

第四章　电子投标

第二十三条　电子招标投标交易平台的运营机构，以及与该机构有控股或者管理关系可能影响招标公正性的任何单位和个人，不得在该交易平台进行的招标项目中投标和代理投标。

第二十四条　投标人应当在资格预审公告、招标公告或者投标邀请书载明的电子招标投标交易平台注册登记，如实递交有关信息，并经电子招标投标交易平台运营机构验证。

第二十五条　投标人应当通过资格预审公告、招标公告或者投标邀请书载明的电子招标投标交易平台递交数据电文形式的资格预审申请文件或者投标文件。

第二十六条　电子招标投标交易平台应当允许投标人离线编制投标文件，并且具备分段或者整体加密、解密功能。

投标人应当按照招标文件和电子招标投标交易平台的要求编制并加密投标文件。

投标人未按规定加密的投标文件，电子招标投标交易平台应当拒收并提示。

第二十七条　投标人应当在投标截止时间前完成投标文件的传输递交，并可以补充、修改或者撤回投标文件。投标截止时间前未完成投标文件传输的，视为撤回投标文件。投标截止时间后送达的投标文件，电子招标投标交易平台应当拒收。

电子招标投标交易平台收到投标人送达的投标文件，应当即时向投标人发出确认回执通知，并妥善保存投标文件。在投标截止时间前，除投标人补充、修改或者撤回投标文件外，任何单位和个人不得解密、提取投标文件。

第二十八条　资格预审申请文件的编制、加密、递交、传输、接收确认等，适用本办法关于投标文件的规定。

第五章　电子开标、评标和中标

第二十九条　电子开标应当按照招标文件确定的时间，在电子招标投标交易平台上公开进行，所有投标人均应当准时在线参加开标。

第三十条　开标时，电子招标投标交易平台自动提取所有投标文件，提示招标人和投标人按招标文件规定方式按时在线解密。解密全部完成后，应当向所有投标人公布投标人名称、投标价格和招标文件规定的其他内容。

第三十一条 因投标人原因造成投标文件未解密的，视为撤销其投标文件；因投标人之外的原因造成投标文件未解密的，视为撤回其投标文件，投标人有权要求责任方赔偿因此遭受的直接损失。部分投标文件未解密的，其他投标文件的开标可以继续进行。

招标人可以在招标文件中明确投标文件解密失败的补救方案，投标文件应按照招标文件的要求作出响应。

第三十二条 电子招标投标交易平台应当生成开标记录并向社会公众公布，但依法应当保密的除外。

第三十三条 电子评标应当在有效监控和保密的环境下在线进行。

根据国家规定应当进入依法设立的招标投标交易场所的招标项目，评标委员会成员应当在依法设立的招标投标交易场所登录招标项目所使用的电子招标投标交易平台进行评标。

评标中需要投标人对投标文件澄清或者说明的，招标人和投标人应当通过电子招标投标交易平台交换数据电文。

第三十四条 评标委员会完成评标后，应当通过电子招标投标交易平台向招标人提交数据电文形式的评标报告。

第三十五条 依法必须进行招标的项目中标候选人和中标结果应当在电子招标投标交易平台进行公示和公布。

第三十六条 招标人确定中标人后，应当通过电子招标投标交易平台以数据电文形式向中标人发出中标通知书，并向未中标人发出中标结果通知书。

招标人应当通过电子招标投标交易平台，以数据电文形式与中标人签订合同。

第三十七条 鼓励招标人、中标人等相关主体及时通过电子招标投标交易平台递交和公布中标合同履行情况的信息。

第三十八条 资格预审申请文件的解密、开启、评审、发出结果通知书等，适用本办法关于投标文件的规定。

第三十九条 投标人或者其他利害关系人依法对资格预审文件、招标文件、开标和评标结果提出异议，以及招标人答复，均应当通过电子招标投标交易平台进行。

第四十条 招标投标活动中的下列数据电文应当按照《中华人民共和国电子签名法》和招标文件的要求进行电子签名并进行电子存档：

（一）资格预审公告、招标公告或者投标邀请书；

（二）资格预审文件、招标文件及其澄清、补充和修改；

（三）资格预审申请文件、投标文件及其澄清和说明；

（四）资格审查报告、评标报告；

（五）资格预审结果通知书和中标通知书；

（六）合同；

（七）国家规定的其他文件。

第六章 信息共享与公共服务

第四十一条 电子招标投标交易平台应当依法及时公布下列主要信息：

（一）招标人名称、地址、联系人及联系方式；

（二）招标项目名称、内容范围、规模、资金来源和主要技术要求；

（三）招标代理机构名称、资格、项目负责人及联系方式；

（四）投标人名称、资质和许可范围、项目负责人；

（五）中标人名称、中标金额、签约时间、合同期限；

（六）国家规定的公告、公示和技术规范规定公布和交换的其他信息。

鼓励招标投标活动当事人通过电子招标投标交易平台公布项目完成质量、期限、结算金额等合同履行情况。

第四十二条 各级人民政府有关部门应当按照《中华人民共和国政府信息公开条例》等规定，在本部门网站及时公布并允许下载下列信息：

（一）有关法律法规规章及规范性文件；

（二）取得相关工程、服务资质证书或货物生产、经营许可证的单位名称、营业范围及年检情况；

（三）取得有关职称、职业资格的从业人员的姓名、电子证书编号；

（四）对有关违法行为作出的行政处理决定和招标投标活动的投诉处理情况；

（五）依法公开的工商、税务、海关、金融等相关信息。

第四十三条 设区的市级以上人民政府发展改革部门会同有关部门，按照政府主导、共建共享、公益服务的原则，推动建立本地区统一的电子招标投标公共服务平台，为电子招标投标交易平台、招标投标活动当事人、社会公众和行政监督部门、监察机关提供信息服务。

第四十四条 电子招标投标公共服务平台应当按照本办法和技术规范规定，具备下列主要功能：

（一）链接各级人民政府及其部门网站，收集、整合和发布有关法律法规规章及规范性文件、行政许可、行政处理决定、市场监管和服务的相关信息；

（二）连接电子招标投标交易平台、国家规定的公告媒介，交换、整合和发布本办法第四十一条规定的信息；

（三）连接依法设立的评标专家库，实现专家资源共享；

（四）支持不同电子认证服务机构数字证书的兼容互认；

（五）提供行政监督部门和监察机关依法实施监督、监察所需的监督通道；

（六）整合分析相关数据信息，动态反映招标投标市场运行状况、相关市场主体业绩和信用情况。

属于依法必须公开的信息，公共服务平台应当无偿提供。

公共服务平台应同时遵守本办法第八条至第十五条规定。

第四十五条　电子招标投标交易平台应当按照本办法和技术规范规定，在任一电子招标投标公共服务平台注册登记，并向电子招标投标公共服务平台及时提供本办法第四十一条规定的信息，以及双方协商确定的其他信息。

电子招标投标公共服务平台应当按照本办法和技术规范规定，开放数据接口、公布接口要求，与电子招标投标交易平台及时交换招标投标活动所必需的信息，以及双方协商确定的其他信息。

电子招标投标公共服务平台应当按照本办法和技术规范规定，开放数据接口、公布接口要求，与上一层级电子招标投标公共服务平台连接并注册登记，及时交换本办法第四十四条规定的信息，以及双方协商确定的其他信息。

电子招标投标公共服务平台应当允许社会公众、市场主体免费注册登录和获取依法公开的招标投标信息，为招标人、投标人、行政监督部门和监察机关按各自职责和注册权限登录使用公共服务平台提供必要条件。

第七章　监督管理

第四十六条　电子招标投标活动及相关主体应当自觉接受行政监督部门、监察机关依法实施的监督、监察。

第四十七条　行政监督部门、监察机关结合电子政务建设，提升电子招标投标监督能力，依法设置并公布有关法律法规规章、行政监督的依据、职责权限、监督环节、程序和时限、信息交换要求和联系方式等相关内容。

第四十八条　电子招标投标交易平台和公共服务平台应当按照本办法和技术规范规定，向行政监督平台开放数据接口、公布接口要求，按有关规定及时对接交换和公布有关招标投标信息。

行政监督平台应当开放数据接口，公布数据接口要求，不得限制和排斥已通过检测认证的电子招标投标交易平台和公共服务平台与其对接交换信息，并参照执行本办法第八条至第十五条的有关规定。

第四十九条　电子招标投标交易平台应当依法设置电子招标投标工作人员的职责权限，如实记录招标投标过程、数据信息来源，以及每一操作环节的时间、网络地址和工作人员，并具备电子归档功能。

电子招标投标公共服务平台应当记录和公布相关交换数据信息的来源、时间并进行电子归档备份。

任何单位和个人不得伪造、篡改或者损毁电子招标投标活动信息。

第五十条　行政监督部门、监察机关及其工作人员，除依法履行职责外，不得干预电子招标投标活动，并遵守有关信息保密的规定。

第五十一条　投标人或者其他利害关系人认为电子招标投标活动不符合有关规定的，通过相关行政监督平台进行投诉。

第五十二条　行政监督部门和监察机关在依法监督检查招标投标活动或者处理投诉时，通过其平台发出的行政监督或者行政监察指令，招标投标活动当事人和电子招标投标交易平台、公共服务平台的运营机构应当执行，并如实提供相关信息，协助调查处理。

第八章　法律责任

第五十三条　电子招标投标系统有下列情形的，责令改正；拒不改正的，不得交付使用，已经运营的应当停止运营。

（一）不具备本办法及技术规范规定的主要功能；

（二）不向行政监督部门和监察机关提供监督通道；

（三）不执行统一的信息分类和编码标准；

（四）不开放数据接口、不公布接口要求；

（五）不按照规定注册登记、对接、交换、公布信息；

（六）不满足规定的技术和安全保障要求；

（七）未按照规定通过检测和认证。

第五十四条　招标人或者电子招标投标系统运营机构存在以下情形的，视为限制或者排斥潜在投标人，依照招标投标法第五十一条规定处罚。

（一）利用技术手段对享有相同权限的市场主体提供有差别的信息；

（二）拒绝或者限制社会公众、市场主体免费注册并获取依法必须公开的招标投标信息；

（三）违规设置注册登记、投标报名等前置条件；

（四）故意与各类需要分离开发并符合技术规范规

定的工具软件不兼容对接；

（五）故意对递交或者解密投标文件设置障碍。

第五十五条 电子招标投标交易平台运营机构有下列情形的，责令改正，并按照有关规定处罚。

（一）违反规定要求投标人注册登记、收取费用；

（二）要求投标人购买指定的工具软件；

（三）其他侵犯招标投标活动当事人合法权益的情形。

第五十六条 电子招标投标系统运营机构向他人透露已获取招标文件的潜在投标人的名称、数量、投标文件内容或者对投标文件的评审和比较以及其他可能影响公平竞争的招标投标信息，参照招标投标法第五十二条关于招标人泄密的规定予以处罚。

第五十七条 招标投标活动当事人和电子招标投标系统运营机构协助招标人、投标人串通投标的，依照招标投标法第五十三条和招标投标法实施条例第六十七条规定处罚。

第五十八条 招标投标活动当事人和电子招标投标系统运营机构伪造、篡改、损毁招标投标信息，或者以其他方式弄虚作假的，依照招标投标法第五十四条和招标投标法实施条例第六十八条规定处罚。

第五十九条 电子招标投标系统运营机构未按照本办法和技术规范规定履行初始录入信息验证义务，造成招标投标活动当事人损失的，应当承担相应的赔偿责任。

第六十条 有关行政监督部门及其工作人员不履行职责，或者利用职务便利非法干涉电子招标投标活动的，依照有关法律法规处理。

第九章 附 则

第六十一条 招标投标协会应当按照有关规定，加强电子招标投标活动的自律管理和服务。

第六十二条 电子招标投标某些环节需要同时使用纸质文件的，应当在招标文件中明确约定；当纸质文件与数据电文不一致时，除招标文件特别约定外，以数据电文为准。

第六十三条 本办法未尽事宜，按照有关法律、法规、规章执行。

第六十四条 本办法由国家发展和改革委员会会同有关部门负责解释。

第六十五条 技术规范作为本办法的附件，与本办法具有同等效力。

第六十六条 本办法自2013年5月1日起施行。

附件：《电子招标投标系统技术规范—第1部分》（略）

关于做好《电子招标投标办法》贯彻实施工作的指导意见

·2013年7月3日

·发改法规〔2013〕1284号

国务院各部门、各直属机构，各省、自治区、直辖市及计划单列市、副省级省会城市、新疆生产建设兵团发展改革委、工信委（经委）、住房城乡建设厅（建委、局）、交通厅（局）、水利厅（局）、商务厅（局），各铁路局，民航各地区管理局，各计划单列企业集团：

《电子招标投标办法》（以下简称《办法》）已经国家发展改革委、工业和信息化部、监察部、住房城乡建设部、交通运输部、原铁道部、水利部、商务部联合发布，并于2013年5月1日起实施。现就做好贯彻实施工作提出以下意见。

一、充分认识《办法》贯彻实施的重要意义

完善电子招标投标制度，充分发挥信息技术在提高招标采购透明度，节约资源和交易成本，解决招标投标领域突出问题方面的独特优势，是落实党的十八大关于大幅提升信息化水平、推动信息化和工业化深度融合要求的一项重要举措，也是落实中央惩治和预防腐败长效机制建设的一项重要任务。《办法》在总结我国实践经验和存在问题的基础上，规划了电子招标投标的系统架构，确立了互联互通的技术规范，建立了信息集约的共享机制，提供了交易安全的制度保障，创新了监督管理的方式方法，为电子招标投标活动提供了制度保障。做好《办法》贯彻实施，对促进招标采购市场的健康发展、推动政府职能转变、推进生态文明和党风廉政建设，具有重要意义。各级人民政府有关部门要高度重视，采取有效措施抓好落实。

二、贯彻实施《办法》的基本要求

（一）坚持统筹规划与分步实施相结合。电子招标投标市场发展的最终目标，是在全国范围内推动建立起由交易平台、公共服务平台、行政监督平台构成，分类清晰、功能互补、互联互通的电子招标投标系统，实现所有招标项目全过程电子化。鉴于全面建成满足各类采购需求的电子招标投标系统不可能一蹴而就，《办法》没有对实行电子招标投标的项目范围及其环节作出强制要求，留由各地方各部门和有关市场主体根据实际情况分阶段逐步实施。

（二）坚持政府引导与市场调节相结合。各级人民政府有关部门要按照中央关于机构改革和职能转变的要求，从发展规划、技术标准、交易规则、安全保障、公共服务等方面，积极引导市场主体采用电子化方式进行招标投标活动。在此过程中,要妥善处理好政府与市场的关系,充分发挥市场在资源配置中的基础性作用,在交易平台的建设运营和选择使用等方面,鼓励平等竞争,提高效率、改善服务。

(三)坚持统一规范与鼓励创新相结合。在电子招标投标系统由不同主体分散建立的情况下,《办法》通过统一技术和数据接口标准以及信息交换要求,为实现电子招标投标系统的互联互通和信息共享提供了制度保障。各部门、地方和有关市场主体应当严格执行有关规定,切实消除技术壁垒,避免形成信息孤岛。与此同时,要充分考虑信息技术快速发展的实际,将统一规范的要求严格限定在保证交易安全和消除技术壁垒的范围内,为技术创新留出足够空间。

(四)坚持提高效率和确保安全相结合。为最大限度地发挥电子招标的效率优势,有必要减少管理环节,优化交易流程,提倡全部交易过程的电子化。但是,提高效率需要以行为规范和交易安全为前提。为此,要按照《办法》和技术规范要求设置身份识别、权限监控、局部隔离、离线编辑、加密解密、操作记录、信息留痕、存档备份以及系统检测、认证等安全制度。

三、广泛深入地开展宣传培训

各级人民政府有关监督管理部门要充分利用广播、电视、报纸、网络等多种媒体,采取专家解读、问题解答、实践动态、知识竞赛等方式,广泛宣传《办法》;组织本部门、本系统从事招标投标监督管理的人员进行专门培训或者结合有关招标投标业务进行培训,并将《办法》学习培训纳入考核内容。招标人、投标人、招标代理机构要将《办法》的学习作为提高员工业务素质的一项基础性工作,进一步规范招标投标行为和招标代理行为。电子招标投标系统建设、运营、检测、认证等机构和相关从业人员要认真学习《办法》及技术规范,确保系统安全规范高效便捷。组建评标专家库的省级人民政府和国务院有关部门,要对评标专家进行集中培训。有关行业组织要立足服务,加大宣传力度,组织开展会员单位的培训。各种培训不得以营利为目的,不得乱收费,确保培训质量。

四、加快交易平台的建设应用步伐

(一)引导各类主体有序建设运营交易平台。建设满足各类采购需求的交易平台,是推进电子招标投标的基础和前提。依法设立的招标投标交易场所、招标人、招标代理机构以及其他依法设立的法人组织可以按行业专业类别,以及市场化、专业化、集约化方向,建设运营交易平台。鼓励一次性采购以及采购规模小、采购频率低的单位选择使用第三方建设运营的交易平台,促进交易平台适度规模经营,避免低水平重复建设和无序竞争。

(二)依法合规建设运营交易平台。交易平台要坚持标准统一、互联互通、公开透明、安全高效的原则,在功能设置、技术标准、安全保障、运营管理等方面严格执行《办法》及技术规范,经检测和第三方认证并在公共服务平台上免费注册登记后投入运营。交易平台应当保持技术中立,不得限制或者排斥符合技术规范的工具软件与其对接。交易平台应当以在线完成招标投标交易为主,可以兼具部分公共服务功能。在《办法》颁布实施前已经建成运营的电子招标投标系统,要按照《办法》和技术规范要求进行改造,其中兼具部分公共服务和行政监督功能的交易平台,应按照管办分开的原则将交易功能和行政监督功能分由不同主体负责。交易平台运营机构应当严格遵守招标投标规定,不得以任何手段为弄虚作假、串通投标等违法违规行为提供便利,不得泄露招标投标活动应当保密的信息。

(三)交易平台平等竞争。各交易平台运营机构应当通过规范经营、科学管理、技术创新、优质服务和合理收费提高市场占有率,其经营范围不得因建设主体、所处行业地区,以及所有制的不同而有所限制或歧视。除按照《办法》进行检测认证和注册登记外,任何单位和个人不得对交易平台的建设运营设置或变相设置行政许可或备案。

五、积极推动公共服务平台建设

(一)加快公共服务平台建设。电子招标投标的持续健康发展,对借助公共服务平台实现资源共享、打破技术壁垒、提高交易透明度、加强信息集成等提出了迫切要求。设区的市级以上地方人民政府发展改革部门会同有关部门,按照政府主导、共建共享、公益服务的原则,推动建立本地区统一的公共服务平台。公共服务平台原则上分为国家、省和市三个层级,具备条件的地方可推动建立全省统一、终端覆盖市县的公共服务平台。公共服务平台的功能设置、安全保障、运营管理要严格执行《办法》和技术规范。已经建成或者准备建设的具有部分公共服务功能的电子招标投标系统,要按照《办法》和技术规范要求进行改造,为市场主体提供相应服务。公共服务平台经检测认证后投入运营,但不得具备交易功能。

(二)实现各平台之间的互联互通。下一层级的公共服务平台应当与上一层级的公共服务平台连接并注册登记,交易平台应当选择任一公共服务平台注册登记。交易平台与公共服务平台之间,不同层级的公共服务平台之间，应当按照《办法》规定及时交互有关信息，最终形成以交易平台为基础，以公共服务平台为枢纽，以行政监督平台为保障，互联互通的电子招标投标系统网络。

（三）探索形成可持续运营的机制。在立足公益服务这一基本定位下，要结合本地区实际情况，按照“政府主导、共建共享、公益服务”的原则建设运营公共服务平台，确保公共服务的及时、全面和可持续。公共服务平台要妥善处理好与交易平台、行政监督平台的关系，拓宽信息来源渠道，不断充实并及时更新有关信息，夯实服务基础。

六、加强和改进行政监管

（一）明确执法主体。推行电子招标投标对加强和改进行政监督提出了新的要求。各级行政监督部门、监察机关按照规定的职责分工，依法查处电子招标投标活动中的违法行为。省级以上人民政府有关部门按照职责分工，对本行政区域内电子招标投标系统的建设、运行，以及相关检测、认证活动实施监督。

（二）建设行政监督平台。有关行政监督部门、监察机关要结合电子政务建设，按照《办法》要求建设行政监督平台，明确监管事项、监管流程和监管要求。交易平台、公共服务平台应当向行政监督部门、监察机关开放监管通道。已经建成的行政监督平台，要根据《办法》以及将要发布的行政监督平台技术规范进行改造。行政监督平台已经嵌入交易平台的，要保证在线监督的独立性和公正性，允许通过检测认证的其他交易平台和公共服务平台与其对接，不得限制或排斥。

（三）推动在线监管。各级行政监督部门和监察机关要逐步减少使用纸质载体的监督管理方式，取消违法设置的行政审批和核准环节，加强与项目审核、财政资金拨付、项目实施、合同管理等环节的联动，以行政监督的无纸化推动招标投标全流程的电子化，最大限度地发挥电子招标投标节约成本、提高效率、促进公开的优势。

七、抓紧完善相关制度机制

（一）尽快制定配套规定。电子招标投标是成长性和创新性很强的新兴领域，做好贯彻落实工作，需要不断完善配套制度，健全相关机制。当前，国家发展改革委要会同有关部门，起草制定电子招标投标系统检测认证办法，明确检测认证的主体、标准和程序；起草制定公共服务平台管理办法，明确公共服务范围、提供方式，进一步界定各方权利义务关系，加强信息集成、共享和再利用；编制出台公共服务平台和行政监督平台技术规范，明确基本功能、信息资源库、数据编码规则、系统接口、技术支撑与保障要求等。各地区各部门要对不适应电子招标投标的法规规章和规范性文件进行清理，增强规定的统一性和适用性。

（二）健全以信息为基础的机制建设。电子招标投标为进一步提高采购透明度提供了技术支撑。除依法应当公开的政府信息、项目交易信息外，鼓励公布不涉及商业、技术秘密的招标文件、投标文件，以及项目完成质量、期限、结算金额等履约信息。通过最大限度的公开保证竞争的公平公正。充分发挥公共服务平台信息整合功能，做好全国或者本地区、本行业数据统计利用，分析预警招标投标违法行为，增强监管的针对性、前瞻性和有效性。在推动招标投标信息在全国范围内联动共享的同时，加强信用体系建设，不断健全奖优罚劣的信用机制。

八、确保贯彻实施工作落到实处

（一）制定贯彻落实方案。为尽快实现全部招标项目全过程电子化的目标，省级发展改革部门要会同有关部门，结合本地实际研究制定贯彻落实方案，科学规划公共服务平台建设模式、建设步骤、推进措施和各阶段要求，于2013年9月报国家发展改革委。

（二）开展创新示范。国家发展改革委会同有关部门，选择若干工作基础较好的省市和单位，作为推进电子招标投标的创新示范点，以点带面，不断提高电子招标投标的广度和深度。

（三）加强协调配合。推行电子招标投标是一项系统工程，需要各部门密切配合。发展改革部门要发挥好指导协调作用，加强统筹规划和沟通协调，在发展目标、综合性政策、技术标准等方面，充分听取各方面意见，凝聚共识，形成合力。各有关部门按照职责分工，做好贯彻落实和监督执法工作。

关于进一步规范电子招标投标系统建设运营的通知

·2014年8月25日

·发改法规〔2014〕1925号

国务院各部门、各直属机构，各省、自治区、直辖市及计划单列市、副省级省会城市、新疆生产建设兵团发展改革委、工信委（经委）、通信管理局、住房城乡建设厅（建委、局）、交通厅（局）、水利厅（局）、商务厅（局）、国资委（局）、广播影视局，各铁路局，民航各地区管理局，各计划单列企业集团：

《电子招标投标办法》（国家发展改革委等八部委第20号令，以下简称《办法》）以及《关于做好〈电子招标投标办法〉贯彻实施工作的指导意见》（发改法规〔2013〕1284号，以下简称《指导意见》）发布实施以来，电子招标投标取得积极进展，但实践中仍存在平台监督和交易功能不分、互联互通和信息共享不够、交易平台市场竞争不充分、监督手段滞后与监管越位并存等问题，市场主体反映强烈。为进一步规范电子招标投标系统建设运营，促进电子招标投标健康有序发展，现就有关事项通知如下：

一、交易平台要实现公平竞争、确保合规运营

（一）准确功能定位。交易平台由招标投标交易场所、招标人以及其他法人建设运营，支持招标代理机构、软件开发企业等第三方主体独立建设运营。政府部门投资并参与建设的交易平台仅用于政府自行投资项目，并且政府部门应委托第三方运营。招标投标交易场所建设兼具监督功能的平台，应当将监督功能交由行政监督部门和公共资源交易监管机构独立运营。

（二）鼓励平等竞争。交易平台要按照市场化、专业化、集约化方向建设运营。除按照《办法》进行检测认证和注册登记外，任何单位和个人不得对交易平台的建设运营设置或者变相设置行政许可或者备案。行政监督部门和公共资源交易监管机构不得为招标人统一规定或者强制使用指定的交易平台，也不得限制和排斥市场主体建设运营的交易平台与公共服务和行政监督平台对接以及交换信息。

（三）依法合规运营。交易平台在功能设置、技术标准、安全保障、运营管理等方面要严格执行《办法》有关规定。交易平台可自主确定经营模式，按照"谁使用、谁付费"的原则进行服务收费，但不得通过绑定工具软件收费。招标投标交易场所建设运营的交易平台不得利用其优势地位巧立名目乱收费。

二、公共服务平台要加强信息集成、实现资源共享

（一）落实责任主体。公共服务平台特指由设区的市级以上人民政府发展改革部门会同有关部门推动建立的信息集中共享平台。要按照2016年底前基本形成公共服务平台体系的目标，制定出台公共服务平台管理办法和技术规范，推动建立本地区跨部门、跨行业的统一的公共服务平台，并按规定与国家公共服务平台对接交互信息。鼓励和支持社会资本参与建设运营公共服务平台。

（二）确保公益属性。公共服务平台要立足公益性，满足电子招标投标系统之间信息交换、资源共享需求，为市场主体、行政监督部门和社会公众提供信息服务。公共服务平台应当设置行政监督通道，或者加载行政监督功能，但不得具备交易功能。已经建成或者准备建设的公共服务平台不符合《办法》、《指导意见》和本通知要求的，必须按照规定改造。

（三）实现互联互通。国家、省和市三级公共服务平台之间以及与其连接的交易平台、行政监督平台要按照规定实现互联互通、信息共享，并作为检测认证的重要条件，以此打破市场信息的分割封锁。鼓励具备条件的地方推动建立全省统一、终端覆盖市县的公共服务平台。

三、行政监督平台要体现简政放权、做到高效透明

（一）明确目标要求。各有关招标投标活动监督部门要结合电子政务建设，在2016年底前基本建成行政监督平台，实现在线监督。行政监督平台可以单独建设，也可以通过在公共服务平台中加载行政监督功能。支持设区的市级以上地方人民政府发展改革部门会同有关部门建设本地区统一的行政监督平台。国务院各部门可探索建立全国统一的本系统、本行业的行政监督平台，实现监管政策规定的一体化。

（二）独立规范运行。拟新建的行政监督平台可以具备一定公共服务功能，但不得与交易平台合并建设和运营，也不得具备任何交易功能。已经建成的行政监督平台兼具交易功能的，应按照《办法》、《指导意见》和本通知要求，将监督功能和交易功能分别交由不同的主体负责，保证在线监督的独立性和公正性。

（三）依法设置监督功能。有关招标投标活动监督部门应当按照《招标投标法》及其实施条例的规定设立行政监督环节，不得在行政监督平台和其他任何平台中擅自增设招标投标活动的审批、核准、备案功能以及其他监管方式的控制功能。不得以限定运营主体、接口或者技术标准等方式，限制或者排斥通过检测认证的其他交易平台和公共服务平台与其对接并交互信息。

四、建成运营的系统要抓紧改造并通过检测认证

（一）明确改造时限。电子招标投标系统三大平台的运营机构和相关监管部门应在2015年底之前，全面完成对已有平台的改造，确保平台定位准确、功能独立、运营规范、标准统一、接口开放、安全可靠、高效便捷。

（二）通过检测认证。待国家发展改革委会同有关部门起草的《电子招标投标系统检测认证管理办法》及检测认证规范发布后，即对电子招标投标系统进行检测、认证。

（三）规范与发展并举。各省级发展改革部门要会同有关部门,在规范电子招标投标系统建设运营的同时,结合本地实际研究制定促进电子招标投标发展的工作方案,明确总体目标和年度计划,并采取有效措施抓好落实。

特此通知。

(六)公共资源交易

公共资源交易平台管理暂行办法

· 2016 年 6 月 24 日国家发展和改革委员会、工业和信息化部、财政部、国土资源部、环境保护部、住房和城乡建设部、交通运输部、水利部、商务部、国家卫生和计划生育委员会、国务院国有资产监督管理委员会、国家税务总局、国家林业局、国家机关事务管理局令第 39 号公布

· 自 2016 年 8 月 1 日起施行

第一章　总　则

第一条　为规范公共资源交易平台运行,提高公共资源配置效率和效益,加强对权力运行的监督制约,维护国家利益、社会公共利益和交易当事人的合法权益,根据有关法律法规和《国务院办公厅关于印发整合建立统一的公共资源交易平台工作方案的通知》(国办发〔2015〕63 号),制定本办法。

第二条　本办法适用于公共资源交易平台的运行、服务和监督管理。

第三条　本办法所称公共资源交易平台是指实施统一的制度和标准、具备开放共享的公共资源交易电子服务系统和规范透明的运行机制,为市场主体、社会公众、行政监督管理部门等提供公共资源交易综合服务的体系。

公共资源交易是指涉及公共利益、公众安全的具有公有性、公益性的资源交易活动。

第四条　公共资源交易平台应当立足公共服务职能定位,坚持电子化平台的发展方向,遵循开放透明、资源共享、高效便民、守法诚信的运行服务原则。

第五条　公共资源交易平台要利用信息网络推进交易电子化,实现全流程透明化管理。

第六条　国务院发展改革部门会同国务院有关部门统筹指导和协调全国公共资源交易平台相关工作。

设区的市级以上地方人民政府发展改革部门或政府指定的部门会同有关部门负责本行政区域的公共资源交易平台指导和协调等相关工作。

各级招标投标、财政、国土资源、国有资产等行政监督管理部门按照规定的职责分工,负责公共资源交易活动的监督管理。

第二章　平台运行

第七条　公共资源交易平台的运行应当遵循相关法律法规和国务院有关部门制定的各领域统一的交易规则,以及省级人民政府颁布的平台服务管理细则。

第八条　依法必须招标的工程建设项目招标投标、国有土地使用权和矿业权出让、国有产权交易、政府采购等应当纳入公共资源交易平台。

国务院有关部门和地方人民政府结合实际,推进其他各类公共资源交易纳入统一平台。纳入平台交易的公共资源项目,应当公开听取意见,并向社会公布。

第九条　公共资源交易平台应当按照国家统一的技术标准和数据规范,建立公共资源交易电子服务系统,开放对接各类主体依法建设的公共资源电子交易系统和政府有关部门的电子监管系统。

第十条　公共资源交易项目的实施主体根据交易标的专业特性,选择使用依法建设和运行的电子交易系统。

第十一条　公共资源交易项目依法需要评标、评审的,应当按照全国统一的专家专业分类标准,从依法建立的综合评标、政府采购评审等专家库中随机抽取专家,法律法规另有规定的除外。

有关行政监督管理部门按照规定的职责分工,对专家实施监督管理。

鼓励有条件的地方跨区域选择使用专家资源。

第十二条　公共资源交易平台应当按照省级人民政府规定的场所设施标准,充分利用已有的各类场所资源,为公共资源交易活动提供必要的现场服务设施。

市场主体依法建设的交易场所符合省级人民政府规定标准的,可以在现有场所办理业务。

第十三条　公共资源交易平台应当建立健全网络信息安全制度,落实安全保护技术措施,保障平台平稳运行。

第三章　平台服务

第十四条　公共资源交易平台的服务内容、服务流程、工作规范、收费标准和监督渠道应当按照法定要求确定,并通过公共资源交易电子服务系统向社会公布。

第十五条　公共资源交易平台应当推行网上预约和服务事项办理。确需在现场办理的,实行窗口集中,简化流程,限时办结。

第十六条　公共资源交易平台应当将公共资源交易公告、资格审查结果、交易过程信息、成交信息、履约信息等,通过公共资源交易电子服务系统依法及时向社会公开。涉及国家秘密、商业秘密、个人隐私以及其他依法立

当保密的信息除外。

公共资源交易平台应当无偿提供依法必须公开的信息。

第十七条 交易服务过程中产生的电子文档、纸质资料以及音视频等,应当按照规定的期限归档保存。

第十八条 公共资源交易平台运行服务机构及其工作人员不得从事以下活动:

(一)行使任何审批、备案、监管、处罚等行政监督管理职能;

(二)违法从事或强制指定招标、拍卖、政府采购代理、工程造价等中介服务;

(三)强制非公共资源交易项目进入平台交易;

(四)干涉市场主体选择依法建设和运行的公共资源电子交易系统;

(五)非法扣押企业和人员的相关证照资料;

(六)通过设置注册登记、设立分支机构、资质验证、投标(竞买)许可、强制担保等限制性条件阻碍或者排斥其他地区市场主体进入本地区公共资源交易市场;

(七)违法要求企业法定代表人到场办理相关手续;

(八)其他违反法律法规规定的情形。

第十九条 公共资源交易平台运行服务机构提供公共服务确需收费的,不得以营利为目的。根据平台运行服务机构的性质,其收费分别纳入行政事业性收费和经营服务性收费管理,具体收费项目和收费标准按照有关规定执行。属于行政事业性收费的,按照本级政府非税收入管理的有关规定执行。

第二十条 公共资源交易平台运行服务机构发现公共资源交易活动中有违法违规行为的,应当保留相关证据并及时向有关行政监督管理部门报告。

第四章 信息资源共享

第二十一条 各级行政监督管理部门应当将公共资源交易活动当事人资质资格、信用奖惩、项目审批和违法违规处罚等信息,自作出行政决定之日起7个工作日内上网公开,并通过相关电子监管系统交换至公共资源交易电子服务系统。

第二十二条 各级公共资源交易平台应当依托统一的社会信用代码,记录公共资源交易过程中产生的市场主体和专家信用信息,并通过国家公共资源交易电子服务系统实现信用信息交换共享和动态更新。

第二十三条 国务院发展改革部门牵头建立国家公共资源交易电子服务系统,与省级公共资源交易电子服务系统和有关部门建立的电子系统互联互通,实现市场主体信息、交易信息、行政监管信息的集中交换和同步共享。

第二十四条 省级人民政府应当搭建全行政区域统一、终端覆盖市县的公共资源交易电子服务系统,对接国家公共资源交易电子服务系统和有关部门建立的电子系统,按照有关规定交换共享信息。有关电子招标投标、政府采购等系统应当分别与国家电子招标投标公共服务系统、政府采购管理交易系统对接和交换信息。

第二十五条 公共资源交易电子服务系统应当分别与投资项目在线审批监管系统、信用信息共享系统对接,交换共享公共资源交易相关信息、项目审批核准信息和信用信息。

第二十六条 市场主体已经在公共资源电子交易系统登记注册,并通过公共资源交易电子服务系统实现信息共享的,有关行政监督管理部门和公共资源交易平台运行服务机构不得强制要求其重复登记、备案和验证。

第二十七条 公共资源交易电子服务系统应当支持不同电子认证数字证书的兼容互认。

第二十八条 公共资源交易平台和有关行政监督管理部门在公共资源交易数据采集、汇总、传输、存储、公开、使用过程中,应加强数据安全管理。涉密数据的管理,按照有关法律规定执行。

第五章 监督管理

第二十九条 各级行政监督管理部门按照规定的职责分工,加强对公共资源交易活动的事中事后监管,依法查处违法违规行为。

对利用职权违规干预和插手公共资源交易活动的国家机关或国有企事业单位工作人员,依纪依法予以处理。

各级审计部门应当对公共资源交易平台运行依法开展审计监督。

第三十条 设区的市级以上地方人民政府应当推动建立公共资源交易电子监管系统,实现对项目登记,公告发布,开标评标或评审、竞价,成交公示,交易结果确认,投诉举报,交易履约等交易全过程监控。

公共资源交易电子服务系统和其对接的公共资源电子交易系统应当实时向监管系统推送数据。

第三十一条 建立市场主体公共资源交易活动事前信用承诺制度,要求市场主体以规范格式向社会作出公开承诺,并纳入交易主体信用记录,接受社会监督。

第三十二条 各级行政监督管理部门应当将公共资源交易主体信用信息作为市场准入、项目审批、资质资格审核的重要依据。

建立行政监督管理部门、司法机关等部门联合惩戒机制,对在公共资源交易活动中有不良行为记录的市场主体,依法限制或禁止其参加招标投标、国有土地使用权出让和矿业权出让、国有产权交易、政府采购等公共资源交易活动。

建立公共资源交易相关信息与同级税务机关共享机制,推进税收协作。

第三十三条　各级行政监督管理部门应当运用大数据技术,建立公共资源交易数据关联比对分析机制,开展监测预警,定期进行效果评估,及时调整监管重点。

第三十四条　各级行政监督管理部门应当建立联合抽查机制,对有效投诉举报多或有违法违规记录情况的市场主体,加大随机抽查力度。

行政监督管理部门履行监督管理职责过程中,有权查阅、复制公共资源交易活动有关文件、资料和数据。公共资源交易平台运行服务机构应当如实提供相关情况。

第三十五条　建立由市场主体以及第三方参与的社会评价机制,对所辖行政区域公共资源交易平台运行服务机构提供公共服务情况进行评价。

第三十六条　市场主体或社会公众认为公共资源交易平台运行服务机构及其工作人员存在违法违规行为的,可以依法向政府有关部门投诉、举报。

第三十七条　公共资源交易领域的行业协会应当发挥行业组织作用,加强自律管理和服务。

第六章　法律责任

第三十八条　公共资源交易平台运行服务机构未公开服务内容、服务流程、工作规范、收费标准和监督渠道,由政府有关部门责令限期改正。拒不改正的,予以通报批评。

第三十九条　公共资源交易平台运行服务机构及其工作人员违反本办法第十八条禁止性规定的,由政府有关部门责令限期改正,并予以通报批评。情节严重的,依法追究直接责任人和有关领导的责任。构成犯罪的,依法追究刑事责任。

第四十条　公共资源交易平台运行服务机构违反本办法第十九条规定收取费用的,由同级价格主管部门会同有关部门责令限期改正。拒不改正的,依照《中华人民共和国价格法》、《价格违法行为行政处罚规定》等给予处罚,并予以公示。

第四十一条　公共资源交易平台运行服务机构未按照本办法规定在公共资源交易电子服务系统公开、交换、共享信息的,由政府有关部门责令限期改正。拒不改正的,对直接负责的主管人员和其他直接责任人员依法给予处分,并予以通报。

第四十二条　公共资源交易平台运行服务机构限制市场主体建设的公共资源电子交易系统对接公共资源交易电子服务系统的,由政府有关部门责令限期改正。拒不改正的,对直接负责的主管人员和其他直接责任人员依法给予处分,并予以通报。

第四十三条　公共资源交易平台运行服务机构及其工作人员向他人透露依法应当保密的公共资源交易信息的,由政府有关部门责令限期改正,并予以通报批评。情节严重的,依法追究直接责任人和有关领导的责任。构成犯罪的,依法追究刑事责任。

第四十四条　有关行政监督管理部门、公共资源交易平台运行服务机构及其工作人员徇私舞弊、滥用职权、弄虚作假、玩忽职守,未依法履行职责的,依法给予处分;构成犯罪的,依法追究刑事责任。

第七章　附　则

第四十五条　公共资源电子交易系统是根据工程建设项目招标投标、土地使用权和矿业权出让、国有产权交易、政府采购等各类交易特点,按照有关规定建设、对接和运行,以数据电文形式完成公共资源交易活动的信息系统。

公共资源交易电子监管系统是指政府有关部门在线监督公共资源交易活动的信息系统。

公共资源交易电子服务系统是指联通公共资源电子交易系统、监管系统和其他电子系统,实现公共资源交易信息数据交换共享,并提供公共服务的枢纽。

第四十六条　公共资源交易平台运行服务机构是指由政府推动设立或政府通过购买服务等方式确定的,通过资源整合共享方式,为公共资源交易相关市场主体、社会公众、行政监督管理部门等提供公共服务的单位。

第四十七条　本办法由国务院发展改革部门会同国务院有关部门负责解释。

第四十八条　本办法自2016年8月1日起实施。

公共资源交易平台服务标准(试行)

·2019年4月25日

·发改办法规〔2019〕509号

1. 范　围

本标准规定了公共资源交易平台服务的术语和定义、基本原则与要求、服务内容、服务流程要求、场所与设施要求、信息化建设要求、安全要求、服务质量与监督评价。

本标准适用于公共资源交易平台运行服务机构，主要是各级公共资源交易中心所提供的服务。社会资本建设运行的有关公共资源电子交易系统，参照本标准有关要求执行。

2. 规范性引用文件

下列文件对于本标准的应用是必不可少的。凡是注日期的引用文件，仅所注日期的版本适用于本标准。凡是不注日期的引用文件，其最新版本（包括所有的修改单）适用于本标准。

GB/T 2893.1 图形符号 安全色和安全标志 第1部分：安全标志和安全标记的设计原则

GB 2894 安全标志及其使用导则

GB/T 10001.1 公共信息图形符号 第1部分：通用符号

GB/T 22081 信息技术 安全技术 信息安全控制实践指南

GB/T 20269 信息安全技术 信息系统安全管理要求

GB/T 20270 信息安全技术 网络基础安全技术要求

GB/T 20271 信息安全技术 信息系统通用安全技术要求

GB/T 21061 国家电子政务网络技术和运行管理规范

GB/T 21064 电子政务系统总体设计要求

《中华人民共和国招标投标法》及《中华人民共和国招标投标法实施条例》

《中华人民共和国政府采购法》及《中华人民共和国政府采购法实施条例》

《中华人民共和国土地管理法》

《中华人民共和国矿产资源法》

（中华人民共和国企业国有资产法》

《公共资源交易平台管理暂行办法》（国家发展改革委等14部委第39号令）

《电子招标投标办法》（国家发展改革委第20号令）

《公共资源交易平台系统数据规范（V2.0）》（发改办法规〔2018〕1156号）

3. 术语和定义

下列术语和定义适用于本标准。

3.1 公共资源交易

公共资源交易是指涉及公共利益、公众安全的具有公有性、公益性的资源交易活动。

3.2 公共资源交易平台

公共资源交易平台（以下简称平台）是指实施统一的制度和标准、具备开放共享的公共资源交易电子服务系统和规范透明的运行机制，为市场主体、社会公众、行政监督管理部门等提供公共资源交易综合服务的体系。

3.3 公共资源交易平台运行服务机构

公共资源交易平台运行服务机构是指由政府推动设立或政府通过购买服务等方式确定的，通过资源整合共享方式，为公共资源交易相关市场主体、社会公众、行政监督管理部门等提供公共服务的单位。公共资源交易中心是公共资源交易平台主要运行服务机构。

3.4 公共资源交易电子服务系统

公共资源交易电子服务系统（以下简称电子服务系统）是指联通公共资源电子交易系统、监管系统和其他电子系统，实现公共资源交易信息数据交换共享，并提供公共服务的枢纽。

3.5 公共资源电子交易系统

公共资源电子交易系统（以下简称电子交易系统）是根据工程建设项目招标投标、土地使用权和矿业权出让、国有产权交易、政府采购等各类交易特点，按照有关规定建设、对接和运行，以数据电文形式完成公共资源交易活动的信息系统。

3.6 公共资源交易电子监管系统

公共资源交易电子监管系统（以下简称电子监管系统）是指政府有关部门在线监督公共资源交易活动的信息系统。

3.7 竞得人

本标准所称竞得人包括中标人、成交供应商、受让人等。

4. 基本原则与要求

4.1 基本原则

平台运行服务机构应立足公共服务职能定位，建立健全电子交易系统，不断优化见证、场所、信息、档案、专家抽取和交易流程等服务，积极开展交易大数据分析，为宏观经济决策、优化营商环境、规范交易市场提供支撑。其建设和运行应当遵循以下原则。

4.1.1 依法依规，科学规划。严格执行国家有关法律法规和政策，结合本地公共资源交易实际，合理规划、科学布局,突出特色、注重实效。

4.1.2 便民高效,规范运行。精简办事材料,优化办理流程,量化服务指标,完善功能标识,高效规范运行。

4.1.3 公开透明,强化监督。完善办事指南信息,构建完善咨询投诉、服务评价机制,不断提高业务办理公开透明度,广泛接受社会监督。

4.2 基本要求

4.2.1 遵守国家法律、法规、规章及相关政策规定。

4.2.2 具备必要的、功能齐备的场所和设施,以及满足交易需要的电子交易系统,建立健全网络信息安全制度,落实安全保护技术措施,保障系统安全稳定可靠运行。

4.2.3 建立健全平台运行服务制度和内控机制,加强对工作人员的管理,不断提高平台的服务质量和效率。

4.2.4 在电子服务系统和服务场所醒目位置向社会公开平台的服务内容、服务流程、服务规范和监督渠道等,主动接受社会监督。

4.2.5 加强日常安全管理,制定实施突发性事件应急处理预案。

4.2.6 及时向公共资源交易行政监督部门推送交易信息等。

4.2.7 积极配合政府有关部门调查处理投诉事项和违法违规行为,承担有关部门交办的其他工作。

5. 服务内容

包括但不限于以下内容。

5.1 业务咨询。

5.2 项目登记。

5.3 场地安排。

5.4 公告和公示信息公开。

5.5 交易过程保障。

5.6 资料归档。

5.7 数据统计。

5.8 档案查询。

6. 服务流程要求

6.1 业务咨询

6.1.1 咨询服务方式应包括但不限于网上咨询、电话咨询和现场咨询。

6.1.2 咨询服务应遵循首问负责制和一次性告知制。

6.1.3 工作人员应向交易相关主体提供以下咨询服务。

6.1.3.1 提供公共资源交易项目涉及的法律法规及相关规定。

6.1.3.2 介绍交易业务流程、办事指南、注意事项等。

6.1.3.3 指引相关主体使用电子交易系统事项办理流程。

6.1.3.4 其他咨询事项。

6.1.4 不属于平台运行服务机构答复或解决的问题,应解释清楚,并予以引导。

6.2 项目登记

6.2.1 纳入平台交易项目的登记方式应包括网上登记、现场登记,鼓励实行网上登记。

6.2.2 工作人员在办理项目登记业务时,应按照法律法规及相关规定进行必要提示,对确需调整、补充材料的,应一次性告知需调整、补充的材料。

6.2.3 相关文件资料齐备后,工作人员应根据交易项目的内容、规模及其交易方式,对交易项目的实施主体或其代理机构申请的场所、时间等予以确认,及时办结项目登记,并告知交易过程中应当注意的事项。

6.2.4 应为纳入平台交易项目明确具体的服务责任人。

6.2.5 如交易项目的实施主体或其代理机构提出申请,可为其提供交易文件标准化模板,但不得对交易文件进行审批、核准、备案。

6.3 场地安排

6.3.1 应当根据交易项目的实施主体或其代理机构的申请,及时确定交易项目的交易场地和评标(评审)场地。场地确定后确需变更的,应及时提供变更服务,并调整相应工作安排。

6.3.2 应做好交易过程中的各项准备工作,场地及设施应符合本标准第7部分的要求,以满足交易项目需求。

6.4 公告和公示信息公开

6.4.1 公开方式

应在项目登记办结后,按照交易项目的交易方式或者交易阶段,根据交易项目的实施主体或其代理机构的委托,协助其在法定媒介发布交易公告和公示信息;同步在电子交易系统公开的,公告内容应保持一致。

6.4.2 协助处理异议或者投诉

在法定时限内,遇有对公告和公示信息的形式、内容、期限等提出异议或者投诉的,应按规定及时向交易项目的实施主体或其代理机构,或者有关行政监督部门反映,并协助做好有关核查及处理工作。

6.5 交易过程保障

6.5.1 在交易实施前,应按照交易项目的特点、流程，做好场所、设施、技术等服务保障的准备工作。同时，宜采用短信、电话或者其他方式通知项目的实施主体或其代理机构做好交易实施的相关准备工作。

6.5.2 交易实施过程中，应按规定的时间准时启用相关设施、场所，提供必要的技术和其它相关服务，并协助交易项目的实施主体或其代理机构维持交易秩序，确保交易活动按照既定的交易流程顺利完成。

6.5.3 应按规定的时间和方式，有序引导经身份识别后的评标（评审）专家进入评标（评审）区域，并将其随身携带的通讯及其它相关电子设备妥善保存在规定地点。如有需要，应按规定提供评标（评审）专家的抽取服务。

6.5.4 在交易场所进行交易的，应见证交易过程，对交易活动现场、评标评审情况等进行录音录像，并按规定确保评标评审过程严格保密。

6.5.5 交易实施过程中，遇有异议或者投诉的，应按规定及时向交易项目的实施主体或其代理机构，或者有关行政监督部门反映，并协助做好有关核查及处理工作。依法应当暂停交易或者终止交易的，应提示并配合交易项目的实施主体或其代理机构按 6.4.1 的规定进行公告，并采取短信、电话或者其他方式通知所有相关主体。

6.5.6 如遇不可抗力、交易系统异常等情况，导致交易无法正常进行的，应按规定配合交易项目的实施主体或其代理机构暂停交易；如发现有违法违规行为的，应当保留相关证据并及时向有关行政监督部门报告。

6.5.7 应建立健全不良交易行为发现处置机制，工作人员在交易服务过程中，对发现的不良交易行为应进行记录，并及时报送至有关行政监督部门依法处理。

6.6 资料归档

6.6.1 应建立健全公共资源交易档案管理制度，按照“一项一档”的要求，将交易服务过程中产生的电子文档、纸质资料以及音视频等按有关规定统一归档。

6.6.2 应设专人负责档案管理，归档案卷应齐全、完整、目录清晰。

6.6.3 应按照相关法律法规规定的期限和要求保存档案，确保档案存放地点安全、保密。

6.6.4 交易相关主体违反规定拒绝提供归档资料的，应及时向有关行政监督部门报告。

6.7 数据统计

6.7.1 应建立交易数据统计制度，保障数据质量，按要求及时统计并向有关电子服务系统和行政监督部门推送统计数据。

6.7.2 应通过电子服务系统，向社会公开各类交易信息，接受社会监督。

6.8 档案查询和移交

6.8.1 应建立档案查询制度，依法依规提供档案查询服务。

6.8.2 应做好档案查询记录，并确保档案的保密性、完整性。

6.8.3 应按规定及时向档案馆移交相关档案。

7. 场所与设施要求

7.1 基本要求

7.1.1 场所设施建设应遵循集约利用、因地制宜、避免重复建设的原则，按相关规定和标准配备必要的服务和办公设施，以及电子交易系统软硬件设备。

7.1.2 公共服务、交易实施、评标评审、办公等功能区域，应当边界清晰、标识醒目、设施齐备、干净整洁。

7.1.3 有条件的交易场所，可为第三方服务机构等提供相应的办公区域和设施。第三方服务包括但不限于 CA 证书、银行结算、其他商务服务等。

7.2 场所设置

7.2.1 公共服务区域

7.2.1.1 应设置咨询服务台，有专人提供业务咨询等服务。

7.2.1.2 应配置信息展示、信息查询和信息服务等设施，有专人维护、管理和服务。

7.2.1.3 应按照各类公共资源交易的基本业务流程设置服务窗口，配备相应的服务人员和办公设备。

7.2.1.4 应设置休息等候区域，并配备必要的设施。

7.2.1.5 应设置公共区域电视监控系统，实施 24 小时不间断监控。

7.2.2 交易实施区

7.2.2.1 应根据公共资源交易的不同类别及其特点，设置相应的开标室、谈判室、竞价室、拍卖厅等，并配备相应的服务人员和必需的设施设备。

7.2.2.2 开标室、谈判室、竞价室、拍卖厅等交易场所，应当设置音频视频监控系统，对在现场办理的交易活动全过程进行录音录像。

7.2.3 评标评审区

7.2.3.1 评标评审区域应与咨询、办事、开标、竞价、拍卖等公开场所进行物理隔离，有必要的，可设置专家抽取终端和专家专用通道。

7.2.3.2 应设置音频视频监控、门禁等系统，门禁以内宜设置评标评审室、谈判室、磋商室、询标室、资料中转室、专家用餐室、公共卫生间等，并配置相应的服务人员和必需的设施设备；有条件的交易场所，应配备隔夜评标评审场所和设施。

7.2.3.3 门禁以外相邻区域宜设置物品储存柜、监督室、专家抽取室等。

7.2.3.4 评标评审区入口处宜设置通讯检测门，并与门禁系统联动运行。

7.3 标识标志

7.3.1 应在服务场所设置清晰的导向标识、门牌标识、禁止标识和安全标志。

7.3.2 应有楼层导向图、功能分区平面图，以及不同人员的通道标识标志。

7.3.3 标识标志应符合 GB/T 2893.1《图形符号 安全色和安全标志 第1部分：安全标志和安全标记的设计原则》、GB/T2894《安全标志及其使用导则》、GB/T 10001.1《公共信息图形符号 第1部分：通用符号》的要求。

7.4 监控系统

7.4.1 应设有业务监控和安全保障监控设备，并配备专职人员维护，保证正常运行。

7.4.2 业务监控应自业务开始至结束，对监控范围内的一切声源与图像同步录取，录音录像保存期限应符合相关规定。

8. 信息化建设要求

应按照国家有关技术规范要求建立或以政府购买服务方式确定电子交易系统，为交易相关主体提供在线交易服务，并通过对接电子服务系统、电子监督系统和其他相关电子系统，推动实现公共资源交易信息数据交换共享。

9. 安全要求

9.1 应建立健全安全保卫制度，配备安全保卫人员，定期进行安全检查。

9.2 应按有关规定配备消防器材、应急照明灯和标志，加强消防安全日常监督检查。

9.3 应建立突发性事件应急处理预案，明确突发性情况的应对措施。

9.4 应建立健全网络信息安全制度，落实安全保护技术措施。

9.5 互联网运营网络宜采用主备模式。

9.6 各类系统数据宜设置异地备份。

9.7 信息和网络安全应符合 GB/T 22081《信息技术 安全技术信息安全控制实践指南》、GB/T 20269《信息安全技术 信息系统安全管理要求》、GB/T 20270《信息安全技术 网络基础安全技术要求》、GB/T 20271《信息安全技术 信息系统通用安全技术要求》、GB/T 21061《国家电子政务网络技术和运行管理规范》、GB/T 21064《电子政务系统总体设计要求》的要求。

10. 服务质量与监督评价

10.1 平台运行服务机构应具有一定数量的相关专业人员，能满足为各类公共资源交易提供服务的要求，建立健全内部管理制度，制订完善的服务流程。

10.2 应公开承诺办理时限，限时办结，建立“一站式”服务模式，提高工作效率。

10.3 应实现服务项目、服务流程、服务标准、收费标准等信息公开。

10.4 应完善服务监督形式，建立服务质量监督的反馈和投诉制度，公布投诉方式（电话、信箱等），畅通监督渠道。

10.5 应建立服务质量评价机制，采用自评价和外部评价相结合的方式，开展服务质量综合评价和服务满意度调查，定期公示评价结果，并根据评价结果不断改进服务。

国务院办公厅转发国家发展改革委关于深化公共资源交易平台整合共享指导意见的通知

·2019年5月19日

·国办函〔2019〕41号

近年来，各地区、各部门认真贯彻落实党中央、国务院决策部署，按照《国务院办公厅关于印发整合建立统一的公共资源交易平台工作方案的通知》（国办发〔2015〕63号）要求，积极推动整合分散设立的工程建设项目招标投标、土地使用权和矿业权出让、国有产权交易、政府采购等交易平台，全国范围内规则统一、公开透明、服务高效、监督规范的平台体系初步构建，公共资源交易市场迅速发展，公共资源配置的效率和效益明显提高，促进了经济社会持续健康发展。同时，公共资源交易领域仍存在要素市场化配置程度不够高、公共服务供给不充分、多头监管与监管缺失并存等突出问题，亟待进一步深化改革、创新机制、优化服务、强化监管。为深化公共资源交易平台整合共享,促进公共资源交易市场健康有序发展,现提出以下意见。

一、总体要求

(一)指导思想。

以习近平新时代中国特色社会主义思想为指导,全面贯彻党的十九大和十九届二中、三中全会精神,统筹推进"五位一体"总体布局,协调推进"四个全面"战略布局,按照党中央、国务院决策部署,坚持稳中求进工作总基调,坚持新发展理念,坚持推动高质量发展,坚持以供给侧结构性改革为主线,充分发挥市场在资源配置中的决定性作用,更好发挥政府作用,持续深化公共资源交易平台整合共享,着力提高公共资源配置效率和公平性,着力提升公共资源交易服务质量,着力创新公共资源交易监管体制机制,激发市场活力和社会创造力。

(二)基本原则。

坚持应进必进,推动各类公共资源交易进平台。对于应该或可以通过市场化方式配置的公共资源,建立交易目录清单,加快推进清单内公共资源平台交易全覆盖,做到"平台之外无交易"。

坚持统一规范,推动平台整合和互联共享。在政府主导下,进一步整合规范公共资源交易平台,不断完善分类统一的交易制度规则、技术标准和数据规范,促进平台互联互通和信息充分共享。

坚持公开透明,推动公共资源阳光交易。实行公共资源交易全过程信息公开,保证各类交易行为动态留痕、可追溯。大力推进部门协同监管、信用监管和智慧监管,充分发挥市场主体、行业组织、社会公众、新闻媒体外部监督作用,确保监督到位。

坚持服务高效,推动平台利企便民。深化"放管服"改革,突出公共资源交易平台的公共服务职能定位,进一步精简办事流程,推行网上办理,降低制度性交易成本,推动公共资源交易从依托有形场所向以电子化平台为主转变。

(三)主要目标。

到2020年,适合以市场化方式配置的公共资源基本纳入统一的公共资源交易平台体系,实行目录管理;各级公共资源交易平台纵向全面贯通、横向互联互通,实现制度规则统一、技术标准统一、信息资源共享;电子化交易全面实施,公共资源交易实现全过程在线实时监管。在此基础上,再经过一段时间努力,公共资源交易流程更加科学高效,交易活动更加规范有序,效率和效益进一步提升,违法违规行为发现和查处力度明显加大;统一开放、竞争有序的公共资源交易市场健康运行,市场主体获得感进一步增强。

二、完善公共资源市场化配置机制

(四)拓展平台覆盖范围。将公共资源交易平台覆盖范围由工程建设项目招标投标、土地使用权和矿业权出让、国有产权交易、政府采购等,逐步扩大到适合以市场化方式配置的自然资源、资产股权、环境权等各类公共资源,制定和发布全国统一的公共资源交易目录指引。各地区根据全国目录指引,结合本地区实际情况,系统梳理公共资源类别和范围,制定和发布本地区公共资源交易目录。持续推进公共资源交易平台整合,坚持能不新设就不新设,尽可能依托现有平台满足各类交易服务需要。

(五)创新资源配置方式。对于全民所有自然资源,特许经营权,农村集体产权等资产股权,排污权、碳排放权、用能权等环境权,要健全出让或转让规则,引入招标投标、拍卖等竞争性方式,完善交易制度和价格形成机制,促进公共资源公平交易、高效利用。有条件的地方可开展医疗药品、器械及耗材集中采购。

(六)促进资源跨区域交易。严格执行公平竞争审查制度,防止通过设置注册登记、设立分支机构(办事处)、资质验证、投标(竞买)许可、强制担保、强制要求在当地投资、人员业绩考核等没有法律法规依据的限制性条件实行地方保护或行业垄断。鼓励同一省域内市场主体跨地市自主选择平台进行公共资源交易,积极稳妥推进公共资源交易平台跨省域合作。

三、优化公共资源交易服务

(七)健全平台电子系统。加强公共资源交易平台电子系统建设,明确交易、服务、监管等各子系统的功能定位,实现互联互通和信息资源共享,并同步规划、建设、使用信息基础设施,完善相关安全技术措施,确保系统和数据安全。交易系统为市场主体提供在线交易服务,服务系统为交易信息汇集、共享和发布提供在线服务,监管系统为行政监督部门、纪委监委、审计部门提供在线监督通道。抓紧解决公共资源交易平台电子档案、技术规范、信息安全等问题,统筹公共资源交易评标、评审专家资源,通过远程异地评标、评审等方式加快推动优质专家资源跨地区、跨行业共享。进一步发挥全国公共资源交易平台作用,为各级各类公共资源电子化交易提供公共入口、公共通道和综合技术支撑。全国公共资源交易数据应当由全国公共资源交易平台按照有关规定统一发布。中央管理企业电子招标采购交易系统应当通过国家电子招标投标公共服务系统有序纳入公共资源交易平台，依法接受监督管理。促进数字证书（CA）跨平台、跨部门、跨区域互认，逐步实现全国互认，推动电子营业执照、电子担保保函在公共资源交易领域的应用，降低企业交易成本，提高交易效率。

（八）强化公共服务定位。公共资源交易中心作为公共资源交易平台主要运行服务机构，应不断优化见证、场所、信息、档案、专家抽取等服务，积极开展交易大数据分析，为宏观经济决策、优化营商环境、规范交易市场提供参考和支撑，不得将重要敏感数据擅自公开及用于商业用途。除法律法规明确规定外，公共资源交易中心不得代行行政监管职能，不得限制交易主体自主权，不得排斥和限制市场主体建设运营的电子交易系统。

（九）精简管理事项和环节。系统梳理公共资源交易流程，取消没有法律法规依据的投标报名、招标文件审查、原件核对等事项以及能够采用告知承诺制和事中事后监管解决的前置审批或审核环节。推广多业务合并申请，通过"一表申请"将市场主体基本信息材料一次收集、后续重复使用并及时更新。推行交易服务"一网通办"，不断提高公共资源交易服务事项网上办理比例。

四、创新公共资源交易监管体制

（十）实施协同监管。深化公共资源交易管理体制改革，推进公共资源交易服务、管理与监督职能相互分离，探索推进公共资源交易综合监管。各地区公共资源交易平台整合工作牵头部门要会同有关行政监督部门按照各司其职、互相协调、密切配合的要求，根据法律法规和地方各级人民政府确定的职责分工，形成监管权力和责任清单并向社会公开。建立健全投诉举报接收、转办、反馈工作机制，由有关行政监督部门依法查处公共资源交易过程中的违法违规行为，实现部门协同执法、案件限时办结、结果主动反馈。加大信息公开力度，加快推进公共资源交易全过程信息依法公开。畅通社会监督渠道，加强市场主体、行业组织、社会公众、新闻媒体等对公共资源交易活动的监督，促进市场开放和公平竞争。

（十一）强化信用监管。加快公共资源交易领域信用体系建设，制定全国统一的公共资源交易信用标准，完善公共资源交易信用信息管理、共享、运用等制度，强化各类市场主体信用信息的公开和运用，把市场主体参与公共资源交易活动的信用信息归集到全国信用信息共享平台，作为实施监管的重要依据，依法依规开展守信联合激励和失信联合惩戒。

（十二）开展智慧监管。依托公共资源交易平台电子系统及时在线下达指令，实现市场主体、中介机构和交易过程信息全面记录、实时交互，确保交易记录来源可溯、去向可查、监督留痕、责任可究。运用大数据、云计算等现代信息技术手段，对公共资源交易活动进行监测分析，及时发现并自动预警围标串标、弄虚作假等违法违规行为，加大对重点地区、重点领域、重点环节的监督执法力度，增强监管的针对性和精准性。推进公共资源交易平台电子系统与全国投资项目在线审批监管平台对接。

五、强化组织实施保障

（十三）加强组织领导。国家发展改革委要会同有关部门完善公共资源交易平台整合工作部际联席会议机制，加强政策指导、工作协调和业务培训，督促任务落实。地方各级人民政府要统筹推进本行政区域公共资源交易平台整合共享工作，强化对本行政区域各级公共资源交易中心的业务指导，切实保障公共资源交易平台的运行维护经费，完善工作协调机制，制定细化落实工作方案，加大人员、设施等配套保障力度，加强信息技术方面培训和能力建设。

（十四）加快制度建设。抓紧做好招标投标、自然资源资产转让、国有产权交易、政府采购等公共资源交易领域法律法规规章的立改废释工作。加强信息安全制度建设，根据国家信息安全标准加快构建公共资源交易信息安全防护体系，保障公共资源交易平台运行安全和数据安全。完善评标、评审专家管理办法，健全专家征集、培训、考核和清退机制，加快推进电子评标评审。完善中介机构管理制度，规范代理行为，促进行业自律。完善制度规则清理长效机制，国家发展改革委要会同有关部门抓紧对不符合整合共享要求的全国性公共资源交易制度规则进行清理，制定实施全国统一的公共资源交易服务标准，按程序发布实施全国公共资源交易目录指引；各省级人民政府要定期对本行政区域公共资源交易制度规则进行清理并及时公告清理过程和结果，接受社会监督。

（十五）狠抓督促落实。地方各级人民政府要将深化公共资源交易平台整合共享工作纳入政府目标考核管理，加强对公共资源交易领域公共服务、行政监管和市场规范等工作情况的监督检查，建立市场主体和第三方评议机制，并向社会公开相关情况；加强对公共资源交易监管部门、公共资源交易中心及其工作人员的监督，健全廉政风险防控机制。国家发展改革委要会同有关部门加强指导督促，总结推广典型经验和创新做法；对推进工作不力、整合不到位的，要进行通报，确保各项任务措施落实到位，重要情况及时报告国务院。

国务院办公厅关于印发整合建立统一的公共资源交易平台工作方案的通知

·2015年8月10日
·国办发〔2015〕63号

为深入贯彻党的十八大和十八届二中、三中、四中全会精神，落实《国务院机构改革和职能转变方案》部署，现就整合建立统一的公共资源交易平台制定以下工作方案。

一、充分认识整合建立统一的公共资源交易平台的重要性

近年来，地方各级政府积极推进工程建设项目招标投标、土地使用权和矿业权出让、国有产权交易、政府采购等公共资源交易市场建设，对于促进和规范公共资源交易活动，加强反腐倡廉建设发挥了积极作用。但由于公共资源交易市场总体上仍处于发展初期，各地在建设运行和监督管理中暴露出不少突出问题：各类交易市场分散设立、重复建设，市场资源不共享；有些交易市场职能定位不准，运行不规范，公开性和透明度不够，违法干预交易主体自主权；有些交易市场存在乱收费现象，市场主体负担较重；公共资源交易服务、管理和监督职责不清，监管缺位、越位和错位现象不同程度存在。这些问题严重制约了公共资源交易市场的健康有序发展，加剧了地方保护和市场分割，不利于激发市场活力，亟需通过创新体制机制加以解决。

整合工程建设项目招标投标、土地使用权和矿业权出让、国有产权交易、政府采购等交易市场，建立统一的公共资源交易平台，有利于防止公共资源交易碎片化，加快形成统一开放、竞争有序的现代市场体系；有利于推动政府职能转变，提高行政监管和公共服务水平；有利于促进公共资源交易阳光操作，强化对行政权力的监督制约，推进预防和惩治腐败体系建设。

二、指导思想和基本原则

（一）指导思想。全面贯彻党的十八大和十八届二中、三中、四中全会精神，按照党中央、国务院决策部署，发挥市场在资源配置中的决定性作用和更好发挥政府作用，以整合共享资源、统一制度规则、创新体制机制为重点，以信息化建设为支撑，加快构筑统一的公共资源交易平台体系，着力推进公共资源交易法制化、规范化、透明化，提高公共资源配置的效率和效益。

（二）基本原则。

坚持政府推动、社会参与。政府要统筹推进公共资源交易平台整合，完善管理规则，优化市场环境，促进公平竞争。鼓励通过政府购买服务等方式，引导社会力量参与平台服务供给，提高服务质量和效率。

坚持公共服务、资源共享。立足公共资源交易平台的公共服务职能定位，整合公共资源交易信息、专家和场所等资源，加快推进交易全过程电子化，实现交易全流程公开透明和资源共享。

坚持转变职能、创新监管。按照管办分离、依法监管的要求，进一步减少政府对交易活动的行政干预，强化事中事后监管和信用管理，创新电子化监管手段，健全行政监督和社会监督相结合的监督机制。

坚持统筹推进、分类指导。充分考虑行业特点和地区差异，统筹推进各项工作，加强分类指导，增强政策措施的系统性、针对性和有效性。

三、整合范围和整合目标

（三）整合范围。整合分散设立的工程建设项目招标投标、土地使用权和矿业权出让、国有产权交易、政府采购等交易平台，在统一的平台体系上实现信息和资源共享，依法推进公共资源交易高效规范运行。积极有序推进其他公共资源交易纳入统一平台体系。民间投资的不属于依法必须招标的项目，由建设单位自主决定是否进入统一平台。

统一的公共资源交易平台由政府推动建立，坚持公共服务职能定位，实施统一的制度规则、共享的信息系统、规范透明的运行机制，为市场主体、社会公众、行政监管部门等提供综合服务。

（四）整合目标。2016年6月底前，地方各级政府基本完成公共资源交易平台整合工作。2017年6月底前，在全国范围内形成规则统一、公开透明、服务高效、监督规范的公共资源交易平台体系，基本实现公共资源交易全过程电子化。在此基础上，逐步推动其他公共资源进入统一平台进行交易，实现公共资源交易平台从依托有形场所向以电子化平台为主转变。

四、有序整合资源

（五）整合平台层级。各省级政府应根据经济发展水平和公共资源交易市场发育状况，合理布局本地区公共资源交易平台。设区的市级以上地方政府应整合建立本地区统一的公共资源交易平台。县级政府不再新设公共资源交易平台,已经设立的应整合为市级公共资源交易平台的分支机构;个别需保留的,由省级政府根据县域面积和公共资源交易总量等实际情况,按照便民高效原则确定,并向社会公告。法律法规要求在县级层面开展交易的公共资源,当地尚未设立公共资源交易平台的,原交易市场可予以保留。鼓励整合建立跨行政区域的公共资源交易平台。各省级政府应积极创造条件,通过加强区域合作、引入竞争机制、优化平台结构等手段,在坚持依法监督前提下探索推进交易主体跨行政区域自主选择公共资源交易平台。

(六)整合信息系统。制定国家电子交易公共服务系统技术标准和数据规范,为全国公共资源交易信息的集中交换和共享提供制度和技术保障。各省级政府应整合本地区分散的信息系统,依据国家统一标准建立全行政区域统一、终端覆盖市县的电子交易公共服务系统。鼓励电子交易系统市场化竞争,各地不得限制和排斥市场主体依法建设运营的电子交易系统与电子交易公共服务系统对接。各级公共资源交易平台应充分发挥电子交易公共服务系统枢纽作用,通过连接电子交易和监管系统,整合共享市场信息和监管信息等。加快实现国家级、省级、市级电子交易公共服务系统互联互通。中央管理企业有关电子招标采购交易系统应与国家电子交易公共服务系统连接并按规定交换信息,纳入公共资源交易平台体系。

(七)整合场所资源。各级公共资源交易平台整合应充分利用现有政务服务中心、公共资源交易中心、建设工程交易中心、政府集中采购中心或其他交易场所,满足交易评标(评审)活动、交易验证以及有关现场业务办理需要。整合过程中要避免重复建设,严禁假借场所整合之名新建楼堂馆所。在统一场所设施标准和服务标准条件下,公共资源交易平台不限于一个场所。对于社会力量建设并符合标准要求的场所,地方各级政府可以探索通过购买服务等方式加以利用。

(八)整合专家资源。进一步完善公共资源评标专家和评审专家分类标准,各省级政府应按照全国统一的专业分类标准,整合本地区专家资源。推动实现专家资源及专家信用信息全国范围内互联共享,有条件的地方要积极推广专家远程异地评标、评审。评标或评审时,专家应采取随机方式确定,任何单位和个人不得以明示、暗示等任何方式指定或者变相指定专家。

五、统一规则体系

(九)完善管理规则。发展改革委要会同国务院有关部门制定全国统一的公共资源交易平台管理办法,规范平台运行、管理和监督。国务院有关部门要根据工程建设项目招标投标、土地使用权和矿业权出让、国有产权交易、政府采购等法律法规和交易特点,制定实施全国分类统一的平台交易规则和技术标准。各省级政府要根据全国统一的规则和办法,结合本地区实际,制定平台服务管理细则,完善服务流程和标准。

(十)开展规则清理。各省级政府要对本地区各级政府和有关部门发布的公共资源交易规则进行清理。对违法设置审批事项、以备案名义变相实施审批、干预交易主体自主权以及与法律法规相冲突的内容,要坚决予以纠正。清理过程和结果应在省级公共资源交易平台进行公告,接受社会监督。

六、完善运行机制

(十一)推进信息公开共享。建立健全公共资源交易信息和信用信息公开共享制度。各级公共资源交易平台应加大信息公开力度,依法公开交易公告、资格审查结果、成交信息、履约信息以及有关变更信息等。加快建立市场信息共享数据库和验证互认机制。对市场主体通过公共资源交易平台电子交易公共服务系统实现登记注册共享的信息,相应行政区域内有关行政监督部门和其他公共资源交易平台不得要求企业重复登记、备案和验证,逐步推进全国范围内共享互认。各级行政监管部门要履行好信息公开职能,公开有关公共资源交易项目审核、市场主体和中介机构资质资格、行政处罚等监管信息。公共资源交易平台应依托统一的社会信用代码,建立公共资源交易市场主体信用信息库,并将相关信息纳入国家统一的信用信息平台,实现市场主体信用信息交换共享。加强公共资源交易数据统计分析、综合利用和风险监测预警,为市场主体、社会公众和行政监管部门提供信息服务。

(十二)强化服务功能。按照简政放权、放管结合、优化服务的改革方向,简化交易环节,提高工作效率,完善公共资源交易平台服务功能,公开服务流程、工作规范和监督渠道,整治各种乱收费行为,切实降低市场主体交易成本、减轻相关负担。建立市场主体以及第三方参与的社会评价机制,对平台提供公共服务情况进行考核评价。各级公共资源交易平台不得取代依法设立的政府集中采购机构的法人地位、法定代理权以及依法设立的其他交易机构和代理机构从事的相关服务,不得违法从事或强制指定招标、拍卖等中介服务,不得行使行政审批、备案等管理职能,不得强制非公共资源交易项目在平台交易，不得通过设置注册登记、设立分支机构、资质验证、投标（竞买）许可、强制担保等限制性条件阻碍或者排斥其他地区市场主体进入本地区公共资源交易市场。凡是采取审核招标及拍卖文件、出让方案等实施行政审批，或者以备案名义变相实施行政审批的，一律限期取消。公共资源交易平台应与依法设立的相关专业服务机构加强业务衔接，保证法定职能正常履行。

七、创新监管体制

（十三）完善监管体制机制。按照决策权、执行权、监督权既相互制约又相互协调的要求，深化公共资源交易管理体制改革，推进公共资源交易服务、管理与监督职能相互分离，完善监管机制，防止权力滥用。发展改革部门会同有关部门要加强对公共资源交易平台工作的指导和协调。各级招标投标行政监督、财政、国土资源、国有资产监督管理等部门要按照职责分工，加强对公共资源交易活动的监督执法，依法查处公共资源交易活动中的违法违规行为。健全行政监督部门与监察、审计部门协作配合机制，严肃查处领导干部利用职权违规干预和插手公共资源交易活动的腐败案件。审计部门要加强对公共资源交易及平台运行的审计监督。

（十四）转变监督方式。各级行政主管部门要运用大数据等手段，实施电子化行政监督，强化对交易活动的动态监督和预警。将市场主体信用信息和公共资源交易活动信息作为实施监管的重要依据，健全守信激励和失信惩戒机制。对诚实守信主体参与公共资源交易活动要依法给予奖励，对失信主体参与公共资源交易活动要依法予以限制，对严重违法失信主体实行市场禁入。健全专家选聘与退出机制，建立专家黑名单制度，强化专家责任追究。加强社会监督，完善投诉处理机制，公布投诉举报电话，及时处理平台服务机构违法违规行为。发挥行业组织作用，建立公共资源交易平台服务机构和人员自律机制。

八、强化实施保障

（十五）加强组织领导。各地区、各部门要充分认识整合建立统一的公共资源交易平台的重要性，加强领导，周密部署，有序推进整合工作。建立由发展改革委牵头，工业和信息化部、财政部、国土资源部、环境保护部、住房城乡建设部、交通运输部、水利部、商务部、卫生计生委、国资委、税务总局、林业局、国管局、铁路局、民航局等部门参加的部际联席会议制度，统筹指导和协调全国公共资源交易平台整合工作，适时开展试点示范。各省级政府要根据本方案要求，建立相应工作机制，对行政区域内已有的各类公共资源交易平台进行清理，限期提出具体实施方案。在公共资源交易平台清理整合工作完成前，要保障原交易市场正常履行职能，实现平稳过渡。

（十六）严格督促落实。地方各级政府要将公共资源交易平台整合工作纳入目标管理考核，定期对本地区工作落实情况进行检查并通报有关情况。发展改革委要会同国务院有关部门加强对本方案执行情况的督促检查，协调解决工作中遇到的问题，确保各项任务措施落实到位。

（七）招标监督管理

中华人民共和国行政处罚法

·1996年3月17日第八届全国人民代表大会第四次会议通过
·根据2009年8月27日第十一届全国人民代表大会常务委员会第十次会议《关于修改部分法律的决定》第一次修正
·根据2017年9月1日第十二届全国人民代表大会常务委员会第二十九次会议《关于修改〈中华人民共和国法官法〉等八部法律的决定》第二次修正
·2021年1月22日第十三届全国人民代表大会常务委员会第二十五次会议修订

第一章　总　则

第一条　【立法目的】为了规范行政处罚的设定和实施，保障和监督行政机关有效实施行政管理，维护公共利益和社会秩序，保护公民、法人或者其他组织的合法权益，根据宪法，制定本法。

第二条　【行政处罚的定义】行政处罚是指行政机关依法对违反行政管理秩序的公民、法人或者其他组织，以减损权益或者增加义务的方式予以惩戒的行为。

第三条　【适用范围】行政处罚的设定和实施，适用本法。

第四条　【适用对象】公民、法人或者其他组织违反行政管理秩序的行为，应当给予行政处罚的，依照本法由法律、法规、规章规定，并由行政机关依照本法规定的程序实施。

第五条　【适用原则】行政处罚遵循公正、公开的原则。

设定和实施行政处罚必须以事实为依据，与违法行为的事实、性质、情节以及社会危害程度相当。

对违法行为给予行政处罚的规定必须公布；未经公

布的,不得作为行政处罚的依据。

第六条 【适用目的】实施行政处罚,纠正违法行为,应当坚持处罚与教育相结合,教育公民、法人或者其他组织自觉守法。

第七条 【被处罚者权利】公民、法人或者其他组织对行政机关所给予的行政处罚,享有陈述权、申辩权;对行政处罚不服的,有权依法申请行政复议或者提起行政诉讼。

公民、法人或者其他组织因行政机关违法给予行政处罚受到损害的,有权依法提出赔偿要求。

第八条 【被处罚者承担的其他法律责任】公民、法人或者其他组织因违法行为受到行政处罚,其违法行为对他人造成损害的,应当依法承担民事责任。

违法行为构成犯罪,应当依法追究刑事责任的,不得以行政处罚代替刑事处罚。

第二章 行政处罚的种类和设定

第九条 【处罚的种类】行政处罚的种类:

(一)警告、通报批评;

(二)罚款、没收违法所得、没收非法财物;

(三)暂扣许可证件、降低资质等级、吊销许可证件;

(四)限制开展生产经营活动、责令停产停业、责令关闭、限制从业;

(五)行政拘留;

(六)法律、行政法规规定的其他行政处罚。

第十条 【法律对处罚的设定】法律可以设定各种行政处罚。

限制人身自由的行政处罚,只能由法律设定。

第十一条 【行政法规对处罚的设定】行政法规可以设定除限制人身自由以外的行政处罚。

法律对违法行为已经作出行政处罚规定,行政法规需要作出具体规定的,必须在法律规定的给予行政处罚的行为、种类和幅度的范围内规定。

法律对违法行为未作出行政处罚规定,行政法规为实施法律,可以补充设定行政处罚。拟补充设定行政处罚的,应当通过听证会、论证会等形式广泛听取意见,并向制定机关作出书面说明。行政法规报送备案时,应当说明补充设定行政处罚的情况。

第十二条 【地方性法规对处罚的设定】地方性法规可以设定除限制人身自由、吊销营业执照以外的行政处罚。

法律、行政法规对违法行为已经作出行政处罚规定,地方性法规需要作出具体规定的,必须在法律、行政法规规定的给予行政处罚的行为、种类和幅度的范围内规定。

法律、行政法规对违法行为未作出行政处罚规定,地方性法规为实施法律、行政法规,可以补充设定行政处罚。拟补充设定行政处罚的,应当通过听证会、论证会等形式广泛听取意见,并向制定机关作出书面说明。地方性法规报送备案时,应当说明补充设定行政处罚的情况。

第十三条 【国务院部门规章对处罚的设定】国务院部门规章可以在法律、行政法规规定的给予行政处罚的行为、种类和幅度的范围内作出具体规定。

尚未制定法律、行政法规的,国务院部门规章对违反行政管理秩序的行为,可以设定警告、通报批评或者一定数额罚款的行政处罚。罚款的限额由国务院规定。

第十四条 【地方政府规章对处罚的设定】地方政府规章可以在法律、法规规定的给予行政处罚的行为、种类和幅度的范围内作出具体规定。

尚未制定法律、法规的,地方政府规章对违反行政管理秩序的行为,可以设定警告、通报批评或者一定数额罚款的行政处罚。罚款的限额由省、自治区、直辖市人民代表大会常务委员会规定。

第十五条 【对行政处罚定期评估】国务院部门和省、自治区、直辖市人民政府及其有关部门应当定期组织评估行政处罚的实施情况和必要性,对不适当的行政处罚事项及种类、罚款数额等,应当提出修改或者废止的建议。

第十六条 【其他规范性文件不得设定处罚】除法律、法规、规章外,其他规范性文件不得设定行政处罚。

第三章 行政处罚的实施机关

第十七条 【处罚的实施】行政处罚由具有行政处罚权的行政机关在法定职权范围内实施。

第十八条 【处罚的权限】国家在城市管理、市场监管、生态环境、文化市场、交通运输、应急管理、农业等领域推行建立综合行政执法制度,相对集中行政处罚权。

国务院或者省、自治区、直辖市人民政府可以决定一个行政机关行使有关行政机关的行政处罚权。

限制人身自由的行政处罚权只能由公安机关和法律规定的其他机关行使。

第十九条 【授权实施处罚】法律、法规授权的具有管理公共事务职能的组织可以在法定授权范围内实施行政处罚。

第二十条 【委托实施处罚】行政机关依照法律、法规、规章的规定,可以在其法定权限内书面委托符合本法第二十一条规定条件的组织实施行政处罚。行政机关不得委托其他组织或者个人实施行政处罚。

委托书应当载明委托的具体事项、权限、期限等内容。委托行政机关和受委托组织应当将委托书向社会公布。

委托行政机关对受委托组织实施行政处罚的行为应当负责监督,并对该行为的后果承担法律责任。

受委托组织在委托范围内,以委托行政机关名义实施行政处罚;不得再委托其他组织或者个人实施行政处罚。

第二十一条　【受托组织的条件】受委托组织必须符合以下条件:

(一)依法成立并具有管理公共事务职能;

(二)有熟悉有关法律、法规、规章和业务并取得行政执法资格的工作人员;

(三)需要进行技术检查或者技术鉴定的,应当有条件组织进行相应的技术检查或者技术鉴定。

第四章　行政处罚的管辖和适用

第二十二条　【地域管辖】行政处罚由违法行为发生地的行政机关管辖。法律、行政法规、部门规章另有规定的,从其规定。

第二十三条　【级别管辖】行政处罚由县级以上地方人民政府具有行政处罚权的行政机关管辖。法律、行政法规另有规定的,从其规定。

第二十四条　【行政处罚权的承接】省、自治区、直辖市根据当地实际情况,可以决定将基层管理迫切需要的县级人民政府部门的行政处罚权交由能够有效承接的乡镇人民政府、街道办事处行使,并定期组织评估。决定应当公布。

承接行政处罚权的乡镇人民政府、街道办事处应当加强执法能力建设,按照规定范围、依照法定程序实施行政处罚。

有关地方人民政府及其部门应当加强组织协调、业务指导、执法监督,建立健全行政处罚协调配合机制,完善评议、考核制度。

第二十五条　【共同管辖及指定管辖】两个以上行政机关都有管辖权的,由最先立案的行政机关管辖。

对管辖发生争议的,应当协商解决,协商不成的,报请共同的上一级行政机关指定管辖;也可以直接由共同的上一级行政机关指定管辖。

第二十六条　【行政协助】行政机关因实施行政处罚的需要,可以向有关机关提出协助请求。协助事项属于被请求机关职权范围内的,应当依法予以协助。

第二十七条　【刑事责任优先】违法行为涉嫌犯罪的,行政机关应当及时将案件移送司法机关,依法追究刑事责任。对依法不需要追究刑事责任或者免予刑事处罚,但应当给予行政处罚的,司法机关应当及时将案件移送有关行政机关。

行政处罚实施机关与司法机关之间应当加强协调配合,建立健全案件移送制度,加强证据材料移交、接收衔接,完善案件处理信息通报机制。

第二十八条　【责令改正与责令退赔】行政机关实施行政处罚时,应当责令当事人改正或者限期改正违法行为。

当事人有违法所得,除依法应当退赔的外,应当予以没收。违法所得是指实施违法行为所取得的款项。法律、行政法规、部门规章对违法所得的计算另有规定的,从其规定。

第二十九条　【一事不二罚】对当事人的同一个违法行为,不得给予两次以上罚款的行政处罚。同一个违法行为违反多个法律规范应当给予罚款处罚的,按照罚款数额高的规定处罚。

第三十条　【未成年人处罚的限制】不满十四周岁的未成年人有违法行为的,不予行政处罚,责令监护人加以管教;已满十四周岁不满十八周岁的未成年人有违法行为的,应当从轻或者减轻行政处罚。

第三十一条　【精神病人及限制性精神病人处罚的限制】精神病人、智力残疾人在不能辨认或者不能控制自己行为时有违法行为的,不予行政处罚,但应当责令其监护人严加看管和治疗。间歇性精神病人在精神正常时有违法行为的,应当给予行政处罚。尚未完全丧失辨认或者控制自己行为能力的精神病人、智力残疾人有违法行为的,可以从轻或者减轻行政处罚。

第三十二条　【从轻、减轻处罚的情形】当事人有下列情形之一,应当从轻或者减轻行政处罚:

(一)主动消除或者减轻违法行为危害后果的;

(二)受他人胁迫或者诱骗实施违法行为的;

(三)主动供述行政机关尚未掌握的违法行为的;

(四)配合行政机关查处违法行为有立功表现的;

(五)法律、法规、规章规定其他应当从轻或者减轻行政处罚的。

第三十三条　【不予行政处罚的条件】违法行为轻微并及时改正,没有造成危害后果的,不予行政处罚。初次违法且危害后果轻微并及时改正的,可以不予行政处罚。

当事人有证据足以证明没有主观过错的,不予行政处罚。法律、行政法规另有规定的,从其规定。

对当事人的违法行为依法不予行政处罚的，行政机关应当对当事人进行教育。

第三十四条 【行政处罚裁量基准】行政机关可以依法制定行政处罚裁量基准，规范行使行政处罚裁量权。行政处罚裁量基准应当向社会公布。

第三十五条 【刑罚的折抵】违法行为构成犯罪，人民法院判处拘役或者有期徒刑时，行政机关已经给予当事人行政拘留的，应当依法折抵相应刑期。

违法行为构成犯罪，人民法院判处罚金时，行政机关已经给予当事人罚款的，应当折抵相应罚金；行政机关尚未给予当事人罚款的，不再给予罚款。

第三十六条 【处罚的时效】违法行为在二年内未被发现的，不再给予行政处罚；涉及公民生命健康安全、金融安全且有危害后果的，上述期限延长至五年。法律另有规定的除外。

前款规定的期限，从违法行为发生之日起计算；违法行为有连续或者继续状态的，从行为终了之日起计算。

第三十七条 【法不溯及既往】实施行政处罚，适用违法行为发生时的法律、法规、规章的规定。但是，作出行政处罚决定时，法律、法规、规章已被修改或者废止，且新的规定处罚较轻或者不认为是违法的，适用新的规定。

第三十八条 【行政处罚无效】行政处罚没有依据或者实施主体不具有行政主体资格的，行政处罚无效。

违反法定程序构成重大且明显违法的，行政处罚无效。

第五章 行政处罚的决定

第一节 一般规定

第三十九条 【信息公示】行政处罚的实施机关、立案依据、实施程序和救济渠道等信息应当公示。

第四十条 【处罚的前提】公民、法人或者其他组织违反行政管理秩序的行为，依法应当给予行政处罚的，行政机关必须查明事实；违法事实不清、证据不足的，不得给予行政处罚。

第四十一条 【信息化手段的运用】行政机关依照法律、行政法规规定利用电子技术监控设备收集、固定违法事实的，应当经过法制和技术审核，确保电子技术监控设备符合标准、设置合理、标志明显，设置地点应当向社会公布。

电子技术监控设备记录违法事实应当真实、清晰、完整、准确。行政机关应当审核记录内容是否符合要求；未经审核或者经审核不符合要求的，不得作为行政处罚的证据。

行政机关应当及时告知当事人违法事实，并采取信息化手段或者其他措施，为当事人查询、陈述和申辩提供便利。不得限制或者变相限制当事人享有的陈述权、申辩权。

第四十二条 【执法人员要求】行政处罚应当由具有行政执法资格的执法人员实施。执法人员不得少于两人，法律另有规定的除外。

执法人员应当文明执法，尊重和保护当事人合法权益。

第四十三条 【回避】执法人员与案件有直接利害关系或者有其他关系可能影响公正执法的，应当回避。

当事人认为执法人员与案件有直接利害关系或者有其他关系可能影响公正执法的，有权申请回避。

当事人提出回避申请的，行政机关应当依法审查，由行政机关负责人决定。决定作出之前，不停止调查。

第四十四条 【告知义务】行政机关在作出行政处罚决定之前，应当告知当事人拟作出的行政处罚内容及事实、理由、依据，并告知当事人依法享有的陈述、申辩、要求听证等权利。

第四十五条 【当事人的陈述权和申辩权】当事人有权进行陈述和申辩。行政机关必须充分听取当事人的意见，对当事人提出的事实、理由和证据，应当进行复核；当事人提出的事实、理由或者证据成立的，行政机关应当采纳。

行政机关不得因当事人陈述、申辩而给予更重的处罚。

第四十六条 【证据】证据包括：

（一）书证；

（二）物证；

（三）视听资料；

（四）电子数据；

（五）证人证言；

（六）当事人的陈述；

（七）鉴定意见；

（八）勘验笔录、现场笔录。

证据必须经查证属实，方可作为认定案件事实的根据。

以非法手段取得的证据，不得作为认定案件事实的根据。

第四十七条 【执法全过程记录制度】行政机关应当依法以文字、音像等形式，对行政处罚的启动、调查取证、审核、决定、送达、执行等进行全过程记录，归档保存。

第四十八条 【行政处罚决定公示制度】具有一定社会影响的行政处罚决定应当依法公开。

公开的行政处罚决定被依法变更、撤销、确认违法或者确认无效的，行政机关应当在三日内撤回行政处罚决定信息并公开说明理由。

第四十九条　【应急处罚】发生重大传染病疫情等突发事件，为了控制、减轻和消除突发事件引起的社会危害，行政机关对违反突发事件应对措施的行为，依法快速、从重处罚。

第五十条　【保密义务】行政机关及其工作人员对实施行政处罚过程中知悉的国家秘密、商业秘密或者个人隐私，应当依法予以保密。

第二节　简易程序

第五十一条　【当场处罚的情形】违法事实确凿并有法定依据，对公民处以二百元以下、对法人或者其他组织处以三千元以下罚款或者警告的行政处罚的，可以当场作出行政处罚决定。法律另有规定的，从其规定。

第五十二条　【当场处罚的程序】执法人员当场作出行政处罚决定的，应当向当事人出示执法证件，填写预定格式、编有号码的行政处罚决定书，并当场交付当事人。当事人拒绝签收的，应当在行政处罚决定书上注明。

前款规定的行政处罚决定书应当载明当事人的违法行为，行政处罚的种类和依据、罚款数额、时间、地点，申请行政复议、提起行政诉讼的途径和期限以及行政机关名称，并由执法人员签名或者盖章。

执法人员当场作出的行政处罚决定，应当报所属行政机关备案。

第五十三条　【当场处罚的履行】对当场作出的行政处罚决定，当事人应当依照本法第六十七条至第六十九条的规定履行。

第三节　普通程序

第五十四条　【调查取证与立案】除本法第五十一条规定的可以当场作出的行政处罚外，行政机关发现公民、法人或者其他组织有依法应当给予行政处罚的行为的，必须全面、客观、公正地调查，收集有关证据；必要时，依照法律、法规的规定，可以进行检查。

符合立案标准的，行政机关应当及时立案。

第五十五条　【出示证件与协助调查】执法人员在调查或者进行检查时，应当主动向当事人或者有关人员出示执法证件。当事人或者有关人员有权要求执法人员出示执法证件。执法人员不出示执法证件的，当事人或者有关人员有权拒绝接受调查或者检查。

当事人或者有关人员应当如实回答询问，并协助调查或者检查，不得拒绝或者阻挠。询问或者检查应当制作笔录。

第五十六条　【证据的收集原则】行政机关在收集证据时，可以采取抽样取证的方法；在证据可能灭失或者以后难以取得的情况下，经行政机关负责人批准，可以先行登记保存，并应当在七日内及时作出处理决定，在此期间，当事人或者有关人员不得销毁或者转移证据。

第五十七条　【处罚决定】调查终结，行政机关负责人应当对调查结果进行审查，根据不同情况，分别作出如下决定：

（一）确有应受行政处罚的违法行为的，根据情节轻重及具体情况，作出行政处罚决定；

（二）违法行为轻微，依法可以不予行政处罚的，不予行政处罚；

（三）违法事实不能成立的，不予行政处罚；

（四）违法行为涉嫌犯罪的，移送司法机关。

对情节复杂或者重大违法行为给予行政处罚，行政机关负责人应当集体讨论决定。

第五十八条　【法制审核】有下列情形之一，在行政机关负责人作出行政处罚的决定之前，应当由从事行政处罚决定法制审核的人员进行法制审核；未经法制审核或者审核未通过的，不得作出决定：

（一）涉及重大公共利益的；

（二）直接关系当事人或者第三人重大权益，经过听证程序的；

（三）案件情况疑难复杂、涉及多个法律关系的；

（四）法律、法规规定应当进行法制审核的其他情形。

行政机关中初次从事行政处罚决定法制审核的人员，应当通过国家统一法律职业资格考试取得法律职业资格。

第五十九条　【行政处罚决定书的内容】行政机关依照本法第五十七条的规定给予行政处罚，应当制作行政处罚决定书。行政处罚决定书应当载明下列事项：

（一）当事人的姓名或者名称、地址；

（二）违反法律、法规、规章的事实和证据；

（三）行政处罚的种类和依据；

（四）行政处罚的履行方式和期限；

（五）申请行政复议、提起行政诉讼的途径和期限；

（六）作出行政处罚决定的行政机关名称和作出决定的日期。

行政处罚决定书必须盖有作出行政处罚决定的行政机关的印章。

第六十条　【决定期限】行政机关应当自行政处罚案件立案之日起九十日内作出行政处罚决定。法律、法规、规章另有规定的,从其规定。

第六十一条 【送达】行政处罚决定书应当在宣告后当场交付当事人;当事人不在场的,行政机关应当在七日内依照《中华人民共和国民事诉讼法》的有关规定,将行政处罚决定书送达当事人。

当事人同意并签订确认书的,行政机关可以采用传真、电子邮件等方式,将行政处罚决定书等送达当事人。

第六十二条 【处罚的成立条件】行政机关及其执法人员在作出行政处罚决定之前,未依照本法第四十四条、第四十五条的规定向当事人告知拟作出的行政处罚内容及事实、理由、依据,或者拒绝听取当事人的陈述、申辩,不得作出行政处罚决定;当事人明确放弃陈述或者申辩权利的除外。

第四节 听证程序

第六十三条 【听证权】行政机关拟作出下列行政处罚决定,应当告知当事人有要求听证的权利,当事人要求听证的,行政机关应当组织听证:

(一)较大数额罚款;

(二)没收较大数额违法所得、没收较大价值非法财物;

(三)降低资质等级、吊销许可证件;

(四)责令停产停业、责令关闭、限制从业;

(五)其他较重的行政处罚;

(六)法律、法规、规章规定的其他情形。

当事人不承担行政机关组织听证的费用。

第六十四条 【听证程序】听证应当依照以下程序组织:

(一)当事人要求听证的,应当在行政机关告知后五日内提出;

(二)行政机关应当在举行听证的七日前,通知当事人及有关人员听证的时间、地点;

(三)除涉及国家秘密、商业秘密或者个人隐私依法予以保密外,听证公开举行;

(四)听证由行政机关指定的非本案调查人员主持;当事人认为主持人与本案有直接利害关系的,有权申请回避;

(五)当事人可以亲自参加听证,也可以委托一至二人代理;

(六)当事人及其代理人无正当理由拒不出席听证或者未经许可中途退出听证的,视为放弃听证权利,行政机关终止听证;

(七)举行听证时,调查人员提出当事人违法的事实、证据和行政处罚建议,当事人进行申辩和质证;

(八)听证应当制作笔录。笔录应当交当事人或者其代理人核对无误后签字或者盖章。当事人或者其代理人拒绝签字或者盖章的,由听证主持人在笔录中注明。

第六十五条 【听证笔录】听证结束后,行政机关应当根据听证笔录,依照本法第五十七条的规定,作出决定。

第六章 行政处罚的执行

第六十六条 【履行义务及分期履行】行政处罚决定依法作出后,当事人应当在行政处罚决定书载明的期限内,予以履行。

当事人确有经济困难,需要延期或者分期缴纳罚款的,经当事人申请和行政机关批准,可以暂缓或者分期缴纳。

第六十七条 【罚缴分离原则】作出罚款决定的行政机关应当与收缴罚款的机构分离。

除依照本法第六十八条、第六十九条的规定当场收缴的罚款外,作出行政处罚决定的行政机关及其执法人员不得自行收缴罚款。

当事人应当自收到行政处罚决定书之日起十五日内,到指定的银行或者通过电子支付系统缴纳罚款。银行应当收受罚款,并将罚款直接上缴国库。

第六十八条 【当场收缴罚款范围】依照本法第五十一条的规定当场作出行政处罚决定,有下列情形之一,执法人员可以当场收缴罚款:

(一)依法给予一百元以下罚款的;

(二)不当场收缴事后难以执行的。

第六十九条 【边远地区当场收缴罚款】在边远、水上、交通不便地区,行政机关及其执法人员依照本法第五十一条、第五十七条的规定作出罚款决定后,当事人到指定的银行或者通过电子支付系统缴纳罚款确有困难,经当事人提出,行政机关及其执法人员可以当场收缴罚款。

第七十条 【罚款票据】行政机关及其执法人员当场收缴罚款的,必须向当事人出具国务院财政部门或者省、自治区、直辖市人民政府财政部门统一制发的专用票据;不出具财政部门统一制发的专用票据的,当事人有权拒绝缴纳罚款。

第七十一条 【罚款交纳期】执法人员当场收缴的罚款,应当自收缴罚款之日起二日内,交至行政机关;在水上当场收缴的罚款,应当自抵岸之日起二日内交至行政机关;行政机关应当在二日内将罚款缴付指定的银行。

第七十二条 【执行措施】当事人逾期不履行行政

处罚决定的，作出行政处罚决定的行政机关可以采取下列措施：

（一）到期不缴纳罚款的，每日按罚款数额的百分之三加处罚款，加处罚款的数额不得超出罚款的数额；

（二）根据法律规定，将查封、扣押的财物拍卖、依法处理或者将冻结的存款、汇款划拨抵缴罚款；

（三）根据法律规定，采取其他行政强制执行方式；

（四）依照《中华人民共和国行政强制法》的规定申请人民法院强制执行。

行政机关批准延期、分期缴纳罚款的，申请人民法院强制执行的期限，自暂缓或者分期缴纳罚款期限结束之日起计算。

第七十三条　【不停止执行及暂缓执行】当事人对行政处罚决定不服，申请行政复议或者提起行政诉讼的，行政处罚不停止执行，法律另有规定的除外。

当事人对限制人身自由的行政处罚决定不服，申请行政复议或者提起行政诉讼的，可以向作出决定的机关提出暂缓执行申请。符合法律规定情形的，应当暂缓执行。

当事人申请行政复议或者提起行政诉讼的，加处罚款的数额在行政复议或者行政诉讼期间不予计算。

第七十四条　【没收的非法财物的处理】除依法应当予以销毁的物品外，依法没收的非法财物必须按照国家规定公开拍卖或者按照国家有关规定处理。

罚款、没收的违法所得或者没收非法财物拍卖的款项，必须全部上缴国库，任何行政机关或者个人不得以任何形式截留、私分或者变相私分。

罚款、没收的违法所得或者没收非法财物拍卖的款项，不得同作出行政处罚决定的行政机关及其工作人员的考核、考评直接或者变相挂钩。除依法应当退还、退赔的外，财政部门不得以任何形式向作出行政处罚决定的行政机关返还罚款、没收的违法所得或者没收非法财物拍卖的款项。

第七十五条　【监督检查】行政机关应当建立健全对行政处罚的监督制度。县级以上人民政府应当定期组织开展行政执法评议、考核，加强对行政处罚的监督检查，规范和保障行政处罚的实施。

行政机关实施行政处罚应当接受社会监督。公民、法人或者其他组织对行政机关实施行政处罚的行为，有权申诉或者检举；行政机关应当认真审查，发现有错误的，应当主动改正。

第七章　法律责任

第七十六条　【上级行政机关的监督】行政机关实施行政处罚，有下列情形之一，由上级行政机关或者有关机关责令改正，对直接负责的主管人员和其他直接责任人员依法给予处分：

（一）没有法定的行政处罚依据的；

（二）擅自改变行政处罚种类、幅度的；

（三）违反法定的行政处罚程序的；

（四）违反本法第二十条关于委托处罚的规定的；

（五）执法人员未取得执法证件的。

行政机关对符合立案标准的案件不及时立案的，依照前款规定予以处理。

第七十七条　【当事人的拒绝处罚权及检举权】行政机关对当事人进行处罚不使用罚款、没收财物单据或者使用非法定部门制发的罚款、没收财物单据的，当事人有权拒绝，并有权予以检举，由上级行政机关或者有关机关对使用的非法单据予以收缴销毁，对直接负责的主管人员和其他直接责任人员依法给予处分。

第七十八条　【自行收缴罚款的处理】行政机关违反本法第六十七条的规定自行收缴罚款的，财政部门违反本法第七十四条的规定向行政机关返还罚款、没收的违法所得或者拍卖款项的，由上级行政机关或者有关机关责令改正，对直接负责的主管人员和其他直接责任人员依法给予处分。

第七十九条　【私分罚没财物的处理】行政机关截留、私分或者变相私分罚款、没收的违法所得或者财物的，由财政部门或者有关机关予以追缴，对直接负责的主管人员和其他直接责任人员依法给予处分；情节严重构成犯罪的，依法追究刑事责任。

执法人员利用职务上的便利，索取或者收受他人财物、将收缴罚款据为己有，构成犯罪的，依法追究刑事责任；情节轻微不构成犯罪的，依法给予处分。

第八十条　【行政机关的赔偿责任及对有关人员的处理】行政机关使用或者损毁查封、扣押的财物，对当事人造成损失的，应当依法予以赔偿，对直接负责的主管人员和其他直接责任人员依法给予处分。

第八十一条　【违法实行检查或执行措施的赔偿责任】行政机关违法实施检查措施或者执行措施，给公民人身或者财产造成损害、给法人或者其他组织造成损失的，应当依法予以赔偿，对直接负责的主管人员和其他直接责任人员依法给予处分；情节严重构成犯罪的，依法追究刑事责任。

第八十二条　【以行代刑的责任】行政机关对应当依法移交司法机关追究刑事责任的案件不移交，以行政处罚代替刑事处罚,由上级行政机关或者有关机关责令改正,对直接负责的主管人员和其他直接责任人员依法给予处分;情节严重构成犯罪的,依法追究刑事责任。

第八十三条 【失职责任】行政机关对应当予以制止和处罚的违法行为不予制止、处罚,致使公民、法人或者其他组织的合法权益、公共利益和社会秩序遭受损害的,对直接负责的主管人员和其他直接责任人员依法给予处分;情节严重构成犯罪的,依法追究刑事责任。

第八章 附 则

第八十四条 【属地原则】外国人、无国籍人、外国组织在中华人民共和国领域内有违法行为,应当给予行政处罚的,适用本法,法律另有规定的除外。

第八十五条 【工作日】本法中"二日""三日""五日""七日"的规定是指工作日,不含法定节假日。

第八十六条 【施行日期】本法自2021年7月15日起施行。

中华人民共和国公证法

- 2005年8月28日第十届全国人民代表大会常务委员会第十七次会议通过
- 根据2015年4月24日第十二届全国人民代表大会常务委员会第十四次会议《关于修改〈中华人民共和国义务教育法〉等五部法律的决定》第一次修正
- 根据2017年9月1日第十二届全国人民代表大会常务委员会第二十九次会议《关于修改〈中华人民共和国法官法〉等八部法律的决定》第二次修正

第一章 总 则

第一条 为规范公证活动,保障公证机构和公证员依法履行职责,预防纠纷,保障自然人、法人或者其他组织的合法权益,制定本法。

第二条 公证是公证机构根据自然人、法人或者其他组织的申请,依照法定程序对民事法律行为、有法律意义的事实和文书的真实性、合法性予以证明的活动。

第三条 公证机构办理公证,应当遵守法律,坚持客观、公正的原则。

第四条 全国设立中国公证协会,省、自治区、直辖市设立地方公证协会。中国公证协会和地方公证协会是社会团体法人。中国公证协会章程由会员代表大会制定,报国务院司法行政部门备案。

公证协会是公证业的自律性组织,依据章程开展活动,对公证机构、公证员的执业活动进行监督。

第五条 司法行政部门依照本法规定对公证机构、公证员和公证协会进行监督、指导。

第二章 公证机构

第六条 公证机构是依法设立,不以营利为目的,依法独立行使公证职能、承担民事责任的证明机构。

第七条 公证机构按照统筹规划、合理布局的原则,可以在县、不设区的市、设区的市、直辖市或者市辖区设立;在设区的市、直辖市可以设立一个或者若干个公证机构。公证机构不按行政区划层层设立。

第八条 设立公证机构,应当具备下列条件:

(一)有自己的名称;

(二)有固定的场所;

(三)有二名以上公证员;

(四)有开展公证业务所必需的资金。

第九条 设立公证机构,由所在地的司法行政部门报省、自治区、直辖市人民政府司法行政部门按照规定程序批准后,颁发公证机构执业证书。

第十条 公证机构的负责人应当在有三年以上执业经历的公证员中推选产生,由所在地的司法行政部门核准,报省、自治区、直辖市人民政府司法行政部门备案。

第十一条 根据自然人、法人或者其他组织的申请,公证机构办理下列公证事项:

(一)合同;

(二)继承;

(三)委托、声明、赠与、遗嘱;

(四)财产分割;

(五)招标投标、拍卖;

(六)婚姻状况、亲属关系、收养关系;

(七)出生、生存、死亡、身份、经历、学历、学位、职务、职称、有无违法犯罪记录;

(八)公司章程;

(九)保全证据;

(十)文书上的签名、印鉴、日期,文书的副本、影印本与原本相符;

(十一)自然人、法人或者其他组织自愿申请办理的其他公证事项。

法律、行政法规规定应当公证的事项,有关自然人、法人或者其他组织应当向公证机构申请办理公证。

第十二条 根据自然人、法人或者其他组织的申请,公证机构可以办理下列事务:

(一)法律、行政法规规定由公证机构登记的事务;

(二)提存;

（三）保管遗嘱、遗产或者其他与公证事项有关的财产、物品、文书；

（四）代写与公证事项有关的法律事务文书；

（五）提供公证法律咨询。

第十三条　公证机构不得有下列行为：

（一）为不真实、不合法的事项出具公证书；

（二）毁损、篡改公证文书或者公证档案；

（三）以诋毁其他公证机构、公证员或者支付回扣、佣金等不正当手段争揽公证业务；

（四）泄露在执业活动中知悉的国家秘密、商业秘密或者个人隐私；

（五）违反规定的收费标准收取公证费；

（六）法律、法规、国务院司法行政部门规定禁止的其他行为。

第十四条　公证机构应当建立业务、财务、资产等管理制度，对公证员的执业行为进行监督，建立执业过错责任追究制度。

第十五条　公证机构应当参加公证执业责任保险。

第三章　公证员

第十六条　公证员是符合本法规定的条件，在公证机构从事公证业务的执业人员。

第十七条　公证员的数量根据公证业务需要确定。省、自治区、直辖市人民政府司法行政部门应当根据公证机构的设置情况和公证业务的需要核定公证员配备方案，报国务院司法行政部门备案。

第十八条　担任公证员，应当具备下列条件：

（一）具有中华人民共和国国籍；

（二）年龄二十五周岁以上六十五周岁以下；

（三）公道正派，遵纪守法，品行良好；

（四）通过国家统一法律职业资格考试取得法律职业资格；

（五）在公证机构实习二年以上或者具有三年以上其他法律职业经历并在公证机构实习一年以上，经考核合格。

第十九条　从事法学教学、研究工作，具有高级职称的人员，或者具有本科以上学历，从事审判、检察、法制工作、法律服务满十年的公务员、律师，已经离开原工作岗位，经考核合格的，可以担任公证员。

第二十条　有下列情形之一的，不得担任公证员：

（一）无民事行为能力或者限制民事行为能力的；

（二）因故意犯罪或者职务过失犯罪受过刑事处罚的；

（三）被开除公职的；

（四）被吊销公证员、律师执业证书的。

第二十一条　担任公证员，应当由符合公证员条件的人员提出申请，经公证机构推荐，由所在地的司法行政部门报省、自治区、直辖市人民政府司法行政部门审核同意后，报请国务院司法行政部门任命，并由省、自治区、直辖市人民政府司法行政部门颁发公证员执业证书。

第二十二条　公证员应当遵纪守法，恪守职业道德，依法履行公证职责，保守执业秘密。

公证员有权获得劳动报酬，享受保险和福利待遇；有权提出辞职、申诉或者控告；非因法定事由和非经法定程序，不被免职或者处罚。

第二十三条　公证员不得有下列行为：

（一）同时在二个以上公证机构执业；

（二）从事有报酬的其他职业；

（三）为本人及近亲属办理公证或者办理与本人及近亲属有利害关系的公证；

（四）私自出具公证书；

（五）为不真实、不合法的事项出具公证书；

（六）侵占、挪用公证费或者侵占、盗窃公证专用物品；

（七）毁损、篡改公证文书或者公证档案；

（八）泄露在执业活动中知悉的国家秘密、商业秘密或者个人隐私；

（九）法律、法规、国务院司法行政部门规定禁止的其他行为。

第二十四条　公证员有下列情形之一的，由所在地的司法行政部门报省、自治区、直辖市人民政府司法行政部门提请国务院司法行政部门予以免职：

（一）丧失中华人民共和国国籍的；

（二）年满六十五周岁或者因健康原因不能继续履行职务的；

（三）自愿辞去公证员职务的；

（四）被吊销公证员执业证书的。

第四章　公证程序

第二十五条　自然人、法人或者其他组织申请办理公证，可以向住所地、经常居住地、行为地或者事实发生地的公证机构提出。

申请办理涉及不动产的公证，应当向不动产所在地的公证机构提出；申请办理涉及不动产的委托、声明、赠与、遗嘱的公证，可以适用前款规定。

第二十六条　自然人、法人或者其他组织可以委托他人办理公证，但遗嘱、生存、收养关系等应当由本人办理公证的除外。

第二十七条 申请办理公证的当事人应当向公证机构如实说明申请公证事项的有关情况，提供真实、合法、充分的证明材料；提供的证明材料不充分的，公证机构可以要求补充。

公证机构受理公证申请后，应当告知当事人申请公证事项的法律意义和可能产生的法律后果，并将告知内容记录存档。

第二十八条 公证机构办理公证，应当根据不同公证事项的办证规则，分别审查下列事项：

（一）当事人的身份、申请办理该项公证的资格以及相应的权利；

（二）提供的文书内容是否完备，含义是否清晰，签名、印鉴是否齐全；

（三）提供的证明材料是否真实、合法、充分；

（四）申请公证的事项是否真实、合法。

第二十九条 公证机构对申请公证的事项以及当事人提供的证明材料，按照有关办证规则需要核实或者对其有疑义的，应当进行核实，或者委托异地公证机构代为核实，有关单位或者个人应当依法予以协助。

第三十条 公证机构经审查，认为申请提供的证明材料真实、合法、充分，申请公证的事项真实、合法的，应当自受理公证申请之日起十五个工作日内向当事人出具公证书。但是，因不可抗力、补充证明材料或者需要核实有关情况的，所需时间不计算在期限内。

第三十一条 有下列情形之一的，公证机构不予办理公证：

（一）无民事行为能力人或者限制民事行为能力人没有监护人代理申请办理公证的；

（二）当事人与申请公证的事项没有利害关系的；

（三）申请公证的事项属专业技术鉴定、评估事项的；

（四）当事人之间对申请公证的事项有争议的；

（五）当事人虚构、隐瞒事实，或者提供虚假证明材料的；

（六）当事人提供的证明材料不充分或者拒绝补充证明材料的；

（七）申请公证的事项不真实、不合法的；

（八）申请公证的事项违背社会公德的；

（九）当事人拒绝按照规定支付公证费的。

第三十二条 公证书应当按照国务院司法行政部门规定的格式制作，由公证员签名或者加盖签名章并加盖公证机构印章。公证书自出具之日起生效。

公证书应当使用全国通用的文字；在民族自治地方，根据当事人的要求，可以制作当地通用的民族文字文本。

第三十三条 公证书需要在国外使用，使用国要求先认证的，应当经中华人民共和国外交部或者外交部授权的机构和有关国家驻中华人民共和国使（领）馆认证。

第三十四条 当事人应当按照规定支付公证费。

对符合法律援助条件的当事人，公证机构应当按照规定减免公证费。

第三十五条 公证机构应当将公证文书分类立卷，归档保存。法律、行政法规规定应当公证的事项等重要的公证档案在公证机构保存期满，应当按照规定移交地方档案馆保管。

第五章 公证效力

第三十六条 经公证的民事法律行为、有法律意义的事实和文书，应当作为认定事实的根据，但有相反证据足以推翻该项公证的除外。

第三十七条 对经公证的以给付为内容并载明债务人愿意接受强制执行承诺的债权文书，债务人不履行或者履行不适当的，债权人可以依法向有管辖权的人民法院申请执行。

前款规定的债权文书确有错误的，人民法院裁定不予执行，并将裁定书送达双方当事人和公证机构。

第三十八条 法律、行政法规规定未经公证的事项不具有法律效力的，依照其规定。

第三十九条 当事人、公证事项的利害关系人认为公证书有错误的，可以向出具该公证书的公证机构提出复查。公证书的内容违法或者与事实不符的，公证机构应当撤销该公证书并予以公告，该公证书自始无效；公证书有其他错误的，公证机构应当予以更正。

第四十条 当事人、公证事项的利害关系人对公证书的内容有争议的，可以就该争议向人民法院提起民事诉讼。

第六章 法律责任

第四十一条 公证机构及其公证员有下列行为之一的，由省、自治区、直辖市或者设区的市人民政府司法行政部门给予警告；情节严重的，对公证机构处一万元以上五万元以下罚款，对公证员处一千元以上五千元以下罚款，并可以给予三个月以上六个月以下停止执业的处罚；有违法所得的，没收违法所得：

（一）以诋毁其他公证机构、公证员或者支付回扣、佣金等不正当手段争揽公证业务的；

（二）违反规定的收费标准收取公证费的；

（三）同时在二个以上公证机构执业的；

（四）从事有报酬的其他职业的；

（五）为本人及近亲属办理公证或者办理与本人及近亲属有利害关系的公证的；

（六）依照法律、行政法规的规定，应当给予处罚的其他行为。

第四十二条 公证机构及其公证员有下列行为之一的，由省、自治区、直辖市或者设区的市人民政府司法行政部门对公证机构给予警告，并处二万元以上十万元以下罚款，并可以给予一个月以上三个月以下停业整顿的处罚；对公证员给予警告，并处二千元以上一万元以下罚款，并可以给予三个月以上十二个月以下停止执业的处罚；有违法所得的，没收违法所得；情节严重的，由省、自治区、直辖市人民政府司法行政部门吊销公证员执业证书；构成犯罪的，依法追究刑事责任：

（一）私自出具公证书的；

（二）为不真实、不合法的事项出具公证书的；

（三）侵占、挪用公证费或者侵占、盗窃公证专用物品的；

（四）毁损、篡改公证文书或者公证档案的；

（五）泄露在执业活动中知悉的国家秘密、商业秘密或者个人隐私的；

（六）依照法律、行政法规的规定，应当给予处罚的其他行为。

因故意犯罪或者职务过失犯罪受刑事处罚的，应当吊销公证员执业证书。

被吊销公证员执业证书的，不得担任辩护人、诉讼代理人，但系刑事诉讼、民事诉讼、行政诉讼当事人的监护人、近亲属的除外。

第四十三条 公证机构及其公证员因过错给当事人、公证事项的利害关系人造成损失的，由公证机构承担相应的赔偿责任；公证机构赔偿后，可以向有故意或者重大过失的公证员追偿。

当事人、公证事项的利害关系人与公证机构因赔偿发生争议的，可以向人民法院提起民事诉讼。

第四十四条 当事人以及其他个人或者组织有下列行为之一，给他人造成损失的，依法承担民事责任；违反治安管理的，依法给予治安管理处罚；构成犯罪的，依法追究刑事责任：

（一）提供虚假证明材料，骗取公证书的；

（二）利用虚假公证书从事欺诈活动的；

（三）伪造、变造或者买卖伪造、变造的公证书、公证机构印章的。

第七章 附 则

第四十五条 中华人民共和国驻外使（领）馆可以依照本法的规定或者中华人民共和国缔结或者参加的国际条约的规定，办理公证。

第四十六条 公证费的收费标准由省、自治区、直辖市人民政府价格主管部门会同同级司法行政部门制定。

第四十七条 本法自2006年3月1日起施行。

国务院办公厅印发国务院有关部门实施招标投标活动行政监督的职责分工意见的通知

·2000年5月3日

·国办发〔2000〕34号

中央机构编制委员会办公室《关于国务院有关部门实施招标投标活动行政监督的职责分工的意见》已经国务院同意，现印发给你们，请遵照执行。

关于国务院有关部门实施招标投标活动行政监督的职责分工的意见

根据《中华人民共和国招标投标法》（以下简称《招标投标法》）和国务院有关部门“三定”规定，现就国务院有关部门实施招标投标（以下简称招投标）活动行政监督的职责分工，提出如下意见：

一、国家发展计划委员会指导和协调全国招投标工作，会同有关行政主管部门拟定《招标投标法》配套法规、综合性政策和必须进行招标的项目的具体范围、规模标准以及不适宜进行招标的项目，报国务院批准；指定发布招标公告的报刊、信息网络或其他媒介。有关行政主管部门根据《招标投标法》和国家有关法规、政策，可联合或分别制定具体实施办法。

二、项目审批部门在审批必须进行招标的项目可行性研究报告时，核准项目的招标方式（委托招标或自行招标）以及国家出资项目的招标范围（发包初步方案）。项目审批后，及时向有关行政主管部门通报所确定的招标方式和范围等情况。

三、对于招投标过程（包括招标、投标、开标、评标、中标）中泄露保密资料、泄露标底、串通招标、串通投标、歧视排斥投标等违法活动的监督执法,按现行的职责分工,分别由有关行政主管部门负责并受理投标人和其他利害关系人的投诉。按照这一原则,工业(含内贸)、水利、交通、铁道、民航、信息产业等行业和产业项目的招投标活动的监督执法,分别由经贸、水利、交通、铁道、民航、信息产业等行政主管部门负责;各类房屋建筑及其附属设施的建造和与其配套的线路、管道、设备的安装项目和市政工程项目的招投标活动的监督执法,由建设行政主管部门负责;进口机电设备采购项目的招投标活动的监督执法,由外经贸行政主管部门负责。有关行政主管部门须将监督过程中发现的问题,及时通知项目审批部门,项目审批部门根据情况依法暂停项目执行或者暂停资金拨付。

四、从事各类工程建设项目招标代理业务的招标代理机构的资格,由建设行政主管部门认定;从事与工程建设有关的进口机电设备采购招标代理业务的招标代理机构的资格,由外经贸行政主管部门认定;从事其他招标代理业务的招标代理机构的资格,按现行职责分工,分别由有关行政主管部门认定。

五、国家发展计划委员会负责组织国家重大建设项目稽察特派员,对国家重大建设项目建设过程中的工程招投标进行监督检查。

各有关部门要严格依照上述职责分工,各司其职,密切配合,共同做好招投标的监督管理工作。各省、自治区、直辖市人民政府可根据《招标投标法》的规定,从本地实际出发,制定招投标管理办法。

招标投标领域公平竞争审查规则

- 2024 年 3 月 25 日国家发展改革委、工业和信息化部、住房城乡建设部、交通运输部、水利部、农业农村部、商务部、市场监管总局令第 16 号公布
- 自 2024 年 5 月 1 日起施行

第一章 总 则

第一条 为加强和规范招标投标领域公平竞争审查,维护公平竞争市场秩序,根据《中华人民共和国招标投标法》《中华人民共和国招标投标法实施条例》等有关规定,制定本规则。

第二条 招标投标领域公平竞争审查工作,适用本规则。

第三条 本规则所称公平竞争审查,是指行政机关和法律、法规授权的具有管理公共事务职能的组织(以下统称政策制定机关)对拟制定的招标投标领域涉及经营主体经济活动的规章、行政规范性文件、其他政策性文件以及具体政策措施(以下统称政策措施)是否存在排除、限制竞争情形进行审查评估的活动。

除法律、行政法规或者国务院规定的公平竞争审查例外情形,未经公平竞争审查或者经审查存在排除、限制竞争情形的,不得出台有关政策措施。

第四条 政策制定机关履行公平竞争审查职责。政策制定机关应当确定专门机构具体负责政策措施的公平竞争审查工作。

多个部门联合制定政策措施的,由牵头部门组织开展公平竞争审查,各参与部门对职责范围内的政策措施负责。

第二章 审查标准

第五条 政策制定机关应当尊重和保障招标人组织招标、选择招标代理机构、编制资格预审文件和招标文件的自主权,不得制定以下政策措施:

(一)为招标人指定招标代理机构或者违法限定招标人选择招标代理机构的方式;

(二)为招标人指定投标资格、技术、商务条件;

(三)为招标人指定特定类型的资格审查方法或者评标方法;

(四)为招标人指定具体的资格审查标准或者评标标准;

(五)为招标人指定评标委员会成员;

(六)对于已经纳入统一的公共资源交易平台体系的电子交易系统,限制招标人自主选择;

(七)强制招标人或者招标代理机构选择电子认证服务;

(八)为招标人或者招标代理机构指定特定交易工具;

(九)为招标人指定承包商(供应商)预选库、资格库或者备选名录等;

(十)要求招标人依照本地区创新产品名单、优先采购产品名单等地方性扶持政策开展招标投标活动;

(十一)以其他不合理条件限制招标人自主权的政策措施。

第六条 政策制定机关应当落实全国统一的市场准入条件,对经营主体参与投标活动,不得制定以下政策措施:

(一)对市场准入负面清单以外的行业、领域、业务,要求经营主体在参与投标活动前取得行政许可;

(二)要求经营主体在本地区设立分支机构、缴纳税收社保或者与本地区经营主体组成联合体;

(三)要求经营主体取得本地区业绩或者奖项;

(四)要求经营主体取得培训合格证、上岗证等特定

地区或者特定行业组织颁发的相关证书；

（五）要求经营主体取得特定行业组织成员身份；

（六）以其他不合理条件限制经营主体参与投标的政策措施。

第七条　政策制定机关制定标准招标文件（示范文本）和标准资格预审文件（示范文本），应当平等对待不同地区、所有制形式的经营主体，不得在标准招标文件（示范文本）和标准资格预审文件（示范文本）中设置以下内容：

（一）根据经营主体取得业绩的区域设置差异性得分；

（二）根据经营主体的所有制形式设置差异性得分；

（三）根据经营主体投标产品的产地设置差异性得分；

（四）根据经营主体的规模、注册地址、注册资金、市场占有率、负债率、净资产规模等设置差异性得分；

（五）根据联合体成员单位的注册地址、所有制形式等设置差异性得分；

（六）其他排除或者限制竞争的内容。

第八条　政策制定机关制定定标相关政策措施，应当尊重和保障招标人定标权，落实招标人定标主体责任，不得制定以下政策措施：

（一）为招标人指定定标方法；

（二）为招标人指定定标单位或者定标人员；

（三）将定标权交由招标人或者其授权的评标委员会以外的其他单位或者人员行使；

（四）规定直接以抽签、摇号、抓阄等方式确定合格投标人、中标候选人或者中标人；

（五）以其他不合理条件限制招标人定标权的政策措施。

第九条　政策制定机关可以通过组织开展信用评价引导经营主体诚信守法参与招标投标活动，并可以通过制定实施相应政策措施鼓励经营主体应用信用评价结果，但应当平等对待不同地区、所有制形式的经营主体，依法保障经营主体自主权，不得制定以下政策措施：

（一）在信用信息记录、归集、共享等方面对不同地区或者所有制形式的经营主体作出区别规定；

（二）对不同地区或者所有制形式经营主体的资质、资格、业绩等采用不同信用评价标准；

（三）根据经营主体的所在地区或者所有制形式采取差异化的信用监管措施；

（四）没有法定依据，限制经营主体参考使用信用评价结果的自主权；

（五）其他排除限制竞争或者损害经营主体合法权益的政策措施。

第十条　政策制定机关制定涉及招标投标交易监管和服务的政策措施，应当平等保障各类经营主体参与，不得在交易流程上制定以下政策措施：

（一）规定招标投标交易服务机构行使审批、备案、监管、处罚等具有行政管理性质的职能；

（二）强制非公共资源交易项目进入公共资源交易平台交易；

（三）对能够通过告知承诺和事后核验核实真伪的事项，强制投标人在投标环节提供原件；

（四）在获取招标文件、开标环节违法要求投标人的法定代表人、技术负责人、项目负责人或者其他特定人员到场；

（五）其他不当限制经营主体参与招标投标的政策措施。

第十一条　政策制定机关制定涉及保证金的政策措施，不得设置以下不合理限制：

（一）限制招标人依法收取保证金；

（二）要求经营主体缴纳除投标保证金、履约保证金、工程质量保证金、农民工工资保证金以外的其他保证金；

（三）限定经营主体缴纳保证金的形式；

（四）要求经营主体从特定机构开具保函（保险）；

（五）在招标文件之外设定保证金退还的前置条件；

（六）其他涉及保证金的不合理限制措施。

第三章　审查机制

第十二条　政策制定机关应当建立本机关公平竞争审查工作机制，明确公平竞争审查负责机构、审查标准和审查流程，规范公平竞争审查行为。

第十三条　政策措施应当在提请审议或者报批前完成公平竞争审查。

政策制定机关应当作出符合或者不符合审查标准的书面审查结论。适用有关法律、行政法规或者国务院规定的公平竞争审查例外情形的，应当在审查结论中说明理由。

第十四条　政策制定机关在对政策措施开展公平竞争审查过程中，应当以适当方式听取有关经营主体、行业协会商会等意见；除依法保密外，应当向社会公开征求意见。

在起草政策措施的其他环节已经向社会公开征求意见或者征求过有关方面意见的，可以不再专门就公平竞争审查征求意见。

第十五条　政策制定机关可以委托第三方机构对拟出台政策措施的公平竞争影响、已出台政策措施的竞争效果和本地区招标投标公平竞争审查制度总体实施情况、市场竞争状况等开展评估。

第四章 监督管理

第十六条 地方各级招标投标指导协调部门会同招标投标行政监督部门，应当定期组织开展政策措施评估，发现违反公平竞争审查有关规定的，应当及时纠正。

第十七条 公民、法人或者其他组织认为政策措施妨碍公平竞争的，有权向政策制定机关及其上一级机关反映。

地方各级招标投标指导协调部门、招标投标行政监督部门应当建立招标投标市场壁垒线索征集机制，动态清理废止各类有违公平竞争的政策措施。

第十八条 公民、法人或者其他组织认为资格预审文件、招标文件存在排斥、限制潜在投标人不合理条件的，有权依照《招标投标法》及其实施条例相关规定提出异议和投诉。招标投标行政监督部门、招标人应当按照规定程序处理。

第十九条 政策制定机关未进行公平竞争审查或者违反审查标准出台政策措施的，由上级机关责令改正；拒不改正或者不及时改正的，对直接负责的主管人员和其他相关责任人员依照《中华人民共和国公职人员政务处分法》第三十九条、《中华人民共和国公务员法》第六十一条等有关规定依法给予处分。

第五章 附 则

第二十条 政策制定机关作为招标人编制招标公告、资格预审文件和招标文件，以及公共资源交易平台运行服务机构制定招标投标交易服务文件，应当参照本规则开展公平竞争审查。

第二十一条 本规则由国家发展改革委会同有关部门负责解释。

第二十二条 本规则自 2024 年 5 月 1 日起施行。

工程建设项目招标投标活动投诉处理办法

- 2004 年 6 月 21 日国家发展和改革委员会、建设部、铁道部、交通部、信息产业部、水利部、中国民用航空总局令第 11 号发布
- 根据 2013 年 3 月 11 日国家发展和改革委员会、工业和信息化部、财政部、住房和城乡建设部、交通运输部、铁道部、水利部、国家广播电影电视总局、中国民用航空局《关于废止和修改部分招标投标规章和规范性文件的决定》修订

第一条 为保护国家利益、社会公共利益和招标投标当事人的合法权益，建立公平、高效的工程建设项目招标投标活动投诉处理机制，根据《中华人民共和国招标投标法》、《中华人民共和国招标投标法实施条例》，制定本办法。

第二条 本办法适用于工程建设项目招标投标活动的投诉及其处理活动。

前款所称招标投标活动，包括招标、投标、开标、评标、中标以及签订合同等各阶段。

第三条 投标人或者其他利害关系人认为招标投标活动不符合法律、法规和规章规定的，有权依法向有关行政监督部门投诉。

前款所称其他利害关系人是指投标人以外的，与招标项目或者招标活动有直接和间接利益关系的法人、其他组织和自然人。

第四条 各级发展改革、工业和信息化、住房城乡建设、水利、交通运输、铁道、商务、民航等招标投标活动行政监督部门，依照《国务院办公厅印发国务院有关部门实施招标投标活动行政监督的职责分工的意见的通知》（国办发〔2000〕34 号）和地方各级人民政府规定的职责分工，受理投诉并依法做出处理决定。

对国家重大建设项目（含工业项目）招标投标活动的投诉，由国家发展改革委受理并依法做出处理决定。对国家重大建设项目招标投标活动的投诉，有关行业行政监督部门已经收到的，应当通报国家发展改革委，国家发展改革委不再受理。

第五条 行政监督部门处理投诉时，应当坚持公平、公正、高效原则，维护国家利益、社会公共利益和招标投标当事人的合法权益。

第六条 行政监督部门应当确定本部门内部负责受理投诉的机构及其电话、传真、电子信箱和通讯地址，并向社会公布。

第七条 投诉人投诉时，应当提交投诉书。投诉书应当包括下列内容：

（一）投诉人的名称、地址及有效联系方式；

（二）被投诉人的名称、地址及有效联系方式；

（三）投诉事项的基本事实；

（四）相关请求及主张；

（五）有效线索和相关证明材料。

对招标投标法实施条例规定应先提出异议的事项进行投诉的，应当附提出异议的证明文件。已向有关行政监督部门投诉的，应当一并说明。

投诉人是法人的，投诉书必须由其法定代表人或者授权代表签字并盖章；其他组织或者自然人投诉的，投诉书必须由其主要负责人或者投诉人本人签字，并附有效

身份证明复印件。

投诉书有关材料是外文的，投诉人应当同时提供其中文译本。

第八条 投诉人不得以投诉为名排挤竞争对手，不得进行虚假、恶意投诉，阻碍招标投标活动的正常进行。

第九条 投诉人认为招标投标活动不符合法律行政法规规定的，可以在知道或者应当知道之日起十日内提出书面投诉。依照有关行政法规提出异议的，异议答复期间不计算在内。

第十条 投诉人可以自己直接投诉，也可以委托代理人办理投诉事务。代理人办理投诉事务时，应将授权委托书连同投诉书一并提交给行政监督部门。授权委托书应当明确有关委托代理权限和事项。

第十一条 行政监督部门收到投诉书后，应当在三个工作日内进行审查，视情况分别做出以下处理决定：

（一）不符合投诉处理条件的，决定不予受理，并将不予受理的理由书面告知投诉人；

（二）对符合投诉处理条件，但不属于本部门受理的投诉，书面告知投诉人向其他行政监督部门提出投诉；

对于符合投诉处理条件并决定受理的，收到投诉书之日即为正式受理。

第十二条 有下列情形之一的投诉，不予受理：

（一）投诉人不是所投诉招标投标活动的参与者，或者与投诉项目无任何利害关系；

（二）投诉事项不具体，且未提供有效线索，难以查证的；

（三）投诉书未署具投诉人真实姓名、签字和有效联系方式的；以法人名义投诉的，投诉书未经法定代表人签字并加盖公章的；

（四）超过投诉时效的；

（五）已经作出处理决定，并且投诉人没有提出新的证据的；

（六）投诉事项应先提出异议没有提出异议、已进入行政复议或行政诉讼程序的。

第十三条 行政监督部门负责投诉处理的工作人员，有下列情形之一的，应当主动回避：

（一）近亲属是被投诉人、投诉人，或者是被投诉人、投诉人的主要负责人；

（二）在近三年内本人曾经在被投诉人单位担任高级管理职务；

（三）与被投诉人、投诉人有其他利害关系，可能影响对投诉事项公正处理的。

第十四条 行政监督部门受理投诉后，应当调取、查阅有关文件，调查、核实有关情况。

对情况复杂、涉及面广的重大投诉事项，有权受理投诉的行政监督部门可以会同其他有关的行政监督部门进行联合调查，共同研究后由受理部门做出处理决定。

第十五条 行政监督部门调查取证时，应当由两名以上行政执法人员进行，并做笔录，交被调查人签字确认。

第十六条 在投诉处理过程中，行政监督部门应当听取被投诉人的陈述和申辩，必要时可通知投诉人和被投诉人进行质证。

第十七条 行政监督部门负责处理投诉的人员应当严格遵守保密规定，对于在投诉处理过程中所接触到的国家秘密、商业秘密应当予以保密，也不得将投诉事项透露给与投诉无关的其他单位和个人。

第十八条 行政监督部门处理投诉，有权查阅、复制有关文件、资料，调查有关情况，相关单位和人员应当予以配合。必要时，行政监督部门可以责令暂停招标投标活动。

对行政监督部门依法进行的调查，投诉人、被投诉人以及评标委员会成员等与投诉事项有关的当事人应当予以配合，如实提供有关资料及情况，不得拒绝、隐匿或者伪报。

第十九条 投诉处理决定做出前，投诉人要求撤回投诉的，应当以书面形式提出并说明理由，由行政监督部门视以下情况，决定是否准予撤回：

（一）已经查实有明显违法行为的，应当不准撤回，并继续调查直至做出处理决定；

（二）撤回投诉不损害国家利益、社会公共利益或者其他当事人合法权益的，应当准予撤回，投诉处理过程终止。投诉人不得以同一事实和理由再提出投诉。

第二十条 行政监督部门应当根据调查和取证情况，对投诉事项进行审查，按照下列规定做出处理决定：

（一）投诉缺乏事实根据或者法律依据的，或者投诉人捏造事实、伪造材料或者以非法手段取得证明材料进行投诉的，驳回投诉；

（二）投诉情况属实，招标投标活动确实存在违法行为的，依据《中华人民共和国招标投标法》、《中华人民共和国招标投标法实施条例》及其他有关法规、规章做出处罚。

第二十一条 负责受理投诉的行政监督部门应当自受理投诉之日起三十个工作日内，对投诉事项做出处理决定，并以书面形式通知投诉人、被投诉人和其他与投诉处理结果有关的当事人。需要检验、检测、鉴定、专家评审的，所需时间不计算在内。

第二十二条 投诉处理决定应当包括下列主要内容：

（一）投诉人和被投诉人的名称、住址；

（二）投诉人的投诉事项及主张；

（三）被投诉人的答辩及请求；

（四）调查认定的基本事实；

（五）行政监督部门的处理意见及依据。

第二十三条 行政监督部门应当建立投诉处理档案，并做好保存和管理工作，接受有关方面的监督检查。

第二十四条 行政监督部门在处理投诉过程中，发现被投诉人单位直接负责的主管人员和其他直接责任人员有违法、违规或者违纪行为的，应当建议其行政主管机关、纪检监察部门给予处分；情节严重构成犯罪的，移送司法机关处理。

对招标代理机构有违法行为，且情节严重的，依法暂停直至取消招标代理资格。

第二十五条 当事人对行政监督部门的投诉处理决定不服或者行政监督部门逾期未做处理的，可以依法申请行政复议或者向人民法院提起行政诉讼。

第二十六条 投诉人故意捏造事实、伪造证明材料或者以非法手段取得证明材料进行投诉，给他人造成损失的，依法承担赔偿责任。

第二十七条 行政监督部门工作人员在处理投诉过程中徇私舞弊、滥用职权或者玩忽职守，对投诉人打击报复的，依法给予行政处分；构成犯罪的，依法追究刑事责任。

第二十八条 行政监督部门在处理投诉过程中，不得向投诉人和被投诉人收取任何费用。

第二十九条 对于性质恶劣、情节严重的投诉事项，行政监督部门可以将投诉处理结果在有关媒体上公布，接受舆论和公众监督。

第三十条 本办法由国家发展改革委会同国务院有关部门解释。

第三十一条 本办法自 2004 年 8 月 1 日起施行。

招标投标违法行为记录公告暂行办法

· 2008 年 6 月 18 日

· 发改法规〔2008〕1531 号

第一章 总 则

第一条 为贯彻《国务院办公厅关于进一步规范招投标活动的若干意见》（国办发〔2004〕56 号），促进招标投标信用体系建设，健全招标投标失信惩戒机制，规范招标投标当事人行为，根据《招标投标法》等相关法律规定，制定本办法。

第二条 对招标投标活动当事人的招标投标违法行为记录进行公告，适用本办法。

本办法所称招标投标活动当事人是指招标人、投标人、招标代理机构以及评标委员会成员。

本办法所称招标投标违法行为记录，是指有关行政主管部门在依法履行职责过程中，对招标投标当事人违法行为所作行政处理决定的记录。

第三条 国务院有关行政主管部门按照规定的职责分工，建立各自的招标投标违法行为记录公告平台，并负责公告平台的日常维护。

国家发展改革委会同国务院其他有关行政主管部门制定公告平台管理方面的综合性政策和相关规定。

省级人民政府有关行政主管部门按照规定的职责分工，建立招标投标违法行为记录公告平台，并负责公告平台的日常维护。

第四条 招标投标违法行为记录的公告应坚持准确、及时、客观的原则。

第五条 招标投标违法行为记录公告不得公开涉及国家秘密、商业秘密、个人隐私的记录。但是，经权利人同意公开或者行政机关认为不公开可能对公共利益造成重大影响的涉及商业秘密、个人隐私的违法行为记录，可以公开。

第二章 违法行为记录的公告

第六条 国务院有关行政主管部门和省级人民政府有关行政主管部门（以下简称“公告部门”）应自招标投标违法行为行政处理决定作出之日起 20 个工作日内对外进行记录公告。

省级人民政府有关行政主管部门公告的招标投标违法行为行政处理决定应同时抄报相应国务院行政主管部门。

第七条 对招标投标违法行为所作出的以下行政处理决定应给予公告：

（一）警告；

（二）罚款；

（三）没收违法所得；

（四）暂停或者取消招标代理资格；

（五）取消在一定时期内参加依法必须进行招标的项目的投标资格；

（六）取消担任评标委员会成员的资格；

（七）暂停项目执行或追回已拨付资金；

（八）暂停安排国家建设资金；

（九）暂停建设项目的审查批准；

(十)行政主管部门依法作出的其他行政处理决定。

第八条 违法行为记录公告的基本内容为:被处理招标投标当事人名称(或姓名)、违法行为、处理依据、处理决定、处理时间和处理机关等。

公告部门可将招标投标违法行为行政处理决定书直接进行公告。

第九条 违法行为记录公告期限为六个月。公告期满后,转入后台保存。

依法限制招标投标当事人资质(资格)等方面的行政处理决定,所认定的限制期限长于六个月的,公告期限从其决定。

第十条 公告部门负责建立公告平台信息系统,对记录信息数据进行追加、修改、更新,并保证公告的违法行为记录与行政处理决定的相关内容一致。

公告平台信息系统应具备历史公告记录查询功能。

第十一条 公告部门应对公告记录所依据的招标投标违法行为行政处理决定书等材料妥善保管、留档备查。

第十二条 被公告的招标投标当事人认为公告记录与行政处理决定的相关内容不符的,可向公告部门提出书面更正申请,并提供相关证据。

公告部门接到书面申请后,应在5个工作日内进行核对。公告的记录与行政处理决定的相关内容不一致的,应当给予更正并告知申请人;公告的记录与行政处理决定的相关内容一致的,应当告知申请人。

公告部门在作出答复前不停止对违法行为记录的公告。

第十三条 行政处理决定在被行政复议或行政诉讼期间,公告部门依法不停止对违法行为记录的公告,但行政处理决定被依法停止执行的除外。

第十四条 原行政处理决定被依法变更或撤销的,公告部门应当及时对公告记录予以变更或撤销,并在公告平台上予以声明。

第三章 监督管理

第十五条 有关行政主管部门应依法加强对招标投标违法行为记录被公告当事人的监督管理。

第十六条 招标投标违法行为记录公告应逐步实现互联互通、互认共用,条件成熟时建立统一的招标投标违法行为记录公告平台。

第十七条 公告的招标投标违法行为记录应当作为招标代理机构资格认定,依法必须招标项目资质审查、招标代理机构选择、中标人推荐和确定、评标委员会成员确定和评标专家考核等活动的重要参考。

第十八条 有关行政主管部门及其工作人员在违法行为记录的提供、收集和公告等工作中有玩忽职守、弄虚作假或者徇私舞弊等行为的,由其所在单位或者上级主管机关予以通报批评,并依纪依法追究直接责任人和有关领导的责任;构成犯罪的,移送司法机关依法追究刑事责任。

第四章 附 则

第十九条 各省、自治区、直辖市发展改革部门可会同有关部门根据本办法制定具体实施办法。

第二十条 本办法由国家发展改革委会同国务院有关部门负责解释。

第二十一条 本办法自2009年1月1日起施行。

关于进一步贯彻落实招标投标违法行为记录公告制度的通知

· 2010年3月29日

· 发改法规〔2010〕628号

各省、自治区、直辖市发展改革委、工业和信息化主管部门、通信管理局、监察厅、财政厅、住房城乡建设厅(建委、建设交通委)、交通厅、水利厅、商务主管部门、法制办、各铁路局、民航各地区管理局:

严格落实招标投标违法行为记录公告制度是工程建设领域突出问题专项治理工作的一项重要任务。《招标投标违法行为记录公告暂行办法》(发改法规〔2008〕1531号,以下简称《暂行办法》)自2009年1月1日颁布实施以来,各地认真贯彻落实,推进招标投标市场诚信建设取得积极成效。但是,总体进展尚不平衡,一些地方至今尚未建立公告平台,一些地方虽建立了公告平台却没有按照规定及时进行公告,影响了违法行为记录公告制度实施效果。为进一步贯彻落实中共中央办公厅、国务院办公厅《关于开展工程建设领域突出问题专项治理工作的意见》(中办发〔2009〕27号)、中央治理工程建设领域突出问题工作领导小组《工程建设领域突出问题专项治理工作实施方案》(中治工发〔2009〕2号)和《规范工程建设项目决策行为和招标投标活动指导意见》(中治工发〔2009〕3号)部署和要求,切实发挥招标投标违法行为记录公告制度的失信惩戒作用,促进招标投标市场信用体系建设,现将有关事项通知如下:

一、抓紧建立违法行为记录公告平台。2010年5月底前,各省级有关行政主管部门要按照《暂行办法》要求,在本部门网站上建立招标投标违法行为记录公告平台,并做好公告平台维护和管理工作;已经建立的,进一步规范和完善公告平台,逐步实现互联互通、互认共用;条件成熟的建立统一的违法行为记录公告平台。要加强对市、县级招标投标违法行为记录公告平台建设的指导和督促,争取今年年底前,建立起国务院有关部门,以及省、市、县四级公告平台。结合开展工程建设领域突出问题专项治理工作,将招标投标违法行为记录公告平台制度落实与工程建设领域项目信息公开和诚信体系建设相结合,促进信息共享。

二、依法公告违法行为记录。各省级有关行政主管部门要以落实中央工程建设领域突出问题专项治理工作部署为契机,加大监督检查工作力度,按照规定的职责分工,严肃查处招标投标违法违规行为。对于依法应当公告的违法行为,应及时在公告平台上公告。严格按照《暂行办法》规定的程序和要求发布公告,确保公告准确和客观。各省级有关行政主管部门公告的招标投标违法行为行政处理决定,须按要求及时抄报相应国务院行政主管部门。国务院有关行政主管部门将选取一批典型案件进行公告,并加强对本系统违法行为记录公告工作的指导,建立系统公告记录信息通报制度。

三、加大招标投标失信惩戒力度。各地可以结合本地实际,进一步健全失信惩戒制度,将公告的招标投标违法行为记录作为招标代理机构资格认定、依法必须招标项目投标人资格审查、招标代理机构选择、中标人推荐和确定、评标委员会成员确定和评标专家考核等活动的重要依据。

各地要按照中央工程建设领域突出问题专项治理工作统一部署,采取有效措施,全面落实招标投标违法行为记录公告制度。2010年上半年,国家发展改革委、监察部将会同国务院有关部门对各地贯彻落实情况进行监督检查,重点检查公告平台建立和运行情况。对没有建立公告平台,或者不按照规定及时公告违法行为记录的地方,要进行通报。

关于对公共资源交易领域严重失信主体开展联合惩戒的备忘录

·2018年3月21日
·发改法规〔2018〕457号

为深入学习贯彻习近平新时代中国特色社会主义思想和党的十九大精神,落实《国务院关于促进市场公平竞争维护市场正常秩序的若干意见》(国发〔2014〕20号)、《国务院关于印发社会信用体系建设规划纲要(2014-2020年)的通知》(国发〔2014〕21号)、《国务院关于建立完善守信联合激励和失信联合惩戒制度加快推进社会诚信建设的指导意见》(国发〔2016〕33号)、《国务院办公厅关于印发整合建立统一的公共资源交易平台工作方案的通知》(国办发〔2015〕63号)、《国家发展改革委人民银行关于加强和规范守信联合激励和失信联合惩戒对象名单管理工作的指导意见》(发改财金规〔2017〕1798号)等有关要求,建立健全公共资源交易领域失信联合惩戒机制,国家发展改革委、人民银行、中央组织部、中央编办、中央文明办、科技部、工业和信息化部、财政部、国土资源部、住房城乡建设部、交通运输部、水利部、商务部、卫生计生委、国资委、海关总署、税务总局、林业局、国管局、银监会、证监会、公务员局、铁路局、民航局等部门,就针对公共资源交易领域严重失信主体开展联合惩戒工作达成如下一致意见。

一、联合惩戒对象

联合惩戒的对象为违反公共资源交易相关法律、法规规定,违背诚实信用原则,存在以下行为之一,被主管部门依法实施行政处罚的企业(以下简称失信企业)及负有责任的法定代表人、自然人股东、评标评审专家及其他相关人员(以下简称失信相关人):

(一)违反法律规定,必须进行招标的项目而不招标的,将必须进行招标的项目化整为零或者以其他任何方式规避招标的;

(二)招标代理机构违反法律规定,泄露应当保密的与招标投标活动有关的情况和资料的,或者与招标人、投标人串通损害国家利益、社会公共利益或者他人合法权益的;

(三)招标人以不合理的条件限制或者排斥潜在投标人的,对潜在投标人实行歧视待遇的,强制要求投标人组成联合体共同投标的,或者限制投标人之间竞争的;

(四)依法必须进行招标的项目的招标人向他人透露已获取招标文件的潜在投标人的名称、数量或者可能影响公平竞争的有关招标投标的其他情况的,或者泄露标底的;

(五)投标人相互串通投标或者与招标人串通投标的,投标人以向招标人或者评标委员会成员行贿的手段谋取中标的;

(六)投标人以他人名义投标或者以其他方式弄虚作假,骗取中标的;

（七）依法必须进行招标的项目，招标人违反法律规定，与投标人就投标价格、投标方案等实质性内容进行谈判的；

（八）评标委员会成员收受投标人的财物或者其他好处的，评标委员会成员或者参加评标的有关工作人员向他人透露对投标文件的评审和比较、中标候选人的推荐以及与评标有关的其他情况的；

（九）招标人在评标委员会依法推荐的中标候选人以外确定中标人的，依法必须进行招标的项目在所有投标被评标委员会否决后自行确定中标人的；

（十）中标人将中标项目转让给他人的，将中标项目肢解后分别转让给他人的，违反法律规定将中标项目的部分主体、关键性工作分包给他人的，或者分包人再次分包的；

（十一）招标人与中标人不按照招标文件和中标人的投标文件订立合同的，或者招标人、中标人订立背离合同实质性内容的协议的；

（十二）中标人不按照与招标人订立的合同履行义务，情节严重的；

（十三）采购人、采购代理机构存在应当采用公开招标方式而擅自采用其他方式采购，擅自提高采购标准，以不合理的条件对供应商实行差别待遇或者歧视待遇，在招标采购过程中与投标人进行协商谈判，中标、成交通知书发出后不与中标、成交供应商签订采购合同，或者拒绝有关部门依法实施监督检查等情形的；

（十四）采购人、采购代理机构及其工作人员存在与供应商或者采购代理机构恶意串通，在采购过程中接受贿赂或者获取其他不正当利益，在有关部门依法实施的监督检查中提供虚假情况，或者开标前泄露标底等情形的；

（十五）采购人对应当实行集中采购的政府采购项目，不委托集中采购机构实行集中采购的；

（十六）采购人、采购代理机构违反法律规定隐匿、销毁应当保存的采购文件或者伪造、变造采购文件的；

（十七）供应商存在提供虚假材料谋取中标、成交，采取不正当手段诋毁、排挤其他供应商，与采购人、其他供应商或者采购代理机构恶意串通，向采购人、采购代理机构行贿或者提供其他不正当利益，在招标采购过程中与采购人进行协商谈判，或拒绝有关部门监督检查或者提供虚假情况等情形的；

（十八）疫苗生产企业向县级疾病预防控制机构以外的单位或者个人销售第二类疫苗的；

（十九）存在其他违反公共资源交易法律法规行为的。

本备忘录所指的公共资源交易领域失信企业及失信相关人具体包括存在严重违法失信行为的招标人、采购人、投标人、供应商、招标代理机构、采购代理机构、评标评审专家，以及其他参与公共资源交易的公民、法人或者其他组织。

二、联合惩戒措施

（一）公共资源交易领域

公共资源交易平台整合部际联席会议成员单位依据法律、法规、规章和规范性文件规定，在公共资源交易领域对惩戒对象采取下列一种或多种惩戒措施。

1. 依法限制失信企业参与工程建设项目招标投标。

2. 依法限制失信企业参与政府采购活动。

3. 依法限制失信企业参与土地使用权和矿业权出让。

4. 依法限制失信企业参与国有产权交易活动。

5. 依法限制失信企业参与药品和医疗器械集中采购及配送活动。

6. 依法限制失信企业参与二类疫苗采购活动。

7. 依法限制失信企业参与林权流转。

8. 依法限制失信企业参与其他公共资源交易活动。

9. 依法限制失信企业从事公共资源交易代理活动。

10. 依法限制失信相关人担任公共资源交易活动专家。

11. 依法限制失信相关人在公共资源交易领域从业。

12. 依法加强对失信企业、失信相关人从事公共资源交易有关各项活动的监督检查。

（二）其他相关领域

除公共资源交易平台整合部际联席会议成员单位外，其他部门和单位依照有关法律、法规、规章和规范性文件规定，对联合惩戒对象采取下列一种或多种惩戒措施（相关依据和实施部门见附表）。

1. 从严审核行政许可审批项目，依法限制新增项目审批、核准。

2. 依法从严控制生产许可证发放。

3. 依法对失信企业获得财政补助补贴性资金和社会保障资金支持予以限制。

4. 依法将失信信息作为选择基础设施和公用事业特许经营等政府和社会资本合作项目合作伙伴的重要参考因素，限制失信主体成为项目合作伙伴。

5. 依法限制失信相关人担任国有企业法定代表人、董事、监事。

6. 在申请信贷融资或办理信用卡时，金融机构将其失信信息作为审核的重要参考因素。

7. 依法限制有不良信用记录的基金、基金管理人和从业人员从事政府出资产业投资基金相关活动。

8. 依法对申请发行企业债券不予受理。

9. 在注册非金融企业债务融资工具时，加强管理，按照注册发行有关工作要求，强化信息披露，加强投资人保护机制管理，防范有关风险。

10. 依法将失信信息作为公开发行公司债券核准的参考。

11. 在股票发行审核及在全国中小企业股份转让系统挂牌公开转让审核中，依法将失信信息作为参考。

12. 依法将失信信息作为证券公司、基金管理公司及期货公司的设立及股权或实际控制人变更审批或备案，私募投资基金管理人登记、重大事项变更以及基金备案的参考。

13. 依法将失信行为作为境内上市公司实行股权激励计划或相关人员成为股权激励对象事中事后监管的参考。

14. 依法将违法失信行为作为非上市公众公司重大资产重组审核的参考。

15. 在上市公司或者非上市公众公司收购的事中事后监管中，依法对有严重失信行为的企业予以重点关注。

16. 依法将违法失信行为作为独立基金销售机构审批的参考。

17. 依法将违法失信行为作为证券公司、基金管理公司、期货公司的董事、监事和高级管理人员及分支机构负责人任职审批或备案的参考。

18. 在办理相关海关业务时，对其进出口货物实施严密监管，加强单证审核、布控查验、后续稽查或统计监督核查。

19. 对申请适用海关认证企业管理的，依法不予通过认证，对已经成为认证企业的，按照规定下调企业信用等级。

20. 将失信主体列入税收管理重点监控对象，强化税收管理，提高监督检查频次。

21. 将失信主体的失信状况作为纳税信用评价的重要外部参考。

22. 依法限制失信被执行人新建、扩建高档装修房屋，购买非经营必须车辆等非生活和工作必需的消费行为。

23. 依法限制新的科技扶持项目，将其严重失信行为计入科研信用记录，并依据有关规定暂停审批其新的科技项目扶持资金申报等。

24. 按程序及时撤销相关表彰奖励，取消参加评先评优的资格。

25. 严重失信主体是个人的，依法限制登记为事业单位法定代表人；严重失信主体是企业的，该企业法定代表人依法限制登记为事业单位法定代表人。

26. 依法限制招录（聘）为公务员或事业单位工作人员。

三、联合惩戒的实施方式

公共资源交易平台整合部际联席会议成员单位通过全国公共资源交易平台，记录失信主体信息。公共资源交易平台整合部际联席会议以外的其他部门和单位根据各自行政许可、行政处罚、日常监管等情况定期向发展改革委提供严重违法失信主体信息，由发展改革委汇总后上传全国公共资源交易平台。全国公共资源交易平台与全国信用信息共享平台实现数据交互共享，并通过全国公共资源交易平台网站、“信用中国”网站、国家企业信用信息公示系统向社会公布。

各部门和单位对公共资源交易领域和其他相关领域存在严重违法失信行为的失信企业、失信相关人“黑名单”进行动态管理，及时更新相关信息。对于从公共资源交易领域严重违法失信“黑名单”中移除的市场主体及其有关人员，应及时停止实施惩戒措施。

各部门和单位按照本备忘录约定的内容，依法依规对失信企业及其失信相关人实施联合惩戒。

四、其他事宜

各部门和单位应密切协作，积极落实本备忘录，制定失信信息的使用、撤销、管理、监督的相关实施细则和操作流程，指导本系统各级单位依法依规实施联合惩戒措施。

本备忘录实施过程中涉及的协同配合问题，由各部门和单位协商解决。

本备忘录签署后，各项惩戒措施依据的法律、法规、规章及规范性文件有修改或调整的，以修改后的法律、法规、规章及规范性文件为准。

附表：联合惩戒措施相关依据和实施部门

附表

联合惩戒措施相关依据和实施部门

<table>
<tr><th>惩戒措施</th><th>法律及政策依据</th><th>实施部门</th></tr>
<tr><td colspan="3">（一）公共资源交易领域</td></tr>
<tr><td>1. 依法限制失信企业参与工程建设项目招标投标；2. 依法限制失信企业参与政府采购活动；3. 依法限制失信企业参与土地使用权和矿业权出让；4. 依法限制失信企业参与国有产权交易活动；5. 依法限制失信企业参与药品和医疗器械集中采购及配送活动；6. 依法限制失信企业参与二类疫苗采购活动；7. 依法限制失信企业参与林权流转；8. 依法限制失信企业参与其他公共资源交易活动。9. 依法限制失信企业从事公共资源交易代理活动；10. 依法限制失信相关人担任公共资源交易活动专家；11. 依法限制失信相关人在公共资源交易领域从业；12. 依法加强对失信企业、失信相关人从事公共资源交易有关各项活动的监督检查。</td><td>《国务院关于建立完善守信联合激励和失信联合惩戒制度加快推进社会诚信建设的指导意见》（国发〔2016〕33 号）
（十）依法依规加强对失信行为的行政性约束和惩戒。对严重失信主体，各地区、各有关部门应将其列为重点监管对象，依法依规采取行政性约束和惩戒措施。从严审核行政许可审批项目，从严控制生产许可证发放，限制新增项目审批、核准，限制股票发行上市融资或发行债券，限制在全国股份转让系统挂牌、融资，限制发起设立或参股金融机构以及小额贷款公司、融资担保公司、创业投资公司、互联网融资平台等机构，限制从事互联网信息服务等。严格限制申请财政性资金项目，限制参与有关公共资源交易活动，限制参与基础设施和公用事业特许经营。对严重失信企业及其法定代表人、主要负责人和对失信行为负有直接责任的注册执业人员等实施市场和行业禁入措施。及时撤销严重失信企业及其法定代表人、负责人、高级管理人员对失信行为负有直接责任的董事、股东等人员的荣誉称号，取消参加评先评优资格。
《国务院办公厅关于印发整合建立统一的公共资源交易平台工作方案的通知》（国办发〔2015〕63 号）
（三）整合范围。整合分散设立的工程建设项目招标投标、土地使用权和矿业权出让、国有产权交易、政府采购等交易平台，在统一的平台体系上实现信息和资源共享，依法推进公共资源交易高效规范运行。积极有序推进其他公共资源交易纳入统一平台体系。
（十四）转变监督方式。各级行政主管部门要运用大数据等手段，实施电子化行政监督，强化对交易活动的动态监督和预警。将市场主体信用信息和公共资源交易活动信息作为实施监管的重要依据，健全守信激励和失信惩戒机制。对诚实守信主体参与公共资源交易活动要依法给予奖励，对失信主体参与公共资源交易活动要依法予以限制，对严重违法失信主体实行市场禁入。健全专家选聘与退出机制，建立专家黑名单制度，强化专家责任追究。加强社会监督，完善投诉处理机制，公布投诉举报电话，及时处理平台服务机构违法违规行为。发挥行业组织作用，建立公共资源交易平台服务机构和人员自律机制。
《中华人民共和国招标投标法》
第五十三条 投标人相互串通投标或者与招标人串通投标的，投标人以向招标人或者评标委员会成员行贿的手段谋取中标的，中标无效，处中标项目金额千分之五以上千分之十以下的罚款，对单位直接负责的主管人员和其他直接责任人员处单位罚款数额百分之五以上百分之十以下的罚款；有违法所得的，并处没收违法所得；情节严重的，取消其一年至二年内参加依法必须进行招标的项目的投标资格并予以公告，直至由工商行政管理机关吊销营业执照；构成犯罪的，依法追究刑事责任。给他人造成损失的，依法承担赔偿责任。
第五十四条 投标人以他人名义投标或者以其他方式弄虚作假，骗取中标的，中标无效，给招标人造成损失的，依法承担赔偿责任；构成犯罪的，依法追究刑事责任。
依法必须进行招标的项目的投标人有前款所列行为尚未构成犯罪的，处中标项目金额千分之五以上千分之十以下的罚款，对单位直接负责的主管人员和其他直接责任人员处单位罚款数额百分之五以上百分之十以下的罚款；有违法所得的，并处没收违法所得；情节严重的，取消其一年至三年内参加依法必须进行招标的项目的投标资格并予以公告，直至由工商行政管理机关吊销营业执照。</td><td>国家发展改革委、工业和信息化部、财政部、国土资源部、住房城乡建设部、交通运输部、水利部、商务部、卫生计生委、国资委、税务总局、林业局、国管局、铁路局、民航局等部门</td></tr>
</table>

续表

惩戒措施	法律及政策依据	实施部门
	第五十六条 评标委员会成员收受投标人的财物或者其他好处的，评标委员会成员或者参加评标的有关工作人员向他人透露对投标文件的评审和比较、中标候选人的推荐以及与评标有关的其他情况的，给予警告，没收收受的财物，可以并处三千元以上五万元以下的罚款，对有所列违法行为的评标委员会成员取消担任评标委员会成员的资格，不得再参加任何依法必须进行招标的项目的评标；构成犯罪的，依法追究刑事责任。 第六十条 中标人不履行与招标人订立的合同的，履约保证金不予退还，给招标人造成的损失超过履约保证金数额的，还应当对超过部分予以赔偿；没有提交履约保证金的，应当对招标人的损失承担赔偿责任。 中标人不按照与招标人订立的合同履行义务，情节严重的，取消其二年至五年内参加依法必须进行招标的项目的投标资格并予以公告，直至由工商行政管理机关吊销营业执照。 因不可抗力不能履行合同的，不适用前两款规定。 **《中华人民共和国招标投标法实施条例》(国务院令第613号)** 第六十七条 投标人相互串通投标或者与招标人串通投标的，投标人向招标人或者评标委员会成员行贿谋取中标的，中标无效；构成犯罪的，依法追究刑事责任；尚不构成犯罪的，依照招标投标法第五十三条的规定处罚。投标人未中标的，对单位的罚款金额按照招标项目合同金额依照招标投标法规定的比例计算。 投标人有下列行为之一的，属于招标投标法第五十三条规定的情节严重行为，由有关行政监督部门取消其1年至2年内参加依法必须进行招标的项目的投标资格： （一）以行贿谋取中标； （二）3年内2次以上串通投标； （三）串通投标行为损害招标人、其他投标人或者国家、集体、公民的合法利益，造成直接经济损失30万元以上； （四）其他串通投标情节严重的行为。 投标人自本条第二款规定的处罚执行期限届满之日起3年内又有该款所列违法行为之一的，或者串通投标、以行贿谋取中标情节特别严重的，由工商行政管理机关吊销营业执照。 法律、行政法规对串通投标报价行为的处罚另有规定的，从其规定。 第六十八条 投标人以他人名义投标或者以其他方式弄虚作假骗取中标的，中标无效；构成犯罪的，依法追究刑事责任；尚不构成犯罪的，依照招标投标法第五十四条的规定处罚。依法必须进行招标的项目的投标人未中标的，对单位的罚款金额按照招标项目合同金额依照招标投标法规定的比例计算。 投标人有下列行为之一的，属于招标投标法第五十四条规定的情节严重行为，由有关行政监督部门取消其1年至3年内参加依法必须进行招标的项目的投标资格： （一）伪造、变造资格、资质证书或者其他许可证件骗取中标； （二）3年内2次以上使用他人名义投标； （三）弄虚作假骗取中标给招标人造成直接经济损失30万元以上； （四）其他弄虚作假骗取中标情节严重的行为。 投标人自本条第二款规定的处罚执行期限届满之日起3年内又有该款所列违法行为之一的，或者弄虚作假骗取中标情节特别严重的，由工商行政管理机关吊销营业执照。	

续表

惩戒措施	法律及政策依据	实施部门
	《中华人民共和国政府采购法》 第二十二条 供应商参加政府采购活动应当具备下列条件： （一）具有独立承担民事责任的能力； （二）具有良好的商业信誉和健全的财务会计制度； （三）具有履行合同所必需的设备和专业技术能力； （四）有依法缴纳税收和社会保障资金的良好记录； （五）参加政府采购活动前三年内，在经营活动中没有重大违法记录； （六）法律、行政法规规定的其他条件。 **《企业信息公示暂行条例》（国务院令第 654 号）** 第十八条 县级以上地方人民政府及其有关部门应当建立健全信用约束机制，在政府采购、工程招投标、国有土地出让、授予荣誉称号等工作中，将企业信息作为重要考量因素，对被列入经营异常名录或者严重违法企业名单的企业依法予以限制或者禁入。 **《国务院办公厅关于完善公立医院药品集中采购工作的指导意见》（国办发〔2015〕7 号）** 六、强化综合监督管理 （五）严格执行诚信记录和市场清退制度。各省（区、市）要建立健全检查督导制度，建立药品生产经营企业诚信记录并及时向社会公布。对列入不良记录名单的企业，医院两年内不得购入其药品。加强对医院、药品生产经营企业履行《医疗卫生机构医药产品廉洁购销合同》情况的监督。 **《疫苗流通和预防接种管理条例》（国务院令第 668 号）** 第六十五条 疫苗生产企业向县级疾病预防控制机构以外的单位或者个人销售第二类疫苗的，由药品监督管理部门没收违法销售的疫苗，并处违法销售的疫苗货值金额 2 倍以上 5 倍以下的罚款；有违法所得的，没收违法所得；其直接负责的主管人员和其他直接责任人员 5 年内不得从事药品生产经营活动；情节严重的，依法吊销疫苗生产资格或者撤销疫苗进口批准证明文件，其直接负责的主管人员和其他直接责任人员 10 年内不得从事药品生产经营活动；构成犯罪的，依法追究刑事责任。 **《中华人民共和国农村土地承包法》** 第四十八条 发包方将农村土地发包给本集体经济组织成员的村民会议三分之二以上成员或者三分之二以上村民代表的同意，并报乡（镇）人民政府批准。本集体经济组织以外的单位或者个人承包的，应当对承包方的资信情况和经营能力进行审查后，再签订承包合同； 第六十条 承包方违法将承包地用于非农建设的，由县级以上地方人民政府有关行政主管部门依法予以处罚。 **《国家林业局关于规范集体林权流转市场运行的意见》（林改发〔2016〕100 号）** 四、严格林权流入方资格条件 林权流入方应当具有林业经营能力，林权不得流转给没有林业经营能力的单位或者个人。《国家发展改革委商务部关于印发市场准入负面清单草案（试点版）的通知》（发改经体〔2016〕442 号）明确要求：租赁农地从事生产经营要进行资格审查，未获得资质条件的，不得租赁农地从事生产经营。鼓励各地依照该精神，依法探索建立工商资本租赁林地准入制度，实行承诺式准入等方式，可采取市场主体资质、经营面积上限、林业经营能力、经营项目、诚	

续表

惩戒措施	法律及政策依据	实施部门
	信记录和违规处罚等管理措施，对投资租赁林地从事林业生产经营资格进行审查。家庭承包林地的经营权可以依法采取出租、入股、合作等方式流转给工商资本，但不得办理林权变更登记。	
（二）其他相关领域		
1. 从严审核行政许可审批项目，依法限制新增项目审批、核准； 2. 依法从严控制生产许可证发放。	**《国务院关于建立完善守信联合激励和失信联合惩戒制度加快推进社会诚信建设的指导意见》（国发〔2016〕33号）** （十）依法依规加强对失信行为的行政性约束和惩戒。对严重失信主体，各地区、各有关部门应将其列为重点监管对象，依法依规采取行政性约束和惩戒措施。从严审核行政许可审批项目，从严控制生产许可证发放，限制新增项目审批、核准，限制股票发行上市融资或发行债券，限制在全国股份转让系统挂牌、融资，限制发起设立或参股金融机构以及小额贷款公司、融资担保公司、创业投资公司、互联网融资平台等机构，限制从事互联网信息服务等。严格限制申请财政性资金项目，限制参与有关公共资源交易活动，限制参与基础设施和公用事业特许经营。对严重失信企业及其法定代表人、主要负责人和对失信行为负有直接责任的注册执业人员等实施市场和行业禁入措施。及时撤销严重失信企业及其法定代表人、负责人、高级管理人员对失信行为负有直接责任的董事、股东等人员的荣誉称号，取消参加评先评优资格。	国家发展改革委、工业和信息化部等有关部门
3. 依法对失信企业获得财政补助补贴性资金和社会保障资金支持予以限制。	**《国务院关于印发社会信用体系建设规划纲要（2014－2020年）的通知》（国发〔2014〕21号）** 二、推进重点领域诚信建设 （一）加快推进政务诚信建设。发挥政府诚信建设示范作用。各级人民政府首先要加强自身诚信建设，以政府的诚信施政，带动全社会诚信意识的树立和诚信水平的提高。在行政许可、政府采购、招标投标、劳动就业、社会保障、科研管理、干部选拔任用和管理监督、申请政府资金支持等领域，率先使用信用信息和信用产品，培育信用服务市场发展。	国家发展改革委、财政部等有关部门
4. 依法将失信信息作为选择基础设施和公用事业特许经营等政府和社会资本合作项目合作伙伴的重要参考因素，限制失信主体成为项目合作伙伴。	**《国务院关于建立完善守信联合激励和失信联合惩戒制度加快推进社会诚信建设的指导意见》（国发〔2016〕33号）** （十）依法依规加强对失信行为的行政性约束和惩戒。对严重失信主体，各地区、各有关部门应将其列为重点监管对象，依法依规采取行政性约束和惩戒措施。从严审核行政许可审批项目，从严控制生产许可证发放，限制新增项目审批、核准，限制股票发行上市融资或发行债券，限制在全国股份转让系统挂牌、融资，限制发起设立或参股金融机构以及小额贷款公司、融资担保公司、创业投资公司、互联网融资平台等机构，限制从事互联网信息服务等。严格限制申请财政性资金项目，限制参与有关公共资源交易活动，限制参与基础设施和公用事业特许经营。对严重失信企业及其法定代表人、主要负责人和对失信行为负有直接责任的注册执业人员等实施市场和行业禁入措施。及时撤销严重失信企业及其法定代表人、负责人、高级管理人员和对失信行为负有直接责任的董事、股东等人员的荣誉称号，取消参加评先评优资格。 **《国务院办公厅转发财政部发展改革委人民银行关于在公共服务领域推广政府和社会资本合作模式指导意见的通知》（国办发〔2015〕42号）** 四、规范推进政府和社会资本合作项目实施 （十五）择优选择项目合作伙伴。对使用财政性资金作为社会资本提供公共服务对价的项目，地方政府应当根据预算法、合同法、政府采购法及其实施条例等法律法规规定，选择项目合作伙伴。依托政府采购信息平台，及时、充分向社会公布项目采购信息。综合评估项目合作伙伴的专业资质、技术能力、管理经验、财务实力和信用状况等	国家发展改革委、财政部等有关部门

续表

惩戒措施	法律及政策依据	实施部门
	因素,依法择优选择诚实守信的合作伙伴。加强项目政府采购环节的监督管理,保证采购过程公平、公正、公开。 **《基础设施和公用事业特许经营管理办法》(国家发展和改革委员会令第25号)** 第十七条 实施机构应当公平择优选择具有相应管理经验、专业能力、融资实力以及信用状况良好的法人或者其他组织作为特许经营者。鼓励金融机构与参与竞争的法人或其他组织共同制定投融资方案。 特许经营者选择应当符合内外资准入等有关法律、行政法规规定。 依法选定的特许经营者,应当向社会公示。 第五十三条 特许经营者违反法律、行政法规和国家强制性标准,严重危害公共利益,或者造成重大质量、安全事故或者突发环境事件的,有关部门应当责令限期改正并依法予以行政处罚;拒不改正、情节严重的,可以终止特许经营协议;构成犯罪的,依法追究刑事责任。 第五十六条 县级以上人民政府有关部门应当对特许经营者及其从业人员的不良行为建立信用记录,纳入全国统一的信用信息共享交换平台。对严重违法失信行为依法予以曝光,并会同有关部门实施联合惩戒。	
5. 依法限制失信相关人担任国有企业法定代表人、董事、监事。	**《中华人民共和国企业国有资产法》** 第二十三条 履行出资人职责的机构任命或者建议任命的董事、监事、高级管理人员,应当具备下列条件: (一)有良好的品行; (二)有符合职位要求的专业知识和工作能力; (三)有能够正常履行职责的身体条件; (四)法律、行政法规规定的其他条件。	国资委、财政部等有关部门
6. 在申请信贷融资或办理信用卡时,金融机构将其失信信息作为审核的重要参考因素。	**《国务院关于促进市场公平竞争维护市场正常秩序的若干意见》(国发〔2014〕20号)** (十五)建立健全守信激励和失信惩戒机制。将市场主体的信用信息作为实施行政管理的重要参考。根据市场主体信用状况实行分类分级、动态监管,建立健全经营异常名录制度,对违背市场竞争原则和侵犯消费者、劳动者合法权益的市场主体建立"黑名单"制度。(工商总局牵头负责)对守信主体予以支持和激励,对失信主体在经营、投融资、取得政府供应土地、进出口、出入境、注册新公司、工程招投标、政府采购、获得荣誉、安全许可、生产许可、从业任职资格、资质审核等方面依法予以限制或禁止,对严重违法失信主体实行市场禁入制度。	银监会
7. 依法限制有不良信用记录的基金、基金管理人和从业人员从事政府出资产业投资基金相关活动。	**《国家发展改革委关于印发〈政府出资产业投资基金管理暂行办法〉的通知》(发改财金规〔2016〕2800号)** 第十九条 政府出资产业投资基金管理人履行下列职责: (一)制定投资方案,并对所投企业进行监督、管理; (二)按基金公司章程规定向基金投资者披露基金投资运作、基金管理信息服务等信息。定期编制基金财务报告,经有资质的会计师事务所审计后,向基金董事会(持有人大会)报告; (三)基金公司章程、基金管理协议中确定的其他职责。 第二十条 基金管理人应符合以下条件: (一)在中国大陆依法设立的公司或合伙企业,实收资本不低于1000万元人民币; (二)至少有3名具备3年以上资产管理工作经验的高级管理人员; (三)产业投资基金管理人及其董事、监事、高级管理人员及其他从业人员在最近三年无重大违法行为;	

续表

惩戒措施	法律及政策依据	实施部门
	（四）有符合要求的营业场所、安全防范设施和与基金管理业务有关的其他设施； （五）有良好的内部治理结构和风险控制制度。 第三十六条 对有不良信用记录的基金、基金管理人和从业人员，国家发展改革委通过“信用中国”网站统一向社会公布。地方发展改革部门可以根据各地实际情况，将区域内失信基金、基金管理人和从业人员名单以适当方式予以公告。 发展改革部门会同有关部门依据所适用的法律法规及多部门签署的联合惩戒备忘录等对列入失信联合惩戒名单的基金、基金管理人和从业人员开展联合惩戒，惩戒措施包括但不限于市场禁入、限制作为供应商参加政府采购活动、限制财政补助补贴性资金支持、从严审核发行企业债券等。	国家发展改革委
8. 依法对申请发行企业债券不予受理。	**《国家发展改革委关于推进企业债券市场发展、简化发行核准程序有关事项的通知》（发改财金〔2008〕7 号）** 第二条第（七）项：企业公开发行企业债券应符合下列条件： （一）股份有限公司的净资产不低于人民币 3000 万元，有限责任公司和其他类型企业的净资产不低于人民币 6000 万元； （二）累计债券余额不超过企业净资产（不包括少数股东权益）的 40%； （三）最近三年可分配利润（净利润）足以支付企业债券一年的利息； 筹集资金的投向符合国家产业政策和行业发展方向，所需相关手续齐全。用于固定资产投资项目的，应符合固定资产投资项目资本金制度的要求，原则上累计发行额不得超过该项目总投资的 60%。用于收购产权（股权）的，比照该比例执行。用于调整债务结构的，不受该比例限制，但企业应提供银行同意以债还贷的证明； （四）用于补充营运资金的，不超过发债总额的 20%； （五）债券的利率由企业根据市场情况确定，但不得超过国务院限定的利率水平； （六）已发行的企业债券或者其他债务未处于违约或者延迟支付本息的状态； （七）最近三年没有重大违法违规行为。 **《国家发展改革委人民银行中央编办关于在行政管理事项中使用信用记录和信用报告的若干意见》（发改财金〔2013〕920 号）** 二、切实发挥在行政管理事项中使用信用记录和信用报告的作用 各级政府、各相关部门应将相关市场主体所提供的信用记录或信用报告作为其实施行政管理的重要参考。对守信者应探索实行优先办理、简化程序、“绿色通道”和重点支持等激励政策；对失信者，应结合失信类别和程度，严格落实失信惩戒制度。 三、探索完善在行政管理事项中使用信用记录和信用报告的制度规范 各级政府、各相关部门应结合地方和部门实际，在政府采购、招标投标、行政审批、市场准入、资质审核等行政管理事项中依法要求相关市场主体提供由第三方信用服务机构出具的信用记录或信用报告。 各级政府、各相关部门应根据履职需要，研究明确信用记录或信用报告的主要内容和运用规范。 五、不断健全全社会守信激励和失信惩戒的联动机制 **《国家发展改革委办公厅关于进一步改进企业债券发行审核工作的通知》（发改办财金〔2013〕957 号）** 对于以下两类发债申请，要从严审核，有效防范市场风险。	国家发展改革委

续表

惩戒措施	法律及政策依据	实施部门
	（一）募集资金用于产能过剩、高污染、高耗能等国家产业政策限制领域的发债申请。 （二）企业信用等级较低，负债率高，债券余额较大或运作不规范、资产不实、偿债措施较弱的发债申请。 **《国务院关于促进市场公平竞争维护市场正常秩序的若干意见》（国发〔2014〕20号）** （十五）建立健全守信激励和失信惩戒机制。将市场主体的信用信息作为实施行政管理的重要参考。根据市场主体信用状况实行分类分级、动态监管，建立健全经营异常名录制度，对违背市场竞争原则和侵犯消费者、劳动者合法权益的市场主体建立"黑名单"制度。（工商总局牵头负责）对守信主体予以支持和激励，对失信主体在经营、投融资、取得政府供应土地、进出口、出入境、注册新公司、工程招投标、政府采购、获得荣誉、安全许可、生产许可、从业任职资格、资质审核等方面依法予以限制或禁止，对严重违法失信主体实行市场禁入制度。（各相关市场监管部门按职责分工分别负责）	
9. 在注册非金融企业债务融资工具时，加强管理，按照注册发行有关工作要求，强化信息披露，加强投资人保护机制管理，防范有关风险。	**《银行间债券市场非金融企业债务融资工具管理办法》（中国人民银行令〔2008〕第1号）** 第三条 债券融资工具发行与交易应遵循诚信、自律原则。 第七条 企业发行债务融资工具应在银行间债券市场披露信息。披露信息应遵循诚实信用原则，不得有虚假记载、误导性陈述或重大遗漏。 第九条 为债务融资工具提供服务的承销机构、信用评级机构、注册会计师、律师等专业机构和人员应勤勉尽责，严格遵守执业规范和职业道德，按规定和约定履行义务。 上述专业机构和人员所出具的文件含有虚假记载、误导性陈述和重大遗漏的，应当就其负有责任的部分承担相应的法律责任。	人民银行
10. 依法将失信信息作为公开发行公司债券核准的参考。	**《公司债券发行与交易管理办法》（中国证券监督管理委员会令第113号）** 第十七条 存在下列情形之一的，不得公开发行公司债券： （一）最近三十六个月内公司财务会计文件存在虚假记载，或公司存在其他重大违法行为； （二）本次发行申请文件存在虚假记载、误导性陈述或者重大遗漏； （三）对已发行的公司债券或者其他债务有违约或者迟延支付本息的事实，仍处于继续状态； （四）严重损害投资者合法权益和社会公共利益的其他情形。	证监会
11. 在股票发行审核及在全国中小企业股份转让系统挂牌公开转让审核中，依法将失信信息作为参考。	**《中华人民共和国证券法》** 第十三条 公司公开发行新股，应当符合下列条件： （一）具备健全且运行良好的组织机构； （二）具有持续盈利能力，财务状况良好； （三）最近三年财务会计文件无虚假记载，无其他重大违法行为； （四）经国务院批准的国务院证券监督管理机构规定的其他条件。 上市公司非公开发行新股，应当符合经国务院批准的国务院证券监督管理机构规定的条件，并报国务院证券监督管理机构核准。 **《首次公开发行股票并上市管理办法》（证监会令第122号）** 第十八条 发行人不得有下列情形：	

续表

惩戒措施	法律及政策依据	实施部门
	（一）最近 36 个月内未经法定机关核准，擅自公开或者变相公开发行过证券；或者有关违法行为虽然发生在 36 个月前，但目前仍处于持续状态； （二）最近 36 个月内违反工商、税收、土地、环保、海关以及其他法律、行政法规，受到行政处罚，且情节严重； （三）最近 36 个月内曾向中国证监会提出发行申请，但报送的发行申请文件有虚假记载、误导性陈述或重大遗漏；或者不符合发行条件以欺骗手段骗取发行核准；或者以不正当手段干扰中国证监会及其发行审核委员会审核工作；或者伪造、变造发行人或其董事、监事、高级管理人员的签字、盖章； （四）本次报送的发行申请文件有虚假记载、误导性陈述或者重大遗漏； （五）涉嫌犯罪被司法机关立案侦查，尚未有明确结论意见； （六）严重损害投资者合法权益和社会公共利益的其他情形。 **《首次公开发行股票并在创业板上市管理办法》（证监会令第 123 号）** 第二十条 发行人及其控股股东、实际控制人最近三年内不存在损害投资者合法权益和社会公共利益的重大违法行为。 发行人及其控股股东、实际控制人最近三年内不存在未经法定机关核准，擅自公开或者变相公开发行证券，或者有关违法行为虽然发生在三年前，但目前仍处于持续状态的情形。 **《上市公司证券发行管理办法》（证监会令第 30 号）** 第九条 上市公司最近三十六个月内财务会计文件无虚假记载，且不存在下列重大违法行为： （一）违反证券法律、行政法规或规章，受到中国证监会的行政处罚，或者受到刑事处罚； （二）违反工商、税收、土地、环保、海关法律、行政法规或规章，受到行政处罚且情节严重，或者受到刑事处罚； （三）违反国家其他法律、行政法规且情节严重的行为。 **《创业板上市公司证券发行管理暂行办法》（证监会令第 100 号）** 第十条 上市公司存在下列情形之一的，不得发行证券： （一）本次发行申请文件有虚假记载、误导性陈述或者重大遗漏； （二）最近十二个月内未履行向投资者作出的公开承诺； （三）最近三十六个月内因违反法律、行政法规、规章受到行政处罚且情节严重，或者受到刑事处罚，或者因违反证券法律、行政法规、规章受到中国证监会的行政处罚；最近十二个月内受到证券交易所的公开谴责；因涉嫌犯罪被司法机关立案侦查或者涉嫌违法违规被中国证监会立案调查； （四）上市公司控股股东或者实际控制人最近十二个月内因违反证券法律、行政法规、规章，受到中国证监会的行政处罚，或者受到刑事处罚； （五）现任董事、监事和高级管理人员存在违反《公司法》第一百四十七条、第一百四十八条规定的行为，或者最近三十六个月内受到中国证监会的行政处罚、最近十二个月内受到证券交易所的公开谴责；因涉嫌犯罪被司法机关立案侦查或者涉嫌违法违规被中国证监会立案调查； （六）严重损害投资者的合法权益和社会公共利益的其他情形。	证监会

续表

惩戒措施	法律及政策依据	实施部门
	《非上市公众公司监督管理办法》(证监会令第 96 号) 第三条 公众公司应当按照法律、行政法规、本办法和公司章程的规定,做到股权明晰,合法规范经营,公司治理机制健全,履行信息披露义务。	
12. 依法将失信信息作为证券公司、基金管理公司及期货公司的设立及股权或实际控制人变更审批或备案,私募投资基金管理人登记、重大事项变更以及基金备案的参考。	**《中华人民共和国证券法》** 第一百二十四条 设立证券公司,应当具备下列条件: (一) 有符合法律、行政法规规定的公司章程; (二)主要股东具有持续盈利能力,信誉良好,最近三年无重大违法违规记录,净资产不低于人民币二亿元; (三) 有符合本法规定的注册资本; (四)董事、监事、高级管理人员具备任职资格,从业人员具有证券从业资格; (五) 有完善的风险管理与内部控制制度; (六)有合格的经营场所和业务设施; (七) 法律、行政法规规定的和经国务院批准的国务院证券监督管理机构规定的其他条件。 **《中华人民共和国证券投资基金法》** 第十三条 设立管理公开募集基金的基金管理公司,应当具备下列条件,并经国务院证券监督管理机构批准: (一) 有符合本法和《中华人民共和国公司法》规定的章程; (二)注册资本不低于一亿元人民币,且必须为实缴货币资本; (三) 主要股东应当具有经营金融业务或者管理金融机构的良好业绩、良好的财务状况和社会信誉,资产规模达到国务院规定的标准,最近三年没有违法记录; (四)取得基金从业资格的人员达到法定人数; (五)董事、监事、高级管理人员具备相应的任职条件; (六)有符合要求的营业场所、安全防范设施和与基金管理业务有关的其他设施; (七)有良好的内部治理结构、完善的内部稽核监控制度、风险控制制度; (八)法律、行政法规规定的和经国务院批准的国务院证券监督管理机构规定的其他条件。 **《期货交易管理条例》(国务院令第 627 号)** 第十六条 申请设立期货公司,应当符合《中华人民共和国公司法》的规定,并具备下列条件: (一)注册资本最低限额为人民币 3000 万元; (二)董事、监事、高级管理人员具备任职资格,从业人员具有期货从业资格; (三)有符合法律、行政法规规定的公司章程; (四)主要股东以及实际控制人具有持续盈利能力,信誉良好,最近 3 年无重大违法违规记录; (五)有合格的经营场所和业务设施; (六)有健全的风险管理和内部控制制度; (七)国务院期货监督管理机构规定的其他条件。 国务院期货监督管理机构根据审慎监管原则和各项业务的风险程度,可以提高注册资本最低限额。注册资本应当是实缴资本。股东应当以货币或者期货公司经营必需的非货币财产出资,货币出资比例不得低于 85%。	证监会

续表

惩戒措施	法律及政策依据	实施部门
	国务院期货监督管理机构应当在受理期货公司设立申请之日起6个月内,根据审慎监管原则进行审查,作出批准或者不批准的决定。 未经国务院期货监督管理机构批准,任何单位和个人不得委托或者接受他人委托持有或者管理期货公司的股权。 **《证券投资基金管理公司管理办法》(证监会令第84号)** 第七条 申请设立基金管理公司,出资或者持有股份占基金管理公司注册资本的比例(以下简称持股比例)在5%以上的股东,应当具备下列条件: (一)注册资本、净资产不低于1亿元人民币,资产质量良好; (二)持续经营3个以上完整的会计年度,公司治理健全,内部监控制度完善; (三)最近3年没有因违法违规行为受到行政处罚或者刑事处罚; (四)没有挪用客户资产等损害客户利益的行为; (五)没有因违法违规行为正在被监管机构调查,或者正处于整改期间; (六)具有良好的社会信誉,最近3年在金融监管、税务、工商等行政机关,以及自律管理、商业银行等机构无不良记录。 **《期货公司监督管理办法》(证监会令第110号)** 第七条 持有5%以上股权的股东为法人或者其他组织的,应当具备下列条件: (一)实收资本和净资产均不低于人民币3000万元; (二)净资产不低于实收资本的50%,或有负债低于净资产的50%,不存在对财务状况产生重大不确定影响的其他风险; (三)没有较大数额的到期未清偿债务; (四)近3年未因重大违法违规行为受到行政处罚或者刑事处罚; (五)未因涉嫌重大违法违规正在被有权机关立案调查或者采取强制措施; (六)近3年作为公司(含金融机构)的股东或者实际控制人,未有滥用股东权利、逃避股东义务等不诚信行为; (七)不存在中国证监会根据审慎监管原则认定的其他不适合持有期货公司股权的情形。 **《证券公司监督管理条例》(国务院令第522号)** 第十条 有下列情形之一的单位或者个人,不得成为持有证券公司5%以上股权的股东、实际控制人: (一)因故意犯罪被判处刑罚,刑罚执行完毕未逾3年; (二)净资产低于实收资本的50%,或者或有负债达到净资产的50%; (三)不能清偿到期债务; (四)国务院证券监督管理机构认定的其他情形。 证券公司的其他股东应当符合国务院证券监督管理机构的相关要求。 **《私募投资基金监督管理暂行办法》(证监会令第105号)** 第四条 私募基金管理人和从事私募基金托管业务的机构(以下简称私募基金托管人)管理、运用私募基金财产,从事私募基金销售业务的机构(以下简称私募基金销售机构)及其他私募服务机构从事私募基金服务活动,应	

续表

惩戒措施	法律及政策依据	实施部门
	当恪尽职守,履行诚实信用、谨慎勤勉的义务。 私募基金从业人员应当遵守法律、行政法规,恪守职业道德和行为规范。	
13. 依法将失信行为作为境内上市公司实行股权激励计划或相关人员成为股权激励对象事中事后监管的参考。	**《上市公司股权激励管理办法》(证监会令第 126 号)** 第七条 上市公司具有下列情形之一的,不得实行股权激励: (一)最近一个会计年度财务会计报告被注册会计师出具否定意见或者无法表示意见的审计报告; (二)最近一个会计年度财务报告内部控制被注册会计师出具否定意见或无法表示意见的审计报告; (三)上市后最近 36 个月内出现过未按法律法规、公司章程、公开承诺进行利润分配的情形; (四)法律法规规定不得实行股权激励的; (五)中国证监会认定的其他情形。 第八条 激励对象可以包括上市公司的董事、高级管理人员、核心技术人员或者核心业务人员,以及公司认为应当激励的对公司经营业绩和未来发展有直接影响的其他员工,但不应当包括独立董事和监事。在境内工作的外籍员工任职上市公司董事、高级管理人员、核心技术人员或者核心业务人员的,可以成为激励对象。单独或合计持有上市公司 5%以上股份的股东或实际控制人及其配偶、父母、子女,不得成为激励对象。下列人员也不得成为激励对象: (一)最近 12 月内被证券交易所认定为不适当人选; (二)最近 12 个月内被中国证监会及其派出机构认定为不适当人选; (三)最近 12 个月内因重大违法违规行为被中国证监会及其派出机构行政处罚或者采取市场禁入措施; (四)具有《公司法》规定的不得担任公司董事、高级管理人员情形的; (五)法律法规规定不得参与上市公司股权激励的; (六)中国证监会认定的其他情形。	证监会
14. 依法将违法失信行为作为非上市公众公司重大资产重组审核的参考。	**《非上市公众公司重大资产重组管理办法》(证监会令第 103 号)** 第五条 公众公司的董事、监事和高级管理人员在重大资产重组中,应当诚实守信、勤勉尽责,维护公众公司资产的安全,保护公众公司和全体股东的合法权益。 第二十七条 全国股份转让系统对公众公司重大资产重组实施自律管理。全国股份转让系统应当对公众公司涉及重大资产重组的股票暂停与恢复转让、防范内幕交易等作出制度安排;加强对公众公司重大资产重组期间股票转让的实时监管,建立相应的市场核查机制,并在后续阶段对股票转让情况进行持续监管。 全国股份转让系统应当督促公众公司及其他信息披露义务人依法履行信息披露义务,发现公众公司重大资产重组信息披露文件中有违反法律、行政法规和中国证监会规定行为的,应当向中国证监会报告,并采取相应的自律监管措施;情形严重的,应当要求其暂停重大资产重组。 全国股份转让系统应当督促为公众公司提供服务的独立财务顾问诚实守信、勤勉尽责,发现独立财务顾问有违反法律、行政法规和中国证监会规定行为的,应当向中国证监会报告,并采取相应的自律监管措施。	证监会

续表

惩戒措施	法律及政策依据	实施部门
15. 在上市公司或者非上市公众公司收购的事中事后监管中，依法对有严重失信行为的企业予以重点关注。	**《上市公司收购管理办法》(证监会令第 108 号)** 第六条 任何人不得利用上市公司的收购损害被收购公司及其股东的合法权益。 有下列情形之一的，不得收购上市公司： （一）收购人负有数额较大债务，到期未清偿，且处于持续状态； （二）收购人最近 3 年有重大违法行为或者涉嫌有重大违法行为； （三）收购人最近 3 年有严重的证券市场失信行为； （四）收购人为自然人的，存在《公司法》第一百四十六条规定情形； （五）法律、行政法规规定以及中国证监会认定的不得收购上市公司的其他情形。 **《非上市公众公司收购管理办法》(证监会令第 102 号)** 第六条 进行公众公司收购，收购人及其实际控制人应当具有良好的诚信记录，收购人及其实际控制人为法人的，应当具有健全的公司治理机制。任何人不得利用公众公司收购损害被收购公司及其股东的合法权益。 有下列情形之一的，不得收购公众公司： （一）收购人负有数额较大债务，到期未清偿，且处于持续状态； （二）收购人最近 2 年有重大违法行为或者涉嫌有重大违法行为； （三）收购人最近 2 年有严重的证券市场失信行为； （四）收购人为自然人的，存在《公司法》第一百四十六条规定的情形； （五）法律、行政法规规定以及中国证监会认定的不得收购公众公司的其他情形。	证监会
16. 依法将违法失信行为作为独立基金销售机构审批的参考。	**《证券投资基金销售管理办法》(证监会令第 91 号)** 第十六条 独立基金销售机构以有限责任公司形式设立的，其股东可以是企业法人或者自然人。 企业法人参股独立基金销售机构，应当具备以下条件： （一）持续经营 3 个以上完整会计年度，财务状况良好，运作规范稳定； （二）最近 3 年没有受到刑事处罚； （三）最近 3 年没有受到金融监管、行业监管、工商、税务等行政管理部门的行政处罚； （四）最近 3 年在自律管理、商业银行等机构无不良记录； （五）没有因违法违规行为正在被监管机构调查或者正处于整改期间。 自然人参股独立基金销售机构，应当具备以下条件： （一）有从事证券、基金或者其他金融业务 10 年以上或者证券、基金业务部门管理 5 年以上或者担任证券、基金行业高级管理人员 3 年以上的工作经历； （二）最近 3 年没有受到刑事处罚； （三）最近 3 年没有受到金融监管、行业监管、工商、税务等行政管理部门的行政处罚； （四）在自律管理、商业银行等机构无不良记录； （五）无到期未清偿的数额较大的债务； （六）最近 3 年无其他重大不良诚信记录。 第十七条 独立基金销售机构以合伙企业形式设立的，其合伙人应当具备以下条件：	证监会

续表

惩戒措施	法律及政策依据	实施部门
	（一）有从事证券、基金或者其他金融业10年以上或者证券、基金业务部门管理5年以上或者担任证券、基金行业高级管理人员3年以上的工作经历； （二）最近3年没有受到刑事处罚； （三）最近3年没有受到金融监管、工商、税务等行政管理部门的行政处罚； （四）在自律管理、商业银行等机构无不良记录； （五）无到期未清偿的数额较大的债务； （六）最近3年无其他重大不良诚信记录。	
17. 依法将违法失信行为作为证券公司、基金管理公司、期货公司的董事、监事和高级管理人员及分支机构负责人任职审批或备案的参考。	**《中华人民共和国证券法》** 第一百三十一条 证券公司的董事、监事、高级管理人员，应当正直诚实，品行良好，熟悉证券法律、行政法规，具有履行职责所需的经营管理能力，并在任职前取得国务院证券监督管理机构核准的任职资格。 有《中华人民共和国公司法》第一百四十六条规定的情形或者下列情形之一的，不得担任证券公司的董事、监事、高级管理人员： （一）因违法行为或者违纪行为被解除职务的证券交易所、证券登记结算机构的负责人或者证券公司的董事、监事、高级管理人员，自被解除职务之日起未逾五年； （二）因违法行为或者违纪行为被撤销资格的律师、注册会计师或者投资咨询机构、财务顾问机构、资信评级机构、资产评估机构、验证机构的专业人员，自被撤销资格之日起未逾五年。 **《证券公司董事、监事和高级管理人员任职资格监管办法》（证监会令第88号）** 第八条 取得证券公司董事、监事、高管人员和分支机构负责人任职资格，应当具备以下基本条件： （一）正直诚实，品行良好； （二）熟悉证券法律、行政法规、规章以及其他规范性文件，具备履行职责所必需的经营管理能力。 **《证券投资基金行业高级管理人员任职管理办法》（证监会令第23号）** 第四条 高级管理人员应当遵守法律、行政法规和中国证监会的规定，遵守公司章程和行业规范，恪守诚信，审慎勤勉，忠实尽责，维护基金份额持有人的合法权益。	证监会
18. 在办理相关海关业务时，对其进出口货物实施严密监管，加强单证审核、布控查验、后续稽查或统计监督核查。	**《国务院关于促进市场公平竞争维护市场正常秩序的若干意见》（国发〔2014〕20号）** （十五）建立健全守信激励和失信惩戒机制。将市场主体的信用信息作为实施行政管理的重要参考。 根据市场主体信用状况实行分类分级、动态监管，建立健全经营异常名录制度，对违背市场竞争原则和侵犯消费者、劳动者合法权益的市场主体建立“黑名单”制度。对守信主体予以支持和激励，对失信主体在经营、投融资、取得政府供应土地、进出口、出入境、注册新公司、工程招投标、政府采购、获得荣誉、安全许可、生产许可、从业任职资格、资质审核等方面依法予以限制或禁止，对严重违法失信主体实行市场禁入制度。 **《社会信用体系建设规划纲要（2014－2020年）》** 加强对失信主体的约束和惩戒。强化行政监管性约束和惩戒。在现有行政处罚措施的基础上，健全失信惩戒制度，建立各行业黑名单制度和市场退出机制。推动各级人民政府在市场监管和公共服务的市场准入、资质认定、行政审批、政策扶持等方面实施信用分类监管，结合监管对象的失信类别和程度，使失信者受到惩戒。	海关总署

续表

惩戒措施	法律及政策依据	实施部门
19. 对申请适用海关认证企业管理的，依法不予通过认证，对已经成为认证企业的，按照规定下调企业信用等级。	**《海关认证企业标准》（海关总署公告 2014 年第 82 号）** （九）未有不良外部信用高级认证第 23 项、一般认证第 20 项外部信用企业或者其企业法定代表人（负责人）、负责关务的高级管理人员、财务负责人连续 1 年在工商、商务、税务、银行、外汇、检验检疫、公安、检察院、法院等部门未被列入经营异常名录、失信企业或者人员名单、黑名单企业、人员。 **《中华人民共和国海关企业信用管理暂行办法》（海关总署令第 225 号）** 第十条 企业有下列情形之一的，海关认定为失信企业： （一）有走私犯罪或者走私行为的； （二）非报关企业 1 年内违反海关监管规定行为次数超过上年度报关单、进出境备案清单等相关单证总票数千分之一且被海关行政处罚金额超过 10 万元的违规行为 2 次以上的，或者被海关行政处罚金额累计超过 100 万元的； 报关企业 1 年内违反海关监管规定行为次数超过上年度报关单、进出境备案清单总票数万分之五的，或者被海关行政处罚金额累计超过 10 万元的； （二）拖欠应缴税款、应缴罚没款项的； （四）上一季度报关差错率高于同期全国平均报关差错率 1 倍以上的； （五）经过实地查看，确认企业登记的信息失实且无法与企业取得联系的； （六）被海关依法暂停从事报关业务的； （七）涉嫌走私、违反海关监管规定拒不配合海关进行调查的； （八）假借海关或者其他企业名义获取不当利益的； （九）弄虚作假、伪造企业信用信息的； （十）其他海关认定为失信企业的情形。	海关总署
20. 将失信主体列入税收管理重点监控对象，强化税收管理，提高监督检查频次。 21. 将失信主体的失信状况作为纳税信用评价的重要外部参考。	**《国务院关于印发社会信用体系建设规划纲要（2014—2020 年）的通知》（国发〔2014〕21 号）** 加强对失信主体的约束和惩戒。强化行政监管性约束和惩戒。在现有行政处罚措施的基础上，健全失信惩戒制度，建立各行业黑名单制度和市场退出机制。推动各级人民政府在市场监管和公共服务的市场准入、资质认定、行政审批、政策扶持等方面实施信用分类监管，结合监管对象的失信并对其享受税收优惠从严审核。 **《国务院关于建立完善守信联合激励和失信联合惩戒制度加快推进社会诚信建设的指导意见》（国发〔2016〕33 号）** （十）依法依规加强对失信行为的行政性约束和惩戒。对严重失信主体，各地区、各有关部门应将其列为重点监管对象，依法依规采取行政性约束和惩戒措施。	税务总局
22. 依法限制失信被执行人新建、扩建高档装修房屋，购买非经营必须车辆等非生活和工作必需的消费行为。	**《中共中央办公厅国务院办公厅印发〈关于加快推进失信被执行人信用监督、警示和惩戒机制建设的意见〉的通知》** （七）限制高消费及有关消费 6. 新建、扩建、高档装修房屋等限制。限制失信被执行人及失信被执行人的法定代表人、主要负责人、实际控制人、影响债务履行的直接责任人员新建、扩建、高档装修房屋，购买非经营必需车辆等非生活和工作必需的消费行为； **《国务院关于建立完善守信联合激励和失信联合惩戒制度加快推进社会诚信建设的指导意见》（国发〔2016〕33 号）** （十一）加强对失信行为的市场性约束和惩戒。对严重失信主体，有关部门和机构应以统一社会信用代码为索	住房城乡建设部等有关部门

续表

惩戒措施	法律及政策依据	实施部门
	引，及时公开披露相关信息，便于市场识别失信行为，防范信用风险。督促有关企业和个人履行法定义务，对有履行能力但拒不履行的严重失信主体实施限制出境和限制购买不动产、乘坐飞机、乘坐高等级列车和席次、旅游度假、入住星级以上宾馆及其他高消费行为等措施。支持征信机构采集严重失信行为信息，纳入信用记录和信用报告。引导商业银行、证券期货经营机构、保险公司等金融机构按照风险定价原则，对严重失信主体提高贷款利率和财产保险费率，或者限制向其提供贷款、保荐、承销、保险等服务。	
23. 依法限制新的科技扶持项目，将其严重失信行为计入科研信用记录，并依据有关规定暂停审批其新的科技项目扶持资金申报等。	**《国家科技计划项目管理暂行办法》(科技部令第5号)** 第八条 申请项目的申请者(包括单位或个人)应当符合以下基本条件： (一)符合该计划对申请者的主体资格(包括法人性质、经济性质、国籍)等方面要求； (二)在相关研究领域和专业应具有一定的学术地位和技术优势； (三)具有为完成项目必备的人才条件和技术装备； (四)具有与项目相关的研究经历和研究积累； (五)具有完成项目所需的组织管理和协调能力； (六)具有完成项目的良好信誉度。 **《国务院关于改进加强中央财政科研项目和资金管理的若干意见》(国发〔2014〕11号)** (二十二)完善科研信用管理。建立覆盖指南编制、项目申请、评估评审、立项、执行、验收全过程的科研信用记录制度，由项目主管部门委托专业机构对项目承担单位和科研人员、评估评审专家、中介机构等参与主体进行信用评级，并按信用评级实行分类管理。各项目主管部门应共享信用评价信息。建立"黑名单"制度，将严重不良信用记录者记入"黑名单"，阶段性或永久取消其申请中央财政资助项目或参与项目管理的资格。	科技部
24. 按程序及时撤销相关表彰奖励，取消参加评先评优的资格。	**《国务院关于促进市场公平竞争维护市场正常秩序的若干意见》(国发〔2014〕20号)** (十五)建立健全守信激励和失信惩戒机制。将市场主体的信用信息作为实施行政管理的重要参考。根据市场主体信用状况实行分类分级、动态监管，建立健全经营异常名录制度，对违背市场竞争原则和侵犯消费者、劳动者合法权益的市场主体建立"黑名单"制度。(工商总局牵头负责)对守信主体予以支持和激励，对失信主体在经营、投融资、取得政府供应土地、进出口、出入境、注册新公司、工程招投标、政府采购、获得荣誉、安全许可、生产许可、从业任职资格、资质审核等方面依法予以限制或禁止，对严重违法失信主体实行市场禁入制度。(各相关市场监管部门按职责分工分别负责) **《国务院关于建立完善守信联合激励和失信联合惩戒制度加快推进社会诚信建设的指导意见》(国发〔2016〕33号)** (十)依法依规加强对失信行为的行政性约束和惩戒。对严重失信主体，各地区、各有关部门应将其列为重点监管对象，依法依规采取行政性约束和惩戒措施。从严审核行政许可审批项目，从严控制生产许可证发放，限制新增项目审批、核准，限制股票发行上市融资或发行债券，限制在全国股份转让系统挂牌、融资，限制发起设立或参股金融机构以及小额贷款公司、融资担保公司、创业投资公司、互联网融资平台等机构，限制从事互联网信息服务等。严格限制申请财政性资金项目，限制参与有关公共资源交易活动，限制参与基础设施和公用事业特许经营。对严重失信企业及其法定代表人、主要负责人和对失信行为负有直接责任的注册执业人员等实施市场和行业禁入措施。及时撤销严重失信企业及其法定代表人、负责人、高级管理人员对失信行为负有直接责任的董事、股东等人员的荣誉称号，取消参加评先评优资格。	中央文明办等有关部门

续表

惩戒措施	法律及政策依据	实施部门
25. 严重失信主体是个人的，依法限制登记为事业单位法定代表人；严重失信主体是企业的，该企业法定代表人依法限制登记为事业单位法定代表人。	**《中央编办关于批转〈事业单位、社会团体及企业等组织利用国有资产举办事业单位设立登记办法（试行）〉的通知》（中央编办发〔2015〕132 号）** 第四条 登记事项要求： （四）法定代表人。应当是具有完全民事行为能力的中国公民，且为该单位主要行政负责人，年龄一般不超过 70 周岁，无不良信用记录。担任过其他机构法定代表人的，在任职期间，该机构无不良信用记录。党政机关领导干部在职或退休后拟担任法定代表人的，应当符合干部管理有关规定。 **《事业单位登记管理暂行条例实施细则》（中央编办发〔2014〕4 号）** 第三十一条 事业单位法定代表人应当具备下列条件： （一）具有完全民事行为能力的自然人； （二）该事业单位的主要行政负责人； 违反法律、法规和政策规定产生的事业单位主要行政负责人，不得担任事业单位法定代表人。	中央编办
26. 依法限制招录（聘）为公务员或事业单位工作人员。	**《中华人民共和国公务员法》** 第十一条 公务员应当具备下列条件： （一）具有中华人民共和国国籍； （二）年满十八周岁； （三）拥护中华人民共和国宪法； （四）具有良好的品行； （五）具有正常履行职责的身体条件； （六）具有符合职位要求的文化程度和工作能力； （七）法律规定的其他条件。 **《事业单位公开招聘人员暂行规定》（人事部令第 6 号）** 第九条 应聘人员必须具备下列条件： （一）具有中华人民共和国国籍； （二）遵守宪法和法律； （三）具有良好的品行； （四）岗位所需的专业或技能条件； （五）适应岗位要求的身体条件； （六）岗位所需要的其他条件。	中央组织部、公务员局

关于在招标投标活动中对失信被执行人实施联合惩戒的通知

·2016年8月30日
·法〔2016〕285号

为贯彻党的十八届三中、四中、五中全会精神，落实《中央政法委关于切实解决人民法院执行难问题的通知》（政法〔2005〕52号）、《国务院关于促进市场公平竞争维护市场正常秩序的若干意见》（国发〔2014〕20号）、《国务院关于印发社会信用体系建设规划纲要（2014-2020年）的通知》（国发〔2014〕21号）、《关于对失信被执行人实施联合惩戒的合作备忘录》（发改财金〔2016〕141号）要求，加快推进社会信用体系建设，健全跨部门失信联合惩戒机制，促进招标投标市场健康有序发展，现就在招标投标活动中对失信被执行人实施联合惩戒的有关事项通知如下。

一、充分认识在招标投标活动中实施联合惩戒的重要性

诚实信用是招标投标活动的基本原则之一。在招标投标活动中对失信被执行人开展联合惩戒，有利于规范招标投标活动中当事人的行为，促进招标投标市场健康有序发展；有利于建立健全"一处失信，处处受限"的信用联合惩戒机制，推进社会信用体系建设；有利于维护司法权威，提升司法公信力，在全社会形成尊重司法，诚实守信的良好氛围。各有关单位要进一步提高认识，在招标投标活动中对失信被执行人实施联合惩戒，有效应用失信被执行人信息，推动招标投标活动规范、高效、透明。

二、联合惩戒对象

联合惩戒对象为被人民法院列为失信被执行人的下列人员：投标人、招标代理机构、评标专家以及其他招标从业人员。

三、失信被执行人信息查询内容及方式

（一）查询内容

失信被执行人（法人或者其他组织）的名称、统一社会信用代码（或组织机构代码）、法定代表人或者负责人姓名；失信被执行人（自然人）的姓名、性别、年龄、身份证号码；生效法律文书确定的义务和被执行人的履行情况；失信被执行人失信行为的具体情形；执行依据的制作单位和文号、执行案号、立案时间、执行法院；人民法院认为应当记载和公布的不涉及国家秘密、商业秘密、个人隐私的其他事项。

（二）推送及查询方式

最高人民法院将失信被执行人信息推送到全国信用信息共享平台和"信用中国"网站，并负责及时更新。

招标人、招标代理机构、有关单位应当通过"信用中国"网站（www.creditchina.gov.cn）或各级信用信息共享平台查询相关主体是否为失信被执行人，并采取必要方式做好失信被执行人信息查询记录和证据留存。投标人可通过"信用中国"网站查询相关主体是否为失信被执行人。

国家公共资源交易平台、中国招标投标公共服务平台、各省级信用信息共享平台通过全国信用信息共享平台共享失信被执行人信息，各省级公共资源交易平台通过国家公共资源交易平台共享失信被执行人信息，逐步实现失信被执行人信息推送、接收、查询、应用的自动化。

四、联合惩戒措施

各相关部门应依据《中华人民共和国民事诉讼法》《中华人民共和国招标投标法》《中华人民共和国招标投标法实施条例》《最高人民法院关于公布失信被执行人名单信息的若干规定》等相关法律法规，依法对失信被执行人在招标投标活动中采取限制措施。

（一）限制失信被执行人的投标活动

依法必须进行招标的工程建设项目，招标人应当在资格预审公告、招标公告、投标邀请书及资格预审文件、招标文件中明确规定对失信被执行人的处理方法和评标标准，在评标阶段，招标人或者招标代理机构、评标专家委员会应当查询投标人是否为失信被执行人，对属于失信被执行人的投标活动依法予以限制。

两个以上的自然人、法人或者其他组织组成一个联合体，以一个投标人的身份共同参加投标活动的，应当对所有联合体成员进行失信被执行人信息查询。联合体中有一个或一个以上成员属于失信被执行人的，联合体视为失信被执行人。

（二）限制失信被执行人的招标代理活动

招标人委托招标代理机构开展招标事宜的，应当查询其失信被执行人信息，鼓励优先选择无失信记录的招标代理机构。

（三）限制失信被执行人的评标活动

依法建立的评标专家库管理单位在对评标专家聘用审核及日常管理时，应当查询有关失信被执行人信息，不得聘用失信被执行人为评标专家。对评标专家在聘用期间成为失信被执行人的，应及时清退。

（四）限制失信被执行人招标从业活动

招标人、招标代理机构在聘用招标从业人员前，应当明确规定对失信被执行人的处理办法，查询相关人员的失信被执行人信息，对属于失信被执行人的招标从业人员应按照规定进行处理。

以上限制自失信被执行人从最高人民法院失信被执行人信息库中删除之时起终止。

五、工作要求

（一）有关单位要根据本《通知》，共同推动在招标投标活动中对失信被执行人开展联合惩戒工作，指导、督促各地、各部门落实联合惩戒工作要求，确保联合惩戒工作规范有序进行。

（二）有关单位应在规范招标投标活动中，建立相关单位和个人违法失信行为信用记录，通过全国信用信息共享平台、国家公共资源交易平台和中国招标投标公共服务平台实现信用信息交换共享和动态更新，并按照有关规定及时在“信用中国”网站予以公开。

（三）有关单位应当妥善保管失信被执行人信息，不得用于招标投标以外的事项，不得泄露企业经营秘密和相关个人隐私。

二、政府采购

(一)综合

中华人民共和国政府采购法

· 2002年6月29日第九届全国人民代表大会常务委员会第二十八次会议通过

· 根据2014年8月31日第十二届全国人民代表大会常务委员会第十次会议《关于修改〈中华人民共和国保险法〉等五部法律的决定》修正

第一章 总 则

第一条 为了规范政府采购行为,提高政府采购资金的使用效益,维护国家利益和社会公共利益,保护政府采购当事人的合法权益,促进廉政建设,制定本法。

第二条 在中华人民共和国境内进行的政府采购适用本法。

本法所称政府采购,是指各级国家机关、事业单位和团体组织,使用财政性资金采购依法制定的集中采购目录以内的或者采购限额标准以上的货物、工程和服务的行为。

政府集中采购目录和采购限额标准依照本法规定的权限制定。

本法所称采购,是指以合同方式有偿取得货物、工程和服务的行为,包括购买、租赁、委托、雇用等。

本法所称货物,是指各种形态和种类的物品,包括原材料、燃料、设备、产品等。

本法所称工程,是指建设工程,包括建筑物和构筑物的新建、改建、扩建、装修、拆除、修缮等。

本法所称服务,是指除货物和工程以外的其他政府采购对象。

第三条 政府采购应当遵循公开透明原则、公平竞争原则、公正原则和诚实信用原则。

第四条 政府采购工程进行招标投标的,适用招标投标法。

第五条 任何单位和个人不得采用任何方式,阻挠和限制供应商自由进入本地区和本行业的政府采购市场。

第六条 政府采购应当严格按照批准的预算执行。

第七条 政府采购实行集中采购和分散采购相结合。集中采购的范围由省级以上人民政府公布的集中采购目录确定。

属于中央预算的政府采购项目,其集中采购目录由国务院确定并公布;属于地方预算的政府采购项目,其集中采购目录由省、自治区、直辖市人民政府或者其授权的机构确定并公布。

纳入集中采购目录的政府采购项目,应当实行集中采购。

第八条 政府采购限额标准,属于中央预算的政府采购项目,由国务院确定并公布;属于地方预算的政府采购项目,由省、自治区、直辖市人民政府或者其授权的机构确定并公布。

第九条 政府采购应当有助于实现国家的经济和社会发展政策目标,包括保护环境,扶持不发达地区和少数民族地区,促进中小企业发展等。

第十条 政府采购应当采购本国货物、工程和服务。但有下列情形之一的除外:

(一)需要采购的货物、工程或者服务在中国境内无法获取或者无法以合理的商业条件获取的;

(二)为在中国境外使用而进行采购的;

(三)其他法律、行政法规另有规定的。

前款所称本国货物、工程和服务的界定,依照国务院有关规定执行。

第十一条 政府采购的信息应当在政府采购监督管理部门指定的媒体上及时向社会公开发布,但涉及商业秘密的除外。

第十二条 在政府采购活动中,采购人员及相关人员与供应商有利害关系的,必须回避。供应商认为采购人员及相关人员与其他供应商有利害关系的,可以申请其回避。

前款所称相关人员,包括招标采购中评标委员会的组成人员,竞争性谈判采购中谈判小组的组成人员,询价采购中询价小组的组成人员等。

第十三条 各级人民政府财政部门是负责政府采购

监督管理的部门，依法履行对政府采购活动的监督管理职责。

各级人民政府其他有关部门依法履行与政府采购活动有关的监督管理职责。

第二章 政府采购当事人

第十四条 政府采购当事人是指在政府采购活动中享有权利和承担义务的各类主体，包括采购人、供应商和采购代理机构等。

第十五条 采购人是指依法进行政府采购的国家机关、事业单位、团体组织。

第十六条 集中采购机构为采购代理机构。设区的市、自治州以上人民政府根据本级政府采购项目组织集中采购的需要设立集中采购机构。

集中采购机构是非营利事业法人，根据采购人的委托办理采购事宜。

第十七条 集中采购机构进行政府采购活动，应当符合采购价格低于市场平均价格、采购效率更高、采购质量优良和服务良好的要求。

第十八条 采购人采购纳入集中采购目录的政府采购项目，必须委托集中采购机构代理采购；采购未纳入集中采购目录的政府采购项目，可以自行采购，也可以委托集中采购机构在委托的范围内代理采购。

纳入集中采购目录属于通用的政府采购项目的，应当委托集中采购机构代理采购；属于本部门、本系统有特殊要求的项目，应当实行部门集中采购；属于本单位有特殊要求的项目，经省级以上人民政府批准，可以自行采购。

第十九条 采购人可以委托集中采购机构以外的采购代理机构，在委托的范围内办理政府采购事宜。

采购人有权自行选择采购代理机构，任何单位和个人不得以任何方式为采购人指定采购代理机构。

第二十条 采购人依法委托采购代理机构办理采购事宜的，应当由采购人与采购代理机构签订委托代理协议，依法确定委托代理的事项，约定双方的权利义务。

第二十一条 供应商是指向采购人提供货物、工程或者服务的法人、其他组织或者自然人。

第二十二条 供应商参加政府采购活动应当具备下列条件：

（一）具有独立承担民事责任的能力；

（二）具有良好的商业信誉和健全的财务会计制度；

（三）具有履行合同所必需的设备和专业技术能力；

（四）有依法缴纳税收和社会保障资金的良好记录；

（五）参加政府采购活动前三年内，在经营活动中没有重大违法记录；

（六）法律、行政法规规定的其他条件。

采购人可以根据采购项目的特殊要求，规定供应商的特定条件，但不得以不合理的条件对供应商实行差别待遇或者歧视待遇。

第二十三条 采购人可以要求参加政府采购的供应商提供有关资质证明文件和业绩情况，并根据本法规定的供应商条件和采购项目对供应商的特定要求，对供应商的资格进行审查。

第二十四条 两个以上的自然人、法人或者其他组织可以组成一个联合体，以一个供应商的身份共同参加政府采购。

以联合体形式进行政府采购的，参加联合体的供应商均应当具备本法第二十二条规定的条件，并应当向采购人提交联合协议，载明联合体各方承担的工作和义务。联合体各方应当共同与采购人签订采购合同，就采购合同约定的事项对采购人承担连带责任。

第二十五条 政府采购当事人不得相互串通损害国家利益、社会公共利益和其他当事人的合法权益；不得以任何手段排斥其他供应商参与竞争。

供应商不得以向采购人、采购代理机构、评标委员会的组成人员、竞争性谈判小组的组成人员、询价小组的组成人员行贿或者采取其他不正当手段谋取中标或者成交。

采购代理机构不得以向采购人行贿或者采取其他不正当手段谋取非法利益。

第三章 政府采购方式

第二十六条 政府采购采用以下方式：

（一）公开招标；

（二）邀请招标；

（三）竞争性谈判；

（四）单一来源采购；

（五）询价；

（六）国务院政府采购监督管理部门认定的其他采购方式。

公开招标应作为政府采购的主要采购方式。

第二十七条 采购人采购货物或者服务应当采用公开招标方式的，其具体数额标准，属于中央预算的政府采购项目，由国务院规定；属于地方预算的政府采购项目，由省、自治区、直辖市人民政府规定；因特殊情况需要采用公开招标以外的采购方式的，应当在采购活动开始前获得设区的市、自治州以上人民政府采购监督管理部门的批准。

第二十八条　采购人不得将应当以公开招标方式采购的货物或者服务化整为零或者以其他任何方式规避公开招标采购。

第二十九条　符合下列情形之一的货物或者服务，可以依照本法采用邀请招标方式采购：

（一）具有特殊性，只能从有限范围的供应商处采购的；

（二）采用公开招标方式的费用占政府采购项目总价值的比例过大的。

第三十条　符合下列情形之一的货物或者服务，可以依照本法采用竞争性谈判方式采购：

（一）招标后没有供应商投标或者没有合格标的或者重新招标未能成立的；

（二）技术复杂或者性质特殊，不能确定详细规格或者具体要求的；

（三）采用招标所需时间不能满足用户紧急需要的；

（四）不能事先计算出价格总额的。

第三十一条　符合下列情形之一的货物或者服务，可以依照本法采用单一来源方式采购：

（一）只能从唯一供应商处采购的；

（二）发生了不可预见的紧急情况不能从其他供应商处采购的；

（三）必须保证原有采购项目一致性或者服务配套的要求，需要继续从原供应商处添购，且添购资金总额不超过原合同采购金额百分之十的。

第三十二条　采购的货物规格、标准统一、现货货源充足且价格变化幅度小的政府采购项目，可以依照本法采用询价方式采购。

第四章　政府采购程序

第三十三条　负有编制部门预算职责的部门在编制下一财政年度部门预算时，应当将该财政年度政府采购的项目及资金预算列出，报本级财政部门汇总。部门预算的审批，按预算管理权限和程序进行。

第三十四条　货物或者服务项目采取邀请招标方式采购的，采购人应当从符合相应资格条件的供应商中，通过随机方式选择三家以上的供应商，并向其发出投标邀请书。

第三十五条　货物和服务项目实行招标方式采购的，自招标文件开始发出之日起至投标人提交投标文件截止之日止，不得少于二十日。

第三十六条　在招标采购中，出现下列情形之一的，应予废标：

（一）符合专业条件的供应商或者对招标文件作实质响应的供应商不足三家的；

（二）出现影响采购公正的违法、违规行为的；

（三）投标人的报价均超过了采购预算，采购人不能支付的；

（四）因重大变故，采购任务取消的。

废标后，采购人应当将废标理由通知所有投标人。

第三十七条　废标后，除采购任务取消情形外，应当重新组织招标；需要采取其他方式采购的，应当在采购活动开始前获得设区的市、自治州以上人民政府采购监督管理部门或者政府有关部门批准。

第三十八条　采用竞争性谈判方式采购的，应当遵循下列程序：

（一）成立谈判小组。谈判小组由采购人的代表和有关专家共三人以上的单数组成，其中专家的人数不得少于成员总数的三分之二。

（二）制定谈判文件。谈判文件应当明确谈判程序、谈判内容、合同草案的条款以及评定成交的标准等事项。

（三）确定邀请参加谈判的供应商名单。谈判小组从符合相应资格条件的供应商名单中确定不少于三家的供应商参加谈判，并向其提供谈判文件。

（四）谈判。谈判小组所有成员集中与单一供应商分别进行谈判。在谈判中，谈判的任何一方不得透露与谈判有关的其他供应商的技术资料、价格和其他信息。谈判文件有实质性变动的，谈判小组应当以书面形式通知所有参加谈判的供应商。

（五）确定成交供应商。谈判结束后，谈判小组应当要求所有参加谈判的供应商在规定时间内进行最后报价，采购人从谈判小组提出的成交候选人中根据符合采购需求、质量和服务相等且报价最低的原则确定成交供应商，并将结果通知所有参加谈判的未成交的供应商。

第三十九条　采取单一来源方式采购的，采购人与供应商应当遵循本法规定的原则，在保证采购项目质量和双方商定合理价格的基础上进行采购。

第四十条　采取询价方式采购的，应当遵循下列程序：

（一）成立询价小组。询价小组由采购人的代表和有关专家共三人以上的单数组成，其中专家的人数不得少于成员总数的三分之二。询价小组应当对采购项目的价格构成和评定成交的标准等事项作出规定。

（二）确定被询价的供应商名单。询价小组根据采购需求，从符合相应资格条件的供应商名单中确定不少于三家的供应商，并向其发出询价通知书让其报价。

（三）询价。询价小组要求被询价的供应商一次报出不得更改的价格。

（四）确定成交供应商。采购人根据符合采购需求、质量和服务相等且报价最低的原则确定成交供应商，并将结果通知所有被询价的未成交的供应商。

第四十一条 采购人或者其委托的采购代理机构应当组织对供应商履约的验收。大型或者复杂的政府采购项目，应当邀请国家认可的质量检测机构参加验收工作。验收方成员应当在验收书上签字，并承担相应的法律责任。

第四十二条 采购人、采购代理机构对政府采购项目每项采购活动的采购文件应当妥善保存，不得伪造、变造、隐匿或者销毁。采购文件的保存期限为从采购结束之日起至少保存十五年。

采购文件包括采购活动记录、采购预算、招标文件、投标文件、评标标准、评估报告、定标文件、合同文本、验收证明、质疑答复、投诉处理决定及其他有关文件、资料。

采购活动记录至少应当包括下列内容：

（一）采购项目类别、名称；

（二）采购项目预算、资金构成和合同价格；

（三）采购方式，采用公开招标以外的采购方式的，应当载明原因；

（四）邀请和选择供应商的条件及原因；

（五）评标标准及确定中标人的原因；

（六）废标的原因；

（七）采用招标以外采购方式的相应记载。

第五章　政府采购合同

第四十三条 政府采购合同适用合同法。采购人和供应商之间的权利和义务，应当按照平等、自愿的原则以合同方式约定。

采购人可以委托采购代理机构代表其与供应商签订政府采购合同。由采购代理机构以采购人名义签订合同的，应当提交采购人的授权委托书，作为合同附件。

第四十四条 政府采购合同应当采用书面形式。

第四十五条 国务院政府采购监督管理部门应当会同国务院有关部门，规定政府采购合同必须具备的条款。

第四十六条 采购人与中标、成交供应商应当在中标、成交通知书发出之日起三十日内，按照采购文件确定的事项签订政府采购合同。

中标、成交通知书对采购人和中标、成交供应商均具有法律效力。中标、成交通知书发出后，采购人改变中标、成交结果的，或者中标、成交供应商放弃中标、成交项目的，应当依法承担法律责任。

第四十七条 政府采购项目的采购合同自签订之日起七个工作日内，采购人应当将合同副本报同级政府采购监督管理部门和有关部门备案。

第四十八条 经采购人同意，中标、成交供应商可以依法采取分包方式履行合同。

政府采购合同分包履行的，中标、成交供应商就采购项目和分包项目向采购人负责，分包供应商就分包项目承担责任。

第四十九条 政府采购合同履行中，采购人需追加与合同标的相同的货物、工程或者服务的，在不改变合同其他条款的前提下，可以与供应商协商签订补充合同，但所有补充合同的采购金额不得超过原合同采购金额的百分之十。

第五十条 政府采购合同的双方当事人不得擅自变更、中止或者终止合同。

政府采购合同继续履行将损害国家利益和社会公共利益的，双方当事人应当变更、中止或者终止合同。有过错的一方应当承担赔偿责任，双方都有过错的，各自承担相应的责任。

第六章　质疑与投诉

第五十一条 供应商对政府采购活动事项有疑问的，可以向采购人提出询问，采购人应当及时作出答复，但答复的内容不得涉及商业秘密。

第五十二条 供应商认为采购文件、采购过程和中标、成交结果使自己的权益受到损害的，可以在知道或者应知其权益受到损害之日起七个工作日内，以书面形式向采购人提出质疑。

第五十三条 采购人应当在收到供应商的书面质疑后七个工作日内作出答复，并以书面形式通知质疑供应商和其他有关供应商，但答复的内容不得涉及商业秘密。

第五十四条 采购人委托采购代理机构采购的，供应商可以向采购代理机构提出询问或者质疑，采购代理机构应当依照本法第五十一条、第五十三条的规定就采购人委托授权范围内的事项作出答复。

第五十五条 质疑供应商对采购人、采购代理机构的答复不满意或者采购人、采购代理机构未在规定的时间内作出答复的，可以在答复期满后十五个工作日内向同级政府采购监督管理部门投诉。

第五十六条　政府采购监督管理部门应当在收到投诉后三十个工作日内，对投诉事项作出处理决定，并以书面形式通知投诉人和与投诉事项有关的当事人。

第五十七条　政府采购监督管理部门在处理投诉事项期间，可以视具体情况书面通知采购人暂停采购活动，但暂停时间最长不得超过三十日。

第五十八条　投诉人对政府采购监督管理部门的投诉处理决定不服或者政府采购监督管理部门逾期未作处理的，可以依法申请行政复议或者向人民法院提起行政诉讼。

第七章　监督检查

第五十九条　政府采购监督管理部门应当加强对政府采购活动及集中采购机构的监督检查。

监督检查的主要内容是：

（一）有关政府采购的法律、行政法规和规章的执行情况；

（二）采购范围、采购方式和采购程序的执行情况；

（三）政府采购人员的职业素质和专业技能。

第六十条　政府采购监督管理部门不得设置集中采购机构，不得参与政府采购项目的采购活动。

采购代理机构与行政机关不得存在隶属关系或者其他利益关系。

第六十一条　集中采购机构应当建立健全内部监督管理制度。采购活动的决策和执行程序应当明确，并相互监督、相互制约。经办采购的人员与负责采购合同审核、验收人员的职责权限应当明确，并相互分离。

第六十二条　集中采购机构的采购人员应当具有相关职业素质和专业技能，符合政府采购监督管理部门规定的专业岗位任职要求。

集中采购机构对其工作人员应当加强教育和培训；对采购人员的专业水平、工作实绩和职业道德状况定期进行考核。采购人员经考核不合格的，不得继续任职。

第六十三条　政府采购项目的采购标准应当公开。

采用本法规定的采购方式的，采购人在采购活动完成后，应当将采购结果予以公布。

第六十四条　采购人必须按照本法规定的采购方式和采购程序进行采购。

任何单位和个人不得违反本法规定，要求采购人或者采购工作人员向其指定的供应商进行采购。

第六十五条　政府采购监督管理部门应当对政府采购项目的采购活动进行检查，政府采购当事人应当如实反映情况，提供有关材料。

第六十六条　政府采购监督管理部门应当对集中采购机构的采购价格、节约资金效果、服务质量、信誉状况、有无违法行为等事项进行考核，并定期如实公布考核结果。

第六十七条　依照法律、行政法规的规定对政府采购负有行政监督职责的政府有关部门，应当按照其职责分工，加强对政府采购活动的监督。

第六十八条　审计机关应当对政府采购进行审计监督。政府采购监督管理部门、政府采购各当事人有关政府采购活动，应当接受审计机关的审计监督。

第六十九条　监察机关应当加强对参与政府采购活动的国家机关、国家公务员和国家行政机关任命的其他人员实施监察。

第七十条　任何单位和个人对政府采购活动中的违法行为，有权控告和检举，有关部门、机关应当依照各自职责及时处理。

第八章　法律责任

第七十一条　采购人、采购代理机构有下列情形之一的，责令限期改正，给予警告，可以并处罚款，对直接负责的主管人员和其他直接责任人员，由其行政主管部门或者有关机关给予处分，并予通报：

（一）应当采用公开招标方式而擅自采用其他方式采购的；

（二）擅自提高采购标准的；

（三）以不合理的条件对供应商实行差别待遇或者歧视待遇的；

（四）在招标采购过程中与投标人进行协商谈判的；

（五）中标、成交通知书发出后不与中标、成交供应商签订采购合同的；

（六）拒绝有关部门依法实施监督检查的。

第七十二条　采购人、采购代理机构及其工作人员有下列情形之一，构成犯罪的，依法追究刑事责任；尚不构成犯罪的，处以罚款，有违法所得的，并处没收违法所得，属于国家机关工作人员的，依法给予行政处分：

（一）与供应商或者采购代理机构恶意串通的；

（二）在采购过程中接受贿赂或者获取其他不正当利益的；

（三）在有关部门依法实施的监督检查中提供虚假情况的；

（四）开标前泄露标底的。

第七十三条　有前两条违法行为之一影响中标、成交结果或者可能影响中标、成交结果的，按下列情况分别处理：

（一）未确定中标、成交供应商的，终止采购活动；

（二）中标、成交供应商已经确定但采购合同尚未履行的，撤销合同，从合格的中标、成交候选人中另行确定中标、成交供应商；

（三）采购合同已经履行的，给采购人、供应商造成损失的，由责任人承担赔偿责任。

第七十四条 采购人对应当实行集中采购的政府采购项目，不委托集中采购机构实行集中采购的，由政府采购监督管理部门责令改正；拒不改正的，停止按预算向其支付资金，由其上级行政主管部门或者有关机关依法给予其直接负责的主管人员和其他直接责任人员处分。

第七十五条 采购人未依法公布政府采购项目的采购标准和采购结果的，责令改正，对直接负责的主管人员依法给予处分。

第七十六条 采购人、采购代理机构违反本法规定隐匿、销毁应当保存的采购文件或者伪造、变造采购文件的，由政府采购监督管理部门处以二万元以上十万元以下的罚款，对其直接负责的主管人员和其他直接责任人员依法给予处分；构成犯罪的，依法追究刑事责任。

第七十七条 供应商有下列情形之一的，处以采购金额千分之五以上千分之十以下的罚款，列入不良行为记录名单，在一至三年内禁止参加政府采购活动，有违法所得的，并处没收违法所得，情节严重的，由工商行政管理机关吊销营业执照；构成犯罪的，依法追究刑事责任：

（一）提供虚假材料谋取中标、成交的；

（二）采取不正当手段诋毁、排挤其他供应商的；

（三）与采购人、其他供应商或者采购代理机构恶意串通的；

（四）向采购人、采购代理机构行贿或者提供其他不正当利益的；

（五）在招标采购过程中与采购人进行协商谈判的；

（六）拒绝有关部门监督检查或者提供虚假情况的。

供应商有前款第（一）至（五）项情形之一的，中标、成交无效。

第七十八条 采购代理机构在代理政府采购业务中有违法行为的，按照有关法律规定处以罚款，可以在一至三年内禁止其代理政府采购业务，构成犯罪的，依法追究刑事责任。

第七十九条 政府采购当事人有本法第七十一条、第七十二条、第七十七条违法行为之一，给他人造成损失的，并应依照有关民事法律规定承担民事责任。

第八十条 政府采购监督管理部门的工作人员在实施监督检查中违反本法规定滥用职权，玩忽职守，徇私舞弊的，依法给予行政处分；构成犯罪的，依法追究刑事责任。

第八十一条 政府采购监督管理部门对供应商的投诉逾期未作处理的，给予直接负责的主管人员和其他直接责任人员行政处分。

第八十二条 政府采购监督管理部门对集中采购机构业绩的考核，有虚假陈述，隐瞒真实情况的，或者不作定期考核和公布考核结果的，应当及时纠正，由其上级机关或者监察机关对其负责人进行通报，并对直接负责的人员依法给予行政处分。

集中采购机构在政府采购监督管理部门考核中，虚报业绩，隐瞒真实情况的，处以二万元以上二十万元以下的罚款，并予以通报；情节严重的，取消其代理采购的资格。

第八十三条 任何单位或者个人阻挠和限制供应商进入本地区或者本行业政府采购市场的，责令限期改正；拒不改正的，由该单位、个人的上级行政主管部门或者有关机关给予单位责任人或者个人处分。

第九章 附 则

第八十四条 使用国际组织和外国政府贷款进行的政府采购，贷款方、资金提供方与中方达成的协议对采购的具体条件另有规定的，可以适用其规定，但不得损害国家利益和社会公共利益。

第八十五条 对因严重自然灾害和其他不可抗力事件所实施的紧急采购和涉及国家安全和秘密的采购，不适用本法。

第八十六条 军事采购法规由中央军事委员会另行制定。

第八十七条 本法实施的具体步骤和办法由国务院规定。

第八十八条 本法自 2003 年 1 月 1 日起施行。

中华人民共和国政府采购法实施条例

- 2014 年 12 月 31 日国务院第 75 次常务会议通过
- 2015 年 1 月 30 日中华人民共和国国务院令第 658 号公布
- 自 2015 年 3 月 1 日起施行

第一章 总 则

第一条 根据《中华人民共和国政府采购法》（以下简称政府采购法），制定本条例。

第二条 政府采购法第二条所称财政性资金是指纳

入预算管理的资金。

以财政性资金作为还款来源的借贷资金，视同财政性资金。

国家机关、事业单位和团体组织的采购项目既使用财政性资金又使用非财政性资金的，使用财政性资金采购的部分，适用政府采购法及本条例；财政性资金与非财政性资金无法分割采购的，统一适用政府采购法及本条例。

政府采购法第二条所称服务，包括政府自身需要的服务和政府向社会公众提供的公共服务。

第三条　集中采购目录包括集中采购机构采购项目和部门集中采购项目。

技术、服务等标准统一，采购人普遍使用的项目，列为集中采购机构采购项目；采购人本部门、本系统基于业务需要有特殊要求，可以统一采购的项目，列为部门集中采购项目。

第四条　政府采购法所称集中采购，是指采购人将列入集中采购目录的项目委托集中采购机构代理采购或者进行部门集中采购的行为；所称分散采购，是指采购人将采购限额标准以上的未列入集中采购目录的项目自行采购或者委托采购代理机构代理采购的行为。

第五条　省、自治区、直辖市人民政府或者其授权的机构根据实际情况，可以确定分别适用于本行政区域省级、设区的市级、县级的集中采购目录和采购限额标准。

第六条　国务院财政部门应当根据国家的经济和社会发展政策，会同国务院有关部门制定政府采购政策，通过制定采购需求标准、预留采购份额、价格评审优惠、优先采购等措施，实现节约能源、保护环境、扶持不发达地区和少数民族地区、促进中小企业发展等目标。

第七条　政府采购工程以及与工程建设有关的货物、服务，采用招标方式采购的，适用《中华人民共和国招标投标法》及其实施条例；采用其他方式采购的，适用政府采购法及本条例。

前款所称工程，是指建设工程，包括建筑物和构筑物的新建、改建、扩建及其相关的装修、拆除、修缮等；所称与工程建设有关的货物，是指构成工程不可分割的组成部分，且为实现工程基本功能所必需的设备、材料等；所称与工程建设有关的服务，是指为完成工程所需的勘察、设计、监理等服务。

政府采购工程以及与工程建设有关的货物、服务，应当执行政府采购政策。

第八条　政府采购项目信息应当在省级以上人民政府财政部门指定的媒体上发布。采购项目预算金额达到国务院财政部门规定标准的，政府采购项目信息应当在国务院财政部门指定的媒体上发布。

第九条　在政府采购活动中，采购人员及相关人员与供应商有下列利害关系之一的，应当回避：

（一）参加采购活动前3年内与供应商存在劳动关系；

（二）参加采购活动前3年内担任供应商的董事、监事；

（三）参加采购活动前3年内是供应商的控股股东或者实际控制人；

（四）与供应商的法定代表人或者负责人有夫妻、直系血亲、三代以内旁系血亲或者近姻亲关系；

（五）与供应商有其他可能影响政府采购活动公平、公正进行的关系。

供应商认为采购人员及相关人员与其他供应商有利害关系的，可以向采购人或者采购代理机构书面提出回避申请，并说明理由。采购人或者采购代理机构应当及时询问被申请回避人员，有利害关系的被申请回避人员应当回避。

第十条　国家实行统一的政府采购电子交易平台建设标准，推动利用信息网络进行电子化政府采购活动。

第二章　政府采购当事人

第十一条　采购人在政府采购活动中应当维护国家利益和社会公共利益，公正廉洁，诚实守信，执行政府采购政策，建立政府采购内部管理制度，厉行节约，科学合理确定采购需求。

采购人不得向供应商索要或者接受其给予的赠品、回扣或者与采购无关的其他商品、服务。

第十二条　政府采购法所称采购代理机构，是指集中采购机构和集中采购机构以外的采购代理机构。

集中采购机构是设区的市级以上人民政府依法设立的非营利事业法人，是代理集中采购项目的执行机构。集中采购机构应当根据采购人委托制定集中采购项目的实施方案，明确采购规程，组织政府采购活动，不得将集中采购项目转委托。集中采购机构以外的采购代理机构，是从事采购代理业务的社会中介机构。

第十三条　采购代理机构应当建立完善的政府采购内部监督管理制度，具备开展政府采购业务所需的评审条件和设施。

采购代理机构应当提高确定采购需求，编制招标文件、谈判文件、询价通知书，拟订合同文本和优化采购程序的专业化服务水平，根据采购人委托在规定的时间内及时组织采购人与中标或者成交供应商签订政府采购合同，及时协助采购人对采购项目进行验收。

第十四条 采购代理机构不得以不正当手段获取政府采购代理业务，不得与采购人、供应商恶意串通操纵政府采购活动。

采购代理机构工作人员不得接受采购人或者供应商组织的宴请、旅游、娱乐，不得收受礼品、现金、有价证券等，不得向采购人或者供应商报销应当由个人承担的费用。

第十五条 采购人、采购代理机构应当根据政府采购政策、采购预算、采购需求编制采购文件。

采购需求应当符合法律法规以及政府采购政策规定的技术、服务、安全等要求。政府向社会公众提供的公共服务项目，应当就确定采购需求征求社会公众的意见。除因技术复杂或者性质特殊，不能确定详细规格或者具体要求外，采购需求应当完整、明确。必要时，应当就确定采购需求征求相关供应商、专家的意见。

第十六条 政府采购法第二十条规定的委托代理协议，应当明确代理采购的范围、权限和期限等具体事项。

采购人和采购代理机构应当按照委托代理协议履行各自义务，采购代理机构不得超越代理权限。

第十七条 参加政府采购活动的供应商应当具备政府采购法第二十二条第一款规定的条件，提供下列材料：

（一）法人或者其他组织的营业执照等证明文件，自然人的身份证明；

（二）财务状况报告，依法缴纳税收和社会保障资金的相关材料；

（三）具备履行合同所必需的设备和专业技术能力的证明材料；

（四）参加政府采购活动前3年内在经营活动中没有重大违法记录的书面声明；

（五）具备法律、行政法规规定的其他条件的证明材料。

采购项目有特殊要求的，供应商还应当提供其符合特殊要求的证明材料或者情况说明。

第十八条 单位负责人为同一人或者存在直接控股、管理关系的不同供应商，不得参加同一合同项下的政府采购活动。

除单一来源采购项目外，为采购项目提供整体设计、规范编制或者项目管理、监理、检测等服务的供应商，不得再参加该采购项目的其他采购活动。

第十九条 政府采购法第二十二条第一款第五项所称重大违法记录，是指供应商因违法经营受到刑事处罚或者责令停产停业、吊销许可证或者执照、较大数额罚款等行政处罚。

供应商在参加政府采购活动前3年内因违法经营被禁止在一定期限内参加政府采购活动，期限届满的，可以参加政府采购活动。

第二十条 采购人或者采购代理机构有下列情形之一的，属于以不合理的条件对供应商实行差别待遇或者歧视待遇：

（一）就同一采购项目向供应商提供有差别的项目信息；

（二）设定的资格、技术、商务条件与采购项目的具体特点和实际需要不相适应或者与合同履行无关；

（三）采购需求中的技术、服务等要求指向特定供应商、特定产品；

（四）以特定行政区域或者特定行业的业绩、奖项作为加分条件或者中标、成交条件；

（五）对供应商采取不同的资格审查或者评审标准；

（六）限定或者指定特定的专利、商标、品牌或者供应商；

（七）非法限定供应商的所有制形式、组织形式或者所在地；

（八）以其他不合理条件限制或者排斥潜在供应商。

第二十一条 采购人或者采购代理机构对供应商进行资格预审的，资格预审公告应当在省级以上人民政府财政部门指定的媒体上发布。已进行资格预审的，评审阶段可以不再对供应商资格进行审查。资格预审合格的供应商在评审阶段资格发生变化的，应当通知采购人和采购代理机构。

资格预审公告应当包括采购人和采购项目名称、采购需求、对供应商的资格要求以及供应商提交资格预审申请文件的时间和地点。提交资格预审申请文件的时间自公告发布之日起不得少于5个工作日。

第二十二条 联合体中有同类资质的供应商按照联合体分工承担相同工作的，应当按照资质等级较低的供应商确定资质等级。

以联合体形式参加政府采购活动的，联合体各方不得再单独参加或者与其他供应商另外组成联合体参加同一合同项下的政府采购活动。

第三章 政府采购方式

第二十三条 采购人采购公开招标数额标准以上的

货物或者服务，符合政府采购法第二十九条、第三十条、第三十一条、第三十二条规定情形或者有需要执行政府采购政策等特殊情况的，经设区的市级以上人民政府财政部门批准，可以依法采用公开招标以外的采购方式。

第二十四条　列入集中采购目录的项目，适合实行批量集中采购的，应当实行批量集中采购，但紧急的小额零星货物项目和有特殊要求的服务、工程项目除外。

第二十五条　政府采购工程依法不进行招标的，应当依照政府采购法和本条例规定的竞争性谈判或者单一来源采购方式采购。

第二十六条　政府采购法第三十条第三项规定的情形，应当是采购人不可预见的或者非因采购人拖延导致的；第四项规定的情形，是指因采购艺术品或者因专利、专有技术或者因服务的时间、数量事先不能确定等导致不能事先计算出价格总额。

第二十七条　政府采购法第三十一条第一项规定的情形，是指因货物或者服务使用不可替代的专利、专有技术，或者公共服务项目具有特殊要求，导致只能从某一特定供应商处采购。

第二十八条　在一个财政年度内，采购人将一个预算项目下的同一品目或者类别的货物、服务采用公开招标以外的方式多次采购，累计资金数额超过公开招标数额标准的，属于以化整为零方式规避公开招标，但项目预算调整或者经批准采用公开招标以外方式采购除外。

第四章　政府采购程序

第二十九条　采购人应当根据集中采购目录、采购限额标准和已批复的部门预算编制政府采购实施计划，报本级人民政府财政部门备案。

第三十条　采购人或者采购代理机构应当在招标文件、谈判文件、询价通知书中公开采购项目预算金额。

第三十一条　招标文件的提供期限自招标文件开始发出之日起不得少于5个工作日。

采购人或者采购代理机构可以对已发出的招标文件进行必要的澄清或者修改。澄清或者修改的内容可能影响投标文件编制的，采购人或者采购代理机构应当在投标截止时间至少15日前，以书面形式通知所有获取招标文件的潜在投标人；不足15日的，采购人或者采购代理机构应当顺延提交投标文件的截止时间。

第三十二条　采购人或者采购代理机构应当按照国务院财政部门制定的招标文件标准文本编制招标文件。

招标文件应当包括采购项目的商务条件、采购需求、投标人的资格条件、投标报价要求、评标方法、评标标准以及拟签订的合同文本等。

第三十三条　招标文件要求投标人提交投标保证金的，投标保证金不得超过采购项目预算金额的2%。投标保证金应当以支票、汇票、本票或者金融机构、担保机构出具的保函等非现金形式提交。投标人未按照招标文件要求提交投标保证金的，投标无效。

采购人或者采购代理机构应当自中标通知书发出之日起5个工作日内退还未中标供应商的投标保证金，自政府采购合同签订之日起5个工作日内退还中标供应商的投标保证金。

竞争性谈判或者询价采购中要求参加谈判或者询价的供应商提交保证金的，参照前两款的规定执行。

第三十四条　政府采购招标评标方法分为最低评标价法和综合评分法。

最低评标价法，是指投标文件满足招标文件全部实质性要求且投标报价最低的供应商为中标候选人的评标方法。综合评分法，是指投标文件满足招标文件全部实质性要求且按照评审因素的量化指标评审得分最高的供应商为中标候选人的评标方法。

技术、服务等标准统一的货物和服务项目，应当采用最低评标价法。

采用综合评分法的，评审标准中的分值设置应当与评审因素的量化指标相对应。

招标文件中没有规定的评标标准不得作为评审的依据。

第三十五条　谈判文件不能完整、明确列明采购需求，需要由供应商提供最终设计方案或者解决方案的，在谈判结束后，谈判小组应当按照少数服从多数的原则投票推荐3家以上供应商的设计方案或者解决方案，并要求其在规定时间内提交最后报价。

第三十六条　询价通知书应当根据采购需求确定政府采购合同条款。在询价过程中，询价小组不得改变询价通知书所确定的政府采购合同条款。

第三十七条　政府采购法第三十八条第五项、第四十条第四项所称质量和服务相等，是指供应商提供的产品质量和服务均能满足采购文件规定的实质性要求。

第三十八条　达到公开招标数额标准，符合政府采购法第三十一条第一项规定情形，只能从唯一供应商处采购的，采购人应当将采购项目信息和唯一供应商名称在省级以上人民政府财政部门指定的媒体上公示，公示期不得少于5个工作日。

第三十九条　除国务院财政部门规定的情形外，采购人或者采购代理机构应当从政府采购评审专家库中随机抽取评审专家。

第四十条 政府采购评审专家应当遵守评审工作纪律,不得泄露评审文件、评审情况和评审中获悉的商业秘密。

评标委员会、竞争性谈判小组或者询价小组在评审过程中发现供应商有行贿、提供虚假材料或者串通等违法行为的,应当及时向财政部门报告。

政府采购评审专家在评审过程中受到非法干预的,应当及时向财政、监察等部门举报。

第四十一条 评标委员会、竞争性谈判小组或者询价小组成员应当按照客观、公正、审慎的原则,根据采购文件规定的评审程序、评审方法和评审标准进行独立评审。采购文件内容违反国家有关强制性规定的,评标委员会、竞争性谈判小组或者询价小组应当停止评审并向采购人或者采购代理机构说明情况。

评标委员会、竞争性谈判小组或者询价小组成员应当在评审报告上签字,对自己的评审意见承担法律责任。对评审报告有异议的,应当在评审报告上签署不同意见,并说明理由,否则视为同意评审报告。

第四十二条 采购人、采购代理机构不得向评标委员会、竞争性谈判小组或者询价小组的评审专家作倾向性、误导性的解释或者说明。

第四十三条 采购代理机构应当自评审结束之日起2个工作日内将评审报告送交采购人。采购人应当自收到评审报告之日起5个工作日内在评审报告推荐的中标或者成交候选人中按顺序确定中标或者成交供应商。

采购人或者采购代理机构应当自中标、成交供应商确定之日起2个工作日内,发出中标、成交通知书,并在省级以上人民政府财政部门指定的媒体上公告中标、成交结果,招标文件、竞争性谈判文件、询价通知书随中标、成交结果同时公告。

中标、成交结果公告内容应当包括采购人和采购代理机构的名称、地址、联系方式,项目名称和项目编号,中标或者成交供应商名称、地址和中标或者成交金额,主要中标或者成交标的的名称、规格型号、数量、单价、服务要求以及评审专家名单。

第四十四条 除国务院财政部门规定的情形外,采购人、采购代理机构不得以任何理由组织重新评审。采购人、采购代理机构按照国务院财政部门的规定组织重新评审的,应当书面报告本级人民政府财政部门。

采购人或者采购代理机构不得通过对样品进行检测、对供应商进行考察等方式改变评审结果。

第四十五条 采购人或者采购代理机构应当按照政府采购合同规定的技术、服务、安全标准组织对供应商履约情况进行验收,并出具验收书。验收书应当包括每一项技术、服务、安全标准的履约情况。

政府向社会公众提供的公共服务项目,验收时应当邀请服务对象参与并出具意见,验收结果应当向社会公告。

第四十六条 政府采购法第四十二条规定的采购文件,可以用电子档案方式保存。

第五章 政府采购合同

第四十七条 国务院财政部门应当会同国务院有关部门制定政府采购合同标准文本。

第四十八条 采购文件要求中标或者成交供应商提交履约保证金的,供应商应当以支票、汇票、本票或者金融机构、担保机构出具的保函等非现金形式提交。履约保证金的数额不得超过政府采购合同金额的10%。

第四十九条 中标或者成交供应商拒绝与采购人签订合同的,采购人可以按照评审报告推荐的中标或者成交候选人名单排序,确定下一候选人为中标或者成交供应商,也可以重新开展政府采购活动。

第五十条 采购人应当自政府采购合同签订之日起2个工作日内,将政府采购合同在省级以上人民政府财政部门指定的媒体上公告,但政府采购合同中涉及国家秘密、商业秘密的内容除外。

第五十一条 采购人应当按照政府采购合同规定,及时向中标或者成交供应商支付采购资金。

政府采购项目资金支付程序,按照国家有关财政资金支付管理的规定执行。

第六章 质疑与投诉

第五十二条 采购人或者采购代理机构应当在3个工作日内对供应商依法提出的询问作出答复。

供应商提出的询问或者质疑超出采购人对采购代理机构委托授权范围的,采购代理机构应当告知供应商向采购人提出。

政府采购评审专家应当配合采购人或者采购代理机构答复供应商的询问和质疑。

第五十三条 政府采购法第五十二条规定的供应商应知其权益受到损害之日,是指:

(一)对可以质疑的采购文件提出质疑的,为收到采购文件之日或者采购文件公告期限届满之日;

（二）对采购过程提出质疑的，为各采购程序环节结束之日；

（三）对中标或者成交结果提出质疑的，为中标或者成交结果公告期限届满之日。

第五十四条 询问或者质疑事项可能影响中标、成交结果的，采购人应当暂停签订合同，已经签订合同的，应当中止履行合同。

第五十五条 供应商质疑、投诉应当有明确的请求和必要的证明材料。供应商投诉的事项不得超出已质疑事项的范围。

第五十六条 财政部门处理投诉事项采用书面审查的方式，必要时可以进行调查取证或者组织质证。

对财政部门依法进行的调查取证，投诉人和与投诉事项有关的当事人应当如实反映情况，并提供相关材料。

第五十七条 投诉人捏造事实、提供虚假材料或者以非法手段取得证明材料进行投诉的，财政部门应当予以驳回。

财政部门受理投诉后，投诉人书面申请撤回投诉的，财政部门应当终止投诉处理程序。

第五十八条 财政部门处理投诉事项，需要检验、检测、鉴定、专家评审以及需要投诉人补正材料的，所需时间不计算在投诉处理期限内。

财政部门对投诉事项作出的处理决定，应当在省级以上人民政府财政部门指定的媒体上公告。

第七章 监督检查

第五十九条 政府采购法第六十三条所称政府采购项目的采购标准，是指项目采购所依据的经费预算标准、资产配置标准和技术、服务标准等。

第六十条 除政府采购法第六十六条规定的考核事项外，财政部门对集中采购机构的考核事项还包括：

（一）政府采购政策的执行情况；

（二）采购文件编制水平；

（三）采购方式和采购程序的执行情况；

（四）询问、质疑答复情况；

（五）内部监督管理制度建设及执行情况；

（六）省级以上人民政府财政部门规定的其他事项。

财政部门应当制定考核计划，定期对集中采购机构进行考核，考核结果有重要情况的，应当向本级人民政府报告。

第六十一条 采购人发现采购代理机构有违法行为的，应当要求其改正。采购代理机构拒不改正的，采购人应当向本级人民政府财政部门报告，财政部门应当依法处理。

采购代理机构发现采购人的采购需求存在以不合理条件对供应商实行差别待遇、歧视待遇或者其他不符合法律、法规和政府采购政策规定内容，或者发现采购人有其他违法行为的，应当建议其改正。采购人拒不改正的，采购代理机构应当向采购人的本级人民政府财政部门报告，财政部门应当依法处理。

第六十二条 省级以上人民政府财政部门应当对政府采购评审专家库实行动态管理，具体管理办法由国务院财政部门制定。

采购人或者采购代理机构应当对评审专家在政府采购活动中的职责履行情况予以记录，并及时向财政部门报告。

第六十三条 各级人民政府财政部门和其他有关部门应当加强对参加政府采购活动的供应商、采购代理机构、评审专家的监督管理，对其不良行为予以记录，并纳入统一的信用信息平台。

第六十四条 各级人民政府财政部门对政府采购活动进行监督检查，有权查阅、复制有关文件、资料，相关单位和人员应当予以配合。

第六十五条 审计机关、监察机关以及其他有关部门依法对政府采购活动实施监督，发现采购当事人有违法行为的，应当及时通报财政部门。

第八章 法律责任

第六十六条 政府采购法第七十一条规定的罚款，数额为10万元以下。

政府采购法第七十二条规定的罚款，数额为5万元以上25万元以下。

第六十七条 采购人有下列情形之一的，由财政部门责令限期改正，给予警告，对直接负责的主管人员和其他直接责任人员依法给予处分，并予以通报：

（一）未按照规定编制政府采购实施计划或者未按照规定将政府采购实施计划报本级人民政府财政部门备案；

（二）将应当进行公开招标的项目化整为零或者以其他任何方式规避公开招标；

（三）未按照规定在评标委员会、竞争性谈判小组或者询价小组推荐的中标或者成交候选人中确定中标或者成交供应商；

（四）未按照采购文件确定的事项签订政府采购合同；

（五）政府采购合同履行中追加与合同标的相同的货物、工程或者服务的采购金额超过原合同采购金额10%；

（六）擅自变更、中止或者终止政府采购合同；

（七）未按照规定公告政府采购合同；

（八）未按照规定时间将政府采购合同副本报本级人民政府财政部门和有关部门备案。

第六十八条 采购人、采购代理机构有下列情形之一的，依照政府采购法第七十一条、第七十八条的规定追究法律责任：

（一）未依照政府采购法和本条例规定的方式实施采购；

（二）未依法在指定的媒体上发布政府采购项目信息；

（三）未按照规定执行政府采购政策；

（四）违反本条例第十五条的规定导致无法组织对供应商履约情况进行验收或者国家财产遭受损失；

（五）未依法从政府采购评审专家库中抽取评审专家；

（六）非法干预采购评审活动；

（七）采用综合评分法时评审标准中的分值设置未与评审因素的量化指标相对应；

（八）对供应商的询问、质疑逾期未作处理；

（九）通过对样品进行检测、对供应商进行考察等方式改变评审结果；

（十）未按照规定组织对供应商履约情况进行验收。

第六十九条 集中采购机构有下列情形之一的，由财政部门责令限期改正，给予警告，有违法所得的，并处没收违法所得，对直接负责的主管人员和其他直接责任人员依法给予处分，并予以通报：

（一）内部监督管理制度不健全，对依法应当分设、分离的岗位、人员未分设、分离；

（二）将集中采购项目委托其他采购代理机构采购；

（三）从事营利活动。

第七十条 采购人员与供应商有利害关系而不依法回避的，由财政部门给予警告，并处2000元以上2万元以下的罚款。

第七十一条 有政府采购法第七十一条、第七十二条规定的违法行为之一，影响或者可能影响中标、成交结果的，依照下列规定处理：

（一）未确定中标或者成交供应商的，终止本次政府采购活动，重新开展政府采购活动。

（二）已确定中标或者成交供应商但尚未签订政府采购合同的，中标或者成交结果无效，从合格的中标或者成交候选人中另行确定中标或者成交供应商；没有合格的中标或者成交候选人的，重新开展政府采购活动。

（三）政府采购合同已签订但尚未履行的，撤销合同，从合格的中标或者成交候选人中另行确定中标或者成交供应商；没有合格的中标或者成交候选人的，重新开展政府采购活动。

（四）政府采购合同已经履行，给采购人、供应商造成损失的，由责任人承担赔偿责任。

政府采购当事人有其他违反政府采购法或者本条例规定的行为，经改正后仍然影响或者可能影响中标、成交结果或者依法被认定为中标、成交无效的，依照前款规定处理。

第七十二条 供应商有下列情形之一的，依照政府采购法第七十七条第一款的规定追究法律责任：

（一）向评标委员会、竞争性谈判小组或者询价小组成员行贿或者提供其他不正当利益；

（二）中标或者成交后无正当理由拒不与采购人签订政府采购合同；

（三）未按照采购文件确定的事项签订政府采购合同；

（四）将政府采购合同转包；

（五）提供假冒伪劣产品；

（六）擅自变更、中止或者终止政府采购合同。

供应商有前款第一项规定情形的，中标、成交无效。评审阶段资格发生变化，供应商未依照本条例第二十一条的规定通知采购人和采购代理机构的，处以采购金额5‰的罚款，列入不良行为记录名单，中标、成交无效。

第七十三条 供应商捏造事实、提供虚假材料或者以非法手段取得证明材料进行投诉的，由财政部门列入不良行为记录名单，禁止其1至3年内参加政府采购活动。

第七十四条 有下列情形之一的，属于恶意串通，对供应商依照政府采购法第七十七条第一款的规定追究法律责任，对采购人、采购代理机构及其工作人员依照政府采购法第七十二条的规定追究法律责任：

（一）供应商直接或者间接从采购人或者采购代理机构处获得其他供应商的相关情况并修改其投标文件或者响应文件；

（二）供应商按照采购人或者采购代理机构的授意撤换、修改投标文件或者响应文件；

（三）供应商之间协商报价、技术方案等投标文件或者响应文件的实质性内容；

（四）属于同一集团、协会、商会等组织成员的供应商按照该组织要求协同参加政府采购活动；

（五）供应商之间事先约定由某一特定供应商中标、成交；

（六）供应商之间商定部分供应商放弃参加政府采购活动或者放弃中标、成交；

（七）供应商与采购人或者采购代理机构之间、供应商相互之间，为谋求特定供应商中标、成交或者排斥其他供应商的其他串通行为。

第七十五条　政府采购评审专家未按照采购文件规定的评审程序、评审方法和评审标准进行独立评审或者泄露评审文件、评审情况的，由财政部门给予警告，并处2000元以上2万元以下的罚款；影响中标、成交结果的，处2万元以上5万元以下的罚款，禁止其参加政府采购评审活动。

政府采购评审专家与供应商存在利害关系未回避的，处2万元以上5万元以下的罚款，禁止其参加政府采购评审活动。

政府采购评审专家收受采购人、采购代理机构、供应商贿赂或者获取其他不正当利益，构成犯罪的，依法追究刑事责任；尚不构成犯罪的，处2万元以上5万元以下的罚款，禁止其参加政府采购评审活动。

政府采购评审专家有上述违法行为的，其评审意见无效，不得获取评审费；有违法所得的，没收违法所得；给他人造成损失的，依法承担民事责任。

第七十六条　政府采购当事人违反政府采购法和本条例规定，给他人造成损失的，依法承担民事责任。

第七十七条　财政部门在履行政府采购监督管理职责中违反政府采购法和本条例规定，滥用职权、玩忽职守、徇私舞弊的，对直接负责的主管人员和其他直接责任人员依法给予处分；直接负责的主管人员和其他直接责任人员构成犯罪的，依法追究刑事责任。

第九章　附　则

第七十八条　财政管理实行省直接管理的县级人民政府可以根据需要并报经省级人民政府批准，行使政府采购法和本条例规定的设区的市级人民政府批准变更采购方式的职权。

第七十九条　本条例自2015年3月1日起施行。

财政部关于《中华人民共和国政府采购法实施条例》第十九条第一款“较大数额罚款”具体适用问题的意见

·2022年1月5日

·财库〔2022〕3号

各省、自治区、直辖市、计划单列市财政厅（局），新疆生产建设兵团财政局：

《中华人民共和国政府采购法实施条例》施行以来，部分地方财政部门、市场主体反映《中华人民共和国政府采购法实施条例》第十九条第一款“较大数额罚款”在执行过程中标准不一、差异较大。为贯彻落实国务院关于进一步优化营商环境的要求，维护政府采购市场秩序，规范行政执法行为，经研究并会商有关部门，现提出以下意见：

《中华人民共和国政府采购法实施条例》第十九条第一款规定的“较大数额罚款”认定为200万元以上的罚款，法律、行政法规以及国务院有关部门明确规定相关领域“较大数额罚款”标准高于200万元的，从其规定。

本意见自2022年2月8日起施行，此前颁布的有关规定与本意见不一致的，按照本意见执行。

国务院办公厅关于进一步加强政府采购管理工作的意见

·2009年4月10日

·国办发〔2009〕35号

近年来，各地区、各部门认真贯彻落实《中华人民共和国政府采购法》（以下简称《政府采购法》），不断加强制度建设、规范采购行为，政府采购在提高资金使用效益，维护国家和社会公益，以及防范腐败、支持节能环保和促进自主创新等方面取得了显著成效。但是，个别单位规避政府采购，操作执行环节不规范，运行机制不完善，监督处罚不到位，部分政府采购效率低价格高等问题仍然比较突出，一些违反法纪、贪污腐败的现象时有发生，造成财政资金损失浪费。为切实解决这些问题，全面深化政府采购制度改革，经国务院同意，现就进一步加强政府采购管理工作提出以下意见：

一、坚持应采尽采，进一步强化和实现依法采购

财政部门要依据政府采购需要和集中采购机构能力，研究完善政府集中采购目录和产品分类。各地区、各部门要加大推进政府采购工作的力度，扩大政府采购管理实施范围，对列入政府采购的项目应全部依法实施政府采购。尤其是要加强对部门和单位使用纳入财政管理的其他资金或使用以财政性资金作为还款来源的借(贷)款进行采购的管理;要加强工程项目的政府采购管理,政府采购工程项目除招标投标外均按《政府采购法》规定执行。

各部门、各单位要认真执行政府采购法律制度规定的工作程序和操作标准,合理确定采购需求,及时签订合同、履约验收和支付资金,不得以任何方式干预和影响采购活动。属政府集中采购目录项目要委托集中采购机构实施;达到公开招标限额标准的采购项目,未经财政部门批准不得采取其他采购方式,并严格按规定向社会公开发布采购信息,实现采购活动的公开透明。

二、坚持管采分离,进一步完善监管和运行机制

加强政府采购监督管理与操作执行相分离的体制建设,进一步完善财政部门监督管理和集中采购机构独立操作运行的机制。

财政部门要严格采购文件编制、信息公告、采购评审、采购合同格式和产品验收等环节的具体标准和程序要求;要建立统一的专家库、供应商产品信息库,逐步实现动态管理和加强违规行为的处罚;要会同国家保密部门制定保密项目采购的具体标准、范围和工作要求,防止借采购项目保密而逃避或简化政府采购的行为。

集中采购机构要严格按照《政府采购法》规定组织采购活动,规范集中采购操作行为,增强集中采购目录执行的严肃性、科学性和有效性。在组织实施中不得违反国家规定收取采购代理费用和其他费用,也不得将采购单位委托的集中采购项目再委托给社会代理机构组织实施采购。要建立健全内部监督管理制度,实现采购活动不同环节之间权责明确、岗位分离。要重视和加强专业化建设,优化集中采购实施方式和内部操作程序,实现采购价格低于市场平均价格、采购效率更高、采购质量优良和服务良好。

在集中采购业务代理活动中要适当引入竞争机制,打破现有集中采购机构完全按行政隶属关系接受委托业务的格局,允许采购单位在所在区域内择优选择集中采购机构,实现集中采购活动的良性竞争。

三、坚持预算约束,进一步提高政府采购效率和质量

各部门、各单位要按照《政府采购法》的规定和财政部门预算管理的要求,将政府采购项目全部编入部门预算,做好政府采购预算和采购计划编报的相互衔接工作,确保采购计划严格按政府采购预算的项目和数额执行。

要采取有效措施,加强监管部门、采购单位和采购代理机构间的相互衔接,通过改进管理水平和操作执行质量,不断提高采购效率。财政部门要改进管理方式,提高审批效率,整合优化采购环节,制定标准化工作程序,建立各种采购方式下的政府采购价格监测机制和采购结果社会公开披露制度,实现对采购活动及采购结果的有效监控。集中采购机构要提高业务技能和专业化操作水平,通过优化采购组织形式,科学制定价格参数和评价标准,完善评审程序,缩短采购操作时间,建立政府采购价格与市场价格的联动机制,实现采购价格和采购质量最优。

四、坚持政策功能,进一步服务好经济和社会发展大局

政府采购应当有助于实现国家的经济和社会发展政策目标。强化政府采购的政策功能作用,是建立科学政府采购制度的客观要求。各地区、各部门要从政府采购政策功能上支持国家宏观调控,贯彻好扩大内需、调整结构等经济政策,认真落实节能环保、自主创新、进口产品审核等政府采购政策;进一步扩大政府采购政策功能范围,积极研究支持促进中小企业发展等政府采购政策。加大强制采购节能产品和优先购买环保产品的力度,凡采购产品涉及节能环保和自主创新产品的,必须执行财政部会同有关部门发布的节能环保和自主创新产品政府采购清单(目录)。要严格审核进口产品的采购,凡国内产品能够满足需求的都要采购国内产品。财政部门要加强政策实施的监督,跟踪政策实施情况,建立采购效果评价体系,保证政策规定落到实处。

五、坚持依法处罚,进一步严肃法律制度约束

各级财政、监察、审计、预防腐败部门要加强对政府采购的监督管理,严格执法检查,对违法违规行为要依法追究责任并以适当方式向社会公布,对情节严重的要依法予以处罚。

要通过动态监控体系及时发现、纠正和处理采购单位逃避政府采购和其他违反政府采购制度规定的行为,追究相关单位及人员的责任。要完善评审专家责任处罚办法,对评审专家违反政府采购制度规定、评审程序和评审标准,以及在评审工作中敷衍塞责或故意影响评标结果等行为,要严肃处理。要加快供应商诚信体系建设,对供应商围标、串标和欺诈等行为依法予以处罚并向社会公布。要加快建立对采购单位、评审专家、供应商、集中采购机构和社会代理机构的考核评价制度和不良行为公告制度,引入公开评议和社会监督机制。严格对集中采购机构的考核,考核结果要向同级人民政府报告。加强对集中采购机构整改情况的跟踪监管,对集中采购机构的违法违规行为，要严格按照法律规定予以处理。

六、坚持体系建设，进一步推进电子化政府采购

加强政府采购信息化建设，是深化政府采购制度改革的重要内容，也是实现政府采购科学化、精细化管理的手段。各地区要积极推进政府采购信息化建设，利用现代电子信息技术，实现政府采购管理和操作执行各个环节的协调联动。财政部门要切实加强对政府采购信息化建设工作的统一领导和组织，科学制订电子化政府采购体系发展建设规划，以管理功能完善、交易公开透明、操作规范统一、网络安全可靠为目标，建设全国统一的电子化政府采购管理交易平台，逐步实现政府采购业务交易信息共享和全流程电子化操作。要抓好信息系统推广运行的组织工作，制定由点到面、协调推进的实施计划。

七、坚持考核培训，进一步加强政府采购队伍建设

各地区、各部门要继续加强政府采购从业人员的职业教育、法制教育和技能培训，增强政府采购从业人员依法行政和依法采购的观念，建立系统的教育培训制度。财政部要会同有关部门研究建立政府采购从业人员执业资格制度，对采购单位、集中采购机构、社会代理机构和评审专家等从业人员实行持证上岗和执业考核，推动政府采购从业人员职业化的进程。集中采购机构要建立内部岗位标准和考核办法，形成优胜劣汰的良性机制，不断提高集中采购机构专业化操作水平。

各地区、各部门要全面把握新时期、新形势下完善政府采购制度的新要求，进一步提高对深化政府采购制度改革重要性的认识，切实加大推进政府采购管理工作的力度，加强对政府采购工作的组织领导，着力协调和解决政府采购管理中存在的突出问题，推进政府采购工作健康发展。

中华人民共和国预算法

- 1994 年 3 月 22 日第八届全国人民代表大会第二次会议通过
- 根据 2014 年 8 月 31 日第十二届全国人民代表大会常务委员会第十次会议《关于修改〈中华人民共和国预算法〉的决定》第一次修正
- 根据 2018 年 12 月 29 日第十三届全国人民代表大会常务委员会第七次会议《关于修改〈中华人民共和国产品质量法〉等五部法律的决定》第二次修正

第一章　总　则

第一条　为了规范政府收支行为，强化预算约束，加强对预算的管理和监督，建立健全全面规范、公开透明的预算制度，保障经济社会的健康发展，根据宪法，制定本法。

第二条　预算、决算的编制、审查、批准、监督，以及预算的执行和调整，依照本法规定执行。

第三条　国家实行一级政府一级预算，设立中央，省、自治区、直辖市，设区的市、自治州，县、自治县、不设区的市、市辖区，乡、民族乡、镇五级预算。

全国预算由中央预算和地方预算组成。地方预算由各省、自治区、直辖市总预算组成。

地方各级总预算由本级预算和汇总的下一级总预算组成；下一级只有本级预算的，下一级总预算即指下一级的本级预算。没有下一级预算的，总预算即指本级预算。

第四条　预算由预算收入和预算支出组成。

政府的全部收入和支出都应当纳入预算。

第五条　预算包括一般公共预算、政府性基金预算、国有资本经营预算、社会保险基金预算。

一般公共预算、政府性基金预算、国有资本经营预算、社会保险基金预算应当保持完整、独立。政府性基金预算、国有资本经营预算、社会保险基金预算应当与一般公共预算相衔接。

第六条　一般公共预算是对以税收为主体的财政收入，安排用于保障和改善民生、推动经济社会发展、维护国家安全、维持国家机构正常运转等方面的收支预算。

中央一般公共预算包括中央各部门（含直属单位，下同）的预算和中央对地方的税收返还、转移支付预算。

中央一般公共预算收入包括中央本级收入和地方向中央的上解收入。中央一般公共预算支出包括中央本级支出、中央对地方的税收返还和转移支付。

第七条　地方各级一般公共预算包括本级各部门（含直属单位，下同）的预算和税收返还、转移支付预算。

地方各级一般公共预算收入包括地方本级收入、上级政府对本级政府的税收返还和转移支付、下级政府的上解收入。地方各级一般公共预算支出包括地方本级支出、对上级政府的上解支出、对下级政府的税收返还和转移支付。

第八条　各部门预算由本部门及其所属各单位预算组成。

第九条　政府性基金预算是对依照法律、行政法规的规定在一定期限内向特定对象征收、收取或者以其他方式筹集的资金，专项用于特定公共事业发展的收支预算。

政府性基金预算应当根据基金项目收入情况和实际

支出需要，按基金项目编制，做到以收定支。

第十条 国有资本经营预算是对国有资本收益作出支出安排的收支预算。

国有资本经营预算应当按照收支平衡的原则编制，不列赤字，并安排资金调入一般公共预算。

第十一条 社会保险基金预算是对社会保险缴款、一般公共预算安排和其他方式筹集的资金，专项用于社会保险的收支预算。

社会保险基金预算应当按照统筹层次和社会保险项目分别编制，做到收支平衡。

第十二条 各级预算应当遵循统筹兼顾、勤俭节约、量力而行、讲求绩效和收支平衡的原则。

各级政府应当建立跨年度预算平衡机制。

第十三条 经人民代表大会批准的预算，非经法定程序，不得调整。各级政府、各部门、各单位的支出必须以经批准的预算为依据，未列入预算的不得支出。

第十四条 经本级人民代表大会或者本级人民代表大会常务委员会批准的预算、预算调整、决算、预算执行情况的报告及报表，应当在批准后二十日内由本级政府财政部门向社会公开，并对本级政府财政转移支付安排、执行的情况以及举借债务的情况等重要事项作出说明。

经本级政府财政部门批复的部门预算、决算及报表，应当在批复后二十日内由各部门向社会公开，并对部门预算、决算中机关运行经费的安排、使用情况等重要事项作出说明。

各级政府、各部门、各单位应当将政府采购的情况及时向社会公开。

本条前三款规定的公开事项，涉及国家秘密的除外。

第十五条 国家实行中央和地方分税制。

第十六条 国家实行财政转移支付制度。财政转移支付应当规范、公平、公开，以推进地区间基本公共服务均等化为主要目标。

财政转移支付包括中央对地方的转移支付和地方上级政府对下级政府的转移支付，以为均衡地区间基本财力、由下级政府统筹安排使用的一般性转移支付为主体。

按照法律、行政法规和国务院的规定可以设立专项转移支付，用于办理特定事项。建立健全专项转移支付定期评估和退出机制。市场竞争机制能够有效调节的事项不得设立专项转移支付。

上级政府在安排专项转移支付时，不得要求下级政府承担配套资金。但是，按照国务院的规定应当由上下级政府共同承担的事项除外。

第十七条 各级预算的编制、执行应当建立健全相互制约、相互协调的机制。

第十八条 预算年度自公历一月一日起，至十二月三十一日止。

第十九条 预算收入和预算支出以人民币元为计算单位。

第二章 预算管理职权

第二十条 全国人民代表大会审查中央和地方预算草案及中央和地方预算执行情况的报告；批准中央预算和中央预算执行情况的报告；改变或者撤销全国人民代表大会常务委员会关于预算、决算的不适当的决议。

全国人民代表大会常务委员会监督中央和地方预算的执行；审查和批准中央预算的调整方案；审查和批准中央决算；撤销国务院制定的同宪法、法律相抵触的关于预算、决算的行政法规、决定和命令；撤销省、自治区、直辖市人民代表大会及其常务委员会制定的同宪法、法律和行政法规相抵触的关于预算、决算的地方性法规和决议。

第二十一条 县级以上地方各级人民代表大会审查本级总预算草案及本级总预算执行情况的报告；批准本级预算和本级预算执行情况的报告；改变或者撤销本级人民代表大会常务委员会关于预算、决算的不适当的决议；撤销本级政府关于预算、决算的不适当的决定和命令。

县级以上地方各级人民代表大会常务委员会监督本级总预算的执行；审查和批准本级预算的调整方案；审查和批准本级决算；撤销本级政府和下一级人民代表大会及其常务委员会关于预算、决算的不适当的决定、命令和决议。

乡、民族乡、镇的人民代表大会审查和批准本级预算和本级预算执行情况的报告；监督本级预算的执行；审查和批准本级预算的调整方案；审查和批准本级决算；撤销本级政府关于预算、决算的不适当的决定和命令。

第二十二条 全国人民代表大会财政经济委员会对中央预算草案初步方案及上一年预算执行情况、中央预算调整初步方案和中央决算草案进行初步审查，提出初步审查意见。

省、自治区、直辖市人民代表大会有关专门委员会对本级预算草案初步方案及上一年预算执行情况、本级预算调整初步方案和本级决算草案进行初步审查，提出初步审查意见。

设区的市、自治州人民代表大会有关专门委员会对本级预算草案初步方案及上一年预算执行情况、本级预算调整初步方案和本级决算草案进行初步审查，提出初步审查意见，未设立专门委员会的，由本级人民代表大会常务委员会有关工作机构研究提出意见。

县、自治县、不设区的市、市辖区人民代表大会常务委员会对本级预算草案初步方案及上一年预算执行情况进行初步审查，提出初步审查意见。县、自治县、不设区的市、市辖区人民代表大会常务委员会有关工作机构对本级预算调整初步方案和本级决算草案研究提出意见。

设区的市、自治州以上各级人民代表大会有关专门委员会进行初步审查、常务委员会有关工作机构研究提出意见时，应当邀请本级人民代表大会代表参加。

对依照本条第一款至第四款规定提出的意见，本级政府财政部门应当将处理情况及时反馈。

依照本条第一款至第四款规定提出的意见以及本级政府财政部门反馈的处理情况报告，应当印发本级人民代表大会代表。

全国人民代表大会常务委员会和省、自治区、直辖市、设区的市、自治州人民代表大会常务委员会有关工作机构，依照本级人民代表大会常务委员会的决定，协助本级人民代表大会财政经济委员会或者有关专门委员会承担审查预算草案、预算调整方案、决算草案和监督预算执行等方面的具体工作。

第二十三条　国务院编制中央预算、决算草案；向全国人民代表大会作关于中央和地方预算草案的报告；将省、自治区、直辖市政府报送备案的预算汇总后报全国人民代表大会常务委员会备案；组织中央和地方预算的执行；决定中央预算预备费的动用；编制中央预算调整方案；监督中央各部门和地方政府的预算执行；改变或者撤销中央各部门和地方政府关于预算、决算的不适当的决定、命令；向全国人民代表大会、全国人民代表大会常务委员会报告中央和地方预算的执行情况。

第二十四条　县级以上地方各级政府编制本级预算、决算草案；向本级人民代表大会作关于本级总预算草案的报告；将下一级政府报送备案的预算汇总后报本级人民代表大会常务委员会备案；组织本级总预算的执行；决定本级预算预备费的动用；编制本级预算的调整方案；监督本级各部门和下级政府的预算执行；改变或者撤销本级各部门和下级政府关于预算、决算的不适当的决定、命令；向本级人民代表大会、本级人民代表大会常务委员会报告本级总预算的执行情况。

乡、民族乡、镇政府编制本级预算、决算草案；向本级人民代表大会作关于本级预算草案的报告；组织本级预算的执行；决定本级预算预备费的动用；编制本级预算的调整方案；向本级人民代表大会报告本级预算的执行情况。

经省、自治区、直辖市政府批准，乡、民族乡、镇本级预算草案、预算调整方案、决算草案，可以由上一级政府代编，并依照本法第二十一条的规定报乡、民族乡、镇的人民代表大会审查和批准。

第二十五条　国务院财政部门具体编制中央预算、决算草案；具体组织中央和地方预算的执行；提出中央预算预备费动用方案；具体编制中央预算的调整方案；定期向国务院报告中央和地方预算的执行情况。

地方各级政府财政部门具体编制本级预算、决算草案；具体组织本级总预算的执行；提出本级预算预备费动用方案；具体编制本级预算的调整方案；定期向本级政府和上一级政府财政部门报告本级总预算的执行情况。

第二十六条　各部门编制本部门预算、决算草案；组织和监督本部门预算的执行；定期向本级政府财政部门报告预算的执行情况。

各单位编制本单位预算、决算草案；按照国家规定上缴预算收入，安排预算支出，并接受国家有关部门的监督。

第三章　预算收支范围

第二十七条　一般公共预算收入包括各项税收收入、行政事业性收费收入、国有资源（资产）有偿使用收入、转移性收入和其他收入。

一般公共预算支出按照其功能分类，包括一般公共服务支出，外交、公共安全、国防支出，农业、环境保护支出，教育、科技、文化、卫生、体育支出，社会保障及就业支出和其他支出。

一般公共预算支出按照其经济性质分类，包括工资福利支出、商品和服务支出、资本性支出和其他支出。

第二十八条　政府性基金预算、国有资本经营预算和社会保险基金预算的收支范围，按照法律、行政法规和国务院的规定执行。

第二十九条　中央预算与地方预算有关收入和支出项目的划分、地方向中央上解收入、中央对地方税收返还或者转移支付的具体办法，由国务院规定，报全国人民代表大会常务委员会备案。

第三十条　上级政府不得在预算之外调用下级政府预算的资金。下级政府不得挤占或者截留属于上级政府预算的资金。

第四章 预算编制

第三十一条 国务院应当及时下达关于编制下一年预算草案的通知。编制预算草案的具体事项由国务院财政部门部署。

各级政府、各部门、各单位应当按照国务院规定的时间编制预算草案。

第三十二条 各级预算应当根据年度经济社会发展目标、国家宏观调控总体要求和跨年度预算平衡的需要，参考上一年预算执行情况、有关支出绩效评价结果和本年度收支预测，按照规定程序征求各方面意见后，进行编制。

各级政府依据法定权限作出决定或者制定行政措施，凡涉及增加或者减少财政收入或者支出的，应当在预算批准前提出并在预算草案中作出相应安排。

各部门、各单位应当按照国务院财政部门制定的政府收支分类科目、预算支出标准和要求，以及绩效目标管理等预算编制规定，根据其依法履行职能和事业发展的需要以及存量资产情况，编制本部门、本单位预算草案。

前款所称政府收支分类科目，收入分为类、款、项、目；支出按其功能分类分为类、款、项，按其经济性质分类分为类、款。

第三十三条 省、自治区、直辖市政府应当按照国务院规定的时间，将本级总预算草案报国务院审核汇总。

第三十四条 中央一般公共预算中必需的部分资金，可以通过举借国内和国外债务等方式筹措，举借债务应当控制适当的规模，保持合理的结构。

对中央一般公共预算中举借的债务实行余额管理，余额的规模不得超过全国人民代表大会批准的限额。

国务院财政部门具体负责对中央政府债务的统一管理。

第三十五条 地方各级预算按照量入为出、收支平衡的原则编制，除本法另有规定外，不列赤字。

经国务院批准的省、自治区、直辖市的预算中必需的建设投资的部分资金，可以在国务院确定的限额内，通过发行地方政府债券举借债务的方式筹措。举借债务的规模，由国务院报全国人民代表大会或者全国人民代表大会常务委员会批准。省、自治区、直辖市依照国务院下达的限额举借的债务，列入本级预算调整方案，报本级人民代表大会常务委员会批准。举借的债务应当有偿还计划和稳定的偿还资金来源，只能用于公益性资本支出，不得用于经常性支出。

除前款规定外，地方政府及其所属部门不得以任何方式举借债务。

除法律另有规定外，地方政府及其所属部门不得为任何单位和个人的债务以任何方式提供担保。

国务院建立地方政府债务风险评估和预警机制、应急处置机制以及责任追究制度。国务院财政部门对地方政府债务实施监督。

第三十六条 各级预算收入的编制，应当与经济社会发展水平相适应，与财政政策相衔接。

各级政府、各部门、各单位应当依照本法规定，将所有政府收入全部列入预算，不得隐瞒、少列。

第三十七条 各级预算支出应当依照本法规定，按其功能和经济性质分类编制。

各级预算支出的编制，应当贯彻勤俭节约的原则，严格控制各部门、各单位的机关运行经费和楼堂馆所等基本建设支出。

各级一般公共预算支出的编制，应当统筹兼顾，在保证基本公共服务合理需要的前提下，优先安排国家确定的重点支出。

第三十八条 一般性转移支付应当按照国务院规定的基本标准和计算方法编制。专项转移支付应当分地区、分项目编制。

县级以上各级政府应当将对下级政府的转移支付预计数提前下达下级政府。

地方各级政府应当将上级政府提前下达的转移支付预计数编入本级预算。

第三十九条 中央预算和有关地方预算中应当安排必要的资金，用于扶助革命老区、民族地区、边疆地区、贫困地区发展经济社会建设事业。

第四十条 各级一般公共预算应当按照本级一般公共预算支出额的百分之一至百分之三设置预备费，用于当年预算执行中的自然灾害等突发事件处理增加的支出及其他难以预见的开支。

第四十一条 各级一般公共预算按照国务院的规定可以设置预算周转金，用于本级政府调剂预算年度内季节性收支差额。

各级一般公共预算按照国务院的规定可以设置预算稳定调节基金，用于弥补以后年度预算资金的不足。

第四十二条 各级政府上一年预算的结转资金，应当在下一年用于结转项目的支出；连续两年未用完的结转资金，应当作为结余资金管理。

各部门、各单位上一年预算的结转、结余资金按照国务院财政部门的规定办理。

第五章 预算审查和批准

第四十三条 中央预算由全国人民代表大会审查和批准。

地方各级预算由本级人民代表大会审查和批准。

第四十四条 国务院财政部门应当在每年全国人民代表大会会议举行的四十五日前，将中央预算草案的初步方案提交全国人民代表大会财政经济委员会进行初步审查。

省、自治区、直辖市政府财政部门应当在本级人民代表大会会议举行的三十日前，将本级预算草案的初步方案提交本级人民代表大会有关专门委员会进行初步审查。

设区的市、自治州政府财政部门应当在本级人民代表大会会议举行的三十日前，将本级预算草案的初步方案提交本级人民代表大会有关专门委员会进行初步审查，或者送交本级人民代表大会常务委员会有关工作机构征求意见。

县、自治县、不设区的市、市辖区政府应当在本级人民代表大会会议举行的三十日前，将本级预算草案的初步方案提交本级人民代表大会常务委员会进行初步审查。

第四十五条 县、自治县、不设区的市、市辖区、乡、民族乡、镇的人民代表大会举行会议审查预算草案前，应当采用多种形式，组织本级人民代表大会代表，听取选民和社会各界的意见。

第四十六条 报送各级人民代表大会审查和批准的预算草案应当细化。本级一般公共预算支出，按其功能分类应当编列到项；按其经济性质分类，基本支出应当编列到款。本级政府性基金预算、国有资本经营预算、社会保险基金预算支出，按其功能分类应当编列到项。

第四十七条 国务院在全国人民代表大会举行会议时，向大会作关于中央和地方预算草案以及中央和地方预算执行情况的报告。

地方各级政府在本级人民代表大会举行会议时，向大会作关于总预算草案和总预算执行情况的报告。

第四十八条 全国人民代表大会和地方各级人民代表大会对预算草案及其报告、预算执行情况的报告重点审查下列内容：

（一）上一年预算执行情况是否符合本级人民代表大会预算决议的要求；

（二）预算安排是否符合本法的规定；

（三）预算安排是否贯彻国民经济和社会发展的方针政策，收支政策是否切实可行；

（四）重点支出和重大投资项目的预算安排是否适当；

（五）预算的编制是否完整，是否符合本法第四十六条的规定；

（六）对下级政府的转移性支出预算是否规范、适当；

（七）预算安排举借的债务是否合法、合理，是否有偿还计划和稳定的偿还资金来源；

（八）与预算有关重要事项的说明是否清晰。

第四十九条 全国人民代表大会财政经济委员会向全国人民代表大会主席团提出关于中央和地方预算草案及中央和地方预算执行情况的审查结果报告。

省、自治区、直辖市、设区的市、自治州人民代表大会有关专门委员会，县、自治县、不设区的市、市辖区人民代表大会常务委员会，向本级人民代表大会主席团提出关于总预算草案及上一年总预算执行情况的审查结果报告。

审查结果报告应当包括下列内容：

（一）对上一年预算执行和落实本级人民代表大会预算决议的情况作出评价；

（二）对本年度预算草案是否符合本法的规定，是否可行作出评价；

（三）对本级人民代表大会批准预算草案和预算报告提出建议；

（四）对执行年度预算、改进预算管理、提高预算绩效、加强预算监督等提出意见和建议。

第五十条 乡、民族乡、镇政府应当及时将经本级人民代表大会批准的本级预算报上一级政府备案。县级以上地方各级政府应当及时将经本级人民代表大会批准的本级预算及下一级政府报送备案的预算汇总，报上一级政府备案。

县级以上地方各级政府将下一级政府依照前款规定报送备案的预算汇总后，报本级人民代表大会常务委员会备案。国务院将省、自治区、直辖市政府依照前款规定报送备案的预算汇总后，报全国人民代表大会常务委员会备案。

第五十一条 国务院和县级以上地方各级政府对下一级政府依照本法第五十条规定报送备案的预算，认为有同法律、行政法规相抵触或者有其他不适当之处，需要撤销批准预算的决议的，应当提请本级人民代表大会常务委员会审议决定。

第五十二条 各级预算经本级人民代表大会批准后，本级政府财政部门应当在二十日内向本级各部门批复预算。各部门应当在接到本级政府财政部门批复的本部门预算后十五日内向所属各单位批复预算。

中央对地方的一般性转移支付应当在全国人民代表大会批准预算后三十日内正式下达。中央对地方的专项转移支付应当在全国人民代表大会批准预算后九十日内正式下达。

省、自治区、直辖市政府接到中央一般性转移支付和专项转移支付后，应当在三十日内正式下达到本行政区域县级以上各级政府。

县级以上地方各级预算安排对下级政府的一般性转移支付和专项转移支付，应当分别在本级人民代表大会批准预算后的三十日和六十日内正式下达。

对自然灾害等突发事件处理的转移支付，应当及时下达预算；对据实结算等特殊项目的转移支付，可以分期下达预算，或者先预付后结算。

县级以上各级政府财政部门应当将批复本级各部门的预算和批复下级政府的转移支付预算，抄送本级人民代表大会财政经济委员会、有关专门委员会和常务委员会有关工作机构。

第六章 预算执行

第五十三条 各级预算由本级政府组织执行，具体工作由本级政府财政部门负责。

各部门、各单位是本部门、本单位的预算执行主体，负责本部门、本单位的预算执行，并对执行结果负责。

第五十四条 预算年度开始后，各级预算草案在本级人民代表大会批准前，可以安排下列支出：

（一）上一年度结转的支出；

（二）参照上一年同期的预算支出数额安排必须支付的本年度部门基本支出、项目支出，以及对下级政府的转移性支出；

（三）法律规定必须履行支付义务的支出，以及用于自然灾害等突发事件处理的支出。

根据前款规定安排支出的情况，应当在预算草案的报告中作出说明。

预算经本级人民代表大会批准后，按照批准的预算执行。

第五十五条 预算收入征收部门和单位，必须依照法律、行政法规的规定，及时、足额征收应征的预算收入。不得违反法律、行政法规规定，多征、提前征收或者减征、免征、缓征应征的预算收入，不得截留、占用或者挪用预算收入。

各级政府不得向预算收入征收部门和单位下达收入指标。

第五十六条 政府的全部收入应当上缴国家金库（以下简称国库），任何部门、单位和个人不得截留、占用、挪用或者拖欠。

对于法律有明确规定或者经国务院批准的特定专用资金，可以依照国务院的规定设立财政专户。

第五十七条 各级政府财政部门必须依照法律、行政法规和国务院财政部门的规定，及时、足额地拨付预算支出资金，加强对预算支出的管理和监督。

各级政府、各部门、各单位的支出必须按照预算执行，不得虚假列支。

各级政府、各部门、各单位应当对预算支出情况开展绩效评价。

第五十八条 各级预算的收入和支出实行收付实现制。

特定事项按照国务院的规定实行权责发生制的有关情况，应当向本级人民代表大会常务委员会报告。

第五十九条 县级以上各级预算必须设立国库；具备条件的乡、民族乡、镇也应当设立国库。

中央国库业务由中国人民银行经理，地方国库业务依照国务院的有关规定办理。

各级国库应当按照国家有关规定，及时准确地办理预算收入的收纳、划分、留解、退付和预算支出的拨付。

各级国库库款的支配权属于本级政府财政部门。除法律、行政法规另有规定外，未经本级政府财政部门同意，任何部门、单位和个人都无权冻结、动用国库库款或者以其他方式支配已入国库的库款。

各级政府应当加强对本级国库的管理和监督，按照国务院的规定完善国库现金管理，合理调节国库资金余额。

第六十条 已经缴入国库的资金，依照法律、行政法规的规定或者国务院的决定需要退付的，各级政府财政部门或者其授权的机构应当及时办理退付。按照规定应当由财政支出安排的事项，不得用退库处理。

第六十一条 国家实行国库集中收缴和集中支付制度，对政府全部收入和支出实行国库集中收付管理。

第六十二条 各级政府应当加强对预算执行的领导，支持政府财政、税务、海关等预算收入的征收部门依法组织预算收入，支持政府财政部门严格管理预算支出。

财政、税务、海关等部门在预算执行中，应当加强对预算执行的分析；发现问题时应当及时建议本级政府采取措施予以解决。

第六十三条　各部门、各单位应当加强对预算收入和支出的管理，不得截留或者动用应当上缴的预算收入，不得擅自改变预算支出的用途。

第六十四条　各级预算预备费的动用方案，由本级政府财政部门提出，报本级政府决定。

第六十五条　各级预算周转金由本级政府财政部门管理，不得挪作他用。

第六十六条　各级一般公共预算年度执行中有超收收入的，只能用于冲减赤字或者补充预算稳定调节基金。

各级一般公共预算的结余资金，应当补充预算稳定调节基金。

省、自治区、直辖市一般公共预算年度执行中出现短收，通过调入预算稳定调节基金、减少支出等方式仍不能实现收支平衡的，省、自治区、直辖市政府报本级人民代表大会或者其常务委员会批准，可以增列赤字，报国务院财政部门备案，并应当在下一年度预算中予以弥补。

第七章　预算调整

第六十七条　经全国人民代表大会批准的中央预算和经地方各级人民代表大会批准的地方各级预算，在执行中出现下列情况之一的，应当进行预算调整：

（一）需要增加或者减少预算总支出的；

（二）需要调入预算稳定调节基金的；

（三）需要调减预算安排的重点支出数额的；

（四）需要增加举借债务数额的。

第六十八条　在预算执行中，各级政府一般不制定新的增加财政收入或者支出的政策和措施，也不制定减少财政收入的政策和措施；必须作出并需要进行预算调整的，应当在预算调整方案中作出安排。

第六十九条　在预算执行中，各级政府对于必须进行的预算调整，应当编制预算调整方案。预算调整方案应当说明预算调整的理由、项目和数额。

在预算执行中，由于发生自然灾害等突发事件，必须及时增加预算支出的，应当先动支预备费；预备费不足支出的，各级政府可以先安排支出，属于预算调整的，列入预算调整方案。

国务院财政部门应当在全国人民代表大会常务委员会举行会议审查和批准预算调整方案的三十日前，将预算调整初步方案送交全国人民代表大会财政经济委员会进行初步审查。

省、自治区、直辖市政府财政部门应当在本级人民代表大会常务委员会举行会议审查和批准预算调整方案的三十日前，将预算调整初步方案送交本级人民代表大会有关专门委员会进行初步审查。

设区的市、自治州政府财政部门应当在本级人民代表大会常务委员会举行会议审查和批准预算调整方案的三十日前，将预算调整初步方案送交本级人民代表大会有关专门委员会进行初步审查，或者送交本级人民代表大会常务委员会有关工作机构征求意见。

县、自治县、不设区的市、市辖区政府财政部门应当在本级人民代表大会常务委员会举行会议审查和批准预算调整方案的三十日前，将预算调整初步方案送交本级人民代表大会常务委员会有关工作机构征求意见。

中央预算的调整方案应当提请全国人民代表大会常务委员会审查和批准。县级以上地方各级预算的调整方案应当提请本级人民代表大会常务委员会审查和批准；乡、民族乡、镇预算的调整方案应当提请本级人民代表大会审查和批准。未经批准，不得调整预算。

第七十条　经批准的预算调整方案，各级政府应当严格执行。未经本法第六十九条规定的程序，各级政府不得作出预算调整的决定。

对违反前款规定作出的决定，本级人民代表大会、本级人民代表大会常务委员会或者上级政府应当责令其改变或者撤销。

第七十一条　在预算执行中，地方各级政府因上级政府增加不需要本级政府提供配套资金的专项转移支付而引起的预算支出变化，不属于预算调整。

接受增加专项转移支付的县级以上地方各级政府应当向本级人民代表大会常务委员会报告有关情况；接受增加专项转移支付的乡、民族乡、镇政府应当向本级人民代表大会报告有关情况。

第七十二条　各部门、各单位的预算支出应当按照预算科目执行。严格控制不同预算科目、预算级次或者项目间的预算资金的调剂，确需调剂使用的，按照国务院财政部门的规定办理。

第七十三条　地方各级预算的调整方案经批准后，由本级政府报上一级政府备案。

第八章　决　算

第七十四条　决算草案由各级政府、各部门、各单位，在每一预算年度终了后按照国务院规定的时间编制。

编制决算草案的具体事项，由国务院财政部门部署。

第七十五条　编制决算草案，必须符合法律、行政法规，做到收支真实、数额准确、内容完整、报送及时。

决算草案应当与预算相对应，按预算数、调整预算数、决算数分别列出。一般公共预算支出应当按其功能分类编列到项，按其经济性质分类编列到款。

第七十六条 各部门对所属各单位的决算草案，应当审核并汇总编制本部门的决算草案，在规定的期限内报本级政府财政部门审核。

各级政府财政部门对本级各部门决算草案审核后发现有不符合法律、行政法规规定的，有权予以纠正。

第七十七条 国务院财政部门编制中央决算草案，经国务院审计部门审计后，报国务院审定，由国务院提请全国人民代表大会常务委员会审查和批准。

县级以上地方各级政府财政部门编制本级决算草案，经本级政府审计部门审计后，报本级政府审定，由本级政府提请本级人民代表大会常务委员会审查和批准。

乡、民族乡、镇政府编制本级决算草案，提请本级人民代表大会审查和批准。

第七十八条 国务院财政部门应当在全国人民代表大会常务委员会举行会议审查和批准中央决算草案的三十日前，将上一年度中央决算草案提交全国人民代表大会财政经济委员会进行初步审查。

省、自治区、直辖市政府财政部门应当在本级人民代表大会常务委员会举行会议审查和批准本级决算草案的三十日前，将上一年度本级决算草案提交本级人民代表大会有关专门委员会进行初步审查。

设区的市、自治州政府财政部门应当在本级人民代表大会常务委员会举行会议审查和批准本级决算草案的三十日前，将上一年度本级决算草案提交本级人民代表大会有关专门委员会进行初步审查，或者送交本级人民代表大会常务委员会有关工作机构征求意见。

县、自治县、不设区的市、市辖区政府财政部门应当在本级人民代表大会常务委员会举行会议审查和批准本级决算草案的三十日前，将上一年度本级决算草案送交本级人民代表大会常务委员会有关工作机构征求意见。

全国人民代表大会财政经济委员会和省、自治区、直辖市、设区的市、自治州人民代表大会有关专门委员会，向本级人民代表大会常务委员会提出关于本级决算草案的审查结果报告。

第七十九条 县级以上各级人民代表大会常务委员会和乡、民族乡、镇人民代表大会对本级决算草案，重点审查下列内容：

（一）预算收入情况；

（二）支出政策实施情况和重点支出、重大投资项目资金的使用及绩效情况；

（三）结转资金的使用情况；

（四）资金结余情况；

（五）本级预算调整及执行情况；

（六）财政转移支付安排执行情况；

（七）经批准举借债务的规模、结构、使用、偿还等情况；

（八）本级预算周转金规模和使用情况；

（九）本级预备费使用情况；

（十）超收收入安排情况，预算稳定调节基金的规模和使用情况；

（十一）本级人民代表大会批准的预算决议落实情况；

（十二）其他与决算有关的重要情况。

县级以上各级人民代表大会常务委员会应当结合本级政府提出的上一年度预算执行和其他财政收支的审计工作报告，对本级决算草案进行审查。

第八十条 各级决算经批准后，财政部门应当在二十日内向本级各部门批复决算。各部门应当在接到本级政府财政部门批复的本部门决算后十五日内向所属单位批复决算。

第八十一条 地方各级政府应当将经批准的决算及下一级政府上报备案的决算汇总，报上一级政府备案。

县级以上各级政府应当将下一级政府报送备案的决算汇总后，报本级人民代表大会常务委员会备案。

第八十二条 国务院和县级以上地方各级政府对下一级政府依照本法第八十一条规定报送备案的决算，认为有同法律、行政法规相抵触或者有其他不适当之处，需要撤销批准该项决算的决议的，应当提请本级人民代表大会常务委员会审议决定；经审议决定撤销的，该下级人民代表大会常务委员会应当责成本级政府依照本法规定重新编制决算草案，提请本级人民代表大会常务委员会审查和批准。

第九章 监 督

第八十三条 全国人民代表大会及其常务委员会对中央和地方预算、决算进行监督。

县级以上地方各级人民代表大会及其常务委员会对本级和下级预算、决算进行监督。

乡、民族乡、镇人民代表大会对本级预算、决算进行监督。

第八十四条 各级人民代表大会和县级以上各级人民代表大会常务委员会有权就预算、决算中的重大事项或者特定问题组织调查，有关的政府、部门、单位和个人应当如实反映情况和提供必要的材料。

第八十五条　各级人民代表大会和县级以上各级人民代表大会常务委员会举行会议时，人民代表大会代表或者常务委员会组成人员，依照法律规定程序就预算、决算中的有关问题提出询问或者质询，受询问或者受质询的有关的政府或者财政部门必须及时给予答复。

第八十六条　国务院和县级以上地方各级政府应当在每年六月至九月期间向本级人民代表大会常务委员会报告预算执行情况。

第八十七条　各级政府监督下级政府的预算执行；下级政府应当定期向上一级政府报告预算执行情况。

第八十八条　各级政府财政部门负责监督本级各部门及其所属各单位预算管理有关工作，并向本级政府和上一级政府财政部门报告预算执行情况。

第八十九条　县级以上政府审计部门依法对预算执行、决算实行审计监督。

对预算执行和其他财政收支的审计工作报告应当向社会公开。

第九十条　政府各部门负责监督检查所属各单位的预算执行，及时向本级政府财政部门反映本部门预算执行情况，依法纠正违反预算的行为。

第九十一条　公民、法人或者其他组织发现有违反本法的行为，可以依法向有关国家机关进行检举、控告。

接受检举、控告的国家机关应当依法进行处理，并为检举人、控告人保密。任何单位或者个人不得压制和打击报复检举人、控告人。

第十章　法律责任

第九十二条　各级政府及有关部门有下列行为之一的，责令改正，对负有直接责任的主管人员和其他直接责任人员追究行政责任：

（一）未依照本法规定，编制、报送预算草案、预算调整方案、决算草案和部门预算、决算以及批复预算、决算的；

（二）违反本法规定，进行预算调整的；

（三）未依照本法规定对有关预算事项进行公开和说明的；

（四）违反规定设立政府性基金项目和其他财政收入项目的；

（五）违反法律、法规规定使用预算预备费、预算周转金、预算稳定调节基金、超收收入的；

（六）违反本法规定开设财政专户的。

第九十三条　各级政府及有关部门、单位有下列行为之一的，责令改正，对负有直接责任的主管人员和其他直接责任人员依法给予降级、撤职、开除的处分：

（一）未将所有政府收入和支出列入预算或者虚列收入和支出的；

（二）违反法律、行政法规的规定，多征、提前征收或者减征、免征、缓征应征预算收入的；

（三）截留、占用、挪用或者拖欠应当上缴国库的预算收入的；

（四）违反本法规定，改变预算支出用途的；

（五）擅自改变上级政府专项转移支付资金用途的；

（六）违反本法规定拨付预算支出资金，办理预算收入收纳、划分、留解、退付，或者违反本法规定冻结、动用国库库款或者以其他方式支配已入国库库款的。

第九十四条　各级政府、各部门、各单位违反本法规定举借债务或者为他人债务提供担保，或者挪用重点支出资金，或者在预算之外及超预算标准建设楼堂馆所的，责令改正，对负有直接责任的主管人员和其他直接责任人员给予撤职、开除的处分。

第九十五条　各级政府有关部门、单位及其工作人员有下列行为之一的，责令改正，追回骗取、使用的资金，有违法所得的没收违法所得，对单位给予警告或者通报批评；对负有直接责任的主管人员和其他直接责任人员依法给予处分：

（一）违反法律、法规的规定，改变预算收入上缴方式的；

（二）以虚报、冒领等手段骗取预算资金的；

（三）违反规定扩大开支范围、提高开支标准的；

（四）其他违反财政管理规定的行为。

第九十六条　本法第九十二条、第九十三条、第九十四条、第九十五条所列违法行为，其他法律对其处理、处罚另有规定的，依照其规定。

违反本法规定，构成犯罪的，依法追究刑事责任。

第十一章　附　则

第九十七条　各级政府财政部门应当按年度编制以权责发生制为基础的政府综合财务报告，报告政府整体财务状况、运行情况和财政中长期可持续性，报本级人民代表大会常务委员会备案。

第九十八条　国务院根据本法制定实施条例。

第九十九条　民族自治地方的预算管理，依照民族区域自治法的有关规定执行；民族区域自治法没有规定的，依照本法和国务院的有关规定执行。

第一百条 省、自治区、直辖市人民代表大会或者其常务委员会根据本法,可以制定有关预算审查监督的决定或者地方性法规。

第一百零一条 本法自1995年1月1日起施行。1991年10月21日国务院发布的《国家预算管理条例》同时废止。

中华人民共和国预算法实施条例

· 1995年11月22日中华人民共和国国务院令第186号发布
· 根据2020年8月3日中华人民共和国国务院令第729号修订

第一章 总 则

第一条 根据《中华人民共和国预算法》(以下简称预算法),制定本条例。

第二条 县级以上地方政府的派出机关根据本级政府授权进行预算管理活动,不作为一级预算,其收支纳入本级预算。

第三条 社会保险基金预算应当在精算平衡的基础上实现可持续运行,一般公共预算可以根据需要和财力适当安排资金补充社会保险基金预算。

第四条 预算法第六条第二款所称各部门,是指与本级政府财政部门直接发生预算缴拨款关系的国家机关、军队、政党组织、事业单位、社会团体和其他单位。

第五条 各部门预算应当反映一般公共预算、政府性基金预算、国有资本经营预算安排给本部门及其所属各单位的所有预算资金。

各部门预算收入包括本级财政安排给本部门及其所属各单位的预算拨款收入和其他收入。各部门预算支出为与部门预算收入相对应的支出,包括基本支出和项目支出。

本条第二款所称基本支出,是指各部门、各单位为保障其机构正常运转、完成日常工作任务所发生的支出,包括人员经费和公用经费;所称项目支出,是指各部门、各单位为完成其特定的工作任务和事业发展目标所发生的支出。

各部门及其所属各单位的本级预算拨款收入和其相对应的支出,应当在部门预算中单独反映。

部门预算编制、执行的具体办法,由本级政府财政部门依法作出规定。

第六条 一般性转移支付向社会公开应当细化到地区。专项转移支付向社会公开应当细化到地区和项目。

政府债务、机关运行经费、政府采购、财政专户资金等情况,按照有关规定向社会公开。

部门预算、决算应当公开基本支出和项目支出。部门预算、决算支出按其功能分类应当公开到项;按其经济性质分类,基本支出应当公开到款。

各部门所属单位的预算、决算及报表,应当在部门批复后20日内由单位向社会公开。单位预算、决算应当公开基本支出和项目支出。单位预算、决算支出按其功能分类应当公开到项;按其经济性质分类,基本支出应当公开到款。

第七条 预算法第十五条所称中央和地方分税制,是指在划分中央与地方事权的基础上,确定中央与地方财政支出范围,并按税种划分中央与地方预算收入的财政管理体制。

分税制财政管理体制的具体内容和实施办法,按照国务院的有关规定执行。

第八条 县级以上地方各级政府应当根据中央和地方分税制的原则和上级政府的有关规定,确定本级政府对下级政府的财政管理体制。

第九条 预算法第十六条第二款所称一般性转移支付,包括:

(一)均衡性转移支付;

(二)对革命老区、民族地区、边疆地区、贫困地区的财力补助;

(三)其他一般性转移支付。

第十条 预算法第十六条第三款所称专项转移支付,是指上级政府为了实现特定的经济和社会发展目标给予下级政府,并由下级政府按照上级政府规定的用途安排使用的预算资金。

县级以上各级政府财政部门应当会同有关部门建立健全专项转移支付定期评估和退出机制。对评估后的专项转移支付,按照下列情形分别予以处理:

(一)符合法律、行政法规和国务院规定,有必要继续执行的,可以继续执行;

(二)设立的有关要求变更,或者实际绩效与目标差距较大、管理不够完善的,应当予以调整;

(三)设立依据失效或者废止的,应当予以取消。

第十一条 预算收入和预算支出以人民币元为计算单位。预算收支以人民币以外的货币收纳和支付的,应当折合成人民币计算。

第二章 预算收支范围

第十二条 预算法第二十七条第一款所称行政事业

性收费收入，是指国家机关、事业单位等依照法律法规规定，按照国务院规定的程序批准，在实施社会公共管理以及在向公民、法人和其他组织提供特定公共服务过程中，按照规定标准向特定对象收取费用形成的收入。

预算法第二十七条第一款所称国有资源(资产)有偿使用收入，是指矿藏、水流、海域、无居民海岛以及法律规定属于国家所有的森林、草原等国有资源有偿使用收入，按照规定纳入一般公共预算管理的国有资产收入等。

预算法第二十七条第一款所称转移性收入，是指上级税收返还和转移支付、下级上解收入、调入资金以及按照财政部规定列入转移性收入的无隶属关系政府的无偿援助。

第十三条 转移性支出包括上解上级支出、对下级的税收返还和转移支付、调出资金以及按照财政部规定列入转移性支出的给予无隶属关系政府的无偿援助。

第十四条 政府性基金预算收入包括政府性基金各项目收入和转移性收入。

政府性基金预算支出包括与政府性基金预算收入相对应的各项目支出和转移性支出。

第十五条 国有资本经营预算收入包括依照法律、行政法规和国务院规定应当纳入国有资本经营预算的国有独资企业和国有独资公司按照规定上缴国家的利润收入、从国有资本控股和参股公司获得的股息红利收入、国有产权转让收入、清算收入和其他收入。

国有资本经营预算支出包括资本性支出、费用性支出、向一般公共预算调出资金等转移性支出和其他支出。

第十六条 社会保险基金预算收入包括各项社会保险费收入、利息收入、投资收益、一般公共预算补助收入、集体补助收入、转移收入、上级补助收入、下级上解收入和其他收入。

社会保险基金预算支出包括各项社会保险待遇支出、转移支出、补助下级支出、上解上级支出和其他支出。

第十七条 地方各级预算上下级之间有关收入和支出项目的划分以及上解、返还或者转移支付的具体办法，由上级地方政府规定，报本级人民代表大会常务委员会备案。

第十八条 地方各级社会保险基金预算上下级之间有关收入和支出项目的划分以及上解、补助的具体办法，按照统筹层次由上级地方政府规定，报本级人民代表大会常务委员会备案。

第三章 预算编制

第十九条 预算法第三十一条所称预算草案，是指各级政府、各部门、各单位编制的未经法定程序审查和批准的预算。

第二十条 预算法第三十二条第一款所称绩效评价，是指根据设定的绩效目标，依据规范的程序，对预算资金的投入、使用过程、产出与效果进行系统和客观的评价。

绩效评价结果应当按照规定作为改进管理和编制以后年度预算的依据。

第二十一条 预算法第三十二条第三款所称预算支出标准，是指对预算事项合理分类并分别规定的支出预算编制标准，包括基本支出标准和项目支出标准。

地方各级政府财政部门应当根据财政部制定的预算支出标准，结合本地区经济社会发展水平、财力状况等，制定本地区或者本级的预算支出标准。

第二十二条 财政部于每年 6 月 15 日前部署编制下一年度预算草案的具体事项，规定报表格式、编报方法、报送期限等。

第二十三条 中央各部门应当按照国务院的要求和财政部的部署，结合本部门的具体情况，组织编制本部门及其所属各单位的预算草案。

中央各部门负责本部门所属各单位预算草案的审核，并汇总编制本部门的预算草案，按照规定报财政部审核。

第二十四条 财政部审核中央各部门的预算草案，具体编制中央预算草案；汇总地方预算草案或者地方预算，汇编中央和地方预算草案。

第二十五条 省、自治区、直辖市政府按照国务院的要求和财政部的部署，结合本地区的具体情况，提出本行政区域编制预算草案的要求。

县级以上地方各级政府财政部门应当于每年 6 月 30 日前部署本行政区域编制下一年度预算草案的具体事项，规定有关报表格式、编报方法、报送期限等。

第二十六条 县级以上地方各级政府各部门应当根据本级政府的要求和本级政府财政部门的部署，结合本部门的具体情况，组织编制本部门及其所属各单位的预算草案，按照规定报本级政府财政部门审核。

第二十七条 县级以上地方各级政府财政部门审核本级各部门的预算草案，具体编制本级预算草案，汇编本级总预算草案，经本级政府审定后，按照规定期限报上一级政府财政部门。

省、自治区、直辖市政府财政部门汇总的本级总预算草案或者本级总预算，应当于下一年度 1 月 10 日前报财政部。

第二十八条 县级以上各级政府财政部门审核本级各部门的预算草案时,发现不符合编制预算要求的,应当予以纠正;汇编本级总预算草案时,发现下级预算草案不符合上级政府或者本级政府编制预算要求的,应当及时向本级政府报告,由本级政府予以纠正。

第二十九条 各级政府财政部门编制收入预算草案时,应当征求税务、海关等预算收入征收部门和单位的意见。

预算收入征收部门和单位应当按照财政部门的要求提供下一年度预算收入征收预测情况。

第三十条 财政部门会同社会保险行政部门部署编制下一年度社会保险基金预算草案的具体事项。

社会保险经办机构具体编制下一年度社会保险基金预算草案,报本级社会保险行政部门审核汇总。社会保险基金收入预算草案由社会保险经办机构会同社会保险费征收机构具体编制。财政部门负责审核并汇总编制社会保险基金预算草案。

第三十一条 各级政府财政部门应当依照预算法和本条例规定,制定本级预算草案编制规程。

第三十二条 各部门、各单位在编制预算草案时,应当根据资产配置标准,结合存量资产情况编制相关支出预算。

第三十三条 中央一般公共预算收入编制内容包括本级一般公共预算收入、从国有资本经营预算调入资金、地方上解收入、从预算稳定调节基金调入资金、其他调入资金。

中央一般公共预算支出编制内容包括本级一般公共预算支出、对地方的税收返还和转移支付、补充预算稳定调节基金。

中央政府债务余额的限额应当在本级预算中单独列示。

第三十四条 地方各级一般公共预算收入编制内容包括本级一般公共预算收入、从国有资本经营预算调入资金、上级税收返还和转移支付、下级上解收入、从预算稳定调节基金调入资金、其他调入资金。

地方各级一般公共预算支出编制内容包括本级一般公共预算支出、上解上级支出、对下级的税收返还和转移支付、补充预算稳定调节基金。

第三十五条 中央政府性基金预算收入编制内容包括本级政府性基金各项目收入、上一年度结余、地方上解收入。

中央政府性基金预算支出编制内容包括本级政府性基金各项目支出、对地方的转移支付、调出资金。

第三十六条 地方政府性基金预算收入编制内容包括本级政府性基金各项目收入、上一年度结余、下级上解收入、上级转移支付。

地方政府性基金预算支出编制内容包括本级政府性基金各项目支出、上解上级支出、对下级的转移支付、调出资金。

第三十七条 中央国有资本经营预算收入编制内容包括本级收入、上一年度结余、地方上解收入。

中央国有资本经营预算支出编制内容包括本级支出、向一般公共预算调出资金、对地方特定事项的转移支付。

第三十八条 地方国有资本经营预算收入编制内容包括本级收入、上一年度结余、上级对特定事项的转移支付、下级上解收入。

地方国有资本经营预算支出编制内容包括本级支出、向一般公共预算调出资金、对下级特定事项的转移支付、上解上级支出。

第三十九条 中央和地方社会保险基金预算收入、支出编制内容包括本条例第十六条规定的各项收入和支出。

第四十条 各部门、各单位预算收入编制内容包括本级预算拨款收入、预算拨款结转和其他收入。

各部门、各单位预算支出编制内容包括基本支出和项目支出。

各部门、各单位的预算支出,按其功能分类应当编列到项,按其经济性质分类应当编列到款。

第四十一条 各级政府应当加强项目支出管理。各级政府财政部门应当建立和完善项目支出预算评审制度。各部门、各单位应当按照本级政府财政部门的规定开展预算评审。

项目支出实行项目库管理,并建立健全项目入库评审机制和项目滚动管理机制。

第四十二条 预算法第三十四条第二款所称余额管理,是指国务院在全国人民代表大会批准的中央一般公共预算债务的余额限额内,决定发债规模、品种、期限和时点的管理方式;所称余额,是指中央一般公共预算中举借债务未偿还的本金。

第四十三条 地方政府债务余额实行限额管理。各省、自治区、直辖市的政府债务限额,由财政部在全国人民代表大会或者其常务委员会批准的总限额内,根据各地区债务风险、财力状况等因素,并考虑国家宏观调控政策等需要,提出方案报国务院批准。

各省、自治区、直辖市的政府债务余额不得突破国务院批准的限额。

第四十四条　预算法第三十五条第二款所称举借债务的规模,是指各地方政府债务余额限额的总和,包括一般债务限额和专项债务限额。一般债务是指列入一般公共预算用于公益性事业发展的一般债券、地方政府负有偿还责任的外国政府和国际经济组织贷款转贷债务;专项债务是指列入政府性基金预算用于有收益的公益性事业发展的专项债券。

第四十五条　省、自治区、直辖市政府财政部门依照国务院下达的本地区地方政府债务限额,提出本级和转贷给下级政府的债务限额安排方案,报本级政府批准后,将增加举借的债务列入本级预算调整方案,报本级人民代表大会常务委员会批准。

接受转贷并向下级政府转贷的政府应当将转贷债务纳入本级预算管理。使用转贷并负有直接偿还责任的政府,应当将转贷债务列入本级预算调整方案,报本级人民代表大会常务委员会批准。

地方各级政府财政部门负责统一管理本地区政府债务。

第四十六条　国务院可以将举借的外国政府和国际经济组织贷款转贷给省、自治区、直辖市政府。

国务院向省、自治区、直辖市政府转贷的外国政府和国际经济组织贷款,省、自治区、直辖市政府负有直接偿还责任的,应当纳入本级预算管理。省、自治区、直辖市政府未能按时履行还款义务的,国务院可以相应抵扣对该地区的税收返还等资金。

省、自治区、直辖市政府可以将国务院转贷的外国政府和国际经济组织贷款再转贷给下级政府。

第四十七条　财政部和省、自治区、直辖市政府财政部门应当建立健全地方政府债务风险评估指标体系,组织评估地方政府债务风险状况,对债务高风险地区提出预警,并监督化解债务风险。

第四十八条　县级以上各级政府应当按照本年度转移支付预计执行数的一定比例将下一年度转移支付预计数提前下达至下一级政府,具体下达事宜由本级政府财政部门办理。

除据实结算等特殊项目的转移支付外,提前下达的一般性转移支付预计数的比例一般不低于90%;提前下达的专项转移支付预计数的比例一般不低于70%。其中,按照项目法管理分配的专项转移支付,应当一并明确下一年度组织实施的项目。

第四十九条　经本级政府批准,各级政府财政部门可以设置预算周转金,额度不得超过本级一般公共预算支出总额的1%。年度终了时,各级政府财政部门可以将预算周转金收回并用于补充预算稳定调节基金。

第五十条　预算法第四十二条第一款所称结转资金,是指预算安排项目的支出年度终了时尚未执行完毕,或者因故未执行但下一年度需要按原用途继续使用的资金;连续两年未用完的结转资金,是指预算安排项目的支出在下一年度终了时仍未用完的资金。

预算法第四十二条第一款所称结余资金,是指年度预算执行终了时,预算收入实际完成数扣除预算支出实际完成数和结转资金后剩余的资金。

第四章　预算执行

第五十一条　预算执行中,政府财政部门的主要职责:

(一)研究和落实财政税收政策措施,支持经济社会健康发展;

(二)制定组织预算收入、管理预算支出以及相关财务、会计、内部控制、监督等制度和办法;

(三)督促各预算收入征收部门和单位依法履行职责,征缴预算收入;

(四)根据年度支出预算和用款计划,合理调度、拨付预算资金,监督各部门、各单位预算资金使用管理情况;

(五)统一管理政府债务的举借、支出与偿还,监督债务资金使用情况;

(六)指导和监督各部门、各单位建立健全财务制度和会计核算体系,规范账户管理,健全内部控制机制,按照规定使用预算资金;

(七)汇总、编报分期的预算执行数据,分析预算执行情况,按照本级人民代表大会常务委员会、本级政府和上一级政府财政部门的要求定期报告预算执行情况,并提出相关政策建议;

(八)组织和指导预算资金绩效监控、绩效评价;

(九)协调预算收入征收部门和单位、国库以及其他有关部门的业务工作。

第五十二条　预算法第五十六条第二款所称财政专户,是指财政部门为履行财政管理职能,根据法律规定或者经国务院批准开设的用于管理核算特定专用资金的银行结算账户;所称特定专用资金,包括法律规定可以设立财政专户的资金,外国政府和国际经济组织的贷款、赠款，按照规定存储的人民币以外的货币，财政部会同有关部门报国务院批准的其他特定专用资金。

开设、变更财政专户应当经财政部核准，撤销财政专户应当报财政部备案，中国人民银行应当加强对银行业金融机构开户的核准、管理和监督工作。

财政专户资金由本级政府财政部门管理。除法律另有规定外，未经本级政府财政部门同意，任何部门、单位和个人都无权冻结、动用财政专户资金。

财政专户资金应当由本级政府财政部门纳入统一的会计核算，并在预算执行情况、决算和政府综合财务报告中单独反映。

第五十三条 预算执行中，各部门、各单位的主要职责：

（一）制定本部门、本单位预算执行制度，建立健全内部控制机制；

（二）依法组织收入，严格支出管理，实施绩效监控，开展绩效评价，提高资金使用效益；

（三）对单位的各项经济业务进行会计核算；

（四）汇总本部门、本单位的预算执行情况，定期向本级政府财政部门报送预算执行情况报告和绩效评价报告。

第五十四条 财政部门会同社会保险行政部门、社会保险费征收机构制定社会保险基金预算的收入、支出以及财务管理的具体办法。

社会保险基金预算由社会保险费征收机构和社会保险经办机构具体执行，并按照规定向本级政府财政部门和社会保险行政部门报告执行情况。

第五十五条 各级政府财政部门和税务、海关等预算收入征收部门和单位必须依法组织预算收入，按照财政管理体制、征收管理制度和国库集中收缴制度的规定征收预算收入，除依法缴入财政专户的社会保险基金等预算收入外，应当及时将预算收入缴入国库。

第五十六条 除依法缴入财政专户的社会保险基金等预算收入外，一切有预算收入上缴义务的部门和单位，必须将应当上缴的预算收入，按照规定的预算级次、政府收支分类科目、缴库方式和期限缴入国库，任何部门、单位和个人不得截留、占用、挪用或者拖欠。

第五十七条 各级政府财政部门应当加强对预算资金拨付的管理，并遵循下列原则：

（一）按照预算拨付，即按照批准的年度预算和用款计划拨付资金。除预算法第五十四条规定的在预算草案批准前可以安排支出的情形外，不得办理无预算、无用款计划、超预算或者超计划的资金拨付，不得擅自改变支出用途；

（二）按照规定的预算级次和程序拨付，即根据用款单位的申请，按照用款单位的预算级次、审定的用款计划和财政部门规定的预算资金拨付程序拨付资金；

（三）按照进度拨付，即根据用款单位的实际用款进度拨付资金。

第五十八条 财政部应当根据全国人民代表大会批准的中央政府债务余额限额，合理安排发行国债的品种、结构、期限和时点。

省、自治区、直辖市政府财政部门应当根据国务院批准的本地区政府债务限额，合理安排发行本地区政府债券的结构、期限和时点。

第五十九条 转移支付预算下达和资金拨付应当由财政部门办理，其他部门和单位不得对下级政府部门和单位下达转移支付预算或者拨付转移支付资金。

第六十条 各级政府、各部门、各单位应当加强对预算支出的管理，严格执行预算，遵守财政制度，强化预算约束，不得擅自扩大支出范围、提高开支标准；严格按照预算规定的支出用途使用资金，合理安排支出进度。

第六十一条 财政部负责制定与预算执行有关的财务规则、会计准则和会计制度。各部门、各单位应当按照本级政府财政部门的要求建立健全财务制度，加强会计核算。

第六十二条 国库是办理预算收入的收纳、划分、留解、退付和库款支拨的专门机构。国库分为中央国库和地方国库。

中央国库业务由中国人民银行经理。未设中国人民银行分支机构的地区，由中国人民银行商财政部后，委托有关银行业金融机构办理。

地方国库业务由中国人民银行分支机构经理。未设中国人民银行分支机构的地区，由上级中国人民银行分支机构商有关地方政府财政部门后，委托有关银行业金融机构办理。

具备条件的乡、民族乡、镇，应当设立国库。具体条件和标准由省、自治区、直辖市政府财政部门确定。

第六十三条 中央国库业务应当接受财政部的指导和监督，对中央财政负责。

地方国库业务应当接受本级政府财政部门的指导和监督，对地方财政负责。

省、自治区、直辖市制定的地方国库业务规程应当报财政部和中国人民银行备案。

第六十四条 各级国库应当及时向本级政府财政部门编报预算收入入库、解库、库款拨付以及库款余额情况的日报、旬报、月报和年报。

第六十五条 各级国库应当依照有关法律、行政法规、国务院以及财政部、中国人民银行的有关规定,加强对国库业务的管理,及时准确地办理预算收入的收纳、划分、留解、退付和预算支出的拨付。

各级国库和有关银行业金融机构必须遵守国家有关预算收入缴库的规定,不得延解、占压应当缴入国库的预算收入和国库库款。

第六十六条 各级国库必须凭本级政府财政部门签发的拨款凭证或者支付清算指令于当日办理资金拨付,并及时将款项转入收款单位的账户或者清算资金。

各级国库和有关银行业金融机构不得占压财政部门拨付的预算资金。

第六十七条 各级政府财政部门、预算收入征收部门和单位、国库应当建立健全相互之间的预算收入对账制度,在预算执行中按月、按年核对预算收入的收纳以及库款拨付情况,保证预算收入的征收入库、库款拨付和库存金额准确无误。

第六十八条 中央预算收入、中央和地方预算共享收入退库的办法,由财政部制定。地方预算收入退库的办法,由省、自治区、直辖市政府财政部门制定。

各级预算收入退库的审批权属于本级政府财政部门。中央预算收入、中央和地方预算共享收入的退库,由财政部或者财政部授权的机构批准。地方预算收入的退库,由地方政府财政部门或者其授权的机构批准。具体退库程序按照财政部的有关规定办理。

办理预算收入退库,应当直接退给申请单位或者申请个人,按照国家规定用途使用。任何部门、单位和个人不得截留、挪用退库款项。

第六十九条 各级政府应当加强对本级国库的管理和监督,各级政府财政部门负责协调本级预算收入征收部门和单位与国库的业务工作。

第七十条 国务院各部门制定的规章、文件,凡涉及减免应缴预算收入、设立和改变收入项目和标准、罚没财物处理、经费开支标准和范围、国有资产处置和收益分配以及会计核算等事项的,应当符合国家统一的规定;凡涉及增加或者减少财政收入或者支出的,应当征求财政部意见。

第七十一条 地方政府依据法定权限制定的规章和规定的行政措施,不得涉及减免中央预算收入、中央和地方预算共享收入,不得影响中央预算收入、中央和地方预算共享收入的征收;违反规定的,有关预算收入征收部门和单位有权拒绝执行,并应当向上级预算收入征收部门和单位以及财政部报告。

第七十二条 各级政府应当加强对预算执行工作的领导,定期听取财政部门有关预算执行情况的汇报,研究解决预算执行中出现的问题。

第七十三条 各级政府财政部门有权监督本级各部门及其所属各单位的预算管理有关工作,对各部门的预算执行情况和绩效进行评价、考核。

各级政府财政部门有权对与本级各预算收入相关的征收部门和单位征收本级预算收入的情况进行监督,对违反法律、行政法规规定多征、提前征收、减征、免征、缓征或者退还预算收入的,责令改正。

第七十四条 各级政府财政部门应当每月向本级政府报告预算执行情况,具体报告内容、方式和期限由本级政府规定。

第七十五条 地方各级政府财政部门应当定期向上一级政府财政部门报送本行政区域预算执行情况,包括预算执行旬报、月报、季报,政府债务余额统计报告,国库库款报告以及相关文字说明材料。具体报送内容、方式和期限由上一级政府财政部门规定。

第七十六条 各级税务、海关等预算收入征收部门和单位应当按照财政部门规定的期限和要求,向财政部门和上级主管部门报送有关预算收入征收情况,并附文字说明材料。

各级税务、海关等预算收入征收部门和单位应当与相关财政部门建立收入征管信息共享机制。

第七十七条 各部门应当按照本级政府财政部门规定的期限和要求,向本级政府财政部门报送本部门及其所属各单位的预算收支情况等报表和文字说明材料。

第七十八条 预算法第六十六条第一款所称超收收入,是指年度本级一般公共预算收入的实际完成数超过经本级人民代表大会或者其常务委员会批准的预算收入数的部分。

预算法第六十六条第三款所称短收,是指年度本级一般公共预算收入的实际完成数小于经本级人民代表大会或者其常务委员会批准的预算收入数的情形。

前两款所称实际完成数和预算收入数,不包括转移性收入和政府债务收入。

省、自治区、直辖市政府依照预算法第六十六条第三款规定增列的赤字,可以通过在国务院下达的本地区政府债务限额内发行地方政府一般债券予以平衡。

设区的市、自治州以下各级一般公共预算年度执行中出现短收的，应当通过调入预算稳定调节基金或者其他预算资金、减少支出等方式实现收支平衡；采取上述措施仍不能实现收支平衡的，可以通过申请上级政府临时救助平衡当年预算，并在下一年度预算中安排资金归还。

各级一般公共预算年度执行中厉行节约、节约开支，造成本级预算支出实际执行数小于预算总支出的，不属于预算调整的情形。

各级政府性基金预算年度执行中有超收收入的，应当在下一年度安排使用并优先用于偿还相应的专项债务；出现短收的，应当通过减少支出实现收支平衡。国务院另有规定的除外。

各级国有资本经营预算年度执行中有超收收入的，应当在下一年度安排使用；出现短收的，应当通过减少支出实现收支平衡。国务院另有规定的除外。

第七十九条　年度预算确定后，部门、单位改变隶属关系引起预算级次或者预算关系变化的，应当在改变财务关系的同时，相应办理预算、资产划转。

第五章　决　算

第八十条　预算法第七十四条所称决算草案，是指各级政府、各部门、各单位编制的未经法定程序审查和批准的预算收支和结余的年度执行结果。

第八十一条　财政部应当在每年第四季度部署编制决算草案的原则、要求、方法和报送期限，制发中央各部门决算、地方决算以及其他有关决算的报表格式。

省、自治区、直辖市政府按照国务院的要求和财政部的部署，结合本地区的具体情况，提出本行政区域编制决算草案的要求。

县级以上地方政府财政部门根据财政部的部署和省、自治区、直辖市政府的要求，部署编制本级政府各部门和下级政府决算草案的原则、要求、方法和报送期限，制发本级政府各部门决算、下级政府决算以及其他有关决算的报表格式。

第八十二条　地方政府财政部门根据上级政府财政部门的部署，制定本行政区域决算草案和本级各部门决算草案的具体编制办法。

各部门根据本级政府财政部门的部署，制定所属各单位决算草案的具体编制办法。

第八十三条　各级政府财政部门、各部门、各单位在每一预算年度终了时，应当清理核实全年预算收入、支出数据和往来款项，做好决算数据对账工作。

决算各项数据应当以经核实的各级政府、各部门、各单位会计数据为准，不得以估计数据替代，不得弄虚作假。

各部门、各单位决算应当列示结转、结余资金。

第八十四条　各单位应当按照主管部门的布置，认真编制本单位决算草案，在规定期限内上报。

各部门在审核汇总所属各单位决算草案基础上，连同本部门自身的决算收入和支出数据，汇编成本部门决算草案并附详细说明，经部门负责人签章后，在规定期限内报本级政府财政部门审核。

第八十五条　各级预算收入征收部门和单位应当按照财政部门的要求，及时编制收入年报以及有关资料并报送财政部门。

第八十六条　各级政府财政部门应当根据本级预算、预算会计核算数据等相关资料编制本级决算草案。

第八十七条　年度预算执行终了，对于上下级财政之间按照规定需要清算的事项，应当在决算时办理结算。

县级以上各级政府财政部门编制的决算草案应当及时报送本级政府审计部门审计。

第八十八条　县级以上地方各级政府应当自本级决算经批准之日起30日内，将本级决算以及下一级政府上报备案的决算汇总，报上一级政府备案；将下一级政府报送备案的决算汇总，报本级人民代表大会常务委员会备案。

乡、民族乡、镇政府应当自本级决算经批准之日起30日内，将本级决算报上一级政府备案。

第六章　监　督

第八十九条　县级以上各级政府应当接受本级和上级人民代表大会及其常务委员会对预算执行情况和决算的监督，乡、民族乡、镇政府应当接受本级人民代表大会和上级人民代表大会及其常务委员会对预算执行情况和决算的监督；按照本级人民代表大会或者其常务委员会的要求，报告预算执行情况；认真研究处理本级人民代表大会代表或者其常务委员会组成人员有关改进预算管理的建议、批评和意见，并及时答复。

第九十条　各级政府应当加强对下级政府预算执行情况的监督，对下级政府在预算执行中违反预算法、本条例和国家方针政策的行为，依法予以制止和纠正；对本级预算执行中出现的问题，及时采取处理措施。

下级政府应当接受上级政府对预算执行情况的监督；根据上级政府的要求，及时提供资料，如实反映情况，不得隐瞒、虚报；严格执行上级政府作出的有关决定，并将执行结果及时上报。

第九十一条　各部门及其所属各单位应当接受本级政府财政部门对预算管理有关工作的监督。

财政部派出机构根据职责和财政部的授权，依法开展工作。

第九十二条　各级政府审计部门应当依法对本级预算执行情况和决算草案，本级各部门、各单位和下级政府的预算执行情况和决算，进行审计监督。

第七章　法律责任

第九十三条　预算法第九十三条第六项所称违反本法规定冻结、动用国库库款或者以其他方式支配已入国库库款，是指：

（一）未经有关政府财政部门同意，冻结、动用国库库款；

（二）预算收入征收部门和单位违反规定将所收税款和其他预算收入存入国库之外的其他账户；

（三）未经有关政府财政部门或者财政部门授权的机构同意，办理资金拨付和退付；

（四）将国库库款挪作他用；

（五）延解、占压国库库款；

（六）占压政府财政部门拨付的预算资金。

第九十四条　各级政府、有关部门和单位有下列行为之一的，责令改正；对负有直接责任的主管人员和其他直接责任人员，依法给予处分：

（一）突破一般债务限额或者专项债务限额举借债务；

（二）违反本条例规定下达转移支付预算或者拨付转移支付资金；

（三）擅自开设、变更账户。

第八章　附　则

第九十五条　预算法第九十七条所称政府综合财务报告，是指以权责发生制为基础编制的反映各级政府整体财务状况、运行情况和财政中长期可持续性的报告。政府综合财务报告包括政府资产负债表、收入费用表等财务报表和报表附注，以及以此为基础进行的综合分析等。

第九十六条　政府投资年度计划应当和本级预算相衔接。政府投资决策、项目实施和监督管理按照政府投资有关行政法规执行。

第九十七条　本条例自2020年10月1日起施行。

财政部关于进一步加强政府采购需求和履约验收管理的指导意见

·2016年11月25日

·财库〔2016〕205号

党中央有关部门，国务院各部委、各直属机构，全国人大常委会办公厅，全国政协办公厅，高法院、高检院，各民主党派中央，有关人民团体，各省、自治区、直辖市、计划单列市财政厅（局），新疆生产建设兵团财务局：

近年来，各地区、各部门认真贯彻政府采购结果导向改革要求，落实《中华人民共和国政府采购法》及其实施条例有关规定，不断加强政府采购需求和履约验收管理，取得了初步成效。但从总体上看，政府采购需求和履约验收管理还存在认识不到位、责任不清晰、措施不细化等问题。为了进一步提高政府采购需求和履约验收管理的科学化、规范化水平，现就有关工作提出以下意见：

一、高度重视政府采购需求和履约验收管理

依法加强政府采购需求和履约验收管理，是深化政府采购制度改革、提高政府采购效率和质量的重要保证。科学合理确定采购需求是加强政府采购源头管理的重要内容，是执行政府采购预算、发挥采购政策功能、落实公平竞争交易规则的重要抓手，在采购活动整体流程中具有承上启下的重要作用。严格规范开展履约验收是加强政府采购结果管理的重要举措，是保证采购质量、开展绩效评价、形成闭环管理的重要环节，对实现采购与预算、资产及财务等管理工作协调联动具有重要意义。各地区、各部门要充分认识政府采购需求和履约验收管理的重要性和必要性，切实加强政府采购活动的源头和结果管理。

二、科学合理确定采购需求

（一）采购人负责确定采购需求。采购人负责组织确定本单位采购项目的采购需求。采购人委托采购代理机构编制采购需求的，应当在采购活动开始前对采购需求进行书面确认。

（二）采购需求应当合规、完整、明确。采购需求应当符合国家法律法规规定，执行国家相关标准、行业标准、地方标准等标准规范，落实政府采购支持节能环保、促进中小企业发展等政策要求。除因技术复杂或者性质特殊，不能确定详细规格或者具体要求外，采购需求应当完整、明确。必要时，应当就确定采购需求征求相关供应商、专家的意见。采购需求应当包括采购对象需实现的功能或者目标，满足项目需要的所有技术、服务、安全等要求,采购对象的数量、交付或实施的时间和地点,采购对象的验收标准等内容。采购需求描述应当清楚明了、规范表述、含义准确,能够通过客观指标量化的应当量化。

(三)加强需求论证和社会参与。采购人可以根据项目特点,结合预算编制、相关可行性论证和需求调研情况对采购需求进行论证。政府向社会公众提供的公共服务项目,采购人应当就确定采购需求征求社会公众的意见。需求复杂的采购项目可引入第三方专业机构和专家,吸纳社会力量参与采购需求编制及论证。

(四)严格依据采购需求编制采购文件及合同。采购文件及合同应当完整反映采购需求的有关内容。采购文件设定的评审因素应当与采购需求对应,采购需求相关指标有区间规定的,评审因素应当量化到相应区间。采购合同的具体条款应当包括项目的验收要求、与履约验收挂钩的资金支付条件及时间、争议处理规定、采购人及供应商各自权利义务等内容。采购需求、项目验收标准和程序应当作为采购合同的附件。

三、严格规范开展履约验收

(五)采购人应当依法组织履约验收工作。采购人应当根据采购项目的具体情况,自行组织项目验收或者委托采购代理机构验收。采购人委托采购代理机构进行履约验收的,应当对验收结果进行书面确认。

(六)完整细化编制验收方案。采购人或其委托的采购代理机构应当根据项目特点制定验收方案,明确履约验收的时间、方式、程序等内容。技术复杂、社会影响较大的货物类项目,可以根据需要设置出厂检验、到货检验、安装调试检验、配套服务检验等多重验收环节;服务类项目,可根据项目特点对服务期内的服务实施情况进行分期考核,结合考核情况和服务效果进行验收;工程类项目应当按照行业管理部门规定的标准、方法和内容进行验收。

(七)完善验收方式。对于采购人和使用人分离的采购项目,应当邀请实际使用人参与验收。采购人、采购代理机构可以邀请参加本项目的其他供应商或第三方专业机构及专家参与验收,相关验收意见作为验收书的参考资料。政府向社会公众提供的公共服务项目,验收时应当邀请服务对象参与并出具意见,验收结果应当向社会公告。

(八)严格按照采购合同开展履约验收。采购人或者采购代理机构应当成立验收小组,按照采购合同的约定对供应商履约情况进行验收。验收时,应当按照采购合同的约定对每一项技术、服务、安全标准的履约情况进行确认。验收结束后,应当出具验收书,列明各项标准的验收情况及项目总体评价,由验收双方共同签署。验收结果应当与采购合同约定的资金支付及履约保证金返还条件挂钩。履约验收的各项资料应当存档备查。

(九)严格落实履约验收责任。验收合格的项目,采购人应当根据采购合同的约定及时向供应商支付采购资金、退还履约保证金。验收不合格的项目,采购人应当依法及时处理。采购合同的履行、违约责任和解决争议的方式等适用《中华人民共和国合同法》。供应商在履约过程中有政府采购法律法规规定的违法违规情形的,采购人应当及时报告本级财政部门。

四、工作要求

(十)强化采购人对采购需求和履约验收的主体责任。采购人应当切实做好需求编制和履约验收工作,完善内部机制、强化内部监督、细化内部流程,把采购需求和履约验收嵌入本单位内控管理流程,加强相关工作的组织、人员和经费保障。

(十一)加强采购需求和履约验收的业务指导。各级财政部门应当按照结果导向的改革要求,积极研究制定通用产品需求标准和采购文件标准文本,探索建立供应商履约评价制度,推动在政府采购评审中应用履约验收和绩效评价结果。

(十二)细化相关制度规定。各地区、各部门可根据本意见精神,研究制定符合本地区、本部门实际情况的具体办法和工作细则,切实加强政府采购活动中的需求和履约验收管理。

财政部关于加强政府采购活动内部控制管理的指导意见

·2016年6月29日

·财库〔2016〕99号

党中央有关部门,国务院各部委、各直属机构,全国人大常委会办公厅,全国政协办公厅,高法院,高检院,各民主党派中央,有关人民团体,中央国家机关政府采购中心,中共中央直属机关采购中心,全国人大机关采购中心,各省、自治区、直辖市、计划单列市财政厅(局)、政府采购中心,新疆生产建设兵团财务局、政府采购中心:

加强对政府采购活动的内部控制管理,是贯彻《中共中央关于全面推进依法治国若干重大问题的决定》的重要举措,也是深化政府采购制度改革的内在要求,对落实党风廉政建设主体责任、推进依法采购具有重要意义。

近年来，一些采购人、集中采购机构和政府采购监管部门积极探索建立政府采购活动内部控制制度，取得了初步成效，但总体上还存在体系不完整、制度不健全、发展不平衡等问题。为了进一步规范政府采购活动中的权力运行，强化内部流程控制，促进政府采购提质增效，现提出如下意见：

一、总体要求

（一）指导思想。

贯彻党的十八大和十八届三中、四中、五中全会精神，按照“四个全面”战略布局，适应政府职能转变和构建现代财政制度需要，落实政府采购法律法规要求，执行《行政事业单位内部控制规范（试行）》（财会〔2012〕21号）和《财政部关于全面推进行政事业单位内部控制建设的指导意见》（财会〔2015〕24 号）相关规定，坚持底线思维和问题导向，创新政府采购管理手段，切实加强政府采购活动中的权力运行监督，有效防范舞弊和预防腐败，提升政府采购活动的组织管理水平和财政资金使用效益，提高政府采购公信力。

（二）基本原则。

1. 全面管控与突出重点并举。将政府采购内部控制管理贯穿于政府采购执行与监管的全流程、各环节，全面控制，重在预防。抓住关键环节、岗位和重大风险事项，从严管理，重点防控。

2. 分工制衡与提升效能并重。发挥内部机构之间，相关业务、环节和岗位之间的相互监督和制约作用，合理安排分工，优化流程衔接，提高采购绩效和行政效能。

3. 权责对等与依法惩处并行。在政府采购执行与监管过程中贯彻权责一致原则，因权定责、权责对应。严格执行法律法规的问责条款，有错必究、失责必惩。

（三）主要目标。

以“分事行权、分岗设权、分级授权”为主线，通过制定制度、健全机制、完善措施、规范流程，逐步形成依法合规、运转高效、风险可控、问责严格的政府采购内部运转和管控制度，做到约束机制健全、权力运行规范、风险控制有力、监督问责到位，实现对政府采购活动内部权力运行的有效制约。

二、主要任务

（一）落实主体责任。

采购人应当做好政府采购业务的内部归口管理和所属单位管理，明确内部工作机制，重点加强对采购需求、政策落实、信息公开、履约验收、结果评价等的管理。

集中采购机构应当做好流程控制，围绕委托代理、编制采购文件和拟订合同文本、执行采购程序、代理采购绩效等政府采购活动的重点内容和环节加强管理。

监管部门应当强化依法行政意识，围绕放管服改革要求，重点完善采购方式审批、采购进口产品审核、投诉处理、监督检查等内部管理制度和工作规程。

（二）明确重点任务。

1. 严防廉政风险。牢固树立廉洁是政府采购生命线的根本理念，把纪律和规矩挺在前面。针对政府采购岗位设置、流程设计、主体责任、与市场主体交往等重点问题，细化廉政规范、明确纪律规矩，形成严密、有效的约束机制。

2. 控制法律风险。切实提升采购人、集中采购机构和监管部门的法治观念，依法依规组织开展政府采购活动，提高监管水平，切实防控政府采购执行与监管中的法律风险。

3. 落实政策功能。准确把握政府采购领域政策功能落实要求，严格执行政策规定，切实发挥政府采购在实现国家经济和社会发展政策目标中的作用。

4. 提升履职效能。落实精简、统一、效能的要求，科学确定事权归属、岗位责任、流程控制和授权关系，推进政府采购流程优化、执行顺畅，提升政府采购整体效率、效果和效益。

三、主要措施

（一）明晰事权，依法履职尽责。采购人、采购代理机构和监管部门应当根据法定职责开展工作，既不能失职不作为，也不得越权乱作为。

1. 实施归口管理。采购人应当明确内部归口管理部门，具体负责本单位、本系统的政府采购执行管理。归口管理部门应当牵头建立本单位政府采购内部控制制度，明确本单位相关部门在政府采购工作中的职责与分工，建立政府采购与预算、财务（资金）、资产、使用等业务机构或岗位之间沟通协调的工作机制，共同做好编制政府采购预算和实施计划、确定采购需求、组织采购活动、履约验收、答复询问质疑、配合投诉处理及监督检查等工作。

2. 明确委托代理权利义务。委托采购代理机构采购的，采购人应当和采购代理机构依法签订政府采购委托代理协议，明确代理采购的范围、权限和期限等具体事项。采购代理机构应当严格按照委托代理协议开展采购活动，不得超越代理权限。

3. 强化内部监督。采购人、集中采购机构和监管部门应当发挥内部审计、纪检监察等机构的监督作用，加强对采购执行和监管工作的常规审计和专项审计。畅通问题反馈和受理渠道，通过检查、考核、设置监督电话或信箱等多种途径查找和发现问题，有效分析、预判、管理、处置风险事项。

（二）合理设岗，强化权责对应。合理设置岗位，明确岗位职责、权限和责任主体，细化各流程、各环节的工作要求和执行标准。

1. 界定岗位职责。采购人、集中采购机构和监管部门应当结合自身特点，对照政府采购法律、法规、规章及制度规定，认真梳理不同业务、环节、岗位需要重点控制的风险事项，划分风险等级，建立制度规则、风险事项等台账，合理确定岗位职责。

2. 不相容岗位分离。采购人、集中采购机构应当建立岗位间的制衡机制，采购需求制定与内部审核、采购文件编制与复核、合同签订与验收等岗位原则上应当分开设置。

3. 相关业务多人参与。采购人、集中采购机构对于评审现场组织、单一来源采购项目议价、合同签订、履约验收等相关业务，原则上应当由 2 人以上共同办理，并明确主要负责人员。

4. 实施定期轮岗。采购人、集中采购机构和监管部门应当按规定建立轮岗交流制度，按照政府采购岗位风险等级设定轮岗周期，风险等级高的岗位原则上应当缩短轮岗年限。不具备轮岗条件的应当定期采取专项审计等控制措施。建立健全政府采购在岗监督、离岗审查和项目责任追溯制度。

（三）分级授权，推动科学决策。明确不同级别的决策权限和责任归属，按照分级授权的决策模式，建立与组织机构、采购业务相适应的内部授权管理体系。

1. 加强所属单位管理。主管预算单位应当明确与所属预算单位在政府采购管理、执行等方面的职责范围和权限划分，细化业务流程和工作要求，加强对所属预算单位的采购执行管理，强化对政府采购政策落实的指导。

2. 完善决策机制。采购人、集中采购机构和监管部门应当建立健全内部政府采购事项集体研究、合法性审查和内部会签相结合的议事决策机制。对于涉及民生、社会影响较大的项目，采购人在制定采购需求时，还应当进行法律、技术咨询或者公开征求意见。监管部门处理政府采购投诉应当建立健全法律咨询机制。决策过程要形成完整记录，任何个人不得单独决策或者擅自改变集体决策。

3. 完善内部审核制度。采购人、集中采购机构确定采购方式、组织采购活动，监管部门办理审批审核事项、开展监督检查、做出处理处罚决定等，应当依据法律制度和有关政策要求细化内部审核的各项要素、审核标准、审核权限和工作要求，实行办理、复核、审定的内部审核机制，对照要求逐层把关。

（四）优化流程，实现重点管控。加强对采购活动的流程控制，突出重点环节，确保政府采购项目规范运行。

1. 增强采购计划性。采购人应当提高编报与执行政府采购预算、实施计划的系统性、准确性、及时性和严肃性，制定政府采购实施计划执行时间表和项目进度表，有序安排采购活动。

2. 加强关键环节控制。采购人、集中采购机构应当按照有关法律法规及业务流程规定，明确政府采购重点环节的控制措施。未编制采购预算和实施计划的不得组织采购，无委托代理协议不得开展采购代理活动，对属于政府采购范围未执行政府采购规定、采购方式或程序不符合规定的及时予以纠正。

3. 明确时限要求。采购人、集中采购机构和监管部门应当提高政府采购效率，对信息公告、合同签订、变更采购方式、采购进口产品、答复询问质疑、投诉处理以及其他有时间要求的事项，要细化各个节点的工作时限，确保在规定时间内完成。

4. 强化利益冲突管理。采购人、集中采购机构和监管部门应当厘清利益冲突的主要对象、具体内容和表现形式，明确与供应商等政府采购市场主体、评审专家交往的基本原则和界限，细化处理原则、处理方式和解决方案。采购人员及相关人员与供应商有利害关系的，应当严格执行回避制度。

5. 健全档案管理。采购人、集中采购机构和监管部门应当加强政府采购记录控制，按照规定妥善保管与政府采购管理、执行相关的各类文件。

四、保障措施

采购人、集中采购机构和监管部门要深刻领会政府采购活动中加强内部控制管理的重要性和必要性，结合廉政风险防控机制建设、防止权力滥用的工作要求，准确把握政府采购工作的内在规律，加快体制机制创新，强化硬的制度约束，切实提高政府采购内部控制管理水平。

（一）加强组织领导。建立政府采购内部控制管理工作的领导、协调机制，做好政府采购内部控制管理各项工作。要严格执行岗位分离、轮岗交流等制度，暂不具备条件的要创造条件逐步落实，确不具备条件的基层单位可适当放宽要求。集中采购机构以外的采购代理机构可以参照本意见建立和完善内部控制管理制度，防控代理执行风险。

（二）加快建章立制。抓紧梳理和评估本部门、本单位政府采购执行和监管中存在的风险，明确标准化工作要求和防控措施，完善内部管理制度，形成较为完备的内部控制体系。

（三）完善技术保障。运用信息技术落实政府采购内部控制管理措施，政府采购管理交易系统及采购人内部业务系统应当重点强化人员身份验证、岗位业务授权、系统操作记录、电子档案管理等系统功能建设。探索大数据分析在政府采购内部控制管理中的应用，将信息数据科学运用于项目管理、风险控制、监督预警等方面。

（四）强化运行监督。建立内部控制管理的激励约束机制，将内部控制制度的建设和执行情况纳入绩效考评体系，将日常评价与重点监督、内部分析和外部评价相结合，定期对内部控制的有效性进行总结，加强评估结果应用，不断改进内部控制管理体系。财政部门要将政府采购内部控制制度的建设和执行情况作为政府采购监督检查和对集中采购机构考核的重要内容，加强监督指导。

财政部关于推进和完善服务项目政府采购有关问题的通知

·2014 年 4 月 14 日
·财库〔2014〕37 号

党中央有关部门，国务院各部委、各直属机构，全国人大常委会办公厅，全国政协办公厅，高法院，高检院，有关人民团体，各省、自治区、直辖市、计划单列市财政厅（局），新疆生产建设兵团财务局：

为贯彻落实党的十八届三中全会《中共中央关于全面深化改革若干重大问题的决定》精神，大力推进政府购买服务工作，根据《政府采购法》、《国务院办公厅关于政府向社会力量购买服务的指导意见》（国办发〔2013〕96号）等有关规定，现将推进和完善服务项目政府采购有关事项通知如下：

一、分类推进服务项目政府采购工作

根据现行政府采购品目分类，按照服务受益对象将服务项目分为三类：

第一类为保障政府部门自身正常运转需要向社会购买的服务。如公文印刷、物业管理、公车租赁、系统维护等。

第二类为政府部门为履行宏观调控、市场监管等职能需要向社会购买的服务。如法规政策、发展规划、标准制定的前期研究和后期宣传、法律咨询等。

第三类为增加国民福利、受益对象特定，政府向社会公众提供的公共服务。包括：以物为对象的公共服务，如公共设施管理服务、环境服务、专业技术服务等；以人为对象的公共服务，如教育、医疗卫生和社会服务等。

要按照"方式灵活、程序简便、竞争有序、结果评价"的原则，针对服务项目的不同特点，探索与之相适应的采购方式、评审制度与合同类型，建立健全适应服务项目政府采购工作特点的新机制。

二、加强政府采购服务项目采购需求管理

推进制定完整、明确、符合国家法律法规以及政府采购政策规定的服务采购需求标准。第一类中列入政府集中采购目录的服务项目，采购需求标准由集中采购机构提出。其他服务项目的采购需求标准由采购人（购买主体）提出。采购人、集中采购机构制定采购需求标准时，应当广泛征求相关供应商（承接主体）、专家意见。对于第三类服务项目，还应当征求社会公众的意见。各省级财政部门可以根据实际情况，分品目制定发布适用于本行政区域的服务项目采购需求标准。

加强采购需求制定相关的内控管理。采购人、集中采购机构应当明确相关岗位的职责和权限，确保政府采购需求制定与内部审批、采购文件准备与验收等不相容岗位分设。

三、灵活开展服务项目政府采购活动

简化采购方式变更的审核程序。采购人要按照政府采购法律制度规定，根据服务项目的采购需求特点，选择适用采购方式。对于采购需求处于探索阶段或不具备竞争条件的第三类服务项目，符合《政府采购法》第二十七条规定申请适用公开招标以外的采购方式的，财政部门要简化申请材料要求，也可以改变现行一事一批的管理模式，实行一揽子批复。

积极探索新的政府采购合同类型。各地各部门可以根据政府采购服务项目的需求特点，灵活采用购买、委托、租赁、雇用等各种合同方式，探索研究金额不固定、数量不固定、期限不固定、特许经营服务等新型合同类型。各省级财政部门可在此基础上制定发布相应的合同范本。

积极培育政府购买服务供给市场。对于有服务区域范围要求、但本地区供应商无法形成有效竞争的服务项目，采购人可以采取将大额项目拆分采购、新增项目向其他供应商采购等措施，促进建立良性的市场竞争关系。

采购需求具有相对固定性、延续性且价格变化幅度小的服务项目，在年度预算能保障的前提下，采购人可以签订不超过三年履行期限的政府采购合同。

四、严格服务项目政府采购履约验收管理

完善服务项目履约验收管理制度。采购人或者集中采购机构应当按照采购合同规定组织履约验收，并出具验收书，验收书应当包括每一项服务要求的履约情况。第二类服务项目，供应商提交的服务成果应当在政府部门内部公开。第三类服务项目，验收时可以邀请第三方评价机构参与并出具意见，验收结果应当向社会公告。以人为对象的公共服务项目，验收时还应按一定比例邀请服务对象参与并出具意见。

鼓励引入政府采购履约担保制度。对于金额较大、履约周期长、社会影响面广或者对供应商有较高信誉要求的服务项目，可以探索运用市场化手段，引入政府采购信用担保，通过履约担保促进供应商保证服务效果，提高服务水平。

五、推进政府采购服务项目绩效评价

建立绩效评价与后续采购相衔接的管理制度。按照全过程预算绩效管理制度要求，加强服务项目政府采购绩效评价，对项目的资金节约、政策效能、透明程度以及专业化水平进行综合、客观评价。对于服务项目验收或者绩效评价结果优秀的供应商，在同类项目的采购中同等条件下可以优先考虑。

各地各部门应当根据上述原则和要求，积极推进和完善服务项目政府采购工作。各地可根据实际，研究制定符合本地条件的服务项目政府采购的具体操作程序和办法，确保服务采购环节的顺畅高效。

财政部关于进一步规范政府采购评审工作有关问题的通知

·2012年6月11日
·财库〔2012〕69号

党中央有关部门，国务院各部委、各直属机构，全国人大常委会办公厅，全国政协办公厅，高法院，高检院，有关人民团体，各省、自治区、直辖市、计划单列市财政厅（局），新疆生产建设兵团财务局，中央国家机关政府采购中心，中共中央直属机关采购中心，全国人大机关采购中心，国家税务总局集中采购中心，海关总署物资装备采购中心，中国人民银行集中采购中心：

近年来，各地区、各部门认真落实《政府采购法》等法律法规，政府采购评审工作的规范化水平逐步提高，但也还存在着评审程序不够完善、工作职责不够明晰、权利义务不对称等问题，亟需进一步明确和规范。为加强评审工作管理，明确评审工作相关各方的职责，提高评审工作质量，现将有关事项通知如下：

一、依法组织政府采购评审工作

采购人和采购代理机构，评标委员会、竞争性谈判小组和询价小组（以下简称评审委员会）成员要严格遵守政府采购相关法律制度，依法履行各自职责，公正、客观、审慎地组织和参与评审工作。

评审委员会成员要依法独立评审，并对评审意见承担个人责任。评审委员会成员对需要共同认定的事项存在争议的，按照少数服从多数的原则做出结论。持不同意见的评审委员会成员应当在评审报告上签署不同意见并说明理由，否则视为同意。

采购人、采购代理机构要确保评审活动在严格保密的情况下进行。在采购结果确定前，采购人、采购代理机构对评审委员会名单负有保密责任。评审委员会成员、采购人和采购代理机构工作人员、相关监督人员等与评审工作有关的人员，对评审情况以及在评审过程中获悉的国家秘密、商业秘密负有保密责任。

采购人、采购代理机构和评审委员会在评审工作中，要依法相互监督和制约，并自觉接受各级财政部门的监督。对非法干预评审工作等违法违规行为，应当及时向财政部门报告。

二、切实履行政府采购评审职责

采购人、采购代理机构要依法细化评审工作程序，组建评审委员会，并按规定程序组织评审。要核实评审委员会成员身份，告知回避要求，宣布评审工作纪律和程序，介绍政府采购相关政策法规；要根据评审委员会的要求解释采购文件，组织供应商澄清；要对评审数据进行校对、核对，对畸高、畸低的重大差异评分可以提示评审委员会复核或书面说明理由；要对评审专家的专业技术水平、职业道德素质和评审工作等情况进行评价，并向财政部门反馈。省级以上政府集中采购机构和政府采购甲级代理机构，应当对评审工作现场进行全过程录音录像，录音录像资料作为采购项目文件随其他文件一并存档。

评审委员会成员要根据政府采购法律法规和采购文件所载明的评审方法、标准进行评审。要熟悉和理解采购文件，认真阅读所有供应商的投标或响应文件，对所有投标或响应文件逐一进行资格性、符合性检查，按采购文件规定的评审方法和标准，进行比较和评价；对供应商的价格分等客观评分项的评分应当一致，对其他需要借助专业知识评判的主观评分项，应当严格按照评分细则公正评分。

评审委员会如需要供应商对投标或响应文件有关事项作出澄清的，应当给予供应商必要的反馈时间，但澄清事项不得超出投标或响应文件的范围，不得实质性改变投标或响应文件的内容，不得通过澄清等方式对供应商实行差别对待。评审委员会要对评分汇总情况进行复核，特别是对排名第一的、报价最低的、投标或相应文件被认定为无效的情形进行重点复核，并根据评审结果推荐中标或成交候选供应商，或者根据采购人委托协议规定直接确定中标或成交供应商，起草并签署评审报告。评审委员会要在采购项目招标失败时，出具招标文件是否存在不合理条款的论证意见，要协助采购人、采购代理机构、财政部门答复质疑或处理投诉事项。

三、严肃政府采购评审工作纪律

采购人委派代表参加评审委员会的，要向采购代理机构出具授权函。除授权代表外，采购人可以委派纪检监察等相关人员进入评审现场，对评审工作实施监督，但不得超过2人。采购人需要在评审前介绍项目背景和技术需求的，应当事先提交书面介绍材料，介绍内容不得存在歧视性、倾向性意见，不得超出采购文件所述范围，书面介绍材料作为采购项目文件随其他文件一并存档。评审委员会应当推选组长，但采购人代表不得担任组长。

评审委员会成员要严格遵守评审时间，主动出具身份证明，遵守评审工作纪律和评审回避的相关规定。在评审工作开始前，将手机等通讯工具或相关电子设备交由采购人或采购代理机构统一保管，拒不上交的，采购人或采购代理机构可以拒绝其参加评审工作并向财政部门报告。

评审委员会成员和评审工作有关人员不得干预或者影响正常评审工作，不得明示或者暗示其倾向性、引导性意见，不得修改或细化采购文件确定的评审程序、评审方法、评审因素和评审标准，不得接受供应商主动提出的澄清和解释，不得征询采购人代表的倾向性意见，不得协商评分，不得记录、复制或带走任何评审资料。评审结果汇总完成后，采购人、采购代理机构和评审委员会均不得修改评审结果或者要求重新评审，但资格性检查认定错误、分值汇总计算错误、分项评分超出评分标准范围、客观分评分不一致、经评审委员会一致认定评分畸高、畸低的情形除外。出现上述除外情形的，评审委员会应当现场修改评审结果，并在评审报告中明确记载。

采购人、采购代理机构要加强评审现场管理，与评审工作无关的人员不得进入评审现场。各级财政部门对评审活动相关各方违反评审工作纪律及要求的行为，要依法严肃处理。

四、妥善处理评审中的特殊情形

财政部门要建立政府采购评审专家库资源共享机制，采购项目有特殊需要的，采购人或采购代理机构可以在异地财政部门专家库抽取专家，但应事前向本级财政部门备案。中央驻京外单位可以从所在地市级或其上一级财政部门专家库中抽取评审专家，所在地市级或其上一级财政部门应当予以配合。

评审专家库中相应专业类型专家不足的，采购人或采购代理机构应当按照不低于1:3的比例向财政部门提供专家名单，经审核入库后随机抽取使用。出现评审专家临时缺席、回避等情形导致评审现场专家数量不符合法定标准的，采购人或采购代理机构要按照有关程序及时补抽专家，继续组织评审。如无法及时补齐专家，则要立即停止评审工作，封存采购文件和所有投标或响应文件，择期重新组建评审委员会进行评审。采购人或采购代理机构要将补抽专家或重新组建评审委员会的情况进行书面记录，随其他文件一并存档。

评审委员会发现采购文件存在歧义、重大缺陷导致评审工作无法进行，或者采购文件内容违反国家有关规定的，要停止评审工作并向采购人或采购代理机构书面说明情况，采购人或采购代理机构应当修改采购文件后重新组织采购活动；发现供应商提供虚假材料、串通等违法违规行为的，要及时向采购人或采购代理机构报告。

参与政府采购活动的供应商对评审过程或者结果提出质疑的，采购人或采购代理机构可以组织原评审委员会协助处理质疑事项，并依据评审委员会出具的意见进行答复。质疑答复导致中标或成交结果改变的，采购人或采购代理机构应当将相关情况报财政部门备案。

政府采购需求管理办法

· 2021年4月30日
· 财库〔2021〕22号

第一章 总 则

第一条 为加强政府采购需求管理，实现政府采购项目绩效目标，根据《中华人民共和国政府采购法》和《中华人民共和国政府采购法实施条例》等有关法律法规，制定本办法。

第二条 政府采购货物、工程和服务项目的需求管理适用本办法。

第三条 本办法所称政府采购需求管理，是指采购人组织确定采购需求和编制采购实施计划，并实施相关风险控制管理的活动。

第四条 采购需求管理应当遵循科学合理、厉行节约、规范高效、权责清晰的原则。

第五条 采购人对采购需求管理负有主体责任，按照本办法的规定开展采购需求管理各项工作，对采购需求和采购实施计划的合法性、合规性、合理性负责。主管预算单位负责指导本部门采购需求管理工作。

第二章 采购需求

第六条 本办法所称采购需求，是指采购人为实现项目目标，拟采购的标的及其需要满足的技术、商务要求。

技术要求是指对采购标的的功能和质量要求，包括性能、材料、结构、外观、安全，或者服务内容和标准等。

商务要求是指取得采购标的的时间、地点、财务和服务要求，包括交付（实施）的时间（期限）和地点（范围），付款条件（进度和方式），包装和运输，售后服务，保险等。

第七条 采购需求应当符合法律法规、政府采购政策和国家有关规定，符合国家强制性标准，遵循预算、资产和财务等相关管理制度规定，符合采购项目特点和实际需要。

采购需求应当依据部门预算（工程项目概预算）确定。

第八条 确定采购需求应当明确实现项目目标的所有技术、商务要求，功能和质量指标的设置要充分考虑可能影响供应商报价和项目实施风险的因素。

第九条 采购需求应当清楚明了、表述规范、含义准确。

技术要求和商务要求应当客观，量化指标应当明确相应等次，有连续区间的按照区间划分等次。需由供应商提供设计方案、解决方案或者组织方案的采购项目，应当说明采购标的的功能、应用场景、目标等基本要求，并尽可能明确其中的客观、量化指标。

采购需求可以直接引用相关国家标准、行业标准、地方标准等标准、规范，也可以根据项目目标提出更高的技术要求。

第十条 采购人可以在确定采购需求前，通过咨询、论证、问卷调查等方式开展需求调查，了解相关产业发展、市场供给、同类采购项目历史成交信息，可能涉及的运行维护、升级更新、备品备件、耗材等后续采购，以及其他相关情况。

面向市场主体开展需求调查时，选择的调查对象一般不少于3个，并应当具有代表性。

第十一条 对于下列采购项目，应当开展需求调查：

（一）1000万元以上的货物、服务采购项目，3000万元以上的工程采购项目；

（二）涉及公共利益、社会关注度较高的采购项目，包括政府向社会公众提供的公共服务项目等；

（三）技术复杂、专业性较强的项目，包括需定制开发的信息化建设项目、采购进口产品的项目等；

（四）主管预算单位或者采购人认为需要开展需求调查的其他采购项目。

编制采购需求前一年内，采购人已就相关采购标的开展过需求调查的可以不再重复开展。

按照法律法规的规定，对采购项目开展可行性研究等前期工作，已包含本办法规定的需求调查内容的，可以不再重复调查；对在可行性研究等前期工作中未涉及的部分，应当按照本办法的规定开展需求调查。

第三章 采购实施计划

第十二条 本办法所称采购实施计划，是指采购人围绕实现采购需求，对合同的订立和管理所做的安排。

采购实施计划根据法律法规、政府采购政策和国家有关规定，结合采购需求的特点确定。

第十三条 采购实施计划主要包括以下内容：

（一）合同订立安排，包括采购项目预（概）算、最高限价，开展采购活动的时间安排，采购组织形式和委托代理安排，采购包划分与合同分包，供应商资格条件，采购方式、竞争范围和评审规则等。

（二）合同管理安排，包括合同类型、定价方式、合同文本的主要条款、履约验收方案、风险管控措施等。

第十四条 采购人应当通过确定供应商资格条件、设定评审规则等措施，落实支持创新、绿色发展、中小企业发展等政府采购政策功能。

第十五条 采购人要根据采购项目实施的要求，充分考虑采购活动所需时间和可能影响采购活动进行的因素，合理安排采购活动实施时间。

第十六条 采购人采购纳入政府集中采购目录的项目，必须委托集中采购机构采购。政府集中采购目录以外的项目可以自行采购，也可以自主选择委托集中采购机构，或者集中采购机构以外的采购代理机构采购。

第十七条 采购人要按照有利于采购项目实施的原

则，明确采购包或者合同分包要求。

采购项目划分采购包的，要分别确定每个采购包的采购方式、竞争范围、评审规则和合同类型、合同文本、定价方式等相关合同订立、管理安排。

第十八条　根据采购需求特点提出的供应商资格条件，要与采购标的的功能、质量和供应商履约能力直接相关，且属于履行合同必需的条件，包括特定的专业资格或者技术资格、设备设施、业绩情况、专业人才及其管理能力等。

业绩情况作为资格条件时，要求供应商提供的同类业务合同一般不超过2个，并明确同类业务的具体范围。涉及政府采购政策支持的创新产品采购的，不得提出同类业务合同、生产台数、使用时长等业绩要求。

第十九条　采购方式、评审方法和定价方式的选择应当符合法定适用情形和采购需求特点，其中，达到公开招标数额标准，因特殊情况需要采用公开招标以外的采购方式的，应当依法获得批准。

采购需求客观、明确且规格、标准统一的采购项目，如通用设备、物业管理等，一般采用招标或者询价方式采购，以价格作为授予合同的主要考虑因素，采用固定总价或者固定单价的定价方式。

采购需求客观、明确，且技术较复杂或者专业性较强的采购项目，如大型装备、咨询服务等，一般采用招标、谈判（磋商）方式采购，通过综合性评审选择性价比最优的产品，采用固定总价或者固定单价的定价方式。

不能完全确定客观指标，需由供应商提供设计方案、解决方案或者组织方案的采购项目，如首购订购、设计服务、政府和社会资本合作等，一般采用谈判（磋商）方式采购，综合考虑以单方案报价、多方案报价以及性价比要求等因素选择评审方法，并根据实现项目目标的要求，采取固定总价或者固定单价、成本补偿、绩效激励等单一或者组合定价方式。

第二十条　除法律法规规定可以在有限范围内竞争或者只能从唯一供应商处采购的情形外，一般采用公开方式邀请供应商参与政府采购活动。

第二十一条　采用综合性评审方法的，评审因素应当按照采购需求和与实现项目目标相关的其他因素确定。

采购需求客观、明确的采购项目，采购需求中客观但不可量化的指标应当作为实质性要求，不得作为评分项；参与评分的指标应当是采购需求中的量化指标，评分项应当按照量化指标的等次，设置对应的不同分值。不能完全确定客观指标，需由供应商提供设计方案、解决方案或者组织方案的采购项目，可以结合需求调查的情况，尽可能明确不同技术路线、组织形式及相关指标的重要性和优先级，设定客观、量化的评审因素、分值和权重。价格因素应当按照相关规定确定分值和权重。

采购项目涉及后续采购的，如大型装备等，要考虑兼容性要求。可以要求供应商报出后续供应的价格，以及后续采购的可替代性、相关产品和估价，作为评审时考虑的因素。

需由供应商提供设计方案、解决方案或者组织方案，且供应商经验和能力对履约有直接影响的，如订购、设计等采购项目，可以在评审因素中适当考虑供应商的履约能力要求，并合理设置分值和权重。需由供应商提供设计方案、解决方案或者组织方案，采购人认为有必要考虑全生命周期成本的，可以明确使用年限，要求供应商报出安装调试费用、使用期间能源管理、废弃处置等全生命周期成本，作为评审时考虑的因素。

第二十二条　合同类型按照民法典规定的典型合同类别，结合采购标的的实际情况确定。

第二十三条　合同文本应当包含法定必备条款和采购需求的所有内容，包括但不限于标的名称，采购标的的质量、数量（规模），履行时间（期限）、地点和方式，包装方式，价款或者报酬、付款进度安排、资金支付方式，验收、交付标准和方法，质量保修范围和保修期，违约责任与解决争议的方法等。

采购项目涉及采购标的的知识产权归属、处理的，如订购、设计、定制开发的信息化建设项目等，应当约定知识产权的归属和处理方式。采购人可以根据项目特点划分合同履行阶段，明确分期考核要求和对应的付款进度安排。对于长期运行的项目，要充分考虑成本、收益以及可能出现的重大市场风险，在合同中约定成本补偿、风险分担等事项。

合同权利义务要围绕采购需求和合同履行设置。国务院有关部门依法制定了政府采购合同标准文本的，应当使用标准文本。属于本办法第十一条规定范围的采购项目，合同文本应当经过采购人聘请的法律顾问审定。

第二十四条　履约验收方案要明确履约验收的主体、时间、方式、程序、内容和验收标准等事项。采购人、采购代理机构可以邀请参加本项目的其他供应商或者第三方专业机构及专家参与验收，相关验收意见作为验收的参考资料。政府向社会公众提供的公共服务项目，验收时应当邀请服务对象参与并出具意见，验收结果应当向社会公告。

验收内容要包括每一项技术和商务要求的履约情

况，验收标准要包括所有客观、量化指标。不能明确客观标准、涉及主观判断的，可以通过在采购人、使用人中开展问卷调查等方式，转化为客观、量化的验收标准。

分期实施的采购项目，应当结合分期考核的情况，明确分期验收要求。货物类项目可以根据需要设置出厂检验、到货检验、安装调试检验、配套服务检验等多重验收环节。工程类项目的验收方案应当符合行业管理部门规定的标准、方法和内容。

履约验收方案应当在合同中约定。

第二十五条 对于本办法第十一条规定的采购项目，要研究采购过程和合同履行过程中的风险，判断风险发生的环节、可能性、影响程度和管控责任，提出有针对性的处置措施和替代方案。

采购过程和合同履行过程中的风险包括国家政策变化、实施环境变化、重大技术变化、预算项目调整、因质疑投诉影响采购进度、采购失败、不按规定签订或者履行合同、出现损害国家利益和社会公共利益情形等。

第二十六条 各级财政部门应当按照简便、必要的原则，明确报财政部门备案的采购实施计划具体内容，包括采购项目的类别、名称、采购标的、采购预算、采购数量（规模）、组织形式、采购方式、落实政府采购政策有关内容等。

第四章 风险控制

第二十七条 采购人应当将采购需求管理作为政府采购内控管理的重要内容，建立健全采购需求管理制度，加强对采购需求的形成和实现过程的内部控制和风险管理。

第二十八条 采购人可以自行组织确定采购需求和编制采购实施计划，也可以委托采购代理机构或者其他第三方机构开展。

第二十九条 采购人应当建立审查工作机制，在采购活动开始前，针对采购需求管理中的重点风险事项，对采购需求和采购实施计划进行审查，审查分为一般性审查和重点审查。

对于审查不通过的，应当修改采购需求和采购实施计划的内容并重新进行审查。

第三十条 一般性审查主要审查是否按照本办法规定的程序和内容确定采购需求、编制采购实施计划。审查内容包括，采购需求是否符合预算、资产、财务等管理制度规定；对采购方式、评审规则、合同类型、定价方式的选择是否说明适用理由；属于按规定需要报相关监管部门批准、核准的事项，是否作出相关安排；采购实施计划是否完整。

第三十一条 重点审查是在一般性审查的基础上，进行以下审查：

（一）非歧视性审查。主要审查是否指向特定供应商或者特定产品，包括资格条件设置是否合理，要求供应商提供超过2个同类业务合同的，是否具有合理性；技术要求是否指向特定的专利、商标、品牌、技术路线等；评审因素设置是否具有倾向性，将有关履约能力作为评审因素是否适当。

（二）竞争性审查。主要审查是否确保充分竞争，包括应当以公开方式邀请供应商的，是否依法采用公开竞争方式；采用单一来源采购方式的，是否符合法定情形；采购需求的内容是否完整、明确，是否考虑后续采购竞争性；评审方法、评审因素、价格权重等评审规则是否适当。

（三）采购政策审查。主要审查进口产品的采购是否必要，是否落实支持创新、绿色发展、中小企业发展等政府采购政策要求。

（四）履约风险审查。主要审查合同文本是否按规定由法律顾问审定，合同文本运用是否适当，是否围绕采购需求和合同履行设置权利义务，是否明确知识产权等方面的要求，履约验收方案是否完整、标准是否明确，风险处置措施和替代方案是否可行。

（五）采购人或者主管预算单位认为应当审查的其他内容。

第三十二条 审查工作机制成员应当包括本部门、本单位的采购、财务、业务、监督等内部机构。采购人可以根据本单位实际情况，建立相关专家和第三方机构参与审查的工作机制。

参与确定采购需求和编制采购实施计划的专家和第三方机构不得参与审查。

第三十三条 一般性审查和重点审查的具体采购项目范围，由采购人根据实际情况确定。主管预算单位可以根据本部门实际情况，确定由主管预算单位统一组织重点审查的项目类别或者金额范围。

属于本办法第十一条 规定范围的采购项目，应当开展重点审查。

第三十四条 采购需求和采购实施计划的调查、确定、编制、审查等工作应当形成书面记录并存档。

采购文件应当按照审核通过的采购需求和采购实施计划编制。

第五章 监督检查与法律责任

第三十五条 财政部门应当依法加强对政府采购需

求管理的监督检查,将采购人需求管理作为政府采购活动监督检查的重要内容,不定期开展监督检查工作,采购人应当如实反映情况,提供有关材料。

第三十六条 在政府采购项目投诉、举报处理和监督检查过程中,发现采购人未按本办法规定建立采购需求管理内控制度、开展采购需求调查和审查工作的,由财政部门采取约谈、书面关注等方式责令采购人整改,并告知其主管预算单位。对情节严重或者拒不改正的,将有关线索移交纪检监察、审计部门处理。

第三十七条 在政府采购项目投诉、举报处理和监督检查过程中,发现采购方式、评审规则、供应商资格条件等存在歧视性、限制性、不符合政府采购政策等问题的,依照《中华人民共和国政府采购法》等国家有关规定处理。

第三十八条 在政府采购项目投诉、举报处理和监督检查过程中,发现采购人存在无预算或者超预算采购、超标准采购、铺张浪费、未按规定编制政府采购实施计划等问题的,依照《中华人民共和国政府采购法》、《中华人民共和国预算法》、《财政违法行为处罚处分条例》、《党政机关厉行节约反对浪费条例》等国家有关规定处理。

第六章 附 则

第三十九条 采购项目涉及国家秘密的,按照涉密政府采购有关规定执行。

第四十条 因采购人不可预见的紧急情况实施采购的,可以适当简化相关管理要求。

第四十一条 由集中采购机构组织的批量集中采购和框架协议采购的需求管理,按照有关制度规定执行。

第四十二条 各省、自治区、直辖市财政部门可以根据本办法制定具体实施办法。

第四十三条 本办法所称主管预算单位是指负有编制部门预算职责,向本级财政部门申报预算的国家机关、事业单位和团体组织。

第四十四条 本办法自 2021 年 7 月 1 日起施行。

财政部关于促进政府采购公平竞争优化营商环境的通知

· 2019 年 7 月 26 日

· 财库〔2019〕38 号

各中央预算单位,各省、自治区、直辖市、计划单列市财政厅(局),新疆生产建设兵团财政局:

为贯彻落实中央深改委审议通过的《深化政府采购制度改革方案》和《国务院办公厅关于聚焦企业关切进一步推动优化营商环境政策落实的通知》(国办发〔2018〕104 号)有关要求,构建统一开放、竞争有序的政府采购市场体系,现就促进政府采购领域公平竞争、优化营商环境相关事项通知如下:

一、全面清理政府采购领域妨碍公平竞争的规定和做法

各地区、各部门应当严格落实《中华人民共和国政府采购法》等相关法律法规的要求,依法保障各类市场主体平等参与政府采购活动的权利。要全面清理政府采购领域妨碍公平竞争的规定和做法,重点清理和纠正以下问题:

(一)以供应商的所有制形式、组织形式或者股权结构,对供应商实施差别待遇或者歧视待遇,对民营企业设置不平等条款,对内资企业和外资企业在中国境内生产的产品、提供的服务区别对待;

(二)除小额零星采购适用的协议供货、定点采购以及财政部另有规定的情形外,通过入围方式设置备选库、名录库、资格库作为参与政府采购活动的资格条件,妨碍供应商进入政府采购市场;

(三)要求供应商在政府采购活动前进行不必要的登记、注册,或者要求设立分支机构,设置或者变相设置进入政府采购市场的障碍;

(四)设置或者变相设置供应商规模、成立年限等门槛,限制供应商参与政府采购活动;

(五)要求供应商购买指定软件,作为参加电子化政府采购活动的条件;

(六)不依法及时、有效、完整发布或者提供采购项目信息,妨碍供应商参与政府采购活动;

(七)强制要求采购人采用抓阄、摇号等随机方式或者比选方式选择采购代理机构,干预采购人自主选择采购代理机构;

(八)设置没有法律法规依据的审批、备案、监管、处罚、收费等事项;

(九)除《政府采购货物和服务招标投标管理办法》第六十八条规定的情形外,要求采购人采用随机方式确定中标、成交供应商;

(十)违反法律法规相关规定的其他妨碍公平竞争的情形。

各地区、各部门要抓紧清理政府采购领域妨碍公平竞争的规定和做法,有关清理结果要及时向社会公开,并于2019年10月31日前报送财政部。

二、严格执行公平竞争审查制度

各地区、各部门制定涉及市场主体的政府采购制度办法，要严格执行公平竞争审查制度，充分听取市场主体和相关行业协会商会意见，评估对市场竞争的影响，防止出现排除、限制市场竞争问题。重点审查制度办法是否设置不合理和歧视性的准入条件排斥潜在供应商参与政府采购活动，是否设置没有法律法规依据的行政审批或者具有审批性质的备案，是否违规给予特定供应商优惠待遇等。经审查认为不具有排除、限制竞争效果的，可以颁布实施；具有排除、限制竞争效果的，应当不予出台或者调整至符合相关要求后出台；未经公平竞争审查的，不得出台。

在政府采购相关制度办法实施过程中，应当定期或者适时评估其对全国统一市场和公平竞争的影响，对妨碍统一市场和公平竞争的，要及时修改完善或者予以废止。

三、加强政府采购执行管理

优化采购活动办事程序。对于供应商法人代表已经出具委托书的，不得要求供应商法人代表亲自领购采购文件或者到场参加开标、谈判等。对于采购人、采购代理机构可以通过互联网或者相关信息系统查询的信息，不得要求供应商提供。除必要的原件核对外，对于供应商能够在线提供的材料，不得要求供应商同时提供纸质材料。对于供应商依照规定提交各类声明函、承诺函的，不得要求其再提供有关部门出具的相关证明文件。

细化采购活动执行要求。采购人允许采用分包方式履行合同的，应当在采购文件中明确可以分包履行的具体内容、金额或者比例。采购人、采购代理机构对投标（响应）文件的格式、形式要求应当简化明确，不得因装订、纸张、文件排序等非实质性的格式、形式问题限制和影响供应商投标（响应）。实现电子化采购的，采购人、采购代理机构应当向供应商免费提供电子采购文件；暂未实现电子化采购的，鼓励采购人、采购代理机构向供应商免费提供纸质采购文件。

规范保证金收取和退还。采购人、采购代理机构应当允许供应商自主选择以支票、汇票、本票、保函等非现金形式缴纳或提交保证金。收取投标（响应）保证金的，采购人、采购代理机构约定的到账（保函提交）截止时间应当与投标（响应）截止时间一致，并按照规定及时退还供应商。收取履约保证金的，应当在采购合同中约定履约保证金退还的方式、时间、条件和不予退还的情形，明确逾期退还履约保证金的违约责任。采购人、采购代理机构不得收取没有法律法规依据的保证金。

及时支付采购资金。政府采购合同应当约定资金支付的方式、时间和条件，明确逾期支付资金的违约责任。对于满足合同约定支付条件的，采购人应当自收到发票后30日内将资金支付到合同约定的供应商账户，不得以机构变动、人员更替、政策调整等为由延迟付款，不得将采购文件和合同中未规定的义务作为向供应商付款的条件。

完善对供应商的利益损害赔偿和补偿机制。采购人和供应商应当在政府采购合同中明确约定双方的违约责任。对于因采购人原因导致变更、中止或者终止政府采购合同的，采购人应当依照合同约定对供应商受到的损失予以赔偿或者补偿。

四、加快推进电子化政府采购

推进采购项目电子化实施。要加快完善电子化政府采购平台的网上交易功能，实现在线发布采购公告、提供采购文件、提交投标（响应）文件，实行电子开标、电子评审。逐步建立电子化政府采购平台与财政业务、采购单位内部管理等信息系统的衔接，完善和优化合同签订、履约验收、信用评价、用户反馈、提交发票、资金支付等线上流程。

加快实施“互联网+政府采购”行动。积极推进电子化政府采购平台和电子卖场建设，建立健全统一的技术标准和数据规范，逐步实现全国范围内的互联互通，推动与公共资源交易平台数据共享，提升供应商参与政府采购活动的便利程度。

五、进一步提升政府采购透明度

加强政府采购透明度建设。完善政府采购信息发布平台服务功能。中国政府采购网及地方分网等政府采购信息发布平台应当提供便捷、免费的在线检索服务，向市场主体无偿提供所有依法公开的政府采购信息。推进开标活动对外公开，在保证正常开标秩序的前提下，允许除投标人及其代表之外的其他人员观摩开标活动。

推进采购意向公开。采购意向包括主要采购项目、采购内容及需求概况、预算金额、预计采购时间等。为便于供应商提前了解采购信息，各地区、各部门应当创造条件积极推进采购意向公开（涉密信息除外）。自2020年起，选择部分中央部门和地方开展公开采购意向试点。在试点基础上，逐步实现各级预算单位采购意向公开。

六、完善政府采购质疑投诉和行政裁决机制

畅通供应商质疑投诉渠道。研究建立与“互联网+政府采购”相适应的快速裁决通道，为供应商提供标准统

一、高效便捷的维权服务。对供应商提出的质疑和投诉，采购人、采购代理机构和各级财政部门应当依法及时答复和处理。完善质疑答复内部控制制度，有条件的采购人和集中采购机构应当实现政府采购质疑答复岗位与操作执行岗位相分离，进一步健全政府采购质疑投诉处理机制。

依法依规实施行政处罚。各级财政部门实施政府采购行政处罚，应当依法保障当事人的告知权、陈述权、申辩权、听证权等，保证程序合法。坚持处罚和教育相结合的原则，正确适用和区分从轻处罚、减轻处罚和不予处罚情形，作出的行政处罚应与违法行为的事实、性质、情节以及社会危害程度相当。

各地区、各部门要充分认识维护政府采购公平竞争市场秩序、优化政府采购营商环境的重要意义，加强组织领导，明确工作责任，周密安排部署，强化监督检查，确保各项要求落实到位。

本通知自 2019 年 9 月 1 日起施行。

政府采购合作创新采购方式管理暂行办法

·2024 年 4 月 24 日

·财库〔2024〕13 号

第一章 总 则

第一条 为贯彻落实党中央、国务院关于加快实施创新驱动发展战略有关要求，支持应用科技创新，根据《中华人民共和国政府采购法》和《中华人民共和国科学技术进步法》等有关法律，制定本办法。

第二条 合作创新采购是指采购人邀请供应商合作研发，共担研发风险，并按研发合同约定的数量或者金额购买研发成功的创新产品的采购方式。合作创新采购方式分为订购和首购两个阶段。

订购是指采购人提出研发目标，与供应商合作研发创新产品并共担研发风险的活动。

首购是指采购人对于研发成功的创新产品，按照研发合同约定采购一定数量或者一定金额相应产品的活动。

前款所称创新产品，应当具有实质性的技术创新，包含新的技术原理、技术思想或者技术方法。对现有产品的改型以及对既有技术成果的验证、测试和使用等没有实质性技术创新的，不属于本办法规定的创新产品范围。

第三条 采购项目符合国家科技和相关产业发展规划，有利于落实国家重大战略目标任务，并且具有下列情形之一的，可以采用合作创新采购方式采购：

（一）市场现有产品或者技术不能满足要求，需要进行技术突破的；

（二）以研发创新产品为基础，形成新范式或者新的解决方案，能够显著改善功能性能，明显提高绩效的；

（三）国务院财政部门规定的其他情形。

第四条 中央和省级（含计划单列市）主管预算单位对符合本办法第三条规定情形的采购项目，可以采用合作创新采购方式。中央和省级主管预算单位可以开展合作创新采购，也可以授权所属预算单位开展合作创新采购。设区的市级主管预算单位经省级主管部门批准，可以采用合作创新采购方式。实施合作创新采购的，应当在部门预算中列明研发经费。

采购人可以委托采购代理机构代理合作创新采购，采购代理机构应当在委托的范围内依法开展采购活动。

第五条 合作创新采购应当建立合理的风险分担与激励机制，鼓励有研发能力的国有企业、民营企业、外商投资企业，高等院校，科研机构等各类供应商积极参与，发挥财政资金对全社会应用技术研发的辐射效应，促进科技创新。

第六条 合作创新采购应当落实国家安全有关法律法规要求。国家有关部门依法对涉及国家安全的合作创新采购活动开展安全审查。

第二章 需求管理

第七条 采购人开展合作创新采购前，应当开展市场调研和专家论证，科学设定合作创新采购项目的最低研发目标、最高研发费用和研发期限。

最低研发目标包括创新产品的主要功能、性能，主要服务内容、服务标准及其他产出目标。

最高研发费用包括该项目用于研发成本补偿的费用和创新产品的首购费用，还可以设定一定的激励费用。

第八条 合作创新采购，除只能从有限范围或者唯一供应商处采购以外，采购人应当通过公开竞争确定研发供应商。

第九条 合作创新采购中，采购人应当按照有利于降低研发风险的要求，围绕供应商需具备的研发能力设定资格条件，可以包括合作创新采购项目所必需的已有专利、计算机软件著作权、专有技术类别，同类项目的研发业绩，供应商已具备的研究基础等。

两个以上的供应商可以组成一个联合体，参与合作创新采购。

合作创新采购的研发活动应当在中国境内进行。除涉及国家安全和国家秘密的采购项目外，采购人应当保障内外资企业平等参与合作创新采购活动。

第十条 采购人开展合作创新采购应当落实政府采购支持中小企业发展相关政策。采购人应当结合采购项目情况和中小企业承接能力设置采购包，专门面向中小企业采购；对于工作内容难以分割的综合性采购项目，采购人应当要求获得采购合同的供应商将采购项目中的一定比例分包给中小企业，推动中小企业参与创新研发活动。

第十一条 合作创新采购中产生的各类知识产权，按照《中华人民共和国民法典》、《中华人民共和国科学技术进步法》以及知识产权等相关法律规定，原则上属于供应商享有，但是法律另有规定或者研发合同另有约定的除外。

知识产权涉及国家安全、国家利益或者重大社会公共利益的，应当约定由采购人享有或者约定共同享有。

第十二条 采购人开展合作创新采购前，应当制定采购方案。采购方案包括以下内容：

（一）创新产品的最低研发目标、最高研发费用、应用场景和研发期限；

（二）供应商邀请方式；

（三）谈判小组组成，评审专家选取办法，评审方法以及初步的评审标准；

（四）给予研发成本补偿的成本范围及该项目用于研发成本补偿的费用限额；

（五）是否开展研发中期谈判；

（六）关于知识产权权属、利益分配、使用方式的初步意见；

（七）创新产品的迭代升级服务要求；

（八）研发合同应当包括的主要条款；

（九）研发风险分析和风险管控措施；

（十）需要确定的其他事项。

采购人应当对采购方案的科学性、可行性、合规性等开展咨询论证，并按照《政府采购需求管理办法》有关规定履行内部审查、核准程序后实施。

第十三条 采购人应当按照政府采购有关规定，在省级以上人民政府财政部门指定的媒体上及时发布合作创新采购项目信息，包括采购意向、采购公告、研发谈判文件、成交结果、研发合同、首购协议等，但涉及国家秘密、商业秘密的信息，以及其他依照法律、行政法规和国家有关规定不得公开的信息除外。

第十四条 采购人、供应商、评审专家以及相关人员应当严格保守参与合作创新采购活动中所获悉的国家秘密、工作秘密和商业秘密。除已公开的信息外，未经当事人同意，不得将其提供的信息用于其他目的。

第三章 订购程序

第十五条 采购人应当组建谈判小组，谈判小组由采购人代表和评审专家共五人以上单数组成。采购人应当自行选定相应专业领域的评审专家。评审专家中应当包含一名法律专家和一名经济专家。谈判小组具体人员组成比例，评审专家选取办法及采购过程中的人员调整程序按照采购人内部控制管理制度确定。

谈判小组负责供应商资格审查、创新概念交流、研发竞争谈判、研发中期谈判和首购评审等工作。

第十六条 采购人应当发布合作创新采购公告邀请供应商，但受基础设施、行政许可、确需使用不可替代的知识产权或者专有技术等限制，只能从有限范围或者唯一供应商处采购的，采购人可以直接向所有符合条件的供应商发出合作创新采购邀请书。

以公告形式邀请供应商的，公告期限不得少于五个工作日。合作创新采购公告、合作创新采购邀请书应当包括采购人和采购项目名称，创新产品的最低研发目标、最高研发费用、应用场景及研发期限，对供应商的资格要求以及供应商提交参与合作创新采购申请文件的时间和地点等。同时，采购人应当在合作创新采购公告、合作创新采购邀请书中明确，最低研发目标、最高研发费用可能根据创新概念交流情况进行实质性调整。

提交参与合作创新采购申请文件的时间自采购公告、邀请书发出之日起不得少于二十个工作日。采购人应当在合作创新采购公告、合作创新采购邀请书中载明是否接受联合体参与。如未载明，不得拒绝联合体参与。

谈判小组依法对供应商的资格进行审查。提交申请文件或者通过资格审查的供应商只有两家或者一家的，可以按照本办法规定继续开展采购活动。

第十七条 谈判小组集中与所有通过资格审查的供应商共同进行创新概念交流，交流内容包括创新产品的最低研发目标、最高研发费用、应用场景及采购方案的其他相关内容。

创新概念交流中，谈判小组应当全面及时回答供应商提问。必要时，采购人或者其授权的谈判小组可以组织供应商进行集中答疑和现场考察。

采购人根据创新概念交流情况，对采购方案内容进行实质性调整的，应当按照内部控制管理制度有关规定，履行必要的内部审查、核准程序。

第十八条　采购人根据创新概念交流结果，形成研发谈判文件。研发谈判文件主要内容包括：

（一）创新产品的最低研发目标、最高研发费用、应用场景、研发期限及有关情况说明；

（二）研发供应商数量；

（三）给予单个研发供应商的研发成本补偿的成本范围和限额，另设激励费用的，明确激励费用的金额；

（四）创新产品首购数量或者金额；

（五）评审方法与评审标准，在谈判过程中不得更改的主要评审因素及其权重，以及是否采用两阶段评审；

（六）对研发进度安排及相应的研发中期谈判阶段划分的响应要求；

（七）各阶段研发成本补偿的成本范围和金额、标志性成果的响应要求；

（八）研发成本补偿费用的支付方式、时间和条件；

（九）创新产品的验收方法与验收标准；

（十）首购产品的评审标准；

（十一）关于知识产权权属、利益分配、使用方式等的响应要求；

（十二）落实支持中小企业发展等政策的要求；

（十三）创新产品的迭代升级服务要求；

（十四）研发合同的主要条款；

（十五）响应文件编制要求，提交方式、提交截止时间和地点，以及响应文件有效期；

（十六）省级以上财政部门规定的其他事项。

本办法所称评审因素，主要包括供应商研发方案，供应商提出的研发成本补偿金额和首购产品金额的报价，研发完成时间，创新产品的售后服务方案等。其中，供应商研发方案的分值占总分值的比重不得低于百分之五十。

本办法所称标志性成果，包括形成创新产品的详细设计方案、技术原理在实验室环境获得验证通过、创新产品的关键部件研制成功、生产出符合要求的模型样机以及创新产品通过采购人试用和履约验收等。

第十九条　采购人应当向所有参与创新概念交流的供应商提供研发谈判文件，邀请其参与研发竞争谈判。从研发谈判文件发出之日起至供应商提交首次响应文件截止之日止不得少于十个工作日。

采购人可以对已发出的研发谈判文件进行必要的澄清或者修改，但不得改变采购标的和资格条件。澄清或者修改的内容可能影响响应文件编制，导致供应商准备时间不足的，采购人按照研发谈判文件规定，顺延提交响应文件的时间。

第二十条　供应商应当根据研发谈判文件编制响应文件，对研发谈判文件的要求作出实质性响应。响应文件包括以下内容：

（一）供应商的研发方案。

（二）研发完成时间。

（三）响应报价，供应商应当对研发成本补偿金额和首购产品金额分别报价，且各自不得高于研发谈判文件规定的给予单个研发供应商的研发成本补偿限额和首购费用。首购产品金额除创新产品本身的购买费用以外，还包括创新产品未来一定期限内的运行维护等费用。

（四）各阶段的研发成本补偿的成本范围和金额。

（五）创新产品的验收方法与验收标准。

（六）创新产品的售后服务方案。

（七）知识产权权属、利益分配、使用方式等。

（八）创新产品的迭代升级服务方案。

（九）落实支持中小企业发展等政策要求的响应内容。

（十）其他需要响应的内容。

本办法所称供应商的研发方案，包括研发产品预计能实现的功能、性能，服务内容、服务标准及其他产出目标；研发拟采用的技术路线及其优势；可能出现的影响研发的风险及其管控措施；研发团队组成、团队成员的专业能力和经验；研发进度安排和各阶段标志性成果说明等。

第二十一条　谈判小组集中与单一供应商分别进行谈判，对相关内容进行细化调整。谈判主要内容包括：

（一）创新产品的最低研发目标、验收方法与验收标准；

（二）供应商的研发方案；

（三）研发完成时间；

（四）研发成本补偿的成本范围和金额，及首购产品金额；

（五）研发竞争谈判的评审标准；

（六）各阶段研发成本补偿的成本范围和金额；

（七）首购产品的评审标准；

（八）知识产权权属、利益分配、使用方式等；

（九）创新产品的迭代升级服务方案；

（十）研发合同履行中可能出现的风险及其管控措施。

在谈判中，谈判小组可以根据谈判情况实质性变动谈判文件有关内容，但不得降低最低研发目标、提高最高研发费用，也不得改变谈判文件中的主要评审因素及其权重。

谈判结束后，谈判小组根据谈判结果，确定最终的谈判文件，并以书面形式同时通知所有参加谈判的供应商。供应商按要求提交最终响应文件，谈判小组给予供应商的响应时间应当不少于五个工作日。提交最终响应文件的供应商只有两家或者一家的，可以按照本办法规定继续开展采购活动。

第二十二条 谈判小组对响应文件满足研发谈判文件全部实质性要求的供应商开展评审，按照评审得分从高到低排序，推荐成交候选人。

谈判小组根据谈判文件规定，可以对供应商响应文件的研发方案部分和其他部分采取两阶段评审，先评审研发方案部分，对研发方案得分达到规定名次的，再综合评审其他部分，按照总得分从高到低排序，确定成交候选人。

第二十三条 采购人根据谈判文件规定的研发供应商数量和谈判小组推荐的成交候选人顺序，确定研发供应商，也可以书面授权谈判小组直接确定研发供应商。研发供应商数量最多不得超过三家。成交候选人数量少于谈判文件规定的研发供应商数量的，采购人可以确定所有成交候选人为研发供应商，也可以重新开展政府采购活动。采购人应当依法与研发供应商签订研发合同。

只能从唯一供应商处采购的，采购人与供应商应当遵照本办法规定的原则，根据研发成本和可参照的同类项目合同价格协商确定合理价格，明确创新产品的功能、性能，研发完成时间，研发成本补偿的成本范围和金额，首购产品金额，研发进度安排及相应的研发中期谈判阶段划分等合同条件。

第二十四条 采购人根据研发合同约定，组织谈判小组与研发供应商在研发不同阶段就研发进度、标志性成果及其验收方法与标准、研发成本补偿的成本范围和金额等问题进行研发中期谈判，根据研发进展情况对相关内容细化调整，但每个研发供应商各阶段补偿成本范围不得超过研发合同约定的研发成本补偿的成本范围，且各阶段成本补偿金额之和不得超过研发合同约定的研发成本补偿金额。研发中期谈判应当在每一阶段开始前完成。

每一阶段约定期限到期后，研发供应商应当提交成果报告和成本说明，采购人根据研发合同约定和研发中期谈判结果支付研发成本补偿费用。研发供应商提供的标志性成果满足要求的，进入下一研发阶段；研发供应商未按照约定完成标志性成果的，予以淘汰并终止研发合同。

第二十五条 对于研发供应商提交的最终定型的创新产品和符合条件的样品，采购人应当按照研发合同约定的验收方法与验收标准开展验收，验收时可以邀请谈判小组成员参与。

第四章 首购程序

第二十六条 采购人按照研发合同约定开展创新产品首购。

只有一家研发供应商研制的创新产品通过验收的，采购人直接确定其为首购产品。有两家以上研发供应商研制的创新产品通过验收的，采购人应当组织谈判小组评审，根据研发合同约定的评审标准确定一家研发供应商的创新产品为首购产品。

首购评审综合考虑创新产品的功能、性能、价格、售后服务方案等，按照性价比最优的原则确定首购产品。此时研发供应商对首购产品金额的报价不得高于研发谈判文件规定的首购费用。

采购人应当在确定首购产品后十个工作日内在省级以上人民政府财政部门指定的媒体上发布首购产品信息，并按照研发合同约定的创新产品首购数量或者金额，与首购产品供应商签订创新产品首购协议，明确首购产品的功能、性能，服务内容和服务标准，首购的数量、单价和总金额，首购产品交付时间，资金支付方式和条件等内容，作为研发合同的补充协议。

第二十七条 研发合同有效期内，供应商按照研发合同约定提供首购产品迭代升级服务，用升级后的创新产品替代原首购产品。

因采购人调整创新产品功能、性能目标需要调整费用的，增加的费用不得超过首购金额的百分之十。

第二十八条 其他采购人有需求的，可以直接采购指定媒体上公布的创新产品，也可以在不降低创新产品核心技术参数的前提下，委托供应商对创新产品进行定制化改造后采购。

其他采购人采购创新产品的，应当在该创新产品研发合同终止之日前，以不高于首购价格的价格与供应商平等自愿签订采购合同。

第二十九条 国务院财政部门会同国务院相关行业主管部门选择首购产品中的重点产品制定相应的采购需求标准，推荐在政府采购中使用；对涉及国家安全的创新产品，可以实行强制采购。

第五章 研发合同管理

第三十条 采购人应当根据研发谈判文件的所有实

质性要求以及研发供应商的响应文件签订研发合同。研发合同应当包括以下内容：

（一）采购人以及研发供应商的名称、地址和联系方式；

（二）采购项目名称、编号；

（三）创新产品的功能、性能，服务内容、服务标准及其他产出目标；

（四）研发成本补偿的成本范围和金额，另设激励费用的，激励费用的金额；

（五）创新产品首购的数量、单价和总金额；

（六）研发进度安排及相应的研发中期谈判阶段划分；

（七）各阶段研发成本补偿的成本范围和金额、标志性成果；

（八）研发成本补偿费用的支付方式、时间和条件；

（九）创新产品验收方法与验收标准；

（十）首购产品评审标准；

（十一）创新产品的售后服务和迭代升级服务方案；

（十二）知识产权权属约定、利益分配、使用方式等；

（十三）落实支持中小企业发展等政策的要求；

（十四）研发合同期限；

（十五）合同履行中可能出现的风险及其管控措施；

（十六）技术信息和资料的保密；

（十七）合同解除情形；

（十八）违约责任；

（十九）争议解决方式；

（二十）需要约定的其他事项。

研发合同约定的各阶段补偿成本范围和金额、标志性成果，在研发中期谈判中作出细化调整的，采购人应当就变更事项与研发供应商签订补充协议。

第三十一条　研发合同期限包括创新产品研发、迭代升级以及首购交付的期限，一般不得超过两年，属于重大合作创新采购项目的，不得超过三年。

第三十二条　研发合同为成本补偿合同。成本补偿的范围包括供应商在研发过程中实际投入的设备费、业务费、劳务费以及间接费用等。

采购人应当按照研发合同约定向研发供应商支付研发成本补偿费用和激励费用。

预留份额专门面向中小企业的合作创新采购项目，联合协议或者分包意向协议应当明确按照研发合同成本补偿规定分担风险。

第三十三条　采购人应当向首购产品供应商支付预付款用于创新产品生产制造。预付款金额不得低于首购协议约定的首购总金额的百分之三十。

第三十四条　研发合同履行中，因市场已出现拟研发创新产品的同类产品等情形，采购人认为研发合同继续履行没有意义的，应当及时通知研发供应商终止研发合同，并按研发合同约定向研发供应商支付相应的研发成本补偿费用。

因出现无法克服的技术困难，致使研发失败或者部分失败的，研发供应商应当及时通知采购人终止研发合同，并采取适当补救措施减少损失，采购人按研发合同约定向研发供应商支付相应的研发成本补偿费用。因研发供应商违反合同约定致使研发工作发生重大延误、停滞或者失败的，采购人可以解除研发合同，研发供应商承担相应违约责任。

第六章　争议处理、监督检查和法律责任

第三十五条　供应商认为邀请参与合作创新采购的过程、资格审查的过程使自己的合法权益受到损害的，可以依法提起质疑、投诉。

参与研发竞争谈判、研发中期谈判、首购评审的供应商认为研发谈判文件、采购过程和成交结果使自己的合法权益受到损害的，可以依法提起质疑、投诉。

第三十六条　财政部门应当依法加强对合作创新采购活动的监督检查，检查发现采购人、采购代理机构、供应商存在违反本办法规定行为的，由财政部门责令限期改正。

第三十七条　违反本办法规定，经责令限期改正后仍然影响或者可能影响成交结果或者合同履行的，依照政府采购法律、行政法规、规章处理。

第三十八条　政府采购当事人违反本办法规定，给他人造成损失的，依法承担民事责任。

第七章　附　则

第三十九条　合作创新采购项目涉及国家秘密的，其采购代理机构委托、供应商资格条件、竞争范围、信息发布等按照涉密政府采购有关规定执行。

第四十条　各省、自治区、直辖市财政部门可以根据本办法制定具体实施办法。

第四十一条　本办法所称中国境内，是指适用《中华人民共和国海关法》的中华人民共和国行政管辖区域，不包括香港、澳门和台湾金马等单独关境地区。

第四十二条　本办法自 2024 年 6 月 1 日起施行。

关于规范中央企业采购管理工作的指导意见

· 2024 年 7 月 18 日
· 国资发改革规〔2024〕53 号

为贯彻落实党中央、国务院部署要求，进一步规范中央企业采购管理工作，激发市场竞争活力，有效防范违法违规行为，全面提升中央企业采购与供应链管理水平，提出以下意见。

一、总体要求

以习近平新时代中国特色社会主义思想为指导，深入贯彻党的二十大精神，全力打造依法合规、公开透明、集约高效的供应链，切实提升产业链供应链韧性和安全水平，建立健全中央企业采购管理体系，增强采购价值创造能力，全面推动中央企业采购管理规范化、精益化、协同化、智慧化发展。

（一）坚持依法合规。严格遵循国家招投标相关法律法规及行业政策要求，同时进一步明确招标以外的采购方式和管控要点，切实规范中央企业采购行为。

（二）坚持公开公正。平等对待中央企业内部和外部各市场参与主体，破除行业垄断和保护主义，完善企业内控监督机制，防止国有资产流失。

（三）坚持竞争择优。广泛搜寻供应资源，充分激活市场竞争，以性能价格比最佳、全生命周期综合成本最优为目标，优选供应商、承包商或服务商。

（四）坚持协同高效。整合内外部资源，推动供应链上下游协作，助力资源共享、优势互补、集约高效、合作共赢，提升产业链供应链韧性和安全水平。

二、合理选择采购方式

对于《中华人民共和国招标投标法》、《中华人民共和国招标投标法实施条例》、《工程建设项目施工招标投标办法》等明确规定必须采取招标方式采购的项目，中央企业应当严格执行。对于不属于工程建设项目的采购活动，未达到《必须招标的工程项目规定》（国家发展改革委令 2018 年第 16 号）所规定的招标规模标准的工程建设采购项目，以及国家招标投标相关法律法规明确可以不进行招标的项目，中央企业除自愿采取招标方式外，应当选择下列四种方式之一进行。

（一）询比采购。

询比采购是指由 3 个及以上符合资格条件的供应商一次报出不得更改的价格，经评审确定成交供应商的采购方式。

适用条件为同时满足以下三种情形：一是采购人能够清晰、准确、完整地提出采购需求；二是采购标的物的技术和质量标准化程度较高；三是市场资源较丰富、竞争充分，潜在供应商不少于 3 家。

（二）竞价采购。

竞价采购是指由 3 个及以上符合资格条件的供应商在规定时间内多轮次公开竞争报价，按照最终报价确定成交供应商的采购方式。

适用条件为同时满足以下四种情形：一是采购人能够清晰、准确、完整地提出采购需求；二是采购标的物的技术和质量标准化程度较高；三是采购标的物以价格竞争为主；四是市场资源较丰富、竞争充分，潜在供应商不少于 3 家。

（三）谈判采购。

谈判采购是指同时与 2 个及以上符合资格条件的供应商分别进行一轮或多轮谈判，经评审确定成交供应商的竞争采购方式。

适用条件为满足以下情形之一：一是采购标的物技术复杂或性质特殊，采购方不能准确提出采购需求，需与供应商谈判后研究确定；二是采购需求明确，但有多种实施方案可供选择，采购人需通过与供应商谈判确定实施方案；三是市场供应资源缺乏，符合资格条件供应商只有 2 家；四是采购由供需双方以联合研发、共担风险模式形成的原创性商品或服务。

（四）直接采购。

直接采购是指与特定的供应商进行一轮或多轮商议，根据商议情况确定成交供应商的非竞争采购方式。

适用条件为满足以下情形之一：一是涉及国家秘密、国家安全或企业重大商业秘密，不适宜竞争性采购；二是因抢险救灾、事故抢修等不可预见的特殊情况需要紧急采购；三是需采用不可替代的专利或者专有技术；四是需向原供应商采购，否则将影响施工或者功能配套要求；五是有效供应商有且仅有 1 家；六是为保障重点战略物资稳定供应，需签订长期协议定向采购；七是国家有关部门文件明确的其他情形。

此外，对于围绕核心主业需集团内相关企业提供必要配套产品或服务的情形，如确需采用直接采购方式，应当由集团总部采取有效措施，加强集中管理，采购人分级履行决策程序后报上级企业备案。

三、强化采购寻源和供应商管理

充分利用全国企业采购交易寻源询价系统等数智化手段，广泛开展寻源比价，有效识别供应商弄虚作假、串通报价、履约能力不足等风险，开展全生命周期评价，建立合格供应商名录并做好动态管理和评价工作。对供应商实施量化考核，综合供应商考核结果及资质信用、管理水平、创新能力等，分级管理供应商，深化与优质供应商长期稳定合作。强化中央企业间供应商信息和考核结果的公开、共享和规范应用，探索相关行业内部建立高风险供应商名单，条件成熟后逐步推广高风险供应商名单信息共享，同时不得将未纳入高风险供应商名单作为参与采购的基本资格条件，不得将有解决纠纷诉求的合规供应商纳入高风险供应商名单管理，不得排斥或限制潜在供应商。

四、完善采购执行和评审机制

（一）健全采购执行机制。中央企业应当按照程序并依照国家有关标准制定采购计划、编制采购文件、发出采购公告或邀请书、发送采购文件、组织采购评审、确定成交供应商、签订合同。小额零星采购可适当简化采购流程。应当根据情况专门制定抢险救灾、应对突发性公共事件等应急采购项目的采购流程。

（二）完善评审专家机制。采购评审应当保密、公平、公正，任何单位和个人不得非法干预、影响评审的过程和结果。除依法应当进行招标的项目外，视技术标准、金额大小、采购方式等综合判断采购事项重要程度，考量组成专家评审小组的必要性，并将组建专家评审小组的标准纳入采购制度范围。专家评审小组应当选取专业要求、工作经历等匹配的专家，鼓励包含采购企业外人员。探索在同行业中央企业间共建评审专家库，采用行业共享、联合共建等方式扩大评审专家队伍。强化评审专家入库审查、业务培训和廉洁教育，提升专家履职能力。

五、推动采购活动公开透明

除直接采购及其他采购方式中涉密等特殊项目外，企业应当根据行业属性，结合企业实际确定公开采购限额基准线。限额以上的采购项目原则上应当采用公开方式，在本企业电子采购交易平台或省级及以上媒介公告公示采购信息。结果确定后，应当在发布采购公告的媒介上公示采购结果。采用直接采购方式并公开的，应当在采购前公示项目情况（涉密等特殊项目除外）。

六、提升采购数智化水平

（一）深化电子采购系统应用。支持中央企业电子采购与大数据、人工智能、区块链等新技术融合发展，依托电子采购交易网络搭建交易平台，实现业务公开、过程受控、全程在线、永久可追溯。在确保规则标准统一、设施联通的前提下，企业可自行建设电子采购交易系统，相关系统应当与国家电子招标投标公共服务系统、中央企业采购交易在线监管系统互联互通，纳入统一的公共资源交易平台体系。暂未自建交易平台的企业，可自主选择提供合理收费和优质服务的其他中央企业、地方或第三方电子交易系统。严格规范电子采购平台收费行为，合理确定收费标准，不得重复收费，不得将收费作为前置条件排斥或限制潜在供应商。

（二）大力推广企业电子商城。鼓励中央企业自建电子商城，并将标准工业品、低值易耗品、通用服务项目等通过企业电子商城采购。企业电子商城应当通过竞争性方式依法合规确定铺货供应商，约定商品上下架、价格调整、风险分担、支付结算等交易规则。电子商城应当具备比质比价功能，不断优化业务流程与交易管控，择优选取所需商品。

七、加大集中采购力度

大力推广标准化设计、标准化选型，整合同类型需求，积极推行集中采购，增强企业议价和协调能力、提高整体效益。集团总部汇总各子企业一定时期内所需的工程、货物或服务，按照分类分级集中采购目录清单，统一组织多项目联合打捆采购或框架协议采购，可采用“统谈统签”或“统谈分签”的模式。对于相似度高、采购量大的产品品类，在不违背反垄断市场竞争规则前提下，支持中央企业开展联合采购。

八、发挥采购对科技创新的支撑作用

对于原创技术策源地企业、创新联合体、启航企业等产生的创新产品和服务，工业和信息化部等部门相关名录所列首台（套）装备、首批次材料、首版次软件，以及《中央企业科技创新成果推荐目录》成果，在兼顾企业经济性情况下，可采用谈判或直接采购方式采购，鼓励企业预留采购份额并先试先用。首台（套）装备、首批次材料、首版次软件参与采购活动时，仅需提交相关证明材料，即视同满足市场占有率、使用业绩等要求，中央企业不得设置歧视性评审标准。在卫星导航、芯片、高端数控机床、工业机器人、先进医疗设备等科技创新重点领域，充分发挥中央企业采购使用的主力军作用，带头使用创新产品。

九、鼓励更好履行社会责任

（一）大力扶持中小企业发展。中央企业应当支持中小企业参与采购活动，不得违法限定供应商所在地、所有制形式、组织形式、注册资本、股权结构、经营年限等，或者设定其他不合理的条件排斥、限制中小企业参与采购活动。鼓励中央企业通过预留采购份额、优先安排价款支付等方式给予中小企业积极支持。

（二）坚决落实政策性采购要求。认真落实党中央、国务院关于全面推进乡村振兴和援疆援藏援青的决策部署，预留一定份额采购预算，科学合理确定采购方式，同等条件下优先采购脱贫地区、革命老区、民族地区和边疆地区产品。积极支持定点帮扶和对口支援地区的企业、产品入驻自有电商平台和市场销售渠道。

十、组织实施

（一）加强组织保障。各中央企业要高度重视采购与供应链管理工作，强化集团总部管理职能，进一步提升采购管控能力，结合实际优化完善机构设置，建立健全跨部门的采购管理协同工作机制。加强对计划、采购、生产、物流等业务活动的集中管理，实现资源精准匹配、服务快速响应，推动采购管理向供应链管理转型升级，全面提升采购与供应链管理的战略支撑、价值创造、风险防控功能和资源保障能力。

（二）健全制度体系。各中央企业要按照本指导意见要求，参考相关国家标准、行业标准，抓紧制定或修订采购管理制度和实施细则，明确采购计划、采购实施、合同签订与履行等操作程序和全流程管控要点，建立健全覆盖各类采购方式的采购管理制度体系，切实抓好内部采购制度建设，确保采购有章可循、规范管理。

（三）抓好监督落实。国务院国资委充分应用中央企业采购交易在线监管系统等平台工具，进一步加强对中央企业采购管理工作的监管，将采购管理绩效结果纳入中央企业采购与供应链管理对标评估等工作评价体系，对采购工作中存在的违规违纪违法问题严肃追责问责，切实加强对采购业务的内部控制、内部审计监督。建立健全“互联网+监督”机制，加强宣传引导和舆论监督，为推动中央企业采购工作规范健康发展营造良好氛围。

（二）单位采购政策

1. 办公用品采购

政府机关使用正版软件管理办法

·2013年8月15日
·国办发〔2013〕88号

第一条 为进一步规范政府机关使用正版软件行为，建立长效机制，根据《中华人民共和国著作权法》、《中华人民共和国审计法》、《中华人民共和国政府采购法》、《中华人民共和国预算法》和《计算机软件保护条例》，制定本办法。

第二条 本办法所称软件包括计算机操作系统软件、办公软件和杀毒软件三类通用软件。

第三条 各级政府机关的计算机办公设备及系统必须使用正版软件，禁止使用未经授权和未经软件产业主管部门登记备案的软件。

各级政府机关工作人员不得随意在计算机办公设备及系统中安装或卸载软件。

第四条 国务院各部门、地方各级政府及其部门对本部门和本地区政府机关使用正版软件工作负总责，其主要负责人是使用正版软件工作的第一责任人；负责信息化工作的部门及其负责人具体负责本地区、本单位使用正版软件的推进工作。

第五条 各级政府机关要按照勤俭节约、确保政府信息安全的原则，充分考虑实际工作需要和软件性价比，科学合理制定软件采购年度计划。

各级财政部门应当将政府机关软件采购经费纳入本级财政预算。

第六条 各级政府机关采购软件应当严格执行《中华人民共和国政府采购法》的有关规定，严格遵守国家软件产品管理制度，采购软件产业主管部门登记备案的软件产品。

各级政府机关应当规范政府采购软件行为，建立健全相关工作机制，准确核实拟采购软件的知识产权状况，防止侵权盗版软件产品进入政府采购渠道。

各级政府机关应当明确需采购软件的兼容性、授权方式、信息安全、使用年限、技术支持与软件升级等售后服务要求，对需要购置的纳入政府集中采购目录的软件，依法实行政府采购。

政府集中采购机构负责组织实施政府机关软件集中采购，采取协议供货等采购形式，定期公布软件价格、供应商目录等。

各级政府机关购置计算机办公设备时，应当采购预装正版操作系统软件的计算机产品，对需要购置的办公软件和杀毒软件一并作出购置计划。

第七条 各级政府机关通过各种方式形成的软件资产均属于国有资产，应当按照《固定资产分类与代码》（GB/T 14885—2010）等有关国家标准和规定纳入部门资产管理体系，软件配置、使用、处置等应当严格执行国有资产管理相关制度，防止因机构调整、系统或软件版本升级、系统或设备更新和损毁等造成软件资产流失或非正常贬值。

各级政府机关应当根据不同软件资产的特点，坚持制度手段、技术手段并重，有针对性地实施软件资产日常管理和维护。

各级政府机关应当完善有关标准和管理工作程序，实现软件资产管理与预算管理、政府采购、财务管理、信息技术管理相结合。

第八条　推进使用正版软件工作部际联席会议负责组织、协调和指导全国政府机关使用正版软件工作。联席会议办公室设在国务院著作权行政管理部门，并保障必要的工作条件。

各省、自治区、直辖市人民政府建立相应的工作机制，负责组织、协调和指导本地区政府机关使用正版软件工作，并保障必要的工作条件。

第九条　著作权行政管理部门会同推进使用正版软件工作机制各成员单位负责政府机关使用正版软件情况日常监管、督促检查及培训工作。

工业和信息化部门负责软件产品质量管理工作，督促软件生产商和供应商提高软件产品质量、做好售后服务；会同著作权行政管理等部门做好新出厂计算机预装正版操作系统软件的管理工作。

财政部门负责软件采购资金保障和使用的监督检查，指导软件集中采购工作，研究制定规范软件资产管理的指导意见和政府机关办公通用软件的配置标准等。

审计部门负责对政府机关采购软件资金管理使用和软件资产管理情况进行审计监督，并将相关审计结果纳入审计报告。

工商部门负责依法查处垄断和不正当竞争行为，维护软件市场公平竞争秩序。

机关事务主管部门按照本级政府分工做好软件资产管理相关工作。

第十条　各级政府机关应当于每年11月底前将本单位当年使用正版软件的资金保障、软件采购、软件资产管理等情况书面报本级著作权行政管理部门。

各省、自治区、直辖市人民政府应当于每年12月底前将本地区当年推进使用正版软件工作情况书面报国务院著作权行政管理部门，国务院著作权行政管理部门汇总、核实后书面报国务院。

第十一条　各级政府应当将使用正版软件工作纳入年度考核，建立考核评议制度和责任追究制度，定期对使用正版软件工作进行考核、评议。对未按要求完成软件摸查、采购、安装验收、资产管理、年度报告、长效机制建设等工作的，由本级政府或上级政府有关部门依法依规对相关责任人进行诫勉谈话或给予处分。

第十二条　政府机关违反本办法规定的，由本级政府或上级政府有关部门责令改正；造成他人损失的，依法承担相应的民事责任；情节严重的，对相关责任人依法给予处分；涉嫌犯罪的，移送司法机关依法追究刑事责任。

第十三条　推进使用正版软件工作机制各成员单位在履行职责的过程中滥用职权、玩忽职守、徇私舞弊或消极塞责的，由本级政府或上级政府有关部门责令改正；情节严重的，对相关责任人依法给予处分；涉嫌犯罪的，移送司法机关依法追究刑事责任。

第十四条　政府机关以外的其他国家机关、事业单位、人民团体和免予登记的社会团体使用正版软件工作，参照本办法执行。

第十五条　本办法由国务院著作权行政管理部门负责解释。

第十六条　本办法自印发之日起施行。

政务信息系统政府采购管理暂行办法

· 2017年12月26日
· 财库〔2017〕210号

第一条　为了推进政务信息系统政府采购工作规范高效开展，根据国家电子政务总体部署和《国务院办公厅关于印发政务信息系统整合共享实施方案的通知》（国办发〔2017〕39号）有关要求，制定本办法。

第二条　本办法所称政务信息系统是指由政府投资建设、政府和社会企业联合建设、政府向社会购买服务或需要政府运行维护的，用于支撑政务部门履行管理和服务职能的各类信息系统，包括执行政务信息处理的计算机、软件和外围设备等货物和服务。

前款所称政务部门是指中共中央、全国人大、国务院、全国政协、最高法院、最高检察院及中央和国家机关各部门，各级地方党委、人大、政府、政协、法院、检察院及其直属各部门（单位）。

第三条　政务信息系统政府采购工作由各相关政务部门（以下简称采购人）负责统一规划和具体实施，各级财政部门依法履行政府采购监管职责。

第四条　采购人应当按照可行性研究报告、初步设计报告、预算审批时核准的内容和实际工作需要确定政务信息系统采购需求（以下简称采购需求）并组织采购。

采购需求应当科学合理、明确细化，包括项目名称、采购人、预算金额、经费渠道、运行维护要求、数据共享要求、安全审查和保密要求、等级保护要求、分级保护要求、需落实的政府采购政策和履约验收方案等内容。

第五条 采购需求应当符合法律法规，满足国家、行业相关标准的要求，鼓励使用市场自主制定的团体标准。

专业性强、技术要求较高的政务信息系统，可以邀请行业专家或者第三方专业机构参与需求制定工作。采购人和实际使用者或受益者分离的项目，在制定需求时，应当征求实际使用者或受益者的意见。

第六条 采购需求应当落实政务信息系统整合共享要求，符合政务信息共享标准体系，确保相关系统能够按照规定接入国家共享数据交换平台。采购需求要与现有系统功能协调一致，避免重复建设。

采购需求应当体现公共数据开放有关要求，推动原始性、可机器读取、可供社会化再利用的数据集向社会开放。

第七条 采购需求应当落实国家支持云计算的政策要求，推动政务服务平台集约化建设管理。不含国家秘密、面向社会主体提供服务的政务信息系统，原则上应当采用云计算模式进行建设，

采购需求应当包括相关设备、系统和服务支持互联网协议第六版（IPv6）的技术要求。

第八条 采购需求应当落实国家密码管理有关法律法规、政策和标准规范的要求，同步规划、同步建设、同步运行密码保障系统并定期进行评估。

第九条 政务信息系统采用招标方式采购的，应当采用综合评分法；采用非招标方式采购的，应当采用竞争性磋商或单一来源采购方式。

除单一来源采购方式外，政务信息系统采购货物的，价格分值占总分值比重应当为30%；采购服务的，价格分值占总分值比重应当为10%。无法确定项目属于货物或服务的，由采购人按照有利于采购项目实施的原则确定项目属性。

第十条 采购人应当指派熟悉情况的工作人员作为采购人代表参加评标委员会或者竞争性磋商小组，参与政务信息系统采购活动的评审。

第十一条 政务信息系统采购评审中，评标委员会或者竞争性磋商小组认为供应商报价明显低于其他合格供应商的报价，有可能影响产品质量或者不能诚信履约的，应当要求其在评审现场合理时间内提供书面说明，必要时提供相关证明材料；供应商不能证明其报价合理性的，评标委员会或竞争性磋商小组应当将其作为无效投标或者无效响应处理。

第十二条 采购人应当按照国家有关规定组织政务信息系统项目验收，根据项目特点制定完整的项目验收方案。验收方案应当包括项目所有功能的实现情况、密码应用和安全审查情况、信息系统共享情况、维保服务等采购文件和采购合同规定的内容，必要时可以邀请行业专家、第三方机构或相关主管部门参与验收。

第十三条 采购人可以聘请第三方专业机构制定针对政务信息系统的质量保障方案，对相关供应商的进度计划、阶段成果和服务质量进行监督，形成项目整改报告和绩效评估报告，必要时邀请行业专家或相关主管部门评审论证。质量保障相关情况应当作为项目验收的依据。

第十四条 具有多个服务期的政务信息系统，可以根据每期工作目标进行分期验收。为社会公众服务的政务信息系统，应当将公众意见或者使用反馈情况作为验收的重要参考依据。采购人和实际使用者或受益者分离的政务信息系统，履约验收时应当征求实际使用者或受益者的意见。

第十五条 政务信息系统的项目验收结果应当作为选择本项目后续运行维护供应商的重要参考。

第十六条 在年度预算能够保障的前提下，采购人可以与政务信息系统运行维护供应商签订不超过三年履行期限的政府采购合同。

第十七条 本办法从2018年1月1日起施行。

2. 节能绿色产品采购

国务院办公厅关于建立政府强制采购节能产品制度的通知

· 2007年7月30日

· 国办发〔2007〕51号

《国务院关于加强节能工作的决定》（国发〔2006〕28号）和《国务院关于印发节能减排综合性工作方案的通知》（国发〔2007〕15号）提出，为切实加强政府机构节能工作，发挥政府采购的政策导向作用，建立政府强制采购节能产品制度，在积极推进政府机构优先采购节能（包括节水）产品的基础上，选择部分节能效果显著、性能比较成熟的产品，予以强制采购。经国务院同意，现就有关问题通知如下：

一、充分认识建立政府强制采购节能产品制度的重要意义

近年来，各级国家机关、事业单位和团体组织（以下统称政府机构）在政府采购活动中，积极采购、使用节能

产品,大大降低了能耗水平,对在全社会形成节能风尚起到了良好的引导作用。同时也要看到,由于认识不够到位,措施不够配套,工作力度不够等原因,在一些地区和部门,政府机构采购节能产品的比例还比较低。目前,政府机构人均能耗、单位建筑能耗均高于社会平均水平,节能潜力较大,有责任、有义务严格按照规定采购节能产品,模范地做好节能工作。建立健全和严格执行政府强制采购节能产品制度,是贯彻落实《中华人民共和国政府采购法》以及国务院加强节能减排工作要求的有力措施,不仅有利于降低政府机构能耗水平,节约财政资金,而且有利于促进全社会做好节能减排工作。从短期看,使用节能产品可能会增加一次性投入,但从长远的节能效果看,经济效益是明显的。各地区、各部门和有关单位要充分认识政府强制采购节能产品的重要意义,增强执行制度的自觉性,采取措施大力推动政府采购节能产品工作。

二、明确政府强制采购节能产品的总体要求

各级政府机构使用财政性资金进行政府采购活动时,在技术、服务等指标满足采购需求的前提下,要优先采购节能产品,对部分节能效果、性能等达到要求的产品,实行强制采购,以促进节约能源,保护环境,降低政府机构能源费用开支。建立节能产品政府采购清单管理制度,明确政府优先采购的节能产品和政府强制采购的节能产品类别,指导政府机构采购节能产品。

采购单位应在政府采购招标文件(含谈判文件、询价文件)中载明对产品的节能要求、对节能产品的优惠幅度,以及评审标准和方法等,以体现优先采购的导向。拟采购产品属于节能产品政府采购清单规定必须强制采购的,应当在招标文件中明确载明,并在评审标准中予以充分体现。同时,采购招标文件不得指定特定的节能产品或供应商,不得含有倾向性或者排斥潜在供应商的内容,以达到充分竞争、择优采购的目的。

三、科学制定节能产品政府采购清单

节能产品政府采购清单由财政部、发展改革委负责制订。列入节能产品政府采购清单中的产品由财政部、发展改革委从国家采信的节能产品认证机构认证的节能产品中,根据节能性能、技术水平和市场成熟程度等因素择优确定,并在中国政府采购网、发展改革委门户网、中国节能节水认证网等媒体上定期向社会公布。

优先采购的节能产品应该符合下列条件:一是产品属于国家采信的节能产品认证机构认证的节能产品,节能效果明显;二是产品生产批量较大,技术成熟,质量可靠;三是产品具有比较健全的供应体系和良好的售后服务能力;四是产品供应商符合政府采购法对政府采购供应商的条件要求。

在优先采购的节能产品中,实行强制采购的按照以下原则确定:一是产品具有通用性,适合集中采购,有较好的规模效益;二是产品节能效果突出,效益比较显著;三是产品供应商数量充足,一般不少于5家,确保产品具有充分的竞争性,采购人具有较大的选择空间。

财政部、发展改革委要根据上述要求,在近几年开展的优先采购节能产品工作的基础上,抓紧修订、公布新的节能产品政府采购清单,并组织好节能产品采购工作。

四、规范节能产品政府采购清单管理

节能产品政府采购清单是实施政府优先采购和强制采购的重要依据,财政部、发展改革委要建立健全制定、公布和调整机制,做到制度完备、范围明确、操作规范、方法科学,确保政府采购节能产品公开、公正、公平进行。要对节能产品政府采购清单实行动态管理,定期调整。建立健全专家咨询论证、社会公示制度。采购清单和调整方案正式公布前,要在中国政府采购网等指定的媒体上对社会公示,公示时间不少于15个工作日。对经公示确实不具备条件的产品,不列入采购清单。建立举报制度、奖惩制度,明确举报方式、受理机构和奖惩办法,接受社会监督。

五、加强组织领导和督促检查

各有关部门要按照职责分工,明确责任和任务,确保政府强制采购节能产品制度的贯彻落实。财政部、发展改革委要加强与有关部门的沟通协商,共同研究解决政策实施中的问题。要完善节能产品政府采购信息发布和数据统计工作,及时掌握采购工作进展情况。要加强对节能产品政府采购工作的指导,积极开展调查研究,多方听取意见,及时发现问题,研究提出对策。要督促进入优先采购和强制采购产品范围的生产企业建立健全质量保证体系,认真落实国家有关产品质量、标准、检验等要求,确保节能等性能和质量持续稳定。质检总局要加强对节能产品认证机构的监管,督促其认真履行职责,提高认证质量和水平。国家采信的节能产品认证机构和相关检测机构应当严格按照国家有关规定,客观公正地开展认证和检测工作,并对纳入政府优先采购和强制采购清单的节能产品实施有效的跟踪调查。对于不能持续符合认证要求的,认证机构应当暂停生产企业使用直至撤销认证证书,并及时报告财政部和发展改革委。

各级财政部门要切实加强对政府采购节能产品的监

督检查，加大对违规采购行为的处罚力度。对未按强制采购规定采购节能产品的单位，财政部门要及时采取有效措施责令其改正。拒不改正的，属于采购单位责任的，财政部门要给予通报批评，并不得拨付采购资金；属于政府采购代理机构责任的，财政部门要依法追究相关单位和责任人员的责任。

财政部、发展改革委关于印发节能产品政府采购品目清单的通知

· 2019 年 4 月 2 日
· 财库〔2019〕19 号

有关中央预算单位，各省、自治区、直辖市、计划单列市财政厅（局）、发展改革委（经信委、工信委、工信厅、经信局），新疆生产建设兵团财政局、发展改革委：

根据《财政部 发展改革委 生态环境部 市场监管总局关于调整优化节能产品 环境标志产品政府采购执行机制的通知》（财库〔2019〕9 号），我们研究制定节能产品政府采购品目清单，现印发给你们，请遵照执行。

附件：节能产品政府采购品目清单

附件：

节能产品政府采购品目清单

品目序号	名称			依据的标准
1	A020101 计算机设备	★ A02010104 台式计算机		《微型计算机能效限定值及能效等级》（GB 28380）
		★ A02010105 便携式计算机		《微型计算机能效限定值及能效等级》（GB 28380）
		★ A02010107 平板式微型计算机		《微型计算机能效限定值及能效等级》（GB 28380）
2	A020106 输入输出设备	A02010601 打印设备	A0201060101 喷墨打印机	《复印机、打印机和传真机能效限定值及能效等级》（GB 21521）
			★A0201060102 激光打印机	《复印机、打印机和传真机能效限定值及能效等级》（GB 21521）
			★A0201060104 针式打印机	《复印机、打印机和传真机能效限定值及能效等级》（GB 21521）
		A02010604 显示设备	★A0201060401 液晶显示器	《计算机显示器能效限定值及能效等级》（GB 21520）
		A02010609 图形图像输入设备	A0201060901 扫描仪	参照《复印机、打印机和传真机能效限定值及能效等级》（GB 21521）中打印速度为 15 页/分的针式打印机相关要求
3	A020202 投影仪			《投影机能效限定值及能效等级》（GB 32028）

续表

品目序号	名称			依据的标准
4	A020204 多功能一体机			《复印机、打印机和传真机能效限定值及能效等级》(GB 21521)
5	A020519 泵	A02051901 离心泵		《清水离心泵能效限定值及节能评价值》(GB 19762)
6	A020523 制冷空调设备	★A02052301 制冷压缩机	冷水机组	《冷水机组能效限定值及能效等级》(GB 19577),《低环境温度空气源热泵(冷水)机组能效限定值及能效等级》(GB 37480)
			水源热泵机组	《水(地)源热泵机组能效限定值及能效等级》(GB 30721)
			溴化锂吸收式冷水机组	《溴化锂吸收式冷水机组能效限定值及能效等级》(GB 29540)
		★A02052305 空调机组	多联式空调(热泵)机组(制冷量〉14000W)	《多联式空调(热泵)机组能效限定值及能源效率等级》(GB 21454)
			单元式空气调节机(制冷量〉14000W)	《单元式空气调节机能效限定值及能效等级》(GB 19576)《风管送风式空调机组能效限定值及能效等级》(GB 37479)
		★A02052309 专用制冷、空调设备	机房空调	《单元式空气调节机能效限定值及能效等级》(GB 19576)
		A02052399 其他制冷空调设备	冷却塔	《机械通风冷却塔 第1部分:中小型开式冷却塔》(GB /T 7190.1);《机械通风冷却塔 第2部分:大型开式冷却塔》(GB /T 7190.2)
6	A020523 制冷空调设备	★A02052309 专用制冷、空调设备	机房空调	《单元式空气调节机能效限定值及能效等级》(GB 19576)
		A02052399 其他制冷空调设备	冷却塔	《机械通风冷却塔 第1部分:中小型开式冷却塔》(GB /T 7190.1);《机械通风冷却塔 第2部分:大型开式冷却塔》(GB /T 7190.2)
7	A020601			电机《中小型三相异步电动机能效限定值及能效等级》(GB 18613)
8	A020602 变压器	配电变压器		《三相配电变压器能效限定值及能效等级》(GB 20052)
9	★A020609 镇流器	管型荧光灯镇流器		《管形荧光灯镇流器能效限定值及能效等级》(GB 17896)

续表

品目序号	名称			依据的标准
10	A020618 生活用电器	A0206180101 电冰箱		《家用电冰箱耗电量限定值及能效等级》(GB 12021. 2)
		★A0206180203 空调机	房间空气调节器	《转速可控型房间空气调节器能效限定值及能效等级》(GB 21455-2013),待 2019 年修订发布后,按《房间空气调节器能效限定值及能效等级》(GB21455-2019)实施。
			多联式空调(热泵)机组(制冷量≤14000W)	《多联式空调(热泵)机组能效限定值及能源效率等级》(GB 21454)
			单元式空气调节机(制冷量≤14000W)	《单元式空气调节机能效限定值及能源效率等级》(GB 19576)《风管送风式空调机组能效限定值及能效等级》(GB 37479)
		A0206180301 洗衣机		《电动洗衣机能效水效限定值及等级》(GB 12021. 4)
		A02061808 热水器	★电热水器	《储水式电热水器能效限定值及能效等级》(GB 21519)
			燃气热水器	《家用燃气快速热水器和燃气采暖热水炉能效限定值及能效等级》(GB 20665)
			热泵热水器	《热泵热水机(器)能效限定值及能效等级》(GB 29541)
			太阳能热水系统	《家用太阳能热水系统能效限定值及能效等级》(GB 26969)
11	A020619 照明设备	★普通照明用双端荧光灯		《普通照明用双端荧光灯能效限定值及能效等级》(GB 19043)
		LED 道路/隧道照明产品		《道路和隧道照明用 LED 灯具能效限定值及能效等级》(GB 37478)
		LED 筒灯		《室内照明用 LED 产品能效限定值及能效等级》(GB 30255)
		普通照明用非定向自镇流 LED 灯		《室内照明用 LED 产品能效限定值及能效等级》(GB 30255)
12	★A020910 电视设备	A02091001 普通电视设备(电视机)		《平板电视能效限定值及能效等级》(GB 24850)
13	★A020911 视频设备	A02091107 视频监控设备	监视器	以射频信号为主要信号输入的监视器应符合《平板电视能效限定值及能效等级》(GB 24850),以数字信号为主要信号输入的监视器应符合《计算机显示器能效限定值及能效等级》(GB 21520)
14	A031210 饮食炊事机械	商用燃气灶具		《商用燃气灶具能效限定值及能效等级》(GB 30531)

续表

品目序号	名称			依据的标准
15	★A060805便器	坐便器		《坐便器水效限定值及水效等级》(GB 25502)
		蹲便器		《蹲便器用水效率限定值及用水效率等级》(GB 30717)
		小便器		《小便器用水效率限定值及用水效率等级》(GB 28377)
16	★A060806水嘴			《水嘴用水效率限定值及用水效率等级》(GB 25501)
17	A060807便器冲洗阀			《便器冲洗阀用水效率限定值及用水效率等级》(GB 28379)
18	A060810淋浴器			《淋浴器用水效率限定值及用水效率等级》(GB 28378)

注:1. 节能产品认证应依据相关国家标准的最新版本,依据国家标准中二级能效(水效)指标。

2. 上述产品中认证标准发生变更的,依据原认证标准获得的、仍在有效期内的认证证书可使用至2019年6月1日。

3. 以"★"标注的为政府强制采购产品。

关于扩大政府采购支持绿色建材促进建筑品质提升政策实施范围的通知

·2022年10月12日

·财库〔2022〕35号

各省、自治区、直辖市、计划单列市财政厅(局)、住房和城乡建设厅(委、管委、局)、工业和信息化主管部门,新疆生产建设兵团财政局、住房和城乡建设局、工业和信息化局:

为落实《中共中央 国务院关于完整准确全面贯彻新发展理念做好碳达峰碳中和工作的意见》,加大绿色低碳产品采购力度,全面推广绿色建筑和绿色建材,在南京、杭州、绍兴、湖州、青岛、佛山等6个城市试点的基础上,财政部、住房城乡建设部、工业和信息化部决定进一步扩大政府采购支持绿色建材促进建筑品质提升政策实施范围。现将有关事项通知如下:

一、实施范围

自2022年11月起,在北京市朝阳区等48个市(市辖区)实施政府采购支持绿色建材促进建筑品质提升政策(含此前6个试点城市,具体城市名单见附件1)。纳入政策实施范围的项目包括医院、学校、办公楼、综合体、展览馆、会展中心、体育馆、保障房等政府采购工程项目,含适用招标投标法的政府采购工程项目。各有关城市可选择部分项目先行实施,在总结经验的基础上逐步扩大范围,到2025年实现政府采购工程项目政策实施的全覆盖。鼓励将其他政府投资项目纳入实施范围。

二、主要任务

各有关城市要深入贯彻习近平生态文明思想,运用政府采购政策积极推广应用绿色建筑和绿色建材,大力发展装配式、智能化等新型建筑工业化建造方式,全面建设二星级以上绿色建筑,形成支持建筑领域绿色低碳转型的长效机制,引领建材和建筑产业高质量发展,着力打造宜居、绿色、低碳城市。

(一)落实政府采购政策要求。各有关城市要严格执行财政部、住房城乡建设部、工业和信息化部制定的《绿色建筑和绿色建材政府采购需求标准》(以下简称《需求标准》,见附件2)。项目立项阶段,要将《需求标准》有关要求嵌入项目建议书和可行性研究报告中;招标采购阶段,要将《需求标准》有关要求作为工程招标文件或采购文件以及合同文本的实质性要求,要求承包单位按合同约定进行设计、施工,并采购或使用符合要求的绿色建材;施工阶段,要强化施工现场监管,确保施工单位落实绿色建筑要求,使用符合《需求标准》的绿色建材;履约验收阶段,要根据《需求标准》制定相应的履约验收标准,并与现行验收程序有效融合。鼓励通过验收的项目申报绿色建筑标识,充分发挥政府采购工程项目的示范作用。

(二)加强绿色建材采购管理。纳入政策实施范围的政府采购工程涉及使用《需求标准》中的绿色建材的，应当全部采购和使用符合相关标准的建材。各有关城市要探索实施对通用类绿色建材的批量集中采购，由政府集中采购机构或部门集中采购机构定期归集采购人的绿色建材采购计划，开展集中带量采购。要积极推进绿色建材电子化采购交易，所有符合条件的绿色建材产品均可进入电子平台交易，提高绿色建材采购效率和透明度。绿色建材供应商在供货时应当出具所提供建材产品符合需求标准的证明性文件，包括国家统一推行的绿色建材产品认证证书，或符合需求标准的有效检测报告等。

（三）完善绿色建筑和绿色建材政府采购需求标准。各有关城市可结合本地区特点和实际需求，提出优化完善《需求标准》有关内容的建议，包括调整《需求标准》中已包含的建材产品指标要求，增加未包含的建材产品需求标准，或者细化不同建筑类型如学校、医院等的需求标准等，报财政部、住房城乡建设部、工业和信息化部。财政部、住房城乡建设部、工业和信息化部将根据有关城市建议和政策执行情况，动态调整《需求标准》。

（四）优先开展工程价款结算。纳入政策实施范围的工程，要提高工程价款结算比例，工程进度款支付比例不低于已完工程价款的80%。推行施工过程结算，发承包双方通过合同约定，将施工过程按时间或进度节点划分施工周期，对周期内已完成且无争议的工程进行价款计算、确认和支付。经双方确认的过程结算文件作为竣工结算文件的组成部分，竣工后原则上不再重复审核。

三、工作要求

（一）明确部门职责。有关城市财政、住房和城乡建设、工业和信息化部门要各司其职，加强协调配合，形成政策合力。财政部门要组织采购人落实《需求标准》，指导集中采购机构开展绿色建材批量集中采购工作，加强对采购活动的监督管理。住房和城乡建设部门要加强对纳入政策实施范围的工程项目的监管，培育绿色建材应用示范工程和高品质绿色建筑项目。工业和信息化部门要结合区域特点，因地制宜发展绿色建材产业，培育绿色建材骨干企业和重点产品。

（二）精心组织实施。有关城市所在省级财政、住房和城乡建设、工业和信息化部门收到本通知后要及时转发至纳入政策实施范围城市的财政、住房和城乡建设、工业和信息化部门，切实加强对有关城市工作开展的指导。有关城市要根据政策要求，研究制定本地区实施方案，明确各有关部门的责任分工，完善组织协调机制，对实践中出现的问题要及时研究和妥善处理，确保扩大实施范围工作顺利推进，取得扎实成效。要积极总结工作经验，提炼可复制、可推广的先进经验和典型做法。

（三）加强宣传培训。各有关地方和部门要依据各自职责加强政策解读和宣传，及时回应社会关切，营造良好的工作氛围。要加强对建设单位、设计单位、建材企业、施工单位的政策解读和培训，调动相关各方的积极性。

附件：1. 政府采购支持绿色建材促进建筑品质提升政策实施范围城市名单（略）

2. 绿色建筑和绿色建材政府采购需求标准（略）

财政部、住房和城乡建设部关于政府采购支持绿色建材促进建筑品质提升试点工作的通知

·2020年10月13日

·财库〔2020〕31号

各省、自治区、直辖市、计划单列市财政厅（局）、住房和城乡建设主管部门，新疆生产建设兵团财政局、住房和城乡建设局：

为发挥政府采购政策功能，加快推广绿色建筑和绿色建材应用，促进建筑品质提升和新型建筑工业化发展，根据《中华人民共和国政府采购法》和《中华人民共和国政府采购法实施条例》，现就政府采购支持绿色建材促进建筑品质提升试点工作通知如下：

一、总体要求

（一）指导思想。

以习近平新时代中国特色社会主义思想为指导，牢固树立新发展理念，发挥政府采购的示范引领作用，在政府采购工程中积极推广绿色建筑和绿色建材应用，推进建筑业供给侧结构性改革，促进绿色生产和绿色消费，推动经济社会绿色发展。

（二）基本原则。

坚持先行先试。选择一批绿色发展基础较好的城市，在政府采购工程中探索支持绿色建筑和绿色建材推广应用的有效模式，形成可复制、可推广的经验。

强化主体责任。压实采购人落实政策的主体责任，通过加强采购需求管理等措施，切实提高绿色建筑和绿色建材在政府采购工程中的比重。

加强统筹协调。加强部门间的沟通协调，明确相关部门职责，强化对政府工程采购、实施和履约验收中的监督管理，引导采购人、工程承包单位、建材企业、相关行业

协会及第三方机构积极参与试点工作，形成推进试点的合力。

（三）工作目标。

在政府采购工程中推广可循环可利用建材、高强度高耐久建材、绿色部品部件、绿色装饰装修材料、节水节能建材等绿色建材产品，积极应用装配式、智能化等新型建筑工业化建造方式，鼓励建成二星级及以上绿色建筑。到 2022 年，基本形成绿色建筑和绿色建材政府采购需求标准，政策措施体系和工作机制逐步完善，政府采购工程建筑品质得到提升，绿色消费和绿色发展的理念进一步增强。

二、试点对象和时间

（一）试点城市。试点城市为南京市、杭州市、绍兴市、湖州市、青岛市、佛山市。鼓励其他地区按照本通知要求，积极推广绿色建筑和绿色建材应用。

（二）试点项目。医院、学校、办公楼、综合体、展览馆、会展中心、体育馆、保障性住房等新建政府采购工程。鼓励试点地区将使用财政性资金实施的其他新建工程项目纳入试点范围。

（三）试点期限。试点时间为 2 年，相关工程项目原则上应于 2022 年 12 月底前竣工。对于较大规模的工程项目，可适当延长试点时间。

三、试点内容

（一）形成绿色建筑和绿色建材政府采购需求标准。财政部、住房和城乡建设部会同相关部门根据建材产品在政府采购工程中的应用情况、市场供给情况和相关产业升级发展方向等，结合有关国家标准、行业标准等绿色建材产品标准，制定发布绿色建筑和绿色建材政府采购基本要求（试行，以下简称《基本要求》）。财政部、住房和城乡建设部将根据试点推进情况，动态更新《基本要求》，并在中华人民共和国财政部网站（www.mof.gov.cn）、住房和城乡建设部网站（www.mohurd.gov.cn）和中国政府采购网（www.ccgp.gov.cn）发布。试点地区可根据地方实际情况，对《基本要求》中的相关设计要求、建材种类和具体指标进行微调。试点地区要通过试点，在《基本要求》的基础上，细化和完善绿色建筑政府采购相关设计规范、施工规范和产品标准，形成客观、量化、可验证，适应本地区实际和不同建筑类型的绿色建筑和绿色建材政府采购需求标准，报财政部、住房和城乡建设部。

（二）加强工程设计管理。采购人应当要求设计单位根据《基本要求》编制设计文件，严格审查或者委托第三方机构审查设计文件中执行《基本要求》的情况。试点地区住房和城乡建设部门要加强政府采购工程中落实《基本要求》情况的事中事后监管。同时，要积极推动工程造价改革，完善工程概预算编制办法，充分发挥市场定价作用，将政府采购绿色建筑和绿色建材增量成本纳入工程造价。

（三）落实绿色建材采购要求。采购人要在编制采购文件和拟定合同文本时将满足《基本要求》的有关规定作为实质性条件，直接采购或要求承包单位使用符合规定的绿色建材产品。绿色建材供应商在供货时应当提供包含相关指标的第三方检测或认证机构出具的检测报告、认证证书等证明性文件。对于尚未纳入《基本要求》的建材产品，鼓励采购人采购获得绿色建材评价标识、认证或者获得环境标志产品认证的绿色建材产品。

（四）探索开展绿色建材批量集中采购。试点地区财政部门可以选择部分通用类绿色建材探索实施批量集中采购。由政府集中采购机构或部门集中采购机构定期归集采购人绿色建材采购计划，开展集中带量采购。鼓励通过电子化政府采购平台采购绿色建材，强化采购全流程监管。

（五）严格工程施工和验收管理。试点地区要积极探索创新施工现场监管模式，督促施工单位使用符合要求的绿色建材产品，严格按照《基本要求》的规定和工程建设相关标准施工。工程竣工后，采购人要按照合同约定开展履约验收。

（六）加强对绿色采购政策执行的监督检查。试点地区财政部门要会同住房和城乡建设部门通过大数据、区块链等技术手段密切跟踪试点情况，加强有关政策执行情况的监督检查。对于采购人、采购代理机构和供应商在采购活动中的违法违规行为，依照政府采购法律制度有关规定处理。

四、保障措施

（一）加强组织领导。试点地区要高度重视政府采购支持绿色建筑和绿色建材推广试点工作，大胆创新，研究建立有利于推进试点的制度机制。试点地区财政部门、住房和城乡建设部门要共同牵头做好试点工作，及时制定出台本地区试点实施方案，报财政部、住房和城乡建设部备案。试点实施方案印发后，有关部门要按照职责分工加强协调配合，确保试点工作顺利推进。

（二）做好试点跟踪和评估。试点地区财政部门、住房和城乡建设部门要加强对试点工作的动态跟踪和工作督导，及时协调解决试点中的难点堵点，对试点过程中遇到的关于《基本要求》具体内容、操作执行等方面问题和相关意见建议，要及时向财政部、住房和城乡建设部报告。财政部、住房和城乡建设部将定期组织试点情况评估，试点结束后系统总结各地试点经验和成效，形成政府采购支持绿色建筑和绿色建材推广的全国实施方案。

（三）加强宣传引导。加强政府采购支持绿色建筑和绿色建材推广政策解读和舆论引导，统一各方思想认识，及时回应社会关切，稳定市场主体预期。通过新闻媒体宣传推广各地的好经验好做法，充分发挥试点示范效应。

附件：绿色建筑和绿色建材政府采购基本要求（试行）（略）

3. 支持乡村振兴采购

关于深入开展政府采购脱贫地区农副产品工作推进乡村产业振兴的实施意见

· 2021 年 4 月 24 日
· 财库〔2021〕20 号

为贯彻党中央、国务院关于调整优化政府采购政策继续支持脱贫地区产业发展的工作部署，落实《财政部 农业农村部 国家乡村振兴局关于运用政府采购政策支持乡村产业振兴的通知》（财库〔2021〕19 号），深入开展政府采购脱贫地区农副产品工作，推进乡村产业振兴，现提出以下实施意见。

一、总体要求

（一）指导思想。以习近平新时代中国特色社会主义思想为指导，全面贯彻党的十九大和十九届二中、三中、四中、五中全会精神，牢固树立新发展理念，落实党中央、国务院关于实现巩固拓展脱贫攻坚成果同乡村振兴有效衔接总体部署和“四个不摘”工作要求，继续实施政府采购脱贫地区农副产品工作，突出产业提升和机制创新，进一步激发全社会参与积极性，接续推进脱贫地区产业发展，促进农民群众持续增收，助力巩固拓展脱贫攻坚成果和乡村振兴。

（二）基本原则。

聚焦重点，精准施策。严格农副产品产地认定，将政策支持范围聚焦在 832 个脱贫县，通过预留份额、搭建平台等方式促进脱贫地区农副产品销售，带动脱贫人口稳定增收。

创新驱动，融合发展。将政府采购脱贫地区农副产品工作与打造农业特色品牌、提升产品品质相结合，根据预算单位采购需求优化创新农副产品产销模式，促进脱贫地区特色产业发展。

政府引导，市场协同。坚持政府引导与市场机制结合，发挥政府采购需求牵引作用，助力打通脱贫地区农副产品生产、流通的难点和堵点，激发脱贫地区发展生产的内生动力。

（三）主要目标。力争用 3 到 5 年时间，依托脱贫地区农副产品网络销售平台（以下简称“832 平台”），实现预算单位食堂食材采购与脱贫地区农副产品供给有效对接，培育壮大乡村特色产业，探索形成适应不同区域特点、组织形式和发展阶段的脱贫地区农副产品产销模式，推动脱贫地区农副产品进一步融入全国大市场，为巩固拓展脱贫攻坚成果同乡村振兴有效衔接提供有力支撑。

二、加强脱贫地区农副产品产销对接

（一）加强脱贫地区农副产品货源组织。脱贫地区县级农业农村部门会同乡村振兴部门建立“832 平台”供应商审核推荐机制，积极推荐 832 个脱贫县产业带动能力强、增收效果好的农副产品供应商入驻“832 平台”，优先从农业产业化龙头企业、“一村一品”示范村镇经营主体以及使用食用农产品达标合格证、取得绿色有机地理标志认证的供应商中推荐。对已入驻“832 平台”的供应商重新核查，保留产品产地、增收效果符合要求供应商的平台销售资格。要依据供应商产量核定上架产品供应量，督促供应商按照平台要求进行产品包装和标识并加强自控自检，协调有关部门按照国家农产品和食品质量安全标准对平台在售产品开展质量安全检测，推动实现“832 平台”农副产品带证销售和质量可追溯。

（二）组织预算单位采购。自 2021 年起，各级财政部门组织本地区所属预算单位做好预留份额填报和脱贫地区农副产品采购工作，并对采购情况进行考核。各中央主管预算单位组织做好本部门所属预算单位预留份额填报和脱贫地区农副产品采购工作。各级预算单位要按照不低于 10% 的预留比例在“832 平台”填报预留份额，并遵循质优价廉、竞争择优的原则，通过“832 平台”在全国 832 个脱贫县范围内采购农副产品，及时在线支付货款，不得拖欠。鼓励各级预算单位工会组织通过“832 平台”采购工会福利、慰问品等，有关采购金额计入本单位年度采购总额。

三、加强网络销售平台运营管理

（一）优化平台运营模式。“832 平台”结合预算单位食堂食材需求特点，设置需求订制、电子反拍、统采分送等交易模式，优化线上交易、支付、结算流程。丰富农副产品展示维度,对拥有食用农产品达标合格证、绿色有机地理标志认证等资质的产品优先展示,培育脱贫地区优质特色品牌。加强供销全流程数据收集分析,将预算单位需求反馈脱贫地区,推广“农户+合作社+平台”的产销对接模式,促进脱贫地区产业优化升级。通过开设助销专区、发布滞销信息等方式,积极协助销售脱贫地区滞销农副产品。进一步完善平台服务功能,为企业、工会组织、个人采购脱贫地区农副产品提供便利条件,拓展销售渠道,提升社会参与度。

(二)严格供应商管理。“832平台”应发布操作指引明确产品上架标准,制定完善产品价格、质量安全等管理办法,严格供应商管理,建立价格监测、质量监督、履约评价机制,配合有关部门加强质量检测,及时向社会公开产品成交价格、质检报告、承诺函、用户评价等信息,接受社会监督。对价格虚高、质量不达标和不履行承诺的供应商,由“832平台”通过约谈、产品下架等措施督促整改;对情节严重或拒不改正的,由“832平台”提请有关地区农业农村部门、乡村振兴部门取消供应商资格。

(三)加强平台物流建设。“832平台”依托产(销)地仓,积极探索建立定时、定点、定线的物流配送机制,促进平台在售农副产品分拣、包装、仓储、物流、质检等环节标准化和规范化。脱贫地区农业农村部门、乡村振兴部门和供销合作社要加强与有关部门协调配合,积极支持相关物流基础设施与“832平台”对接,降低物流成本、提高物流效率。

(四)提升平台服务能力。“832平台”除按市场通行规则收取必要的产品检测费、支付通道费以及履约保证金外,不向供应商、预算单位收取交易费、平台使用费。编制操作手册,指引预算单位开展采购活动,并提供工会福利发放等个性化服务,提升平台用户体验。根据供应商需求,提供产品开发、包装设计、仓储物流等服务,提升供应商线上运营能力。基于农副产品信息流、物流、资金流等信息,支持金融机构在线开展脱贫地区供应商融资、增信等服务。认真做好交易信息统计工作,为各级预算单位和各有关部门加强管理提供服务保障。

四、加强组织实施

各有关部门要加强协作,共同做好政府采购脱贫地区农副产品工作。财政部负责预算单位采购管理,农业农村部会同国家乡村振兴局统筹脱贫地区农副产品货源组织和质量安全监管工作,供销总社保障“832平台”建设运营。各省级财政部门要切实加强采购管理,通过召开工作推进会、定期通报等措施,督促预算单位按期完成采购任务。脱贫地区财政部门要会同农业农村部门、乡村振兴部门、供销合作社等部门建立工作协调机制,将政府采购脱贫地区农副产品工作作为支持乡村产业振兴的重要抓手,及时跟踪分析供应商推荐、产品检测、物流管理、品牌打造等相关工作实施进展及成效,协调解决工作推进过程中面临的困难和问题,推动政府采购支持乡村产业振兴政策取得实效。

财政部、农业农村部、国家乡村振兴局关于运用政府采购政策支持乡村产业振兴的通知

·2021年4月24日

·财库〔2021〕19号

各中央预算单位,各省、自治区、直辖市、计划单列市财政厅(局)、农业农村(农牧)厅(局、委)、乡村振兴局(扶贫办),新疆生产建设兵团财政局、农业农村局、乡村振兴局(扶贫办):

为深入贯彻习近平总书记关于实施乡村振兴战略的重要论述和党的十九届五中全会精神,认真落实《中共中央 国务院关于实现巩固拓展脱贫攻坚成果同乡村振兴有效衔接的意见》关于调整优化政府采购政策继续支持脱贫地区产业发展的工作部署,进一步做好运用政府采购政策支持乡村产业振兴工作,现就有关事项通知如下:

一、充分认识运用政府采购政策支持乡村产业振兴的重要意义

党的十九届五中全会提出巩固拓展脱贫攻坚成果同乡村振兴有效衔接,对全面建设社会主义现代化国家和实现第二个百年奋斗目标具有十分重要的意义。运用政府采购政策,组织预算单位采购脱贫地区农副产品,通过稳定的采购需求持续激发脱贫地区发展生产的内生动力,促进乡村产业振兴,是贯彻落实党中央、国务院关于调整优化政府采购政策支持脱贫地区产业发展工作部署,构建以国内大循环为主体新发展格局的具体举措,有助于推动脱贫地区实现更宽领域、更高层次的发展。各级财政、农业农村、乡村振兴部门及各级预算单位要充分认识运用政府采购政策支持乡村产业振兴的重要意义,以高度的责任感、使命感、紧迫感投身到政府采购脱贫地区农副产品工作中,确保政策取得实效。

二、预留份额采购脱贫地区农副产品

自2021年起,各级预算单位应当按照不低于10%的比例预留年度食堂食材采购份额,通过脱贫地区农副产品网络销售平台(原贫困地区农副产品网络销售平台)

采购脱贫地区农副产品。脱贫地区农副产品是指在832个脱贫县域内注册的企业、农民专业合作社、家庭农场等出产的农副产品。确因地域、相关政策限制等特殊原因难以完成10%预留份额任务的预算单位,可由中央主管预算单位或省级财政部门报经财政部(国库司)审核同意后,适当放宽预留比例要求。

三、建立健全相关保障措施

财政部会同农业农村部、国家乡村振兴局等部门制定政府采购脱贫地区农副产品工作的实施意见,加强脱贫地区农副产品货源组织、供应链管理和网络销售平台运营管理,积极组织预算单位采购脱贫地区农副产品。地方各级财政、农业农村和乡村振兴部门要细化工作措施,加大工作力度,确保政府采购脱贫地区农副产品相关政策落实落细。

本通知自印发之日起施行。《财政部 国务院扶贫办关于运用政府采购政策支持脱贫攻坚的通知》(财库〔2019〕27号)同时废止。

4. 进口产品采购

政府采购进口产品管理办法

·2007年12月27日

·财库〔2007〕119号

第一章　总　则

第一条　为了贯彻落实《国务院关于实施〈国家中长期科学和技术发展规划纲要(2006-2020年)〉若干配套政策的通知》(国发〔2006〕6号),推动和促进自主创新政府采购政策的实施,规范进口产品政府采购行为,根据《中华人民共和国政府采购法》等法律法规规定,制定本办法。

第二条　国家机关、事业单位和团体组织(以下统称采购人)使用财政性资金以直接进口或委托方式采购进口产品(包括已进入中国境内的进口产品)的活动,适用本办法。

第三条　本办法所称进口产品是指通过中国海关报关验放进入中国境内且产自关境外的产品。

第四条　政府采购应当采购本国产品,确需采购进口产品的,实行审核管理。

第五条　采购人采购进口产品时,应当坚持有利于本国企业自主创新或消化吸收核心技术的原则,优先购买向我方转让技术、提供培训服务及其他补偿贸易措施的产品。

第六条　设区的市、自治州以上人民政府财政部门(以下简称为财政部门)应当依法开展政府采购进口产品审核活动,并实施监督管理。

第二章　审核管理

第七条　采购人需要采购的产品在中国境内无法获取或者无法以合理的商业条件获取,以及法律法规另有规定确需采购进口产品的,应当在获得财政部门核准后,依法开展政府采购活动。

第八条　采购人报财政部门审核时,应当出具以下材料:

(一)《政府采购进口产品申请表》(详见附1);

(二)关于鼓励进口产品的国家法律法规政策文件复印件;

(三)进口产品所属行业的设区的市、自治州以上主管部门出具的《政府采购进口产品所属行业主管部门意见》(详见附2);

(四)专家组出具的《政府采购进口产品专家论证意见》(详见附3)。

第九条　采购人拟采购的进口产品属于国家法律法规政策明确规定鼓励进口产品的,在报财政部门审核时,应当出具第八条第(一)款、第(二)款材料。

第十条　采购人拟采购的进口产品属于国家法律法规政策明确规定限制进口产品的,在报财政部门审核时,应当出具第八条第(一)款、第(三)款和第(四)款材料。

采购人拟采购国家限制进口的重大技术装备和重大产业技术的,应当出具发展改革委的意见。采购人拟采购国家限制进口的重大科学仪器和装备的,应当出具科技部的意见。

第十一条　采购人拟采购其他进口产品的,在报财政部门审核时,应当出具第八条第(一)款材料,并同时出具第(三)款或者第(四)款材料。

第十二条　本办法所称专家组应当由五人以上的单数组成,其中,必须包括一名法律专家,产品技术专家应当为非本单位并熟悉该产品的专家。

采购人代表不得作为专家组成员参与论证。

第十三条　参与论证的专家不得作为采购评审专家参与同一项目的采购评审工作。

第三章　采购管理

第十四条　政府采购进口产品应当以公开招标为主要方式。因特殊情况需要采用公开招标以外的采购方式的,按照政府采购有关规定执行。

第十五条 采购人及其委托的采购代理机构在采购进口产品的采购文件中应当载明优先采购向我国企业转让技术、与我国企业签订消化吸收再创新方案的供应商的进口产品。

第十六条 采购人因产品的一致性或者服务配套要求，需要继续从原供应商处添购原有采购项目的，不需要重新审核，但添购资金总额不超过原合同采购金额的10%。

第十七条 政府采购进口产品合同履行中，采购人确需追加与合同标的相同的产品，在不改变合同其他条款的前提下，且所有补充合同的采购金额不超过原合同采购金额的10%的，可以与供应商协商签订补充合同，不需要重新审核。

第十八条 政府采购进口产品合同应当将维护国家利益和社会公共利益作为必备条款。合同履行过程中出现危害国家利益和社会公共利益问题的，采购人应当立即终止合同。

第十九条 采购人或者其委托的采购代理机构应当依法加强对进口产品的验收工作，防止假冒伪劣产品。

第二十条 采购人申请支付进口产品采购资金时，应当出具政府采购进口产品相关材料和财政部门的审核文件。否则不予支付资金。

第四章 监督检查

第二十一条 采购人未获得财政部门采购进口产品核准，有下列情形之一的，责令限期改正，并给予警告，对直接负责的主管人员和其他直接责任人员，由其行政主管部门或者有关机关给予处分，并予通报：

（一）擅自采购进口产品的；

（二）出具不实申请材料的；

（三）违反本办法规定的其他情形。

第二十二条 采购代理机构在代理政府采购进口产品业务中有违法行为的，给予警告，可以按照有关法律规定并处罚款；情节严重的，可以依法取消其进行相关业务的资格；构成犯罪的，依法追究刑事责任。

第二十三条 供应商有下列情形之一的，处以采购金额5‰以上10‰以下的罚款，列入不良行为记录名单，在1-3年内禁止参加政府采购活动，有违法所得的，并处没收违法所得，情节严重的，由工商行政管理机关吊销营业执照；涉嫌犯罪的，移送司法机关处理：

（一）提供虚假材料谋取中标、成交的；

（二）采取不正当手段诋毁、排挤其他供应商的；

（三）与采购人、其他供应商或者采购代理机构恶意串通的；

（四）向采购人、采购代理机构行贿或者提供其他不正当利益的；

（五）在招标采购过程中与采购人进行协商谈判的；

（六）拒绝有关部门监督检查或者提供虚假情况的。

供应商有前款第（一）至（五）项情形之一的，中标、成交无效。

第二十四条 专家出具不实论证意见的，按照有关法律规定追究法律责任。

第五章 附 则

第二十五条 采购人采购进口产品的，应当同时遵守国家其他有关法律法规的规定。涉及进口机电产品招标投标的，应当按照国际招标有关办法执行。

第二十六条 本办法未作出规定的，按照政府采购有关规定执行。

第二十七条 涉及国家安全和秘密的项目不适用本办法。

第二十八条 本办法自印发之日起施行。

附：1. 政府采购进口产品申请表

2. 政府采购进口产品所属行业主管部门意见

3. 政府采购进口产品专家论证意见

附1：

政府采购进口产品申请表

申请单位	
申请文件名称	
申请文号	
采购项目名称	

续表

申请单位	
采购项目金额	
采购项目所属项目名称	
采购项目所属项目金额	
项目使用单位	
项目组织单位	
申请理由	盖 章 年 月 日

附2：

政府采购进口产品所属行业主管部门意见

一、基本情况	
申请单位	
拟采购产品名称	
拟采购产品金额	
采购项目所属项目名称	
采购项目所属项目金额	
二、申请理由	
□1. 中国境内无法获取；	
□2. 无法以合理的商业条件获取；	
□3. 其他。	
原因阐述	

续表

三、进口产品所属行业主管部门意见
盖　章 年　月　日

附 3

政府采购进口产品专家论证意见

一、基本情况	
申请单位	
拟采购产品名称	
拟采购产品金额	
采购项目所属项目名称	
采购项目所属项目金额	
二、申请理由	
□1. 中国境内无法获取；	
□2. 无法以合理的商业条件获取；	
□3. 其他。	
原因阐述：	
三、专家认证意见	
专家签字 年　月　日	

财政部关于在政府采购活动中落实平等对待内外资企业有关政策的通知

· 2021年10月13日
· 财库〔2021〕35号

各中央预算单位,各省、自治区、直辖市、计划单列市财政厅(局),新疆生产建设兵团财政局:

为构建统一开放、竞争有序的政府采购市场体系,促进政府采购公平竞争,现就在政府采购活动中平等对待在中国境内设立的内外资企业有关事项通知如下:

一、保障内外资企业平等参与政府采购

政府采购依法对内外资企业在中国境内生产的产品(包括提供的服务,下同)平等对待。各级预算单位应当严格执行《中华人民共和国政府采购法》和《中华人民共和国外商投资法》等相关法律法规,在政府采购活动中,除涉及国家安全和国家秘密的采购项目外,不得区别对待内外资企业在中国境内生产的产品。在中国境内生产的产品,不论其供应商是内资还是外资企业,均应依法保障其平等参与政府采购活动的权利。

二、在政府采购活动中落实平等对待内外资企业的要求

各级预算单位在政府采购活动中,不得在政府采购信息发布、供应商资格条件确定和资格审查、评审标准等方面,对内资企业或外商投资企业实行差别待遇或者歧视待遇,不得以所有制形式、组织形式、股权结构、投资者国别、产品品牌以及其他不合理的条件对供应商予以限定,切实保障内外资企业公平竞争。

三、平等维护内外资企业的合法权益

内外资企业在政府采购活动中,凡认为采购文件、采购过程、中标或者成交结果使自身权益受到损害的,均可依照相关规定提起质疑和投诉。各级财政部门应当严格落实《政府采购质疑和投诉办法》(财政部令第94号),畅通投诉渠道,依法受理并公平处理供应商的投诉,不得在投诉处理中对内外资企业实施差别待遇或者歧视待遇,维护政府采购供应商的合法权益。

对于违反本通知要求的规定和做法,以及违规设立产品、供应商等各类备选库、名录库、资格库等规定和做法,各地要及时予以清理纠正,并将清理纠正情况于11月底前报送财政部。

(三)采购目录管理

国务院办公厅关于印发中央预算单位政府集中采购目录及标准(2020年版)的通知

· 2019年12月26日
· 国办发〔2019〕55号

国务院各部委、各直属机构:

《中央预算单位政府集中采购目录及标准(2020年版)》已经国务院同意,现印发给你们,请遵照执行。

《中央预算单位政府集中采购目录及标准(2020年版)》自2020年1月1日起实施,2016年12月21日印发的《中央预算单位2017—2018年政府集中采购目录及标准》同时废止。

中央预算单位政府集中采购目录及标准(2020年版)

一、集中采购机构采购项目

以下项目必须按规定委托集中采购机构代理采购:

目录项目	适用范围	备　注
一、货物类		
台式计算机		不包括图形工作站
便携式计算机		不包括移动工作站
计算机软件		指非定制的通用商业软件,不包括行业专用软件
服务器		10万元以下的系统集成项目除外
计算机网络设备		指单项或批量金额在1万元以上的网络交换机、网络路由器、网络存储设备、网络安全产品,10万元以下的系统集成项目除外

续表

目录项目	适用范围	备　　注
复印机		不包括印刷机
视频会议系统及会议室音频系统		指单项或批量金额在20万元以上的视频会议多点控制器(MCU)、视频会议终端、视频会议系统管理平台、录播服务器、中控系统、会议室音频设备、信号处理设备、会议室视频显示设备、图像采集系统
多功能一体机		指单项或批量金额在5万元以上的多功能一体机
打印设备		指喷墨打印机、激光打印机、热式打印机,不包括针式打印机和条码专用打印机
扫描仪		指平板式扫描仪、高速文档扫描仪、书刊扫描仪和胶片扫描仪,不包括档案、工程专用的大幅面扫描仪
投影仪		指单项或批量金额在5万元以上的投影仪
复印纸	京内单位	不包括彩色复印纸
打印用通用耗材	京内单位	指非原厂生产的兼容耗材
乘用车		指轿车、越野车、商务车、皮卡,包含新能源汽车
客车		指小型客车、大中型客车,包含新能源汽车
电梯	京内单位	指单项或批量金额在100万元以上的电梯
空调机	京内单位	指除中央空调(包括冷水机组、溴化锂吸收式冷水机组、水源热泵机组等)、多联式空调(指由一台或多台室外机与多台室内机组成的空调机组)以外的空调
办公家具	京内单位	指单项或批量金额在20万元以上的木制或木制为主、钢制或钢制为主、铝制或铝制为主的家具
二、工程类		
限额内工程	京内单位	指投资预算在120万元以上的建设工程,适用招标投标法的建设工程项目除外
装修工程	京内单位	指投资预算在120万元以上,与建筑物、构筑物新建、改建、扩建无关的装修工程
拆除工程	京内单位	指投资预算在120万元以上,与建筑物、构筑物新建、改建、扩建无关的拆除工程
修缮工程	京内单位	指投资预算在120万元以上,与建筑物、构筑物新建、改建、扩建无关的修缮工程
三、服务类		
车辆维修保养及加油服务	京内单位	指在京内执行的车辆维修保养及加油服务
机动车保险服务	京内单位	
印刷服务	京内单位	指单项或批量金额在20万元以上的本单位文印部门(含本单位下设的出版部门)不能承担的票据、证书、期刊、文件、公文用纸、资料汇编、信封等印刷业务(不包括出版服务)
工程造价咨询服务	京内单位	指单项或批量金额在20万元以上的在京内执行的工程造价咨询服务
工程监理服务	京内单位	指单项或批量金额在20万元以上的在京内执行的建设工程(包括建筑物和构筑物的新建、改建、扩建、装修、拆除、修缮)项目的监理服务,适用招标投标法的工程监理服务项目除外
物业管理服务	京内单位	指单项或批量金额在100万元以上的本单位物业管理服务部门不能承担的在京内执行的机关办公场所水电供应、设备运行、建筑物门窗保养维护、保洁、保安、绿化养护等项目,多单位共用物业的物业管理服务除外

续表

目录项目	适用范围	备　注
云计算服务		指单项或批量金额在100万元以上的基础设施服务(Infrastructure as a Service IaaS),包括云主机、块存储、对象存储等,系统集成项目除外
互联网接入服务	京内单位	指单项或批量金额在20万元以上的互联网接入服务

注:①表中"适用范围"栏中未注明的,均适用于所有中央预算单位。

②表中所列项目不包括部门集中采购项目和中央高校、科研院所采购的科研仪器设备。

二、部门集中采购项目

部门集中采购项目是指部门或系统有特殊要求,需要由部门或系统统一配置的货物、工程和服务类专用项目。各中央预算单位可按实际工作需要确定,报财政部备案后组织实施采购。

三、分散采购限额标准

除集中采购机构采购项目和部门集中采购项目外,各部门自行采购单项或批量金额达到100万元以上的货物和服务的项目、120万元以上的工程项目应按《中华人民共和国政府采购法》和《中华人民共和国招标投标法》有关规定执行。

四、公开招标数额标准

政府采购货物或服务项目,单项采购金额达到200万元以上的,必须采用公开招标方式。政府采购工程以及与工程建设有关的货物、服务公开招标数额标准按照国务院有关规定执行。

财政部关于印发《地方预算单位政府集中采购目录及标准指引(2020年版)》的通知

·2019年12月31日

·财库〔2019〕69号

各省、自治区、直辖市、计划单列市财政厅(局),新疆生产建设兵团财政局:

为推进统一全国集中采购目录及标准相关工作,财政部制定了《地方预算单位政府集中采购目录及标准指引(2020年版)》(以下简称《地方目录及标准指引》),现予印发,并就有关事项通知如下:

一、充分认识统一全国集中采购目录的重要意义。规范并逐步在全国统一集中采购目录是建立集中采购机构竞争机制的基础和保障。各地应逐步规范集中采购范围,取消市、县级集中采购目录,实现集中采购目录省域范围相对统一,充分发挥集中采购制度优势,不断提升集中采购服务质量和专业水平。

二、关于集中采购机构采购项目。各地应依据《地方目录及标准指引》,结合本地区实际确定本地区货物、服务类集中采购机构采购项目,可在《地方目录及标准指引》基础上适当增加品目,原则上不超过10个。各地可结合本地区实际自行确定各品目具体执行范围、采购限额等。政府采购工程纳入集中采购机构采购的项目,由各地结合本地区实际确定。集中采购目录原则上不包含部门集中采购项目,部门集中采购项目由各主管预算单位结合自身业务特点自行确定,报省级财政部门备案后实施。

三、关于分散采购限额标准和公开招标数额标准。为落实"放管服"改革精神,降低行政成本,提高采购效率,省级单位政府采购货物、服务项目分散采购限额标准不应低于50万元,市县级单位政府采购货物、服务项目分散采购限额标准不应低于30万元,政府采购工程项目分散采购限额标准不应低于60万元;政府采购货物、服务项目公开招标数额标准不应低于200万元,政府采购工程以及与工程建设有关的货物、服务公开招标数额标准按照国务院有关规定执行。

四、关于《地方目录及标准指引》执行要求。各地可依据《地方目录及标准指引》确定的品目范围、限额标准等,结合本地区实际,将本地区集中采购目录及标准逐步调整到位,确保2021年1月1日起按照本通知规定实施。

附件:地方预算单位政府集中采购目录及标准指引(2020年版)

附件：

地方预算单位政府集中采购目录及标准指引
（2020 年版）

一、集中采购机构采购项目

以下项目必须按规定委托集中采购机构代理采购：

序号	品目	编码	备注
计算机设备及软件（A0201）			
计算机设备		A020101	
1	服务器	A02010103	
2	台式计算机	A02010104	
3	便携式计算机	A0201010	
输入输出设备		A020106	
打印设备		A02010601	
4	喷墨打印机	A0201060101	
5	输入输出设备	A02010	
6	打印设备	A02010601	
显示设备		A02010604	
7	液晶显示器	A0201060401	
图形图像输入设备		A02010609	
8	扫描仪	A0201060901	
计算机软件		A020108	
9	基础软件	A02010801	
10	信息安全软件	A02010805	
办公设备		（A0202）	
11	复印机	A020201	
12	投影仪	A020202	
13	多功能一体机	A020204	
14	LED 显示屏	A020207	
15	触控一体机	A020208	
销毁设备		A020211	
16	碎纸机	A02021101	
车辆（A0203）			
17	乘用车	A020305	

续表

序号	品目	编码	备注
18	客车	A020306	
机械设备(A0205)			
19	电梯	A02051228	
电气设备		(A0206)	
20	不间断电源(UPS)	A02061504	
21	空调机	A0206180203	
其他货物			
22	家具用具	A06	
23	复印纸	A090101	
服务			
24	互联网接入服务	C030102	
25	车辆维修和保养服务	C050301	
26	车辆加油服务	C050302	
27	印刷服务	C081401	
28	物业管理服务	C1204	
29	机动车保险服务	C1504C201	
30	云计算服务		

注:①表中所列项目不包括高校、科研机构所采购的科研仪器设备。

二、分散采购限额标准

除集中采购机构采购项目外,各单位自行采购单项或批量金额达到分散采购限额标准的项目应按《中华人民共和国政府采购法》和《中华人民共和国招标投标法》有关规定执行。

省级单位货物、服务项目分散采购限额标准不应低于50万元,市县级单位货物、服务项目分散采购限额标准不应低于30万元,工程项目分散采购限额标准不应低于60万元。

三、公开招标数额标准

政府采购货物或服务项目,公开招标数额标准不应低于200万元。政府采购工程以及与工程建设有关的货物、服务公开招标数额标准按照国务院有关规定执行。

(四)采购信息发布与公开

政府采购信息发布管理办法

·2019年11月27日财政部令第101号公布

·自2020年3月1日起施行

第一条 为了规范政府采购信息发布行为,提高政府采购透明度,根据《中华人民共和国政府采购法》《中华人民共和国政府采购法实施条例》等有关法律、行政法规,制定本办法。

第二条 政府采购信息发布,适用本办法。

第三条 本办法所称政府采购信息,是指依照政府采购有关法律制度规定应予公开的公开招标公告、资格预审公告、单一来源采购公示、中标(成交)结果公告、政府采购合同公告等政府采购项目信息，以及投诉处理结果、监督检查处理结果、集中采购机构考核结果等政府采购监管信息。

第四条 政府采购信息发布应当遵循格式规范统一、渠道相对集中、便于查找获得的原则。

第五条 财政部指导和协调全国政府采购信息发布工作，并依照政府采购法律、行政法规有关规定，对中央预算单位的政府采购信息发布活动进行监督管理。

地方各级人民政府财政部门（以下简称财政部门）对本级预算单位的政府采购信息发布活动进行监督管理。

第六条 财政部对中国政府采购网进行监督管理。省级（自治区、直辖市、计划单列市）财政部门对中国政府采购网省级分网进行监督管理。

第七条 政府采购信息应当按照财政部规定的格式编制。

第八条 中央预算单位政府采购信息应当在中国政府采购网发布，地方预算单位政府采购信息应当在所在行政区域的中国政府采购网省级分网发布。

除中国政府采购网及其省级分网以外，政府采购信息可以在省级以上财政部门指定的其他媒体同步发布。

第九条 财政部门、采购人和其委托的采购代理机构（以下统称发布主体）应当对其提供的政府采购信息的真实性、准确性、合法性负责。

中国政府采购网及其省级分网和省级以上财政部门指定的其他媒体（以下统称指定媒体）应当对其收到的政府采购信息发布的及时性、完整性负责。

第十条 发布主体发布政府采购信息不得有虚假和误导性陈述，不得遗漏依法必须公开的事项。

第十一条 发布主体应当确保其在不同媒体发布的同一政府采购信息内容一致。

在不同媒体发布的同一政府采购信息内容、时间不一致的，以在中国政府采购网或者其省级分网发布的信息为准。同时在中国政府采购网和省级分网发布的，以在中国政府采购网上发布的信息为准。

第十二条 指定媒体应当采取必要措施，对政府采购信息发布主体的身份进行核验。

第十三条 指定媒体应当及时发布收到的政府采购信息。

中国政府采购网或者其省级分网应当自收到政府采购信息起1个工作日内发布。

第十四条 指定媒体应当加强安全防护，确保发布的政府采购信息不被篡改、不遗漏，不得擅自删除或者修改信息内容。

第十五条 指定媒体应当向发布主体免费提供信息发布服务，不得向市场主体和社会公众收取信息查阅费用。

第十六条 采购人或者其委托的采购代理机构未依法在指定媒体上发布政府采购项目信息的，依照政府采购法实施条例第六十八条追究法律责任。

采购人或者其委托的采购代理机构存在其他违反本办法规定行为的，由县级以上财政部门依法责令限期改正，给予警告，对直接负责的主管人员和其他直接责任人员，建议其行政主管部门或者有关机关依法依规处理，并予通报。

第十七条 指定媒体违反本办法规定的，由实施指定行为的省级以上财政部门依法责令限期改正，对直接负责的主管人员和其他直接责任人员，建议其行政主管部门或者有关机关依法依规处理，并予通报。

第十八条 财政部门及其工作人员在政府采购信息发布活动中存在懒政怠政、滥用职权、玩忽职守、徇私舞弊等违法违纪行为的，依照《中华人民共和国政府采购法》《中华人民共和国公务员法》《中华人民共和国监察法》《中华人民共和国政府采购法实施条例》等国家有关规定追究相应责任；涉嫌犯罪的，依法移送有关国家机关处理。

第十九条 涉密政府采购项目信息发布，依照国家有关规定执行。

第二十条 省级财政部门可以根据本办法制定具体实施办法。

第二十一条 本办法自2020年3月1日起施行。财政部2004年9月11日颁布实施的《政府采购信息公告管理办法》（财政部令第19号）同时废止。

财政部关于开展政府采购意向公开工作的通知

· 2020年3月2日
· 财库〔2020〕10号

各中央预算单位，各省、自治区、直辖市、计划单列市财政厅（局），新疆生产建设兵团财政局：

为进一步提高政府采购透明度，优化政府采购营商环境，根据《深化政府采购制度改革方案》和《财政部关于促进政府采购公平竞争优化营商环境的通知》（财库

〔2019〕38 号）有关要求，现就政府采购意向公开有关工作安排通知如下：

一、高度重视采购意向公开工作

推进采购意向公开是优化政府采购营商环境的重要举措。做好采购意向公开工作有助于提高政府采购透明度，方便供应商提前了解政府采购信息，对于保障各类市场主体平等参与政府采购活动，提升采购绩效，防范抑制腐败具有重要作用。各地区、各部门要充分认识此项工作的重要意义，高度重视、精心组织，认真做好采购意向公开工作。

二、关于采购意向公开工作推进步骤

采购意向公开工作遵循"试点先行，分步实施"的原则。2020 年在中央预算单位和北京市、上海市、深圳市市本级预算单位开展试点。对 2020 年 7 月 1 日起实施的采购项目，中央预算单位和北京市、上海市、深圳市市本级预算单位应当按规定公开采购意向。各试点地区应根据地方实际尽快推进其他各级预算单位采购意向公开。其他地区可根据地方实际确定采购意向公开时间，原则上省级预算单位 2021 年 1 月 1 日起实施的采购项目，省级以下各级预算单位 2022 年 1 月 1 日起实施的采购项目，应当按规定公开采购意向；具备条件的地区可适当提前开展采购意向公开工作。

三、关于采购意向公开的主体和渠道

采购意向由预算单位负责公开。中央预算单位的采购意向在中国政府采购网（www.ccgp.gov.cn）中央主网公开，地方预算单位的采购意向在中国政府采购网地方分网公开，采购意向也可在省级以上财政部门指定的其他媒体同步公开。主管预算单位可汇总本部门、本系统所属预算单位的采购意向集中公开，有条件的部门可在其部门门户网站同步公开本部门、本系统的采购意向。

四、关于采购意向公开的内容

采购意向按采购项目公开。除以协议供货、定点采购方式实施的小额零星采购和由集中采购机构统一组织的批量集中采购外，按项目实施的集中采购目录以内或者采购限额标准以上的货物、工程、服务采购均应当公开采购意向。

采购意向公开的内容应当包括采购项目名称、采购需求概况、预算金额、预计采购时间等，政府采购意向公开参考文本见附件。其中，采购需求概况应当包括采购标的名称，采购标的需实现的主要功能或者目标，采购标的数量，以及采购标的需满足的质量、服务、安全、时限等要求。采购意向应当尽可能清晰完整，便于供应商提前做好参与采购活动的准备。采购意向仅作为供应商了解各单位初步采购安排的参考，采购项目实际采购需求、预算金额和执行时间以预算单位最终发布的采购公告和采购文件为准。

五、关于采购意向公开的依据和时间

采购意向由预算单位定期或者不定期公开。部门预算批复前公开的采购意向，以部门预算"二上"内容为依据；部门预算批复后公开的采购意向，以部门预算为依据。预算执行中新增采购项目应当及时公开采购意向。采购意向公开时间应当尽量提前，原则上不得晚于采购活动开始前 30 日公开采购意向。因预算单位不可预见的原因急需开展的采购项目，可不公开采购意向。

六、工作要求

各中央预算单位要加强采购活动的计划性，按照本通知要求及时、全面公开采购意向。各中央主管预算单位应当做好统筹协调工作，及时安排部署，加强对本部门所属预算单位的督促和指导，确保所属预算单位严格按规定公开采购意向，做到不遗漏、不延误。

各省级财政部门要根据本通知要求抓紧制定具体工作方案，对本地区采购意向公开工作进行布置，着重加强对市县级预算单位政府采购意向公开工作的指导，并在中国政府采购网地方分网设置相关专栏，确保本地区各级预算单位按要求完成采购意向公开工作。

各地区、各部门要认真总结采购意向公开工作中好的做法和经验，对推进过程中遇到的新情况、新问题，要研究完善有关举措，并及时向财政部反映。财政部将结合政府采购透明度评估工作，对采购意向公开情况进行检查并对检查结果予以通报。

特此通知。

附件：政府采购意向公开参考文本

附件：

政府采购意向公开参考文本

（单位名称）____年____（至）____月

政府采购意向

为便于供应商及时了解政府采购信息，根据《财政部关于开展政府采购意向公开工作的通知》（财库〔2020〕10号）等有关规定，现将（单位名称）____年____（至）____月采购意向公开如下：

序号	采购项目名称	采购需求概况	预算金额（万元）	预计采购时间（填写到月）	备注
	填写具体采购项目的名称	填写采购标的名称，采购标的需实现的主要功能或者目标，采购标的数量，以及采购标的需满足的质量、服务、安全、时限等要求	精确到万元	填写到月	其他需要说明的情况
	……				
	……				

本次公开的采购意向是本单位政府采购工作的初步安排，具体采购项目情况以相关采购公告和采购文件为准。

XX（单位名称）

年　　月　　日

关于进一步提高政府采购透明度和采购效率相关事项的通知

· 2023年12月8日

· 财办库〔2023〕243号

各中央预算单位办公厅（室），各省、自治区、直辖市、计划单列市财政厅（局），新疆生产建设兵团财政局，有关集中采购机构：

为打造市场化法治化国际化营商环境，进一步提高政府采购透明度和采购效率，方便各类经营主体参与政府采购活动，现就相关事项通知如下：

一、推进政府采购合同变更信息公开。政府采购合同的双方当事人不得擅自变更合同，依照政府采购法确需变更政府采购合同内容的，采购人应当自合同变更之日起2个工作日内在省级以上财政部门指定的媒体上发布政府采购合同变更公告，但涉及国家秘密、商业秘密的信息和其他依法不得公开的信息除外。政府采购合同变更公告应当包括原合同编号、名称和文本，原合同变更的条款号，变更后作为原合同组成部分的补充合同文本，合同变更时间，变更公告日期等。

二、完善中标、成交结果信息公开。采购人、采购代理机构应当按照政府采购法、政府采购法实施条例以及《政府采购信息发布管理办法》等法律制度规定，进一步做好信息公开工作。项目采购采用最低评标（审）价法的，公告中标、成交结果时应当同时公告因落实政府采购政策等原因进行价格扣除后中标、成交供应商的评审报价；项目采购采用综合评分法的，公告中标、成交结果时应当同时公告中标、成交供应商的评审总得分。

三、推进采购项目电子化实施。鼓励各部门、各地区利用数据电文形式和电子信息网络开展政府采购活动，除涉密政府采购项目外，具备电子化实施条件的部门和地区，应当推进政府采购项目全流程电子化交易，实现在线公开采购意向、发布采购公告、提供采购文件、提交投标（响应）文件、提交投标（履约）保证金（包括金融机构、担保机构出具的保函、保险等）、签订采购合同、提交发票、支付资金，并逐步完善履约验收、信用评价、用户反馈等功能。省级财政部门可以按照统一规范和技术标准组织建设本地区政府采购全流程电子化平台。各电子化政府采购平台应当完善平台注册供应商查询功能，方便各方主体及时了解供应商信息。

四、提高采购合同签订效率。采购人应当严格按照政府采购法有关规定，在中标、成交通知书发出之日起30日内，按照采购文件确定的事项与中标、成交供应商签订政府采购合同。采购人因不可抗力原因迟延签订合同的，应当自不可抗力事由消除之日起7日内完成合同签订事宜。鼓励采购人通过完善内部流程进一步缩短合同签订期限。

五、加快支付采购资金。采购人要进一步落实《关于促进政府采购公平竞争优化营商环境的通知》（财库〔2019〕38号）有关要求，在政府采购合同中约定资金支付的方式、时间和条件，明确逾期支付资金的违约责任。对于有预付安排的合同，鼓励采购人将合同预付款比例提高到30%以上。对于满足合同约定支付条件的，采购人原则上应当自收到发票后10个工作日内将资金支付到合同约定的供应商账户，鼓励采购人完善内部流程，自收到发票后1个工作日内完成资金支付事宜。采购人和供应商对资金支付产生争议的，应当按照法律规定和合同约定及时解决，保证资金支付效率。

六、支持开展政府采购融资。省级财政部门要以省为单位，积极推进与银行业金融机构共享本省范围内的政府采购信息，支持银行业金融机构以政府采购合同为基础向中标、成交供应商提供融资。要优化完善政府采购融资业务办理，推动银行业金融机构逐步实现供应商在线申请、在线审批、在线提款的全流程电子化运行，为供应商提供快捷高效的融资服务。

各部门、各地区要充分认识优化政府采购营商环境，提高政府采购透明度和采购效率的重要意义，加强组织领导，积极协调推动，细化落实举措，强化监督检查，确保各项要求落实到位。

本通知自印发之日起施行。

财政部关于做好政府采购信息公开工作的通知

·2015年7月17日
·财库〔2015〕135号

党中央有关部门，国务院各部委、各直属机构，全国人大常委会办公厅，全国政协办公厅，高法院，高检院，各民主党派中央，有关人民团体，各省、自治区、直辖市、计划单列市财政厅（局），新疆生产建设兵团财务局：

为深入贯彻落实党的十八届三中、四中全会精神，按照深化财税体制改革、实施公开透明预算制度的总体部署，根据《中华人民共和国政府采购法》、《中华人民共和国政府采购法实施条例》、《中华人民共和国政府信息公开条例》、《党政机关厉行节约反对浪费条例》等法律法规的规定，现就依法做好政府采购信息公开工作有关事项通知如下：

一、高度重视政府采购信息公开工作

公开透明是政府采购管理制度的重要原则。做好政府采购信息公开工作，既是全面深化改革、建立现代财政制度的必然要求，也是加强改进社会监督，提升政府公信力的重要举措，对于规范政府采购行为，维护政府采购活动的公开、公平和公正具有重要意义。《中华人民共和国预算法》、《中华人民共和国政府采购法实施条例》和《党政机关厉行节约反对浪费条例》从不同层面和角度提出了提高政府采购透明度、推进信息公开、加强社会监督的新要求，并确定了政府采购全过程信息公开的目标导向。各地区、各部门要依法公开政府采购项目信息，并按照财政预决算公开的要求，公布本单位政府采购预算安排及执行的总体情况，实现从采购预算到采购过程及采购结果的全过程信息公开。各地区、各部门要高度重视，充分认识政府采购信息公开工作的重要性和紧迫性，认真做好政府采购信息公开工作，将政府采购活动置于阳光之下，管好"乱伸的权力之手"。

二、认真做好政府采购信息公开工作

（一）总体要求。

建立健全责任明确的工作机制、简便顺畅的操作流程和集中统一的发布渠道，确保政府采购信息发布的及时、完整、准确，实现政府采购信息的全流程公开透明。

（二）公开范围及主体。

1. 采购项目信息，包括采购项目公告、采购文件、采购项目预算金额、采购结果等信息，由采购人或者其委托的采购代理机构负责公开；

2. 监管处罚信息，包括财政部门作出的投诉、监督检查等处理决定，对集中采购机构的考核结果，以及违法失信行为记录等信息，由财政部门负责公开；

3. 法律、法规和规章规定应当公开的其他政府采购信息，由相关主体依法公开。

（三）公开渠道。

中央预算单位的政府采购信息应当在财政部指定的媒体上公开，地方预算单位的政府采购信息应当在省级（含计划单列市，下同）财政部门指定的媒体上公开。财政部指定的政府采购信息发布媒体包括中国政府采购网

(www.ccgp.gov.cn)、《中国财经报》(《中国政府采购报》)、《中国政府采购杂志》、《中国财政杂志》等。省级财政部门应当将中国政府采购网地方分网作为本地区指定的政府采购信息发布媒体之一。

为了便于政府采购当事人获取信息，在其他政府采购信息发布媒体公开的政府采购信息应当同时在中国政府采购网发布。对于预算金额在500万元以上的地方采购项目信息，中国政府采购网各地方分网应当通过数据接口同时推送至中央主网发布(相关标准规范和说明详见中国政府采购网)。政府采购违法失信行为信息记录应当在中国政府采购网中央主网发布。

(四)政府采购项目信息的公开要求。

1. 公开招标公告、资格预审公告。

招标公告的内容应当包括采购人和采购代理机构的名称、地址和联系方法，采购项目的名称、数量、简要规格描述或项目基本概况介绍，采购项目预算金额，采购项目需要落实的政府采购政策，投标人的资格要求，获取招标文件的时间、地点、方式及招标文件售价，投标截止时间、开标时间及地点，采购项目联系人姓名和电话。

资格预审公告的内容应当包括采购人和采购代理机构的名称、地址和联系方法；采购项目名称、数量、简要规格描述或项目基本概况介绍；采购项目预算金额；采购项目需要落实的政府采购政策；投标人的资格要求，以及审查标准、方法；获取资格预审文件的时间、地点、方式；投标人应当提供的资格预审申请文件的组成和格式；提交资格预审申请文件的截止时间及资格审查日期、地点；采购项目联系人姓名和电话。

招标公告、资格预审公告的公告期限为5个工作日。

2. 竞争性谈判公告、竞争性磋商公告和询价公告。

竞争性谈判公告、竞争性磋商公告和询价公告的内容应当包括采购人和采购代理机构的名称、地址和联系方法，采购项目的名称、数量、简要规格描述或项目基本概况介绍，采购项目预算金额，采购项目需要落实的政府采购政策，对供应商的资格要求，获取谈判、磋商、询价文件的时间、地点、方式及文件售价，响应文件提交的截止时间、开启时间及地点，采购项目联系人姓名和电话。

竞争性谈判公告、竞争性磋商公告和询价公告的公告期限为3个工作日。

3. 采购项目预算金额。

采购项目预算金额应当在招标公告、资格预审公告、竞争性谈判公告、竞争性磋商公告和询价公告等采购公告，以及招标文件、谈判文件、磋商文件、询价通知书等采购文件中公开。采购项目的预算金额以财政部门批复的部门预算中的政府采购预算为依据；对于部门预算批复前进行采购的项目，以预算“二上数”中的政府采购预算为依据。对于部门预算已列明具体采购项目的，按照部门预算中具体采购项目的预算金额公开；部门预算未列明采购项目的，应当根据工作实际对部门预算进行分解，按照分解后的具体采购项目预算金额公开。对于部门预算分年度安排但不宜按年度拆分的采购项目，应当公开采购项目的采购年限、概算总金额和当年安排数。

4. 中标、成交结果。

中标、成交结果公告的内容应当包括采购人和采购代理机构名称、地址、联系方式；项目名称和项目编号；中标或者成交供应商名称、地址和中标或者成交金额；主要中标或者成交标的的名称、规格型号、数量、单价、服务要求或者标的的基本概况；评审专家名单。协议供货、定点采购项目还应当公告入围价格、价格调整规则和优惠条件。采用书面推荐供应商参加采购活动的，还应当公告采购人和评审专家的推荐意见。

中标、成交结果应当自中标、成交供应商确定之日起2个工作日内公告，公告期限为1个工作日。

5. 采购文件。

招标文件、竞争性谈判文件、竞争性磋商文件和询价通知书应当随中标、成交结果同时公告。中标、成交结果公告前采购文件已公告的，不再重复公告。

6. 更正事项。

采购人或者采购代理机构对已发出的招标文件、资格预审文件，以及采用公告方式邀请供应商参与的竞争性谈判文件、竞争性磋商文件进行必要的澄清或者修改的，应当在原公告发布媒体上发布更正公告，并以书面形式通知所有获取采购文件的潜在供应商。采购信息更正公告的内容应当包括采购人和采购代理机构名称、地址、联系方式，原公告的采购项目名称及首次公告日期，更正事项、内容及日期，采购项目联系人和电话。

澄清或者修改的内容可能影响投标文件、资格预审申请文件、响应文件编制的，采购人或者采购代理机构发布澄清公告并以书面形式通知潜在供应商的时间，应当在投标截止时间至少15日前、提交资格预审申请文件截止时间至少3日前，或者提交首次响应文件截止之日3个工作日前；不足上述时间的，应当顺延提交投标文件、资格预审申请文件或响应文件的截止时间。

7. 采购合同。

政府采购合同应当自合同签订之日起2个工作日内

公告。批量集中采购项目应当公告框架协议。政府采购合同中涉及国家秘密、商业秘密的部分可以不公告，但其他内容应当公告。政府采购合同涉及国家秘密的内容，由采购人依据《保守国家秘密法》等法律制度规定确定。采购合同中涉及商业秘密的内容，由采购人依据《反不正当竞争法》、《最高人民法院关于适用〈中华人民共和国民事诉讼法〉若干问题的意见》（法发〔1992〕22 号）等法律制度的规定，与供应商在合同中约定。其中，合同标的名称、规格型号、单价及合同金额等内容不得作为商业秘密。合同中涉及个人隐私的姓名、联系方式等内容，除征得权利人同意外，不得对外公告。

2015 年 3 月 1 日以后签订的政府采购合同，未按要求公告的，应当于 2015 年 10 月 31 日以前补充公告。

8. 单一来源公示。

达到公开招标数额标准，符合《中华人民共和国政府采购法》第三十一条第一项规定情形，只能从唯一供应商处采购的，采购人、采购代理机构应当在省级以上财政部门指定媒体上进行公示。公示内容应当包括采购人、采购项目名称；拟采购的货物或者服务的说明、拟采购的货物或者服务的预算金额；采用单一来源方式的原因及相关说明；拟定的唯一供应商名称、地址；专业人员对相关供应商因专利、专有技术等原因具有唯一性的具体论证意见，以及专业人员的姓名、工作单位和职称；公示的期限；采购人、采购代理机构、财政部门的联系地址、联系人和联系电话。公示期限不得少于 5 个工作日。

9. 终止公告。

依法需要终止招标、竞争性谈判、竞争性磋商、询价、单一来源采购活动的，采购人或者采购代理机构应当发布项目终止公告并说明原因。

10. 政府购买公共服务项目。

对于政府向社会公众提供的公共服务项目，除按有关规定公开相关采购信息外，采购人还应当就确定采购需求在指定媒体上征求社会公众的意见，并将验收结果于验收结束之日起 2 个工作日内向社会公告。

（五）监管处罚信息的公开要求。

财政部门做出的投诉、监督检查等处理决定公告的内容应当包括相关当事人名称及地址、投诉涉及采购项目名称及采购日期、投诉事项或监督检查主要事项、处理依据、处理结果、执法机关名称、公告日期等。投诉或监督检查处理决定应当自完成并履行有关报审程序后 5 个工作日内公告。

财政部门对集中采购机构的考核结果公告的内容应当包括集中采购机构名称、考核内容、考核方法、考核结果、存在问题、考核单位等。考核结果应当自完成并履行有关报审程序后 5 个工作日内公告。

供应商、采购代理机构和评审专家的违法失信行为记录公告的内容应当包括当事人名称、违法失信行为的具体情形、处理依据、处理结果、处理日期、执法机关名称等。供应商、采购代理机构和评审专家的违法失信行为信息月度记录应当不晚于次月 10 日前公告。

三、工作要求

（一）加强组织领导。各级财政部门、各部门、各单位要建立政府采购信息公开工作机制，落实责任分工，切实履行政府采购信息公开的责任和义务。省级财政部门要加强对本地区政府采购信息公开工作的指导和督促，指定并管理政府采购信息公开媒体，确保政府采购信息公开工作落到实处。

（二）落实技术保障。各级财政部门要及时做好相关信息系统和网络媒体的升级改造，创新信息公开方式，完善信息公开功能，提高政府采购信息公开的自动化水平，为政府采购信息公开和社会监督创造便利条件。中国政府采购网地方分网应当在 2015 年 3 月 31 日以前完成主要技术改造工作，确保合同公开等新的信息公开要求落到实处。

（三）强化监督检查。各级财政部门要将政府采购信息公开作为监督检查的重要内容，对采购人、采购代理机构未依法发布政府采购项目信息的，要依照《中华人民共和国政府采购法》第七十一条、第七十八条和《中华人民共和国政府采购法实施条例》第六十八条等规定追究法律责任。

（四）做好跟踪回应。各地区、各部门要主动回应信息公开工作中出现的情况和问题，做好预判、预案和跟踪，主动发声，及时解惑。各政府采购信息发布媒体要以高度负责的精神做好政府采购信息公开工作，及时、完整、准确地免费刊登信息。

财政部关于进一步做好政府采购信息公开工作有关事项的通知

· 2017 年 4 月 25 日

· 财库〔2017〕86 号

党中央有关部门，国务院各部委、各直属机构，全国人大常委会办公厅，全国政协办公厅，高法院，高检院，各民主党派中央，有关人民团体，各省、自治区、直辖市、计划单

列市财政厅(局),新疆生产建设兵团财务局:

近年来,各地区、各部门落实建立政府采购全过程信息公开机制的要求,信息公开工作取得了积极进展,但也存在部分地区政府采购信息公开平台建设不到位、一些单位信息发布不及时不全面等问题。为了切实提高政府采购透明度,现就进一步做好政府采购信息公开工作有关事项通知如下:

一、推进各地区政府采购信息发布网络平台建设

(一)加强中国政府采购网地方分网建设。中国政府采购网(www. ccgp. gov. cn)是财政部依法指定的、向世界贸易组织秘书处备案的唯一全国性政府采购信息发布网络媒体,中国政府采购网地方分网(以下简称地方分网)是其有机组成部分。省级(含计划单列市,下同)财政部门是地方分网建设管理的第一责任主体,应当切实做好地方分网的建设维护工作,把地方分网建成本地区政府采购信息的统一发布平台。

(二)规范地方分网域名管理。省级财政部门应当严格执行中国政府采购网统一域名制度,使用财政部指定域名建设地方分网。地方分网采用双域名的,应当确保财政部指定域名可以正常访问,不得以其他网络媒体替代地方分网。

(三)提升地方分网服务功能。各地区要做好地方分网的升级改造和安全防护,改进栏目设置,完善地方分网信息发布和查询使用功能,确保数据安全和运行稳定。要建立健全地方分网与公共资源交易平台的信息互联互通机制,实现与公共资源交易电子服务系统之间的信息共享。

二、完整全面发布政府采购信息

(四)严格执行政府采购信息发布制度。各地区、各部门应当按照《政府采购法》、《政府采购法实施条例》和《财政部关于做好政府采购信息公开工作的通知》(财库〔2015〕135 号)规定,认真做好政府采购信息公开工作。采购人或者其委托的采购代理机构应当切实做好采购项目公告、采购文件、采购项目预算金额、采购结果、采购合同等采购项目信息公开工作,实现政府采购项目的全过程信息公开。对于采购项目预算金额、更正事项、采购合同、公共服务项目采购需求和验收结果等信息公开薄弱环节,应当进一步完善相关工作机制,切实履行公开责任。各级财政部门应当严格按照财库〔2015〕135 号文件规定的时间、内容等要求,及时完整公开投诉和监督检查处理决定、集中采购机构考核结果以及违法失信行为记录等监管处罚信息。

(五)推进协议供货和定点采购等信息公开。集中采购机构应当切实推进协议供货和定点采购信息公开,自 2017 年 9 月 1 日开始,除按照规定在中国政府采购网及地方分网公开入围采购阶段的相关信息外,还应当公开具体成交记录,包括采购人和成交供应商的名称、成交金额以及成交标的的名称、规格型号、数量、单价等。电子卖场、电子商城、网上超市等的具体成交记录,也应当予以公开。

三、健全政府采购信息发布工作机制

(六)加强政府采购信息公开内控管理。采购人和集中采购机构应当将政府采购信息公开作为本部门、本单位政务信息公开工作的重要内容,列入主动公开基本目录,嵌入内控管理环节,确保政府采购信息发布的及时、完整、准确。

(七)严格政府采购信息发布和推送机制。中央预算单位的政府采购信息应当在中国政府采购网中央主网(以下简称中央主网)发布,地方预算单位的政府采购信息应当在地方分网发布。地方分网应当按照财库〔2015〕135 号文件的规定向中央主网推送信息。

四、加强对政府采购信息公开工作的考核与监督

(八)加强监督检查。各级财政部门应当加大对政府采购信息公开情况的监督检查力度,将信息公开情况作为对集中采购机构考核和对采购人、社会代理机构监督检查的重点内容,进一步完善考核与检查指标体系,对监督检查中发现的信息公开违法违规行为依法追究责任。

(九)实施动态监管和大数据分析。各级财政部门应当将政府采购项目全流程信息公开纳入动态监管范围,重点加强对单一来源公示、采购文件、采购结果和采购合同等信息的比对,运用大数据分析技术开展对采购项目执行情况和信息公开情况的核查和动态监管,不断推进信息公开工作。

(十)开展第三方评估。从 2017 年开始,财政部将委托社会力量开展对政府采购透明度的第三方评估,重点围绕政府采购信息发布平台建设管理、信息发布和信息推送的及时性完整性等情况进行综合评估,并对评估结果予以通报。

(五)采购方式管理

政府采购框架协议采购方式管理暂行办法

·2022年1月14日财政部令第110号公布
·自2022年3月1日起施行

第一章　总　则

第一条　为了规范多频次、小额度采购活动,提高政府采购项目绩效,根据《中华人民共和国政府采购法》、《中华人民共和国政府采购法实施条例》等法律法规规定,制定本办法。

第二条　本办法所称框架协议采购,是指集中采购机构或者主管预算单位对技术、服务等标准明确、统一,需要多次重复采购的货物和服务,通过公开征集程序,确定第一阶段入围供应商并订立框架协议,采购人或者服务对象按照框架协议约定规则,在入围供应商范围内确定第二阶段成交供应商并订立采购合同的采购方式。

前款所称主管预算单位是指负有编制部门预算职责,向本级财政部门申报预算的国家机关、事业单位和团体组织。

第三条　符合下列情形之一的,可以采用框架协议采购方式采购:

(一)集中采购目录以内品目,以及与之配套的必要耗材、配件等,属于小额零星采购的;

(二)集中采购目录以外,采购限额标准以上,本部门、本系统行政管理所需的法律、评估、会计、审计等鉴证咨询服务,属于小额零星采购的;

(三)集中采购目录以外,采购限额标准以上,为本部门、本系统以外的服务对象提供服务的政府购买服务项目,需要确定2家以上供应商由服务对象自主选择的;

(四)国务院财政部门规定的其他情形。

前款所称采购限额标准以上,是指同一品目或者同一类别的货物、服务年度采购预算达到采购限额标准以上。

属于本条第一款第二项情形,主管预算单位能够归集需求形成单一项目进行采购,通过签订时间、地点、数量不确定的采购合同满足需求的,不得采用框架协议采购方式。

第四条　框架协议采购包括封闭式框架协议采购和开放式框架协议采购。

封闭式框架协议采购是框架协议采购的主要形式。除法律、行政法规或者本办法另有规定外,框架协议采购应当采用封闭式框架协议采购。

第五条　集中采购目录以内品目以及与之配套的必要耗材、配件等,采用框架协议采购的,由集中采购机构负责征集程序和订立框架协议。

集中采购目录以外品目采用框架协议采购的,由主管预算单位负责征集程序和订立框架协议。其他预算单位确有需要的,经其主管预算单位批准,可以采用框架协议采购方式采购。其他预算单位采用框架协议采购方式采购的,应当遵守本办法关于主管预算单位的规定。

主管预算单位可以委托采购代理机构代理框架协议采购,采购代理机构应当在委托的范围内依法开展采购活动。

集中采购机构、主管预算单位及其委托的采购代理机构,本办法统称征集人。

第六条　框架协议采购遵循竞争择优、讲求绩效的原则,应当有明确的采购标的和定价机制,不得采用供应商符合资格条件即入围的方法。

第七条　框架协议采购应当实行电子化采购。

第八条　集中采购机构采用框架协议采购的,应当拟定采购方案,报本级财政部门审核后实施。主管预算单位采用框架协议采购的,应当在采购活动开始前将采购方案报本级财政部门备案。

第二章　一般规定

第九条　封闭式框架协议采购是指符合本办法第三条规定情形,通过公开竞争订立框架协议后,除经过框架协议约定的补充征集程序外,不得增加协议供应商的框架协议采购。

封闭式框架协议的公开征集程序,按照政府采购公开招标的规定执行,本办法另有规定的,从其规定。

第十条　开放式框架协议采购是指符合本条第二款规定情形,明确采购需求和付费标准等框架协议条件,愿意接受协议条件的供应商可以随时申请加入的框架协议采购。开放式框架协议的公开征集程序,按照本办法规定执行。

符合下列情形之一的,可以采用开放式框架协议采购:

(一)本办法第三条第一款第一项规定的情形,因执行政府采购政策不宜淘汰供应商的,或者受基础设施、行政许可、知识产权等限制,供应商数量在3家以下且不宜淘汰供应商的;

(二)本办法第三条第一款第三项规定的情形,能够确定统一付费标准,因地域等服务便利性要求,需要接纳所有愿意接受协议条件的供应商加入框架协议,以供服务对象自主选择的。

第十一条　集中采购机构或者主管预算单位应当确定框架协议采购需求。框架协议采购需求在框架协议有效期内不得变动。

确定框架协议采购需求应当开展需求调查，听取采购人、供应商和专家等意见。面向采购人和供应商开展需求调查时，应当选择具有代表性的调查对象，调查对象一般各不少于3个。

第十二条　框架协议采购需求应当符合以下规定：

（一）满足采购人和服务对象实际需要，符合市场供应状况和市场公允标准，在确保功能、性能和必要采购要求的情况下促进竞争；

（二）符合预算标准、资产配置标准等有关规定，厉行节约，不得超标准采购；

（三）按照《政府采购品目分类目录》，将采购标的细化到底级品目，并细分不同等次、规格或者标准的采购需求，合理设置采购包；

（四）货物项目应当明确货物的技术和商务要求，包括功能、性能、材料、结构、外观、安全、包装、交货期限、交货的地域范围、售后服务等；

（五）服务项目应当明确服务内容、服务标准、技术保障、服务人员组成、服务交付或者实施的地域范围，以及所涉及的货物的质量标准、服务工作量的计量方式等。

第十三条　集中采购机构或者主管预算单位应当在征集公告和征集文件中确定框架协议采购的最高限制单价。征集文件中可以明确量价关系折扣，即达到一定采购数量，价格应当按照征集文件中明确的折扣降低。在开放式框架协议中，付费标准即为最高限制单价。

最高限制单价是供应商第一阶段响应报价的最高限价。入围供应商第一阶段响应报价（有量价关系折扣的，包括量价关系折扣，以下统称协议价格）是采购人或者服务对象确定第二阶段成交供应商的最高限价。

确定最高限制单价时，有政府定价的，执行政府定价；没有政府定价的，应当通过需求调查，并根据需求标准科学确定，属于本办法第十条第二款第一项规定情形的采购项目，需要订立开放式框架协议的，与供应商协商确定。

货物项目单价按照台（套）等计量单位确定，其中包含售后服务等相关服务费用。服务项目单价按照单位采购标的价格或者人工单价等确定。服务项目所涉及的货物的费用，能够折算入服务项目单价的应当折入，需要按实结算的应当明确结算规则。

第十四条　框架协议应当包括以下内容：

（一）集中采购机构或者主管预算单位以及入围供应商的名称、地址和联系方式；

（二）采购项目名称、编号；

（三）采购需求以及最高限制单价；

（四）封闭式框架协议第一阶段的入围产品详细技术规格或者服务内容、服务标准，协议价格；

（五）入围产品升级换代规则；

（六）确定第二阶段成交供应商的方式；

（七）适用框架协议的采购人或者服务对象范围，以及履行合同的地域范围；

（八）资金支付方式、时间和条件；

（九）采购合同文本，包括根据需要约定适用的简式合同或者具有合同性质的凭单、订单；

（十）框架协议期限；

（十一）入围供应商清退和补充规则；

（十二）协议方的权利和义务；

（十三）需要约定的其他事项。

第十五条　集中采购机构或者主管预算单位应当根据工作需要和采购标的市场供应及价格变化情况，科学合理确定框架协议期限。货物项目框架协议有效期一般不超过1年，服务项目框架协议有效期一般不超过2年。

第十六条　集中采购机构或者主管预算单位应当根据框架协议约定，组织落实框架协议的履行，并履行下列职责：

（一）为第二阶段合同授予提供工作便利；

（二）对第二阶段最高限价和需求标准执行情况进行管理；

（三）对第二阶段确定成交供应商情况进行管理；

（四）根据框架协议约定，在质量不降低、价格不提高的前提下，对入围供应商因产品升级换代、用新产品替代原入围产品的情形进行审核；

（五）建立用户反馈和评价机制，接受采购人和服务对象对入围供应商履行框架协议和采购合同情况的反馈与评价，并将用户反馈和评价情况向采购人和服务对象公开，作为第二阶段直接选定成交供应商的参考；

（六）公开封闭式框架协议的第二阶段成交结果；

（七）办理入围供应商清退和补充相关事宜。

第十七条　采购人或者服务对象采购框架协议约定的货物、服务，应当将第二阶段的采购合同授予入围供应商，但是本办法第三十七条另有规定的除外。

同一框架协议采购应当使用统一的采购合同文本，

采购人、服务对象和供应商不得擅自改变框架协议约定的合同实质性条款。

第十八条　货物项目框架协议的入围供应商应当为入围产品生产厂家或者生产厂家唯一授权供应商。入围供应商可以委托一家或者多家代理商，按照框架协议约定接受采购人合同授予，并履行采购合同。入围供应商应当在框架协议中提供委托协议和委托的代理商名单。

第十九条　入围供应商有下列情形之一，尚未签订框架协议的，取消其入围资格；已经签订框架协议的，解除与其签订的框架协议：

（一）恶意串通谋取入围或者合同成交的；

（二）提供虚假材料谋取入围或者合同成交的；

（三）无正当理由拒不接受合同授予的；

（四）不履行合同义务或者履行合同义务不符合约定，经采购人请求履行后仍不履行或者仍未按约定履行的；

（五）框架协议有效期内，因违法行为被禁止或限制参加政府采购活动的；

（六）框架协议约定的其他情形。

被取消入围资格或者被解除框架协议的供应商不得参加同一封闭式框架协议补充征集，或者重新申请加入同一开放式框架协议。

第二十条　封闭式框架协议入围供应商无正当理由，不得主动放弃入围资格或者退出框架协议。

开放式框架协议入围供应商可以随时申请退出框架协议。集中采购机构或者主管预算单位应当在收到退出申请2个工作日内，发布入围供应商退出公告。

第二十一条　征集人应当建立真实完整的框架协议采购档案，妥善保存每项采购活动的采购文件资料。除征集人和采购人另有约定外，合同授予的采购文件资料由采购人负责保存。

采购档案可以采用电子形式保存，电子档案和纸质档案具有同等效力。

第三章　封闭式框架协议采购

第一节　封闭式框架协议的订立

第二十二条　征集人应当发布征集公告。征集公告应当包括以下主要内容：

（一）征集人的名称、地址、联系人和联系方式；

（二）采购项目名称、编号，采购需求以及最高限制单价，适用框架协议的采购人或者服务对象范围，能预估采购数量的，还应当明确预估采购数量；

（三）供应商的资格条件；

（四）框架协议的期限；

（五）获取征集文件的时间、地点和方式；

（六）响应文件的提交方式、提交截止时间和地点，开启方式、时间和地点；

（七）公告期限；

（八）省级以上财政部门规定的其他事项。

第二十三条　征集人应当编制征集文件。征集文件应当包括以下主要内容：

（一）参加征集活动的邀请；

（二）供应商应当提交的资格材料；

（三）资格审查方法和标准；

（四）采购需求以及最高限制单价；

（五）政府采购政策要求以及政策执行措施；

（六）框架协议的期限；

（七）报价要求；

（八）确定第一阶段入围供应商的评审方法、评审标准、确定入围供应商的淘汰率或者入围供应商数量上限和响应文件无效情形；

（九）响应文件的编制要求，提交方式、提交截止时间和地点，开启方式、时间和地点，以及响应文件有效期；

（十）拟签订的框架协议文本和采购合同文本；

（十一）确定第二阶段成交供应商的方式；

（十二）采购资金的支付方式、时间和条件；

（十三）入围产品升级换代规则；

（十四）用户反馈和评价机制；

（十五）入围供应商的清退和补充规则；

（十六）供应商信用信息查询渠道及截止时点、信用信息查询记录和证据留存的具体方式、信用信息的使用规则等；

（十七）采购代理机构代理费用的收取标准和方式；

（十八）省级以上财政部门规定的其他事项。

第二十四条　供应商应当按照征集文件要求编制响应文件，对响应文件的真实性和合法性承担法律责任。

供应商响应的货物和服务的技术、商务等条件不得低于采购需求，货物原则上应当是市场上已有销售的规格型号，不得是专供政府采购的产品。对货物项目每个采购包只能用一个产品进行响应，征集文件有要求的，应当同时对产品的选配件、耗材进行报价。服务项目包含货物的，响应文件中应当列明货物清单及质量标准。

第二十五条　确定第一阶段入围供应商的评审方法包括价格优先法和质量优先法。

价格优先法是指对满足采购需求且响应报价不超过最高限制单价的货物、服务，按照响应报价从低到高排序，根据征集文件规定的淘汰率或者入围供应商数量上限，确定入围供应商的评审方法。

质量优先法是指对满足采购需求且响应报价不超过最高限制单价的货物、服务进行质量综合评分，按照质量评分从高到低排序，根据征集文件规定的淘汰率或者入围供应商数量上限，确定入围供应商的评审方法。货物项目质量因素包括采购标的的技术水平、产品配置、售后服务等，服务项目质量因素包括服务内容、服务水平、供应商的履约能力、服务经验等。质量因素中的可量化指标应当划分等次，作为评分项；质量因素中的其他指标可以作为实质性要求，不得作为评分项。

有政府定价、政府指导价的项目，以及对质量有特别要求的检测、实验等仪器设备，可以采用质量优先法，其他项目应当采用价格优先法。

第二十六条　对耗材使用量大的复印、打印、实验、医疗等仪器设备进行框架协议采购的，应当要求供应商同时对3年以上约定期限内的专用耗材进行报价。评审时应当考虑约定期限的专用耗材使用成本，修正仪器设备的响应报价或者质量评分。

征集人应当在征集文件、框架协议和采购合同中规定，入围供应商在约定期限内，应当以不高于其报价的价格向适用框架协议的采购人供应专用耗材。

第二十七条　确定第一阶段入围供应商时，提交响应文件和符合资格条件、实质性要求的供应商应当均不少于2家，淘汰比例一般不得低于20%，且至少淘汰一家供应商。

采用质量优先法的检测、实验等仪器设备采购，淘汰比例不得低于40%，且至少淘汰一家供应商。

第二十八条　入围结果公告应当包括以下主要内容：

（一）采购项目名称、编号；

（二）征集人的名称、地址、联系人和联系方式；

（三）入围供应商名称、地址及排序；

（四）最高入围价格或者最低入围分值；

（五）入围产品名称、规格型号或者主要服务内容及服务标准，入围单价；

（六）评审小组成员名单；

（七）采购代理服务收费标准及金额；

（八）公告期限；

（九）省级以上财政部门规定的其他事项。

第二十九条　集中采购机构或者主管预算单位应当在入围通知书发出之日起30日内和入围供应商签订框架协议，并在框架协议签订后7个工作日内，将框架协议副本报本级财政部门备案。

框架协议不得对征集文件确定的事项以及入围供应商的响应文件作实质性修改。

第三十条　征集人应当在框架协议签订后3个工作日内通过电子化采购系统将入围信息告知适用框架协议的所有采购人或者服务对象。

入围信息应当包括所有入围供应商的名称、地址、联系方式、入围产品信息和协议价格等内容。入围产品信息应当详细列明技术规格或者服务内容、服务标准等能反映产品质量特点的内容。

征集人应当确保征集文件和入围信息在整个框架协议有效期内随时可供公众查阅。

第三十一条　除剩余入围供应商不足入围供应商总数70%且影响框架协议执行的情形外，框架协议有效期内，征集人不得补充征集供应商。

征集人补充征集供应商的，补充征集规则应当在框架协议中约定，补充征集的条件、程序、评审方法和淘汰比例应当与初次征集相同。补充征集应当遵守原框架协议的有效期。补充征集期间，原框架协议继续履行。

第二节　采购合同的授予

第三十二条　确定第二阶段成交供应商的方式包括直接选定、二次竞价和顺序轮候。

直接选定方式是确定第二阶段成交供应商的主要方式。除征集人根据采购项目特点和提高绩效等要求，在征集文件中载明采用二次竞价或者顺序轮候方式外，确定第二阶段成交供应商应当由采购人或者服务对象依据入围产品价格、质量以及服务便利性、用户评价等因素，从第一阶段入围供应商中直接选定。

第三十三条　二次竞价方式是指以框架协议约定的入围产品、采购合同文本等为依据，以协议价格为最高限价，采购人明确第二阶段竞价需求，从入围供应商中选择所有符合竞价需求的供应商参与二次竞价，确定报价最低的为成交供应商的方式。

进行二次竞价应当给予供应商必要的响应时间。

二次竞价一般适用于采用价格优先法的采购项目。

第三十四条　顺序轮候方式是指根据征集文件中确定的轮候顺序规则，对所有入围供应商依次授予采购合同的方式。

每个入围供应商在一个顺序轮候期内，只有一次获得合同授予的机会。合同授予顺序确定后，应当书面告知所有入围供应商。除清退入围供应商和补充征集外，框架协议有效期内不得调整合同授予顺序。

顺序轮候一般适用于服务项目。

第三十五条　以二次竞价或者顺序轮候方式确定成交供应商的，征集人应当在确定成交供应商后 2 个工作日内逐笔发布成交结果公告。

成交结果单笔公告可以在省级以上财政部门指定的媒体上发布，也可以在开展框架协议采购的电子化采购系统发布，发布成交结果公告的渠道应当在征集文件或者框架协议中告知供应商。单笔公告应当包括以下主要内容：

（一）采购人的名称、地址和联系方式；

（二）框架协议采购项目名称、编号；

（三）成交供应商名称、地址和成交金额；

（四）成交标的名称、规格型号或者主要服务内容及服务标准、数量、单价；

（五）公告期限。

征集人应当在框架协议有效期满后 10 个工作日内发布成交结果汇总公告。汇总公告应当包括前款第一项、第二项内容和所有成交供应商的名称、地址及其成交合同总数和总金额。

第三十六条　框架协议采购应当订立固定价格合同。

根据实际采购数量和协议价格确定合同总价的，合同中应当列明实际采购数量或者计量方式，包括服务项目用于计算合同价的工日数、服务工作量等详细工作量清单。采购人应当要求供应商提供能证明其按照合同约定数量或者工作量清单履约的相关记录或者凭证，作为验收资料一并存档。

第三十七条　采购人证明能够以更低价格向非入围供应商采购相同货物，且入围供应商不同意将价格降至非入围供应商以下的，可以将合同授予非入围供应商。

采购项目适用前款规定的，征集人应当在征集文件中载明并在框架协议中约定。

采购人将合同授予非入围供应商的，应当在确定成交供应商后 1 个工作日内，将成交结果抄送征集人，由征集人按照单笔公告要求发布成交结果公告。采购人应当将相关证明材料和采购合同一并存档备查。

第四章　开放式框架协议采购

第三十八条　订立开放式框架协议的，征集人应当发布征集公告，邀请供应商加入框架协议。征集公告应当包括以下主要内容：

（一）本办法第二十二条第一项至四项和第二十三条第二项至三项、第十三项至十六项内容；

（二）订立开放式框架协议的邀请；

（三）供应商提交加入框架协议申请的方式、地点，以及对申请文件的要求；

（四）履行合同的地域范围、协议方的权利和义务、入围供应商的清退机制等框架协议内容；

（五）采购合同文本；

（六）付费标准，费用结算及支付方式；

（七）省级以上财政部门规定的其他事项。

第三十九条　征集公告发布后至框架协议期满前，供应商可以按照征集公告要求，随时提交加入框架协议的申请。征集人应当在收到供应商申请后 7 个工作日内完成审核，并将审核结果书面通知申请供应商。

第四十条　征集人应当在审核通过后 2 个工作日内，发布入围结果公告，公告入围供应商名称、地址、联系方式及付费标准，并动态更新入围供应商信息。

征集人应当确保征集公告和入围结果公告在整个框架协议有效期内随时可供公众查阅。

第四十一条　征集人可以根据采购项目特点，在征集公告中申明是否与供应商另行签订书面框架协议。申明不再签订书面框架协议的，发布入围结果公告，视为签订框架协议。

第四十二条　第二阶段成交供应商由采购人或者服务对象从第一阶段入围供应商中直接选定。

供应商履行合同后，依据框架协议约定的凭单、订单以及结算方式，与采购人进行费用结算。

第五章　法律责任

第四十三条　主管预算单位、采购人、采购代理机构违反本办法规定的，由财政部门责令限期改正；情节严重的，给予警告，对直接负责的主管人员和其他责任人员，由其行政主管部门或者有关机关依法给予处分，并予以通报。

第四十四条　违反本办法规定，经责令改正后仍然影响或者可能影响入围结果或者成交结果的，依照政府采购法等有关法律、行政法规处理。

第四十五条　供应商有本办法第十九条第一款第一项至三项情形之一，以及无正当理由放弃封闭式框架协议入围资格或者退出封闭式框架协议的，依照政府采购法等有关法律、行政法规追究法律责任。

第四十六条　政府采购当事人违反本办法规定，给他人造成损失的，依法承担民事责任。

第四十七条 财政部门及其工作人员在履行监督管理职责中存在滥用职权、玩忽职守、徇私舞弊等违法违纪行为的，依法追究相应责任。

第六章 附 则

第四十八条 除本办法第三十五条规定外，本办法规定的公告信息，应当在省级以上财政部门指定的媒体上发布。

第四十九条 本办法规定按日计算期间的，开始当天不计入，从次日开始计算。期限的最后一日是国家法定节假日的，顺延到节假日后的次日为期限的最后一日。

第五十条 本办法所称的“以上”、“以下”、“内”、“以内”、“不少于”、“不超过”，包括本数；所称的“不足”、“低于”，不包括本数。

第五十一条 各省、自治区、直辖市财政部门可以根据本办法制定具体实施办法。

第五十二条 本办法自2022年3月1日起施行。

财政部关于做好政府采购框架协议采购工作有关问题的通知

·2022年5月16日

·财库〔2022〕17号

各中央预算单位，各省、自治区、直辖市、计划单列市财政厅（局），新疆生产建设兵团财政局，有关集中采购机构：

《政府采购框架协议采购方式管理暂行办法》（财政部令第110号，以下简称《办法》）已于2022年3月1日开始施行。为进一步做好政府采购框架协议采购工作，提升《办法》实施效果，现就有关问题通知如下：

一、加强框架协议采购组织协调。《办法》对多频次、小额度采购活动进行了规范，是落实《深化政府采购制度改革方案》的重要内容，也是对政府采购管理制度的一次重要完善与创新。各级集中采购机构、主管预算单位要充分理解把握《办法》对框架协议采购的规范性要求，切实做好需求标准确定、采购方案拟定、供应商入围征集和合同履约管理等工作。各级财政部门要认真做好组织协调，进一步清理违规设置的供应商备选库、名录库、资格库，加强对框架协议采购方案的审核备案管理，切实抓好《办法》确定的公平竞争机制建设，平稳有序推进框架协议采购的实施。

二、处理好集中采购相关问题的衔接。《办法》施行后，财政部关于协议供货、定点采购的规定不再执行，地方各级财政部门要对涉及协议供货、定点采购的制度规定进行清理规范。《办法》施行前订立的协议供货、定点采购协议，可以继续执行至期限届满。已实施批量集中采购的品目，按现有规定继续推进和完善批量集中采购工作。

对一些地方或者部门缺乏专业实施力量的问题，省级财政部门可以结合本地实际，通过修订集中采购目录或者制定专门办法，适当调整相关品目实施的组织形式。有条件的地方，还可以通过跨级次、跨地区统筹确定征集主体推进实施，并同步开展集中采购机构竞争试点。

三、推动采购需求标准的制定。各级财政部门要指导集中采购机构、主管预算单位结合业务特点合理确定各类产品的需求标准，逐步提高标准的科学性和完整程度，做到客观、细化、可评判、可验证，无明确需求标准的不得开展框架协议采购。要合理确定不同等次、规格产品的最高限制单价，综合考虑采购历史成交价格与市场调查情况，平衡采购需求标准与成本价格的关系，做到最高限制单价与采购需求标准相匹配。

集中采购机构、主管预算单位应当高度重视服务项目需求标准的制定工作。对实施开放式框架协议的服务类采购，特别是向社会提供公共服务的项目，各级财政部门要对主管预算单位的市场调查情况及成本构成重点把关，严禁服务内容及最高限制单价突破预算和其他购买公共服务的政策要求。条件成熟时，省级财政部门可以会同相关部门制定发布统一的服务需求标准。对新开展的公共服务类框架协议采购项目，财政部门可以指导相关部门先以封闭式框架协议采购开展试点，时机成熟后再按规定实施开放式框架协议采购。

四、加强采购方案审核备案管理。集中采购机构、主管预算单位应当按照不同品目分类拟定采购方案，报本级财政部门审核或者备案。各级财政部门要按照公平公正、促进竞争、讲求绩效的原则，加强对集中采购机构框架协议采购方案的审核。重点包括：一是实施范围审核。要认真落实“适用于小额零星采购”以及“以封闭式框架协议为主”的基本原则，严格把控相应实施范围。其中，小额零星采购严格限定在采购人需要多频次采购，且单笔采购金额未达到政府采购限额标准的范围内。严禁出现《办法》对政府限价服务、专用设备、公共服务等采购的一些特殊规定在适用范围上的扩大。二是竞争机制审核。要严格执行“需求明确、竞争价格”的评审要求，同时把握对各品目分级、分类、分包的合理性，防止品目拆分过细带来的竞争不充分等问题。对专用设备采购，要严格控制质量优先法的适用，加强对需求标准、最高限制单价以及竞争淘汰率的匹配性审核。三是其他重要问题审核。包括落实政府采购政策，以及防止政府采购“专供”、高价专用耗材捆绑问题的措施等。

主管预算单位的框架协议采购方案实行备案管理。财政部门在备案中发现存在擅自扩大适用范围、需求标准不合理不明确、开放式框架协议采购缺乏供应商申请办法、公共服务标准及最高限制单价不符合相关规定等问题的，可以要求相关单位改正后实施，也可以通过监督检查或者投诉处理进行监管。

五、落实政府采购政策。框架协议采购要落实政府采购政策，细化政策执行措施。政府绿色采购、促进中小企业发展等采购政策原则上在框架协议采购的第一阶段落实，第二阶段交易不再作要求；政府采购进口产品管理要求在第二阶段落实。在落实绿色采购政策方面，对实施强制采购或者执行强制性绿色采购标准的品目，应当将符合绿色采购政策作为实质性要求，对实施优先采购或者执行推荐性绿色采购标准的品目，应当在评审时给予相关供应商评审优惠；在支持中小企业政策方面，对符合条件的小微企业，应当按照《政府采购促进中小企业发展管理办法》的规定给予价格扣除优惠政策；在进口产品管理方面，对检测、实验、医疗等专用仪器设备，确有采购进口产品需求的，采购方案中可以就相应的进口产品设置采购包，但第二阶段采购人在采购入围进口产品前，需按规定履行相关核准程序。

省级财政部门可以探索选择特定货物、服务品目，专门面向残疾人福利性单位、基层群众性自治组织等特殊主体设置采购包，要求采购人在采购相关货物、服务时，将合同授予该采购包的入围供应商。

六、推进框架协议电子化采购系统建设。省级财政部门应当按照《办法》确定的业务规则、预算管理一体化规范和技术标准，统筹协调电子化采购系统的建设和拓展完善，实现互联互通和业务协同。集中采购目录以外、未达到采购限额标准的采购活动，可以继续通过电子卖场开展，但不得强制采购人通过电子卖场交易。

在框架协议采购全流程电子系统建设完成之前，框架协议采购可以在已有电子采购系统上分阶段实施，第一阶段入围征集活动可以依托项目采购的相关系统，第二阶段确定成交供应商可以依托电子卖场等系统，按照《办法》确定的规则开展。

七、维护供应商合法权益。货物采购中，入围供应商可以委托代理商接受采购人合同授予并履行采购合同，代理商根据与入围供应商签订的委托协议开展活动，其行为的法律后果由入围供应商承担。框架协议有效期内，入围供应商可以根据征集文件的规定调整代理商名单，征集人应当提供便利。对于代理商拒不履行合同义务的，征集人应当依法追究入围供应商责任，并按协议约定解除代理商在该框架协议中接受合同授予的资格。征集人不得未经入围供应商同意，擅自增减变动代理商。

各地区、各部门要加强统筹协调，认真安排部署，全面总结框架协议采购中好的经验和做法，对于执行中发现的问题，要研究完善办法措施，并及时向财政部反映。

政府采购货物和服务招标投标管理办法

·2017 年 7 月 11 日财政部令第 87 号公布
·自 2017 年 10 月 1 日起施行

第一章 总 则

第一条 为了规范政府采购当事人的采购行为，加强对政府采购货物和服务招标投标活动的监督管理，维护国家利益、社会公共利益和政府采购招标投标活动当事人的合法权益，依据《中华人民共和国政府采购法》（以下简称政府采购法）、《中华人民共和国政府采购法实施条例》（以下简称政府采购法实施条例）和其他有关法律法规规定，制定本办法。

第二条 本办法适用于在中华人民共和国境内开展政府采购货物和服务（以下简称货物服务）招标投标活动。

第三条 货物服务招标分为公开招标和邀请招标。

公开招标，是指采购人依法以招标公告的方式邀请非特定的供应商参加投标的采购方式。

邀请招标，是指采购人依法从符合相应资格条件的供应商中随机抽取 3 家以上供应商，并以投标邀请书的方式邀请其参加投标的采购方式。

第四条 属于地方预算的政府采购项目，省、自治区、直辖市人民政府根据实际情况，可以确定分别适用于本行政区域省级、设区的市级、县级公开招标数额标准。

第五条 采购人应当在货物服务招标投标活动中落实节约能源、保护环境、扶持不发达地区和少数民族地区、促进中小企业发展等政府采购政策。

第六条 采购人应当按照行政事业单位内部控制规范要求，建立健全本单位政府采购内部控制制度，在编制政府采购预算和实施计划、确定采购需求、组织采购活动、履约验收、答复询问质疑、配合投诉处理及监督检查等重点环节加强内部控制管理。

采购人不得向供应商索要或者接受其给予的赠品、回扣或者与采购无关的其他商品、服务。

第七条　采购人应当按照财政部制定的《政府采购品目分类目录》确定采购项目属性。按照《政府采购品目分类目录》无法确定的，按照有利于采购项目实施的原则确定。

第八条　采购人委托采购代理机构代理招标的，采购代理机构应当在采购人委托的范围内依法开展采购活动。

采购代理机构及其分支机构不得在所代理的采购项目中投标或者代理投标，不得为所代理的采购项目的投标人参加本项目提供投标咨询。

第二章　招　标

第九条　未纳入集中采购目录的政府采购项目，采购人可以自行招标，也可以委托采购代理机构在委托的范围内代理招标。

采购人自行组织开展招标活动的，应当符合下列条件：

（一）有编制招标文件、组织招标的能力和条件；

（二）有与采购项目专业性相适应的专业人员。

第十条　采购人应当对采购标的的市场技术或者服务水平、供应、价格等情况进行市场调查，根据调查情况、资产配置标准等科学、合理地确定采购需求，进行价格测算。

第十一条　采购需求应当完整、明确，包括以下内容：

（一）采购标的需实现的功能或者目标，以及为落实政府采购政策需满足的要求；

（二）采购标的需执行的国家相关标准、行业标准、地方标准或者其他标准、规范；

（三）采购标的需满足的质量、安全、技术规格、物理特性等要求；

（四）采购标的的数量、采购项目交付或者实施的时间和地点；

（五）采购标的需满足的服务标准、期限、效率等要求；

（六）采购标的的验收标准；

（七）采购标的的其他技术、服务等要求。

第十二条　采购人根据价格测算情况，可以在采购预算额度内合理设定最高限价，但不得设定最低限价。

第十三条　公开招标公告应当包括以下主要内容：

（一）采购人及其委托的采购代理机构的名称、地址和联系方法；

（二）采购项目的名称、预算金额，设定最高限价的，还应当公开最高限价；

（三）采购人的采购需求；

（四）投标人的资格要求；

（五）获取招标文件的时间期限、地点、方式及招标文件售价；

（六）公告期限；

（七）投标截止时间、开标时间及地点；

（八）采购项目联系人姓名和电话。

第十四条　采用邀请招标方式的，采购人或者采购代理机构应当通过以下方式产生符合资格条件的供应商名单，并从中随机抽取3家以上供应商向其发出投标邀请书：

（一）发布资格预审公告征集；

（二）从省级以上人民政府财政部门（以下简称财政部门）建立的供应商库中选取；

（三）采购人书面推荐。

采用前款第一项方式产生符合资格条件供应商名单的，采购人或者采购代理机构应当按照资格预审文件载明的标准和方法，对潜在投标人进行资格预审。

采用第一款第二项或者第三项方式产生符合资格条件供应商名单的，备选的符合资格条件供应商总数不得少于拟随机抽取供应商总数的两倍。

随机抽取是指通过抽签等能够保证所有符合资格条件供应商机会均等的方式选定供应商。随机抽取供应商时，应当有不少于两名采购人工作人员在场监督，并形成书面记录，随采购文件一并存档。

投标邀请书应当同时向所有受邀请的供应商发出。

第十五条　资格预审公告应当包括以下主要内容：

（一）本办法第十三条第一至四项、第六项和第八项内容；

（二）获取资格预审文件的时间期限、地点、方式；

（三）提交资格预审申请文件的截止时间、地点及资格预审日期。

第十六条　招标公告、资格预审公告的公告期限为5个工作日。公告内容应当以省级以上财政部门指定媒体发布的公告为准。公告期限自省级以上财政部门指定媒体最先发布公告之日起算。

第十七条　采购人、采购代理机构不得将投标人的注册资本、资产总额、营业收入、从业人员、利润、纳税额等规模条件作为资格要求或者评审因素,也不得通过将除进口货物以外的生产厂家授权、承诺、证明、背书等作为资格要求,对投标人实行差别待遇或者歧视待遇。

第十八条 采购人或者采购代理机构应当按照招标公告、资格预审公告或者投标邀请书规定的时间、地点提供招标文件或者资格预审文件,提供期限自招标公告、资格预审公告发布之日起计算不得少于5个工作日。提供期限届满后,获取招标文件或者资格预审文件的潜在投标人不足3家的,可以顺延提供期限,并予公告。

公开招标进行资格预审的,招标公告和资格预审公告可以合并发布,招标文件应当向所有通过资格预审的供应商提供。

第十九条 采购人或者采购代理机构应当根据采购项目的实施要求,在招标公告、资格预审公告或者投标邀请书中载明是否接受联合体投标。如未载明,不得拒绝联合体投标。

第二十条 采购人或者采购代理机构应当根据采购项目的特点和采购需求编制招标文件。招标文件应当包括以下主要内容:

(一)投标邀请;

(二)投标人须知(包括投标文件的密封、签署、盖章要求等);

(三)投标人应当提交的资格、资信证明文件;

(四)为落实政府采购政策,采购标的需满足的要求,以及投标人须提供的证明材料;

(五)投标文件编制要求、投标报价要求和投标保证金交纳、退还方式以及不予退还投标保证金的情形;

(六)采购项目预算金额,设定最高限价的,还应当公开最高限价;

(七)采购项目的技术规格、数量、服务标准、验收等要求,包括附件、图纸等;

(八)拟签订的合同文本;

(九)货物、服务提供的时间、地点、方式;

(十)采购资金的支付方式、时间、条件;

(十一)评标方法、评标标准和投标无效情形;

(十二)投标有效期;

(十三)投标截止时间、开标时间及地点;

(十四)采购代理机构代理费用的收取标准和方式;

(十五)投标人信用信息查询渠道及截止时点、信用信息查询记录和证据留存的具体方式、信用信息的使用规则等;

(十六)省级以上财政部门规定的其他事项。

对于不允许偏离的实质性要求和条件,采购人或者采购代理机构应当在招标文件中规定,并以醒目的方式标明。

第二十一条 采购人或者采购代理机构应当根据采购项目的特点和采购需求编制资格预审文件。资格预审文件应当包括以下主要内容:

(一)资格预审邀请;

(二)申请人须知;

(三)申请人的资格要求;

(四)资格审核标准和方法;

(五)申请人应当提供的资格预审申请文件的内容和格式;

(六)提交资格预审申请文件的方式、截止时间、地点及资格审核日期;

(七)申请人信用信息查询渠道及截止时点、信用信息查询记录和证据留存的具体方式、信用信息的使用规则等内容;

(八)省级以上财政部门规定的其他事项。

资格预审文件应当免费提供。

第二十二条 采购人、采购代理机构一般不得要求投标人提供样品,仅凭书面方式不能准确描述采购需求或者需要对样品进行主观判断以确认是否满足采购需求等特殊情况除外。

要求投标人提供样品的,应当在招标文件中明确规定样品制作的标准和要求、是否需要随样品提交相关检测报告、样品的评审方法以及评审标准。需要随样品提交检测报告的,还应当规定检测机构的要求、检测内容等。

采购活动结束后,对于未中标人提供的样品,应当及时退还或者经未中标人同意后自行处理;对于中标人提供的样品,应当按照招标文件的规定进行保管、封存,并作为履约验收的参考。

第二十三条 投标有效期从提交投标文件的截止之日起算。投标文件中承诺的投标有效期应当不少于招标文件中载明的投标有效期。投标有效期内投标人撤销投标文件的,采购人或者采购代理机构可以不退还投标保证金。

第二十四条 招标文件售价应当按照弥补制作、邮寄成本的原则确定,不得以营利为目的,不得以招标采购金额作为确定招标文件售价的依据。

第二十五条 招标文件、资格预审文件的内容不得违反法律、行政法规、强制性标准、政府采购政策，或者违反公开透明、公平竞争、公正和诚实信用原则。

有前款规定情形，影响潜在投标人投标或者资格预审结果的，采购人或者采购代理机构应当修改招标文件或者资格预审文件后重新招标。

第二十六条 采购人或者采购代理机构可以在招标文件提供期限截止后，组织已获取招标文件的潜在投标人现场考察或者召开开标前答疑会。

组织现场考察或者召开答疑会的，应当在招标文件中载明，或者在招标文件提供期限截止后以书面形式通知所有获取招标文件的潜在投标人。

第二十七条 采购人或者采购代理机构可以对已发出的招标文件、资格预审文件、投标邀请书进行必要的澄清或者修改，但不得改变采购标的和资格条件。澄清或者修改应当在原公告发布媒体上发布澄清公告。澄清或者修改的内容为招标文件、资格预审文件、投标邀请书的组成部分。

澄清或者修改的内容可能影响投标文件编制的，采购人或者采购代理机构应当在投标截止时间至少 15 日前，以书面形式通知所有获取招标文件的潜在投标人；不足 15 日的，采购人或者采购代理机构应当顺延提交投标文件的截止时间。

澄清或者修改的内容可能影响资格预审申请文件编制的，采购人或者采购代理机构应当在提交资格预审申请文件截止时间至少 3 日前，以书面形式通知所有获取资格预审文件的潜在投标人；不足 3 日的，采购人或者采购代理机构应当顺延提交资格预审申请文件的截止时间。

第二十八条 投标截止时间前，采购人、采购代理机构和有关人员不得向他人透露已获取招标文件的潜在投标人的名称、数量以及可能影响公平竞争的有关招标投标的其他情况。

第二十九条 采购人、采购代理机构在发布招标公告、资格预审公告或者发出投标邀请书后，除因重大变故采购任务取消情况外，不得擅自终止招标活动。

终止招标的，采购人或者采购代理机构应当及时在原公告发布媒体上发布终止公告，以书面形式通知已经获取招标文件、资格预审文件或者被邀请的潜在投标人，并将项目实施情况和采购任务取消原因报告本级财政部门。已经收取招标文件费用或者投标保证金的，采购人或者采购代理机构应当在终止采购活动后 5 个工作日内，退还所收取的招标文件费用和所收取的投标保证金及其在银行产生的孳息。

第三章 投 标

第三十条 投标人，是指响应招标、参加投标竞争的法人、其他组织或者自然人。

第三十一条 采用最低评标价法的采购项目，提供相同品牌产品的不同投标人参加同一合同项下投标的，以其中通过资格审查、符合性审查且报价最低的参加评标；报价相同的，由采购人或者采购人委托评标委员会按照招标文件规定的方式确定一个参加评标的投标人，招标文件未规定的采取随机抽取方式确定，其他投标无效。

使用综合评分法的采购项目，提供相同品牌产品且通过资格审查、符合性审查的不同投标人参加同一合同项下投标的，按一家投标人计算，评审后得分最高的同品牌投标人获得中标人推荐资格；评审得分相同的，由采购人或者采购人委托评标委员会按照招标文件规定的方式确定一个投标人获得中标人推荐资格，招标文件未规定的采取随机抽取方式确定，其他同品牌投标人不作为中标候选人。

非单一产品采购项目，采购人应当根据采购项目技术构成、产品价格比重等合理确定核心产品，并在招标文件中载明。多家投标人提供的核心产品品牌相同的，按前两款规定处理。

第三十二条 投标人应当按照招标文件的要求编制投标文件。投标文件应当对招标文件提出的要求和条件作出明确响应。

第三十三条 投标人应当在招标文件要求提交投标文件的截止时间前，将投标文件密封送达投标地点。采购人或者采购代理机构收到投标文件后，应当如实记载投标文件的送达时间和密封情况，签收保存，并向投标人出具签收回执。任何单位和个人不得在开标前开启投标文件。

逾期送达或者未按照招标文件要求密封的投标文件，采购人、采购代理机构应当拒收。

第三十四条 投标人在投标截止时间前，可以对所递交的投标文件进行补充、修改或者撤回，并书面通知采购人或者采购代理机构。补充、修改的内容应当按照招标文件要求签署、盖章、密封后，作为投标文件的组成部分。

第三十五条 投标人根据招标文件的规定和采购项目的实际情况，拟在中标后将中标项目的非主体、非关键性工作分包的，应当在投标文件中载明分包承担主体，分包承担主体应当具备相应资质条件且不得再次分包。

第三十六条 投标人应当遵循公平竞争的原则，不得恶意串通,不得妨碍其他投标人的竞争行为,不得损害采购人或者其他投标人的合法权益。

在评标过程中发现投标人有上述情形的,评标委员会应当认定其投标无效,并书面报告本级财政部门。

第三十七条　有下列情形之一的,视为投标人串通投标,其投标无效:

(一)不同投标人的投标文件由同一单位或者个人编制;

(二)不同投标人委托同一单位或者个人办理投标事宜;

(三)不同投标人的投标文件载明的项目管理成员或者联系人员为同一人;

(四)不同投标人的投标文件异常一致或者投标报价呈规律性差异;

(五)不同投标人的投标文件相互混装;

(六)不同投标人的投标保证金从同一单位或者个人的账户转出。

第三十八条　投标人在投标截止时间前撤回已提交的投标文件的,采购人或者采购代理机构应当自收到投标人书面撤回通知之日起5个工作日内,退还已收取的投标保证金,但因投标人自身原因导致无法及时退还的除外。

采购人或者采购代理机构应当自中标通知书发出之日起5个工作日内退还未中标人的投标保证金,自采购合同签订之日起5个工作日内退还中标人的投标保证金或者转为中标人的履约保证金。

采购人或者采购代理机构逾期退还投标保证金的,除应当退还投标保证金本金外,还应当按中国人民银行同期贷款基准利率上浮20%后的利率支付超期资金占用费,但因投标人自身原因导致无法及时退还的除外。

第四章　开标、评标

第三十九条　开标应当在招标文件确定的提交投标文件截止时间的同一时间进行。开标地点应当为招标文件中预先确定的地点。

采购人或者采购代理机构应当对开标、评标现场活动进行全程录音录像。录音录像应当清晰可辨,音像资料作为采购文件一并存档。

第四十条　开标由采购人或者采购代理机构主持,邀请投标人参加。评标委员会成员不得参加开标活动。

第四十一条　开标时,应当由投标人或者其推选的代表检查投标文件的密封情况;经确认无误后,由采购人或者采购代理机构工作人员当众拆封,宣布投标人名称、投标价格和招标文件规定的需要宣布的其他内容。

投标人不足3家的,不得开标。

第四十二条　开标过程应当由采购人或者采购代理机构负责记录,由参加开标的各投标人代表和相关工作人员签字确认后随采购文件一并存档。

投标人代表对开标过程和开标记录有疑义,以及认为采购人、采购代理机构相关工作人员有需要回避的情形的,应当场提出询问或者回避申请。采购人、采购代理机构对投标人代表提出的询问或者回避申请应当及时处理。

投标人未参加开标的,视同认可开标结果。

第四十三条　公开招标数额标准以上的采购项目,投标截止后投标人不足3家或者通过资格审查或符合性审查的投标人不足3家的,除采购任务取消情形外,按照以下方式处理:

(一)招标文件存在不合理条款或者招标程序不符合规定的,采购人、采购代理机构改正后依法重新招标;

(二)招标文件没有不合理条款、招标程序符合规定,需要采用其他采购方式采购的,采购人应当依法报财政部门批准。

第四十四条　公开招标采购项目开标结束后,采购人或者采购代理机构应当依法对投标人的资格进行审查。

合格投标人不足3家的,不得评标。

第四十五条　采购人或者采购代理机构负责组织评标工作,并履行下列职责:

(一)核对评审专家身份和采购人代表授权函,对评审专家在政府采购活动中的职责履行情况予以记录,并及时将有关违法违规行为向财政部门报告;

(二)宣布评标纪律;

(三)公布投标人名单,告知评审专家应当回避的情形;

(四)组织评标委员会推选评标组长,采购人代表不得担任组长;

(五)在评标期间采取必要的通讯管理措施,保证评标活动不受外界干扰;

(六)根据评标委员会的要求介绍政府采购相关政策法规、招标文件;

(七)维护评标秩序,监督评标委员会依照招标文件规定的评标程序、方法和标准进行独立评审,及时制止和纠正采购人代表、评审专家的倾向性言论或者违法违规行为;

（八）核对评标结果，有本办法第六十四条规定情形的，要求评标委员会复核或者书面说明理由，评标委员会拒绝的，应予记录并向本级财政部门报告；

（九）评审工作完成后，按照规定向评审专家支付劳务报酬和异地评审差旅费，不得向评审专家以外的其他人员支付评审劳务报酬；

（十）处理与评标有关的其他事项。

采购人可以在评标前说明项目背景和采购需求，说明内容不得含有歧视性、倾向性意见，不得超出招标文件所述范围。说明应当提交书面材料，并随采购文件一并存档。

第四十六条 评标委员会负责具体评标事务，并独立履行下列职责：

（一）审查、评价投标文件是否符合招标文件的商务、技术等实质性要求；

（二）要求投标人对投标文件有关事项作出澄清或者说明；

（三）对投标文件进行比较和评价；

（四）确定中标候选人名单，以及根据采购人委托直接确定中标人；

（五）向采购人、采购代理机构或者有关部门报告评标中发现的违法行为。

第四十七条 评标委员会由采购人代表和评审专家组成，成员人数应当为5人以上单数，其中评审专家不得少于成员总数的三分之二。

采购项目符合下列情形之一的，评标委员会成员人数应当为7人以上单数：

（一）采购预算金额在1000万元以上；

（二）技术复杂；

（三）社会影响较大。

评审专家对本单位的采购项目只能作为采购人代表参与评标，本办法第四十八条第二款规定情形除外。采购代理机构工作人员不得参加由本机构代理的政府采购项目的评标。

评标委员会成员名单在评标结果公告前应当保密。

第四十八条 采购人或者采购代理机构应当从省级以上财政部门设立的政府采购评审专家库中，通过随机方式抽取评审专家。

对技术复杂、专业性强的采购项目，通过随机方式难以确定合适评审专家的，经主管预算单位同意，采购人可以自行选定相应专业领域的评审专家。

第四十九条 评标中因评标委员会成员缺席、回避或者健康等特殊原因导致评标委员会组成不符合本办法规定的，采购人或者采购代理机构应当依法补足后继续评标。被更换的评标委员会成员所作出的评标意见无效。

无法及时补足评标委员会成员的，采购人或者采购代理机构应当停止评标活动，封存所有投标文件和开标、评标资料，依法重新组建评标委员会进行评标。原评标委员会所作出的评标意见无效。

采购人或者采购代理机构应当将变更、重新组建评标委员会的情况予以记录，并随采购文件一并存档。

第五十条 评标委员会应当对符合资格的投标人的投标文件进行符合性审查，以确定其是否满足招标文件的实质性要求。

第五十一条 对于投标文件中含义不明确、同类问题表述不一致或者有明显文字和计算错误的内容，评标委员会应当以书面形式要求投标人作出必要的澄清、说明或者补正。

投标人的澄清、说明或者补正应当采用书面形式，并加盖公章，或者由法定代表人或其授权的代表签字。投标人的澄清、说明或者补正不得超出投标文件的范围或者改变投标文件的实质性内容。

第五十二条 评标委员会应当按照招标文件中规定的评标方法和标准，对符合性审查合格的投标文件进行商务和技术评估，综合比较与评价。

第五十三条 评标方法分为最低评标价法和综合评分法。

第五十四条 最低评标价法，是指投标文件满足招标文件全部实质性要求，且投标报价最低的投标人为中标候选人的评标方法。

技术、服务等标准统一的货物服务项目，应当采用最低评标价法。

采用最低评标价法评标时，除了算术修正和落实政府采购政策需进行的价格扣除外，不能对投标人的投标价格进行任何调整。

第五十五条 综合评分法，是指投标文件满足招标文件全部实质性要求，且按照评审因素的量化指标评审得分最高的投标人为中标候选人的评标方法。

评审因素的设定应当与投标人所提供货物服务的质量相关，包括投标报价、技术或者服务水平、履约能力、售后服务等。资格条件不得作为评审因素。评审因素应当在招标文件中规定。

评审因素应当细化和量化，且与相应的商务条件和采购需求对应。商务条件和采购需求指标有区间规定的，评审因素应当量化到相应区间，并设置各区间对应的不同分值。

评标时，评标委员会各成员应当独立对每个投标人的投标文件进行评价，并汇总每个投标人的得分。

货物项目的价格分值占总分值的比重不得低于30%；服务项目的价格分值占总分值的比重不得低于10%。执行国家统一定价标准和采用固定价格采购的项目，其价格不列为评审因素。

价格分应当采用低价优先法计算，即满足招标文件要求且投标价格最低的投标报价为评标基准价，其价格分为满分。其他投标人的价格分统一按照下列公式计算：

投标报价得分=(评标基准价/投标报价)×100

评标总得分=F1×A1+F2×A2+……+Fn×An

F1、F2……Fn 分别为各项评审因素的得分；

A1、A2……An 分别为各项评审因素所占的权重(A1+A2+……+An=1)。

评标过程中，不得去掉报价中的最高报价和最低报价。

因落实政府采购政策进行价格调整的，以调整后的价格计算评标基准价和投标报价。

第五十六条 采用最低评标价法的，评标结果按投标报价由低到高顺序排列。投标报价相同的并列。投标文件满足招标文件全部实质性要求且投标报价最低的投标人为排名第一的中标候选人。

第五十七条 采用综合评分法的，评标结果按评审后得分由高到低顺序排列。得分相同的，按投标报价由低到高顺序排列。得分且投标报价相同的并列。投标文件满足招标文件全部实质性要求，且按照评审因素的量化指标评审得分最高的投标人为排名第一的中标候选人。

第五十八条 评标委员会根据全体评标成员签字的原始评标记录和评标结果编写评标报告。评标报告应当包括以下内容：

(一)招标公告刊登的媒体名称、开标日期和地点；

(二)投标人名单和评标委员会成员名单；

(三)评标方法和标准；

(四)开标记录和评标情况及说明，包括无效投标人名单及原因；

(五)评标结果，确定的中标候选人名单或者经采购人委托直接确定的中标人；

(六)其他需要说明的情况，包括评标过程中投标人根据评标委员会要求进行的澄清、说明或者补正，评标委员会成员的更换等。

第五十九条 投标文件报价出现前后不一致的，除招标文件另有规定外，按照下列规定修正：

(一)投标文件中开标一览表(报价表)内容与投标文件中相应内容不一致的，以开标一览表(报价表)为准；

(二)大写金额和小写金额不一致的，以大写金额为准；

(三)单价金额小数点或者百分比有明显错位的，以开标一览表的总价为准，并修改单价；

(四)总价金额与按单价汇总金额不一致的，以单价金额计算结果为准。

同时出现两种以上不一致的，按照前款规定的顺序修正。修正后的报价按照本办法第五十一条第二款的规定经投标人确认后产生约束力，投标人不确认的，其投标无效。

第六十条 评标委员会认为投标人的报价明显低于其他通过符合性审查投标人的报价，有可能影响产品质量或者不能诚信履约的，应当要求其在评标现场合理的时间内提供书面说明，必要时提交相关证明材料；投标人不能证明其报价合理性的，评标委员会应当将其作为无效投标处理。

第六十一条 评标委员会成员对需要共同认定的事项存在争议的，应当按照少数服从多数的原则作出结论。持不同意见的评标委员会成员应当在评标报告上签署不同意见及理由，否则视为同意评标报告。

第六十二条 评标委员会及其成员不得有下列行为：

(一)确定参与评标至评标结束前私自接触投标人；

(二)接受投标人提出的与投标文件不一致的澄清或者说明，本办法第五十一条规定的情形除外；

(三)违反评标纪律发表倾向性意见或者征询采购人的倾向性意见；

(四)对需要专业判断的主观评审因素协商评分；

(五)在评标过程中擅离职守，影响评标程序正常进行的；

(六)记录、复制或者带走任何评标资料；

(七)其他不遵守评标纪律的行为。

评标委员会成员有前款第一至五项行为之一的，其评审意见无效，并不得获取评审劳务报酬和报销异地评审差旅费。

第六十三条　投标人存在下列情况之一的，投标无效：

（一）未按照招标文件的规定提交投标保证金的；

（二）投标文件未按招标文件要求签署、盖章的；

（三）不具备招标文件中规定的资格要求的；

（四）报价超过招标文件中规定的预算金额或者最高限价的；

（五）投标文件含有采购人不能接受的附加条件的；

（六）法律、法规和招标文件规定的其他无效情形。

第六十四条　评标结果汇总完成后，除下列情形外，任何人不得修改评标结果：

（一）分值汇总计算错误的；

（二）分项评分超出评分标准范围的；

（三）评标委员会成员对客观评审因素评分不一致的；

（四）经评标委员会认定评分畸高、畸低的。

评标报告签署前，经复核发现存在以上情形之一的，评标委员会应当当场修改评标结果，并在评标报告中记载；评标报告签署后，采购人或者采购代理机构发现存在以上情形之一的，应当组织原评标委员会进行重新评审，重新评审改变评标结果的，书面报告本级财政部门。

投标人对本条第一款情形提出质疑的，采购人或者采购代理机构可以组织原评标委员会进行重新评审，重新评审改变评标结果的，应当书面报告本级财政部门。

第六十五条　评标委员会发现招标文件存在歧义、重大缺陷导致评标工作无法进行，或者招标文件内容违反国家有关强制性规定的，应当停止评标工作，与采购人或者采购代理机构沟通并作书面记录。采购人或者采购代理机构确认后，应当修改招标文件，重新组织采购活动。

第六十六条　采购人、采购代理机构应当采取必要措施，保证评标在严格保密的情况下进行。除采购人代表、评标现场组织人员外，采购人的其他工作人员以及与评标工作无关的人员不得进入评标现场。

有关人员对评标情况以及在评标过程中获悉的国家秘密、商业秘密负有保密责任。

第六十七条　评标委员会或者其成员存在下列情形导致评标结果无效的，采购人、采购代理机构可以重新组建评标委员会进行评标，并书面报告本级财政部门，但采购合同已经履行的除外：

（一）评标委员会组成不符合本办法规定的；

（二）有本办法第六十二条第一至五项情形的；

（三）评标委员会及其成员独立评标受到非法干预的；

（四）有政府采购法实施条例第七十五条规定的违法行为的。

有违法违规行为的原评标委员会成员不得参加重新组建的评标委员会。

第五章　中标和合同

第六十八条　采购代理机构应当在评标结束后2个工作日内将评标报告送采购人。

采购人应当自收到评标报告之日起5个工作日内，在评标报告确定的中标候选人名单中按顺序确定中标人。中标候选人并列的，由采购人或者采购人委托评标委员会按照招标文件规定的方式确定中标人；招标文件未规定的，采取随机抽取的方式确定。

采购人自行组织招标的，应当在评标结束后5个工作日内确定中标人。

采购人在收到评标报告5个工作日内未按评标报告推荐的中标候选人顺序确定中标人，又不能说明合法理由的，视同按评标报告推荐的顺序确定排名第一的中标候选人为中标人。

第六十九条　采购人或者采购代理机构应当自中标人确定之日起2个工作日内，在省级以上财政部门指定的媒体上公告中标结果，招标文件应当随中标结果同时公告。

中标结果公告内容应当包括采购人及其委托的采购代理机构的名称、地址、联系方式，项目名称和项目编号，中标人名称、地址和中标金额，主要中标标的的名称、规格型号、数量、单价、服务要求，中标公告期限以及评审专家名单。

中标公告期限为1个工作日。

邀请招标采购人采用书面推荐方式产生符合资格条件的潜在投标人的，还应当将所有被推荐供应商名单和推荐理由随中标结果同时公告。

在公告中标结果的同时，采购人或者采购代理机构应当向中标人发出中标通知书；对未通过资格审查的投标人，应当告知其未通过的原因；采用综合评分法评审的，还应当告知未中标人本人的评审得分与排序。

第七十条　中标通知书发出后，采购人不得违法改变中标结果，中标人无正当理由不得放弃中标。

第七十一条　采购人应当自中标通知书发出之日起30日内，按照招标文件和中标人投标文件的规定，与中标人签订书面合同。所签订的合同不得对招标文件确定的事项和中标人投标文件作实质性修改。

采购人不得向中标人提出任何不合理的要求作为签订合同的条件。

第七十二条 政府采购合同应当包括采购人与中标人的名称和住所、标的、数量、质量、价款或者报酬、履行期限及地点和方式、验收要求、违约责任、解决争议的方法等内容。

第七十三条 采购人与中标人应当根据合同的约定依法履行合同义务。

政府采购合同的履行、违约责任和解决争议的方法等适用《中华人民共和国合同法》。

第七十四条 采购人应当及时对采购项目进行验收。采购人可以邀请参加本项目的其他投标人或者第三方机构参与验收。参与验收的投标人或者第三方机构的意见作为验收书的参考资料一并存档。

第七十五条 采购人应当加强对中标人的履约管理,并按照采购合同约定,及时向中标人支付采购资金。对于中标人违反采购合同约定的行为,采购人应当及时处理,依法追究其违约责任。

第七十六条 采购人、采购代理机构应当建立真实完整的招标采购档案,妥善保存每项采购活动的采购文件。

第六章 法律责任

第七十七条 采购人有下列情形之一的,由财政部门责令限期改正;情节严重的,给予警告,对直接负责的主管人员和其他直接责任人员由其行政主管部门或者有关机关依法给予处分,并予以通报;涉嫌犯罪的,移送司法机关处理:

(一)未按照本办法的规定编制采购需求的;

(二)违反本办法第六条第二款规定的;

(三)未在规定时间内确定中标人的;

(四)向中标人提出不合理要求作为签订合同条件的。

第七十八条 采购人、采购代理机构有下列情形之一的,由财政部门责令限期改正,情节严重的,给予警告,对直接负责的主管人员和其他直接责任人员,由其行政主管部门或者有关机关给予处分,并予通报;采购代理机构有违法所得的,没收违法所得,并可以处以不超过违法所得3倍、最高不超过3万元的罚款,没有违法所得的,可以处以1万元以下的罚款:

(一)违反本办法第八条第二款规定的;

(二)设定最低限价的;

(三)未按照规定进行资格预审或者资格审查的;

(四)违反本办法规定确定招标文件售价的;

(五)未按规定对开标、评标活动进行全程录音录像的;

(六)擅自终止招标活动的;

(七)未按照规定进行开标和组织评标的;

(八)未按照规定退还投标保证金的;

(九)违反本办法规定进行重新评审或者重新组建评标委员会进行评标的;

(十)开标前泄露已获取招标文件的潜在投标人的名称、数量或者其他可能影响公平竞争的有关招标投标情况的;

(十一)未妥善保存采购文件的;

(十二)其他违反本办法规定的情形。

第七十九条 有本办法第七十七条、第七十八条规定的违法行为之一,经改正后仍然影响或者可能影响中标结果的,依照政府采购法实施条例第七十一条规定处理。

第八十条 政府采购当事人违反本办法规定,给他人造成损失的,依法承担民事责任。

第八十一条 评标委员会成员有本办法第六十二条所列行为之一的,由财政部门责令限期改正;情节严重的,给予警告,并对其不良行为予以记录。

第八十二条 财政部门应当依法履行政府采购监督管理职责。财政部门及其工作人员在履行监督管理职责中存在懒政怠政、滥用职权、玩忽职守、徇私舞弊等违法违纪行为的,依照政府采购法、《中华人民共和国公务员法》、《中华人民共和国行政监察法》、政府采购法实施条例等国家有关规定追究相应责任;涉嫌犯罪的,移送司法机关处理。

第七章 附 则

第八十三条 政府采购货物服务电子招标投标、政府采购货物中的进口机电产品招标投标有关特殊事宜,由财政部另行规定。

第八十四条 本办法所称主管预算单位是指负有编制部门预算职责,向本级财政部门申报预算的国家机关、事业单位和团体组织。

第八十五条 本办法规定按日计算期间的,开始当天不计入,从次日开始计算。期限的最后一日是国家法定节假日的,顺延到节假日后的次日为期限的最后一日。

第八十六条 本办法所称的"以上"、"以下"、"内"、"以内",包括本数;所称的"不足",不包括本数。

第八十七条 各省、自治区、直辖市财政部门可以根据本办法制定具体实施办法。

第八十八条 本办法自 2017 年 10 月 1 日起施行。财政部 2004 年 8 月 11 日发布的《政府采购货物和服务招标投标管理办法》(财政部令第 18 号)同时废止。

政府采购非招标采购方式管理办法

· 2013 年 12 月 19 日财政部令第 74 号公布
· 自 2014 年 2 月 1 日起施行

第一章 总 则

第一条 为了规范政府采购行为,加强对采用非招标采购方式采购活动的监督管理,维护国家利益、社会公共利益和政府采购当事人的合法权益,依据《中华人民共和国政府采购法》(以下简称政府采购法)和其他法律、行政法规的有关规定,制定本办法。

第二条 采购人、采购代理机构采用非招标采购方式采购货物、工程和服务的,适用本办法。

本办法所称非招标采购方式,是指竞争性谈判、单一来源采购和询价采购方式。

竞争性谈判是指谈判小组与符合资格条件的供应商就采购货物、工程和服务事宜进行谈判,供应商按照谈判文件的要求提交响应文件和最后报价,采购人从谈判小组提出的成交候选人中确定成交供应商的采购方式。

单一来源采购是指采购人从某一特定供应商处采购货物、工程和服务的采购方式。

询价是指询价小组向符合资格条件的供应商发出采购货物询价通知书,要求供应商一次报出不得更改的价格,采购人从询价小组提出的成交候选人中确定成交供应商的采购方式。

第三条 采购人、采购代理机构采购以下货物、工程和服务之一的,可以采用竞争性谈判、单一来源采购方式采购;采购货物的,还可以采用询价采购方式:

(一)依法制定的集中采购目录以内,且未达到公开招标数额标准的货物、服务;

(二)依法制定的集中采购目录以外、采购限额标准以上,且未达到公开招标数额标准的货物、服务;

(三)达到公开招标数额标准、经批准采用非公开招标方式的货物、服务;

(四)按照招标投标法及其实施条例必须进行招标的工程建设项目以外的政府采购工程。

第二章 一般规定

第四条 达到公开招标数额标准的货物、服务采购项目,拟采用非招标采购方式的,采购人应当在采购活动开始前,报经主管预算单位同意后,向设区的市、自治州以上人民政府财政部门申请批准。

第五条 根据本办法第四条申请采用非招标采购方式采购的,采购人应当向财政部门提交以下材料并对材料的真实性负责:

(一)采购人名称、采购项目名称、项目概况等项目基本情况说明;

(二)项目预算金额、预算批复文件或者资金来源证明;

(三)拟申请采用的采购方式和理由。

第六条 采购人、采购代理机构应当按照政府采购法和本办法的规定组织开展非招标采购活动,并采取必要措施,保证评审在严格保密的情况下进行。

任何单位和个人不得非法干预、影响评审过程和结果。

第七条 竞争性谈判小组或者询价小组由采购人代表和评审专家共 3 人以上单数组成,其中评审专家人数不得少于竞争性谈判小组或者询价小组成员总数的 2/3。采购人不得以评审专家身份参加本部门或本单位采购项目的评审。采购代理机构人员不得参加本机构代理的采购项目的评审。

达到公开招标数额标准的货物或者服务采购项目,或者达到招标规模标准的政府采购工程,竞争性谈判小组或者询价小组应当由 5 人以上单数组成。

采用竞争性谈判、询价方式采购的政府采购项目,评审专家应当从政府采购评审专家库内相关专业的专家名单中随机抽取。技术复杂、专业性强的竞争性谈判采购项目,通过随机方式难以确定合适的评审专家的,经主管预算单位同意,可以自行选定评审专家。技术复杂、专业性强的竞争性谈判采购项目,评审专家中应当包含 1 名法律专家。

第八条 竞争性谈判小组或者询价小组在采购活动过程中应当履行下列职责:

(一)确认或者制定谈判文件、询价通知书;

(二)从符合相应资格条件的供应商名单中确定不少于 3 家的供应商参加谈判或者询价;

(三)审查供应商的响应文件并作出评价;

(四)要求供应商解释或者澄清其响应文件;

(五)编写评审报告;

(六)告知采购人、采购代理机构在评审过程中发现的供应商的违法违规行为。

第九条　竞争性谈判小组或者询价小组成员应当履行下列义务：

（一）遵纪守法，客观、公正、廉洁地履行职责；

（二）根据采购文件的规定独立进行评审，对个人的评审意见承担法律责任；

（三）参与评审报告的起草；

（四）配合采购人、采购代理机构答复供应商提出的质疑；

（五）配合财政部门的投诉处理和监督检查工作。

第十条　谈判文件、询价通知书应当根据采购项目的特点和采购人的实际需求制定，并经采购人书面同意。采购人应当以满足实际需求为原则，不得擅自提高经费预算和资产配置等采购标准。

谈判文件、询价通知书不得要求或者标明供应商名称或者特定货物的品牌，不得含有指向特定供应商的技术、服务等条件。

第十一条　谈判文件、询价通知书应当包括供应商资格条件、采购邀请、采购方式、采购预算、采购需求、采购程序、价格构成或者报价要求、响应文件编制要求、提交响应文件截止时间及地点、保证金交纳数额和形式、评定成交的标准等。

谈判文件除本条第一款规定的内容外，还应当明确谈判小组根据与供应商谈判情况可能实质性变动的内容，包括采购需求中的技术、服务要求以及合同草案条款。

第十二条　采购人、采购代理机构应当通过发布公告、从省级以上财政部门建立的供应商库中随机抽取或者采购人和评审专家分别书面推荐的方式邀请不少于3家符合相应资格条件的供应商参与竞争性谈判或者询价采购活动。

符合政府采购法第二十二条第一款规定条件的供应商可以在采购活动开始前加入供应商库。财政部门不得对供应商申请入库收取任何费用，不得利用供应商库进行地区和行业封锁。

采取采购人和评审专家书面推荐方式选择供应商的，采购人和评审专家应当各自出具书面推荐意见。采购人推荐供应商的比例不得高于推荐供应商总数的50%。

第十三条　供应商应当按照谈判文件、询价通知书的要求编制响应文件，并对其提交的响应文件的真实性、合法性承担法律责任。

第十四条　采购人、采购代理机构可以要求供应商在提交响应文件截止时间之前交纳保证金。保证金应当采用支票、汇票、本票、网上银行支付或者金融机构、担保机构出具的保函等非现金形式交纳。保证金数额应当不超过采购项目预算的2%。

供应商为联合体的，可以由联合体中的一方或者多方共同交纳保证金，其交纳的保证金对联合体各方均具有约束力。

第十五条　供应商应当在谈判文件、询价通知书要求的截止时间前，将响应文件密封送达指定地点。在截止时间后送达的响应文件为无效文件，采购人、采购代理机构或者谈判小组、询价小组应当拒收。

供应商在提交询价响应文件截止时间前，可以对所提交的响应文件进行补充、修改或者撤回，并书面通知采购人、采购代理机构。补充、修改的内容作为响应文件的组成部分。补充、修改的内容与响应文件不一致的，以补充、修改的内容为准。

第十六条　谈判小组、询价小组在对响应文件的有效性、完整性和响应程度进行审查时，可以要求供应商对响应文件中含义不明确、同类问题表述不一致或者有明显文字和计算错误的内容等作出必要的澄清、说明或者更正。供应商的澄清、说明或者更正不得超出响应文件的范围或者改变响应文件的实质性内容。

谈判小组、询价小组要求供应商澄清、说明或者更正响应文件应当以书面形式作出。供应商的澄清、说明或者更正应当由法定代表人或其授权代表签字或者加盖公章。由授权代表签字的，应当附法定代表人授权书。供应商为自然人的，应当由本人签字并附身份证明。

第十七条　谈判小组、询价小组应当根据评审记录和评审结果编写评审报告，其主要内容包括：

（一）邀请供应商参加采购活动的具体方式和相关情况，以及参加采购活动的供应商名单；

（二）评审日期和地点，谈判小组、询价小组成员名单；

（三）评审情况记录和说明，包括对供应商的资格审查情况、供应商响应文件评审情况、谈判情况、报价情况等；

（四）提出的成交候选人的名单及理由。

评审报告应当由谈判小组、询价小组全体人员签字认可。谈判小组、询价小组成员对评审报告有异议的，谈判小组、询价小组按照少数服从多数的原则推荐成交候选人，采购程序继续进行。对评审报告有异议的谈判小组、询价小组成员，应当在报告上签署不同意见并说明理由，由谈判小组、询价小组书面记录相关情况。谈判小组、询价小组成员拒绝在报告上签字又不书面说明其不同意见和理由的，视为同意评审报告。

第十八条　采购人或者采购代理机构应当在成交供应商确定后2个工作日内，在省级以上财政部门指定的媒体上公告成交结果，同时向成交供应商发出成交通知书，并将竞争性谈判文件、询价通知书随成交结果同时公告。成交结果公告应当包括以下内容：

（一）采购人和采购代理机构的名称、地址和联系方式；

（二）项目名称和项目编号；

（三）成交供应商名称、地址和成交金额；

（四）主要成交标的的名称、规格型号、数量、单价、服务要求；

（五）谈判小组、询价小组成员名单及单一来源采购人员名单。

采用书面推荐供应商参加采购活动的，还应当公告采购人和评审专家的推荐意见。

第十九条　采购人与成交供应商应当在成交通知书发出之日起30日内，按照采购文件确定的合同文本以及采购标的、规格型号、采购金额、采购数量、技术和服务要求等事项签订政府采购合同。

采购人不得向成交供应商提出超出采购文件以外的任何要求作为签订合同的条件，不得与成交供应商订立背离采购文件确定的合同文本以及采购标的、规格型号、采购金额、采购数量、技术和服务要求等实质性内容的协议。

第二十条　采购人或者采购代理机构应当在采购活动结束后及时退还供应商的保证金，但因供应商自身原因导致无法及时退还的除外。未成交供应商的保证金应当在成交通知书发出后5个工作日内退还，成交供应商的保证金应当在采购合同签订后5个工作日内退还。

有下列情形之一的，保证金不予退还：

（一）供应商在提交响应文件截止时间后撤回响应文件的；

（二）供应商在响应文件中提供虚假材料的；

（三）除因不可抗力或谈判文件、询价通知书认可的情形以外，成交供应商不与采购人签订合同的；

（四）供应商与采购人、其他供应商或者采购代理机构恶意串通的；

（五）采购文件规定的其他情形。

第二十一条　除资格性审查认定错误和价格计算错误外，采购人或者采购代理机构不得以任何理由组织重新评审。采购人、采购代理机构发现谈判小组、询价小组未按照采购文件规定的评定成交的标准进行评审的，应当重新开展采购活动，并同时书面报告本级财政部门。

第二十二条　除不可抗力等因素外，成交通知书发出后，采购人改变成交结果，或者成交供应商拒绝签订政府采购合同的，应当承担相应的法律责任。

成交供应商拒绝签订政府采购合同的，采购人可以按照本办法第三十六条第二款、第四十九条第二款规定的原则确定其他供应商作为成交供应商并签订政府采购合同，也可以重新开展采购活动。拒绝签订政府采购合同的成交供应商不得参加对该项目重新开展的采购活动。

第二十三条　在采购活动中因重大变故，采购任务取消的，采购人或者采购代理机构应当终止采购活动，通知所有参加采购活动的供应商，并将项目实施情况和采购任务取消原因报送本级财政部门。

第二十四条　采购人或者采购代理机构应当按照采购合同规定的技术、服务等要求组织对供应商履约的验收，并出具验收书。验收书应当包括每一项技术、服务等要求的履约情况。大型或者复杂的项目，应当邀请国家认可的质量检测机构参加验收。验收方成员应当在验收书上签字，并承担相应的法律责任。

第二十五条　谈判小组、询价小组成员以及与评审工作有关的人员不得泄露评审情况以及评审过程中获悉的国家秘密、商业秘密。

第二十六条　采购人、采购代理机构应当妥善保管每项采购活动的采购文件。采购文件包括采购活动记录、采购预算、谈判文件、询价通知书、响应文件、推荐供应商的意见、评审报告、成交供应商确定文件、单一来源采购协商情况记录、合同文本、验收证明、质疑答复、投诉处理决定以及其他有关文件、资料。采购文件可以电子档案方式保存。

采购活动记录至少应当包括下列内容：

（一）采购项目类别、名称；

（二）采购项目预算、资金构成和合同价格；

（三）采购方式，采用该方式的原因及相关说明材料；

（四）选择参加采购活动的供应商的方式及原因；

（五）评定成交的标准及确定成交供应商的原因；

（六）终止采购活动的，终止的原因。

第三章　竞争性谈判

第二十七条　符合下列情形之一的采购项目，可以采用竞争性谈判方式采购：

（一）招标后没有供应商投标或者没有合格标的，或者重新招标未能成立的；

（二）技术复杂或者性质特殊，不能确定详细规格或者具体要求的；

（三）非采购人所能预见的原因或者非采购人拖延造成采用招标所需时间不能满足用户紧急需要的；

（四）因艺术品采购、专利、专有技术或者服务的时间、数量事先不能确定等原因不能事先计算出价格总额的。

公开招标的货物、服务采购项目，招标过程中提交投标文件或者经评审实质性响应招标文件要求的供应商只有两家时，采购人、采购代理机构按照本办法第四条经本级财政部门批准后可以与该两家供应商进行竞争性谈判采购，采购人、采购代理机构应当根据招标文件中的采购需求编制谈判文件，成立谈判小组，由谈判小组对谈判文件进行确认。符合本款情形的，本办法第三十三条、第三十五条中规定的供应商最低数量可以为两家。

第二十八条 符合本办法第二十七条第一款第一项情形和第二款情形，申请采用竞争性谈判采购方式时，除提交本办法第五条第一至三项规定的材料外，还应当提交下列申请材料：

（一）在省级以上财政部门指定的媒体上发布招标公告的证明材料；

（二）采购人、采购代理机构出具的对招标文件和招标过程是否有供应商质疑及质疑处理情况的说明；

（三）评标委员会或者3名以上评审专家出具的招标文件没有不合理条款的论证意见。

第二十九条 从谈判文件发出之日起至供应商提交首次响应文件截止之日止不得少于3个工作日。

提交首次响应文件截止之日前，采购人、采购代理机构或者谈判小组可以对已发出的谈判文件进行必要的澄清或者修改，澄清或者修改的内容作为谈判文件的组成部分。澄清或者修改的内容可能影响响应文件编制的，采购人、采购代理机构或者谈判小组应当在提交首次响应文件截止之日3个工作日前，以书面形式通知所有接收谈判文件的供应商，不足3个工作日的，应当顺延提交首次响应文件截止之日。

第三十条 谈判小组应当对响应文件进行评审，并根据谈判文件规定的程序、评定成交的标准等事项与实质性响应谈判文件要求的供应商进行谈判。未实质性响应谈判文件的响应文件按无效处理，谈判小组应当告知有关供应商。

第三十一条 谈判小组所有成员应当集中与单一供应商分别进行谈判，并给予所有参加谈判的供应商平等的谈判机会。

第三十二条 在谈判过程中，谈判小组可以根据谈判文件和谈判情况实质性变动采购需求中的技术、服务要求以及合同草案条款，但不得变动谈判文件中的其他内容。实质性变动的内容，须经采购人代表确认。

对谈判文件作出的实质性变动是谈判文件的有效组成部分，谈判小组应当及时以书面形式同时通知所有参加谈判的供应商。

供应商应当按照谈判文件的变动情况和谈判小组的要求重新提交响应文件，并由其法定代表人或授权代表签字或者加盖公章。由授权代表签字的，应当附法定代表人授权书。供应商为自然人的，应当由本人签字并附身份证明。

第三十三条 谈判文件能够详细列明采购标的的技术、服务要求的，谈判结束后，谈判小组应当要求所有继续参加谈判的供应商在规定时间内提交最后报价，提交最后报价的供应商不得少于3家。

谈判文件不能详细列明采购标的的技术、服务要求，需经谈判由供应商提供最终设计方案或解决方案的，谈判结束后，谈判小组应当按照少数服从多数的原则投票推荐3家以上供应商的设计方案或者解决方案，并要求其在规定时间内提交最后报价。

最后报价是供应商响应文件的有效组成部分。

第三十四条 已提交响应文件的供应商，在提交最后报价之前，可以根据谈判情况退出谈判。采购人、采购代理机构应当退还退出谈判的供应商的保证金。

第三十五条 谈判小组应当从质量和服务均能满足采购文件实质性响应要求的供应商中，按照最后报价由低到高的顺序提出3名以上成交侯选人，并编写评审报告。

第三十六条 采购代理机构应当在评审结束后2个工作日内将评审报告送采购人确认。

采购人应当在收到评审报告后5个工作日内，从评审报告提出的成交候选人中，根据质量和服务均能满足采购文件实质性响应要求且最后报价最低的原则确定成交供应商，也可以书面授权谈判小组直接确定成交供应商。采购人逾期未确定成交供应商且不提出异议的，视为确定评审报告提出的最后报价最低的供应商为成交供应商。

第三十七条 出现下列情形之一的，采购人或者采购代理机构应当终止竞争性谈判采购活动，发布项目终止公告并说明原因，重新开展采购活动：

（一）因情况变化，不再符合规定的竞争性谈判采购方式适用情形的；

（二）出现影响采购公正的违法、违规行为的；

（三）在采购过程中符合竞争要求的供应商或者报价未超过采购预算的供应商不足 3 家的，但本办法第二十七条第二款规定的情形除外。

第四章　单一来源采购

第三十八条　属于政府采购法第三十一条第一项情形，且达到公开招标数额的货物、服务项目，拟采用单一来源采购方式的，采购人、采购代理机构在按照本办法第四条报财政部门批准之前，应当在省级以上财政部门指定媒体上公示，并将公示情况一并报财政部门。公示期不得少于 5 个工作日，公示内容应当包括：

（一）采购人、采购项目名称和内容；

（二）拟采购的货物或者服务的说明；

（三）采用单一来源采购方式的原因及相关说明；

（四）拟定的唯一供应商名称、地址；

（五）专业人员对相关供应商因专利、专有技术等原因具有唯一性的具体论证意见，以及专业人员的姓名、工作单位和职称；

（六）公示的期限；

（七）采购人、采购代理机构、财政部门的联系地址、联系人和联系电话。

第三十九条　任何供应商、单位或者个人对采用单一来源采购方式公示有异议的，可以在公示期内将书面意见反馈给采购人、采购代理机构，并同时抄送相关财政部门。

第四十条　采购人、采购代理机构收到对采用单一来源采购方式公示的异议后，应当在公示期满后 5 个工作日内，组织补充论证，论证后认为异议成立的，应当依法采取其他采购方式；论证后认为异议不成立的，应当将异议意见、论证意见与公示情况一并报相关财政部门。

采购人、采购代理机构应当将补充论证的结论告知提出异议的供应商、单位或者个人。

第四十一条　采用单一来源采购方式采购的，采购人、采购代理机构应当组织具有相关经验的专业人员与供应商商定合理的成交价格并保证采购项目质量。

第四十二条　单一来源采购人员应当编写协商情况记录，主要内容包括：

（一）依据本办法第三十八条进行公示的，公示情况说明；

（二）协商日期和地点，采购人员名单；

（三）供应商提供的采购标的成本、同类项目合同价格以及相关专利、专有技术等情况说明；

（四）合同主要条款及价格商定情况。

协商情况记录应当由采购全体人员签字认可。对记录有异议的采购人员，应当签署不同意见并说明理由。采购人员拒绝在记录上签字又不书面说明其不同意见和理由的，视为同意。

第四十三条　出现下列情形之一的，采购人或者采购代理机构应当终止采购活动，发布项目终止公告并说明原因，重新开展采购活动：

（一）因情况变化，不再符合规定的单一来源采购方式适用情形的；

（二）出现影响采购公正的违法、违规行为的；

（三）报价超过采购预算的。

第五章　询　价

第四十四条　询价采购需求中的技术、服务等要求应当完整、明确，符合相关法律、行政法规和政府采购政策的规定。

第四十五条　从询价通知书发出之日起至供应商提交响应文件截止之日止不得少于 3 个工作日。

提交响应文件截止之日前，采购人、采购代理机构或者询价小组可以对已发出的询价通知书进行必要的澄清或者修改，澄清或者修改的内容作为询价通知书的组成部分。澄清或者修改的内容可能影响响应文件编制的，采购人、采购代理机构或者询价小组应当在提交响应文件截止之日 3 个工作日前，以书面形式通知所有接收询价通知书的供应商，不足 3 个工作日的，应当顺延提交响应文件截止之日。

第四十六条　询价小组在询价过程中，不得改变询价通知书所确定的技术和服务等要求、评审程序、评定成交的标准和合同文本等事项。

第四十七条　参加询价采购活动的供应商，应当按照询价通知书的规定一次报出不得更改的价格。

第四十八条　询价小组应当从质量和服务均能满足采购文件实质性响应要求的供应商中，按照报价由低到高的顺序提出 3 名以上成交候选人，并编写评审报告。

第四十九条　采购代理机构应当在评审结束后 2 个工作日内将评审报告送采购人确认。

采购人应当在收到评审报告后 5 个工作日内，从评审报告提出的成交候选人中，根据质量和服务均能满足采购文件实质性响应要求且报价最低的原则确定成交供应商，也可以书面授权询价小组直接确定成交供应商。采购人逾期未确定成交供应商且不提出异议的，视为确定评审报告提出的最后报价最低的供应商为成交供应商。

第五十条 出现下列情形之一的，采购人或者采购代理机构应当终止询价采购活动，发布项目终止公告并说明原因，重新开展采购活动：

（一）因情况变化，不再符合规定的询价采购方式适用情形的；

（二）出现影响采购公正的违法、违规行为的；

（三）在采购过程中符合竞争要求的供应商或者报价未超过采购预算的供应商不足3家的。

第六章 法律责任

第五十一条 采购人、采购代理机构有下列情形之一的，责令限期改正，给予警告；有关法律、行政法规规定处以罚款的，并处罚款；涉嫌犯罪的，依法移送司法机关处理：

（一）未按照本办法规定在指定媒体上发布政府采购信息的；

（二）未按照本办法规定组成谈判小组、询价小组的；

（三）在询价采购过程中与供应商进行协商谈判的；

（四）未按照政府采购法和本办法规定的程序和要求确定成交候选人的；

（五）泄露评审情况以及评审过程中获悉的国家秘密、商业秘密的。

采购代理机构有前款情形之一，情节严重的，暂停其政府采购代理机构资格3至6个月；情节特别严重或者逾期不改正的，取消其政府采购代理机构资格。

第五十二条 采购人有下列情形之一的，责令限期改正，给予警告；有关法律、行政法规规定处以罚款的，并处罚款：

（一）未按照政府采购法和本办法的规定采用非招标采购方式的；

（二）未按照政府采购法和本办法的规定确定成交供应商的；

（三）未按照采购文件确定的事项签订政府采购合同，或者与成交供应商另行订立背离合同实质性内容的协议的；

（四）未按规定将政府采购合同副本报本级财政部门备案的。

第五十三条 采购人、采购代理机构有本办法第五十一条、第五十二条规定情形之一，且情节严重或者拒不改正的，其直接负责的主管人员和其他直接责任人员属于国家机关工作人员的，由任免机关或者监察机关依法给予处分，并予通报。

第五十四条 成交供应商有下列情形之一的，责令限期改正，情节严重的，列入不良行为记录名单，在1至3年内禁止参加政府采购活动，并予以通报：

（一）未按照采购文件确定的事项签订政府采购合同，或者与采购人另行订立背离合同实质性内容的协议的；

（二）成交后无正当理由不与采购人签订合同的；

（三）拒绝履行合同义务的。

第五十五条 谈判小组、询价小组成员有下列行为之一的，责令改正，给予警告；有关法律、行政法规规定处以罚款的，并处罚款；涉嫌犯罪的，依法移送司法机关处理：

（一）收受采购人、采购代理机构、供应商、其他利害关系人的财物或者其他不正当利益的；

（二）泄露评审情况以及评审过程中获悉的国家秘密、商业秘密的；

（三）明知与供应商有利害关系而不依法回避的；

（四）在评审过程中擅离职守，影响评审程序正常进行的；

（五）在评审过程中有明显不合理或者不正当倾向性的；

（六）未按照采购文件规定的评定成交的标准进行评审的。

评审专家有前款情形之一，情节严重的，取消其政府采购评审专家资格，不得再参加任何政府采购项目的评审，并在财政部门指定的政府采购信息发布媒体上予以公告。

第五十六条 有本办法第五十一条、第五十二条、第五十五条违法行为之一，并且影响或者可能影响成交结果的，应当按照下列情形分别处理：

（一）未确定成交供应商的，终止本次采购活动，依法重新开展采购活动；

（二）已确定成交供应商但采购合同尚未履行的，撤销合同，从合格的成交候选人中另行确定成交供应商，没有合格的成交候选人的，重新开展采购活动；

（三）采购合同已经履行的，给采购人、供应商造成损失的，由责任人依法承担赔偿责任。

第五十七条 政府采购当事人违反政府采购法和本

办法规定，给他人造成损失的，应当依照有关民事法律规定承担民事责任。

第五十八条　任何单位或者个人非法干预、影响评审过程或者结果的，责令改正；该单位责任人或者个人属于国家机关工作人员的，由任免机关或者监察机关依法给予处分。

第五十九条　财政部门工作人员在实施监督管理过程中违法干预采购活动或者滥用职权、玩忽职守、徇私舞弊的，依法给予处分；涉嫌犯罪的，依法移送司法机关处理。

第七章　附　则

第六十条　本办法所称主管预算单位是指负有编制部门预算职责，向同级财政部门申报预算的国家机关、事业单位和团体组织。

第六十一条　各省、自治区、直辖市人民政府财政部门可以根据本办法制定具体实施办法。

第六十二条　本办法自2014年2月1日起施行。

政府采购竞争性磋商采购方式管理暂行办法

·2014年12月31日

·财库〔2014〕214号

第一章　总　则

第一条　为了规范政府采购行为，维护国家利益、社会公共利益和政府采购当事人的合法权益，依据《中华人民共和国政府采购法》（以下简称政府采购法）第二十六条第一款第六项规定，制定本办法。

第二条　本办法所称竞争性磋商采购方式，是指采购人、政府采购代理机构通过组建竞争性磋商小组（以下简称磋商小组）与符合条件的供应商就采购货物、工程和服务事宜进行磋商，供应商按照磋商文件的要求提交响应文件和报价，采购人从磋商小组评审后提出的候选供应商名单中确定成交供应商的采购方式。

第三条　符合下列情形的项目，可以采用竞争性磋商方式开展采购：

（一）政府购买服务项目；

（二）技术复杂或者性质特殊，不能确定详细规格或者具体要求的；

（三）因艺术品采购、专利、专有技术或者服务的时间、数量事先不能确定等原因不能事先计算出价格总额的；

（四）市场竞争不充分的科研项目，以及需要扶持的科技成果转化项目；

（五）按照招标投标法及其实施条例必须进行招标的工程建设项目以外的工程建设项目。

第二章　磋商程序

第四条　达到公开招标数额标准的货物、服务采购项目，拟采用竞争性磋商采购方式的，采购人应当在采购活动开始前，报经主管预算单位同意后，依法向设区的市、自治州以上人民政府财政部门申请批准。

第五条　采购人、采购代理机构应当按照政府采购法和本办法的规定组织开展竞争性磋商，并采取必要措施，保证磋商在严格保密的情况下进行。

任何单位和个人不得非法干预、影响磋商过程和结果。

第六条　采购人、采购代理机构应当通过发布公告、从省级以上财政部门建立的供应商库中随机抽取或者采购人和评审专家分别书面推荐的方式邀请不少于3家符合相应资格条件的供应商参与竞争性磋商采购活动。

符合政府采购法第二十二条第一款规定条件的供应商可以在采购活动开始前加入供应商库。财政部门不得对供应商申请入库收取任何费用，不得利用供应商库进行地区和行业封锁。

采取采购人和评审专家书面推荐方式选择供应商的，采购人和评审专家应当各自出具书面推荐意见。采购人推荐供应商的比例不得高于推荐供应商总数的50%。

第七条　采用公告方式邀请供应商的，采购人、采购代理机构应当在省级以上人民政府财政部门指定的政府采购信息发布媒体发布竞争性磋商公告。竞争性磋商公告应当包括以下主要内容：

（一）采购人、采购代理机构的名称、地点和联系方法；

（二）采购项目的名称、数量、简要规格描述或项目基本概况介绍；

（三）采购项目的预算；

（四）供应商资格条件；

（五）获取磋商文件的时间、地点、方式及磋商文件售价；

（六）响应文件提交的截止时间、开启时间及地点；

（七）采购项目联系人姓名和电话。

第八条　竞争性磋商文件（以下简称磋商文件）应当根据采购项目的特点和采购人的实际需求制定，并经采购人书面同意。采购人应当以满足实际需求为原则，不得擅自提高经费预算和资产配置等采购标准。

磋商文件不得要求或者标明供应商名称或者特定货物的品牌,不得含有指向特定供应商的技术、服务等条件。

第九条 磋商文件应当包括供应商资格条件、采购邀请、采购方式、采购预算、采购需求、政府采购政策要求、评审程序、评审方法、评审标准、价格构成或者报价要求、响应文件编制要求、保证金交纳数额和形式以及不予退还保证金的情形、磋商过程中可能实质性变动的内容、响应文件提交的截止时间、开启时间及地点以及合同草案条款等。

第十条 从磋商文件发出之日起至供应商提交首次响应文件截止之日止不得少于10日。

磋商文件售价应当按照弥补磋商文件制作成本费用的原则确定,不得以营利为目的,不得以项目预算金额作为确定磋商文件售价依据。磋商文件的发售期限自开始之日起不得少于5个工作日。

提交首次响应文件截止之日前,采购人、采购代理机构或者磋商小组可以对已发出的磋商文件进行必要的澄清或者修改,澄清或者修改的内容作为磋商文件的组成部分。澄清或者修改的内容可能影响响应文件编制的,采购人、采购代理机构应当在提交首次响应文件截止时间至少5日前,以书面形式通知所有获取磋商文件的供应商;不足5日的,采购人、采购代理机构应当顺延提交首次响应文件截止时间。

第十一条 供应商应当按照磋商文件的要求编制响应文件,并对其提交的响应文件的真实性、合法性承担法律责任。

第十二条 采购人、采购代理机构可以要求供应商在提交响应文件截止时间之前交纳磋商保证金。磋商保证金应当采用支票、汇票、本票或者金融机构、担保机构出具的保函等非现金形式交纳。磋商保证金数额应当不超过采购项目预算的2%。供应商未按照磋商文件要求提交磋商保证金的,响应无效。

供应商为联合体的,可以由联合体中的一方或者多方共同交纳磋商保证金,其交纳的保证金对联合体各方均具有约束力。

第十三条 供应商应当在磋商文件要求的截止时间前,将响应文件密封送达指定地点。在截止时间后送达的响应文件为无效文件,采购人、采购代理机构或者磋商小组应当拒收。

供应商在提交响应文件截止时间前,可以对所提交的响应文件进行补充、修改或者撤回,并书面通知采购人、采购代理机构。补充、修改的内容作为响应文件的组成部分。补充、修改的内容与响应文件不一致的,以补充、修改的内容为准。

第十四条 磋商小组由采购人代表和评审专家共3人以上单数组成,其中评审专家人数不得少于磋商小组成员总数的2/3。采购人代表不得以评审专家身份参加本部门或本单位采购项目的评审。采购代理机构人员不得参加本机构代理的采购项目的评审。

采用竞争性磋商方式的政府采购项目,评审专家应当从政府采购评审专家库内相关专业的专家名单中随机抽取。符合本办法第三条第四项规定情形的项目,以及情况特殊、通过随机方式难以确定合适的评审专家的项目,经主管预算单位同意,可以自行选定评审专家。技术复杂、专业性强的采购项目,评审专家中应当包含1名法律专家。

第十五条 评审专家应当遵守评审工作纪律,不得泄露评审情况和评审中获悉的商业秘密。

磋商小组在评审过程中发现供应商有行贿、提供虚假材料或者串通等违法行为的,应当及时向财政部门报告。

评审专家在评审过程中受到非法干涉的,应当及时向财政、监察等部门举报。

第十六条 磋商小组成员应当按照客观、公正、审慎的原则,根据磋商文件规定的评审程序、评审方法和评审标准进行独立评审。未实质性响应磋商文件的响应文件按无效响应处理,磋商小组应当告知提交响应文件的供应商。

磋商文件内容违反国家有关强制性规定的,磋商小组应当停止评审并向采购人或者采购代理机构说明情况。

第十七条 采购人、采购代理机构不得向磋商小组中的评审专家作倾向性、误导性的解释或者说明。

采购人、采购代理机构可以视采购项目的具体情况,组织供应商进行现场考察或召开磋商前答疑会,但不得单独或分别组织只有一个供应商参加的现场考察和答疑会。

第十八条 磋商小组在对响应文件的有效性、完整性和响应程度进行审查时,可以要求供应商对响应文件中含义不明确、同类问题表述不一致或者有明显文字和计算错误的内容等作出必要的澄清、说明或者更正。供应商的澄清、说明或者更正不得超出响应文件的范围或者改变响应文件的实质性内容。

磋商小组要求供应商澄清、说明或者更正响应文件应当以书面形式作出。供应商的澄清、说明或者更正应当由法定代表人或其授权代表签字或者加盖公章。由授权代表签字的，应当附法定代表人授权书。供应商为自然人的，应当由本人签字并附身份证明。

第十九条　磋商小组所有成员应当集中与单一供应商分别进行磋商，并给予所有参加磋商的供应商平等的磋商机会。

第二十条　在磋商过程中，磋商小组可以根据磋商文件和磋商情况实质性变动采购需求中的技术、服务要求以及合同草案条款，但不得变动磋商文件中的其他内容。实质性变动的内容，须经采购人代表确认。

对磋商文件作出的实质性变动是磋商文件的有效组成部分，磋商小组应当及时以书面形式同时通知所有参加磋商的供应商。

供应商应当按照磋商文件的变动情况和磋商小组的要求重新提交响应文件，并由其法定代表人或授权代表签字或者加盖公章。由授权代表签字的，应当附法定代表人授权书。供应商为自然人的，应当由本人签字并附身份证明。

第二十一条　磋商文件能够详细列明采购标的的技术、服务要求的，磋商结束后，磋商小组应当要求所有实质性响应的供应商在规定时间内提交最后报价，提交最后报价的供应商不得少于3家。

磋商文件不能详细列明采购标的的技术、服务要求，需经磋商由供应商提供最终设计方案或解决方案的，磋商结束后，磋商小组应当按照少数服从多数的原则投票推荐3家以上供应商的设计方案或者解决方案，并要求其在规定时间内提交最后报价。

最后报价是供应商响应文件的有效组成部分。符合本办法第三条第四项情形的，提交最后报价的供应商可以为2家。

第二十二条　已提交响应文件的供应商，在提交最后报价之前，可以根据磋商情况退出磋商。采购人、采购代理机构应当退还退出磋商的供应商的磋商保证金。

第二十三条　经磋商确定最终采购需求和提交最后报价的供应商后，由磋商小组采用综合评分法对提交最后报价的供应商的响应文件和最后报价进行综合评分。

综合评分法，是指响应文件满足磋商文件全部实质性要求且按评审因素的量化指标评审得分最高的供应商为成交候选供应商的评审方法。

第二十四条　综合评分法评审标准中的分值设置应当与评审因素的量化指标相对应。磋商文件中没有规定的评审标准不得作为评审依据。

评审时，磋商小组各成员应当独立对每个有效响应的文件进行评价、打分，然后汇总每个供应商每项评分因素的得分。

综合评分法货物项目的价格分值占总分值的比重（即权值）为30%至60%，服务项目的价格分值占总分值的比重（即权值）为10%至30%。采购项目中含不同采购对象的，以占项目资金比例最高的采购对象确定其项目属性。符合本办法第三条第三项的规定和执行统一价格标准的项目，其价格不列为评分因素。有特殊情况需要在上述规定范围外设定价格分权重的，应当经本级人民政府财政部门审核同意。

综合评分法中的价格分统一采用低价优先法计算，即满足磋商文件要求且最后报价最低的供应商的价格为磋商基准价，其价格分为满分。其他供应商的价格分统一按照下列公式计算：

磋商报价得分=（磋商基准价/最后磋商报价）×价格权值×100

项目评审过程中，不得去掉最后报价中的最高报价和最低报价。

第二十五条　磋商小组应当根据综合评分情况，按照评审得分由高到低顺序推荐3名以上成交候选供应商，并编写评审报告。符合本办法第二十一条第三款情形的，可以推荐2家成交候选供应商。评审得分相同的，按照最后报价由低到高的顺序推荐。评审得分且最后报价相同的，按照技术指标优劣顺序推荐。

第二十六条　评审报告应当包括以下主要内容：

（一）邀请供应商参加采购活动的具体方式和相关情况；

（二）响应文件开启日期和地点；

（三）获取磋商文件的供应商名单和磋商小组成员名单；

（四）评审情况记录和说明，包括对供应商的资格审查情况、供应商响应文件评审情况、磋商情况、报价情况等；

（五）提出的成交候选供应商的排序名单及理由。

第二十七条　评审报告应当由磋商小组全体人员签字认可。磋商小组成员对评审报告有异议的，磋商小组按照少数服从多数的原则推荐成交候选供应商，采购程序继续进行。对评审报告有异议的磋商小组成员，应当在报告上签署不同意见并说明理由，由磋商小组书面记录相关情况。磋商小组成员拒绝在报告上签字又不书面说明其不同意见和理由的，视为同意评审报告。

第二十八条 采购代理机构应当在评审结束后2个工作日内将评审报告送采购人确认。

采购人应当在收到评审报告后5个工作日内，从评审报告提出的成交候选供应商中，按照排序由高到低的原则确定成交供应商，也可以书面授权磋商小组直接确定成交供应商。采购人逾期未确定成交供应商且不提出异议的，视为确定评审报告提出的排序第一的供应商为成交供应商。

第二十九条 采购人或者采购代理机构应当在成交供应商确定后2个工作日内，在省级以上财政部门指定的政府采购信息发布媒体上公告成交结果，同时向成交供应商发出成交通知书，并将磋商文件随成交结果同时公告。成交结果公告应当包括以下内容：

（一）采购人和采购代理机构的名称、地址和联系方式；

（二）项目名称和项目编号；

（三）成交供应商名称、地址和成交金额；

（四）主要成交标的的名称、规格型号、数量、单价、服务要求；

（五）磋商小组成员名单。

采用书面推荐供应商参加采购活动的，还应当公告采购人和评审专家的推荐意见。

第三十条 采购人与成交供应商应当在成交通知书发出之日起30日内，按照磋商文件确定的合同文本以及采购标的、规格型号、采购金额、采购数量、技术和服务要求等事项签订政府采购合同。

采购人不得向成交供应商提出超出磋商文件以外的任何要求作为签订合同的条件，不得与成交供应商订立背离磋商文件确定的合同文本以及采购标的、规格型号、采购金额、采购数量、技术和服务要求等实质性内容的协议。

第三十一条 采购人或者采购代理机构应当在采购活动结束后及时退还供应商的磋商保证金，但因供应商自身原因导致无法及时退还的除外。未成交供应商的磋商保证金应当在成交通知书发出后5个工作日内退还，成交供应商的磋商保证金应当在采购合同签订后5个工作日内退还。

有下列情形之一的，磋商保证金不予退还：

（一）供应商在提交响应文件截止时间后撤回响应文件的；

（二）供应商在响应文件中提供虚假材料的；

（三）除因不可抗力或磋商文件认可的情形以外，成交供应商不与采购人签订合同的；

（四）供应商与采购人、其他供应商或者采购代理机构恶意串通的；

（五）磋商文件规定的其他情形。

第三十二条 除资格性检查认定错误、分值汇总计算错误、分项评分超出评分标准范围、客观分评分不一致、经磋商小组一致认定评分畸高、畸低的情形外，采购人或者采购代理机构不得以任何理由组织重新评审。采购人、采购代理机构发现磋商小组未按照磋商文件规定的评审标准进行评审的，应当重新开展采购活动，并同时书面报告本级财政部门。

采购人或者采购代理机构不得通过对样品进行检测、对供应商进行考察等方式改变评审结果。

第三十三条 成交供应商拒绝签订政府采购合同的，采购人可以按照本办法第二十八条第二款规定的原则确定其他供应商作为成交供应商并签订政府采购合同，也可以重新开展采购活动。拒绝签订政府采购合同的成交供应商不得参加对该项目重新开展的采购活动。

第三十四条 出现下列情形之一的，采购人或者采购代理机构应当终止竞争性磋商采购活动，发布项目终止公告并说明原因，重新开展采购活动：

（一）因情况变化，不再符合规定的竞争性磋商采购方式适用情形的；

（二）出现影响采购公正的违法、违规行为的；

（三）除本办法第二十一条第三款规定的情形外，在采购过程中符合要求的供应商或者报价未超过采购预算的供应商不足3家的。

第三十五条 在采购活动中因重大变故，采购任务取消的，采购人或者采购代理机构应当终止采购活动，通知所有参加采购活动的供应商，并将项目实施情况和采购任务取消原因报送本级财政部门。

第三章 附 则

第三十六条 相关法律制度对政府和社会资本合作项目采用竞争性磋商采购方式另有规定的，从其规定。

第三十七条 本办法所称主管预算单位是指负有编制部门预算职责，向同级财政部门申报预算的国家机关、事业单位和团体组织。

第三十八条 本办法自发布之日起施行。

中央预算单位变更政府采购方式审批管理办法

·2015年1月15日
·财库〔2015〕36号

第一章 总 则

第一条 为了加强中央预算单位政府采购管理，规范中央预算单位变更政府采购方式审批管理工作，根据《中华人民共和国政府采购法》、《政府采购非招标采购方式管理办法》及政府采购相关制度规定，制定本办法。

第二条 中央预算单位达到公开招标数额标准的货物、服务采购项目，需要采用公开招标以外采购方式的，应当在采购活动开始前，按照本办法规定申请变更政府采购方式。

本办法所称公开招标以外的采购方式，是指邀请招标、竞争性谈判、竞争性磋商、单一来源采购、询价以及财政部认定的其他采购方式。

第三条 变更政府采购方式申请应当由中央主管预算单位向财政部提出。财政部应当按照政府采购法和本办法规定进行审批。

第四条 中央主管预算单位应当加强对本部门所属预算单位变更政府采购方式工作的指导和监督。中央预算单位应当提交完整、明确、合规的申请材料，并对申请材料的真实性负责。

第二章 变更方式申请

第五条 中央预算单位应当建立和完善采购方式变更内部管理制度，明确采购、财务、业务相关部门(岗位)责任。业务部门应当结合工作实际，根据经费预算和资产配置等采购标准，提出合理采购需求。采购部门(岗位)应当组织财务、业务等相关部门(岗位)，根据采购需求和相关行业、产业发展状况，对拟申请采用采购方式的理由及必要性进行内部会商。会商意见应当由相关部门(岗位)人员共同签字认可。

第六条 中央预算单位申请单一来源采购方式，符合政府采购法第三十一条第一项情形的，在进行单位内部会商前，应先组织3名以上专业人员对只能从唯一供应商处采购的理由进行论证。专业人员论证意见应当完整、清晰和明确，意见不明确或者含混不清的，属于无效意见，不作为审核依据。专业人员论证意见中应当载明专业人员姓名、工作单位、职称、联系电话和身份证号码。专业人员不能与论证项目有直接利害关系，不能是本单位或者潜在供应商及其关联单位的工作人员。

第七条 中央预算单位申请采用公开招标以外采购方式的，应当提交以下材料：

(一)中央主管预算单位出具的变更采购方式申请公文，公文中应当载明以下内容：中央预算单位名称、采购项目名称、项目概况等项目基本情况说明，拟申请采用的采购方式和理由，联系人及联系电话等。申请变更为单一来源采购方式的，还需提供拟定的唯一供应商名称、地址；

(二)项目预算金额、预算批复文件或者资金来源证明；

(三)单位内部会商意见。申请变更为单一来源采购方式的，如符合政府采购法第三十一条第一项情形，还需提供专业人员论证意见。

第八条 非中央预算单位所能预见的原因或者非中央预算单位拖延造成采用招标所需时间不能满足需要而申请变更采购方式的，中央预算单位应当提供项目紧急原因的说明材料。

第九条 中央预算单位因采购任务涉及国家秘密需要变更采购方式的，应当提供由国家保密机关出具的本项目为涉密采购项目的证明文件。

第十条 中央预算单位符合《政府采购非招标采购方式管理办法》第二十七条第一款第一项情形和第二款情形，申请采用竞争性谈判采购方式的；公开招标过程中提交投标文件或者经评审实质性响应招标文件要求的供应商只有一家时，申请单一来源采购方式的，除按照本办法第七条第一项和第二项要求提供有关申请材料外，还应当提供以下材料：

(一)在中国政府采购网发布招标公告的证明材料；

(二)中央预算单位、采购代理机构出具的对招标文件和招标过程没有供应商质疑的说明材料；

(三)评标委员会或3名以上评审专家出具的招标文件没有不合理条款的论证意见。

第十一条 中央主管预算单位在同一预算年度内，对所属多个预算单位因相同采购需求和原因采购同一品目的货物或者服务，拟申请采用同一种采购方式的，可统一组织一次内部会商后，向财政部报送一揽子方式变更申请。

第十二条 中央预算单位一般应通过“政府采购计划管理系统”报送采购方式变更申请，对系统中已导入政府采购预算的，不再提供部门预算批复文件复印件。因采购任务涉及国家秘密需要变更采购方式的，应当通过纸质文件报送。

第十三条 中央预算单位申请采用单一来源采购方

式，符合政府采购法第三十一条第一项情形的，在向财政部提出变更申请前，经中央主管预算单位同意后，在中国政府采购网上进行公示，并将公示情况一并报财政部。

因采购任务涉及国家秘密需要变更为单一来源采购方式的，可不进行公示。

第十四条 中央预算单位申请变更为单一来源采购方式的申请前公示，公示期不得少于5个工作日，公示材料为单一来源采购征求意见公示文书和专业人员论证意见。因公开招标过程中提交投标文件或者经评审实质性响应招标文件要求的供应商只有一家时，申请采用单一来源采购方式的，公示材料还包括评审专家和代理机构分别出具的招标文件无歧视性条款、招标过程未受质疑相关意见材料。

单一来源采购征求意见公示文书内容应包括：中央预算单位、采购项目名称和内容；公示的期限；拟采购的唯一供应商名称；中央主管预算单位、财政部政府采购监管部门的联系地址、联系人和联系电话。

第十五条 任何供应商、单位或者个人对采用单一来源采购方式公示有异议的，可以在公示期内将书面意见反馈给中央预算单位，并同时抄送中央主管预算单位和财政部。

第十六条 中央预算单位收到对采用单一来源采购方式公示的异议后，应当在公示期满5个工作日内，组织补充论证，论证后认为异议成立的，应当依法采取其他采购方式；论证后认为异议不成立的，应当将异议意见、论证意见与公示情况一并报财政部。

第三章 审批管理

第十七条 财政部收到变更采购方式申请后应当及时审查，并按下列情形限时办结：

（一）变更政府采购方式申请的理由和申请材料符合政府采购法和本办法规定的，财政部应当在收到材料之日起，7个工作日内予以批复。

（二）申请材料不符合本办法规定的，财政部应当在3个工作日内通知中央主管预算单位修改补充。办结日期以财政部重新收到申报材料时算起。

（三）变更政府采购方式申请的理由不符合政府采购法规定的，财政部应当在收到材料之日起，3个工作日内予以答复，并将不予批复的理由告知中央主管预算单位。

第十八条 中央预算单位应当按照财政部的批复文件，依法开展政府采购活动，未经批准，擅自采用公开招标以外采购方式的，财政部将依据政府采购法及有关法律法规予以处理。

第四章 附 则

第十九条 中央预算单位采购限额标准以上公开招标数额标准以下的货物、工程和服务，以及达到招标规模标准依法可不进行招标的政府采购工程建设项目，需要采用公开招标以外采购方式的，由单位根据《政府采购非招标采购方式管理办法》及有关制度规定，自主选择相应采购方式。

第二十条 本办法自2015年3月1日起实施。原《中央单位变更政府采购方式审批管理暂行办法》（财库〔2009〕48号）、《财政部关于对中央单位申请单一来源采购实行审核前公示相关问题的通知》（财库〔2011〕130号）停止执行。

（六）政府购买服务

政府购买服务管理办法

·2020年1月3日财政部令第102号公布

·自2020年3月1日起施行

第一章 总 则

第一条 为规范政府购买服务行为，促进转变政府职能，改善公共服务供给，根据《中华人民共和国预算法》、《中华人民共和国政府采购法》、《中华人民共和国合同法》等法律、行政法规的规定，制定本办法。

第二条 本办法所称政府购买服务，是指各级国家机关将属于自身职责范围且适合通过市场化方式提供的服务事项，按照政府采购方式和程序，交由符合条件的服务供应商承担，并根据服务数量和质量等因素向其支付费用的行为。

第三条 政府购买服务应当遵循预算约束、以事定费、公开择优、诚实信用、讲求绩效原则。

第四条 财政部负责制定全国性政府购买服务制度，指导和监督各地区、各部门政府购买服务工作。

县级以上地方人民政府财政部门负责本行政区域政府购买服务管理。

第二章 购买主体和承接主体

第五条 各级国家机关是政府购买服务的购买主体。

第六条 依法成立的企业、社会组织（不含由财政拨款保障的群团组织），公益二类和从事生产经营活动的事业单位，农村集体经济组织，基层群众性自治组织，以及具备条件的个人可以作为政府购买服务的承接主体。

第七条　政府购买服务的承接主体应当符合政府采购法律、行政法规规定的条件。

购买主体可以结合购买服务项目的特点规定承接主体的具体条件，但不得违反政府采购法律、行政法规，以不合理的条件对承接主体实行差别待遇或者歧视待遇。

第八条　公益一类事业单位、使用事业编制且由财政拨款保障的群团组织，不作为政府购买服务的购买主体和承接主体。

第三章　购买内容和目录

第九条　政府购买服务的内容包括政府向社会公众提供的公共服务，以及政府履职所需辅助性服务。

第十条　以下各项不得纳入政府购买服务范围：

（一）不属于政府职责范围的服务事项；

（二）应当由政府直接履职的事项；

（三）政府采购法律、行政法规规定的货物和工程，以及将工程和服务打包的项目；

（四）融资行为；

（五）购买主体的人员招、聘用，以劳务派遣方式用工，以及设置公益性岗位等事项；

（六）法律、行政法规以及国务院规定的其他不得作为政府购买服务内容的事项。

第十一条　政府购买服务的具体范围和内容实行指导性目录管理，指导性目录依法予以公开。

第十二条　政府购买服务指导性目录在中央和省两级实行分级管理，财政部和省级财政部门分别制定本级政府购买服务指导性目录，各部门在本级指导性目录范围内编制本部门政府购买服务指导性目录。

省级财政部门根据本地区情况确定省以下政府购买服务指导性目录的编制方式和程序。

第十三条　有关部门应当根据经济社会发展实际、政府职能转变和基本公共服务均等化、标准化的要求，编制、调整指导性目录。

编制、调整指导性目录应当充分征求相关部门意见，根据实际需要进行专家论证。

第十四条　纳入政府购买服务指导性目录的服务事项，已安排预算的，可以实施政府购买服务。

第四章　购买活动的实施

第十五条　政府购买服务应当突出公共性和公益性，重点考虑、优先安排与改善民生密切相关，有利于转变政府职能、提高财政资金绩效的项目。

政府购买的基本公共服务项目的服务内容、水平、流程等标准要素，应当符合国家基本公共服务标准相关要求。

第十六条　政府购买服务项目所需资金应当在相关部门预算中统筹安排，并与中期财政规划相衔接，未列入预算的项目不得实施。

购买主体在编报年度部门预算时，应当反映政府购买服务支出情况。政府购买服务支出应当符合预算管理有关规定。

第十七条　购买主体应当根据购买内容及市场状况、相关供应商服务能力和信用状况等因素，通过公平竞争择优确定承接主体。

第十八条　购买主体向个人购买服务，应当限于确实适宜实施政府购买服务并且由个人承接的情形，不得以政府购买服务名义变相用工。

第十九条　政府购买服务项目采购环节的执行和监督管理，包括集中采购目录及标准、采购政策、采购方式和程序、信息公开、质疑投诉、失信惩戒等，按照政府采购法律、行政法规和相关制度执行。

第二十条　购买主体实施政府购买服务项目绩效管理，应当开展事前绩效评估，定期对所购服务实施情况开展绩效评价，具备条件的项目可以运用第三方评价评估。

财政部门可以根据需要，对部门政府购买服务整体工作开展绩效评价，或者对部门实施的资金金额和社会影响大的政府购买服务项目开展重点绩效评价。

第二十一条　购买主体及财政部门应当将绩效评价结果作为承接主体选择、预算安排和政策调整的重要依据。

第五章　合同及履行

第二十二条　政府购买服务合同的签订、履行、变更，应当遵循《中华人民共和国合同法》的相关规定。

第二十三条　购买主体应当与确定的承接主体签订书面合同，合同约定的服务内容应当符合本办法第九条、第十条的规定。

政府购买服务合同应当明确服务的内容、期限、数量、质量、价格，资金结算方式，各方权利义务事项和违约责任等内容。

政府购买服务合同应当依法予以公告。

第二十四条　政府购买服务合同履行期限一般不超过1年；在预算保障的前提下，对于购买内容相对固定、连续性强、经费来源稳定、价格变化幅度小的政府购买服务项目，可以签订履行期限不超过3年的政府购买服务合同。

第二十五条　购买主体应当加强政府购买服务项目履约管理，开展绩效执行监控，及时掌握项目实施进度和绩效目标实现情况,督促承接主体严格履行合同,按照合同约定向承接主体支付款项。

第二十六条　承接主体应当按照合同约定提供服务,不得将服务项目转包给其他主体。

第二十七条　承接主体应当建立政府购买服务项目台账,依照有关规定或合同约定记录保存并向购买主体提供项目实施相关重要资料信息。

第二十八条　承接主体应当严格遵守相关财务规定规范管理和使用政府购买服务项目资金。

承接主体应当配合相关部门对资金使用情况进行监督检查与绩效评价。

第二十九条　承接主体可以依法依规使用政府购买服务合同向金融机构融资。

购买主体不得以任何形式为承接主体的融资行为提供担保。

第六章　监督管理和法律责任

第三十条　有关部门应当建立健全政府购买服务监督管理机制。购买主体和承接主体应当自觉接受财政监督、审计监督、社会监督以及服务对象的监督。

第三十一条　购买主体、承接主体及其他政府购买服务参与方在政府购买服务活动中,存在违反政府采购法律法规行为的,依照政府采购法律法规予以处理处罚;存在截留、挪用和滞留资金等财政违法行为的,依照《中华人民共和国预算法》、《财政违法行为处罚处分条例》等法律法规追究法律责任;涉嫌犯罪的,移送司法机关处理。

第三十二条　财政部门、购买主体及其工作人员,存在违反本办法规定的行为,以及滥用职权、玩忽职守、徇私舞弊等违法违纪行为的,按照《中华人民共和国预算法》、《中华人民共和国公务员法》、《中华人民共和国监察法》、《财政违法行为处罚处分条例》等国家有关规定追究相应责任;涉嫌犯罪的,移送司法机关处理。

第七章　附　则

第三十三条　党的机关、政协机关、民主党派机关、承担行政职能的事业单位和使用行政编制的群团组织机关使用财政性资金购买服务的,参照本办法执行。

第三十四条　涉密政府购买服务项目的实施,按照国家有关规定执行。

第三十五条　本办法自2020年3月1日起施行。财政部、民政部、工商总局2014年12月15日颁布的《政府购买服务管理办法(暂行)》(财综〔2014〕96号)同时废止。

财政部关于政府购买服务有关预算管理问题的通知

·2014年1月24日

·财预〔2014〕13号

党中央有关部门,国务院各部委、各直属机构,总后勤部,武警各部队,全国人大常委会办公厅,全国政协办公厅,高法院,高检院,有关人民团体,新疆生产建设兵团财务局,有关中央管理企业,各省、自治区、直辖市、计划单列市财政厅(局):

为全面贯彻落实党的十八大和十八届二中、三中全会精神,加快政府职能转变,改进政府提供公共服务方式,优化资源配置,提高财政资金使用效益,根据《国务院办公厅关于政府向社会力量购买服务的指导意见》(国办发〔2013〕96号)有关要求,现就推进政府购买服务有关预算管理工作通知如下:

一、妥善安排购买服务所需资金

政府购买服务所需资金列入财政预算,从部门预算经费或经批准的专项资金等既有预算中统筹安排。对预算已安排资金且明确通过购买方式提供的服务项目,按相关规定执行;对预算已安排资金但尚未明确通过购买方式提供的服务,可根据实际情况,调整通过政府购买服务的方式交由社会力量承办。既要禁止一些单位将本应由自身承担的职责,转嫁给社会力量承担,产生"养懒人"现象,也要避免将不属于政府职责范围的服务大包大揽,增加财政支出压力。

二、健全购买服务预算管理体系

要加强调查研究,总结试点经验,立足成本效益分析,加快建立购买服务支出标准体系,推进购买服务项目库建设,逐步在预算编报、资金安排、预算批复等方面建立规范流程,不断健全预算编制体系,提高购买服务预算编制的科学化、规范化。

三、强化购买服务预算执行监控

财政部门和预算单位要对购买服务提供进行全过程跟踪,对合同履行、绩效目标实施等,发现偏离目标要及时采取措施予以纠正,确保资金规范管理、安全使用和绩效目标如期实现。承接主体要认真履行合同规定,采取有效措施增强服务能力,提高服务水平,确保提供服务的数量、质量等达到预期目标。

四、推进购买服务预算信息公开

严格执行《中华人民共和国政府信息公开条例》有关规定,建立健全购买服务信息公开机制,拓宽公开渠道,搭建公开平台,及时将购买的服务项目、服务标准、服务要求、服务内容、预算安排、购买程序、绩效评价标准、绩效评价结果等购买服务预算信息向社会公开，提高预算透明度，回应社会关切，接受社会监督。

五、实施购买服务预算绩效评价

购买服务预算绩效评价是全过程预算绩效管理的有机组成部分。要按照建立全过程预算绩效管理机制的要求，强调结果导向，大力推进购买服务预算绩效评价工作，将预算绩效管理理念贯穿于购买服务预算管理全过程，强化部门支出责任，加强成本效益分析，控制降低公共成本，节约社会资源，加强绩效评价和结果应用。评价结果作为以后年度编制预算和选择承接主体的重要参考依据，不断提高对财政资金使用效益和公共服务的质量。

六、严格购买服务资金监督检查

使用购买服务预算资金要严格遵守相关财政财务管理规定，不得截留和挪用财政资金。要加强对政府购买服务预算资金使用的监督检查，适时开展抽查检查，确保预算资金的规范管理和合理使用。对发现的违法行为，依照《财政违法行为处罚处分条例》（国务院令第427号）等有关规定追究法律责任。

财政部关于做好政府购买服务工作有关问题的通知

·2013年12月4日
·财综〔2013〕111号

国务院各部委、各直属机构，各省、自治区、直辖市、计划单列市财政厅（局），新疆生产建设兵团财务局，财政部驻各省、自治区、直辖市、计划单列市财政监察专员办事处：

为贯彻落实党的十八届三中全会精神和《国务院办公厅关于政府向社会力量购买服务的指导意见》（国办发〔2013〕96号，以下简称《指导意见》），加快推进政府购买服务工作，现就有关事项通知如下：

一、充分认识推进政府购买服务工作的重要性和紧迫性

推进政府购买服务是新时期全面深化改革的必然要求。当前，我国发展进入新阶段，社会结构、利益格局、思想观念发生了深刻变化，人民群众日益增长的公共服务需求对政府管理和服务模式提出了新要求。在全面深化改革的关键时期，大力推进政府购买服务，逐步建立健全政府购买服务制度，是正确处理政府和市场、社会的关系，建设服务型政府，推进国家治理体系和治理能力现代化的客观要求；是创新公共服务供给方式、提高公共服务供给水平和效率的迫切需要；是培育和引导社会组织、加快服务业发展、扩大服务业开放、引导有效需求的重要举措，对于深化社会领域改革，推动政府职能转变，整合利用社会资源，增强公众参与意识，激发经济社会活力，提高财政资金使用效益，为人民群众提供更加优质的公共服务具有重要意义。

党中央、国务院高度重视政府购买服务工作，作出了一系列部署和要求。党的十八大强调要改进政府提供公共服务方式，新一届国务院明确要求在公共服务领域更多利用社会力量，加大政府购买服务力度，党的十八届三中全会通过的《中共中央关于全面深化改革若干重大问题的决定》明确提出，推广政府购买服务，凡属事务性管理服务，原则上都要引入竞争机制，通过合同、委托等方式向社会购买。国务院领导多次作出重要批示，要求财政部会同有关部门抓紧推进政府购买公共服务改革。

当前和今后一个时期，大力推进政府购买服务是贯彻落实三中全会精神和《指导意见》的一项重要工作任务。《指导意见》是推动我国政府购买服务工作的重要指导性文件，各地区、各部门要认真学习领会、准确把握精神，将思想和行动统一到党中央、国务院的决策部署上来，统一到《指导意见》的精神上来，将推进政府购买服务工作摆在发展改革的重要位置，增强紧迫感、使命感和责任感，按照中央的部署和要求，积极稳妥、扎实有效地开展工作，确保《指导意见》顺利实施。

二、积极有序推进政府购买服务工作

《指导意见》的基本定位是注重原则性、方向性、统筹性和指导性，既鼓励支持地方和部门先行先试，发挥做好政府购买服务工作的主动性、积极性和创新精神，也明确了工作的总体目标和基本要求。根据《指导意见》的精神，目前，为进一步做好顶层设计，财政部正抓紧研究政府购买服务管理办法以及相关预算、政府采购、税收等具体政策措施。各地区、各部门要结合实际，积极行动起来，主动部署开展工作，抓紧制定相关政策文件，尽快形成中央和地方共同推进购买服务工作的氛围和机制。

（一）坚持正确方向，积极探索创新。开展政府购买服务工作要以改革的决心和勇气，正确处理当前和长远、全局和局部的关系，正确对待利益格局调整，不拖不等不靠，积极创新，大胆探索。要根据《指导意见》精神，抓紧制定本地区、本部门政府购买服务的实施意见、办法和具体措施，尽快形成中央与地方衔接配套、操作性强的政府购买服务政策体系。已经出台相关文件的，要对照《指导意见》进一步细化和完善相关政策措施，不断健全与本地经济社会发展相适应的政府购买服务制度体系。尚未出台政策性文件的，要按照《指导意见》要求，结合工作实际，在调查研究基础上，抓紧研究针对性的政策措施和办法，积极探索试点，积累经验，逐步推开。

（二）坚持突出重点，稳妥有序推广。要结合实际，在准确把握公众需求的基础上，全面梳理并主动提出购买服务的内容和事项，精心研究制定指导性目录，明确购买的服务种类、性质和内容。在公共服务需求日趋多样化的形势下，应突出公共性和公益性，重点考虑、优先安排与保障和改善民生密切相关的领域和项目，把有限的财政资金用到人民群众最需要的地方。对于政府新增的或临时性、阶段性的公共服务事项，凡适合社会力量承担的，原则上都按照政府购买服务的方式进行。看得准、拿得稳的先推下去，一时看不准、有疑问的要深入研究，条件成熟了再推进。要通过购买服务，推动政府简政放权，防止"大包大揽"。要确保政府全面正确履行职能，防止"卸包袱"，将应当由政府直接提供、不适合社会力量承担的公共服务事项推向市场。购买服务的范围、内容和目录应倾听群众呼声，反映群众意愿，根据经济社会和政府职能的发展变化，及时进行动态调整。

（三）坚持规范操作，完善购买程序。要按照公开、公平、公正的原则，完善政府购买服务的各项程序规定，建立以项目申报、项目评审、组织采购、资质审核、合同签订、项目监管、绩效评估、经费兑付等为主要内容的规范化购买流程，有序开展工作。要将政府购买服务资金纳入预算，并严格资金管理，加强绩效评价。要及时充分地向社会公开购买服务的项目内容、承接主体条件、绩效评价标准等信息，确保社会力量公平参与竞争，严禁层层转包、豪华购买、暗箱操作等违规违法行为，筑牢预防腐败的制度防线。

（四）坚持政策衔接，注重建章立制。要处理好积极推进和制度建设的关系，做好相关政策的完善和相互衔接。既要考虑当前政府购买服务工作的重点是鼓励和推进改革，在坚持大的原则不变和透明预算的前提下，注重研究解决现行政府采购、预算编制、会计处理等技术性管理难题，必要时可适当做出政策调整，为政府购买服务工作的顺利推进创造条件；又要兼顾长远，在实践中不断总结经验，注重体制机制建设，为将来建立购买服务制度打基础。同时，要做好政府购买服务与事业单位分类改革、行业协会商会脱钩等相关改革的衔接，按照国务院关于"财政供养人员只减不增"的要求，在有效增加公共服务供给的同时，积极研究探索通过政府购买服务方式支持改革的政策措施，实现"费随事转"。要通过政府购买服务，推动公办事业单位与主管部门理顺关系和去行政化，推进有条件的事业单位转为企业或社会组织，坚决防止一边购买服务，一边又养人办事、"两头占"的现象发生。

三、切实加强对政府购买服务工作的组织实施

推广政府购买服务是一项新的综合性改革工作，是全面深化改革的重要举措和方向，政策性强，涉及面广，任务艰巨，要用发展的眼光、改革的理念切实加强对这项工作的组织实施。

（一）加强组织领导。各地区、各部门要按照政府主导、部门负责、社会参与、共同监督的要求，切实加强对政府购买服务的组织和指导。要尽快建立工作机制，制定工作计划和实施方案，扎实推进。同时，加强对下一级政府购买服务的指导，督促其积极开展工作。

（二）发挥牵头作用。各地区、各部门财政（务）部门要切实履行职责，发挥好牵头作用，当好参谋助手，加强沟通协调，形成工作合力。各地财政部门要尽快明确牵头处室，明确分工，落实责任。中央国家机关各部门要尽快明确牵头司局和责任处室，积极支持配合财政部统筹推进政府购买服务工作，并主动做好本部门、本行业、本系统相关工作。

（三）加强培训宣传。各地区、各部门要切实加大宣传和培训力度，确保广大干部群众及相关社会力量负责人、工作人员了解、熟悉和掌握有关背景知识、政策措施及操作规范。要充分利用广播、电视、网络、报刊等媒体，广泛宣传实施政府购买服务工作的重要意义、指导思想、基本原则和主要政策措施，为推进工作营造良好的舆论环境。

各地区、各部门要按照党的群众路线教育实践活动要求，切实加强调查研究，认真总结好经验、好做法，及时发现并解决实施过程中出现的问题，逐步完善政策措施和制度设计，确保近期工作取得实质性进展，中长期形成比较完善的政府购买服务制度体系。各地区、各部门的工作进展情况、工作中遇到的新情况和重大问题，以及有关意见和建议，请及时报财政部，以便统筹研究解决。

（七）采购机构

政府采购代理机构管理暂行办法

·2018年1月4日
·财库〔2018〕2号

第一章 总 则

第一条 为加强政府采购代理机构监督管理，促进政府采购代理机构规范发展，根据《中华人民共和国政府采购法》《中华人民共和国政府采购法实施条例》等法律法规，制定本办法。

第二条　本办法所称政府采购代理机构（以下简称代理机构）是指集中采购机构以外、受采购人委托从事政府采购代理业务的社会中介机构。

第三条　代理机构的名录登记、从业管理、信用评价及监督检查适用本办法。

第四条　各级人民政府财政部门（以下简称财政部门）依法对代理机构从事政府采购代理业务进行监督管理。

第五条　财政部门应当加强对代理机构的政府采购业务培训，不断提高代理机构专业化水平。鼓励社会力量开展培训，增强代理机构业务能力。

第二章　名录登记

第六条　代理机构实行名录登记管理。省级财政部门依托中国政府采购网省级分网（以下简称省级分网）建立政府采购代理机构名录（以下简称名录）。名录信息全国共享并向社会公开。

第七条　代理机构应当通过工商登记注册地（以下简称注册地）省级分网填报以下信息申请进入名录，并承诺对信息真实性负责：

（一）代理机构名称、统一社会信用代码、办公场所地址、联系电话等机构信息；

（二）法定代表人及专职从业人员有效身份证明等个人信息；

（三）内部监督管理制度；

（四）在自有场所组织评审工作的，应当提供评审场所地址、监控设备设施情况；

（五）省级财政部门要求提供的其他材料。

登记信息发生变更的，代理机构应当在信息变更之日起10个工作日内自行更新。

第八条　代理机构登记信息不完整的，财政部门应当及时告知其完善登记资料；代理机构登记信息完整清晰的，财政部门应当及时为其开通相关政府采购管理交易系统信息发布、专家抽取等操作权限。

第九条　代理机构在其注册地省级行政区划以外从业的，应当向从业地财政部门申请开通政府采购管理交易系统相关操作权限，从业地财政部门不得要求其重复提交登记材料，不得强制要求其在从业地设立分支机构。

第十条　代理机构注销时，应当向相关采购人移交档案，并及时向注册地所在省级财政部门办理名录注销手续。

第三章　从业管理

第十一条　代理机构代理政府采购业务应当具备以下条件：

（一）具有独立承担民事责任的能力；

（二）建立完善的政府采购内部监督管理制度；

（三）拥有不少于5名熟悉政府采购法律法规、具备编制采购文件和组织采购活动等相应能力的专职从业人员；

（四）具备独立办公场所和代理政府采购业务所必需的办公条件；

（五）在自有场所组织评审工作的，应当具备必要的评审场地和录音录像等监控设备设施并符合省级人民政府规定的标准。

第十二条　采购人应当根据项目特点、代理机构专业领域和综合信用评价结果，从名录中自主择优选择代理机构。

任何单位和个人不得以摇号、抽签、遴选等方式干预采购人自行选择代理机构。

第十三条　代理机构受采购人委托办理采购事宜，应当与采购人签订委托代理协议，明确采购代理范围、权限、期限、档案保存、代理费用收取方式及标准、协议解除及终止、违约责任等具体事项，约定双方权利义务。

第十四条　代理机构应当严格按照委托代理协议的约定依法依规开展政府采购代理业务，相关开标及评审活动应当全程录音录像，录音录像应当清晰可辨，音像资料作为采购文件一并存档。

第十五条　代理费用可以由中标、成交供应商支付，也可由采购人支付。由中标、成交供应商支付的，供应商报价应当包含代理费用。代理费用超过分散采购限额标准的，原则上由中标、成交供应商支付。

代理机构应当在采购文件中明示代理费用收取方式及标准，随中标、成交结果一并公开本项目收费情况，包括具体收费标准及收费金额等。

第十六条　采购人和代理机构在委托代理协议中约定由代理机构负责保存采购文件的，代理机构应当妥善保存采购文件，不得伪造、变造、隐匿或者销毁采购文件。采购文件的保存期限为从采购结束之日起至少十五年。

采购文件可以采用电子档案方式保存。采用电子档案方式保存采购文件的，相关电子档案应当符合《中华人民共和国档案法》《中华人民共和国电子签名法》等法律法规的要求。

第四章 信用评价及监督检查

第十七条 财政部门负责组织开展代理机构综合信用评价工作。采购人、供应商和评审专家根据代理机构的从业情况对代理机构的代理活动进行综合信用评价。综合信用评价结果应当全国共享。

第十八条 采购人、评审专家应当在采购活动或评审活动结束后5个工作日内,在政府采购信用评价系统中记录代理机构的职责履行情况。

供应商可以在采购活动结束后5个工作日内,在政府采购信用评价系统中记录代理机构的职责履行情况。

代理机构可以在政府采购信用评价系统中查询本机构的职责履行情况,并就有关情况作出说明。

第十九条 财政部门应当建立健全定向抽查和不定向抽查相结合的随机抽查机制。对存在违法违规线索的政府采购项目开展定向检查;对日常监管事项,通过随机抽取检查对象、随机选派执法检查人员等方式开展不定向检查。

财政部门可以根据综合信用评价结果合理优化对代理机构的监督检查频次。

第二十条 财政部门应当依法加强对代理机构的监督检查,监督检查包括以下内容:

(一)代理机构名录信息的真实性;

(二)委托代理协议的签订和执行情况;

(三)采购文件编制与发售、评审组织、信息公告发布、评审专家抽取及评价情况;

(四)保证金收取及退还情况,中标或者成交供应商的通知情况;

(五)受托签订政府采购合同、协助采购人组织验收情况;

(六)答复供应商质疑、配合财政部门处理投诉情况;

(七)档案管理情况;

(八)其他政府采购从业情况。

第二十一条 对代理机构的监督检查结果应当在省级以上财政部门指定的政府采购信息发布媒体向社会公开。

第二十二条 受到财政部门禁止代理政府采购业务处罚的代理机构,应当及时停止代理业务,已经签订委托代理协议的项目,按下列情况分别处理:

(一)尚未开始执行的项目,应当及时终止委托代理协议;

(二)已经开始执行的项目,可以终止的应当及时终止,确因客观原因无法终止的应当妥善做好善后工作。

第二十三条 代理机构及其工作人员违反政府采购法律法规的行为,依照政府采购法律法规进行处理;涉嫌犯罪的,依法移送司法机关处理。

代理机构的违法行为给他人造成损失的,依法承担民事责任。

第二十四条 财政部门工作人员在代理机构管理中存在滥用职权、玩忽职守、徇私舞弊等违法违纪行为的,依照《中华人民共和国政府采购法》《中华人民共和国公务员法》《中华人民共和国行政监察法》《中华人民共和国政府采购法实施条例》等国家有关规定追究相关责任;涉嫌犯罪的,依法移送司法机关处理。

第五章 附 则

第二十五条 政府采购行业协会按照依法制定的章程开展活动,加强代理机构行业自律。

第二十六条 省级财政部门可根据本办法规定制定具体实施办法。

第二十七条 本办法自2018年3月1日施行。

财政部办公厅关于做好政府采购代理机构名录登记有关工作的通知

·2018年2月13日

·财办库〔2018〕28号

各省、自治区、直辖市财政厅(局),新疆生产建设兵团财政局:

为确保《政府采购代理机构管理暂行办法》(财库〔2018〕2号,以下简称《办法》)顺利施行,现就相关事项通知如下:

一、做好名录登记工作衔接。2018年3月1日起,财政部不再办理政府采购代理机构(以下简称代理机构)名录登记事宜,由各省级财政部门按照《办法》要求做好新增代理机构名录登记工作。此前已通过中国政府采购网中央主网(以下简称中央主网)进行网上登记的代理机构,名录管理权限将于3月1日调整至其工商注册地省级财政部门。

二、及时补充完善登记信息。财政部将于3月1日前完成名录登记系统升级改造,并以短信、系统提示等方式统一通知此前已完成网上登记的代理机构按照《办法》规定补充完善专职从业人员、自有场所设施情况等登记信息。各省级财政部门应当对相关登记信息的完整性进行审核,并及时告知审核结果。5月1日起,各省级财政部门应当将登记信息不符合《办法》要求的代理机构从名录中暂时移出并暂停其信息发布、专家抽取等操作权限,待其登记信息符合要求后予以恢复。

三、进一步规范名录登记管理。名录登记系统以统一社会信用代码作为代理机构唯一标识。总公司已完成名录登记的,分公司无需重复登记。各省级财政部门应当对本地区代理机构进行梳理分类,名录中不再单独列示分公司。

四、落实信息公开要求。根据《办法》第十五条有关要求,财政部已对中国政府采购网采购公告发布系统数据接口规范进行调整,并在中央主网发布。各省级财政部门应当及时更新本地区政府采购中标、成交结果公告模板及数据接口规范,随政府采购项目中标、成交结果一并公告代理费用收费标准及金额。

五、严格落实政府采购行政处罚结果。名录登记系统将与中央主网"政府采购严重违法失信行为记录名单"进行关联。对被禁止参加政府采购活动的代理机构,各省级财政部门应当及时将其从名录中移除,并停止其信息发布和专家抽取等操作权限;处罚期满后,应当及时恢复。

六、各省级财政部门应当按照《办法》及本通知要求向代理机构做好政策解释和相关服务工作,对《办法》实施过程中存在的问题和建议请及时向财政部国库司反馈。

特此通知。

(八)评审专家和采购评审

政府采购评审专家管理办法

· 2016年11月18日
· 财库〔2016〕198号

第一章　总　则

第一条　为加强政府采购评审活动管理,规范政府采购评审专家(以下简称评审专家)评审行为,根据《中华人民共和国政府采购法》(以下简称《政府采购法》)、《中华人民共和国政府采购法实施条例》(以下简称《政府采购法实施条例》)等法律法规及有关规定,制定本办法。

第二条　本办法所称评审专家,是指经省级以上人民政府财政部门选聘,以独立身份参加政府采购评审,纳入评审专家库管理的人员。评审专家选聘、解聘、抽取、使用、监督管理适用本办法。

第三条　评审专家实行统一标准、管用分离、随机抽取的管理原则。

第四条　财政部负责制定全国统一的评审专家专业分类标准和评审专家库建设标准,建设管理国家评审专家库。

省级人民政府财政部门负责建设本地区评审专家库并实行动态管理,与国家评审专家库互联互通、资源共享。

各级人民政府财政部门依法履行对评审专家的监督管理职责。

第二章　评审专家选聘与解聘

第五条　省级以上人民政府财政部门通过公开征集、单位推荐和自我推荐相结合的方式选聘评审专家。

第六条　评审专家应当具备以下条件:

(一)具有良好的职业道德,廉洁自律,遵纪守法,无行贿、受贿、欺诈等不良信用记录;

(二)具有中级专业技术职称或同等专业水平且从事相关领域工作满8年,或者具有高级专业技术职称或同等专业水平;

(三)熟悉政府采购相关政策法规;

(四)承诺以独立身份参加评审工作,依法履行评审专家工作职责并承担相应法律责任的中国公民;

(五)不满70周岁,身体健康,能够承担评审工作;

(六)申请成为评审专家前三年内,无本办法第二十九条规定的不良行为记录。

对评审专家数量较少的专业,前款第(二)项、第(五)项所列条件可以适当放宽。

第七条　符合本办法第六条规定条件,自愿申请成为评审专家的人员(以下简称申请人),应当提供以下申请材料:

(一)个人简历、本人签署的申请书和承诺书;

(二)学历学位证书、专业技术职称证书或者具有同等专业水平的证明材料;

(三)证明本人身份的有效证件;

(四)本人认为需要申请回避的信息;

(五)省级以上人民政府财政部门规定的其他材料。

第八条　申请人应当根据本人专业或专长申报评审专业。

第九条　省级以上人民政府财政部门对申请人提交的申请材料、申报的评审专业和信用信息进行审核,符合条件的选聘为评审专家,纳入评审专家库管理。

第十条　评审专家工作单位、联系方式、专业技术职称、需要回避的信息等发生变化的,应当及时向相关省级以上人民政府财政部门申请变更相关信息。

第十一条 评审专家存在以下情形之一的，省级以上人民政府财政部门应当将其解聘：

（一）不符合本办法第六条规定条件；

（二）本人申请不再担任评审专家；

（三）存在本办法第二十九条规定的不良行为记录；

（四）受到刑事处罚。

第三章 评审专家抽取与使用

第十二条 采购人或者采购代理机构应当从省级以上人民政府财政部门设立的评审专家库中随机抽取评审专家。

评审专家库中相关专家数量不能保证随机抽取需要的，采购人或者采购代理机构可以推荐符合条件的人员，经审核选聘入库后再随机抽取使用。

第十三条 技术复杂、专业性强的采购项目，通过随机方式难以确定合适评审专家的，经主管预算单位同意，采购人可以自行选定相应专业领域的评审专家。

自行选定评审专家的，应当优先选择本单位以外的评审专家。

第十四条 除采用竞争性谈判、竞争性磋商方式采购，以及异地评审的项目外，采购人或者采购代理机构抽取评审专家的开始时间原则上不得早于评审活动开始前2个工作日。

第十五条 采购人或者采购代理机构应当在评审活动开始前宣布评审工作纪律，并将记载评审工作纪律的书面文件作为采购文件一并存档。

第十六条 评审专家与参加采购活动的供应商存在下列利害关系之一的，应当回避：

（一）参加采购活动前三年内，与供应商存在劳动关系，或者担任过供应商的董事、监事，或者是供应商的控股股东或实际控制人；

（二）与供应商的法定代表人或者负责人有夫妻、直系血亲、三代以内旁系血亲或者近姻亲关系；

（三）与供应商有其他可能影响政府采购活动公平、公正进行的关系。

评审专家发现本人与参加采购活动的供应商有利害关系的，应当主动提出回避。采购人或者采购代理机构发现评审专家与参加采购活动的供应商有利害关系的，应当要求其回避。

除本办法第十三条规定的情形外，评审专家对本单位的政府采购项目只能作为采购人代表参与评审活动。

各级财政部门政府采购监督管理工作人员，不得作为评审专家参与政府采购项目的评审活动。

第十七条 出现评审专家缺席、回避等情形导致评审现场专家数量不符合规定的，采购人或者采购代理机构应当及时补抽评审专家，或者经采购人主管预算单位同意自行选定补足评审专家。无法及时补足评审专家的，采购人或者采购代理机构应当立即停止评审工作，妥善保存采购文件，依法重新组建评标委员会、谈判小组、询价小组、磋商小组进行评审。

第十八条 评审专家应当严格遵守评审工作纪律，按照客观、公正、审慎的原则，根据采购文件规定的评审程序、评审方法和评审标准进行独立评审。

评审专家发现采购文件内容违反国家有关强制性规定或者采购文件存在歧义、重大缺陷导致评审工作无法进行时，应当停止评审并向采购人或者采购代理机构书面说明情况。

评审专家应当配合答复供应商的询问、质疑和投诉等事项，不得泄露评审文件、评审情况和在评审过程中获悉的商业秘密。

评审专家发现供应商具有行贿、提供虚假材料或者串通等违法行为的，应当及时向财政部门报告。

评审专家在评审过程中受到非法干预的，应当及时向财政、监察等部门举报。

第十九条 评审专家应当在评审报告上签字，对自己的评审意见承担法律责任。对需要共同认定的事项存在争议的，按照少数服从多数的原则做出结论。对评审报告有异议的，应当在评审报告上签署不同意见并说明理由，否则视为同意评审报告。

第二十条 评审专家名单在评审结果公告前应当保密。评审活动完成后，采购人或者采购代理机构应当随中标、成交结果一并公告评审专家名单，并对自行选定的评审专家做出标注。

各级财政部门、采购人和采购代理机构有关工作人员不得泄露评审专家的个人情况。

第二十一条 采购人或者采购代理机构应当于评审活动结束后5个工作日内，在政府采购信用评价系统中记录评审专家的职责履行情况。

评审专家可以在政府采购信用评价系统中查询本人职责履行情况记录，并就有关情况作出说明。

省级以上人民政府财政部门可根据评审专家履职情况等因素设置阶梯抽取概率。

第二十二条 评审专家应当于评审活动结束后5个工作日内，在政府采购信用评价系统中记录采购人或者采购代理机构的职责履行情况。

第二十三条 集中采购目录内的项目，由集中采购机构支付评审专家劳务报酬；集中采购目录外的项目，由采购人支付评审专家劳务报酬。

第二十四条 省级人民政府财政部门应当根据实际情况，制定本地区评审专家劳务报酬标准。中央预算单位参照本单位所在地或评审活动所在地标准支付评审专家劳务报酬。

第二十五条 评审专家参加异地评审的，其往返的城市间交通费、住宿费等实际发生的费用，可参照采购人执行的差旅费管理办法相应标准向采购人或集中采购机构凭据报销。

第二十六条 评审专家未完成评审工作擅自离开评审现场，或者在评审活动中有违法违规行为的，不得获取劳务报酬和报销异地评审差旅费。评审专家以外的其他人员不得获取评审劳务报酬。

第四章 评审专家监督管理

第二十七条 评审专家未按照采购文件规定的评审程序、评审方法和评审标准进行独立评审或者泄露评审文件、评审情况的，由财政部门给予警告，并处 2000 元以上 2 万元以下的罚款；影响中标、成交结果的，处 2 万元以上 5 万元以下的罚款，禁止其参加政府采购评审活动。

评审专家与供应商存在利害关系未回避的，处 2 万元以上 5 万元以下的罚款，禁止其参加政府采购评审活动。

评审专家收受采购人、采购代理机构、供应商贿赂或者获取其他不正当利益，构成犯罪的，依法追究刑事责任；尚不构成犯罪的，处 2 万元以上 5 万元以下的罚款，禁止其参加政府采购评审活动。

评审专家有上述违法行为的，其评审意见无效；有违法所得的，没收违法所得；给他人造成损失的，依法承担民事责任。

第二十八条 采购人、采购代理机构发现评审专家有违法违规行为的，应当及时向采购人本级财政部门报告。

第二十九条 申请人或评审专家有下列情形的，列入不良行为记录：

（一）未按照采购文件规定的评审程序、评审方法和评审标准进行独立评审；

（二）泄露评审文件、评审情况；

（三）与供应商存在利害关系未回避；

（四）收受采购人、采购代理机构、供应商贿赂或者获取其他不正当利益；

（五）提供虚假申请材料；

（六）拒不履行配合答复供应商询问、质疑、投诉等法定义务；

（七）以评审专家身份从事有损政府采购公信力的活动。

第三十条 采购人或者采购代理机构未按照本办法规定抽取和使用评审专家的，依照《政府采购法》及有关法律法规追究法律责任。

第三十一条 财政部门工作人员在评审专家管理工作中存在滥用职权、玩忽职守、徇私舞弊等违法违纪行为的，依照《政府采购法》《公务员法》《行政监察法》《政府采购法实施条例》等国家有关规定追究相应责任；涉嫌犯罪的，移送司法机关处理。

第五章 附 则

第三十二条 参加评审活动的采购人代表、采购人依法自行选定的评审专家管理参照本办法执行。

第三十三条 国家对评审专家抽取、选定另有规定的，从其规定。

第三十四条 各省级人民政府财政部门，可以根据本办法规定，制定具体实施办法。

第三十五条 本办法由财政部负责解释。

第三十六条 本办法自 2017 年 1 月 1 日起施行。财政部、监察部 2003 年 11 月 17 日发布的《政府采购评审专家管理办法》（财库〔2003〕119 号）同时废止。

财政部办公厅关于使用政府采购评审专家监管系统有关事宜的通知

· 2013 年 11 月 25 日
· 财办库〔2013〕375 号

党中央有关部门办公厅（室），国务院各部委、各直属机构办公厅（室），全国人大常委会办公厅秘书局，全国政协办公厅机关事务管理局，高法院办公厅，高检院办公厅，有关人民团体办公厅（室），新疆生产建设兵团财务局，中共中央直属机关采购中心，中央国家机关政府采购中心，全国人大机关采购中心，国家税务总局集中采购中心、海关总署物资装备采购中心、中国人民银行集中采购中心、公安部警用装备采购中心：

根据《政府采购货物和服务招标投标管理办法》（财政部令第 18 号）和《政府采购评审专家管理办法》（财库〔2013〕119 号）有关规定，结合中央单位政府采购工作实际，财政部开发了新的政府采购评审专家监管系统（以下简称专家库）。现就使用专家库的有关事项通知如下：

一、财政部负责专家库的建设、管理和维护，各中央预算单位、政府集中采购机构及预算单位委托的社会代理机构（以下简称抽取单位）具体负责专家的抽取工作。

二、各中央预算单位的政府采购项目所需评审专家，原则上从专家库中抽取。因工作需要，中央驻京外单位可以从所在地市级或其上一级财政部门专家库中抽取评审专家。采购项目有特殊需要的，经财政部国库司备案后，抽取单位可以在异地财政部门专家库中抽取评审专家。

三、抽取单位应当使用数字安全证书（Ukey）登录中国政府采购网（http://www.ccgp.gov.cn/）专家库，网上抽取评审专家。各单位请从中国政府采购网专家库中下载专家库用户注册表和数字安全证书申请表，并按照相关规定办理申请、变更手续，各单位 Ukey 数量原则上为 2 个。

四、抽取单位应在开标、竞争性谈判以及询价开始前两个工作日内抽取评审专家。专家库中相应品目没有抽取单位所需专家，或者专家数量达不到采购单位所需数量时，经财政部国库司核实后，所需专家或者不足部分可以由抽取单位以不低于 1:3 的比例向财政部国库司推荐并提供相关资料。财政部国库司审核后将合格专家入库供单位抽取。

五、抽取单位抽取专家时应当准确设置专家抽取条件及相关信息，主要包括项目名称、采购方式、公告链接地址、各类专家人数、评审品目、专家所在区域等。采用公开招标和邀请招标方式的必须填写在中国政府采购网已发布的采购公告链接地址。抽取单位应当结合评审项目需要，注意选择抽取专家的所在区域。

六、抽取单位设置完成专家抽取条件后，系统将随机选中符合条件的专家并自动通过语音方式通知被抽中的专家。如抽取专家人数未达到所需数量，抽取单位可在相近品目或上一级品目中补抽专家。在距离评审活动开始前 30 分钟，专家库将自动解密评审专家抽取结果，抽取单位应及时打印专家抽取名单，认真核对评审专家身份，并将专家抽取名单随采购文件一起存档。

七、各抽取单位应当明确责任，建立评审专家抽取内部管理制度，并做好专家信息保密工作。

八、本通知自印发之日起施行。《关于中央单位政府采购评审专家库管理使用有关问题的通知》（财办库〔2004〕80 号）同时废止。

九、系统操作手册和操作教学视频见中国政府采购网"财政部政府采购评审专家监管系统"栏目。对于评审专家抽取和使用过程中遇到的问题，抽取单位应及时向中国政府采购网网站或财政部国库司反映。

财政部关于进一步规范政府采购评审工作有关问题的通知

·2012 年 6 月 11 日

·财库〔2012〕69 号

党中央有关部门，国务院各部委、各直属机构，全国人大常委会办公厅，全国政协办公厅，高法院，高检院，有关人民团体，各省、自治区、直辖市、计划单列市财政厅（局），新疆生产建设兵团财务局，中央国家机关政府采购中心，中共中央直属机关采购中心，全国人大机关采购中心，国家税务总局集中采购中心，海关总署物资装备采购中心，中国人民银行集中采购中心：

近年来，各地区、各部门认真落实《政府采购法》等法律法规，政府采购评审工作的规范化水平逐步提高，但也还存在着评审程序不够完善、工作职责不够明晰、权利义务不对称等问题，亟需进一步明确和规范。为加强评审工作管理，明确评审工作相关各方的职责，提高评审工作质量，现将有关事项通知如下：

一、依法组织政府采购评审工作

采购人和采购代理机构，评标委员会、竞争性谈判小组和询价小组（以下简称评审委员会）成员要严格遵守政府采购相关法律制度，依法履行各自职责，公正、客观、审慎地组织和参与评审工作。

评审委员会成员要依法独立评审，并对评审意见承担个人责任。评审委员会成员对需要共同认定的事项存在争议的，按照少数服从多数的原则做出结论。持不同意见的评审委员会成员应当在评审报告上签署不同意见并说明理由，否则视为同意。

采购人、采购代理机构要确保评审活动在严格保密的情况下进行。在采购结果确定前，采购人、采购代理机构对评审委员会名单负有保密责任。评审委员会成员、采购人和采购代理机构工作人员、相关监督人员等与评审工作有关的人员，对评审情况以及在评审过程中获悉的国家秘密、商业秘密负有保密责任。

采购人、采购代理机构和评审委员会在评审工作中，要依法相互监督和制约，并自觉接受各级财政部门的监督。对非法干预评审工作等违法违规行为，应当及时向财政部门报告。

二、切实履行政府采购评审职责

采购人、采购代理机构要依法细化评审工作程序，组建评审委员会，并按规定程序组织评审。要核实评审委员会成员身份，告知回避要求，宣布评审工作纪律和程序，介绍政府采购相关政策法规；要根据评审委员会的要求解释采购文件，组织供应商澄清；要对评审数据进行校对、核对，对畸高、畸低的重大差异评分可以提示评审委员会复核或书面说明理由；要对评审专家的专业技术水平、职业道德素质和评审工作等情况进行评价，并向财政部门反馈。省级以上政府集中采购机构和政府采购甲级代理机构，应当对评审工作现场进行全过程录音录像，录音录像资料作为采购项目文件随其他文件一并存档。

评审委员会成员要根据政府采购法律法规和采购文件所载明的评审方法、标准进行评审。要熟悉和理解采购文件，认真阅读所有供应商的投标或响应文件，对所有投标或响应文件逐一进行资格性、符合性检查，按采购文件规定的评审方法和标准，进行比较和评价；对供应商的价格分等客观评分项的评分应当一致，对其他需要借助专业知识评判的主观评分项，应当严格按照评分细则公正评分。

评审委员会如需要供应商对投标或响应文件有关事项作出澄清的，应当给予供应商必要的反馈时间，但澄清事项不得超出投标或响应文件的范围，不得实质性改变投标或响应文件的内容，不得通过澄清等方式对供应商实行差别对待。评审委员会要对评分汇总情况进行复核，特别是对排名第一的、报价最低的、投标或相应文件被认定为无效的情形进行重点复核，并根据评审结果推荐中标或成交候选供应商，或者根据采购人委托协议规定直接确定中标或成交供应商，起草并签署评审报告。评审委员会要在采购项目招标失败时，出具招标文件是否存在不合理条款的论证意见，要协助采购人、采购代理机构、财政部门答复质疑或处理投诉事项。

三、严肃政府采购评审工作纪律

采购人委派代表参加评审委员会的，要向采购代理机构出具授权函。除授权代表外，采购人可以委派纪检监察等相关人员进入评审现场，对评审工作实施监督，但不得超过 2 人。采购人需要在评审前介绍项目背景和技术需求的，应当事先提交书面介绍材料，介绍内容不得存在歧视性、倾向性意见，不得超出采购文件所述范围，书面介绍材料作为采购项目文件随其他文件一并存档。评审委员会应当推选组长，但采购人代表不得担任组长。

评审委员会成员要严格遵守评审时间，主动出具身份证明，遵守评审工作纪律和评审回避的相关规定。在评审工作开始前，将手机等通讯工具或相关电子设备交由采购人或采购代理机构统一保管，拒不上交的，采购人或采购代理机构可以拒绝其参加评审工作并向财政部门报告。

评审委员会成员和评审工作有关人员不得干预或者影响正常评审工作，不得明示或者暗示其倾向性、引导性意见，不得修改或细化采购文件确定的评审程序、评审方法、评审因素和评审标准，不得接受供应商主动提出的澄清和解释，不得征询采购人代表的倾向性意见，不得协商评分，不得记录、复制或带走任何评审资料。评审结果汇总完成后，采购人、采购代理机构和评审委员会均不得修改评审结果或者要求重新评审，但资格性检查认定错误、分值汇总计算错误、分项评分超出评分标准范围、客观分评分不一致、经评审委员会一致认定评分畸高、畸低的情形除外。出现上述除外情形的，评审委员会应当现场修改评审结果，并在评审报告中明确记载。

采购人、采购代理机构要加强评审现场管理，与评审工作无关的人员不得进入评审现场。各级财政部门对评审活动相关各方违反评审工作纪律及要求的行为，要依法严肃处理。

四、妥善处理评审中的特殊情形

财政部门要建立政府采购评审专家库资源共享机制，采购项目有特殊需要的，采购人或采购代理机构可以在异地财政部门专家库抽取专家，但应事前向本级财政部门备案。中央驻京外单位可以从所在地市级或其上一级财政部门专家库中抽取评审专家，所在地市级或其上一级财政部门应当予以配合。

评审专家库中相应专业类型专家不足的，采购人或采购代理机构应当按照不低于 1:3 的比例向财政部门提供专家名单，经审核入库后随机抽取使用。出现评审专家临时缺席、回避等情形导致评审现场专家数量不符合法定标准的，采购人或采购代理机构要按照有关程序及时补抽专家，继续组织评审。如无法及时补齐专家，则要立即停止评审工作，封存采购文件和所有投标或响应文件，择期重新组建评审委员会进行评审。采购人或采购代理机构要将补抽专家或重新组建评审委员会的情况进行书面记录，随其他文件一并存档。

评审委员会发现采购文件存在歧义、重大缺陷导致评审工作无法进行，或者采购文件内容违反国家有关规定的，要停止评审工作并向采购人或采购代理机构书面说明情况，采购人或采购代理机构应当修改采购文件后重新组织采购活动；发现供应商提供虚假材料、串通等违法违规行为的，要及时向采购人或采购代理机构报告。

参与政府采购活动的供应商对评审过程或者结果提出质疑的，采购人或采购代理机构可以组织原评审委员会协助处理质疑事项，并依据评审委员会出具的意见进行答复。质疑答复导致中标或成交结果改变的，采购人或采购代理机构应当将相关情况报财政部门备案。

（九）中央单位政府采购

中央国家机关政府采购中心专家劳务费管理办法

· 2021年3月5日
· 国机采综〔2021〕3号

第一条 为规范政府采购评审专家劳务费管理，根据《中华人民共和国政府采购法》、《中华人民共和国政府采购法实施条例》、《中华人民共和国个人所得税法》、财政部政府采购评审专家管理办法等法律法规及有关规定，结合中央国家机关政府采购中心（以下简称“中心”）工作实际情况，制订本办法。

第二条 本办法所称专家劳务费是指在政府采购活动中，支付评审专家政府采购项目评审活动中的劳务报酬。

第三条 中心发放专家劳务费采用银行转账方式，将资金发放到专家本人在银行开设的个人结算账户（银行卡、活期存折），原则上不再采用现金形式发放专家劳务费。

第四条 中心专家劳务费的发放对象为：

（一）中央预算单位政府集中采购目录内项目评审专家；

（二）中心承担的有关政策性项目评审专家；

（三）采购人委托的秘密级或机密级政府采购项目由中心抽取的评审专家；

（四）协助中心处理项目质疑复核的评审专家；

（五）参与中心组织的采购项目专业论证评审专家。

第五条 符合以下情形之一的，中心不予支付专家劳务费：

（一）评审专家参加项目质疑复核，因原评审失误、错误导致质疑成立。

（二）评审专家未完成评审工作擅自离开评审现场，或者在评审活动中有违法违规行为。

第六条 中心不向参加项目评审（复核）的采购人代表支付劳务费。

第七条 专家劳务费支付采用以下标准（税后）：

（一）项目评审（复核）时长4小时（含）之内，专家劳务费为600元/人；大于4小时，每超过1小时，专家劳务费增加100元/人。最高限额为每天1000元/人。

（二）专家已到中心，但因投标人不足三家项目废标等原因，未进行项目评审的，专家劳务费为200元/人。

（三）专家评审（复核）时间是指从开始评审（复核）到结束评审（复核）的实际时间，扣除迟到、早退时间。连续两日（含）以上评审的，按照每日连续评审时间计算。

确需超出上述额度支付专家劳务费的，须说明理由，经综合处审核，报中心主要领导批准后，方可办理。

第八条 中心根据《中华人民共和国个人所得税法》劳务报酬所得纳税的相关规定为发放劳务费的评审专家申报并代缴个人所得税。

第九条 因项目需求，抽取异地专家参加评审的，异地专家往返的城市间交通费、住宿费等实际发生的差旅费参照中央和国家机关差旅费相应标准凭据报销。

第十条 报销专家劳务费时，各有关处需在中心办公平台发起专家劳务费支付申请，支付内容需填写完整，列明收款人姓名、汇款金额、账号、开户银行等信息。原则上在评审（复核）完成后5个工作日内提交。

第十一条 发起专家劳务费支付申请的有关处应认真核实支付信息的真实性、合法性、合规性，综合处应对支付信息进行复核。

第十二条 专家劳务费支付申请按规定流程审批后，由综合处在指定代理银行系统中完成网上转账支付。

第十三条 综合处每月定期打印专家劳务费支付电子回单，作为原始会计凭证进行记账，并存入会计档案。

第十四条 各处开展采购项目咨询、考察、考核、调研及其他活动，需要向有关专家支付专家劳务费时，参照本规定执行。

第十五条 本办法由综合处负责解释。

第十六条 本办法自2021年3月5日起施行。《关于进一步明确专家劳务费发放有关问题的通知》（国机采办〔2008〕15号）、《关于改进专家劳务费发放管理有关事项的通知》（国机采办〔2019〕4号）和《关于调整货物、服务类项目专家劳务费支付有关问题的通知》（国机采办〔2020〕5号）同时废止。

中央国家机关政府采购中心电子竞价采购管理办法

· 2021年8月18日
· 国机采〔2021〕17号

第一章　总　则

第一条 为规范中央国家机关政府采购电子竞价采购行为，落实政府采购政策，提高采购效率，依据《中华人民共和国政府采购法》、《中华人民共和国政府采购法实施条例》及相关规章制度，制定本办法。

第二条 本办法所称电子竞价，是指采购人公开发布采购信息，供应商在规定时间内在线报价，满足采购需求的最低报价者成交的电子化采购形式。

第三条 电子竞价适用于分散采购限额标准下，纳入电子竞价品目范围内且采购人无法通过框架协议实现采购的项目。电子竞价品目范围由中央国家机关政府采购中心（以下简称国采中心）根据政策法规相关规定和实际需求制定并更新。

第四条 电子竞价的交易行为应当遵循公开公平、诚实守信、程序合规、讲求绩效的原则。

第五条 电子竞价应当落实支持创新、绿色发展、促进中小企业发展、乡村振兴等政府采购政策。

第二章 电子竞价当事人

第六条 电子竞价当事人是指《中华人民共和国政府采购法》规定的采购人、供应商和集采机构（本办法指国采中心）。

第七条 采购人应当在中央政府采购网（http://www.zycg.gov.cn/）注册，登录综合采购系统，在线发起竞价项目。

第八条 供应商应当在中央政府采购网注册，办理数字认证证书（CA 证书）后，登录综合采购系统参与竞价。参与竞价的供应商应当符合政府采购及相应行业法律法规规定的资格条件，遵守国采中心制定的电子竞价有关规则。

第九条 国采中心负责电子竞价的规则设计和信息系统的建设运营，根据法律法规发布《中央国家机关政府采购电子竞价运行规则》，对具体违约情形处理并公示。

第十条 采购人、供应商应当妥善保管用户名和密码，凡通过系统账户发布的竞价需求和报价行为，均视同当事人意思的真实表示，当事人均应当承担法律责任。

第三章 电子竞价需求

第十一条 电子竞价标的为电子竞价品目范围内的货物或服务，超出品目范围的竞价项目将无法成交。

一个预算项目下的同一品目或类别的货物或服务，预算金额超过分散采购限额标准的，采购人不得以化整为零方式进行电子竞价采购。

第十二条 电子竞价需求公告应当包括项目基本信息、售后服务要求、采购产品需求清单等。

第十三条 电子竞价需求应当符合法律法规、政府采购政策和国家有关规定，符合国家强制性标准，遵循预算、资产和财务等管理制度，符合项目特点和实际需要。

电子竞价需求表述应当含义准确完整、标准清晰规范、逻辑严谨合理，不得包含歧视性、排他性内容。技术需求中不得包含商务条款。不得将规模及生产厂家授权、承诺、证明、背书等条款设置为采购需求。

第十四条 电子竞价需求原则上须填写三个（含）以上同一档次的参考品牌和型号，满足需求的供应商均可参与竞价。

第十五条 符合下列情形之一的货物，可以按单一品牌方式进行电子竞价采购：

（一）因货物技术唯一性只能选择唯一品牌产品的；

（二）必须保证原有采购项目一致性或者配套兼容要求，需要添购同一品牌产品、指定配件或耗材的。

拟采购单一品牌产品的，采购人需上传单一品牌采购申请函。

第十六条 电子竞价项目应当严格执行《财政部 发展改革委 生态环境部 市场监管总局关于调整优化节能产品、环境标志产品政府采购执行机制的通知》（财库〔2019〕9 号）、《关于印发节能产品政府采购品目清单的通知》（财库〔2019〕19 号）、《关于印发环境标志产品政府采购品目清单的通知》（财库〔2019〕18 号）。

第十七条 根据《政府采购促进中小企业发展管理办法》（财库〔2020〕46 号），供应商提供的货物/服务均由小微企业制造/承接的，按照报价扣除 6%后的价格进行排序，供应商最终成交价格以实际报价为准。

第十八条 确需采购进口产品的，采购人应当严格按照《财政部关于印发〈政府采购进口产品管理办法〉的通知》（财库〔2007〕119 号）及《财政部关于政府采购进口产品管理有关问题的通知》（财办库〔2008〕248 号）等有关规定执行。

第四章 电子竞价程序

第十九条 采购人发布竞价需求公告。竞价需求公告一经发布，采购人不可调整、变更或撤销。竞价需求公告发布至竞价截止时间不得少于 3 个工作日。

第二十条 参与竞价的供应商应当认真阅读、理解竞价需求公告，响应采购人提出的全部需求并提供相应证明材料，未实质性响应采购需求或报价超预算的供应商将被拒绝。

第二十一条 参与竞价的供应商应当对报价行为承担法律责任，不得通过虚假应答、串通等行为谋取不正当利益。竞价时间截止后不得对报价及相关内容做任何更改或退出。

第二十二条 报价时间截止后，系统按报价由低到高顺序排序，列出成交供应商候选人名单。采购人应当在满足竞价需求的供应商中，选择排名第一的供应商为成交供应商。报价相同时，按报价时间先后顺序排序。

第二十三条 采购人应当在竞价截止时间后5个工作日内，提请国采中心审核经其确认的成交供应商并发布成交公告；采购人逾期不确认的，系统自动推荐排名第一的供应商作为成交供应商，经审核后发布成交公告。

第二十四条 出现下列情形之一的，应当终止电子竞价项目并发布终止公告：

（一）采购需求不符合本办法第三章相关规定的；

（二）满足采购需求条件的供应商不足三家的；

（三）报价未超过项目总预算及分项预算的供应商不足三家的；

（四）采购人因重大变故导致采购任务取消的；

采购人因重大变故导致采购任务取消的，应当在竞价截止时间后5个工作日内提交书面说明。

第二十五条 成交公告发布后72小时内，供应商应当确认订单，在竞价需求公布的时间内主动与采购人联系，商定供货、合同签订等事宜。供应商未在规定时间内确认订单的，应承担相应责任。

第二十六条 成交供应商未按要求确认订单的，成交候选人满足法定数量时，采购人可以按照成交候选人名单排序确定下一候选人为成交供应商。

第二十七条 出现下列情形的，采购人可以就原预算项目重新发起电子竞价：

（一）发生第二十四条（一）、（二）、（三）情形的；

（二）成交供应商未按要求确认订单的；

（三）成交供应商在订单确认后不履约或未按竞价需求履约的。

第二十八条 供应商对电子竞价项目有疑问的，可以向采购人或国采中心提出询问，采购人或国采中心应及时作出答复。

第二十九条 供应商对电子竞价项目需求和成交结果进行质疑和投诉的，按政府采购法律法规规定办理。

第五章 履约管理

第三十条 电子竞价订单经确认后，系统自动生成具有唯一编号的电子验收单，作为政府采购凭证。

第三十一条 电子竞价采购合同由采购人与成交供应商自行拟定签署，合同实质内容应当与电子验收单一致。

第三十二条 电子竞价付款方式为先供货、后付款。采购人负责组织货物验收，验收合格后凭双方签字盖章《电子验收单》、采购合同及发票支付款项。

第三十三条 订单履约过程中出现纠纷的，采购人、供应商应当协商解决，也可在线向国采中心提出协调申请，或通过政府采购法律法规规定的途径解决。

在一个年度内，两个以上不同采购人对同一供应商发出纠纷协调申请的，国采中心将暂时冻结该供应商电子竞价权限，直至纠纷解决。

第六章 违约责任

第三十四条 采购人出现下列情形之一的，国采中心将有关情况报采购人的主管预算单位：

（一）因采购人自身原因终止采购项目的；

（二）逾期不签订合同或不按时向供应商付款的；

（三）其他应当向主管预算单位报送的情形。

第三十五条 供应商出现下列情形之一的，国采中心将暂停其电子竞价交易权限3个月并予以公示：

（一）竞价截止至成交公告发布期间退出竞价项目的；

（二）成交公告发布后未按要求确认订单的；

（三）不配合国采中心处理电子竞价相关争议的；

（四）其他违反电子竞价项目交易规则的情形。

第三十六条 供应商出现下列情形之一的，国采中心将暂停其电子竞价交易权限6个月并予以公示：

（一）成交订单确认后未及时与采购人签订合同的；

（二）没有在承诺的供货期限内及时供货或提供售后服务的；

（三）提供货物或服务与电子验收单不一致的；

（四）产品质量、服务等不满足公告中明确的采购需求的；

（五）其他在履约环节出现的违约违规情形的。

第三十七条 供应商出现下列情形之一的，国采中心将暂停其电子竞价交易权限一至三年并予以公示。情节严重的，国采中心将报请政府采购监督管理部门进一步处理：

（一）提供来源不明、假冒伪劣等不合格产品的；

（二）提供虚假材料或虚假证明的

（三）与其它供应商串通，谋取成交的；

（四）在处罚暂停期间以任何形式重复注册和参与电子竞价的；

（五）被列入失信被执行人、重大税收违法案件当事人名单、政府采购严重违法失信行为记录名单及其他不符合《中华人民共和国政府采购法》第二十二条规定条件的；

（六）其他违反法律法规的情形。

第三十八条　国采中心应当依法依规履行电子竞价监督管理职责。国采中心及其工作人员在履行监督管理职责中存在滥用职权、玩忽职守、徇私舞弊等违法违纪行为的，依照法律法规及国家有关规定追究相应责任；涉嫌犯罪的，移送司法机关处理。

第七章　附　则

第三十九条　本办法由国采中心负责解释。

第四十条　本办法自2021年8月18日起施行，《中央国家机关政府采购中心电子竞价管理办法》（国机采〔2020〕9号）同时废止。

中央国家机关政府采购电子卖场管理办法

·2023年12月27日
·国机采〔2023〕20号

第一章　总　则

第一条　为了规范中央国家机关政府采购电子卖场（以下简称电子卖场）运行，贯彻深改方案精神，落实政府采购政策，加强小额零散采购日常管理，根据《中华人民共和国政府采购法》和《中华人民共和国政府采购法实施条例》及相关法律法规等，制定本办法。

第二条　本办法所称电子卖场，是指中央国家机关政府采购中心（以下简称国采中心）建设的供采购人、供应商进行限额标准下、多频次货物服务工程零散采购的电子化交易平台。

第三条　电子卖场的交易行为，应当坚持公开透明、公平竞争、诚实信用、讲求绩效原则。

第四条　电子卖场应当落实支持创新、绿色发展、促进中小企业发展、乡村振兴等政府采购政策。

第五条　国采中心根据电子卖场运行实际，适时发布《中央国家机关政府采购电子卖场运行规则》，就产品的上下架、信息维护、交易规则以及违约情形、奖惩措施等作出说明，保障电子卖场规范运行。

第二章　产品管理

第六条　国采中心建设电子卖场参数库。对通用性强、技术规格统一的产品，按规定程序，将技术（服务）参数嵌入电子卖场，纳入参数库管理。对建筑企业、工程监理企业、注册建造师、监理工程师等企业及人员资质，按照规定程序，嵌入电子卖场，纳入参数库管理。

通用性强、技术规格统一的产品，应当从电子卖场设定的参数库中选取参数值、填写产品信息（包括但不限于视频、图象、文本、数值、链接等）。

工程类企业资质按照电子卖场设定的参数库进行填写，包括资质类别、资质名称、资质证书号、发证日期、发证有效期发证机关、证书信息等。

工程类人员资质按照电子卖场设定的参数库进行填写，包括姓名、身份证号、注册类别、注册号（执业印章号）、注册专业等。

第七条　拟为电子卖场提供货物、服务、工程的供应商，应参加国采中心组织的征集活动。参与征集的供应商应按征集文件要求投报产品，并对投报信息的真实性、有效性、合法性负责。

第八条　国采中心根据征集文件的规定，按相应程序确定入围供应商后，为其开通电子卖场相关权限。

货物类入围生产厂商（或其唯一代理商）可通过其在电子卖场审批通过的代理商销售入围产品，其自身也可以代理商身份销售入围产品。

第九条　入围供应商上架的产品，应符合国采中心规定的上架规则，背离政府采购法律法规或相关规则的，将被系统标识为无法交易或作下架处理。

第十条　经征集程序入围的供应商如申请退出电子卖场，须经国采中心审核通过，确保交易各方权益无争议后，相关产品方可做下架处理。

第三章　交易方式和规则

第十一条　电子卖场设定的交易方式，包括但不限于直购、比价、反拍等。

第十二条　直购是指采购人直接选择电子卖场中某款产品，自主确定与提供该产品的供应商成交。直购方式下，采购人可与供应商就产品的价格在线议价，争取更加优惠的价格。经议价成交的，供应商不得降低产品和服务的质量和标准。

第十三条　比价是指采购人明确采购最高限价和一个（含）以上技术参数，由系统自动筛选出符合要求的多个品牌的多个产品，采购人从中择优选择三个及以上不同品牌的产品，发布比价需求公告，所选产品的供应商自愿参与报价。报价时间截止后，以系统记录的供应商最终报价作为评判依据，价格最低的供应商成交。

比价适用于通用性强、技术规格统一且纳入国采中心参数库管理的产品。

第十四条　反拍是指采购人选择某款产品，设定报价截止时间、单价降幅区间，发布反拍需求公告，所选产品供应商自愿参与报价。报价时间截止后，以系统记录的供应商最终报价作为评判依据，价格最低的供应商成交。

报价截止时间内，供应商可在单价降幅区间内，以不高于上一轮的价格向下多轮报价。

第十五条 需求公告发布前，采购人应仔细核对比价、反拍需求内容，公告一经发布，原则上不得修改、取消。

比价或反拍从需求公告发布至报价截止，时间不得少于3个工作日。供应商参与报价，视同其承诺能够以该价格按时提供需求公告指定的原厂正品或不低于需求公告要求标准的服务。

第十六条 比价或反拍报价截止后，已报价供应商不少于3家的，价格最低的成交；已报价供应商不足3家的，该项目终止。最低报价有多家供应商的，最早报出该价格的供应商成交；最终报价时间相同的，由系统随机确定成交供应商。比价、反拍项目成交后，系统自动发布成交公告。

第十七条 成交供应商应当及时确认订单。订单确认后，系统自动生成具有唯一编号的电子验收单，作为政府采购凭证。成交供应商应及时供货，并提供发票和加盖公章的电子验收单。

第十八条 电子卖场采购合同由采购人与成交供应商自行拟定签署，合同实质内容应与电子验收单一致。

第四章 履约管理

第十九条 采购人应根据采购合同规定的技术、服务要求对成交供应商履约情况进行验收。验收合格后，按照合同约定方式向成交供应商付款。

第二十条 订单完成后，采购人、成交供应商可针对采购交易情况进行互评，互评结果由系统记录并向采购人和供应商公开，为采购交易相关方提供参考。

第二十一条 履约过程中出现纠纷的，采购人、供应商应当协商解决，协商未果的可在线向国采中心发起申诉纠纷，或通过政府采购法律法规规定的途径解决。

同一产品同时出现两个以上不同采购人申请协调解决纠纷的，国采中心将暂时冻结该供应商上架产品和交易权限，直至纠纷解决。

第五章 监测预警

第二十二条 国采中心对标准化程度较高、成交量大、价格分布有梯度的产品进行价格监测，根据交易数据定期计算不同配置产品的参考价，作为价格预警的依据。

第二十三条 供应商报价超过参考价上限一定比例的，由系统自动拦截该报价。

采购人下单商品价格超出参考价上限的，系统将在采购人下单时给出相应提示预警。

第二十四条 国采中心发现产品的市场价格降低时，入围供应商必须将产品价格降低至市场平均价以下。不同意降价的，将暂停其相应产品的销售资格。

第六章 违约责任

第二十五条 供应商出现下列情形之一的，国采中心将暂停其当期电子卖场交易权限3个月并予以公示：

（一）未按上架规则上架产品的；

（二）虚报低价、无法按报价成交的；

（三）未在规定时间内确认比价、反拍等竞争性方式已成交订单的；

（四）不能按照响应征集入围时所承诺的服务标准提供服务的；

（五）其他违反电子卖场上下架和交易原则情形的。

第二十六条 供应商出现下列情形之一的，国采中心将暂停其当期电子卖场交易权限6个月并予以公示：

（一）比价、反拍项目成交供应商确认订单后，因自身原因未及时与采购人签订合同的；

（二）比价、反拍项目成交供应商确认订单后，因自身原因取消订单的；

（三）没有在承诺的供货期限内及时供货或提供售后服务的；

（四）提供的产品与电子卖场产品信息、电子验收单及采购合同不一致的；

（五）产品质量、服务等不满足公告中明确的采购需求的；

（六）其他违反入围协议约定和履约承诺情形的。

第二十七条 供应商出现下列情形之一的，国采中心将终止其当期电子卖场交易权限并予以公示，视情节报请政府采购监督管理部门进一步处理：

（一）提供来源不明、假冒伪劣等不合格产品的；

（二）提供虚假材料或虚假证明谋取入围已经核实的；

（三）与其它供应商串通，谋取成交的；

（四）入围有效期内不再具备相应行业有效的生产服务资格条件的；

（五）入围有效期内被列入失信被执行人、重大税收违法案件当事人名单、政府采购严重违法失信行为记录名单及其他不符合《中华人民共和国政府采购法》第二十二条规定条件的；

（六）未按有关规定支付生产服务人员工资，造成人员聚众上访等事件的；

（七）履约过程中因管理或人为原因造成安全等级事故的；

（八）未经采购人允许将所承担项目的非主体、非关键性工作分包给他人的；

（九）将所承担项目的主体、关键性工作分包给他人，或将政府采购合同转包的；

（十）其他违反法律法规的情形。

第二十八条 入围生产厂商（或其入围时的唯一授权代理商）的代理商销售产品出现问题的，入围生产厂商及其入围时的唯一代理商承担连带责任，具体约定通过入围协议明确。

第七章 附 则

第二十九条 本办法由国采中心负责解释。

第三十条 本办法自2024年1月1日起施行。《中央国家机关政府采购电子卖场管理办法》（国机采〔2021〕16号）同时废止。

中央国家机关政府采购电子卖场运行规则（第1期）

·2021年8月16日

·国机采〔2021〕20号

根据《中央国家机关政府采购电子卖场管理办法》（以下简称《管理办法》）、电子卖场入围征集文件和我中心与入围供应商签订的框架协议，结合电子卖场运行实际，现就“办公/设备/电气/其他类”产品下架的具体情形和“暂停电子卖场交易权限3个月并予以公示”的其他有关情形规定如下。

一、“办公/设备/电气/其他类”产品下架的具体情形：

（一）连续180个自然日销量为0的；

（二）质量、配置或提供的售后服务不符合国家有关规定的；

（三）盗用含有其他电商logo底纹或水印的图片的；

（四）未正确上架至相应类目下的；

（五）价格明显高于相同或同等配置产品价格；

（六）不符合政府采购原则的（如属于不符合厉行节约要求的“豪华”奢侈品或属于违规上架的进口产品）。

本条第（二）至（六）项规定属于《管理办法》第二十六条第（四）项“其他违反电子卖场上下架和交易原则情形”。

二、在电子卖场运行过程中，出现“国采中心处理采购人与供应商争议时，供应商未主动提供包括但不限于销售记录、成交合同等证明材料的”情形，按《管理办法》第二十六条“暂停电子卖场交易权限3个月并予以公示”的处理。

本期规则自公布之日起生效。

中央国家机关政府采购电子卖场运行规则（第2期）

·2021年9月22日

·国机采〔2021〕21号

根据《中央国家机关政府采购电子卖场管理办法》第二十六条“（三）未在规定时间内确认比价、反拍等竞争性方式已成交订单的”，中央国家机关政府采购电子卖场将启动自动违约处理机制，参与比价、反拍项目并成交的供应商，不确认订单的将被暂停电子卖场交易权限3个月并予以公示。

本期规则自公布之日起生效。

中央国家机关政府采购电子卖场运行规则（第3期）

·2021年10月13日

根据电子卖场入围征集文件和我中心与入围供应商签订的《中央国家机关政府采购电子卖场框架协议》，结合电子卖场运行实际，现就经销商、电商报价原则和交易行为规定如下。

一、电商对同型号产品报价不得高于其自营平台自营产品价格（含促销活动期间价格）。

该项属于《中央国家机关政府采购电子卖场管理办法》（以下简称《管理办法》）第二十六条第（一）项“未按上架规则上架产品或服务的”适用情形。

二、经销商、电商对电子卖场审核通过产品维护供货地区、库存和报价信息即视为承诺可向所选供货地区的采购人及时提供完全符合该产品技术参数和服务标准的同型号全新产品。

采购人通过直购方式采购，经销商和电商应在3个工作日内确认订单，否则属于《管理办法》第二十六条第（二）项“无法按已报价格成交的”适用情形。成交供应商确认订单后，无正当理由未及时或拒绝与采购人签订合同的，属于《管理办法》第二十七条第（一）项“确认订单后，因自身原因未及时与采购人签订合同的”适用情形。成交供应商与采购人签订合同后未及时履约的，属于《管理办法》第二十七条第（二）项“没有在承诺的供货期限内及时供货或提供售后服务的”适用情形。

三、电子卖场比价和反拍需求公告新增“签约时间”和“到货时间”内容,供应商参与报价即视为其承诺能够满足需求公告所有内容。

本期规则自公布之日起生效。

中央国家机关政府采购电子卖场运行规则(第4期)

·2021年12月2日

根据《中央国家机关政府采购电子卖场管理办法》,中央国家机关政府采购中心将新增针对台式计算机及配件、便携式计算机及配件、服务器及配件、打印机及配件、复印机及配件、民用空调及配件、投影仪及配件、扫描仪及配件和多功能一体机及配件等一级品目及其下属二级、三级品目所有商品的价格监测规则,具体规定如下。

一、电子卖场系统自动阻断截经销商、电商超过该商品所有实时报价中位价50%的报价。

二、采购人下单商品价格超出该商品所有实时报价中位价的,系统将在采购人下单时给出相应提示进行预警。

三、采购人下单商品价格超出该商品所有实时报价中位价10%的,系统将在采购人下单时给出相应提示并阻断交易。

本期规则自公布之日起生效。

中央国家机关政府采购电子卖场运行规则(第5期)

·2022年8月5日

·国机采〔2022〕12号

根据《中央国家机关政府采购电子卖场管理办法》,结合电子卖场运营管理实际,现就经销商、电商违规违约行为和采购预警功能规定如下。

一、经销商、电商因触发《中央国家机关政府采购电子卖场管理办法》违约情形被暂停交易资格,恢复权限后180天内再次因违规违约被第二次暂停电子卖场交易权限的,视为情节较为严重情形,中央国家机关政府采购中心将暂停其电子卖场交易权限6个月并予以公示。

二、采购人下单时所购商品价格超出该商品所有实时报价中位价20%的,系统自动阻断该订单的生成。

本期规则自公布之日起生效。

中央国家机关政府采购中心批量集中采购履约管理办法(试行)

·2016年6月12日

·国机采字〔2016〕7号

第一章 总 则

第一条 为进一步做好中央国家机关预算单位批量集中采购工作,强化合同和履约管理,提高采购质量和效率,根据《中华人民共和国政府采购法》、《中华人民共和国政府采购法实施条例》、《中华人民共和国经济合同法》、《中央预算单位批量集中采购管理暂行办法》等有关法律制度规定,制定本办法。

第二条 本办法所称批量集中采购是指将一些通用性强、技术规格统一、便于归集的政府采购品目,由采购人按规定的标准配置归集采购计划,经财政部汇总后,交由中央国家机关政府采购中心(以下简称国采中心)统一组织实施的采购模式。

第三条 本办法所称履约管理包括政府采购当事人按照各自职责,组织履约验收,签订采购合同,并按照合同约定按时供货、提供售后服务,以及支付货款等内容。

第四条 政府采购当事人应按照遵规守纪、诚实信用、服务高效的原则完成批量集中采购履约工作。

第二章 采购人职责

第五条 采购人应当在收到中标(成交)供应商提供的采购合同2个工作日内与中标(成交)供应商签订采购合同。

属中标(成交)供应商方面原因未在规定期限内签订采购合同的,采购人应当将书面催告文件提交国采中心协调处理,经协调后,供应商仍拒不签约的,采购人可以依法不再与其签订采购合同,并可在预算金额内按有关规定通过协议供货购买。

采购合同签订后,中标(成交)供应商不履行合同义务或履行义务不符合约定的,采购人可以依照法律规定及合同约定追究对方的违约责任,同时将相关情况书面反馈给国采中心,由国采中心公示违约情况。

第六条 采购人负责组织对批量集中采购项目的履约验收工作,并在规定时间内对中标(成交)供应商履约情况做出评价。

第七条 采购人应按照合同约定及时向中标(成交)供应商付款。

第八条 采购人应积极主动配合中标(成交)供应商送货及安装。

第三章　中标(成交)供应商责任

第九条　中标(成交)供应商应当在中标(成交)结果公告之日起3个工作日内,与国采中心签订框架协议。

第十条　框架协议签订后,中标(成交)供应商或其授权供应商应当在中标(成交)结果公告之日起5个工作日内,主动与采购人联系,向采购人提供采购合同文本,并根据采购文件和投报文件约定的内容签订采购合同,在中标(成交)结果公告生效之日起20个工作日内完成送货。

第十一条　中标(成交)供应商应按照合同内容供货,不得擅自更改产品的型号、配置。

第十二条　中标(成交)供应商应按照合同内容提供售后服务,不得对采购文件约定的服务额外收费。

第十三条　中标(成交)供应商应提供中标产品配送状态网上查询服务,并在规定时间向国采中心报送下列情况:

(一)截至中标(成交)结果公告之日起5个工作日与采购人联系情况;

(二)截至中标(成交)结果公告之日起20个工作日的送货完成情况。

第十四条　采购合同签订后,采购人不履行合同义务或履行义务不符合约定的,中标(成交)供应商可以依照法律规定及合同约定追究对方的违约责任,同时将相关情况书面反馈给国采中心,由国采中心公示违约情况。

第四章　集采机构职责

第十五条　组织与中标(成交)供应商在中标(成交)公告之日起3个工作日内签订框架协议。

第十六条　督促采购人、中标(成交)供应商在规定时间内签订合同。

第十七条　统一协调处理合同签订、产品送达、产品验收及款项支付等履约过程中出现的问题。

第十八条　负责组织核查、委托专家或第三方检测机构检测工作中发现的以及采购人反映的质量、服务问题,并按采购文件及框架协议的约定追究中标供应商赔偿责任。

第十九条　按照法律法规、本办法及分类项目有关规定,根据采购人评价情况对中标(成交)供应商进行履约管理。

第二十条　负责将违法违规问题提请财政部处理。

第五章　评价机制

第二十一条　采购人应当在中标(成交)供应商履行合同义务结束后15个工作日内,在供应商评价管理系统中,对中标(成交)供应商的合同履约、产品质量、配送安装、服务品质等职责履行情况做出评价,并按"优、良、中、差"评定等级。

第二十二条　对诚信守法、质量可靠、配送及时、服务优质、交易规范,且履约效率、质量优于合同约定的中标(成交)供应商,评价应为"优"。

第二十三条　对按合同约定履约的中标(成交)供应商,评价应为"良"。

第二十四条　出现下列情形之一的,应对中标(成交)供应商评价为"中":

(一)所提供产品与其介绍有差异,但不影响使用且符合采购文件约定的;

(二)履行合同中,售后服务不够及时的;

(三)未能及时向采购人提供有效政府采购凭证的。

第二十五条　出现下列情形之一的,应对中标(成交)供应商评价为"差",并提供书面说明 :

(一)提供假冒伪劣产品或虚假信息,以次充好的;

(二)产品质量低劣,无法满足采购人正常使用的;

(三)交易、供货过程中有瑕疵的;

(四)未在约定时间内及时供货,不履行合同承诺,或擅自放弃项目成交的;

(五)履行合同中,拒绝提供售后服务或服务水平较差的;

(六)始终未能向采购人提供有效政府采购凭证的;

(七)违反具体项目或其他有关规定的。

第二十六条　中标(成交)供应商评价结果与后续批量集中采购活动挂钩,具体包括平台曝光、扣分等措施。

第二十七条　中标(成交)供应商不得诱导、威胁或更改他人评价。任何单位或个人不得进行不实恶意评价。

第二十八条　评价一经做出一般不予更改,确需做重大更改或对评价有异议的,采购人或中标(成交)供应商应向国采中心提出书面更改申请,并附有关证明材料。国采中心对有争议的评价进行调查、核实和处理。

第二十九条　国采中心将对违约中标(成交)供应商在中央政府采购网参与的其他项目一并展开核查,并依照各品目或项目单项规定执行管理措施。

第六章　附　则

第三十条　本办法由国采中心负责解释。

第三十一条　本办法自发布之日起施行。

（十）批量集中采购

中央单位政府集中采购管理实施办法

·2007年1月10日
·财库〔2007〕3号

第一章 总 则

第一条 为了加强中央单位政府集中采购管理，完善和规范政府集中采购运行机制，根据《中华人民共和国政府采购法》（以下简称《政府采购法》）和有关制度规定，制定本办法。

第二条 中央单位实施纳入政府集中采购范围的采购活动，适用本办法。

政府集中采购范围，按照国务院颁布的年度“中央预算单位政府集中采购目录及标准”（以下简称目录及标准）执行。

第三条 政府集中采购组织形式分为集中采购机构采购和部门集中采购。

集中采购机构采购，是指集中采购机构代理目录及标准规定的政府集中采购目录中项目的采购活动。

部门集中采购，是指主管预算单位（主管部门）组织本部门、本系统列入目录及标准的部门集中采购项目的采购活动。

第四条 政府集中采购实行监督管理职能与操作执行职能相分离的管理体制。

财政部是中央单位政府采购工作的监督管理部门，负责政府集中采购活动中的各项监督管理职责。

中央单位和集中采购机构履行操作执行职能，接受财政部的监督管理。其中，中央单位作为采购人，应当依法实施集中采购。集中采购机构，作为采购代理机构和非营利事业法人，应当依法接受中央单位的委托办理集中采购事宜。

第五条 主管部门应当明确内设机构牵头负责政府采购工作。属于政府集中采购目录的项目，应当按照规定委托集中采购机构代理采购。属于部门集中采购项目，已经设立部门集中采购机构的，应当由部门集中采购机构具体组织实施；未设立的，可以委托集中采购机构或经财政部门认定资格的政府采购代理机构（以下简称社会代理机构）具体组织实施。

第六条 集中采购项目达到国务院规定的公开招标数额标准的，应当采用公开招标方式。因特殊情况需要采用邀请招标、竞争性谈判、询价或单一来源等采购方式的，中央单位应当在采购活动开始前报经财政部批准。

因废标需要采取其他采购方式采购的，应当在作出废标处理决定后由中央单位或集中采购机构报财政部审批。

第七条 政府集中采购信息应当按照财政部《政府采购信息公告管理办法》的规定，在财政部指定的政府采购信息发布媒体（以下简称指定媒体）上公告。

第八条 政府集中采购活动中所需评审专家应当按照财政部、监察部《政府采购评审专家管理办法》的规定，从财政部建立的中央单位政府采购评审专家库中抽取。

经抽取，专家库不能满足需要的，可以另行选取专家，但应当在评审工作结束后10日内，将评审专家名单报财政部。

第九条 政府集中采购活动中签订的合同应当使用财政部监制的政府采购格式合同文本，具体办法和实施步骤另行规定。

按照政府采购格式合同文本签订的合同是政府集中采购活动合法有效的证明文件和采购资金支付报销的有效凭证。

第十条 中央单位应当依据采购文件和政府采购合同约定，组织对供应商履约的验收，不得另行增加或者改变验收内容和标准。凡符合采购文件和政府采购合同约定的，即为验收合格。

第十一条 财政部负责政府集中采购活动中相关备案和审批事宜，其中，备案事项不需要财政部回复意见，审批事项应当经财政部依法批准后才能组织实施。

需要财政部审批的事项，中央单位应当提出书面申请。财政部应当在收到申请后15个工作日内批复。

第二章 预算和计划管理

第十二条 中央单位在编制下一财政年度部门预算时，应当在部门预算中单独列出该财政年度政府采购的项目及资金预算，按照程序逐级上报，由主管部门审核汇总后报财政部。

年度政府采购项目，是指目录及标准规定的项目。

第十三条 财政部对部门预算中政府采购的项目及资金预算进行审核，并批复各主管部门。

第十四条 主管部门应当自财政部批复部门预算之日起40个工作日内，编制政府集中采购目录和部门集中采购项目的实施计划，报财政部备案，并将政府集中采购目录实施计划抄送集中采购机构。

政府集中采购目录实施计划，是指主管部门对部门预算中属于政府集中采购目录的项目，按照项目构成、使用单位、采购数量、技术规格、使用时间等内容编制的操作计划。

部门集中采购项目实施计划，是指主管部门对部门预算中属于部门集中采购项目和依本部门实际制定的部门集中采购项目编制的操作计划。

第十五条 在年度预算执行中，因未报、漏报和预算调整等增加政府采购项目预算的，中央单位应当在采购活动开始前报财政部备案。

第十六条 中央单位应当严格按照部门预算中编列的政府采购项目和资金预算开展政府集中采购活动。

第十七条 政府集中采购资金的支付按照财政国库管理制度相关规定执行。

第三章 目录及标准制定与执行

第十八条 目录及标准由财政部拟订，报国务院批准。

中央单位和集中采购机构应当按照目录及标准的规定执行。

第十九条 中央单位不得将集中采购机构代理的政府集中采购目录项目委托社会代理机构采购或者自行采购。

集中采购机构不得拒绝中央单位的委托，也不得将政府集中采购目录项目转委托或以其他方式转交给社会代理机构和人员采购。

第二十条 集中采购机构代理的政府集中采购目录项目，因特殊情况确需转为部门集中采购或分散采购的，中央单位或集中采购机构应当报经财政部批准。

第二十一条 中央单位和集中采购机构在执行目录及标准中遇到问题，应当及时向财政部反映，并由财政部按有关规定进行处理。

第二十二条 集中采购机构应当在目录及标准发布后20日内，按政府集中采购目录项目类别制定具体操作方案，并报财政部备案。

第四章 集中采购机构采购

第二十三条 集中采购机构采购活动应当包括以下基本工作程序：根据中央单位政府集中采购目录实施计划确定采购方式，办理委托代理事宜，制定采购文件，组织实施采购，提交中标或成交结果，确定中标或成交结果，签订政府采购合同，履约验收。

第二十四条 主管部门可以按照项目或者一个年度与集中采购机构签订委托代理协议。

主管部门所属各级预算单位就本单位政府集中采购项目与集中采购机构签订委托代理协议的，应当事先获得主管部门同意。

第二十五条 委托代理协议应当就下列事项明确中央单位与集中采购机构双方的权利和义务：

（一）采购需求和采购完成时间的确定；

（二）采购文件的编制与发售、采购信息的发布、评审标准的制定、评审专家的抽取、供应商资格的审查等；

（三）中标或成交供应商的确定和履约验收；

（四）询问或质疑的答复、申请审批或报送备案文件和双方违约责任及争议解决方式等；

（五）双方约定的其他事项。

因协议内容不清而无法确定权利和义务的，由中央单位承担责任。

第二十六条 中央单位在实施具体采购项目委托时，不得指定供应商或者品牌，不得在商务和技术等方面提出排他性要求。

第二十七条 集中采购机构应当坚持规范与效率相结合，做好代理采购项目的具体实施工作。

集中采购机构工作人员不得参与评审，不得干预或影响政府集中采购正常评审工作。

第二十八条 集中采购机构应当按照有关规定和委托代理协议的约定开展采购活动，并按照协议约定的时间发出中标或成交供应商通知书。中央单位应当在接到中标或成交供应商通知书后30日内，确定中标结果并与中标商或者成交商签订政府采购合同。

集中采购机构可以在不影响政府集中采购代理工作的前提下，接受中央单位委托，代理其他项目采购事宜。

第二十九条 集中采购机构应当在每个季度结束后10日内，向财政部报送政府集中采购项目季度执行情况。执行情况包括：目录及标准中各个项目执行的数量及规模，委托采购的单位及项目内容，采购计划完成情况，项目采购时间、采购方式和信息发布等执行情况，答复质疑情况等。

第三十条 在供应商签订政府采购合同并履约后，中央单位应当根据政府采购合同对供应商提供的产品及时组织验收，集中采购机构应当做好配合工作。

第三十一条 政府集中采购目录中规格及标准相对统一，品牌较多，日常采购频繁的通用类产品和通用的服务类项目，可以分别实行协议供货采购和定点采购。

第三十二条 在协议供货采购和定点采购工作中，财政部负责对协议供货或定点采购的管理、执行要求和处罚等作出规定。集中采购机构负责确定和公告协议供货和定点采购中标货物、服务项目目录和供应商名单。中央单位应当按照财政部规定和集中采购机构公告的协议供货和定点采购货物、服务项目目录和供应商名单实施采购。

第三十三条 集中采购机构应当在协议供货或定点采购活动开始前征求中央单位和供应商等方面的意见，制定采购方案。采购方案应当在确定货物、服务项目目录和供应商名单前报财政部备案。

采购方案包括：拟采用的采购方式、采购进度计划、供应商资格条件、评标或评审标准、中标或成交供应商数量或淘汰比例、服务承诺条件、协议有效期等内容。

第三十四条 中央单位执行协议供货或定点采购时，一次性采购金额达到公开招标限额标准的，可以单独委托集中采购机构另行组织公开招标采购。

第三十五条 协议供货或者定点采购的执行以财政部规定和指定媒体及相关媒体共同公告的货物、服务项目目录和供应商名单为准，媒体公告结果不一致时，以财政部指定媒体为准。中央单位因特殊原因确需采购协议供货或定点范围外产品或服务的，中央单位应当在采购前报财政部批准。

第三十六条 集中采购机构应当在投标截止日期后15个工作日内完成协议供货、定点采购的中标货物、服务项目目录和供应商名单公告工作，其中，应当在10个工作日内将中标货物、服务项目目录和供应商名单报财政部备案。

第三十七条 协议供货或定点采购实施中，集中采购机构应当根据协议约定对实施情况进行跟踪和市场调查，督促中标供应商按照协议规定履行价格和服务的承诺。

供应商违反协议或者不遵守中标承诺的，中央单位可以向集中采购机构反映，也可以向财政部反映。集中采购机构可以根据协议约定追究其违约责任。涉及对中标供应商处以罚款、禁止参加政府采购活动、列入不良行为记录名单等处罚的，应当由财政部依法作出决定。

第五章 部门集中采购

第三十八条 部门集中采购活动应当包括以下基本工作程序：根据部门预算编制部门集中采购实施计划、制定采购方案、选择采购代理机构、组织实施采购、确定中标或成交结果、签订政府采购合同、履约验收、支付采购资金。

第三十九条 列入目录及标准的部门集中采购项目的，主管部门应当编制集中采购实施计划，并报财政部备案。

主管部门可以根据本部门、本系统的实际情况，增加实施部门集中采购的项目范围，报财政部备案。

第四十条 中央单位应当按照财政部批准的采购方式和规定的程序开展采购活动。对符合《政府采购法》规定情形的采购项目，需要采用公开招标以外采购方式的，应当在采购活动开始前，向财政部提出采购方式变更申请。

第四十一条 部门集中采购项目的招投标事务，中央单位可以自行选择采购代理机构（集中采购机构或社会代理机构）代理，并签订委托代理协议。

社会代理机构必须是获得财政部门颁发代理资格证书的社会中介机构。

第四十二条 中央单位应当在中标或者成交通知书发出之日起30日内，与中标或成交供应商签订政府采购合同。任何一方无故拒绝签订政府采购合同的，应当承担相应的违约责任。

第四十三条 主管部门应当在每个季度结束后10日内，向财政部报送部门集中采购项目季度执行情况。执行情况包括：各个采购项目执行的数量及规模，执行的单位范围及项目内容，项目采购时间、采购方式和信息发布等执行情况，答复质疑情况等。

第四十四条 在实施部门集中采购中，本部门、本系统的政府采购工作人员以及其他工作人员不得以评审专家身份参加本部门政府采购项目的评标、谈判或询价工作。

第六章 监督检查

第四十五条 财政部应当依法对中央单位、集中采购机构、供应商执行政府采购法律、行政法规和规章制度情况进行监督检查。

第四十六条 财政部对中央单位监督检查的主要内容是：

（一）政府采购预算编制情况；

（二）政府集中采购项目委托集中采购机构采购情况；

（三）政府采购审批或备案事项的执行情况；

（四）政府采购信息公告情况；

（五）政府采购方式、采购程序和评审专家使用情况；

（六）政府采购合同的订立和资金支付情况；

（七）对供应商询问和质疑的处理情况；

（八）有关政府采购的法律、行政法规和规章制度的执行情况。

第四十七条 财政部对集中采购机构监督检查的主要内容是：

（一）内部制度建设和监督制约机制落实情况；

（二）政府集中采购项目以及集中采购规定政策的执行情况；

（三）集中采购委托代理协议的签订和履行情况；

（四）政府采购审批或备案事项执行情况；

（五）政府采购信息公告情况；

（六）政府采购方式、采购程序和评审专家使用的情况；

（七）采购效率、采购价格和资金节约率情况；

（八）工作作风、服务质量和信誉状况；

（九）对供应商询问和质疑处理情况；

（十）有关政府采购的法律、行政法规和规章制度的执行情况。

第四十八条 财政部对社会代理机构监督检查的主要内容是：

（一）有关政府采购的法律、行政法规和规章制度执行情况；

（二）对供应商询问和质疑处理情况；

（三）服务质量和信誉状况；

（四）被投诉情况。

第四十九条 财政部应当加强采购资金支付管理。有下列情况之一的，属于不符合采购资金申请条件，财政部或者中央单位不予支付资金：

（一）未按规定在财政部指定媒体公告信息的；

（二）采购方式和程序不符合规定的；

（三）未使用财政部监制的政府采购合同标准文本的。

第五十条 主管部门应当对本部门、本系统政府集中采购工作情况实施监督检查。

第五十一条 集中采购机构应当加强内部管理，建立内部监督制约机制，规范高效地为中央单位做好集中采购项目的代理采购活动。

第五十二条 中央单位或供应商有违反政府采购法律、行政法规或者规章制度规定行为的，集中采购机构应当及时向财政部报告，由财政部依法予以处理。

第五十三条 财政部依法加强对供应商参与政府采购活动情况的监督管理，建立投诉处理报告制度，定期在指定媒体上公告投诉处理情况。供应商因违反规定受到财政部行政处罚的，列入不良行为记录名单。

第五十四条 财政部作出的投诉处理决定、对中央单位和集中采购机构违法行为的处理决定，在财政部指定政府采购信息指定媒体上公告。

第七章 附 则

第五十五条 主管部门可以按照本规定制定具体实施办法。

第五十六条 本办法自发布之日起施行。

中央预算单位批量集中采购管理暂行办法

·2013年8月21日
·财库〔2013〕109号

第一条 为了深化政府集中采购改革，进一步规范政府采购行为，提高财政资金使用效益，根据党中央、国务院厉行节约反对浪费要求和政府采购有关法律制度规定，制定本办法。

第二条 列入国务院公布的《中央预算单位政府集中采购目录及标准》中的集中采购机构采购品目应当逐步实施批量集中采购，中央预算单位要严格执行批量集中采购相关规定。对已纳入批量集中采购范围，因时间紧急或零星特殊采购不能通过批量集中采购的品目，中央预算单位可报经主管预算单位同意后通过协议供货方式采购，但各部门协议供货采购数量不得超过同类品目上年购买总数的10%。

第三条 实行批量集中采购的通用办公设备、家具的经费预算应当严格执行《中央行政单位通用办公设备家具购置费预算标准（试行）》（财行〔2011〕78号）规定，用于科研、测绘等特殊用途的专用办公设备、家具及其他采购品目经费预算应当按财政部批复的部门预算执行。

第四条 财政部定期公布批量集中采购品目，集中采购机构应当按照相关工作安排，综合考虑预算标准、办公需要、市场行情及产业发展等因素，提出相应品目完整、明确、符合国家法律法规及政府采购政策要求的采购需求技术服务标准报财政部。财政部在组织完成对相关技术服务标准的论证后发布中央预算单位批量集中采购品目基本配置标准（以下简称基本配置标准）。

第五条 中央预算单位应当执行基本配置标准，并根据预算及实际工作需要，确定当次采购品目不同的档次或规格。部分主管预算单位因特殊原因需要另行制定本部门统一执行的通用或专用办公设备等配置标准的，应当按基本配置标准规范确定相应配置指标，且相关指标不得指向特定的品牌或供应商。同时，还应明确专用办公设备等品目的预算金额上限。

第六条 中央预算单位应当加强对批量集中采购工

作的计划安排，协调处理好采购周期、采购数量与品目配备时限的关系。应当认真组织填报批量集中采购计划，保证品目名称、配置标准、采购数量、配送地点和最终用户联系方式等内容的准确完整。各主管预算单位应于当月十日前向财政部报送本部门批量集中采购汇总计划，并明确当期采购工作的部门联系人。

第七条 集中采购机构应当广泛征求中央预算单位、供应商及相关专家意见，科学合理编制采购文件。应当根据每期不同品目的需求特点及计划数量，依法采用公开招标、询价等采购方式，于二十五个工作日内完成采购活动。应当及时将中标供应商名称、中标产品完整的技术服务标准等信息在中国政府采购网和各集中采购机构网站上公告。因需求特殊等原因导致采购活动失败的，应当及时通知相关中央预算单位调整需求标准，并重新组织采购。

第八条 中央预算单位应当通过中国政府采购网或各集中采购机构网站查询相关中标信息，严格按照计划填报数量和当期中标结果，及时与中标供应商或授权供货商签订采购合同。验收时，应当根据中标公告中的技术服务标准，认真核对送货时间、产品配置技术指标等内容并填写验收书。验收后，应当按照合同约定及时付款。对中标供应商在履约过程中存在的违约问题，应当通过验收书或其他书面形式向集中采购机构反映。

第九条 集中采购机构应当根据采购文件约定，督促供应商在中标通知公告发出后二十个工作日内，将中标产品送到中央预算单位指定地点。应当统一协调处理合同签订、产品送达、产品验收及款项支付等履约过程中出现的问题，分清责任。对于中央预算单位在验收书上或书面反映的产品质量、服务问题，应当及时组织核查或第三方检测机构检测，并按采购文件及有关合同的约定追究中标供应商赔偿责任。

第十条 各主管预算单位应当加强对本部门批量集中采购工作的管理，建立健全配置标准的制定和适用、协议供货方式审核、合同签订及验收付款等内部管理制度。应当指定专人配合集中采购机构统一协调处理计划执行、合同签订、产品验收及款项支付等事宜，对未按规定超标准采购及规避批量集中采购等行为，应当追究相关人员责任。

第十一条 集中采购机构应当切实做好批量集中采购执行工作。应当按照财政部推进批量集中采购工作安排，及时拟定包括需求标准、评审方式、合同草案条款及采购方式适用标准等内容的实施方案，并按照实施方案组织好采购活动，协调处理履约相关问题，保障批量集中采购活动规范、优质、高效的协调推进。应当将违约处理情况和季度批量集中采购执行情况报财政部备案。

第十二条 财政部应当加强对批量集中采购工作的组织监督管理，将批量集中采购工作纳入集中采购机构的业务考核范围。对主管预算单位及所属单位规避批量集中采购、不执行采购计划以及无故延期付款等行为应当及时进行通报批评。应当根据集中采购机构提供的报告，对中标供应商虚假承诺或拒不按合同履约的行为进行严肃处理。

第十三条 本办法自2013年9月1日起施行。《关于进一步推进中央单位批量集中采购试点工作的通知》（财办库［2011］87号）、《关于完善台式计算机和打印机批量集中采购试点工作的补充通知》（财办库［2012］340号）同时废止。

财政部关于加强中央预算单位批量集中采购管理有关事项的通知

·2014年9月19日

·财库〔2014〕120号

党中央有关部门，国务院各部委、各直属机构，全国人大常委会办公厅，全国政协办公厅，高法院，高检院，有关人民团体，中共中央直属机关采购中心、中央国家机关政府采购中心、全国人大机关采购中心，国家税务总局集中采购中心、海关总署物资装备采购中心、中国人民银行集中采购中心、公安部警用装备采购中心：

为进一步深化中央预算单位批量集中采购工作，强化合同和履约管理，提高采购效率，推动落实《中央预算单位批量集中采购管理暂行办法》（财库〔2013〕109号）和《关于中央预算单位实施批量集中采购工作的通知》（财办库〔2013〕334号），现就批量集中采购执行中有关事项通知如下：

一、批量集中采购品目的适用范围遵循国务院办公厅定期发布的政府集中采购目录及标准。自2014年12月1日起，传真机、扫描仪、碎纸机不再纳入批量集中采购范围。

二、集中采购机构可以根据采购品目的不同需求特点和计划数量，灵活选择采购方式，不断提高批量集中采购效率和服务质量。采购活动无法在预定时间内完成的，集中采购机构应当以适当方式通知中央预算单位；出现采购活动失败情形的，集中采购机构应当在中国政府采购网上公告后重新组织采购；因采购需求原因无法重新组织采购的，集中采购机构应当及时通知中央预算单位修改采购需求。

三、集中采购机构拟定的采购文件应当包含其与中标(成交)供应商签订的框架协议和采购人与中标(成交)供应商签订的采购合同文本,并对签订框架协议、采购合同以及送货的时间做出明确的约定。框架协议应当列明集中采购机构和中标(成交)供应商的权利和义务;采购合同签订、履行的期限和要求;无正当理由不依法签订合同或不履行合同义务的责任和救济措施等。采购合同文本应当详细列明中央预算单位、中标(成交)供应商及其授权供应商的权利和义务、产品名称、数量、质量、价格、履行期限以及地点和方式、违约责任、争议解决方法等内容。

四、集中采购机构应当在中标(成交)结果公告之日起3个工作日内,与中标(成交)供应商签订框架协议。中标(成交)供应商无正当理由拒不签订框架协议的,集中采购机构可以与排位在中标(成交)供应商之后第一位的候选供应商签订框架协议,并予公告,同时将有关情况报财政部处理。

五、框架协议签订后,中标(成交)供应商或其授权供应商应当在中标(成交)结果公告之日起5个工作日内,主动与中央预算单位联系,根据采购文件约定的内容签订采购合同,并在中标(成交)结果公告之日起20个工作日内完成送货。因中央预算单位原因未在规定期限内签订合同的,供应商应当将书面催告文件提交集中采购机构协调处理,经协调后中央预算单位仍拒不签约的,供应商可以依法不再与其签订采购合同。采购合同签订后,中央预算单位不履行合同义务或履行义务不符合约定的,中标(成交)供应商可以依法解除合同,并依照法律规定及合同约定追究对方的违约责任,同时将相关情况书面反馈给集中采购机构。

六、因中标(成交)供应商原因未在规定期限内签订采购合同的,中央预算单位应当将书面催告文件提交集中采购机构协调处理,经协调后,供应商仍拒不签约的,中央预算单位可以依法不再与其签订采购合同,并在预算金额内通过协议供货购买。采购合同签订后,中标(成交)供应商不履行合同义务或履行义务不符合约定的,中央预算单位可以依法解除合同,并依照法律规定及合同约定追究对方的违约责任,同时将相关情况书面反馈给集中采购机构。

七、集中采购机构应当根据框架协议,加强对批量集中采购项目的执行管理,督促中央预算单位、中标(成交)供应商在规定时间内签订采购合同,督促中标(成交)供应商在规定时间内完成送货,协调处理合同签订、履约过程中出现的问题,提请财政部对中央预算单位、供应商的违法违规问题进行处理。

八、集中采购机构不依法签订框架协议或者中央预算单位不依法签订采购合同的,财政部将依据《中华人民共和国政府采购法》第71条的规定,责令限期改正,给予警告。中标(成交)供应商不依法签订框架协议或者采购合同、拒绝履行框架协议或者合同义务的,财政部将依据《政府采购货物和服务招标投标管理办法》(财政部令第18号)第75条、《政府采购非招标采购方式管理办法》(财政部令第74号)第54条的规定,将中标(成交)供应商列入不良行为记录名单,在一至三年内禁止其参加政府采购活动,并予以通报。

九、本通知自2014年12月1日起施行。各单位在填报计划时如遇口径等政策问题,请及时与财政部国库司政府采购管理一处联系。如遇供应商送货等履约问题,请及时与集中采购机构联系。如遇系统软件操作问题请及时与中软公司联系。

财政部国库司政府采购管理一处　010-68553724;中央国家机关政府采购中心010-83084967,63099478(空调);中共中央直属机关采购中心010-82273285;中软公司4008101996。

财政部办公厅关于中央预算单位实施批量集中采购工作的通知

·2013年9月4日

·财办库〔2013〕334号

党中央有关部门办公厅(室),国务院各部委、各直属机构办公厅(室),全国人大常委会办公厅,全国政协办公厅,高法院办公厅,高检院办公厅,中共中央直属机关采购中心、中央国家机关政府采购中心、全国人大机关采购中心:

为进一步深化政府集中采购工作,规范政府采购行为,根据《中央预算单位批量集中采购管理暂行办法》(财库[2013]109号)的有关规定,现就中央预算单位实施批量集中采购工作的有关事项通知如下:

一、批量集中采购范围

中央预算单位采购满足办公需求的台式计算机、打印机、便携式计算机、复印机、传真机、扫描仪、复印纸、空调机和碎纸机原则上全部纳入批量集中采购范围,用于科研、测绘等工作的专用台式计算机、便携式计算机也纳入批量集中采购范围。其中,台式计算机不包括低泄射计算机、无盘工作站、图形工作站、工控机;便携式计算机不包括移动图形工作站、加固型笔记本等特殊用途设备;空调机不包括用于机房、基站等特殊场所的空调机;打印机不包括便携式打印机等。

二、采购计划填报时间

台式计算机、打印机和便携式计算机的采购计划按月填报,当月填报下月计划。复印机、传真机、扫描仪、复印纸、空调机和碎纸机的采购计划按季填报,每季度最后一个月填报下一季度计划。各主管预算单位应于当月10日前将所属单位采购计划审核汇总后报送至财政部。

三、采购流程图和配置参考

中央预算单位批量集中采购工作基本流程图、中央预算单位批量集中采购问题反馈处理流程图以及《20XX年中央预算单位批量集中采购品目配置参考》(以下简称《配置参考》),详见中国政府采购网(http://www.ccgp.gov.cn/)“中央单位批量集中采购”专栏。《配置参考》将定期在政府采购计划管理系统中更新,不再另行发文通知。

四、本通知自印发之日起施行。台式计算机、打印机的采购计划按规定时间报送,新推开批量集中采购品目的采购计划,各主管预算单位于2013年12月10日前开始汇总报送。

各单位在填报时如遇口径等问题,请及时与财政部国库司政府采购管理一处联系,电话:010-68552389,也可与主管预算单位联系。

如遇中标供应商不按合同约定供货、服务或产品质量不合格等问题,请及时与集中采购机构联系。中央国家机关政府采购中心电话010-83084967、010-63099478(空调),中共中央直属机关采购中心电话010-82273286。

如遇系统软件操作问题,请及时与北京用友政务软件有限公司联系,电话:400-6550-933[分机号:33713、33714、33715、33716、33717、33718]

中央国家机关政府采购中心关于在网上竞价活动中进一步贯彻落实批量集中采购和进口产品管理等有关问题的通知

·2015年7月27日
·国机采字〔2015〕16号

各采购单位:

为进一步贯彻落实《财政部关于印发〈中央预算单位批量集中采购管理暂行办法〉的通知》(财库〔2013〕109号)、《财政部办公厅关于中央预算单位实施批量集中采购工作的通知》(财办库〔2013〕334号)、《财政部关于印发〈政府采购进口产品管理办法〉的通知》(财库〔2007〕119号)及《财政部关于政府采购进口产品管理有关问题的通知》(财办库〔2008〕248号)规定,现就有关问题通知如下:

一、中央预算单位凡采购纳入批量集中采购范围的台式计算机、打印机、便携式计算机、复印机、复印纸、空调机,用于科研、测绘等工作的专用台式计算机、便携式计算机也纳入批量集中采购范围。其中,台式计算机不包括无盘工作站、图形工作站、工控机;便携式计算机不包括移动图形工作站、加固型笔记本等特殊用途设备;空调机不包括用于机房、基站等特殊场所的空调机;打印机不包括便携式打印机等,应当严格按照《财政部关于印发〈中央预算单位批量集中采购管理暂行办法〉的通知》(财库〔2013〕109号)、《财政部办公厅关于中央预算单位实施批量集中采购工作的通知》(财办库〔2013〕334号)文件规定执行。

对纳入批量集中采购范围的产品不得进行网上竞价采购。

对已纳入批量集中采购范围,因时间紧急或零星特殊采购不能通过批量集中采购的品目,中央预算单位可报经主管预算单位同意后通过协议供货方式采购,但各部门协议供货采购数量不得超过同类品目上年购买总数的10%。

二、中央预算单位凡采购进口产品时,应当严格按照《财政部关于印发〈政府采购进口产品管理办法〉的通知》(财库〔2007〕119号)及《财政部关于政府采购进口产品管理有关问题的通知》(财办库〔2008〕248号)文件规定执行。未经批准的进口产品不得网上竞价采购。

特此通知

(十一)监督检查与信用管理

政府采购质疑和投诉办法

·2017年12月26日财政部令第94号公布
·自2018年3月1日起施行

第一章 总 则

第一条 为了规范政府采购质疑和投诉行为,保护参加政府采购活动当事人的合法权益,根据《中华人民共和国政府采购法》《中华人民共和国政府采购法实施条例》和其他有关法律法规规定,制定本办法。

第二条　本办法适用于政府采购质疑的提出和答复、投诉的提起和处理。

第三条　政府采购供应商(以下简称供应商)提出质疑和投诉应当坚持依法依规、诚实信用原则。

第四条　政府采购质疑答复和投诉处理应当坚持依法依规、权责对等、公平公正、简便高效原则。

第五条　采购人负责供应商质疑答复。采购人委托采购代理机构采购的,采购代理机构在委托授权范围内作出答复。

县级以上各级人民政府财政部门(以下简称财政部门)负责依法处理供应商投诉。

第六条　供应商投诉按照采购人所属预算级次,由本级财政部门处理。

跨区域联合采购项目的投诉,采购人所属预算级次相同的,由采购文件事先约定的财政部门负责处理,事先未约定的,由最先收到投诉的财政部门负责处理;采购人所属预算级次不同的,由预算级次最高的财政部门负责处理。

第七条　采购人、采购代理机构应当在采购文件中载明接收质疑函的方式、联系部门、联系电话和通讯地址等信息。

县级以上财政部门应当在省级以上财政部门指定的政府采购信息发布媒体公布受理投诉的方式、联系部门、联系电话和通讯地址等信息。

第八条　供应商可以委托代理人进行质疑和投诉。其授权委托书应当载明代理人的姓名或者名称、代理事项、具体权限、期限和相关事项。供应商为自然人的,应当由本人签字;供应商为法人或者其他组织的,应当由法定代表人、主要负责人签字或者盖章,并加盖公章。

代理人提出质疑和投诉,应当提交供应商签署的授权委托书。

第九条　以联合体形式参加政府采购活动的,其投诉应当由组成联合体的所有供应商共同提出。

第二章　质疑提出与答复

第十条　供应商认为采购文件、采购过程、中标或者成交结果使自己的权益受到损害的,可以在知道或者应知其权益受到损害之日起7个工作日内,以书面形式向采购人、采购代理机构提出质疑。

采购文件可以要求供应商在法定质疑期内一次性提出针对同一采购程序环节的质疑。

第十一条　提出质疑的供应商(以下简称质疑供应商)应当是参与所质疑项目采购活动的供应商。

潜在供应商已依法获取其可质疑的采购文件的,可以对该文件提出质疑。对采购文件提出质疑的,应当在获取采购文件或者采购文件公告期限届满之日起7个工作日内提出。

第十二条　供应商提出质疑应当提交质疑函和必要的证明材料。质疑函应当包括下列内容:

(一)供应商的姓名或者名称、地址、邮编、联系人及联系电话;

(二)质疑项目的名称、编号;

(三)具体、明确的质疑事项和与质疑事项相关的请求;

(四)事实依据;

(五)必要的法律依据;

(六)提出质疑的日期。

供应商为自然人的,应当由本人签字;供应商为法人或者其他组织的,应当由法定代表人、主要负责人,或者其授权代表签字或者盖章,并加盖公章。

第十三条　采购人、采购代理机构不得拒收质疑供应商在法定质疑期内发出的质疑函,应当在收到质疑函后7个工作日内作出答复,并以书面形式通知质疑供应商和其他有关供应商。

第十四条　供应商对评审过程、中标或者成交结果提出质疑的,采购人、采购代理机构可以组织原评标委员会、竞争性谈判小组、询价小组或者竞争性磋商小组协助答复质疑。

第十五条　质疑答复应当包括下列内容:

(一)质疑供应商的姓名或者名称;

(二)收到质疑函的日期、质疑项目名称及编号;

(三)质疑事项、质疑答复的具体内容、事实依据和法律依据;

(四)告知质疑供应商依法投诉的权利;

(五)质疑答复人名称;

(六)答复质疑的日期。

质疑答复的内容不得涉及商业秘密。

第十六条　采购人、采购代理机构认为供应商质疑不成立,或者成立但未对中标、成交结果构成影响的,继续开展采购活动;认为供应商质疑成立且影响或者可能影响中标、成交结果的,按照下列情况处理:

(一)对采购文件提出的质疑,依法通过澄清或者修改可以继续开展采购活动的,澄清或者修改采购文件后继续开展采购活动;否则应当修改采购文件后重新开展采购活动。

(二)对采购过程、中标或者成交结果提出的质疑,合格供应商符合法定数量时，可以从合格的中标或者成交候选人中另行确定中标、成交供应商的，应当依法另行确定中标、成交供应商；否则应当重新开展采购活动。

质疑答复导致中标、成交结果改变的，采购人或者采购代理机构应当将有关情况书面报告本级财政部门。

第三章　投诉提起

第十七条　质疑供应商对采购人、采购代理机构的答复不满意，或者采购人、采购代理机构未在规定时间内作出答复的，可以在答复期满后15个工作日内向本办法第六条规定的财政部门提起投诉。

第十八条　投诉人投诉时，应当提交投诉书和必要的证明材料，并按照被投诉采购人、采购代理机构（以下简称被投诉人）和与投诉事项有关的供应商数量提供投诉书的副本。投诉书应当包括下列内容：

（一）投诉人和被投诉人的姓名或者名称、通讯地址、邮编、联系人及联系电话；

（二）质疑和质疑答复情况说明及相关证明材料；

（三）具体、明确的投诉事项和与投诉事项相关的投诉请求；

（四）事实依据；

（五）法律依据；

（六）提起投诉的日期。

投诉人为自然人的，应当由本人签字；投诉人为法人或者其他组织的，应当由法定代表人、主要负责人，或者其授权代表签字或者盖章，并加盖公章。

第十九条　投诉人应当根据本办法第七条第二款规定的信息内容，并按照其规定的方式提起投诉。

投诉人提起投诉应当符合下列条件：

（一）提起投诉前已依法进行质疑；

（二）投诉书内容符合本办法的规定；

（三）在投诉有效期限内提起投诉；

（四）同一投诉事项未经财政部门投诉处理；

（五）财政部规定的其他条件。

第二十条　供应商投诉的事项不得超出已质疑事项的范围，但基于质疑答复内容提出的投诉事项除外。

第四章　投诉处理

第二十一条　财政部门收到投诉书后，应当在5个工作日内进行审查，审查后按照下列情况处理：

（一）投诉书内容不符合本办法第十八条规定的，应当在收到投诉书5个工作日内一次性书面通知投诉人补正。补正通知应当载明需要补正的事项和合理的补正期限。未按照补正期限进行补正或者补正后仍不符合规定的，不予受理。

（二）投诉不符合本办法第十九条规定条件的，应当在3个工作日内书面告知投诉人不予受理，并说明理由。

（三）投诉不属于本部门管辖的，应当在3个工作日内书面告知投诉人向有管辖权的部门提起投诉。

（四）投诉符合本办法第十八条、第十九条规定的，自收到投诉书之日起即为受理，并在收到投诉后8个工作日内向被投诉人和其他与投诉事项有关的当事人发出投诉答复通知书及投诉书副本。

第二十二条　被投诉人和其他与投诉事项有关的当事人应当在收到投诉答复通知书及投诉书副本之日起5个工作日内，以书面形式向财政部门作出说明，并提交相关证据、依据和其他有关材料。

第二十三条　财政部门处理投诉事项原则上采用书面审查的方式。财政部门认为有必要时，可以进行调查取证或者组织质证。

财政部门可以根据法律、法规规定或者职责权限，委托相关单位或者第三方开展调查取证、检验、检测、鉴定。

质证应当通知相关当事人到场，并制作质证笔录。质证笔录应当由当事人签字确认。

第二十四条　财政部门依法进行调查取证时，投诉人、被投诉人以及与投诉事项有关的单位及人员应当如实反映情况，并提供财政部门所需要的相关材料。

第二十五条　应当由投诉人承担举证责任的投诉事项，投诉人未提供相关证据、依据和其他有关材料的，视为该投诉事项不成立；被投诉人未按照投诉答复通知书要求提交相关证据、依据和其他有关材料的，视同其放弃说明权利，依法承担不利后果。

第二十六条　财政部门应当自收到投诉之日起30个工作日内，对投诉事项作出处理决定。

第二十七条　财政部门处理投诉事项，需要检验、检测、鉴定、专家评审以及需要投诉人补正材料的，所需时间不计算在投诉处理期限内。

前款所称所需时间，是指财政部门向相关单位、第三方、投诉人发出相关文书、补正通知之日至收到相关反馈文书或材料之日。

财政部门向相关单位、第三方开展检验、检测、鉴定、专家评审的，应当将所需时间告知投诉人。

第二十八条　财政部门在处理投诉事项期间，可以视具体情况书面通知采购人和采购代理机构暂停采购活动，暂停采购活动时间最长不得超过30日。

采购人和采购代理机构收到暂停采购活动通知后应当立即中止采购活动，在法定的暂停期限结束前或者财政部门发出恢复采购活动通知前，不得进行该项采购活动。

第二十九条 投诉处理过程中，有下列情形之一的，财政部门应当驳回投诉：

（一）受理后发现投诉不符合法定受理条件；

（二）投诉事项缺乏事实依据，投诉事项不成立；

（三）投诉人捏造事实或者提供虚假材料；

（四）投诉人以非法手段取得证明材料。证据来源的合法性存在明显疑问，投诉人无法证明其取得方式合法的，视为以非法手段取得证明材料。

第三十条 财政部门受理投诉后，投诉人书面申请撤回投诉的，财政部门应当终止投诉处理程序，并书面告知相关当事人。

第三十一条 投诉人对采购文件提起的投诉事项，财政部门经查证属实的，应当认定投诉事项成立。经认定成立的投诉事项不影响采购结果的，继续开展采购活动；影响或者可能影响采购结果的，财政部门按照下列情况处理：

（一）未确定中标或者成交供应商的，责令重新开展采购活动。

（二）已确定中标或者成交供应商但尚未签订政府采购合同的，认定中标或者成交结果无效，责令重新开展采购活动。

（三）政府采购合同已经签订但尚未履行的，撤销合同，责令重新开展采购活动。

（四）政府采购合同已经履行，给他人造成损失的，相关当事人可依法提起诉讼，由责任人承担赔偿责任。

第三十二条 投诉人对采购过程或者采购结果提起的投诉事项，财政部门经查证属实的，应当认定投诉事项成立。经认定成立的投诉事项不影响采购结果的，继续开展采购活动；影响或者可能影响采购结果的，财政部门按照下列情况处理：

（一）未确定中标或者成交供应商的，责令重新开展采购活动。

（二）已确定中标或者成交供应商但尚未签订政府采购合同的，认定中标或者成交结果无效。合格供应商符合法定数量时，可以从合格的中标或者成交候选人中另行确定中标或者成交供应商的，应当要求采购人依法另行确定中标、成交供应商；否则责令重新开展采购活动。

（三）政府采购合同已经签订但尚未履行的，撤销合同。合格供应商符合法定数量时，可以从合格的中标或者成交候选人中另行确定中标或者成交供应商的，应当要求采购人依法另行确定中标、成交供应商；否则责令重新开展采购活动。

（四）政府采购合同已经履行，给他人造成损失的，相关当事人可依法提起诉讼，由责任人承担赔偿责任。

投诉人对废标行为提起的投诉事项成立的，财政部门应当认定废标行为无效。

第三十三条 财政部门作出处理决定，应当制作投诉处理决定书，并加盖公章。投诉处理决定书应当包括下列内容：

（一）投诉人和被投诉人的姓名或者名称、通讯地址等；

（二）处理决定查明的事实和相关依据，具体处理决定和法律依据；

（三）告知相关当事人申请行政复议的权利、行政复议机关和行政复议申请期限，以及提起行政诉讼的权利和起诉期限；

（四）作出处理决定的日期。

第三十四条 财政部门应当将投诉处理决定书送达投诉人和与投诉事项有关的当事人，并及时将投诉处理结果在省级以上财政部门指定的政府采购信息发布媒体上公告。

投诉处理决定书的送达，参照《中华人民共和国民事诉讼法》关于送达的规定执行。

第三十五条 财政部门应当建立投诉处理档案管理制度，并配合有关部门依法进行的监督检查。

第五章 法律责任

第三十六条 采购人、采购代理机构有下列情形之一的，由财政部门责令限期改正；情节严重的，给予警告，对直接负责的主管人员和其他直接责任人员，由其行政主管部门或者有关机关给予处分，并予通报：

（一）拒收质疑供应商在法定质疑期内发出的质疑函；

（二）对质疑不予答复或者答复与事实明显不符，并不能作出合理说明；

（三）拒绝配合财政部门处理投诉事宜。

第三十七条 投诉人在全国范围 12 个月内三次以上投诉查无实据的，由财政部门列入不良行为记录名单。

投诉人有下列行为之一的，属于虚假、恶意投诉，由财政部门列入不良行为记录名单，禁止其 1 至 3 年内参加政府采购活动：

（一）捏造事实；

（二）提供虚假材料；

（三）以非法手段取得证明材料。证据来源的合法性存在明显疑问，投诉人无法证明其取得方式合法的，视为以非法手段取得证明材料。

第三十八条 财政部门及其工作人员在履行投诉处理职责中违反本办法规定及存在其他滥用职权、玩忽职守、徇私舞弊等违法违纪行为的，依照《中华人民共和国政府采购法》《中华人民共和国公务员法》《中华人民共和国行政监察法》《中华人民共和国政府采购法实施条例》等国家有关规定追究相应责任；涉嫌犯罪的，依法移送司法机关处理。

第六章 附 则

第三十九条 质疑函和投诉书应当使用中文。质疑函和投诉书的范本，由财政部制定。

第四十条 相关当事人提供外文书证或者外国语视听资料的，应当附有中文译本，由翻译机构盖章或者翻译人员签名。

相关当事人向财政部门提供的在中华人民共和国领域外形成的证据，应当说明来源，经所在国公证机关证明，并经中华人民共和国驻该国使领馆认证，或者履行中华人民共和国与证据所在国订立的有关条约中规定的证明手续。

相关当事人提供的在香港特别行政区、澳门特别行政区和台湾地区内形成的证据，应当履行相关的证明手续。

第四十一条 财政部门处理投诉不得向投诉人和被投诉人收取任何费用。但因处理投诉发生的第三方检验、检测、鉴定等费用，由提出申请的供应商先行垫付。投诉处理决定明确双方责任后，按照“谁过错谁负担”的原则由承担责任的一方负担；双方都有责任的，由双方合理分担。

第四十二条 本办法规定的期间开始之日，不计算在期间内。期间届满的最后一日是节假日的，以节假日后的第一日为期间届满的日期。期间不包括在途时间，质疑和投诉文书在期满前交邮的，不算过期。

本办法规定的“以上”“以下”均含本数。

第四十三条 对在质疑答复和投诉处理过程中知悉的国家秘密、商业秘密、个人隐私和依法不予公开的信息，财政部门、采购人、采购代理机构等相关知情人应当保密。

第四十四条 省级财政部门可以根据本办法制定具体实施办法。

第四十五条 本办法自2018年3月1日起施行。财政部2004年8月11日发布的《政府采购供应商投诉处理办法》（财政部令第20号）同时废止。

财政部关于加强政府采购供应商投诉受理审查工作的通知

·2007年1月10日

·财库〔2007〕1号

党中央有关部门，国务院各部委、各直属机构，全国人大常委会办公厅，全国政协办公厅，高法院，高检院，有关人民团体，各省、自治区、直辖市、计划单列市财政厅（局），新疆生产建设兵团财务局：

为了规范政府采购供应商投诉及财政部门受理投诉行为，保护政府采购当事人合法权益，维护政府采购秩序，提高投诉处理效率，现就政府采购供应商投诉受理审查有关事项通知如下：

一、充分认识加强供应商投诉受理审查工作的重要性

供应商投诉是政府采购法赋予供应商的权利，是发挥供应商监督，促进政府采购活动公开、公正、公平，维护政府采购当事人合法权益的有效措施。各级财政部门要高度重视供应商投诉，不得阻碍供应商投诉，不得无故拒绝供应商投诉，要指导供应商投诉，及时办理受理审查工作，从源头上提高投诉处理工作效率。

二、不予受理的投诉要书面告知

财政部门经审查，有投诉人不是参加投诉项目政府采购活动的当事人、被投诉人为采购人或采购代理机构之外的当事人、所有投诉事项未经过质疑、所有投诉事项超过投诉有效期、以具有法律效力的文书送达之外方式提出的投诉等情形之一的，应当认定为无效投诉，不予受理，并及时书面告知投诉人不予受理的理由。

三、投诉书允许修改但要限定期限

财政部门经审查，有投诉书副本数量不足、投诉事项或投诉请求不清晰、相关依据或证明材料不全、投诉书署名不符合规定等情形之一的，应当及时告知投诉人限期补充或修改后重新投诉，逾期不予受理。

财政部门在投诉审查期间，认定投诉事项与采购人行为有关但采购人不是被投诉人的，应当要求投诉人将采购人追加为被投诉人，并限期修改投诉书重新投诉，逾期不予受理。

财政部门经审查，供应商投诉事项与质疑事项不一致的，超出质疑事项的投诉事项应当认定为无效投诉事项，并告知投诉人撤回投诉书，对在质疑有效期内的未质疑事项进行质疑，或限期修改投诉书重新投诉，逾期不予受理。

四、涉密事项的投诉要提供依据

投诉事项属于有关法律、法规和规章规定处于保密阶段的事项，财政部门应当要求投诉人提供信息来源或有效证据，否则，应当认定为无效投诉事项。

五、严格执行受理审查程序

财政部门收到供应商投诉后，应当在5个工作日内完成审查工作。

在供应商投诉受理审查期间，相关信息或材料、文件的传递，财政部门、投诉人以及相关当事人应当采用书面形式，并办理签收手续。

财政部关于政府采购监督检查实施“双随机一公开”工作细则的公告

·2016年10月10日

·财政部公告2016年第123号

第一条　为进一步规范政府采购监督检查执法行为，全面落实“双随机一公开”要求，根据《中华人民共和国政府采购法》及其实施条例，以及《财政检查工作办法》（财政部令第32号）、《国务院办公厅关于推广随机抽查规范事中事后监管的通知》（国办发〔2015〕58号）、《财政部推广随机抽查工作实施方案》（财法函〔2015〕102号）、《财政部随机抽查工作细则》（财监〔2016〕38号）等有关规定，制定本细则。

第二条　本细则所称“双随机一公开”工作，是指财政部依法实施政府采购监督检查时，采取随机抽取检查对象、随机选派执法检查人员，及时公开抽查情况和查处结果的活动。

第三条　政府采购监督检查按照财政部公开的随机抽查事项清单和批准的年度检查计划开展，坚持健全机制、规范监管、公正高效、公开透明的原则。

第四条　政府采购监督检查应建立执法检查人员名录库和检查对象名录库。执法检查人员以政府采购相关工作人员为主，检查对象为代理中央政府采购业务的社会代理机构，相关名录库信息应录入财政部统一的信息平台，并根据变动情况动态调整。

第五条　政府采购监督检查采取定向抽查和不定向抽查相结合的方式，对于重大问题或舆情反映的热点问题，可以采取定向抽取的方式，设定类别条件选择检查对象或执法检查人员。

第六条　检查实施前，财政部通过统一的信息平台随机抽取执法检查人员和检查对象，随机抽取过程全程记录。

第七条　代理机构抽取比例为检查对象名录库中代理机构数量的10%-30%，具体比例根据年度检查工作安排确定。近三年内检查过的代理机构，在抽取时可以排除。

第八条　执法检查人员的抽取数量根据检查工作需要确定，同一检查组执法检查人员不得少于两人。出现随机抽取的执法检查人员因实际困难不能参加检查工作或需要回避等情形，应通过统一信息平台及时抽取，补齐执法检查人员。

第九条　随机抽取的检查对象名单和检查处理处罚等信息，经履行报批程序后，及时在财政部门户网站和指定政府采购信息发布媒体上公开，主动接受社会监督。

第十条　本细则自发布之日起执行。

财政部关于规范政府采购行政处罚有关问题的通知

·2015年8月20日

·财库〔2015〕150号

各省、自治区、直辖市、计划单列市财政厅（局）：

根据《中华人民共和国政府采购法》和《中华人民共和国政府采购法实施条例》的有关规定，为推进政府采购诚信体系建设，建立统一规范、竞争有序的政府采购市场机制，现就规范政府采购行政处罚有关问题通知如下：

一、各级人民政府财政部门在政府采购行政处罚工作中要做到证据确凿充分，适用法律法规正确。依法保障当事人的陈述权、申辩权和要求听证权，做到处罚程序合法。市级以上财政部门应做好行政复议案件的受理与处理工作，依法纠正错误的行政处罚。

二、各级人民政府财政部门依法对参加政府采购活动的供应商、采购代理机构、评审专家做出的禁止参加政府采购活动、禁止代理政府采购业务、禁止参加政府采购评审活动等行政处罚决定，要严格按照相关法律法规条款的规定进行处罚，相关行政处罚决定在全国范围内生效。

三、各级人民政府财政部门要依法公开对政府采购供应商、采购代理机构、评审专家的行政处罚决定，并按规定将相关信息上传至中国政府采购网开设的"政府采购严重违法失信行为记录名单",推动建立政府采购供应商、采购代理机构、评审专家不良行为记录制度,加强对政府采购违法失信行为的曝光和惩戒。

财政部办公厅关于报送政府采购严重违法失信行为信息记录的通知

· 2014 年 12 月 19 日
· 财办库〔2014〕526 号

各省、自治区、直辖市、计划单列市财政厅(局):

为推进社会信用体系建设,加强对政府采购违法失信行为记录的曝光和惩戒,进一步规范政府采购市场主体行为,维护政府采购市场秩序,根据《中华人民共和国政府采购法》、《国务院关于促进市场公平竞争维护市场正常秩序的若干意见》(国发〔2014〕20 号)及《社会信用体系建设规划纲要(2014－2020 年)》(国发〔2014〕21 号)等相关规定,结合政府采购工作实际,财政部决定参与中央多部委开展的不良信用记录联合发布活动,启动建设"政府采购严重违法失信行为记录名单"专栏,在中国政府采购网上集中发布全国政府采购严重违法失信行为信息记录,现就有关事项通知如下:

一、政府采购严重违法失信行为的适用情形

供应商、采购代理机构在三年内受到财政部门作出下列情形之一的行政处罚,列入政府采购严重违法失信行为记录名单。

(一)三万元以上罚款;

(二)在一至三年内禁止参加政府采购活动(处罚期限届满的除外);

(三)在一至三年内禁止代理政府采购业务(处罚期限届满的除外);

(四)撤销政府采购代理机构资格(仅针对《政府采购法》第 78 条修改前作出的处罚决定)。

二、政府采购严重违法失信行为信息记录的主要内容

政府采购严重违法失信行为信息记录应包括以下主要内容:企业名称、企业地址、严重违法失信行为的具体情形、处罚结果、处罚依据、处罚日期和执法单位等。

三、政府采购严重违法失信行为信息记录的报送要求

地方各级财政部门应认真梳理近三年内本级作出上述行政处罚类的案件信息,按照附件格式整理形成本级的政府采购严重违法失信行为信息记录,随处罚文件一并以电子版形式报送上级财政部门。省级财政部门负责汇总本省三年内有效的政府采购严重违法失信行为信息记录,收集相应的处罚文件,于 2014 年 12 月 30 日前以电子版形式一并报送财政部。

自 2015 年 1 月 1 日起,省级财政部门负责本省政府采购严重违法失信行为信息记录的发布管理工作,及时汇总相关信息,确保自行政处罚决定形成或变更之日起 20 个工作日内,在中国政府采购网"政府采购严重违法失信行为记录名单"的专栏中完成信息发布工作。信息公布期限一般为 3 年,处罚期限届满的,相关信息记录从专栏中予以删除。

联系单位:财政部国库司政府采购管理一处

财政部关于明确政府采购保证金和行政处罚罚款上缴事项的通知

· 2011 年 1 月 20 日
· 财库〔2011〕15 号

党中央有关部门,国务院各部委、各直属机构,全国人大常委会办公厅,全国政协办公厅,高法院,高检院,有关人民团体,新疆生产建设兵团财务局,中央国家机关政府采购中心,中共中央直属机关采购中心,全国人大机关采购中心:

为了加强政府采购活动的监督管理,根据《中华人民共和国政府采购法》和《罚款决定与罚款收缴分离实施办法》(国务院令第 235 号)等有关规定,现就政府采购保证金和行政处罚罚款上缴渠道有关问题通知如下:

一、关于保证金的上缴

在中央政府采购活动中,供应商出现政府采购相关规定和采购文件约定不予退还保证金(投标保证金和履约保证金)的情形,由集中采购机构、采购人按照就地缴库程序,将不予退还的保证金上缴中央国库。

二、关于行政处罚罚款的上缴

在中央政府采购活动中,政府采购相关方违反政府采购有关规定被财政部处以罚款的行政处罚,由被处罚人按照就地缴库程序将所罚款项上缴中央国库。

三、关于就地缴库程序

上述资金的性质属政府非税收入,缴款人应根据属地原则到财政部驻该地区财政监察专员办事处领取《一般缴款书》,通过填写《一般缴款书》将资金缴入中央国库。一般缴款书的填写方式:预算科目名称填"其他一般罚没收入(103050199)";收款单位一栏:财政机关填财政部,预算级次填中央级,收款国库填写实际收纳款项的国库名称(国家金库总库或国家金库××省分库)。

(十二)公共资源

公共资源交易平台管理暂行办法

· 2016年6月24日国家发展和改革委员会、工业和信息化部、财政部、国土资源部、环境保护部、住房和城乡建设部、交通运输部、水利部、商务部、国家卫生和计划生育委员会、国务院国有资产监督管理委员会、国家税务总局、国家林业局、国家机关事务管理局令第39号公布

· 自2016年8月1日起施行

第一章 总 则

第一条 为规范公共资源交易平台运行,提高公共资源配置效率和效益,加强对权力运行的监督制约,维护国家利益、社会公共利益和交易当事人的合法权益,根据有关法律法规和《国务院办公厅关于印发整合建立统一的公共资源交易平台工作方案的通知》(国办发〔2015〕63号),制定本办法。

第二条 本办法适用于公共资源交易平台的运行、服务和监督管理。

第三条 本办法所称公共资源交易平台是指实施统一的制度和标准、具备开放共享的公共资源交易电子服务系统和规范透明的运行机制,为市场主体、社会公众、行政监督管理部门等提供公共资源交易综合服务的体系。

公共资源交易是指涉及公共利益、公众安全的具有公有性、公益性的资源交易活动。

第四条 公共资源交易平台应当立足公共服务职能定位,坚持电子化平台的发展方向,遵循开放透明、资源共享、高效便民、守法诚信的运行服务原则。

第五条 公共资源交易平台要利用信息网络推进交易电子化,实现全流程透明化管理。

第六条 国务院发展改革部门会同国务院有关部门统筹指导和协调全国公共资源交易平台相关工作。

设区的市级以上地方人民政府发展改革部门或政府指定的部门会同有关部门负责本行政区域的公共资源交易平台指导和协调等相关工作。

各级招标投标、财政、国土资源、国有资产等行政监督管理部门按照规定的职责分工,负责公共资源交易活动的监督管理。

第二章 平台运行

第七条 公共资源交易平台的运行应当遵循相关法律法规和国务院有关部门制定的各领域统一的交易规则,以及省级人民政府颁布的平台服务管理细则。

第八条 依法必须招标的工程建设项目招标投标、国有土地使用权和矿业权出让、国有产权交易、政府采购等应当纳入公共资源交易平台。

国务院有关部门和地方人民政府结合实际,推进其他各类公共资源交易纳入统一平台。纳入平台交易的公共资源项目,应当公开听取意见,并向社会公布。

第九条 公共资源交易平台应当按照国家统一的技术标准和数据规范,建立公共资源交易电子服务系统,开放对接各类主体依法建设的公共资源电子交易系统和政府有关部门的电子监管系统。

第十条 公共资源交易项目的实施主体根据交易标的专业特性,选择使用依法建设和运行的电子交易系统。

第十一条 公共资源交易项目依法需要评标、评审的,应当按照全国统一的专家专业分类标准,从依法建立的综合评标、政府采购评审等专家库中随机抽取专家,法律法规另有规定的除外。

有关行政监督管理部门按照规定的职责分工,对专家实施监督管理。

鼓励有条件的地方跨区域选择使用专家资源。

第十二条 公共资源交易平台应当按照省级人民政府规定的场所设施标准,充分利用已有的各类场所资源,为公共资源交易活动提供必要的现场服务设施。

市场主体依法建设的交易场所符合省级人民政府规定标准的,可以在现有场所办理业务。

第十三条 公共资源交易平台应当建立健全网络信息安全制度,落实安全保护技术措施,保障平台平稳运行。

第三章 平台服务

第十四条 公共资源交易平台的服务内容、服务流程、工作规范、收费标准和监督渠道应当按照法定要求确定,并通过公共资源交易电子服务系统向社会公布。

第十五条 公共资源交易平台应当推行网上预约和服务事项办理。确需在现场办理的,实行窗口集中,简化流程,限时办结。

第十六条 公共资源交易平台应当将公共资源交易公告、资格审查结果、交易过程信息、成交信息、履约信息等,通过公共资源交易电子服务系统依法及时向社会公

开。涉及国家秘密、商业秘密、个人隐私以及其他依法应当保密的信息除外。

公共资源交易平台应当无偿提供依法必须公开的信息。

第十七条 交易服务过程中产生的电子文档、纸质资料以及音视频等，应当按照规定的期限归档保存。

第十八条 公共资源交易平台运行服务机构及其工作人员不得从事以下活动：

（一）行使任何审批、备案、监管、处罚等行政监督管理职能；

（二）违法从事或强制指定招标、拍卖、政府采购代理、工程造价等中介服务；

（三）强制非公共资源交易项目进入平台交易；

（四）干涉市场主体选择依法建设和运行的公共资源电子交易系统；

（五）非法扣押企业和人员的相关证照资料；

（六）通过设置注册登记、设立分支机构、资质验证、投标（竞买）许可、强制担保等限制性条件阻碍或者排斥其他地区市场主体进入本地区公共资源交易市场；

（七）违法要求企业法定代表人到场办理相关手续；

（八）其他违反法律法规规定的情形。

第十九条 公共资源交易平台运行服务机构提供公共服务确需收费的，不得以营利为目的。根据平台运行服务机构的性质，其收费分别纳入行政事业性收费和经营服务性收费管理，具体收费项目和收费标准按照有关规定执行。属于行政事业性收费的，按照本级政府非税收入管理的有关规定执行。

第二十条 公共资源交易平台运行服务机构发现公共资源交易活动中有违法违规行为的，应当保留相关证据并及时向有关行政监督管理部门报告。

第四章 信息资源共享

第二十一条 各级行政监督管理部门应当将公共资源交易活动当事人资质资格、信用奖惩、项目审批和违法违规处罚等信息，自作出行政决定之日起7个工作日内上网公开，并通过相关电子监管系统交换至公共资源交易电子服务系统。

第二十二条 各级公共资源交易平台应当依托统一的社会信用代码，记录公共资源交易过程中产生的市场主体和专家信用信息，并通过国家公共资源交易电子服务系统实现信用信息交换共享和动态更新。

第二十三条 国务院发展改革部门牵头建立国家公共资源交易电子服务系统，与省级公共资源交易电子服务系统和有关部门建立的电子系统互联互通，实现市场主体信息、交易信息、行政监管信息的集中交换和同步共享。

第二十四条 省级人民政府应当搭建全行政区域统一、终端覆盖市县的公共资源交易电子服务系统，对接国家公共资源交易电子服务系统和有关部门建立的电子系统，按照有关规定交换共享信息。有关电子招标投标、政府采购等系统应当分别与国家电子招标投标公共服务系统、政府采购管理交易系统对接和交换信息。

第二十五条 公共资源交易电子服务系统应当分别与投资项目在线审批监管系统、信用信息共享系统对接，交换共享公共资源交易相关信息、项目审批核准信息和信用信息。

第二十六条 市场主体已经在公共资源电子交易系统登记注册，并通过公共资源交易电子服务系统实现信息共享的，有关行政监督管理部门和公共资源交易平台运行服务机构不得强制要求其重复登记、备案和验证。

第二十七条 公共资源交易电子服务系统应当支持不同电子认证数字证书的兼容互认。

第二十八条 公共资源交易平台和有关行政监督管理部门在公共资源交易数据采集、汇总、传输、存储、公开、使用过程中，应加强数据安全管理。涉密数据的管理，按照有关法律规定执行。

第五章 监督管理

第二十九条 各级行政监督管理部门按照规定的职责分工，加强对公共资源交易活动的事中事后监管，依法查处违法违规行为。

对利用职权违规干预和插手公共资源交易活动的国家机关或国有企事业单位工作人员，依纪依法予以处理。

各级审计部门应当对公共资源交易平台运行依法开展审计监督。

第三十条 设区的市级以上地方人民政府应当推动建立公共资源交易电子监管系统，实现对项目登记，公告发布，开标评标或评审、竞价，成交公示，交易结果确认，投诉举报，交易履约等交易全过程监控。

公共资源交易电子服务系统和其对接的公共资源电子交易系统应当实时向监管系统推送数据。

第三十一条 建立市场主体公共资源交易活动事前信用承诺制度，要求市场主体以规范格式向社会作出公开承诺，并纳入交易主体信用记录，接受社会监督。

第三十二条 各级行政监督管理部门应当将公共资源交易主体信用信息作为市场准入、项目审批、资质资格审核的重要依据。

建立行政监督管理部门、司法机关等部门联合惩戒机制，对在公共资源交易活动中有不良行为记录的市场主体，依法限制或禁止其参加招标投标、国有土地使用权出让和矿业权出让、国有产权交易、政府采购等公共资源交易活动。

建立公共资源交易相关信息与同级税务机关共享机制，推进税收协作。

第三十三条 各级行政监督管理部门应当运用大数据技术，建立公共资源交易数据关联比对分析机制，开展监测预警，定期进行效果评估，及时调整监管重点。

第三十四条 各级行政监督管理部门应当建立联合抽查机制，对有效投诉举报多或有违法违规记录情况的市场主体，加大随机抽查力度。

行政监督管理部门履行监督管理职责过程中，有权查阅、复制公共资源交易活动有关文件、资料和数据。公共资源交易平台运行服务机构应当如实提供相关情况。

第三十五条 建立由市场主体以及第三方参与的社会评价机制，对所辖行政区域公共资源交易平台运行服务机构提供公共服务情况进行评价。

第三十六条 市场主体或社会公众认为公共资源交易平台运行服务机构及其工作人员存在违法违规行为的，可以依法向政府有关部门投诉、举报。

第三十七条 公共资源交易领域的行业协会应当发挥行业组织作用，加强自律管理和服务。

第六章 法律责任

第三十八条 公共资源交易平台运行服务机构未公开服务内容、服务流程、工作规范、收费标准和监督渠道，由政府有关部门责令限期改正。拒不改正的，予以通报批评。

第三十九条 公共资源交易平台运行服务机构及其工作人员违反本办法第十八条禁止性规定的，由政府有关部门责令限期改正，并予以通报批评。情节严重的，依法追究直接责任人和有关领导的责任。构成犯罪的，依法追究刑事责任。

第四十条 公共资源交易平台运行服务机构违反本办法第十九条规定收取费用的，由同级价格主管部门会同有关部门责令限期改正。拒不改正的，依照《中华人民共和国价格法》、《价格违法行为行政处罚规定》等给予处罚，并予以公示。

第四十一条 公共资源交易平台运行服务机构未按照本办法规定在公共资源交易电子服务系统公开、交换、共享信息的，由政府有关部门责令限期改正。拒不改正的，对直接负责的主管人员和其他直接责任人员依法给予处分，并予以通报。

第四十二条 公共资源交易平台运行服务机构限制市场主体建设的公共资源电子交易系统对接公共资源交易电子服务系统的，由政府有关部门责令限期改正。拒不改正的，对直接负责的主管人员和其他直接责任人员依法给予处分，并予以通报。

第四十三条 公共资源交易平台运行服务机构及其工作人员向他人透露依法应当保密的公共资源交易信息的，由政府有关部门责令限期改正，并予以通报批评。情节严重的，依法追究直接责任人和有关领导的责任。构成犯罪的，依法追究刑事责任。

第四十四条 有关行政监督管理部门、公共资源交易平台运行服务机构及其工作人员徇私舞弊、滥用职权、弄虚作假、玩忽职守，未依法履行职责的，依法给予处分；构成犯罪的，依法追究刑事责任。

第七章 附 则

第四十五条 公共资源电子交易系统是根据工程建设项目招标投标、土地使用权和矿业权出让、国有产权交易、政府采购等各类交易特点，按照有关规定建设、对接和运行，以数据电文形式完成公共资源交易活动的信息系统。

公共资源交易电子监管系统是指政府有关部门在线监督公共资源交易活动的信息系统。

公共资源交易电子服务系统是指联通公共资源电子交易系统、监管系统和其他电子系统，实现公共资源交易信息数据交换共享，并提供公共服务的枢纽。

第四十六条 公共资源交易平台运行服务机构是指由政府推动设立或政府通过购买服务等方式确定的，通过资源整合共享方式，为公共资源交易相关市场主体、社会公众、行政监督管理部门等提供公共服务的单位。

第四十七条 本办法由国务院发展改革部门会同国务院有关部门负责解释。

第四十八条 本办法自2016年8月1日起实施。

国务院办公厅关于印发整合建立统一的公共资源交易平台工作方案的通知

· 2015年8月10日
· 国办发〔2015〕63号

各省、自治区、直辖市人民政府，国务院各部委、各直属机构：

《整合建立统一的公共资源交易平台工作方案》已经国务院同意，现印发给你们，请认真贯彻执行。

整合建立统一的公共资源交易平台工作方案

为深入贯彻党的十八大和十八届二中、三中、四中全会精神，落实《国务院机构改革和职能转变方案》部署，现就整合建立统一的公共资源交易平台制定以下工作方案。

一、充分认识整合建立统一的公共资源交易平台的重要性

近年来，地方各级政府积极推进工程建设项目招标投标、土地使用权和矿业权出让、国有产权交易、政府采购等公共资源交易市场建设，对于促进和规范公共资源交易活动，加强反腐倡廉建设发挥了积极作用。但由于公共资源交易市场总体上仍处于发展初期，各地在建设运行和监督管理中暴露出不少突出问题：各类交易市场分散设立、重复建设，市场资源不共享；有些交易市场职能定位不准，运行不规范，公开性和透明度不够，违法干预交易主体自主权；有些交易市场存在乱收费现象，市场主体负担较重；公共资源交易服务、管理和监督职责不清，监管缺位、越位和错位现象不同程度存在。这些问题严重制约了公共资源交易市场的健康有序发展，加剧了地方保护和市场分割，不利于激发市场活力，亟需通过创新体制机制加以解决。

整合工程建设项目招标投标、土地使用权和矿业权出让、国有产权交易、政府采购等交易市场，建立统一的公共资源交易平台，有利于防止公共资源交易碎片化，加快形成统一开放、竞争有序的现代市场体系；有利于推动政府职能转变，提高行政监管和公共服务水平；有利于促进公共资源交易阳光操作，强化对行政权力的监督制约，推进预防和惩治腐败体系建设。

二、指导思想和基本原则

（一）指导思想。全面贯彻党的十八大和十八届二中、三中、四中全会精神，按照党中央、国务院决策部署，发挥市场在资源配置中的决定性作用和更好发挥政府作用，以整合共享资源、统一制度规则、创新体制机制为重点，以信息化建设为支撑，加快构筑统一的公共资源交易平台体系，着力推进公共资源交易法制化、规范化、透明化，提高公共资源配置的效率和效益。

（二）基本原则。

坚持政府推动、社会参与。政府要统筹推进公共资源交易平台整合，完善管理规则，优化市场环境，促进公平竞争。鼓励通过政府购买服务等方式，引导社会力量参与平台服务供给，提高服务质量和效率。

坚持公共服务、资源共享。立足公共资源交易平台的公共服务职能定位，整合公共资源交易信息、专家和场所等资源，加快推进交易全过程电子化，实现交易全流程公开透明和资源共享。

坚持转变职能、创新监管。按照管办分离、依法监管的要求，进一步减少政府对交易活动的行政干预，强化事中事后监管和信用管理，创新电子化监管手段，健全行政监督和社会监督相结合的监督机制。

坚持统筹推进、分类指导。充分考虑行业特点和地区差异，统筹推进各项工作，加强分类指导，增强政策措施的系统性、针对性和有效性。

三、整合范围和整合目标

（三）整合范围。整合分散设立的工程建设项目招标投标、土地使用权和矿业权出让、国有产权交易、政府采购等交易平台，在统一的平台体系上实现信息和资源共享，依法推进公共资源交易高效规范运行。积极有序推进其他公共资源交易纳入统一平台体系。民间投资的不属于依法必须招标的项目，由建设单位自主决定是否进入统一平台。

统一的公共资源交易平台由政府推动建立，坚持公共服务职能定位，实施统一的制度规则、共享的信息系统、规范透明的运行机制，为市场主体、社会公众、行政监管部门等提供综合服务。

（四）整合目标。2016年6月底前，地方各级政府基本完成公共资源交易平台整合工作。2017年6月底前，在全国范围内形成规则统一、公开透明、服务高效、监督规范的公共资源交易平台体系，基本实现公共资源交易全过程电子化。在此基础上，逐步推动其他公共资源进入统一平台进行交易，实现公共资源交易平台从依托有形场所向以电子化平台为主转变。

四、有序整合资源

（五）整合平台层级。各省级政府应根据经济发展水平和公共资源交易市场发育状况，合理布局本地区公共资源交易平台。设区的市级以上地方政府应整合建立本地区统一的公共资源交易平台。县级政府不再新设公共资源交易平台，已经设立的应整合为市级公共资源交易平台的分支机构；个别需保留的，由省级政府根据县域面积和公共资源交易总量等实际情况，按照便民高效原则确定，并向社会公告。法律法规要求在县级层面开展交易的公共资源，当地尚未设立公共资源交易平台的，原交易市场可予以保留。鼓励整合建立跨行政区域的公共资源交易平台。各省级政府应积极创造条件，通过加强区域合作、引入竞争机制、优化平台结构等手段,在坚持依法监督前提下探索推进交易主体跨行政区域自主选择公共资源交易平台。

(六)整合信息系统。制定国家电子交易公共服务系统技术标准和数据规范,为全国公共资源交易信息的集中交换和共享提供制度和技术保障。各省级政府应整合本地区分散的信息系统,依据国家统一标准建立全行政区域统一、终端覆盖市县的电子交易公共服务系统。鼓励电子交易系统市场化竞争,各地不得限制和排斥市场主体依法建设运营的电子交易系统与电子交易公共服务系统对接。各级公共资源交易平台应充分发挥电子交易公共服务系统枢纽作用,通过连接电子交易和监管系统,整合共享市场信息和监管信息等。加快实现国家级、省级、市级电子交易公共服务系统互联互通。中央管理企业有关电子招标采购交易系统应与国家电子交易公共服务系统连接并按规定交换信息,纳入公共资源交易平台体系。

(七)整合场所资源。各级公共资源交易平台整合应充分利用现有政务服务中心、公共资源交易中心、建设工程交易中心、政府集中采购中心或其他交易场所,满足交易评标(评审)活动、交易验证以及有关现场业务办理需要。整合过程中要避免重复建设,严禁假借场所整合之名新建楼堂馆所。在统一场所设施标准和服务标准条件下,公共资源交易平台不限于一个场所。对于社会力量建设并符合标准要求的场所,地方各级政府可以探索通过购买服务等方式加以利用。

(八)整合专家资源。进一步完善公共资源评标专家和评审专家分类标准,各省级政府应按照全国统一的专业分类标准,整合本地区专家资源。推动实现专家资源及专家信用信息全国范围内互联共享,有条件的地方要积极推广专家远程异地评标、评审。评标或评审时,专家应采取随机方式确定,任何单位和个人不得以明示、暗示等任何方式指定或者变相指定专家。

五、统一规则体系

(九)完善管理规则。发展改革委要会同国务院有关部门制定全国统一的公共资源交易平台管理办法,规范平台运行、管理和监督。国务院有关部门要根据工程建设项目招标投标、土地使用权和矿业权出让、国有产权交易、政府采购等法律法规和交易特点,制定实施全国分类统一的平台交易规则和技术标准。各省级政府要根据全国统一的规则和办法,结合本地区实际,制定平台服务管理细则,完善服务流程和标准。

(十)开展规则清理。各省级政府要对本地区各级政府和有关部门发布的公共资源交易规则进行清理。对违法设置审批事项、以备案名义变相实施审批、干预交易主体自主权以及与法律法规相冲突的内容,要坚决予以纠正。清理过程和结果应在省级公共资源交易平台进行公告,接受社会监督。

六、完善运行机制

(十一)推进信息公开共享。建立健全公共资源交易信息和信用信息公开共享制度。各级公共资源交易平台应加大信息公开力度,依法公开交易公告、资格审查结果、成交信息、履约信息以及有关变更信息等。加快建立市场信息共享数据库和验证互认机制。对市场主体通过公共资源交易平台电子交易公共服务系统实现登记注册共享的信息,相应行政区域内有关行政监督部门和其他公共资源交易平台不得要求企业重复登记、备案和验证,逐步推进全国范围内共享互认。各级行政监管部门要履行好信息公开职能,公开有关公共资源交易项目审核、市场主体和中介机构资质资格、行政处罚等监管信息。公共资源交易平台应依托统一的社会信用代码,建立公共资源交易市场主体信用信息库,并将相关信息纳入国家统一的信用信息平台,实现市场主体信用信息交换共享。加强公共资源交易数据统计分析、综合利用和风险监测预警,为市场主体、社会公众和行政监管部门提供信息服务。

(十二)强化服务功能。按照简政放权、放管结合、优化服务的改革方向,简化交易环节,提高工作效率,完善公共资源交易平台服务功能,公开服务流程、工作规范和监督渠道,整治各种乱收费行为,切实降低市场主体交易成本、减轻相关负担。建立市场主体以及第三方参与的社会评价机制,对平台提供公共服务情况进行考核评价。各级公共资源交易平台不得取代依法设立的政府集中采购机构的法人地位、法定代理权以及依法设立的其他交易机构和代理机构从事的相关服务,不得违法从事或强制指定招标、拍卖等中介服务,不得行使行政审批、备案等管理职能,不得强制非公共资源交易项目在平台交易,不得通过设置注册登记、设立分支机构、资质验证、投标(竞买)许可、强制担保等限制性条件阻碍或者排斥其他地区市场主体进入本地区公共资源交易市场。凡是采取审核招标及拍卖文件、出让方案等实施行政审批,或者以备案名义变相实施行政审批的,一律限期取消。公共资源交易平台应与依法设立的相关专业服务机构加强业务衔接,保证法定职能正常履行。

七、创新监管体制

(十三)完善监管体制机制。按照决策权、执行权、监督权既相互制约又相互协调的要求,深化公共资源交易管理体制改革,推进公共资源交易服务、管理与监督职能相互分离,完善监管机制,防止权力滥用。发展改革部门会同有关部门要加强对公共资源交易平台工作的指导和协调。各级招标投标行政监督、财政、国土资源、国有资产监督管理等部门要按照职责分工,加强对公共资源交易活动的监督执法,依法查处公共资源交易活动中的违法违规行为。健全行政监督部门与监察、审计部门协作配合机制,严肃查处领导干部利用职权违规干预和插手公共资源交易活动的腐败案件。审计部门要加强对公共资源交易及平台运行的审计监督。

(十四)转变监督方式。各级行政主管部门要运用大数据等手段,实施电子化行政监督,强化对交易活动的动态监督和预警。将市场主体信用信息和公共资源交易活动信息作为实施监管的重要依据,健全守信激励和失信惩戒机制。对诚实守信主体参与公共资源交易活动要依法给予奖励,对失信主体参与公共资源交易活动要依法予以限制,对严重违法失信主体实行市场禁入。健全专家选聘与退出机制,建立专家黑名单制度,强化专家责任追究。加强社会监督,完善投诉处理机制,公布投诉举报电话,及时处理平台服务机构违法违规行为。发挥行业组织作用,建立公共资源交易平台服务机构和人员自律机制。

八、强化实施保障

(十五)加强组织领导。各地区、各部门要充分认识整合建立统一的公共资源交易平台的重要性,加强领导,周密部署,有序推进整合工作。建立由发展改革委牵头,工业和信息化部、财政部、国土资源部、环境保护部、住房城乡建设部、交通运输部、水利部、商务部、卫生计生委、国资委、税务总局、林业局、国管局、铁路局、民航局等部门参加的部际联席会议制度,统筹指导和协调全国公共资源交易平台整合工作,适时开展试点示范。各省级政府要根据本方案要求,建立相应工作机制,对行政区域内已有的各类公共资源交易平台进行清理,限期提出具体实施方案。在公共资源交易平台清理整合工作完成前,要保障原交易市场正常履行职能,实现平稳过渡。

(十六)严格督促落实。地方各级政府要将公共资源交易平台整合工作纳入目标管理考核,定期对本地区工作落实情况进行检查并通报有关情况。发展改革委要会同国务院有关部门加强对本方案执行情况的督促检查,协调解决工作中遇到的问题,确保各项任务措施落实到位。

财政部关于贯彻落实整合建立统一的公共资源交易平台工作方案有关问题的通知

·2015年9月15日
·财库〔2015〕163号

各省、自治区、直辖市、计划单列市财政厅(局),新疆生产建设兵团财务局,有关采购代理机构:

为深入贯彻党的十八大和十八届二中、三中、四中全会精神,落实《国务院办公厅关于印发整合建立统一的公共资源交易平台工作方案的通知》(国办发〔2015〕63号,以下简称《方案》)要求,深入推进政府采购管理制度改革,根据《中华人民共和国政府采购法》(以下简称《政府采购法》)、《中华人民共和国政府采购法实施条例》(以下简称《政府采购法实施条例》)等法律法规规定,现将有关问题通知如下:

一、依法有序推进政府采购资源整合

(一)推进政府采购信息系统整合。各省级财政部门要认真落实《方案》基本实现公共资源交易全过程电子化和逐步推进公共资源交易平台从依托有形场所向电子化平台为主转变的整合目标要求,切实加强对全行政区域政府采购信息化建设工作的统一领导和组织,按照《财政部关于印发〈全国政府采购管理交易系统建设总体规划〉和〈政府采购业务基础数据规范〉的通知》(财库〔2013〕18号)提出的全国政府采购管理交易系统建设指导思想、建设目标和主要内容,整合本地区分散的政府采购信息系统,加快建设统一的电子化政府采购管理交易系统,逐步推动本地区所有政府采购项目进入政府采购管理交易系统进行交易,实现政府采购交易信息共享和全流程电子化操作,并按照《方案》的有关要求,实现政府采购管理交易系统与公共资源交易平台的交易信息共享。

(二)推进政府采购场所资源整合。具备评审场所的集中采购机构要按照《方案》有关整合场所要求,按照统一的场所设施标准和服务标准对现有场所进行改造,以满足政府采购评审、交易验证以及有关现场业务办理需要。在保障政府采购项目交易效率的基础上,政府集中采购机构应允许其他公共资源项目进入现有场所进行交易。对进入政府集中采购机构场所进行交易的公共资源项目，要保持公共资源项目的公益性特点和遵循非营利原则，不得违规收取费用。集中采购机构以外的采购代理机构，能实现交易信息与政府采购管理交易系统共享并符合监管要求的，其所代理的政府采购项目可以在现有场所进行交易，也可以进入公共资源交易场所进行交易。

（三）推进政府采购评审专家资源整合。各省级财政部门要按照《方案》有关整合专家资源要求，根据《财政部关于印发政府采购品目分类目录的通知》（财库〔2013〕189号）确定的全国统一的政府采购评审专家分类标准，整合本地区专家资源，在政府采购管理交易系统中建立本地区的政府采购评审专家库，逐步实现专家资格审核、培训、抽取、通知、评价等全流程电子化管理，并通过政府采购管理交易系统与公共资源交易平台的连接，推动实现政府采购评审专家和工程评标专家资源及专家信用信息在全国范围内互联共享。要依照《政府采购法实施条例》第62条的规定，加强对政府采购评审专家库的动态管理，除财政部规定的情形外，要从政府采购评审专家库中随机抽取评审专家，有条件的地方，要积极推广专家远程异地评审。

二、统一政府采购交易规则体系

（四）完善政府采购管理交易规则。财政部将依照《政府采购法实施条例》第32条和第47条规定，加快制定政府采购招标文件标准文本和采购合同标准文本，并按照《方案》纵向统一交易规则要求，进一步完善和实施全国统一的政府采购管理交易系统交易规则和技术标准。

（五）开展政府采购交易规则清理。各省级财政部门要结合《政府采购法实施条例》和《方案》的贯彻落实，对本地区公共资源交易规则中涉及政府采购的内容进行清理，对违法设置审批事项、以备案名义变相实施审批、干预交易主体自主权，以及与政府采购法律法规相冲突的内容，要坚决予以纠正，维护全国政府采购交易规则的统一性。清理过程和结果应在省级公共资源交易平台进行公告，接受社会监督。

三、健全政府采购运行机制

（六）推进政府采购信息公开共享。各级财政部门要按照政府采购法律法规和财政部有关政府采购信息公开的要求，在省级以上财政部门指定的媒体上公开采购项目信息、采购文件、中标成交结果、政府采购合同、投诉处理结果等政府采购全过程信息。各省级财政部门要加快建立政府采购市场信息共享数据库和验证互认机制，对市场主体通过公共资源交易平台电子交易公共服务系统登记注册符合政府采购管理要求的信息，不得要求企业重复登记、备案和验证，并应当通过开放政府采购管理交易系统有关数据接口，实现与公共资源交易平台信息的交换共享和互认。应依托统一的社会信用代码，建立政府采购市场主体信用信息库，并将相关信息纳入国家统一的信用信息平台，实现与其他各类公共资源交易市场主体信用信息交换共享。

（七）健全集中和分散相结合的政府采购运行机制。各级财政部门要按照《方案》各级公共资源交易平台不得取代依法设立的政府集中采购机构的法人地位、法定代理权的要求，会同有关部门对前期试点中出现的有关违法违规问题进行清理纠正，并依据《政府采购法》第16条、第60条规定，重新明确集中采购机构的独立非营利事业法人地位和法定代理权，保证集中采购机构依法独立对外开展政府采购代理业务。要按照依法行政、依法采购的要求，督促采购人将列入集中采购目录的集中采购机构采购项目委托给政府依法设立的具有独立法人地位的集中采购机构代理采购，对采购限额标准以上的未列入集中采购目录的项目自行采购或者委托给采购代理机构代理采购。未依法独立设置集中采购机构的地区，可以将集中采购项目委托给上级或其他地区集中采购机构代理采购，也可以引入市场竞争机制，将集中采购项目择优委托给集中采购机构以外的采购代理机构代理采购。要正确处理好集中与分散的关系，规范集中采购目录及标准，合理确定集中采购范围，推动集中采购机构专业化服务机构的发展定位，推动集中采购机构以外的采购代理机构走差异化的发展道路。

四、完善政府采购监管体系

（八）完善监管体制机制。各级财政部门作为法定的政府采购监督管理部门，要在坚持"管采分离"管理体制的基础上，按照党中央、国务院有关决策权、执行权与监督权既相互制约又相互协调的要求，进一步完善政府采购管理体制，健全与监察、审计部门协作配合的监管机制，防止权力滥用。

（九）强化监督管理。各级财政部门要按照党的十八届四中全会"坚持法定职责必须为、法无授权不可为"的要求，依法全面履行政府采购制度政策制定、投诉处理、监督检查、评审专家管理等监管职责，并按照《方案》的部署，运用大数据等手段，实施电子化行政监督，强化对交易活动的动态监督和预警。要将市场主体信用信息和公共资源交易活动信息作为实施监管的重要依据，健全守信激励和失信惩戒机制，依法禁止失信行为当事人参与政府采购活动。要健全政府采购评审专家选聘与退出机制，建立专家黑名单制度，强化专家责任追究。

五、强化实施保障

（十）加强组织领导。整合建立统一的公共资源交易平台工作政策性强、涉及面广、技术难度大。各级财政部门要站在促进形成统一开放、竞争有序的现代市场体系和推动政府职能转变、推进预防和惩治腐败体系建设的高度，充分认识到该项工作的重要性，牢固树立大局意识，加强领导，周密部署，积极采取措施解决前期试点中存在的问题，切实将整合工作抓实、抓好。

（十一）严格督促落实。各省级财政部门要加强对全行政区域财政部门落实本通知工作情况的督促和指导，及时将有关执行情况向财政部反馈。财政部将适时会同有关部门开展联合督查，确保有关法律法规和《方案》各项措施落实到位。

财政部关于公共资源交易中心开展政府采购活动有关问题的通知

·2014 年 10 月 11 日
·财库〔2014〕165 号

各省、自治区、直辖市、计划单列市财政厅（局）、公共资源交易中心（办公室）、集中采购中心：

政府采购活动应遵循政府采购法的规定。近期，一些公共资源交易中心（以下简称交易中心）开展政府采购工作业务时，违法改变政府采购法定评审程序、干预评审结果、乱收费，以及在交易中心建设中存在“管采不分”等问题。为规范交易中心的政府采购活动，进一步加强政府采购监督管理，依据《中华人民共和国政府采购法》等法律法规规定，现就有关事项通知如下：

一、进入交易中心的政府采购活动，应当严格遵守《中华人民共和国政府采购法》及政府采购货物服务招标投标管理、信息公告和评审管理等有关制度规定，规范采购文件编制、信息发布、专家抽取、项目评审、质疑投诉、档案管理等行为，保证政府采购的公开、公平和公正。交易中心在政府采购活动中，不得改变采购人、采购代理机构和供应商等主体的法定权利义务，不得在法定程序外新设登记、报名、备案、资格审核等程序，限制或阻止采购代理机构、供应商进入本地的政府采购市场；不得违规组织对评审活动进行现场监督，干预政府采购评审结果。

二、交易中心在政府采购活动中应遵循非营利性的原则，不得对采购代理机构、供应商违规收取费用，也不得要求采购代理机构或采购人对现场监督人员支付评审费、劳务费等报酬，增加政府采购成本。集中采购机构应保留独立的法人地位，依法承担相应的法律责任，体现集中采购机构的公益性特征。

三、各级财政部门应依法履行对政府采购活动的监督管理职责，对进入交易中心的政府采购项目执行情况加强监督检查，依法受理供应商投诉，对违反政府采购法律法规的行为进行处理和处罚。对纳入交易中心的集中采购机构要加强考核与指导，促进落实政府采购政策功能等要求。要进一步落实“管采分离”的政府采购管理体制，财政部门不得违法采取授权、委托或者共同管理等方式，将政府采购的监管职责交由其他机构行使。对涉及政府采购活动的违法违规问题，交易中心应向政府采购监督管理部门如实反映情况，配合做好监督检查和投诉处理工作。

四、交易中心要对照政府采购法律法规和本通知规定开展自查，对存在的问题进行清理和整改。各级财政部门要切实加强对交易中心政府采购活动的业务指导和监督管理，督促交易中心做好清理整改工作。财政部将组织专项检查，对清理和整改不落实、不到位的单位予以通报。

图书在版编目（CIP）数据

中华人民共和国招标投标法律法规全书 ：含规章及相关政策 ：2025 年版 / 中国法治出版社编. -- 北京 ：中国法治出版社，2025. 1. -- （法律法规全书）.
ISBN 978-7-5216-4867-6

Ⅰ. D922.297.9

中国国家版本馆 CIP 数据核字第 2024P4G644 号

策划编辑：袁笋冰　　责任编辑：李槟红　　封面设计：李　宁

中华人民共和国招标投标法律法规全书：含规章及相关政策：2025 年版

ZHONGHUA RENMIN GONGHEGUO ZHAOBIAO TOUBIAO FALÜ FAGUI QUANSHU：HAN GUIZHANG JI XIANGGUAN ZHENGCE：2025 NIAN BAN

经销/新华书店
印刷/三河市国英印务有限公司
开本/787 毫米×960 毫米　16 开　　印张/ 34.5　字数/ 973 千
版次/2025 年 1 月第 1 版　　2025 年 1 月第 1 次印刷

中国法治出版社出版
书号 ISBN 978-7-5216-4867-6　　定价：86.00 元

北京市西城区西便门西里甲 16 号西便门办公区
邮政编码：100053　　传真：010-63141600
网址：http：//www.zgfzs.com　　**编辑部电话：010-63141671**
市场营销部电话：010-63141612　　**印务部电话：010-63141606**

（如有印装质量问题，请与本社印务部联系。）